Textes réunis par le Barreau du Québec
et la Chambre des notaires du Québec

LA RÉFORME
DU CODE CIVIL

Obligations, contrats nommés

**

Les Presses de l'Université Laval

Les Presses de l'Université Laval reçoivent chaque année du Conseil des arts du Canada une subvention pour l'ensemble de leur programme de publication.

Grâce à une étroite collaboration entre le Barreau du Québec et la Chambre des notaires du Québec, il a été possible, en un très court laps de temps, de réunir les travaux d'éminents spécialistes, lesquels n'ont pu être révisés cependant.

Maquette de la couverture: Communication graphique
André Fournier

Coordination éditoriale: Andrée Laprise et Denis Vaugeois

Production: Marie Guinard, Josée Lalancette, Daniel Laprise, Pierre Lhotelin

Diffusion
Les Presses de l'Université Laval
Cité universitaire
Sainte-Foy (Québec)
Canada G1K 7P4
Télécopieur: (418) 656-2600

E- Sanction des conditions de formation du contrat.

    1- Les objectifs du nouveau code à l'égard
       de la théorie des nullités.

    2- Distinction entre la nullité relative et
       la nullité absolue.

    3- Application des critères.

        - Absence et vices de consentement.
        - Incapacités.
        - Conditions de forme.
        - Objet et cause.
        - L'acte illégal.

    4- Les conséquences de la distinction.

        - Personnes pouvant l'invoquer.
        - Possibilité de confirmation.
        - Prescription.

F- L'interprétation du contrat.

G- Les effets du contrat.

    1- Les effets entre les parties.
        - La clause externe
        - La clause illisible ou incompréhensible.
        - La clause abusive.

    2- Les effets du contrat à l'égard des tiers.
        - La relativité des contrats.
        - Exception au principe de la relativité.

    3- La théorie des risques (introduction).

F- La protection du droit à l'exécution.

    1- L'action oblique. *1628*
    2- L'action paulienne. *1631 et ss.*

G- Transmission et mutation de l'obligation.

    1- La cession de créance.
    2- La subrogation.

H- L'extinction de l'obligation.

I- La restitution des prestations. *1699*

....

~ise : 1384
    1 e) L.P.C. restreint à commerce
    2097 (45 C.T et 97 LNT)
    1714
    2221 - 2254 - 2274 Sociétés
    2683 hypothèque mobilière
    2684 ss
    2830 - 31 - 38 - 62 - 70   Preuve
    activité syndicale = entreprise ? ⎫ débat
    secte religieuse =   "   ? ⎭ lancé

f) L'interdiction de l'option et ses effets. *1458*

- le refus de l'option,
- les différences pratiques entre les régimes de
  responsabilité contractuelle et extracontractu·
- la détermination des cadres de la responsabili·
  contractuelle.

1595
1597
1613
1618

général 2930 (3ans) Municipalités
Prescriptions: 2925 (3ans) 2923 (10ans) 2929 (1an)
2928 (1an)

2- La responsabilité pour le fait ou la faute d'autrui.
3148   *1459 - 1464*

a) La responsabilité du titulaire de l'autorité parentale
ac. 1054 al. 2 → 1459

b) La responsabilité du gardien du mineur, *1460*
1462
Conjoint de fait → 2è alinéa

c) La responsabilité du tuteur, du curateur et du gardien
   d'un majeur non doué de raison,
1461

d) La responsabilité du commettant, *1463*
1462

3- La responsabilité pour le fait des biens.

a) Le régime général de présomption de faute pour le
   fait autonome d'un bien, *1465*

b) La responsabilité du propriétaire d'un immeuble,
1467

c) La responsabilité du propriétaire et du gardien de
   l'animal, *1466*

d) La responsabilité du fabricant et du vendeur
   professionnel,   *1468 - 1469*
   →3128   *1473*   *1458*
   3129   *1726 à 1739* *Recours*
                              contractuel

1468
1469
1473
et
1726 à
1739
s'appliquent
à toutes les
parties

P Pratiques P recours effets contractuel

- le dédoublement et le cloisonnement de la
  responsabilité des fabricants et des vendeur
  professionnels,
1442

- les règles relatives à la responsabilité extraco·
  tractuelle relative au défaut de sécurité du bien

- les règles relatives à la responsabilité contrac·
  tuelle relative au vice caché du bien. *1726 et ss.*

victime n'a plus à
prouver la faute —
bénéfice de présomption renversable

2

art 53 LPC donne
+ de droits que 1473

12- Critères d'attribution des dommages-intérêts punitifs.

....

Le nouveau Code civil du Québec.

La responsabilité civile. 1457 et ss

(Programme de la rencontre)

Me Claude Masse

A- Les conditions de la responsabilité.

1- Dispositions générales.

a) Aménagement des différents régimes
de responsabilité.

- régimes de la faute prouvée,
- régimes de la faute présumée,
- régimes de la responsabilité présumée,
- régimes de la responsabilité sans faute,
- régimes de collectivisation du risque.

b) La notion de faute dans le nouveau code civil.

- la notion de faute extracontractuelle,
- la capacité de discernement,
- la notion de faute contractuelle,
- faute et abus de droit, ⌐
- faute et bonne foi,
- diffamation et protection de la vie privée,
- la responsabilité des personnes morales et de
leurs administrateurs, 309-311-321-322
- faute et troubles de voisinage, 976
- la responsabilité de l'Etat québécois. 1376

√ 2 II p. 266

c) La notion "d'autrui". 1457 toute personne - cela com
le conjoint de fait

voir 1607
- le caractère général de la notion d'autrui,
- la disparition de l'article 1056 C.c.B.C. et ses
effets,

d) La notion de dommage.

e) La notion de lien de causalité. 1480

Le nouveau Code civil du Québec.

L'exécution du contrat.

Me Claude Masse

(Programme de la rencontre)

A- La théorie des risques.

    1- Conditions d'application.
    2- Les cas d'application :
        a) le contrat unilatéral
        b) le contrat synallagmatique
        c) le contrat translatif d'un corps certain
    3- La restitution des obligations.

B- De certaines sources d'obligations.

    1- La gestion d'affaires. *1482 -1490*
    2- La répétition de l'indu. *1491- 1492*
    3- L'enrichissement injustifié. *1493 - 1496*

C- Le modalités de l'obligation.

    1- L'obligation conditionnelle *1497 - 1507*
    2- L'obligation à terme suspensif. *1508 - 1517*
    3- L'obligation solidaire. *1523*

D- L'exécution de l'obligation.

    1- Le paiement. *1564*
    2- Le droit à l'exécution. *1590*
    3- Les recours en cas d'inexécution injustifiée.
    4- L'exécution par équivalent. *1607- 1608 - 1609 - 1611 - 1*
        1615 - 1616 - 1620 - 1621

E- L'exonération de responsabilité. *1474 -1475*
        1432

    1- Cause légale : la force majeure.
    2- Volonté des parties : conditions et limites.

Le nouveau Code civil du Québec

La formation du contrat

(Programme de la rencontre)

Me Claude Masse

A-Les Objectifs de la réforme du Code civil
en matière d'obligations.

B- Mise en place conceptuelle.

    1- L'objet de l'obligation et du contrat.
    2- La notion de cause.
    3- Classification des sortes d'obligations.
    4- La notion de bonne foi.
    5- La notion d'ordre public.

C- Les espèces de contrats.

    1- Contrats d'adhésion.
    2- Contrats de consommation.

D- La formation du contrat.

    1- L'offre et l'acceptation.

        - Distinctions entre l'offre de contracter
          et la promesse de contracter.
        - L'offre.
        - L'acceptation.
        - Lieu et moment de la formation du contrat.

    2- Les vices de consentement.

        - Le caractère libre et éclairé du consentement.
        - L'erreur.
        - Le dol.
        - La crainte.
        - L'état de nécessité.
        - La lésion et l'obligation excessive.

Sommaire

Table des matières

Théorie des obligations

Jean Pineau *

Avertissement

Les articles du *Code civil du Bas-Canada* sont suivis du sigle C.c.B.-C.; les articles du nouveau *Code civil du Québec* ne sont suivis d'aucun sigle.

Les commentaires du ministère de la Justice auxquels il est fait référence sont l'avant-dernière version des documents intitulés: «Code civil du Québec — Textes et commentaires — Ministère de la Justice du Québec — mai 1992», avec l'indication du Livre, du Tome le cas échéant, et de son intitulé (par exemple: Livre V, Tome I, Des obligations en général). La référence abrégée est: C.c.Q. Commentaires, L. (V), T. (I)...

Les articles du Projet de loi 38 sur l'application de la réforme du Code civil sont ceux du projet de loi, tels qu'ils ont été amendés en décembre 1992, par la Commission des institutions de l'Assemblée Nationale: la numérotation de ces articles est néanmoins la numérotation définitive.(Projet de loi adopté et sanctionné le 18 décembre 1992).

J. P. (Janvier 1993)

---

* Professeur à l'Université de Montréal.

1. *Observations générales*

Au moment de la mise en vigueur du nouveau Code civil du Québec, il importe de faire le point sur les changements qui sont apportés au *Code civil du Bas-Canada* et à l'interprétation qui en a été donnée jusqu'ici, relativement à la théorie générale des obligations.

Lors de la publication de l'avant-projet de loi sur le droit des obligations, nous avions relevé[1] que semblaient se dégager deux lignes de force: d'une part, une consolidation de la théorie générale par la codification de principes déjà reconnus et par la mise en relief d'armes inexploitées, destinées à faire respecter un meilleur équilibre dans les relations contractuelles, et, d'autre part, l'accentuation de l'esprit protectionniste dans les contrats nommés. Il est permis, à l'analyse du Livre cinquième — du nouveau Code — «Des obligations», de refaire ces mêmes observations, en atténuant toutefois le caractère protectionniste que révélait l'avant-projet. On pourra, en effet, constater qu'à la suite de certaines critiques qui avaient été faites à cet égard, le législateur a restreint quelque peu l'ardeur qu'il avait eue dans sa volonté d'imposer ce qui lui paraissait être une plus grande justice contractuelle.

Ce n'est pas à dire qu'il laisse jouer totalement les règles d'un libéralisme absolu qui, d'ailleurs, est devenu inacceptable à une très forte majorité de citoyens; il clarifie et précise certaines dispositions en insistant sur certaines notions qui, on aura l'occasion de le constater, permettent au juge, sensibilisé aux problèmes d'équilibre contractuel, d'exercer sur l'attitude des contractants un certain contrôle, pouvoir qu'il avait, certes, sous le *Code civil du Bas-Canada*, mais dont il n'a pas osé ou voulu se servir.

La plupart des changements apportés ne sont donc pas fondamentaux et se situent beaucoup plus dans la forme que dans le fond. Il est indéniable, en effet, que le style de ce Code de la fin du 20e siècle diffère de celui du Code de 1866 et que le vocabulaire lui-même est éventuellement mené à se trouver modifié: «... la rédaction d'un nouveau Code entraîne inévitablement des changements dans l'écriture, dans l'approche rédactionnelle et dans la terminologie. Ainsi, le langage adopté s'éloigne parfois de celui du *Code civil du Bas-Canada,* la terminologie a été revue dans plusieurs domaines, des institutions et des concepts nouveaux ont été introduits, entraînant d'inévitables mutations dans la formulation[2].

2. Place de la théorie générale des obligations dans le nouveau droit civil

Le livre cinquième du *Code civil du Québec,* «Des obligations», contient deux titres: le premier intitulé «Des obligations en général» et le second «Des contrats nommés».

Sous le titre «Des obligations en général», sont énoncés les éléments essentiels de la théorie générale des obligations, théorie dont on a pu dire qu'elle constituait le «centre du droit», mais qui pourtant a tendance à être rapidement oubliée dès lors que sont obtenus les diplômes menant à la vie juridique. Certains ont déjà exprimé leur surprise de ne pas retrouver, dans les chapitres relatifs à certains contrats nommés, des dispositions du *Code civil du Bas-Canada* qui n'étaient, en réalité, qu'une répétition des règles de la théorie générale: en effet, dans ses divers autres livres et chapitres, le nouveau Code a été expurgé de toutes les règles qui ne sont que l'expression de la théorie générale; aussi, sera-t-il désormais nécessaire de se référer constamment aux articles 1371 à 1707 qui gouvernent, certes, les contrats, mais aussi d'autres secteurs du Code, ainsi d'ailleurs que certains aspects de disciplines autres, tel le droit administratif ou droit du travail.

3. Plan suivi: plan du nouveau Code civil

Dans la brève analyse qui sera faite de ces articles, on envisagera successivement les dispositions générales qui reprennent quelques règles fondamentales, puis les sources des obligations — essentiellement le contrat et ce que l'on a appelé les «quasi contrats»[3] — et les effets du contrat, ainsi que les règles relatives aux modalités de l'obligation, soit l'obligation à terme, conditionnelle, conjointe, divisible, indivisible, solidaire, alternative et facultative. On abordera ensuite l'étude des règles relatives à l'exécution de l'obligation, quelle que soit la source, exécution volontaire ou forcée, en nature ou par équivalent, de même que les règles destinées à protéger le droit à l'exécution. Resteront alors à commenter les dispositions traitant de la transmission et des mutations de l'obligation, puis celles relatives à son extinction. Chemin faisant, on examinera quelques dispositions qui gouvernent l'ensemble des situations où il y a lieu de procéder à une restitution des prestations.

Ainsi sera suivi — hors ce dernier point — l'ordre dans lequel le Code présente lui-même la matière et on insistera particulièrement sur les changements ou les précisions apportées au droit ancien.

Chapitre I — Dispositions générales

4. Dispositions introductives Comme son intitulé l'indique, le chapitre premier du titre consacré «aux obligations en général» propose six articles — les articles 1371 à 1376 — à caractère général, dont quatre se trouvaient déjà dans le *Code civil du Bas-Canada*, au titre également de «dispositions générales» et au chapitre «de l'objet des obligations».

L'article 1371 reprend la disposition introductive du *Code civil du Bas-Canada* — art. 982 C.c.B.-C. — et énonce les éléments essentiels à l'existence d'une obligation: pour qu'une obligation puisse naître, il faut qu'il y ait des personnes — un créancier et un débiteur — entre qui il existe un rapport de droit, il faut aussi qu'il y ait une prestation qui en soit l'objet — fait positif que doit accomplir le débiteur (faire) ou abstention qui doit être observée par ce débiteur (ne pas faire) — et il faut, enfin, lorsqu'on est en présence d'une obligation qui trouve sa source dans un acte juridique, une cause qui en justifie l'existence.

Cet article 1371 est donc tout à fait conforme à l'article 982 C.c.B.C., si ce n'est qu'il est juridiquement plus précis, quant aux notions d'objet et de cause.

Section 1 — Précisions sur la notion d'objet

5. Objet du contrat, objet de l'obligation, objet de la prestation À la lecture du *Code civil du Bas-Canada* (art. 984 C.c.B.C., ainsi que Chap. premier «Des contrats», §4 — «De l'objet des contrats. Voir chap. V. — De l'objet des obligations», art. 1058 et ss. C.c.B.C.), on constate que l'on a confondu objet du contrat, objet de l'obligation et objet de la prestation; les articles 1371 et 1373 apportent donc les rectifications qui s'imposaient. L'objet de l'obligation est, en effet, «la prestation à laquelle le débiteur est tenu envers le créancier et qui consiste à faire ou à ne pas faire quelque chose» (art. 1373 al. 1); c'est la réponse à la question: *quid debetur?* C'est ce que doit le débiteur, c'est ce à quoi celui-ci s'est engagé, soit à faire soit à ne pas faire.

En revanche, il était admis que l'objet du contrat désignait l'opération juridique principale que les parties entendaient réaliser (vendre ou acheter, prêter ou emprunter etc.)[4]: c'est ce que confirme expressément l'article 1412: «l'objet du contrat est l'opération juridique envisagée par les parties au moment de sa conclusion, telle qu'elle ressort de l'ensemble de droits et obligations que le contrat fait naître».

Encore faut-il distinguer l'objet du contrat — opération juridique envisagée dans son ensemble — et l'objet de l'obligation — prestation à laquelle est tenu le débiteur — de la chose qui fait l'objet de la prestation, telle la chose vendue, achetée, louée, prêtée ou empruntée: il était erroné de dire que «toute obligation doit *avoir pour objet quelque chose* qu'une personne est obligée de... faire ou de ne pas faire» (art. 1058 C.c.B.C.); il était aussi erroné de dire qu'«il n'y a que les *choses* qui sont dans le commerce qui puissent être *l'objet d'une obligation* (art. 1059 C.c.B.C.), ou qu'«il faut que l'*obligation ait pour objet une chose* déterminée» (art. 1060 C.c.B.C.) etc.

Ce sont ces inexactitudes que vient corriger l'article 1373 qui précise également, dans son second alinéa, que la prestation — objet de l'obligation — doit être possible et déterminée ou déterminable et qu'elle ne doit être ni prohibée par la loi ni contraire à l'ordre public: on retrouve ici la substance de l'article 1062 C.c.B.C. , dont l'énoncé était, là encore, erroné[5]

Ces dispositions quant à l'objet de l'obligation sont complétées par l'article 1374 qui reprend la substance des articles 1060 et 1061, alinéa 1, C.c.B.C., en en corrigeant les lacunes: il faut que la prestation ait pour objet un bien déterminé au moins quant à son espèce et déterminable quant à sa quotité; il est de même prévu que la prestation «peut porter sur tout bien, même à venir», comme l'énonçait (mais incorrectement) l'article 1061, al. 1, c.c.B.-C.: «Les choses futures peuvent être l'objet d'une obligation»[6].

6. Observations particulières sur le «bien», objet de la prestation Deux observations doivent être faites sur l'article 1374.

D'une part, on remarque que n'est pas repris ici le second alinéa de l'article 1061 C.c.B.-C., interdisant la renonciation à une succession non ouverte ou toute stipulation sur une pareille succession, même avec le consentement de celui de la succession duquel il s'agit; ce n'est pas à dire que désormais ces pactes soient permis: la prohibition demeure, mais, comme il s'agissait d'une règle qui relevait du droit des successions, elle se retrouve maintenant à l'article 631, au Livre troisième, «Des Successions».

D'autre part, on constate que le législateur a choisi de dire que la prestation peut porter sur tout *«bien»*, plutôt que sur toute «chose», comme le faisait l'article 1061 C.c.B.-C. et que, d'une façon générale, le mot «chose» a été autant que possible banni: on le trouvait, en effet, dans chacun des articles 1058 à 1062 C.c.B.-C. Bien que l'utilisation de ce mot «chose» s'avère souvent commode, parce que passe-partout, elle conduit parfois à des inexactitudes sur le plan juridique, puisqu'elle a permis de confondre objet de l'obligation et objet de la prestation, c'est-à-dire la prestation et la «chose» matérielle qui est l'objet de la prestation, de même qu'elle a permis de confondre la chose matérielle sur laquelle une personne a un droit et le droit lui-même que cette personne a sur la chose; c'est ainsi qu'on a prétendu distinguer «biens corporels» et «biens incorporels», alors qu'en vérité une «chose corporelle» ne présente un intérêt, sur le plan juridique, pour une personne que si celle-ci a un droit sur cette chose (droit en tant que propriétaire ou en tant que locataire ou emprunteur, etc.): aussi, a-t-on pu soutenir que la distinction traditionnelle «biens corporels» et «biens incorporels» était inexacte, dans la mesure où les biens n'étant que des droits, ils sont nécessairement incorporels[7]. L'utilisation du mot «bien» est donc plus exacte que celle du mot «chose» et, de toute façon, même si l'on maintient la distinction traditionnelle en raison de sa commodité, le mot choisi par le législateur recouvre autant la chose matérielle que le bien immatériel, c'est-à-dire les droits: la prestation peut porter sur toute chose sur laquelle on a un droit ou sur tout droit dont on est titulaire, pourvu que...

On notera, enfin, que l'article 1059 C.c.B-C., selon lequel «il n'y a que les choses qui sont dans le commerce qui puissent être l'objet d'une obligation» («d'une prestation», aurait-il dû dire) ne se retrouve pas dans le nouveau Code, car, signifiant qu'il n'y a que les choses qui sont dans le commerce juridique qui peuvent être l'objet d'un tel commerce, il énonce une évidence; en outre, on fait remarquer que certaines choses «hors commerce», tels les objets sacrés, peuvent néanmoins «être l'objet de certaines prestations, ne serait-ce que pour leur réparation ou leur entretien»[8.] De toutes façons, l'objet d'une obligation ou l'objet d'un contrat comme la cause d'un contrat ne peuvent être contraires à la loi ou à l'ordre public (art. 1373 al. 2, 1413, 1411).

7. Objet de l'obligation: donner, faire, ne pas faire Deux observations supplémentaires doivent être faites sur la prestation, objet de l'obligation et sur la chose, objet de la prestation.

On enseigne traditionnellement — c'est d'ailleurs ce qu'énonce l'article 1058 C.c.B.-C. — que l'objet de l'obligation peut consister à faire, à ne pas faire ou à donner, dans le sens latin de *dare*, c'est-à-dire transférer la propriété d'une chose ou créer un droit réel sur une chose. Or, si l'article 1373 vise effectivement l'engagement de faire ou celui de ne pas faire quelque chose, il ne mentionne pas l'obligation de donner. Dans un système consensualiste, en effet, l'obligation de *dare* perd de son intérêt, puisque, en principe, le transfert du droit de propriété s'effectue, dans un contrat de vente, par le seul échange des consentements du vendeur et de l'acheteur: le caractère automatique et instantané du transfert de droit de propriété fait disparaître l'existence même de cette obligation de donner; on ne la rencontrait donc que dans certaines hypothèses, lorsque, par exemple le transfert de propriété se trouvait retardé, ne s'effectuait pas lors de l'échange des consentements.

Cette catégorie d'obligation, héritée du droit romain, ne présentant d'intérêt ni sur le plan théorique ni sur le plan pratique,

il n'est pas gênant de ne pas la retrouver dans le nouveau Code:
l'obligation de donner, lorsqu'elle se rencontrera, se trouvera
donc incluse désormais dans la catégorie des obligations de
faire.

Section 2 — Précisions sur la notion de cause

8. Cause de l'obligation et cause du contrat La première règle
du *Code civil du Bas-Canada* figurant dans les dispositions
générales relatives aux obligations, énonce qu'«il est de
l'essence de l'obligation qu'il y ait une cause d'où elle naisse»
(art. 982 C.c.B.-C.); traitant du contrat, ce même code nous
indique que parmi les «quatre choses... nécessaires pour (sa)
validité», il faut une cause ou considération licite» (art. 984,
989, 990 C.c.B.-C.). On sait que la notion de cause a été, dans
le passé, amplement discutée dans le cadre des éléments constitutifs du contrat et que l'on a fini par admettre très majori-
tairement la distinction entre la cause de l'obligation, cause
abstraite, objective et impersonnelle de l'engagement (*causa
proxima*), et la cause du contrat , cause subjective, raison personnelle de l'engagement du contractant (*causa remota*): on sait
aussi que certains auraient souhaité voir disparaître cette notion
du nouveau Code, sous le prétexte du peu d'utilisation que le
droit positif en fit en pratique et de la récupération qui pouvait
en être faite par d'autres dispositions[9].

Le législateur n'a pas suivi cette opinion et a donc repris la
notion de cause en énonçant, dans l'article 1371, que, «s'agissant d'une obligation découlant d'un acte juridique, (il est de
l'essence de l'obligation qu'il y ait) une cause qui en justifie
l'existence», référence à la notion de cause de l'obligation,
«raison objective, impersonnelle et abstraite» qui explique
pourquoi une personne est tenue par un lien d'obligation, indépendamment de toute raison personnelle. Cette notion qui,
contrairement à ce qu'a pu soutenir Planiol n'est pas fausse, ne
nous paraît pas non plus totalement inutile, car elle seule explique l'interdépendance existant entre les obligations réciproques
résultant d'un contrat synallagmatique, dès le moment de leur
formation. La théorie du droit ne change donc pas sur cette
question, l'article 1371 — complété par l'article 1410 — pre-

nant clairement parti en faveur de la théorie classique et évitant
ainsi tout nouveau débat académique[10].

Section 3 — Classification des sources de l'obligation

9. Le contrat et le fait juridique L'article 983 C.c.B.C. édicte
que «les obligations procèdent des contrats, des quasi-contrats,
des délits, des quasi-délits, ou de la loi seule». Les codificateurs
de 1866 avaient repris la «*summa divisio*» du droit romain, à
laquelle ils avaient ajouté «la loi seule», espèce de fourre-tout,
alors même que la loi, a-t-on pu dire, est la première source
d'obligations.

Cet énoncé avait été vigoureusement attaqué, la notion de
quasi-contrat demeurant floue, la distinction délit et quasi-délit
s'avérant sans grand intérêt sur le plan de la responsabilité
civile, l'«opération seule de la loi» se présentant comme une
formulation prêtant à confusion. Planiol avait alors réduit à
deux les sources des obligations: le contrat et la loi; c'est ce que
proposa l'O.R.C.C. dans son article 3 (Livre V): «Les obligations naissent du contrat ou de la loi». Or, cette classification
des sources avait, elle-même, fait l'objet de critique: le contrat,
avait-on pu soutenir, n'est source d'obligations que parce que la
loi en dispose ainsi, de sorte que la loi serait l'unique source
d'obligations.

Certes, toute classification est sujette à critique, mais le législateur a choisi d'adopter une formulation que suggèrent les
enseignements de la doctrine qui distingue l'acte juridique et le
fait juridique. Ainsi, selon l'article 1372, «L'obligation naît du
contrat et de tout acte ou fait auquel la loi attache d'autorité les
effets d'une obligation»; c'est dire que sont sources d'obligations, d'une part le contrat et, d'autre part, le fait juridique,
c'est-à-dire tout événement auquel la loi attache d'autorité des
effets de droit et plus précisément tout événement qui, de par la
loi, crée un rapport d'obligation entre deux personnes, indépendamment de toute volonté de l'une ou l'autre de ces personnes[11]. Le fait juridique recouvre donc incontestablement les
sources désignées dans le *Code civil du Bas-Canada* sous
l'appellation «quasi-contrats», «délits ou quasi-délits» et «opération seule de la loi»; quant au contrat, il demeure la source
principale des obligations.

Il serait permis de se demander si cet article 1372 reconnait l'engagement unilatéral, c'est-à-dire l'acte juridique par lequel une personne manifesterait de façon unilatérale sa volonté de créer des obligations à sa propre charge par sa seule volonté, ce qui n'a jamais été admis jusqu'à ce jour en droit civil québécois. L'O.R.C.C., dans son article 3, alinéa 2, propose que «(les obligations) naissent, en certains cas prévus par la loi, de l'acte juridique unilatéral» et indique, dans ses commentaires, qu'«il a été jugé opportun de reconnaître formellement que l'acte juridique unilatéral... est lui aussi source d'obligations dans les cas prévus par la loi»[12]. Malgré ce commentaire, on pouvait douter de la reconnaissance véritable de l'engagement unilatéral puisqu'un acte de volonté de la part d'une seule personne ne pouvait engendrer une obligation que si la loi prévoyait expressément cette obligation: celle-ci ne découlerait-elle pas, alors, de la loi plutôt que de l'acte de volonté? L'article 1372 ne nous paraît pas poser ce problème: l'«acte... auquel la loi attache d'autorité les effets d'une obligation» peut être un acte de volonté — la gestion de l'affaire d'autrui, par exemple, ou le paiement de l'indu ou une offre assortie d'un délai exprès — sans pour autant être un acte juridique: les obligations du gérant et du géré, celles du *solvens* ou de l'*accipiens*, celle de l'offrant de maintenir son offre découlent non point de la volonté des personnes en cause, mais bel et bien de la loi. C'est pourquoi il nous apparaît inutile de recourir à la théorie de l'engagement unilatéral [13].

Section 4 — Insistance sur des points fondamentaux

10. Rôle de la notion de bonne foi Parmi les principes du droit des obligations, il en est un qui n'était pas expressément énoncé dans le *Code civil du Bas-Canada*, bien qu'il fût fondamental; il est désormais consacré dans un texte: «La bonne foi doit gouverner la conduite des parties, tant au moment de la naissance de l'obligation qu'à celui de son exécution ou de son extinction» (art. 1375). Cette disposition, inspirée de l'article 1134, alinéa 3 C.c. français , reprend, dans le cadre de la théorie des obligations, le principe général que nous livre l'article 6: «Toute personne est tenue d'exercer ses droits civils selon les exigences de la bonne foi», ce qui laisse évidemment entendre que l'on ne peut exercer ses droits civils de façon abusive, comme l'édicte d'ailleurs clairement l'article 7, que l'on soit sur le plan contractuel ou extracontractuel. C'est dire que la bonne foi doit régner à tout moment au cœur des relations de droit entre les personnes; certes, il n'y a là rien de nouveau, mais l'insistance que met le législateur sur cette notion indique clairement que la morale n'est pas absente du droit des obligations, et devrait sensibiliser le juge, lors de l'analyse qu'il est éventuellement mené à faire des rapports d'obligation, dans son souci de rendre une meilleure justice[14].

11. Application à l'État du droit des obligations Parmi les dispositions générales, figure enfin l'article 1376, selon lequel «Les règles du présent livre s'appliquent à l'État, ainsi qu'à ses organismes et à toute autre personne morale de droit public, sous réserve des autres règles de droit qui leur sont applicables.»

Cet article qui n'avait pas de correspondant dans le *Code civil du Bas-Canada*, n'est que la codification du droit antérieur; il était, en effet, généralement admis qu'à défaut de législation particulière ou de prérogatives, l'État et les personnes morales de droit public étaient soumises au droit commun des obligations. Il ne peut désormais plus y avoir d'incertitude, d'autant que cet article 1376 complète l'article 300, relatif aux personnes morales de droit public — au titre Des personnes morales —, qui sont soumises au nouveau Code lorsqu'il y a lieu de compléter les lois particulières qui les régissent. Comme le font observer les commentaires du ministère de la Justice, certains autres articles du Code viennent, d'ailleurs, ajouter à ces dispositions générales [(par exemple, en matière d'appropriation de biens (art. 916), de responsabilité (art. 1464), de compensation (art. 1672), de prescription (art. 2877) ou de publicité des droits (art. 2964)] et la réserve portant sur les «autres règles de droit qui leur sont applicables» vise aussi bien les règles écrites que les règles non écrites de droit public[15].

Chapitre II — Du contrat

Section I — Disposition générale

12. Théorie générale du contrat et les contrats L'article 1377
n'est qu'une disposition introductive qui soumet tous les contrats quels qu'ils soient aux règles de ce chapitre deuxième
consacré au contrat. Toutefois, ces règles générales peuvent être
complétées ou mises de côté par des règles particulières, qui
sont énoncées, le cas échéant, au titre des contrats nommés.
Cette disposition générale placée en tête du chapitre permet
d'éviter de trouver, dans les articles consacrés aux contrats
nommés, des références ou des renvois aux règles générales,
comme cela se rencontrait dans le Code de 1866 (*cf.* art. 1473,
1670 C.c.B.-C.). Comme le notent les commentaires du ministère de la Justice, d'une part, cet article n'ayant rien d'impératif,
il doit se lire en conjonction avec l'article 9, selon lequel il peut
être dérogé aux règles supplétives de volonté, mais non point à
celles qui intéressent l'ordre public, et d'autre part il n'élimine
aucunement l'application éventuelle de la disposition préliminaire du Code, qui «a pour effet d'assurer la primauté des règles
établies par des lois particulières, en cas de conflit.»[16].

Section 2 — De la nature du contrat et de certaines de ses espèces

13. Classification des contrats Les articles 1378 à 1384 se
bornent à donner une définition générale du contrat dans ses
éléments les plus caractéristiques[17] — accord de volonté créant
des obligations — et une définition des catégories les plus courantes des contrats: c'est ainsi que sont présentés les contrats
d'adhésion ou de gré à gré, synallagmatique ou unilatéral, à titre
onéreux ou gratuit, commutatif ou aléatoire, à exécution instantanée ou successive, ou encore le contrat de consommation.

On pourrait se demander pour quelle raison le législateur québécois a éprouvé le besoin d'adopter des articles qui, en définitive, serait-on tenté d'affirmer, n'ont qu'une valeur pédagogique; certes le législateur français a ainsi procédé dans les
articles 1101, 1102, 1103 et 1104 C.c.fr. , mais ce n'est pas là
un motif suffisant. Il s'avérait cependant nécessaire de définir

deux catégories particulières de contrat, soit le contrat d'adhésion et le contrat de consommation, ces deux contrats étant
soumis à un régime qui leur est propre (*cf.* art. 1435, 1436 et
1437, par exemple); dès lors qu'il fallait traiter spécialement de
ces contrats et les définir aussi soigneusement que possible,
pourquoi se borner à ces deux seules catégories? D'où l'introduction de ces dispositions.

On s'attardera seulement sur la définition du contrat d'adhésion
(art. 1379) et celle du contrat de consommation (art. 1384), les
autres définitions données (art. 1380 à 1383) étant conformes
aux enseignements traditionnels.

14. Le contrat d'adhésion Définir le contrat d'adhésion n'est
pas aisé. Selon l'article 1379, «le contrat est d'adhésion lorsque
les stipulations essentielles qu'il comporte ont été imposées par
l'une des parties ou rédigées par elle, pour son compte ou suivant ses instructions, et qu'elles ne pouvaient être librement
discutées».

Certes, toute définition peut donner lieu à critique et, en particulier, celle qui concerne le contrat d'adhésion. Il a beaucoup
été écrit sur cette catégorie de contrat et la littérature sur le sujet
démontre que les auteurs ne s'entendent pas toujours sur les
critères permettant de qualifier une convention de contrat
d'adhésion, de sorte que les définitions proposées ont pu varier
selon les critères retenus[18]. Aussi, le législateur se devait-il de
prendre parti et dire ce qu'était, selon lui, un contrat d'adhésion.
On constate que les critères permettant de qualifier une
convention de contrat d'adhésion résident principalement dans
l'imposition, par l'un des contractants à l'autre, des stipulations
essentielles du contrat, c'est-à-dire les stipulations principales et
non point celles qui s'avèrent seulement accessoires ou secondaires, et dans l'impossibilité pour l'autre de les discuter librement. On retrouve donc les éléments classiques et caractéristiques du contrat d'adhésion qui s'oppose au contrat de gré à
gré, qui impliquent non point l'absence volontaire de négociations, mais plutôt l'absence de la faculté d'en négocier librement le contenu, étant donné vraisemblablement le déséquilibre
des forces en présence. On constate également, par la formulation de cet article («stipulations imposées par l'une des parties
ou rédigées par elles, pour son compte ou suivant ses instruc-

tions») que ne sont pas systématiquement confondus contrat d'adhésion et contrat-type, celui-ci étant le contrat qui a fait l'objet d'un écrit préparé à l'avance, pour une catégorie donnée de relations contractuelles, le «modèle qui fait autorité»; un contrat-type peut être un contrat d'adhésion, mais tout contrat-type n'est pas nécessairement un contrat d'adhésion[19]: il ne le sera que lorsque l'essentiel de son contenu sera imposé par celui des contractants qui l'a rédigé — directement ou indirectement («pour son compte ou suivant ses instructions») — et qu'il n'a pu faire l'objet d'une libre négociation.

Certes, nombreux sont aujourd'hui les contrats qui ne laissent place à aucune discussion, mais ce qui importe, c'est de remédier aux inconvénients susceptibles de résulter de cette impossibilité de négocier, l'un des contractants, en position de force, imposant de façon incorrecte ou abusive sa volonté à l'autre qui, en position de faiblesse, a pour seul choix d'adhérer ou de ne pas contracter. En ces cas, s'appliqueront les dispositions visant particulièrement le contrat d'adhésion, tels les articles 1435, 1436, 1437[20].

15. Le contrat de consommation. Lors de toute codification nouvelle, se pose la question de savoir ce que doit contenir le code; à cet égard, eut lieu un débat sur l'opportunité ou non d'inclure dans le nouveau code les règles particulières relatives au contrat de consommation, telles qu'on les trouve dans la *Loi sur la protection du consommateur*. Après hésitations et controverses, le législateur estima préférable de ne pas ajouter le contrat de consommation à la liste des contrats nommés dont fait état le Titre deuxième du Livre cinquième; toutefois, l'introduction d'une définition du contrat de consommation parut nécessaire et utile non point seulement pour soumettre ce contrat aux règles particulières auxquelles sont soumis également les contrats d'adhésion (art. 1435 et ss.), mais aussi et surtout pour montrer clairement que la *Loi sur la protection du consommateur,* comme d'ailleurs d'autres lois protectrices, font partie intégrale du droit civil, bien que non insérées dans le nouveau Code civil: il convenait de faire le lien entre le nouveau Code et le droit de la consommation qui prend une place de plus en plus importante dans notre droit civil. C'est pourquoi l'introduction dans le code civil, de certaines dispositions générales touchant le contrat de consommation aurait pu, nous semble-t-il, être justifiée.

Quoi qu'il en soit, l'article 1384 livre une définition du contrat de consommation qui dépasse le cadre de celle qui en est donnée par la *Loi sur la protection du consommateur* (L.R.Q. ch. P-40.1), pour couvrir également des contrats définis dans d'autres lois destinées aussi à protéger le consommateur, telles la *Loi sur les arrangements préalables de services funéraires et de sépulture* (L.R.Q. ch. A-23.001) et la *Loi sur les agents de voyage* (L.R.Q. ch. A-10), chacune de ces lois offrant une définition du contrat qu'elle entend régir.

L'article 1384 se lit donc ainsi: «Le contrat de consommation est le contrat dont le champ d'application est délimité par les lois relatives à la protection du consommateur, par lequel l'une des parties, étant une personne physique, le consommateur, acquiert, loue, emprunte ou se procure de toute autre manière, à des fins personnelles, familiales ou domestiques, des biens ou des services auprès de l'autre partie, laquelle offre de tels biens ou services dans le cadre d'une entreprise qu'elle exploite.»

Section 3 — De la formation du contrat

Par. 1 - Les conditions de formation

16. Éléments constitutifs du contrat Le schéma demeure ce qu'il était: le contrat étant un accord de volonté, il faut, pour que le contrat se forme, que la volonté de chacune des parties contractantes se rencontre — c'est l'échange des consentements — et pour cela encore faut-il que ces personnes soient capables de contracter; il faut encore que les obligations découlant de cet accord aient un objet déterminé, ainsi qu'une cause (art. 1385).

Préalablement à l'analyse de ces éléments qui permettent à un contrat d'exister et d'être valide, on rappellera qu'est maintenu le principe du consensualisme.

17. Maintien du principe du consensualisme Compte tenu d'un incontestable renouveau, au cours de ces dernières années, du formalisme qui s'est manifesté principalement dans les mesures de protection prises en faveur de certaines catégories

de personnes, particulièrement les consommateurs au sens large
du terme, compte tenu de l'imposition de plus en plus fréquente
de formules-type de contrat, il aurait été permis de se demander
si le contrat consensuel n'allait pas devenir l'exception et le
contrat solennel la règle. Le législateur répond catégoriquement
à cette question: le consensualisme demeure la règle, la solennité demeure l'exception. Ce principe est clairement exprimé à
l'article 1385. Le droit ancien est donc maintenu: le contrat se
forme par le seul échange des consentements; il n'y a de contrat
solennel que lorsque la loi exige l'accomplissement d'une formalité comme élément nécessaire à la formation du contrat,
élément en l'absence duquel le contrat ne pourrait exister valablement.

Il y a, toutefois, un autre cas où l'échange de consentement ne
suffira pas: c'est celui où les parties contractantes auront voulu
qu'il en soit ainsi et auront décidé d'un commun accord que
leur entente ne vaudra que lorsqu'elle sera revêtue de la solennité par elles prévues: c'est l'expression même de la liberté
contractuelle.

18. Solennité et autres formalités Peut- être n'est-il pas inutile
de rappeler, à ce propos, qu'il importe de continuer à distinguer
la formalité «ad solemnitatem», nécessaire à la formation du
contrat — qui donne au contrat son caractère solennel — et la
formalité «ad probationem», destinée à procurer une preuve du
contrat ou à le rendre opposable aux tiers (tel l'acte de vente
portant sur un immeuble, dressé devant notaire) ou encore la
formalité habilitante, telle l'autorisation judiciaire donnée à la
vente d'un bien appartenant à un mineur.

La distinction contrat consensuel et contrat solennel perdure
donc, comme subsiste d'ailleurs la catégorie des contrats réels[21]:
ainsi en est-il du contrat de dépôt (art. 2281), du contrat de prêt
(art. 2313 et 2314), du contrat de gage (art. 2702).

Quant au contrat solennel, l'article 1385 est complété par les
articles 1414 et 1415. L'article 1414 rappelle que la solennité
exigée par la loi ou par la volonté des contractants doit être
observée, ce qui paraît aller de soi, mais aussi — et c'est ce qui
est important — que la formalité ou solennité prévue doit également être observée lorsqu'une modification est apportée à un
tel contrat: le formalisme ne pourra être alors évité que si la

modification porte sur des stipulations accessoires et non point principales. Cette disposition permet d'éviter tout débat sur la question de la validité des modifications apportées à un contrat solennel: le seul point de discussion possible portera sur le caractère principal ou accessoire des stipulations nouvelles[22].

Quant à l'article 1415, il répond à l'avance à une question qui aurait pu être posée: une promesse de contracter est-elle soumise à la solennité exigée par la loi pour le contrat envisagé? La réponse est négative. Ainsi, la promesse de conclure une convention d'hypothèque portant sur un immeuble est valide, même si elle n'est pas notariée; il en est de même d'une promesse de donation[23].

Le principe de consensualisme étant posé, on analysera successivement les éléments du contrat, c'est-à-dire le consentement, l'objet et la cause.

Sous-par. 1 - Le consentement

Le consentement doit exister, il doit être intègre et doit être donné par une personne capable de contracter.

A) Le consentement doit exister

19. Échange de consentement Le «consentement» consiste ici en un concours de volonté, puisque le contrat implique la volonté de deux parties au moins, volonté de s'obliger de la part de celui qui s'engage et volonté d'accepter cet engagement de la part du créancier qui en bénéficie (art. 1388). C'est par cet échange de consentement que le contrat va se former et, pour qu'il y ait échange, il est évidemment nécessaire que la volonté de chacune des parties soit manifestée à l'autre, que ce soit de façon expresse ou tacite: l'une des parties prendra l'initiative en proposant à l'autre de contracter et cette autre partie déclarera consentir ou manifestera d'une façon ou d'une autre, son accord. La proposition constitue une offre, la réponse est une acceptation (art. 1386).

Le *Code civil du Bas-Canada* n'a aucunement traité de l'offre et de l'acceptation, à l'exception de l'article 988 C.c.B.C. qui se borne à mentionner que le consentement peut être exprès ou implicite. Le *Code civil du Québec* présente le schéma des différentes étapes menant à la conclusion d'un contrat, à la lumière des enseignements passés, et répond, nous semble-t-il, à certaines questions qui se posaient dans le droit d'hier[24].

1. L'offre

20. Notion d'offre Qu'est-ce qu'une offre?

C'est une proposition s'adressant aussi bien au public — ou plus précisément à des personnes indéterminées, non individuellement désignées — qu'à une personne déterminée (art. 1390 al. 1), contenant tous les éléments du contrat envisagé, tout au moins ses éléments principaux. C'est donc une proposition précise, mais aussi une proposition ferme (art. 1388).

Qu'en est-il, alors, de la proposition qui est assortie de réserves?

21. Offre assortie de réserves À priori, s'il y a des réserves, l'offre n'est pas ferme. Pourtant, certaines réserves n'affectent pas le caractère ferme ou précis de l'offre: par exemple, offre de vendre tel produit avec la réserve «jusqu'à épuisement des stocks». En revanche, si la réserve porte sur l'*intuitus personae*, est-ce encore une offre? L'offrant se réservant la faculté d'agrément, il souhaite avoir le dernier mot et, donc, n'est pas prêt à contracter avec quiconque accepterait: la proposition n'est pas ferme (par exemple, une «offre d'emploi»); il en serait de même de l'«offre» avec une réserve portant sur le prix: il s'agirait, là, d'une proposition imprécise qui reviendrait à dire que l'offrant contracterait «s'il lui plaisait»).

22. Offre et invitation à négocier Qu'en est-il de la proposition qui n'a pas ces caractères de précision et de fermeté (qui, donc, ne comporte pas «tous les éléments essentiels du contrat envisagé et qui (n') indique (pas) la volonté de son auteur d'être lié en cas d'acceptation.»: art. 1388)? Il s'agit, alors, d'une invitation à engager des pourparlers, invitation à négocier: on est au stade des palabres, plus ou moins sérieuses, qui, le cas échéant, déboucheront sur une offre véritable de la part de l'une ou l'autre des parties (*cf.* art. 1389 indiquant, sans nécessité d'ailleurs, que l'offre émane en principe de la personne qui prend l'initiative du contrat ou qui en détermine le contenu, mais qu'elle peut aussi émaner de la personne qui présente le dernier élément du contrat projeté: c'est le cas de celui qui, ayant refusé l'offre qui lui a été faite, présente à son tour une offre — une «contre-offre» — qui, elle, sera éventuellement acceptée par... l'offrant originaire).

L'offre étant ainsi comprise et distinguée de l'invitation, quelle est sa durée, en attendant une acceptation?

23. Durée de l'offre Dans le droit d'hier, on distinguait l'offre simple, c'est-à-dire celle qui n'est pas assortie d'un délai exprès, l'offre assortie d'un délai exprès, et la promesse de contracter. Cependant, une grande confusion régnait sur la question de savoir si l'offrant avait ou non l'obligation de maintenir son offre malgré l'absence d'un délai exprès et si l'offre assortie ou non d'un délai exprès était un fait juridique ou un engagement unilatéral ou une promesse de contracter.

Le nouveau Code répond à ces questions et nous paraît mettre un terme à la discussion.

L'offre de contracter peut, en effet, être assortie ou non d'un délai pour son acceptation (art. 1390, al. 1): on retrouve donc l'offre simple et l'offre avec délai.

24. Retrait de l'offre simple L'offre simple, c'est-à-dire non assortie d'un délai exprès, «demeure révocable tant que l'offrant n'a pas reçu l'acceptation» (art. 1390, al. 2). C'est dire que l'auteur d'une offre simple n'est pas lié par cette offre et peut retirer son offre tant qu'une acceptation ne lui est pas parvenue: l'offrant ne s'engage donc pas à maintenir son offre dans quelque délai que ce soit, de sorte que l'offre n'est pas un acte juridique, ni engagement unilatéral, ni promesse de contracter. Elle est un fait. Cependant, si l'offrant a le droit de retirer son offre en tout temps avant l'acceptation, il n'a pas le droit de causer un préjudice à autrui en exerçant de façon abusive son droit de retrait. Et le retrait ne pourra être abusif que dans des circonstances particulières qui relèvent de l'application de la théorie de l'abus de droit, telle que consacrée sur le plan législatif à l'article 7, donnant lieu, le cas échéant, à l'octroi de dommages-intérêts.

Dire que l'on n'a pas le droit d'exercer abusivement le droit de retirer son offre, c'est tout autre chose que de dire que l'offrant a l'obligation de maintenir son offre dans un délai raisonnable, ce que certains soutenaient.

25. Retrait de l'offre assortie d'un délai Quant à l'offre assortie d'un délai, elle «est irrévocable avant l'expiration du délai» (art. 1390, al. 2): c'est dire que la loi oblige en ce cas l'offrant à maintenir son offre pendant le délai prévu et lui interdit de la retirer. Si donc l'offrant retire cette offre avant l'expiration du délai, il est considéré comme ayant commis une faute en ne respectant pas cette obligation légale, puisqu'il a trompé le destinataire de l'offre en lui laissant croire qu'il tenait à contracter avec lui et qu'il ne retirerait pas son offre pendant un temps déterminé. Si donc ce retrait fautif fait subir un préjudice au destinataire de l'offre, celui-ci a droit à réparation et c'est alors une simple question de responsabilité extracontractuelle, puisque, par le retrait fautif de cette offre assortie d'un délai, l'offrant manque à son devoir de respecter une règle de conduite qui, suivant la loi, s'impose à lui (art. 1457)[25].

Après avoir distingué le caractère révocable ou irrévocable de l'offre, il importe de signaler les cas dans lesquels l'offre devient caduque.

26. Caducité de l'offre Il est d'abord évident que l'offre est inconsistante et dépourvue d'effet si le destinataire de l'offre reçoit de l'offrant l'indication qu'il révoque l'offre, avant même que ce destinataire ait reçu l'offre elle-même (art. 1391): il est normal qu'il en soit ainsi, que l'offre soit ou non assortie d'un délai, puisque le destinataire est informé de la révocation d'une offre dont il n'a pas encore eu connaissance; cette révocation ne change donc aucunement sa vie.

Il est aussi évident que l'offre devient caduque, avec ou sans délai, dès lors que le destinataire l'a refusée: le destinataire ayant exprimé sa volonté de ne pas contracter, il ne peut guère y avoir échange de consentement (art. 1392 al 1, *in fine*).

S'agissant d'une offre assortie d'un délai, on comprend aisément que l'offre devienne caduque dès lors que le bénéficiaire ne répond pas dans le délai imparti: faute d'avoir reçu une acceptation avant l'expiration du délai prévu, l'offrant est libéré de l'obligation légale qu'il avait de maintenir son offre à l'égard d'un destinataire qui, en ne répondant pas, manifeste sa volonté de ne pas conclure le contrat proposé; il est alors normal que l'offrant prenne acte de cette abstention (art. 1392).

S'agissant d'une offre simple, non assortie d'un délai exprès, l'offre devient caduque si aucune acceptation n'est reçue «à l'expiration d'un délai raisonnable (art. 1392), délai dont le caractère raisonnable sera laissé à l'appréciation du tribunal selon le type de contrat envisagé, les relations préexistantes des parties, les pratiques et usages commerciaux; il paraît, en effet, normal de dire que l'acceptation qui ne répond pas à l'offre dans un délai raisonnable ne rencontre pas l'offre qui, de ce fait, devient alors caduque, car, s'il n'en était pas ainsi, l'offre qui n'aurait pas été expressément retirée serait éternellement maintenue, c'est-à-dire ouverte à une acceptation qui pourrait venir à n'importe quel temps. Il existe d'autres événements qui rendent caduque l'offre, qu'elle soit ou non assortie d'un délai, pourvu qu'ils surviennent avant que l'acceptation ne soit reçue par l'offrant, c'est-à-dire avant que le contrat ne soit formé par l'échange de consentement: c'est le décès ou la faillite de l'offrant ou du destinataire de l'offre, de même que l'ouverture d'un régime de protection à l'égard de l'un ou de l'autre (art. 1392, al. 2).

Si l'offrant décède ou devient incapable avant que le contrat ne se forme, il est normal que l'offre devienne caduque, puisque, dans le cas de décès, l'offrant n'a plus d'existence... juridique et, dans le cas d'incapacité, l'offrant ne possède plus une volonté lui permettant d'agir en pleine connaissance de cause: dans l'un et l'autre cas, le contrat ne peut plus se former valablement. La solution exprimée par le législateur est celle qui a toujours été retenue: l'offre meurt avant l'offrant ou devient inopérante en même temps que survient l'incapacité; l'offre n'étant pas un acte juridique, on ne peut prétendre que le décès ou l'incapacité soit constitutif de faute, engageant la responsabilité du défunt ou de l'incapable.

Ce qui est nouveau, dans l'article 1392, alinéa 2, c'est le cas de la faillite de l'offrant ou du destinataire de l'offre, cause de caducité de l'offre: que la faillite soit celle de l'offrant ou celle du destinataire de l'offre, la situation devient difficile pour l'un comme pour l'autre et il est à craindre que l'un ou l'autre — ou peut-être l'un et l'autre — subisse un préjudice ou quelque inconvénient sérieux du fait même de la faillite. Le législateur a estimé qu'il était alors plus sage de traiter la faillite de la même façon que le décès ou l'incapacité: le contrat n'étant pas encore formé, l'offre devient caduque.

27. Offre assortie d'un délai exprès et promesse de contracter S'il est aisé de distinguer l'offre simple de l'offre assortie d'un délai exprès, il est parfois plus délicat de distinguer l'offre assortie d'un délai exprès, de la promesse de contracter.

Lorsque celui à qui s'adresse l'offrant manifeste son intérêt à l'affaire, on peut alors soutenir immédiatement que ce signe signifie acceptation d'envisager l'hypothèse de conclure l'affaire: il y a donc déjà un accord de volonté, donc contrat, mais contrat unilatéral dans ses effets, puisque seul l'offrant s'engage, son obligation consistant à maintenir l'offre dans le délai prévu et donc à conclure le contrat proposé si l'acceptation finale est donnée dans le délai accordé. on se trouve dans la situation d'une promesse unilatérale de contracter, l'offrant étant alors un «promettant».

Lorsque celui à qui s'adresse l'offrant ne donne, au contraire, aucun signe d'intérêt à l'affaire qui lui est proposée, demeure totalement silencieux par exemple, le droit d'hier était hésitant: certains disaient que silence valait ici acceptation et on aurait été alors en présence d'une promesse unilatérale de contracter, mais d'autres soutenaient, au contraire, que silence ne valait pas acceptation et qu'on n'était donc pas en présence d'une promesse.

L'article 1396 nous paraît désormais résoudre clairement le problème: lorsque le destinataire de l'offre, personne déterminée, «manifeste clairement à l'offrant son intention de prendre l'offre en considération et d'y répondre dans un délai raisonnable ou dans celui dont elle est assortie,» il y a accord de volonté entre lui et l'offrant, donc contrat en vertu duquel l'offrant s'est engagé à maintenir son offre et à conclure ultérieurement le contrat envisagé, donc contrat unilatéral puisque seul l'offrant s'est engagé, que l'on appelle promesse unilatérale de contracter.

Si donc il n'y a pas, de la part du destinataire de l'offre, une manifestation claire, un signe non équivoque d'intérêt à l'égard de l'affaire proposée, il n'y a pas alors acceptation, donc pas d'accord de volonté, pas de promesse de contracter: on est en présence d'une «offre assortie d'un délai» dont traite l'article 1390; le silence du destinataire de l'offre ne vaut donc pas acceptation, conformément au principe énoncé à l'article 1394.

Quel est, alors, l'intérêt de distinguer l'offre assortie d'un délai, de la promesse de contracter? On a vu que l'offre relevait du fait juridique et donc, le cas échéant, de la responsabilité extra-contractuelle, tandis que la promesse de contracter est un contrat, soumis donc aux règles générales du contrat. C'est dire, entre autres choses, que l'article 1392, alinéa 2 ne s'applique pas à la promesse de contracter, que le décès ou la faillite du promettant ou du créancier de la promesse, de même que l'ouverture d'un régime de protection de l'un ou de l'autre ne rend pas caduque la promesse: celle-ci — acte juridique — se trouve dans le patrimoine du défunt, du failli ou de l'incapable.

Il ressort également de l'article 1396, alinéa 1, que l'offrant ainsi engagé — le promettant — est lié durant le délai prévu par la promesse, s'il en est un, mais qu'à défaut d'avoir prévu un délai, il est tenu de maintenir sa promesse durant un délai raisonnable, le caractère raisonnable de ce délai étant laissé, là encore, à l'appréciation du tribunal selon les circonstances de l'espèce. Le code consacre ainsi les solutions antérieures.

Il en est de même des effets d'une promesse de contracter.

28. Effets de la promesse de contracter La promesse, à elle seule, n'équivaut pas au contrat envisagé: elle est un contrat qui en prépare un autre et c'est pourquoi la promesse est parfois baptisée «avant-contrat», qui permet au créancier de la promesse de réfléchir, de délibérer et de prendre enfin une décision; c'est ce qu'on appelle communément la «levée de l'option», si toutefois la décision est positive. Lorsque le créancier de la promesse unilatérale lève l'option, ou bien il décide de conclure immédiatement le contrat envisagé, ou bien il décide de s'engager à son tour à conclure ultérieurement le contrat envisagé: en ce dernier cas, la promesse qui était unilatérale devient une promesse synallagmatique. Comme il arrive parfois que les parties intéressées ne s'expriment pas de façon suffisamment claire au moment de la levée de l'option, le législateur présume qu'avec la levée de l'option, on est en présence d'une promesse synallagmatique de conclure ultérieurement le contrat envisagé, plutôt qu'en présence du contrat envisagé: mais il suffirait au créancier de la promesse unilatérale de manifester clairement sa volonté de conclure immédiatement le contrat envisagé, pour qu'il en soit ainsi. Le choix du législateur a été guidé par les pratiques courantes connues dans le marché immobilier: le candidat acheteur promet au vendeur potentiel d'acheter son immeuble à telles conditions, le vendeur accepte d'envisager l'hypothèse de vendre au promettant -acheteur (promesse unilatérale d'achat), puis le vendeur promet à son tour de vendre ultérieurement ledit immeuble (promesse synallagmatique d'achat et de vente) qui fera l'objet d'un contrat de vente, conclu à telle date, devant tel notaire.

Le législateur a également décidé, dans la foulée, de prévoir ce qu'il adviendrait dans l'hypothèse où l'exécution de la promesse de contracter serait rendue impossible du fait de la conclusion du contrat projeté avec une tierce personne: quelle serait, par exemple, la situation du créancier d'une promesse et celle d'un promettant-locateur ou d'un promettant-vendeur qui aurait loué ou vendu le bien envisagé à une personne autre que le créancier de la promesse, advenant le cas où ce dernier lèverait l'option? Le contrat conclu par le promettant avec la tierce personne pourrait-il être anéanti? La réponse est négative. En un tel cas, en vertu de l'article 1397, le contrat conclu avec la tierce personne est opposable au créancier de la promesse; toutefois, ce dernier aurait un recours en dommages-intérêts contre le promettant qui n'a pas respecté son engagement, de même d'ailleurs qu'un recours contre le tiers qui, de mauvaise foi, c'est-à-dire ayant eu connaissance de l'existence de cette promesse, a conclu le contrat avec le promettant. Afin de préserver la sécurité des transactions, on a préféré le maintien du contrat passé avec le tiers et une réparation par équivalent plutôt que la réparation en nature, c'est-à-dire la conclusion forcée du contrat entre le promettant et le créancier de cette promesse.

C'est cette même règle énoncée à l'article 1397 qui a été retenue dans l'hypothèse du contrat conclu en violation d'un pacte de préférence: exécution par équivalent[26].

29. Offre ou promesse au public ou à personnes indéterminées On observera que ce qui a été dit vaut tant pour l'offre faite à une personne déterminée que pour l'offre faite *au public* ou à des personnes indéterminées, en ce sens qu'une offre faite au public peut être retirée de la même façon qu'une offre faite à une personne déterminée: une offre simple faite au public pourra être retirée à tout moment avant qu'une personne n'y réponde par une acceptation. En revanche, si l'offre faite au public est assortie d'un délai exprès, on pourrait soutenir désormais qu'en vertu de l'article 1390, cette offre est irrévocable avant l'expiration du délai: en effet, il est permis de penser que le refus, par exemple, de vendre un produit offert au prix annoncé, alors que les stocks ne sont pas épuisés et que le délai n'est pas expiré, reviendrait à abuser de la confiance du public, entraînant la responsabilité extracontractuelle de l'offrant. Il faut toutefois comprendre qu'il ne peut y avoir de promesse faite au public, puisqu'une promesse — étant un contrat — suppose l'acceptation de la part d'une personne déterminée, de prendre l'offre en considération: on ne peut pas s'engager contractuellement à l'égard de personnes indéterminées. Dans l'hypothèse, cependant, où un promettant s'engagerait, à l'égard de plusieurs personnes déterminées, à conclure un seul et même contrat, il est évident qu'il engagerait sa responsabilité contractuelle dans la mesure où il ne pourrait pas remplir la même obligation à l'égard de toutes ces personnes. Il en serait ainsi également dans l'hypothèse où une personne ferait une *offre* assortie d'un délai, à plusieurs personnes déterminées: il n'est guère possible de s'engager à l'égard de plusieurs personnes à leur vendre le même meuble ou le même immeuble, sans en tromper quelques unes, et donc sans engager sa responsabilité extra contractuelle, en ce cas.

30. Offre ou promesse de récompense Il est un autre problème qui était controversé dans le droit d'hier et que règle de façon décisive le nouveau Code, celui que posait l'offre ou promesse de récompense: promesse de verser X dollars en récompense à qui retrouvera tel bien. S'agit-il véritablement d'une promesse unilatérale de payer, d'un engagement unilatéral, ou simplement d'un fait qui n'engage à rien? On répondait tantôt qu'on était en présence d'une promesse qui donc engagerait (lorsque celui qui retrouvait le bien avait eu connaissance de l'offre), tantôt qu'on était en présence d'un fait juridique donnant éventuellement ouverture à une action *de in rem verso* (lorsque celui qui retrouvait le bien n'avait pas eu connaissance de l'offre). L'article 1395 répond à la question: l'offre de récompense à quiconque accomplira un acte donné (on pourrait ajouter: ou à quiconque s'abstiendra d'accomplir tel acte) «est réputée acceptée et lie l'offrant dès qu'une personne, même sans connaître l'offre, accomplit cet acte» (ou s'abstient de l'accomplir). Le législateur présume donc de façon irréfragable[27] que cette offre est acceptée, de sorte que l'offre de récompense est en réalité une promesse unilatérale par laquelle celui qui annonce la récompense s'engage à la remettre à celui qui accomplira la chose envisagée: on a ici véritablement recours à une fiction, puisque l'offrant sera engagé contractuellement, même si l'offre ne parvient à la connaissance de celui qui accomplit «l'acte donné», que postérieurement à l'accomplissement du fait. L'échange de consentement peut donc s'avérer fictif, mais cette solution permet d'aboutir à un résultat équitable qui se concrétise par l'exécution de la promesse. Il n'en serait pas ainsi, et donc l'offrant ne serait pas lié, seulement dans l'hypothèse où l'offrant réussirait à révoquer de façon expresse et suffisante son offre, avant que le fait envisagé n'ait été accompli: la loi accorde donc au promettant un «droit de repentir», la faculté de revenir sur son engagement, pourvu que la révocation soit manifeste et antérieure au résultat recherché.

2- L'acceptation

31. Notion d'acceptation Quant à l'acceptation, c'est cette manifestation de volonté qui, répondant à l'offre, fait que le contrat se forme. Le code nouveau ne modifie en rien le droit antérieur. Cette acceptation peut se manifester de façon expresse ou implicite, pourvu que la volonté de l'acceptant soit claire. C'est pourquoi l'article 1394 maintient le principe selon lequel le silence ne vaut pas acceptation; toutefois, en certains cas, le silence peut être interprété comme une acceptation: le silence vaut acceptation lorsque les parties l'ont voulu ou que la loi le dit ou que les circonstances particulières s'y prêtent, tels les usages ou les relations d'affaires antérieures.

Enfin, pour que l'acceptation permette la formation du contrat, encore faut-il qu'il y ait concordance de l'offre et de l'acceptation; et il y aura concordance même si les parties ont convenu de réserver leur accord sur certains éléments secondaires, puisqu'il suffit que l'offre contienne les éléments essentiels (art. 1387 *in fine* et 1388); aussi, l'article 1393 précise-t-il que l'acceptation qui n'est pas substantiellement conforme à l'offre ne vaut pas acceptation, mais qu'elle peut constituer elle-même une offre nouvelle, une «contre-offre».

Ne constitue pas non plus une acceptation permettant la conclusion du contrat, l'acceptation qui répond à une offre après que celle-ci soit devenue caduque.

32. Moment et lieu de formation du contrat Il importe, alors, de préciser le moment et le lieu auxquels l'acceptation rencontre l'offre: c'est poser le problème du moment et du lieu de la formation du contrat lorsque l'offrant et l'acceptant ne sont pas en présence l'un de l'autre. On se rappellera que la doctrine avait proposé deux systèmes, celui de l'expédition et celui de la réception, chacun ayant ses avantages et ses inconvénients, et que la jurisprudence avait tergiversé pour aboutir, en définitive, à une solution qui ne manquait pas d'ambiguïté, en distinguant selon que les moyens ou plus précisément les intermédiaires utilisés pour communiquer l'offre et l'acceptation étaient identiques ou non et en traitant à part le contrat par téléphone[28]. Le nouveau Code tranche le débat, en retenant une solution unique, le système de la réception: «le contrat est formé au moment où l'offrant reçoit l'acceptation et au lieu où cette acceptation est reçue quel qu'ait été le moyen utilisé pour la communiquer»; le contrat se caractérise donc par le concours effectif de la volonté de l'offrant et de la volonté de l'acceptant, la réception de l'acceptation par l'offrant faisant présumer que celui-ci a ainsi connaissance de l'acceptation. Il n'y a donc plus lieu de distinguer désormais les contrats par téléphone des contrats par correspondance: dans tous les cas, c'est le moment et le lieu où est reçue l'acceptation qui sont déterminants, sans qu'on ait à se demander si les parties ont utilisé ou non téléphone à l'aller et télécopieur au retour ou service postal et compagnie privée de messageries, sans que la solution juridique soit tributaire — ce qui n'aurait pas de sens — d'un choix technique. La règle est désormais claire et cohérente, le législateur a opté pour *un* système, celui de la réception.

B - Le consentement doit être intègre

33. Les vices du consentement L'accord de volonté qui constitue le contrat, est, on vient de le voir, un échange de consentement; mais encore faut-il que ce consentement ait été donné librement, c'est-à-dire sans crainte, et de façon éclairée, c'est-à-dire en toute connaissance de cause. C'est ce qu'exprime l'article 1399, alinéa 1: «le consentement doit être libre et éclairé».

Depuis quelques années, on entend beaucoup parler de «consentement éclairé», comme s'il s'agissait de quelque chose de neuf, récemment découvert par la jurisprudence — notamment dans le cadre des relations médecin-patient —, alors que la théorie des vices du consentement, que Pothier connaissait bien, a toujours voulu dire qu'un consentement ne pouvait être valable s'il n'était pas donné en toute connaissance de cause, en d'autres mots «de façon éclairée». Il n'y a donc là rien de nouveau.

IL y a cependant du nouveau dans le *Code civil du Québec*, relativement à la distinction que l'on faisait, dans le droit antérieur, entre l'absence de consentement et le vice de consentement; celui qui n'avait pas une volonté claire et consciente ne donnait pas, en effet, un consentement vicié: il ne donnait aucun consentement et il y avait donc absence de consentement de sa part qui, empêchant le contrat de se former, était sanctionné par la nullité absolue. Au contraire, celui dont le consentement était vicié donnait un consentement, lequel cependant était imparfait et pouvait aboutir à la nullité si elle était demandée, nullité relative. Or, on aura l'occasion de voir plus loin que désormais absence de consentement et vice de consentement sont traités, par le Code, de la même façon[29].

Quels sont donc ces vices qui rendent le consentement imparfait? Le nouveau Code civil nous les indique: ce sont l'erreur spontanée, l'erreur provoquée ou le dol, la crainte et la lésion (art. 1399, al.. 2).

Dans un contexte d'autonomie de la volonté, on pourrait être tenté de prétendre que tout vice devrait être pris en considération, en ce sens que toute manifestation déclarée de volonté qui ne correspond pas à la volonté interne — c'est-à-dire ce qui

est réellement voulu — devrait aboutir à la nullité du contrat:
on ne peut pas être finalement engagé à quelque chose que l'on
a mal exprimé et que l'on n'a pas véritablement voulu.

On devine, alors, les difficultés et les conséquences que ne
manquerait pas d'entraîner la mise en œuvre d'une pareille
idée: on ne doit pas oublier qu'un contrat se fait à deux et que
le partenaire de celui dont le consentement est vicié risque grandement d'en souffrir. Il y va de la sécurité des transactions. Or,
on ne peut pas permettre qu'entre les contractants le doute
s'installe et que l'incertitude règne; d'où la nécessité de tempérer les ardeurs du volontarisme! C'est d'ailleurs ce qu'a fait
et continue de faire le législateur dans sa grande sagesse et c'est
ce que devraient également faire les tribunaux lorsqu'ils appliquent la règle: tenter d'atteindre un juste équilibre entre le respect de la volonté et la sécurité du commerce juridique.

1. L'erreur

Commettre une erreur, c'est se tromper, c'est croire à quelque
chose qui n'existe pas, c'est se faire une fausse idée de la réalité. Traditionnellement, on a distingué l'erreur-obstacle,
l'erreur indifférente et l'erreur-vice de consentement.

34. Erreur-obstacle L'erreur-obstacle était l'erreur monumentale, celle qui portait sur des questions fondamentales, telle la
nature du contrat[30] (art. 992 C.c.B.C.) ou l'identité de la chose,
objet de la prestation[31]: l'un des contractants croit prêter, l'autre
croit louer; l'un croit acheter de l'engrais, l'autre croit vendre
du désherbant. On est en présence d'un véritable dialogue de
sourds. Telle est l'erreur-obstacle, également appelée erreur
exclusive de consentement, équivalente à l'absence de consentement — car chacun se fait une fausse idée de l'idée de
l'autre — et sanctionnée de nullité absolue, de la même façon
que l'absence de consentement[32].

Cette notion d'erreur obstacle est-elle conservée?

On la retrouve dans l'article 1400 qui fait état de l'erreur
portant «sur la nature du contrat, sur l'objet de la prestation»,
sans toutefois la distinguer vraiment de l'erreur qui porte «sur
tout élément essentiel qui a déterminé le consentement» ou plus
précisément en la traitant comme une erreur qui «vicie le

consentement des parties ou de l'une d'elles». L'erreur-obstacle n'est donc plus, en tant que telle, une «erreur à part»: elle est une erreur-vice. Et il est normal qu'il en soit ainsi, puisque elle est une erreur équivalente à l'absence de consentement et que l'absence de consentement est désormais traitée comme un vice du consentement.

Un vice du consentement étant sanctionné par la nullité relative, l'erreur-obstacle doit être sanctionnée, non plus par la nullité absolue comme l'avait décidé la Cour suprême[33], mais par la nullité relative, nullité qui ne peut être invoquée que par la partie contractante qui est «victime» du vice. Or, dans le contexte d'une erreur obstacle, qui est en définitive une erreur double, l'une et l'autre parties se sont trompées, de sorte que l'une et l'autre doivent pouvoir demander la nullité du contrat vicié: on est en présence d'une nullité relative double[34].

35. Erreur indifférente À l'opposé de cette erreur monumentale, on peut commettre une erreur insignifiante, n'affectant pas l'essentiel du contrat, ou tout au moins une erreur qui, si elle était prise en considération, compromettrait la stabilité contractuelle: c'est l'erreur dite «indifférente». La difficulté consiste alors à tracer la frontière entre l'erreur qui doit demeurer indifférente et celle qui doit vicier le consentement et entraîner la nullité.

36. Erreur sur un élément essentiel C'est l'erreur «sur la substance de la chose qui en fait l'objet ou sur quelque chose qui soit une considération principale qui ait engagé à le faire» que mentionnait l'article 992 C.c.B.-C. C'est cette erreur dont fait état l'article 1400, alinéa 1, lorsqu'il énonce: «L'erreur vicie le consentement des parties ou de l'une d'elles lorsqu'elle porte... sur tout élément essentiel qui a déterminé le consentement.»

Le droit antérieur étant donc maintenu, il suffit de renvoyer aux ouvrages et à la jurisprudence déjà connus. Peut-être est-il bon, cependant, de rappeler que, sur le plan pratique, la difficulté consiste précisément à déterminer de façon claire quel est cet élément essentiel, déterminant, qui a poussé une partie à contracter: ce sont là des question de faits, de circonstances, laissées à l'appréciation du Tribunal. Ainsi, lorsqu'on achète telle commode, est-ce parce qu'elle plaît ou est-ce parce qu'elle est du 18e siècle? Quelle est la qualité recherchée — «l'élément essentiel» — sans laquelle on n'achèterait pas? Lorsque le patron d'un corps de pompiers engage telle personne comme pompier, le bon état de la colonne vertébrale de cette personne est-il une qualité essentielle de la personne en l'absence de laquelle il ne l'engagerait pas?[35] C'est ainsi que la question doit être posée, mais on voit alors le danger menaçant la sécurité du commerce juridique: il peut toujours être facile, pour celui qui veut se libérer du contrat, de prétendre, après coup, qu'il manque à la chose un élément tout à fait essentiel.

37. Problème de l'erreur unilatérale On rappellera également que l'erreur conduisant à la nullité n'a pas besoin d'être commune aux deux contractants et que l'erreur unilatérale de l'un d'eux doit pouvoir suffire, sinon le consentement ne serait plus protégé. Cependant, il est nécessaire de tempérer cette réponse, afin que le cocontractant ne soit pas pris par surprise et que l'erreur qui n'est pas sienne ne puisse injustement lui nuire. Il nous apparaît important de préciser, même si la jurisprudence ne s'est guère prononcée sur le sujet, que l'erreur qui viciera le consentement doit au moins porter sur une qualité de la chose ou de la personne qui a été ou qui normalement devait être envisagée par les deux contractants comme étant essentielle; sinon, elle porterait sur un simple motif qui n'est qu'une erreur indifférente, car elle ne se situe pas dans le champ contractuel. C'est ce qui nous fait dire que le cocontractant doit avoir su ou doit avoir pu savoir que le fait à l'existence duquel le contractant a cru, était essentiel pour l'auteur de l'erreur[36].

On constate, alors, les difficultés auxquelles le demandeur peut avoir à faire face, lorsqu'il désirera convaincre le tribunal de son droit à la nullité, de son droit à la protection, s'il risque de compromettre les intérêts de son cocontractant.

38. Problème de l'erreur inexcusable On s'est demandé s'il y avait lieu de prendre en considération certaines raisons qui étaient à l'origine de l'erreur pour sanctionner ou non celle-ci et on a été amené à s'interroger sur la situation de l'auteur de l'erreur lorsque cette erreur provenait de son ignorance du droit ou de sa négligence.

Sur l'ignorance du droit, le droit antérieur est maintenu: l'erreur de droit est prise en considération de la même façon que l'erreur de fait; rien, dans le nouveau Code, ne vient contrarier la jurisprudence de la Cour suprême[37].

En revanche, lorsque l'erreur résulte de la négligence de celui qui la commet et s'en prétend la victime, le *Code civil du Québec*, modifie le droit antérieur et adopte la solution française. En droit français, on distingue selon qu'il s'agit d'une simple négligence ou d'une négligence grossière; dans le premier cas, s'agissant d'une erreur excusable, le contrat peut être annulé, alors que, dans le second cas, s'agissant d'une erreur inexcusable, le contrat est maintenu: le maintien de ce contrat sanctionne le caractère de l'erreur de son auteur.

La jurisprudence québécoise, à la suite de Mignault, avait refusé de suivre le droit français et considérait que l'auteur de l'erreur, victime de lui-même, avait néanmoins le droit de demander la nullité du contrat et d'être donc protégé, sous réserve toutefois de se voir éventuellement condamné à des dommages-intérêts.

L'article 1400, alinéa 2, vient contrarier cette solution, puisque désormais «l'erreur inexcusable ne constitue pas un vice de consentement». Cette nouvelle règle nous paraît bien fondée, la morale pouvant inciter à ne pas apporter de protection légale à celui qui, par son incurie personnelle, pourrait priver son cocontractant du contrat envisagé: «un tel changement a paru s'imposer pour la stabilité de l'ordre contractuel en général, en évitant des situations d'injustice et de préjudice certain pouvant autrement être subies par le contractant de bonne foi, qui se verrait frustré du bénéfice qu'il escomptait tirer du contrat, par suite de l'incurie de son cocontractant»[38].

39. Preuve et sanction de l'erreur Le problème de la preuve de l'erreur demeure ce qu'il était antérieurement: on sait la difficulté qu'il peut y avoir, dans les faits, à prouver l'existence de cet élément psychologique que constitue l'erreur, surtout lorsque celle-ci est le fait d'une seule partie contractante[39].

Quant à la sanction, elle demeure la nullité relative qu'édictait l'article 1000 C.c.B.-C.: l'article 1407 est explicite à cet égard, la nullité peut être demandée par celui dont le consentement est vicié, donc par celui qui commet l'erreur, sous réserve de ce qui sera dit lorsqu'on traitera des nullités[40].

Le consentement peut donc être vicié par l'erreur spontanée et personnelle d'un contractant, mais il peut être également vicié par l'erreur d'un contractant, provoquée par le cocontractant: on est alors dans le domaine du dol.

2- Le dol

40. Erreur provoquée Il y a, en vérité, peu de choses à dire sur le dol, car on connaît bien cette notion: l'article 993 C.c.B.-C. le définissait comme étant des «manœuvres pratiquées par l'une des parties ou à sa connaissance... (qui sont) telles que, sans cela, l'autre partie n'aurait pas contracté». Ces manœuvres étaient considérées comme des machinations actives, fausses représentations ou mensonges, mais on s'était demandé si cela excluait le silence: on s'accordait à dire — bien que le Code n'en parlât pas — que le silence pouvait être le pire des mensonges, lorsqu'il était voulu et pouvait induire en erreur, tout autant que des machinations actives. On sait, en matière d'assurances, ce que signifie réticence et combien les assureurs tiennent à ce qu'elle soit sanctionnée. Serait-ce à dire que l'on n'a pas le droit de demeurer silencieux lorsqu'on contracte et qu'on a l'obligation de tout dire à son cocontractant, même lorsqu'il ne demande rien? C'est, là, poser le problème de l'obligation de renseignement; mais jusqu'où va-t-elle et jusqu'où va, également, le devoir de se renseigner? C'est un problème semblable à celui qu'on connaît de tous les temps, la distinction entre le bon dol et le mauvais dol.

Le *Code civil du Québec* ne reprend pas la définition du dol qui demeure évidemment ce qu'elle était, mais confirme, comme cela était enseigné, que le dol n'est pas à proprement parler un vice, mais plutôt la source d'une erreur qui, elle, vicie le consentement: «l'erreur d'une partie provoquée par le dol de l'autre partie ou à la connaissance de celle-ci, vicie le consentement...» (art. 1401). Cependant, l'alinéa 2 de l'article 1401 précise que le «le dol peut résulter du silence ou d'une réticence»: ainsi est consacré, sur le plan législatif, le droit antérieur, ce qui démontre l'importance que revêt le caractère éclairé du consentement et l'insistance du législateur sur l'existence d'une obligation de renseignement dans les relations contractuelles: il convient d'informer, dans une certaine mesure, celui qui n'a pas la possibilité de s'informer. Le silence ou la réticence qui dissimule la vérité est constitutive de dol: «il est des situations, en effet, où le simple fait de laisser le contractant croire une chose par erreur sans le détromper, ou de s'abstenir de lui dévoiler un fait qui changerait sa volonté de contracter, est tout aussi répréhensible que le mensonge ou les manœuvres frauduleuses»[41]. Il importe donc de renseigner convenablement son cocontractant, mais la difficulté réside toujours dans la question de savoir jusqu'où va cette obligation de renseignement, car il est également vrai que tout contractant a aussi l'obligation de s'informer, de *se* renseigner et donc de poser des questions, afin d'être véritablement éclairé.

On constate également que l'article 1401 maintient le droit antérieur quant à la provenance du dol: il faut que le dol ait émané du cocontractant ou ait été fait à sa connaissance. On conserve donc l'exigence de la complicité du cocontractant lorsque le dol émane d'un tiers: en l'absence de cette complicité, le contrat demeure valable et n'est pas susceptible d'annulation[42].

41. Dol principal et dol incident: preuves On a distingué traditionnellement le dol principal qui serait celui qui amène la victime à conclure le contrat et qui entraînerait la nullité et le dol incident qui serait celui qui amène la victime à contracter à des conditions moins avantageuses que celles qu'elle aurait obtenues s'il n'y avait pas eu dol et qui ne pourrait donner ouverture qu'à des dommages-intérêts. Nous avons déjà soutenu que le problème ainsi présenté ne pouvait qu'aboutir à la confusion[43].

La question qu'il fallait se poser en réalité consistait à savoir si un dol déterminant devait nécessairement conduire à la nullité relative du contrat — outre des dommages-intérêts le cas échéant — ou s'il pouvait aussi conduire au maintien du contrat et à l'octroi de dommages-intérêts. La victime d'un dol peut, en effet, préférer le maintien du contrat et l'octroi de dommages-intérêts, plutôt que l'anéantissement de ce contrat; mais pour aboutir au résultat souhaité, il est inutile de tenter de qualifier a priori le dol de principal ou d'incident. L'article 1401 répond clairement que l'erreur provoquée par le dol «vicie le consentement dans tous les cas où, sans cela, la partie n'aurait pas contracté *ou* aurait contracté à des conditions différentes» et l'article 1407 énonce le choix des sanctions[44].

Il est alors évident que, selon ce que souhaite la victime du dol
— nullité du contrat avec ou sans dommages-intérêts ou bien
maintien du contrat et dommages-intérêts — la preuve qu'elle
devra faire sera différente. Si la victime demande la nullité, elle
devra démontrer que, sans ces manœuvres déloyales, elle n'aurait pas contracté; si elle demande le maintien du contrat, elle
devra démontrer que, sans ces manœuvres, elle aurait contracté,
mais à des conditions plus avantageuses, évitant ainsi de subir
le préjudice que le dol lui a fait subir[45].

42. Sanctions Une certaine confusion a régné jusqu'ici, car il
nous apparaît que l'action fondée sur le dol a parfois été confondue avec, d'une part, l'action rédhibitoire et, d'autre part,
l'action *quanti minoris* (art. 1501, 1522, 1527 et 1530 C.c.B.-
C.), sous le prétexte qu'on pouvait aboutir au même résultat.
Or, on ne peut confondre action en nullité et action rédhibitoire,
délai pour intenter l'action et confirmation d'un acte susceptible
d'être annulé, enfin action en dommages-intérêts et action
quanti minoris[46].

L'article 1407 vient, nous semble-t-il, apporter quelque lumière
à ce problème: la victime d'un dol «peut demander, outre la
nullité, des dommages-intérêts, ou encore, si (elle) préfère que
le contrat soit maintenu, demander une réduction de son obligation équivalente aux dommages-intérêts qu'(elle) eût été justi-
fié(e) de réclamer.».

Comme on l'a dit précédemment, la victime a le choix: si elle
considère qu'ayant eu connaissance de la vérité, elle n'aurait
pas contracté, elle demandera la nullité en même temps que des
dommages-intérêts si cette annulation lui fait subir un préjudice
supplémentaire; si elle considère, au contraire, que le contrat
conclu l'intéresse malgré tout, elle évaluera alors le préjudice
que le dol lui a fait subir et demandera soit l'octroi de dommages-intérêts, soit une réduction de ses propres obligations, *à
la mesure du préjudice subi*. L'article 1407 accorde donc, en
quelque sorte, au tribunal le pouvoir de réviser le contrat, mais
il ne le peut que dans les limites de l'évaluation du préjudice
subi par le demandeur du fait du dol de son cocontractant. Si
l'on se trouve dans le cadre d'un contrat de vente, le dol du
vendeur pourra être sanctionné par la réduction du prix de
vente, calculée assez aisément sur la base de l'évaluation du

préjudice subi; si l'on se trouve dans le cadre d'un contrat de louage, le dol du locateur pourrait être sanctionné par une diminution du loyer, mais encore faudrait-il fixer, là aussi, ce nouveau loyer en fonction de l'évaluation du préjudice subi par le locataire du fait de ce dol, afin que l'intervention judiciaire ne permette pas d'accorder au défendeur un bénéfice supérieur à celui dont il a été privé.

Cette possibilité offerte par l'article 1401 s'inspire du droit de la consommation et de certains développements en matière de dol incident, qui étaient fondés, de façon douteuse selon nous, sur l'action *quanti minoris* proposée en matière de vente par l'article 1526 C.c.B.-C., au cas d'inexécution, par le vendeur, de son obligation de garantir les vices cachés de la chose vendue. Elle s'insère également et principalement dans la ligne fixée par le législateur au niveau de la mise en œuvre du droit à l'exécution de l'obligation: entre autres mesures, le créancier d'une obligation inexécutée a le droit d'obtenir «la réduction de sa propre obligation corrélative» (art. 1590, 2ᵉ), réduction proportionnelle, précise l'article 1604, alinéa 3, qui «s'apprécie en tenant compte de toutes les circonstances appropriées» *si toutefois elle peut avoir lieu*. C'est dire que le législateur se montre d'une extrême prudence, afin de ne pas substituer à un déséquilibre contractuel, un autre déséquilibre. En matière de dol, les «circonstances appropriées» réfèrent à la mesure quantitative des dommages-intérêts auxquels a droit la victime du dol[47].

3- La crainte

43. Crainte déterminante Il y a peu à dire sur ce vice de consentement, car si les articles 994 à 998 C.c.B.-C. ne sont pas reproduits textuellement, on retrouve leur substance dans les articles 1402 et 1403.

On remarquera cependant qu'a été corrigée une inexactitude des textes antérieurs qui faisaient de la violence un vice de consentement.

Comme le dol, la violence n'est pas en soi un vice de consentement; mais elle provoque un consentement qui n'a pas été donné librement, puisqu'il l'a été sous l'empire de la crainte. D'où la formulation: «La crainte d'un préjudice sérieux pouvant porter atteinte à la personne ou aux biens de l'une des parties

vicie le consentement donné par elle, lorsque cette crainte est
provoquée par la violence ou la menace de l'autre partie ou à
sa connaissance» (art. 1402, al. 1). On retrouve donc, sous une
forme plus correcte, l'essentiel des dispositions des articles 994
et 995 C.c.B.-C.

Il y a cependant une modification de fond quant à la question
de l'origine ou de la provenance de cette crainte: selon l'article
994 C.c.B.-C. la crainte est constitutive de violence et donc
vicie le consentement, qu'elle émane du cocontractant ou d'un
tiers. En vertu de l'article 1402, alinéa 1, *in fine*, elle ne vicie
le consentement que si elle émane du cocontractant ou d'un
tiers *à la connaissance* du cocontractant: on exige donc désormais la complicité du cocontractant comme on l'a fait en matière de dol; il n'y avait aucune raison, en effet, de traiter la
«violence» d'un tiers différemment du dol d'un tiers[48].

Par ailleurs, l'alinéa 2 de l'article 1402 reprend la substance de
l'article 996 C.c.B.-C., tel qu'il a été généralement interprété:
on n'énumère pas les personnes à l'égard desquelles le préjudice appréhendé peut se rapporter et le tribunal appréciera
selon les circonstances propres à chaque espèce.

44. Crainte inspirée par une violence contraire au droit
Quant à l'article 1403, il reprend sous une formulation lapi-
daire, mais plus large, les idées qu'exprimaient les articles 997
et 998 C.c.B.-C., en référant à la crainte révérencielle et à la
contrainte légale ou cause illégale ou injuste. La disposition
nouvelle est axée sur l'exercice abusif d'un droit ou d'une
autorité ou la menace d'un tel exercice: il ne s'agit là que d'un
cas d'application de la théorie de l'abus de droit (art. 7), particulière à la violence[49].

45. Preuve et sanctions La victime doit évidemment prouver
l'existence de cette violence ou menace qui a provoqué la
crainte et a pesé si fortement sur le consentement qu'il l'a vicié,
comme dans le passé.

Quant à la sanction, elle est identique à celle du dol: outre la
nullité, la personne dont le consentement a été vicié par la
crainte peut obtenir des dommages-intérêts; mais il peut aussi
demander le maintien du contrat et «une réduction de son obligation équivalente aux dommages-intérêts qu'il eût été justifié

de réclamer» (art. 1407)[50]: sur ce dernier point, il y a, nous semble-t-il, un changement par rapport au droit antérieur[51].

46. État de nécessité L'état de nécessité était réglé par l'article 999 C.c.B.-C.: la substance de cette disposition est reprise sous une formulation nouvelle, à l'article 1404. Le contrat conclu dans un état de nécessité, ayant pour objet de soustraire celui qui le conclut à la crainte d'un préjudice sérieux, est valable, même si le cocontractant a eu connaissance de la situation, pourvu évidemment que celui-ci fût de bonne foi, c'est-à-dire n'ait pas contribué à mettre le contractant dans cette situation de nécessité. Aussi, demain comme hier, dans l'hypothèse où une personne emprunterait une somme d'argent à une institution financière, afin de payer la rançon réclamée par les ravisseurs de son enfant, l'article 1404 ne permettrait pas d'obtenir la nullité d'un tel prêt qui a été conclu dans un état de nécessité, mais non point sous la menace du prêteur: le contrat qui a été conclu sous la menace est la donation de la somme d'argent aux ravisseurs.

La question qui peut alors se poser est de savoir si le contrat conclu dans un état de nécessité pourrait faire l'objet d'une annulation ou d'une réduction de l'obligation, dans l'hypothèse où le cocontractant — le prêteur dans l'exemple proposé — profiterait de la situation pour obtenir des prestations lésionnaires ou abusives. Dans le droit antérieur, on sait qu'il y avait là difficulté puisque, en principe, la lésion et les clause abusives n'étaient pas sanctionnées, sous réserve, dans notre exemple, de l'application de l'article 1040(c) C.c.B.-C., exception au principe, disposition d'ailleurs reprise dans le nouveau Code, sous l'article 2332[52].

Indépendamment de cet article 2332, de façon générale, il nous apparaît que le droit nouveau pourrait permettre à la personne qui, en état de nécessité, conclut un contrat contenant des clauses abusives, d'obtenir une révision judiciaire de ce contrat.. Ne pourrait-on pas prétendre, en effet, que, compte tenu de la situation — l'état de nécessité, la pression qui pousse irrésistiblement la personne à contracter — elle ne peut qu'adhérer à ce qui lui est proposé, elle conclut un contrat d'adhésion; en ce cas, elle aurait la possibilité d'invoquer l'article 1437 qui sanctionne les clauses abusives dans un contrat d'adhésion. En outre, dans les circonstances qui le permettent, cette même personne pourrait invoquer la théorie de l'abus de droit, consacrée par l'article 7 qui s'applique aussi bien en matière contractuelle qu'extra-contractuelle et qui repose sur la bonne foi: le cocontractant qui, compte tenu des circonstances, obtiendrait des faveurs injustifiées, ne se bornerait pas à profiter de la situation, il en abuserait.

4- La lésion

47. Maintien du droit antérieur sur le plan des principes
Selon les articles 1001 et 1012 C.c.B.-C., la lésion ne constituait, on le sait, un vice de consentement qu'à l'égard de certaines personnes, en particulier les mineurs et les «incapables» ou majeurs protégés et certaines autres catégories de personnes expressément désignées par la loi (par exemple, art. 1040(c) C.c.B.-C.: art. 1056(b), al. 4 C.c.B.-C., art. 8 L.P.C. etc.

Le projet de l'O.R.C.C. prévoyait une disposition sanctionnant de façon générale le contrat lésionnaire et l'avant-projet de loi portant réforme du droit des obligations, présenté par le gouvernement, avait repris le principe de la sanction, en en limitant toutefois la portée, puisque la sanction ne touchait que les personnes physiques, seulement si l'obligation n'était pas contractée pour l'utilité ou l'exploitation d'une entreprise. Malgré cette restriction, les protestations furent vigoureuses et conduisirent le législateur à maintenir en partie le droit énoncé en 1866.

Ainsi, en vertu de l'article 1405, «outre les cas expressément prévus par la loi, la lésion ne vicie le consentement qu'à l'égard des mineurs et des majeurs protégés». Nous nous bornerons ici à citer le commentaire du ministère de la Justice: «le domaine d'application de la lésion n'a pas été étendu à toute personne physique, même majeure et pleinement capable. Car, même si elle se situait dans le prolongement d'une extension constante du concept de lésion entre majeurs en droit québécois, notamment avec l'émergence du droit de la consommation, l'extension du domaine de la lésion, non circonscrite à des cas spécifiques, paraissait susceptible de compromettre la stabilité de l'ordre contractuel, d'engendrer éventuellement certains abus et de diminuer dans une certaine mesure le sens des responsabilités des citoyens[53].»

On notera, toutefois, que la lésion est sanctionnée, certes, lorsqu'elle touche les mineurs et les majeurs protégés, mais aussi dans les cas de renonciation au partage du patrimoine familial (art. 429), de renonciation au partage des acquêts (art. 472), de clause pénale (art. 1623, al. 2), de prêt portant sur une somme d'argent (art. 2332), ainsi qu'au cas de quittances, transactions ou déclarations obtenues du créancier par le débiteur, un assureur ou ses représentants, lorsqu'elles sont liées au préjudice corporel ou moral subi par le créancier et qu'elles ont été obtenues dans les trente jours du fait dommageable (art. 1609, qui reprend l'art. 1056 b. al. 4 C.c.B.-C. sous réserve du délai de 15 jours qui est désormais porté à 30 jours). Il est dès lors permis de prétendre que le droit nouveau va plus loin que le droit antérieur. On aura, d'ailleurs, l'occasion de voir que, dans les cas de contrats de consommation et d'adhésion, certaines pratiques douteuses ou abusives sont sanctionnées (art. 1435, 1436 et 1437)[54].

48. Notion de lésion Bien qu'un contrat lésionnaire ne soit sanctionné qu'exceptionnellement, le législateur a éprouvé le besoin de donner une définition de la lésion: «la lésion résulte de l'exploitation de l'une des parties par l'autre, qui entraîne une disproportion importante entre les prestations des parties; le fait même qu'il y ait disproportion importante fait présumer l'exploitation» (art. 1406, al. 1).

La notion de lésion, on le sait, a été abondamment discutée et on l'a présentée traditionnellement sous l'angle de deux conceptions possibles, l'une dite «objective» s'opposant à une autre dite «subjective». Nous avons déjà eu l'occasion de soutenir que la question ne se posait pas, en réalité, en des termes aussi tranchés et aussi simples. La définition donnée par l'article 1406, alinéa 1, paraît rejoindre l'idée que nous nous en faisions, le concept de lésion reposant sur le déséquilibre de prestations et l'idée d'exploitation[55].

On remarquera, d'abord, que cette définition — qui reprend celle qu'en donnait le projet de l'O.R.C.C. — vise aussi bien le contrat unilatéral que le contrat synallagmatique; on fait état ici d'une «disproportion importante entre les prestations» et non point d'une disproportion «entre les prestations respectives ou réciproques des parties», qui pourrait être comprise comme

concernant uniquement le contrat synallagmatique et nécessite-
rait un ajout concernant le contrat unilatéral, du type «obligation excessive, abusive ou exorbitante»: c'est ce que l'on
trouve maladroitement et malheureusement à l'article 8 L.P.C.[56]

«Disproportion... entre les prestations des parties» signifie simplement «défaut d'équivalence entre l'avantage qu'(une partie)
obtient et le sacrifice qu'elle consent»[57], ce qui fait subir un
préjudice à cette partie: de même que le vendeur est lésé du fait
qu'il vend très au-dessous du prix normal, ou que l'acheteur est
lésé du fait qu'il paie très au-dessus du prix normal, de même
l'emprunteur (contrat unilatéral puisque contrat réel selon
l'article 1777 C.c.B.-C.) est lésé lorsqu'il paie très cher (taux
usuraire) l'avantage recherché.

On remarquera ensuite que la disproportion doit être «importante» l'importance de ce défaut d'équivalence étant laissé à
l'appréciation du Tribunal (encore qu'«important» soit synonyme de «considérable» et de «grand»). Encore convient-il de
savoir comment les parties contractantes en sont arrivées à un
tel déséquilibre; c'est ici qu'intervient l'idée d'exploitation: il y
a tout lieu de croire, en effet, qu'une partie était en position de
force et l'autre en position de faiblesse et que la première a
exploité l'inexpérience ou l'ignorance de l'autre — forçant
ainsi et viciant son consentement —, pour lui imposer un contrat qui dépasse outrageusement la mesure de ce qui est juste[58].
L'article 1406, alinéa 1, énonce à cet égard qu'une disproportion importante fait présumer l'exploitation, étant bien entendu
qu'il s'agit-là, d'une présomption simple, susceptible d'être
renversée par la partie qui tire, du contrat conclu, un bénéfice
a priori jugé trop grand[59].

Telle est désormais la véritable notion de lésion, tout au moins
selon le législateur québécois.

Cependant, celui-ci a jugé utile d'apporter certaines nuances à
cette notion, lorsqu'elle touche les mineurs et les majeurs protégés: «Elle peut résulter aussi, lorsqu'un mineur ou un majeur
protégé est en cause, d'une obligation estimée excessive eu
égard à la situation patrimoniale de la personne, aux avantages
qu'elle retire du contrat et à l'ensemble des circonstances» (art.
1406, al. 2). On est en présence d'une notion de lésion qui
s'adresse de façon particulière aux mineurs et aux majeurs qui

ont été mis en curatelle ou en tutelle et aux majeurs assistés
d'un conseiller, donc aux majeurs dont on disait qu'ils étaient
frappés d'incapacité juridique. Ces personnes, en effet, compte
tenu de leur situation pénible, ont besoin d'un surcroît de protection, ce qui justifie l'application, à leur égard, d'une notion
plus souple, semblable d'ailleurs à celle qui a été admise par
certains tribunaux lorsqu'ils ont eu à juger de la lésion touchant
les mineurs[60]. À l'égard de cette catégorie de personnes, le juge
aura désormais un plus large pouvoir d'appréciation, le déséquilibre des prestations étant un critère parmi d'autres, puisque
pourra être pris en considération, pour juger qu'il y a lésion, le
caractère excessif de l'obligation de la personne protégée eu
égard à sa situation patrimoniale, eu égard à ce qu'elle en retire
de positif et eu égard «à l'ensemble des circonstances»: un
mineur — même riche — a-t-il besoin d'acheter une automobile «Cadillac»? Ainsi, ne s'éloigne-t-on pas tellement de la
notion d'exploitation: on ne vend pas, on ne loue pas n'importe
quoi, à n'importe quel prix à une personne qui n'a pas la pleine
capacité juridique, on ne lui prête pas à n'importe quel taux
d'intérêt, etc.; dans le cas contraire, n'a-t-on pas un comportement tout à fait déraisonnable, n'abuse-t-on pas de la situation,
de l'inexpérience ou de la faiblesse de l'individu? Ce faisant,
n'exerce-t-on pas, consciemment ou inconsciemment, une pression sur le consentement de cette personne et n'est-on pas ainsi
amené à vicier son consentement?

Une telle perception de la lésion nous paraît parfaitement
acceptable à l'égard des mineurs et des majeurs protégés, mais
à l'égard *seulement* de cette catégorie de personnes. Autant elle
nous paraît juste à leur endroit, autant elle nous paraîtrait injustifiée si elle devait également s'appliquer aux consommateurs
qui seraient alors traités comme des incapables[61].

49. Preuve et sanctions Comme on a déjà eu l'occasion de le
dire, la règle de principe veut que l'existence d'une disproportion importante des prestations fasse présumer l'exploitation;
dès lors que la partie qui s'estime lésée a démontré l'existence
d'un déséquilibre jugé important, il appartient au cocontractant
de prouver l'absence d'exploitation, c'est-à-dire qu'il a peut-
être profité d'une situation sans toutefois en abuser. On ne doit
pas oublier, en effet, que tout profit n'est pas condamnable; en
revanche, tirer avantage, de façon abusive, de la position de

faiblesse dans laquelle l'autre partie peut éventuellement se trouver, constitue une exploitation condamnable. C'est la première alternative que le cocontractant devra prouver pour maintenir le contrat.

Quant à la personne protégée qui s'estimera lésée, elle devra démontrer (ou son curateur, tuteur ou conseil) ou bien qu'il y a déséquilibre important, auquel cas il sera probablement difficile au cocontractant de prouver qu'il ne l'a pas exploitée — le défaut d'équivalence n'ayant pas d'autre explication — ou bien elle devra prouver le caractère excessif de ce à quoi elle s'est engagée, eu égard aux critères retenus par l'article 1406, alinéa2.

En ce qui concerne la sanction, s'applique à la lésion la règle prévue en cas d'erreur provoquée par le dol, ou en cas de crainte (art. 1407): nullité, dommages-intérêts, ou encore maintien du contrat mais réduction de l'obligation de la personne lésée, équivalente aux dommages-intérêts que celle-ci eût été justifiée de réclamer[62].

Il est aussi possible que le tribunal maintienne le contrat dont la nullité est demandée, dans l'hypothèse où le défendeur à l'action en nullité offrirait au demandeur qui s'estime lésé, soit une réduction de sa créance, soit une somme d'argent jugée équitable (art. 1408). Cette mesure tout à fait nouvelle favorise la stabilité du contrat, tout en rendant justice, puisqu'on aboutirait ainsi à rééquilibrer le contrat: elle complète, en quelque sorte, la règle énoncée à l'article 1407, selon laquelle la personne lésée pourrait obtenir une réduction de son obligation. Il s'agit, là aussi, d'une possible révision du contrat, sous contrôle judiciaire, dans l'esprit de l'article 1604, alinéa 2, *in fine*.

C. Le consentement doit être donné par une personne capable

50. Capacité et incapacité La capacité est l'aptitude à être titulaire de droits et à exercer les droits dont on est titulaire, capacité de jouissance d'une part, capacité d'exercice d'autre part. L'incapacité n'est donc pas autre chose que l'inaptitude juridique. La capacité demeure la règle, l'incapacité l'exception (l'art. 154 le consacre expressément).

Peut être n'est-il pas inopportun de rappeler que seule existe aujourd'hui l'incapacité d'exercice et non plus l'incapacité de jouissance qui équivaudrait à une mort civile et qui ne peut être comprise que dans le sens d'incapacité spéciale qui est, d'ailleurs, beaucoup moins une incapacité qu'une interdiction de contracter: on pense, par exemple, à l'interdiction pour le mandataire d'acheter le bien qu'il est chargé de vendre, comme d'ailleurs pour toute personne «qui est chargé(e) de vendre le bien d'autrui», de façon directe ou par personne interposée (art. 1709 qui reprend l'art. 1484 C.c.B.-C.). On veut éviter que ces personnes ne préfèrent leurs intérêts personnels à ceux des personnes dont ils sont chargés de vendre les biens. Dans le même esprit, tout accord entre le tuteur et le mineur devenu majeur portant sur l'administration ou le compte est nul, s'il n'est précédé de la reddition d'un compte détaillé et de la remise des pièces justificatives (art. 248 qui reprend l'art. 311 C.c.B.-C.). De même, les juges, avocats, notaires et officiers de justice ne peuvent se porter acquéreurs de droits litigieux, sous peine de nullité absolue de la vente (art. 1783 qui reprend l'art. 1485 C.c.B.-C.).

51. «Incapacité naturelle» et absence de consentement Une autre précision mérite d'être rappelée: on utilise, comme le faisait d'ailleurs l'article 986 C.c.B.-C., parfois indistinctement les termes «incapacité» et «incapable» pour désigner toute personne inapte à donner un consentement valable, c'est-à-dire qui n'est pas lucide, qu'elle ait ou non fait l'objet de ce qu'on appelait un jugement d'interdiction ou de ce qu'on appellera désormais l'ouverture d'un régime de protection (mesure judiciaire). Or, il faut comprendre que le seul incapable, au sens juridique du terme, est celui que la loi a entendu protéger particulièrement soit en raison de son âge — le mineur (émancipé ou non, à des degrés divers) — soit en raison de son âge mental — l'«interdit» ou désormais le «majeur protégé» qui a fait l'objet d'un jugement» —.

Est donc exclu du régime de protection l'individu qui n'a pas une volonté claire et consciente, mais qui n'a pas fait l'objet de cette mesure de protection qu'était l'interdiction et qu'est désormais l'«ouverture d'un régime de protection»: bien que certains parlent d'«incapacité naturelle», il ne s'agit pas d'incapacité, mais d'absence de consentement qui est soumise à des règles différentes (*cf.* art. 1398 : «Le consentement doit être donné par une personne qui... est apte à s'obliger»; et art. 1409: «Les règles relatives à la capacité de contracter sont établies...»): on verra, en effet, que jouent les règles de la lésion telle que définie à l'article 1406, alinéa 2, à l'égard des «incapables» au sens juridique du terme seulement, ainsi que la règle sur la restitution des prestations énoncée à l'article 1706 (qui reprend l'article 1011 C.c.B.-C.).

Nous paraît également exclu du régime des «majeurs protégés», celui qui a donné mandat en prévision de son inaptitude à prendre soin de lui-même ou à administrer ses biens, tel que prévu aux articles 2131, 2166 et suivants: il s'agit là d'un régime tout à fait spécial qui ne fait pas de ce mandant, lorsqu'il devient inapte, un «incapable» au sens juridique du terme ou un «majeur protégé» au sens des articles 256 et suivants. Ce cas nous semble devoir être assimilé à ce que certains ont appelé une «incapacité naturelle».

La personne qui donc conclut un contrat alors qu'elle n'est pas apte à s'obliger, c'est-à-dire n'a pas une volonté suffisamment claire et consciente pour conclure ce contrat en connaissance de cause, sans pour autant avoir fait l'objet d'une mesure de protection (curatelle, tutelle, conseiller), ne donne pas un consentement valable: il y a absence de consentement. On s'est alors demandé quelle devait en être la sanction: nullité absolue comme dans le droit antérieur ou nullité relative comme en droit français[63].

Le législateur proposa d'abord la nullité absolue, consacrant la plus récente jurisprudence de la Cour suprême du Canada, puisque l'article 1442, alinéa 2, de l'avant-projet portant réforme du droit des obligations et l'article 1394, alinéa 2, du projet de loi n° 125, *Code civil du Québec*, énonçaient textuellement: «En l'absence d'un consentement, le contrat est nul, de nullité absolue». Or, cette disposition n'a finalement pas été reprise dans l'article 1398, correspondant à l'article 1394 P.L. 125; il a été estimé, en outre, que la personne inapte à s'obliger — sans cependant avoir été déclarée « incapable» de s'obliger — méritait une faveur et donc le bénéfice de l'article 1420 qui traite de la nullité relative: on s'en expliquera lorsqu'on envisagera les sanctions des conditions de formation du contrat[64].

Il importe, dès lors, d'envisager l'incapacité au sens juridique du terme et la situation des personnes frappées d'incapacité juridique, les mineurs et les «majeurs protégés» (antérieurement appelés «les interdits»).

1- Les mineurs

52. Mineur émancipé On sait que l'on distingue traditionnellement le mineur non émancipé du mineur émancipé et que, depuis 1980, l'émancipation se fait par voie de justice ou automatiquement par le mariage (*cf.* art. 314 C.c.B.-C.). Désormais, on distingue la simple émancipation (art. 167 et s.) de la pleine émancipation (art. 175 et 176): la simple émancipation du mineur de 16 ans, et plus, résulte d'un acte du tuteur avec l'accord du conseil de tutelle par dépôt d'une déclaration auprès du curateur public (art. 167), ou encore le mineur peut être émancipé par le tribunal, après avis du tuteur et éventuellement du conseil de tutelle (art. 168). Ce régime est globalement celui que l'on connaissait pour le mineur émancipé par justice, un régime d'assistance et non plus de représentation: ce mineur qui a fait l'objet d'une simple émancipation peut accomplir seul tous les actes qu'un mineur non émancipé peut faire seul, mais aussi tous les actes «de simple administration » (art. 172 qui renvoie ainsi aux articles 1301 à 1305); il est toutefois précisé qu'il peut seul, à titre de locataire, passer des baux d'une durée d'au plus trois ans ou donner des biens suivant ses facultés, à condition de ne pas entamer notablement le capital (art. 172). Dès lors que l'acte dépasse la «simple administration», il doit être assisté de son tuteur (art. 173), à défaut de quoi il pourra le faire annuler ou faire réduire les obligations qui en découlent, en prouvant qu'il a été lésé (art. 173 al. 2). Par ailleurs, certains actes ne peuvent être accomplis qu'avec l'autorisation judiciaire à défaut de quoi ils pourraient être annulés (ou les obligations qui en découlent réduites), en prouvant toutefois que ce mineur émancipé a été lésé (*cf.* art. 174: prêts ou emprunts considérables, actes d'aliénation d'un immeuble ou d'une entreprise.)

Quant à la pleine émancipation, elle a lieu automatiquement par le mariage, mais aussi à la demande du mineur par le tribunal, sur avis du titulaire de l'autorité parentale, du tuteur et de toute personne qui a la garde du mineur, de même que du conseil de tutelle s'il y en a un; elle ne peut être cependant déclarée que «pour un motif sérieux» (art. 175). La pleine émancipation rend le mineur capable, comme s'il était majeur (art. 176).

53. Mineur non émancipé On ne connaissait jusqu'ici, en ce qui concerne le mineur non émancipé, que ce qui était appelé une tutelle dative qui était, en vérité, une tutelle déférée par le tribunal, sur recommandation du conseil de famille. On sait que les parents du mineur n'avaient aucun droit, en tant que parents, à administrer le patrimoine de leur enfant. C'est là, le grand changement apporté par le *Code civil du Québec*: on trouve, d'une part, une tutelle légale qui appartient de plein droit aux père et mère (art. 192, 193) et, d'autre part, une tutelle dative déférée, par testament ou par déclaration transmise au curateur public, par le «dernier mourant des père et mère, s'il a conservé au jour de son décès la tutelle légale» (art. 200, 201). On constate donc là une rupture avec le passé et l'adoption d'un système familial de type français.

Le tuteur représente, comme auparavant le mineur (art. 158, avec des pouvoirs d'administrateur chargé de la simple administration (*cf.* art. 1301 à 1305), ce qui ne signifie pas que le mineur — incapable par définition — ne puisse pas accomplir seul certains actes. Ce n'était pas dit expressément, mais tout le monde s'entendait sur ce point: le mineur peut agir, mais ne peut pas se léser. Le *Code civil du Québec* consacre cette règle dans les textes: le mineur exerce ses droits civils dans la mesure prévue par la loi (art. 155); il peut contracter seul pour satisfaire ses besoins ordinaires et usuels (art. 157); il gère le produit de son travail et les allocations qui lui sont versées pour combler ses besoins ordinaires et usuels (art. 220). Toutefois, l'acte fait seul par lui peut être annulé, (ou les obligations qui en découlent peuvent être réduites) à sa demande ou à la demande de son tuteur, «s'il en subit un préjudice», c'est-à-dire s'il est lésé. Il ne faut pas oublier, en effet, que lésion signifie avant tout préjudice et que cette notion est celle qui est définie à l'alinéa 2 de l'article 1406, lorsqu'elle touche un mineur[65]. Si, agissant seul, il passe un acte lésionnaire, il démontre véritablement que, compte tenu de son âge et de son manque de discernement, il mérite d'être protégé. Il en sera également ainsi lorsque l'acte a été fait par le tuteur sans l'autorisation du conseil de tutelle, alors que celle-ci était requise (art. 163); certains actes nécessitent, en effet, l'autorisation du conseil de tutelle

compte tenu de leur importance (*Cf.* par exemple, l'article 213:
valeur n'excédant pas $25,000): le conseil de tutelle exerce
ainsi un contrôle sur les agissements du tuteur. À défaut de cette
autorisation, l'acte lésionnaire pourra être sanctionné.

Cependant, comme auparavant, la lésion ne sera pas sanctionnée si elle résulte d'un événement casuel et imprévu (art. 164,
al. 1 qui reprend l'art. 1004 C.c.B.-C.); le mineur ne pourra non
plus invoquer la lésion si sa négligence ou son imprudence est
à l'origine du préjudice qu'il subit, *a fortiori* si le préjudice
résulte de son dol: c'est ce qu'exprime ce même article 164,
alinéa 2 lorsqu'il édicte que le mineur ne peut se soustraire à
l'obligation extracontractuelle de réparer le préjudice causé à
autrui par sa faute, cette disposition reprenant la règle énoncée
à l'article 1007 C.c.B.-C. Les termes «délit» et «quasi-délit»,
«responsabilité délictuelle ou quasi délictuelle», ayant été supprimés du vocabulaire juridique, on réfère désormais à l'obligation de réparer, qui est dite «extracontractuelle», puisqu'elle a
sa source dans la loi (art. 1457, correspondant à l'art. 1053
C.c.B.-C) et non point dans un contrat. On notera cependant
que, comme auparavant, la simple déclaration par le mineur
qu'il est majeur ne l'empêche pas de prouver lésion (art. 165
qui reprend l'art. 1003 C.c.B.-C.) et que, pour invoquer la
lésion, il ne doit pas avoir confirmé le contrat, une fois la majorité atteinte (art. 166 qui reprend l'art. 1008 C.c.B.-C.).

Telle est la situation de principe du mineur. Il est cependant des
situations d'exception.

54. Cas où l'incapacité du mineur est aggravé Il est des cas
où le mineur n'a pas besoin de prouver qu'il a «subi un préjudice», c'est-à-dire qu'il a été lésé, pour obtenir la nullité du
contrat qu'il a conclu ou la réduction de ses obligations. Ces
actes seront sanctionnés sur la seule base de l'incapacité du
mineur.

Il est des actes juridiques qui sont totalement interdits au
mineur. Ainsi, le mineur non émancipé, comme le mineur qui
a fait l'objet d'une simple émancipation, ne peut tester (art.
708); de même, il ne peut donner (art. 1813)[66]. Ces actes ne
peuvent être accomplis aucunement ni par le mineur seul, ni par
son tuteur, autorisé ou non par le tribunal: ils sont sanctionnés
de nullité absolue (art. 161).

Il est des actes qui, compte tenu de leur gravité, nécessitent l'autorisation judiciaire, outre la représentation du tuteur et l'avis du conseil de tutelle: emprunt, vente de biens importants à caractère familial, d'un immeuble ou d'une entreprise, partage définitif des immeubles d'un indivisaire, constitution d'une sûreté, dès lors que la valeur en jeu excède $25,000 (art. 213). À défaut de cette autorisation judiciaire, ces actes pourront être annulés à la demande du mineur (nullité relative), sans qu'il soit nécessaire de prouver lésion (art. 162).

On retrouve ainsi globalement, mais avec plus de certitude et de précisions, les règles antérieures (art. 763, 833, 1009, 297 C.c.B.-C.).

55. Cas où l'incapacité du mineur est diminuée En revanche, il est des actes où le contrôle tutélaire est moindre, laissant au mineur une plus grande marge de manœuvre.

Ainsi, le mineur autorisé à se marier peut consentir toutes les conventions matrimoniales permises dans un contrat de mariage, en s'entourant toutefois de certaines précautions, en l'occurrence une autorisation judiciaire (art. 434)[67].

Le mineur de quatorze ans et plus est réputé majeur pour tous les actes relatifs à son emploi, ou à l'exercice de son art ou de sa profession (art. 156): est ainsi repris le droit antérieur concernant le mineur commerçant, artisan ou banquier (art. 304 et 1005 C.c.B.-C.), en ajoutant toutefois une limite d'âge, ce qui implique que le mineur de moins de quatorze ans qui agit relativement à ses «affaires» demeure néanmoins protégé.

On doit enfin citer ici le mineur qui a fait l'objet d'une simple émancipation, puisque celle-ci permet précisément au mineur de faire seul les actes de simple administration (art. 172 qui reprend, entre autres, l'art. 319 C.c.B.-C.)[68].

2- Les majeurs protégés

56. Situation antérieure des «interdits» On connaît la classification proposée jadis par Mignault, conformément au *Code civil du Bas-Canada*: les interdits de 1re classe, pour cause de démence, imbécillité ou fureur, ceux de 2e classe pour cause de prodigalité, ou ivrognerie ou narcomanie d'habitude, qui impliquaient dans l'un et l'autre cas la représentation par un curateur, et les interdits de 3ᵉ classe, faiblesse d'esprit, qui impliquaient l'assistance par un conseil judiciaire (art. 325, 326, 336a, 336r, 349 C.c.B.-C. *ante* 1989). On sait que l'interdit pour démence était présumé dément de façon irréfragable (art. 334, al. 2 C.c.B.-C. *ante* 1989) et que tout acte accompli par lui seul pendant l'interdiction était nul (de nullité relative selon l'opinion majoritaire), alors que les actes accomplis par les interdits de 2ᵉ et 3ᵉ classe étaient traités comme les actes accomplis par le mineur non émancipé.

57. Situation actuelle des «majeurs protégés» Le droit nouveau (appliqué d'ailleurs depuis 1989) utilise un vocabulaire nouveau: il n'y a plus désormais d'interdits il n'y a que des «majeurs protégés». On retrouve cependant trois catégories: les majeurs en curatelle, les majeurs en tutelle, curateur et tuteur étant des représentants[69], et les majeurs à qui on a nommé un «conseiller» qui, lui, est un assistant.

L'article 258 indique, de façon générale les situations donnant ouverture à un régime de protection et l'article 259 annonce que, selon le degré d'inaptitude de la personne, tel ou tel autre régime pourra être choisi, par le tribunal, selon la preuve qui lui sera faite (*cf.* art. 268).

58. Majeur en curatelle Un majeur est mis en curatelle lorsque son inaptitude à prendre soin de lui-même et à administrer ses biens est totale et permanente (art. 281). L'acte qu'il passe seul, alors qu'il est sous ce régime, pourra donc être sanctionné par la nullité ou par la réduction des obligations qui en découle, sans avoir à prouver lésion, sur la seule base de l'incapacité (art. 283).

L'article 284 reprend l'article 335 C.c.B.-C. (*ante* 1989), relatif à l'acte fait antérieurement à l'ouverture de la curatelle, quant au caractère notoire de l'inaptitude[70], mais lui ajoute deux éléments: d'une part, sur le plan de la sanction, il y a possibilité pour le tribunal de réduire les obligations et, d'autre part, sur le plan de la preuve, la sanction peut être demandée non seulement sur la preuve de la notoriété de l'inaptitude, mais aussi sur la simple preuve de la connaissance de l'inaptitude par le cocontractant.

59. Majeur en tutelle Un majeur est mis en tutelle lorsque son inaptitude est partielle ou temporaire (art. 285) et se trouve dans la situation d'un mineur non émancipé (art. 286 et 287)[71]. On notera qu'il y a, bien sûr, possibilité de changer de régime en plus ou en moins quant à la protection (art. 288; *cf.* également art. 277 et 278) et que l'article 290 reprend l'article 284 quant à l'acte antérieur à l'ouverture du régime de tutelle. Sur ce point là, la situation est nouvelle puisque majeurs en curatelle ou en tutelle sont traités de la même manière (en effet, l'article 335 C.c.B.-C. *ante* 1989 n'était applicable qu'à l'«interdit» de 1re classe).

60. Majeur assisté d'un conseiller Enfin, le tribunal nomme un conseiller au majeur, lorsque celui-ci, bien que généralement ou habituellement apte, a besoin, à l'égard de certains actes ou de façon temporaire, d'être assisté ou conseillé dans l'administration de ses biens (art. 291). La situation de ce majeur s'apparente à celle du faible d'esprit qui était auparavant assisté d'un conseil judiciaire; c'est donc le tribunal qui indiquera les actes pour lesquels l'assistance est requise et, s'il ne le fait pas, le majeur devra être assisté dans tous les actes qui excèdent la capacité du mineur simplement émancipé, c'est-à-dire les actes dépassant la simple administration, au sens de l'article 1301 (art. 293)[72].

Sous-par. 2 - L'objet

61. L'objet du contrat doit être licite Il est de l'essence du contrat qu'il ait un objet (art. 1385, al. 2), l'objet du contrat étant défini à l'article 1412 et distingué de l'objet de l'obligation, qui est, lui, défini à l'article 1373.

Il n'y a, à cet égard, rien à ajouter à ce qui a déjà été dit sur cette question. De même que la prestation — objet de l'obligation — ne doit être ni prohibée par la loi ni contraire à l'ordre public, l'objet du contrat — l'opération juridique envisagée — ne doit être ni prohibé par la loi ni contraire à l'ordre public (art. 1413)[73].

Sous-par. 3 - La cause

62. La cause du contrat doit être licite Il est de l'essence du contrat qu'il ait une cause (art. 1385, al. 2), c'est-à-dire une raison qui détermine chacune des parties à le conclure (art. 1410). On retrouve ici la distinction devenue classique entre la cause du contrat et la cause de l'obligation, dont il a déjà été question. Comme dans le droit antérieur, la cause ne doit être ni prohibée par la loi ni contraire à l'ordre public (art. 1411)[74].

Par. 2 - La sanction des conditions de formation du contrat

63. Généralités Lorsque l'une des conditions de formation du contrat n'est pas respectée, il y a un défaut qui peut être sanctionné. Les sanctions consistent principalement à frapper le contrat de nullité, mais aussi, en certains cas, à octroyer des dommages-intérêts ou à réduire les obligations.

Sous-par. 1 - Les nullités

La théorie des nullités a été élaborée au fil des ans, à partir de dispositions éparses du *Code civil du Bas-Canada* et des sources historiques que fournissaient le droit romain et l'ancien droit. Le droit nouveau codifie le régime des nullités à la lumière des enseignements de la doctrine et de la jurisprudence, tout en le modernisant quelque peu.

On envisagera successivement la distinction que l'on fait entre la nullité absolue et la nullité relative (A), puis les conséquences qu'entraîne cette distinction (B), enfin les effets de la nullité (C).

A. Distinction entre nullité absolue et nullité relative

1- Rappel du droit antérieur

64. Théorie classique des nullités Traditionnellement, on a présenté la théorie des nullités en distinguant la nullité absolue et la nullité relative; la nullité absolue correspondait à la nullité de plein droit du droit romain, nullité *ab initio*, de sorte qu'un contrat nul de nullité absolue serait un contrat inexistant, qui n'aurait jamais existé: les auteurs du 19e siècle parlaient alors d'un acte mort-né, acte qui n'a pas pu venir à la vie juridique parce qu'il y manquait un élément essentiel à sa formation.

La nullité relative, elle, correspondait à l'ancienne nullité prétorienne, moyen qui permettait au préteur romain, par la *restitutio in integrum*, de sanctionner certains vices comme la violence et le dol; le contrat s'est certes formé, mais de façon si imparfaite qu'il est annulable: les auteurs du 19e siècle parlaient d'un acte malade qui pouvait être tué par le juge lorsqu'il prononçait la nullité ou qui pouvait guérir par la confirmation.

Quels sont alors les différents régimes de nullités, selon cette conception?

— L'acte nul de nullité absolue est un acte inexistant dont le tribunal constate l'inexistence, alors que l'acte nul de nullité relative est un acte qui existe jusqu'à ce que le tribunal prononce le nullité et l'anéantisse rétroactivement. Ce qui fait dire à certains que, le néant n'ayant pas à être détruit, l'intervention du tribunal n'est pas nécessaire pour faire disparaître l'acte nul de nullité absolue, contrairement à ce qui se passe pour l'acte nul de nullité relative.

— Toute personne devrait pouvoir invoquer la nullité absolue, puisqu'il s'agit de faire constater le néant, alors que seules certaines personnes pourront invoquer la nullité relative et demander au juge de la prononcer.

— L'acte nul de nullité absolue ne pourra pas être confirmé, puisqu'on ne peut faire produire des effets au néant, au contraire de la nullité relative, puisque la confirmation fait disparaître la maladie: c'est la guérison.

— Enfin, la prescription est impossible dans un contexte de nullité absolue, l'écoulement d'un délai ne pouvant donner vie au néant, alors que, dans un contexte de nullité relative, le temps confirme l'acte.

— C'est cette conception du 19e siècle qu'enseignait Mignault au début du 20e siècle et qui n'a fait ici l'objet d'aucune critique, que l'on semble retrouver dans les décisions judiciaires: il suffit de se référer à l'affaire Boisjoli et à l'affaire Paré[75]. Et pourtant, il y a longtemps que doctrine et jurisprudence françaises ont abandonné cette théorie, compte tenu de toutes les faiblesses qui la caractérisent: certains auteurs l'ont qualifiée d'incertaine, illogique et inutile.

65. Critique Il est faux, en effet, d'affirmer que toute personne peut demander la nullité d'un acte nul de nullité absolue: c'est oublier la règle de droit judiciaire «pas d'intérêt, pas d'action». Il importe donc de rectifier le tir et de préciser que peut demander la nullité toute personne qui y a un intérêt. Ainsi, dans l'hypothèse de la vente successive d'un bien meuble ou immeuble, l'acheteur qui n'est pas en possession du meuble ou qui n'a pas fait inscrire son titre immobilier a sans aucun doute un intérêt né et actuel à demander la nullité de l'autre contrat passé par son vendeur (sous réserve des solutions prévues à l'article 1027 C.c.B.-C., que reprend l'art. 1454).

Il est tout aussi inexact de prétendre que la prescription est impossible dans un contexte de nullité absolue, l'article 2242 C.c.B.-C. ne laissant planer aucun doute: toute action qui n'est pas autrement prescrite, se prescrit par trente ans[76].

Enfin, comment peut-on prétendre que l'intervention des tribunaux n'est pas nécessaire dans le contexte d'un acte nul de nullité absolue? Dès lors que l'une des parties contractantes soutient que tel acte n'existe pas, tandis que le cocontractant soutient le contraire, le recours au tribunal est inévitable pour trancher le débat; et même si les deux parties s'entendent pour reconnaître que tel contrat n'existe pas, un acte *instrumentum* ou un titre peut exister, constatant une apparence de contrat, qu'il est nécessaire de détruire: que l'on songe à l'acte de vente dont le notaire a la minute, qui est enregistré et qui ne pourra disparaître que sur intervention du tribunal. On est bien obligé de reconnaître, alors, qu'il n'y a pas de néant juridique tant et aussi longtemps que l'apparence n'est pas détruite[77].

66. Fondement de la distinction nullité absolue - nullité relative La doctrine classique fait reposer la distinction nullité absolue-nullité relative, d'une part sur l'absence d'un élément essentiel à la formation du contrat — consentement, cause, objet — ou sur le caractère illicite de la cause ou de l'objet et il s'agit alors d'un défaut dans les conditions d'existence, sanctionné par la nullité absolue, et d'autre part sur le vice d'un de ses éléments essentiels — erreur, dol, crainte, lésion — qui affecte seulement la validité du contrat, défaut sanctionné par la nullité relative.

On remarque, dans cette présentation, que l'on ne fait pas état des incapacités: où les caser? Absence d'une condition d'existence ou d'une condition de validité? Tout le monde s'est accordé pour répondre nullité relative lorsqu'il s'agissait de l'incapacité du mineur et de l'interdit pour prodigalité ou faiblesse d'esprit, car le législateur s'était exprimé clairement sur eux: «l'incapacité est établie en leur faveur» (art. 987 C.c.B.-C.). En revanche, il y eut controverse sur l'incapacité de l'interdit pour démence: «l'acte fait postérieurement au jugement d'interdiction (1re classe) est nul»; qu'est-ce à dire, de quelle nullité? Il y a bien, en ce cas, absence de consentement et l'application de nos critères devrait nous amener à la nullité absolue; mais, alors, on ne le protège plus et, pour justifier la nullité relative, on est contraint de faire appel à un critère autre que l'absence d'un élément essentiel et le vice de l'un de ces éléments: on invoquera, alors, l'idée de protection. D'où le rejet de ces critères classiques qui sanctionnent un défaut plus ou moins grave et leur remplacement par de nouveaux critères[78].

2- Droit nouveau

67. Maintien de la division bipartite modernisée On retrouve dans le *Code civil du Québec* la division bipartite qui consiste à distinguer la nullité absolue et la nullité relative, mais une étude plus approfondie qu'on ne peut le faire ici démontrerait probablement que l'on s'éloigne quelque peu de la théorie de l'inexistence ou, en d'autres mots, qu'un acte nul de nullité absolue n'est plus cet acte inexistant qui rendrait l'action en justice inutile. D'ailleurs, comme on l'a précédemment mentionné[79], le rôle du juge est inévitable quelle que soit la gravité du défaut dont le contrat est affecté, puisque, en présence d'une apparence d'acte, le juge doit détruire ce contrat apparent: qu'il constate ou qu'il prononce la nullité, son rôle est pratiquement identique, d'autant plus qu'il pourra, on le verra, soulever d'office la nullité absolue (art. 1418).

68. Critères de distinction: intérêt général, intérêt particulier Compte tenu des critiques également énoncées à l'encontre de la théorie classique relativement au fondement de la distinction nullité absolue-nullité relative, le nouveau Code remplace les critères anciens par de nouveaux critères — proposés depuis longtemps d'ailleurs — fondés précisément sur

l'idée de protection: tantôt protection de l'intérêt général —
nullité absolue — (art. 1417), tantôt protection d'intérêts particuliers — nullité relative — (art. 1419). Sans doute ces critères
présentent-ils, eux aussi, des inconvénients: déterminer si, dans
telles circonstances, l'intérêt en cause est général ou particulier.
Si donc le législateur ne s'est pas exprimé, le juge doit trancher,
encore que l'article 1421 énonce une présomption simple: «À
moins que la loi n'indique clairement le caractère de la nullité,
le contrat qui n'est pas conforme aux conditions nécessaires à
sa formation est présumé n'être frappé que de nullité relative»;
il appartiendra donc à celui qui demande la nullité de prouver
que celle-ci s'impose pour la protection de l'intérêt général,
dans l'hypothèse où la sanction protégerait *a priori* les seuls
intérêts du défendeur[80].

69. Intérêt général et ordre public Il faut, cependant, se garder de confondre l'intérêt général avec l'ordre public et de faire
reposer la nullité absolue sur la notion d'ordre public, comme
cela a été fait, parfois dans le passé: il est faux de prétendre que
la nullité absolue est une nullité d'ordre public, en ce sens que
toute règle impérative serait sanctionnée de nullité absolue,
sous le prétexte que cette règle impérative protège l'intérêt
général. Ce serait oublier qu'une règle impérative peut être destinée à protéger des intérêts particuliers ou à protéger les intérêts de catégories ou de groupes particuliers, sans que pour
autant l'intérêt général soit en cause: il suffit de songer aux
règles impératives de la *Loi sur la protection du consommateur*,
destinées à protéger précisément la catégorie des consommateurs.

C'est ici que se situe, dans la notion d'ordre public, la distinction qui est faite entre l'ordre public de direction et l'ordre
public de protection, même si cette distinction n'est pas toujours aisé à faire, l'ordre public de direction débouchant sur la
nullité absolue et l'ordre public de protection débouchant sur la
nullité relative[81].

70. Nécessité d'une division bipartite Même si certains ont
remis en cause la distinction nullité absolue et nullité relative,
on conçoit difficilement de pouvoir retenir un seul régime qui
s'appliquerait à toutes les situations: qui peut demander la nullité, dans quel délai et peut-on confirmer le contrat? Il est

nécessaire de pouvoir répondre à ces questions, sans que le législateur soit obligé de le prévoir dans chaque cas: on ne peut échapper à une certaine catégorisation, tout en conservant les mêmes appellations. On est cependant amené à constater que l'utilisation des critères intérêt général ou privé conduit à une certaine réduction du champ de la nullité absolue. Ainsi, l'absence de consentement peut-elle donner ouverture à la nullité relative, de même que l'illicéité d'un contrat, qui touche l'ordre public de protection.

71. Application des critères

1- À l'absence et aux vices de consentement

On a déjà eu l'occasion de dire que l'absence de consentement qui, antérieurement, était sanctionnée de nullité absolue, serait désormais sanctionnée de nullité relative[82]. Dans le droit d'hier, il était en effet logique que l'absence de consentement entraînât la nullité absolue, puisque le critère sur lequel était fondée cette sanction était l'absence d'une condition essentielle à la formation du contrat. Dès lors que le critère de distinction repose sur la protection d'un intérêt général ou d'intérêts particuliers, il devient légitime de préconiser la nullité relative, dans la mesure où il s'agit de protéger cette personne qui a conclu le contrat alors qu'elle n'avait pas une volonté claire et consciente et de ne pas permettre au cocontractant sain d'esprit d'invoquer la nullité pour se défaire d'un contrat qui lui serait désavantageux. C'est la solution française qui donc a été retenue. On verra cependant que l'état d'incertitude dans lequel la partie contractante saine d'esprit risquerait, de ce fait, d'être tenue[83] est levé par une disposition particulière de l'article 1420[84].

Quant aux vices de consentement, ils sont bien évidemment sanctionnés, comme auparavant, par la nullité relative, puisqu'il s'agit de protéger ici la victime de l'erreur ou du dol ou de la crainte ou de la lésion (art. 1419).

2- Aux incapacités

Il est normal que l'incapacité d'exercice soit en principe sanctionnée par la nullité relative, puisqu'elle est, par définition, une mesure destinée à protéger une catégorie de personnes dont la faiblesse relève de l'âge ou de l'état mental: c'est pourquoi la loi organise un système de représentation ou d'assistance (tutelles, curatelle, conseiller), qui est établi dans leur intérêt (*cf.* art. 177, 256). En certains cas, cependant, des considérations d'intérêt général conduisent à la nullité absolue (*cf.* par exemple art. 161, 708, 1813)[85].

Quant aux «incapacités spéciales de jouissance» ou plus précisément interdiction de contracter, selon les motifs qui sont à la base de la prohibition, la nullité sera absolue ou relative. Pour ne citer que quelques exemples, on mentionnera l'article 1709, en vertu duquel celui qui est chargé de vendre le bien d'autrui (tuteur, curateur, mandataire) ne peut se rendre acquéreur d'un tel bien, mais ne peut en aucun cas demander la nullité de la vente: la loi entend protéger le vendeur dont les intérêts risqueraient d'être assez mal défendus si cette prohibition n'existait pas. Au contraire, sera sanctionnée de nullité absolue l'acquisition de droits litigieux par des juges, avocats, notaires ou officiers de justice (art. 1783): une telle sanction est destinée à éviter tout soupçon injurieux dans le cadre de l'administration de la justice. De même, en vertu de l'article 1823, la donation entre vifs universelle ou à titre universel est sanctionnée de nullité absolue: il n'a pas paru souhaitable, dans l'intérêt général, d'autoriser une personne à se dépouiller gratuitement, de son vivant, de l'ensemble ou d'une quotité de ses biens; seules sont permises les donations à titre particulier qui, du fait de l'énumération et de l'identification des biens donnés permettent au donateur de mesurer la portée de ses actes et de leurs conséquences à l'égard non seulement de sa personne, mais aussi à l'égard de son entourage et de la société.

3- Aux conditions de forme

Il convient ici de distinguer selon qu'il s'agit d'une formalité probante, d'une formalité habilitante, d'une formalité de publicité ou d'une formalité solennelle.

Il est évident que l'absence d'un écrit en vue de prouver l'existence d'un contrat ou son contenu n'entraîne pas la nullité; elle en rendra cependant la preuve plus difficile.

L'exigence d'une formalité habilitante relevant le plus souvent des incapacités d'exercice, elle est sanctionnée par la nullité relative (*cf.* par exemple, art. 162.).

Le défaut d'une formalité de publicité, on le sait, n'est pas sanctionné de nullité: le contrat demeure valide entre les parties, mais il est inopposable aux tiers (art. 2941).

En revanche, lorsqu'une formalité est nécessaire à la formation du contrat, donnant à celui-ci un caractère solennel, la sanction est en principe la nullité absolue: ainsi en est-il du contrat de donation (art. 1824), de la convention d'hypothèque (art. 2692, 2693, 2696), du contrat de mariage (art. 440). L'intervention du notaire est considérée comme un gage de sécurité à l'égard des contractants eux-mêmes, de leur famille, des tiers et de la société: on rejoint donc l'idée de protection de l'intérêt général. Toutefois, on pourrait soutenir, nous semble-t-il, que dans l'hypothèse où ce sont les parties elles-mêmes qui ont assujetti la formation du contrat à une forme solennelle (art. 1385), le défaut de forme devrait être sanctionné non point d'une nullité absolue, mais d'une nullité relative double: en ce cas, en effet, ce sont les parties qui ont convenu de se protéger particulièrement et donc le défaut ne devrait pas toucher l'intérêt général.

4- À l'objet et à la cause

Là encore, traditionnellement, on a enseigné que le défaut d'objet comme le défaut de cause entraînaient une nullité absolue, puisqu'il manquait un élément essentiel à la formation du contrat. À l'absence d'objet, on assimilait l'erreur sur l'identité de l'objet, et à l'absence de cause, on assimilait la fausse cause, voire même parfois l'erreur sur la cause[86].

Dès lors que les critères de distinction entre la nullité absolue et la nullité relative reposent sur la protection de l'intérêt général ou de l'intérêt particulier, il faut se demander s'il y va de l'intérêt général pour appliquer la nullité absolue, ou s'il s'agit plutôt de protéger des intérêts particuliers, auquel cas la nullité est relative.

Certains préconisent la nullité relative dans tous ces cas: s'il y a absence d'objet, il paraît logique de refuser à celui qui a reçu sans rien donner en contrepartie, le droit de demander et obtenir la nullité; de même la prise en considération d'une contrepartie (la cause de l'obligation) étant la condition de la validité de l'engagement d'un contractant, l'absence de cause entraîne une injustice qui touche une seule des parties, celle-là méritant seule d'être protégée.

Cependant, on pourrait aussi soutenir que l'absence d'objet ou l'absence de cause ne permet pas à l'acte de remplir sa fonction sociale et que l'intérêt général exige que toute efficacité juridique lui soit refusée[87].

La nullité relative nous paraît aller néanmoins dans le sens du nouveau régime des nullités, compte tenu de la présomption favorable qui est énoncée à l'article 1421 et compte tenu, aussi, du fait que ces défauts rejoignent, assez aisément parfois, ces autres défauts qui sont l'absence de consentement et l'erreur-obstacle, erreur exclusive de consentement, qui sont sanctionnés par la nullité relative.

5- À l'illicéité

Quant à l'illicéité (ou l'immoralité qui n'est plus désormais différenciée de l'illicéité, car, la notion de bonnes mœurs étant très proche de la notion d'ordre public, le législateur a englobé la première dans la seconde), qu'il s'agisse de celle de l'objet, de la cause — ou, peut-on ajouter du résultat —, elle sera sanctionnée soit par la nullité absolue si l'ordre public touché est l'ordre public de direction, soit par la nullité relative si l'ordre public touché est l'ordre public de protection, ce qui est souvent le cas lorsqu'il s'agit de l'ordre public économique. En d'autres termes, il faudra se demander si l'intérêt général est en jeu — nullité absolue —, ou si seuls les intérêts d'une personne ou d'une catégorie de personnes ont voulu être protégés: en effet, les lois prohibitives ne sont pas toutes nécessairement sanctionnées par la nullité absolue; c'est d'ailleurs ce qui a déjà été jugé par la Cour d'appel du Québec[88].

En revanche, le nouveau Code a tenu à préciser le caractère absolu de la nullité de certains contrats: ainsi en est-il du contrat d'assurance maritime par manière de jeu ou de pari (art. 2512), ainsi que des conventions de procréation ou de gestation pour le compte d'autrui (art. 541).

S'agissant toutefois de contrats dont on pourrait dire qu'ils ont une cause immorale, au sens du droit antérieur, les solutions préconisées antérieurement nous paraissent devoir être maintenues[89].

B- Conséquences de la distinction

72. Personnes pouvant invoquer la nullité

1. S'agissant d'une nullité relative, l'action peut être exercée par la ou les personnes que la loi entend protéger (art. 1419): la personne qui, sans avoir fait l'objet de l'ouverture d'un régime de curatelle, de tutelle ou de conseiller, était inapte à consentir, n'avait pas une volonté claire et consciente lors de la conclusion du contrat; l'auteur de l'erreur, la victime du dol ou de la crainte ou de la lésion (art. 1419) la catégorie des consommateurs, celle des majeurs protégés (art. 256). Ainsi, l'absence de consentement est assimilée à un vice du consentement.

Si la nullité relative ne peut être invoquée que par la personne en faveur de qui elle est établie, elle peut l'être également «par son cocontractant, s'il est de bonne foi et en subit un préjudice sérieux» (art. 1420): cette disposition qui est nouvelle vient remédier au problème pouvant résulter, par exemple, de l'inaction de celui qui, privé de raison sans toutefois bénéficier d'un régime de faveur, ne demande pas la nullité sans néanmoins confirmer l'acte. En ce cas, le cocontractant sain d'esprit qui se trouve dans un état d'incertitude quant à la validité de son engagement pourra lui-même demander la nullité: à défaut de cette possibilité, il pourrait en effet subir un préjudice sérieux; encore faut-il, pour qu'il puisse se prévaloir de cette règle, qu'il soit de bonne foi, c'est-à-dire qu'il n'ait pas eu connaissance, lors de la conclusion du contrat, de l'inaptitude de celui avec qui il a contracté.

De même, pourra-t-on rencontrer des cas où les deux parties contractantes auront la possibilité de demander la nullité relative, cas de nullité relative double: il en sera ainsi lorsqu'on se trouvera en présence d'une erreur-obstacle ou erreur exclusive de consentement: lorsque l'erreur porte sur la nature du contrat ou sur l'objet de la prestation, chacune des parties se trompe et mérite donc d'être protégée et de sortir de ce contrat en en demandant la nullité[90].

On mentionnera enfin que cette nullité ne pourra être prononcée par le tribunal que si elle est demandée par la personne en faveur de qui elle a été établie; comme dans le droit antérieur, le tribunal ne pourra la soulever d'office (art. 1420): c'est à la personne que la loi entend protéger qu'il appartient de prendre l'initiative et de décider si elle souhaite de se prévaloir de cette sanction.

2. S'agissant d'une nullité absolue, toute personne qui y a intérêt peut demander la nullité; encore faut-il que l'intérêt ne soit pas seulement moral (encore qu'en matière de mariage, il est permis de se demander si, comme dans le droit antérieur — article 155 C.c.B.-C.—l'intérêt moral ne suffit pas aux conjoints et à leurs parents[91]): il faut un intérêt «né et actuel », c'est-à-dire pécuniaire (art. 1418); ce peuvent être l'un ou l'autre des contractants, mais aussi des tiers — pas n'importe lesquels, puisqu'ils doivent démontrer un intérêt protégé par le droit, c'est-à-dire un intérêt qui doit avoir un rapport étroit avec la nullité: c'est le cas précédemment invoqué de la vente successive d'un même bien. On pourrait aussi imaginer le cas où un créancier chirographaire, titulaire d'une créance exigible, aurait intérêt à demander la nullité du contrat passé par son débiteur, lorsque ce contrat rendrait son débiteur insolvable: mais on se trouve, alors, dans une situation très proche de l'action oblique ou éventuellement de l'action paulienne (dite désormais action en inopposabilité), s'il y a eu fraude. Il faut cependant comprendre que cette possibilité reconnue aux tiers se rencontre rarement.

On notera enfin que le tribunal doit soulever d'office la nullité absolue d'un contrat, lorsqu'il constate l'existence d'un défaut contrariant l'intérêt général et que les parties au litige, agissant dans le cadre d'une action en exécution, n'en demandent pas la sanction (art. 1418): on conçoit difficilement, en effet, que le tribunal ne puisse priver de toute efficacité juridique un contrat qui, par exemple, heurte l'ordre public politique ou familial, l'ordre public de direction, c'est-à-dire l'intérêt général.

73. Confirmation d'un acte nul La personne à qui on reconnaît le droit d'attaquer le contrat doit pouvoir renoncer à l'exercice de ce droit: c'est ce qui est unanimement admis dans le cadre de la nullité relative; la personne protégée peut ainsi «couvrir» la nullité ou confirmer l'acte. On pouvait aussi bien dire que l'acte imparfait était ainsi rendu parfait, si l'on utilisait les critères classiques, ou l'on peut désormais dire que la personne protégée renonce à la protection dont elle fait l'objet, en utilisant les critères modernes. Tout se passe, alors, comme si le contrat s'était formé valablement ou n'avait jamais été atteint d'un vice (art. 1420, al. 2).

En revanche, si la nullité est absolue, on ne peut pas permettre à une personne de renoncer à un droit qui appartient à toute personne qui y a intérêt, d'où l'impossibilité de couvrir cette nullité (art. 1418, al. 2).

Comme il en a toujours été, la confirmation «résulte de la volonté, expresse ou tacite, de renoncer à en invoquer la nullité» et cette volonté doit être «certaine et évidente» (art. 1423): se trouve ainsi... confirmée une règle bien établie à propos de l'article 1214 C.c.B.-C., mais la référence à la présence d'indications claires d'une volonté non équivoque de confirmer le contrat est destinée, selon les commentaires officiels, «à contrer la sévérité d'une certaine jurisprudence qui considère, bien souvent, que le seul fait, pour un contractant, de ne pas intenter l'action en nullité dans un délai raisonnable de la découverte de la cause de nullité entachant le contrat, équivaut pratiquement à une confirmation tacite de celui-ci»[92]. Les juges devront donc se garder de croire que la preuve d'une certaine inertie à l'égard du recours judiciaire signifie nécessairement confirmation.

Enfin l'article 1424 vient préciser que «lorsque chacune des parties peut invoquer la nullité du contrat, ou que plusieurs d'entre elles le peuvent à l'encontre d'un contractant commun, la confirmation par l'une d'elles n'empêche pas les autres d'invoquer la nullité»: ce serait le cas d'un contrat vicié par une erreur-obstacle, erreur sur la nature du contrat ou sur l'objet de la prestation, entraînant une nullité relative double; la confirmation par l'une des parties n'empêcherait par l'autre d'invoquer la nullité. Ce serait aussi le cas de la vente viciée d'un bien par une personne à plusieurs acheteurs. La nullité vaudrait aussi en ce cas, à l'égard des parties qui prétendraient avoir confirmé le contrat.

74. Prescription de l'action en nullité On sait qu'un délai de prescription a pour but de stabiliser des situations de fait au bout d'un temps plus ou moins long, et cela dans l'intérêt de la sécurité juridique. Il est donc normal que l'action en nullité soit prescriptible, qu'elle soit absolue ou relative.

Ce qui différait, toutefois, dans le droit antérieur, c'était la durée. La nullité relative ne pouvant alors être demandée que par certaines personnes et le sort du contrat étant entre leurs mains, il était nécessaire que l'incertitude ne persistât pas trop longtemps: d'où une prescription relativement courte (10 ans). La faveur faite à la personne protégée ne devait pas nuire outre mesure au cocontractant. Au contraire, la nullité absolue pouvant être demandée par toute personne qui y avait un intérêt, il importait de laisser suffisamment de temps à ces personnes, pour qu'elle se manifestent: de toute façon, les deux parties contractantes ayant le droit d'agir, l'une d'elles n'était pas à la merci de l'autre. D'où la longueur du délai: 30 ans, ce qui peut paraître long.

Le *Code civil du Québec* vient de modifier la durée des délais de prescription, en l'uniformisant et en la raccourcissant terriblement: la solution nouvelle tend à favoriser la sécurité juridique et le maintien d'une certaine unité du régime des nullités absolues et relatives.

En effet, une action en nullité ayant pour objet l'anéantissement d'un contrat, d'un rapport d'obligation, donc d'un droit personnel, c'est l'article 2925 qui s'applique, selon lequel «L'action qui tend à faire valoir un droit personnel ou un droit réel mobilier et dont le délai de prescription n'est pas autrement fixé par la loi se prescrit par trois ans». Qu'il s'agisse donc d'une nullité absolue ou d'une nullité relative, le délai est identiquement bref[93].

On peut s'étonner de la brièveté de ce délai lorsque la nullité sanctionne l'inobservation d'une règle d'ordre public (de direction) ou d'ailleurs, de façon générale, la protection de l'intérêt général. Toutefois, en vertu de l'article 2927, ce délai court à compter de la connaissance de la cause de nullité[94]: c'est dire que toute personne qui a un intérêt né et actuel à demander la destruction de ce contrat contraire à l'intérêt général, aura trois ans de réflexion pour se décider à attaquer ou non l'acte mauvais, ce qui peut paraître suffisant lorsqu'on est soucieux de la protection de l'intérêt général.

En outre, il ne faut pas oublier que, dans le droit nouveau comme dans le droit antérieur, la nullité peut toujours être invoquée, en défense, par voie d'exception; l'article 2882 reprend,

en effet, la substance de l'article 2246 C.c.B.-C.: «même si le
délai pour s'en prévaloir par action directe est expiré, le moyen
qui tend à repousser une action peut toujours être invoqué, à la
condition qu'il ait pu constituer un moyen de défense valable à
l'action, au moment où il pouvait encore fonder une action
directe».

Ainsi, est-on amené à consolider les situations acquises: après
trois ans, désormais, on ne peut plus forcer l'exécution d'un
contrat nul qui n'a pas été exécuté, et on ne peut plus le faire
annuler s'il a déjà été exécuté.

La brièveté du délai de prescription nous paraît accentuer l'intérêt de l'alinéa 2 de l'article 1423, au terme duquel «la volonté
de confirmer doit être certaine et évidente»: la preuve de la
confirmation que doit apporter le défendeur à une action en
nullité afin d'obtenir le maintien du contrat, pourrait s'avérer
plus difficile à faire, dans la mesure où désormais la seule inertie du demandeur, d'une durée inférieure à trois ans, ne constitue pas nécessairement la manifestation tacite de sa volonté de
renoncer à invoquer la nullité[95].

C. Effets de la nullité

75. Anéantissement rétroactif Les effets de la nullité demeurent les mêmes, quel que soit le caractère absolu ou relatif de
la nullité. Une nuance devait être cependant apportée auparavant dans le contexte québécois, compte tenu de la survivance
de la théorie classique selon laquelle le contrat nul de nullité
absolue était un contrat inexistant: de ce fait, on devait dire que
ce contrat *n'avait jamais existé*, que le juge se bornait à constater cet état de chose et qu'il pouvait le faire même si les
parties n'avaient pas invoqué la nullité et avaient un litige portant sur l'exécution. En revanche, le contrat nul de nullité relative *était censé n'avoir jamais existé* lorsque le juge avait pro-
noncé son anéantissement rétroactif, ce qu'il pouvait faire uniquement si on le lui demandait, que ce soit en demande ou en
défense.

Désormais, selon le droit nouveau qui adopte la théorie contemporaine, que la nullité soit absolue ou relative, le tribunal la
prononce, privant ainsi rétroactivement, et bien sûr pour l'avenir, le contrat de tout effet: dans l'un et l'autre cas, ce contrat

est censé n'avoir jamais existé. C'est ce que confirme l'article 1422, selon lequel «le contrat frappé de nullité (c'est-à-dire absolue aussi bien que relative) est réputé n'avoir jamais existé»: on a bel et bien recours à la fiction que constitue l'anéantissement rétroactif du contrat.

Ce n'est pas à dire que le tribunal ne puisse pas soulever d'office la nullité absolue; au contraire, l'article 1418 lui dicte sa conduite: dès lors que lui apparaissent dans le débat, des éléments contrariant l'intérêt général, il doit s'en saisir.

76. Restitution des prestations L'anéantissement rétroactif du contrat nul de nullité absolue ou de nullité relative a pour conséquence de remettre les parties contractantes dans la situation dans laquelle elles se seraient trouvées si elles n'avaient pas conclu ce contrat. Si donc ce contrat a déjà été exécuté totalement ou partiellement, il y a lieu à restitution. C'est ce que consacre le nouveau Code: «chacune des parties est, dans ce cas, tenue de restituer à l'autre les prestations qu'elle a reçues» (art. 1422, al. 2), restitution en nature.

Se pose alors le problème de savoir ce qui se passe lorsque la restitution en nature est devenue impossible.

Entre les parties, on était obligé — dans le droit d'hier — de distinguer selon que l'impossibilité de restituer émanait du demandeur ou du défendeur, compte tenu d'un arrêt de la Cour suprême du Canada[96] qui avait exigé que des offres de restitution en nature fussent faites préalablement à la demande de nullité, que celle-ci soit faite en demande ou en défense, par voie d'action directe ou par voie d'exception.

À l'égard des tiers, la nullité pouvait avoir des répercussions vis-à-vis de ces personnes qui, antérieurement à la destruction rétroactive du contrat, avaient acquis des droits de l'une des parties contractantes[97].

Le *Code civil du Québec* propose, dans un chapitre neuvième «De la restitution des prestations», un ensemble de règles qui couvriraient toutes les situations qui impliquent une restitution des prestations (art. 1699 à 1707): restitution de biens reçus sans droit ou par erreur (paiement ou «réception de l'indu») ou restitution en vertu d'un acte juridique qui est subséquemment anéanti de façon rétroactive (nullité, résolution d'un contrat) ou dont les obligations deviennent impossibles à exécuter en raison d'une force majeure (théorie des risques) (art. 1699).

Ces dispositions nouvelles constituent donc une espèce de synthèse des solutions antérieures fournies par quelques textes épars et par les enseignements de la doctrine et de la jurisprudence[98].

Le principe de la restitution en nature est donc posé, mais si celle-ci ne peut se faire «en raison d'une impossibilité ou d'un inconvénient sérieux, elle se fait par équivalent» et cette équivalence s'apprécie, *en principe* «au moment où le débiteur (de cette obligation de restituer) a reçu ce qu'il doit restituer» (art. 1700): on généralise la règle de la restitution par équivalent, qui était posée en matière de paiement de l'indu, à l'article 1047, alinéa1,C.c.B.-C.

1- Conséquences de l'anéantissement rétroactif à l'égard des tiers

Logiquement, conséquence de la rétroactivité, des tierces personnes n'ont pas pu acquérir, de l'une des parties au contrat annulé, des droits que celle-ci est censée n'avoir jamais possédés: ainsi, l'acquéreur d'un immeuble qui revend celui-ci à un tiers ne peut transférer à ce dernier un droit de propriété qu'il est censé n'avoir jamais eu! Ce tiers sous-acquéreur devrait donc perdre les droits qu'il croyait avoir acquis: c'est dire qu'il se trouve dans une position fâcheuse.

Le droit nouveau vient carrément au secours de ce tiers et lui assure une incontestable sécurité juridique s'il a acquis ses droits de bonne foi, c'est-à-dire sans avoir connaissance de la nullité du contrat passé par son auteur: l'acte d'aliénation à titre onéreux fait par celui qui a l'obligation de restituer au profit d'un tiers de bonne foi est opposable à celui à qui est due la restitution. C'est dire, dans l'exemple précédent, que le tiers sous-acquéreur de bonne foi pourra opposer son titre de propriété au vendeur originaire du bien dont le contrat était entaché de nullité: le tiers sous-acquéreur conservera l'immeuble et le vendeur originaire qui ne pourra le revendiquer, ne pourra obtenir de son ayant cause à titre particulier (l'acheteur qui a revendu au tiers) qu'une restitution par équivalent, c'est-à-dire la valeur du bien. Cette valeur sera celle qu'avait le bien soit au moment de la réception du bien, soit au moment de son aliénation, soit au moment de la restitution: c'est la valeur la moins élevée que devra le débiteur de la restitution s'il est de bonne foi, et la valeur la plus élevée s'il est de mauvaise foi ou si la cause de restitution est due à sa faute[99].

En revanche si l'acte d'aliénation avait été fait à titre gratuit, donation au lieu de vente, le donataire sous-acquéreur n'aurait pas été protégé, le contrat de donation aurait été inopposable au vendeur propriétaire originaire qui aurait pu récupérer le bien, sous réserve des règles relatives à la prescription (art. 1707, al. 1), le tiers sous-acquéreur n'ayant alors à souffrir que d'un gain manqué.

S'il s'agit d'un acte autre qu'un acte d'aliénation, tel un acte d'administration au sens où on l'a entendu traditionnellement, par exemple un contrat de louage, cet acte accompli au profit d'un tiers de bonne foi est opposable à celui à qui est due la restitution (art. 1707, al. 2): c'est la solution qui était auparavant préconisée.

La sécurité des tiers de bonne foi, on le constate, l'emporte sur la logique juridique, ce qui va dans le sens des tendances contemporaines.

2- Conséquences, entre les parties, de l'impossibilité de restituer

a) Perte par force majeure

Si la chose faisant l'objet de la prestation et sujette à restitution a péri par force majeure, le débiteur de la restitution est libéré et n'a donc rien à restituer au créancier de la restitution qui, lui, de son côté, devra remettre, le cas échéant, ce qu'il a reçu et possède encore: la solution du droit antérieur est maintenue et consacrée à l'article 1701, alinéa 2. Cependant, cette disposition apporte une précision sur un point sur lequel on s'interrogeait: dans l'hypothèse où la perte du bien, résultat d'une force majeure, permet au débiteur de la restitution d'obtenir une indemnité, telle une indemnité d'assurance, ce débiteur doit alors céder au créancier de la restitution cette indemnité s'il l'a déjà déjà perçue, ou le droit à cette indemnité s'il ne l'a pas déjà perçue; ainsi, le débiteur ne peut-il pas s'enrichir au détriment du créancier de la restitution. En outre, ce même article 1701, alinéa 2, précise que si le débiteur de la restitution est de mauvaise foi, ou encore si la cause de la restitution est due à sa faute (il a, par exemple, commis un dol qui est à l'origine de l'erreur commise par son cocontractant), il est dispensé de la restitution si le bien eût également péri entre les mains du créancier: on retrouve ici la règle énoncée à l'article 1050, alinéa 2 C.c.B.-C., *in fine*.

b) Perte par une cause autre que la force majeure

Si la chose faisant l'objet de la prestation et sujette à restitution a péri totalement, autrement que par force majeure, il y a lieu à restitution en valeur, mais cette valeur pourra varier selon que le débiteur de la restitution est de bonne foi ou que la cause de nullité n'est pas due à sa faute (erreur, absence de consentement) et selon qu'il est de mauvaise foi (connaissance de l'illicéité) ou que la cause de la nullité est due à sa faute (dol, menace, lésion): dans le premier cas, la valeur qui devra être restituée sera la moindre de celle qu'avait le bien soit au moment de sa réception, soit au moment de sa perte, soit au moment de la restitution; dans le second cas (mauvaise foi ou nullité due à sa faute), c'est la valeur la plus élevée qui devra être prise en considération. Comme dans le passé, la mauvaise foi et la faute sont sanctionnées (*cf.* art. 1050 C.c.B.-C.).

Néanmoins, il n'est pas aisé d'énoncer une règle qui aboutisse dans tous les cas à une solution parfaitement juste; aussi, le tribunal pourra-t-il se référer à l'alinéa 2 de l'article 1700, lorsque l'application de l'article 1701, alinéa 1, aboutirait à conférer un avantage indu à l'une des parties[100].

c) Perte partielle

Si la chose faisant l'objet de la prestation et sujette à restitution a péri partiellement — détérioration ou autre dépréciation de valeur —, le débiteur de la restitution doit, en vertu de l'article 1702, «indemniser le créancier pour cette perte, à moins que celle-ci ne résulte de l'usage normal du bien». Il nous apparaît, tout d'abord, que cette disposition ne devrait pas s'appliquer lorsque la perte partielle résulte d'une force majeure: en ce cas, le débiteur de la prestation devrait remettre uniquement ce qui reste du bien, le bien dans l'état où il se trouve; il en est de même lorsque la détérioration ou la dépréciation résulte de l'usage normal du bien. En revanche, outre la restitution de ce qui reste, il y aurait lieu à indemnisation du créancier de la restitution, dans tous les autres cas: il conviendra donc d'évaluer le préjudice subi du fait de cette perte partielle et comme celle-ci est traitée distinctement de la perte totale visée par l'article 1701, alinéa 1, nous comprenons que l'équivalent de cette perte partielle doit s'apprécier, conformément à l'alinéa 2 de l'article 1700, «au moment où le débiteur (de l'obligation de restituer) a reçu ce qu'il doit restituer». Selon les commentaires du ministère de la Justice, l'article 1702, de droit nouveau, «prévoit une règle unique, imposant désormais au débiteur l'obligation d'indemniser le créancier pour ces pertes, sauf seulement si elles résultent de l'usage du bien»[101]: il semblerait donc a priori que l'on ne doive pas tenir compte du comportement du débiteur ou du créancier. Or, il nous apparaîtrait anormal et injuste que celui qui demande, par exemple, la nullité de l'achat d'un bien sur la base du dol du vendeur, ait à indemniser ce dernier, alors que l'état défaillant du bien ou sa dépréciation ne résulte ni de son fait, ni de sa faute: si l'on reprend l'exemple, fourni par la jurisprudence[102], de l'achat, à la suite du dol du vendeur, d'un autobus qui tombe progressivement en pièces détachées, serait-il équitable d'exiger de l'acheteur qu'il restitue l'autobus et verse, en outre, une indemnité comprenant la dépréciation du bien entre le moment de la livraison de l'autobus par le vendeur et sa restitution par l'acheteur? Une telle solution ne nous paraîtrait pas rendre justice; nous croyons que lorsque la cause de restitution résulte de la mauvaise foi ou d'un comportement fautif du *créancier* de la restitution (dol, menace, lésion), la chose faisant l'objet de la prestation devrait être remise dans l'état dans lequel elle se trouverait lors du procès — et sans indemnité —, pourvu que cet état ne résulte pas de la faute du débiteur de la restitution (victime du dol, de la menace, de la lésion ou de l'illicéité dont il n'avait pas connaissance). Cette dernière solution serait conforme à l'esprit de l'article 1562.

On constate donc que l'impossibilité pour le demandeur à l'action en nullité d'offrir préalablement la restitution en nature de la prestation qu'il a déjà reçue en totalité ou en partie, ne l'empêche plus désormais d'obtenir satisfaction: il pourra demander la nullité en offrant préalablement une restitution par équivalent. Ainsi la solution de principe apportée à cet égard par l'arrêt Rosconi quant à l'exigence d'offre préalable de restitution perdure, mais cette offre préalable ne se limite plus nécessairement à une restitution en nature, la restitution par équivalent étant reconnue.

3- Impenses et frais

À cela s'ajoutent la question des impenses faites au bien sujet à restitution et celle des frais de la restitution.

Quant aux impenses, l'article 1703 y pourvoit. Dans le droit antérieur, on référait aux règles du *Code civil du Bas-Canada*, portant sur l'accession et la possession ou encore à la règle de l'article 1052 C.c.B.-C. relative à la restitution de l'indu, règles essentiellement axées sur la bonne ou la mauvaise foi du débiteur. La disposition nouvelle procède du même esprit et renvoie, au Livre Des biens, aux règles telles qu'elles sont désormais applicables au possesseur de bonne ou de mauvaise foi (art. 932, 933, 954 et ss.).

Quant aux frais que peut entraîner la restitution — frais de transport, frais d'actes de rétrocession ou autres — ils se partagent entre les parties, proportionnellement, le cas échéant, à la valeur des prestations qu'elles ont à se restituer mutuellement. Cependant, les frais de la restitution seront à la seule charge d'une partie, lorsque celle-ci est seule à être de mauvaise foi (illicéité) ou que la cause de la restitution est due à sa faute (dol, menace, lésion) (art. 1705).

77. Limitations à l'obligation de restituer D'une part, se pose le problème du sort des fruits ou revenus provenant du bien qui doit être restitué. Dans le droit antérieur, on appliquait l'article 411 C.c.B.-C., selon lequel le possesseur de bonne foi faisait les fruits siens. Cette règle est reproduite à l'article 1704, de sorte que le débiteur de la restitution, s'il est de bonne foi, fait sien les fruits et revenus produits par le bien qu'il rend, tout en supportant bien sûr les frais qu'il a engagés pour les produire. Il est cependant précisé — ce qui antérieurement était débattu — que ce débiteur de la restitution, s'il est de bonne foi, «ne doit aucune indemnité pour la jouissance des biens, à moins que cette jouissance n'ait été l'objet principal de la prestation ou que le bien était susceptible de se déprécier rapidement» (art. 1704, al. 1, *in fine*). Ainsi, s'agissant d'une vente annulée, l'acheteur de bonne foi n'aura pas à indemniser le vendeur, alors même qu'il aurait joui de la chose qu'il avait achetée; au contraire, s'agissant d'une location annulée, le locataire — bien que de bonne foi — devra indemniser le locateur pour la jouissance qui lui a été procurée.

La solution inverse est évidemment édictée pour le cas où le débiteur de la restitution est de mauvaise foi ou si la cause de la restitution est due à sa faute: il est tenu, outre la compensation des frais, de rendre les fruits et revenus et d'indemniser le créancier pour la jouissance qu'a pu lui procurer le bien, même si la jouissance était l'objet principal de la prestation ou que le bien était susceptible d'une dépréciation rapide (art. 1704, al. 1)[103].

Les règles nouvelles, comme les règles antérieures, sont donc axées sur la bonne ou la mauvaise foi.

D'autre part, se pose le problème de la restitution des prestations, lorsqu'elle touche les personnes qui font l'objet d'une protection particulière, les mineurs et les «majeurs protégés». Dans le droit antérieur, les mineurs et les interdits étaient autorisés à ne restituer que ce dont ils s'étaient enrichis, que ce qui avait tourné à leur profit, que ce qu'ils n'avaient encore dissipé au moment où était exercée l'action en nullité (art. 1011 C.c.B.-C.).

Cette règle est maintenue et reprise à l'article 1706 sous une formulation différente: «Les personnes protégées (aussi bien les mineurs que les majeurs sous curatelle, sous tutelle ou assistés d'un conseil) ne sont tenues à la restitution des prestations que jusqu'à concurrence de l'enrichissement qu'elles en conservent; la preuve de cet enrichissement incombe à celui qui exige la restitution... » On pourra donc se référer à la jurisprudence et au droit antérieur qui traite donc différemment les personnes qui font l'objet d'une véritable incapacité juridique et celles qui, n'ayant pas fait l'objet d'une mesure particulière de protection, tel l'inapte, celui qui, n'ayant pas une volonté claire et consciente lors de la conclusion du contrat, ne peut donner un consentement valable (absence de consentement ou «incapacité naturelle»)[104]. C'est dire que le contrat passé antérieurement à l'ouverture d'un régime de protection, s'il peut être annulé sur la base de la notoriété de l'inaptitude ou de la connaissance de cette inaptitude par le cocontractant (art. 284, 290, 2170), implique néanmoins la restitution des prestations, sans le bénéfice de l'article 1706[105]. Il est alors permis de supposer qu'en certains cas, il sera plus avantageux pour ces personnes — ou leur représentant — de demander une réduction de leurs obligations.

Il est cependant un point que l'article 1706 vient préciser dans son second alinéa: les personnes protégées peuvent être tenues à la restitution intégrale de ce qu'elles ont reçu, lorsque l'impossibilité de restituer résulte de leur faute intentionnelle ou de leur faute lourde qui est assimilée à la précédente, telle que définie à l'article 1474, alinéa 1, *in fine*. On rappellera qu'un mineur n'est pas nécessairement inapte à discerner le bien du mal, de même d'ailleurs que certains majeurs protégés, et qu'en conséquence ils doivent être tenus responsables de leurs fautes les plus graves.

78. Exclusion de l'obligation de restituer On invoque, parfois, l'adage «nemo auditur propriam turpitudinem allegans », dans le cadre de la nullité fondée sur l'immoralité ou l'illicéité du contrat. Cette question de moralité des contrats n'a aucunement intéressé auteurs ni tribunaux au Québec, puisqu'on ne trouve, à cet égard que quelques décisions de première instance du temps passé dont on ne peut tirer aucune leçon. Puis, subitement, la Cour d'appel se mit à rendre quelques arrêts, en appliquant à des contrats illicites des règles jusque là réservées, dans notre système de droit civil, à des contrats immoraux, confondant ainsi illicéité et immoralité[106].

L'adage «Nemo auditur...» est une restriction jurisprudentielle à la remise en état des parties, mais seulement dans une situation très particulière, celle où la nullité repose sur une cause immorale: comme on l'a dit, le juge ne va pas nécessairement refuser de consacrer la nullité du contrat, mais il ne se préoccupera pas des effets de la nullité et ne se prononcera pas sur la restitution; la règle aboutit à empêcher le contractant qui se prévaut de son immoralité, d'obtenir la restitution de la prestation qu'il a déjà exécutée. «La justice, dit Larombière, se voile dans un mouvement d'indignation ou de dégoût». On prétend que l'application de cet adage constituerait une mesure préventive, en exposant celui qui exécute à perdre sa prestation. La moralité de l'histoire se résume en la formule: que les coquins se débrouillent ensemble.

En vérité, on peut se demander si les tribunaux n'ont pas, plutôt, appliqué un autre adage: «In pari causa turpitudinis cessat repetitio» (en pareille cause de turpitude, il n'y a pas lieu à restitution), dans la mesure où on a soutenu qu'il n'y avait pas lieu à restitution seulement dans l'hypothèse où les deux parties contractantes avaient connaissance de l'immoralité du contrat. Il y a cependant lieu de se demander si cette association dans la turpitude est nécessaire[107].

Il est facile d'admettre — et il ne doit pas en être autrement — que l'immoralité de l'un des contractants ne puisse pas nuire au contractant qui ignore le caractère immoral du contrat, tel le vendeur de bonne foi d'un immeuble que l'acheteur a l'intention de transformer en une maison de débauche. Cet acheteur ne devrait pas pouvoir invoquer la cause immorale si son vendeur, non associé à l'immoralité, désire le maintien du contrat: mais si ce vendeur de bonne foi souhaite ne pas voir son immeuble se transformer en maison de débauche, ne devrait-on pas lui permettre d'invoquer l'immoralité de la cause et obtenir la nullité, avec toutes ses conséquences: restitution du prix et restitution de l'immeuble? Suivre l'esprit des adages invoqués permettrait à ce vendeur de récupérer son immeuble sans avoir à restituer le prix qu'il a déjà perçu: à l'immoralité de l'acheteur, l'immoralité d'une justice bien pensante ne viendrait-elle pas s'ajouter?

C'est ce même esprit moralisateur que nous retrouvons, nous semble-t-il, dans certaines décisions judiciaires récentes, non point dans un contexte de contrat immoral, mais dans un contexte de contrat illicite, décisions qui nous paraissent ajouter l'immoralité à l'illicéité[108].

L'application de ces adages nous paraît désormais condamnée par le nouveau Code qui pose, dans un texte, la règle de la restitution en nature et, à défaut, par équivalent. Les commentaires officiels sont clairs à cet égard: «ce principe de la restitution des prestations, applicable à toutes les situations visées, exclut ainsi un courant jurisprudentiel qui tend à refuser aux parties le droit à la restitution ou à la remise en état lorsque l'acte en cause est immoral. Une telle tendance qui s'appuie, entre autres, sur l'adage que nul ne peut invoquer sa propre turpitude, n'a pas paru devoir être conservée, car elle conduit bien souvent à ajouter une seconde immoralité à la première, en provoquant l'enrichissement indu de l'une des parties»[109].

Toutefois, de façon exceptionnelle, le tribunal pourrait intervenir à cet égard: il en serait ainsi afin d'éviter que la restitution ne constitue, pour l'une des parties, un avantage totalement injustifié. En ce cas, le tribunal pourrait refuser la restitution ou encore modifier l'étendue ou les modalités de la restitution (art. 1699, al. 2). Il s'agit, là, d'un tempérament *exceptionnel* apporté au principe de la restitution.

Sous-par. 2 - Autres sanctions

79. Nullité partielle On s'est demandé quel pouvait être l'impact de la nullité d'une clause d'un contrat sur la validité du contrat lui-même. Ainsi, la nullité d'une clause de non-concurrence entraînerait-elle la nullité du contrat dans lequel elle est insérée? Doctrine et jurisprudence ont considéré que pour répondre à la question, il importait de se demander si ladite clause est principale ou accessoire[110].

L'article 1438 consacre cette solution: «La clause qui est nulle ne rend pas le contrat invalide quant au reste, à moins qu'il n'apparaisse que le contrat ne doive être considéré comme un tout indivisible. Il en est de même de la clause qui est sans effet ou réputée non écrite».

Le principe est donc que la nullité d'une clause n'a pas d'impact sur la validité du contrat; mais il y a une exception: c'est le cas où il résulte de la nature de la clause ou de la volonté des parties que le contrat n'aurait pas été conclu en l'absence de cette clause. C'est en ce sens qu'allait également le projet de l'O.R.C.C. (L.V., art. 51). Si donc la clause «présente manifestement, par rapport à l'ensemble de la convention, un caractère principal et déterminant dans l'intention des parties»[111], la nullité de la clause entraîne la nullité du contrat.

Le principe de l'absence d'impact s'applique également aux clauses dont certaines législations disent qu'elles sont «sans effet» ou qu'elle sont «réputées non écrites» ou encore «inopérantes»: elles sont nulles, sans pour autant entraîner la nullité totale de la convention.

80. Dommages-intérêts et réduction des obligations L'inobservation d'une condition de formation du contrat pourra entraîner éventuellement des dommages-intérêts, comme auparavant, dans les hypothèses impliquant un comportement fautif de la part de l'un des contractants, qui a fait subir à l'autre un préjudice. La victime d'un dol ou d'une menace pourra obtenir des dommages-intérêts, mais non point celui qui est victime de sa propre erreur.

Quant à la réduction des obligations, c'est une possibilité qui se présentait de façon plutôt exceptionnelle dans le droit d'hier[112] et qui sera désormais plus fréquente. Toutefois, un contrat ne peut être modifié que pour les causes reconnues par la loi ou de l'accord des parties (art. 1439). On a déjà rencontré ces cas où la loi autorise le tribunal à réduire les obligations essentiellement dans le domaine des incapacités et des vices de consentement: art. 173, al. 2; 174; 283; 284; 290; 294; 1407; 1408[113]; 1699, al. 2. À ces dispositions, il faut ajouter l'article 1437 qui, on le verra, vise la clause abusive

Section 4.   De l'interprétation du contrat

81. Maintien des règles d'interprétation du droit antérieur Les articles 1013 à 1021 C.c.B.-C. proposaient des règles d'interprétation des contrats qui n'étaient que des règles de bon sens[114]. Le *Code civil du Québec* reprend ces mêmes règles, en en modifiant simplement, parfois, la formulation. Il suffira donc d'établir ici la concordance des divers articles: :

l'article 1425 reprend l'article 1013 C.c.B.-C.;

l'article 1426 reprend les articles 1016 et 1017 C.c.B.-C.;

l'article 1427 reprend l'article 1018 C.c.B.-C.;

l'article 1428 reprend l'article 1014 C.c.B.-C.;

l'article 1429 reprend l'article 1015 C.c.B.-C.;

l'article 1430 reprend l'article 1021 C.c.B.-C.;

l'article 1431 reprend l'article 1020 C.c.B.-C.;

l'article 1432 reprend l'article 1019 C.c.B.-C., ainsi que l'article 2499 C.c.B.-C. et l'article 17 L.P.C. On mentionnera de façon particulière l'article 1426 qui réfère aux usages dont on peut tenir compte dans l'interprétation d'un contrat, auxquels s'ajoutent cependant divers autres facteurs, telles les circonstances dans lesquelles le contrat a été conclu ou l'interprétation que les parties ont déjà pu lui donner.

On remarquera également l'article 1432, en vertu duquel le contrat d'adhésion s'interprète toujours en faveur de l'adhérent et le contrat de consommation toujours en faveur du consommateur: il ne s'agit que d'une précision apportée à la règle qui veut que le contrat s'interprète en faveur de celui qui s'est engagé, contre celui qui a stipulé[115].

Section 5 - Des effets du contrat

Par. 1 - Des effets du contrat entre les parties

82. Principe de la force obligatoire On sait que le contrat crée des obligations et quelquefois les modifie ou les éteint, et qu'en certains cas il a pour effet de constituer, transférer, modifier ou éteindre des droits réels (art. 1433, qui reprend l'art. 1022, al. 1 et 2 C.c.B.-C). On sait également qu'il oblige ceux qui l'ont conclu, non seulement pour ce qu'ils y ont exprimé, mais aussi pour tout ce qui en découle d'après sa nature et suivant les usages, l'équité ou la loi (art. 1434, qui reprend l'art. 1024 C.c.B.-C).

Le contrat s'impose donc aux parties, de même qu'il s'impose au juge[116] et il ne peut être résolu, résilié, modifié ou révoqué que pour les causes reconnues par la loi ou de l'accord des parties (art. 1439 qui reprend l'art. 1022, al. 3 C.c.B.-C.).

En revanche, ce qui est de droit nouveau est exprimé aux articles 1435, 1436 et 1437.

83. Clause externe On rencontre de plus en plus souvent des contrats dont le contenu est déterminé à l'avance dans un écrit déjà rédigé, qui n'expose globalement et schématiquement que l'essentiel des droits et obligations des contractants, et renvoie pour le reste à un document qui se trouve... ailleurs: ce document est réputé faire partie intégrante du contrat, comme s'il avait été incorporé à l'écrit présenté au cocontractant et généralement signé par lui. On en trouve une illustration dans les connaissements ferroviaires «abrégés». Cette clause externe «lie les parties» et donc est valable, puisque le renvoi est annoncé: la formule est, en effet, commode, puisqu'elle évite d'avoir à reproduire systématiquement le contenu complet du contrat, qui peut être long.

Toutefois, dans un contexte de contrat d'adhésion ou de contrat de consommation, tels que définis aux articles 1379 et 1384, ce type de clause peut entraîner l'adhérent ou le consommateur à conclure un contrat qui ne répond pas véritablement à toutes les attentes et à lui imposer des clauses qu'il n'avait pas envisagées. Afin d'éviter de possibles abus, l'article 1435[117] impose au contractant de porter expressément cette clause à la connaissance du consommateur ou plus généralement de l'adhérent, et cela lors de la formation du contrat et non point plus tard, à défaut de quoi ladite clause pourra être annulée. La nullité sera cependant évitée, si le contractant — auteur ou initiateur du contrat prérédigé — prouve que, même s'il n'a pas respecté son obligation d'informer, le consommateur ou l'adhérent en avait néanmoins connaissance. On imagine mal, en effet, que l'entrepreneur qui a l'habitude de faire transporter ses matériaux par chemin de fer, puisse prétendre ne pas avoir eu connaissance de l'existence de cette clause.

La nullité de cette clause est évidemment relative, puisque nullité de protection, et ne peut donc être demandée que par le consommateur ou l'adhérent.

On n'a pas retenu cependant la possibilité de maintenir la validité de cette clause, malgré le non respect de l'obligation de la porter à la connaissance de l'adhérent ou du consommateur, en prouvant seulement que cette clause externe était d'usage courant: c'eût été rendre la disposition inefficace, tant il est aisé, pour des personnes habituées aux affaires, de créer des usages que ne connaissent pas forcément ceux qui ne sont pas rompus aux mêmes affaires.

84. Clause illisible ou incompréhensible «Dans un contrat de consommation ou d'adhésion, la clause illisible ou incompréhensible pour une personne raisonnable est nulle si le consommateur ou la personne qui y adhère en souffre préjudice, à moins que l'autre partie ne prouve que des explications adéquates sur la nature et l'étendue de la clause ont été données au consommateur ou à l'adhérent» (art. 1436).

Comme la précédente, cette disposition est de droit nouveau et s'adresse aux contrats d'adhésion et de consommation, tels que définis aux articles 1379 et 1384.

La clause illisible vise cette catégorie de contrats dont le contenu est exprimé en caractères si lilliputiens qu'il est permis de se demander si les auteurs ont souhaité véritablement qu'il fût lu et connu. La Cour suprême du Canada a déjà eu l'occasion, dans le domaine du transport aérien international, de condamner cette pratique[118], condamnation qui se montra d'ailleurs efficace, puisque les clauses en question furent imprimées, par la suite, en caractères gras.

La clause «incompréhensible» vise cette catégorie de contrats dont le contenu est formulé dans un langage si abscons qu'il est permis de se demander si les auteurs ont souhaité véritablement qu'une personne normalement constituée sur le plan intellectuel fût capable de le comprendre. Ces clauses sont fréquentes et abondantes, elles se veulent techniques et savantes, mais elles sont aussi et surtout objectivement indéchiffrables.

L'article 1436 permet au consommateur ou plus largement à l'adhérent de demander la nullité de l'une ou l'autre de ces clauses, en prouvant qu'une personne normalement raisonnable n'aurait pas été capable de la lire ou de la comprendre et que ladite clause lui a fait subir un préjudice. Pour éviter la nullité, il appartiendra au contractant qui a proposé ladite clause de prouver ou bien que son cocontractant était bel et bien en état de lire et comprendre, ou bien qu'il a donné à ce cocontractant (consommateur ou adhérent), des explications adéquates sur la nature et l'étendue de cette clause: si tel est le cas, en effet, on ne peut plus prétendre n'avoir pas su lire ou comprendre.

Comme précédemment, le souci du législateur est de s'assurer que l'adhérent ou le consommateur, face à un contractant plus expérimenté que lui, a été en mesure de donner un consentement éclairé, compte tenu des informations qu'il a pu obtenir et de la connaissance qu'il a pu avoir de ses engagements et de ses droits. Ces dispositions devraient inciter les juristes à s'efforcer de rédiger plus simplement, plus correctement, plus clairement et d'éviter le plus souvent possible le recours au fâcheux jargon professionnel, refuge des initiés[119]. Proposer des clauses illisibles ou incompréhensibles pour une personne raisonnable, et susceptibles de faire subir un préjudice, c'est, dans un tel contexte, abuser d'une situation de force.

85. Clause abusive «La clause abusive d'un contrat de consommation ou d'adhésion est nulle ou l'obligation qui en découle réduite.

«Est abusive toute clause qui désavantage le consommateur ou l'adhérent d'une manière excessive et déraisonnable, allant ainsi à l'encontre de ce qu'exige la bonne foi; est abusive, notamment, la clause si éloignée des obligations essentielles qui découlent des règles gouvernant habituellement le contrat qu'elle dénature celui-ci» (art. 1437).

Si le principe de la sanction de la lésion entre majeurs n'a pas pu être retenu, le législateur n'en a pas moins condamné la clause abusive dans un contexte de contrat de consommation ou d'adhésion, comme dans les articles précédents. Cette clause peut être annulée à la demande de l'adhérent ou du consommateur, ou l'obligation qui en découle peut être réduite.

Cette disposition généralise le contrôle des clauses abusives, que l'on pouvait déjà rencontrer antérieurement de façon éparse et particulière, sous une formulation telle que clause «réputée nulle» ou «sans effet» ou «inopérante». Toutes ces clauses, déjà visées, ont un point commun: «elles sont déraisonnables envers la partie la plus vulnérable, soit parce qu'elles vont à l'encontre du régime contractuel prévu par la loi ou escompté par cette partie au contrat.»[120].

L'article 1437 propose, dans son alinéa 2, une définition de la clause abusive: on y retrouve la notion de désavantage excessif et déraisonnable, et la notion de bonne foi: ne retombe-t-on pas, alors, sur l'idée d'exploitation? En effet, proposer une clause abusive, n'est-ce-pas profiter abusivement de la faiblesse, de l'inexpérience et de l'ignorance de l'autre, pour en tirer des avantages exorbitants? Le législateur donne l'exemple de la clause qui est si éloignée des obligations essentielles qui découlent des règles gouvernant habituellement le contrat, qu'elle dénature ce contrat: l'adhésion à une telle clause ne dénotet-elle pas, de la part de celui qui la propose ou qui souvent l'impose, un total oubli de l'obligation d'agir de bonne foi et l'exploitation d'un rapport de force qui lui est exagérément profitable? Sanctionner la clause abusive, c'est condamner un comportement fautif et corriger le déséquilibre dans les rapports de force existant entre les contractants[121].

Par. 2 - Des effets du contrat à l'égard des tiers

Sous-par. 1- Principe de la relativité du lien obligatoire

86. Maintien du droit antérieur «Le contrat n'a d'effet qu'entre les parties contractantes; il n'en a point quant aux tiers, excepté dans les cas prévus par la loi» (art.1440): ce texte ne fait que reprendre le principe de l'effet relatif du lien obligatoire qu'énonçait l'article 1023 C.c.B.-C.: le contrat ne produit pas d'effet à l'égard des tiers, mais il est opposable aux tiers.

La question est, alors, de savoir qui sont ces tiers, et l'on sait que les tiers sont des personnes étrangères au contrat. Toutefois, certaines personnes qui n'ont pas participé au contrat peuvent néanmoins avoir eu, plus ou moins, des relations avec les contractants ou le contrat. C'est alors, qu'on s'interroge sur la situation des «ayants cause» et que l'on distingue, d'une part les ayants cause universels ou à titre universel et, d'autre part, les ayants cause à titre particulier.

1- Quant aux «ayants cause universels» ou «à titre universel», on sait qu'ils ne sont pas véritablement des tiers, puisqu'ils continuent la personne du défunt; c'est ce qu'exprimaient les articles 1028 et 1030 C.c.B.-C., selon lesquels on ne pouvait «engager d'autre que soi-même et ses héritiers et représentants légaux» et on était «censé avoir stipulé pour soi et pour ses héritiers et représentants légaux, à moins que le contraire ne soit exprimé ou résulte de la nature du contrat.» Ce sont ces mêmes règles que l'on retrouve dans le nouveau Code: «On ne peut, par un contrat fait en son propre nom, engager d'autres que soi-même et ses héritiers...» (art.. 1443) et «les droits et obligations résultant du contrat sont, lors du décès de l'une des parties, transmis à ses héritiers si la nature du contrat ne s'y oppose pas» (art. 1441). On ne peut donc pas engager autrui et, en contractant pour soi, on contracte pour ses héritiers, sauf si le contrat est *intuitu personae*[122].

On se bornera à remarquer que l'article 1441, qui correspond à
l'article 1030 C.c.B.-C., ne reprend pas de ce dernier la réserve
de la solution contraire qui serait voulu par les parties, mais cela
va sans dire: dès lors qu'un contractant précise que ses héritiers
ne sont pas liés par ce contrat, sa volonté s'impose.

On notera également que ces dispositions utilisent le terme
«héritier» et non point les termes «représentants légaux» ou
«ayant cause»; cela est conforme à la définition de l'héritier que
donne l'article 619: «successible à qui est dévolue la succession
ab intestat et celui qui reçoit, par testament, un legs universel
ou à titre universel».

On signalera, enfin, que le principe de la continuation de la
personne du défunt par l'héritier, lors de l'ouverture de la succession, perdure, même si les règles nouvelles sur les successions posent le principe de la séparation du patrimoine du
défunt et de celui de ses héritiers, et le principe de l'obligation
des héritiers aux dettes du défunt, limitée toutefois à la valeur
des biens recueillis (*cf.* art. 625)[123]. Il n'y a donc pas contradiction entre ces règles nouvelles en matière de succession et la
règle selon laquelle, en s'engageant, on engage les héritiers: on
les engage dans les limites du patrimoine transmis, sous réserve
d'ailleurs de certaines exceptions au terme desquelles l'engagement est total (*cf.* par exemple, art. 799, 800, 801, 834).

2. Quant aux ayants cause à titre particulier, la situation qui leur
est faite dans le nouveau Code est identique à celle que leur
faisait le droit antérieur: en principe, l'ayant cause à titre particulier est un tiers à l'égard des contrats passés par son auteur;
mais il est des conventions qui peuvent avoir des conséquences
sur le bien (la chose ou le droit) transmis à l'ayant cause à titre
particulier.

Ainsi, l'ayant cause à titre particulier doit subir les conventions
par lesquelles, comme le disait Mignault, son auteur «c'est-à-
dire celui dont il tient la place, a consolidé, étendu ou amoindri
le droit qu'il lui a transmis». De même, on a admis que les
droits de l'auteur lui seront transmis, lorsque ces droits lui
auront été cédés par l'auteur, par le mécanisme d'une cession
de créance ou d'une stipulation pour autrui, ou encore lorsque
ces droits ont un rapport assez étroit avec le bien transmis, pour
qu'on puisse estimer qu'ils en sont l'accessoire ou qu'ils lui

sont intimement liés: c'est ce qui a été admis par la Cour suprême du Canada dans le fameux arrêt Kravitz[124]. Ce sont ces solutions qui sont consacrées sur le plan législatif: «les droits des parties à un contrat sont transmis à leurs ayants cause à titre particulier s'ils constituent l'accessoire d'un bien qui leur est transmis ou s'ils lui sont intimement liés» (art. 1442)[125], ce qui n'élimine évidemment pas la transmission qui pourrait résulter d'un mécanisme autre, telle la cession de créance ou la stipulation pour autrui. Il importe d'ajouter que la référence au «bien transmis» ne vise pas uniquement la transmission d'un droit réel ou un acte d'aliénation, mais vise tout aussi bien la transmission d'un droit personnel ou un acte d'administration au sens traditionnel du terme: la cour d'appel avait déjà jugé en ce sens, en appliquant la solution de l'arrêt Kravitz à un contrat de location[126].

On notera cependant que l'article 1442 confirme effectivement la possibilité, pour un ayant cause à titre particulier, de bénéficier d'une transmission de droits, mais qu'il n'est aucunement question d'imposer à ce même ayant cause à titre particulier une transmission de dettes: le droit demeure ce qu'il était, la cession de dettes n'étant toujours pas reconnue.

Sous-par. 2 - Exceptions au principe de la relativité du lien obligatoire

87. Promesse du fait d'autrui[127] «... On peut, en son propre nom, promettre qu'un tiers s'engagera à exécuter une obligation; en ce cas, on est tenu envers son cocontractant du préjudice qu'il subit si le tiers ne s'engage pas conformément à la promesse» (art. 1443).

Cette disposition reprend l'article 1028 C.c.B.-C., relatif à ce qu'on appelle une promesse de porte-fort. On ne peut promettre pour autrui, mais on peut se porter fort pour autrui, c'est-à-dire promettre que le tiers consentira à s'obliger (d'où la différence dans la formulation de l'article 1443, par rapport à celle de l'article 1028 C.c.B.-C.)[128].

88. Stipulation pour autrui En vertu de l'article 1029 C.c.B.-C., «on peut stipuler... au profit d'un tiers, lorsque telle est la condition d'un contrat que l'on fait pour soi-même, ou d'une donation que l'on fait à un autre. Celui qui fait cette stipulation ne peut plus la révoquer si le tiers a signifié sa volonté d'en profiter.»

1- Il s'agit là d'une *dérogation franche au principe de relativité* puisqu'une personne — le stipulant — conclut avec une deuxième personne — le promettant — un contrat dont le bénéfice ira à une troisième personne, le tiers bénéficiaire.

On sait qu'à l'origine cette disposition était d'application restrictive, puisque deux seuls cas étaient visés par elle: d'une part, le contrat qu'on fait pour soi et pour autrui et, d'autre part, la donation avec charge. Mais on sait aussi, qu'à partir de ce texte restrictif, on a élaboré un véritable principe général de la validité de la stipulation pour autrui[129]: ce mécanisme a permis, en effet, d'expliquer ou tout au moins de valider de nombreuses opérations juridiques, à commencer par l'assurance-vie avant même qu'on légifère en cette matière.

Le *Code civil du Québec* consacre le principe et l'interprétation qui en a été donné: «On peut, dans un contrat, stipuler en faveur d'un tiers» (art. 1444, al. 1). Il suffit donc que le stipulant ait un intérêt à l'opération, cet intérêt ne serait-il que moral.

2- Le *stipulant peut révoquer cette stipulation* (art. 1447, al. 1): en la révoquant, il indique clairement qu'il n'y a plus intérêt et, s'il ne désigne point un autre bénéficiaire, c'est qu'il entend en profiter lui-même: «la révocation profite au stipulant ou à ses héritiers, à défaut d'une nouvelle désignation» (art. 1448, al. 2). Il ne pourra cependant révoquer sa stipulation que si le tiers bénéficiaire ne l'a pas acceptée; le nouveau code apporte, à cet égard, une précision: la révocation est possible «aussi longtemps que le tiers bénéficiaire n'a pas porté à la connaissance du stipulant ou du promettant sa volonté de l'accepter» (art. 1446). C'est d'ailleurs la solution qui était antérieurement adoptée.

Si le stipulant est seul à pouvoir révoquer la stipulation, ni ses héritiers ni ses créanciers ne le pouvant — solution du droit antérieur —, il ne peut toutefois le faire «sans le consentement du promettant, lorsque celui-ci a un intérêt à ce que la stipulation soit maintenue» (art. 1447). Ce dernier point est de droit nouveau, cette limitation au droit de révocation permettant de résoudre certaines difficultés dans des situations particulières;

tel serait le cas de la vente d'un immeuble avec la stipulation que l'acheteur en versera le prix à un tiers lorsque ce tiers détient lui-même une hypothèque sur le bien vendu: le promettant (qui serait, dans le contexte de cette stipulation pour autrui, l'acheteur de l'immeuble) pourrait avoir intérêt à ce que la stipulation ne soit pas révoquée par le stipulant (en l'occurrence le vendeur de l'immeuble), dans la mesure où cette stipulation pour autrui permettrait au promettant de s'assurer que le tiers bénéficiaire qui détient une hypothèque sur l'immeuble soit payé de sa créance contre le stipulant; ainsi, l'acheteur libérerait l'immeuble de l'hypothèque qui le grève. En effet, en ce cas, la stipulation pour autrui est un mécanisme permettant au stipulant de payer une dette qu'il avait à l'égard du tiers bénéficiaire[130].

Il est une autre précision apportée par le code nouveau, quant au moment auquel la révocation prend effet: celle-ci prend effet «dès qu'elle est portée à la connaissance du promettant», solution de bon sens puisqu'il importe que le promettant sache entre les mains de qui il a l'obligation d'exécuter son obligation. En revanche, si la révocation était faite par testament, elle prendrait effet lors de l'ouverture de la succession, autre solution de bon sens puisque le décès du stipulant met en œuvre ses dernières volontés (art.. 1448 al. 1).

3- Il importe de rappeler que le *tiers bénéficiaire n'intervient pas au contrat* entre stipulant et promettant: il est véritablement un tiers et son droit naît du seul accord de volonté entre stipulant et promettant. Son acceptation, outre son impact sur la révocation, ne fait que consolider son droit et indiquer qu'il n'entend pas ne pas se prévaloir de son droit: en effet, ce tiers est immédiatement et directement créancier du promettant (solution du droit antérieur, consacrée à l'article 1444, al. 2) et c'est pourquoi «le tiers bénéficiaire et ses héritiers peuvent valablement accepter la stipulation, même après le décès du stipulant ou du promettant» (art. 1449).

Ce tiers bénéficiaire étant immédiatement et directement créancier, on s'est demandé, dans le droit antérieur, s'il devait être déterminé dès la conclusion du contrat entre stipulant et promettant. On en était venu à admettre qu'il lui suffisait d'être déterminable au moment où le promettant devait exécuter: en effet, le bénéficiaire peut être changé — tant qu'il n'y a pas eu acceptation de sa part — jusqu'à ce que le promettant soit tenu d'exécuter; lorsque vient le moment de l'exécution, le promettant doit alors savoir entre les mains de qui il doit exécuter. Cependant, on s'interrogeait sur la question de savoir si la stipulation pouvait être faite au profit d'une personne future et les avis étaient partagés. Désormais, en vertu de l'article 1445, «Il n'est pas nécessaire que le tiers bénéficiaire soit déterminé ou *existe* au moment de la stipulation; il suffit qu'il soit déterminable à cette époque et qu'il existe au moment où le promettant doit exécuter l'obligation en sa faveur» (art. 1445)[131]. Sur l'existence du bénéficiaire, nous persistons à penser que, tant que le bénéficiaire n'existe pas, on est en présence d'une stipulation pour soi qui deviendra, le cas échéant, une stipulation pour autrui dès lors que le tiers bénéficiaire existe, s'il vient à exister[132].

4- Quant aux *effets de la stipulation pour autrui*, ils sont ceux du droit commun, mais c'est un tiers qui en bénéficie. Que se passe-t-il, alors, si le promettant n'exécute pas? Le stipulant a, certes, intérêt à ce que le promettant exécute, mais son intérêt n'est pas nécessairement celui du tiers bénéficiaire. Le stipulant, s'il a, vis-à-vis du promettant, un droit de créance, il peut évidemment en forcer l'exécution; mais peut-il forcer l'exécution de ce qui est dû au tiers? Auteurs et jurisprudence répondent affirmativement. Pourtant, comment, dans une procédure, peut-on conclure dans l'intérêt d'un tiers, si ce tiers n'est pas présent au litige? Comment le jugement pourrait-il avoir force exécutoire?

Le stipulant peut, nous dit-on, exercer l'action en résolution du contrat: si la résolution était obtenue, n'y aurait-il pas alors révocation de la stipulation pour autrui et comment pourrait-il y avoir révocation si le tiers a déjà accepté d'en bénéficier?

Entre le promettant et le tiers bénéficiaire, le tiers, a-t-on dit, a un droit direct et immédiat à l'égard du promettant: il a donc une action directe en exécution forcée (art. 1444, al. 2), autre que la résolution du contrat, puisqu'il n'y est pas partie et donc ne profiterait pas de la remise en état. Toutefois, avoir un droit direct et immédiat lui permet d'en exiger l'exécution du promettant, sans passer par l'intermédiaire du stipulant et du patrimoine de celui-ci, d'où l'impossibilité de voir cette créance saisie par les créanciers du stipulant (*cf.* en matière d'assurance, art. 2455, comparativement à l'art. 2456, correspondant respectivement aux art. 2550, al. 2 et 2540, al. 2 C.c.B.-C.).

La créance du tiers ne figure donc pas dans le patrimoine du stipulant et pourtant le promettant pourra opposer au tiers bénéficiaire tous les moyens de défense qu'il aurait pu faire valoir contre le stipulant (solution consacrée à l'article 1450), telle l'inexécution, par le stipulant, de son obligation envers le promettant, ou une cause de nullité: n'est-ce pas dire que le droit du tiers bénéficiaire n'est pas totalement indépendant de la relation stipulant/promettant?[133]

89. Simulation ou contre-lettre La contre-lettre est un contrat réellement voulu par les parties qui ont cependant caché son existence, en présentant un contrat qui dit ostensiblement autre chose. Il y a donc simulation. Cette situation était envisagée à l'article 1212 C.c.B.-C. La substance de cette disposition telle qu'elle a été développée et interprétée par la doctrine et la jurisprudence, a été reprise aux articles 1451 et 1452: il n'y a rien à ajouter à ce qui a déjà pu être dit sur le droit antérieur en cette matière[134].

Par. 3 - Des effets particuliers à certains contrats

90. Principe du transfert de propriété «solo consensu» Ce principe qui était établi à l'article 1025, alinéa 1 et 1472, alinéa 2, C.c.B.-C., se retrouve désormais à l'article 1453, en en généralisant l'application à tout le domaine des droits réels: le transfert d'un droit réel portant sur un bien individualisé ou sur plusieurs biens considérés comme une universalité, en rend l'acquéreur titulaire, dès la formation du contrat, quoique la délivrance n'ait pas lieu immédiatement et — ce qui constitue un ajout — qu'une opération puisse rester nécessaire à la détermination du prix: le prix peut, en effet, n'avoir pas été définitivement déterminé, mais peut être susceptible de détermination par une opération ultérieure. Il nous apparaît cependant que le prix doit être déterminable sans nouvel accord des parties ni substitution du juge à leur volonté[135]. Si le bien a été déterminé quant à son espèce seulement, le transfert du droit s'effectue dès lors que l'acquéreur a été informé de l'individualisation du

bien: on retrouve la solution qu'énonçait l'article 1026 C.c.B.-
C.

Quant aux aliénations successives d'un immeuble et d'un
meuble, elles sont traitées comme auparavant: les articles 1455
et 1454 reprennent le texte de l'article 1027 alinéa 1 et alinéa
2 C.c.B.-C.: les règles sur la publicité d'un droit immobilier
d'une part et celle sur la possession d'un meuble d'autre part,
indiquent qui, en définitive, est le titulaire du droit[136]. Il n'y a
là rien de neuf, si ce n'est la généralisation de la solution au
transfert de tout droit réel[137].

91. Fruits et revenus — Risques du bien = renvoi L'article
1456 relatif à l'attribution des fruits et revenus, renvoie au
Livre Des biens qui est commenté ailleurs (art. 949).

Quant à la charge des risques, elle sera envisagée plus loin,
dans le cadre de l'étude de la théorie des risques[138].

Chapitre III - De la responsabilité civile

92. Renvoi Le problème de la responsabilité civile, et plus spécialement la responsabilité extracontractuelle, fait l'objet d'un
étude particulière qu'il ne nous appartient pas d'aborder ici.

Chapitre IV - De certaines autres sources de l'obligation

93. Énumération Ce chapitre recouvre certains événements
constituant un fait juridique, qui ont été regroupés sous l'appellation de «quasi contrat». Il s'agit, on le devine, de la gestion
d'affaires, du paiement de l'indu ou «réception de l'indu» et de
l'enrichissement sans cause.

Section 1- De la gestion d'affaires

94. Maintien global du droit antérieur Les articles 1043 à
1046 C.c.B.-C. ont été globalement repris aux articles 1482 à
1490, en y apportant toutefois quelques modifications afin de
préciser certains points et résoudre certaines difficultés.

Par. 1 - Conditions de la gestion d'affaires

95. Conditions à l'égard du géré En vertu de l'article 1043 C.c.B.-C., pour qu'il y ait gestion d'affaires, il fallait que l'affaire ait été gérée sans que le géré en ait eu connaissance. Le principe est maintenu dans le nouveau Code, mais un tempérament y est apporté afin de couvrir le cas où le géré, malgré la connaissance qu'il avait de cette gestion, n'était pas en mesure de désigner un mandataire ou de s'en occuper de quelque autre manière, en raison par exemple de son état ou de l'urgence de la situation (art. 1482). Le commentaire officiel est explicite à cet égard[139]: «Dans le droit antérieur, le principe de l'ignorance de la gestion par le géré permettait de distinguer la gestion d'affaires du mandat, car on considérait généralement que le gérant qui agissait avec la connaissance du géré, agissait avec son approbation, et donc à titre de mandataire en vertu d'un mandat tacite. Il est cependant des situations où le gérant peut agir avec la connaissance du géré sans pourtant que l'on puisse conclure à l'existence d'un mandat tacite, à moins d'interpréter abusivement la volonté du géré. C'est le cas, d'une manière générale, du géré qui, bien que connaissant la gestion, ne peut néanmoins la désapprouver ou la diriger au moyen d'un mandat exprès ou autrement, parce que son état de santé ou son éloignement, par exemple, ne lui permet tout simplement pas d'y pourvoir.»

Telle est la raison qui a poussé le législateur à adopter le texte nouveau, sans toutefois s'aligner sur la solution française qui ne permet pas de ne pas confondre gestion et mandat.

L'article 1042 C.c.B.-C. énonçait, par ailleurs, que le géré n'avait pas besoin d'avoir la capacité juridique pour agir. Cette disposition n'a pas été reprise en tant que telle; toutefois il est permis de maintenir le droit antérieur: puisque la volonté du géré n'intervient pas, il n'y a pas lieu d'exiger qu'il ait la capacité juridique, d'autant plus qu'il est protégé du fait que la gestion ne lui sera opposable que si elle est opportune (art. 1482).

96. Conditions à l'égard du gérant Comme dans le droit antérieur, il faut que le gérant ait eu l'intention de gérer l'affaire d'autrui et qu'il n'agisse donc pas «animo donandi»: il y a gestion d'affaires lorsqu'une personne, le gérant, de façon

spontanée et sans y être obligée, entreprend volontairement de
gérer l'affaire d'une autre personne (art. 1482). En revanche,
cette même disposition n'exige pas, contrairement à l'article
1041, alinéa 1 C.c.B.-C., que le gérant ait la capacité juridique;
dès lors que l'affaire est bien gérée, le géré ne doit pas pouvoir
invoquer l'incapacité du gérant: c'est la solution du droit français qui a été retenue.

97. Conditions à l'égard de l'acte de gestion Comme dans le
droit antérieur, la gestion peut consister aussi bien dans
l'accomplissement d'actes juridiques que de faits matériels: en
ce sens, elle se distingue nettement du mandat. Comme auparavant, pour qu'il y ait gestion d'affaires, il faut que la gestion ait
été entreprise «opportunément» (art. 1482): c'est ce que l'on
appelait le «caractère utile de la gestion», qui s'apprécie au
moment où l'acte de gestion est posé, caractère que l'on ne
trouve pas dans le cadre du mandat. On ajoutera qu'il n'y a pas
lieu de s'interroger sur la nature de l'acte juridique posé pour
savoir si les conditions d'existence de la gestion d'affaires sont
réunies: il suffit de savoir si l'acte posé était ou non opportun
au moment où il a été posé[140].

Par. 2 - Effets de la gestion

98. Obligations du gérant vis-à-vis du géré La première obligation qu'a le gérant est d'informer le géré de la gestion qu'il
a entreprise, dès qu'il lui est possible de le faire (art. 1483). Cet
article n'a pas de correspondant dans le *Code civil du Bas-
Canada*, mais il est destiné à bien marquer le caractère exceptionnel du droit d'immixtion dans les affaires d'autrui et à
rappeler au gérant qu'il doit se comporter avec prudence et
diligence.

En effet, le gérant est soumis, d'une façon générale, dans sa
gestion, «aux obligations générales de l'administration du bien
d'autrui, chargé de la simple administration, dans la mesure où
ces obligations ne sont pas incompatibles, compte tenu des
circonstances» (art. 1484, al. 2), ce qui renvoie aux articles
1301 et suivants, et l'administrateur doit agir avec prudence et
diligence, avec honnêteté et loyauté (art. 1309). On notera, à cet
égard, que, même si le gérant ne s'est pas conduit comme il
aurait dû le faire, le tribunal pourra réduire les dommages-

intérêts, en tenant compte des circonstances (art. 1318): ainsi, retrouve-t-on ici l'interprétation que nous avions donnée de l'article 1045, alinéa 2 C.c.B.-C.[141].

Outre cette obligation générale, le gérant doit continuer la gestion entreprise jusqu'à ce qu'il puisse l'abandonner sans risque de perte, ou jusqu'à ce que le géré (ou son tuteur, curateur, ou liquidateur de sa succession) soit en mesure d'y pourvoir (art. 1484, al. 1): sous une formulation différente, on retrouve ici la substance des articles 1043 et 1044 C.c.B.-C. Toutefois, l'article 1485 vient préciser ce que, au cas de décès du gérant, doit faire le liquidateur de la succession de ce gérant: s'il a connaissance de la gestion, il n'est tenu de faire, dans les affaires commencées, que ce qui est nécessaire pour prévenir une perte et doit aussitôt rendre compte au géré. Cette solution qui tient compte des nouvelles règles successorales faisant du liquidateur le représentant des héritiers, «s'impose en raison du caractère souvent très personnel des biens entre le gérant et le géré et, aussi, pour éviter que les héritiers... ne soient tenus des mêmes obligations que leur auteur, du seul fait qu'ils sont les continuateurs de sa personne, alors même qu'ils n'agissent pas directement»[142].

Quant aux impenses faites par le gérant sur un immeuble appartenant au géré, l'article 1488 renvoie à cet égard aux règles établies pour les impenses faites par un possesseur de bonne foi (art. 958 et suivants).

99. Obligations du gérant vis-à-vis des tiers Lorsque le gérant agit en son propre nom, il est tenu envers les tiers avec qui il contracte, sans préjudice des recours de l'un et des autres contre le géré: c'est ainsi que s'exprime l'article 1489, alinéa 1, reprenant ainsi des principes admis antérieurement.

En revanche, lorsque le gérant agit au nom du géré, il n'est tenu envers les tiers avec qui il contracte «que si le géré n'est pas tenu envers eux» (art. 1489, al. 2): cette disposition qui s'inspire des règles du mandat, applicables à la gestion (art. 1043, al. 2 C.c.B.-C.), est destinée à protéger les tiers et à ne pas encourager des immixtions intempestives dans les affaires des autres.

100. Obligations du géré vis-à-vis du gérant Lorsque les conditions de la gestion d'affaires sont réunies, même si le résultat souhaité n'est pas atteint, le géré doit «rembourser au gérant les dépenses nécessaires ou utiles faites par celui-ci et l'indemniser pour le préjudice qu'il a subi en raison de sa gestion et qui n'est pas dû à sa faute. Il doit aussi remplir les engagements nécessaires ou utiles qui ont été contractés, en son nom ou à son bénéfice par le gérant envers des tiers» (art. 1486), l'utilité ou la nécessité de ces dépenses ou engagements s'appréciant au moment où ils se font (art. 1487): cette disposition complète l'énoncé de l'article 1046 C.c.B.-C. conformément à la doctrine et à la jurisprudence[143].

Lorsque les conditions d'existence de la gestion n'ont pas été remplies, enfin, le géré n'est tenu que dans la seule mesure de son enrichissement (art. 1490): voilà une disposition de droit nouveau qui répond à une question controversée; dès lors que la «gestion» a procuré un enrichissement au géré, celui-ci doit être tenu dans cette limite, afin qu'il ne s'enrichisse pas sans juste cause.

101. Obligations du géré vis-à-vis des tiers Lorsque le gérant agit en son propre nom, on a vu que le tiers avait alors un recours contre lui, mais aussi contre le géré (art. 1489, al. 1: «sans préjudice des recours de l'un et des autres contre le géré»).

Qu'en sera-t-il lorsque le gérant contracte avec le tiers au nom du géré, mais en excédant ses pouvoirs d'administrateur? Pourra-t-il refuser de payer au tiers les engagements qui vont au-delà du caractère nécessaire ou utile?[144] L'alinéa 2 de l'article 1486 ne semble pas nous interdire de conserver la solution que nous avions proposée dans le droit antérieur: à défaut de ratification, le géré ne serait pas tenu, vis-à-vis du tiers, des dépenses somptuaires, mais il le serait pour ce qui ne ferait que dépasser ce qui est nécessaire ou utile, quitte à se retourner ensuite contre le gérant[145].

Enfin, si les conditions d'existence de la gestion ne sont pas réunies, le géré devrait être tenu, également à l'égard des tiers, dans la mesure de son enrichissement (art. 1490).

Section 2 - De la réception de l'indu

102. Maintien global du droit antérieur Les articles 1047 à 1052 traitaient «Du quasi contrat résultant de la réception d'une chose non due» que la doctrine et la jurisprudence envisagaient sous l'appellation «paiement de l'indu» ou «répétition de l'indu». Le nouveau Code reprend l'expression «réception de l'indu», puisqu'on est en présence d'une personne qui est obligée, de par la loi, de restituer quelque chose qu'elle a reçue d'un *solvens* qui ne le lui devait pas: les articles 1491 et 1492 reprennent globalement les règles du droit antérieur[146].

Par. 1 - Conditions de la réception de l'indu

Ces conditions sont énoncées à l'article 1491.

103. Le *solvens* a payé une dette qui n'existait pas On retrouve les trois situations classiques: 1- La dette n'existait pas, car l'une de ses conditions d'existence faisait défaut ou cette dette a déjà été éteinte; 2- La dette existait, mais à l'égard d'un créancier autre que l'*accipiens*; 3- La dette existait, mais à l'égard d'une personne autre que le *solvens*[147].

104. Le *solvens* a payé par erreur ou pour s'éviter un préjudice Pour que le *solvens* puisse obtenir restitution de ce qu'il a indûment payé, encore faut-il qu'il ait payé par erreur: les articles 1047 et 1048 C.c.B.-C. exigeaient l'existence de cette erreur, tout comme l'article 1491. Toutefois, cette disposition nouvelle couvre également la situation de celui qui paie en sachant qu'il ne doit rien, simplement pour s'éviter le préjudice qu'il ne manquerait pas de subir en ne payant pas, pourvu qu'il proteste qu'il ne doit rien. Cet élément de droit nouveau est conforme aux enseignements de la doctrine et de la jurisprudence[148]: ce serait le cas «d'une personne qui, menacée d'un procès, paierait sous prôtet la somme réclamée en attendant la décision du Tribunal; cette personne éviterait alors qu'on puisse considérer son paiement comme une reconnaissance tacite ou expresse de l'existence de la dette.»[149]

105. L'*accipiens* a conservé ses droits Dans l'hypothèse où l'*accipiens* recevait quelque chose qui lui était dû, mais qu'il le recevait d'un *solvens* qui n'était pas le véritable débiteur, l'article 1048, alinéa 2, C.c.B.-C. exigeait, pour que le solvens pût obtenir restitution, que l'*accipiens* n'ait pas détruit son titre de créance; s'il l'avait détruit, le solvens ne pouvait alors s'adresser qu'au véritable débiteur de l'*accipiens*.

L'article 1491, alinéa 2, reproduit cette même règle, mais elle l'étend — ce qui est de droit nouveau — à deux autres situations: l'*accipiens* peut aussi faire obstacle à la restitution lorsque, ayant reçu de bonne foi, il a désormais une créance prescrite, ou encore il s'est privé d'une sûreté; en ces cas, comme précédemment, le *solvens* ne peut s'adresser qu'au véritable débiteur de l'*accipiens*: la loi protège ainsi celui qui a reçu de bonne foi et se trouverait en difficultés pour récupérer son bien, puisqu'il risquerait de n'être pas replacé à l'égard de son débiteur, dans sa situation d'origine[150].

106. Prescription Dans le droit antérieur, la prescription de l'action en paiement ou en restitution de l'indu était celle du droit commun, c'est-à-dire trente ans, puisque — le paiement de l'indu étant un fait juridique — le Code ne l'assujettissait à aucun autre délai[151].

En vertu du droit nouveau, il faut se référer à l'article 2925, puisque l'action en paiement de l'indu résulte d'une obligation de restitution qui trouve sa source dans la loi: faisant valoir un droit personnel, l'action se prescrit par trois ans.

Par. 2 - Effets de la réception de l'indu

107. Renvoi au chapitre De la restitution des prestations Les articles 1047 et 1049 à 1052 C.c.B.-C. énonçaient quelques règles sur ce point, mais incomplètes. Le chapitre neuvième, De la restitution des prestations, propose, on en a déjà fait état dans le cadre de l'étude portant sur les effets de la nullité d'un contrat[152], un ensemble de règles qui s'appliquent, entre autres, chaque fois qu'une personne est tenue de restituer des biens qu'elle a reçus sans droit ou par erreur (art. 1699 et ss.).

La restitution se fait donc en nature, mais à défaut, elle se fait par équivalent, l'équivalence s'appréciant en principe au moment où l'*accipiens* a reçu ce qui ne lui était pas dû par le *solvens* (art. 1700).

Si l'*accipiens* a vendu la chose indûment reçue à un tiers de bonne foi, celui-ci peut opposer son titre au *solvens*; si l'*acci-*

piens l'a donnée à un tiers, cette donation est inopposable; si l'acte passé par l'*accipiens* avec un tiers était un acte d'administration (louage, prêt), l'acte serait opposable au *solvens* (art. 1707). Dans la mesure où le tiers peut opposer l'acte qu'il a passé avec l'*accipiens*, le solvens obtiendra de l'*accipiens* une restitution par équivalent, valeur du bien qui variera selon que l'*accipiens* était de bonne ou de mauvaise foi (art. 1701, al. 1)[153].

Si l'*accipiens* ne peut restituer la chose parce qu'elle a péri par force majeure, l'*accipiens* de bonne foi sera libéré, sous réserve de la cession, le cas échéant, de l'indemnité reçue pour cette perte ou du droit à cette indemnité; advenant le cas où il aurait été de mauvaise foi, il ne serait libéré que si la chose eût également péri entre les mains du *solvens* (art. 1701, al. 2).

Si la chose indûment reçue par l'*accipiens* ne peut être restituée par lui, parce qu'elle a péri totalement autrement que par force majeure, l'*accipiens* de bonne foi devra restituer le moindre de la valeur qu'avait le bien soit au moment de sa réception, soit au moment de sa perte, soit au moment de sa restitution, tandis que l'*accipiens* de mauvaise foi devra restituer la plus élevée de ces valeurs (art. 1701, al. 1).

Enfin, si la chose restituée par l'*accipiens* a subi une perte partielle, celui-ci est tenu d'indemniser le créancier pour cette perte, à moins que celle-ci ne résulte de l'usage normal de la chose (art. 1702). Comme nous l'avons déjà observé, il semblerait a priori que l'on n'ait pas à tenir compte ici de la mauvaise foi de l'*accipiens* et que l'équivalence devrait alors s'apprécier au moment où l'*accipiens* a reçu ce qui ne lui était pas dû (art. 1700, al.2)[154].

Section 3 — De l'enrichissement injustifié

108. Codification de la théorie de l'enrichissement sans cause Il était un principe qui n'était nulle part inscrit dans le Code civil du Bas-Canada, mais qui fut admis traditionnellement, donna lieu à la doctrine de l'enrichissement sans cause et déboucha sur une action connue sous le nom d'action de in rem verso. C'est cette doctrine telle qu'appliquée par les Tribunaux qui est désormais consacrée dans quatre articles (art. 1493 à 1496).

Par. 1 - Conditions de l'enrichissement injustifié

109. Conditions du droit antérieur On se bornera à rappeler brièvement et schématiquement ces conditions qui sont énoncées à l'article 1493: «Celui qui s'enrichit aux dépens d'autrui doit, jusqu'à concurrence de son enrichissement, indemniser ce dernier de son appauvrissement corrélatif s'il n'existe aucune justification à l'enrichissement ou à l'appauvrissement».

Pour qu'il y ait lieu d'indemniser le demandeur, il faut donc qu'il y ait, de sa part, un appauvrissement qui ne résulte pas de son fait, un enrichissement du défendeur, qui soit la conséquence de l'appauvrissement du demandeur, un enrichissement injustifié, c'est-à-dire réalisé sans justification, sans «juste cause», sans raison juridique et, enfin, absence de toute autre voie de droit. On retrouve là toutes les conditions énoncées par la Cour Suprême avec, cependant, l'affirmation du caractère subsidiaire du recours, l'absence de tout autre recours de l'appauvri étant implicitement comprise dans l'exigence de l'absence de justification légalement reconnue à l'enrichissement ou à l'appauvrissement[155].

Sur ce point, d'ailleurs, le législateur a jugé bon de préciser ce qu'il entendait par justification à l'enrichissement ou à l'appauvrissement: lorsque l'enrichissement de l'un ou l'appauvrissement de l'autre résulte de l'exécution d'une obligation légale, naturelle ou conventionnelle, ou du défaut, par l'appauvri, d'exercer un droit qu'il peut ou aurait pu faire valoir contre l'enrichi (défaut d'exercer une action, par exemple), ou d'un acte qui a été accompli par l'appauvri dans son intérêt personnel et exclusif (construction et entretien d'une digue dont profitent également d'autres propriétaires riverains) ou à ses risques et périls (impenses d'agrément apportées par un locataire à l'immeuble qu'il a loué), ou dans une intention libérale constante (services rendus sans attente de rétribution), il y a alors enrichissement ou appauvrissement justifié (art. 1494). Cette précision est conforme aux enseignements de la doctrine et de la jurisprudence[156].

Par. 2 - Effets de l'enrichissement injustifié

110. Précisions apportées au droit antérieur Comme auparavant, l'enrichi ne peut être tenu de rembourser à l'appauvri un montant supérieur à ce dont il s'est enrichi: «celui qui s'enrichit aux dépens d'autrui doit, *jusqu'à concurrence de son enrichissement*, indemniser ce dernier...» (art. 1493).

Comme auparavant, l'indemnité n'est due que si l'enrichissement subsiste au jour de la demande, puisque l'enrichissement s'apprécie au jour de la demande. Il y a toutefois un cas où cet enrichissement peut s'apprécier à un autre moment: si les circonstances indiquent la mauvaise foi de l'enrichi, l'appréciation peut remonter au temps où il en a bénéficié, c'est-à-dire le moment où l'enrichi en a peut-être le plus profité (art. 1495).

Outre ce dernier point, le nouveau Code apporte une modification au droit antérieur: alors qu'auparavant le montant de l'appauvrissement était gelé au moment même de l'appauvrissement, l'article 1495, alinéa 2, précise que l'appauvrissement s'apprécie, comme l'enrichissement, au jour de la demande. On reconnaît ainsi à l'appauvri le droit de profiter de la plus-value qu'il a procurée par son appauvrissement[157.]

On notera, enfin, l'article 1496 en vertu duquel «lorsque l'enrichi a disposé gratuitement de ce dont il s'est enrichi sans intention de frauder l'appauvri, l'action de ce dernier peut s'exercer contre le tiers bénéficiaire, si celui-ci était en mesure de connaître l'appauvrissement». Il s'agit, en ce cas particulier, de protéger l'appauvri contre ce tiers qui connaissait ou pouvait connaître l'appauvrissement.

Chapitre V - Des modalités de l'obligation

111. Présentation L'obligation peut être pure et simple ou assortie de modalités (art. 1372, al. 2). Elle est pure et simple lorsqu'elle implique un seul créancier et un seul débiteur et qu'elle est exigible immédiatement et pour le tout. Elle peut aussi être assortie d'une modalité simple — une condition, un terme — ou d'une modalité complexe qui implique pluralité de sujets — obligation conjointe, divisible ou indivisible, solidaire — ou pluralité d'objets, obligation alternative ou facultative.

Section 1 — De l'obligation à modalité simple

Par. 1 - De l'obligation conditionnelle

112. Maintien du droit antérieur Les articles 1079 à 1088 C.c.B.-C. qui énonçaient les règles gouvernant l'obligation conditionnelle, se retrouvent en substance dans le nouveau Code, aux articles 1497 à 1507, mais se caractérisent par un effort de clarification et le souci de les compléter éventuellement, dans le sens des enseignements de la doctrine et de la jurisprudence. On se bornera donc à un bref rappel de ce qui est déjà connu[158].

Sous-par. 1 - Caractères de la condition

113. Condition suspensive et condition résolutoire La condition suspensive suspend non seulement l'exécution de l'obligation, mais aussi et surtout sa formation, sa «naissance», jusqu'à ce que l'événement conditionnel arrive ou qu'il devienne certain qu'il n'arrivera pas. La condition résolutoire anéantit rétroactivement l'obligation déjà formée si l'événement conditionnel se réalise: l'extinction de l'obligation est subordonnée au fait que l'événement envisagé arrive ou n'arrive pas. «L'obligation est conditionnelle lorsqu'on la fait dépendre d'un événement futur et incertain, soit en suspendant sa naissance jusqu'à ce que l'événement arrive ou qu'il devient certain qu'il n'arrivera pas, soit en subordonnant son extinction au fait que l'événement arrive ou n'arrive pas» (art. 1497 qui reprend, sous une formulation qui paraît plus adéquate, l'article 1079, al. 1, C.c.B-C.).

Exemples: — Je vous achète votre immeuble... si je suis nommé à tel poste dans les trois mois à venir... ou si je ne suis pas nommé à tel poste... (condition suspensive).

— Je vous achète votre immeuble...; mais si je suis nommé à tel poste... ou si je ne suis pas nommé à tel poste... le contrat sera résolu (condition résolutoire).

114. Événement futur et incertain L'événement conditionnel choisi, que la condition soit suspensive ou résolutoire, est un événement futur et incertain: s'il n'était pas futur, l'obligation serait pure et simple; s'il n'était pas incertain, on serait en présence d'un terme (cf. art. 1497 et 1508). En effet, un événement passé ou présent ne peut pas être un événement conditionnel:

«n'est pas inconditionnelle l'obligation dont la naissance ou l'extinction dépend d'un événement qui, à l'insu des parties, est déjà arrivé au moment où le débiteur s'est obligé sous condition» (art. 1498 qui reprend l'art. 1079, al. 2, C.c.B.-C.).

Parfois, cependant, il n'est pas aisé de se prononcer sur le caractère certain ou incertain de l'événement envisagé[159.] Il en est ainsi, notamment, lorsque la réalisation de l'événement n'est pas assujettie à un délai ou lorsqu'elle consiste en la non survenance d'un événement dans un temps déterminé ou indéterminé.

L'article 1501 qui reprend l'article 1082 C.c.B.-C. répond au premier point: «La condition qui n'est assortie d'aucun délai pour son accomplissement peut toujours être accomplie; elle est toutefois défaillie s'il devient certain qu'elle ne s'accomplira pas». L'article 1502 qui reprend, sous une formulation nouvelle, l'article 1083 C.c.B-C. répond au second point: «Lorsque l'obligation est subordonnée à la condition qu'un événement n'arrivera pas dans un temps déterminé, cette condition est accomplie lorsque le temps s'est écoulé sans que l'événement soit arrivé; elle l'est également lorsqu'il devient certain, avant l'écoulement du temps prévu, que l'événement n'arrivera pas.

S'il n'y a pas de temps déterminé, la condition n'est censée accomplie que lorsqu'il devient certain que l'événement n'arrivera pas». On voit donc qu'il peut être prudent de déterminer le temps et que le droit antérieur demeure inchangé.

115. Condition impossible et condition illicite L'article 1080 C.c.B-C. déclarait nulle la condition contraire à la loi ou aux bonnes mœurs, ainsi que l'obligation qui en dépendait; il déclarait nulle également la condition qu'on faisait dépendre de l'exécution ou de l'accomplissement d'une chose impossible. L'article 1499 reproduit cette règle: «La condition dont dépend l'obligation doit être possible et ne doit être ni prohibée par la loi ni contraire à l'ordre public; autrement elle est nulle et rend nulle l'obligation qui en dépend»[160].

Quant à la sanction, on note qu'il s'agit de la nullité, absolue ou relative selon que sont en cause l'intérêt général ou des intérêts particuliers (art. 1417 et 1419), mais que la réduction des obligations par le Tribunal comme possible sanction n'a pas été retenue: cela est en effet logique, puisqu'il s'agit d'une impossibilité absolue de la condition, ou de son caractère illicite qui doit être soulevé d'office par le Tribunal si l'intérêt général est en jeu ou qui est, le cas échéant, à la discrétion des intérêts particuliers qui en bénéficient.

Puisque l'article 1499 reproduit l'article 1080 C.c.B-C., en disant que «... la condition est nulle et rend nulle l'obligation qui en dépend», on peut maintenir l'interprétation qui a été donnée antérieurement: la condition nulle aurait pour effet de rendre nul l'acte entier si elle a été «la cause impulsive et déterminante de la volonté du contractant, alors que, dans le cas contraire, la condition serait seulement réputée non écrite»[161].

Relié à l'idée de condition impossible, on signalera l'article 1503 qui reproduit textuellement l'article 1084 C.c.B.-C.: «L'obligation conditionnelle a tout son effet lorsque le débiteur obligé sous telle condition en empêche l'accomplissement»; l'événement conditionnel étant rendu impossible par le seul fait du débiteur, l'impossibilité n'est que relative et non point absolue: tout se passe donc comme si la condition s'était réalisée.

116. Condition potestative En vertu de l'article 1081 C.c.B-C., pour que la condition soit valable, il faut que l'événement ne dépende pas de la seule volonté du débiteur, mais si la condition consiste à faire ou ne pas faire un acte déterminé, même si cet acte dépend de la volonté du débiteur, l'obligation est valable.

Cette même règle se retrouve à l'article 1500: «L'obligation dont la naissance dépend d'une condition qui relève de la seule discrétion du débiteur est nulle; mais si la condition consiste à faire ou à ne pas faire quelque chose, quoique cela relève de sa discrétion, l'obligation est valable ». En conséquence, on continuera à distinguer la condition casuelle, la condition simplement potestative, la condition mixte et la condition purement potestative: seule cette dernière est nulle, lorsqu'elle émane du débiteur qui, en vérité, n'a pas la volonté véritable de s'engager et lorsqu'elle concerne une condition suspensive. C'est dire que cette condition purement potestative est valable lorsqu'elle émane du créancier ou lorsqu'elle concerne une condition résolutoire: l'exercice d'un droit de créance qui dépendrait de la seule volonté du créancier ne peut guère nuire à un débiteur qui risque seulement... de ne rien devoir et la validité d'une condition résolutoire purement potestative rend possible la vente à réméré[162].

Sous-par. 2 - Effets de la condition

117. Effets de la condition suspensive Ils sont ceux que nous indiquait le droit antérieur[163]

Pendente conditione, l'obligation ne se forme pas et, néanmoins, le créancier a un droit «en puissance». C'est pourquoi le créancier peut, pendant que dure l'incertitude, prendre toutes les mesures utiles à la conservation de ses droits, par exemple interrompre la prescription que le débiteur laisse courir, ou publier un droit que son débiteur négligerait ou refuserait de publier (art. 1504 qui reprend l'article 1086 C.c.B-C., en vertu duquel le créancier pouvait «exercer tous les actes conservatoires de ses droits »). Ce droit — et donc le rapport de droit créancier-débiteur — existe, bel et bien, *pendente conditione*, malgré l'incertitude de sa venue à une vie juridique normale, puisque «le simple fait que l'obligation soit conditionnelle ne l'empêche pas d'être cessible ou transmissible» (art. 1505 qui reprend la substance de la seconde phrase de l'article 1085 C.c.B.-C.): les droits du cessionnaire ou de l'héritier demeurent soumis à l'événement conditionnel.

Lorsque l'incertitude est levée et que l'événement conditionnel se réalise, l'obligation sous condition suspensive devient pure et simple, mais elle a un effet rétroactif au jour où le débiteur s'est obligé conditionnellement (art. 1506 qui reprend le principe énoncé dans la première phrase de l'article 1085 C.c.B-C.): cette rétroactivité joue aussi bien à l'égard des tiers qu'entre les parties. Le débiteur doit alors exécuter l'obligation, comme si celle-ci avait existé depuis le jour où ce débiteur s'est obligé conditionnellement (art. 1507, al. 1 qui énonce expressément ce qui était contenu implicitement au début des articles 1087 et 1088 C.c.B.-C.).

Si l'événement conditionnel ne se réalise pas ou s'il est certain qu'il ne se réalisera pas, tout se passe comme s'il n'y avait eu aucun rapport de droit.

118. Effets de la condition résolutoire Ils sont également ceux que nous indiquait le droit antérieur[164]. *Pendente conditione*, tout se passe comme si l'obligation était pure et simple et donc l'obligation sous condition résolutoire est exigible.

Lorsque l'incertitude est levée et que l'événement conditionnel se réalise, l'obligation est anéantie rétroactivement et tout se passe comme s'il n'y avait jamais eu de rapport de droit (c'est ce qu'indique l'art. 1506: «la condition accomplie a... un effet rétroactif au jour où le débiteur s'est obligé sous condition); en conséquence, chacune des parties doit «restituer à l'autre les prestations qu'elle a reçues en vertu de l'obligation, comme si celle-ci n'avait jamais existé» (art. 1507, al. 2): dans l'hypothèse d'une impossibilité de restituer, on applique les règles relatives à la restitution des prestations, telles qu'envisagées précédemment[165].

Si l'événement conditionnel ne se réalise pas ou qu'il est certain qu'il ne se réalisera pas, tout se passe comme si l'obligation avait été pure et simple: si donc l'obligation a été exécutée, elle est éteinte; si elle n'a pas encore été exécutée, elle est exigible (elle l'était déjà *pendente conditione*).

Par. 2 - De l'obligation à terme

119. Maintien du droit antérieur Les articles 1089 à 1092 C.c.B.-C. qui énonçaient les règles gouvernant l'obligation à terme se retrouvent aux articles 1508 à 1517, en apportant certaines précisions conformes aux enseignements de la doctrine et de la jurisprudence et en permettant, dans des situations d'impasse, une détermination judiciaire du terme.

Sous-par. 1 - Caractères du terme

120. Événement futur et certain L'obligation à terme est une obligation «dont l'exécution est exigible seulement après qu'un certain temps se soit écoulé à partir de sa formation»[166]. Le terme est donc un événement futur (comme la condition), mais certain (contrairement à la condition). Il est dit suspensif, puisque seule son exigibilité est suspendue jusqu'à l'arrivée d'un événement futur et certain (art. 1508 qui reprend l'art. 1089 C.c.B.-C.).

L'événement futur se produira donc nécessairement un jour, mais ce jour peut être déterminé (obligation exigible le 15 septembre 1994) ou indéterminé (obligation exigible au décès du débiteur).

Généralement le terme est conventionnel, mais il peut être également légal (cf. par exemple, art. 240) et parfois judiciaire (cf. par exemple, art. 2332): quant au terme judiciaire, le *Code civil du Québec* apporte une précision afin de résoudre un problème que ne réglait pas l'ancien Code.

En effet, en vertu de l'article 1512, «Lorsque les parties ont convenu de retarder la détermination du terme ou de laisser à l'une d'elles le soin de le déterminer et qu'à l'expiration d'un délai raisonnable, elles n'y ont point encore procédé, le Tribunal peut, à la demande de l'une d'elles, fixer ce terme en tenant compte de la nature de l'obligation, de la situation des parties et de toute circonstance appropriée.

Le tribunal peut aussi fixer ce terme lorsqu'il est de la nature de l'obligation qu'elle soit à terme et qu'il n'y a pas de convention par laquelle on puisse le déterminer ».

Cet article s'inspire de l'article 1783 C.c.B.-C. qui autorisait le Tribunal à fixer le terme d'un prêt de consommation, s'il n'y avait pas de convention qui permît de le déterminer, mais s'étend à toute obligation à terme. Il vient un moment, en effet, où le terme doit enfin être fixé: si les parties ne s'entendent pas ou si la partie qui devait le fixer néglige de le faire, alors le juge pourra, à la demande de l'une des parties, intervenir pour le fixer, en tenant compte des critères prévus à l'article, soit la nature de l'obligation, la situation des parties et toutes les autres circonstances de l'affaire.

De même, pourra être fixé le *terme* de l'obligation de celui qui s'est engagé à rembourser ce qui lui a été prêté «quand il le pourra» ou «quand il en aura les moyens», engagement dont on aurait pu se demander s'il était conditionnel ou véritablement à terme; un «remboursement » est, en règle générale, un événement certain, plutôt qu'incertain: cela relève de la nature de l'obligation[167].

121. Terme suspensif et terme extinctif Le terme dont il est question ici est le terme suspensif, comme on l'a déjà dit, celui qui affecte une obligation dont «l'exigibilité seule est suspendue jusqu'à l'arrivée d'un événement futur et certain» (art.

1508). Il se distingue donc du terme extinctif, celui qui affecte une obligation dont la durée est fixée par la loi ou par les parties et qui s'éteint par l'arrivée du terme (par exemple, bail de trois ans: les obligations en résultant s'éteignent au terme de trois ans).

Sous-par. 2 - Extinction du terme

122. Échéance «Ce qui n'est dû qu'à terme ne peut être exigé avant l'échéance; mais ce qui a été exécuté d'avance, librement et sans erreur, ne peut être répété» (art. 1513). Cette disposition reprend celle du droit antérieur (art. 1090 C.c.B.-C.), en ce que l'exécution d'une obligation n'est exigible qu'à l'échéance, bien que l'obligation se soit formée avant l'arrivée du terme, et qu'il ne peut y avoir lieu à restitution de ce qui a été payé avant l'échéance, seulement dans l'hypothèse où ce paiement a été fait par erreur ou fraude. Toutefois, elle ajoute à l'article 1090 C.c.B.-C, en ce qu'elle prévoit aussi la restitution dans l'hypo-thèse où le paiement anticipé n'a pas été fait librement: l'article 1513 consacre l'interprétation qui a été donnée de la règle anté-rieure. Dès lors que le paiement avant l'échéance a été fait par un débiteur dont la volonté a été altérée, que ce soit par l'erreur spontanée ou provoquée, ou par la menace ou la contrainte, il y a possibilité pour lui d'obtenir la restitution de ce qu'il a trop tôt payé, s'il réussit, bien sûr, à prouver cette altération[168].

Le nouveau Code apporte également une précision sur la computation du terme, sans toutefois modifier ce qui était admis antérieurement: «Lorsque l'exigibilité de l'obligation est suspendue jusqu'à l'expiration d'un délai, sans mention d'une date déterminée, on ne compte pas le jour qui marque le point de départ, mais on compte celui de l'échéance» (art. 1509 qui s'inspire de l'art. 2240 C.c.B.-C.). On ne compte donc pas le jour de la naissance de l'obligation (*dies a quo*), mais on compte le jour de l'échéance du délai (*dies ad quem*).

Il est une autre situation à laquelle le *Code civil du Québec* apporte une solution, celle où l'événement qui était tenu pour certain, n'arrive pas; il se peut, en effet, que les parties aient cru que l'événement prévu se réaliserait effectivement un jour, de façon certaine, et que leurs prévisions aient été déjouées (tel serait le cas de l'arrivée de tel bateau à tel port, alors que le bateau sombre en pleine mer): en ce cas, «l'obligation devient exigible au jour où l'événement aurait dû normalement arriver» (art. 1510). Cette solution se situe «dans le prolongement de l'intention d'origine des parties, à savoir la création d'une obligation à terme»[169], plutôt que de décréter l'exigibilité au jour où il est devenu certain que l'événement n'arrivera pas, ce qui aurait consacré une solution plus proche de la condition que du terme.

123. Renonciation au terme La règle générale qui était énoncée à l'article 1091 C.c.B.-C. se retrouve désormais à l'article 1511, selon lequel «le terme profite au débiteur, sauf s'il résulte de la loi, de la volonté des parties ou des circonstances qu'il a été stipulé en faveur du créancier ou des deux parties». Normalement, en effet, c'est le débiteur qui tire profit du délai qui lui est accordé pour exécuter son obligation; mais il arrive parfois que ce soit le créancier qui en profite ou encore créancier et débiteur. Aussi le débiteur ne peut-il renoncer au terme que lorsqu'il est seul à en bénéficier, à défaut de quoi le consentement de l'autre partie sera nécessaire; c'est ce que confirme le second alinéa de l'article 1511: «La partie au bénéfice exclusif de qui le terme est stipulé peut y renoncer, sans le consentement de l'autre partie ». Si donc le terme est stipulé en faveur du créancier ou à la fois en faveur du créancier et du débiteur, le paiement anticipé ne pourra se faire qu'avec le consentement du créancier[170].

Dès lors qu'il y a renonciation au bénéfice du terme, l'obligation devient immédiatement exigible: cette règle qui découle du bon sens est expressément énoncée à l'article 1515.

124. Déchéance du terme Le terme étant un moyen de crédit accordé par le créancier au débiteur, cet avantage disparaît en certaines circonstances qu'énonçait l'article 1092 C.c.B.-C.; cette disposition est reprise à l'article 1514, avec cependant quelques précisions supplémentaires: «le débiteur perd le bénéfice du terme s'il devient insolvable, est déclaré failli, ou diminue, par son fait et sans le consentement du créancier, les sûretés qu'il a consenties à ce dernier», c'est-à-dire lorsque, «par son acte ou sa faute, il change les conditions économiques du paiement et met en péril la possibilité de l'acquittement de l'obligation à l'échéance»[171].

En ces cas, il ne mérite plus le crédit qui lui avait été accordé et l'obligation devient immédiatement exigible (art. 1515). Comme auparavant, la déchéance est automatique au cas de faillite, mais doit être prononcée au cas d'insolvabilité ou de diminution de sûretés. Sur ce dernier point, l'article 1514 précise qu'il vise la diminution des sûretés consenties par le débiteur, ce qui exclut les sûretés légales ou judiciaires: le droit antérieur, tel qu'il était interprété, est donc maintenu.

Il est, cependant, un cas supplémentaire de déchéance expressément énoncé au second alinéa de l'article 1514: le débiteur «perd aussi le bénéfice du terme s'il fait défaut de respecter les conditions en considération desquelles ce bénéfice lui avait été accordé». Cette règle est conforme au droit antérieur non écrit: tel serait le cas du débiteur qui refuserait de fournir les sûretés additionnelles promises ou de maintenir une assurance en vigueur pour garantir son paiement.

On notera enfin que «la déchéance du terme encourue par l'un des débiteurs, même solidaire, est inopposable aux autres codébiteurs» (art. 1516). C'est ce qui était admis antérieurement, même en l'absence d'un texte: la déchéance est une mesure qui ne touche que personnellement le débiteur qui en fait l'objet.

Section 2 — De l'obligation à modalité complexe

Par. 1 - De l'obligation à plusieurs sujets

Sous-par. 1 - De l'obligation conjointe, divisible, indivisible

125. Maintien du droit antérieur La nature, les caractères et les effets de l'obligation conjointe, de l'obligation divisible ou de l'obligation indivisible ne sont aucunement modifiés: on peut donc se référer aux enseignements déjà reçus de la doctrine et de la jurisprudence. On notera seulement l'introduction d'une disposition sur l'obligation conjointe (art. 1518), qui n'a pas de correspondant dans le Code civil du Bas-Canada, de même que la simplification des règles relatives à l'obligation divisible et à l'obligation indivisible.

126. Obligation conjointe L'obligation conjointe s'oppose à l'obligation solidaire et à l'obligation indivisible; c'est une obligation qui concerne, à titre principal, plusieurs créanciers ou plusieurs débiteurs, mais qui n'est ni solidaire ni indivisible: «L'obligation est conjointe entre plusieurs débiteurs lorsqu'ils sont obligés à une même chose envers le créancier, mais de manière que chacun d'eux ne puisse être contraint à l'exécution de l'obligation que séparément et jusqu'à concurrence de sa part dans la dette. Elle est conjointe entre plusieurs créanciers lorsque chacun d'eux ne peut exiger, du débiteur commun, que l'exécution de sa part dans la créance» (art. 1518). Au cas de pluralité de créanciers, chacun d'eux n'a droit qu'à sa part; au cas de pluralité de débiteurs, chacun d'eux ne doit que sa part[172].

127. Obligation divisible et obligation indivisible L'obligation divisible s'oppose à l'obligation indivisible: les articles 1121 à 1130 C.c.B.-C. relatifs à ces obligations et dont on a pu dire qu'ils étaient inutilement compliqués, sont remplacés par les articles 1519 à 1522 qui se bornent à énoncer des règles simplifiées, reconnues antérieurement.

Lorsqu'un rapport de droit ne met en présence qu'un débiteur et un créancier, il n'y a pas lieu de s'interroger sur le sujet, puisque le paiement y est indivisible: on verra, en effet, qu'un créancier ne peut être contraint, aujourd'hui comme hier, de recevoir un paiement partiel (art. 1561, al. 2, qui reprend l'art. 1149, al. 1 C.c.B.-C.); cette règle est d'ailleurs confirmée à l'article 1522 qui reprend l'article 1122 C.c.B.-C.: «L'obligation divisible qui n'a qu'un seul débiteur et qu'un seul créancier doit être exécutée entre eux comme si elle était indivisible;...». Cependant, si l'un des deux vient à décéder, alors «elle demeure divisible entre leurs héritiers», de sorte que le paiement, non encore exécuté lors du décès du débiteur, se divise entre les héri tiers de celui-ci, qui deviennent débiteurs conjoints.

De même qu'on peut dire que l'obligation conjointe est la règle de principe, par opposition à l'obligation solidaire — lorsqu'il y a plusieurs créanciers et un débiteur ou plusieurs débiteurs et un créancier —, de même on peut dire que, en règle générale, «l'obligation est divisible de plein droit »; l'obligation n'est indivisible que si l'indivisibilité a été expressément stipulée ou si l'objet de l'obligation n'est pas, de sa nature, susceptible de division matérielle ou intellectuelle (art. 1519): on retrouve donc le principe de la divisibilité et ses exceptions telles qu'ils étaient énoncés aux articles 1121 à 1124 C.c.B.-C., l'indivisibilité trouvant sa source dans la nature de l'objet ou la volonté des parties[173].

Quant aux effets, l'indivisibilité passive (entre débiteurs) permet au créancier de demander à l'un quelconque des débiteurs l'exécution totale de la dette, tandis que l'indivisibilité active (entre créanciers) permet à l'un quelconque des créanciers d'obtenir l'exécution totale de la créance: le paiement par l'un des débiteurs, dans le premier cas, libère tous les débiteurs et, dans le second cas, le débiteur qui a payé l'un des créanciers est libéré à l'égard de tous. Advenant le décès d'un débiteur indivisible ou d'un créancier indivisible, les héritiers demeurent indivisibles: «L'obligation qui est indivisible ne se divise ni entre les débiteurs ou les créanciers, ni entre leurs héritiers. Chacun des débiteurs ou de ses héritiers peut-être séparément contraint à l'exécution de l'obligation entière et chacun des créanciers ou de ses héritiers peut, inversement, exiger son exécution intégrale, encore que l'obligation ne soit pas solidaire» (art. 1520, reprenant les arts 1126, 1127, 1129).

Si une obligation peut être indivisible sans que la solidarité ait été stipulée, la stipulation de solidarité, en revanche, ne confère pas, à elle seule, le caractère d'indivisibilité: l'article 1522 reproduit donc l'article 1125 C.c.B.-C.

Sous-par. 2 - De l'obligation solidaire

128. Maintien du droit antérieur La solidarité permet à un créancier d'obtenir d'un débiteur plus que ce qui lui est dû et à un débiteur de payer au créancier plus qu'il ne lui doit, contrairement au principe voulant que lorsqu'il y a plusieurs créanciers, chacun n'a droit qu'à sa part et qu'au cas de plusieurs débiteurs, chacun d'eux ne doit que sa part (dans ces deux cas, obligation conjointe qui se divise entre les créanciers ou entre les débiteurs).

La solidarité active qui permet à l'un des créanciers solidaires d'obtenir du débiteur plus que ce qui lui est dû personnellement, faisait l'objet des articles 1100 à 1102 C.c.B.-C., alors que la solidarité passive qui oblige un débiteur solidaire à payer au créancier plus que ce qu'il lui doit personnellement, faisait

l'objet des articles 1103 à 1120 C.c.B.-C. Ces règles, globalement maintenues, se retrouvent respectivement aux articles
1541 à 1544 et 1523 à 1540.

Outre la disposition de l'article 1531 qui traite d'une situation
particulière, la seule véritable nouveauté consiste à remplacer la
notion d'activités commerciales qui était à la base d'une présomption de solidarité, par la notion plus large d'exploitation
d'une entreprise (art. 1525).

On se contentera donc de présenter un schéma de l'obligation
solidaire.

A - De la solidarité entre les créanciers

129. Créanciers solidaires: *statu quo* La lecture des articles
nous paraît se suffire à elle-même. La solidarité active ne se
présume pas; elle doit donc être expressément stipulée — c'est
dire qu'elle ne peut être que conventionnelle — et, si tel est le
cas, l'un quelconque des créanciers peut demander au débiteur
le paiement total de la créance et en donner quittance pour le
tout (art. 1541 qui reprend l'art. 1100 C.c.B.-C).

Dès lors que le débiteur a payé la totalité à l'un des créanciers
solidaires, il est libéré à l'égard de tous (art. 1542, complétant
l'article précédent dont la règle se déduirait de l'article 1100
C.c.B.-C.).

Si le débiteur doit payer le créancier qui le poursuit, il peut, en
revanche, à défaut d'être poursuivi, payer celui des créanciers
qu'il choisit (art. 1543, al. 1, reprenant l'art. 1101, al. 1, C.c.B.-
C.). Cependant, si l'un des créanciers lui consentait une remise
de l'obligation, le débiteur ne bénéficierait de cette remise que
pour la part du créancier: un créancier solidaire ne peut, en
effet, aggraver la situation de ses cocréanciers; il en serait de
même dans tous les cas où l'obligation est éteinte autrement que
par le paiement de celle-ci (art. 1543, al. 2, reprenant l'art.
1101, al. 2, C.c.B.-C).

On notera, enfin, une disposition nouvelle qui a cependant toujours été admise par la doctrine et la jurisprudence: «l'obligation au profit d'un créancier solidaire se divise de plein droit
entre ses héritiers » (art. 1544). La solidarité active n'implique
donc pas l'indivisibilité active: il est permis de faire le parallèle

avec l'article 1521 (qui reprend l'art. 1125 C.c.B.-C.), selon lequel «la stipulation de solidarité, à elle seule, ne confère pas à l'obligation le caractère d'indivisibilité»[174].

La solidarité active présente, on le sait, peu d'intérêt, compte tenu du danger que courent les créanciers entre eux[175].

B- De la solidarité entre les débiteurs

1- Sources de la solidarité

130. La convention et la loi Alors que la solidarité active ne peut résulter que de la convention, la solidarité passive peut résulter de la convention ou de la loi[176].

Parce que contraire au principe voulant que les obligations de plusieurs débiteurs à l'égard d'un même créancier soient conjointes, la solidarité passive ne se présume pas: elle n'existe que lorsqu'elle est expressément stipulée par les parties (art. 1525, al. 1, qui reprend l'art. 1105, al. 1, C.c.B.-C).

En certains cas, cependant, la solidarité résulte de la loi (art. 1525, al. 1). Il en est ainsi dans le cadre de l'obligation de réparer le préjudice causé à autrui par la faute de deux personnes ou plus lorsque cette obligation est extracontractuelle: l'article 1526 reprend la disposition de l'article 1106 C.c.B.-C. quant à l'obligation résultant de ce qu'on appelait un délit ou un quasi délit; les époux sont tenus solidairement lorsque l'un d'eux s'oblige pour les besoins courants de la famille (art. 397); l'entrepreneur, l'architecte et l'ingénieur qui ont, selon le cas, dirigé ou surveillé les travaux, et le sous-entrepreneur pour les travaux qu'il a exécutés, sont, en certains cas, tenus solidairement (art. 2118 et ss.); les mandataires nommés ensemble pour la même affaire sont également tenus solidairement (art. 2144).

Le principe de l'absence de présomption de solidarité est inversé et, donc, la solidarité est présumée dans le cadre d'obligations contractées pour le service ou l'exploitation d'une entreprise (art. 1525, al. 1 et al. 2 qui reprend l'art. 1105, al. 2 et partiellement l'alinéa 3 C.c.B.-C).

La différence entre le droit antérieur et le nouveau droit consiste, comme on l'a déjà signalé, à étendre la règle qui visait uniquement le cadre d'activités commerciales, aux obligations contractées «pour le service ou l'exploitation d'une entreprise», qu'elle soit commerciale ou autre; la notion de commerce est désormais remplacée par la notion, plus large, d'entreprise, définie au troisième alinéa de l'article 1525: «Constitue l'exploitation d'une entreprise l'exercice, par une ou plusieurs personnes, d'une activité économique organisée, qu'elle soit ou non à caractère commercial, consistant dans la production ou la réalisation de biens, leur administration ou leur aliénation, ou dans la prestation de services». Cette définition qui est tirée des enseignements de la doctrine et de la jurisprudence, est située à cette place, faute d'en trouver ailleurs dans le Code une meilleure, et devrait contribuer à «dissiper les incertitudes sur la portée de la notion d'entreprise, tout en permettant, par la généralité des termes employés, l'évolution du droit en cette matière»[177].

2- Effets de la solidarité

131. Fondements du mécanisme de la solidarité Traditionnellement, les effets de la solidarité reposent sur deux idées: d'une part l'unité d'objet, en ce sens que le créancier est titulaire d'une créance unique de tel montant, et d'autre part la pluralité de liens, en ce sens qu'il y a autant de liens de droit que de codébiteurs. Unité d'objet et pluralité de liens permettent d'expliquer les droits du créancier vis-à-vis de ses codébiteurs et les moyens de défense que le codébiteur poursuivi peut faire valoir contre le créancier. Certains de ces effets sont qualifiés de principaux et d'autres sont qualifiés de secondaires: ces derniers visent essentiellement la mise en demeure (art. 1109 et 1111 C.c.B.-C. dont on retrouve la substance dans les art. 1527, 1599 et 1600) et l'interruption de la prescription (art. 1110 et 2231 C.c.B-C. que l'on retrouve à l'art. 2900). Il faut cependant comprendre que les idées d'unité d'objet et de pluralité de liens ont toujours permis d'expliquer autant les effets secondaires que les effets principaux.

Cependant, on a imaginé une autre explication, celle de la représentation, selon laquelle les codébiteurs se donnent un mandat mutuel de se représenter dans leurs rapports avec leur créancier. Or, cette idée de représentation mutuelle a toujours présenté certaines difficultés, notamment dans le cas où le débiteur poursuivi ne se défend pas ou se défend mal; aussi, a-

t-on été contraint d'en limiter les effets, en admettant que les
codébiteurs qui ne sont pas poursuivis ne doivent pas souffrir
des actes posés par leur mandataire, le codébiteur poursuivi. De
la même façon, si l'on explique par l'idée de représentation les
effets secondaires, il faut alors admettre que le jugement pro-
noncé contre l'un d'eux a autorité de chose jugée contre les
autres, même s'ils ne sont pas intervenus au litige ou n'ont pas
été mis en cause. Ces conséquences de la représentation paraissent, alors, aller bien trop loin et paraissent devoir connaître des
limites dès lors que le jugement crée une obligation supplémentaire ou aggrave la situation des autres codébiteurs.

C'est pourquoi fut introduite la notion de solidarité imparfaite
ou d'obligation in *solidum*, lorsque l'idée de représentation mutuelle ne paraissait pas concevable, obligation qui produit les
effets principaux de la solidarité, mais non point les effets
secondaires.

Ce concept a été d'abord utilisé en droit français, dans l'hypothèse où une personne subit un préjudice résultant du délit ou
quasi délit de plusieurs auteurs: on a dit qu'ils étaient tenus «in
solidum». L'article 1106 C.c.B-C. qui n'a pas son correspondant dans le Code français, dispose qu'en ce cas l'obligation est
solidaire. C'est ce qui a fait dire à certains que l'obligation in
solidum n'existait pas au Québec. D'une part, ce n'est pas ce
qu'a semblé dire la Cour Suprême[178] et, d'autre part, l'existence
de l'article 1106 ne rend pas inutile ce concept: il suffit de
songer à l'obligation in *solidum* qui pourrait exister entre le
commettant et son préposé lorsque la responsabilité du premier
est engagée pour la faute du second, ou encore à celle qui aurait
pu exister entre les auteurs d'une faute distincte qui a réalisé
l'entier préjudice, par exemple l'accident causé à un passager
par une collision entre le transporteur (ferroviaire) contractuel
et une tierce personne (responsabilité contractuelle et responsabilité extracontractuelle). On pouvait enfin songer à l'obligation
alimentaire due à la mère de famille par ses trois enfants:
l'article 641 C.c.Q. ancien (qu'on retrouve à l'art. 593), nous
semble d'ailleurs avoir déjà introduit le concept[179].

Dans l'avant-projet de loi, portant réforme du droit des obligations, les articles 1584 et 1585 consacraient sur le plan législatif
la solidarité imparfaite et codifiaient l'idée de représentation

mutuelle, la solidarité imparfaite — ou obligation *in solidum* — intervenant précisément lorsque les débiteurs n'étaient pas censés se représenter mutuellement. Toutefois ces dispositions ne furent pas reproduites dans la version finale du nouveau Code.

Il n'était pas, en effet, opportun, nous semble-t-il, d'édicter que «la solidarité est parfaite lorsque les débiteurs sont obligés envers le créancier par le même acte ou fait juridique et qu'ils sont, de ce fait, censés se représenter mutuellement»: on a précédemment relevé les objections que l'on pouvait faire à cette idée de représentation et ses lacunes: le législateur n'a pas à révéler nécessairement la théorie juridique à laquelle il se raccroche. Aussi est-il permis de penser qu'on s'en tient au droit antérieur, qu'on peut encore se référer aux idées d'unité d'objet et de pluralité de liens, ou encore à l'idée de représentation, avec les précautions qui s'imposent, en certains cas.

En revanche, le fait d'avoir renoncé à consacrer sur le plan législatif la «solidarité imparfaite», ne nous contraint pas à en déduire que la notion d'obligation *in solidum* n'existe plus: s'il est vrai que l'article 1526 reprend l'article 1106 C.c.B-C. (ce dernier ayant été interprété par la Cour suprême comme signifiant «obligation *in solidum*»), s'il est vrai que l'article 1480 déclare solidaires les personnes qui ont participé à un fait collectif fautif qui entraîne un préjudice, ainsi que les personnes qui ont commis des fautes distinctes dont chacune est susceptible d'avoir causé le préjudice, aucune disposition ne prévoit, par exemple, le cas de la responsabilité du commettant et de celle de son préposé: pourquoi ne pourrait-il pas être jugé qu'ils sont responsables «*in solidum*»? L'article 593, relatif à l'obligation alimentaire, ne consacre-t-il pas, de façon indirecte, l'existence de l'obligation *in solidum*?

132. Effets principaux dans les rapports entre le créancier et les codébiteurs[180] Le créancier peut exiger de l'un quelconque des codébiteurs la totalité de la dette (art. 1523 qui reprend l'article 1103 C.c.B-C) et peut s'adresser à celui qu'il voudra bien choisir, sans que celui-ci puisse lui opposer le bénéfice de division (art. 1528, qui reprend l'art. 1107 C.c.B-C.); l'exécution totale par celui-ci libérera tous les autres. Les poursuites exercées contre l'un des codébiteurs n'empêchent pas le créancier d'en exercer de pareilles contre les autres s'il n'a pas obtenu du premier la totalité de ce qui lui est dû (art. 1529 qui reprend l'art. 1108 C.c.B.-C.).

Le débiteur poursuivi peut invoquer, contre le créancier, les causes qui ont éteint la dette, comme le paiement (art. 1523 qui reprend l'art. 1103 C.c.B.-C.), la prescription, la perte de la chose par cas de force majeure (par a contrario art. 1527 qui reprend l'art.1109 C.c.B.-C.), la remise de la totalité de la dette (art. 1689, al. 2, qui reprend l'art. 1183 C.c.B.-C). Il peut donc lui opposer toutes les exceptions qui sont communes à tous les débiteurs, de même que toutes les exceptions qui lui sont personnelles (art. 1530, qui reprend l'art. 1112 C.c.B.-C.), terme ou condition dont son obligation est assortie (*cf.* art. 1524 qui reprend l'art. 1104 C.c.B.-C.), absence ou vice de consentement.

Il ne peut pas, cependant, opposer au créancier les exceptions qui sont personnelles à quelqu'autre codébiteur solidaire (art. 1530, *in fine*).

Inversement, le créancier ne peut se prévaloir de la déchéance du terme — pour exiger l'exécution immédiate — qu'à l'égard de celui des codébiteurs qui a été déchu du terme: l'article 1516, de droit nouveau, précise effectivement que la déchéance du terme encourue par l'un des débiteurs solidaires est inopposable aux autres codébiteurs; la déchéance du terme est une mesure personnelle qui ne peut aggraver la situation des autres: un nouvel indice quant à l'effet limité de l'idée de représentation ou de son absence de pertinence en certains cas!

À ces exceptions personnelles, s'ajoutent les exceptions mixtes qui concernent la remise de dette (art. 1690 qui reprend l'art. 1184 C.c.B-C.), la compensation (art. 1678 qui reprend l'art. 1191, al. 3, C.c.B.-C.) et la confusion (art. 1685 qui reprend l'art. 1113 C.c.B.-C.)[181].

Il est une autre exception que peut invoquer le débiteur poursuivi: en vertu de l'article 1531, «le débiteur solidaire qui, par le fait du créancier, est privé d'une sûreté ou d'un droit qu'il aurait pu faire valoir par subrogation, est libéré jusqu'à concurrence de la valeur de la sûreté ou du droit dont il est privé». Cette disposition de droit nouveau applique, en matière de

solidarité passive, la règle édictée à l'article 1959 C.c.B.-C. en
matière de cautionnement. En effet, l'exécution de l'obligation
par l'un des codébiteurs solidaires le subroge dans les droits du
créancier; si donc celui-ci, par son fait, affecte un droit du
subrogé — par exemple, diminue la sûreté dont était assortie sa
créance ou le prive d'un droit que lui accorde la subrogation —
il doit en assumer la responsabilité, la sanction consistant à
libérer le débiteur jusqu'à concurrence de la valeur de la sûreté
ou du droit dont il est privé: le créancier ne doit pas pouvoir,
par son seul fait, supprimer l'efficacité du droit qu'il transmet
au débiteur et affecter la situation juridique de ce dernier.

**133. Effets secondaires dans les rapports entre le créancier
et les codébiteurs** Les effets secondaires sont ceux dont certains ont pensé qu'ils ne pouvaient s'expliquer par les idées
d'unité d'objet et de pluralité de liens et pour lesquels on a fait
appel à l'idée de représentation. Comme dans le droit antérieur[182], ces effets sont les suivants:

— la mise en demeure extrajudiciaire adressée à l'un des
codébiteurs vaut à l'égard de tous les autres débiteurs (art.
1599, al. 1). Cette règle était admise antérieurement, sans
toutefois qu'elle fût limitée à la demande extrajudiciaire (*cf.* art.
1594, al. 2), même si le Code civil du Bas-Canada n'édictait pas
une disposition spécifique à cet effet; cependant, on la déduisait
de l'article 1111 C.c.B.-C., en vertu duquel «la demande d'intérêts formée contre l'un des débiteurs solidaires fait courir l'intérêt à l'égard de tous»: il en était ainsi, parce que la demande
contre l'un mettait en demeure tous les autres codébiteurs, en
application de l'idée de représentation, les codébiteurs solidaires s'étant donné mandat réciproque de se représenter dans
leurs rapports avec le créancier. On se devait, cependant, de
constater que cette disposition, par application de l'idée de
représentation, aggravait du fait de l'un d'eux la situation de
tous, solution incompatible avec le principe selon lequel l'idée
de représentation ne peut pas nuire aux débiteurs qui n'ont pas
commis de faute ou n'ont pas été mis personnellement en
demeure.

Or, on remarque que, dans le nouveau Code, la règle édictée à
l'article 1111 C.c.B.-C. n'est pas reprise en tant que telle, mais
que, en vertu de l'article 1600, s'agissant d'une obligation

portant sur une somme d'argent, les dommages-intérêts moratoires courent à compter de la demeure; cet article 1600 ne nous
dit pas, cependant, que la demande d'intérêts contre l'un des
codébiteurs solidaires fait courir contre tous les intérêts moratoires. Aussi, sommes-nous enclin à croire que le droit nouveau
s'éloigne, sur ce point, du droit antérieur, compte tenu de ce que
la règle édictée à l'article 1599 se limite à la demande extrajudiciaire et ne s'applique donc ni à la demeure constituée par
les termes mêmes du contrat, ni à la demeure constituée par une
demande en justice, ni à la demeure par le le seul effet de la loi,
et compte tenu de ce qui va être dit sur l'article 1527. L'article
1599, alinéa 1, semble signifier seulement qu'un codébiteur
solidaire ne peut se prévaloir du défaut d'avoir été mis personnellement en demeure par demande extrajudiciaire pour refuser
d'exécuter lorsque le créancier s'adresse à lui pour exécution,
après avoir mis en demeure l'un quelconque des autres codébiteurs qui n'exécute pas ou exécute en partie seulement.

— Si la chose qui fait l'objet de la prestation périt après la mise
en demeure, ou même avant celle-ci par la faute de l'un des
codébiteurs, chacun d'eux est responsable de la valeur de la
chose; mais seul celui qui a commis la faute ou ceux qui étaient
en demeure sont tenus des dommages-intérêts qui pourraient
s'ajouter à la valeur de la chose: cette règle édictée à l'article
1527 ne fait que reprendre, sous une formulation quelque peu
différente, la règle édictée à l'article 1109 C.c.B.-C; cette disposition est, bel et bien, une application du principe ancien
voulant que l'idée de représentation ait pour effet de conserver
la dette, mais non point de l'aggraver. On observera, néanmoins, qu'une application littérale des articles 1599, alinéa 1, et
1527, alinéa 2, conduirait à anéantir le principe énoncé: en
effet, dès lors que l'un des codébiteurs est mis en demeure par
une demande extrajudiciaire, tous les autres sont aussi constitués en demeure; aussi, le créancier pourrait-il réclamer les
dommages-intérêts additionnels (ceux qui s'ajoutent à la valeur
de la chose ou de la prestation) à l'un quelconque des codébiteurs, même s'il n'y a pas eu de mise en demeure personnelle,
ce qui aggraverait donc la situation de ces derniers. Autant dire,
alors, que l'article 1527 serait ineffectif sur ce point. Ainsi,
relève-t-on une certaine contradiction qui n'est d'ailleurs pas

nouvelle, puisque le droit antérieur était au même effet, mais qui met en lumière les limites de l'idée de représentation.

L'article 1527, alinéa 2, nous paraît donc devoir être compris comme signifiant que le créancier ne peut réclamer des dommages additionnels qu'à celui ou à ceux des débiteurs qui avaient été *personnellement* constitués en demeure par demande extrajudiciaire au moment où l'exécution en nature devient impossible: n'ayant pas répondu à temps à la demande qui leur était faite, ils sont considérés comme fautifs et doivent être tenus responsables de l'entier préjudice.

Ne doit-on pas dire, alors, que le créancier a avantage à mettre en demeure ou à assigner tous les débiteurs solidaires ou que le débiteur solidaire poursuivi par le créancier a avantage à mettre en cause ses codébiteurs solidaires ou les forcer à intervenir, ce qui réduit dans une certaine mesure, les effets de la solidarité (*cf.* d'ailleurs, l'art. 1529 qui énonce expressément la possibilité pour le débiteur poursuivi d'appeler au procès les autres débiteurs solidaires).

— L'interruption de la prescription à l'égard de l'un des débiteurs solidaires produit ses effets à l'égard des autres (art. 2900, qui reprend les art. 1110 et 2231 C.c.B.-C.).

134. Effets dans les rapports des codébiteurs entre eux

1- Recours récursoire du débiteur *solvens*

Comme dans le droit antérieur[183], le débiteur qui a exécuté l'obligation va pouvoir récupérer la part due par ses codébiteurs, mais devra diviser son recours contre chacun d'eux; bien que le paiement de la dette à laquelle il était tenu avec d'autres soit un cas de subrogation légale (art. 1656, 3e, qui reprend l'art. 1156, 3e C.c.B.-C.), le *solvens* est certes subrogé dans les droits du créancier, mais il n'est pas subrogé dans la solidarité. (art. 1536 qui reprend les art. 1117 et 1118, al. 1, C.c.B-C.): c'est une des limites apportées, aujourd'hui comme hier, à l'effet translatif de la subrogation.

On notera qu'en principe la répartition de la dette — ou plus précisément la contribution dans le paiement — se fait en parts égales, à moins qu'il n'y ait preuve d'intérêts inégaux, auquel cas la contribution se fait proportionnellement à l'intérêt de chacun dans la dette: cette règle est valable dans tous les cas de subrogation, y compris celui que prévoit l'article 1526 (art. 1537, al. 1). La disposition qui exprime la règle est nouvelle, mais elle est conforme au droit antérieur.

Il se peut, cependant, que le débiteur *solvens* se heurte à l'insolvabilité de l'un ou de plusieurs de ses codébiteurs: en ce cas, comme dans le droit antérieur, la part de l'insolvable se répartit par contribution entre tous les codébiteurs solidaires qui sont solvables (art. 1538, al. 1, qui reprend l'art. 1118, al. 2, C.c.B-C.).

Se pose, alors, le problème de savoir qui assumera la part du codébiteur insolvable lorsque l'un des codébiteurs bénéficie d'une remise de dette ou d'une remise de solidarité.

2- Cas de remise de solidarité.

D'abord, s'agissant d'une remise totale de solidarité, qui vaut à l'égard de tous, l'obligation qui était solidaire, devient conjointe. Mais, s'agissant d'une remise partielle, c'est-à-dire à l'égard seulement de l'un des codébiteurs, seul celui-ci en profite (art. 1532 qui reprend l'art. 1114 C.c.B.-C.), ce qui a pour conséquence d'éviter à ce bénéficiaire d'avoir à supporter l'insolvabilité de l'un quelconque des autres codébiteurs: c'est le créancier qui supportera la part contributive du débiteur à qui il a consenti la remise (art. 1538, qui reprend les art. 1118, al. 2 et 1119 C.c.B.-C.).

On notera que le nouveau Code reprend les précisions que l'on trouvait dans le Code civil du Bas-Canada, quant aux cas de remise de solidarité consentie tacitement: l'article 1533 reprend l'article 1115, alinéas 1 et 2 C.c.B.-C. L'article 1534 reprend l'article 1116 C.c.B-C, en exigeant cependant — ce qui est nouveau — que la réception faite par le créancier de la part du débiteur dans les arrérages ou les intérêts échus de la dette, s'accompagne désormais, pour valoir remise tacite de solidarité, d'une quittance expresse pour la part du débiteur: ainsi veut-on qu'apparaisse clairement l'intention du créancier; en outre, le délai de 10 ans — prévu auparavant — permettant de présumer l'intention du créancier de consentir une remise de solidarité est désormais réduit à 3 ans, délai compatible avec les nouveaux délais de prescription. L'article 1535, enfin, reprend l'article 1115, alinéa 3, C.c.B.-C.

3- Cas de remise de dette

La question se posait de savoir, dans le droit antérieur, si la remise de dette consentie à l'un des codébiteurs solidaires, entraînait automatiquement ou non la remise de solidarité, afin de déterminer qui, du débiteur bénéficiant de la remise de dette ou du créancier l'accordant, assumerait la part contributive d'un codébiteur solidaire insolvable[184]. L'article 1690 y répond en faisant supporter par le créancier cette part contributive: en effet, on retrouve, dans cette disposition relative à la remise de dette, la formulation même de l'article 1119 C.c.B.-C., relative à la remise de solidarité. C'est dire clairement que désormais la remise de dette implique nécessairement la remise de solidarité ce qui, selon nous, constitue un changement par rapport au droit antérieur; ce qui ne signifie pas cependant que la remise de solidarité implique nécessairement la remise de dette: la remise de solidarité consiste seulement à renoncer à un recours solidaire, mais non point à effacer une dette.

4- Moyens de défense du codébiteur poursuivi en remboursement par le débiteur *solvens*

Le Code ancien n'énonçait, à cet égard, aucune disposition précise, bien que la règle se déduisait de l'article 1112 C.c.B.-C. L'article 1539 énonce que «le débiteur solidaire poursuivi en remboursement par celui du débiteur qui a exécuté l'obligation peut soulever les moyens communs que ce dernier n'a pas opposés au créancier; il peut aussi opposer les moyens qui lui sont personnels, mais non ceux qui sont purement personnels à l'un ou à plusieurs des autres codébiteurs»; le texte est ainsi conforme à la solution du droit antérieur: le débiteur *solvens* n'ayant, à l'égard des codébiteurs, pas plus de droits que n'en avait le créancier, il peut se voir opposer, par le codébiteur qu'il poursuit en remboursement, tous les moyens que celui-ci aurait pu opposer au créancier originaire[185].

5- Cas des codébiteurs-cautions

Il peut arriver que l'obligation solidaire ait été contractée dans l'intérêt exclusif de l'un des débiteurs ou résulte de la faute d'un seul des codébiteurs: Seul celui-ci est alors tenu de toute la dette envers ses codébiteurs qui doivent être considérés, par rapport à lui, comme ses cautions (art. 1537, al. 2, qui reprend l'art. 1120 C.c.B.-C.)[186].

135. Solidarité et indivisibilité On notera enfin que, comme dans le droit antérieur, l'obligation d'un débiteur solidaire se divise de plein droit entre ses héritiers, à moins qu'elle ne soit indivisible (art. 1540, qui s'inspire de l'art. 1122 C.c.B.-C.), ce qui confirme la règle selon laquelle la solidarité n'implique pas nécessairement l'indivisibilité (art. 1521, qui reprend l'art. 1125 C.c.B.-C.)[187].

Par. 2 - De l'obligation à plusieurs objets

Outre l'obligation conjonctive qui est celle impliquant, pour la libération de son débiteur, l'exécution cumulative de plusieurs prestations (par exemple, obligation du vendeur de livrer et de garantir) et qui ne fait pas l'objet de disposition particulière, on distingue l'obligation alternative et l'obligation facultative.

136. Obligation alternative: *statu quo* Les articles 1545 à 1551 reprennent la substance des articles 1093 à 1099 C.c.B.-C., même si la formulation en est différente[188].

On notera, cependant, une définition plus précise de l'obligation alternative conforme aux enseignements de la doctrine et de la jurisprudence: «l'obligation est alternative lorsqu'elle a pour objet deux prestations principales et que l'exécution d'une seule libère le débiteur pour le tout» (art. 1545, al. 1 qui reprend partie de l'art. 1093 C.c.B.-C.): c'est précisément l'existence de deux prestations *principales* qui distingue l'obligation alternative de l'obligation facultative (art. 1552).

L'alinéa 2 de l'article 1545 reprend la substance de l'article 1095 C.c.B.-C., en énonçant que l'obligation n'est pas alternative si, au moment où elle est née, l'une des prestations ne pouvait être l'objet de l'obligation; la disposition nouvelle corrige l'ancienne, en ce sens que, dans un tel cas, la prestation qui subsiste n'est pas nécessairement «pure et simple»: elle pourrait être, en effet, assortie d'une modalité, tel un terme.

L'alinéa 1 de l'article 1546 reprend l'article 1094 C.c.B.-C., mais le second alinéa est de droit nouveau: il règle le cas où la personne qui a le choix de la prestation (le débiteur ou le créancier s'il en est ainsi prévu) fait défaut, après mise en demeure, d'exercer son choix: le choix revient alors à l'autre.

L'article 1547 reprend l'article 1093, in fine C.c.B.-C., application du principe énoncé à l'article 1561, qui reprend les articles 1148 et 1149, al. 1, C.c.B.-C.

L'article 1548 reprend l'article 1096 C.c.B.-C. et l'article 1549 reprend l'article 1097 C.c.B.-C. Les articles 1550 et 1551 reprennent, enfin, respectivement les articles 1098 et 1099 C.c.B.-C.

137. Obligation facultative: statu quo Le Code civil du Bas-Canada ne contenait aucune disposition sur l'obligation facultative. L'article 1552 se borne à la définir dans son premier alinéa: elle a pour objet une seule prestation principale dont le débiteur peut néanmoins se libérer en exécutant une autre prestation qui, elle, est accessoire, contrairement à l'obligation alternative qui a pour objet deux prestations principales, dont l'exécution de l'une d'elles libère le débiteur. Le second alinéa énonce une conséquence évidente: si la prestation principale devient impossible à exécuter sans la faute du débiteur, celui-ci est libéré: disparue l'obligation principale, disparue l'obligation accessoire! Le droit antérieur est totalement maintenu[189].

Chapitre VI - De l'exécution de l'obligation

Section 1 — Du paiement

138. Maintien global du droit antérieur Le Code nouveau maintient globalement le droit antérieur en la matière et, outre une formulation ou un vocabulaire parfois nouveaux, n'apporte que quelques modifications de détail: «L'on s'est efforcé de reprendre d'une manière plus claire et plus synthétique l'ensemble des règles antérieures relatives au paiement; les quelques modifications apportées ont été dictées par l'évolution de la pratique en ce domaine et par les analyses jurisprudentielles. Des dispositions viennent ainsi moderniser les moyens de paiement ou édicter les principaux droits du débiteur qui paie. Les règles relatives à l'imputation des paiements sont simplifiées et celles des offres et de la consignation sont davantage précisées pour s'accorder à la pratique courante, de façon à en actualiser le mécanisme»[190].

139. Paiement et exécution Le Code civil du Bas-Canada traitait du paiement dans les articles 1139 et suivants C.c.B.-C., au chapitre de l'extinction des obligations, où se trouvaient également la subrogation, la novation, la remise de dette, la compensation, la confusion, etc.

S'il est vrai que le fait, pour un débiteur, de payer sa dette a pour conséquence d'éteindre celle-ci et que le paiement est donc un mode d'extinction, il est tout aussi réaliste de traiter du paiement dans le cadre de l'exécution de l'obligation, puisque «payer sa dette» signifie «exécuter son obligation» (art. 1553 qui reprend l'art. 1139 C.c.B.-C.).

Est-il aussi besoin de rappeler que tout paiement suppose, une obligation et que ce qui a été payé sans qu'il existe une obligation, est sujet à répétition[191]: l'article 1553, alinéa 1, reprend l'article 1140, alinéa 1 C.c.B.-C. Quant à l'obligation naturelle, son existence est confirmée dans l'alinéa 2 de ce même article 1553, qui reproduit l'alinéa 2 de l'article 1140 C.c.B.-C.: «La répétition n'est cependant pas admise à l'égard des obligations naturelles qui ont été volontairement acquittées»[192].

Aussi, dans ce chapitre sixième, consacré à l'exécution, est-il d'abord traité du paiement (sec. 1); viennent ensuite les règles nécessaires à la mise en œuvre du droit à l'exécution de l'obligation (sec. 2).

140. Exécution de bonne foi Est-il encore besoin de rappeler le rôle de la notion de bonne foi «tant au moment de la naissance de l'obligation qu'à celui de son exécution ou de son extinction» (art. 1375)! S'il n'y a en cela rien de nouveau, on ne peut manquer de remarquer l'insistance du législateur sur le rôle de la morale dans le contrat (*cf.* art. 6 et art. 7)[193].

Par. 1 - Du paiement en général

Sous-par. 1 - Les parties au paiement[194]

141. Personnes pouvant faire un paiement Généralement c'est le débiteur qui paie, qui exécute son obligation, ou celui qui le représente ou encore celui avec qui ou pour qui il est obligé; mais ce peut être aussi un tiers, pourvu que ce soit pour l'avantage du débiteur et non dans le seul but de changer de créancier; cependant, le créancier peut s'opposer au paiement par un tiers, lorsqu'il a intérêt à ce que le débiteur exécute lui-même: par exemple, une obligation contractée *intuitu personae*. Ce tiers ne peut non plus forcer le créancier à ce que celui-ci le subroge dans ses droits (art. 1155, qui reprend les art. 1141 et 1142 C.c.B.-C.).

Pour que le paiement effectué par l'une de ces personnes soit valable, encore faut-il qu'elle ait la capacité juridique de le faire et qu'elle ait, sur ce qui fait l'objet du paiement, un droit qui l'autorise à le donner en paiement: pour faire une dation en paiement, encore faut-il avoir un droit de propriété sur la chose transférée! Dans l'hypothèse cependant où l'objet du paiement effectué par une personne non autorisée à le faire consisterait en une somme d'argent ou une autre chose qui se consomme par l'usage, et que le créancier l'a consommée de bonne foi, la restitution ne peut être obtenue (art. 1556 qui reprend l'art. 1143 C.c.B.-C.): le créancier de bonne foi demeure ainsi protégé.

142. Personnes pouvant recevoir un paiement Généralement, c'est le créancier qui reçoit le paiement, ou une personne autorisée à recevoir pour lui: par exemple, tuteur, mandataire, administrateur du bien d'autrui. À défaut de payer le vrai créancier, le *solvens* court un risque: qui paie mal, paie deux fois (art. 1557, al. 1, qui reprend l'art. 1144, al. 1, C.c.B.-C.).

Toutefois, il est des cas où le paiement reçu par une personne non autorisée sera néanmoins valable: c'est le cas où le créancier le ratifie; à défaut de cette ratification, le paiement vaudra dans la mesure seulement où le créancier en aura profité (art. 1557, al. 2, qui reprend l'art. 1144, al. 2, C.c.B.-C.).

On notera un autre cas où le paiement sera valable bien qu'il soit établi par la suite que l'*accipiens* n'était pas le véritable créancier: c'est l'hypothèse du paiement fait de bonne foi au créancier apparent (art. 1159 qui reprend l'art. 1145 C.c.B.-C., dans une formulation certes différente, mais correspondante à l'interprétation donnée de cet article par la doctrine et la jurisprudence).

Quant au paiement fait à un créancier qui n'avait pas la capacité de le recevoir, tel un mineur, il vaut seulement dans la mesure où cet incapable en a profité (art. 1558, qui reprend l'art. 1146

C.c.B.-C., sans préciser toutefois que le fardeau de la preuve du profit retiré repose sur le débiteur, puisqu'il s'agit, là, de la règle normale de preuve).

On mentionnera, enfin, l'article 1560 qui reprend l'article 1147 C.c.B.-C., relativement aux effets d'un paiement effectué par un débiteur à son créancier, à l'encontre des droits d'un créancier saisissant.

Sous-par. 2 - Les conditions du paiement[195]

143. Objet du paiement Pour se libérer, le débiteur doit payer ce qu'il doit et plus précisément tout ce qu'il doit.

Si la prestation consiste à faire ou à ne pas faire telle chose, le débiteur doit accomplir le fait promis ou s'en abstenir; si elle consiste à livrer telle chose, c'est cette chose précise et telle que prévue qui doit être livrée et le créancier ne peut être contraint de recevoir une chose autre, même si elle est d'une plus grande valeur: l'article 1561, alinéa 1, reprend l'article 1148 C.c.B.-C.

Si l'objet de la prestation est une chose de genre dont la qualité n'a pas été déterminée— bien qui n'est déterminé que par son espèce —, le débiteur n'est alors «pas tenu de la donner de la meilleure qualité, mais il ne peut l'offrir de la plus mauvaise»: on observe que l'article 1563, énonçant cette règle, diffère de l'article 1151 C.c.B.-C. correspondant, en vertu duquel la chose devait, en pareil cas, «être de qualité marchande». Le maintien de cette règle n'a pas paru souhaitable, la pertinence du critère objectif — qualité marchande d'après les usages commerciaux — ne répondant pas nécessairement aux attentes légitimes du créancier: on peut craindre, en effet, que le débiteur prétende se libérer en livrant une chose à peine meilleure que... la plus mauvaise, tout en étant de «qualité marchande» et ne correspondant aucunement à ce qu'attendait le créancier[196].

De même, le créancier peut exiger de recevoir *tout* ce qui lui est dû: il ne peut être contraint de recevoir un paiement partiel, le paiement étant indivisible. Ainsi, l'article 1561, alinéa 2, reprend le principe énoncé à l'article 1149, alinéa 1, C.c.B.-C.; cependant, le législateur apporte ici un élément nouveau. Il tempère en effet la règle de l'indivisibilité du paiement, dans la mesure où le créancier est désormais contraint de recevoir un paiement partiel lorsqu'il y a litige seulement sur une partie de la dette; en ce cas, si le débiteur offre de payer la partie de la dette qui n'est point litigieuse, le créancier ne peut refuser de la recevoir, tout en conservant son droit de réclamer l'autre partie de l'obligation: «Ce tempérament, qui s'inspire de l'article 1861 du Code civil louisianais, a paru conforme à la bonne foi qui doit présider aux relations des parties dans l'exécution de leurs engagements et vise à éviter aux parties un préjudice inutile auquel pourrait conduire l'application stricte de la règle de l'indivisibilité du paiement»[197].

Lorsque la prestation porte sur une somme d'argent, le paiement s'effectue par le versement au créancier «de la somme nominale prévue, en monnaie ayant cours légal lors du paiement»: c'est le principe reconnu du nominalisme monétaire, impliquant que les fluctuations de la valeur de la monnaie demeurent sans influence sur la dette du débiteur; c'est le créancier qui subit le risque de la dévaluation (art. 1564, al. 1, qui n'a pas de correspondant dans le C.c.B.-C., mais qui codifie le droit antérieur). Toutefois, le second alinéa de l'article 1564, de droit nouveau, consacre sur le plan législatif certaines pratiques, en donnant valeur libératoire à certains modes de paiement courant: le mandat postal, le chèque certifié par un établissement financier exerçant son activité au Québec, ou autre effet de paiement offrant les mêmes garanties au créancier, tel la traite bancaire ou le mandat personnel bancaire; ce peuvent être aussi les opérations effectuées par carte de crédit ou virement de fonds, si les installations du créancier lui permettent d'accepter ce mode de paiement.

On remarquera que le législateur a éprouvé le besoin d'ajouter, dans le cadre du paiement en général, une disposition que l'on trouvait aux articles 1785 et 1786 C.c.B.-C., en matière de prêt à intérêt: «Les intérêts se paient au taux convenu ou, à défaut, au taux légal» (art. 1565). Cet article qui généralise la règle sur le prêt à intérêt, permet d'éviter à avoir à la répéter à chacune des occasions où des intérêts doivent être versés.

144. Moment, lieu et frais du paiement Aucune disposition ne dit quel est le moment de l'exécution de l'obligation, mais il va de soi qu'il est celui qui est fixé par les parties, soit immédiat, soit à tel moment futur et certain, déterminé ou indéterminé (art. 1508 et ss)[198].

Le lieu de l'exécution est celui qui est désigné expressément ou implicitement par les parties; à défaut, c'est celui du domicile du débiteur, sauf si ce qui est dû est un bien individualisé: en ce cas, le paiement se fait au lieu où le bien se trouvait lors de la formation de l'obligation (art. 1566, qui reprend l'art. 1152 C.c.B.-C.).

Quant aux frais du paiement, ils sont à la charge du débiteur, ce qui permet au créancier de recevoir tout ce qui lui est dû (art. 1567 qui reproduit l'art. 1153 C.c.B.-C.).

On remarquera, enfin, une disposition nouvelle, qui reconnaît expressément au débiteur qui paie, le droit d'obtenir du créancier une quittance, c'est-à-dire un document attestant qu'il a payé et qu'en conséquence il est libéré et, le cas échéant, le droit d'obtenir la remise du titre original qui constate l'obligation (art. 1568 qui s'inspire de l'art. 101 L.P.C.).

Par. 2 - De l'imputation des paiements

145. Maintien du droit antérieur Les règles sur l'imputation des paiements, qui étaient énoncées aux articles 1158 à 1161 C.c.B.-C. se retrouvent totalement, bien que sous une formulation simplifiée, aux articles 1569 à 1572[199].

Par. 3 - Des offres réelles et de la consignation

146. Obstacles au paiement Il arrive parfois que le créancier refuse de recevoir le paiement de ce qui lui est dû, pour diverses raisons, ou que le débiteur ne parvienne à trouver son créancier. Or, le débiteur a, le plus souvent, avantage à se sortir de sa situation de débiteur et s'il a le devoir de payer à l'échéance, il est également permis de dire qu'il a le droit de se libérer: d'où l'existence du procédé d'«offres et consignations» que l'on trouvait aux articles 1162 à 1168 C.c.B.-C., auxquels s'ajoutaient les dispositions du Code de procédure civile (art. 187 et ss. C.p.c.).

Le nouveau Code reprend toutes ces règles, notamment certaines de celles qui se trouvaient au Code de procédure civile —

s'agissant moins de règles de forme que de règles de fond —
ainsi que certaines règles tirées de la Loi sur les dépôts et consignations (L.R.Q., chap. D-5): le droit antérieur est ainsi précisé,
en s'accordant à la pratique courante, afin d'actualiser le mécanisme de ces moyens qui sont mis à la disposition du débiteur
pour lever les obstacles au paiement.

Sous-par. 1 Moyens mis à la disposition du débiteur

147. Offres réelles et consignation Des offres réelles peuvent
être faites, par le débiteur, au créancier qui refuse ou qui
néglige de recevoir le paiement: l'alinéa 1 de l'article 1573
reprend la première phrase de l'article 1162 C.c.B.-C, en ajoutant toutefois un cas de refus qui n'y était pas prévu, le cas
d'abstention du créancier par négligence.

Ces offres réelles «consistent à mettre à la disposition du créancier le bien qui est dû, aux temps et lieu où le paiement doit être
fait. Elles doivent comprendre, outre le bien dû et les intérêts ou
arrérages qu'il a produits, une somme raisonnable destinée à
couvrir les frais non liquidés dus par le débiteur, sauf à les
parfaire»: cet article 1573, alinéa 2, reprend l'article 1163
C.c.B.-C. (3e et 7e), en le débarrassant des règles qui y sont
énoncées alors qu'elles sont de droit commun (règles sur la
capacité, sur le terme ou la condition).

Quant à la consignation, elle consiste «dans le dépôt, par le
débiteur, de la somme d'argent ou de la valeur mobilière qu'il
doit, au Bureau général des dépôts pour le Québec ou auprès
d'une société de fiducie ou, encore, si le dépôt est fait en cours
d'instance, suivant les règles du Code de procédure civile»: on
constate que ce premier alinéa de l'article 1583 qui reprend
l'article 1162, alinéa 2 C.c.B.-C permet la consignation non
seulement de sommes d'argent, mais aussi de valeurs mobilières. En outre, le Bureau général de dépôts n'est plus le seul
endroit où les valeurs peuvent être consignées: s'y ajoutent les
sociétés de fiducie; pour la consignation faite en cours d'instance, on renvoie aux articles 189 et 189.1 C.p.c.

Le second alinéa de l'article 1583 énonce les principales hypothèses dans lesquelles il peut y avoir lieu à consignation: cas de
refus par le créancier de recevoir ce qui lui est dû, cas où la
créance est l'objet d'un litige entre plusieurs personnes, ou

encore obstacle au paiement, résultant de l'impossibilité de trouver le créancier au lieu où le paiement doit être fait. Ce sont, là, les hypothèses qui étaient prévues par l'article 1162 C.c.B.-C et les articles 17 et 19 de la Loi sur les dépôts et consignations.

148. Forme et contenu L'article 1575 introduit au nouveau Code civil des règles qui se trouvaient à l'article 187 (1ère phrase), 189 (al. 1) et 188 C.c.p. et dont la nécessité à cette place se faisait sentir: les offres réelles peuvent être constatées, en dehors d'une instance, d'abord par acte notarié en minute ou sous seing privé ou verbalement (en devant, cependant, en ces deux derniers cas, en rapporter la preuve), ou elles peuvent l'être encore, en cours d'instance, dans des pièces de procédures ou directement au Tribunal. Dans le cas d'offres constatées par acte notarié, le notaire doit y mentionner la réponse du créancier et, en cas de refus, les motifs donnés par le créancier.

L'article 1579 énonce ce que doivent contenir les offres réelles (ainsi que les avis qui, on le verra, en tiennent lieu): la nature de la dette, le titre qui la crée, le nom du créancier ou des personnes qui doivent recevoir le paiement, la description du bien offert et, s'il s'agit d'espèces, l'énumération et la qualité; cet article reprend l'article 17 de la Loi sur les dépôts et consignations et la dernière partie de l'article 187 C.p.c., en étendant leur application aux valeurs mobilières, comme on l'a déjà dit.

149. Procédure des offres réelles ayant pour objet une somme d'argent ou une valeur mobilière Lorsque l'obligation porte une somme d'argent, les offres réelles peuvent être faites, certes, en monnaie ayant cours légal au moment du paiement, mais aussi «au moyen d'un chèque établi à l'ordre du créancier et certifié par un établissement financier exerçant son activité au Québec»; c'est dire que sont désormais acceptables non seulement les chèques certifiés par une banque, mais encore ceux qui le sont par tout autre établissement financier, par exemple les caisses populaires: c'est le seul ajout que l'article 1574, alinéa 1, apporte à l'article 1163, 4e C.c.B.C.

En revanche, l'alinéa 2 de l'article 1574 est de droit nouveau: il peut être difficile, parfois, de réunir les sommes en question dans le seul but de les consigner, puisque, on va le dire, les offres réelles doivent parfois être complétées par la consignation et que la consignation produit, de toutes façons, des effets non négligeables. Aussi, les offres réelles peuvent être faites «par la présentation d'un engagement irrévocable, inconditionnel et à durée déterminée, pris par un établissement financier exerçant son activité au Québec, de verser au créancier la somme qui fait l'objet des offres si ce dernier les accepte ou si le Tribunal les déclare valables». Cette possibilité permet donc d'éviter de bloquer des liquidités, mais il n'est pas impossible que les établissements financiers «se fassent tirer l'oreille» pour consentir à un tel engagement, à moins évidemment qu'ils n'obtiennent du débiteur de sérieuses garanties[200].

Lorsque les offres réelles sont faites par déclaration judiciaire, le débiteur doit aussi procéder à la consignation de la somme d'argent suivant les règles du Code de procédure civile, et, plus particulièrement les articles 189 et 189.1, C.p.c.: l'article 1576 ne fait ici que rappeler l'article 189, al. 2, C.p.c., mais cette règle qui s'appliquait aux offres ayant pour objet une somme d'argent s'applique également désormais aux offres ayant pour objet une valeur mobilière.

Il est un cas où un avis écrit peut tenir lieu d'offres réelles: c'est le cas où le bien dû est une somme d'argent ou une valeur mobilière, le créancier refusant ou négligeant de recevoir ce paiement; l'avis écrit de la consignation de la somme ou de la valeur, donné par le débiteur au créancier, a le même effet que des offres réelles: l'article 1578 qui énonce cette règle, s'inspire en partie de l'article 17 de la Loi sur les dépôts et consignation, lequel considère que le dépôt d'une somme d'argent au bureau du Ministre des finances, signifie offre de paiement.

150. Procédure des offres réelles, en fonction du lieu prévu du paiement Lorsque le bien doit être payé ou livré au domicile du débiteur ou au lieu où il se trouve déjà, il est malaisé de le présenter matériellement au créancier pour le mettre à sa disposition; aussi l'article 1577, alinéa 1 — reprenant la substance de l'article 1164 et de l'article 1165, alinéas 1 et 2 C.c.B.C. — prévoit-il que «l'avis écrit donné par le débiteur au créancier qu'il est prêt à y exécuter l'obligation tient lieu d'offres réelles»: le bien, argent ou autres choses, est ainsi mis à la disposition du créancier afin qu'il vienne le quérir sans obstacle.

Lorsque, en revanche, le bien n'est pas déjà au lieu où il doit être payé ou livré, qu'il doit l'être ailleurs qu'au domicile du débiteur et qu'il est, en outre, difficile à déplacer ou transporter, le débiteur peut alors, dans la mesure toutefois où il a de justes raisons de croire que le créancier en refusera le paiement, requérir ce dernier, par écrit, de lui faire connaître sa volonté de recevoir le bien; on veut, en effet, éviter des manipulations ou déplacements inutiles: si le créancier ne fait pas savoir en temps utile ce qu'il entend faire, «le débiteur est dispensé de transporter le bien au lieu où il doit être payé ou livré et son avis tient lieu d'offres réelles». On constate que cette règle énoncée à l'alinéa second de l'article 1577 vise la situation prévue aux deuxième et troisième alinéas de l'article 1165 C.c.B.-C., mais que la solution apportée par le nouveau Code diffère de celle du droit antérieur, puisque désormais le débiteur peut savoir à quoi s'en tenir quant à la position du créancier.

Sous-par. 2 - Effets de ces moyens

151. Demeure de plein droit et ses conséquences Le refus injustifié, de la part du créancier, des offres réelles faites valablement par le débiteur, le refus par lui de donner suite à l'avis qui tient lieu d'offres réelles ou son intention clairement exprimée de refuser les offres que le débiteur pourrait vouloir lui faire, constituent ce créancier en demeure de plein droit de recevoir le paiement. Il est aussi en demeure de plein droit, dès lors qu'il reste introuvable malgré la diligence déployée par le débiteur afin de le trouver (art. 1580). Dans toutes ces hypothèses, le créancier doit être considéré comme se trouvant dans une situation semblable à celle du débiteur qui est mis en demeure d'exécuter son obligation, avec les conséquences précisées aux articles qui suivent. C'est une mesure destinée à protéger le droit qu'a le débiteur de bonne foi de se libérer de ses obligations: cette disposition est de droit nouveau. On notera, en outre, que ce même article 1580 prévoit qu'au cas où le créancier exprime clairement son intention de refuser les offres que le débiteur entend lui faire, ce dernier est dispensé d'y procéder ou de lui donner l'avis qui en tient lieu.

Le créancier étant ainsi en demeure de plein droit de recevoir le paiement, le débiteur peut prendre toutes les mesures nécessaires ou utiles à la conservation du bien qu'il doit et, notamment, le faire entreposer auprès d'un tiers ou lui en confier la garde; il peut même, lorsque le bien est susceptible de dépérir ou de se déprécier rapidement ou qu'il est dispendieux à conserver, le faire vendre et en consigner le prix; l'article 1581 qui énonce ces possibilités s'inspire partiellement de l'article 1165, alinéa 3, C.c.B.-C., en les rendant plus souples et en évitant au débiteur d'avoir à s'adresser au Tribunal: on notera le parallélisme de cette règle avec celles qui attribuent des droits similaires aux personnes qui administrent le bien d'autrui, tels les articles 604, 804, 1305.

Par voie de conséquence (art. 1582), le créancier ainsi en demeure de plein droit assume les frais raisonnables de conservation du bien, de même que les frais de la vente du bien, le cas échéant, et de la consignation du prix qui s'ensuit. Enfin, ce créancier récalcitrant ou introuvable assume également les risques de perte du bien par force majeure: sur ce dernier point, l'article 1582 s'inspire de la dernière partie du troisième alinéa de l'article 1165 C.c.B.-C.

152. Retrait des valeurs consignées Lorsque l'obligation porte sur une somme d'argent ou sur une valeur mobilière et qu'il y a eu consignation, cette somme ou cette valeur peut être retirée par le débiteur, si, toutefois, elle n'a pas été acceptée par le créancier; si donc il y a retrait, il n'y a libération ni du débiteur, ni de ses codébiteurs, ni de ses cautions; l'article 1584 reprend, dans une autre formulation, l'article 1166 C.c.B.-C., mais n'exige l'autorisation du Tribunal que dans le cas d'un retrait effectué en cours d'instance: ici aussi, le recours judiciaire est donc restreint.

En revanche, le retrait devient impossible sans le consentement du créancier, lorsque le Tribunal a déclaré valable la consignation de la somme d'argent ou de la valeur mobilière (art. 1585, al. 1): c'est dire que le retrait est possible avec le consentement du créancier, même si le Tribunal a déclaré valable la consignation, ce qui diffère de l'article 1167 C.c.B.-C. correspondant. Toutefois, ce retrait ne peut porter atteinte aux droits des tiers ni empêcher la libération des codébiteurs ou des cautions du débiteur (art. 1585, al. 2): le retrait relevant d'une entente entre le débiteur et le créancier, en dehors d'un contrôle judiciaire, il importait de s'assurer que les droits des tiers, codébiteurs ou cautions ne puissent être affectés.

153. Paiement, intérêts et frais «Les offres réelles acceptées par le créancier ou déclarées valables par le Tribunal équivalent, quant au débiteur, à un paiement fait au jour des offres ou de l'avis qui en tient lieu, à la condition qu'il ait toujours été disposé à payer depuis ce jour» (art. 1588, qui reprend, sous une autre forme, la fin du premier alinéa de l'article 1162 C.c.B.-C.): c'est l'affirmation du principe de la rétroactivité des offres, dès lors qu'elles ont été acceptées ou déclarées valables, applicable aux offres quelles qu'elles soient, ayant pour objet somme d'argent, valeur mobilière, corps certain; tout se passe comme si l'exécution de l'obligation avait eu lieu au jour des offres réelles, pourvu que le débiteur ait eu la volonté réelle de payer.

Quel est, alors, l'effet de la consignation? On sait que la consignation doit compléter les offres réelles lorsque celles-ci ont pour objet une somme d'argent ou une valeur mobilière (art. 1576); elle n'est pas une condition nécessaire à la démonstration du caractère sérieux des intentions qu'a le débiteur d'exécuter, mais elle produit un effet fort avantageux pour le débiteur: elle «libère le débiteur du paiement des intérêts ou des revenus produits pour l'avenir» (art. 1586, qui reprend l'art. 1162, al. 2, C.c.B.-C. et l'art. 17, al. 2, Loi sur les dépôts et consignation, en l'étendant aux valeurs mobilières). Il est normal qu'il en soit ainsi, puisque le créancier a le droit de retirer les sommes ou valeurs consignées, sans compromettre ses droits pour ce qui lui resterait éventuellement à percevoir: «le débiteur sera tenu des intérêts ou revenus produits par la partie de la somme ou des valeurs qu'il n'aura pas consignées, dans l'hypothèse où l'objet de la consignation s'avèrerait ne représenter qu'une partie de ce qui était réellement dû. Il ne s'agit là que de l'application normale des règles générales relatives au paiement partiel»[201].

Il reste, alors, à régler le sort des intérêts des sommes d'argent ou des revenus des valeurs mobilières, produits pendant la consignation: le principe veut qu'ils appartiennent au créancier: le débiteur étant libéré, par la consignation, du paiement des intérêts ou revenus pour l'avenir (art. 1586), il est logique que les intérêts ou revenus subséquents reviennent au créancier. Cependant, ce principe connaît une exception: «lorsque la consignation est faite afin d'obtenir l'exécution d'une obligation (du créancier), elle-même corrélative à celle qu'entend exécuter le débiteur par la consignation», ces intérêts ou revenus produits pendant la consignation appartiennent alors au débiteur jusqu'à ce que la consignation soit acceptée par le créancier (art. 1587, de droit nouveau). Cette exception vise donc le cas de l'exécution d'obligations résultant d'un contrat synallagmatique; pendant que dure la consignation effectuée par l'un des contractants, l'autre a la possibilité de jouir de la prestation qu'il n'a pas encore exécutée: attribuer au débiteur qui a consigné sa prestation les intérêts ou revenus qu'elle produit, permet de compenser le bénéfice que retire le créancier de l'inexécution de sa propre prestation et risque aussi de le pousser à exécuter, l'équité y trouvant alors son compte.

On notera, enfin, l'article 1589, tiré de l'article 191 C.p.c., qui met à la charge du créancier, non seulement les frais de la consignation, mais aussi les frais des offres réelles, lorsqu'elles sont acceptées ou déclarées valables: le débiteur n'aurait pas eu à engager des frais si le refus du créancier ou sa négligence ne l'y avait forcé.

Section 2 — De la mise en œuvre du droit à l'exécution de l'obligation

154. Énoncé général: inexécution et responsabilité Après avoir envisagé le paiement, c'est-à-dire l'exécution volontaire de l'obligation, il importe d'envisager la situation inverse, celle où le débiteur n'exécute pas volontairement, ce qui revient à envisager l'inexécution de l'obligation ou l'exécution forcée.

Lorsqu'on parle d'«inexécution», sans autre précision, on semble viser aussi bien l'inexécution d'une obligation contractuelle que l'inexécution d'une obligation extracontractuelle. Serait-ce à dire qu'il n'existe qu'une responsabilité, quelle qu'en soit la source? Quand on parle de responsabilité civile, tantôt on vise l'ensemble de la responsabilité, extracontractuelle et contractuelle, tantôt on vise seulement la responsabilité extracontractuelle («délictuelle» ou «quasi délictuelle»). En fait, que signifie «responsabilité contractuelle»?

Dès qu'on utilise le terme «responsabilité», ne suggère-t-on pas que l'inexécution d'un contrat oblige le débiteur à réparer, comme doit le faire l'auteur d'une faute en dehors de tout contrat (l'auteur d'un «délit» ou d'un «quasi délit»), le préjudice causé à autrui, contractant ou tiers? Il y aurait, alors, unité de nature, mais il y aurait aussi dualité de régimes, dans la mesure où le comportement fautif consisterait, dans un cas, à ne pas exécuter l'obligation prévue par le contrat ou, dans l'autre cas, à ne pas respecter l'obligation générale de ne pas nuire à autrui.

Cette idée d'unité se conçoit dès lors que la responsabilité contractuelle a pour objet de *réparer* le préjudice résultant d'une inexécution fautive du contrat. Cependant, on s'éloigne de cette idée si l'on considère que la responsabilité contractuelle a pour objet de compenser par équivalent ou remplacer ce qui n'a pas été exécuté. En revanche, en certains cas, on peut rapprocher ces deux conceptions lorsque la responsabilité contractuelle vise, à la fois, à compenser l'inexécution de la prestation, par exemple l'inexécution d'une obligation de garantie des vices cachés et à réparer le préjudice supplémentaire pouvant résulter de ces vices, telles des blessures corporelles ou autres dommages (*cf.*, art. 1527 C.c.B.-C. ou art. 1728).

Ces questions ne sont pas simples et les réponses peuvent amener à des solutions diverses. S'il n'y a pas unité de nature, on peut alors se demander si l'inexécution d'un contrat doit être fautive ou encore si l'existence d'un préjudice est nécessaire pour que le créancier ait droit à recevoir une prestation équivalente; on peut aussi se demander si ce créancier insatisfait doit se contenter d'obtenir l'équivalent de ce qu'il aurait eu au cas d'exécution (perte éprouvée et gain manqué), ou s'il a droit à la totalité du préjudice qu'il subit, y compris les dommages imprévisibles; les dommages-intérêts auxquels ce créancier a droit, sont-ils le prolongement du contrat, ce qui laisserait survivre les garanties résultant du contrat, ou bien sont-ils une obligation nouvelle découlant de la loi?

Le Code civil du Bas-Canada laissait entendre clairement qu'il n'avait pas voulu consacrer cette unité de nature: les articles 1053 et ss. C.c.B.-C. étaient situés dans un chapitre troisième consacré aux délits et quasi délits, alors que chaque contrat nommé avait ses propres dispositions relatives à l'inexécution des obligations en découlant (par exemple, art. 1526 C.c.B.-C.) et que, dans le chapitre sixième, de l'effet des obligations, on trouvait une section consacrée aux dommages-intérêts résultant de l'inexécution des obligations, qui semblaient s'adresser exclusivement aux obligations contractuelles (art. 1070 et ss. C.c.B.-C.). Pourtant, la tendance dominante allait dans le sens de l'unité conceptuelle, même si l'on reconnaissait une dualité dans les régimes de responsabilité, dualité de régimes que certains critiquent encore vigoureusement et aimeraient voir disparaître complètement: l'arrêt *Wabasso* et ses adeptes vont en ce sens[202].

Dans quel sens va le nouveau Code civil?

Si l'on considère le chapitre troisième intitulé «De la responsabilité civile», on est bien obligé de reconnaître que l'idée d'unité est inscrite dans la loi: devoir général de respecter les règles de conduite (art. 1457) et devoir d'honorer les engagements contractés (art. 1458). De la même façon, dans le chapitre sixième intitulé «De l'exécution de l'obligation», la section I traite «du paiement» (art. 1553 et ss.) et la section II traite «de la mise en œuvre du droit à l'exécution de l'obligation», comprenant aussi bien l'exécution en nature que l'exécution par équivalent, que l'obligation résulte du contrat ou d'un fait juridique.

Si l'unité de nature apparaît donc au premier coup d'œil, sous un seul chapitre «De la responsabilité civile», la dualité des régimes est aussi clairement affichée dans l'article 1458, alinéa 2, qui condamne le principe de l'option des régimes contractuel et extracontractuel, bloquant du même coup la jurisprudence Wabasso, ainsi d'ailleurs que dans certaines dispositions particulières (tels les art 1591, 1604 à 1606, 1613). Toutefois, les différences entre les deux régimes sont nettement atténuées[203].

En s'en tenant ici à ce qu'il est convenu d'appeler la «responsabilité contractuelle» ou l'inexécution d'une obligation contractuelle ou encore l'exécution forcée d'une obligation contractuelle, on envisagera d'abord certaines règles particulières aux obligations contractuelles, puis les droits du créancier sur le patrimoine de son débiteur[204].

Par. 1 - Règles spéciales aux obligations contractuelles

155. Situations envisagées Il s'agit de situations qui se présentent dans le cadre des contrats synallagmatiques qui se caractérisent, on le sait, par la réciprocité des obligations, l'interdépendance des obligations de chacun des contractants faisant que l'inexécution par l'un d'eux de son obligation peut entraîner la disparition de l'obligation corrélative de l'autre.

On peut être, alors, en présence de trois situations:

— Le débiteur qui n'exécute pas ne réussit pas à justifier son inexécution. Le créancier peut alors obtenir la destruction du contrat: c'est la résolution ou, en certains cas, la résiliation; il peut aussi obtenir la réduction de l'obligation.

— Celui des contractants qui demande l'exécution de l'obligation de son cocontractant, alors que lui-même n'a pas exécuté la sienne, peut se voir opposer, par son cocontractant, son propre défaut d'exécution: c'est l'*exceptio non adimpleti contractus* ou exception d'inexécution.

— L'inexécution de son obligation par le débiteur résulte d'un cas de force majeure: l'obligation corrélative de l'autre s'éteint, en principe: c'est la théorie des risques.

Sous-par. 1 - Résolution, résiliation ou réduction[205]

156. Résolution judiciaire Lorsqu'un débiteur n'exécute pas son obligation, quelle qu'en soit la source, le créancier peut demander l'exécution même de l'obligation, dans les cas qui le permettent, peut l'exécuter ou la faire exécuter aux frais du débiteur ou encore peut demander la résolution, sous réserve de son recours en dommages-intérêts dans tous les cas (art. 1590 et 1604 qui reprennent l'art. 1065 C.c.B.-C.).

Le créancier de l'obligation inexécutée a donc le choix de la mesure qu'il entend prendre, et, parmi ces mesures, il a la possibilité de demander au Tribunal de prononcer la résolution du contrat, c'est-à-dire son anéantissement rétroactif qui emporte extinction des obligations nées du contrat. Cette résolution présente des avantages incontestables pour le créancier qui se verra dispensé d'exécuter sa propre obligation ou qui, s'il a déjà exécuté, pourra exiger restitution de sa propre prestation, sans pour autant être mis en concurrence avec les autres créanciers de son cocontractant, tout au moins en principe. C'est l'une des situations privilégiées d'un créancier, comme l'exception d'inexécution, la compensation, etc.

Dans quel contexte la résolution peut-elle être demandée?

Il est évident que le domaine privilégié de la résolution suppose a priori qu'entre créancier et débiteur il y ait des obligations réciproques. Mais certains contrats unilatéraux peuvent faire l'objet d'une résolution: ainsi, en matière de prêt à usage, le prêteur pourrait exiger de l'emprunteur la restitution de la chose prêtée avant le terme ou avant que l'emprunteur ait cessé d'en avoir besoin, lorsqu'il a lui-même un besoin urgent et imprévu ou lorsque l'emprunteur décède ou manque à ses obligations (art. 2319, inspiré de l'art. 1774 C.c.B.-C.): il s'agirait bien là d'une résolution; il est vrai qu'on est ici en présence d'un contrat réel et que si cette qualification avait disparu, il s'agirait d'un contrat synallagmatique.

En revanche, certains contrats synallagmatiques ne peuvent faire l'objet d'une résolution; ainsi, «le seul défaut du paiement des redevances (du contrat de rente) n'est pas une cause qui permette au crédirentier d'exiger la remise du capital aliéné pour constituer la rente...» (art. 2386, qui reprend l'art. 1907 C.c.B.-C.). De même, en matière de vente immobilière, le vendeur d'un bien immeuble ne peut demander la résolution pour défaut, de la part de l'acheteur, d'exécuter l'une de ses obligations, que s'il l'a stipulée de façon spéciale (art. 1742 qui reprend l'art. 1536 C.c.B.-C., en l'étendant à l'inexécution de toute obligation).

Quelles sont, alors, les conditions de la résolution?

En vertu de l'article 1065 C.c.B.-C., la résolution était possible lorsqu'il y avait «contravention» de la part du débiteur. L'article 1590, alinéa 2, nous paraît extrêmement clair à cet égard: «Lorsque le débiteur, *sans justification*, n'exécute pas son obligation et qu'il est *en demeure*...»; c'est bien dire qu'il n'y a lieu à résolution que dans le cas où l'inexécution est injustifiée (faute prouvée par le créancier si l'obligation est de moyen, force majeure non prouvée par le débiteur si l'obligation est de résultat). On notera que, dans l'hypothèse où l'inexécution est justifiée, notamment par la preuve de la force majeure, il n'y aura pas lieu à la résolution, mais s'appliquera, alors, la théorie des risques.

Pour que la résolution soit prononcée, encore faut-il que l'inexécution soit suffisamment grave. C'est évidemment le cas lorsque l'inexécution est totale; mais il est des cas où l'inexécution partielle pourrait, elle aussi, donner lieu à la résolution, tantôt lorsqu'une partie du prix seulement est payée ou qu'une partie des fournitures est livrée ou lorsque l'exécution est défectueuse ou encore lorsqu'elle est tardive: Sans aucun doute, certes, en ces cas, si la chose est possible, le créancier insatisfait pourra demander l'exécution en nature ou l'exécution par équivalent — dommages-intérêts —, mais il pourrait aussi choisir de demander la résolution si l'inexécution lui fait subir un préjudice suffisamment grave pour l'assimiler à une inexécution totale, l'appréciation en étant laissée au Tribunal. Le droit antérieur était également à cet effet, malgré l'absence d'un texte formel.

On observera que l'article 1065 C.c.B.-C. indiquait clairement que le créancier insatisfait pouvait choisir de «*demander*» la résolution: c'était bien dire que l'intervention du Tribunal était nécessaire; ne parlait-on pas, d'ailleurs, de résolution judiciaire? Bien que dit moins catégoriquement dans le nouveau Code, l'article 1590 est au même effet: «... le créancier peut... *obtenir*... la résolution»; en outre, l'article 1605 fait état des cas où la résolution «peut avoir lieu sans poursuite judiciaire»: cela signifie effectivement que, dans les autres cas, la résolution doit être demandée. Ce n'est pas étonnant, si l'on considère que la résolution est l'une des mesures qui sanctionnent la responsabilité contractuelle: il faut, en effet, rappeler que, si le créancier a le choix de la mesure à prendre, il est également vrai que le Tribunal a, lui aussi, le choix de ne pas prononcer la résolution lorsque l'inexécution n'est pas fautive ou lorsqu'elle n'est pas assimilable à une inexécution totale; en ce cas, le Tribunal refusera la résolution et accordera, à la place, des dommages-intérêts. L'article 1604, alinéa 2, consacre de façon formelle cette solution que connaissait le droit antérieur: «Cependant, il n'y a pas droit (à la résolution), malgré toute stipulation contraire, lorsque le défaut du débiteur est de peu d'importance...».

Ce qui est nouveau est, d'une part, le caractère impératif de cette règle qui refuse la résolution, malgré toute convention au contraire, à l'inexécution de peu d'importance, ainsi d'ailleurs que la précision apportée relativement à l'inexécution d'une obligation à exécution successive ou périodique: lorsque le défaut d'exécuter celle-ci a un caractère répétitif, l'anéantissement du contrat est possible (par exemple, locateur qui, périodiquement, de façon répétitive, néglige de remplir son obligation de procurer la jouissance paisible de la chose louée; ainsi évite-t-on au créancier la multiplication des recours en dommages-intérêts.

D'autre part, disposition de droit nouveau, le créancier qui n'obtient pas entièrement satisfaction «a droit, alors à la réduction proportionnelle de son obligation corrélative» (art. 1604, al. 2, in fine), réduction qui s'apprécie «en tenant compte de toutes les circonstances appropriées », à défaut de quoi, le créancier n'aura droit qu'à des dommages-intérêts (art. 1604, al. 3): cette mesure a été jugée utile en certains cas, notamment lorsque le créancier a quelques raisons de craindre des difficultés de perception des dommages-intérêts, pouvoir de révision accordé déjà au Tribunal, de façon ponctuelle, prévu en matière de nullité de contrat (art. 1407) ou de clauses abusives (art. 1437)[206]. Il est clair, cependant, que le Tribunal doit ici se montrer particulièrement prudent, afin de ne pas détruire l'équilibre du contrat; s'il ne peut en être ainsi, le créancier insatisfait obtiendra une réparation par équivalent, c'est-à-dire des dommages-intérêts.

D'ailleurs, le débiteur de l'obligation inexécutée peut toujours offrir d'exécuter sa prestation après la mise en demeure et pendant l'instance (*cf.* art. 1595, al. 2 et 1596), sous réserve de la possibilité qu'aurait le créancier de soulever le caractère tardif de l'exécution, retard qui d'ailleurs, s'il est trop important, pourrait équivaloir à une inexécution totale. C'est alors, qu'on perçoit véritablement l'importance de la demeure qui a pour rôle de rappeler au débiteur qu'il n'a pas exécuté sa prestation et qu'il s'expose ainsi à une mesure d'exécution forcée (art. 1594 et ss.).

157. Résolution de plein droit Cette résolution de plein droit découlait de la loi, de circonstances particulières ou de la convention. Il est permis d'affirmer qu'elle découle désormais principalement de la loi, celle-ci venant consacrer les solutions circonstantielles proposées par la doctrine et la jurisprudence, et de la convention des parties. En vertu de l'article 1605, en effet, il peut y avoir résolution «sans poursuite judiciaire lorsque le débiteur est en demeure de plein droit d'exécuter son obligation ou qu'il ne l'a pas exécutée dans le délai fixé par la mise en demeure», les cas de demeure de plein droit étant énoncés à l'article 1597[207].

Il en est ainsi — demeure de plein droit, par le seul effet de la loi — lorsque l'obligation ne peut plus être exécutée utilement ou qu'elle n'a pas été exécutée immédiatement malgré l'urgence, ou que le débiteur a manqué à une obligation de ne pas faire ou qu'il a, par sa faute, rendu impossible l'exécution en nature ou qu'il refuse manifestement d'exécuter (solutions déjà consacrées par la jurisprudence) ou — s'il s'agit d'une obligation à exécution successive ou périodique — qu'il refuse ou néglige d'exécuter de façon répétitive: on pourrait prétendre que le créancier, d'une certaine manière, se fait justice à lui-même, mais la solution paraît légitime en ces cas extrêmes, d'autant plus que le créancier peut être soumis à un contrôle a posteriori du Tribunal qui pourrait décider soit que ce créancier a eu raison de considérer le contrat comme résolu de plein droit — et, en ce cas, le Tribunal constaterait la résolution — soit que son attitude a eu un caractère intempestif (il n'y avait pas urgence, l'exécution n'était pas suffisamment tardive, l'inexécution n'était pas suffisamment importante) auquel cas le créancier pourrait être condamné à des dommages-intérêts pour le préjudice qu'il a pu, par cette attitude, faire subir à son débiteur (solution déjà consacrée par la jurisprudence).

À ces cas, on peut ajouter ceux qui découlent de cas particuliers: ainsi, en vertu de l'article 1740 (qui reprend l'article 1544 C.c.B.-C.), le vendeur d'un bien meuble qui n'a pas été enlevé et qui n'a pas été payé, peut considérer la vente comme résolue, dès lors que l'acheteur est en demeure de plein droit d'exécuter ou dès lors qu'il n'a pas exécuté dans le délai fixé par la mise en demeure; il en est de même pour l'acheteur d'un bien meuble qui peut considérer la vente comme résolue lorsque le vendeur ne délivre pas le bien alors qu'il est en demeure d'exécuter (art. 1736).

La résolution de plein droit peut enfin résulter de la volonté des parties, c'est le pacte commissoire; toutefois cette résolution doit être subordonnée à une mise en demeure (art. 1590, al. 2), que celle-ci résulte des termes mêmes du contrat (*cf.* art. 1594: clause selon laquelle le seul écoulement du temps pour l'exécuter aura l'effet d'une demeure) ou d'une demande extrajudiciaire; aussi, l'article 1605 nous semble-t-il limiter l'intérêt du pacte commissoire dans la mesure où il permet la résolution de plein droit, *dès lors* qu'il y a eu mise en demeure ou qu'on se trouve dans un cas de demeure de plein droit.

C'est bien dire que le législateur favorise la solution qui évite un recours judiciaire. On peut, certes, concevoir qu'une telle solution puisse être sévère pour le débiteur; aussi le législateur prévoit-il, par exemple en matière de vente à tempérament, la possibilité pour le vendeur de reprendre possession du bien vendu sans intervention du Tribunal, à défaut pour l'acheteur de payer le prix, mais entoure cette mesure de formalités destinées à protéger l'acheteur (art. 1748 et 1749). Il convient, cependant, de remarquer que, en matière de vente immobilière, l'article 1742 (comme l'article 1536 C.c.B.-C.) ne prévoit aucunement une résolution de plein droit dans le cas où le vendeur a stipulé résolution, faute par l'acheteur d'exécuter l'une de ses obligations, mais plutôt une résolution judiciaire: «le vendeur d'un bien immeuble ne peut *demander* la résolution... que si le contrat contient une stipulation particulière à cet effet». (*Cf.* d'ailleurs, l'art. 1743 qui énonce les formalités requises, préalables à résolution). C'est bien dire que l'intervention judiciaire est ici nécessaire.

158. Effets de la résolution La résolution anéantit rétroactivement le contrat qui est réputé n'avoir jamais existé et qui, en conséquence, remet les parties dans l'état dans lequel elles se seraient trouvées s'il n'y avait pas eu contrat (art. 1606, al. 1). Aussi, dans l'hypothèse où il y aurait eu une inexécution partielle équivalente à une inexécution totale, le créancier ne pourrait obtenir la résolution[208] que dans la mesure où il offrirait de restituer ce qu'il a déjà reçu, à défaut de quoi il ne pourrait obtenir que l'exécution en nature ou une réduction de ses propres obligations, dans les cas qui le permettent, ou des dommages-intérêts.

Dans l'hypothèse où le contrat serait à exécution successive, la disparition du contrat ne rétroagirait pas: elle n'opère, alors, que pour l'avenir et l'on parle de résiliation et non plus de résolution (art. 1604, al. 1 et art. 1606, al. 2). En effet, le locateur qui a procuré la jouissance paisible des lieux ou de la chose, sans avoir reçu le loyer en contre prestation, peut difficilement souhaiter l'anéantissement rétroactif du contrat: la jouissance ne peut guère être effacée; aussi sera-t-il plus normal de lui octroyer le montant des loyers dûs et faire disparaître le contrat pour l'avenir. En revanche, dans l'hypothèse où le locataire aurait payé son loyer alors que le locateur n'aurait pas procuré la jouissance paisible des lieux ou de la chose, la résolution pourrait alors être demandée, puisque l'anéantissement rétroactif impliquant la remise en état est ici possible.

Dès lors qu'on parle d'anéantissement rétroactif, on devine les conséquences à l'égard des tiers: les droits conférés par le débiteur à des tiers devraient suivre le même sort que ceux de leur auteur et donc disparaître. Aussi le législateur est-il intervenu pour protéger ces tiers de bonne foi.

En matière de vente immobilière, l'article 1742 précise, comme on l'a déjà dit, que le vendeur ne peut demander la résolution à moins d'une clause à cet effet; si donc l'immeuble demeure entre les mains de l'acquéreur, le vendeur n'aura pas le droit, en l'absence d'une telle clause, de récupérer l'immeuble par le biais de la résolution et ne pourra que forcer le paiement du prix. Au contraire, s'il a stipulé une clause à cet effet, il pourra récupérer l'immeuble qui se trouve encore entre les mains de son acheteur. Cependant, si ce vendeur n'a pas fait inscrire dans le registre foncier ladite stipulation, et si l'immeuble a été transmis par son acheteur à un sous-acquéreur, il ne pourra pas exercer l'action résolutoire et récupérer son immeuble (*cf.* art. 2939): le sous-acquéreur lui sera préféré (art. 2962). En revanche, dans l'hypothèse où le vendeur obtiendrait la résolution, il lui serait nécessaire, afin de se protéger contre les tiers, de faire inscrire au registre foncier le jugement prononçant la résolution à son profit; l'inscription de ce jugement informera les tiers de la rétrocession de l'immeuble au propriétaire originaire (*cf.* art. 2966 et 2968).

En matière de vente mobilière, on le sait, il y aura résolution même en l'absence d'une clause; mais, advenant le cas où l'acheteur du meuble aurait revendu celui-ci, le sous-acquéreur de bonne foi serait protégé par l'article 1741, selon lequel le meuble ne peut être revendiqué qu'en autant qu'il ne sera pas «passé entre les mains d'un tiers qui en a payé le prix ou d'un créancier hypothécaire qui a obtenu le délaissement du bien». (D'ailleurs, *cf.* art. 1707 sur les actes d'aliénation effectués à titre onéreux par celui qui doit restituer: ils sont opposables par le tiers de bonne foi à celui à qui est due la restitution[209].

Sous-par. 2 - Exception d'inexécution et droit de rétention

159. Domaine d'application et mécanisme de l'exception d'inexécution Il y a peu de choses à dire sur cette exception qui ne présente aucune difficulté particulière. Dans le cas d'un contrat synallagmatique, le contractant qui réclame à son débiteur l'exécution de son obligation, peut se voir opposer l'exception d'inexécution si lui-même n'a pas exécuté substantiellement ou n'est pas prêt à exécuter, alors que l'exécution est exigible de part et d'autre: c'est l'exception «donnant-donnant» ou «trait pour trait», qui se traduit, pour celui qui l'invoque, par un ajournement de ses obligations. Si le Code civil du Bas-Canada ne contenait pas un texte général à cet effet, il contenait néanmoins des dispositions particulières: par exemple, en matière de vente (art. 1496 et 1497 C.c.B.-C.), en matière d'échange (art. 1597 C.c.B.-C.); mais la jurisprudence a généralisé ces solutions qui reposent sur l'idée d'interdépendance des obligations, de sorte que cette exception ne peut être invoquée que dans l'hypothèse d'une inexécution totale, ou partielle assimilable à une inexécution totale[210]. C'est ce que l'article 1591 consacre sur le plan législatif.

Un tel moyen de défense pourrait être considéré comme «archaïque et frustre», mais on doit constater qu'il est fort efficace, puisqu'il permet au contractant attaqué d'adopter une «position d'attente» face à son créancier qui est, aussi, son débiteur. Le moyen est également commode, puisqu'il met son utilisateur dans une situation privilégiée, dans la mesure où le demandeur serait insolvable: en n'exécutant pas sa prestation, il ne perd rien. Il est cependant évident que cette exception ne peut être invoquée que s'il ne résulte pas de la loi, de la convention ou des usages que celui qui l'invoque devait exécuter le premier.

160. Domaine d'application et effets du droit de rétention
Cette exception d'inexécution est donc très voisine du droit de rétention avec lequel, toutefois, on ne doit pas la confondre, le droit de rétention étant une faveur accordée par la loi à celui qui détient, du consentement de son cocontractant, un bien appartenant à ce dernier, faveur consistant à retenir ce bien jusqu'au paiement total de la créance que le détenteur a contre lui, si cette créance est exigible et intimement liée au bien détenu: l'article 1592 énonce donc les composantes du droit de rétention, telles qu'elles se dégagent du droit antérieur.

Le droit de rétention, comme l'exception d'inexécution, constituent des moyens de pression contre un débiteur qui n'exécute pas sa prestation, participant l'un et l'autre à l'idée de bonne foi dans l'exécution des obligations. Cependant, le droit de rétention est d'une application plus large: on en trouvait un certain nombre de cas dans le Code civil du Bas-Canada (par exemple, art. 441, 1679 C.c.B.-C.), comme on les trouve désormais dans le *Code civil du Québec*: articles 875, 946, 963, 974, 1250, 1369, 2003, 2058, 2185, 2293, 2302, 2324. On aurait certes pu situer le droit de rétention dans le livre Des priorités et des hypothèques, mais ses caractères sont trop proches de ceux de l'exception d'inexécution pour l'éloigner de celle-ci; d'ailleurs, la doctrine en traite systématiquement dans la théorie générale des obligations, ce qui permet de comparer ces deux moyens de pression et de les distinguer.

On remarquera toutefois que l'article 1593 vient préciser les effets de ce droit de rétention qui, désormais, est clairement opposable à tous, même à un créancier saisissant qui exercerait un recours en délaissement: «ce dernier pourra certes agir, mais sous réserve du droit du détenteur qui bénéficiera, alors, d'une priorité lui permettant d'être préféré sur le produit de la vente du bien dont on l'aura forcé à se départir»[211]. (Sur la priorité du rétenteur, *cf.* art. 2651, 3° et art. 2770). Enfin, le second alinéa de l'article 1593 consacre la jurisprudence relative à la dépossession involontaire du rétenteur qui, conservant néanmoins son droit de rétention, peut revendiquer le bien, sous réserve des règles de la prescription acquisitive que pourrait invoquer le tiers.

Sous-par. 3 - Théorie des risques

161. *Res perit debitori* On s'interroge ici sur le sort du contrat lorsque l'inexécution d'une obligation résulte d'un cas de force majeure. C'est ce qu'on appelle la question des risques[212].

D'une façon générale, lorsqu'une chose est détruite par un cas de force majeure, telle la foudre ou la tempête, les *risques de la chose* sont assumés par celui qui en est le propriétaire: Res perit domino. C'est ce que précise l'article 950 qui consacre le droit antérieur. Lorsque la chose détruite par force majeure est l'objet d'une prestation découlant d'une obligation contractuelle dont l'exécution est ainsi rendue impossible ou que, de façon plus générale, un débiteur contractuel est dans l'impossibilité d'accomplir son obligation, ce débiteur ne peut être tenu responsable; il importe alors de savoir lequel des contractants assumera, en définitive, les conséquences de cette impossibilité d'exécuter, en d'autres termes qui supportera les *risques du contrat*.

S'agissant d'un contrat unilatéral, la question est simple: ce contrat n'ayant donné naissance à une obligation qu'à la charge d'une partie qui est dans l'impossibilité d'exécuter, celle-ci est libérée sans encourir de responsabilité, de sorte que le risque du contrat est à la charge du créancier de l'obligation inexécutée: *Res perit creditori;* le donateur, le dépositaire, l'emprunteur, le créancier gagiste, tous débiteurs de l'obligation de livrer ou de restituer, sont libérés et les risques du contrat sont assumés par le donataire, le déposant, le prêteur ou le débiteur du créancier-gagiste (créancier de la restitution du gage), qui ne reçoivent ou ne récupèrent pas ce qu'ils attendaient (art. 1693, al. 1, qui reprend sous une autre forme l'art. 1200, al. 1 et 2 et la 1ère partie de l'art. 1202 C.c.B.-C.)[213].

S'agissant d'un contrat synallagmatique, la situation est moins simple: le débiteur de l'obligation inexécutée est, certes, libéré, mais qu'advient-il de l'obligation du cocontractant? Ce dernier, qui ne recevra rien, devra-t-il néanmoins exécuter sa propre obligation, ou bien en sera-t-il dispensé?

Si on répond que ce cocontractant doit néanmoins exécuter sa propre obligation, c'est dire qu'il devra assumer les risques, puisqu'il ne reçoit rien et qu'il doit exécuter: *Res perit creditori.*

Si on répond que ce cocontractant est, de ce fait, libéré à son tour d'exécuter sa propre obligation, c'est dire que les risques du contrat seront assumés par le débiteur de l'obligation inexécutée: *Res perit debitori.* Ainsi, advenant le cas où l'immeuble loué périrait par cas de force majeure, la règle *Res perit creditori* obligerait le locataire à payer les loyers pour toute la durée prévue du bail, alors que la règle *Res perit debitori* libérerait le locataire du paiement des loyers, les risques de la chose — c'est-à-dire la perte de l'immeuble — demeurant à la charge du propriétaire et les risques du contrat — c'est-à-dire la perte des loyers demeurant également à sa charge, en tant que locateur.

L'interdépendance des obligations étant l'essence du contrat synallagmatique, il est sans aucun doute plus équitable de dispenser ce cocontractant — créancier de l'obligation inexécutée — de l'exécution de sa propre obligation et de mettre ainsi les risques du contrat à la charge du débiteur de l'obligation inexécutée (soit le locateur dans l'exemple précédant): *Res perit debitori.* C'est la solution que laissait entendre l'article 1202 C.c.B.-C. et c'est celle que reprend l'article 1694, alinéa 1.

On constate que cette théorie des risques aboutit à la résolution automatique du contrat, sans besoin d'intervention judiciaire, sans toutefois qu'elle se confonde avec une résolution de plein droit. Dans la résolution du contrat, le créancier de l'obligation inexécutée par la faute du débiteur a le choix de la sanction: ici, il n'est pas question de sanction ou de réparation, puisque l'impossibilité d'exécuter résulte d'une force majeure.

Quant au Tribunal, qui peut être néanmoins amené à intervenir lorsque l'existence d'une force majeure est contestée, il n'a pas les pouvoirs qui lui sont reconnus dans la résolution et se bornera à constater, le cas échéant, l'anéantissement de l'obligation.

Le Tribunal pourrait être aussi amené à intervenir dans l'hypothèse où l'inexécution, due à un cas de force majeure, serait seulement partielle; une telle situation devrait entraîner normalement une réduction de l'obligation corrélative de l'obligation du contractant qui reçoit seulement une satisfaction partielle: le créancier de l'obligation inexécutée partiellement, par force majeure, ne devrait être tenu que dans la mesure de ce qu'il reçoit; c'est d'ailleurs ce que préconise le second alinéa de l'article 1694. Pourtant, en certaines hypothèses, il sera plus équitable d'aboutir à la résiliation du contrat: tel serait le cas du locataire qui se verrait privé partiellement de la jouissance de la chose louée (art. 1865, par analogie, qui reprend l'art. 1625 C.c.B.-C.); il aurait le choix entre une diminution du loyer ou la résiliation du contrat, suivant les circonstances (l'article 1625 C.c.B-C. disait: dans l'hypothèse où le préjudice subi par le locataire serait «sérieux»; c'est probablement ce que les tribunaux continueront à appliquer). Mais, en aucun cas, contrairement à la résolution, le Tribunal ne pourrait accorder des dommages-intérêts, puisque l'inexécution est due à une force majeure.

On notera que ces règles s'appliquent «lorsqu'une obligation ne peut plus être exécutée par le débiteur, en raison d'une force majeure *et avant qu'il soit en demeure...*» (art. 1693); c'est dire qu'elles ne s'appliquent pas si le cas de force majeure survient après la demeure: en effet, le fait de ne pas obtempérer à la demeure est constitutif de faute et empêche l'application de la théorie des risques (*cf.* art. 1600, al. 2 qui reprend les art. 1200 et 1202 C.c.B.-C. sur ce point également), sauf lorsque le créancier n'aurait pu de toute façon bénéficier de l'exécution de l'obligation en raison de cette force majeure ou sauf, encore, lorsque le débiteur s'est expressément chargé des cas de force majeure (*cf.* art. 1693, al. 1, 2ᵉ phrase, qui reprend également sur ce point, l'art. 1200, al. 1, 2ᵉ et 3ᵉ phrases C.c.B.-C.).

Les principes qui viennent d'être énoncés comportaient une dérogation importante lorsque le contrat dont l'exécution s'avérait impossible par force majeure, était un contrat synallagmatique translatif de la propriété d'un corps certain: les risques de la chose se combinaient alors avec les risques du contrat. On se rappelle que, par interprétation des articles 1025 et 1200 C.c.B.-C., le droit québécois s'alignait sur le droit français, en vertu duquel «L'obligation de livrer la chose est parfaite par le seul consentement des parties».

Elle rend le créancier propriétaire et met la chose à ses risques dès l'instant où elle a dû être livrée, encore que la tradition n'en ait point été faite, à moins que le débiteur ne soit en demeure de la livrer, auquel cas la chose reste aux risques de ce dernier» (art. 1138, C.c. français). Ce n'est donc plus la règle *Res perit debitori* que l'on appliquait ici, mais plutôt la règle *Res perit domino*: les risques suivaient la propriété, de sorte que l'acheteur devenu instantanément propriétaire assumait les risques, même si la chose périssait entre les mains du vendeur, sauf si ce vendeur avait été mis en demeure de livrer, auquel cas il se trouvait en faute du fait de n'avoir pas obtempéré. On en déduisait que le vendeur conservait les risques dès lors qu'il était convenu que le transfert de propriété était assorti d'un terme (clause de réserve de propriété ou vente à tempérament), à moins que les parties n'aient également convenu que les risques seraient assumés par l'acheteur, malgré la clause de réserve de propriété.

Dans le nouveau Code civil, l'article 950 énonce, certes, que le propriétaire du bien assume les risques de perte; cependant, le second alinéa de l'article 1456 précise que «tant que la délivrance du bien (qui est l'objet d'un droit réel transféré par contrat) n'a pas été faite, le débiteur de l'obligation de délivrance continue d'assumer les risques y afférents»: c'est bien dire que les risques ne sont plus assumés, ici, par l'acheteur devenu propriétaire, mais plutôt par le vendeur, débiteur de l'obligation de délivrance. On applique ainsi la règle *Res perit debitori*.

Le changement est donc notable: cette règle de droit nouveau «s'inspire en partie de l'article 69 de la Convention des Nations-Unies sur les contrats de vente internationale de marchandises (Vienne, 1980), introduite en droit québécois par le chapitre 68 des lois de 1991. Cette règle tient compte du fait que celui qui est en possession du bien est plus à même de prendre les mesures appropriées pour en assurer la protection»[214]; c'est donc la possession qui devient déterminante, plutôt que la propriété. Aussi est-il logique que dans une vente à tempérament — clause de réserve de propriété — les risques de perte soient assumés par l'acheteur, bien qu'il n'en soit pas encore propriétaire, pourvu que le vendeur — débiteur de l'obligation de délivrance — ait rempli cette obligation; l'article 1746 est clair à cet égard, mais énonce deux exceptions à cette règle: le vendeur assumera les risques si les parties l'ont ainsi stipulé ou s'il s'agit d'un contrat de consommation, auquel cas le commerçant assume ces risques tant que la propriété du bien n'a pas été transférée au consommateur (art. 133 L.P.C.), mesure particulière de protection.

On notera, enfin, que le nouveau Code civil n'a pas repris les articles 1087 et 1088 C.c.B.-C., relatifs à la charge des risques dans un contexte de transfert de propriété, soumis à un événement conditionnel, qui distinguent selon qu'il s'agit d'une perte totale ou d'une perte partielle, pour faire jouer ou non la rétro-activité[215]. En conséquence, on appliquera à la vente condition-nelle, que la condition soit suspensive ou résolutoire, les règles qui viennent d'être énoncées: dans un tel contrat, les risques sont à la charge du débiteur de la délivrance, qui avait le bien en sa possession lors de la perte par force majeure. Si, donc, la chose périt *pendente conditione*, on devrait dire, si la condition se réalise, que le débiteur de l'obligation de délivrance assume les risques, c'est-à-dire normalement le vendeur dans une vente sous condition suspensive et l'acheteur dans une vente sous condition résolutoire, puisque normalement *pendente condi-tione*, le possesseur de la chose vendue conditionnellement et débiteur de la délivrance est le vendeur dans le premier cas et l'acheteur dans le second cas.

Par. 2 - Droits du créancier sur le patrimoine du débiteur

162. Présentation Toute obligation qui n'est pas exécutée volontairement est susceptible on le sait, d'exécution forcée (à l'exception de l'obligation naturelle); c'est le droit qu'a le créancier insatisfait de forcer l'exécution, qui sera envisagé maintenant (sous-par. 1), ainsi que son droit d'exercer un cer-tain contrôle sur le patrimoine de son débiteur afin de se pro-téger (sous-par. 2), puisque le patrimoine d'un débiteur est le «gage commun» des créanciers de celui-ci.

Sous-par. 1 - Droit à l'exécution forcée

Ce droit consiste à obtenir l'exécution en nature, si elle est possible, ou l'exécution par équivalent; mais, au préalable, doit être examinée la question de la demeure.

A- Prélude à l'exécution forcée[216]

163. Mise en demeure La demeure était déjà importante dans le droit antérieur. Le droit nouveau confirme cette importance en en précisant le mécanisme.

Bien qu'il soit normal d'exécuter une obligation lorsqu'elle vient à échéance, la réalité quotidienne démontre que le débiteur n'est pas toujours pressé de payer et qu'il est nécessaire de lui rappeler sa qualité de débiteur, ainsi que la survenance de l'échéance.

En vertu de l'article 1594, «Le débiteur peut être constitué en demeure d'exécuter l'obligation par les termes mêmes du contrat, lorsqu'il y est stipulé que le seul écoulement du temps pour l'exécution aura cet effet.

Il peut être aussi constitué en demeure par la demande extrajudiciaire que lui adresse son créancier d'exécuter l'obligation, par la demande en justice formée contre lui ou, encore, par le seul effet de la loi».

Cette disposition reprend, sous une autre formulation, l'article 1067 C.c.B.-C., en ce qu'elle énonce les diverses manières de mettre en demeure un débiteur qui n'exécute pas: les termes mêmes du contrat par une stipulation à cet effet, une mise en demeure «classique», une demande en justice ou enfin une demeure de plein droit dans les cas prévus par la loi.

On notera le maintien, dans le premier alinéa, contrairement à ce que certains auraient souhaité, de la possibilité d'insérer dans un contrat une clause selon laquelle le seul écoulement du temps pour exécuter l'obligation vaut demeure: «Il a paru qu'une telle suppression (la suppression de cette possibilité) aurait conduit à accorder au débiteur un véritable droit au retard dans l'exécution de ses obligations, au mépris de ses engagements formels et des stipulations expresses du contrat»[217]. Il n'y a pas lieu, en effet, d'encourager le non-respect de la parole donnée, le laxisme et la croyance selon laquelle un débiteur mérite, dans tous les cas, d'être protégé.

164. Demeure à l'initiative du créancier La mise en demeure peut être faite par écrit ou par une demande en justice (art. 1594, 1595, al. 1 et 1596).

On notera, d'une part, que l'«interpellation en justice» dont faisait état l'article 1067 C.c.B.-C. est désormais une «demande en justice», ce qui convient mieux au vocabulaire du droit judiciaire privé et qui l'oppose à l'autre manière de mettre en demeure, la demande «extrajudiciaire», donc la mesure préalable au grand moyen qui consiste à recourir au Tribunal.

On notera, d'autre part, que contrairement à l'article 1067 C.c.B.-C., la mise en demeure doit être faite par écrit (art. 1595, al. 1), et qu'en conséquence la mise en demeure verbale n'est plus admise. Cette exigence (hormis la stipulation expresse, telle que prévue à l'art. 1594, al. 1) évite tout problème de preuve et paraît nécessaire, compte tenu de l'importance de la demeure et des conséquences qui s'y rattachent.

Le droit nouveau apporte également certaines précisions quant au mécanisme de la demeure. Celle-ci ayant pour but de rafraîchir la mémoire du débiteur et de suggérer fortement l'exécution, à défaut de quoi une poursuite judiciaire ne manquera pas de venir, il est alors normal d'accorder au débiteur un délai d'exécution suffisamment long, eu égard à la nature de l'obligation et aux circonstances, pour lui permettre d'obtempérer; si donc le délai exprimé par le créancier dans la lettre de mise en demeure est trop bref et ne donne pas assez de temps au débiteur pour prendre les mesures d'exécution qui s'imposent à lui, celui-ci pourra exécuter dans un «délai raisonnable à compter de la demande», délai dont le caractère raisonnable sera laissé à l'appréciation du Tribunal, s'il y a litige sur ce point, afin d'en tirer les conséquences (art. 1595, al. 2)! Certes, cette règle n'était pas énoncée au Code civil du Bas-Canada, mais elle découlait du bon sens, si l'on considère qu'une mise en demeure intempestive qui ne laisserait au débiteur aucun temps pour se retourner (et entraînerait des conséquences catastrophiques), pourrait être considérée, en certaines circonstances, comme abusive (*cf.*, art. 7).

Quant à la demande en justice effectuée par le créancier contre son débiteur, sans demeure préalable (demande extrajudiciaire, stipulation contractuelle, demeure de plein droit), elle confère au débiteur le droit d'exécuter son obligation dans un délai raisonnable à compter de cette demande en justice; et s'il est ainsi fait, les frais de la demande sont à la charge du créancier:

c'est ce qu'énonce l'article 1596 qui reprend la solution retenue antérieurement, en l'absence même d'un texte à cet effet. Toutefois, là encore, le droit nouveau énonce la faveur d'un délai raisonnable laissé au débiteur, dans la ligne de ce qui lui est également reconnue lorsque la demande est extrajudiciaire.

165. Demeure de plein droit En dehors de la stipulation conventionnelle énoncée à l'alinéa premier de l'article 1594, le nouveau Code énonce les divers cas de demeure de plein droit, par le seul effet de la loi: ce sont ceux que reconnaissait le droit antérieur, que ce soit en vertu de textes (art. 1068, 1070 in fine C.c.B.-C.), ou conformément aux enseignements de la doctrine et de la jurisprudence. C'est le cas de l'obligation qui ne pouvait être exécutée utilement que dans un laps de temps qui s'est déjà écoulé, ou qui n'a pas été exécutée alors qu'il y avait urgence; c'est le cas d'un manquement à une obligation de ne pas faire, de l'impossibilité d'exécuter résultant de la faute du débiteur, de l'inexécution résultant d'une intention clairement manifestée par le créancier. Autant de cas où, de toute façon, une mise en demeure serait inutile ou superflue.

À tous ces cas, cependant, s'ajoute celui du refus ou de la négligence à exécuter, et ce de manière répétée, une obligation à exécution successive ou périodique (art. 1597, al. 2, in fine): le caractère répétitif de l'attitude du débiteur exigerait du créancier de multiples mises en demeure s'il n'en allait pas ainsi.

Cependant, lorsqu'il y a demeure de plein droit, le créancier insatisfait doit prouver qu'il se trouve dans l'un des cas énoncés à l'article 1597, auquel il ne peut être dérogé: on veut éviter que le créancier puisse, par des déclarations obtenues du débiteur ou par des clauses de style apparaissant au contrat, échapper à la preuve exigée de lui (art. 1598, qui s'inspire d'une règle édictée par l'art. 11 L.P.C. qui interdit à un commerçant de se réserver le droit de décider unilatéralement que le consommateur a manqué à ses obligations ou que «s'est produit un fait ou une situation»)[218].

On notera que n'a pas été reproduit l'article 1069 C.c.B.-C., selon lequel «Dans tout contrat d'une nature commerciale, où un terme est fixé pour l'accomplir, le débiteur est en demeure par le seul laps de temps». Le contrat commercial est donc, quant aux règles relatives à la demeure, soumis aux règles qui viennent d'être énoncées: pour qu'il y ait demeure «par le seul laps de temps» fixé, sera nécessaire la stipulation que le seul écoulement du temps pour exécuter l'obligation aura l'effet d'une demeure; il ne faudra donc pas confondre « demeure de plein droit par le seul effet de la loi» des articles 1597 et 1598, et la demeure conventionnelle «par les termes mêmes du contrat», prévue à l'article 1594, alinéa 1.

166. Importance de la demeure La demeure est, certes, un prélude à l'exécution forcée, mais les articles 1077, 1200 et 1202 C.c.B.-C. lui faisaient jouer aussi d'autres rôles: le point de départ de dommages-intérêts moratoires (*cf.* art. 1617, 1618) la charge des risques au cas de force majeure, lorsque la perte survient pendant la demeure[219]. C'est ce que reprend l'article 1600, qu'il s'agisse d'une demeure de plein droit ou d'une mise en demeure. Il faut en effet comprendre que «à compter de la demeure» signifie «à compter de l'expiration du délai accordé» ou «de l'expiration d'un délai raisonnable», puisque les articles 1595 et 1596 donnent au débiteur *le droit* d'exécuter ses obligations sans encourir de responsabilité durant ce délai.

On notera que l'article 1600 rend le débiteur responsable des dommages-intérêts moratoires à compter de la demeure, même si ce débiteur bénéficie d'un «délai de grâce»: on pourrait se demander à quoi réfère un tel délai et pourquoi, en ce cas, les intérêts courent. Comme l'expliquent les commentaires, il s'agit d'un délai qui n'a pas pour but de remettre à plus tard l'échéance, mais plutôt de « retarder les poursuites ou l'exercice (par le créancier) de son droit en justice»[220]; il est dès lors normal que les intérêts courent «à compter de la demeure» et non point seulement à compter de l'expiration du «délai de grâce».

B- Exécution en nature

167. Cas où elle est possible Généralement, un créancier souhaite obtenir de son débiteur ce qu'il attend de lui, c'est-à-dire l'exécution de ce à quoi ce dernier s'est engagé, c'est-à-dire l'exécution en nature. Toutefois, les romains nous ont convaincus: «Nemo praecise potest cogi ad factum»; de même les anglais: «One can bring a horse to the water, but nobody can make him drink». C'est aussi ce qu'exprimait l'article 1065

C.c.B.-C. et c'est ce qu'énonce l'article 1601: le créancier peut demander que le débiteur soit forcé d'exécuter en nature l'obligation, *dans les cas qui le permettent*. Le droit demeure donc ce qu'il était[221]: dès lors que l'exécution forcée ne nécessite pas l'intervention personnelle du débiteur, le créancier peut obtenir, s'il le souhaite, l'exécution en nature.

En conséquence, l'exécution en nature demeure toujours possible lorsqu'il s'agit d'exécuter une obligation de livrer, découlant de ce qu'on appelait une obligation de dare, c'est-à-dire obligation de transférer un droit réel, tel le droit de propriété: on sait qu'en ce cas le créancier de la livraison agit moins en tant que tel, qu'en tant que propriétaire. Même si l'obligation de dare se confond désormais avec l'obligation de faire, celle-ci est susceptible d'exécution forcée dès lors qu'elle porte sur une obligation découlant d'un transfert de droit réel.

L'obligation portant sur une somme d'argent continue à être susceptible d'une exécution forcée en nature.

De même, peut faire l'objet d'une exécution en nature, l'obligation qui peut être exécutée en nature par quelqu'un d'autre que le débiteur, aux frais de celui-ci (art. 1602, al. 1, qui reprend sur ce point l'art. 1065 C.c.B.-C.); toutefois, contrairement au droit antérieur, l'autorisation judiciaire n'est plus nécessaire, ce qui d'ailleurs, consacre une solution pratique qui était déjà reconnue par la jurisprudence. En revanche, le créancier qui exécute lui-même ou fait exécuter par quelqu'un d'autre doit préalablement en aviser le débiteur dans sa demande, extrajudiciaire ou judiciaire, le constituant en demeure: ainsi, le débiteur aura connaissance des intentions du créancier et pourra, le cas échéant, prendre les mesures qu'il croit devoir prendre. Ce n'est que dans les cas où la demeure est par le seul effet de la loi (art. 1597) ou par les termes du contrat (art. 1594, al. 1) qu'il n'y aura évidemment pas lieu d'aviser le débiteur (art. 1602).

Quant aux obligations de faire qui nécessitent l'intervention personnelle du débiteur, elles continueront à ne pas pouvoir faire l'objet d'une exécution en nature, car on ne peut forcer la volonté d'une personne[222].

Il en est ainsi notamment, nous semble-t-il, de l'exécution forcée d'une promesse de contracter: on ne peut forcer la volonté du promettant qui refuse de consentir à réaliser un nouvel accord de volonté, seuls des dommages-intérêts pouvant sanctionner une telle inexécution; c'est ce que confirme, en matière de donation l'article 1812, en matière de prêt l'article 2316 et que semble confirmer, d'une façon générale, l'article 1397 qui rend opposable au bénéficiaire d'une promesse, le contrat conclu avec un tiers en violation de cette promesse. En revanche, en matière de promesse de vente ou d'achat, l'article 1712 — reprenant l'article 1476 C.c.B.-C. — maintient l'action en passation de titre. En dehors de ce cas, telle une promesse de louage, il nous paraît douteux — même dans le cas où la chose envisagée n'a pas fait l'objet d'un louage à l'égard d'un tiers — que le bénéficiaire de la promesse puisse forcer la conclusion du louage: l'injonction ne nous paraît pas être un moyen adéquat et un jugement valant contrat ne peut être qu'exceptionnel.

En revanche, s'agissant d'une obligation de ne pas faire, outre la possibilité pour le créancier d'obtenir une injonction négatoire ou prohibitive, l'article 1603 — reprenant l'article 1066 C.c.B.-C. — permet au créancier de se faire, comme auparavant, autoriser à détruire ou à enlever, aux frais du débiteur, ce que celui-ci a fait, violant ainsi son obligation de ne pas faire: l'autorisation judiciaire demeure donc, afin d'éviter les possibles abus et les conflits inévitables qu'implique la destruction ou l'enlèvement.

C - Exécution par équivalent

Lorsque l'exécution en nature n'est pas possible ou lorsque le créancier insatisfait le préfère à tout autre mode d'exécution forcée, il pourra obtenir l'exécution par équivalent, c'est-à-dire des dommages-intérêts.

On envisagera ici uniquement les caractéristiques propres à la responsabilité contractuelle[223], dans le cadre des conditions de la responsabilité et des causes d'exonération.

1- Conditions de la responsabilité

168. Préjudice La lecture des articles 1070 et suivants C.c.B.-C. montrait qu'il était toujours question d'inexécution, mais jamais de préjudice ou de dommage. C'était probablement prendre pour acquis que toute inexécution impliquait un préjudice: le créancier s'attendant à recevoir une prestation, on présumait que l'inexécution de celle-ci lui ferait subir un préjudice. L'article 1607 est désormais clair à cet égard: le créancier a droit à des dommages-intérêts en vue de *réparer le préjudice* qu'il a subi du fait de l'inexécution de son obligation par le débiteur.

L'inexécution peut consister en un défaut total ou partiel, en une exécution défectueuse qui, éventuellement, sera assimilée à une inexécution soit totale soit partielle, ou encore en un retard dans l'exécution qui, lui aussi, pourra être assimilé à une inexécution soit totale soit partielle[224] (art. 1590, al. 1: le créancier a le droit d'exiger que l'obligation «soit exécutée entièrement, correctement et sans retard»).

C'est dans le cadre de l'indemnisation de ce préjudice qu'on est amené à distinguer les dommages-intérêts moratoires des dommages-intérêts compensatoires. Le qualificatif «compensatoire» est, d'ailleurs, révélateur de la nature de la responsabilité telle qu'on la concevait jadis: ces sommes d'argent sont destinées à remplacer la prestation qui n'a pas été exécutée et constituent donc un prolongement du contrat. Aussi, à l'instar de l'article 1073 C.c.B.-C., l'article 1611 prévoit-il qu'en général les dommages-intérêts comprennent le «damnum emergens» ou perte éprouvée, mais aussi le «lucrum cessans» ou gain manqué; au préjudice matériel, on ajoutera éventuellement le préjudice corporel ou moral[225] (art. 1607): ces pertes de toute sorte devront être prouvées et on notera que, pour déterminer le montant de ces dommages-intérêts, on tiendra compte du préjudice futur «lorsqu'il est certain et qu'il est susceptible d'être évalué»: l'article 1611, alinéa 2, apporte cette précision, refusant donc l'indemnisation d'un préjudice incertain et non chiffrable.

On notera également l'article 1608 qui reprend d'une certaine manière l'article 2494 C.c.B.-C. en matière d'assurances, mais qui en généralise l'application et répond à la question de savoir si le débiteur doit verser des dommages-intérêts dans l'hypothèse où le préjudice subi par le créancier est en quelque sorte indemnisé par un tiers: «L'obligation du débiteur de payer des dommages-intérêts au créancier n'est ni atténuée ni modifiée par le fait que le créancier reçoive une prestation d'un tiers, par suite du préjudice qu'il a subi, sauf dans la mesure où le tiers est subrogé aux droits du créancier». La réponse est manifestement positive, quitte à faire bénéficier, en certains cas, le créancier d'une double indemnité, dans la mesure où, percevant de son débiteur les dommages-intérêts qui lui sont dus, il percevrait également un montant provenant d'un tiers: tel serait le cas de l'employeur qui continuerait à payer son employé malgré l'incapacité de celui-ci ou le cas de l'assuré qui percevrait une indemnité d'assurance. Cette solution a été préférée à celle qui consistait à refuser la double indemnisation et à dispenser le débiteur de réparer le préjudice dont il est l'auteur, ce dernier bénéficiant alors des précautions prises par son créancier (par exemple, la conclusion d'un contrat d'assurance) ou des largesses d'un tiers à l'égard de son créancier. D'ailleurs ce «risque» d'une double indemnisation est limité, du fait que la règle énoncée à l'article 1608 ne s'applique pas lorsque le tiers *solvens* est subrogé aux droits du créancier: or, c'est ce qui se produit le plus souvent (indemnités de sécurité sociale, d'assurance ou résultant des conventions collectives de travail).

On mentionnera, enfin, que ces dommages-intérêts sont exigibles, en principe, sous la forme d'un capital payable au comptant, sous réserve de ce qui sera précisé ultérieurement (art. 1616, al. 1)[226].

En revanche, lorsque le préjudice résulte d'un retard dans l'exécution, a priori inexécution partielle, les dommages-intérêts auxquels le créancier pourrait prétendre, sont dits «moratoires». Pourtant, le créancier mécontent ne pourra obtenir satisfaction qu'en démontrant que le retard dans l'exécution lui a fait subir un préjudice qu'il faudra évaluer: ne se trouve-t-on pas, alors, dans la même situation que précédemment, et les dommages-intérêts qui seront accordés seront-ils autre chose que des dommages-intérêts compensatoires? La «règle» «time is money» ne s'applique pas, sauf toutefois lorsque l'obligation exécutée avec retard est une obligation portant sur une somme d'argent (art. 1617 al. 2, qui reprend l'article 1077, al. 2 C.c.B.-C.): c'est dans ce seul cas qu'il nous paraît exact de parler de dommages-intérêts moratoires, c'est-à-dire des intérêts sur les sommes dues et cela sans que le créancier ait à prouver que le défaut de payer ces sommes à l'échéance lui ait fait subir un préjudice. Et ces intérêts commenceront à courir à compter de la demeure qui est, entre autres choses, la constatation officielle du retard.

On remarquera, à cet égard, la précision apportée par l'alinéa troisième de l'article 1617: «le créancier peut, cependant, stipuler qu'il aura droit à des dommages-intérêts additionnels, à condition de le justifier». Aux dommages-intérêts moratoires pourront donc s'ajouter, le cas échéant, un montant compensatoire en réparation d'un préjudice supplémentaire, pourvu que le contrat l'ait ainsi prévu et que ce montant additionnel soit justifié; cette disposition nous paraît mettre un terme au débat qui s'est instauré sur la question de savoir si l'inexécution d'une obligation portant sur une somme d'argent pouvait être aussi sanctionnée par une clause prévoyant l'octroi d'une indemnité, telle que le remboursement des frais encourus pour le recouvrement de la créance: la réponse est positive et va, d'ailleurs, dans le sens de la cour suprême du Canada, mais on doit insister sur l'exigence de la justification de cette indemnité additionnelle[227].

Quant au taux d'intérêt, s'agissant des dommages-intérêts résultant du retard dans l'exécution d'une obligation de payer une somme d'argent, il est celui qui a été convenu par les parties ou, à défaut, le taux légal: l'article 1617, alinéa 1, reprend l'article 1077, alinéa 1, C.c.B.-C. S'agissant de dommages-intérêts autres, le taux est également celui qui a été convenu ou, à défaut, le taux légal: l'article 1618 reprend, sur ce point, le premier alinéa des articles 1056 c. et 1078.1 C.c.B.-C., mais il modifie le point de départ des intérêts; les intérêts courent désormais — non plus depuis la date de l'institution de la demande en justice — «depuis la demeure ou depuis toute date postérieure que le tribunal estime appropriée, eu égard à la nature du préjudice et aux circonstances». Cette modification est destinée à «éviter qu'un débiteur puisse par des procédés dilatoires retarder indûment le paiement de son obligation», ne serait-ce qu'à cause d'un placement qui lui rapporterait plus que ce qu'il aurait à payer, et le pouvoir accordé au tribunal de fixer le point de départ à une date postérieure à celle de la demeure permettrait aussi de couvrir certaines situations telles que le cas du préjudice futur qui naîtrait après la demande[228].

On notera, enfin, l'article 1619 qui reprend les alinéas 2 des articles 1056 c et 1078.1 C.c.B.-C., permettant d'ajouter, aux dommages-intérêts compensatoires ou moratoires, une indemnité destinée à éviter la disparité entre le taux légal et le taux applicable à une créance de la Couronne, sans pour autant contrevenir à la loi constitutionnelle... ainsi que l'article 1620 qui reprend l'article 1078 C.c.B.-C. sur l'anatocisme, en y ajoutant le cas où la loi prescrit une telle capitalisation.

169. Faute Dans la cadre de la résolution, sanction de l'inexécution du contrat, on a noté que l'inexécution devait être fautive; il en est de même pour l'obtention de dommages-intérêts (art. 1458: «Toute personne a le devoir... Elle est, lorsqu'elle *manque à ce devoir*, responsable...; art. 1590, al. 2: «Lorsque le débiteur, *sans justification*, n'exécute pas...»; art. 1607: «Le créancier a droit à des dommages-intérêts en réparation du préjudice... que lui cause le *défaut* du débiteur...». L'article 1065 C.c.B.-C. faisait état de «*contravention*» de la part du débiteur[229].

Dès lors que la responsabilité est considérée comme une, unité de nature, qu'elle trouve sa source dans le contrat ou dans la loi, on ne devrait pas parler de «faute contractuelle», puisque cette notion de faute est unique, comportement que n'aurait pas la personne normalement prudente et avisée, placée en semblables circonstances. Et pourtant, on ne peut pas s'en passer, car — selon le contexte dans lequel on se trouve, contractuel ou extracontractuel — le même comportement pourra être fautif ou non; on ne peut faire abstraction du contexte contractuel pour déterminer s'il y a faute ou non, le caractère fautif ou non dépendant de la nature, de l'étendue, du contenu de l'obligation qui est autre que cette obligation générale de l'article 1457 (qui reprend l'article 1053 C.c.B.-C) de ne pas nuire à autrui. D'où la fameuse distinction obligation de moyen, obligation de résultat, qui schématise le contenu obligationnel, avec du plus ou du moins ou de multiples facettes.

Autre élément qui éloigne de la responsabilité extracontractuelle: l'article 1457 réfère, on le sait, à un comportement qu'on a qualifié de «faute légère» (la distinction délit/quasi délit ne présentant aucun intérêt, puisque ne conduisant pas à des effets différents). Au contraire, dans un contexte contractuel, certaines qualifications de la faute présenteront un intérêt incontestable: tels le dol ou faute intentionnelle et la faute lourde.

La faute intentionnelle dont parle l'article 1613 (ou le dol dont parlaient les articles 1074 et 1075 C.c.B.-C.) est celle qui est commise par un contractant dans l'exécution ou l'inexécution du contrat, que l'on peut également désigner «mauvaise foi», comme le faisait l'article 1071 C.c.B.-C. C'est moins l'intention de nuire qui caractérise cette faute que l'acte malhonnête du débiteur qui, de propos délibéré, tente de se débarrasser de ses obligations contractuelles. Certes, il n'est pas nécessaire que l'inexécution de l'obligation contractuelle soit malhonnête pour entraîner la condamnation à des dommages-intérêts: l'imprudence, la négligence, en un mot la «faute légère» suffit; néanmoins, l'existence de la malhonnêteté — faute intentionnelle — pourra avoir un impact sur l'étendue de la réparation (art. 1613, qui reprend l'art. 1074 C.c.B.-C. sur les dommages imprévisibles).

La faute lourde est une notion qui avait repris une certaine extension, laquelle se confirme dans le nouveau Code civil: il est possible qu'en certains cas, seule la faute lourde puisse donner lieu à réparation (*cf.* par exemple les articles 1461 et 1471) et non point la faute légère: on se montre ici indulgent à l'égard du débiteur.

Plus souvent, au contraire, cette notion peut servir à se montrer plus exigeant à l'égard du débiteur si, en l'assimilant au dol, on en tire toutes les conséquences: c'est ce qu'avait fait la jurisprudence en appliquant l'adage «*culpa lata dolo aequiparatur*». Le nouveau Code civil consacre cette solution dans les articles 1613 ou 1474, par exemple.

Que signifie, alors, «faute lourde»? L'article 1474 en donne la définition: «celle qui dénote une insouciance, une imprudence ou une négligence grossières», mettant ainsi de côté la définition qu'en donnait Pothier et qu'avait reprise — après la Cour suprême du Canada — la Cour d'appel du Québec, la faute que commettraient les personnes les moins soigneuses et les plus stupides[230]. C'est le comportement qui, certes, n'implique pas l'intention de nuire ou la malhonnêteté, mais c'est tout comme: «on dirait qu'il le fait exprès»! Comme l'ont dit M.M. Mazeaud, «il ne faut pas que la malice prenne le masque facile de la bêtise»; la répétition de la même faute par un même débiteur peut être un indice.

170. Lien de causalité et préjudice prévisible L'exigence d'une relation de cause à effet entre la faute commise par le débiteur et le préjudice subi par le créancier se déduisait des articles 1071, 1074 et 1075 C.c.B.-C.[231]; elle se déduit désormais des articles 1607 et 1613. Certes, la notion de causalité est ici celle que l'on trouve dans le cadre de la responsabilité extra-contractuelle, mais il importe de relever deux cas où il n'y aura pas lieu à dommages-intérêts: celui où le préjudice est indirect et celui où il est imprévisible.

En vertu des articles 1607 et 1613, les dommages-intérêts ne comprennent que ce qui est une suite *immédiate et directe* de l'inexécution, même si celle-ci résulte de la faute intentionnelle ou de la faute lourde du débiteur (ces articles reprennent l'article 1075 C.c.B.-C. sous réserve de la précision nouvelle quant à la faute lourde). Il suffit de rappeler le fameux exemple de Pothier, celui de la vache infectée d'une maladie contagieuse. Le problème, on le sait, est de déterminer à quel point de la cascade des malheurs il faut couper le fil de la causalité. Et pour ce faire, il devrait suffire au juge de faire preuve de jugement et de bon sens.

En vertu de l'article 1613 (reprenant sur ce point l'article 1074 C.c.B.-C.), le débiteur n'est tenu que des dommages-intérêts qui ont été prévus ou qu'on a pu prévoir au moment où l'obligation a été contractée. On le constate, alors, on s'éloigne de la responsabilité extracontractuelle qui, elle, indemnise la préjudice même imprévisible. En effet, dans un contexte contractuel, le débiteur doit savoir approximativement ce qu'il lui en coûtera dans l'hypothèse où son imprudence ou sa négligence ne lui permettrait pas de remplir son obligation et le créancier ne s'attend pas à recevoir autre chose que ce qui avait été prévu par le contrat ou son équivalent: on voit que les dommages-intérêts sont bel et bien le prolongement du contrat, le préjudice imprévisible se situant hors du champ contractuel. Au contraire, dans l'hypothèse où l'inexécution de l'obligation résulte de la faute intentionnelle du débiteur ou de sa faute lourde, le créancier a droit, alors, à une indemnité réparant le préjudice résultant de la mauvaise foi ou du mauvais esprit du débiteur et dépassant la prévisibilité du contrat: d'où cette règle énoncée à l'article 1613 (1re phrase, *in fine*) et l'identité de solution avec la responsabilité extracontractuelle.

171. Préjudice prévu: clause pénale Une clause pénale est, on le sait, une évaluation conventionnelle des dommages-intérêts, faite à forfait et dont le montant ne peut, en principe être modifié: le *Code civil du Bas-Canada* en traitait dans ses articles 1076 et 1131 à 1137 C.c.B.-C.[232]; le nouveau Code civil reprend globalement la substance de ces règles dans les articles 1622 à 1625, de façon peut être plus complète et plus précise.

L'article 1622, alinéa 1, reprend l'article 1131 C.c.B.-C., en donnant toutefois une définition plus claire de la clause pénale: il s'agit effectivement d'une évaluation anticipée des dommages-intérêts, au cas où le débiteur n'exécuterait pas son obligation, et ce sans justification puisqu'il s'agit de réparation par équivalent. On notera que, dans cette définition nouvelle, n'apparaît pas la qualification antérieure d'«obligation secondaire»: cette suppression est destinée à éviter que l'on fasse de la clause pénale une obligation facultative ou alternative ou conditionnelle. Elle est clause accessoire qui fait disparaître toute discussion sur le montant des dommages-intérêts, dans l'hypothèse où le créancier insatisfait qui ne souhaite pas se prévaloir de son droit d'exiger l'exécution en nature, dans les cas où elle est possible, ou la résolution, demande une exécution par équivalent.

En effet, le créancier conserve le choix entre ces possibilités, sans pouvoir, évidemment, réclamer en même temps le montant prévu *et* l'exécution en nature, sauf si cette «peine» — le montant prévu n'a été stipulé que pour le seul retard dans l'exécution de l'obligation: l'article 1622, al. 2, ne fait que reprendre l'article 1133 C.c.B.-C. On notera que l'article 1132 C.c.B.-C. n'a pas été reproduit, parce qu'inutile: il est clair que la nullité de l'obligation principale inexécutée entraîne la nullité de la clause pénale, obligation accessoire, l'accessoire suivant le principal, et l'article 1438 énonce, d'une façon générale, qu'une clause nulle (en l'occurrence la clause pénale) ne rend pas le contrat invalide quant au reste.

S'agissant d'une évaluation anticipée des dommages-intérêts prévue par les parties, il est normal qu'au cas d'inexécution sans justification — c'est-à-dire au cas de «responsabilité» du débiteur — il n'y ait pas lieu, pour le créancier, de prouver le préjudice qu'il a subi: c'est ce qu'enseignait la doctrine et la jurisprudence et c'est ce que consacre l'alinéa 1 de l'article 1623.

Quant à l'alinéa 2 de ce même article 1623, il reprend l'article 1135 C.c.B.-C., en y apportant cependant une double modification: «...le montant de la peine stipulée peut être réduit si l'exécution partielle de l'obligation a profité au créancier ou si la clause est abusive». On constate donc qu'est retenu, comme dans le droit antérieur, le principe de la réduction des dommages-intérêts prévus, au cas d'exécution (ou d'inexécution) partielle, mais n'est pas retenue la possibilité d'une stipulation à l'effet contraire, comme l'indiquait l'article 1135 C.c.B.-C.: le législateur protège de ce fait le débiteur, en interdisant l'insertion — qui pourrait être automatique — d'une clause selon laquelle une exécution (ou inexécution) partielle entraînerait le versement total du montant prévu. L'autre ajout consiste à permettre la réduction lorsque la clause pénale est abusive: on réfère donc à la notion de clause abusive telle qu'elle est définie à l'article 1437[233], même s'il ne s'agit pas d'un contrat d'adhésion ou de consommation.

On notera enfin les articles 1624 et 1625 qui reprennent respectivement la substance des articles 1136 et 1137 C.c.B.-C., en étendant leur contenu à tout débiteur indivisible ou divisible et en réservant, dans l'un et l'autre cas, l'application des règles propres aux obligations solidaires: l'inexécution du fait d'un seul des codébiteurs indivisibles — mais non solidaires — donne au créancier le droit de demander la «peine» soit en totalité à celui qui n'a pas exécuté, soit seulement sa part à chacun des autres, sauf le recours qu'ont ces derniers contre celui qui, n'ayant pas exécuté leur fait encourir la peine; s'agissant d'une obligation divisible, la peine est également divisible, sous réserve du cas où l'obligation est solidaire, auquel cas s'appliquent les règles propres à la solidarité[234].

172. Dispositions nouvelles, particulières au préjudice corporel On rappellera, tout d'abord l'article 1609 qui permet à une personne, victime d'un préjudice corporel ou moral, d'invoquer lésion au sens de l'article 1406[235] si les quittances, transactions, déclarations ont été obtenues d'elle par le débiteur, un assureur ou leurs représentants dans les trente jours du fait dommageable. Cette disposition n'est pas tout à fait nouvelle, puisqu'elle reprend substantiellement l'article 1056-b-alinéa 4, en remplaçant les «règlements» par les «transactions» et en y ajoutant les déclarations qui ne sont pas «écrites»; en outre, elle précise les personnes contre lesquelles elle entend protéger la victime, non seulement l'auteur du préjudice — créancier de l'obligation de réparer, que celle-ci résulte d'un contrat ou d'un fait juridique —, mais aussi tout assureur ou tout représentant, ainsi que la sanction, à savoir l'absence d'effet. On observe également que le préjudice moral est tout autant visé que le préjudice corporel et que l'ancien délai de 15 jours est porté désormais à trente jours.

Ce sont essentiellement les articles 1614, 1615 et 1616, alinéa 2, qui sont de droit nouveau, relativement aux dommages-intérêts octroyés en réparation d'un préjudice corporel, que celui-ci résulte de l'inexécution d'une obligation contractuelle ou du non respect de l'obligation générale, de l'article 1457, de ne pas causer préjudice à autrui. Il est vrai, toutefois, que c"est principalement en application de cette dernière disposition que les articles mentionnés s'appliqueront. Aussi, se bornera-t-on, ici, à en faire état.

L'article 1614 vise à faciliter le calcul de l'indemnité due à la suite d'un préjudice corporel lorsqu'il s'agit d'évaluer des frais futurs: sachant combien les aspects prospectifs sont délicats à établir, cette disposition laisse au gouvernement le soin de prescrire par règlement les taux d'actualisation.

L'article 1615 permet au tribunal de statuer, certes, sur les dommages-intérêts que l'on peut évaluer lors du jugement, mais — ce qui est nouveau — permet aussi de réserver, pour une période d'au plus trois ans, la possibilité de demander des dommages-intérêts additionnels qu'il était impossible d'évaluer alors, ce qui devrait favoriser un jugement plus adéquat sur l'évolution de la condition physique de la victime.

L'article 1616, enfin, pose certes le principe de la réparation sous la forme d'un capital payable au comptant, sans toutefois interdire aux parties qu'elles conviennent autrement, sous forme de rente ou de versements périodiques, par exemple (alinéa premier). Mais le second alinéa autorise le tribunal, lorsque la victime est un mineur, d'imposer, en tout ou en partie, un paiement sous forme de rente ou de versements périodiques, d'en fixer les modalités et de prévoir l'indexation à un taux fixe; toutefois, dans les trois mois de sa majorité, le créancier peut alors exiger le paiement immédiat, actualisé, du solde[236]. Cette disposition fut l'objet de longs débats et s'avère un compromis entre les diverses solutions provenant de divers horizons.

173. Dispositions nouvelles, particulières aux dommages-intérêts punitifs S'il est vrai qu'en droit civil les dommages-intérêts ont pour but de réparer un préjudice et non point de punir un débiteur récalcitrant, il est tout aussi vrai que les dommages-intérêts punitifs (ou «exemplaires», qualificatif qui parait avoir un relent d'anglicisme) se rencontrent, notamment, dans la *Charte des droits et libertés de la personne*, la *Loi sur la protection du consommateur*, la *Loi sur l'accès aux documents des organismes publics et à la protection des renseignements personnels*.

Il n'a cependant pas paru nécessaire d'introduire dans le nouveau Code civil un paragraphe particulier, relatif à cette catégorie de dommages-intérêts — contrairement à ce qui avait été proposé dans l'avant-projet de loi portant réforme du droit des obligations (art. 1677 à 1680 avant-projet) —, mais il n'a pas paru inutile d'y insérer une disposition destinée à rappeler l'aspect préventif de la responsabilité et à fournir certains critères en vue de guider les tribunaux dans la fixation du montant accordé; d'où l'article 1621: «Lorsque la loi prévoit l'attribution de dommages-intérêts punitifs, ceux-ci ne peuvent excéder, en valeur, ce qui est suffisant pour assurer leur fonction préventive.

Ils s'apprécient en tenant compte de toutes les circonstances appropriées, notamment de la gravité de la faute du débiteur, de sa situation patrimoniale ou de l'étendue de la réparation à laquelle il est déjà tenu envers le créancier, ainsi que, le cas échéant, du fait que la prise en charge du paiement réparateur est, en tout ou en partie, assumée par un tiers.»

Il s'agit donc de condamner ce débiteur comme il le mérite, compte tenu des actes répréhensibles posés par lui, mais il ne s'agit pas — ce faisant — d'accorder au créancier un enrichissement qui pourrait s'avérer tout à fait injuste, sinon immoral.

À cette disposition, on ajoutera l'article 1610 qui énonce le principe voulant que le droit à des dommages-intérêts soit cessible et transmissible, même si ces dommages-intérêts sont punitifs: il s'agit d'un droit qui se trouve dans le patrimoine du créancier. Toutefois, lorsque le droit du créancier résulte de la violation d'un droit de la personnalité, son droit est incessible, compte tenu de son caractère essentiellement attaché à la personne (*cf.* art. 3), mais il est transmissible à ses héritiers, conformément au droit successoral qui accorde aux héritiers les droits d'action du défunt contre l'auteur de toute violation d'un droit de la personnalité (*cf.* art. 625).

174. Disposition nouvelle, particulière au secret commercial
«En matière de secret commercial, la perte que subit le proprié-taire du secret comprend le coût des investissements faits pour son acquisition, sa mise au point et son exploitation; le gain dont il est privé peut être indemnisé sous forme de redevances» (art. 1612).

Cette disposition vient préciser l'étendue de la «perte» suscep-tible d'indemnisation lorsque celle-ci résulte de la divulgation d'un secret commercial, qui n'a pu faire l'objet, pour l'auteur du préjudice, de l'exonération de responsabilité prévue à l'ar-ticle 1472. Comme l'indique les commentaires du ministère de la Justice, ces articles s'inspirent d'un rapport publié en juillet 1986 par le ministère fédéral de la Justice, «préparé par l'Ins-titut de recherche et de réforme du droit de l'Alberta et une équipe de travail, fédérale-provinciale, constituée par les sous-procureurs généraux chargés de la justice pénale»[237].

2- Causes d'exonération

175. Libération par la loi Le débiteur est exonéré de respon-sabilité, ou plus précisément est libéré de son obligation et n'a donc pas de dommages-intérêts à verser à son créancier lors-qu'il justifie que l'inexécution «provient d'une cause qui ne peut lui être imputée», disait l'article 1071 C.c.B.-C., ou, plus justement, disait l'article 1072 C.c.B.-C., «lorsque l'inexécution de l'obligation est causée par un cas fortuit ou force majeure, sans aucune faute de sa part, à moins qu'il ne s'y soit obligé spécialement par le contrat». C'est cette dernière formulation que reprend l'article 1470, al. 1, en utilisant le terme «force majeure», plutôt que celui de «cas fortuit». On sait, en effet, que, depuis longtemps, on ne distingue plus le cas fortuit de la force majeure et qu'il s'agit là de la cause d'exonération par excellence, sauf si l'engagement convenu prévoit que le débiteur doit aussi assumer la force majeure, ce qui vise l'obligation appelée «de garantie».

Le second alinéa de l'article 1470 donne une définition de la force majeure: «événement imprévisible et irrésistible; y est assimilée la cause étrangère qui présente ces mêmes caractères»; on retrouve donc les composantes reconnues d'imprévisibilité, d'irrésistibilité et d'extériorité[238] et il n'y a rien à ajouter à ce qui a pu être dit ou écrit sur le sujet. On se bornera à répéter que l'élément d'imprévisibilité a aujourd'hui moins d'importance que celui d'irrésistibilité, compte tenu de son caractère relatif, étant donné qu'on peut toujours prévoir le pire, mais que si l'on s'en fait une règle de vie, force est de penser que l'on ne peut guère avoir l'esprit d'entreprise; en revanche l'élément d'irrésistibilité consiste en une impossibilité absolue à exécuter: comme l'a joliment dit le doyen Carbonnier, «le créancier ne peut demander au débiteur de se tuer, mais il peut lui demander de se ruiner: plaie d'argent n'est pas mortelle»[239]. Quant à l'élément d'extériorité, il n'est pas autre chose que la cause étrangère qui permet d'identifier la source du préjudice; c'est pourquoi le fait du créancier ou le fait d'un tiers est constitutif de force majeure dès lors qu'il est également imprévisible et irrésistible.

La démonstration étant faite que l'inexécution résulte d'une force majeure, il est alors prouvé hors de tout doute que le débiteur n'a pas commis de faute.

Il ne faut pas oublier, cependant, que la preuve de la force majeure n'est pas toujours exigée pour que le débiteur soit libéré: d'une part, si l'obligation inexécutée est une obligation de moyen, il appartiendra au créancier de démontrer la faute du débiteur et, en certains cas d'autre part, une présomption de faute peut être renversée par la simple preuve de l'absence de faute (par exemple, *cf.* art. 1465, relatif au gardien d'un bien, en matière extracontractuelle).

176. Libération par les parties Rien dans le *Code civil du Bas-Canada* n'était prévu, relativement aux clauses de non responsabilité et aux clauses de limitation de responsabilité — qu'il ne faut toujours pas confondre —, mais la doctrine et la jurisprudence ont, depuis longtemps admis leur validité[240], lorsque l'inexécution de l'obligation résulte de la faute légère du débiteur ou de ses préposés; c'est dire que ces clauses ont été sanctionnées, privées de leur effet, lorsque l'inexécution résultait du dol ou faute intentionnelle du débiteur ou de sa faute lourde (ou faute intentionnelle ou lourde de son préposé).

C'est la solution consacrée par l'article 1474 qui, outre la définition qu'il donne de la faute lourde, précise qu'on ne peut aucunement exclure ou limiter sa responsabilité pour le préjudice corporel ou moral causé à autrui. On notera, cependant, l'article 2034, en vertu duquel «le transporteur ne peut exclure ou limiter sa responsabilité que dans la mesure et aux conditions prévues par la loi», cette disposition s'appliquant tant au transport de passagers qu'au transport de bagages ou de marchandises; quant aux passagers, certaines lois particulières prévoient sinon des exonérations (qui iraient à l'encontre de l'ordre public). tout au moins des limitations de responsabilité: c'est le cas de la *Loi sur l'assurance automobile,* par exemple, ou des conventions internationales en matière de transport aérien.

On mentionnera enfin l'article 1475 qui consacre également une jurisprudence constante, en vertu duquel un avis, affiché ou non, stipulant l'exonération ou la limitation de responsabilité, «n'a d'effet, à l'égard du créancier que si la partie qui invoque l'avis prouve que l'autre partie en avait connaissance au moment de la formation du contrat». On remarquera l'exigence de la preuve, par celui qui l'invoque, d'une connaissance véritable de la part du créancier qui ne reçoit pas satisfaction; il est, en effet, souhaitable, compte tenu des conséquences de ces clauses, que le consentement donné soit véritablement éclairé, ce qui n'interdit pas de recourir à une preuve par simples présomptions de faits, démontrant que le créancier ne pouvait raisonnablement pas ignorer l'existence de la clause.

Sous-par. 2 - Protection du droit à l'exécution

177. Mesures de conservation et de contrôle Puisque le patrimoine du débiteur est le «gage commun» de ses créanciers, il est normal que le créancier puisse se protéger, en attendant de recourir aux mesures d'exécution, contre certains agissements de son débiteur — commission ou omission — qui risqueraient de diminuer son «gage» et donc sa sécurité. Outre son droit de prendre toutes les mesures conservatoires proprement dites (art. 1626) que la loi met à sa disposition, le créancier dispose plus particulièrement de deux prérogatives, celle d'exercer, en certaines circonstances, les droits et actions que son débiteur refuse ou néglige de faire valoir (l'action oblique) et celle d'attaquer certains actes d'appauvrissement posés par le débiteur, en fraude de ses droits (l'action paulienne, désormais action en inopposabilité»).

A- L'action oblique

178. Conditions d'exercice La possibilité, pour un créancier insatisfait, de recourir à l'action oblique était énoncée à l'article 1031 C.c.B.-C. qui avait été complété par les enseignements de la doctrine et de la jurisprudence[241]. Ce sont ces règles qui sont désormais inscrites dans les articles 1627 à 1630 avec, toutefois, une précision.

L'article 1627 énonce les conditions d'exercice de cette action: le créancier a le droit d'exercer au nom de son débiteur — signe de la voie indirecte — les «droits et actions de celui-ci», c'est-à-dire les droits munis d'actions, lorsque ce débiteur refuse ou néglige de les exercer, causant en cela un préjudice à son créancier, mais aussi la possibilité de faire publier un droit dont son débiteur est détenteur, d'accepter ou de renoncer à une succession, etc. Il ne peut cependant exercer «les droits et actions qui sont exclusivement attachés à la personne du débiteur» (second alinéa), ceux qui ont un caractère si personnel, si intime, que seul le débiteur est en mesure d'en décider. Ce sont, là, les conditions relatives au débiteur et celles relatives au créancier, que connaissait le droit antérieur.

Ce même article 1627 indique également les conditions relatives à la créance: pour que le créancier puisse exercer cette action, encore faut-il que sa créance soit «certaine, liquide et exigible». Cependant, cette créance peut ne pas être liquide et exigible au moment où l'action est intentée: il suffit qu'elle le soit — mais il est alors nécessaire qu'elle le soit — au moment du jugement sur l'action (art. 1628); c'est le seul point qui soit véritablement nouveau et qui est destiné à éviter que le créancier qui veut exercer l'action oblique mais dont la créance n'est pas encore liquide et exigible, se voit contraint d'agir préalablement en justice pour faire statuer sur la liquidité ou l'exigibilité de sa créance. C'est la réponse apportée à ceux qui auraient souhaité la suppression de l'exigence des caractères «certain, liquide et exigible», pour ne retenir que l'absence de caractère «futile»: «... remplacer (les exigences) par la seule exigence que la créance ne soit pas futile aurait non seulement introduit une nuance bien subtile dans les qualités que doit revêtir le droit du créancier, mais elle aurait aussi favorisé une ingérence dans les affaires du débiteur que ne semblait pas justifier la nature des droits du créancier au stade envisagé»[242].

179. Effets de l'action oblique Puisque le créancier exerce non point une action qui lui est propre, mais l'action que son débiteur a refusé ou négligé d'exercer, il pourra se voir opposer par le défendeur à l'action oblique tous les moyens de défense que ce dernier aurait pu opposer à son propre créancier; l'article 1629 est explicite à cet égard, mais ne fait que reprendre le droit antérieur.

Enfin, l'article 1630 consacre également le droit antérieur, bien que non exprimé dans un texte, selon lequel «les biens recueillis par le créancier au nom de son débiteur tombent dans le patrimoine de celui-ci et profitent à tous ses créanciers»: l'action étant au nom du débiteur, il est normal que le bien récupéré fasse partie du «gage commun» de tous les créanciers.

B- L'action en inopposabilité

180. Conditions d'exercice Là encore, le nouveau Code civil reprend substantiellement le droit antérieur[243], en substituant toutefois l'appellation «action en inopposabilité» à celle d'«action paulienne» et en intégrant aux textes les enseignements de la doctrine et de la jurisprudence.

On retrouve les conditions générales de l'action oblique: le créancier qui en subit un préjudice peut attaquer les actes juridiques patrimoniaux posés par son débiteur, pourvu que ces actes ne soient pas exclusivement attachés à la personne de son débiteur. Il est nécessaire que le débiteur soit insolvable ou que, par l'acte qu'il passe, il se rende ou cherche à se rendre insolvable (art. 1631): cette précision textuelle consacre les solutions antérieurement retenues. Il est aussi nécessaire que la créance du demandeur soit certaine au moment où l'action est intentée, mais liquide et exigible seulement au moment du jugement sur l'action (art. 1634, al. 1: souci identique à celui déjà rencontré dans le cadre de l'action oblique, à l'article 1628).

Il faut que l'acte attaqué soit un acte d'appauvrissement du débiteur, qui conduise à l'insolvabilité, la crée ou l'augmente: c'est pourquoi seul peut exercer l'action le créancier dont la créance est antérieure à l'acte attaqué (art. 1634, al. 2, qui reprend l'art. 1039 C.c.B.-C.), sauf toutefois — ce qui était déjà admis — si l'acte antérieur attaqué avait pour but de frauder un créancier postérieur.

Il faut aussi que l'acte attaqué ait été accompli «en fraude des droits» du créancier (art. 1631, qui reprend les art. 1032 et 1033 C.c.B.-C.); l'interprétation qui a déjà été donnée de cette expression demeurera, c'est-à-dire conscience ou connaissance, de la part du débiteur, du préjudice que l'acte posé par lui fera subir au créancier: «il ne saurait suffire que le créancier veuille, par ce recours, se protéger contre la seule négligence de son débiteur; ce serait là ne pas tenir compte des droits légitimes du débiteur à gérer son patrimoine»[244].

Aussi, le Code civil établit-il des présomptions de fraude. Relativement aux actes onéreux accomplis par le débiteur, l'article 1632 reprend, en une formulation plus synthétique, les articles 1035, 1036 et 1038 C.c.B.-C.:«Un contrat à titre onéreux ou un paiement fait en exécution d'un tel contrat est réputé fait avec l'intention de frauder si le cocontractant ou le créancier connaissait l'insolvabilité du débiteur ou le fait que celui-ci, par cet acte, se rendait ou cherchait à se rendre insolvable». On constate donc que, comme antérieurement, la validité de l'acte dépendra de la bonne ou mauvaise foi du cocontractant (la connaissance ou non de la situation du cocontractant). Il est permis de regretter ici la reprise textuelle de la terminologie utilisée à l'article 1035 C.c.B.-C. lorsqu'il dit que l'acte juridique est *«réputé»* fait avec l'intention de frauder si le cocontractant ou le créancier *connaissait l'insolvabilité* du débiteur», car, selon le droit nouveau de la preuve, la présomption«qui concerne des faits réputés est absolue et aucune preuve ne peut lui être opposée» (art. 2847, al. 2); or, cette connaissance de l'insolvabilité ne signifie pas nécessairement mauvaise foi, intention de frauder: tel serait le cas de celui qui consent un prêt, bien que connaissant l'insolvabilité de l'emprunteur; ce prêt pourrait permettre à l'emprunteur de «se rétablir». Une présomption simple aurait sans doute été préférable ici: le droit antérieur allait en ce sens, malgré la phraséologie du *Code civil du Bas-Canada*[245].

Relativement aux actes accomplis à titre gratuit par le débiteur, l'article 1633 reprend, dans une formulation plus complète, l'article 1034 C.c.B.-C., réputant fait avec l'intention de frauder, le contrat à titre gratuit ou le paiement qui est fait en exécution de ce contrat, que le cocontractant ou le créancier ait ou non ignoré «ces faits, dès lors que le débiteur est insolvable ou le devient au moment où le contrat est conclu ou le paiement effectué»; comme dans le droit antérieur, le créancier est ici préféré au tiers, même si celui-ci est de bonne foi: ce tiers ne s'appauvrit pas en ne perdant que le bénéfice d'une libéralité.

181. Effets de l'action en inopposabilité Dans le droit antérieur, on s'interrogeait sur la nature juridique de l'action paulienne: s'agissait-il d'une action en nullité, d'une «révocation relative» ou d'une action en inopposabilité[246]? Le nouveau Code civil apporte une réponse claire: d'une part, l'action est dite «en inopposabilité», d'autre part, l'article 1631 indique le droit qu'a le créancier de «faire déclarer inopposable à son égard» l'acte fait en fraude de ses droits et, enfin, l'article 1636 apporte les précisions nécessaires quant aux effets de cette action: lorsque l'acte attaqué est déclaré inopposable à l'égard du créancier-demandeur, il l'est aussi à l'égard des autres créanciers qui auraient pu intenter l'action, qui ne l'ont pas fait mais qui sont intervenus à celle qui a été exercée, afin de protéger leurs droits; «tous peuvent faire saisir et vendre le bien qui en est l'objet et être payés en proportion de leur créance, sous réserve des droits des créanciers propriétaires ou hypothécaires». On constate que la règle retenue est, en définitive, celle qui s'imposait, celle d'ailleurs qui, antérieurement, était la seule à pouvoir être mise en pratique.

Quant au délai de cette action en inopposabilité, il est un délai de déchéance d'un an, à compter du jour où le créancier a eu connaissance du préjudice que lui fait subir l'acte attaqué; si toutefois l'action est intentée par un syndic de faillite, en tant que représentant de la collectivité des créanciers, ce délai d'un an court à compter du jour de la nomination du syndic. L'article 1635 reprend donc la substance de l'article 1040 C.c.B.-C., en le formulant de façon conforme à l'interprétation qui avait été donnée de la règle antérieure.

Chapitre VII - De la transmission et des mutations de l'obligation

182. Présentation Ce chapitre — articles 1637 à 1670 — regroupe les règles gouvernant la cession de créance (section 1), la subrogation (section 2), la novation (section 3) et la délégation (section 4), que l'on trouvait de manière plus dispersées dans le *Code civil du Bas-Canada*.

En effet, la cession de créance figurait au chapitre X du Titre V «De la vente» (art. 1570 et ss. C.c.B.-C.), appelée d'ailleurs «vente des créances»: il n'y avait, là, rien d'inexact, si ce n'est que cela supposait une transmission à titre onéreux, alors que rien n'interdisait un transfert de créance sans que fût envisagée une contrepartie, donc une transmission à titre gratuit. C'est pourquoi il semble préférable de rattacher la «cession» de créance à la théorie générale des obligations plutôt que de la laisser dans la vente des biens incorporels.

La subrogation figurait au chapitre VIII De l'extinction des obligations, dans la Section II consacrée au paiement (art. 1154 et ss. C.c.B.-C.): elle y avait incontestablement sa place, la subrogation étant essentiellement un paiement, ce qui la différencie précisément de la cession de créance; il ne fait cependant aucun doute que les deux opérations ont néanmoins des points de convergences et que la subrogation (personnelle) permet à une personne de transmettre un rapport de droit qui existait entre elle et une autre personne, à une tierce personne qui lui est substituée. Il n'est donc pas incorrect d'en traiter dans le cadre de la transmission de l'obligation.

Enfin, la novation et la délégation — opérations malheureusement confondues — figuraient également au chapitre de l'extinction des obligations, après le paiement (art. 1169 et ss. C.c.B.-C.); il est certes exact qu'il s'agit, là, d'un mode d'extinction (tout au moins dans le cas de novation et de délégation parfaite), mais le créancier reçoit, par l'une ou l'autre de ces opérations, une satisfaction qui n'est pas tout à fait celle à laquelle il pouvait prétendre: il est plus juste, alors, de parler de «mutation», puisqu'il y a soit changement de débiteur, de créancier ou d'objet, soit ajout d'un débiteur au débiteur originaire (délégation imparfaite).

Si ce ne sont ces changements dans la présentation, le nouveau Code civil n'apporte aucune modification importante au droit antérieur: il se borne à clarifier certains points, à la lumière des enseignements de la doctrine et de la jurisprudence, mais ajoute toutefois quelques dispositions relatives à la cession de créance constatée dans un titre au porteur.

Section 1 - La cession de créance

Par. - 1. La cession de créance en général

183. Conditions de la cession de créance La cession de créance est un contrat, à titre onéreux ou à titre gratuit, par lequel un créancier, le cédant, transmet à un tiers, le cessionnaire, tout ou partie d'une créance ou d'un droit d'action qu'il a contre son débiteur, le cédé (art. 1637, al. 1)[247]. S'appliquent donc à lui toutes les conditions ordinaires de validité des conventions. Toutefois, ne peuvent faire l'objet d'une cession certaines créances qui sont essentiellement attachées à la personne du créancier (par exemple, une créance alimentaire) ou certaines autres que désigne la loi (par exemple, art. 1610, al. 2, droit à des dommages-intérêts punitifs résultant de la violation d'un droit de la personnalité).

Comme antérieurement, la convention entre le cédant et le cessionnaire se forme dès l'accord de volonté, mais n'est opposable au débiteur et aux tiers que lorsque le débiteur «y a acquiescé ou qu'il a reçu une copie ou un extrait pertinent de l'acte de cession ou encore, une autre preuve de la cession qui soit opposable au cédant» (art. 1641, al. 1); on notera que cette

disposition remplace celle de l'article 1571 C.c.B.-C., en simplifiant la procédure de la «signification» telle qu'antérieurement prévue: «une simple mention sur un état de compte,
pourvu qu'elle soit claire, une lettre adressée au débiteur cédé
en même temps que la facture, voire la transmission d'un état
certifié de l'inscription de la cession sur le registre approprié,
pourront constituer autant de moyens de rendre la cession opposable au débiteur cédé et aux tiers»[248]: dès lors que le débiteur
a reconnu qu'il est au courant de la cession ou qu'il a reçu une
preuve de la cession, celle-ci lui est donc opposable, ainsi
qu'aux autres tiers qui peuvent avoir un intérêt sur la créance
cédée (par exemple, les autres cessionnaires de la créance).
Cette disposition, conforme à l'interprétation généralement
donnée des articles 1570 et 1571 C.c.B.-C., fixe donc désormais
le droit.

Dans l'hypothèse où le débiteur cédé ne pourrait être trouvé au
Québec, la cession est opposable «dès la publication d'un avis
de la cession, dans un journal distribué dans la localité de la
dernière adresse connue du débiteur ou, s'il exploite une
entreprise, dans la localité où elle a son principal établissement»: l'article 1641, alinéa 2, remplace de façon avantageuse et claire les longs et complexes articles 1571-a-et 1571-
b- C.c.B.-C.

Lorsque la cession porte sur une universalité de créances,
actuelles ou futures, c'est l'inscription de cette cession au
registre des droits personnels et réels mobiliers, qui la rend
opposable aux débiteurs et aux tiers; encore faut-il, qu'à l'égard
des débiteurs qui n'ont pas acquiescé à la cession, les autres
formalités prévues à l'article 1641 aient été remplies: l'article
1642 remplace sur ce point, le long article 1571-d-C.c.B.-C.

On notera, ici, deux dispositions nouvelles relatives à l'opposabilité de la cession de créance, l'une intéressant le débiteur
cédé (art. 1644) et l'autre intéressant la caution (art. 1645).

L'article 1644 a pour but de décourager une certaine pratique
qui consiste à mettre le débiteur cédé au courant de la cession,
en même temps qu'on lui signifie l'action: en ce cas, le débiteur
peut désormais payer dans le délai fixé pour la comparution,
sans encourir de frais judiciaires; ce ne serait cependant pas le
cas si ce débiteur était déjà en demeure d'exécuter l'obligation.

Cette règle consacre une solution généralement admise dans le droit antérieur.

Quant à l'article 1645, il rend la cession opposable à la caution seulement dans la mesure où les formalités d'opposabilité prévus à l'égard du débiteur cédé ont été accomplies également à l'égard de la caution, mesure destinée à protéger les droits de la caution[249].

184. Effets de la cession de créance La cession transmet au cessionnaire toute la créance, principal et accessoires (art. 1638, qui reprend l'art. 1574 C.c.B.-C.). On remarquera que le nouveau Code ne reproduit pas l'article 1575 C.c.B.-C., selon lequel «les arrérages d'intérêts accrus avant la vente ne sont pas compris comme accessoires de la dette»: c'est dire que les intérêts échus sont désormais compris comme accessoires, ce qui constitue une modification au droit antérieur.

Cependant, le cessionnaire ne peut obtenir plus que ce à quoi avait droit le cédant et la cession ne doit pas pouvoir nuire au débiteur: d'où l'article 1637, alinéa 2, selon lequel la cession ne peut «porter atteinte aux droits du débiteur, ni rendre son obligation plus onéreuse». Ce dernier point veut éviter le morcellement des créances qui pourrait entraîner la multiplication des actions contre le débiteur et, de ce fait, la multiplication des frais; aussi les divers cessionnaires devront-ils joindre leurs recours contre le débiteur.

Lorsque la cession est à titre onéreux, des dispositions particulières gouvernent certaines obligations de garantie qui pèsent sur le créancier cédant: on retrouve alors l'aspect «vente» de la cession de créance. Le cédant à titre onéreux garantit, en effet, l'existence de la créance, quoiqu'elle soit faite sans garantie; il n'en est pas ainsi uniquement lorsque le cessionnaire l'a acquise à ses risques et périls ou qu'il a connu, lors de la cession, le caractère incertain de la créance: l'article 1639 ne fait que reprendre l'article 1576 C.c.B.-C. qui énonce le principe, sous réserve de l'exception édictée à l'article 1510 C.c.B.-C.

Si le cédant doit répondre de l'existence de la créance, il n'a pas, en revanche, à répondre de la solvabilité du débiteur; s'il en répond, par une simple clause de garantie, il ne sera tenu de la solvabilité qu'au moment de la cession et qu'a concurrence du prix qu'il a reçu: l'article 1640 ne fait que reprendre l'article 1577 C.c.B.-C.

Quant au débiteur cédé, puisque sa situation ne peut être, vis-à-vis du cessionnaire, «pire» que ce qu'elle était vis-à-vis du cédant et puisque ce dernier n'a pu transférer plus de droits qu'il n'en avait, il peut opposer au cessionnaire toute cause d'extinction de l'obligation survenue avant que la cession ne lui soit devenue opposable, de même que tout paiement fait avant ce moment, puisqu'il peut alors prétendre ignorer la cession: l'article 1643, alinéa 1, reprend sur le dernier point l'article 1572 C.c.B.-C. et, sur le premier point, une règle admise par doctrine et jurisprudence. Ce débiteur peut aussi opposer au cessionnaire le paiement que lui-même ou sa caution a fait de bonne foi au créancier apparent, malgré l'accomplissement des formalités d'opposabilité (art. 1643, al. 2): c'est l'application, au débiteur cédé, de la règle générale énoncée à l'article 1145, relatif au paiement fait de bonne foi à un créancier apparent, l'apparence l'emportant sur la réalité.

On notera, enfin, l'article 1646 qui vise le cas de pluralité de cessionnaires d'une même créance: ils sont payés, de même que le cédant pour ce qui lui reste dû, en proportion de leur créance. Cependant, les cessionnaires qui bénéficient d'une garantie de «fournir et faire valoir», sont payés par préférence à tous les autres, ainsi qu'au cédant «en tenant compte, entre eux, des dates auxquelles leurs cessions respectives sont devenues opposables au débiteur»: cette disposition applique à toute créance les règles énoncées aux articles 1988 et 2052 C.c.B.-C., réservées aux créances privilégiées (dites désormais «prioritaires») et hypothécaires, et vise — tout autant que les cessionnaires — le cédant qui, au cas de cession partielle, n'a pas perçu la totalité de la créance.

Par. 2 - *La cession d'une créance constatée dans un titre au porteur*

185. Transfert d'un titre au porteur Les articles 1647 à 1650, relatifs au titre au porteur, sont de droit nouveau. La cession d'une créance constatée dans un titre au porteur s'effectue par la simple tradition, d'un porteur à un autre, du titre qui la constate (art. 1647 qui s'inspire de l'article 1573 C.c.B.-C.): ne sont donc pas exigées les formalités d'opposabilité rencontrées précédemment.

Ainsi, le débiteur qui a émis ce titre doit-il payer la créance qui y est constatée à toute personne qui lui présente le titre, à moins qu'il n'ait reçu notification d'un jugement lui ordonnant de ne pas payer (art. 1648, al. 1).

Toutefois, l'émetteur du titre peut opposer au porteur certains moyens de défense, tels la nullité du titre ou un vice, «qui dérivent d'une stipulation expresse du titre ou qu'il peut faire valoir contre le porteur personnellement» (art. 1648, al. 2): ce serait le cas de l'inobservation des conditions de présentation ou encore le cas d'une cause d'extinction des obligations, dans les rapports entre le débiteur et le porteur, comme la compensation.

En revanche, la mise en circulation du titre contrairement à la volonté du débiteur qui l'a émis, ne serait pas un moyen de défense valable et ne dispenserait pas celui-ci de payer le porteur de bonne foi (art. 1649): ce dernier ne doit pas souffrir d'un fait qui relevait uniquement du contrôle du débiteur.

Enfin, celui qui — porteur intermédiaire — a été injustement dépossédé du titre ne peut se plaindre et empêcher le débiteur de payer la créance à la personne qui lui présente le titre, à moins qu'une ordonnance du tribunal ait été notifiée au débiteur (art. 1650): cette solution est conforme à la règle voulant que la cession d'un titre au porteur s'effectue par la simple tradition du titre.

Section 2 - La subrogation

186. Maintien global du droit antérieur La subrogation est, dans une relation juridique, le remplacement d'une chose par une autre (subrogation réelle) ou le remplacement d'une personne par une autre (subrogation personnelle); c'est cette dernière opération qui sera ici envisagée et qui vise le paiement avec subrogation.

Les articles 1651 à 1659 reprennent substantiellement les articles 1154 à 1157 C.c.B.-C. avec, pour seules modifications, celles que nécessite le nouveau droit des sûretés. On retrouve donc le principe selon lequel la personne qui paie à la place du débiteur peut être subrogée dans les droits du créancier, sans obtenir évidemment plus de droits que n'en avait le créancier subrogeant (art. 1651); on retrouve le principe voulant que la subrogation soit conventionnelle ou légale (art. 1652, qui reprend l'art. 1154 C.c.B.-C.); on retrouve l'effet translatif de la subrogation et ses limites[250].

Par. 1 - Cas de subrogation

187. Subrogation consentie par le créancier La subrogation conventionnelle peut être consentie par le créancier, mais elle doit être expresse et constatée par écrit: l'article 1653 est explicite à cet égard, reprenant l'article 1155.1 C.c.B.-C., en précisant toutefois la nécessité d'un écrit aux fins de preuve; cela évite toute incertitude quant à la volonté du subrogeant.

Il est également clair, comme auparavant, que cette subrogation doit être consentie en même temps que le créancier reçoit le paiement et qu'elle s'opère sans le consentement du débiteur: l'article 1654 reprend l'article 1155.1 C.c.B.-C. sur ces points également, mais ajoute que serait sans effet la stipulation qui exigerait le consentement du débiteur; ainsi est tranché le débat qui s'était instauré sur ce point: le débiteur ne peut s'opposer à ce que le créancier consente à subroger le *solvens* dans ses droits[251].

188. Subrogation consentie par le débiteur La subrogation conventionnelle peut être encore consentie par le débiteur, au profit de son prêteur et elle s'opère sans le consentement du créancier: cette possibilité qui se trouvait à l'article 1155.2 C.c.B.-C. est maintenue dans le nouveau Code qui en fait état à l'article 1655. Il peut paraître étrange de ne pas voir disparaître cette opération dont l'explication était historique. Toutefois, elle eut récemment un regain de faveur lors des fluctuations intempestives des taux d'intérêt: elle permit à certains emprunteurs de se libérer de taux élevés, en contractant de nouveaux emprunts moins onéreux (comme ce fut le cas des débirentiers au 17e siècle...). Compte tenu du caractère anormal d'une subrogation consentie par le débiteur — puisque celui-ci dispose de droits qui ne lui appartiennent pas — les formalités exigées antérieurement sont maintenues: acte de prêt et quittance faits par acte notarié en minute ou par acte sous seing privé, en présence de deux témoins qui signent, et déclaration, dans l'acte de prêt, que l'emprunt est fait pour acquitter la dette, et, dans la quittance, que le paiement est fait à même l'emprunt.

La question fut posée de savoir si un prêteur avait le droit de stipuler que cette subrogation éventuellement consentie par le débiteur ne pouvait être faite au profit d'un autre prêteur qu'avec le consentement du premier prêteur: la réponse nous paraît devoir être positive, car, contrairement à l'article 1654 qui énonce le caractère impératif de la règle voulant que la subrogation consentie par le créancier s'opère sans le consentement du débiteur, l'article 1655 est muet à cet égard; en conséquence, une stipulation prévoyant la nécessité du consentement du créancier devrait être valide, compte tenu également ment du caractère très anormal de l'opération.

189. Subrogation légale Les cas de subrogation légale étaient énoncés à l'article 1156 C.c.B.-C.: on les retrouve à l'article 1656, avec les modifications qu'imposent le nouveau droit des successions et le nouveau droit des sûretés. Ainsi la créance privilégiée est-elle devenue créance «prioritaire» (1°); l'héritier visé (4°) est celui qui paie une «dette de la succession à laquelle il n'était pas tenu», car un héritier n'est plus nécessairement tenu de toutes les dettes de la succession; le 5e paragraphe de l'article 1156 C.c.B.-C. a disparu, en raison de l'inefficacité de la règle et de l'insécurité qu'elle engendrait; mais le 5e paragraphe nouveau de l'article 1656 prévoit les «autres cas (de subrogation légale) établis par la loi», tel en matière d'assurance l'article 2474.

Par. 2 - Effets de la subrogation

190. Effet translatif de la subrogation Le créancier subrogé remplace le subrogeant de sorte que le débiteur a un nouveau créancier. Le subrogé n'acquiert pas plus de droits que le subrogeant (art. 1651, al. 2), mais il acquiert le droit principal et ses accessoires, telles la priorité ou l'hypothèque ou la caution attachées à la créance; aussi, le débiteur principal et ses garants peuvent-ils opposer au subrogé les moyens de défense qu'ils auraient pu faire valoir contre le subrogeant (art. 1657, qui reprend la première phrase de l'article 1157, relative aux cautions, en l'étendant à toutes les garanties possibles, conformément à ce qui était déjà admis, et en tirant les conséquences de remplacement d'un créancier par un autre).

On notera l'article 1659, en vertu duquel «ceux qui sont subrogés dans les droits d'un même créancier sont payés à proportion de leur part dans le paiement subrogatoire, sauf convention contraire»: cette règle découle des articles 1987 et 2052 C.c.B.-C. qui visaient ceux qui avaient simple subrogation légale aux droits d'un même créancier privilégié ou hypothécaire, mais elle en généralise la portée, en l'appliquant tant aux cas de subrogation conventionnelle qu'aux cas de subrogation légale et tant aux créanciers chirographaires qu'aux créanciers prioritaires ou hypothécaires; en outre, les droits de chacun des subrogés sont désormais payés à proportion de leur part dans le paiement subrogatoire, par rapport à la créance qui leur sert de cause au paiement effectué»[252].

191. Effet translatif limité C'est ici que l'on voit nettement les différences entre subrogation et cession de créance[253], tant dans les conditions d'exercice que dans les effets, dues au caractère spéculatif de la cession, alors que la subrogation n'est qu'un paiement.

Ainsi, une remise de dette consentie par le subrogeant profitera au débiteur et non point au subrogé; le débiteur solidaire qui a payé le créancier ne pourra répéter de ses codébiteurs que leur part respective, malgré la subrogation (art. 1536, qui reprend l'art. 1117 et 1118, al. 1, C.c.B.-C.).

De même, la subrogation constituant un paiement, elle ne peut nuire au créancier subrogeant: «Le créancier qui n'a été payé qu'en partie peut exercer ses droits pour le solde de sa créance, par préférence au subrogé dont il n'a reçu qu'une partie de celle-ci»; l'article 1658, alinéa 1, reprend ainsi, malgré une modification de forme, la règle énoncée à l'article 1157 C.c.B.-C. (2e phrase), application de la règle «*nemo contra se subrogasse censetur*», les cause légitimes de préférence étant les priorités et les hypothèques (art. 2647).

En revanche, si le créancier s'est obligé, envers le subrogé, à fournir et faire valoir le montant pour lequel sa subrogation est acquise, si donc le subrogeant s'est engagé envers le subrogé à garantir la solvabilité du débiteur, la solution est l'inverse de la précédente, ce qui signifie que le subrogé est préféré au subrogeant: l'alinéa 2 de l'article 1658 reprend les règles prévues par les articles 1986 et 2052 C.c.B.-C., au titre des privilèges et hypothèques; une telle solution est logique, puisque le subrogeant a consenti une garantie que la loi n'exigeait pas de lui.

Section 3 - La novation

Par. 1 - Éléments de la novation

192. *Aliquid novi* La novation est l'opération par laquelle une obligation nouvelle éteint une obligation originaire et lui est substituée. En d'autres mots, c'est dans une seule et même opération que disparaît un rapport de droit et s'en crée un nouveau: d'une pierre, deux coups[254]. Si l'obligation ancienne ne disparaissait pas, il ne pourrait y avoir novation; aussi, est-il nécessaire que l'obligation nouvelle comporte un élément nouveau, *aliquid novi*.

Cet élément nouveau peut être un changement d'objet (obligation de payer 1000 éteinte et remplacée par l'obligation de livrer ultérieurement tel bien), un changement de cause (acheteur d'un bien qui en conserve le prix à titre d'emprunteur), un changement de créancier (opération qui paraît ressembler à la cession de créance, mais qui en diffère sérieusement), enfin un changement de débiteur qui est l'opération la plus fréquente, car elle permet de pallier le principe de l'incessibilité des dettes, cette dernière opération pouvant s'effectuer sans le consentement de l'ancien débiteur: l'article 1660 énonce ces diverses possibilités, reprenant ainsi les articles 1169 et 1172 C.c.B.-C.

193. *Animus novandi* Un nouveau rapport de droit est donc créé en même temps qu'est éteinte la dette du débiteur initial, mais encore faut-il qu'il y ait aussi «*animus novandi*», intention de nover: c'est un élément essentiel à l'existence de la novation; il ne peut aucunement y avoir novation si les parties n'ont pas entendu nover et cette intention ne se présume pas, ce qui ne veut pas dire qu'elle doit être exprès: elle doit être «évidente», c'est-à-dire certaine, non équivoque (art. 1661, qui reproduit l'art. 1171 C.c.B.-C.). À défaut de cette preuve, la créance initiale subsiste et s'y ajoute la nouvelle, les deux rapports de droit coexistent.

Par. 2 - Effets de la novation

194. Effet extinctif et créateur L'obligation primitive est éteinte par la création d'une obligation nouvelle; c'est dire que les actions et exceptions, ainsi que les sûretés attachées à l'obligation primitive (action en résolution, exception de prescription, garanties etc.) disparaissent avec la création de l'obligation nouvelle qui, elle, vient à la vie juridique avec ses caractères propres, à moins que toutes les parties aient convenu que les garanties attachées à l'obligation primitive passent à celle qui lui est substituée.

Les articles 1662 et 1663, alinéa 2, reprennent à cet égard les articles 1176 et 1177 C.c.B.-C. en ne visant toutefois que les hypothèques, et non point les privilèges ou désormais «priorités»: cette modification est due au fait que, dans le nouveau droit des sûretés, les «priorités» ne révêtent pas le caractère d'une sûreté réelle assortie d'un droit de suite (comparer les art. 2650 et 2660: un droit de préférence résulte de la priorité, tandis qu'un droit de suite et un droit de préférence résultent de l'hypothèque). Quant à l'article 1663, alinéa 1, il reprend, sous une forme nouvelle, l'article 1180 C.c.B.-C. dont on admettait qu'il s'appliquait non seulement à la délégation imparfaite, mais aussi à la délégation parfaite qui vaut novation par changement de débiteur: il est normal que le nouveau débiteur ne puisse opposer au créancier des moyens de défense qui concernaient un rapport de droit qui est désormais éteint, sauf la nullité de l'acte qui liait le créancier et le débiteur primitif qu'aurait pu invoquer le débiteur primitif, puisqu'en ce cas, le nouveau rapport de droit entre le créancier et le nouveau débiteur n'aurait pu naître.

195. Dispositions particulières aux obligations solidaires
L'article 1664 reproduit l'article 1178 C.c.B.-C. et vise la novation qui s'opère entre le créancier et l'un des débiteurs solidaires: en ce cas, les hypothèques (et non plus les priorités, puisqu'elles n'emportent pas droit de suite) liées à la créance primitive ne peuvent être réservées que sur les biens du codébiteur qui contracte la nouvelle dette.

L'article 1665 reprend, sous une formulation quelque peu différente, l'article 1179 C.c.B.-C. et vise également la novation qui s'opère entre le créancier et l'un des débiteurs solidaires: en ce cas, les autres codébiteurs solidaires sont libérés; mais lorsque le créancier a exigé l'accession des codébiteurs, l'ancienne créance subsiste si les codébiteurs refusent d'accéder au nouveau contrat. Ce même article vise — comme l'ancien article — la novation qui s'opère à l'égard du débiteur principal: elle libère les cautions; mais lorsque le créancier a exigé l'accession des cautions, l'ancienne créance subsiste si les cautions refusent d'accéder au nouveau contrat. Le parallélisme des solutions est donc maintenu.

L'article 1665, enfin, rend inopposable à ses cocréanciers, la novation consentie par un créancier solidaire, excepté pour sa part dans la créance solidaire: il se borne à reprendre ici un cas d'application visé à l'article 1101, al. 2 C.c.B.-C.

Section 4 - La délégation

196. Notion de délégation C'est une opération par laquelle une personne, le délégué, sur l'ordre ou à l'invitation d'une autre, le délégant, accepte de s'engager, envers une troisième, le délégataire. Pratiquement, elle intervient entre personnes obligées les unes envers les autres: soit V, le vendeur d'un immeuble, qui préalablement avait emprunté de P, et qui demande à son acheteur, A, de s'engager à payer le prix d'achat à son prêteur P. On constate que V, débiteur initial de P, est remplacé par l'acheteur A: dans la mesure où P accepte de libérer son débiteur initial, on se trouve dans un schéma de novation, c'est ce qu'on appelle la délégation parfaite qui vaut novation.

Il peut, cependant, en être autrement: P peut accepter l'engagement de A envers lui, sans pour autant libérer V et il aura, alors, deux débiteurs: c'est la délégation imparfaite.

Pour déterminer si la délégation est parfaite ou imparfaite, il suffit de savoir si l'opération a éteint ou non le rapport prêteur/emprunteur (P/V) et si donc il y a ou non novation. On comprend aisément que la délégation imparfaite soit la plus courante, puisqu'elle permet au créancier délégataire d'avoir deux débiteurs plutôt qu'un; c'est pourquoi elle est présumée (art. 1668), alors que la novation ne se présume pas (art. 1661). D'où l'article 1667, reprenant les articles 1173 et 1171 C.c.B.-C., qui définit la délégation, en la distinguant clairement d'une simple indication de paiement, la délégation consistant, pour un débiteur, à désigner une personne qui *accepte de s'obliger personnellement* à payer le créancier délégataire qui, lui-même, accepte la délégation (art. 1668).

197. Effets de la délégation S'il accepte la délégation, le créancier délégataire conserve ses droits contre le débiteur initial, le délégant — délégation imparfaite —, «à moins qu'il ne soit évident que le créancier entend décharger ce débiteur», auquel cas on sera en présence d'une délégation parfaite qui vaut novation (art. 1668, qui reprend l'art 1173 C.c.B.-C.).

En vertu de l'article 1669, alinéa 1, qui reprend l'article 1180, alinéa 1, C.c.B.-C., le délégué — nouveau débiteur ou débiteur supplémentaire — ne peut opposer au délégataire — le créancier — les moyens de défense qu'il aurait pu faire valoir contre le délégant — débiteur initial, — même s'il en ignorait l'existence au moment de la délégation: en effet la relation délégué-délégant n'intéresse aucunement le délégataire qui peut ignorer les rapports existant entre eux et les raisons pour lesquelles le délégué s'est engagé envers lui; en revanche, il est nécessaire que soit valable l'obligation existant entre le délégant et le délégataire: le délégué ne se serait pas engagé s'il n'y avait pas eu une créance antérieure du délégataire envers le délégant (art. 1669, al. 2, qui reprend l'art. 1180, al. 2 C.c.B.-C.), d'où le possible recours du délégué contre le délégant.

Enfin, en vertu de l'article 1670, alinéa 1, le délégué peut opposer au délégataire les moyens de défense que le délégant aurait pu faire valoir contre le délégataire: cette disposition ne nous paraît pas a priori pouvoir s'appliquer à la délégation parfaite, puisque, en ce cas, il y a novation et donc la relation délégant/délégataire est éteinte par la création du nouveau rapport délégué/délégataire; aussi, les moyens de défense disparaissent-ils du même coup, sous réserve de la nullité du rapport initial. Ainsi, pourrait-on dire que, dans le cadre d'une délégation imparfaite, le délégué pourrait opposer au délégataire la nullité du rapport délégant/délégataire, ainsi que l'extinction de l'obligation, tel le paiement, la remise, la prescription. Toutefois, en vertu de l'article 1670, alinéa 2, le délégué ne peut opposer au délégataire la compensation de ce que le délégant doit au délégataire, ni de ce que le délégataire doit au délégant: la possibilité de renoncer à la compensation en serait-elle la raison?

Chapitre VIII - De l'extinction de l'obligation

198. Présentation Sous ce chapitre, le nouveau Code civil traite des causes d'extinction qui n'ont pas été insérées sous les chapitres de l'exécution ou des mutations de l'obligation ou du titre de la prescription: il s'agit de la compensation, de la confusion, de la remise, de l'impossibilité d'exécuter l'obligation ou de la libération du débiteur (art. 1671). Ce sont ces sujets qui vont être ici abordés, à l'exception de l'impossibilité d'exécuter qui a déjà fait l'objet d'une analyse, dans le cadre de la théorie des risques[255].

Ce chapitre reprend globalement les dispositions du *Code civil du Bas-Canada*, les modifications apportées n'étant destinées qu'à simplifier ou clarifier certaines règles antérieures.

Section 1 - La compensation

Par. 1 - Conditions de la compensation

199. Caractères des obligations susceptibles de compensation On a pu dire de la compensation qu'elle était «un mode d'extinction de deux obligations ayant un objet semblable et existant en sens inverse, le créancier de l'une étant le débiteur de l'autre»[256]. On a tout aussi bien pu dire que la compensation était un paiement abrégé, double et par préférence[257].

Comme dans le droit antérieur, pour qu'il y ait compensation légale, il est nécessaire de remplir quatre conditions: les deux obligations doivent exister entre les deux mêmes personnes (réciprocité); elles doivent avoir pour objet de l'argent ou des biens fongibles de la même espèce (fongibilité); elles doivent être liquides[258] (liquidité) et exigibles (exigibilité). Ce sont, là, les conditions qu'énonçaient les articles 1187 et 1188 C.c.B.-C. et qui sont reprises au premier alinéa des articles 1672 et 1673.

Dès lors que ces conditions sont réunies, «la compensation s'opère de plein droit» (art. 1673, al. 1 qui reprend l'art. 1188, al. 1 C.c.B.-C.), par le seul effet de la loi: c'est pourquoi on parle de compensation légale, sans que pour autant il soit impossible d'y déroger; la règle n'a rien d'impératif, ce qui signifie qu'il pourrait y avoir une compensation conventionnelle: ce serait le cas d'une dette portant sur une somme d'argent, qui serait compensée par une dette portant sur un corps certain, encore qu'on pourrait prétendre avec raison, nous semble-t-il, qu'il s'agirait plutôt, en ce cas, d'une dation en paiement.

À côté de ces modes de compensation, figure ce qu'on a appelé la «compensation judiciaire»: ce serait le cas où, la dette de l'un n'étant pas liquide, le tribunal la rendrait liquide en en déterminant le montant; c'est ce qu'admettait le droit antérieur, même en l'absence d'un texte, et c'est ce que désormais prévoit l'alinéa 2 de l'article 1673.

200. Obstacles à la compensation Bien que les conditions de la compensation légale soient réunies, il est des cas où il ne peut y avoir compensation. Elle s'opère, certes, quelle que soit la cause de l'obligation d'où résulte la dette (art. 1676, al. 1, qui reprend l'art 1190, al. 1, C.c.B.-C,.), mais elle n'a pas lieu «si la créance résulte d'un acte fait dans l'intention de nuire ou si la dette a pour objet un bien insaisissable»: l'article 1676, al. 2, reprend donc l'article 1190-3 C.c.B.-C. qui référait à la dette ayant pour objet des aliments insaisissables, en l'étendant — comme l'admettaient doctrine et jurisprudence — à *toute* dette insaisissable; quant à «l'acte fait avec l'intention de nuire», il recouvre les cas du «dépouillement injuste» (art. 1190-1- C.c.B.-C.) et de «la demande en restitution d'un dépôt» (art. 1190-2 C.c.B.-C.), qui impliquaient mauvaise foi ou conduite répréhensible, tout en étant d'application plus large qu'auparavant, compte tenu de la formulation, encore que l'exigence de l'intention de nuire soit nécessaire à faire obstacle à la compensation.

La compensation n'a pas lieu, non plus, «et on ne peut plus y renoncer, au préjudice des droits acquis à un tiers»: l'article 1681 reprend l'article 1196 C.c.B.-C.[259], mais énonce également le même principe reconnu par la jurisprudence, applicable au cas de renonciation à la compensation; la compensation étant, on l'a dit, un paiement double, abrégé et par préférence, celui qui renonce à la compensation ne peut le faire au préjudice d'un tiers.

On notera, enfin, une règle qui n'était pas exprimée dans le *Code civil du Bas-Canada*, mais qui a toujours été bien connue des citoyens: en vertu de l'article 1672, alinéa 2, «la compensation ne peut être invoquée *contre* l'État, mais celui-ci peut s'en prévaloir», disposition qui fut l'objet de longues discussions, mais qui fut maintenue, parce que «justifiée par des considérations d'ordre pratique et juridique, liées au rôle de l'État et à la diversité de ses fonctions auprès du public»[260], et insérée au Code civil étant donné. qu'en vertu de l'article 1376, les règles relatives aux obligations s'appliquent à l'État.

201. Non-obstacle à la compensation L'article 1674, reprenant sous une formulation différente l'article 1193 C.c.B.-C., précise que le fait, pour les deux dettes, de n'être pas payables au même lieu, ne fait pas obstacle à la compensation, pourvu qu'on tienne compte, le cas échéant, des frais de délivrance (le terme «délivrance» ayant été préféré au terme antérieur «remise», compte tenu du sens particulier de «remise» tel que donné aux articles 1687 et ss.). Cette règle est destinée à éviter qu'on voit un obstacle à la compensation lorsque les frais relatifs à l'exécution de la dette ne sont pas liquides.

De même, l'article 1675, reproduisant l'article 1189 C.c.B.-C., énonce qu'il n'y a pas obstacle à la compensation, du fait qu'un délai de grâce ait été accordé pour le paiement de l'une des dettes. Le «délai de grâce» dont il est ici question est celui qui vise également l'article 1600, en matière de demeure[261]: ce n'est pas un nouveau terme accordé par le créancier au débiteur, qui retarderait l'exigibilité de l'obligation; c'est un délai simplement destiné à retarder les poursuites ou l'exercice par le créancier d'un droit en justice.

Par. 2 - Effets de la compensation

202. Compensation automatique «La compensation s'opère de plein droit» (art. 1673, qui reprend l'art 1188 C.c.B.-C.), ce qui fait d'elle un paiement forcé, sans intervention des débiteurs ou du tribunal, un paiement double qui donc éteint les deux dettes, principal et accessoires. On notera, toutefois, quelques dispositions particulières qui nous rapprochent des atténuations apportées à cet automatisme et qui se trouvaient déjà dans l'ancien Code.

L'article 1677, reprenant l'article 1195 C.c.B.-C., renvoie aux règles établies pour l'imputation des paiements, lorsque plusieurs dettes susceptibles de compensation sont dues par le même débiteur, afin de déterminer celle des dettes (ou celles) qui est véritablement éteinte.

L'article 1678, alinéa 1, reprenant l'article 1193, alinéa 3 C.c.B.-C., permet à un débiteur solidaire d'opposer la compensation de ce que le créancier doit à son codébiteur, pour la part de ce dernier dans la dette solidaire (exception mixte)[262]; l'alinéa 2 de ce même article 1678, reprenant l'alinéa 2 de l'article 1101 C.c.B.-C., énonce la même règle en matière de solidarité active.

L'article 1679, reprenant les alinéas 1 et 2 de l'article 1191 C.c.B.-C., énonce la possibilité, pour la caution, d'opposer la compensation de ce que le créancier doit au débiteur principal et l'impossibilité, pour le débiteur principal, d'opposer la compensation de ce que le créancier doit à la caution: règles de bon sens, puisque — dans le premier cas — le débiteur principal ayant «exécuté», la caution est libéré, alors que — dans le second cas — il n'y a pas réciprocité des dettes, la caution étant seulement un débiteur accessoire.

Enfin, l'article 1680 reprend l'article 1192 C.c.B.-C., relativement à la compensation dans un contexte de cession de créance, en distinguant — comme auparavant — le cas du débiteur qui acquiesce purement et simplement à la cession consentie par son créancier à un tiers et celui du débiteur qui n'acquiesce pas; par l'acquiescement, le débiteur cédé renonce à la compensation et devient débiteur du cessionnaire, tandis que l'absence d'acquiescement à la cession qui lui est opposable permet au débiteur cédé d'invoquer en compensation contre le cessionnaire, les créances nées contre le cédant avant le moment où la cession lui est devenue opposable, mais non point celles qui sont postérieures à ce moment. Le seul élément nouveau dans cette disposition est qu'elle s'applique également aux hypothèques de créances.

203. Atténuations à l'automatisme Les règles relatives à la compensation légale n'étant pas impératives, il est possible de renoncer à la compensation; l'article 1682 qui reprend l'article 1197 C.c.B.-C. fournit un exemple de renonciation tacite[263]:

c'est le cas d'un débiteur qui paie une dette qu'il aurait pu considérer comme compensée. Il perd, alors, la possibilité de se prévaloir, au préjudice des tiers, des priorités ou hypothèques qui étaient attachées à sa créance, la compensation ayant eu pour effet de lever ces sûretés. Cette renonciation ne peut nuire aux tiers.

Il y a, cependant, dans cet article 1682, un élément nouveau qui modifie l'article 1197 C.c.B.-C.: en effet, la règle énoncée s'applique désormais, même lorsque celui qui paie la dette compensée avait «de justes causes d'ignorer l'existence (de la compensation)»; la possibilité, dans le droit antérieur, de se prévaloir des privilèges et hypothèques en un tel cas, au préjudice des tiers, avait été vigoureusement critiquée — notamment par Mignault - sur le plan de la logique et de la justice. L'opinion de Mignault prévaut donc dans le nouveau Code.

Section 2 - La confusion

204. Extinction de l'obligation ou obstacle à l'exécution «La réunion des qualités de créancier et de débiteur dans la même personne opère une confusion qui éteint l'obligation...» (art. 1683, qui reprend l'art. 1198 C.c.B.-C.): il s'agit d'une seule et même personne qui, à l'égard d'elle-même, a une créance ou une dette à faire valoir. On dit que la confusion est un mode d'extinction de l'obligation, alors qu'elle est plutôt un obstacle à l'exécution, puisqu'une personne ne peut guère se poursuivre en exécution!

En fait, il s'agit d'une personne créancière ou débitrice d'une autre personne, qui devient l'héritière de cette autre personne[264].

«Néanmoins, dans certains cas, lorsque la confusion cesse d'exister, ses effets cessent aussi» (2e phrase de l'article 1683 qui reproduit la 2e phrase de l'article 1198 C.c.B.-C.): c'est le cas de la personne désignée comme légataire universelle dans un testament qui est révoquée dans un testament postérieur, découvert plus tard; alors l'obligation survit.

On notera que la confusion profite aux cautions lorsqu'elle s'opère par le concours des qualités de créancier et de débiteur principal en la même personne: solution de bon sens puisque l'extinction de la dette libère les cautions, alors que le concours des qualités de caution et de créancier ou de caution et de débiteur principal, n'éteint pas l'obligation principale, puisqu'on ne peut confondre le patrimoine de la caution avec celui du débiteur principal (art. 1684 qui reproduit l'art. 1199 C.c.B.-C.).

On notera l'article 1685, qui reprend l'article 1113 C.c.B.-C., énonçant que le concours des qualités de créancier et de codébiteur solidaire éteint l'obligation à concurrence de la part de ce codébiteur (exception mixte)[265]; ce même article, de façon plus explicite que l'alinéa 2 de l'article 1101 C.c.B.-C. énonce que le concours des qualités de débiteur et de cocréancier solidaire éteint l'obligation à concurrence de la part de ce cocréancier: ce qui est valable pour la solidarité passive l'est également pour la solidarité active.

Enfin, en vertu de l'article 1686, «l'hypothèque s'éteint par la confusion des qualités de créancier hypothécaire et de propriétaire d'un bien hypothéqué. Elle renaît cependant, si le créancier est évincé pour quelque cause indépendante de lui». Cet article reprend l'article 2081 C.c.B.-C., en matière d'hypothèque: il ne s'agit aucunement d'un cas de confusion au sens où il doit être entendu, tel qu'énoncé précédemment, et n'a pas sa place ici, puisque la réunion de ces qualités entraîne, non point l'extinction d'une obligation, mais celle d'un droit réel accessoire, en l'occurrence l'hypothèque. Toutefois, cette règle a été insérée ici, «compte tenu du fait que ce type de confusion concerne tout de même l'accessoire d'une obligation»[266].

Section 3 - La remise

205. Notion de remise La remise est une convention par laquelle le créancier libère son débiteur de la totalité ou d'une partie de son obligation[267], mais on présume qu'elle est totale, à défaut de stipulation contraire (art. 1687); on évite ainsi les difficultés d'interprétation pouvant résulter du silence[268]. Elle est soumise aux règles générales relatives aux conditions de formation des contrats.

Elle est généralement faite à titre gratuit et elle est alors une donation indirecte, soumise aux règles de fond de la donation, mais non point aux règles de forme; toutefois, elle peut être faite à titre onéreux lorsque le créancier est déterminé par son intérêt: il peut parfois préférer recevoir partie de la dette plutôt que rien (art. 1688, al. 2, qui n'a pas de correspondant dans le *Code civil du Bas-Canada*, mais qui exprime une règle déjà admise).

206. Preuve de la remise S'agissant d'une convention qui n'est soumise à aucune formalité particulière, elle peut être expresse ou tacite (art. 1688, qui reprend l'art. 1181, al. 1 C.c.B.-C.) et les règles normales de preuve s'appliquent à elle.

Cependant, l'article 1689 — dont l'alinéa premier reprend l'article 1181, alinéa 2, C.c.B.-C. et dont l'alinéa second reprend l'article 1183 C.c.B.-C. — indique une circonstance qui fait présumer qu'il y a remise: lorsque le créancier met volontairement son débiteur en possession du titre original de l'obligation et qu'il n'y a rien d'autre qui permette d'en déduire qu'il s'agit plutôt d'un paiement de la part du débiteur, il y a présomption de remise; de même lorsque le créancier met ainsi en possession l'un des débiteurs solidaires, il est présumé faire remise de la dette à tous les codébiteurs. En se privant de son titre qui est son principal moyen de preuve, le créancier semble bien vouloir libérer son débiteur ou tous ses débiteurs solidaires.

En revanche, le créancier qui renonce expressément à une priorité ou à une hypothèque ne signifie de ce fait aucunement son intention de remettre la dette elle-même; il indique seulement sa volonté de renoncer à la sûreté qui garantissait l'exécution de l'obligation: l'article 1691 reprend l'article 1182 C.c.B.-C., mais va au-delà, puisqu'il généralise une disposition qui ne visait que «la chose donnée en nantissement».

207. Effets de la remise Elle libère le débiteur et, donc, éteint l'obligation.

Quelques précisions sont apportées, à l'instar de l'ancien Code, dans un contexte de dette solidaire et de dette cautionnée.

Quant à la remise faite dans un contexte de solidarité passive, on a déjà mentionné l'article 1689, alinéa 2 (au même effet que l'art. 1183 C.c.B.-C.), en vertu duquel le dessaisissement par le créancier de son titre profite à tous les débiteurs. De même, on a déjà fait état de l'article 1690 qui reprend l'article 1184 C.c.B.-C., mais ajoute une règle relative à une situation d'insolvabilité qui, selon nous, modifie le droit antérieur[269]; pour ce qui est de la remise expresse accordée — dans un contexte de solidarité active — par l'un des créanciers solidaires, elle ne libère le débiteur que pour la part de ce créancier: l'article 1690, alinéa 2, reprend l'article 1101, alinéa 2, C.c.B.-C., un créancier solidaire ne pouvant aggraver la situation de ses cocréanciers.

Enfin, l'article 1692 reprend, dans son premier alinéa, l'article 1185, alinéa 3, C.c.B.-C., en vertu duquel la remise expresse à l'une des cautions ne libère les autres que dans l'hypothèse où ces derniers auraient un recours contre la caution libérée et jusqu'à concurrence, alors, de ce recours. Dans son second alinéa, l'article 1692 reprend l'article 1186 C.c.B.-C., prévoyant le cas du créancier recevant de la caution un montant destiné à libérer celle-ci de son cautionnement: ce versement ne doit pas être considéré comme le paiement partiel de la dette principale, sauf à l'égard des cautions qui auraient un recours contre la caution libérée; en ce cas, les cautions seraient libérées jusqu'à concurrence de ce recours. Le droit antérieur est ici totalement maintenu.

Section 4 - Libération du débiteur

208. Maintien global du droit antérieur Il s'agit de la libération du débiteur, dans des circonstances qui impliquent la vente du bien grevé d'une priorité ou d'une hypothèque pour la garantie du paiement de la dette au profit des créanciers prioritaires ou hypothécaires.

Les articles 1695 à 1698 reprennent substantiellement les articles 1202-a. et suivants ajoutés au C.c.B.-C. en 1947: les modifications sont seulement destinées à tenir compte de la réforme du droit des sûretés et à enlever du Code civil des dispositions qui relèvent du droit judiciaire[270].

En vertu de l'article 1695, le débiteur est libéré de sa dette envers son créancier prioritaire ou hypothécaire, lorsque celui-ci acquiert le bien sur lequel porte sa créance, à la suite d'une vente en justice, d'une vente faite par le créancier ou d'une vente faite sous contrôle de justice (recours destinés à réaliser les droits prioritaires ou hypothécaires); il est libéré jusqu'à concurrence de la valeur marchande du bien au moment de

l'acquisition par le créancier, déduction faite de toute autre
créance qui a priorité de rang sur celle de l'acquéreur.

Ce débiteur est également libéré si ce créancier revend le bien
en question, en totalité ou en partie, dans les trois ans qui suivent la vente, ou s'il fait sur ce bien d'autres opérations, en
percevant une valeur au moins égale au montant de sa créance
— capital, intérêts et frais —, au montant des impenses qu'il a
faites sur le bien, portant intérêt, et au montant des autres créances prioritaires ou hypothécaires qui prennent rang avant la
sienne.

Cet article 1695 reprend substantiellement les articles 1202-a,
1202-b- et 1202-c C.c.B.-C., en remplaçant toutefois l'ancienne
notion de valeur «globale de la créance... et de toute autre
créance... ayant priorité sur celle de l'adjudicataire» (art. 1202-
b-a), par la notion de «valeur marchande du bien au moment de
l'acquisition», cette valeur paraissant plus aisée à déterminer.

L'article 1696, qui reprend substantiellement les articles 1202-
f et 1202-g- C.c.B.-C., énonce une présomption d'acquisition
du bien par le créancier, lorsque le bien en question est vendu
à une personne avec qui ce créancier est de connivence ou qui
lui est liée (parent ou allié jusqu'au 2e degré, personne vivant
sous son toit, ou encore associé ou personne morale dont il est
un administrateur ou qu'il contrôle).

Dès lors que le débiteur est libéré, il a le droit d'obtenir quittance du créancier, à défaut de quoi il peut s'adresser au tribunal pour faire constater sa libération, le jugement obtenu valant
quittance à l'égard du créancier: l'article 1697 remplace, à cet
égard, l'article 1202-h. C.c.B.-C. et s'en éloigne en permettant
que la libération ait désormais lieu de plein droit, dès lors que
les conditions de l'article 1695 sont réunies, le recours au tribunal n'étant nécessaire qu'au cas de refus, de la part du créancier, de donner quittance. Cet article 1697 est aussi débarrassé
des dispositions relevant du droit judiciaire.

Enfin, l'article 1698, qui reprend substantiellement l'article
1202-i- C.c.B.-C., énonce la libération des cautions et autres
garants, du fait de la libération du débiteur principal, en leur
attribuant l'exercice des droits reconnus au débiteur principal à
l'article précédent[271].

Tables de concordance

C.c.Q.	C.c.B.-C.	C.c.Q.	C.c.B.-C.	C.c.Q.	C.c.B.-C.
1371 —	982	1411 —	989.990	1451 —	1212
1372 —	983	1412 —	4svt990	1452 —	1212
1373 —	1058, 1062	1413 —		1453 —	1022al.2,
1374 —	1060, 1061al.1	1414 —			1025al.1,
1375 —		1415 —			1026,
1376 —		1416 —			1472al.2
1377 —		1417 —		1454 —	1027al.2
1378 —		1418 —		1455 —	1027al.1,
1379 —		1419 —			1472al.2
1380 —		1420 —		1456 —	
1381 —		1421 —		1457 —	1053,
1382 —		1422 —			1054al.1
1383 —		1423 —	1214	1458 —	1065
1384 —		1424 —		1459 —	1054al.2et 6
1385 —	984	1425 —	1013	1460 —	1054al.3, 5
1386 —	988	1426 —	1016, 1017		et 6
1387 —		1427 —	1018	1461 —	1054al.4
1388 —		1428 —	1014		et 6,
1389 —		1429 —	1015		1054.1
1390 —		1430 —	1021	1462 —	1053
1391 —		1431 —	1020	1463 —	1054al.7
1392 —		1432 —	1019	1464 —	
1393 —		1433 —	1022al.1, 2	1465 —	1054al.1
1394 —		1434 —	1024	1466 —	1055al.1 et 2
1395 —		1435 —		1467 —	1055al.3
1396 —		1436 —		1468 —	
1397 —		1437 —		1469 —	
1398 —	986al.3	1438 —		1470 —	1071, 1072
1399 —	991	1439 —	1022al.3	1471 —	
1400 —	992	1440 —	1023	1472 —	
1401 —	993	1441 —	1028, 1030	1473 —	
1402 —	994, 995, 996	1442 —	1030	1474 —	
1403 —	997, 998	1443 —	1028	1475 —	
1404 —	999	1444 —	1029	1476 —	
1405 —	1001-1012	1445 —	2543	1477 —	
1406 —		1446 —	(1029)	1478 —	
1407 —	1000	1447 —		1479 —	
1408 —		1448 —		1480 —	
1409 —	985.986	1449 —		1481 —	
1410 —	989	1450 —		1482 —	1043, 1041

C.c.Q.	C.c.B.-C.	C.c.Q.	C.c.B.-C.	C.c.Q.	C.c.B.-C.
1483	—	1526	— 1106	1570	— 1159
1484	— 1043, 1044, 1045	1527	— 1109	1571	— 1160
1485	—	1528	— 1107	1572	— 1161
1486	— 1046	1529	— 1108	1573	— 1162, 1163, 3° et 7°
1487	—	1530	— 1112	1574	— 1163, 4°
1488	—	1531	— (1959)	1575	—
1489	— 1043al.2	1532	— 1114	1576	—
1490	—	1533	— 1115al. 1 et 2	1577	— 1164, 1165
1491	— 1047al.1, 1048	1534	— 1116	1578	—
1492	— 1047, 1049à1052	1535	— 1115al.3	1579	—
1493	—	1536	— 1117, 1118al.1	1580	—
1494	—	1537	— 1120	1581	— 1165 al.3
1495	—	1538	— 1118al.2, 1119	1582	— 1165 al.3
1496	—			1583	— 1162 al.2
1497	— 1079al.1	1539	— 1112	1584	— 1166
1498	— 1079al.2	1540	— 1122	1585	— 1167
1499	— 1080	1541	— 1100	1586	— 1162 al.2
1500	— 1081	1542	— 1100	1587	—
1501	— 1082	1543	— 1101	1588	— 1162 al.1
1502	— 1083	1544	—	1589	—
1503	— 1084	1545	— 1093, 1095	1590	— 1065
1504	— 1086	1546	— 1094	1591	—
1505	— 1085	1547	— 1093	1592	—
1506	— 1085, 1088	1548	— 1096	1593	—
1507	— 1087, 1088	1549	— 1097	1594	— 1067
1508	— 1089	1550	— 1098	1595	— 1067
1509	— (2240)	1551	— 1099	1596	—
1510	—	1552	—	1597	— 1068, 1070
1511	— 1091	1553	— 1139	1598	—
1512	— (1783)	1554	— 1140	1599	—
1513	— 1090	1555	— 1141, 1142	1600	— 1077, 1200, 1202
1514	— 1092	1556	— 1143	1601	— 1065
1515	—	1557	— 1144	1602	— 1065
1516	—	1558	— 1146	1603	— 1066
1517	— 1138	1559	— 1145	1604	— 1065
1518	—	1560	— 1147	1605	— 1065
1519	— 1121à1124	1561	— 1148, 1149al.1	1606	—
1520	— 1126, 1127, 1129	1562	— 1150	1607	— 1065, 1075
1521	— 1125	1563	— 1151	1608	— 2494
1522	— 1122	1564	—	1609	— 1056bal.4
1523	— 1103	1565	— (1785, 1786)	1610	—
1524	— 1104	1566	— 1152	1611	— 1073
1525	— 1105	1567	— 1153	1612	—
		1568	—	1613	— 1074, 1075
		1569	— 1158		

C.c.Q.	C.c.B.-C.	C.c.Q.	C.c.B.-C.	C.c.Q.	C.c.B.-C.
1614 —		1657 —	1157	1700 —	1047al.1
1615 —		1658 —	1157, 1986,	1701 —	1050, 1051
1616 —			2052	1702 —	
1617 —	1077	1659 —	1987, 2052	1703 —	417, 1052
1618 —	1056cal.1,	1660 —	1169, 1172	1704 —	
	1078.1al.1	1661 —	1171	1705 —	
1619 —	1056cal.2,	1662 —	1176	1706 —	1011
	1078.1al.2	1663 —	1180, 1177		
1620 —	1078	1664 —	1178		
1621 —		1665 —	1179		
1622 —	1131, 1133	1666 —	1101 al.2		
1623 —	1135	1667 —	1173, 1174		
1624 —	1136	1668 —	1173		
1625 —	1137	1669 —	1180		
1626 —		1670 —	1180 al.2		
1627 —	1031	1671 —	1138		
1628 —		1672 —	1187, 1188al.2		
1629 —		1673 —	1188al.1		
1630 —		1674 —	1193		
1631 —	1032, 1033	1675 —	1189		
1632 —	1035, 1036,	1676 —	1190		
	1038	1677 —	1195		
1633 —	1034	1678 —	1191al.3,		
1634 —	1039		1101al.2		
1635 —	1040	1679 —	1191al.1 et 2		
1636 —		1680 —	1192		
1637 —		1681 —	1196		
1638 —	1574, 1575	1682 —	1197		
1639 —	1510, 1576	1683 —	1198		
1640 —	1577	1684 —	1199		
1641 —	1571, 1571a, b.	1685 —	1113, 1101al.2		
1642 —	1571	1686 —	2081, 3		
1643 —	1572, 1145	1687 —			
1644 —		1688 —	1181al.1		
1645 —		1689 —	1181al.2, 1183		
1646 —	(1988, 2052)	1690 —	1184, 1101al.2		
1647 —	(1573)	1691 —	1182		
1648 —		1692 —	1185al.3, 1186		
1649 —		1693 —	1200al.1 et 2,		
1650 —			1202		
1651 —	1154	1694 —	1202		
1652 —	1154	1695 —	1202a, b, c.		
1653 —	1155	1696 —	1202f, g.		
1654 —	1155par.1	1697 —	1202h.		
1655 —	1155par.2	1698 —	1202i		
1656 —	1156	1699 —			

C.c.B.-Q.	C.c.Q.	C.c.B.-C.	C.c.Q.	C.c.B.-C.	C.c.Q.
982 —	1371	1027 —	1455, 1454	1061 —	1374, 631
983 —	1372	1028 —	1443	1062 —	1373
984 —	1385	1029 —	1444	1063 —	
985 —	(4)1409	1030 —	1442	1064 —	
986 —	(154)1398	1031 —	1627	1065 —	1458, 1590
987 —		1032 —	1631		1601, 1602
988 —	1386	1033 —	1631		1604, 1605
989 —	1410, 1411	1034 —	1633		1607
990 —	1411	1035 —	1632	1066 —	1603
991 —	1399	1036 —	1632	1067 —	1594, 1595
992 —	1400	1037 —	abrogé	1068 —	1597
993 —	1401	1038 —	1632	1069 —	
994 —	1402	1039 —	1634	1070 —	1597
995 —	1402	1040 —	1635	1071 —	1470
996 —	1402	1040a —	1749(1801)	1072 —	1470
997 —	1403	1040b —	2758	1073 —	1611
998 —	1403	1040c —	2332	1074 —	1613
999 —	1404	1040d —	1756	1075 —	1613
1000 —	1407	1040e —	1749, 1756	1076 —	1622
1001 —	1405	1041 —	1482	1077 —	1617
1002 —		1042 —		1078 —	1620
1003 —		1043 —	1482, 1484	1078.1 —	
					1618, 1619
1004 —		1044 —	1484	1079 —	1497, 1498
1005 —		1045 —	1484	1080 —	1499
1006 —		1046 —	1486	1081 —	1500
1007 —		1047 —	1491, 1492	1082 —	1501
1008 —		1048 —	1491,	1083 —	1502
1009 —			1699 à 1707	1084 —	1503
1010 —		1049 —	1492	1085 —	1505,
1011 —	1706	1050 —	1492		1506
1012 —	1405	1051 —	1492	1086 —	1504
1013 —	1435	1052 —	1492	1087 —	1507
1014 —	1428	1053 —	1457, 1462	1088 —	1507
1015 —	1429	1054 —	1457, 1459,	1089 —	1508
1016 —	1426		1460, 1465	1090 —	1513
1017 —	1426	1054.1 —	1461	1091 —	1511
1018 —	1427	1055 —	1466, 1467	1092 —	1514
1019 —	1432	1056 —		1093 —	1545,
1020 —	1431	1056a —			1547
1021 —	1430	1056b —	1609	1094 —	1546
1022 —	1433,	1056c —	1618, 1619	1095 —	1545
	1439, 1453	1056d —		1096 —	1548
1023 —	1440	1057 —		1097 —	1549
1024 —	1434	1058 —	1373	1098 —	1550
1025 —	1453	1059 —		1099 —	1551
1026 —	1453	1060 —	1374	1100 —	1541, 1542

C.c.B.-Q.	C.c.Q.	C.c.B.-C.	C.c.Q.	C.c.B.-C.	C.c.Q.
1101 —	1543, 1685	1147 —	1560	1189 —	1675
1102 —	2900	1148 —	1561	1190 —	1676
1103 —	1523	1149 —	1561	1191 —	1679, 1678
1104 —	1524	1150 —	1562	1192 —	1680
1105 —	1525	1151 —	1563	1193 —	1674
1106 —	1526	1152 —	1566	1194 —	
1107 —	1528	1153 —	1567	1195 —	1677
1108 —	1529	1154 —	1651, 1652	1196 —	1681
1109 —	1527	1155 —	1653, 1654,	1197 —	1682
1110 —	2900		1655	1198 —	1683
1111 —		1156 —	1656	1199 —	1684
1112 —	1539	1157 —	1657, 1658	1200 —	1693
1113 —	1685	1158 —	1569	1201 —	(1701al.2)
1114 —	1532	1159 —	1560	1202 —	1693, 1694
1115 —	1533, 1535	1160 —	1571	1202a —	1695
1116 —	1534	1161 —	1572	1202b —	1695
1117 —	1536	1162 —	1573, 1583,	1202c —	1695
1118 —	1536, 1538		1586, 1588	1202d —	
1119 —	1538	1163 —	1573, 1574	1202e —	
1120 —	1537	1164 —	1577	1202f —	1696
1121 —	1519	1165 —	1577, 1581	1202g —	1696
1122 —	1519, 1522		1582	1202h —	1697
1123 —	1519	1166 —	1584	1202i —	1698
1124 —	1519	1167 —	1587	1202j —	
1125 —	1521	1168 —		1202k —	
1126 —	1520	1169 —	1660	1202l —	
1127 —	1520	1170 —			
1128 —		1171 —	1661		
1129 —	1520	1172 —	1660		
1130 —		1173 —	1667, 1668		
1131 —	1622	1174 —	1667		
1132 —		1175 —			
1133 —	1622	1176 —	1662		
1134 —		1177 —	1663		
1135 —	1623	1178 —	1664		
1136 —	1624	1179 —	1665		
1137 —	1625	1180 —	1669, 1663,		
1138 —	(1517)		1670		
1139 —	1553	1181 —	1688, 1689		
1140 —	1554	1182 —	1691		
1141 —	1555	1183 —	1689		
1142 —	1555	1184 —	1690		
1143 —	1556	1185 —	1692		
1144 —	1557	1186 —	1693		
1145 —	1559	1187 —	1672		
1146 —	1558	1188 —	1673, 1672		

Notes

1. Jean Pineau, *Les grands objectifs et les lignes de force de la réforme*, (1989) 30 Les Cahiers de droit, 587.

2. *Code civil du Québec*, Textes, Sources et commentaires, Ministère de la Justice du Québec, Introduction, Dispositions préliminaires, livre I Des personnes, p. 3.

3. Les règles relatives à certains comportements qui entraînent la responsabilité civile font l'objet d'une analyse particulière.

4. *Cf.* J. Pineau et D. Burman, *Théorie des obligations*, 2ᵉ éd., Les éditions Thémis Inc., 1988, n° 108, p. 150-151; J.L. Baudouin, *Les obligations*, 3ᵉ éd. 1989, les éditions Yvon Blais, nᵒˢ 267 et ss., p. 187 et ss.

5. En effet, l'article 1062 C.c.B.C. disposait: «*L'objet d'une obligation* doit être une *chose* possible»; il aurait dû dire: «*L'objet d'une prestation* doit être une *chose* possible ...»

6. Cet article 1061 al. 1 C.c.B.-C. devait se lire: «Les choses futures peuvent être l'objet d'une prestation.»

7. *Cf.* J. Pineau et D. Burman, *op. cit.* n° 3, p. 5. *Cf.* également Mazeaud, *Leçons de droit civil*, T. 1, 5ᵉ éd. par M. de Juglart, vol. 1ᵉʳ Éd. Montchrestien 1972, n° 171, p. 208; Marty et Raynaud, *Droit civil*, T. 1, Sirey, 1961, n° 308, p. 454; Weill, Terré et Simler, *Les biens*, Précis Dalloz, 1985, n° 12, p. 15 et s.

8 . *Code civil du Québec, Textes, sources et commentaires,* Ministère de la Justice du Québec, Livre V, Des obligations, Titre premier Des obligations en général, p. 5.

9. En ce sens, *cf.* O.R.C.C., *Rapport sur le Code civil du Québec,* Vol. II, Commentaires, tome 2, 1977, p. 564.

10. *Cf.* J. Pineau et D. Burman, *op. cit.* nᵒˢ 112 à 116, p. 154 à 164; J.L. Baudouin, *op. cit.* nᵒˢ 278 et ss., p. 194 et ss. On notera que l'article 1371 a pris le soin de préciser la nécessité d'une cause à l'obligation «découlant d'un acte juridique»: c'est, en effet, dans le cadre contractuel que le débat s'est instauré et revêt un intérêt; s'agissant, en effet, d'une obligation découlant d'un fait juridique, la cause objective en serait la loi, alors que la cause subjective pourrait en être toute sorte de raison: la morale, la nécessité sociale, etc.

11. *Cf.* J. Pineau et D. Burman, *op. cit.* nᵒˢ 18 et 19, p. 27 et ss. et n° 160, p. 227 et ss. ; J. L. Baudouin, *op. cit.* nᵒˢ 36 et 37, p. 44 et 45.

12. O.R.C.C., Commentaires, Tome 2, sous l'article 3, p. 605.

13. Sur l'offre assorti d'un délai et sur l'offre de récompense, *cf.* infra n° 25, note 25, et n° 30. L'alinéa 2 de l'article 1372 ne fait qu'introduire l'opposition classique entre l'obligation liant un débiteur et un créancier, immédiatement exigible, sans modalité particulière et celle qui, au contraire, est assortie de modalités, tel un terme, une condition, plusieurs débiteurs, plusieurs créanciers, plusieurs objets (art. 1497 à 1552).

14. Comme on l'a indiqué, la théorie de l'abus de droit est consacrée, sur le plan législatif, à l'article 7 et s'applique aussi bien dans l'exercice de droits contractuels que sur le terrain extracontractuel; cette disposition va,

d'ailleurs, dans le sens dans lequel s'était prononcée la Cour suprême du Canada: *cf. Houle* c. *Banque Canadienne Nationale*, [1990] R.R.A. 883, J.E. 90.1697 (C.S. Can.).

15. C.c.Q. Commentaires, L.V., T.1, Des obligations en général, sous l'art. 1376, p. 6.

16. C.c.Q., Commentaires, L.V., T. 1, sous l'article 1377, p. 8.

17. La définition du contrat donnée à l'article 1378, alinéa 1, est complétée par l'article 1433 qui précise que le contrat peut aussi avoir pour effet de modifier ou éteindre des obligations, ou encore de constituer, transférer, modifier ou éteindre des droits réels, couvrant ainsi la notion de convention.

18. *Cf.* J. Pineau et D. Burman, *op. cit.*, n°s 22 à 24, p. 38 et ss.; J.-L. Baudouin, *op. cit.*, n° 48, p. 58.

19. *Cf.* J. Pineau et D. Burman, *op. cit.* n° 23, p. 38.

20. *Cf. infra*, n°s 83 à 85.

21. *Cf.* J. Pineau et D. Burman, *op. cit.* n° 21, p. 33; J.L. Baudouin, n° 44, p. 56.

22. Quant à la sanction de l'inobservation de la solennité, *cf. infra* n° 71.3.

23. L'absence de solennité de cette promesse ne met pas le promettant — donateur en danger compte tenu de l'article 1812 qui protège de promesses inconsidérées, comme la solennité du contrat de donation est d'ailleurs destinée à protéger le donateur.

24. *Cf.* J. Pineau et D. Burman, *op. cit.*, n°s 34 à 45, p. 51 à 72: l'analyse présentée sous ces numéros et les solutions proposées demeurent totalement valables et conformes aux dispositions nouvelles du *Code civil du Québec*.

25. Certains pourraient soutenir que l'offre assortie d'un délai est un engagement unilatéral, acte de volonté unilatéral de la part de l'offrant qui entendrait s'engager à ne pas retirer son offre pendant le délai prévu, dont l'inobservation pourrait entraîner la responsabilité contractuelle. Nous croyons inutile de faire appel à la théorie de l'engagement unilatéral, l'obligation, en ce cas, de maintenir l'offre découlant clairement de la loi elle-même (art. 1390) plutôt que de la volonté de l'offrant: la loi impose à l'offrant, qu'il le veuille ou non, l'obligation de ne pas retirer son offre, dès lors qu'elle est assortie d'un délai exprès.

26. En règle générale, l'inobservation d'une promesse de contracter est sanctionnée par des dommages-intérêts et non point par une réparation en nature qui consisterait à forcer la conclusion du contrat (*cf.* par exemple, art. 1812 et art. 2316); il en va toutefois différemment dans le cas d'une promesse de vente ou d'une promesse d'achat, qui peut donner lieu — comme dans le droit antérieur — à une action en passation de titre (dans la mesure toutefois où on ne se trouve pas dans la situation prévue à l'article 1397): *cf.* art. 1712.

27. *Cf.* art. 2847, al. 2: la présomption qui concerne des faits réputés est absolue et aucune preuve ne peut lui être opposée.

28. *Cf.* J. Pineau et D. Burman, *op. cit.* n°s 46 à 51, p. 72 à 82; *cf. Magann* c. *Auger*, (1901) 31 R.C.S. 186 et *Charlebois* c. *Baril*, [1928] R.C.S. 88.

29. *Cf. infra*, nᵒˢ 51 et 71-1.

30. *Cf. Rawleigh Co.* c. *Dumoulin*, [1926] R.C.S. 551.

31. *Cf. Agricultural Chemicals Ltd.* c. *Boisjoli*, [1972] R.C.S. 278.

32. *Cf.* J. Pineau et D. Burman, *op. cit.*, nᵒ 59, p. 87; J.L. Baudouin, *op. cit.*, nᵒˢ 129 et ss. p. 112 et ss.

33. *Cf. Agricultural Chemicals Ltd.* c. *Boisjoli*, cit.

34. *Cf. infra*, nᵒ 72.

35. *Cf.* par exemple, *Ville d'Anjou* c. *Patry*, [1988] R.J.Q. 502 (C.S.).

36. *Cf.* J. Pineau et D. Burman, *op. cit.* nᵒˢ 61 à 66, p. 89 et ss. particulièrement no 64, p. 91. *Cf.* J.L. Baudouin, *op. cit.* nᵒˢ 134 et ss., p. 114 et ss.

37. *Faubert* c. *Poirier*, [1959] R.C.S. 459.

38. C.c.Q. Commentaires L. V, T. 1, sous l'art. 1400, p. 20. *Cf.* J. Pineau et D. Burman, *op. cit.* nᵒ 69 p. 95; J. Ghestin, *Traité de droit civil*, Les obligations, Le contrat: formation, L.G.D.J. 1988, nᵒˢ 397-398, p. 430 et ss.; Weill et Terré, *Droit civil*, Les obligations, Précis Dalloz, 2ᵉ éd. 1975, nᵒ 174, p. 192. Le projet de loi 38, «Loi sur l'application de la réforme du Code civil», adopté le 18 décembre 1992, énonce un certain nombre de principes et de règles, destinés à résoudre les problèmes inévitables de conflits de lois dans le temps. Tout d'abord, est posé le principe de la non-rétroactivité de la loi nouvelle (art. 2), principe fondamental en droit transitoire, qui cependant n'exclut pas l'existence d'exceptions jugées parfois nécessaires à la sauvegarde de l'intérêt général. Est établi, ensuite, le principe de l'effet immédiat de la loi nouvelle sur les situations en cours lors de son entrée en vigueur (art. 3), mais est également adopté, en certains cas et particulièrement en matière contractuelle, le principe de la survie de la loi ancienne (art. 4), compromis entre la nécessité de voir la loi nouvelle s'appliquer le plus rapidement possible et le souhait de ne pas contrarier pleinement la volonté des contractants. Une manifestation du souci qu'a le législateur de ne pas voir se perpétuer plus longtemps la loi ancienne et de faire appliquer immédiatement la loi nouvelle, se trouve notamment dans l'article 7, en vertu duquel «les actes juridiques entachés de nullité lors de l'entrée en vigueur de la loi nouvelle ne peuvent plus être annulés pour un motif que la loi nouvelle ne reconnaît plus.» Dès lors que l'acte juridique conclu antérieurement à la loi nouvelle et non encore annulé répond aux exigences de formation de cette loi nouvelle, il est valable même s'il était nul ou annulable selon la loi ancienne: la nullité que prônait la loi ancienne ayant perdu, selon la loi nouvelle, sa raison d'être, il n'y a plus lieu de s'en souvenir. On trouve une application de cette règle dans une disposition particulière du P.L. 38 (l'article 75), selon laquelle un contrat — même s'il a été conclu avant l'entrée en vigueur de la loi nouvelle — ne pourra plus être annulé sur la base de l'erreur si celle-ci a un caractère inexcusable: l'article 1400, alinéa 2 C.c.Q. est donc applicable immédiatement, même à une situation en cours.

39 *Cf.* J. Pineau et Burman, *op. cit.* nᵒ 70, p. 97.

40. *Cf. infra* nᵒˢ 71.1 et 72.

41. C.c.Q. Commentaires, L. V, T. 1 sous l'art. 1401, p. 21.

42. *Cf.* J. Pineau et D.Burman, *op. cit.* nos 72 à 77, p. 99 et ss.; J.L. Baudouin, *op. cit.* nos 154 et ss., p. 125 et ss.

43. *Cf.* J. Pineau et D. Burman, *op. cit.* nos 76 et 79, p. 102 et 106.

44. Sur le plan du droit transitoire, on notera l'article 76 P.L. 38, en vertu duquel les articles 1401 et 1407 C.c.Q. s'appliqueront dès l'entrée en vigueur du nouveau Code, même à l'égard des contrats en cours.

45. Il est évident que le dol ne se présume pas et qu'il doit être prouvé. Certes, l'article 993, alinéa 2, C.c.B.-C. n'a pas été reproduit à l'article 1401, car l'article 2805 pose la règle de principe, en vertu de laquelle «la bonne foi se présume toujours, à moins que la loi n'exige expressément de la prouver».

46. *Cf.* J. Pineau et D. Burman, *op. cit.,* n° 79, p. 106 et ss.

47. Quant au délai de prescription de l'action — en nullité, en dommages-intérêts ou en réduction d'obligation —, il est de trois ans, en vertu de l'article 2925. Le problème que nous avions soulevé dans le droit antérieur n'existe donc plus: *cf.* J. Pineau et D. Burman, *op. cit.* n° 80, p. 109 et ss.

48. Sur le plan du droit transitoire, on notera l'article 77 P.L. 38, en vertu duquel l'article 1402, alinéa 1, C.c.Q. exigeant la complicité du cocontractant pour que soit annulé un contrat sur la base de la crainte suscitée par un tiers, s'appliquera dès l'entrée en vigueur du nouveau Code, même si le contrat a été conclu antérieurement, donc aux situations en cours: cette règle procède du même esprit que celle de l'article 75 P.L. 38, illustration du principe énoncé à l'article 7 P.L. 38.

49. *Cf.* J. Pineau, D. Burman, *op. cit.* nos 81 à 84, p. 111 et ss.; J.L. Baudouin, *op. cit.* nos 171 et ss. p. 136 et ss.

50. *Cf. supra* n° 42.

51. *Cf.* J. Pineau et D. Burman, *op. cit.,* n° 86, p. 118 et ss.

52. *Cf.* J. Pineau et D. Burman, *op. cit.* n° 85, p. 116 et ss.

53. C.c.Q. Commentaires, L. V, T. 1, sous l'art. 1405, p. 23.

54. *Cf. infra,* nos 83 à 85.

55. *Cf.* J. Pineau et D. Burman, *op. cit.* nos 87 à 90, 119 à 126.

56. C'est pourquoi l'interprétation donnée par la Cour d'appel du Québec à l'article 8 L.P.C. nous paraît erronée: *Gareau Auto Inc.* c. *Banque canadienne impériale de commerce et Carbonneau,* [1989] R.J.Q. 1091 (C.A.). *Cf.* J.L. Baudouin, *op. cit.* n° 191, p. 144-145.

57. Formule empruntée à FLOUR, J. *Les obligations,* vol. 1, Paris, Armand Colin 1975, no 247, p. 181.

58. *Cf.* J. Pineau et D. Burman, *op. cit* n° 89, particulièrement p. 125.

59. Cette notion de lésion, telle que définie ici, peut s'appliquer sans trop de difficultés aux cas de renonciation de l'un des époux au partage du patrimoine familial ou au partage des acquêts (art. 429 et 472), bien qu'une renonciation soit un acte unilatéral: on peut, en effet, renoncer à un partage dans un contexte de lassitude telle ou un climat si douloureux que le sacrifice consenti du fait de la renonciation est disproportionné par rapport à l'avantage reçu qui consisterait à obtenir une paix chèrement payée. *Cf.* D. Burman et J. Pineau, Le «patrimoine familial» (projet de loi 146), Les éditions Thémis, 1991, n° 91.1, p. 160 et ss..

60. *Cf.* J. Pineau et D. Burman, *op. cit.* n° 98, p. 134; J.L. Baudouin, *op. cit.* n° 192, p. 145.

61. C'est, cependant, ce qu'a jugé la Cour d'appel, dans *Gareau Auto Inc.* c. *B.C.I.C. et Carbonneau*, [1989] R.J.Q. 1091.

62. *Cf. supra* n° 42.

63. *Cf. Agricultural Chemicals Ltd* c. *Boisjoli*, [1972] R.C.S. 278 *Cf.* J. Pineau et D. Burman, *op. cit.* no 92, p. 128; no 97 p. 132 et s.; n° 131, p. 191, 192.

64. *Cf. infra* n° 71.1.

65. *Cf. supra* n° 48.

66. On notera les réserves énoncées dans les articles 708 et 1813 quant aux biens de peu de valeur, cadeaux d'usage et régles relatives aux conventions matrimoniales.

67. Cet article 434 reprend l'ancien article 466 C.c.Q. (version 1980).

68. *Cf. supra* n° 52. Pour une vue d'ensemble sur la gestion des biens des mineurs dans le droit antérieur, *cf.* J. Pineau et D. Burman, *op. cit.* n°s 100 à 103, p. 138 à 147.

69. On notera, toutefois, que le curateur a la pleine administration du patrimoine du majeur (*cf.* art. 1306 et 1307), alors que le tuteur a la simple administration (*cf.* art. 1301 à 1305).

70. Sur la question de la notoriété de l'acte, *c.f.* J. Pineau et D. Burman, *op. cit.* n° 104, p. 147-148.

71. *Cf. supra* n°s 53 et 54.

72. *Cf. supra* n° 52.

73. *Cf. supra* n°s 5 et 6. *Cf.* J. Pineau et D. Burman, *op. cit.* n° 111, p. 153, n°s 122 et 123 p. 176 et ss.

74. *Cf. supra* n° 8. *Cf.* J. Pineau et D. Burman, *op. cit.* n°s 124 à 127, p. 177 et ss.

75. *Agricultural Chemicals Ltd.* c. *Boisjoli*, [1972] R.C.S. 278. *Paré* c. *Bonin*, [1973] C.A. 875; [1977] 2 R.C.S. 342.

76. *Cf. Bergeron* c. *Proulx*, [1967] C.S. 579.

77. *Cf.* J. Pineau et D. Burman, *op. cit.* n°s 129-130 p. 186 à 191 et n° 136 p. 198 et ss.; J.L. Baudouin, *op. cit.* n°s 298 et ss. p. 209 et ss. La notion d'inexistence est totalement rejetée par la doctrine contemporaine française, d'autant plus qu'à un certain moment on a présenté une classification tripartite (inexistence, nullité absolue, nullité relative), sans toutefois réussir à distinguer très clairement inexistence et nullité absolue. On rappellera que la notion d'inexistence, distincte de la nullité absolue, est apparue lorsqu'en matière de mariage, on s'est rendu compte de l'absence de nullité textuelle dans les cas d'absence de consentement, d'absence totale de célébration et de mariage de personnes de même sexe: la difficulté provenait, en effet, du fait qu'on se heurtait, alors, à l'adage «en mariage, pas de nullité sans texte». Dans ces trois cas, on en venait à dire qu'il s'agissait de mariage véritablement inexistant, car il ne pouvait y avoir pas même une apparence de mariage. Ainsi, cette théorie était le corollaire de l'adage. Au Québec, on ne s'est jamais posé la question jusqu'au jour où la Cour suprême du Canada fut confrontée à un problème

bien concret: le mariage nul sur la base de l'absence de consentement — l'un des époux étant dément au moment du mariage — peut-il bénéficier du caractère putatif? Comment un mariage qui n'a jamais existé peut-il avoir produit des effets entre le moment où il a été célébré et le moment où le juge constate qu'il est en face du néant? Ni la Cour supérieure ni la Cour d'appel n'ont abouti à une solution logique juridiquement. C'est le regretté juge Beetz, au nom de la Cour suprême, qui fit la gymnastique intellectuelle nécessaire pour faire bénéficier le mariage du caractère putatif: il fut alors obligé de dire que ce mariage était *censé* avoir existé — recours à la fiction — et qu'en conséquence il était censé avoir produit des effets; ce n'est pas la fiction qui dépasse la réalité, c'est la réalité qui dépasse la fiction! *Paré* c. *Bonin*, [1977] R.C.S. 342.

78. *Cf.* J. Pineau et D. Burman, *op. cit.* n° 130, p. 189 et ss.

79. *Cf. supra*, n° 65.

80. Sur le plan du droit transitoire, on notera l'article 78, P.L. 38, en vertu duquel la présomption de nullité relative sera applicable aux situations en cours.

81. *Cf.* J. Pineau et D. Burman, *op. cit.* n° 120, p. 172 et ss.; J.L. Baudouin, *op. cit.* n°s 85 à 87, p. 82 et ss. *Cf.* également C.c.Q., commentaires, L.V, T.1, sous l'art. 1417, p. 29. *Cf. infra*, n°s 71-5.

82. *Cf. supra* n° 51.

83. *Cf.* J. Pineau et D. Burman, *op. cit.* n° 131.1, p. 191.

84. *Cf. infra* n° 72.

85. *Cf. supra* n° 54.

86. Ainsi retombe-t-on sur ce qu'on appelait l'«erreur-obstacle» ou erreur exclusive de consentement, sanctionnée de nullité absolue.

87. *Cf.* J. Ghestin, Traité de droit civil, Les obligations, Le contrat: formation, 2e éd., L.G.D.J., 1988, n° 776, p. 920 et ss.

88. *Cf. Girard* c. *Véronneau*, [1980] C.A. 534; *Belgo-Fisher* c. *Fraser Lindsay*, [1988] R.J.Q. 1223 (C.A.).

89. *Cf. supra*, n° 69, *Cf.* J. Ghestin, *op. cit.* n°s 778 et ss. p. 927 et ss. *Cf.* J. Pineau et D. Burman, *op. cit.* n°s 122 à 127 p. 176 à 183, particulièrement n°s 125 et 126.

90. C.c.Q. Commentaires, L. V, T.1, sous l'art. 1420, p. 31; sous cet article, il est fait état très clairement du caractère relatif de la nullité qui sanctionne l'absence de consentement. Sur le plan du droit transitoire, on notera l'article 79P.L. 38, en vertu duquel l'article 1420 C.c.Q. est applicable immédiatement aux contrats en cours, formés sous l'empire de la loi ancienne.

91. L'article 380 réfère à «toute personne intéressée» pouvant demander la nullité du mariage: l'article 372 réfère également à «toute personne intéressée» pour désigner les personnes pouvant faire opposition à la célébration d'un mariage.

92. C.c.Q. Commentaires, L. V, T.1, sous l' art. 1423, p. 33. Ainsi disparaissent cependant les exigences formelles de l'article 1214 C.c.B.-C. On notera, d'ailleurs, sur le plan du droit transitoire, l'article 80P.L. 38, en vertu duquel la confirmation d'un contrat, faite avant l'entrée en vigueur

de la loi nouvelle, sans respecter les termes de l'article 1214 C.c.B.-C., sera valable si elle satisfait aux conditions établies par l'article 1423 C.c.Q.

93. Le délai de la prescription extinctive du droit commun est désormais de dix ans, lorsqu'il n'est pas autrement fixé par la loi (art. 2922).

94. S'agissant d'une action en nullité relative, fondée sur la violence ou la crainte, le délai de trois ans court à compter de la cessation de cette violence ou de la crainte (art. 2927).

95. Sur la prescription et la confirmation, *cf.* J. Pineau et D. Burman, *op. cit.* nᵒˢ 137 à 141, p. 200 à 203; J.L. Baudouin, *op. cit.* nᵒˢ 314 à 318, p. 216 et ss.

96. *Rosconi* c. *Dubois*, [1951] R.C.S. 554.

97. *Cf.* J. Pineau et D. Burman, *op. cit.* nᵒˢ 142 à 145, p. 204 à 210.

98. Sur le plan du droit transitoire, on notera l'article 97 P.L. 38, en vertu duquel les dispositions des articles 1699 à 1707 C.c.Q. sont applicables aux restitutions postérieures à leur entrée en vigueur, mais fondées sur des causes de restitution antérieures. On vise ainsi à établir immédiatement la stabilité du droit dans un domaine où les incertitudes ne manquaient pas.

99. On constate donc que l'article 1707 fait obstacle à la solution de l'arrêt Rosconi, dans l'hypothèse où l'action en nullité de la première vente serait demandée par l'acquéreur: celui-ci, bien que ne pouvant offrir, préalablement à son action, la restitution de l'immeuble qu'il a vendu à un tiers sous-acquéreur, pourrait néanmoins obtenir la nullité, en offrant l'équivalent: mais y aurait-il vraiment avantage?

100. *Cf.* C.c.Q. Commentaires, L. V, T. 1, sous l' art. 1701, p. 196.

101. C.c.Q. Commentaires, L.V, T. 1, sous l'art. 1702, p. 196.

102. *Lortie* c. *Bouchard*, [1952] R.C.S. 508: le vendeur a restitué l'autobus dans l'état dans lequel il se trouvait lors de la restitution, état plus encore délabré qu'il ne l'était lors de la vente, sans autre indemnité; la Cour jugea valable cette offre préalable de restitution.

103. On constate donc que le locataire et l'emprunteur, qu'ils soient de bonne ou de mauvaise foi, devront toujours indemniser le locateur ou le prêteur pour la jouissance qu'ils ont pu avoir du bien, puisque cette jouissance est l'objet principal de la prestation.

104. *Cf.* J. Pineau et D. Burman, nᵒ 146 p. 210; J.L. Baudouin, *op. cit.*, nᵒ 217, p. 159 et nᵒ 323 p. 221.

105. La solution donnée sur ce point par la Cour suprême du Canada (dans l'arrêt *Rosconi* c. *Dubois*, [1951] R.C.S. 554) demeure donc valable.

106. *Cf.* J. Pineau et D. Burman, *op. cit.* nᵒˢ 147 et 148, p. 211 à 214.

107. *Cf.* J. Pineau et D. Burman, *op. cit.* nᵒˢ 125 et 126 p. 178 à 181.

108. *Cf.* J. Pineau et D. Burman, *op. cit.* nᵒ 148, p. 211 et ss.

109. C.c.Q. Commentaires , L. V, T. 1, sous l'art. 1699, p. 194. Le projet de l'O.R.C.C. allait dans ce même sens: *cf.* L.V, article 55 et commentaires de l'O.R.C.C. s/s. art. 55, p. 620.

110. *Cf.* J. Pineau et D. Burman, op. cit. nᵒ 149, p. 214-215.

111. C.c.Q. Commentaires , L. V, T. 1, sous l'art. 1438, p. 41.

112. *Cf.* J. Pineau et D. Burman, *op. cit.*, nᵒ 150, p. 215; J.L. Baudouin, *op. cit.* nᵒˢ 335 et ss. p. 230 et ss.

113. Sur le plan du droit transitoire, on notera l'article 78, P.L. 38, en vertu duquel les dispositions des articles 1407 et 1408 C.c.Q. relatifs à la possibilité de maintenir un contrat, malgré le vice dont il est affecté, en réduisant l'obligation de l'un des contractants, sont applicables même si le contrat en question s'est formé avant l'entrée en vigueur de la loi nouvelle.

114. *Cf.* J. Pineau et D. Burman, *op. cit.* n° 118, p. 166 et ss.; J.L. Baudouin, *op. cit.* n°s 367 et ss. p. 246 et ss.

115. Sur le plan du droit transitoire, on notera l'article 81 P.L. 38, en vertu duquel l'article 1432 C.c.Q. s'applique immédiatement aux contrats en cours lors de son entrée en vigueur.

116. *Cf.* J. Pineau et D. Burman, *op. cit.* n°s 192 à 194 p. 269 à 275 et n° 199 p. 281 et 282: comme dans le droit antérieur, la théorie de l'imprévision n'a pas été retenue, sous réserve de l'article 1834 en matière de donation à charge et de l'article 771, en matière de legs. *Cf.* J.L. Baudouin, *op. cit.* n°s 348 et ss., p. 236 et ss.

117. L'article 1435 se lit ainsi: «La clause externe à laquelle renvoie le contrat lie les parties. Toutefois, dans un contrat de consommation ou d'adhésion, cette clause est nulle si, au moment de la formation du contrat, elle n'a pas été expressément portée à la connaissance du consommateur ou de la partie qui y adhère, à moins que l'autre partie ne prouve que le consommateur ou l'adhérent en avait par ailleurs connaissance».

118. *Cf. Montreal Trust Co.* c. *C.P.A.*, [1977] 2 R.C.S. 793.

119. *Cf.* C.c.Q. Commentaires , L. V, T. 1, sous l'art. 1436, p. 39. Sur le plan du droit transitoire, on notera l'article 82 P.L. 38, en vertu duquel l'article 1436 C.c.Q. s'applique aux contrats en cours: il s'agit d'une application particulière de l'article 5 P.L. 38, selon lequel s'applique la loi nouvelle, dès lors qu'elle édicte des règles contractuelles ayant un caractère impératif.

120. C.c.Q. Commentaires , L. V, T.1, sous l'art. 1437, p. 40.

121. En dehors des contrats de consommation et d'adhésion, l'article 1623 sanctionne la clause pénale et abusive: *cf. infra* n° 171. Sur le plan du droit transitoire, on notera l'article 82 P.L. 38, en vertu duquel l'article 1437 C.c.Q. S'applique aux contrats en cours, application particulière de l'article 5 P.L. 38.

122. *Cf.* J. Pineau et D. Burman, *op. cit.* n°s 202 à 204, p. 284 et ss.; J.L. Baudouin, *op. cit.* n°s 380 à 390 p. 251 et ss.

123. L'acceptation d'une succession sous bénéfice d'inventaire n'a jamais eu pour conséquence, dans le droit antérieur, de mettre en échec le principe de la continuation de la personne du défunt.

124. *General Motors Products of Canada* c. *Kravitz*, [1979] 1 R.C.S. 790.

125. *Cf.* J. Pineau et D. Burman, *op. cit.* nos 205 à 208 p. 286 à 292; J.L. Baudouin, n°s 391 à 395, p. 255 et ss.

126. *Cf. Nashua Canada Ltée* c. *Genest et autres*, [1990] R.J.Q. 737 (C.A.).

127. On a présenté cette promesse comme une exception au principe de la relativité du lien obligatoire, alors qu'en réalité tout le monde s'accorde

à dire qu'elle est l'application du principe: l'exception n'est qu'apparente.

128. *C.f* J. Pineau et D. Burman, *op. cit.* n°s 222 et 223, p. 309-310; J.L. Baudouin, *op. cit.* n°s 397 à 401, p. 259 et ss.

129. *Cf.* J. Pineau et D. Burman, *op. cit.* n°s 211 et ss. p. 294, particulièrement n° 213 p. 297 et ss.; J.L. Baudouin, *op. cit.* n°s 402 et ss. p. 261 et ss.

130. *Cf.* C.c.Q. Commentaires , L. V, T. 1, sous l'art. 1447, p. 45.

131. On généralise la solution connue en matière de donation par contrat de mariage (art. 1840), de substitution (art. 1242), de fiducie (art. 1279) et d'assurance (art. 2447).

132. *Cf.* J. Pineau et D. Burman, *op. cit.* n°s 214 et 215, p. 298 et ss.

133. Sur les effets de la stipulation pour autrui, *cf. ibidem, n^os* 216 à 218, p. 302 et ss.

134. *Cf.* J. Pineau et D. Burman, *op. cit.* n°s 224 à 227, p. 310 à 315; J.L. Baudouin, *op. cit.* n°s 416 et ss. p. 269 et ss.

135. *Cf.* En droit français, J. Ghestin, *op. cit.* n°s 521 et ss. p. 577 et ss.

136. *Cf.* J. Pineau et D. Burman, *op. cit.* n°s 152 et ss. p. 217 et ss.

137. Sous réserve des règles particulières aux contrats solennels: par exemple, art. 1824.

138. *Cf. infra* n° 161.

139. C.c.Q. Commentaires , L. V, T. 1, sous l'art. 1482, p. 70-71.

140. *Cf.* J. Pineau et D. Burman, *op. cit.* n°s 162 à 168, p. 232 à 236.

141. *Cf. ibidem,* n° 169, p. 236 et ss.

142. C.c.Q. Commentaires, L. V, T. 1, sous l'art. 1485, p. 73.

143. *Cf.* J. Pineau et D. Burman, *op. cit.* n° 171 p. 238-239.

144. Sur le caractère de nécessité ou d'utilité d'une dépense, on doit s'en tenir aux dispositions relatives à l'accession, qui emploient ces notions.

145. *Cf.* J. Pineau et D. Burman, *op. cit.* n° 172, p. 240.

146. *Cf.* J.L. Baudouin, *op. cit.* n°s 517 et ss. p. 317 et ss.

147. *Cf.,* J. Pineau et D. Burman, *op. cit.,* n° 176, p. 244.

148. *Cf., Ibidem,* n° 177, pp. 245 à 247.

149. C.c.Q. Commentaires , L.V, T. 1, sous l'art. 1491, p. 76.

150. *Cf.,* J. Pineau et D. Burman, *op. cit.,* n° 178, p. 247.

151. *Cf.,* J. Pineau et D. Burman, *op. cit.,* n° 179, p. 248.

152. *Cf., supra,* n° 76 et en particulier n° 76.2.

153. Si l'*accipiens* est de bonne foi, la valeur sera la moindre de celle qu'avait le bien, au moment de sa réception, de son aliénation ou au moment de la restitution; si l'*accipiens* est de mauvaise foi, ce sera la valeur la plus élevée. L'*accipiens* est évidemment de mauvaise foi dès lors qu'il reçoit sachant que rien ne lui est dû par le *solvens*.

154. *Cf., supra,* n° 76.2, c/.; sur les impenses et les frais, cf. *supra,* n° 76.3 et art. 1704 et 1705.

155. C.c. Q. Commentaires, L. V, T. 1, sous l'art. 1493, p. 78.

156. *Cf.,* J. Pineau et D. Burman, *op. cit.* n°s 185 à 188, p. 252 à 260; J.L. Baudouin, *op. cit.,* n°s 548 à 557, p. 330 et ss.

157. *Cf.,* J. Pineau et D. Burman, *op. cit.,* n° 189, p 261.

158. *Cf.,* J. Pineau et D. Burman, *op. cit.,* n°s 275 à 282, p. 362 à 369; J.L.

Baudouin, *op. cit.*, n°s 761 à 767, p. 462 et ss.

159. *Cf., infra*, n° 120; *cf.* art. 1512, al. 2.

160. La notion d'«ordre public» englobe désormais, on l'a déjà dit, les bonnes moeurs.

161. *Cf.*, J. Pineau et D. Burman, *op. cit.*, n° 282, pp. 368-369.

162. L'événement conditionnel ne peut pas porter sur un élément fondamental du contrat, tel le paiement du prix dans un contrat de vente, ou le transfert de propriété: il ne peut éventuellement s'agir que d'un terme, le paiement du prix ou le transfert de propriété ne pouvant être des événements incertains, puisqu'ils sont toujours susceptibles d'exécution forcée: cf. J. Pineau et D. Burman, *op. cit.*, n° 280, p. 364 et ss.; *cf. Commission de protection du territoire agricole* c. *Venne*, [1989] 1 R.C.S. 880.

163. *Cf.*, J. Pineau et D. Burman, *op. cit.*, n° 283, p. 369 et ss.; J.L. Baudouin, *op. cit.*, n°s 769 et ss., p. 465 et ss.

164. *Cf.*, J. Pineau et D. Burman, *op. cit.*, n° 284, p. 371 et s.

165. Il s'agit des dispositions des articles 1699 et 1707: cf. *supra*, n°s 76 et 107. Quant à la charge des risques, le régime particulier qu'énonçaient les articles 1087 et 1088 C.c.B-C. n'a pas été repris: s'appliquent alors les règles normales des articles 1456, 1693 et 1694; *cf. infra*, n° 161.

166. *Cf.*, J. Pineau et D. Burman, *op. cit.*, n°s 267 et ss., p. 356 et ss.; J.L. Baudouin, *op. cit.*, n°s 749 et ss., p. 455 et ss.

167. *Cf.*, J. Pineau et D. Burman, *op. cit.*, n° 278, p. 363.

168. C'est la solution déjà rencontrée en matière de paiement de l'indu: cf. J. Pineau et D. Burman, *op. cit.*, n° 177, p. 245, particulièrement, p. 246; *idem* n°s 269 et 270, p. 357 et ss.

169. C.c.Q., Commentaires , L. V, T.1, sous l'art. 1510, p. 87.

170. *Cf.*, J. Pineau et D. Burman, *op. cit.*, n° 271, p. 359.

171. *Cf.*, C.c.Q., Commentaires, L. V, T. 1, sous l'art. 1514, p. 89, *cf.*, également J. Pineau et D. Burman, *op. cit.*, n°s 272 et 273, p. 360 et ss.

172. *Cf.*, J. Pineau et D. Burman, *op. cit.*, n° 289, p. 375 et 376 et ss.; J.L. Baudouin, *op. cit.*, n° 782, p. 473.

173. *Cf.*, J. Pineau et D. Burman, *op. cit.*, n°s 304 à 308, p. 390 à 393; J.L. Baudouin, *op. cit.*, n°s 801 et ss., p. 486 et ss.

174. On notera également les dispositions parallèles à la solidarité passive: l'article 1599 relatif à la demeure par demande extrajudiciaire, l'article 2900 relatif à l'interruption de la prescription, l'article 1690, al. 2, relatif à la remise de dette, l'article 1678 relatif à la compensation, l'article 1685 relatif à la confusion, l'art. 1666 relatif à la novation.

175. *Cf.*, J. Pineau et D. Burman, *op. cit.*, n° 291, p. 376 et ss.; J.L. Baudouin, *op. cit.*, n° 784, p. 474.

176. *Cf.*, *ibidem*, n°s 293 et 294, p. 378 et ss; *ibidem*, n°s 786 à 789, p. 475 et ss.

177. C.c.Q., Commentaires, L.V, T.1, sous l'art. 1525, p. 94. Le Vocabulaire juridique, sous la direction de G. Cornu (P.U.F., 1987, sous le terme «entreprise» — III, 3 — p. 312) donne la définition suivante: «organisme se proposant essentiellement de produire pour les marchés

certains biens ou services, financièrement indépendant de tout autre organisme.»

178. *Blumberg c. Wawanesa Mutual Insurance Co.*, [1962] R.C.S. 21; *General Motors Products of Canada c. Kravitz*, [1979] 1 R.C.S. 790.

179. *Cf.*, J. Pineau et D. Burman, *op. cit.*, n° 294, p. 378 et ss. et n° 297, p. 384 et ss.; *contra* J.L. Baudouin, *op. cit.*, n°ˢ 790 et ss., p. 477 et ss.

180. *Cf.* , J. Pineau et D. Burman, *op. cit.*, n° 295, p. 380 et ss.; J. L. Baudouin, *op. cit.*, n°ˢ 794 et ss., p. 481 et ss.

181. Sur la compensation, *cf. infra*, n° 202; sur la confusion, *cf. infra*, n° 204; sur la remise de dette, *cf. infra*, n° 134.3. *Cf.* également *infra*, n° 195, relatif à la novation, art. 1664 et 1665.

182. *Cf.*, J. Pineau et D. Burman, *op. cit.*, n° 296, p. 382 et ss.

183. *Cf.* , J. Pineau et D. Burman, *op. cit.*, n° 298, p. 386 et ss.; J.L. Baudouin, n° 800, p. 484 et ss.

184. *Cf.*, J. Pineau et D. Burman, *op. cit.*, n° 298 in fine et 299, p. 387 et ss.; de même n° 405, p. 473.

185. *Cf.*, J. Pineau et D. Burman, *op. cit.*, n° 300, p. 388.

186. *Ibidem*, n° 301, p. 389.

187. *Ibidem*, n° 307, p. 392.

188. *Cf.*, J. Pineau et D. Burman, *op. cit.*, n°ˢ 285 et 286, p. 373 et ss.; J. L. Baudouin, *op. cit.*, n°ˢ 777, 778, 779, p. 470-471.

189. *Cf.*, J. Pineau et D. Burman, *op. cit.*, n°ˢ 287 et 288, p. 374 et ss.; J.L. Baudouin, *op. cit.*, n° 780, p. 471.

190. C.c.Q., Commentaires, L. V, T.1, Chapitre sixième, De l'exécution de l'obligation, p. 108. Sur le plan du droit transitoire, on notera l'article 87 P.L. 38, en vertu duquel «le paiement est régi par la loi en vigueur au moment où il est effectué» et non point au moment où est née l'obligation du débiteur.

191. Tout paiement fait sans droit, par erreur ou sous la menace, donne ouverture à une action en répétition de l'indu: *cf.*, *supra*, n°ˢ 103 et ss.

192. *Cf.*, J. Pineau et D. Burman, *op. cit.*, n° 14, p. 16 et ss.

193. *Cf.*, *supra*, n° 10; *cf. Banque Nationale du Canada c. Soucisse*, [1981] 2 R.C.S. 339; *cf.*, J. Pineau et D. Burman, *op. cit.*, n° 229, p. 316 et ss.

194. *Cf.* , J. Pineau et D. Burman, *op. cit.*, n°ˢ 230 et 231, p. 317 et ss.; J.L. Baudouin, *op. cit.*, n°ˢ 606 et ss., p. 367 et ss.

195. *Cf.*, J. Pineau et D. Burman, *op. cit.*, n°ˢ 233 à 235, p. 322 et ss. et n°ˢ 237-238, p. 326; *cf.*, J. L. Baudouin, *op. cit.*, n°ˢ 615 et ss., p. 371 et ss.

196. C.c.Q., Commentaires L. V, T.1, sous l'art. 1563, p. 114 et s. On notera également l'article 1562, qui reprend l'article 1150 C.c.B.-C, qui libère le débiteur d'un bien individualisé par la remise de celui-ci dans l'état où il se trouve lors du paiement, même détérioré, pourvu que la détérioration ne résulte pas de son fait ou de sa faute ou ne soit pas survenue après qu'il fût en demeure d'exécuter: application particulière de la théorie des risques.

197. C.c.Q., Commentaires, L.V, T.1, sous l'art. 1561, p. 114. Les alinéas 2 et 3 de l'article 1149 C.c.B.-C. ne sont pas repris en tant que tels, le principe voulant que le contrat s'impose au juge comme aux parties (art. 1434 et 1439); toutefois, des circonstances particulières autorisent le Tribunal à fixer des modalités de paiement: par exemple, art. 1616, al. 2; art. 2332; sans oublier la possibilité, en certains cas, pour le tribunal de réduire les obligations: par exemple, art. 1437, 1407, 1623, al. 2.

198. *Cf.*, *supra*, n° 120.

199. *Cf.*, J. Pineau et D. Burman, *op. cit.*, n° 236, p. 324 et ss.; J.L. Baudouin, *op. cit.*, n°⁵ 626 et ss., p. 375 et ss.

200. On notera qu'est sauvegardée la sécurité des offres faites par chèque certifié ou «engagement irrévocable», puisque les établissements financiers qui exercent leurs activités au Québec sont reconnus par le gouvernement aux fins de l'assurance-dépôt: C.c.Q., Commentaires, L.V, T. 1, sous l'art. 1574, p. 121.

201. C.c.Q., Commentaires , L. V, T.1, sous l'art. 1586, p. 127.

202. *Wabasso c. National Drying Machinery Co.*, [1981] 1 R.C.S. 578.

203. *Cf.*, Responsabilité civile.

204. Sur le plan transitoire, on notera l'article 88 P.L. 38, en vertu duquel «les droits du créancier en cas d'inexécution de l'obligation du débiteur sont régis par la loi en vigueur au moment de l'inexécution...» (sous réserve de dispositions autres, par exemple art. 90), c'est-à-dire à l'expiration du délai d'exécution que permet la demeure, comme on le verra ultérieurement.

205. *Cf.*, J. Pineau et D. Burman, *op. cit.*, n°⁵ 310 à 321, p. 398 à 408; J.L. Baudouin, *op. cit.*, n°⁵ 442 à 460, p. 282 et ss.

206. Sur le plan du droit transitoire, on notera l'article 90 P.L.38, en vertu duquel un créancier insatisfait peut demander la réduction proportionnelle de sa propre obligation, en application de l'article 1604 C.c.Q., même si l'inexécution reprochée au débiteur s'est produite avant l'entrée en vigueur de la loi nouvelle: cette règle constitue une exception à la règle de l'article 88 P.L. 38, voulant que les droits du créancier en cas d'inexécution de l'obligation du débiteur, soient régis par la loi en vigueur au moment de l'inexécution.

207. *Cf.*, *infra*, n°⁵ 163 à 166, particulièrement le n° 165 sur la demeure de plein droit.

208. Ou, tout au moins, la résolution ne présenterait pour lui un intérêt que par la restitution en nature de ce qu'il a déjà reçu: la possibilité d'offrir une restitution par équivalent ne lui procurerait a priori guère d'avantages.

209. *Cf.*, *supra*, n° 76.

210. *Cf.*, J. Pineau et D. Burman, *op. cit.*, n°⁵ 328 à 332, p. 414 et ss.; J.L. Baudouin, *op. cit.*, n°⁵ 434 à 441, p. 277 et ss.

211. C.c.Q., Commentaires, L. V, T.1, sous l'art. 1593, p. 132.

212. *Cf.* , J. Pineau et D. Burman, *op. cit.*, n°⁵ 322 à 327, p. 406 à 413; J.L. Baudouin, *op. cit.*, n°⁵ 461 à 482, p. 290 et ss.

213. On notera les articles 2281 et 2702 qui maintiennent clairement le dépôt et le gage dans la classification du contrat réel qui implique, pour

sa formation, la remise de la chose; quant au prêt, les articles 2313 et 2314 reprennent approximativement la formulation de l'article 1763 C.c.B.-C., mais les articles 2322 et 2323 énoncent des cas où l'emprunteur peut être tenu, malgré la perte du bien par force majeure.

214. C.c.Q., Commentaires, L.V, T.1, sous l'art. 1456, p. 51. Sur le plan du droit transitoire, on notera l'article 84 P.L. 38, en vertu duquel la règle ancienne «*Res perit domino*», en matière de transfert de risque dans le cadre d'un contrat synallagmatique translatif de propriété, continue à s'appliquer «aux situations où l'obligation de délivrance du bien, même exigible après l'entrée en vigueur de la loi nouvelle, découle d'un transfert effectué antérieurement». On n'a pas voulu appliquer à cette situation en cours la loi nouvelle (art. 1456 C.c.Q.) qui risquait de surprendre le débiteur de l'obligation de délivrance: on a préféré faire survivre ici la loi ancienne.

215. *Cf.*, J. Pineau et D. Burman, *op. cit.*, n° 325, p. 411 et ss.

216. *Cf.*, J. Pineau et D. Burman, *op. cit.*, n°s 335 à 338, p. 418 à 421; J.L. Baudouin, *op. cit.*, n°s 671 à 677, p. 398 et ss.

217. C.C.Q., Commentaires, L.V, T.1, sous l'art. 1594, p. 132.

218. Sur le plan du droit transitoire, on notera l'article 89 P.L. 38, en vertu duquel l'article 1598 C.c.Q., relatif à la nécessité de prouver l'existence d'un cas où il y a demeure de plein droit, est applicable même si une disposition contraire a été convenue antérieurement à la loi nouvelle: il s'agit d'une application particulière de l'article 5 P.L. 38, selon lequel les stipulations d'un acte juridique — unilatéral ou bilatéral — qui auront été faites antérieurement à la loi nouvelle, mais qui s'avèreront contraires aux règles impératives de cette dernière, seront privées d'effet pour l'avenir.

219. À moins que le créancier n'ait pu de toute façon bénéficier de l'exécution de l'obligation en raison de cette force majeure *cf.*, art. 1693; *cf.*, supra, n° 161.

220. C.c.Q., Commentaires , L.V, T. 1, sous l'art. 1600, p. 136.

221. *Cf.*, J. Pineau et D. Burman, *op. cit.*, n°s 339 à 344, p. 421 à 426; J.L. Baudouin, *op. cit.*, n°s 679 à 692, p. 404 et ss.

222. Se pose alors le problème de l'injonction mandatoire: jusqu'à présent, les tribunaux se sont montrés d'une extrême prudence dans l'utilisation de ce procédé d'origine anglaise qui ne saurait toujours convenir. Aussi le Ministère de la Justice a-t-il songé à introduire éventuellement le régime français de l'astreinte, moyen financier de contrainte qui ne manque pas d'efficacité.

223. Sur l'inexécution d'une obligation et la responsabilité, *cf., supra,* n° 154.

224. L'assimilation d'une inexécution partielle à une inexécution totale permettra, le cas échéant, d'obtenir la résolution du contrat: *cf.*, art. 1604 et *cf., supra*, n° 156. Cf., J. Pineau et D. Burman, *op. cit.*, n°s 347 à 352, p. 428 à 432; J.L. Baudouin, *op. cit.*., n°s 704 et ss., p. 422 et ss.

225. Préjudice résultant d'une atteinte à l'honneur ou à la réputation, préjudice esthétique, traumatisme psychologique, souffrances et douleurs.

226. *Cf. infra* n° 172.

227. *Les Immeubles Fournier Inc.* c. *Construction St-Hilaire Ltée*, [1975] 2 R.C.S. 2; *cf.* J. Pineau et D. Burman, *op. cit.* n° 367, p. 442.

228. *Cf.* C.c.Q. Commentaires, L.V, T.1, sous l'art. 1618, p. 149. Sur le plan du droit transitoire, on notera l'article 91 P.L. 38, en vertu duquel l'article 1618 C.c.Q. est applicable aux demandes introduites après l'entrée en vigueur de la loi nouvelle, même si l'inexécution de l'obligation s'est produite avant l'entrée en vigueur.

229. Cf. J. Pineau et D. Burman, *op. cit.* n°s 353 à 362 p. 433 à 437; J.L. Baudouin, *op. cit.* nos 695 et ss. p. 417 et ss.

230. Définition donnée dans *The King* c. *Canada Steamship Lines Ltd.*, [1950] R.C.S. 532, puis dans *Ceres Stevedoring Co.* c. *Eisen und Metall A.G.*, [1977] C.A. 56.

231. *Cf.* J. Pineau et D. Burman, *op. cit.* n° 363 à 365, p. 437 et ss.; J.L. Baudouin, *op. cit.* n°s 713 à 715 p. 428 et ss.

232. *Cf.* J. Pineau et D. Burman, *op. cit.* n° 366 p. 440 et ss.; J.L. Baudouin, *op. cit.* n°s 716 et ss p. 431 et ss.

233. *Cf. Supra* n° 85. L'article 1623, al. 2, sur la clause pénale abusive rappelle certaines dispositions antérieures, tels l'article 1040.a.b.c. C.c.B.-C., ainsi que les articles 13, 195b., 203 L.P.C. Sur le plan du droit transitoire, on notera l'article 92 P.L. 38, en vertu duquel les dispositions des articles 1623 à 1625 C.c.Q. sont applicables aux clauses pénales non encore exécutées, même si l'inexécution de l'obligation s'est produite avant l'entrée en vigueur de la loi nouvelle: ainsi, est immédiatement permise, malgré toute convention contraire, la révision judiciaire des clauses pénales abusives, application particulière du principe énoncé à l'article 5 P.L. 38.

234. Sur le problème de la clause pénale et les intérêts, *cf.* J. Pineau et D. Burman, *op. cit.* n°s 367 et 368, p. 442 à 445 (sous réserve de ce qui a été dit sur l'art. 1617, al. 3, *supra n° 168); cf.* J.L. Baudouin, *op. cit.* n°s 720 à 722, p. 434 et ss. Quant à l'article 1134 C.c.B.-C., il n'a pas été reproduit, puisque son contenu est prévu aux articles 1594 et ss., relatifs à la demeure.

235. *Cf. Supra* n°s 47 et 48.

236. *Cf.* C.c.Q. Commentaires, L.V, T.1, sous l'art. 1616, p. 147 et 148.

237. *Cf.* C.c.Q. Commentaires, L.V, T.1, sous l'art. 1612, p. 144.

238. *Cf.* J. Pineau et D. Burman, *op. cit.* n°s 370 à 377, p. 446 à 449; J.L. Baudouin, n°s 730 à 738, p. 440 et ss.

239. J. Carbonnier, *Droit civil*, 4. Les obligations, P.U.F. 1988, n° 75, p. 303.

240. *Cf.* J. Pineau et D. Burman, *op. cit.* n°s 378 à 383, p. 450 à 455; J.L. Baudouin, *op. cit.* n°s 739 à 746, p. 446 et ss.

241. J. Pineau et D. Burman, *op. cit.* n°s 385 à 391, p. 456 à 459; J.L. Baudouin, *op. cit.* n°s 562 à 576, p. 342 et ss.

242. C.c.Q. Commentaires, L.V, T.1, sous l'art. 1627, p. 154; *cf.* O.R.C.C., art. 196 L.V. Sur le plan du droit transitoire, on notera l'article 93 P.L. 38, en vertu duquel — dans le prolongement de l'article 7 P.L. 38 — les articles 1628 et 1634 C.c.Q., quant à la liquidité et l'exigibilité

d'une créance, dans le cadre des actions oblique et en inopposabilité, sont applicables aux actions en cours: la loi ancienne ne survit pas quant aux conditions d'ouverture de ces actions.

243. *Cf.* J. Pineau et D. Burman, *op. cit.* n°s 392 à 395 p. 459 à 463; J.L. Baudouin, *op. cit.* n°s 577 à 598, p. 349 et ss.

244. C.c.Q. Commentaires, L. V, T.1, sous l'art. 1631, p. 156.

245. *Cf.* J. Pineau et D. Burman, *op. cit.* n° 396 p. 464.

246. *Cf. ibidem* n°s 397 à 400, p. 464 à 469.

247. *Cf.* J.L. Baudouin, *op. cit.* n°s 946 à 978 p. 555 et ss.

248. C.c.Q. Commentaires, L.V. T.1, sous l'art. 1641, p. 162.

249. Sur le plan du droit transitoire, on notera l'article 94 P.L. 38, en vertu duquel les cessions de créance sont régies par la loi en vigueur au moment de la cession, mais s'appliquent les dispositions nouvelles relatives aux conditions d'opposabilité lorsque les conditions antérieures n'ont pas encore été accomplies au moment de l'entrée en vigueur du nouveau Code.

250. *Cf.* J. Pineau et D. Burman, *op. cit.* n°s 240 à 248, p. 327 à 340; J.L. Baudouin, *op. cit.* n°s 643 à 670, p. 384 et ss.

251. Sur le plan du droit transitoire, on notera l'article 95 P.L. 38, en vertu duquel l'article 1654 C.c.Q. qui rend nulle la clause exigeant le consentement du débiteur à la subrogation consentie par le créancier est applicable même si la clause est antérieure à la loi nouvelle: c'est une application particulière de l'article 4 P.L. 38.

252. C.c.Q. Commentaires , L.V, T. 1, sous l'art. 1659, p. 171.

253. *Cf.* J. Pineau et D. Burman, *op. cit.* n° 245, p. 336-337.

254. *Cf.* J. Pineau et D. Burman, *op. cit.* n°s 407 à 414, p. 474 à 478; J. L. Baudouin, *op. cit.* n°s 809 à 820 p. 494 et ss.

255. *Cf. supra* n° 161.

256. Ripert et Boulanger, T.2, n° 1967, p. 699.

257. *Cf.* J. Pineau et D. Burman, *op. cit.* n°s 249 à 262, p. 340 à 351; J.L. Baudouin, *op. cit.* n°s 832 à 856, p. 508 et ss.

258. Une dette est «liquide», rappelons-le, lorsqu'elle est *certaine* et que le montant en est déterminé: la liquidité implique donc le caractère certain de la dette qui s'oppose au caractère... incertain, éventuel et *a fortiori* hypothétique, dette non contestée ou non contestable.

259. Sur les cas de faillite et de saisie-arrêt, *cf.* J. Pineau et D. Burman, *op. cit.* n° 259 et 260, p. 345 et ss.

260. C.c.Q. Commentaires, L. V, T.1, sous l'art. 1672, p. 179.

261. *Cf. supra* n° 166.

262. *Cf. supra* n° 132.

263. L'article 1680, alinéa 1, est un autre cas de renonciation à la compensation.

264. *Cf.* J. Pineau et D. Burman, *op. cit.* n°s 263 et 264, p. 351 à 353; J.L. Baudouin, *op. cit.* n° 857 à 862, p. 521 et ss.

265. *Cf. supra*, n° 132.

266. C.c.Q. Commentaires , L.V, T.1, sous l'art. 1686, p. 186.

267. *Cf.* J. Pineau et D. Burman, *op. cit.* n°s 402 à 406, p. 470 à 474; J. L. Baudouin, *op. cit.* n°s 821 à 831, p. 503 et ss.

268. Dans le droit antérieur, le tribunal devait rechercher l'intention des parties.

269. *Cf. supra,* n° 134-3.

270. Sur le plan du droit transitoire, on notera l'article 96 P.L. 38, en vertu duquel demeure régie par la loi ancienne (art. 1202.a à 1202.l, C.c.B.-C.) «la libération d'un débiteur à la suite de l'acquisition faite antérieurement à l'entrée en vigueur de la loi nouvelle, par un créancier privilégié ou hypothécaire d'un bien qui lui appartenait». On n'a pas voulu que, dans le cadre d'une situation en cours, la loi nouvelle (art. 1695 à 1698 C.c.Q.) puisse s'appliquer dès lors que l'acquisition est antérieure à son entrée en vigueur, et perturber ainsi les relations juridiques du créancier et du débiteur.

271. Sur la restitution des prestations, *cf. supra* n°s 76 et ss. ainsi que n° 107.

Table des matières

La Responsabilité civile
(Droit des Obligations III)

*Claude Masse**

Préambule: *Les traits dominants de la réforme en matière de responsabilité civile*

a) Présentation

1 - Généralités - La responsabilité civile a toujours occupé une place centrale dans la pratique du droit au Québec. Fondé sur des principes généraux adaptables à un grand nombre de situations complexes, ce droit en est un où la créativité judiciaire et le sens de la justice fondamentale ont trouvé de nombreux modes d'expression depuis 1866. Le nouveau Code civil du Québec reconnaît cette place centrale et il ne modifie pas la plupart des principes généraux qui ont fait de la responsabilité civile un carrefour judiciaire très fréquenté en même temps qu'un moyen privilégié d'évolution du droit face à certaines réalités nouvelles. Le Code civil du Québec conserve l'essentiel mais on doit remarquer qu'il innove grandement par rapport au Code civil du Bas-Canada en ce qu'il précise et modifie dans bon nombre de cas les conditions et les modalités d'application des règles que nous appliquons depuis plus de cent ans. Ces modifications sont nombreuses et elles demandent, pour être comprises, à être constamment replacées dans le contexte plus général des principes fondamentaux de la responsabilité civile que nous tenterons de garder présents à l'esprit au cours de cette brève présentation descriptive.

2- Plan de l'exposé - Après quelques remarques introductives où nous nous intéresserons aux objectifs visés par le Code civil

---
* Professeur à l'Université du Québec à Montréal.

du Québec en matière de responsabilité et, à titre d'avant-goût et d'aide-mémoire, aux dix aspects les plus marquants de cette réforme, nous suivrons ici l'exposé de présentation du code lui-même. Celui-ci traite d'abord, aux articles 1457 à 1469 C.c.Q., des conditions de la responsabilité personnelle et de la responsabilité pour le fait des autres et des biens (première partie). Une deuxième partie de notre étude traitera ensuite des cas d'exonération de cette responsabilité (articles 1470 à 1477 C.c.Q.), une troisième du partage de la responsabilité et de ses effets (1478 à 1481 C.c.Q.) et, enfin, nous examinerons dans une quatrième partie les principes généraux applicables à l'évaluation des dommages-intérêts (articles 1611 à 1621 C.c.Q.). Cette présentation ne peut toutefois être complète sans de larges incursions dans les règles de preuve, de prescription, du droit des assurances, du droit international privé et du droit transitoire relatifs à la responsabilité civile que nous devrons nous contenter d'évoquer à l'occasion, faute d'espace.

b) Les objectifs de la réforme en matière de responsabilité

3- Modernisation - La modernisation de nos règles et de notre langage juridique constituait de toute évidence une priorité. Il faut bien voir à quel point les dispositions du Code civil du Bas-Canada relatives aux «délits et aux quasi-délits» traitent encore dans certains cas des problèmes de la responsabilité selon les préoccupations et le vocabulaire propres à une société rurale du 19e siècle[1]. Il était plus que temps de rafraîchir et d'actualiser nos approches et concepts. Le législateur est toutefois allé beaucoup plus loin qu'une simple modernisation des règles.

4- Plus grande intégration des règles - Dans le nouveau code, le législateur a tenté une intégration beaucoup plus grande que par le passé entre le droit de la responsabilité délictuelle — que l'on qualifie de responsabilité «extracontractuelle»[2] — et tout le droit des contrats. Cette meilleure intégration se traduit dans les faits par un traitement en parallèle des règles de la responsabilité contractuelle et extracontractuelle dans le cadre des principes généraux applicables à la responsabilité civile (art. 1457 et 1458 C.c.Q.) et par la mise au point de règles d'exonération et de partage de responsabilité qui visent, comme nous le verrons, autant la responsabilité contractuelle qu'extracontractuelle (art. 1470 à 1481 C.c.Q.). Fait marquant de la réforme, cette meilleure intégration se traduit également par un arbitrage législatif clair entre les règles qui devront s'appliquer lorsqu'un contrat est passé entre les parties. Le nouveau code interdit en effet formellement l'option (art. 1458 al. 2 C.c.Q.) et obligera à n'user que des règles de la responsabilité contractuelle lorsque le contrat trouvera à s'appliquer. Nous examinerons ici longuement les effets de ce choix[3].

5- Codification de la jurisprudence - Il est fréquent de lire et d'entendre qu'une partie importante du travail de réforme effectué sur le nouveau code civil a consisté à codifier l'essentiel des décisions de nos tribunaux rendues à propos du Code civil du Bas-Canada. En droit de la responsabilité, cette affirmation est vraie dans l'ensemble mais elle doit être nuancée et replacée dans son contexte. On doit noter d'abord que la jurisprudence québécoise en cette matière est loin d'avoir le caractère monolithique qu'on lui prête parfois. Un examen attentif du nouveau code montre que le législateur y a souvent procédé à des arbitrages entre des tendances ou des attitudes divergentes que l'on retrouve dans cette jurisprudence et qu'il n'a pas toujours opté en faveur du courant dominant. Il s'agit donc de savoir ici de quels précédents l'on parle. Presque partout toutefois, les solutions nouvelles élaborées l'ont été à la lumière des problèmes rencontrés sur le terrain par nos tribunaux. Les solutions peuvent être nouvelles mais les préoccupations ne le sont pas. Nous tenterons donc de signaler ici, partout où cela sera possible[4], à quelles décisions de notre jurisprudence il faut référer pour mieux comprendre le sens de la nouvelle règle et les problèmes d'application qu'elle posera pour le praticien ou le juriste en général.

c) Les dix aspects les plus marquants de la réforme

6- Généralités - Les dix aspects les plus marquants du nouveau Code civil en matière de responsabilité participent tous de l'un ou l'autre des objectifs assignés à la réforme: modernisation des approches et des concepts, meilleure intégration des régimes de responsabilité contractuelle et extracontractuelle à l'intérieur de tout le code et codification d'un certain nombre de règles dont on ne trouvait jusqu'ici la source que dans la jurisprudence. À cela, il faut également ajouter, de façon incidente, la volonté manifestée par le législateur tout au cours de la réforme du Code civil de le mettre en harmonie avec les principes de la *Charte des droits et libertés de la personne.* Cela s'est traduit, en matière de responsabilité civile, par un traitement différencié du dommage corporel. Ce traitement privilégié du dommage corporel se retrouve, notamment et comme nous le verrons plus loin, en matière d'exonération de responsabilité[5] et d'octroi de dommages futurs[6]. Ces dispositions marquent à n'en pas douter une préoccupation nouvelle de la part du législateur de veiller à l'intégrité corporelle des justiciables dans le cadre des règles de la responsabilité civile prévues au code lui-même et pas seulement dans le droit statutaire.

Au titre des dix aspects les plus marquants de la réforme en matière de responsabilité civile, on peut souligner les modifications suivantes:

7- L'interdiction de l'option - Le débat sur l'option a suscité comme on le sait de vives polémiques dans la doctrine depuis plus de trente ans[7]. L'option, c'est la possibilité de faire porter la responsabilité civile sur le terrain extracontractuel, même lorsque les parties ont conclu entre elles un contrat valable et que ce contrat s'applique aux faits en litige. Sauf exception[8], la doctrine québécoise a presque toujours été défavorable à la possibilité d'admettre l'option alors que nos tribunaux ont abordé cette question de façon beaucoup plus pragmatique et qu'ils ont, dans les faits, clairement accepté l'option. C'est particulièrement vrai depuis les deux dernières décisions de la Cour suprême du Canada sur ce sujet[9]. Ce droit à l'option était donc acquis et indiscutable depuis quelques années mais le nouveau Code civil est venu renverser ce choix de nos tribunaux en l'interdisant formellement[10]. Nous verrons plus loin quels sont les effets de cette importante décision sur tout le droit de la responsabilité civile et quelles sont les perspectives d'avenir à cet égard. Elles peuvent être surprenantes puisqu'il y a tout lieu de croire que le débat va se poursuivre en changeant de forme.

8- Codification de la règle de l'abus de droit - La règle de l'abus de droit est acceptée et codifiée par le nouveau Code

civil du Québec[11]. L'introduction de ce principe a d'abord été
chez-nous le résultat d'un travail de la jurisprudence. Acceptée
en premier lieu dans le but de sanctionner les fautes intentionnelles, la règle de l'abus du droit de propriété s'est étendue peu
à peu aux cas d'exercice fautif, sans intention de nuire, puis aux
cas d'exercice antisociaux des droits[12], à tel point que l'on a pu
se demander au cours des dernières années si le concept traditionnel de la faute en expliquait encore toutes les modalités
d'application. C'était la confusion et le nouveau code vient
mettre de l'ordre dans un secteur en mouvance qui en avait bien
besoin.

Cette évolution ne s'est pas limitée aux seules questions de
l'exercice des droits de propriété et de protection de l'environnement. En matière d'exercice des droits contractuels, la Cour
suprême du Canada a reconnu en 1990 que l'on peut être responsable d'un abus de droits contractuels, même sans la preuve
d'une intention manifeste de nuire[13]. Elle a ainsi renversé une
décision beaucoup plus ancienne de notre Cour d'appel qui a
marqué pendant longtemps notre droit des contrats[14]. Avec le
nouveau Code civil, le législateur québécois reconnaît et entérine jusqu'à un certain point cette évolution lorsqu'il élève la
règle de l'abus de droit au rang des principes fondamentaux de
notre droit civil, sans en limiter l'application aux cas de faute
intentionnelle. La question sera maintenant de savoir si l'on
peut être responsable d'un abus de droit sans faute en vertu du
nouveau Code civil. C'est une question que nous discutons plus
loin[15].

9- Abolition de l'article 1056 C.c.B.C. en cas de décès -
D'origine inconnue, sinon douteuse[16], l'article 1056 C.c.B.C.
est comme on le sait cette disposition qui empêche présentement toute autre personne que les ascendants, descendants et
conjoint légitime de la personne décédée de poursuivre le responsable du décès, dans l'année qui suit, en raison de pertes de
soutien moral et matériel. L'application de cette disposition
assimilée à tort au *Lord Campbell's Act* de 1847 a provoqué de
nombreux problèmes et entraîné plusieurs limitations au droit
de poursuivre qui vont disparaître avec le nouveau Code civil.
C'est ainsi, par exemple, que le droit de poursuivre s'étendra
avec le nouveau code à tous ceux qui pourront faire état de
dommages directs et immédiats suite au décès, que le délai de

prescription sera étendu à trois ans et que certains chefs de dommages réclamés qui ne sont pas admissibles présentement pourraient l'être[17].

10- Élargissement de la responsabilité du titulaire de l'autorité parentale et du gardien de l'enfant - L'article 1054 al. 2 C.c.B.C. limite présentement la mise en œuvre de la présomption de faute contre les titulaires de l'autorité parentale aux cas où il est démontré que l'enfant sous leur surveillance a commis une faute, ce qui exige de faire la preuve de la capacité de discernement de ce dernier au moment du comportement dommageable. Cette exigence empêche en pratique la victime d'invoquer la présomption de faute contre les parents d'enfants de moins de 7 ans ou aliénés mentaux puisque leur fait ne peut être assimilé à une «faute». Ils sont en effet dépourvus de la capacité de discernement nécessaire au sens de l'article 1053 C.c.B.C. Cette situation change avec le nouveau code. En vertu de l'article 1459 al. 1 C.c.Q., la présomption de faute contre le titulaire de l'autorité parentale sera mise en œuvre dès que la victime sera en mesure d'établir que le dommage a été causé, non seulement par la faute de l'enfant mais également par son fait, c'est à dire un comportement qui pourrait être jugé fautif, n'eut été l'absence de capacité de discernement de ce dernier (article 1462 C.c.Q.)[18]. Cette responsabilité pour le «fait» et non pas seulement pour la «faute» s'étend également aux gardiens de l'enfant.

Les changements sont encore plus importants pour ceux qui exercent, par délégation des parents ou autrement, cette autorité parentale. La présomption de faute est présentement limitée aux seuls «instituteurs» (art. 1054 al. 5 C.c.B.C.). Cette présomption s'étendra avec le nouveau code aux garderies, camps de vacances, moniteurs et instructeurs sportifs qui ont charge de la garde, de la surveillance ou de l'éducation des mineurs. Le seul moyen d'échapper à cette présomption sera de démontrer l'absence de faute ou que l'on a agi gratuitement ou moyennant une simple récompense comme dans le cas de ceux qui gardent occasionnellement des enfants à domicile (article 1460 C.c.Q.)[19].

11- Liens entre le fait des biens et la ruine d'un immeuble - «Découvert» par la Cour suprême en 1909[20], le régime général de responsabilité pour le fait des choses (article 1054 al. 1 C.c.B.C.) est beaucoup plus favorable aux victimes que ne l'est le régime de responsabilité des propriétaires fondé sur la ruine d'un bâtiment (article 1055 al. 3 C.c.B.C.)[21]. Dès que le demandeur fait la preuve des éléments constituant le premier régime, soit l'existence d'un dommage et d'un fait autonome de la chose sous la garde du défendeur, une présomption de faute renversable repose sur ce dernier[22]. De son coté, le fardeau de preuve imposé à la victime d'une ruine de bâtiment est en pratique beaucoup plus lourd puisqu'elle est tenue dans ce cas de faire la preuve du vice de construction ou du défaut d'entretien, donc d'une faute de la part du propriétaire poursuivi, de l'un des propriétaires antérieurs ou même du constructeur du bâtiment. Le problème vient du fait qu'il est difficile de tracer une ligne de démarcation claire entre les cas qui relèvent du fait des choses — une «chose» au sens de l'article 1054 al. 1 C.c.B.C. pouvant être mobilière ou immobilière — et de la ruine de bâtiment. Les deux régimes peuvent dans plusieurs cas s'appliquer simultanément[23].

Cette situation a été grandement compliquée lorsque la Cour d'appel du Québec a déclaré que l'application du régime de responsabilité pour cause de ruine d'un bâtiment est exclusive et que l'on ne peut, dans ce cas, invoquer les règles plus favorables de la responsabilité pour le fait des choses[24]. L'article 1467 du nouveau Code civil vient régler ce problème en déclarant que «le propriétaire, sans préjudice de sa responsabilité à titre de gardien, est tenu de réparer le préjudice causé par la ruine, même partielle, de son immeuble (...)» Dorénavant, on pourra donc appliquer à cette situation à la fois le régime général de responsabilité pour le fait des «biens» (article 1465 C.c.Q.) et le régime particulier qui traite de la ruine d'un immeuble[25].

12- Nouveaux régimes de responsabilité applicables aux fabricants et aux vendeurs professionnels - Le Code civil du Bas-Canada ne traite pas de la responsabilité des fabricants, de sorte que seul le régime de la responsabilité délictuelle à base de faute prouvée de l'art. 1053 C.c.B.C. leur a été pendant longtemps applicable. En 1979, la Cour suprême du Canada a, comme on le sait, imposé aux fabricants le régime de la présomption de connaissance des vices cachés que l'on retrouve au

Code civil en matière de garanties contractuelles[26]. Ce régime ne s'applique toutefois qu'à ceux qui peuvent faire état d'une relation contractuelle à titre, par exemple, de sous-acquéreurs du bien défectueux, et non à toutes les victimes éventuelles et aux utilisateurs d'un produit[27].

Le nouveau Code civil apporte de nombreuses modifications à cette responsabilité des fabricants qu'il étend même, dans certains cas, aux vendeurs professionnels. En matière extracontractuelle, il modifie le régime de la faute prouvée et instaure un régime de présomption de connaissance de la part du fabricant, du fournisseur grossiste, détaillant ou importateur, à l'égard du défaut de sécurité du bien. Cette présomption de connaissance est renversable (article 1473 C.c.Q.). On doit noter toutefois que ce régime est applicable seulement aux victimes de dommages à caractère extracontractuel. Dans le cas de ceux qui peuvent faire état de liens contractuels, directement ou par le biais de l'acquisition de droits accessoires à un bien, le nouveau Code civil établit que l'on ne peut qu'appliquer les règles de la responsabilité contractuelle[28] relatives à la garantie, légale et cenventionnelle, de qualité du bien vendu (articles 1726 à 1733 C.c.Q.). On se retrouvera cette fois devant un cas de présomption irréfragable de connaissance du vice caché, présomption applicable non seulement au vendeur professionnel qui a passé le contrat mais également au fabricant et à toute personne qui fait la distribution du bien, sous son nom ou comme étant son bien, et à tout fournisseur du bien, qu'il s'agisse du grossiste ou de l'importateur (article 1728 et 1730 C.c.Q.)[29] Ces changements sont donc fort importants et feront l'objet, comme il se doit, de beaucoup d'attention dans la présente étude.

13- Exclusions ou limitations de responsabilité et préjudices corporels ou moraux - Bien qu'elles connaissent de nombreuses limites, les clauses d'exclusion ou de limitation de responsabilité sont admises au Québec depuis la fin du siècle dernier[30]. Ces clauses doivent en effet être l'objet de stipulations claires dans le contrat, avoir été acceptées par le cocontractant et le dommage ne doit pas avoir été le résultat d'une faute lourde ou intentionnelle de la part de celui qui invoque l'exclusion ou la limitation de responsabilité[31]. L'article 1474 du nouveau Code civil vient ajouter une restriction supplémentaire fort importante à l'exercice de ces clauses: l'exclusion ou la limitation de responsabilité ne pourra aucunement porter sur le préjudice corporel ou moral causé à autrui. Ces clauses ne pourront donc plus s'appliquer à l'avenir qu'aux dommages matériels, ce qui en limitera grandement la portée[32].

14- Attribution de dommages corporels futurs - Le caractère définitif du jugement en responsabilité pose présentement des problèmes sérieux en cas d'aggravation du dommage corporel ou de rechute de la part de la victime. Le nouvel article 1615 C.c.Q. permet au tribunal, lorsque celui-ci accorde des dommages-intérêt en réparation d'un préjudice corporel, de réserver au créancier de l'obligation le droit de demander des dommages-intérêts additionnels pour une période d'au plus trois ans après la date du jugement, lorsqu'il n'est pas possible de déterminer avec une précision suffisante l'évolution de la condition physique de la victime au moment du jugement[33].

15- Critères d'attribution des dommages-intérêts punitifs - Contrairement à la *common law* le droit civil ne reconnaît pas le principe de l'attribution des dommages punitifs ou exemplaires. Certaines lois portent toutefois exception à cette règle depuis quelques années. Il s'agit de dispositions dont le champ d'application peut être vaste et important, comme la *Charte des droits et libertés de la personne*[34] et la *Loi sur la protection du consommateur*[35], ou plus limité comme la *Loi sur l'accès aux documents des organismes publics et sur la protection des renseignements personnels*[36], la *Loi sur la Régie du logement*[37] ou de la disposition plus ancienne (1929) de la *Loi sur la protection des arbres*[38]. Même si ces lois prévoient la possibilité pour un tribunal de condamner la partie défenderesse à des dommages punitifs ou exemplaires, les critères d'attribution de ces dommages sont toujours restés incertains, particulièrement en droit de la consommation.

Le nouveau Code civil vient combler cette lacune. Il ne crée pas de nouveaux cas d'attribution de dommages punitifs mais il prévoit des critères pour régir les situations déjà prévues (article 1621 C.c.Q.). Il y est déclaré que les dommages-intérêts punitifs ne peuvent excéder, en valeur, ce qui est suffisant pour assurer leur fonction préventive. On sort donc ici clairement des objectifs de compensation assignés traditionnellement au droit civil. Ces dommages-intérêts punitifs devront s'apprécier en tenant compte, notamment:

— de la gravité de la faute du débiteur,

— de la situation patrimoniale du débiteur,

— de l'étendue de la réparation à laquelle il est déjà tenu,

— du fait que le paiement de la réparation est, en tout ou en partie, déjà assumé par un tiers, l'assureur ou le commettant par exemple[39].

16- Uniformisation des délais de prescription - La grande disparité entre les divers délais de prescription extinctive que l'on retrouve dans le Code civil du Bas-Canada, tant en matière contractuelle que délictuelle[40], constitue présentement un véritable casse-tête pour les praticiens et les justiciables. Le problème est d'autant plus grave qu'une simple erreur à cet égard peut constituer à elle seule un motif de rejet péremptoire de la demande[41]. Notons également l'existence de nombreuses lois, les plus connues sont celles qui concernent la responsabilité des villes et des municipalités, qui soumettent la recevabilité de la poursuite à l'exigence d'un avis de très courte durée. Il fallait donc mettre de l'ordre dans ces délais et c'est ce que fait le nouveau Code civil.

En ce qui concerne la responsabilité contractuelle et extracontractuelle, les délais de prescription extinctive prévus par le nouveau Code civil sont ramenés, dans presque tous les cas, à trois ans (article 2925 C.c.Q.). Il faut noter également l'adoption d'une toute nouvelle disposition qui aura pour effet de temporiser beaucoup la rigueur des avis prévus par certaines législations spéciales. Il est en effet prévu par le nouveau Code que l'obligation de donner un avis préalablement à l'exercice d'une action, ou d'intenter celle-ci dans un délai inférieur à trois ans, ne pourra faire échec au délai de prescription de trois ans prévu par le Code lorsque l'action sera fondée sur un préjudice corporel (article 2930 C.c.Q.). Il s'agira donc d'un changement radical de nos habitudes et contraintes en la matière[42].

Tels sont, à notre sens, les dix changements les plus significatifs de cette réforme en matière de responsabilité civile qui en contient plusieurs autres comme nous le verrons dans ce qui suit.

Première Partie: Les conditions de la responsabilité

17- Présentation - Au titre de la responsabilité civile, le nouveau code traite en premier lieu des conditions de cette responsabilité. À la différence du Code civil du Bas-Canada, on y retrouve des règles qui concernent à la fois la responsabilité extracontractuelle et contractuelle. Nous examinerons d'abord ici les dispositions générales qui mettent en place les fondements du régime de responsabilité (article 1457 et 1458 C.c.Q.), puis les nouvelles règles de responsabilité pour le fait ou la faute d'autrui (articles 1459 à 1464 C.c.Q.) et les règles applicables au fait des biens (articles 1465 à 1469 C.c.Q.).

1- Dispositions générales

18- Généralités - Avant de procéder à l'étude des concepts de faute, de dommage et de lien de causalité dans le nouveau code, il nous est apparu important de tenter de dresser d'abord une classification des divers régimes de responsabilité civile. La démonstration de la nécessité de procéder à ce type d'inventaire pour la bonne compréhension de notre droit a déjà été faite, surtout il est vrai en ce qui a trait à la responsabilité contractuelle[43]. Un exercice de ce type à l'égard des régimes de responsabilité extracontractuelle s'avère particulièrement utile ici pour nous permettre de voir sur quoi portent les modifications.

a) Aménagement des différents régimes de responsabilité et liens avec les régimes statutaires de collectivisation du risque

19- Classification des régimes de responsabilité extra-contractuelle - Le droit civil québécois met en place cinq régimes de responsabilité extracontractuelle différents qui se distinguent entre eux selon le fardeau de preuve imposé au demandeur et selon les possibilités d'exonération offertes au défendeur. Le nouveau Code civil du Québec reprend en cela les modèles véhiculés par le Code civil du Bas-Canada et n'y apporte que peu de changements.

20- Régime de la faute prouvée - Il s'agit du régime général de responsabilité extracontractuelle. Ce régime impose au demandeur l'obligation, pour avoir gain de cause, de faire la preuve de la faute du défendeur. C'est le régime qui est visé présentement par l'article 1053 C.c.B.C. Dans le nouveau code, on retrouve ce régime général à l'article 1457 C.c.Q. qui réaffirme la nécessité pour le demandeur de faire la preuve de la faute simple du défendeur, faute qui doit être appréciée selon les règles de conduite qui s'imposent suivant «les circonstances, les usages ou la loi»[44]. Ce régime est également applicable au propriétaire d'un bâtiment qui cause un dommage par sa ruine, en vertu de l'article 1055 al. 3 C.c.B.C. (article 1467 dans le nouveau code). La victime doit prouver dans ce cas que la ruine résulte d'un défaut d'entretien ou d'un vice de construction, donc d'une faute[45]. Cette faute peut toutefois être le fait d'un autre intervenant que le propriétaire. Ce dernier en répond.

Le nouveau Code civil, tout comme le Code civil du Bas-Canada depuis 1989[46], ajoutent toutefois à ce régime de la faute simple un régime de faute qualifiée. Le demandeur a, dans certains cas prévus par le code, un fardeau de preuve plus lourd que celui de démontrer l'existence d'une faute simple. C'est ainsi que l'on retrouve dans le nouveau code la nécessité pour le demandeur de faire la preuve d'une faute qualifiée de la part du défendeur, c'est à dire une faute lourde ou intentionnelle. Les cas visés par ce fardeau de preuve concernent en premier lieu la responsabilité des tuteurs, des curateurs et de ceux qui assument la garde d'un majeur non doué de raison (article 1461 C.c.Q.) et, en second lieu, la responsabilité de ceux qui portent secours à autrui (bons samaritains) ou qui disposent gratuitement de biens au profit d'autrui (article 1471 C.c.Q.)

Ainsi donc, le régime de la faute prouvée, qualifiée ou non, se retrouve dans le nouveau code dans les cas suivants:

— les cas d'application du régime général de responsabilité extracontractuelle (article 1457 C.c.Q.) — faute simple,

— le cas de la responsabilité du propriétaire d'un immeuble qui cause un dommage par sa ruine (article 1467 C.c.Q.) — faute simple,

— le cas de la responsabilité du gardien d'un mineur qui agit gratuitement ou moyennant une récompense (article 1460 al. 2 C.c.Q.) — faute simple,

— le cas des tuteurs, curateurs ou gardiens d'un majeur non doué de raison pour le préjudice causé par le fait de ce majeur (article 1461 C.c.Q.) — faute qualifiée (lourde ou intentionnelle).

— le cas des personnes qui portent secours à autrui ou qui disposent gratuitement de biens au profit d'autrui (article 1471 C.c.Q.) — faute qualifiée (lourde ou intentionnelle).

21- Régime de la faute présumée - En vertu de ce régime, le demandeur n'a pas à faire la preuve de la faute du défendeur puisque celle-ci est présumée à partir de la démonstration de l'existence des éléments constitutifs de la présomption. C'est alors au défendeur à faire la preuve de son absence de faute ou de la connaissance du danger par la victime. La présomption est ici renversable. Cette situation est pour l'essentiel celle qui est prévue par l'article 1054 al. 1 à 5 du Code civil du Bas-Canada. Dans le nouveau code, ce régime de présomption de faute ou de connaissance est étendu à un plus grand nombre de situations et applicable:

— aux titulaires de l'autorité parentale (article 1459 C.c.Q),

— aux gardiens d'un mineur[47] (article 1460 al. 1 C.c.Q.),

— aux gardiens d'un bien qui cause un préjudice par son fait autonome (article 1465 C.c.Q.),

— aux fabricants, aux distributeurs et fournisseurs d'un bien à l'égard des dommages extracontractuels (article 1468, 469 et 1473 C.c.Q.). On parle dans ce cas de présomption de connaissance.

22- Régime de la responsabilité présumée - Dans ce cas, le sujet de la présomption ne peut plus faire la preuve de son absence de faute lorsque les conditions de mise en œuvre de la présomption ont été établies par le demandeur. Cette présomption n'est pas renversable. Ce régime vise uniquement en pratique la responsabilité du commettant en raison de la faute de son préposé dans l'exécution de ses fonctions (article 1054 al. 7 C.c.B.C. qui devient l'article1463 C.c.Q.). Il n'y a pas à cet égard de changements notables entre l'ancien et le nouveau code. On notera qu'il ne s'agit pas ici d'un régime de responsabilité sans faute puisque la preuve de la faute du préposé est nécessaire pour que l'on puisse engager la responsabilité du commettant et que ce dernier peut s'exonérer en démontrant l'absence de faute de son préposé. Le commettant intervient en quelque sorte à titre de garant économique. Ce régime de la responsabilité présumée couvre donc:

— la responsabilité des commettants pour la faute de leurs préposés dans l'exécution de leurs fonctions (article 1463 C.c.Q.).

23- Régime de la responsabilité sans faute - La responsabilité est ici engagée sans qu'il soit nécessaire de démontrer la faute, qualifiée ou non, de quiconque. Le sujet de la responsabilité ne peut en aucun cas échapper à cette dernière en démontrant son absence de faute. Seule la preuve d'une force majeure, d'une faute de la victime ou d'un tiers peut ici permettre au défendeur d'échapper à sa responsabilité. Le seul cas clair d'application de ce régime dans notre droit est celui qui concerne la responsabilité du propriétaire et de l'utilisateur d'un animal[48], animal qui cause un dommage alors qu'il est sous leur garde, qu'il est égaré ou échappé (article 1055 al. 1 et 2 C.c.B.C. devenu l'article 1466 C.c.Q.). Ce régime de la responsabilité sans faute couvre donc dans notre droit:

— la responsabilité du propriétaire ou de l'utilisateur d'un animal (article 1466 C.c.Q.)

24- Régimes de collectivisation du risque - Un régime de collectivisation du risque est assimilable au mécanisme de l'assurance. La compensation est ici assurée sans égard à la faute de quiconque mais, contrairement à ce qui se passe dans le cas de la responsabilité sans faute, ce n'est pas celui qui cause un dommage par son fait ou son activité qui doit assumer la réparation mais bien une caisse de compensation, le plus souvent gérée par l'État. Le Québec connaît ce type de régime de compensation depuis le début du siècle en matière d'accidents du travail[49]. Cette approche qui est à mi-chemin entre le droit de la responsabilité civile et le droit de la sécurité sociale s'est peu à peu étendue à l'indemnisation des victimes d'actes criminels (1971)[50], aux victimes d'actes de civisme (1977)[51], aux victimes des accidents d'automobiles (1977)[52] et aux victimes des programmes de vaccination (1984)[53].

Le nouveau Code civil ne prévoit pas la mise au point de d'autres régimes de collectivisation du risque que ceux que l'on connait déjà. On remarque même que, contrairement au Code civil actuellement en vigueur[54], le nouveau Code civil ne signale pas l'existence de ces régimes et ne clarifie pas les liens qu'il entretient avec eux. Toute cette question est confiée à la législation spéciale applicable à chacun de ces régimes.

25- Le besoin d'une plus grande cohésion - Le législateur québécois n'a pas profité de l'occasion qui s'offrait à lui avec l'adoption d'un nouveau Code civil pour redéfinir les liens entre le droit civil et les régimes de plus en plus nombreux et complexes de collectivisation du risque. Cette question sera pourtant incontournable dans les prochaines années. Notre système de responsabilité manque de cohésion et de rigueur. Il faudra bien l'admettre un jour. Comment comprendre que l'on puisse compenser les victimes tout aussi innocentes d'un même dommage survenu, à peu de choses près, dans les mêmes circonstances, tantôt à l'aide de règles du Code civil fondées sur le principe de la faute, prouvée ou présumée, tantôt sans égard à la faute de quiconque?

Et il n'y a pas que la gestion des régimes de responsabilité qui soit en cause. Chaque régime de collectivisation du risque, ou presque, possède ses propres instances, ses propres tribunaux, spécialisés ou non, ses propres règles d'attribution des compensations qui peuvent être très différentes d'une loi à l'autre, et souvent ses propres règles de preuve et de fonctionnement interne. La plus grande confusion règne dans la gestion de nos divers régimes de responsabilité et de compensation. Les régimes dérogatoires se sont multipliés au cours des années au gré des nécessités politiques ou sociales du moment mais il faudra bien admettre bientôt publiquement que nous avons perdu le fil conducteur de ces réformes et que ce fouillis est désastreux, tant au plan de la Justice qu'à celui de la gestion financière des systèmes.

b) La notion de faute dans le nouveau Code civil

26- Généralités - L'étude de la notion de faute dans le nouveau Code civil nous conduit à l'examen de la formulation de ce concept dans l'énoncé des principes généraux applicables (article 1457 et 1458 C.c.Q) mais également à l'analyse des nouvelles règles relatives à l'abus de droit (articles 6 et 7 C.c.Q.), à la diffamation et à la protection de la vie privée (articles 35 à 41 C.c.Q.), à la responsabilité des personnes morales et de leurs administrateurs (articles 301 à 330 C.c.Q.) et, enfin, aux troubles de voisinage (articles 976 C.c.Q.) et à la responsabilité de l'État québécois (article 1376 C.c.Q.).

27- Caractère unique de la faute comme fondement des régimes de responsabilité - Le nouveau Code civil fait disparaître l'actuelle distinction entre les obligations qui procèdent des contrats, des quasi-contrats, des délits, des quasi-délits et de la loi seule que l'on retrouve présentement à l'article 983 C.c.B.C. Il ne subsiste avec la réforme que deux régimes généraux de responsabilité qui les engloberont tous: la responsabilité contractuelle et la responsabilité extracontractuelle[55]. Les articles 1457 et 1458 C.c.Q. sont les véritables pivots de tout le dispositif en matière de responsabilité civile. Ils fondent la responsabilité extracontractuelle sur le concept traditionnel de faute et la responsabilité contractuelle sur le devoir d'honorer les engagements contractés, donc sur la notion de faute contractuelle:

> **Article 1457.** Toute personne a le devoir de respecter les règles de conduite qui, suivant les circonstances, les usages ou la loi, s'imposent à elle, de manière à ne pas causer de préjudice à autrui.
>
> Elle est, lorsqu'elle est douée de raison et qu'elle manque à ce devoir, responsable du préjudice qu'elle cause par cette faute à autrui et tenue de réparer ce préjudice, qu'il soit corporel, moral ou matériel.
>
> Elle est aussi tenue, en certains cas, de réparer le préjudice causé à autrui par le fait ou la faute d'une autre personne et par le fait des biens qu'elle a sous sa garde.
>
> **Article 1458.** Toute personne a le devoir d'honorer les engagements qu'elle a contractés.
>
> Elle est, lorsqu'elle manque à ce devoir, responsable du préjudice, corporel, moral ou matériel, qu'elle cause à son cocontractant et tenue de réparer ce préjudice; ni elle ni le cocontractant ne peuvent alors se soustraire à l'application des règles du régime contractuel de responsabilité pour opter en faveur de règles qui leur seraient plus profitables.

28- La notion de faute extracontractuelle - Même si la formulation en est fort différente, l'article 1457 du nouveau code ne change que très peu de choses au contenu de l'actuel article 1053 C.c.B.C. La notion de «conduite» est d'application générale et de nature à recouvrir tout autant les cas de faute d'omission que de commission. Cette obligation tire son origine des circonstances, des usages et de la loi qu'une personne raisonnable ne peut ignorer. Le troisième alinéa de l'article 1457 n'est, quant à lui, qu'une annonce de la responsabilité pour le fait ou la faute d'une personne et pour le fait des biens que l'on a sous sa garde et que l'on retrouve par la suite aux articles 1459 à 1469 C.c.Q. La formulation de cette disposition empêche d'y voir une source de droit distincte et autre chose qu'un alinéa introductif. Le troisième alinéa de l'article 1457 C.c.Q. ne devrait donc pas être à cet égard l'objet des «découvertes» qui ont marqué l'article 1054 al. 1 C.c.B.C. et qui en ont fait une source de droit distincte en matière de responsabilité pour le fait des choses.

Ainsi donc, une lecture attentive de l'article 1457 C.c.Q. permet de conclure que le nouveau régime de responsabilité extracontractuelle sera, sauf une seule exception[56], fondé tout entier sur le concept traditionnel de faute, principe réaffirmé avec force dernièrement par la Cour d'appel du Québec et la Cour suprême du Canada dans l'arrêt *Lapierre*[57] et qui trouvera encore pleinement à s'appliquer dans le nouveau code.

29- La capacité de discernement, le cas particulier de l'enfant et de l'aliéné - C'est à la suite de nombreuses hésitations[58] et suggestions[59] qui allaient dans le sens contraire, que le législateur québécois a décidé finalement de ne pas retenir la responsabilité des personnes non douées de raison, c'est à dire les enfants de mois de sept ans[60] et les aliénés mentaux. L'exigence de la capacité de discernement pour qu'il y ait responsabilité est nettement réaffirmée au deuxième alinéa de l'article 1457 C.c.Q. Il n'y a donc pas à cet égard de changement par rapport au droit actuel[61] et tout indique que l'on doive donner à l'exigence de faire la preuve que le défendeur est «doué de raison» le même sens que celui qui a été donné jusqu'à maintenant à la capacité «de discerner le bien du mal» de l'article 1053 C.c.B.C.

30- La notion de faute contractuelle - L'article 1458 C.c.Q. tient toute personne responsable du préjudice qu'elle cause à son cocontractant lorsqu'elle manque à son devoir d'honorer les engagements qu'elle a contractés. Cette disposition est nouvelle. On remarque d'abord qu'il n'est pas question ici d'attribuer la compensation d'un type particulier de dommages à l'un ou l'autre régime de responsabilité. On peut être tenu de compenser des dommages corporels, moraux ou matériels, tout autant en matière de responsabilité contractuelle qu'extracontractuelle[62]. On remarque en deuxième lieu qu'il n'est pas question ici de faute alors que ce concept fonde nommément le régime de la responsabilité extracontractuelle prévu à l'article précédent. On aborde ici la question de l'obligation contractuelle sous le seul angle du résultat recherché. Le contractant est tenu d'honorer ses engagements, c'est à dire de les remplir entièrement, et s'il ne le fait pas, l'article 1458 C.c.Q. semble nous dire qu'il est, par le fait même, responsable.

La formulation de l'article 1458 C.c.Q. présente un problème particulier. La question se pose donc de savoir si le législateur a fait de l'obligation contractuelle, a priori et sauf dérogations spécifiques dans le cas de certains contrats nommés, une obligation de résultat entraînant la responsabilité du contractant dès que l'on a fait la preuve qu'il n'a pas «honoré» les engagements pris. On changerait ainsi complètement l'approche du Code civil du Bas-Canada qui envisage, a priori et sauf dérogations, les obligations contractuelles comme des obligations de diligence[63] et non de résultat. La question est importante puisque si l'on se trouve en présence d'une obligation de résultat, le débiteur de l'obligation contractuelle ne pourra s'exonérer qu'en prouvant, en cas d'inexécution de la prestation, la force majeure, la faute de la victime ou le fait d'un tiers alors que l'obligation de diligence permet de faire la preuve de l'absence de faute de sa part.

Nous ne croyons pas pour notre part que le législateur ait voulu transformer, a priori, les obligations de moyen ou de diligence en obligations de résultat. Il nous semble que l'on doit interpréter de façon restrictive la notion «d'engagements contractés» pour se demander dans chaque cas, et à défaut d'indications contraires de la part des parties au contrat ou de la loi, si l'engagement contracté est, par sa nature propre, une obligation de diligence (moyen) ou de résultat. La règle qui veut que l'on se retrouve, a priori et sauf indications contraires, devant une obligation de diligence (moyen) plutôt que de résultat devrait donc continuer à s'appliquer. La difficulté signalée ici n'en est donc une que de formulation. Tout cela nous permet de conclure que le législateur n'a pas entendu modifier dans le nouveau Code civil les règles traditionnelles applicables à la faute contractuelle[64].

31- Faute et abus de droit - Le nouveau Code civil codifie la règle de l'abus de droit aux articles 6 et 7 C.c.Q.:

> **Article 6.** Toute personne est tenue d'exercer ses droits civils selon les exigences de la bonne foi.
>
> **Article 7.** Aucun droit ne peut être exercé en vue de nuire à autrui ou d'une manière excessive et déraisonnable, allant ainsi à l'encontre des exigences de la bonne foi.

On constate qu'abus de droit et bonne foi sont intimement liés dans le nouveau code[65]. La question est ici de savoir quelle place les concepts d'abus de droit et de bonne foi font à la notion de faute? Il est clair que l'abus de droit animé d'une intention malicieuse de nuire est sanctionné par l'article 7 C.c.Q[66]. Comment comprendre toutefois le second volet de cette disposition où il est dit que l'on peut être responsable lorsque l'on exerce un droit de manière «excessive et déraisonnable» en «allant ainsi à l'encontre des exigences de la bonne foi»? Il s'agit dans ce cas de l'exercice fautif d'un droit. L'intention de nuire est ici absente mais le droit est exercé de façon négligente et insouciante, donc de manière fautive parce que contraire aux règles de la bonne foi. Il faut bien voir ici que le législateur s'est inspiré en grande partie ici du jugement rendu en 1990 dans l'arrêt *Houle c. Banque Canadienne Nationale*[67] où, après avoir longuement passé en revue la doctrine et la jurisprudence québécoise et française, la Cour suprême a déclaré[68]:

> La théorie de l'abus des droits contractuels est conforme aux principes fondamentaux du droit civil québécois où les notions de bonne foi et de conduite raisonnable imprègnent toute la théorie des droits et des obligations, tant dans le domaine contractuel qu'extracontractuel. (...) (p. 137)
>
> Conformément à l'évolution doctrinale et jurisprudentielle qui s'est faite au Québec sur cette question, il est maintenant

temps d'affirmer que la malice ou encore l'absence de bonne foi ne devrait plus être le critère exclusif pour apprécier s'il y a eu abus d'un droit contractuel. Une revue tant des fondements théoriques des récents courants en responsabilité civile que de l'état actuel de la doctrine et de la jurisprudence au Québec conduit inévitablement à la conclusion qu'il ne saurait faire aucun doute en droit québécois que les critères moins rigoureux de «l'exercice raisonnable» d'un droit, la conduite de l'individu prudent et diligent, par opposition au critère exigeant de la malice et de l'absence de bonne foi, peut également servir de fondement à la responsabilité résultant de l'abus d'un droit contractuel. (p.146)

Le nouveau Code civil ne limite donc pas l'exercice du recours pour cause d'abus de droit aux seuls cas de preuve d'une intention malicieuse et il n'exige que la preuve d'une faute simple, c'est à dire la démonstration que le droit a été exercé d'une manière excessive et déraisonnable, ce qui va à l'encontre des exigences de la «bonne foi». Est clairement écartée pour sa part l'hypothèse d'une responsabilité pour cause d'abus de droit sans faute[69].

32- Faute et bonne foi - La notion de «bonne foi» dont il est question dans le nouveau Code civil en matière de responsabilité extracontractuelle et contractuelle[70] comme dans plusieurs autres domaines de notre droit civil demande à être clarifiée. Il s'agit d'un principe général qui a déjà été reconnu et appliqué par nos tribunaux, notamment la Cour suprême dans certaines décisions récentes[71]. Tous s'entendent pour déclarer que la notion de bonne foi est très difficile à cerner avec précision. Le doyen Gérard Cornu nous propose un inventaire des différents sens qui peuvent être donnés à ce concept[72]. Nous sommes, avec le nouveau Code civil du Québec, en présence de deux approches distinctes de la notion de bonne foi.

Une première conception, plus traditionnelle, privilégie une approche passive de la bonne foi. Il s'agit dans ce cas de la situation de celui ou de celle qui contracte, acquiert, administre ou possède des biens et qui ignore, sans faute ou négligence de sa part, l'obstacle légal qui empêche de donner une pleine valeur légale à cet état de fait. On retrouve couramment cette situation, dans le nouveau comme dans l'ancien code, par exemple en droit des biens — pour le possesseur de bonne foi (articles 931 et 932 C.c.Q.) — en droit de la famille — cas du mariage putatif (articles 382 à 387 C.c.Q.) — en matière de successions — pour l'époux de bonne foi (article 624 C.c.Q.) — et même dans certains types de contrats comme le mandat — mandat apparent (article 2163 C.c.Q.) — ou le contrat de société pour les tiers de bonne foi (articles 2189, 2195 et 2197 C.c.Q.). Il s'agit ici de protéger les possesseurs et les tiers innocents, c'est à dire ceux qui sont restés passifs et qui n'ont rien fait pour provoquer ou aggraver leur situation.

Dans une deuxième conception qui est maintenant prévue par le nouveau code et qui est applicable surtout en ce qui a trait aux obligations légales et conventionnelles, on privilégie une approche active de la bonne foi. Dans ce cas, le contractant doit se comporter, donc agir, comme le ferait une personne de «bonne foi», c'est-à-dire divulguer les informations quelle possède lors de la conclusion du contrat (phase de la formation) et coopérer avec son contractant de manière à rendre possible et même à faciliter l'exécution du contrat (phase de l'exécution et de l'extinction). C'est cette deuxième conception de la bonne foi qui est en très nette émergence dans notre droit.

On est donc passé d'une approche qui privilégie la pure subjectivité, le fait d'avoir une connaissance personnelle ou non d'une situation légale, à une conception plus objective de la lésion qui insiste sur le comportement de celui qui doit agir comme le ferait «objectivement» une personne de bonne foi. La notion de bonne foi se rapproche donc ici de la notion de faute. Il peut s'agir d'une norme de comportement et c'est précisément ce qui est visé par les articles 6 et 7 C.c.Q.

33- Diffamation et protection de la vie privée - Les nouveaux articles 35 à 41 C.c.Q. affirment le droit de toute personne au respect de sa réputation et de sa vie privée. Ces dispositions que l'on retrouve au livre premier sur les personnes ne font, en matière de diffamation, que réaffirmer un principe que l'on retrouve déjà à la *Charte des droits et libertés de la personne*[73] et qui a été appliqué comme on le sait à de nombreuses reprises par nos tribunaux[74], surtout en matière de responsabilité extra-contractuelle. Il n'y a donc pas de changements significatifs à cet égard dans le nouveau code.

Ce dernier innove toutefois en ce qui concerne les règles qui s'appliqueront au respect de la vie privée[75]. Les dispositions des articles 35 à 41 C.c.Q. sont destinées à servir à cet égard d'assise à une réforme beaucoup plus vaste vouée à la protection de la vie privée, notamment en ce qui concerne la constitution de dossiers d'information sur les personnes physique par une entreprise — notion d'entreprise telle que définie par l'article 1525 al. 3 C.c.Q. — que ces informations soient informatisées ou qu'elles se trouvent sur d'autres types de supports et quelle que soit la forme sous laquelle elles seront accessibles[76]. Le principe général qui oblige au respect de la vie privée se retrouve à l'article 36 du nouveau code. Il mérite que l'on s'y intéresse:

> **Article 36.** Peuvent être notamment considérés comme des atteintes à la vie privée d'une personne les actes suivants:
> 1° Pénétrer chez elle ou y prendre quoi que ce soit;
> 2° Intercepter ou utiliser volontairement une communication privée;
> 3° Capter ou utiliser son image ou sa voix lorsqu'elle se trouve dans des lieux publics;
> 4° Surveiller sa vie privée par quelque moyen que ce soit;
> 5° Utiliser son nom, son image, sa ressemblance ou sa voix à toute autre fin que l'information légitime du public;
> 6° Utiliser sa correspondance, ses manuscrits ou ses autres documents personnels.

Il s'agit là de la première formulation précise en droit civil de ce droit en nette émergence depuis quelques années[77] et qui sera à la disposition, non seulement de la personne directement concernée, mais également de ses héritiers (article 35 al. 2 C.c.Q.). On remarque que cette formulation n'a pas pour effet de limiter la marge de manœuvre des tribunaux puisque cette liste de comportements prohibés est précédée d'un «notamment». Plus étonnante est l'extension de cette protection à toute «personne» et non pas seulement aux personnes physiques[78]. De façon générale, ces règles élèveront de façon significative la barre des normes de conduite en ce qui a trait à la protection de la vie privée et, indirectement, l'article 1457 C.c.Q. en matière de responsabilité extracontractuelle s'en trouvera grandement renforcé dans ce secteur[79].

34- La responsabilité des personnes morales - On sait depuis longtemps que la personne dite «morale» est responsable au plan contractuel et extracontractuel au même titre que les autres justiciables[80]. Ce qui est moins clair, c'est la détermination des organes qui engagent sa responsabilité personnelle par opposition à sa responsabilité comme commettant à l'égard des fautes commises par ses préposés. La distinction peut avoir des effets importants[81]. On a jusqu'à maintenant compris que la responsabilité personnelle de la personne morale était engagée lorsque «l'acte fautif qui a causé le dommage provient de l'un des ses organes de direction agissant dans le cadre de ses fonctions»[82]. Le nouveau Code civil vient préciser à son article 311 C.c.Q. que «les personnes morales agissent par leurs organes, tels le conseil d'administration et l'assemblée des membres». On peut croire en outre que le conseil exécutif de la personne morale, lorsqu'il en existe un, engagera également la responsabilité de cette dernière puisqu'il s'agit dans la plupart des cas d'une simple émanation du conseil d'administration. Les fautes commises par les autres instances et les préposés de la personne morale engageront seulement sa responsabilité à titre de commettant (Article 1463 C.c.Q.). Le nouveau Code civil semble donc trancher clairement à l'effet que les fautes commises par les cadres de l'entreprise, tels les directeurs de services ou de départements, lorsque ces cadres ne font pas partie du conseil d'administration ou que leurs fautes ne sont pas commises dans le cours des activités du conseil d'administration, n'entraineront que la responsabilité de la personne morale à titre de commettant et non sa responsabilité personnelle.

35- La responsabilité personnelle des administrateurs de la personne morale - Les administrateurs, indépendamment de leur statut éventuel d'actionnaires, seront-ils responsables personnellement à raison des fautes simples commises par eux dans le cadre de leurs fonctions au service de la personne morale?[83] Malheureusement, il s'agit d'une question qui a été peu souvent posée dans la doctrine civiliste québécoise. Elle nous semble de plus avoir été considérablement embrouillée par la «théorie du voile corporatif»[84]. La jurisprudence et la doctrine de droit commercial sont dans l'ensemble à l'effet que les dirigeants et les administrateurs de la personne morale ne sont pas responsables personnellement, sauf dans un cas de preuve de faute lourde ou de fraude de leur part[85]. Nous devons faire à cet égard une distinction qui a des effets importants.

Il est clair, à l'heure présente, que c'est l'institution du mandat qui s'applique aux relations entre l'administrateur et les actionnaires, les employés et les fournisseurs de la personne morale. Nous ne contestons pas cela. Toutefois, il nous semble clair également que ce statut de mandataire ne saurait s'appliquer à la situation où l'administrateur cause par sa faute personnelle un dommage à caractère extracontractuel à des victimes avec lesquelles la personne morale n'est pas entrée en relation contractuelle. On peut citer à titre d'exemple de cette situation la violation des règles de protection de l'environnement. Les parties ne sont pas liées dans ce cas par une relation à caractère contractuel. Les règles du contrat, notamment celles qui concernent le mandat, ne doivent donc pas s'y appliquer. Cette distinction entre la responsabilité contractuelle et extracontractuelle s'impose encore davantage en ce qui a trait au soulèvement du «voile corporatif» depuis la décision de la Cour suprême dans l'affaire *Houle*[86] et il nous semble pour notre part que l'orientation que l'on y trouve devrait subsister avec l'adoption du nouveau Code civil.

Mais le nouveau Code civil pourrait bien compliquer encore davantage ce débat mal engagé sur la responsabilité personnelle des administrateurs lorsqu'il utilise une approche singulière. C'est ainsi que l'article 309 C.c.Q. déclare péremptoirement que «les personnes morales sont distinctes de leurs membres» et que «*leurs actes n'engagent qu'elles mêmes*, sauf les exceptions prévues par la loi». (Nous soulignons) Cette disposition pourrait constituer un argument en faveur de la non-responsabilité personnelle des administrateurs. Toutefois, on remarque par ailleurs que, dans le nouveau Code civil, la responsabilité de l'administrateur n'est considérée en apparence que sous l'angle du mandat (article 321 C.c.Q.). Or, la doctrine qui a trait à l'institution du mandat déclare que le mandataire n'est pas responsable à l'égard des tiers de la faute contractuelle commise dans l'accomplissement d'un acte autorisé mais qu'il doit, par contre, répondre de sa responsabilité extracontractuelle. C'est ici que l'on doit rappeler que le mandataire est «délictuellement» responsable en droit civil de la violation de ses obligations légales envers les tiers. L'article 1053 C.c.B.C.

(donc le nouvel article 1457 C.c.Q.) s'impose à tous, peu importe l'existence du mandat[87]. Il nous apparaît donc clairement que l'administrateur qui agit à titre de mandataire de la personne morale restera responsable, même dans le nouveau Code civil, à raison de ses fautes extracontractuelles.

Ce n'est pas tout, le premier alinéa de l'article 322 du nouveau code déclare que «l'administrateur doit agir avec prudence et diligence», sans qualifier dans le cadre de quelle relation cette «prudence» et cette «diligence», donc l'absence de faute, sont exigées[88]. S'agit-il de la reconnaissance de la responsabilité extracontractuelle de l'administrateur pour cause de faute simple? C'est loin d'être clair. On a fait par ailleurs grand cas de l'adoption de l'article 317 C.c.Q. en matière de soulèvement du «voile corporatif» et qui concerne entre autre le problème de la responsabilité personnelle de l'administrateur. Il se pourrait bien qu'une partie de la réponse à notre question de départ se retrouve également là.

36- Les effets de la nouvelle disposition concernant le soulèvement du «voile corporatif» - L'article 317 C.c.Q. est nouveau et il est à l'effet que:

> La personnalité juridique d'une personne morale ne peut être invoquée à l'encontre d'une personne de bonne foi dès lors qu'on invoque cette personnalité pour masquer la fraude, l'abus de droit ou une contravention à une règle intéressant l'ordre public.

Le cas de la «fraude» est déjà prévu par le droit actuel. On peut voir par ailleurs dans «l'abus de droit» une codification de la règle dégagée par la Cour suprême dans l'arrêt *Houle* [89]. Le cas de la «contravention à une règle intéressant l'ordre public» est beaucoup plus important et il y a tout lieu de croire que le la responsabilité extracontractuelle de l'administrateur pourra être retenue dans bon nombre de cas puisque, dans le nouveau code civil, les règles qui intéressent «l'ordre public» seront beaucoup plus nombreuses que dans le Code civil actuel[90]. À titre d'exemples, tout nous permet de croire que la protection de l'intégrité corporelle des personnes physiques[91] de même que la protection de l'environnement[92] sont d'emblée au nombre de celles là. L'extension de plus en plus grande des droits de la personne dans notre droit devrait contribuer encore davantage à généraliser les règles d'ordre public. La responsabilité personnelle des administrateurs des personnes morales à raison de leur faute extracontractuelle pourrait donc connaître un net développement avec le nouveau Code civil du Québec.

37- Faute et troubles de voisinage - Le nouveau Code civil adopte une règle nouvelle en matière de troubles de voisinages qui apparaît, à première vue, comme une simple codification de la jurisprudence dans ce domaine:

> **Article 976.** Les voisins doivent accepter les inconvénients normaux du voisinage qui n'excèdent pas les limites de la tolérance qu'ils se doivent, suivant la nature ou la situation de leurs fonds, ou suivant les usages locaux.

Peut-on être responsable, même sans faute, des inconvénients qui excèdent les limites de la tolérance que se doivent normalement des voisins? Il semble que oui si l'on réfère aux commentaires de l'Office de révision du Code civil qui déclare, à propos de l'article équivalent à 976 C.c.Q. dans son projet[93]:

> Cet article veut préciser l'obligation légale de bon voisinage, déjà annoncée à l'article 1057 C.C. en imposant, au-delà de l'obligation de diligence, l'obligation de ne pas causer des «gênes intolérables» et cela *quelles que soient les mesures prises pour les éliminer.*
>
> Cette obligation est depuis longtemps reconnue en droit québécois, soit sous le couvert d'un abus de droit, soit sous le vocable de nuisance inspiré du common law. Récemment, on l'a plus justement appréciée comme une obligation légale particulière, *distincte de celle de l'article 1053 C.C. et de la notion de faute qu'inspire cette dernière.*
>
> Cette disposition impose donc à tous, et non seulement aux propriétaires, l'obligation de ne pas nuire à son voisin. *Cette obligation existe même en l'absence de faute* et nonobstant autorisation administrative. *(Nous soulignons)*

Le rapport de l'O.R.C.C. cite à ce propos les arrêts usuels relatifs à l'abus des droits de propriété et aux troubles de voisinage[94].

Le commentaire du Ministère de la Justice[95] qui servit lors de la sous-commission parlementaire sur les institutions, sous-commission qui examina le projet de Code civil (projet de loi 125) d'août à décembre 1991, se contente quant à lui de renvoyer au projet de l'O.R.C.C. qui, toujours selon le commentaire, «proposait une règle au même effet». Aurions-nous donc hérité, à titre tout à fait exceptionnel, d'une règle de responsabilité sans faute en matière de troubles de voisinages? Cette nouvelle règle porte-t-elle exception au principe général de l'article 1457 C.c.Q. qui établit le fondement de notre régime de responsabilité civile sur le principe de la faute? Admettons que ce serait assez extraordinaire, surtout dans un contexte où la chose n'a jamais été discutée par les députés de la sous-commission qui ont proposé à l'Assemblée Nationale l'adoption du nouveau Code civil du Québec[96]. Aurions-nous adopté le premier véritable régime de responsabilité sans faute[97] de l'histoire du Code civil québécois sans nous en apercevoir ou sans même noter la chose? C'est difficile à croire.

Nous préférons croire pour notre part que l'article 1457 C.c.Q. qui fonde le régime de la responsabilité extracontractuelle sur le principe de la faute, prouvée ou présumée, ne trouve pas une exception dans le libellé de l'article 976 C.c.Q. et que l'on ne peut y voir, tout au plus, qu'une présomption de faute, renversable, «si les inconvénients normaux du voisinage excèdent les limites de la tolérance». Il serait étonnant en second lieu que la notion de trouble de voisinage soit fondée sur une responsabilité sans faute alors que la notion voisine et plus générale «d'abus de droit» ne l'est pas (article 7 C.c.Q.). On doit remarquer enfin que la formulation particulière de l'article 976 C.c.Q. n'est guère compatible avec la proclamation d'un principe de responsabilité sans faute lorsqu'il est dit que «les voisins doivent accepter les inconvénients normaux du voisinage». L'adoption d'un principe dérogatoire aux fondements de la responsabilité extracontractuelle demandait une formulation beaucoup plus claire et précise. Il n'y a pas de doute toutefois que cette question fera l'objet de prochains débats. L'article 976 C.c.Q. pourrait bien devenir l'un des «trous noirs» du nouveau Code civil du Québec.

38- La responsabilité de l'État québécois et de ses organismes - Pour la première fois, le législateur reconnaît expressément dans le Code civil, à l'article 1376 C.c.Q., que les règles relatives aux obligations en général et à la responsabilité civile en particulier «s'appliquent à l'État, ainsi qu'à ses organismes et à toute autre personne morale[98] de droit public, sous réserve des autres règles de droit qui leur sont applicables»[99]. En matière extracontractuelle, cette responsabilité a été reconnue dans les faits depuis longtemps au Québec. On y a profité de l'ambiguïté de l'une des dispositions du Code de procédure civile pour déclarer que les actions de nature délictuelles ou quasi-délictuelles étaient opposables à la couronne québécoise[100]. L'article 94 du Code de procédure civile adopté en 1966 est venu confirmer cette jurisprudence[101]. Au fédéral, la situation a toujours été moins claire et l'on sait que le législateur québécois ne peut bien sûr lier l'État canadien, ses organismes et mandataires, puisqu'il ne possède aucune juridiction sur leur responsabilité.

Cette soumission de l'État québécois aux règles de responsabilité applicables par ailleurs aux justiciables ne change rien de significatif par rapport au droit existant mais elle peut faire illusion. On doit noter que le gouvernement du Québec ne renonce ici à aucune des immunités qui protègent son activité en droit public, notamment celle qui a trait à la distinction fondamentale entre ses activités politiques («policy» en common law) et ses activités d'exécution des décisions politiques et de gestion («operation»). Seulement ces dernières peuvent être visées par les règles de responsabilité civile[102]. Les décisions de nature «politique» ne peuvent pour l'essentiel faire l'objet d'aucun contrôle judiciaire, donc d'aucune responsabilité[103]. Cela ne change pas avec le nouveau code.

c) La notion «d'autrui»

39- Caractère général de la notion «d'autrui» - En vertu du code actuel, «autrui», c'est toute personne qui a subi un dommage direct et immédiat. Le droit de réclamer des dommages du responsable n'est donc pas limité à la victime immédiate mais peut s'étendre à toute personne qui subit un dommage par ricochet, à la condition qu'elle puisse démontrer qu'il s'agit là d'une suite directe et immédiate du premier dommage causé. C'est la règle adoptée par la majorité de la Cour suprême dans l'arrêt *Régent Taxi*[104] et qui, à quelques exceptions près[105], a été largement suivie jusqu'à maintenant. Il n'y a pas de changement à cet égard dans le nouveau Code civil. On remarque même que l'emploi du mot «autrui» y est beaucoup plus fréquent[106] et n'est pas limité aux situations qui impliquent la seule responsabilité extracontractuelle[107]. En matière contractuelle toutefois, on doit noter que les dommages ne peuvent être réclamés de la personne responsable que par les cocontractants (article 1458 C.c.Q.) et par leurs ayants cause à titre particulier (article 1442 C.c.Q)[108].

40- La disparition de l'art. 1056 C.c.B.C. et ses effets - C'est toutefois l'article 1056 C.c.B.C. qui a constitué jusqu'à maintenant la principale limitation à une approche large de la notion d'autrui. En cas de décès, «autrui» ce n'est pas toute personne qui souffre un dommage direct et immédiat suite à la mort de la victime mais seulement ses ascendants, ses descendants et son conjoint légitime, en fait ceux à qui la victime pouvait être appelée à verser un jour des aliments. Personne d'autre ne peut poursuivre à raison de ce décès, même le conjoint de fait ou le conjoint divorcé qui démontre que la personne décédée était son principal ou même son seul soutien. Il en est de même pour un parent collatéral (un frère ou une sœur invalide par exemple) qui est complètement à la charge de la victime au moment de son décès. Cette situation a causé de nombreux problèmes dans la société québécoise où plus de 18 % des couples vivent présentement en union libre et où les liens de solidarité et d'entraide ne suivent plus le modèle de la famille d'autrefois. La disparition de l'article 1056 C.c.B.C. ouvre donc plusieurs possibilités mais il faut se rappeler toutefois que la preuve devra porter sur la démonstration d'un dommage direct et immédiat et sur l'existence du lien de causalité entre la faute et le dommage réclamé[109]. De façon plus générale, l'abolition de l'article 1056 C.c.B.C. entraînera les effets suivants:

— possibilité de poursuivre le responsable du décès par toute personne qui peut établir la preuve d'un dommage direct et immédiat[110] causé par le décès;

— possibilité de poursuivre, même si la victime immédiate a obtenu compensation pour ses propres dommages de la part du responsable avant son décès;

— le délai de prescription sera de trois ans dans tous les cas;

— ce délai sera calculé à partir du moment où le préjudice se sera manifesté pour la première fois, dans la plupart des cas il s'agira du jour où la personne décédée a été atteinte dans son intégrité corporelle pour la première fois (article 2926 C.c.Q.);

— il ne sera plus nécessaire de joindre toutes les poursuites relatives au décès dans une même action.

Reste une question plus difficile. Les tribunaux profiteront-ils de la disparition de l'article 1056 C.c.B.C. pour remettre en question certaines décisions qui ont limité les dommages qui peuvent être réclamés en cas de décès. Ces décisions ont prétendu dans certains cas que l'article 1056 C.c.B.C. tirait son origine du *Lord Campbell's Act* de 1847 et que les dommages réclamés devaient être accordés en fonction de cette loi ancienne[111].

41- Le préjudice moral et les frais funéraires - C'est ainsi que l'on a refusé d'accorder une compensation pour le chagrin, la détresse et la douleur morale *(solatium doloris)* éprouvés par les proches du défunt lors de son décès accidentel. La jurisprudence québécoise écarte depuis longtemps ce type de réclamation, déclarant qu'il s'agit là d'un dommage indirect et qu'il est trop subjectif pour être évalué monétairement[112]. Nos tribunaux compensent toutefois les dommages tout aussi subjectifs que les atteintes à l'honneur et à la réputation. À la suite de plusieurs auteurs, nous croyons que les tribunaux devraient profiter de la disparition de l'article 1056 C.c.B.C. qui a servi de prétexte à l'imposition du droit anglais en droit civil pour revenir à la logique première de notre droit[113]. Même s'il s'agissait là de l'octroi de sommes forfaitaires le plus souvent modestes, nous croyons que nos tribunaux devraient accorder la réclamation pour cause de *solatium doloris*.

Les frais funéraires ne sont actuellement admis contre le responsable du décès que dans un cas d'insolvabilité de la succession du défunt et dans le cas où ceux qui réclament des frais raisonnables, compte tenu de la condition de la victime, sont des personnes énumérées à l'article 1056 C.c.B.C.[114]. Le droit ne change pas quant à la première condition mais il ne peut que changer en ce qui concerne la deuxième. La disparition de l'article 1056 C.c.B.C. fera en sorte que toute personne, et pas seulement celle qui y était énumérée, qui paiera les frais funéraires raisonnables d'une victime insolvable pourra les réclamer directement du responsable du décès.

d) La notion de dommage

42- Sortes de dommages et conditions de recevabilité - Les deux régimes de responsabilité, la responsabilité extracontractuelle et contractuelle, peuvent donner lieu à une compensation du dommage corporel, moral ou matériel (articles 1457 et 1458 C.c.Q.). Le législateur a heureusement abandonné son projet de confier au seul régime de la responsabilité extracontractuelle la compensation des dommages corporels[115]. On retrouve dans le nouveau code de nombreux cas où la responsabilité contractuelle peut s'étendre à la sécurité des cocontractants et, dans certains cas, à la compensation des dommages corporels.

C'est ainsi que le débiteur de l'obligation de garantir la qualité du bien vendu à l'égard des vices cachés peut être tenu de tous les dommages-intérêts, même les dommages corporels, souf-ferts par l'acheteur (article 1728 C.c.Q.), que le donateur «est tenu de réparer le préjudice causé au donataire en raison d'un vice qui porte atteinte à son intégrité physique, s'il connaissait ce vice et ne l'a pas révélé lors de la donation» (article 1828 al. 2 C.c.Q.), que le locateur ne peut offrir en location ni délivrer un logement impropre à l'habitation et qu'est impropre à l'habi-tation, «le logement dont l'état constitue une menace sérieuse pour la santé ou la sécurité des occupants ou du public» (article 1913 C.c.Q.), que le transporteur «est tenu de mener le pas-sager, sain et sauf, à destination» (article 2037 al. 1 C.c.Q.), que l'employeur lié par un contrat de travail «doit prendre les mesures appropriées à la nature du travail, en vue de protéger la santé, la sécurité et la dignité du salarié» (article 2087 C.c.Q), et, enfin, que l'entrepreneur et le prestataire de services «sont tenus d'agir au mieux des intérêts de leur client, avec prudence et diligence» (article 2100 al. 1 C.c.Q.). L'obligation contrac-tuelle s'étend donc plus que jamais à la compensation du pré-judice corporel.

De façon générale, tous les principes généraux connus jusqu'à maintenant en ce qui a trait à la nécessité pour le demandeur de démontrer que le dommage réclamé est une suite directe et immédiate du défaut du débiteur de l'obligation (article 1607 C.c.Q.)[116] continuent à s'appliquer. Le «dommage par ricochet» sera donc encore l'objet d'un accueil réservé de la part de nos tribunaux qui persisteront par ailleurs à obliger le créancier à minimiser ses dommages[117]. La règle concernant la recevabilité du dommage futur est codifiée (article 1611 C.c.Q.) et on exige dans ce cas la preuve que le préjudice futur est «certain et qu'il est susceptible d'être évalué». On ne relève par ailleurs aucune règle concernant la recevabilité de la réclamation pour «perte de chance» et tout indique à cet égard que la décision de la Cour suprême dans l'affaire *Lawson* c. *Laferrière*[118] s'appliquera dans le cadre du nouveau Code civil.

e) La notion de lien de causalité

43- Le lien de causalité - Les exigences relatives au lien de causalité ne changent pas dans le nouveau Code civil. La notion de causalité est présente tout autant dans les règles régissant la responsabilité contractuelle (article 1458 C.c.Q.) qu'extracontractuelle (article 1457 C.c.Q.). Les principes généraux ne sont donc pas modifiés et on constate que le législateur a codifié la règle du partage de responsabilité en fonction de la gravité des fautes ayant causé un même dommage (article 1478 C.c.Q.), ce qui n'est pas nouveau dans notre droit. Le législateur codifie également à l'article 1480 C.c.Q. la règle dégagée par la jurisprudence et qui concerne la situation où la victime peut établir la preuve d'une faute de la part de plusieurs personnes mais où elle est incapable de démontrer quelle faute lui a causé quel dommage[119]. C'est le problème des fautes dites «simultanées»[120].

> **Article 1480.** Lorsque plusieurs personnes ont participé à un fait collectif fautif qui entraîne un préjudice ou qu'elles ont commis des fautes distinctes dont chacune est susceptible d'avoir causé le préjudice, sans qu'il soit possible, dans l'un ou l'autre cas, de déterminer laquelle l'a effectivement causé, elles sont tenues solidairement à la réparation du préjudice.

On se retrouve ici en présence d'une présomption renversable par les défendeurs. Il est loisible à ces derniers de démontrer quelle faute a causé quel dommage, si la victime ne peut l'établir, et échapper ainsi à la solidarité ou même à la responsabilité. Ce renversement du fardeau de prouver le lien de causalité dans le cas de fautes simultanées constitue une nette amélioration du sort des victimes.

f) L'interdiction de l'option et ses effets

44- Le refus de l'option - Tel que signalé précédemment[121], l'option, c'est la possibilité de faire porter la responsabilité civile sur le terrain extracontractuel même lorsque les parties ont conclu entre elles un contrat valable et que ce contrat s'applique aux faits de l'affaire. Cette possibilité a été acceptée jusqu'à aujourd'hui par la jurisprudence québécoise dominante[122]. Elle est maintenant refusée par l'article 1458 al. 2 du nouveau Code civil du Québec. Il est sûr que la possibilité de l'option donnait plus de souplesse aux plaideurs et aux tribunaux dans l'application des règles de la responsabilité civile. On doit toutefois se garder de dramatiser les conséquences de ce choix du législateur, et ce, pour trois raisons distinctes:

1- Le nouveau code est beaucoup plus interventionniste en ce qui a trait au contrôle des abus de la liberté contractuelle, de sorte que le fait de s'en remettre aux seules règles du droit des contrats ne signifiera pas que la partie contractante la plus faible sera nécessairement désavantagée, contrairement à ce qui se produit le plus souvent dans l'application du Code civil du Bas-Canada;

2- Dans le nouveau code, les différences pratiques entre les modalités d'application des règles de la responsabilité contractuelle et extracontractuelle sont beaucoup moins importantes et significatives que celles que l'on peut retrouver dans le Code civil du Bas-Canada;

3- L'interdiction de l'option par le législateur ne signifie pas que l'on appliquera dans tous les cas les règles de la responsabilité contractuelle au détriment des règles extracontractuelles mais bien que l'on devra procéder ainsi, seulement lorsque la faute aura été jugée comme une faute de nature contractuelle et que cette faute aura été commise dans les cadres de la formation, de l'exécution ou de l'extinction de l'obligation contractuelle. Le débat sur l'option pourrait donc se déplacer ailleurs.

Reprenons ces trois éléments.

45- Un nouveau droit des contrats plus équilibré - On doit bien voir qu'il n'y a aucune commune mesure entre la philosophie contractuelle qui se dégage du nouveau Code civil et celle qui a présidé pendant plus de 120 ans à la gestion de nos relations contractuelles et qui a rendu nécessaire l'adoption d'une loi dérogatoire comme la *Loi sur la protection du consommateur*. Le Code civil du Bas-Canada a poussé jusqu'à leurs extrêmes limites les applications du principe de la liberté contractuelle la plus absolue[123]. Les seuls contrôles qui subsistaient dans le code après la codification de 1866 ont été la plupart du temps supprimés par les tribunaux[124] qui n'ont fait marche arrière à cet égard que depuis une vingtaine d'années seulement[125].

Certes, il n'entre pas dans notre propos de faire ici le procès du passé mais bien de marquer que le nouveau Code civil rompt de façon radicale avec cette philosophie des contrats héritée du siècle dernier. On peut voir de nombreuses manifestations de cela dans le Code civil du Québec qui sera en vigueur en 1994: codification de la règle concernant la bonne foi en matière contractuelle (article 6 et 1375 C.c.Q.) et l'abus de droit (article 7 C.c.Q.), portée beaucoup plus grande des nombreuses règles d'ordre public auxquelles il ne sera pas possible de déroger par contrat (article 9 C.c.Q.), proclamation de l'inviolabilité de la personne humaine (articles 3 et 10 C.c.Q.), ce qui conduit le législateur à supprimer la possibilité pour les contractants de convenir de l'application de clauses d'exclusion ou même de limitation de responsabilité en matière de dommages corporels (article 1474 C.c.Q.), adoption de contrôles judiciaires en ce qui a trait aux clauses externes, illisibles ou abusives (articles 1435 à 1437 C.c.Q.) en matière de contrats d'adhésion (article 1379 C.c.Q.) et de consommation (article 1381 C.c.Q.), possibilité pour un tribunal de contrôler l'abus des clauses pénales (article 1623 al. 2 C.c.Q.), pouvoirs d'appréciation du tribunal en cas de restitution des prestations (article 1699 al. 2 C.c.Q.), etc.

Nous avons sans aucun doute changé de philosophie des contrats et, partant, les risques d'abus présentés par l'interdiction de l'option et l'impossibilité de recourir dans certains cas aux principes plus souples de la responsabilité extracontractuelle sont beaucoup moins nombreux et significatifs. On peut même craindre à certains moments que le législateur soit allé trop loin dans l'interventionnisme et le contrôle judiciaire[126].

46- Les différences pratiques entre les régimes de responsabilité contractuelle et extracontractuelle - Ces différences seront beaucoup moins importantes dans le nouveau code. On peut en relever neuf principales dans le Code civil actuel qui portent sur:

47- (1) L'obligation de mettre son débiteur en demeure - Cette obligation existe au contractuel et la nature des choses fait qu'elle n'existe pas en matière de responsabilité extracontractuelle. Les articles 1067 à 1069 C.c.B.C. sont remplacés par les articles 1594 à 1597 C.c.Q. Le nouveau code atténue la rigidité des anciennes règles puisque le débiteur qui n'a pas été mis en demeure aura toujours le droit d'exécuter l'obligation dans un «délai raisonnable» à compter de la demande en Justice (article 1596 C.c.Q.). S'il y a exécution dans ce «délai raisonnable», «les frais de la demande sont à la charge du créancier».

48- (2) La responsabilité solidaire - La solidarité est la règle en matière de responsabilité extracontractuelle (article 1106 C.c.B.C. qui devient 1526 C.c.Q.) mais elle n'existe, sauf exception, que si elle est stipulée en matière de responsabilité contractuelle (articles 1105 C.c.B.C. qui devient 1525 C.c.Q.). Cette exception qui porte dans le Code civil du Bas-Canada sur les «affaires de commerce» qui sont présumées solidaires connaîtra une application beaucoup plus large dans le nouveau code puisqu'elle portera sur toutes les obligations contractées pour le service et l'exploitation d'une «entreprise», ce qui englobera les professionnels, les artisans et les agriculteurs, en plus des commerçants et des fabricants comme c'est le cas actuellement (article 1525 al. 3 C.c.Q.). Les cas de responsabilité solidaire en matière contractuelle seront donc plus nombreux en raison de la plus grande extension de la notion d'entreprise.

49- (3) Couverture des dommages - L'application des règles gouvernant la responsabilité extracontractuelle conduit à l'obligation de compenser tous les dommages qui sont une suite directe et immédiate de la faute commise. On ne retrouve à cet égard pas plus de restrictions dans l'article 1457 al. 2 C.c.Q. qu'il n'en a existé dans l'article 1053 C.c.B.C. De leur côté, tous les dommages contractuels n'obligent pas à une compensation. Seuls ceux qui ont été prévus par les parties ou qui étaient «prévisibles» au moment où le contrat a été passé entraînent l'obligation contractuelle de compenser (article 1074 C.c.B.C. devenu 1613 C.c.Q.). La distinction entre les dommages «prévisibles» et ceux qui ne le sont pas n'a jamais fait l'objet d'applications claires ou même convaincantes dans notre jurisprudence[127] et on peut croire que l'importance nouvelle de la notion de «prévisibilité» entraînera les plaideurs et nos tribunaux à se pencher davantage sur la question.

50- (4) Le calcul des intérêts - Le tribunal peut, en matière contractuelle et si l'obligation en est une de payer une somme d'argent, condamner la partie perdante aux intérêts calculés à compter de la demeure (article 1077 C.c.B.C. devenu 1617 C.c.Q.). De leur côté, les intérêts sur les dommages accordés en matière extracontractuelle et ceux qui portent sur d'autres obligations contractuelles que celles prévues à l'article 1077 C.c. B.C. (autres qu'une obligation de payer une somme d'argent) sont calculés présentement à partir de la date de l'institution de la demande en justice (article 1056c) C.c.B.C. et 1078.1 C.c.B.C.). Le nouveau code regroupe les règles prévues aux articles 1056c) C.c.B.C. et 1078.1 C.c.B.C. en une même disposition et il modifie dans certains cas le point de départ du calcul des intérêts. Il laisse plus de discrétion aux tribunaux en ce qui a trait au calcul des intérêts sur ces dommages-intérêts. L'article 1618 C.c.Q. déclare:

> **Article 1618.** Les dommages-intérêts autres que ceux résultant du retard dans l'exécution d'une obligation de payer une somme d'argent portent intérêt au taux convenu entre les parties ou, à défaut, au taux légal, depuis la demeure ou depuis toute autre date postérieure que le tribunal estime appropriée, eu égard à la nature du préjudice et aux circonstances.

Le point de départ du calcul peut donc être le jour de la demeure (en matière contractuelle) mais aussi toute autre date postérieure comme le jour de l'émission des brefs d'assignation, le jour où se réalisera un dommage futur ou le jour où le jugement est rendu, comme c'est le plus souvent le cas en matière de condamnation à des dommages-intérêts punitifs. Les différences pratiques dans le calcul des intérêts relatifs aux dommages contractuels et extracontractuels sont donc amenuisées et les tribunaux auront, dans l'un comme dans l'autre cas, beaucoup plus de latitude.

51- (5) Les prescriptions - Il s'agissait là de la principale différence entre les régimes de responsabilité contractuelle et extracontractuelle dans le Code civil du Bas-Canada, les prescriptions contractuelles y étant en général plus longues (2242, 2260, 2261 al. 3 et 4, 2262 al. 3, C.c.B.C.) que les prescriptions extracontractuelles (1056, 2261 al. 1 et 2, 2262 al. 1 et 2, C.c.B.C.). L'article 2925 du nouveau code uniformise à trois ans la plupart des délais de prescription, qu'il s'agisse de responsabilité contractuelle ou extracontractuelle, en raison de la grande extension des notions de «droit personnel» et de «droit réel mobilier» que l'on retrouve à l'article 2925 C.c.Q.:

> **Article 2925.** L'action qui tend à faire valoir un droit personnel ou un droit réel mobilier et dont le délai de prescription n'est pas autrement fixé se prescrit par trois ans.

Seules échappent à cette règle du trois ans, les actions qui visent à faire valoir un droit réel immobilier qui se prescrivent, sauf exception[128], par dix ans (article 2923 C.c.Q.), l'action du conjoint survivant pour faire établir sa prestation compensatoire qui se prescrit par un an (article 2928 C.c.Q.) et l'action fondée sur une atteinte à la réputation qui se prescrit par un an (article 2929 C.c.Q.).

La plus importante distinction entre les règles d'application de la responsabilité contractuelle et extracontractuelle disparaît donc en pratique avec la mise en vigueur du nouveau Code civil du Québec.

52- (6) L'accident mortel - La distinction entre la responsabilité contractuelle et extracontractuelle n'a, à l'égard de l'accident mortel, jamais été autre chose que théorique. Cette distinction vient du libellé même de l'article 1056 al.1 C.c.B.C. qui déclare que les règles et limitations que l'on y trouve ne s'appliquent que lorsque la victime décède suite à un «délit» ou à un «quasi-délit» et non pas suite à la mauvaise exécution d'une obligation contractuelle. Certains plaideurs ont voulu en tirer un argument à l'effet que, dans le cas d'un décès causé par la mauvaise exécution d'une obligation contractuelle, d'autres victimes par ricochet que les seuls ascendants, descendants et conjoints, par exemple l'épouse divorcée, peuvent poursuivre le responsable de la mort pour leurs pertes de soutien[129]. Il leur a été répondu à juste titre par nos tribunaux que le comportement dommageable n'est pas, à leur égard, de nature contractuelle mais seulement délictuelle et qu'ils ne peuvent donc poursuivre, même dans le cas où le décès est le résultat de la mauvaise exécution d'un contrat. Quel que soit le mérite des thèses défendues de part et d'autre, l'abolition dans le nouveau code de l'article 1056 C.c.B.C. ou de son équivalent vient mettre fin à toute distinction possible à cet égard.

53- (7) Lieu d'attribution de la compétence du tribunal - Cette distinction est importante. C'est même cette question d'attribution de compétence qui a été l'élément déclencheur des deux dernières décisions de la Cour suprême sur l'option[130]. Le lieu de l'introduction de l'action contractuelle est présentement comme on le sait celui du lieu où le contrat a été conclu (article 68 (3) C.p.c.) alors que le lieu d'introduction de l'action de nature extracontractuelle est déterminé par le lieu où toute la cause de l'action a pris naissance (article 68 (2) C.p.c.). L'article 193 de la *Loi sur l'application de la réforme du Code civil* ne modifie pas directement les règles pertinentes de l'article 68 du Code de procédure civile mais il renvoie aux nouvelles règles contenues au livre dixième du nouveau Code civil pour ce qui est de la détermination de certaines règles d'attribution de compétence des tribunaux québécois. Il s'agit des articles 3148 à 3151 C.c.Q. et, 3129 C.c.Q. qui sont fort importants en ce qui a trait à la détermination de la compétence d'attribution des tribunaux québécois face aux tribunaux étrangers. Ces nouvelles dispositions sont destinées à s'appliquer à des situations comportant un ou plusieurs éléments d'extranéité:

Article 3148. Dans les actions personnelles à caractère patrimonial, les autorités québécoises sont compétentes dans les cas suivants:
1- Le défendeur a son domicile ou sa résidence au Québec;
2- Le défendeur est une personne morale qui n'est pas domiciliée au Québec mais y a un établissement et la contestation est relative à son activité au Québec;
3- Une faute a été commise au Québec, un préjudice y a été subi, un fait dommageable s'y est produit ou l'une des obligations découlant d'un contrat devait y être exécutée;
4- Les parties, par convention, leur ont soumis les litiges nés ou à naître entre elles à l'occasion d'un rapport de droit déterminé;

5- Le défendeur a reconnu leur compétence.

Cependant, les autorités québécoises ne sont pas compétentes lorsque les parties ont choisi, par convention, de soumettre les litiges nés ou à naître entre elles, à propos d'un rapport juridique déterminé, à une autorité étrangère ou à un arbitre, à moins que le défendeur n'ait reconnu la compétence des autorités québécoises.

Article 3149. Les autorités québécoises sont, en outre, compétentes à connaître d'une action fondée sur un contrat de consommation ou sur un contrat de travail si le consommateur ou le travailleur a son domicile ou sa résidence au Québec; la renonciation du consommateur ou du travailleur à cette compétence ne peut lui être opposée.

Article 3150. Les autorités québécoises ont également compétence pour décider de l'action fondée sur un contrat d'assurance lorsque le titulaire, l'assuré ou le bénéficiaire du contrat a son domicile ou sa résidence au Québec, lorsque le contrat porte sur un intérêt d'assurance qui y est situé, ou encore lorsque le sinistre y est survenu.

Article 3151. Les autorités québécoises ont compétence exclusive pour connaître en première instance de toute action fondée sur la responsabilité prévue à l'article 3129.

Article 3129. Les règles du présent code s'appliquent de façon impérative à la responsabilité civile pour tout préjudice subi au Québec ou hors du Québec et résultant soit de l'exposition à une matière première provenant du Québec, soit de son utilisation, que cette matière première ait été traitée ou non.

On constate que si la distinction entre le lieu de conclusion du contrat et le lieu où toute la cause de l'action a pris naissance subsiste encore en droit interne en vertu de l'article 68 du Code de procédure civile qui n'est pas modifié à cet égard (pour ce qui est de l'attribution du district judiciaire compétent), cette distinction n'aura plus pour effet dans la plupart des cas d'enlever leur juridiction aux tribunaux québécois face aux tribunaux étrangers. L'attribution de cette juridiction ne dépendra pas en matière contractuelle du seul lieu de conclusion du contrat puisqu'il suffira dans ce cas qu'une faute ait été commise au Québec, qu'un préjudice y ait été subi, qu'un fait dommageable s'y soit produit ou que l'une des obligations découlant du contrat devait y être exécutée (article 3148 (3) C.c.Q.) pour donner compétence à un tribunal québécois.

De leur côté, les articles 3149 et 3150 C.c.Q. confirment que le tribunal québécois pourra faire reconnaître sa compétence en matière de contrat de consommation et de contrat de travail (lorsque le consommateur et le travailleur ont leur domicile ou leur résidence au Québec) de même qu'en matière de contrat d'assurance, peu importe le lieu de conclusion de ces contrats. Pour leur part, les articles 3151 et 3129 C.c.Q.[131] règlent les problèmes de juridiction posés par l'exposition ou l'utilisation d'une matière première comme l'amiante, qu'il s'agisse d'une responsabilité contractuelle ou extracontractuelle.

Les principaux problèmes d'attribution de compétence sont donc réglés par le nouveau Code civil et cette voie de solution ne tiendra pas compte du fait que l'on se retrouvera en matière contractuelle ou extracontractuelle. C'est ainsi que la Cour suprême du Canada aurait pu reconnaître la juridiction des tribunaux québécois avec le nouveau Code civil dans les affaires *Wabasso Ltd. c. National Drying Machinery Co et Air Canada c. McDonnell Douglas Corp.* sans sortir des règles de la responsabilité contractuelle, et ce, même si les contrats avaient été conclus dans ces affaires ailleurs qu'au Québec.

54- (8) L'action contre le mineur - La distinction entre la responsabilité contractuelle et délictuelle en ce qui a trait à l'action contre le mineur subsiste dans le nouveau code mais on doit bien admettre quelle donne lieu à peu de situations litigieuses en pratique. Dans le Code civil du Bas-Canada, il est dit que le mineur est restituable contre ses obligations contractuelles s'il en souffre lésion (article 1002 C.c.B.C.) alors qu'il ne l'est pas à l'encontre de ses obligations extracontractuelles (article 1007 C.c.B.C.). Cette distinction est maintenue dans le nouveau code où les articles 1405, 1406 et 1407 C.c.Q. permettent de demander la nullité du contrat, des dommages-intérêts ou même la réduction des obligations du mineur lésé alors que l'article 164 al. 2 C.c.Q. maintient que le mineur ne peut «se soustraire à l'obligation extracontractuelle de réparer le préjudice causé à autrui par sa faute». Il n'y a donc pas de changement significatif de ce côté.

55- (9) Le régime de présomptions - Le fait d'utiliser le régime contractuel ou le régime extracontractuel de responsabilité permet tantôt de bénéficier de certains allégements du fardeau de la preuve en raison de l'application d'un régime de présomption, tantôt d'être obligé de présenter une preuve de faute ou de manquement à une obligation contractuelle. Cet allégement du fardeau de la preuve ne se retrouve pas de façon systématique dans l'une ou l'autre responsabilité mais dépend souvent du secteur d'activités où l'on se trouve. Ainsi, dans le nouveau code, le régime contractuel de responsabilité imposé au fabricant sera plus avantageux pour la victime d'un dommage que le régime extracontractuel imposé au même fabricant. Dans d'autres secteurs d'activité, il arrivera que l'application du régime extracontractuel sera plus avantageux pour la victime, comme dans le cas de la poursuite du commettant d'un préposé fautif par exemple. Cette distinction et ces différences pratiques entre la responsabilité contractuelle et extracontractuelle existent présentement et subsisteront dans le nouveau code.

56- Vers une diminution du nombre et de l'importance des différences entre les deux régimes - On ne peut que conclure d'un examen attentif des nouvelles dispositions du Code civil en ce qui concerne les différences entre la responsabilité contractuelle et extracontractuelle que l'importance et le nombre de ces différences diminuent avec le nouveau code. Cela contribuera sans doute à atténuer grandement en pratique les effets du choix effectué par la législateur québécois à l'article 1458 al. 2 C.c.Q. lorsqu'il interdit l'option. De plus, force nous est de constater que l'application des règles de responsabilité contractuelle que l'on retrouve dans le nouveau Code civil sont loin d'être systématiquement défavorables aux parties contractantes par rapport aux règles de la responsabilité extracontractuelle. La situation a changé de façon significative à cet égard par rapport à ce que l'on retrouve dans le Code civil du Bas-Canada. Toutefois, devant les situations particulières présentées par chaque affaire, une question subsistera: celle de savoir si la faute pour laquelle les parties poursuivent entre dans le cadre du contrat passé entre elles ou s'il s'agit d'une faute qui sort de ce cadre pour conduire à l'application des seules règles de la responsabilité extracontractuelle. Il s'agira alors de déterminer si le contrat s'applique à la situation litigieuse.

57- La détermination des cadres de la responsabilité contractuelle - L'existence d'un contrat valable entre les parties ne signifiera pas qu'il faudra, dans tous les cas, appliquer les seules règles de la responsabilité contractuelle. Encore faudra-t-il démontrer que la faute commise l'a été dans les cadres de l'exécution de ce contrat[132]. Deux conditions doivent alors exister: un contrat doit avoir été conclu entre celui à qui le dommage a été causé et l'auteur du dommage, son cocontractant, et le dommage réclamé doit avoir été causé lors de l'exécution de ce contrat[133].

D'une part, la preuve de l'existence d'un contrat, surtout s'il est verbal, peut être difficile à faire. Il faut démontrer également que l'exécution du contrat avait débuté[134] et n'était pas encore terminée au moment où le dommage a été causé[135]. On doit de même signaler que seul le cocontractant et ses ayants cause à titre particulier (article 1442 C.c.Q.) peuvent invoquer les bénéfices du contrat, et non les tiers qui sont limités au terrain de la responsabilité extracontractuelle. En vertu de la règle de l'effet relatif des contrats (article 1023 C.c.B.C. devenu 1440 C.c.Q.), le tiers ne peut, en règle générale[136], invoquer l'existence d'une obligation contractuelle à laquelle il n'est pas partie pour prétendre à l'existence de ce seul fait d'une obligation extracontractuelle[137] qui l'avantagerait, sauf dans le cas où l'obligation contractuelle porte sur une obligation légale, par exemple une obligation de sécurité[138].

La question de savoir si la faute qui a causé le dommage l'a été dans le cadre de l'exécution du contrat entraîne l'obligation pour la partie qui l'invoque de déterminer le contenu obligationnel de ce contrat. Il n'est pas suffisant de s'en remettre à cet égard à la seule volonté exprimée par les parties elles-mêmes ou à l'interprétation du contrat (articles 1425 à 1432 C.c.Q.) mais on doit également tenir compte du contenu obligationnel du contrat (article 1024 C.c.B.C. devenu 1434 C.c.Q.). Ce contenu obligationnel peut entraîner l'existence d'un grand nombre d'obligations implicites ou accessoires comme l'obligation de sécurité, de conseil ou d'information à l'égard d'un risque ou d'un danger[139]. Par exemple, l'obligation contractuelle du restaurateur ou de l'institution bancaire s'étend-t-elle à l'obligation d'assurer la sécurité de leurs clients à l'encontre des risques de vols à mains armées lorsque les clients se trouvent dans leur établissement? La réponse à cette question est-elle la même si ceux qui se livrent à ces vols ou à des agressions sont des employés de l'établissement?

La tâche de déterminer dans chaque cas l'étendue de l'obligation contractuelle peut être délicate pour les plaideurs et les tribunaux et il y a tout lieu de croire que le débat connu depuis de nombreuses années à propos de l'option se déplacera sur cette question de la détermination du contenu du contrat. C'est une question qui n'est pas nouvelle mais que l'article 1458 al. 2 C.c.Q. met maintenant sous un éclairage nouveau et singulièrement stimulant.

2- La responsabilité pour le fait ou la faute d'autrui

58- Généralités - La responsabilité pour le fait ou la faute d'autrui que l'on trouve dans le nouveau code concerne quatre types d'intervenants différents. Il s'agit des titulaires de l'autorité parentale, des gardiens du mineur, des tuteurs, curateurs et gardiens du majeur non doué de raison et, enfin, du commettant. On y relève somme toute que peu de changements par rapport au droit existant. Les régimes de responsabilité qui y sont édictés sont fort différents les uns des autres, allant de la présomption de faute (titulaires de l'autorité parentale et gardiens du mineur), au régime de faute simple (gardien bénévole), au régime de faute qualifiée fondé sur la preuve d'une faute lourde ou intentionnelle (tuteur, curateur et gardien du majeur non doué de raison) et, enfin, à la présomption de responsabilité (commettant).

a) La responsabilité du titulaire de l'autorité parentale

59- Présomption de faute pour les titulaires de l'autorité parentale - Il s'agit ici de la responsabilité des père et mère d'un enfant mineur à laquelle s'ajoute la responsabilité du tuteur à la personne agée de moins de 18 ans (article 187 C.c.Q.). Les conditions de mise en œuvre de la présomption de faute que l'on retrouve présentement à l'article 1054 al. 2 et 6 du Code civil du Bas-Canada continuent à s'appliquer à l'article 1459 C.c.Q.: preuve de la faute ou du fait de l'enfant, de sa minorité au moment du dommage et de sa filiation. À partir de la preuve de ces trois éléments, la faute de surveillance et d'éducation de la part des parents est présumée mais cette présomption de faute est renversable par ces derniers[140] au moyen d'une preuve d'absence de faute de leur part dans la surveillance et l'éducation[141] de leur enfant.

Le seul changement apporté par le nouveau code concerne le fait que l'on n'y exige plus la preuve d'une faute de la part de l'enfant, donc de sa capacité de discernement, mais que la présomption peut être engagée dès qu'il est démontré que le fait dommageable imputable à l'enfant, dans le cas où ce dernier a moins de sept ans ou est aliéné mental, aurait autrement été considéré comme fautif (article 1462 C.c.Q.). Le législateur règle ainsi un problème soulevé par la jurisprudence en cas d'absence de capacité de discernement de l'enfant[142]. On doit noter enfin que la responsabilité des parents s'ajoute à celle de l'enfant mineur doué de raison et qu'elle ne la remplace pas. Le deuxième alinéa de l'article 1459 C.c.Q. signale enfin que celui qui est déchu de l'autorité parentale est tenu de la même manière que les titulaires de cette autorité si le fait ou la faute du mineur est lié à la mauvaise éducation qu'il lui a donnée. Cette situation est rare en pratique et on ne doit pas sous-estimer les problèmes posés par la preuve du lien de causalité dans ce cas.

b) La responsabilité du gardien du mineur

60- Élargissement de la notion de «gardien» du mineur - L'article 1460 C.c.Q. prévoit que la responsabilité qui incombe présentement à l'instituteur et à l'artisan pour le dommage causé par leurs élèves et apprentis (article 1054 al. 5 C.c.B.C.) sera étendue par le nouveau code à tous ceux à qui les parents confient la garde, la surveillance ou l'éducation de leur enfant mineur, c'est-à-dire les enseignants, les éducateurs de la garderie, les moniteurs du terrain de jeux, les administrateurs du camp de vacances, les entraîneurs sportifs, etc. Il s'agira dans ce cas aussi d'une présomption de faute renversable par le gardien de l'enfant, tout comme dans le cas des parents. Cette présomption cesse dans le cas où l'enfant placé sous leur surveillance atteint la majorité. Seuls les gardiens qui agissent gratuitement ou seulement contre récompense — en pratique ceux qui gardent les enfants à la maison de façon occasionnelle et moyennant une faible rémunération — pourront échapper à cette présomption de faute. On devra dans leur cas démontrer l'existence d'une faute de leur part dans la garde de l'enfant (article 1460 al. 2 C.c.Q.).

*c) La responsabilité du tuteur, du curateur et du gardien
d'un majeur non doué de raison*

61- Nécessité d'une preuve de faute qualifiée - Le nouveau
code soumet à un seul et même régime de responsabilité la
personne qui assume la garde d'un majeur non doué de raison,
qu'il s'agisse du tuteur, du curateur ou du simple gardien de
fait[143]. En vertu de l'article 1461 C.c.Q., cette personne ne sera
responsable des dommages causés par le majeur non doué de
raison[144] que si la victime établit la preuve d'une faute lourde ou
intentionnelle de sa part dans l'exercice de la garde. Le législateur entend justifier un tel régime d'exception par le souci
d'assurer une protection aux personnes qui assument à titre personnel la garde d'aliénés mentaux ou de personnes qui souffrent
de sénilité[145]. On doit noter toutefois que ce statut juridique
s'appliquera également au personnel des institutions psychia-
triques.

d) La responsabilité du commettant

**62- Maintien du droit existant en matière de responsabilité
des commettants** - Le nouvel article 1463 C.c.Q. relatif à la
responsabilité du commettant ne fait que confirmer l'interprétation donnée depuis plus d'une centaine d'années à l'article
1054 al. 7 C.c.B.C. Sauf une modernisation des notions
employées, rien d'important n'y est changé. Les termes de
«domestiques» et «ouvriers» que l'on trouve à l'article 1054 al.
7 C.c.B.C. ont toujours été interprétés de façon large, de
manière à couvrir tous les cas où une personne, le commettant,
a le pouvoir d'indiquer à une autre, son «préposé», la manière
d'exécuter une fonction. Seul le pouvoir de contrôle sur le
préposé par le commettant importe pour l'établissement du lien
de préposition, et non le choix de ce préposé ou son mode de
rémunération[146]. On retrouve donc au nouvel article 1463 C.c.Q.
les trois conditions imposées jusqu'à maintenant pour la mise
en œuvre d'une présomption de responsabilité contre le commettant: la preuve d'une faute personnelle du préposé, la preuve
du lien de préposition (pouvoir de contrôle) et la preuve que le
préposé se trouvait dans l'exécution de ses fonctions au
moment du fait dommageable. La responsabilité du commettant
s'ajoute à celle de son préposé, elle ne la remplace pas[147]. Le

commettant est alors tenu de réparer le préjudice et il ne peut échapper à sa responsabilité en démontrant son absence de faute personnelle. Il peut toutefois se retourner contre son préposé en recours récursoire pour lui faire payer entièrement la compensation déjà versée à la victime[148].

63- Un problème non réglé: le cas du vice de personnalité du préposé - Le seul problème d'application sérieux qui subsiste en matière de responsabilité des commettants, après plus d'une centaine d'années d'évolution, c'est celui des vices de la personnalité du préposé. Ce problème n'est pas réglé par le nouveau code. Il s'agit de savoir si le commettant est responsable des fautes commises par son préposé alors que ce dernier se trouve sur les lieux de son travail habituel et qu'il provoque un préjudice en raison de traits particuliers de sa personnalité, par exemple: voies de fait sur la personne d'un client ou d'un employé suite à une altercation, harcèlement sexuel, vols, propos diffamatoires, etc. Il n'est pas possible dans ce cas de régler la question juridique qui se soulève en s'attachant aux deux questions traditionnellement liées à l'examen de l'exécution des fonctions: soit la détermination de la structure de l'exécution (ce que le proposé doit faire) et de la finalité recherchée (déterminer au bénéfice de qui il agissait) par le préposé au moment du comportement dommageable.

Toute la question est ici de savoir si le commettant est responsable des vices de personnalité de son préposé alors que ce dernier est en relation avec les clients, les employés ou les fournisseurs de l'entreprise[149]. Cette question a donné lieu à une jurisprudence contradictoire qui cherche encore une voie de solution logique et cohérente avec les fondements du droit civil[150]. On semblait s'acheminer vers une solution défavorable à la responsabilité des commettants lorsque plusieurs décisions importantes retenant leur responsabilité pour cause de harcèlement sexuel de la part de cadres ou de préposés de l'entreprise sont venues relancer le débat, dans un contexte de protection des droits de la personne[151]. Il nous semble que ce courant obligera nos tribunaux à revoir le problème des vices de personnalité du préposé dans un contexte plus global puisqu'il n'y a pas de raison de distinguer entre les attitudes sexuelles d'un préposé et les autres traits de sa personnalité. Il n'y a pas de doute à notre sens que ce débat va marquer l'application du nouveau Code civil du Québec en matière de responsabilité des commettants.

64- Le cas particulier de l'agent de la paix, du préposé de l'État ou d'une personne morale de droit public - L'article 1464 C.c.Q. est de droit nouveau. Il y est dit que «le préposé de l'État ou d'une personne morale de droit public ne cesse pas d'agir dans l'exécution de ses fonctions du seul fait qu'il commet un acte illégal, hors de sa compétence ou non autorisé, ou du fait qu'il agit comme agent de la paix.» Le traitement de la responsabilité des policiers et de leurs commettants a longtemps été obscurci par la confusion entourant les sources applicables au droit public au Québec[152]. On tirait prétexte du fait que les policiers municipaux ou de la Sûreté du Québec agissaient tantôt dans le but de faire respecter un règlement municipal, une règle du droit statutaire provincial ou une disposition du Code criminel du Canada pour déclarer qu'ils étaient ou non dans l'exercice de leur fonction au service de leur employeur habituel. On laissait ainsi le policier le plus souvent seul face au justiciable. Le problème a été réglé définitivement par un amendement de 1979 à la *Loi de police*[153] et le nouvel article 1464 C.c.Q. ne fait que reprendre ces dispositions. On peut maintenant poursuivre le commettant d'un policier, peu importe la tâche accomplie par ce dernier et le texte réglementaire ou législatif qui justifiait cette intervention au moment du fait dommageable.

Mais le nouvel article 1464 C.c.Q. couvre bien davantage que la responsabilité du commettant du policier. Cette disposition déclare que le préposé de l'État ne cesse pas d'agir dans l'exécution de ses fonctions du seul fait qu'il «commet un acte illégal, hors de sa compétence ou non autorisé». Il faut, pour comprendre le sens de cette disposition, situer le débat dans le contexte des règles applicables à la responsabilité de l'État et de ses agents. Il est clair que le législateur entend ici contrecarrer un courant jurisprudentiel qui a marqué depuis quelques années plusieurs décisions importantes de la Cour d'appel du Québec et qui est à l'effet que l'agent public n'agit plus dans l'exécution de ses fonctions lorsqu'il excède ses pouvoirs ou agit illégalement[154]. Cette question qui est réglée depuis longtemps en droit civil applicable aux relations entre simples justiciables[155] posait encore jusqu'à récemment un problème important lorsqu'il s'agissait de poursuivre l'Administration publique[156]. Le législateur québécois, suite à une proposition de l'Office de révision du Code civil[157] à cet effet, a donc décidé d'intervenir pour clarifier la question dans le sens des principes généraux applicables en droit civil. La question semble donc réglée pour de bon.

3- La responsabilité pour le fait des biens

65- Généralités - La responsabilité pour le fait des biens met en cause un régime général (article 1465 C.c.Q.) et trois régimes particuliers qui concernent la responsabilité pour le fait des animaux (article 1466 C.c.Q.), la responsabilité pour la ruine d'un immeuble (article 1467 C.c.Q.) et, enfin, la responsabilité du fabricant, du distributeur et du fournisseur d'un bien meuble à raison d'un défaut de sécurité du bien vendu (articles 1468 et 1469 C.c.Q.). En raison de leur grande importance et nouveauté, nous nous intéresserons ici avec beaucoup d'attention aux mesures qui concernent la responsabilité des fabricants et vendeurs professionnels et nous traiterons à leur égard des règles de la responsabilité contractuelle et extracontractuelle qui seront dorénavant applicables.

a) Le régime général de responsabilité pour le fait des biens

66- Présomption de faute pour le fait d'un bien - «Découvert» en 1909 dans une décision restée célèbre de la Cour suprême, l'arrêt *Doucet c. Shawinigan Carbide*[158], le régime de présomption de faute contre le gardien d'une chose qui cause un dommage par son fait autonome est largement appliqué depuis et trouve son fondement à l'article 1054 al. 1 *in fine* C.c.B.C.[159]. Le nouvel article 1465 C.c.Q. ne fait que reprendre les exigences relatives présentement aux conditions d'application de la responsabilité pour le fait des choses: preuve de fait autonome de la chose et preuve de la garde de cette chose par le défendeur. Les conséquences de la mise en œuvre de ce régime sont également les mêmes puisque l'on se trouve ici encore une fois devant une présomption de faute renversable de la part du gardien. Le seul changement notable porte sur le remplacement de la notion de «chose» par la notion de «bien». Il s'agit seulement d'une modification terminologique, les réalités couvertes étant les mêmes puisqu'il s'agit d'objet corporels ou matériels dans les deux cas. On notera à cet égard que le législateur a remplacé dans le nouveau code, chaque fois que la «chose» était possible, la notion de «chose» par la notion de «bien»[160].

b) Le propriétaire et le gardien de l'animal

67- Responsabilité sans faute pour le propriétaire et le gardien d'un animal - Tel que signalé précédemment, la responsabilité pour le fait d'un animal est véritablement une responsabilité sans faute. Le propriétaire de l'animal[161] ou son utilisateur ne peuvent échapper à cette responsabilité qu'en prouvant la faute de la victime, la faute d'un tiers ou une force majeure[162]. La seule question qui subsiste à la lecture du nouvel article 1466 C.c.Q. est celle de savoir si la responsabilité de la personne, autre que le propriétaire de l'animal, qui se sert de ce dernier au moment où il cause un dommage est alternative ou cumulative avec celle du propriétaire. Sur la base du texte de l'article 1055 al. 1 et 2 C.c.B.C., la majorité des décisions de nos tribunaux a été d'avis jusqu'à maintenant qu'il ne peut y avoir de garde cumulative, donc que la responsabilité pour le fait de l'animal ne peut incomber qu'au propriétaire ou à l'utilisateur mais non aux deux en même temps. Le libellé même du deuxième alinéa de l'article 1466 C.c.Q. qui déclare que «la personne qui se sert de l'animal en est aussi, *pendant ce temps, responsable avec le propriétaire*» (nous soulignons) nous permet de croire que ces responsabilités seront dorénavant cumulatives et non pas seulement alternatives, ce qui constitue le seul changement significatif en la matière.

c) Le propriétaire de l'immeuble

68- Responsabilité pour la ruine d'un immeuble - Le nouvel article 1467 se lit comme suit:

> **Article 1467.** Le propriétaire, sans préjudice de sa responsabilité à titre de gardien, est tenu de réparer le préjudice causé par la ruine, même partielle de son immeuble, qu'elle résulte d'un défaut d'entretienou d'un vice de construction.

Nous avons déjà signalé dans la présentation[163] que cette disposition modifie le droit actuel en ce qu'elle permettra à la victime de la ruine d'un immeuble de poursuivre également en vertu du régime général de l'article 1465 C.c.Q. pour le fait autonome d'un bien alors que cette possibilité de poursuite est présentement refusée par nos tribunaux[164]. Pour le reste, le nouvel article 1467 C.c.Q. ne fait que reprendre, sous une formulation nouvelle, le contenu du troisième alinéa de l'article 1055 C.c.B.C. On remarque que le terme de «bâtiment» est remplacé par celui «d'immeuble», ce qui ne change en rien la portée de l'expression[165] et que le propriétaire peut être responsable d'une «ruine même partielle» de son immeuble comme c'est le cas présentement. On note enfin que la responsabilité du propriétaire de l'immeuble ne l'empêche en aucune façon de poursuivre à son tour l'entrepreneur, l'architecte et l'ingénieur qui ont dirigé ou surveillé les travaux de même que le sous-entrepreneur pour les travaux qu'il a exécutés (articles 2118 à 2121 C.c.Q.).

d) La responsabilité du fabricant et du vendeur professionnel

69- Généralités - Le Code civil du Bas-Canada n'a jamais traité de façon particulière de la responsabilité des fabricants et, à plusieurs égards, de la responsabilité des vendeurs professionnels. Le nouveau Code civil passe de ce silence relatif à l'adoption de deux régimes distincts qui visent directement ces activités économiques: un régime de responsabilité extracontractuelle fondé sur le défaut de sécurité qui s'adressera aux victimes ne bénéficiant pas d'une relation contractuelle (articles 1468, 1469 et 1473 C.c.Q.) et un régime de responsabilité contractuelle fondé sur la notion de vice caché qui profitera aux acheteurs des produits et à leurs ayants cause à titre particulier (articles 1726 à 1733 C.c.Q.). Avant d'examiner le détail des régimes que le nouveau droit met en place, il nous est apparu important de tracer ici un aperçu aussi bref que possible de l'évolution historique du droit de la responsabilité du fabricant et du vendeur professionnel en droit civil québécois, dans le but de nous permettre de mieux comprendre le sens des changements qui seront apportés par le nouveau Code civil. Il faut tenir compte du fait que ces changements s'inscrivent dans le cadre d'une évolution qui continue et dont plusieurs éléments resteront en place après la mise en vigueur du nouveau code comme ce sera le cas dans le domaine de la protection du consommateur et de l'obligation d'informer.

La responsabilité du fabricant a été fondée au Québec sur trois régimes juridiques différents: la responsabilité délictuelle, la responsabilité contractuelle et les règles du droit statutaire imposées par la *Loi sur la protection du consommateur*. Il nous faut également signaler ici d'importants développements en matière d'obligation d'informer apparus depuis maintenant un peu plus de vingt ans.

1- Historique de l'évolution la responsabilité des fabricants

70- L'évolution en matière de responsabilité délictuelle - Le Code civil de 1866 ne prévoyant pas de façon expresse le cas de la responsabilité des fabricants, c'est tout naturellement que nos tribunaux s'en sont remis d'abord au principe général de l'article 1053 C.c.B.C. qui détermine dans notre droit les règles à appliquer en matière de responsabilité extracontractuelle. Cette première phase de développement a duré près d'un siècle et fut marquée par l'incapacité chronique de notre droit à trouver une solution adéquate à la plupart des problèmes causés par les dommages corporels et matériels résultant des vices de conception, de fabrication et de mise en marché des produits manufacturés[166].

Le problème fondamental venait ici du fait qu'en vertu des règles de la responsabilité délictuelle, c'était à la victime de prouver, non seulement que la cause du dommage tirait son origine d'un produit manufacturé par la défenderesse, mais également que cette défaillance du produit provenait d'une faute dans la conception, la fabrication ou la mise en marché du bien vendu. Ce fardeau de preuve s'est avéré, en droit québécois comme dans bon nombre d'autres droits occidentaux, fort lourd pour les victimes. On doit comprendre ici que la victime et ses procureurs devaient trouver une cause plausible et probante à l'accident ou à la défaillance du produit et démontrer également que cette défaillance était prévisible pour le fabricant au moment où le produit a été fabriqué. On a exigé dans les faits que des victimes qui sont de simples profanes soumettent des preuves par experts complexes et coûteuses, preuves qui nécessitent le plus souvent une connaissance approfondie des processus de fabrication utilisés par le fabricant défendeur que l'on venait questionner sur son terrain de spécialité. Cette série de barrières aux recours contre les fabricants s'est avérée la plupart du temps infranchissable dans les faits, particulièrement dans les cas où les dommages causés l'étaient par le fait d'explosions ou d'éclatements soudains du produit[167].

La Cour suprême du Canada a de plus décidé, en 1944, que la faute délictuelle reprochée au fabricant doit être examinée à la lumière de l'état des connaissances et des règles de l'art existant au moment où le produit est fabriqué[168]. Cette décision était tout à fait cohérente avec le principe de la faute. Il n'était toutefois pas possible, selon cette vision des choses, de faire porter par les fabricants les risques de leurs innovations technologiques lorsque ces risques n'étaient pas immédiatement prévisibles ou évitables au moment de la production. Ce sont, dans ce cas, les usagers de ces produits qui assumaient les risques des innovations technologiques et non les fabricants. On retrouvera une partie de cette approche dans le nouvel article 1473 C.c.Q. en ce qui a trait aux possibilités d'exonération du fabricant et des vendeurs professionnels en matière extracontractuelle.

La Cour suprême a bien tenté en 1967 d'alléger le fardeau de preuve de la victime d'un produit en utilisant le droit que possède tout tribunal d'établir des présomptions de fait[169] mais cette décision n'eût que de faibles échos dans notre jurisprudence, sans doute en raison de sa grande simplicité. C'est ainsi qu'il fut déclaré dans cette affaire que lorsqu'un produit présente un comportement anormal qui ne peut être expliqué à première vue par une manipulation imprudente ou fautive de la part d'un utilisateur, il s'instaure une présomption de fait que ce produit était doté, au moment de l'accident, d'un vice de fabrication et que ce vice était imputable à la faute du fabricant[170]. La Cour suprême y procéda donc à un renversement du fardeau de preuve qui doit être, à partir de ce moment, assumé par le fabricant du produit et non par la victime. Ce type de raisonnement et l'utilisation que l'on y fait de la présomption de fait qui a profondément modifié le droit de la responsabilité médicale au Québec n'a entraîné, dans le secteur vital de la responsabilité des fabricants, à peu près aucune suite, et ce, pour des motifs historiques encore inexpliqués. L'évolution vint d'ailleurs[171].

71-L'évolution en matière de responsabilité contractuelle -
Dans le but évident d'alléger le fardeau de preuve du demandeur, jugé jusque là trop lourd en matière de responsabilité
délictuelle, la Cour suprême du Canada a opéré un virage significatif dans le secteur de la responsabilité des fabricants par sa
décision rendue en 1978 dans l'arrêt *General Motors Products
du Canada* c. *Kravitz*[172]. Depuis un certain temps déjà, des décisions des tribunaux inférieurs[173] tentaient de fonder le recours
de l'acheteur d'un bien défectueux fabriqué par un fabricant
mais non vendu par lui sur les bases de la responsabilité contractuelle. Ces décisions restaient toutefois imprécises sur la
nature des mécanismes juridiques impliqués. Le grand mérite
de la décision de la Cour suprême a été d'établir clairement la
nature des institutions juridiques qui permettent de poursuivre
le fabricant sur les bases d'un recours contractuel alors que ce
dernier n'a passé aucun contrat avec l'acquéreur du bien qui le
poursuit. La solution trouvée s'inspire en grande partie du droit
français[174].

La Cour suprême a décidé dans l'arrêt *Kravitz* qu'un acheteur
qui se procure un produit d'un revendeur peut exercer contre le
fabricant les droits que ce dernier devait reconnaître au revendeur en vertu du premier contrat de vente. L'acquéreur subséquent n'exerce donc pas ses propres droits contre le fabricant,
mais bien les droits contractuels du revendeur qui lui auraient
été cédés en même temps que le bien vendu. C'est ainsi que
l'on a pu dire que le droit de se plaindre des vices cachés suivait
la chose et pouvait profiter à l'acquéreur subséquent[175]. Cette
solution présente pour l'acquéreur du produit qui lui cause un
dommage ou qui est défectueux l'avantage majeur de lui permettre de profiter contre le fabricant d'une présomption non
renversable de connaissance[176]. La Cour suprême établit clairement qu'il s'agit là d'une présomption de connaissance qui
équivaut à une présomption non renversable et elle tient le
fabricant responsable pour tous les dommages, tant matériels
que corporels, causés par le produit. Le fabricant assume ainsi
les risques de ses innovations technologiques. Il ne peut plus
plaider qu'il ne pouvait pas connaître les vices de son produit
au moment de sa fabrication et reporter ainsi de tels risques sur
les seules épaules des acheteurs.

Cette solution est fort ingénieuse mais elle présente en droit québécois de nombreux désavantages qui sont souvent passés inaperçus[177]. L'intégrité conceptuelle de notions fondamentales comme la solidarité contractuelle et l'effet relatif des contrats est en effet menacée par cette décision. On peut craindre également que tout ce qui peut intervenir dans la chaîne des ventes successives pourra être opposé à l'acquéreur subséquent. On verra ce problème se profiler à propos de l'application de l'article 1442 C.c.Q. qui est au même effet et dont nous parlerons plus loin. On peut se demander par exemple comment l'acquéreur subséquent peut bénéficier d'un recours contractuel contre le fabricant pour vices cachés si le revendeur qui achète du fabricant et qui revend au nouvel acquéreur a connu le vice avant de céder le bien ou s'il a laissé passer le délai raisonnable de quelques mois donné à l'acheteur pour poursuivre son vendeur en raison des vices cachés du bien[178]? Le revendeur ne peut de toute évidence céder à l'acquéreur subséquent plus de droits qu'il n'en a lui-même contre le fabricant. On comprend que ce recours en garantie légale contractuelle contre le fabricant est soumis à de nombreux aléas qui ont fait douter de la portée pratique de la solution adoptée par la Cour suprême. Il ne fait plus de doute toutefois que la décision de la Cour suprême dans l'arrêt *Kravitz* a été suivie par de larges segments des cours inférieures qui ont même étendu son application à la vente d'objets usagés[179] et même à la location pure et simple[180].

C'est la nouvelle *Loi sur la protection du consommateur*[181], adoptée en 1978 et mise en vigueur en 1980, qui a marqué en droit québécois un autre pas significatif en ce qui a trait à la responsabilité des fabricants.

72- La Loi sur la protection du consommateur - Cette loi a doté les consommateurs québécois de nouveaux recours légaux fort importants contre les fabricants. Les dispositions de la *Loi sur la protection du consommateur* applicables aux fabricants depuis 1980 ont d'abord entendu clarifier les ambiguïtés soulevées par l'application des garanties légales du Code civil et faciliter les conditions d'exercice du recours. Qu'on en juge:

i) La garantie légale reconnue au consommateur par la loi est fondée sur le concept de vice caché, le même que celui qui est opposable en vertu du Code civil au vendeur et au fabricant selon l'arrêt *Kravitz*, mais les conditions d'exercice du recours sont facilitées et clarifiées:

— l'exigence de l'examen du bien vendu par un expert au moment de la vente pour démontrer que le vice était à ce moment «caché» est écartée. L'examen ordinaire par le seul consommateur suffit;

— il y a présomption d'antériorité du vice si le bien qui fait l'objet du contrat ne peut servir à l'usage auquel il est normalement destiné[182] ou s'il ne peut servir à un usage normal pendant une durée raisonnable, compte tenu du prix, des dispositions du contrat et des conditions d'utilisation du bien vendu[183];

— le délai d'action contre le fabricant est déterminé de façon précise, contrairement à ce qui se passe en vertu du Code civil qui ne parle que de «délais raisonnables» (en pratique de deux à trois mois à partir de la connaissance du vice et du dommage). Il est d'un an en vertu de la *Loi sur la protection du consommateur* à partir de la naissance de la cause d'action pour les vices cachés, en fait à partir de la découverte du vice[184].

ii) La *Loi sur la protection du consommateur* ne permet pas au fabricant de limiter l'étendue des garanties légales au moyen de garanties conventionnelles plus restreintes. La prédominance de la garantie légale sur la garantie conventionnelle y est affirmée[185] et elle est d'ordre public.

iii) Cette loi a reconnu pour la première fois en droit civil québécois le principe du recours direct du consommateur et de l'acquéreur subséquent contre le fabricant du bien[186]. Ce droit reconnu par la *Loi sur la protection du consommateur* n'est pas fondé sur la transmission successive d'un droit d'action d'un acheteur à l'autre, ce qui constitue par définition l'exercice d'un droit de recours indirect, mais possède maintenant un caractère légal et personnel qui permet d'écarter l'ensemble des problèmes qui peuvent surgir lors de l'application de la solution adoptée par la Cour suprême dans l'arrêt *Kravitz* examiné précédemment.

iv) Le fabricant d'un bien est présumé, de façon absolue, connaître les vices du bien fabriqué par lui[187]. Cette présomption n'est pas renversable et elle a permis de régler définitivement les problèmes d'interprétation soulevés par l'article 1527 C.c.B.C. quant à la porté de la présomption que l'on y retrouve. Le fabricant y assume ainsi entièrement tous les risques présentés par son produit, même s'il ne les connaissait pas ou ne pouvait les connaître au moment de la fabrication du produit.

v) Le consommateur peut opter pour le recours de son choix et le recouvrement des dommages appropriés à son cas. Il n'est plus limité par la distinction tirée du Code civil entre la demande redhibitoire et l'action estimatoire. Le fait que le fabricant connaissait ou non les vices de son produit au moment de la vente du bien n'a plus ici de répercussions sur l'étendue des dommages qui peuvent être réclamés par le consommateur. Ce dernier peut même demander des dommages-intérêts exemplaires[188]. Il est toutefois rare qu'il les obtienne en pratique contre les fabricants.

vi) La notion de fabricant est étendue, lorsqu'il n'a pas d'établissement au Canada, à la personne qui importe ou distribue des biens fabriqués à l'extérieur du Canada[189]. D'autre part, la personne qui permet l'emploi de sa marque de commerce sur un bien doit elle aussi assumer la responsabilité d'un fabricant en vertu de la même disposition.

Comme on peut le voir, la *Loi sur la protection du consommateur* du Québec a beaucoup modifié la position juridique des consommateurs dans un recours contre le fabricant d'un bien défectueux ou dangereux. Leur fardeau de preuve y est considérablement allégé et la plupart des problèmes causés par la transmission du recours fondé sur les vices cachés du Code civil y ont été réglés. Autre avantage de grande importance par rapport au Code civil du Bas-Canada, cette protection accrue profite même aux utilisateurs, non acquéreurs subséquents du bien, qui peuvent subir un dommage corporel ou matériel en raison des dangers cachés et non divulgués d'un produit. Le deuxième alinéa de l'article 53 de cette loi déclare en effet que:

Article 53, al. 2, Il en est ainsi *(quant au recours direct contre le fabricant)* pour le défaut d'indications nécessaires à la protection de l'utilisateur contre un risque ou un danger dont il ne pouvait lui-même se rendre compte.

Il faut noter que «l'utilisateur» dont il est question à l'article 53 al. 2 L.P.C. doit être lui-même un consommateur au sens de cette loi[190] pour pouvoir profiter de cette disposition et que cette protection ne s'étend pas à l'utilisateur commercial.

73- Développements en ce qui a trait à l'obligation d'informer - Ce tableau d'ensemble de l'état du droit présentement applicable au Québec à la responsabilité du fabricant serait incomplet sans une mention des développements récents intervenus chez-nous dans l'interprétation du Code civil du Bas-Canada à propos de l'obligation d'informer[191].

Un fort courant jurisprudentiel[192] reconnait depuis maintenant plus de 20 ans l'obligation, pour le fabricant d'un bien, d'informer les acheteurs et les utilisateurs des dangers cachés qui peuvent se présenter lors d'une utilisation usuelle de son produit. Le point culminant et le plus significatif de cette évolution fut marqué en 1981 par la décision de la Cour suprême du Canada dans l'affaire *Wabasso*[193]. Le plus haut tribunal du pays y a reconnu que cette obligation d'informer de la part du fabricant peut être fondée sur une obligation à caractère extracontractuel, même à l'égard des acheteurs directs de son produit, et qu'une telle obligation de la part du fabricant s'étend à tous les utilisateurs. Cette obligation qui peut également tirer sa source en certains cas des règles de la responsabilité contractuelle[194] s'applique présentement tout autant aux avertissements à donner par le fabricant en ce qui a trait au mode d'emploi du produit qu'à ses dangers cachés.

Cette décision de la Cour suprême a été suivie jusqu'à maintenant avec une rare constance par tous les tribunaux qui se sont prononcés depuis sur de nombreux cas d'application[195]. Il faut noter toutefois que plusieurs questions importantes restent à clarifier en ce qui a trait à cette obligation d'informer du fabricant. La plus importante d'entre elles nous semble encore être celle de savoir si cette obligation d'informer en est une de moyens (diligence) ou de résultat, selon que l'on est en présence d'indications à l'égard du mode d'emploi ou de dangers cachés[196], en présence d'un acheteur du produit ou d'un simple utilisateur. Cette question subsistera dans le nouveau Code civil. Une mise en garde claire sur le produit lui-même ou en évidence sur l'étiquette suffit dans la plupart des cas, quoique l'on peut en certaines circonstances se demander s'il n'y a pas des produits de consommation tellement dangereux que l'on ne devrait jamais les mettre entre les mains d'un profane[197].

La mise au point d'une obligation d'informer à la charge du fabricant montre bien que les tribunaux civils québécois ne sont pas restés inactifs devant les silences apparents du Code civil et qu'ils ont fait preuve de beaucoup de créativité. Les règles du nouveau Code civil arrivent donc à point pour compléter et encadrer une évolution déjà bien tracée par nos tribunaux.

2- L'influence de la directive européenne relative aux produits défectueux sur le nouveau Code civil du Québec

74- Contenu et portée de la directive européenne de 1985 - Il est fréquent de lire dans les commentaires du Ministère de la Justice du Québec, à propos du nouveau Code civil, que ce dernier a été largement influencé par la directive du Conseil des communautés européennes du 25 juillet 1985 relative aux produits défectueux[198]. Cette question serait secondaire si elle ne risquait pas d'influencer grandement l'interprétation qui sera donnée aux nouvelles dispositions. Il est donc nécessaire de clarifier.

En fait, le nouveau Code civil du Québec, et ce n'est pas un tort, n'emprunte que peu d'éléments significatifs à la directive européenne. C'est ainsi que la directive utilise le concept de «producteur» alors que le Code civil du Québec emploie celui de «fabricant», ce qui est très différent puisque la notion de fabricant exclue le producteur de matières premières, le producteur de produits agricoles, de produits de la pêche ou de la chasse, de même que le producteur d'énergie comme l'électricité. Seuls sont visés en droit québécois les produits manufacturés, donc fabriqués. Les bénéficiaires de la protection et les dommages couverts sont différents dans l'un et l'autre cas. La directive européenne ne s'adresse qu'aux consommateurs alors que les nouvelles règles du Code civil s'appliqueront à toutes les victimes d'un défaut de sécurité, qu'il s'agisse d'une personne qui entre en contact avec le bien dans le cadre d'une entreprise ou d'un simple consommateur. Contrairement à la directive, le Code civil québécois ne contient en outre aucune franchise et ne plafonne d'aucune façon le montant des compensations qui pourront être accordées à l'ensemble des victimes en vertu d'un même défaut de sécurité affectant un même bien.

Mais la distinction la plus importante entre la directive européenne et le nouveau Code civil québécois réside dans le caractère supplétif du dispositif communautaire. La directive européenne s'ajoute aux divers droits nationaux sans les modifier. Compte tenu du fait que ces droits nationaux accordent tous, sauf le droit grec, plus de protection à leurs justiciables et une couverture des dommages plus grande que ce que l'on trouve dans la directive, il n'est pas étonnant de constater que cette dernière n'a connu depuis 1985 que très peu d'applications[199]. Il n'est donc pas possible de comparer trop étroitement le contenu des nouvelles dispositions du Code civil québécois relatives à la responsabilité du fabricant au dispositif de la directive européenne. Chez-nous, l'effet le plus clair de la directive européenne semble avoir été de stimuler par l'exemple une nouvelle volonté politique de s'attaquer à ce problème, et c'est tant mieux.

3- Le dédoublement et le cloisonnement des fondements de la responsabilité des fabricants et des vendeurs professionnels

75- Les choix effectués par l'article 1458 al. 2 C.c.Q. - Le nouveau Code civil met au point, non pas un, mais deux régimes distincts de responsabilité des fabricants et des vendeurs professionnels. Ceux-ci devront répondre de leur responsabilité extracontractuelle lors de poursuites intentées par les «tiers» non contractants que sont les simples utilisateurs ou les victimes du défaut d'un bien meuble, et de leur responsabilité contractuelle lorsque ce sont les acheteurs du biens ou leurs ayants cause à titre particulier (article 1442 C.c.Q.) — en fait les acquéreurs subséquents — qui poursuivront. Ces deux régimes de responsabilité sont fort différents comme nous le verrons et l'article 1458 al. 2 C.c.Q. opère entre eux un cloisonnement étanche lorsqu'il déclare que les cocontractants « ne peuvent alors se soustraire à l'application des règles du régime contractuel de responsabilité pour opter en faveur de règles qui leur seraient plus profitables». Ceux qui pourront demander l'application des règles de la responsabilité extracontractuelle relatives au défaut de sécurité et ceux qui pourront profiter des règles de la responsabilité contractuelle relative aux vices cachés seront donc très différents.

4- Les règles de la responsabilité extracontractuelle relatives au défaut de sécurité du bien

76- Le contenu des règles de la responsabilité extracontractuelle - Les règles de la responsabilité extracontractuelle qui seront opposables aux fabricants et aux vendeurs professionnels se trouvent presque entièrement aux articles 1468, 1469 et 1473 C.c.Q. Le contenu de ces dispositions est très précis et il nous éclaire sur la portée des nouvelles règles:

> **Article 1468.** Le fabricant d'un bien meuble, même si ce bien est incorporé à un immeuble ou y est placé pour le service ou l'exploitation de celui-ci, est tenu de réparer le préjudice causé à un tiers par le défaut de sécurité du bien.
>
> Il en est de même pour la personne qui fait la distribution du bien sous son nom ou comme étant son bien et pour tout fournisseur du bien, qu'il soit grossiste ou détaillant, ou qu'il soit ou non l'importateur du bien.
>
> **Article 1469.** Il y a défaut de sécurité du bien lorsque, compte tenu de toutes les circonstances, le bien n'offre pas la sécurité à laquelle on est normalement en droit de s'attendre, notamment en raison d'un vice de conception ou de fabrication du bien, d'une mauvaise conservation ou présentation du bien ou, encore, de l'absence d'indications suffisantes quant aux risques et dangers qu'il comporte ou quant aux moyens de s'en prémunir.
>
> **Article 1473.** Le fabricant, distributeur ou fournisseur d'un bien meuble n'est pas tenu de réparer le préjudice causé par le défaut de sécurité de ce bien s'il prouve que la victime connaissait ou était en mesure de connaître le défaut du bien, ou qu'elle pouvait prévoir le préjudice.
>
> Il n'est pas tenu, non plus, de réparer le préjudice s'il prouve que le défaut ne pouvait être connu, compte tenu de l'état des connaissances, au moment où il a fabriqué, distribué ou fourni le bien et qu'il n'a pas été négligent dans son devoir d'information lorsqu'il a eu connaissance de l'existence de ce défaut.

77- Les sujets de la responsabilité: fabricants et vendeurs professionnels - Le fabricant, c'est celui qui transforme une matière première et organise les composantes d'un produit en vue d'en faire un bien meuble utilisable ou une partie de ce dernier. Il s'agit de tout participant au processus de fabrication d'un bien. Les biens meubles visés par l'article 1468 C.c.Q. sont ceux qui sont transformés, donc fabriqués. Tel que signalé précédemment, la notion de fabricant n'englobe pas celle de producteur de matières premières, de produits agricoles, de produits de la pêche ou de la chasse, à moins que ces derniers aient été transformés de façon importante. Il en est de même pour le producteur d'énergie comme l'électricité. L'électricité n'est pas un bien meuble au sens de cette disposition. De plus, le nouveau Code civil n'exige pas que le bien meuble qui cause un dommage ait été mis en marché ou distribué pour entraîner la responsabilité du fabricant. La responsabilité de ce dernier pourra être engagée avant même que le bien meuble n'ait atteint le marché commercial s'il provoque un dommage à un tiers en raison d'un défaut de sécurité.

Les vendeurs professionnels, comme les détaillants, les grossistes et les autres distributeurs du bien meuble sont également visés par cette responsabilité. Il s'agit ici de tout fournisseur placé dans la chaîne de distribution du bien meuble. On vise même l'importateur et celui qui se présente au public comme le fabricant du bien et qui y appose sa marque de commerce[200]. En fait, seul le vendeur non professionnel d'un bien, le particulier qui vend un bien le plus souvent usagé, est écarté de l'application de cette règle.

Le législateur a cru que l'imposition de la responsabilité extra-contractuelle des fabricants à tous les vendeurs professionnels d'un bien meuble s'imposait pour assurer la protection des droits des victimes qui risquaient autrement, selon lui, de se retrouver sans véritables moyens de retracer le fabricant du bien, surtout lorsque ce dernier est anonyme ou qu'il fabrique ses produits à l'étranger[201]. On doit remarquer toutefois que cette assimilation du vendeur professionnel au fabricant risque d'être illusoire dans la mesure où il sera relativement facile à ce vendeur d'échapper à sa responsabilité dans la plupart des cas en démontrant que le défaut de sécurité du bien vendu ne pouvait être connu de lui, compte tenu de l'état de ses connaissances au moment de la vente, au sens de l'article 1473 al. 2 C.c.Q. On ne retrouve pas ici de présomption de connaissance absolue imposable au vendeur spécialisé ou professionnel comme c'est le cas en matière de responsabilité contractuelle.

78- L'objet de la responsabilité: le bien meuble - La notion de «bien meuble» utilisée par le nouveau Code civil est très large et englobante. Il peut s'agir de tout bien destiné à une utilisation par une entreprise, à un usage industriel, ou à une utilisation domestique, familiale ou personnelle. La finalité recherchée lors la fabrication du bien ou de sa mise en marché n'a ici aucune importance. Tous les biens meubles qui sont l'objet d'une fabrication sont visés par les nouvelles règles.

L'article 1468 C.c.Q. précise que le fait pour un tel bien de devenir partie intégrante d'un immeuble, comme c'est le cas par exemple pour l'ascenseur, la baie vitrée d'un grand magasin, la chaudière d'un système de chauffage ou pour le système de climatisation d'un immeuble, ne modifie pas la responsabilité du fabricant ou du vendeur professionnel de ce bien meuble. Les biens visés ici ne sont pas seulement ceux qui sont placés dans l'immeuble pour son service ou son exploitation mais également ceux qui y sont incorporés et qui le constituent de façon permanente comme c'est le cas pour les briques et les poutres en acier. Il est donc prévisible que la responsabilité du fabricant côtoiera souvent la responsabilité du propriétaire d'un immeuble à raison de la ruine partielle de ce dernier ou la responsabilité du gardien pour le fait autonome du bien immobilier[202].

79- Qu'est-ce qu'un défaut de sécurité? - L'article 1469 C.c.Q. définit le défaut de sécurité par rapport à la «sécurité à laquelle on est normalement en droit de s'attendre». Cette désignation est assez proche pour une fois de celle utilisée par la directive européenne qui définit la «défectuosité» par rapport à la «sécurité à laquelle on peut légitimement s'attendre»[203]. Le défaut de sécurité du bien meuble doit s'apprécier par rapport à l'utilisation normale du bien et par rapport au degré de connaissance, à l'habileté et aux habitudes que l'on doit normalement attendre de ses utilisateurs. Le bien doit être placé dans son contexte normal d'utilisation. Le tribunal devra se demander s'il s'agit d'un bien dangereux de par sa nature ou inoffensif, s'il s'agit d'un bien qui ne doit être utilisé que par des utilisateurs formés ou avertis ou par le grand public ou même des enfants, s'il s'agit d'un bien dont les dangers sont bien clairs et visibles ou, au contraire, cachés et sournois. Le degré de prudence exigé du fabricant et du vendeur pourra varier dans chaque cas mais on devra référer pour l'essentiel à la nature intrinsèque du bien et au degré de connaisances et d'habileté que l'on doit normalement attendre des utilisateurs de ce type de biens. Ces exigences pourront bien sûr varier selon les périodes et l'évolution des techniques de fabrication et de mise en marché.

Le dernier membre de l'article 1469 laisse bien voir que la notion de «défaut de sécurité» est en fait très proche de l'obligation d'informer déjà examinée et qui est présentement imposée aux fabricants en vertu du Code civil du Bas-Canada[204]. Le défaut de sécurité peut également provenir du vice de conception du bien, de sa fabrication, de sa mauvaise conservation ou présentation. Cette preuve reste à la charge du demandeur.

80- Étendue des dommages couverts par la notion de défaut de sécurité - La notion de défaut de sécurité couvre tous les dommages causés aux tiers, les simples utilisateurs, les passants ou les voisins, qui ne sont pas entrés en relation contractuelle avec le fabricant ou l'un ou l'autre des vendeurs du bien affecté d'un défaut. Ces dommages peuvent être corporels, moraux ou matériels. Le délai de prescription de cette action est de trois ans à partir de l'apparition de ces dommages. Il faut toutefois souligner qu'il ne saurait être question ici de reconnaître une réclamation fondée sur la perte de valeur ou sur la perte d'usage du bien défectueux puisque le droit d'action prévu aux articles 1468 et 1469 C.c.Q. ne couvre que les victimes qui ne sont ni les acheteurs ni les acquéreurs subséquents du bien. C'est le régime de responsabilité contractuelle qui s'appliquera dans ce cas.

81- Les moyens d'exonération du fabricant et du vendeur professionnel - La preuve de l'existence d'un défaut de sécurité, d'un dommage et d'un lien de causalité entre ces deux éléments instaure contre le fabricant et le vendeur professionnel une présomption en faveur de la victime. Cette présomption peut toutefois être renversée dans les deux situations prévues à l'article 1473 C.c.Q., en plus de celle qui concerne le cas plus général où les défendeurs peuvent faire la preuve d'une de force majeure en vertu de l'article 1470 C.c.Q. Ces derniers peuvent d'abord démontrer que la victime connaissait ou pouvait connaître le défaut de sécurité du bien, donc qu'elle a été fautive dans l'utilisation ou la manipulation du bien. Cette défense n'offre rien de nouveau dans notre droit.

La deuxième situation est celle qui concerne le risque des innovations technologiques et elle n'est pas, elle non plus, nouvelle en matière de responsabilité extracontractuelle au Québec. Le Code civil a intégré ici l'un des six moyens de défense accordés aux fabricants par la directive européenne, celui qui permet au défendeur de prouver que le défaut du bien ne pouvait être connu par lui au moment où il a été fabriqué, ou connu par le vendeur au moment où il a été distribué ou fourni[205]. On notera que le législateur québécois reprend ici le sens de la décision de la Cour suprême dans l'arrêt *Drolet* examiné précédemment (note 168).

Cela fait en sorte que le bénéfice le plus net tiré de la réforme pour la victime, en ce qui a trait à la responsabilité extracontractuelle des fabricants et des vendeurs professionnels, vient du fait que l'on se retrouvera ici devant une présomption de connaissance du défaut de sécurité et non devant l'obligation pour la victime de prouver la faute lors de la fabrication ou de la vente du bien défectueux. Ce sera au fabricant à venir faire la preuve de ses procédés de fabrication, de la composition de son produit et de l'état des connaissances au moment de cette fabrication, donc de son absence de faute. L'article 1473 précise bien qu'il ne s'agit pas de l'état de «ses connaissances» mais bien de l'état «des connaissances», ce qui réfère à l'ensemble des indications de dangers et de problèmes connus par les différents intervenants, scientifiques et techniques, sur le marché concerné. On se trouve donc ici devant l'application d'un critère objectif.

Le Code civil québécois va toutefois plus loin que la directive européenne lorsqu'il exige, au deuxième alinéa de l'article 1473 C.c.Q., que le fabricant et le vendeur professionnel avisent les utilisateurs de l'existence d'un défaut de sécurité du bien lorsque l'existence de ce défaut est porté à leur connaissance. Cette obligation renforce encore davantage le devoir d'information imposé aux fabricants et aux vendeurs professionnels. Cette obligation d'informer devient l'une des caractéristiques les plus importantes de notre droit en la matière.

5- Les règles de la responsabilité contractuelle relatives au vice caché du bien

82- Le contenu des règles de la responsabilité contractuelle -
En plus de la notion de défaut de sécurité applicable à la responsabilité extracontractuelle, les fabricants et les vendeurs professionnels seront soumis, en matière contractuelle, à la notion de vice caché propre au contrat de vente. Nous ne nous intéresserons ici qu'aux règles du contrat de vente qui traitent de la «garantie de qualité» et de la garantie conventionnelle et nous laisserons de côté celles qui concernent le vice du titre et le problème de l'éviction qui ne sont pas directement pertinents. Dix articles traitent, dans le nouveau Code civil du Québec, de la garantie de qualité et des conditions du recours pour cause de vice caché. Il s'agit des dispositions suivantes:

> **Article 1442.** Les droits des parties à un contrat sont transmis à leurs ayants cause à titre particulier s'ils constituent l'accessoire d'un bien qui leur est transmis ou s'ils lui sont intimement liés.
>
> III- De la garantie de qualité.
>
> **Article 1726.** Le vendeur est tenu de garantir à l'acheteur que le bien et ses accessoires sont, lors de la vente, exempts de vices cachés qui le rendent impropre à l'usage auquel on le destine ou qui diminuent tellement son utilité que l'acheteur ne l'aurait pas acheté, ou n'aurait pas donné si haut prix, s'il les avait connus.
>
> Il n'est, cependant, pas tenu de garantir le vice caché connu de l'acheteur ni le vice apparent; est apparent le vice qui peut être constaté par un acheteur prudent et diligent sans avoir besoin de recourir à un expert.
>
> **Article 1727.** Lorsque le bien périt en raison d'un vice caché qui existait lors de la vente, la perte échoit au vendeur, lequel est tenu à la restitution du prix; si la perte résulte d'une force majeure ou est due à la faute de l'acheteur, ce dernier doit déduire, du montant de sa réclamation, la valeur du bien, dans l'état où il se trouvait lors de la perte.
>
> **Article 1728.** Si le vendeur connaissait le vice caché ou ne pouvait l'ignorer, il est tenu, outre la restitution du prix, de tous les dommages-intérêts soufferts par l'acheteur.
>
> **Article 1729.** En cas de vente par un vendeur professionnel, l'existence d'un vice au moment de la vente est présumée, lorsque le mauvais fonctionnement du bien ou sa détérioration

survient prématurément par rapport à des biens identiques ou de même espèce; cette présomption est repoussée si le défaut est dû à une mauvaise utilisation du bien par l'acheteur.

Article 1730. Sont également tenus à la garantie du vendeur, le fabricant, toute personne qui fait la distribution du bien sous son nom ou comme étant son bien et tout fournisseur du bien, notamment le grossiste et l'importateur.

Article 1731. La vente faite sous l'autorité de la justice ne donne lieu à aucune obligation de garantie de la qualité du bien vendu.

IV- De la garantie conventionnelle.

Article 1732. Les parties peuvent, dans leur contrat, ajouter aux obligations de la garantie légale, en diminuer les effets, ou l'exclure entièrement, mais le vendeur ne peut, en aucun cas, se dégager de ses faits personnels.

Article 1733. Le vendeur ne peut exclure ni limiter sa responsabilité s'il n'a pas révélé les vices qu'il connaissait ou ne pouvait ignorer et qui affectent le droit de propriété ou la qualité du bien. Cette règle reçoit exception lorsque l'acheteur achète à ses risques et périls d'un vendeur non professionnel. (...)

6. - Des règles particulières à l'exercice des droits des parties.

Article 1739. L'acheteur qui constate que le bien est atteint d'un vice doit, par écrit, le dénoncer au vendeur dans un délai raisonnable depuis sa découverte. Ce délai commence à courir, lorsque le vice apparaît graduellement, du jour où l'acheteur a pu en soupçonner la gravité et l'étendue.

Le vendeur ne peut se prévaloir d'une dénonciation tardive de l'acheteur s'il connaissait ou ne pouvait ignorer le vice.

83- Les effets de la transmission des droits aux ayants cause à titre particulier - Le législateur a entendu codifier à l'article 1442 C.c.Q. la solution adoptée par la Cour suprême dans l'arrêt *Kravitz*. Les droits personnels de la partie contractante seront ainsi transmis à ses ayants cause à titre particulier lorsqu'ils sont en liens étroits avec le bien. La garantie à l'égard des vices cachés fait clairement partie de ces droits accessoires au bien. Les droits transmis dans le contrat de vente[206] entre le fabricant et le premier acheteur du bien seront donc reportés sur chaque acquéreur subséquent dans la chaîne de distribution du bien et, à leur tour, les vendeurs professionnels devront répondre des garanties légales contenues dans les contrats passés par eux, de sorte que l'acquéreur final du bien aura en théorie, par suite d'une sorte d'accumulation des droits personnels transmis dans la chaîne contractuelle, des droits et recours contre toutes et chacunes des parties contractantes antérieures. La garantie à l'égard des vices cachés devient donc opposable au fabricant du bien et aux vendeurs professionnels qui ont transmis le bien, même si, possiblement, aucun d'entre eux n'a passé de contrat de vente avec l'acquéreur subséquent qui trouve à se plaindre de la qualité du bien vendu et qui a acheté d'un vendeur non professionnel.

L'apparente simplicité de cette solution cache des problèmes redoutables que nous avons déjà relevés[207] et sur lesquels nous n'entendons pas revenir, sauf pour signaler que de nombreux obstacles se dressent sur le chemin des acquéreurs subséquents qui veulent se prévaloir des «droits personnels» des premiers acheteurs d'un bien. On ne peut en effet céder plus de droits que l'on en possède soi-même et que vaut ce droit «personnel» qui sera cédé lorsque la personne qui le possède connait le vice caché ou a laissé prescrire son droit d'action? Contrairement au droit qu'accorde l'article 53 de la *Loi sur la protection du consommateur*[208], le droit que reconnaît l'article 1442 C.c.Q. n'a rien d'un recours direct et de nombreux problèmes d'application pratique en découleront pour les acheteurs comme pour les vendeurs du bien[209].

84- La notion de vice caché - Après avoir proposé de retenir la responsabilité du vendeur professionnel du bien à raison «d'un vice caché postérieur à la vente», ce qui constituait bien sûr un non-sens flagrant puisque c'est le propre même du vice caché d'exister au moment de la vente du bien[210], le législateur est revenu à une conception plus classique de la notion de vice caché dans le nouvel article 1726 C.c.Q. On peut donc s'en remettre ici à la doctrine et à la jurisprudence qui sont bien établies sur les conditions de mise en œuvre de la notion de vice caché. Seule modification importante par rapport au droit actuel, l'article 1726 C.c.Q. règle un problème soulevé par un courant jurisprudentiel important, surtout en matière de vente d'automobiles d'occasion et d'immeubles, qui exigeait que la preuve démontre que le vice était caché, même pour un expert, pour que l'acheteur puisse avoir un droit de recours. Le nouvel article 1726 C.c.Q. abolit l'exigence de l'expert pour s'en remettre à la seule évaluation de la conduite de «l'acheteur prudent et diligent», donc de l'acheteur dont le comportement démontre qu'il n'a pas fait preuve de négligence lors de l'examen du bien acheté.

85- Le statut juridique du fabricant et du vendeur professionnel en matière contractuelle - On sait déjà que le fabricant et tous les vendeurs postérieurs sont tenus à la garantie des vices cachés à l'égard de tout acquéreur du bien en vertu de l'article 1442 C.c.Q. déjà examiné. C'est ce que confirme formellement le nouvel article 1730 C.c.Q. Fait significatif la formulation employée par cet article pour désigner les fabricants et les vendeurs professionnels visés par cette règle est à peu de choses près la même que celle qui est utilisée par l'article 1468 al. 2 pour établir les bases de la responsabilité extracontractuelle. Il s'agit donc des mêmes intervenants dans l'un et l'autre cas.

Mais les règles du nouveau Code civil relatives à la vente vont plus loin à leur égard en ce qui a trait à la responsabilité contractuelle. Il y est dit qu'en cas de vente par un vendeur professionnel (le fabricant et tout vendeur qui exploite une entreprise au sens de l'article 1525 al. 3 C.c.Q.), l'acheteur n'a plus à faire la preuve de l'existence du vice caché au moment de la vente s'il peut démontrer que le bien vendu a connu un mauvais fonctionnement ou qu'il s'est détérioré de façon prématurée par rapport à des biens identiques ou de même espèce. Cette présomption est renversable par le vendeur professionnel qui peut, notamment, démontrer le mauvais usage du bien par l'acheteur. Cette disposition s'inspire directement de l'article 38 de la *Loi sur la protection du consommateur*[211] et dispensera l'acheteur de faire la preuve de l'antériorité du vice caché. Il s'agit d'une amélioration importante de la situation de l'acheteur au moyen d'un allégement de son fardeau de preuve.

Le deuxième aspect important de ce statut vient du fait que le fabricant et le vendeur professionnel ne peuvent exclure ou limiter leur responsabilité à l'égard de la garantie de qualité du bien s'ils n'ont pas divulgué expressément à l'acheteur l'existence du vice caché qu'ils connaissaient ou ne pouvaient ignorer (article 1732 C.c.Q.). En vertu de cette disposition, seul le vendeur non professionnel pourra vendre aux risques et périls de l'acheteur. Dans le droit actuel, les fabricants et les vendeurs «spécialisés»[212] sont présumés connaître le vice de façon absolue et ils ne peuvent vendre sans garantie (à moins bien sûr de divulguer le vice) à l'égard des vices cachés du bien, et ce, en vertu d'une interprétation évolutive de l'article 1527 C.c.B.C., interprétation qui a été confirmée et complétée par l'arrêt *Kravitz*. Le nouveau Code civil reprend donc clairement à son compte l'interprétation donnée par nos tribunaux à l'article 1527 C.c.B.C. Le fait de connaître le vice caché ou de ne pouvoir l'ignorer entraîne également des effets importants pour les fabricants et les vendeurs professionnels quant à leur droit d'invoquer le caractère tardif de l'avis donné par l'acheteur (article 1739 C.c.Q.) et en ce qui a trait à la nature et à l'étendue des dommages qui peuvent être réclamés contre eux.

86- Nature et étendue des dommages - L'acheteur et ses ayants cause à titre particulier peuvent réclamer du fabricant et du vendeur professionnel (tel que défini à l'article 1730 C.c.Q.) tous les dommages qui résultent du vice caché, qu'il s'agisse des dommages corporels, moraux ou matériels. Ces dommages matériels peuvent comprendre les dommages au bien lui-même affecté d'un vice caché, la valeur de la perte d'usage du bien défectueux et les dommages causés aux autres biens appartenant à l'acheteur. L'acheteur possède également le droit de demander l'annulation de la vente ou une diminution de prix. Le droit d'exiger du fabricant et du vendeur professionnel tous les dommages qui sont une suite directe et immédiate du vice caché ressort clairement du libellé du dispositif général de l'article 1458 al. 2 C.c.Q. déjà examiné mais également de l'article 1728 C.c.Q. qui reprend le libellé de l'article 1527 C.c.B.C.

Le seul problème dans l'application du nouvel article 1728 C.c.Q., et il est important, vient du fait que l'interprétation de l'article 1527 C.c.B.C. dont il est inspiré a imposé jusqu'à maintenant une présomption de connaissance, non pas au simple vendeur commercial d'un bien, mais seulement au vendeur qualifié de «spécialisé» et au fabricant. Or, s'il est clair que la liste des différents vendeurs et intermédiaires que l'on retrouve à l'article 1730 C.c.Q. vise tous les vendeurs «professionnels», qu'ils soient spécialisés ou non[213], l'article 1728 C.c.Q. ne précise pas quel est ce «vendeur» qui ne pouvait

ignorer le vice, donc celui qui est tenu à tous les dommages-
intérêts soufferts par l'acheteur. Doit-on s'en remettre à la
notion traditionnelle de vendeur «spécialisé» ou à la nouvelle
notion de «vendeur professionnel»?[214] Les commentaires for-
mulés par le Ministère de la Justice en matière de vente ne nous
éclairent pas là-dessus.

Nous croyons pour notre part que le principe général de responsabilité contractuelle formulé à l'article 1458 al. 2 C.c.Q. et
qui est à l'effet que le contractant est responsable du préjudice
corporel, moral ou matériel causé à son cocontractant commande que l'on donne maintenant une interprétation large à la
notion de vendeur que l'on retrouve à l'article 1728 C.c.Q. et
que l'obligation de couvrir tous les dommages causés doit
s'étendre à tous les vendeurs que le nouveau Code civil qualifie
de «professionnels». Seuls les particuliers doivent être écartés
de cette règle. L'esprit même de toute la réforme qui vise la
responsabilité des fabricants et les vendeurs professionnels nous
y incite. Plusieurs acheteurs d'un bien qui ne peuvent plus
recourir aux règles de la responsabilité extracontractuelle (article 1458 al. 2 C.c.Q.) se retrouveraient autrement dans une
position juridique plus fragile et devant une couverture de dommages moindre que les victimes qui n'ont passé aucun contrat
avec les fabricants et les vendeurs du bien. Ce serait contraire,
nous semble-t-il, au sens que le législateur a entendu donner à
cette réforme.

On doit donc maintenant étendre la présomption de connaissance que l'on retrouve à l'article 1728 C.c.Q. à tous les vendeurs professionnels du bien. Cette présomption de connaissance est absolue et est de nature à engager la responsabilité du
fabricant et du vendeur professionnel, même sans faute de leur
part. Les acheteurs d'un bien et leurs ayants cause à titre particulier ne sont donc pas tenus d'assumer les risques des
innovations technologiques.

87- Avis de dénonciation du vice caché et délais d'action -
Le nouvel article 1739 C.c.Q. modifie grandement les règles
prévues jusqu'à maintenant par l'article 1530 C.c.B.C. Celui-ci
impose d'intenter l'action redhibitoire résultant de l'existence
du vice caché dans un «délai raisonnable», suivant la nature du
vice et suivant l'usage du lieu où la vente s'est faite. Le carac-

tère fort imprécis de ce délai «raisonnable» (en pratique de deux à trois mois) et la grande sévérité de nos tribunaux à cet égard ont constitué la barrière la plus importante jusqu'à maintenant à l'exercice des droits des acheteurs pour cause de vices cachés[215]. Cette situation est entièrement modifiée par le nouveau Code. Celui-ci n'exige plus qu'une action soit intentée dans un «délai raisonnable» mais seulement qu'un avis écrit soit donné dans ce délai au vendeur ou au fabricant de l'existence du vice. Autre modification importante, le fabricant et le vendeur qui ne pouvaient ignorer le vice ne peuvent pas se plaindre de la tardiveté de l'avis.

L'action pour cause de vice caché sera pour sa part soumise aux règles générales du nouveau Code civil qui gouverneront la prescription extinctive[216]. Il s'agira dans la plupart des cas d'un délai de trois ans, ce qui améliore et clarifie encore une fois la situation de l'acheteur d'un bien doté d'un vice caché et celle de ses ayants cause.

Ce long développement relatif à la responsabilité des fabricants et des vendeurs professionnels était nécessaire en raison de l'importance, de la nouveauté et de la complexité des nouvelles institutions mises en place par le nouveau Code civil. Nul doute que cette question ne manquera pas d'évoluer rapidement et de nous surprendre encore, tant les conséquences des nouvelles dispositions sont nombreuses et complexes. À suivre.

Deuxième Partie: Les cas d'exonération de responsabilité

88- Généralités - Le Code civil du Québec traite «de certains cas d'exonération de responsabilité» aux articles 1470 à 1477 C.c.Q. Nous examinerons ici successivement le cas de la force majeure, la défense dite du «bon samaritain», la défense de la primauté de l'intérêt général dans le cas de la divulgation d'un secret commercial, le cas de l'exclusion ou de la limitation contractuelle de responsabilité, le cas de l'avis de non-responsabilité extracontractuelle et, enfin, celui de l'acceptation du risque. Nous ne traiterons pas ici de la situation des fabricants et des vendeurs professionnels (article 1473 C.c.Q.) déjà examinée auparavant.

89- La force majeure - Le nouvel article 1470 C.c.Q. est d'application générale. Il traite de la défense de force majeure et il est applicable tant en matière extracontractuelle que contractuelle. Il reprend sans le modifier le droit actuel dans ce dernier cas, tel qu'il est formulé par l'article 1072 C.c.B.C. qui permet la défense de force majeure au débiteur contractuel, à moins qu'il se soit engagé à une obligation de garantie. La définition de force majeure qui se trouve au deuxième alinéa reproduit, en la modernisant et en l'adaptant aux enseignements de la jurisprudence[217], la définition qui se trouve présentement à l'article 17 al. 24 C.c.B.C. Il n'est plus question ici de «cas fortuit» et c'est heureux puisque cette notion n'ajoutait rien de véritablement différent à celle de force majeure. La défense de force majeure devra donc respecter les conditions d'extériorité, d'imprévisibilité, d'irrésistibilité et d'impossibilité absolue d'exécuter l'obligation qui sont imposées présentement par les tribunaux québécois. Il n'y a donc pas de changement à cet égard avec l'adoption du nouveau Code civil du Québec. Tout comme le Code civil du Bas-Canada, le nouveau Code civil fait un large usage de la notion de force majeure, notion dont l'utilisation n'est pas confinée au droit des obligations ou des contrat nommés[218].

90- La défense dite du «bon samaritain» - Le nouvel article 1471 C.c.Q. est le pendant de l'article 2 de la *Charte des droits et libertés de la personne* qui oblige toute personne qui le peut à venir en aide à celui dont la vie est en péril. En vertu de la nouvelle disposition, la personne qui porte secours à autrui ou qui donne des biens dans un but désintéressé est exonérée de toute responsabilité à moins d'une preuve de faute lourde ou intentionnelle de sa part. Le législateur a voulu écarter ici toute attitude légaliste dans une société qui a grand besoin d'encourager l'entraide et la solidarité humaine avec les personnes les plus démunies ou celles qui sont placées momentanément dans une situation de détresse. La disposition va plus loin que la défense traditionnelle du «bon samaritain» et elle encourage, par exemple, les entreprises de production ou de distribution alimentaire à faire don de leurs aliments défraîchis mais encore comestibles. Cette défense du «bon samaritain» est de plus en plus répandue en droit américain.

91- La divulgation du secret commercial - Il s'agit d'un droit nouveau ou, plus précisément, d'un raffinement législatif à propos de la défense d'intérêt supérieur qui est chez-nous une application particulière du concept de faute. Le nouvel article 1472 C.c.Q. dégage la responsabilité de celui qui divulgue un secret commercial dans le but de sauvegarder l'intérêt général et, notamment, la santé ou la sécurité du public. On doit interpréter ici la notion de «secret commercial» dans son sens le plus large. Il n'est pas ici seulement question de brevets ou de procédés secrets de fabrication. Il peut s'agir non seulement du fait de porter à l'attention du public ou des autorités la présence d'un danger caché ou latent mais également de la divulgation de l'existence d'une solution à un problème qui affecte, par exemple, la santé ou la sécurité du public, si cette solution a été jusque là gardée secrète pour des motifs commerciaux[219]. Le législateur québécois répond ainsi aux souhaits d'un groupe de travail fédéral-provincial qui était chargé d'étudier les problèmes posés par les secrets commerciaux et qui a déposé son rapport en 1986[220]. Fort bien. On peut se demander toutefois pourquoi le législateur a limité cette louable initiative aux secrets commerciaux et n'a pas étendu, par la même occasion, son intervention au domaine des «secrets» détenus par l'État au nom des mêmes principes?

92 - L'exclusion ou la limitation de la responsabilité contractuelle - Les nouveaux articles 1474 et 1475 C.c.Q. sont de droit nouveau, le législateur québécois s'étant jusqu'ici contenté de régir ce type de clauses seulement en matière de transport par «voituriers»[221]. Le législateur a fait en cette matière des choix qui peuvent paraitre surprenants et qui semblent avoir été guidés par des orientations divergentes ou même contradictoires. Avant de tenter de voir plus clair là-dessus, il est important de prendre connaissance ici des deux dispositions du nouveau code qui prévaudront dorénavant en ce qui a trait aux clauses d'exclusion ou de limitation de responsabilité. Ces deux dispositions sont à l'effet suivant:

> **Article 1474.** Une personne ne peut exclure ou limiter sa responsabilité pour le préjudice matériel causé à autrui par une faute intentionnelle ou une faute lourde; la faute lourde est celle qui dénote une insouciance, une imprudence ou une négligence grossières.

> Elle ne peut aucunement exclure ou limiter sa responsabilité pour le préjudice corporel ou moral causé à autrui.
>
> **Article 1475.** Un avis, qu'il soit ou non affiché, stipulant l'exclusion ou la limitation de l'obligation de réparer le préjudice résultant de l'inexécution d'une obligation contractuelle n'a d'effet, à l'égard du créancier, que si la partie qui invoque l'avis prouve que l'autre partie en avait connaissance au moment de la formation du contrat.

Depuis leur acceptation par la Cour suprême, à partir de 1897[222], les clauses d'exonération ou de limitation de la responsabilité contractuelle ont fait l'objet de restrictions et de conditions d'application de la part de nos tribunaux[223]. Ces conditions sont au nombre de quatre.

93- La preuve de la connaissance et de l'acceptation de la clause d'exonération ou de limitation de responsabilité - Les tribunaux québécois ont d'abord exigé, avant de donner application à ces clauses, que la preuve soit faite de leur connaissance et de leur acceptation par le créancier de l'obligation. Cette exigence a été fondée sur le principe voulant que le contrat et ses dispositions ont une force obligatoire parce qu'ils ont été voulus par les parties contractantes. Cette preuve de connaissance et d'acceptation ne pose que peu de problèmes lorsque la clause d'exonération ou de limitation de responsabilité se trouve dans un contrat écrit qui a été signé. Elle a toutefois soulevé de nombreux problèmes dans notre droit lorsque ce type de restriction contractuelle se retrouve sur des avis affichés ou sur les reçus, les billets ou les bons de commande de services. Une partie importante de notre jurisprudence a alors accepté la présomption à l'effet que ces clauses ne pouvaient pas ne pas être connues de la part du contractant au moment de la formation du contrat et qu'elles avaient été acceptées par lui de façon tacite[224]. Ce courant a donné lieu à de nombreux abus, surtout dans le cadre des contrats d'adhésion où ces clauses ne peuvent pas être discutées ou négociées et où elles sont devenues obligatoires en pratique en raison du fait que tous les fournisseurs des mêmes services les utilisent le plus souvent sans restriction.

Le nouveau Code civil entérine en apparence cette pratique lorsqu'il déclare à son article 1475 C.c.Q. que de tels avis d'exclusion ou de limitation de responsabilité, qu'ils soient ou non affichés, lient les parties si le débiteur de l'obligation peut prouver «que l'autre partie en avait connaissance au moment de la formation du contrat»[225]. On semble prendre pour acquis dans cette disposition que la preuve de cette connaissance laisse présumer que ces avis ont été acceptés au moment de la formation du contrat, si la partie à laquelle ils sont opposables ne proteste pas et ne nie pas leur valeur à son égard.

Il nous semble pour notre part qu'il ne faut pas évaluer cette disposition de l'article 1475 C.c.Q. sans la replacer dans son contexte. On doit d'une part remarquer que le nouveau Code civil reconnaît la possibilité d'une acceptation tacite du contrat par une partie[226] et que le silence peut même, en certains cas, valoir acceptation[227]. Il faudra donc attendre de voir comment nos tribunaux appliqueront ces deux règles aux avis d'exclusion ou de limitation de responsabilité contractuelle. Nous croyons qu'ils feront sans doute preuve à cet égard de beaucoup de prudence et de discernement. D'autre part, il faut bien admettre que le législateur québécois écarte les risques d'abus les plus flagrants dans l'utilisation de ces avis lorsqu'il déclare, au deuxième alinéa de l'article 1474, que de telles stipulations ne peuvent aucunement permettre à une partie d'«exclure ou limiter sa responsabilité pour le préjudice corporel ou moral causé à autrui». L'essentiel est donc sauvegardé. Il faut troisièmement remarquer que la *Loi sur la protection du consommateur* contient une importante disposition qui est de nature à régler bon nombre de problèmes éprouvés par les consommateurs face aux avis d'exclusion ou de limitation de responsabilité[228]. Le législateur prend sans doute ici pour acquis que cette disposition relative à la protection des consommateurs est connue et qu'elle sera appliquée dans bon nombre de cas en lieu et place de l'article 1475 C.c.Q.

94- L'interprétation restrictive des clauses d'exonération ou de limitation de responsabilité - Les clauses et les avis d'exonération ou de limitation de responsabilité ont toujours fait l'objet d'une interprétation restrictive de la part de nos tribunaux[229] et rien n'indique que cette attitude de prudence sera modifiée par l'adoption du nouveau Code civil[230]. Il faut bien voir ici que les possibilités pratiques, pour celui qui entend exclure ou limiter sa responsabilité au moyen d'un avis affiché, sont minces puisqu'il est très difficile d'y être clair tout en étant

complet, d'y être spécifique tout en prévoyant l'ensemble des
situations qui peuvent se présenter. L'espace manque dans ce
type «d'exercice contractuel» et les tribunaux peuvent faire
preuve d'une grande discrétion à l'égard de la portée de ces
avis.

**95- L'exclusion de la clause dans les cas où le dommage a
été causé par une faute intentionnelle ou lourde** - Les tribunaux québécois ont toujours empêché le débiteur de l'obligation
de se prévaloir de ces clauses d'exclusion ou de limitation de
responsabilité dans un cas de faute intentionnelle ou lourde[231].
Le cas de la faute intentionnelle est clair et ne pose pas de
problèmes conceptuels particuliers. Il n'en est pas ainsi toutefois du concept de faute lourde qui est une notion floue par
excellence et qui a donné lieu, il faut bien l'admettre, à des
applications pratiques peu claires. Le législateur québécois a
tenté de clarifier cette notion en la définissant au premier alinéa
de l'article 1474 C.c.Q. qui traite des clauses d'exclusion ou de
limitation de responsabilité. Cette définition de la faute lourde
ne s'appliquera pas dans le nouveau code qu'à ces seules
clauses mais également dans un certain nombre d'autres situations prévues spécifiquement par lui[232].

Il s'agit donc d'une notion fort importante que l'article définit
comme suit: «la faute lourde est celle qui dénote une insouciance, une imprudence ou une négligence grossières.» On
codifie ici le sens général donné à cette notion par la plus
grande partie de la jurisprudence québécoise[233] mais il faut
noter que le résultat le plus clair de ces décisions, sur le terrain
de chaque affaire, est beaucoup moins net en pratique[234]. Nos
tribunaux ont fait preuve ici d'une très large discrétion et tout
indique que la notion de «faute lourde» continuera à être
utilisée par eux comme un moyen d'équilibrer les relations contractuelles entre les parties et de faire la part du sens commun
dans le dédale de chaque affaire.

96- La violation de l'obligation principale du contrat - Il
s'agit d'une quatrième limite posée à l'application des clauses
d'exonération ou de limitation de responsabilité et c'est sans
doute à cet égard que les choix du législateur québécois sont, en
apparence, les moins clairs. Cette règle, qui est encore mal
établie dans notre droit[235] et qui nous vient de l'influence chez-

nous de la *common law* (un dérivé du «*fundamental breach*»), veut que l'on ne puisse s'exonérer à l'égard de ce qui constitue l'objet principal du contrat. Par exemple, on ne peut s'engager par contrat à faire une chose pour laquelle on reçoit paiement et, dans le même souffle, s'exclure de toute responsabilité si on n'exécute pas ce qui constitue la prestation principale de ce contrat et sa raison d'être. Comme le fait remarquer un auteur[236], il s'agit là d'une clause en apparence accessoire qui détruit l'objet même du contrat et constitue la négation pure et simple de l'obligation elle-même. Or, l'article 1474 du nouveau Code civil du Québec permet non seulement la «limitation» de responsabilité, ce qui est normal, mais également «l'exclusion» de cette responsabilité sans préciser davantage. L'article 1475 C.c.Q. mentionne à cet égard qu'il peut s'agir de l'exclusion «de l'obligation de réparer le préjudice résultant de l'inexécution *d'une* obligation contractuelle» (nous soulignons), sans déclarer qu'il peut s'agir de l'obligation principale ou d'une obligation secondaire. La question se pose donc de savoir si le nouveau Code civil du Québec permet à une partie contractante d'exclure sa responsabilité à l'égard de l'inexécution de l'obligation principale qui fait l'objet du contrat?

Nous croyons pour notre part que la quatrième limite imposée par certaines décisions de nos tribunaux en ce qui a trait à l'impossibilité pour une partie d'exclure toute responsabilité en raison de l'inexécution de l'obligation principale du contrat doit continuer à s'appliquer, faute d'indications plus précises dans le sens contraire de la part du législateur. L'admission de ce type d'exclusion de responsabilité serait en effet contraire aux principes les plus fondamentaux de notre droit des contrats. Il serait en outre surprenant que le législateur québécois ait pris la peine d'adopter un nouveau principe permettant de bannir les clauses contractuelle abusives (article 1437 C.c.Q.), notamment celles qui «dénaturent» «les règles gouvernant habituellement le contrat» pour adopter un principe contraire quelques articles plus loin en matière de clauses d'exclusion de responsabilité. Ces exclusions ne pourront donc porter à notre sens que sur des obligations accessoires à l'objet principal du contrat.

97- Interdiction de la possibilité d'exclure ou de limiter sa responsabilité à raison des dommages corporels ou moraux - Le nouveau Code civil vient mettre ici une cinquième limite à l'exercice des clauses d'exonération ou de limitation de responsabilité. C'est de loin la plus importante. Le nouvel article 1474 al. 2 C.c.Q. interdit en effet de donner tout effet à une telle clause lorsque le préjudice qui résulte de l'inexécution ou de la mauvaise exécution du contrat est corporel ou moral. Il s'agit de toute évidence d'une règle d'ordre public, au sens de l'article 9 C.c.Q., à laquelle il ne devrait plus être possible de déroger par contrat, en raison notamment du fait que l'inviolabilité de la personne humaine et son droit à l'intégrité corporelle et morale sont maintenant des principes fondamentaux reconnus par les articles 3 et 10 C.c.Q. et les articles 1, 4 et 5 de la *Charte des droits et libertés de la personne* du Québec.

98- L'avis d'exonération ou de limitation de responsabilité extracontractuelle - L'article 1476 C.c.Q. déclare que l'on ne peut, par avis, exclure ou limiter, à l'égard des tiers, son obligation de réparer mais que pareil avis peut valoir dénonciation d'un danger. Il formule une règle évidente en droit civil à l'effet qu'une personne ne peut prétendre exclure sa responsabilité extracontractuelle au moyen d'affiches ou d'avis publics puisque ces déclarations n'engagent personne et ne peuvent avoir les effets d'un contrat. L'avis peut toutefois indiquer l'existence d'un danger qui oblige ceux qui en prennent connaissance à faire preuve de prudence[237]. Le législateur reprend ici une proposition faite en 1977 par l'O.R.C.C.[238].

99- L'acceptation du risque - L'article 1477 C.c.Q. déclare que l'acceptation du risque par la victime, même si elle peut constituer une faute, n'emporte pas renonciation à son recours contre l'auteur du préjudice. Il s'agit d'une disposition nouvelle qui a pour but de régler une controverse apparue depuis quelques années au Québec et qui porte sur la question de savoir si l'acceptation du risque doit être considérée comme une simple faute contributoire de la victime ou comme une renonciation pure et simple à réclamer de l'auteur du dommage. Il faut bien sûr, pour que cette question puisse se poser, que les trois conditions principales à la mise en œuvre de la notion d'acceptation du risque soient présentes: l'existence d'un risque clair, la preuve de la connaissance du risque par la victime et une acceptation formelle ou tacite de sa part[239]. Le problème est fréquent dans les activités sportives[240]. Le nouvel article 1477 C.c.Q. déclare donc que l'acceptation du risque par la victime ne contitue pas une fin de non-recevoir absolue à sa réclamation et qu'elle peut, dans certains cas, partager la responsabilité avec une ou plusieurs autres parties qui ont contribué par leur faute à la réalisation du dommage.

Troisième Partie: Le partage de responsabilité et ses effets

100- Généralités - Les nouveaux articles 1478 à 1481 C.c.Q. concernent l'exigence du lien de causalité ainsi que l'obligation de minimiser le dommage et ils ont été examinés auparavant à ce titre[241]. Le législateur a codifié ici les règles adoptées par notre jurisprudence concernant le partage de la responsabilité en fonction de la gravité de la faute (article 1478 C.c.Q.), l'obligation pour la victime de minimiser son dommage (article 1479 C.c.Q.) et le cas des fautes dites simultanées (article 1480 C.c.Q.). Le seul principe véritablement nouveau en matière de partage de responsabilité se retrouve à l'article 1481 C.c.Q. et il concerne les effets d'une disposition expresse d'une loi exonérant une personne fautive de sa responsabilité.

101- Effets de la disposition expresse d'une loi exonérant une personne fautive de sa responsabilité - L'article 1481 C.c.Q. déclare:

> **Article 1481.** Lorsque le préjudice est causé par plusieurs personnes et qu'une disposition expresse d'une loi particulière exonère l'une d'elles de toute responsabilité, la part de responsabilité qui lui aurait été attribuée est assumée de façon égale par les autres responsables du préjudice.

La situation qui est visée ici en pratique concerne les cas d'immunités attribuées par les textes législatifs particuliers à l'Administration ou à certains fonctionnaires, pour les actes accomplis par eux de bonne foi dans l'exercice de leurs fonctions ou pour leurs décisions de nature administrative ou quasi judiciaires[242]. Le législateur se proposait à l'origine de contraindre la victime non fautive à partager les effets de cette irresponsabilité avec les autres responsables du préjudice[243] mais ce projet a été fort heureusement modifié par la suite en commission parlementaire. La victime, à moins d'avoir commis elle-même une faute dans ce cas, n'a pas à supporter la part de la responsabilité de l'auteur exonéré.

Quatrième Partie: L'évaluation des dommages-intérêts

102- Généralités - Nous examinerons ici les règles propres à l'évaluation des dommages-intérêts en matière de responsabilité civile et dont le nouveau Code civil traite aux articles 1607 à 1621 C.c.Q.

103- Le dommage direct et immédiat - Le nouvel article 1607 C.c.Q. reprend, en les fusionnant, les articles 1065 et 1075 C.c.B.C. Il signale implicitement que, sauf exception, les dommages punitifs ou exemplaires ne sont pas reconnus en droit civil québécois[244]. Il réitère la règle à l'effet que le créancier de l'obligation n'a droit qu'à ce qui constitue une suite immédiate et directe du défaut du débiteur[245]. La compensation du «dommage par ricochet» et ses limites constituera donc encore une préoccupation pour nos tribunaux lors de l'application du nouveau Code civil. Le problème n'est plus de savoir si le responsable doit compensation à la seule victime immédiate, puisque le nouveau code reprend une conception large de la notion d'autrui, mais de savoir où doit s'arrêter cette compensation. Un dommage immédiat peut en effet entraîner une foule de conséquences pour une multitude de personnes. Il s'agit de savoir quels dommages sont une suite directe et immédiate de la faute du débiteur[246].

Tout ce qui peut permettre au tribunal de croire que l'accident n'a été que l'occasion de la manifestation du dommage réclamé et non sa cause immédiate et directe permettra d'écarter la réclamation[247]. Cette question est très délicate et a été traitée jusqu'à maintenant avec beaucoup de prudence par nos tribunaux. Une décision toute récente de la Cour suprême du Canada dans *Cie. des Chemins de fer Nationaux du Canada c. Norsk Pacific Steamship Co.*[248] permet de le confirmer encore une fois. La Cour suprême devait y répondre à la question de savoir si une perte économique résultant de l'impossibilité de se prévaloir des bénéfices d'un contrat (de location d'un pont dans ce cas) pouvait constituer un dommage direct en vertu de la *common law*. Tout laisse croire que les faits particuliers de cette affaire auraient contribué à rendre cette question problématique pour le droit civil québécois lui-même[249].

104- L'effet de la prestation reçue d'un tiers - Le nouvel article 1608 C.c.Q. permettra de régler simplement le problème de la double compensation qui se pose encore lorsqu'un tiers, par exemple l'assureur ou l'employeur, compensent une partie ou la totalité du préjudice éprouvé par la victime lorsqu'elle poursuit par ailleurs le responsable pour les mêmes dommages. Il est à l'effet suivant:

> **Article 1608.** L'obligation du débiteur de payer des dommages-intérêts au créancier n'est ni atténuée ni modifiée par le fait que le créancier reçoive une prestation d'un tiers, par suite du préjudice qu'il a subi, sauf dans la mesure où le tiers est subrogé aux droits du créancier.

Le législateur confirme ici que le seul cas où l'on doit tenir compte de la compensation, totale ou partielle, versée par un tiers est celui où il y a subrogation en faveur de ce dernier. On doit remarquer qu'il peut s'agir d'une subrogation légale ou conventionnelle. Parmi les nombreux régimes publics de compensation du préjudice corporel[250], seul le régime des rentes du Québec ne prévoit pas de subrogation légale en faveur de cette caisse de compensation[251]. En ce qui a trait à l'assurance, l'article 2494 C.c.B.C. est déjà venu régler le problème dans le sens de la solution adoptée par le nouvel article 1608 C.c.Q. En pratique, il y a, dans la plupart des cas d'assurance, subrogation conventionnelle en faveur de l'assureur[252], sauf dans le cas de l'assurance-vie. C'est en matière d'indemnités versées par l'employeur que le nouvel article 1608 C.c.Q. opère les modifications les plus importantes.

Si l'employeur s'est obligé par contrat à continuer de payer de salaire de son employé, sans être subrogé aux recours de ce dernier, la double compensation sera possible. En outre, si l'employé perd, par le fait du responsable, des journées de maladies accumulées, il pourra poursuivre ce dernier en raison de la perte de cet actif. Il en est de même pour les dons et cadeaux reçus par la victime à l'occasion de l'accident, quelqu'en soit la source[253]. Le seul critère applicable sera donc celui de l'existence ou non d'une subrogation, quelle soit légale ou conventionnelle.

105- Annulation des quittances, transactions et déclarations obtenues dans les trente jours du fait dommageable - L'article 1056b) al. 4 C.c.B.C. qui permet depuis les années trente d'annuler toute quittance, règlement ou déclarations écrites obtenues de la victime dans les quinze jours de la date du délit ou du quasi-délit, si elle en souffre lésion, a constitué dans notre droit la première exception importante, depuis la codification de 1866, au principe de l'absence de lésion entre majeurs décrété par l'article 1012 C.c.B.C.[254]. Cette possibilité d'attaquer le caractère lésionnaire de ces quittances, règlements ou déclarations écrites a toutefois été fort limitée par le caractère très restrictif de cette disposition et l'interprétation qui en a été donnée. Le nouvel article 1609 C.c.Q. élargit de façon importante l'application de ce droit:

— Le nouvel article étend le droit de rendre sans effet les déclarations, les quittances et les transactions aux cas où celles-ci sont verbales et pas seulement écrites comme c'est le cas présentement,

— On peut attaquer ces quittances, transactions et règlements, non seulement dans le cas où le dommage a été le résultat d'une faute extracontractuelle, comme c'est le cas présentement, mais également dans le cas des dommages contractuels,

— La mise en œuvre de ce droit n'est plus limitée aux cas de préjudices corporels mais s'étend également au préjudice moral,

— On passe d'un délai de quinze à trente jours et ce délai est calculé à partir du fait dommageable,

— Le nouvel article 1609 C.c.Q. n'utilise plus le concept de «lésion», même au sens du nouvel article 1406 C.c.Q., mais le concept plus large de «préjudice» qui est certes plus adapté à la situation où ce sont les déclarations du créancier qui sont attaquées.

Il y a donc tout lieu de croire que le nouvel article 1609 C.c.Q. connaîtra une application pratique beaucoup plus importante que celle qui est présentement donnée à l'article 1056b) al. 4 C.c.B.C. Il faut en outre tenir compte du fait que ces déclarations, quittances et transactions pourront, plus facilement qu'autrefois, être attaquées pour cause de vices de consentement au sens des nouveaux articles 1398 à 1408 C.c.Q. et 2634 C.c.Q.

106- Cession et transmission du droit à des dommages-intérêts - L'article 1610 C.c.Q. est de droit nouveau mais il vient codifier une règle établie par notre jurisprudence à l'effet que tout droit à des dommages-intérêts est cessible et transmissible, dès que ce droit est né et actuel dans le patrimoine de la victime. La précision concernant les dommages-intérêts punitifs est utile puisque cette possibilité d'accorder des dommages-intérêts punitifs est nouvelle et que la transmissibilité de ce droit n'était pas clairement établie. Seule la violation d'un droit de la personnalité, comme le droit à la vie, à l'inviolabilité et à l'intégrité de sa personne, au respect de son nom, de sa réputation et de sa vie privée (articles 3 et 625 C.c.Q.[255], est déclaré incessible[256]. Ce droit d'être compensé pour la violation d'un droit de la personnalité peut toutefois être transmis aux héritiers de la victime.

Cette disposition est beaucoup plus importante qu'il n'y paraît à première vue. Elle confirme, par exemple, le droit des héritiers d'une personne décédée à poursuivre pour les atteintes à la réputation et au manque de respect de son nom survenues avant le décès. Elle vient régler une controverse inutile fondée sur la distinction entre droits patrimoniaux et droits extra-patrimoniaux[257]. Elle écarte toutefois implicitement ce droit de poursuite lorsque l'atteinte à la réputation ou au nom a lieu après le décès de la personne puisque ce droit ne passe dans le patrimoine de la personne décédée qu'au moment de son décès au sens des article 625 et 1610 C.c.Q. Le décès stabilise le préjudice[258] et il ne peut plus être question d'en évaluer les effets pour l'avenir[259].

107- Le caractère certain du préjudice - L'alinéa premier de l'article 1611 C.c.Q. reprend le contenu de l'article 1073 C.c.B.C. qui permet au créancier de l'obligation de réclamer la perte qu'il subit et le gain dont il est privé. Le deuxième alinéa est nouveau et il concerne le dommage futur. Le nouveau code exige, pour que le dommage futur soit compensé par le débiteur de l'obligation, que ce dommage soit certain et qu'il soit possible de l'évaluer. Le législateur entend ici distinguer le dommage certain du dommage hypothétique qui ne doit pas être compensé. La formulation particulière de ce deuxième alinéa peut toutefois faire problème. Le droit actuel n'est pas modifié à cet égard. Le législateur n'exige pas ici une certitude absolue mais une probalilité sérieuse que le préjudice apparaîtra selon l'évolution normale des choses ou d'une vie[260].

La deuxième condition exigée par la disposition, à l'effet que le dommage futur doit pouvoir être évalué au moment du jugement, n'est pas elle non plus de droit nouveau[261]. La règle actuelle veut que le dommage futur doit être apprécié de façon exacte au moment où le tribunal doit la liquider. Lorsqu'il ne peut pas procéder à cette évaluation, il est possible pour le tribunal de réserver les recours de la victime pour le futur, comme dans le cas des dommages causés à l'environnement[262].

Mais la principale préoccupation contemporaine en ce qui concerne le caractère certain du dommage vient de la notion de «perte de chance» qui a fait de très nettes percées dans la jurisprudence québécoise des dix dernières années, jusqu'à la décision de la Cour suprême du Canada dans l'affaire *Lawson c. Laferrière*[263]. On aurait tort de croire, comme certains semblent le penser, que cette décision de la Cour suprême refuse a priori de compenser la perte de chance. Elle exige toutefois, contrairement à plusieurs décisions du droit civil français, que la preuve de ce dommage soit faite par prépondérance. La Cour suprême y déclare, avec raison nous semble-t-il, qu'il faut refuser de compenser la perte de chance chaque fois que la chance d'éviter une perte ou de faire un gain était, selon la preuve, inférieure à 51%. On risquerait autrement, en matière médicale comme dans les autres domaines de l'activité humaine, de compenser pour des parties de dommages à l'égard desquels la preuve du lien de causalité, qui doit être prépondérante comme on le sait, n'a pas été et ne peut pas être faite[264].

108- Les dommages-intérêts prévisibles en matière contractuelle - Le nouvel article 1613 C.c.Q. reprend, presque textuellement[265], les dispositions des articles 1074 et 1075 du Code civil du Bas-Canada. Sauf cas de faute lourde ou intentionnelle, seuls les dommages prévisibles ou qui pouvaient l'être au moment de la conclusion du contrat peuvent être réclamés alors que la responsabilité extracontractuelle entraîne l'obligation de compenser tous les dommages directs. Il n'y a donc pas de changement significatif à cet égard entre l'ancien et le nouveau droit. Nous avons déjà constaté que le caractère prévisible du dommage reste, dans le nouveau Code civil, l'une des seules distinctions importantes entre la responsabilité contractuelle et la responsabilité extracontractuelle[266].

109- Taux d'actualisation quant aux aspects prospectifs des dommages corporels - Le taux d'actualisation, c'est la différence prévue pour une longue période, entre le rendement moyen d'un investissement important et le taux moyen d'inflation. Ce taux est une clef importante depuis la trilogie de la Cour suprême du Canada[267] dans la détermination du capital qui doit être versé à la victime d'un dommage corporel aux fins de lui permettre d'obtenir, durant toutes les années qui suivront, une compensation réelle la plus proche possible de celle qu'a décidé de lui accorder le tribunal[268]. La période pour laquelle ce taux est calculé dépend pour l'essentiel de l'expectative de vie de la victime et de son expectative de travail au moment du jugement. Ce jugement aura à son égard un caractère final et c'est bien ce qui pose un problème de fiabilité des prédictions du cycle économique.

Plus le taux d'actualisation est élevé et moins le capital nécessaire pour assurer une compensation à la victime pendant toute la période sera important. Plus le taux d'actualisation accordé par le tribunal est faible, plus le jugement est favorable à la victime puisque les sommes placées par elle ont alors plus de chances de donner lieu à des rendements effectifs plus élevés[269]. Dans le cas de la compensation de dommages corporels importants calculée pour de longues périodes, une variation d'un ou deux pourcents du taux d'actualisation peut se traduire par une différence de plus d'une centaine de milliers de dollars. La détermination du taux d'actualisation doit présentement faire l'objet d'une preuve actuarielle dans le cadre de chaque litige. C'est une preuve complexe et onéreuse. Dans le but de simplifier et d'uniformiser cette détermination du taux d'actualisation, le législateur a décidé de le fixer par règlement en vertu du nouvel article 1614 C.c.Q. Ce règlement liera bien sûr les tribunaux.

110- Caractère non définitif du jugement en ce qui concerne les dommages corporels - L'article 1615 C.c.Q. entend permettre d'atténuer un autre problème causé par le caractère définitif du jugement: celui de l'aggravation du préjudice après un jugement qui n'est plus appelable. Cette mesure est de droit nouveau. Elle permet au tribunal, lorsqu'il accorde des dommages-intérêts en réparation d'un préjudice corporel, de réserver à la victime le droit de demander une revision à la hausse de ce jugement pour cause d'aggravation du préjudice, et ce, pour une période d'au plus trois ans après le jugement. Cette nouvelle mesure devrait permettre aux demandeurs de ne plus craindre d'inscrire rapidement leur cause à procès, de peur qu'il s'avère par la suite que le préjudice corporel n'était pas stabilisé au moment de l'audience. La conclusion demandant de réserver les droits de la victime en cas d'aggravation du préjudice corporel deviendra sans doute habituelle avec la mise en vigueur du nouveau Code civil.

111- Exception au principe du paiement en capital payable au comptant - Le versement d'un capital à la victime pose présentement de nombreux problèmes. Parmi ceux-ci, on remarque le fait que certaines victimes dilapident ou perdent rapidement les fonds qui leur sont accordés pour subvenir à leurs besoins durant une longue période. Elles retombent souvent sur l'assistance publique quelques années seulement après l'octroi de sommes importantes, faute d'avoir pu gérer leurs fonds avec l'aide de professionnels avertis. Un autre problème vient du fait que la détermination de l'expectative de vie d'une victime est calculée sur la base des données qui concernent l'ensemble de la population ou sur des caractéristiques qui regroupent des dizaines de milliers de personnes. Or, la moyenne de durée de vie ou de survie qui est statistiquement exacte pour un grand nombre de personnes est très certainement inexacte pour la personne concernée. Elle peut vivre beaucoup plus longtemps et n'avoir été compensée que pour une période plus courte. Elle est alors sous-compensée. L'évolution des taux d'inflation ou d'imposition peut également entamer le capital bien au-delà des prévisions.

Il est sûr que l'extension de transactions à paiements différés règlerait bien des problèmes[270] mais que plusieurs avocats hésitent encore à recommander ce mode de compensation à leurs clients en raison des risques d'insolvabilité éventuelle du débiteur ou de l'institution choisie par les parties pour gérer le capital versé. Ce mode de paiement n'est pas non plus complètement à l'abri de l'inflation. Devant l'impossibilité, pour le moment, de s'attaquer globalement à ces problèmes, le législateur québécois a choisi de prioriser la protection des victimes mineures, tant que dure cette minorité. L'article 1616 C.c.Q. déclare que:

> **Article 1616.** Les dommages-intérêts accordés pour la réparation d'un préjudice sont, à moins que les parties n'en conviennent autrement, exigibles sous forme d'un capital payable au comptant.
>
> Toutefois, lorsque le préjudice est corporel et que le créancier est mineur, le tribunal peut imposer, en tout ou en partie, le paiement sous forme de rente ou de versements périodiques, dont il fixe les modalités et peut prévoir l'indexation suivant un taux fixe. Dans les trois mois qui suivent sa majorité, le créancier peut exiger le paiement immédiat, actualisé, de tout ce qui lui reste à recevoir.

Le nouveau Code civil permet ainsi aux tribunaux de sauvegarder les intérêts du mineur dans un cadre flexible. Le mineur sera protégé contre les risques de dilapidation et les versements périodiques qui lui seront versés pourront être indexés. Cette indexation devra toutefois être déterminée par le tribunal selon un taux fixe, dans le but de permettre l'établissement des prévisions de la part des professionnels du marché des rentes qui seraient incapables de les établir autrement si les indices d'inflation étaient variables.

Le législateur québécois a fait ici un pas dans la bonne direction. Les problèmes posés par le caractère définitif des compensations versées pour des dommages corporels importants devraient toutefois faire l'objet d'une réflexion collective plus suivie dans les prochaines années. Le gouvernement pourrait sans doute faire beaucoup pour dissiper les craintes concernant les transactions à paiements différés en assurant les parties de la collaboration active et l'implication d'organismes crédibles, expérimentés et bien établis financièrement comme la Caisse de dépôts et de placement du Québec ou la Régie des rentes. Il nous semble donc que d'autres efforts devront être déployés de ce côté dans les années qui viennent.

112- Les dommages-intérêts moratoires - L'article 1617 C.c.Q. reprend le contenu de l'article 1077 C.c.B.C. et concerne les dommages-intérêts moratoires[271]. Il n'est ajouté à l'ancienne disposition que le troisième alinéa qui est nouveau. Celui-ci permettra dorénavant au créancier, qui peut faire état d'un préjudice autre que celui résultant du seul retard à exécuter l'obligation pécuniaire, d'exiger une indemnité additionnelle distincte des intérêts. Toutefois, cette possibilité devra avoir été prévue au contrat et le créancier devra être en mesure de justifier cette indemnité additionnelle.

113- L'indemnité additionnelle - Le nouvel article 1619 C.c.Q. est le résultat de la fusion des anciens articles 1056c) al. 2 (en matière délictuelle) et 1078.1 al. 2 C.c.B.C. (en matière contractuelle). Il n'y a pas de changements significatifs à cet égard. On notera que cette nouvelle disposition conserve la même approche tortueuse que les deux articles précédents, principalement pour éviter les difficultés constitutionnelles venant de la juridiction fédérale exclusive sur l'intérêt. C'est pourquoi la nouvelle disposition utilise, comme les anciennes, la notion «d'indemnité» alors que ce terme est impropre de façon évidente.

114- Intérêts sur les intérêts échus - L'article 1620 C.c.Q. reproduit les deux premières conditions prévues à l'article 1078 C.c.B.C. concernant les intérêts sur les intérêts échus. Il s'agit de la capitalisation des intérêts, ou d'anatocisme[272]. Le nouvel article ajoute, aux cas déjà prévus, celui où la loi elle-même prévoit une telle capitalisation des intérêts, ce qui est rare en pratique.

115- Critères d'attribution des dommages-intérêts punitifs - Comme nous l'avons déjà signalé[273], le nouveau Code civil ne crée pas d'autres situations que celles qui sont déjà prévues en vertu du droit statutaire où il sera possible d'attribuer des dommages-intérêts punitifs[274]. L'article 1621 C.c.Q. propose seulement aux tribunaux québécois cinq critères dont ils pourront tenir compte dans l'établissement de l'importance et des conditions de l'attribution de tels dommages-intérêts. Cette liste déjà rapportée ici[275] n'est pas limitative et le tribunal pourra tenir compte en plus d'autres critères, comme c'est le cas présentement. La décision de M. le juge Derek Guthrie dans *Augustus c. Gosset*[276] en offre un bon exemple. Le tribunal y a tenu compte de neuf critères:

— Le rôle préventif de tels dommages,

— La conduite du défendeur, avant et après le fait dommageable.

— La gravité des dommages causés,

— Les ressources financières du défendeur,

— L'importance de la compensation déjà accordée à la victime,

— La durée de la conduite qui a provoqué le fait dommageable,

— L'existence de d'autres réprimandes ou condamnations affectant le même défendeur en raison du geste concerné,

— Le profit tiré par le défendeur de sa conduite fautive,

— L'existence d'une provocation ou d'une faute contributoire de la part de la victime.

Conclusions

Le nouveau droit de la responsabilité civile reste fidèle à notre tradition juridique tout en modernisant grandement nos outils de travail conceptuels et en mettant l'accent sur la personne. Notre nouveau Code civil est, en matière de responsabilité, une œuvre de maturité et d'équilibre. Il pourra permettre d'assurer un traitement plus humain et plus harmonieux des litiges. Nous devrons pour cela prendre soin, dans les prochaines années, de lui garder son sens premier qui a été de donner priorité à une approche inspirée par les droits de la personne. C'est à cet égard que le Code civil du Québec constitue un véritable nouveau projet de société civile. C'est un projet stimulant qui mérite un engagement concret.

Notes

* L'auteur veut remercier ici tout particulièrement Me Jean-Daniel Hacala pour son travail de vérification de la plupart des références que l'on retrouve dans le présent texte.

1. C'est ainsi que «l'instituteur et l'artisan», responsables de leurs «élèves et apprentis», et que les «maîtres», qui doivent répondre de la faute de leurs «domestiques», restent encore des personnages importants dans le

Code civil du Bas-Canada, même après plus d'un siècle d'évolution de nos habitudes sociales. Que dire de la distinction que l'on doit encore faire entre le «bien et le mal» (art. 1053 C.c.B.C.) pour juger du non-respect d'une règle fondamentale de conduite en société? Bien sûr, les cas de «duels» dont il est question à l'article 1056 C.c.B.C. ne sont sans doute plus assez nombreux pour que l'on s'inquiète encore de façon particulière de la responsabilité des «seconds et des témoins» de ce genre de divertissement mais on note que cette éventualité reste prévue par notre droit. Pensons également au fait que, même amendé à plusieurs reprises, le Code civil du Bas-Canada ne traite toujours pas de la responsabilité des fabricants, des grossistes, et des importateurs de biens. Il était temps d'arriver au vingtième siècle.

2. Cette appellation qui remplace celle de «délit» se retrouve, par exemple, aux articles 164 C.c.Q (obligation du mineur), 1526 C.c.Q (solidarité) et 2498 C.c.Q. (assurances).

3. Voir par. 44 à 57: L'interdiction de l'option et ses effets.

4. Le lecteur comprendra toutefois qu'il n'a été possible de référer ici qu'aux décisions les plus importantes, le plus souvent celles de la Cour suprême du Canada et de la Cour d'appel du Québec, tellement le désir de refléter intégralement les sources jurisprudentielles d'une règle serait irréaliste dans un contexte où l'on a rapporté jusqu'à maintenant plus de 25,000 décisions pertinentes à la responsabilité civile. Il y a abondance de matériaux. Il fallait donc choisir.

5. Article 1474 al. 2 C.c.Q. On notera que cette disposition concerne également le dommage moral.

6. Articles 1615 et 1616 C.c.Q. en matière de dommages corporels.

7. Le premier a avoir lancé un vif débat sur ce sujet est le professeur Paul-André Crépeau dans un article resté célèbre: «Des régimes contractuel et délictuel de responsabilité civile en droit canadien.» (1962) 22 *R. du B.* 501. En plus des auteurs habituels, on peut prendre connaissance également d'un ouvrage complet consacré à cette question en droit québécois et en droit français: Georges Durry, *La distinction de la responsabilité contractuelle et de la responsabilité délictuelle*, Montréal, Centre de recherche en droit privé et comparé du Québec. 1986. 187 p.

8. André Nadeau et Richard Nadeau, *Traité pratique de la responsabilité civile délictuelle*, Montréal, Wilson & Lafleur Limitée, 1971, p. 28, par. 44 à 46.

9. *Wabasso Ltd.* c. *National Drying Machinery Co.* [1981] 1 R.C.S. 578 et *Air Canada* c. *McDonnell Douglas Corp.* [1989] 1 R.C.S. 1554.

10. Article 1458 al. 2 C.c.Q.

11. L'article 7 C.c.Q. déclare à cet effet: «**Article 7.** *Aucun droit ne peut être exercé en vue de nuire à autrui ou d'une manière excessive et déraisonnable, allant ainsi à l'encontre des exigences de la bonne foi.*».

12. La question de savoir si la faute est une condition essentielle en la matière est fort ancienne. On peut en retrouver des traces jusque dans la décision de la Cour suprême rendue à la fin du siècle dernier dans l'affaire *Drysdale* c. *Dugas*, [1897] 26 R.C.S. 20. On trouve certaines décisions où

l'on a retenu la responsabilité de personnes jugées responsables d'abus de droit de propriété, sans faute de leur part, comme dans: *Katz* c. *Reitz*, [1973] C.A. 230 et *Morrisset* c. *St-Germain* [1977] C.P. 235.

13. *Houle* c. *Banque Canadienne Nationale*, [1990] 3 R.C.S. 122.

14. *Quaker Oats Co. of Canada ltd.* c. *Côté*, [1949] B.R. 389.

15. Voir par. 31 et 32: Faute et abus de droit et faute et bonne foi.

16. Jean-Louis Baudouin, *La responsabilité civile délictuelle*, 3° éd., Cowansville, Éditions Yvon Blais, 1990, par. 886 à 889, pp. 416-417.

17. Voir par. 39 et 40: Le caractère général de la notion «d'autrui» et la disparition de l'article 1056 C.c.B.C. et ses effets.

18. Voir par. 59: Présomption de faute pour les titulaires de l'autorité parentale.

19. Voir par. 60: Élargissement de la notion de gardien du mineur.

20. *Doucet* c. *Shawinigan Carbide Co.*, (1910) 42 R.C.S 281.

21. Comme l'ont démontré clairement André Nadeau et Richard Nadeau dans: *Traité pratique de la responsabilité civile délictuelle*, Montréal, Wilson & Lafleur Limitée, 1971, n° 534, p. 497.

22. Après quelques hésitations de la jurisprudence, le fait que l'on soit ici en présence d'une simple présomption de faute renversable de la part du gardien de la chose et non d'une présomption de responsabilité est accepté depuis la décision du Conseil privé dans: *Watt and Scott Ltd.* c. *City of Montreal*, (1930) 48 B.R. 295 (Conseil privé); [1922] 2 A.C. 555.

23. Jean-Louis Baudouin, *La responsabilité civile délictuelle, op. cit.,* note 16, par. 680, p. 342.

24. *Sévigny* c. *Boismenu,*[1963] B.R. 323; *Bouchard* c. *Tremblay*, [1970] B.R. 305. La Cour d'appel a toutefois semblé changer d'orientation à cet égard dans une décision récente: *Sidgens Ltée.* c. *Bélanger*, [1989] R.R.A. 495 (C.A.).

25. Voir par. 66 et 68: Présomption de faute pour le fait d'un bien et responsabilité pour la ruine d'un immeuble.

26. *General Motors Products of Canada Ltd.* c. *Kravitz*, [1979] 1 R.C.S. 790.

27. Claude Masse, «La responsabilité du fabricant: responsabilité stricte, négligence ou indemnisation sans égard à la faute? (Le contexte du libre-échange)» dans Actes des journées louisianaises de l'Institut canadien d'études juridiques supérieures, *Conférences sur le nouveau code civil du Québec*, Cowansville, Les Éditions Yvon Blais Inc. 1992, pp. 301-377, p. 323.

28. En raison du nouvel article 1458 al. 2, il ne sera en effet plus possible d'opter pour l'application du régime extracontractuel de responsabilité lorsque les parties seront liées par une relation contractuelle. Il n'y aurait de toute façon pas d'intérêt à le faire dans ce cas.

29. Voir par. 69 à 87: La responsabilité du fabricant et du vendeur professionnel.

30. Depuis les décisions de la Cour suprême du Canada dans: *Glengoil Steamship Line Co.* c. *Pilkington*, (1897) 28 R.C.S. 146 et *Vipond* c. *Furness Withy and Co. Ltd.*, (1917) 54 R.C.S. 521. Ces décisions ont alors

renversé une longue suite de précédents en sens contraire de la Cour d'appel du Québec.

31. Claude Ferron, «Les clauses de non-responsabilité en responsabilité contractuelle et délictuelle.» (1984) 44 *R. du B.* pp. 3-71.

32. Voir par. 76 à 81: L'exclusion ou la limitation de responsabilité contractuelle.

33. Voir par. 110: Caractère non définitif du jugement en ce qui concerne les dommages corporels.

34. *Charte des droits et libertés de la personne*, L.R.Q., c. C-12, art. 49.

35. *Loi sur la protection du consommateur*, L.R.Q. c. P-40.1, art. 272.

36. *Loi sur l'accès aux documents des organismes publics et sur la protection des renseignements personnels*, L.R.Q., c. A-2.1, art. 167.

37. *Loi sur la Régie du logement*, L.R.Q., c. R. 8.1, art. 54.10.

38. *Loi sur la protection des arbres*, L.R.Q., c. P-37, art. 1.

39. Voir par. 115: Les dommages-intérêts punitifs.

40. C'est ainsi que l'on peut passer d'un délai aussi long que trente ans (art. 2242 C.c.B.C.) à des délais de trois ans (art. 2260 a et b C.c.B.C. en matière de responsabilité médicale ou hospitalière et de perception des arrérages d'une pension alimentaire), de deux ans (art. 2261 al. 2 C.c.B.C. en matière de dommages matériels causés par un délit ou un quasi-délit) ou aussi courts qu'un an (art. 2262 C.c.B.C. en matière de dommages corporels et de diffamation). On doit signaler également l'existence de législations qui, comme dans le cas de la *Loi sur la presse* (L.R.Q. c. P-19, art. 2), accordent aussi peu que trois mois pour poursuivre.

41. Combien de praticiens et d'étudiants en droit ont médité, parfois trop tard, sur le contenu de l'article 2267 du Code civil du Bas-Canada qui déclare que: «**Article 2267 C.c.B.C.** Dans tous les cas mentionnés aux articles 2250, 2260, 2260a, 2260b, 2261 et 2262 *la créance est absolument éteinte, et nulle action ne peut être reçue* après l'expiration du temps fixé pour la prescription.» (Nous soulignons)

Il s'agit même là d'une règle d'ordre public que le tribunal peut appliquer de son propre chef.

42. Voir par. 51. Les prescriptions.

43. Paul-André Crépeau, *L'intensité de l'obligation juridique ou des obligations de diligence, de résultat et de garantie*, Montréal, Centre de recherche en droit privé et comparé du Québec, Éditions Yvon Blais Inc, 1989. Le professeur Crépeau y procède surtout à une classification des régimes de la responsabilité contractuelle.

44. Il s'agit également de la situation prévue par l'article 1460 al. 2 C.c.Q. en ce qui a trait à la responsabilité du gardien d'un mineur qui «agit gratuitement ou moyennant récompense». On doit dans ce cas faire la preuve de sa faute.

45. Jean-Louis Baudouin, *La responsabilité civile délictuelle, op. cit.*, note 16, par. 686, p. 346. Il faut bien voir que l'article 1055 al. 3 C.c.B.C. et le nouvel article 1467 C.c.Q. ne créent aucune présomption de faute ou de responsabilité à l'égard du propriétaire. Ce défaut d'entretien ou ce vice de construction peuvent avoir été le fait du constructeur de l'immeuble lui-même ou d'un propriétaire antérieur et retomber sur les épaules du

propriétaire au moment où le dommage a été causé.

46. L'article 1054.1 C.c.B.C. date de 1989 et il ne permet de retenir la responsabilité des tuteurs, des curateurs à un majeur, des personnes exerçant la garde d'un majeur dont le curateur public est tuteur ou curateur, de même que des mandataires exécutant un mandat donné par un majeur dans l'éventualité de son inaptitude, que dans le cas d'une faute intentionnelle ou lourde dans l'exercice de cette garde.

47. À l'exception, comme nous venons de le noter du gardien qui agit gratuitement ou moyennant une récompense et qui ne peut être tenu responsable que dans le cas d'une faute prouvée (art. 1460 al. 2 C.c.Q.).

48. Un doute est soulevé à cet égard en ce qui concerne la responsabilité des troubles de voisinage dont nous discutons plus loin. Voir à cet effet le par. 37 (Faute et troubles de voisinage).

49. *Loi concernant les responsabilités des accidents dont les ouvriers sont victimes dans leur travail et la réparation des dommages qui en résultent*, 1909, 9 Éd. VII, c. 66. Mais les véritables fondements du régime que nous connaissons de nos jours ont été établis en 1928 avec la création de la première Commission des accidents du travail: *Loi concernant la Commission des accidents du travail*, 1928, 18 Geo. V, c. 80.

50. *Loi sur l'indemnisation des victimes d'actes criminels*, L.Q., 1971, c. 18, devenue c. I-6 L.R.Q. Le dépôt par la victime d'une demande en vertu de cette loi ne lui fait pas perdre le droit d'intenter un recours pour le surplus contre le responsable en vertu des règles du droit commun.

51. *Loi visant à favoriser le civisme*, L.Q., 1977, c. 7, devenue c. C-20, L.R.Q. Le dépôt par la victime d'une demande en vertu de cette loi ne lui fait pas perdre le droit d'intenter un recours pour le surplus contre le responsable en vertu des règles du droit commun. Voir également: *Loi sur la protection des biens et des personnes en cas de sinistre*, L.R.Q. c. P-38-1.

52. *Loi sur l'assurance automobile*, L.R.Q., c. A-25. Cette loi empêche toute victime d'exercer un recours civil à raison des dommages corporels et modifie les règles de la responsabilité civile en ce qui a trait à la compensation des dommages matériels.

53. *Loi sur la protection de la santé publique*, L.R.Q. c. P-35.

54. Art. 1056a. C.c.B.C. (Accidents du travail et lésions professionnelles), Art. 1056d. C.c.B.C. (accidents d'automobiles).

55. À l'exception des quasi-contrats dont le nouveau Code civil traite dans un chapitre distinct (Chapitre quatrième du Titre premier, articles 1482 à 1496 C.c.Q.) et désigne comme «certaines autres sources de l'obligation». La notion de «quasi-contrat» a donc disparu du nouveau code, ce qui constitue une excellente chose.

56. Il s'agit bien sûr de la responsabilité sans faute du propriétaire de l'animal ou de son utilisateur pour le fait dommageable de ce dernier (article 1466 C.c.Q.) déjà évoquée au par. 23. Voir également au sujet de la responsabilité sans faute dans le nouveau code, les commentaires sur la notion de «troubles de voisinage» du par. 37.

57. *Lapierre*, c. *Procureur Général de la Province de Québec*, [1985] 1 R.C.S. 241, [1983] C.A. 631. Le passage suivant du jugement de M. le

juge McCarthy de la Cour d'appel nous semble plus que jamais pertinent: « *On nous cite certains auteurs à propos de la théorie d'une responsabilité fondée sur le risque. Je ne crois pas nécessaire de les commenter ici. Sauf lorsque telle responsabilité est expressément prévue par le législateur, lorsqu'elle comporte en effet une obligation qui procède de la loi seule, elle n'est pas reconnue en droit québécois* (...).» (p. 636)

58. L'article 1519 de *l'Avant-projet de Loi portant réforme au Code civil du Québec du droit des obligations*, déposé en décembre 1987 par le ministre Herbert Marx proposait, à son deuxième alinéa, que le mineur non doué de raison puisse être tenu des payer les dommages de la victime dans certains cas exceptionnels mais cette idée fut abandonnée dans le projet de loi 125 déposé trois ans plus tard.

59. L'Office de révision du Code civil proposa à cet effet en 1977 (article 95 sur le droit des obligations) que la personne privée de discernement qui cause un dommage à autrui soit tenue à la réparation, selon les circonstances, notamment lorsque que la victime ne peut obtenir réparation de la personne tenue à sa surveillance. Office de révision du Code civil, *Rapport sur le Code civil du Québec*, Volume 1, Projet de Code civil, 1977, Éditeur Officiel du Québec, p. 348.

60. On ne retrouve aucune trace dans les travaux préparatoires au nouveau Code civil d'une remise en question de cet âge de sept ans comme celui de l'âge de la capacité de discernement ou de la raison au sens du nouveau code. On peut donc penser que l'on s'en remettra à cet égard à une abondante jurisprudence qui y a vu l'âge de transition, chez l'enfant,, entre la responsabilité et l'irresponsabilité. Il est dommage que les juristes québécois n'aient pas profité à cet égard du fruit des recherches de la psychologie moderne sur le jugement moral chez l'enfant qui situe cet âge de raison plus tard. Il aurait sans doute été important de remettre en question à cet égard nos habitudes, sinon nos préjugés en cette matière. Cet âge de sept ans semble avoir été déterminé davantage au Québec en fonction de certaines traditions religieuses (l'âge de la première communion qui suit la première confession dans la religion catholique, l'âge aussi de la confirmation) qu'en fonction de critères mieux établis au plan scientifique. On peut voir à cet égard: Jean Piaget, *Le jugement moral chez l'enfant*, Paris, 3° éd., Presses universitaires de France, Série Bibliothèque de philosophie contemporaine, 1969, 334 p.; Norman J, Bull, *Moral judgment from childhood to adolescence*, London, Routledge & K. Paul, 1969, 303 p.

61. *Busby* c. *Ford*, (1893) 3 C.S. 254; *Laverdure* c. *Bélanger*, [1975] C.S. 612. Ce qui ne couvre pas bien sûr le cas de l'intoxication fautive et volontaire qui provoque l'aliénation temporaire: *Constantineau* c. *Berger*, [1975] C.S. 211.

62. Le législateur a, à cet égard, fait marche arrière en ce qui a trait à sa proposition (article 1454 al. 2 du Projet de loi 125) de confier la compensation du préjudice corporel au seul régime de responsabilité extra-contractuelle, ce qui aurait compliqué grandement les choses sans motifs apparents. Voir à cet égard: Claude Masse, «Le nouveau code et la

réforme de la responsabilité civile (À la recherche du sens)», dans *Congrès annuel du Barreau du Québec (1991)*, Montréal, Service de la formation permanente du Barreau du Québec, 1991, pp. 34-52, p. 40 et ss.

63. Nous partageons à cet égard l'avis de Paul-André Crépeau qui croit que, sur le plan contractuel, l'obligation de diligence, donc de moyens, se retrouve dans l'actuel Code civil «dans toutes les obligations contractuelles insérées dans le Code, à titre de dispositions supplétives, relativement aux contrats nommés» *op. cit.*, note 43, p. 10.

64. Une lecture des commentaires présentés par le Ministère de la Justice à propos de cet article ne permet d'ailleurs pas de conclure autrement. Ministère de la Justice du Québec, *Code civil du Québec. Textes, sources et commentaires.* Mai 1992, Livre V, Des Obligations, Titre premier, Des obligations en général, art. 1458, pp. 53-54.

65. Le Code civil québécois rejoint à cet égard l'ensemble des pays de tradition civiliste où ces deux concepts sont fréquemment employés ensemble. Voir: Yves Picod, *Le devoir de loyauté dans l'exécution du contrat*, Paris, Librairie générale de droit et de jurisprudence. 1989.

66. Le nouveau code ne fait à cet égard que reconnaître une règle qui existe depuis fort longtemps dans notre droit, notamment en matière de droit de propriété ou d'exercice des droits contractuels: Jean-Louis Baudouin, *op. cit.* note 16, n° 121 à 159, pp. 71-91; Pierre-Gabriel Jobin, «L'abus de droit contractuel depuis 1980.» dans *Congrès Annuel du Barreau du Québec (1990)*, Service de la formation permanente du Barreau du Québec, 1990, pp. 127-145.

67. Voir note 13.

68. Note 13, aux pages 137 et 146

69. Possibilité qui n'a été reconnue en vertu du droit actuel que dans certaines décisions restées marginales. Voir note 12 et le par. 37 sur les troubles de voisinage. La controverse à cet égard nous semble de toute façon avoir été clairement réglée par la décision de la Cour suprême dans l'arrêt *Lapierre*. Voir note 57.

70. Articles 6 et 7 C.c.Q. (abus de droit), 1375 C.c.Q. (naissance, exécution et extinction de l'obligation), 1404 C.c.Q. (état de nécessité), 1420 C.c.Q. (nullité relative), 1437 C.c.Q. (clauses abusives), 1452 C.c.Q. (contrat apparent et contre-lettre), 1454 C.c.Q. (transfert de droits réels), 1488 C.c.Q. (gestion d'affaires), 1491 C.c.Q. (réception de l'indu), 1556 et 1559 C.c.Q. (paiement), 1643 et 1649 C.c.Q. (cession de créance), 1701 à 1707 C.c.Q. (restitution).

71. Notamment: *Banque Nationale du Canada* c. *Soucisse*, [1981] 2 R.C.S. 339 et *Banque de Montréal* c. *Kuet Leong Ng*, [1989] 2 R.C.S. 429.

72. Gérard Cornu, *Vocabulaire juridique*, Paris, Association Henri-Capitant, Presses universitaires de France, 1987, pp. 104-105.

73. L'article 4 de la Charte (L.R.Q. c. C-12) déclare à cet effet: «Toute personne a droit à la sauvegarde de sa dignité, de son honneur et de sa réputation.»

74. Christine Bissonnette, *La diffamation civile en droit québécois*, Thèse de maîtrise en droit, Faculté de droit, Université de Montréal, janvier

1983. pp. 1-484. Il est dommage que cette étude qui est l'une des plus importantes à avoir été entreprise au Québec sur cette question n'ait pas été publiée. Jean-Louis Baudouin, «La responsabilité des dommages causés par les moyens d'information de masse.» (1973) 8 *R.J.T.* 208; Rodolphe Morissette, *La presse et les tribunaux — Un mariage de raison*, Montréal, Wilson & Lafleur, 1991; Nicole Vallières, *La presse et la diffamation*, Montréal, Wilson & Lafleur, 1985; Nicole Vallières et Florian Sauvageau, *Droit et journalisme au Québec*, Québec-Montréal, Éditions GRIC/FPJQ, 1981; Rosalie Jukier, «Non-pecuniary Damages in defamation cases», (1989) 49 *R. du B.* pp. 3-51; Patrik A. Molinari et Pierre Trudel, «Le droit au respect de l'honneur, de la réputation et de la vie privée: aspects généraux et application.» dans: *Application des chartes des droits et libertés en matière civile*, Montréal, Formation permanente du Barreau du Québec, 1988;

75. Déjà élevé au niveau d'un droit fondamental par l'article 5 de la *Charte des droits et libertés de la personne*, (L.R.Q.) c. C-12 qui déclare: «Toute personne a droit au respect de sa vie privée.».

76. Projet de loi 68, *Loi sur la protection des renseignements personnels dans le secteur privé*, déposé en décembre 1992 à l'Assemblée Nationale du Québec par le Ministre des communications, M. Laurence Cannon. Ce projet de loi fera l'objet d'une commission parlementaire en mars 1993. Ce projet qui se décrit lui-même (article 1 du projet) comme étant destiné à établir des règles particulières à l'égard des nouveaux articles 35 à 41 du Code civil du Québec en matière de protection des renseignements personnels posera de nombreux problèmes d'interface entre le nouveau Code civil et cette loi particulière mais il n'est pas opportun d'en traiter ici. On devra attendre le texte définitif. De façon générale, le gouvernement du Québec s'inscrit à cet égard dans le prolongement direct de la Recommandation de 1980 concernant les lignes directrices régissant la protection de la vie privée et les flux transfrontières de données de caractère personnel de l'O.C.D.E. et de la Convention de 1981 pour la protection des personnes à l'égard du traitement automatisé des données à caractère personnel du Conseil de l'Europe. On peut consulter à cet égard: Groupe de recherche informatique et droit (GRID de l'UQAM), *L'identité piratée*, Étude sur la situation des bases de données à caractère personnel dans le secteur privé au Québec et sur leur réglementation en droit comparé et international, Montréal, Société québécoise d'information juridique, 1986.

77. Les sources de la doctrine sur cette question abondent (par ordre chronologique): Pierre Patenaude, *La protection des conversations en droit privé: Étude comparative des droits américains, anglais, canadiens, français et québécois*, Paris, Librairie Générale de droit et de jurisprudence, Série bibliothèque de droit privé, t. 147, 1976, 183 p.; Pierre Patenaude, «La zone de protection accordée à l'intimité au Canada», (1977) 8 *R.D.U.S.* 119; Patrick H. Glenn, «Le droit au respect de la vie privée», (1979) 39 R. du B. 879; Patrick H. Glenn, «Les nouveaux moyens de reproduction audio-visuelle et numérique et les droits de la personnalité.», (1986) 46 R. du B. 693; Patrik A. Molinari et Pierre Trudel, «Le droit au respect de l'honneur, de la réputation et de la vie

privée: aspects généraux et application.» dans: *Application des chartes des droits et libertés en matière civile*, Montréal, Formation permanente du Barreau du Québec, Éditions Yvon Blais, 1988, 324 p.; Louise Potvin, *La personne et la protection de son image: étude comparée des droits québécois, français et de la common law anglaise*, Cowansville Éditions Yvon Blais, 1991.

78. La formulation de l'article 3 C.c.Q. confirme cette extension. De son côté, la proposition de l'Office de révision du Code civil employait à cet égard la notion de «autrui». Le fait que l'on ne limite pas le respect de la vie privée aux seules personnes physiques n'est pas expliqué dans les commentaires disponibles du Ministère de la Justice. Il faudra donc appliquer ces règles à la situation particulière des personnes morales, ce qui ne manquera pas de poser de nombreux problèmes d'interprétation. Comment, par exemple, distinguer entre la «correspondance personnelle» d'une personne morale et les documents émanant d'elle qui ne seront pas l'objet de protection? Une personne morale a-t-elle une «image», une «voix», une «vie privée»...? La formulation de l'article 3 C.c.Q. qui déclare que «*toute personne est titulaire de droits de la personnalité, tels le droit à la vie, à l'inviolabilité et à l'intégrité de sa personne, au respect de son nom, de sa réputation et de sa vie privée*» et de l'article 301 du nouveau Code civil qui est à l'effet que «les personnes morales ont la pleine jouissance des droits civils» nous permet de le croire. De beaux débats en perspective.

79. Sous réserve toutefois du contenu définitif du projet de *Loi sur la protection des renseignements personnels dans le secteur privé* signalé auparavant (projet de loi 68) qui contient à l'heure présente tellement d'exceptions et d'échappatoires que l'on peut douter de son efficacité future en matière de sanctions civiles.

80. L'article 1053 C.c.B.C. vise en effet «toute personne», sans distinguer entre personnes physiques et morales. L'article 17 al. 11 C.c.B.C. déclare que le mot «personne»comprend les «corps constitués en corporation» et l'article 356 al. 2 C.c.B.C. qui concerne spécifiquement les corporations déclare qu'elles «sont comme telles, régies par les lois affectant les individus (...)». Les articles 1457 C.c.Q. et 300 C.c.Q. ne parlent pas autrement à cet égard.

81. Notamment en matière de prescription et de solidarité.

82. Jean-Louis Baudouin, *La responsabilité civile délictuelle, op. cit.* note 16, par. 60, p. 38.

83. L'Office de révision du Code civil répondait par l'affirmative à cette question et ne limitait pas cette responsabilité à la fraude, à la faute lourde ou intentionnelle. «**Article 274.** *Un membre d'une corporation est tenu personnellement pour ce qu'il promet d'y apporter.*
Il peut aussi être tenu personnellement en qualité d'administrateur de la corporation.»
L'Office de révision précisait même dans son projet que les administrateurs n'avaient pas à être «membres» de la corporation (article 277). Office de Révision du Code civil du Québec, *Rapport sur le Code civil,*

volume I, Projet de Code civil, Québec, Éditeur Officiel du Québec, 1977, pp. 48-49. Voir également: Office de Révision du Code civil du Québec, *Rapport sur le Code civil*, volume II, Commentaires, Québec, Éditeur Officiel du Québec, 1977,p. 89.

84. Notion implicitement reconnue par l'article 363 C.c.B.C. qui limite la responsabilité des «membres de la corporation» à l'intérêt que chacun d'eux y possède et qui les exempte «de tout recours personnel pour l'acquittement des obligations qu'elle a contractés» (..) *Salomon* c. *Salomon* [1897] A.C. 22. Cette disposition est devenue l'article 315 C.c.Q. dans le nouveau code. Les «membres de la corporation» dont il est question ici sont clairement ses actionnaires. Cet article ne traite pas des «administrateurs» au sens strict. L'Office de révision du Code civil établissait pour sa part une distinction très nette entre le statut de «membre» de la corporation et celui «d'administrateur». Nous croyons que la notion de «voile corporatif» doit d'abord servir à séparer le patrimoine de la personne morale du patrimoine personnel des actionnaires, et en aucune façon à conférer une immunité aux administrateurs de la personne morale à raison de leur faute extracontractuelle. Il s'agit d'une toute autre question où, en tout respect, de nombreuses confusions qui nous viennent de la *common law* persistent encore. Comment expliquer en outre, sur la base des principes de droit civil, que les préposés subalternes restent responsables personnellement à raison de leur faute extracontractuelle, même lorsqu'ils commettent cette faute dans l'exécution de leurs fonctions au service de la personne morale (article 1056 al. 7 C.c.B.C. qui devient 1463 C.c.Q.), alors que les administrateurs pourraient bénéficier d'une immunité de droit à raison de leurs fautes extracontractuelles qui ne sont ni des cas de fraude ou de fautes lourdes? Il y a là un paradoxe qui met en cause les fondements mêmes de notre droit civil et sa logique interne. Il faut donc clarifier.

85. Voir à ce sujet les nombreuses autorités rapportées par M. le juge Baudouin, *La responsabilité civile délictuelle, op. cit.*, note 16, par. 62, p. 39. On peut consulter également: Clément Fortin, «De la nature juridique de la fonction d'administrateur et d'officier en droit québécois des compagnies.» (1970) 1 *R.D.U.S.* p. 131; Hélène Richard, «Le devoir d'indemnisation de la compagnie québécoise: réflexion sur la responsabilité personnelle du mandataire, (1988) 48 *R. du B.*, p. 785; James Smith, «Le statut juridique de l'administrateur et de l'officier au Québec.» (1973) 75 *R. du N.* p. 530; James Smith, «The duties of care and skill of corporate executives in the company law of the province of Québec.» (1974) 34 *R. du B.* 464; Maurice Martel et Paul Martel, La compagnie au Québec, Volume 1, Les aspects juridiques, Montréal, Éditions Wilson & Lafleur, Martel Ltée, 1989, Chap. 24- Responsabilité des administrateurs, pp. 541-592.

86. *Op. cit.* note 13. En effet, s'il est permis, depuis la décision de la Cour suprême dans l'affaire *Houle*, aux actionnaires et aux administrateurs d'une personne morale de soulever le «voile corporatif» pour poursuivre des défendeurs qui sont des tiers sur la base de la responsabilité délictuelle (extracontractuelle), pourquoi ne serait-il pas possible de parcourir le

même chemin, mais cette fois dans le sens inverse, en cas de faute simple et sans avoir à faire la preuve d'une fraude, d'une faute lourde ou intentionnelle de la part des administrateurs?

87. Claude Fabien, *Les règles du mandat*, Montréal, Répertoire de droit, Chambre des notaires du Québec, 1987, par. 242-244, pp. 222-223. Claude Fabien déclare à cet effet: «*Le mandataire est délictuellement responsable de la violation des ses obligations légales envers les tiers.L'art. 1053 C.C. impose à tous une obligation générale de prudence et de diligence envers autrui. Le mandataire ne peut se cacher derrière son mandat pour échapper à sa responsabilité.*» (p. 223)

88. Les commentaires du Ministère de la Justice compliquent encore davantage les choses en assimilant cette obligation d'agir avec prudence et diligence à celle déjà existante dans le cadre du mandat (article 1710 C.c.B.C.). Ministère de la Justice, *Projet de loi 125, Code civil du Québec, Commentaires détaillés sur les dispositions du projet*, (Version préliminaire) Québec, Mai 1991, p. 133.

89. Courant déjà amorcé par la Cour suprême, avant l'affaire *Houle*, par: *Corporation municipale de St-David de Falardeau* c. *Munger*, [1983] 1 R.C.S. 293 et *Kosmopoulos* c. *Constitution Insurance Co.*, [1987] 1 R.C.S. 2.

90. L'article 9 du nouveau Code civil pourrait devenir une véritable boîte de Pandore lorsque déclare: «**Article 9.** *Dans l'exercice des droits civils, il peut être dérogé aux règles du présent code qui sont supplétives de volonté; il ne peut, cependant, être dérogé à celles qui intéressent l'ordre public.*»

91. L'article 10 C.c.Q. déclare à cet effet que la personne est «inviolable».

92. Pour ce qui est du droit statutaire, les règles de protection de l'environnement sont en général rédigées en des termes qui ne laissent pas de doute à cet égard. Le meilleur exemple en est la *Loi sur la qualité de l'environnement*, (L.R.Q.) c. Q-2, et la réglementation adoptée en vertu de cette loi.

93. Office de révision du Code civil, op. cit note 83, Volume II, Commentaires, tome 2, p. 630. L'article 96 du projet de l'O.R.C.C. sur les Obligations était à l'effet suivant: «**Article 96.** *Nul ne doit causer à autrui un préjudice qui dépasse les inconvénients normaux du voisinage.*»

94. *Drysdale* c. *Dugas*, (1896-97) 26 S.C.R. 20; *Canada Paper Co.* c. *Brown*, (1922) 63 S.C.R. 243; *Montreal Street Rly. Co.* c. *Gareau*, (1901) 10 B.R. 417; *Cimon* c. *Bouchard*, (1919) 25 R. de J. 308 (C.S.); *Katz* c. *Reitz*, [1973] C.A. 230.

95. Ministère de la Justice, *op. cit.* note 88, Livre IV, Les biens, p. 85. Le texte du commentaire fut déposé officiellement à la sous-commission parlementaire sur les institutions le 27 août 1991. Assemblée Nationale, *Journal des débats*, Sous-commission des institutions, Étude détaillée du projet de loi 125, Le jeudi 12 septembre 1991, No. 9, p. SCI-357 à SCI-358. Tout ce qui a été dit en sous-commission parlementaire et qui a un lien lointain avec la question, c'est: «*Sur ces sujets, le projet reprend la plupart des règles traditionnelles, mais il les modernise pour tenir compte*

davantage des lois de l'environnement, de la valeur de l'eau et de la qualité de la vie.» C'est intéressant mais beaucoup trop laconique pour prétendre fonder un nouveau régime de responsabilité civile sans faute.

96. L'examen des travaux de la sous-commission à cet effet montre que l'article 975 du projet de loi 125 (devenu l'article 976 C.c.Q.) a été adopté sans aucune discussion et que l'examen de cette disposition n'a été précédé d'aucune présentation déclarant qu'il s'agissait là de l'acceptation exceptionnelle d'un principe de responsabilité sans faute.

97. Le régime de responsabilité du propriétaire et de l'utilisateur d'un animal qui cause par son fait un dommage en est un (article 1055 al. 1 et 2 C.c.B.C. devenu l'article 1466 C.c.Q.) mais il ne concerne pas le comportement humain.

98. Cette disposition complète l'article 300 C.c.Q.

99. En matière de responsabilité civile, d'autres dispositions du nouveau code sont également pertinentes à la responsabilité de l'état québécois: art. 1464 C.c.Q. (responsabilité à titre de commettant), art. 1672 al 2, C.c.Q. (compensation), art. 2877 C.c.Q. (prescription).

100. *R. c. Cliche*, [1935] R.C.S. 561; *Martineau c. Le Roi*, [1941] R.C.S. 194; *O'Brien c. Procureur Général de la province de Québec*, [1961] R.C.S. 184.

101. Article 94 C.p.c.: «**Article 94.***Toute personne ayant un recours à exercer contre la Couronne, que ce soit la revendication de biens meubles ou immeubles, ou une réclamation en paiement de deniers en raison d'un contrat allégué, ou pour dommages, ou autrement, peut l'exercer de la même manière que s'il s'agissait d'un recours contre une personne majeure et capable, sous réserve seulement des dispositions du présent chapitre.»* Disposition modifiée par l'article 202 de la *Loi sur l'application de la réforme du Code civil* (1992, ch. 57) et qui devient: «**Article 94.** *Toute personne ayant un recours à exercer contre le gouvernement peut l'exercer de la même manière que s'il s'agissait d'un recours contre une personne majeure et capable, sous réserve seulement des dispositions du présent chapitre.»* La seule modification importante est celle qui concerne le remplacement de la notion de «Couronne» par celle de «gouvernement». La modification a été jugée nécessaire parce qu'en droit constitutionnel la notion de «Couronne» s'applique à la fois au pouvoir exécutif, au pouvoir judiciaire et au pouvoir législatif alors que le seul pouvoir visé par cette disposition est le pouvoir exécutif que l'on désigne comme le «gouvernement». Il ne s'agit donc que d'une modification terminologique.

102. René Dussault et Louis Borgeat, *Traité de droit administratif*, Québec, Les Presses de l'Université Laval, deuxième édition, tome III, pp. 959-992, Patrice Garant, *Droit administratif*, Montréal, Les Éditions Yvon Blais Inc., 1981, pp. 915-973; Gilles Pépin et Yves Ouellette, *Principes de contentieux administratifs*, Cowansville, Les Éditions Yvon Blais Inc., 2° Éd, 1982, pp. 509-518;

103. *Laurentide Motels Ltd. c. Ville de Beauport*, [1989] 1 R.C.S. 705. La jurisprudence est très abondante à cet égard au Canada anglais depuis quelques années, surtout depuis un virage jurisprudentiel important en

Grande-Bretagne. On peut noter un récent arrêt de la Cour suprême du Canada, très significatif en ce qui a trait à la distinction entre le «policy» et l'«operational»: *Just* c. *Colombie-Britannique*, [1989] R.C.S. 1228.

104. *Congrégation des Petits Frères de Marie* c. *Régent Taxi and Transport Co. Ltd*, [1929] R.C.S. 650. Décision renversée par le Conseil privé sur un autre aspect.

105. Jean-Louis Baudouin, *La responsabilité civile délictuelle, op. cit.,* note 16, par. 171, p. 103; Voir également: A. Robinson, «Les sens du mot autrui dans l'article 1053 du Code civil et l'affaire Regent Taxi», (1978) 19 *C. de D.* 677; C. Caparros, P. Simard, «Le mot autrui de l'article 1053 C.c.» (1966) 7 *C. de D.* 73; D. Fortin, Y. Caron, «Le sens et la portée du mot autrui dans l'article 1053 C.c.» (1960) 10 *Thémis* 105;

106. Employé à trois reprises dans le seul article 1457 C.c.Q. En matière extracontractuelle, on le retrouve également aux articles 1459 C.c.Q. (responsabilité des parents et des titulaires de l'autorité parentale), 1462 C.c.Q. (responsabilité pour le fait d'une personne non douée de raison), 1484 C.c.Q. (gestion d'affaires), 1493 C.c.Q. (enrichissement injustifié), 1526 C.c.Q. (solidarité extracontractuelle).

107. Certaines dispositions du nouveau code emploient la notion «d'autrui» et concernent des cas où l'on peut se trouver à la fois devant une responsabilité contractuelle et une responsabilité extracontractuelle, par exemple: Article 7 C.c.Q. (Abus de droit), article 1470 C.c.Q. (Possibilité d'exonération pour cause de force majeure), article 1472 C.c.Q. (Secret commercial).

108. L'article 1442 C.c.Q. déclare en effet: «**Article 1442.** *Les droits des parties à un contrat sont transmis à leurs ayants cause à titre particulier s'ils constituent l'accessoire d'un bien qui leur est transmis ou s'ils lui sont intimement liés.*»

109. Jean-Louis Baudouin, *La responsabilité civile délictuelle, op. cit.* note 16, par. 172, p. 103.

110. La solution adoptée à l'égard de l'ex-conjoint divorcé qui reçoit une pension alimentaire au moment du décès et que l'on retrouve dans: *Marier* c. *Air Canada*, [1971] C.S. 142; [1976] C.S. 847 et [1980] C.A. 40 devra être revue à la lumière des nouvelles règles. Toutefois, les tribunaux tiendront-ils compte du fait qu'en vertu du nouveau code, la succession de la victime ne sera tenue en faveur de l'ancien conjoint qu'à douze mois d'aliments après le décès (article 688 C.c.Q.)? La personne jugée responsable du décès sera-t-elle tenue d'assumer les aliments perdus après cette période? Nous sommes, pour notre part, d'avis que oui.

111. *Robinson* c. *Canadian Pacific Railway*, (1890) 14 R.C.S. 105; Renversé par [1892] A.C. 481.

112. La plus éloquente démonstration de cette attitude qui a été fondée sur une importation irréfléchie en droit civil québécois du droit anglais en cette matière reste sans doute le passage suivant de M. le juge I-J., Deslauriers dans *Pearce* c. *Buckley*, [1960] C.S. 145: «*Le tribunal tient en effet qu'il n'y a pas lieu en droit d'accorder une indemnité pour les larmes d'une mère, ni pour les soupirs d'un père à la suite de la mort de son enfant. Le chagrin, les regrets, les larmes et les soupirs ne sont, en effet,*

*dans l'opinion du tribunal, qu'indirectement liés à l'accident mortel. (...)
Qu'il s'agisse de la perte d'un mari, d'un enfant ou d'un père ou d'une
mère, les larmes versées à cette occasion et les déchirements ressentis ne
durent qu'un temps. Les unes se tarissent, les autres se cicatrisent plus ou
moins rapidement. Les douleurs s'atténuent et la mémoire s'en efface. Les
larmes se contrôlent, le chagrin se raisonne. Ces manifestations sont
subjectives et varient à l'infini.»* (pp. 148-149)

113. Louis Baudouin, «Le solatium doloris», (1955-1956) 2 *C. de D.* 55;
A Bourassa, «Solatium doloris.», (1967) 2 *R.J.T.* 419; Orville Frenette,
*L'incidence du décès de la victime d'un délit ou d'un quasi-délit sur
l'action en indemnité*, Ottawa, Librairie de l'Université d'Ottawa, 1961,
no. 201, p. 138; André et Richard Nadeau, *Traité pratique de la responsabilité civile, op. cit.* note. 21, n° 595, p. 555. Jean-Louis Baudouin, *La
responsabilité civile délictuelle, op. cit.* note 16, par. 915, p. 426.

114. Courant très bien ancré depuis: *Bahen* c. *O'Brien*, (1938) 65 B.R.
64. Plus récemment: *Adam* c. *Bouthillier*, [1966] B.R. 6; *Mussens* c.
Verhaaf, [1971] C.A. 27, [1973] R.C.S. 621; *Bérubé* c. *Bélanger*, [1972]
C.A. 465; *Pantel* c. *Air Canada*, [1975] 1 R.C.S. 472; *Lacoursière* c.
Lavigne, [1973] C.A. 764; *Prévoyants du Canada* c. *Laurent*, [1974] C.A.
533; *Prompt Taxi Association Ltd.* c. *Marcotte-Brisson*, [1975] C.A. 466.

115. Avant-projet de loi sur la *Loi portant réforme au Code civil du
Québec du droit des obligations*, 1987, article 1516 al. 2; Projet de loi 125,
Code civil du Québec, 1990, article 1454 al. 3. Les problèmes d'application de ce principe en apparence simple auraient été redoutables et nombreux: Claude Masse, «Le nouveau code et la réforme de la responsabilité
civile (à la recherche du sens).», *op. cit.* note 62, p. 40 et ss.

116. Article 1607 C.c.Q.: «**Article 1607.** *Le créancier a droit à des dommages-intérêts en réparation du préjudice, qu'il soit corporel, moral ou
matériel, que lui cause le défaut du débiteur et qui en est une suite immédiate et directe.*»

117. La règle concernant l'obligation pour le créancier de minimiser ses
dommages est maintenant codifiée à l'article 1479 C.c.Q. et elle vaut
autant pour les obligations contractuelles qu'extracontractuelles. Jean-
Louis Baudouin, *Les obligations*, Cowansville, 3° ed, Les Éditions Yvon
Blais Inc. 1989, par. 704 à 715, pp.422-430; A. Michaud, «Mitigation of
damages in the contract of remedies for breach of contract.» (1984) 15
R.G.D. 293.

118. *Lawson* c. *Laferrière*, [1991] 1 R.C.S. 541. Sous réserve toutefois
que le nouveau code exige à l'article 1611 C.c.Q. que le dommage soit
certain pour être compensé. Voir à cet égard le par. 107 du présent texte
sur cette question.

119. *Gauthier* c. *Bérubé*, [1960] C.S. 23 où la victime d'un accident de
chasse était incapable de prouver quelle balle provenant de quelle carabine
avait provoqué les deux dommages corporels distincts mais où il était
possible de faire la preuve de la faute des deux chasseurs impliqués. La
situation était plus difficile encore dans l'affaire *Saint-Pierre* c. *McCarthy*,
[1957] B.R. 421 où deux commerçants ont vendu, sans connaitre la conduite de l'autre, des boites de balles de calibre 22. à des jeunes. Une seule

balle ayant causé le dommage, contrairement à l'affaire *Gauthier* c. *Bérubé*, la responsabilité ne pouvait qu'être imputable à un seul des deux défendeurs. La Cour d'appel a pourtant retenu leur responsabilité solidaire au nom de la règle qui est maintenant codifiée à l'article 1480 C.c.Q.

120. M. le juge Albert Mayrand, «L'énigme des fautes simultanées.» (1958) 18 *R. du B.* 1; Jean-Louis Baudouin, *La responsabilité civile délictuelle, op. cit.* note 16, par 389-390, pp. 210-211.

121. Voir par. 7.

122. Voir note 9.

123. Le code civil de 1866 était à cette époque marqué comme on le sait par l'absence à peu près complète de règles d'ordre public, de règles d'équité, de pouvoirs d'intervention judiciaires pour équilibrer le contrat (par exemple dans le domaine des clauses pénales), d'obligations d'informer ou d'assurer la garantie de la qualité des biens vendus, etc.

124. Comme en matière de clauses résolutoires et de clauses d'exonération ou de limitation de responsabilité.

125. Il est intéressant de noter à cet égard que la véritable «redécouverte» de l'article 1024 C.c.B.C. et son application plus répandue, à l'obligation d'informer par exemple, ne date, au plus, que d'une vingtaine d'années.

126. Ainsi, l'article 1376 C.c.Q. permettrait de considérer comme un «contrat d'adhésion» un contrat commercial dans lequel «les stipulations essentielles qu'il comporte ont été imposées par l'une des parties ou rédigées par elles, pour son compte ou suivant ses instructions,» lorsque ces stipulations « ne pouvaient être librement discutées. » C'est le cas, comme on le sait, d'un grand nombre de contrats commerciaux, sinon de la plupart. On connaît en effet peu de cas où les dispositions «*essentielles*» d'un contrat commercial ne sont pas «rédigées» par l'une des parties et où ces dispositions «essentielles» ne pouvaient, pour une raison ou une autre (force économique, monopole de fait, urgence de fournir un approvisionnement, distance à parcourir pour s'approvisionner ailleurs, etc...) être «*librement*» négociées. Il s'agit nettement d'une disposition qui s'inspire du droit de la consommation dans un secteur où l'usage d'un tel protectionnisme risque d'avoir des effets qui tendront à judiciariser tout conflit commercial en raison, notamment de l'existence de l'article 1437 C.c.Q. sur le contrôle des «clauses abusives». Voir: Claude Masse, «Nouvelle approche des contrats commerciaux dans le futur Code civil du Québec.» dans: *Développements récents en droit commercial (1992)*, Montréal, Service de la formation permanente du Barreau du Québec, Le Éditions Yvon Blais, 1992, pp. 117-130.

127. La seule décision contemporaine de la Cour suprême à porter sur cette question est en effet loin de nous éclairer de façon satisfaisante sur les critères d'appréciation de la «prévisibilité»: *Remer Spring Manufacturing Co. Ltd.* c. *Robbin*, [1965] B.R. 889, [1966] R.C.S. 506.

128. L'alinéa 2 de l'article 2923 C.c.Q. précise que «l'action qui vise à conserver ou obtenir la possession d'un immeuble doit être exercée dans l'année où survient le trouble ou la dépossession.»

129. *Marier* c. *Air Canada*, Voir note 110.

130. Voir note 9.

131. L'article 8.1 C.c.B.C. modifiant le Code civil et adopté en 1989 est au même effet.

132. Une illustration claire de ce problème est fournie par la décision de la Cour suprême du Canada dans *Agricultural Chemicals Co.* c. *Boisjoly*, [1969] B.R. 383, [1972] R.C.S. 278 où il a été décidé que le fait de livrer du nitrate d'ammoniaque alors qu'un autre engrais avait été commandé (sulfate de potasse) constituait une erreur sur l'objet empêchant d'invoquer la responsabilité contractuelle et que cette erreur entraînait la responsabilité délictuelle.

133. Georges Durry, *La distinction de la responsabilité contractuelle et de la responsabilité délictuelle*, Montréal, Centre de recherche en droit privé et comparé du Québec, Université McGill, 1986, pp. 48-145. Il s'agit de l'étude la plus complète sur les problèmes posés par le droit québécois et français en cette matière.

134. Comment doit-on considérer la faute commise lors de négociations conduites de mauvaises foi ou l'utilisation de renseignements confidentiels obtenus lors de négociations que l'une des parties n'a jamais eu l'intention de conduire à terme? Comme une faute contractuelle ou extracontractuelle? Sans doute comme une faute extracontractuelle dans ce cas puisque le contrat n'a pas été conclu.

135. *Co. de Transport Provincial* c. *Fortier*, [1956] R.C.S. 258.

136. À l'exception bien sûr de la stipulation pour autrui maintenant prévue aux articles 1444 à 1450 C.c.Q.

137. *Alliance Assurance Company* c. *Dominion Electric Protection Co*, [1970] R.C.S. 168 et *Placements Miracle Inc.* c. *Larose*, [1980] C.A. 287.

138. *Boucher* c. *Drouin*, [1959] B.R. 814; *Giguère* c. *Samson*, [1971] C.A. 713.

139. Paul-André Crépeau, «Le contenu obligationnel du contrat.» (1965) *R. du B. Can*, p. 1.

140. Le fait que l'on soit en présence ici d'une présomption de faute et non une présomption de responsabilité est bien établi depuis la décision de la Cour suprême dans *Alain* c. *Hardy*, [1951] R.C.S. 540.

141. En pratique, il est très rare que l'on puisse retenir la responsabilité des parents sur la seule base d'une preuve de mauvaise éducation s'il n'y a pas également une preuve de mauvaise surveillance de leur part à l'égard du comportement dommageable lui-même. La décision de la Cour d'appel dans l'affaire *Dénommé* c. *Pelland*, [1960] B.R. 421 n'est pas loin d'être un cas d'espèce à cet égard.

142. *Laverdure* c. *Bélanger*, [1975] C.S. 612.

143. Le Code civil du Bas-Canada en était venu à provoquer beaucoup de confusion à cet égard avec l'adoption en 1989 de l'article 1054.1 C.c.B.C. qui s'ajoutait à l'article 1054 al. 4 C.c.B.C. et où l'on passait sans trop savoir pourquoi d'un régime de présomption de faute à un régime de faute qualifiée (faute lourde ou intentionnelle).

144. Fait dommageable qui respecte les conditions imposées par l'article 1462 C.c.Q.

145. Ministère de la Justice du Québec, *Code civil du Québec. Textes, sources et commentaires*, Québec, Livre V, Des Obligations, Titre premier, Des Obligations en général, Mai 1992, p. 56.

146. Jean-Louis Baudouin, *La responsabilité civile délictuelle, op. cit.* note 16, par. 503 à 507, pp. 260-262. Voir également: D Chalifoux, «Vers une nouvelle relation commettant-préposés.», (1984) 44 *R. du B.* 815; P Letarte, «Responsabilité des maitres et des commettants.» (1950) 10 *R. du B.* 420; A Perreault, «Maîtres, commettants et préposés.», (1942) 2 *R. du B.* 40; G Pinsonneault, «Notions de commettant et de préposé en droit civil.» (1954) 1 *C. de D.* 77.

147. C'est toutefois une erreur de condamner dans ce cas le commettant et le préposé à une responsabilité solidaire puisque l'on ne se trouve pas ici en présence d'une faute commune ou de deux fautes distinctes ayant causé un même dommage au sens de l'article 1106 C.c.B.C. (devenu 1526 C.c.Q. dans le nouveau code). On est ici en présence d'une responsabilité fondée sur la garantie économique et non pas d'un régime de faute, présumée ou non, imputable au commettant. Il ne saurait donc y avoir de responsabilité solidaire dans ce cas, à moins de démontrer l'existence d'une faute personnelle de la part du commettant dans le choix ou la surveillance du préposé en vertu des règles générales de la responsabilité personnelle (article 1053 C.c.B.C. devenu 1457 C.c.Q.).

148. Très rare en pratique en raison de l'insolvabilité du préposé, de l'existence de régimes de protection des préposés dans les conventions collectives et de l'abandon du recours subrogatoire par les assureurs de l'employeur.

149. Claude Masse, «L'abus des fonctions dans la relation préposé-commettant en droit civil québécois.» (1978) 19 *C. de D.* 595.

150. *Vaillancourt* c. *Hudson Bay Co.*, [1923] R.C.S. 414; *Dominion Transport Co.* c. *Fisher, Sons and Co.*, [1925] R.C.S. 126; *Dominion Transport Co.* c. *Gardner*, (1924) 36 B.R. 414; *Frank De Rice* c. *Elder*, [1939] 67 B.R. 563; *Co. de Transport Provincial* c. *Fortier*, [1956] R.C.S. 258.

151. *Foisy* c. *Bell Canada*, [1984] C.S. 1164; *Halkett* c. *Ascofigex Inc*, (1986) R.J.Q. 2697 (C.S.); *Fédération des employées et employés de services publics Inc. (C.S.N.)* c. *Béliveau St-Jacques*, [1991] R.J.Q. 279 (C.A.); *Janzen* c. *Platy Enterprises*, [1989] 1 R.C.S. 1252 (Manitoba); *Robichaud* c. *Conseil du trésor du Canada*, [1987] 2 R.C.S. 84; Madeleine Caron, «Aux frontières du droit civil et du droit statutaire, un cas de harcèlement sexuel: Foisy c. Bell Canada.» (1985) 19 *R.J.T.* 79; Maurice Drapeau, *Le harcèlement sexuel au travail: le régime juridique de protection*, Cowansville, Éditions Yvon Blais, 1991; Catharine A Mackinnon, *Sexual Harassment of working women*, U.S.A. Yale University Press, 1979.

152. *Cité de Montréal* c. *Plante*, (1922) 34 B.R. 137; *Hébert* c. *Cité de Thedford Mines*, [1932] S.C.R. 424; *Roy* c. *City of Thetford-Mines*, [1954] S.C.R. 395; *Cie. Tricot Sommerset Inc.* c. *Corporation du village de Plessisville*, [1957] B.R. 797. Une étude complète de cette question a été

présentée par Lorne Giroux, «Municipal liability for police torts in the province of Québec.» (1970) 11 *C. de D.* 407.

153. *Loi modifiant la Loi de police*, L.Q. 1979, c. 67, art. 2. Devenue: *Loi de police*, L.R.Q., c. P-13, art. 2.1.

154. *Montréal* c. *Hôpital Voghel*, [1962] B.R. 497; *Mountain Place Service and valet Shop* c. *Cité de Montréal*, [1971] C.A. 815; *Montréal* c. *New Chesta Club*, [1973] C.A. 375. Jurisprudence rapportée par Patrice Garant, *Droit administratif*, Montréal, Les Éditions Yvon Blais Inc., 1981, p. 967. Une décision de 1979 de la Cour suprême du Canada va toutefois dans un sens contraire: *Chartier* c. *Procureur Général du Québec*, [1979] 2 R.C.S. 474.

155. Le fait pour le préposé de désobéir aux ordres, d'abuser de sa fonction ou de commettre un acte illégal ou même criminel (vol, fraude ou voies de fait) n'est pas pertinent en droit civil lorsqu'il s'agit de savoir s'il est resté dans l'exécution de ses fonctions: Jean-Louis Baudouin, *La responsabilité civile délictuelle, op. cit.* note 16, par. 555 à 559, pp. 281-284; Claude Masse, «L'abus des fonctions dans la relation préposé-commettant.», *op. cit.* note 149.

156. Comme le signale Patrice Garant (*op. cit.* note 154), la Cour suprême du Canada a pourtant déclaré à plusieurs reprises que la responsabilité personnelle de l'agent peut être mise en cause, même s'il agit de façon illégale, ultra vires, ou s'il excède les limites de ses fonctions. De l'avis du professeur Garant et c'est un avis que nous partageons, si la responsabilité de l'agent peut alors être reconnue, on peut se demander pourquoi celle de l'Administration ne pourrait pas, a priori, être discutée et éventuellement mise en cause. *Roncarelli* c. *Duplessis*, [1957] R.C.S. 121; *Chaput* c. *Romain*, [1955] R.C.S. 834; *Lamb* c. *Benoit*, [1959] R.C.S. 121. Voir également: Gilles Pépin et Yves Ouellette, *Principes de contentieux administratif*, 2° édition, Cowansville, Les Éditions Yvon Blais, 1982, p.495

157. Office de révision du Code civil, *Rapport sur la personnalité juridique*, 1976, art. 62-64.

158. Voir note 20.

159. Jean-Louis Baudouin, *La responsabilité civile délictuelle, op. cit.* note 16, par. 588 et ss, p. 297 et ss. Voir également: Paul-André Crépeau, «Liability for damage caused by things from the civil law point of views.», (1962) 40 *R. du B. Can*, 222; M Millner, «Autonomous acts of things in Québec law - Legal adventurism versus legal conservatism.» (1971) 17 *McGill L.J.* 699.

160. Les articles 905, 913 et 914 C.c.Q. constituent à cet égard des exceptions dans le nouveau code. Le livre quatrième sur «les biens» utilise le plus souvent la notion de «bien».

161. La notion «d'animal» s'entend encore de la «bête domestiquée» ou qui peut l'être et ne concerne toujours pas les virus, les bactéries, les microbes et autres créatures du même genre qui ne sont pas visés par la notion «d'animal».

162. Jean-Louis Baudouin, *La responsabilité civile délictuelle, op. cit.* note 16, par. 715 et ss, p. 360 et ss.

163. Voir par. 11.

164. Voir note 24.

165. Dans l'état actuel du droit, la notion de «bâtiment» désigne toute construction immobilière ou toute partie d'une telle construction: Jean-Louis Baudouin, *La responsabilité civile délictuelle, op. cit.* note 16, par. 679 et 680, pp. 341-343.

166. Jean-Louis Baudouin, «La responsabilité civile du fabricant en droit québécois.», (1977) 8 *R.de D.* p. 1. Voir également: Pierre-Gabriel Jobin, *Les contrats de distribution de biens techniques*, Québec, Presses de l'Université Laval, 1975; Maurice Tancelin, *Des obligations.* Montréal, Wilson et Lafleur - Sorej, 1984, p. 199, n° 396; André et Richard Nadeau, *Traité pratique de la responsabilité civile délictuelle.* Montréal, Wilson et Lafleur, 1971, p. 29, n° 45; D. Cayne, «The buyer's remedy in damages for latent defects in the province of Québec.» (1976) 54 *Can. Bar Rev.* 105; L Côté, «La responsabilité du fabricant vendeur non immédiat en droit québécois.» (1975) 35 *R. du B.* 3; D. Heller, «Manufacturers liability for defective products.» (1969) 15 *McGill L.J.* 142; Raynold Langlois, «La responsabilité du fabricant en droit civil québécois d'aujourd'hui à demain», dans Institut canadien d'études juridiques supérieures, *Conférences sur le nouveau code civil du Québec*, Cowansville, Les Éditions Yvon Blais Inc. 1992, pp. 379-402; James Dennis, «Basic principles of manufacturer's liability under the civil code of Québec.», dans Institut canadien d'études juridiques supérieures, *Conférences sur le nouveau code civil du Québec*, Cowansville, Les Éditions Yvon Blais Inc. 1992, pp. 403-416; William E. Crawford, «Manufacturer's liability under the proposed revision of the civil code of Québec.», dans Institut canadien d'études juridiques supérieures, *Conférences sur le nouveau code civil du Québec*, Cowansville, Les Éditions Yvon Blais Inc. 1992, pp. 417-426; Claude Masse, «La responsabilité du fabricant: responsabilité stricte, négligence ou indemnisation sans égard à la faute? (Le contexte du libre-échange)» *op. cit.* note 27; Claude Masse, «L'avant-projet sous l'angle de la responsabilité des fabricants et des vendeurs spécialisés.», (1989) 30 *C. de D.* 627.

167. Après des débuts prometteurs dans la décision de la Cour suprême du Canada dans l'arrêt *Ross* c. *Dunstall*, [1921] 62 S.C.R. 393, cette jurisprudence où dominent les cas de poursuites contre les fabricants de bouteilles d'eau gazeuse s'est avérée particulièrement sévère, dévastatrice même, pour les demandeurs: *Guinea* c. *Campbell*, (1902) 22 C.S. 257; *Galardo* c. *Landes*, (1916) 22 R.L.n.s. 199; *Lajoie* c. *Robert*, (1916) 50 C.S. 395; *Hanson Co.* c. *Christin Co.*, (1934) 72 C.S. 124; *Bouvier* c. *Thrift Stores Ltd.*, (1936) 74 C.S. 93; *Co. de liqueurs Corona Soft Drinks* c. *Champagne*, (1938) 64 B.R. 353; *Butt* c. *Pepsi Cola Ltd.*, (1939) 77 C.S. 108; *Ferstenfeld* c. *Kik Co.*, (1939) 77 C.S. 165; *Richard* c. *Lafrance*, (1942) C.S. 280; *Touchette* c. *Lalancette*, (1942) R.L.n.s. 430; *Rolland* c. *Gauthier*, (1944) C.S. 25; *Gagné* c. *Coca Cola Ltd.*, (1953) C.S. 263; *Bélanger* c. *Coca Cola Ltd.*, (1954) C.S. 158; *Fleming* c. *Chrysler Co.*, (1958) C.S. 545.

168. *Co. Drolet* c. *London and Lancashire Guarantee and Accident Co.*, [1944] S.C.R. 82.

169. Art. 1238 et 1242 C.c.B.C.

170. *Cohen* c. *Coca Cola Ltd.*, [1967] S.C.R. 469.

171. On doit noter enfin l'incapacité du régime de responsabilité délictuel du fait des choses (art. 1054 al. 1 C.c.B.C.) à permettre un réel droit de recours à la victime. Le fabricant du produit cesse d'en être le gardien légal au sens de cette disposition dès qu'il vend le produit dans la chaine de distribution. De plus, la distinction que l'on fait en droit québécois entre les notions de garde de structure et de garde de comportement étant beaucoup plus hermétique que celle du droit français, il n'a pas non plus été possible d'utiliser cette approche avec un réel succès contre les fabricants québécois. Voir à cet effet: *Richard* c. *Lafrance*, (1942) C.S. 280; *Poudrette* c. *Lafrance*, (1942) 48 R.L.n.s. 430; *Rolland* c. *Gauthier*, (1944) C.S. 25.

172. Voir note 26.

173. La décision la plus intéressante à cet égard reste l'arrêt de la Cour d'appel dans *Gougeon* c. *Peugeot Canada Ltée*, [1973] C.A. 824. Voir également: *Lazanik* c. *Ford Motor Co.*, (1973) 14 C. de D. 529; *Rioux* c. *General Motors Co.*, (1971) C.S. 828; *Lavoie* c. *C.R.S. Caravane Ltée.*, [1976] C.S. 611; *Beaudet* c. *Seiberling Rubber Co.* (1976) C.P. 221.

174. Sur les relations entre cette décision de la Cour suprême du Canada et le droit français, on consultera avec profit: J Ghestin, «L'arrêt Kravitz et le droit positif français sur la garantie des vices cachés.» (1979-80) 25 *McGill L.J.* 315.

175. Didier Lluelles, «Le transfert au sous-acquéreur de la garantie légale des vices cachés due par le fabricant au vendeur initial.» (1979-1880) 14 *R.J.T.* 7; Louis Perret, «La garantie du manufacturier, récents développements et perspectives futures en droit québécois.» (1979) 10 *R.G.D.* 156; Thérèse Rousseau-Houle, «Les lendemains de l'arrêt Kravitz: la responsabilité du fabricant dans une perspective de réforme.» (1980) 21 *C. de D.* 5; Maurice Tancelin, «Responsabilité directe du fabricant vis-à-vis du consommateur.» (1974) 52 *R. du B.* 90.

176. Il faut noter que cet aspect de la décision de la Cour Suprême est un *obiter dictum*.

177. Claude Masse, «Garanties conventionnelles et garanties légales - Une harmonisation difficile mais nécessaire.» (1986) 11 *Can. Bus. L. J.* 475. p. 480.

178. Art. 1530 C.c.B.C.

179. *Vigneault et Frères Inc.* c. *Entreprise F-4 Dion Inc.*, J.E. 83-1152 (C.S).

180. *Nashua Canada Ltée.* c. *Genest*, (1990) R.J.Q. 737 (C.A).

181. *Loi sur la protection du consommateur.* L.Q. 1978 Ch. 9 et L.R. Q. 1977 Ch. P-40.1.

182. Art. 37 L.P.C.

183. Art. 38 L.P.C.

184. Art. 274 L.P.C.

185. Art. 35, 261 et 262 L.P.C.

186. Art. 53 L.P.C.: «**Article 53.** *Le consommateur qui a contracté avec un commerçant a le droit d'exercer directement contre le commerçant ou contre le manufacturier un recours fondé sur un vice caché du bien qui fait l'objet du contrat, sauf si le consommateur pouvait déceler ce vice par un examen ordinaire.*

Il en est ainsi pour le défaut d'indications nécessaires à la protection de l'utilisateur contre un risque ou un danger dont il ne pouvait lui-même se rendre compte. Ni le commerçant, ni le manufacturier ne peuvent alléguer le fait qu'ils ignoraient ce vice ou ce défaut. Le recours contre le manufacturier peut être exercé par un consommateuracquéreur subséquent du bien.»

187. Art. 53 al. 3 L.P.C.

188. Art. 272 L.P.C.

189. Art. 1 g) L.P.C.

190. Que la *Loi sur la protection du consommateur* désigne comme «*Une personne physique, sauf un commerçant qui se procure un bien ou un service pour les fins de son commerce.*» en vertu de l'art. 1 e) L.P.C.

191. Pierre Legrand, «Pour une théorie de l'obligation de renseignement du fabricant en droit civil canadien.» (1981) *McGill L.J.* 207; Pierre-Gabriel Jobin, «L'obligation d'avertissement et un cas typique de cumul.» (1979) 30 *R. du B* 939.

192. *Trudel* c. *Clairol Inc. of Canada* [1975] 2 S.C.R. 236; *Fortin* c. *Simpsons-Sears Ltée.* [1978] C.S. 1154; *Jones* c. *J.C. Adams Co. Ltd.*, [1977] C.S. 270; *Chevrette* c. *Commission Hydro-Électrique de Québec*, [1971] C.S. 217; *Gauvin* c. *Canada Foundries and Forging Ltd.*,, [1964] C.S. 160; *Joyal* c. *American Propane Gaz of Sherbrooke Inc.*, [1962] C.S. 129. Noter également l'importante décision rendue par la Cour Suprême du Canada à propos de la *common law* dans *Lambert* c. *Lastoplex Chemicals Co. Ltd*, [1972] R.C.S. 569.

193. *Wabasso* c. *National Drying Machinery Co.*, [1981] 1 R.C.S. 578 qui faisait suite à la décision rendue par la Cour d'Appel du Québec [1979] C.A. 279 et la Cour Supérieure [1977] C.S. 782. Voir les commentaires de Pierre-Gabriel Jobin, «*Wabasso: un arrêt tristement célèbre*» (1981-1982) 27 *McGill L.J.* 813.

194. 1024 c.c.

195. *Caouette* c. *Lachapelle*, [1980] C.S. 290; *Plamondon* c. *J.E. Livernois Ltée.*, [1982] C.S. 629; *L. Martin et Fils Inc.* c. *Les Industries Pittsburg du Canada Ltée.*, [1982] C.S. 629; *Provencher* c. *Addressograph-Multigraph du Canada Ltée.*, [1984] C.S. 290; *Garantie, Compagnie d'Assurance de l'Amérique* c. *Mulco Inc.*, [1985] C.S. 315, (1990) J.E. 90-281 (C.A); *O.B. Canada Inc.* c. *Lapointe*, (1987) R.J.Q. 101 (C.S.); *Deutsch Company* c. *Air Canada.* [1989] 1 R.C.S. 1554.; *Coté* c. *Marmon Group of Canada Inc.*, [1989] 2 R.C.S. 419.

196. Voir à cet effet: Pierre Legrand, «Pour une théorie de l'obligation de renseignement du fabricant en droit civil canadien.» *op. cit.* note 191, aux page 258 et 264. Également: Paul-André Crépeau, *L'intensité de l'obli-*

gation juridique ou des obligations de diligence, de résultat et de garantie. op. cit. note 43.

197. La meilleure illustration de ce questionnement vient des décisions de la Cour suprême dans l'affaire *Lambert* c. *Lastoplex Chemicals Co. Ltd, op. cit.* note 192 et de la Cour supérieure et de la Cour d'appel dans *Garantie, Compagnie d'assurance de l'Amérique* c. *Mulco Inc.,* [1985] C.S. 315., (1990) J.E. 90-281 (C.A.) où le caractère inflammable d'un enduit pour le revêtement de planchers de bois était tellement élevé que la moindre flamme vive, située à bonne distance du lieu du travail provoqua dans les deux cas la destruction complète de l'immeuble. L'arrêt *Lambert* est une décision de *common law* mais elle est couramment utilisée en droit civil québécois.

198. Conseil des communautés européennes, *Directive du Conseil des Communautés européennes du 25 juillet 1985 relative au rapprochement des dispositions législatives, réglementaires et administratives des États membres en matière de responsabilité du fait des produits défectueux,* (85/ 374/CEE). Cette directive fut précédée en 1977 par la Convention de Strasbourg qui visait le même objectif. On peut consulter au sujet de la directive européenne: Jacques Ghestin, *Sécurité des consommateurs et responsabilité du fait des produits défectueux,* (Colloque), Paris, Librairie Générale de droit et de jurisprudence, 1987; Thierry Bourgoignie, «Responsabilité du fait des produits: arguments connus pour un nouveau débat.», *Revue européenne du droit de la consommation,* 1986, pp. 7-21; Thierry Bourgoignie, «La sécurité des consommateurs et l'introduction de la directive communautaire du 25 juillet 1985 sur la responsabilité du fait des produits défectueux en droit belge.», *J.T.* 1987, pp. 357-363.

199. La convocation, au Portugal en novembre 1990, de la première conférence internationale sur la responsabilité du fait des produits a permis de constater, plus de cinq ans après la mise en vigueur de la directive européenne, que son application dans les douze pays de la Communauté était restée jusque là presque nulle: Claude Masse, «La responsabilité du fabricant: responsabilité stricte, négligence ou indemnisation sans égard à la faute? (Le contexte du libre-échange).» *op. cit.* note 27, pp. 317-319.

200. Le législateur s'est inspiré ici en grande partie du contenu de l'article 1 g) de la *Loi sur la protection du consommateur* du Québec qui assimile ce type de pratique à celle d'un «manufacturier».

201. Ministère de la Justice du Québec, *op. cit.* note 64, Livre V, Des Obligations, Titre premier, p. 61.

202. C'est ainsi que la responsabilité du fabricant de briques défectueuses, lorsque ce défaut de sécurité provoque l'effondrement d'un mur sur des passants, pourra s'ajouter à la responsabilité du propriétaire de l'immeuble pour la ruine de ce dernier et à la responsabilité du gardien de l'immeuble qui cause un dommage par son «fait autonome».

203. Article 6 de la directive européenne est à l'effet suivant: «**Article 6.** *1. Un produit est défectueux lorsqu'il n'offre pas la sécurité à laquelle on peut légitimement s'attendre compte tenu de toutes les circonstances, et notamment;* a) de la présentation du produit;

b) de l'usage du produit qui peut être raisonnablement attendu;

c) du moment de la mise en circulation du produit.

2. *Un produit ne peut être considéré comme défectueux par le seul fait qu'un produit plus perfectionné a été mis en circulation postérieurement à lui..»*

204. Voir par. 73.

205. Cette défense relative aux risques de développement est celle qui a provoqué, et de loin, le plus de controverses en Europe. Voir à cet effet: H. C. Taschner, «Risque et responsabilité: principes de la directive européenne du 25 juillet 1985», *Annales de droit de Liège*, 1987, p. 295.

206. On doit remarquer que cette transmission de droits personnels accessoires à la chose ne s'appliquera pas qu'aux obligations qui découlent du contrat de vente en vertu du nouvel article 1442 C.c.Q. mais également à la situation du cessionnaire, du légataire ou du donataire d'un bien déterminé qui pourront eux aussi être considérés comme des «ayants cause à titre particulier» en vertu de cette disposition.

207. Par. 71.

208. Voir note 186.

209. On en connaît déjà un certain nombre depuis le jugement de la Cour suprême dans l'arrêt *Kravitz*. La question, par exemple, de savoir si la vente du bien fait perdre les droits d'action du premier acquéreur pose déjà de nombreux problèmes dans le domaine immobilier. Le problème se pose en effet de savoir ce qu'il advient des droits d'action personnels de l'acheteur d'un immeuble contre son vendeur si l'acheteur en vient à vendre l'immeuble doté d'un vice caché pendant la durée de l'instance? Par exemple, l'acheteur qui poursuit son vendeur pour cause de vices cachés, qui répare les dommages causés par ces vices de l'immeuble et qui revend ce dernier en cours d'instance mais exempt de ces vices, perd-t-il son droit d'action «personnel» en même temps qu'il vend son immeuble? Les réponses données par la jurisprudence jusqu'à maintenant à cette question sont toutes insatisfaisantes: *Lasalle* c. *Perreault*, [1987] R.J.Q. 977 (C.A.); *Fournier* c. *Bégin*, [1983] R.L.n.s. 170 (C.P.); *Dubuisson* c. *Laplante*, [1986] R.D.I. 384 (C.S.).

210. Claude Masse, «L'avant-projet sous l'angle de la responsabilité des fabricants et des vendeurs spécialisés.», (1989) 30 *C. de D.*, p. 627.

211. Article 38 de la *Loi sur la protection du consommateur*: **«Article 38.** *Un bien qui fait l'objet d'un contrat doit être tel qu'il puisse servir à un usage normal pendant une durée raisonnable, eu égard à son prix, aux dispositions du contrat et aux conditions d'utilisation du bien.»*

212. Nous discutons de la distinction possible à faire entre les notions de «vendeurs spécialisés» et de «vendeurs professionnels» au par. 86 qui suit.

213. La notion générale de «fournisseur» employés à l'article 1730 C.c.Q. ne laisse pas de doute là dessus.

214. L'article 53, al. 3, de la *Loi sur la protection du consommateur* retient pour sa part la responsabilité de tous les vendeurs (commerçants), sans faire de distinction entre les «vendeurs spécialisés» et ceux qui ne le sont pas.

215. Thérèse Rousseau-Houle, *Précis de droit de la vente et du louage*, Québec, Bibliothèque juridique, Les Presses de l'Université Laval, 1986, p. 166 et ss.

216. Articles 2923 et 2925 C.c.Q.

217. Jean-Louis Baudouin, *Les obligations, op. cit.* note 117. pp. 440-446, par. 730 à 737; Pierre Azard, «La force majeure délictuelle et contractuelle dans le droit civil québécois.», (1962) 12 *Thémis* 77; Daniel Jacoby, «Réflexions sur le concept de cas fortuit.», (1972) 32 *R. du B.* 121; G. Wasserman, «Impossibility of Performance in the civil Law of Québec.», (1952) 12 *R. du B.* 366.

218. La notion de force majeure s'applique par exemple à la nomination des tuteurs (art. 91 C.c.Q.), à la situation des héritiers (art. 876 C.c.Q.), à l'usufruit (art. 1160 et 1161 C.c.Q.), à l'emphytéose (art. 1210 C.c.Q.) et à la situation de l'administrateur des biens d'autrui (art. 1308 C.c.Q.)

219. Il existe peu de publications sur cette question. François Guay, «Les obligations contractuelles des employés vis-à-vis leur ex-employeurs: la notion de fiduciaire existe-t-elle en droit québécois?» (1989) 49 *R. du B.* 739; P.D. Finn, «Confidentiality and the public interest.» (1984) 58 *Aust. L.J.* 497. La jurisprudence n'est pas non plus des plus abondante et elle nous vient de juridictions de *common law*: *Woodward* c. *Hutchins*, (1977) 1 W.L.R. 760; *Initial Service* c. *Pickwill*, (1968) 1 Q.R. 396; *Fraser* c. *Evans*, (1969) 1 All. E.R. 8; *R.I. Crain Limited* c. *Ashton Press*, (1949) C.P.R. 143; *Gartside* c. *Outrim*, (1856) 26 L.J. Ch. 113.

220. Alberta and a Federal-Provincial working party, *Trade secrets*, Edmonton, Institute of law research and reform, July 1986, Report no. 46.

221. Article 1676 C.c.B.C.

222. Dans les arrêts *Glengoil Steamship* et *Vipond* rapportés à la note 30.

223. Jean-Louis Baudouin, *Les Obligations, op. cit.* note 117. pp. 448 à 451, par. 740 à 747; Jacques Perrault, *Des stipulations de non-responsabilité*, Montréal, Imprimerie Modèle, 1939; Lazar Sarna, *Traité de la clause de non-responsabilité*, Toronto, Richard De Boo Limited, 1975; J. Crothers, «Faute lourde and the Perfectly Drafted Exclusion Rule.», (1985) 26 *C. de D.* 881; P. Dessaulles, «Clauses of non-liability», (1947) 7 *R. du B.* 147; L. Ducharme, «La limitation contractuelle de responsabilité civile: ses principes et son champ d'application», (1957-1958) 3 *C. de D.* 39; Claude Ferron, «Les clauses de non-responsabilité en responsabilité civile contractuelle et délictuelle.» *op. cit.* note 31;

224. Jean-Louis Baudouin, *Les Obligations, op. cit.* note 117. p. 449, par. 745.

225. Le projet de loi 125 allait beaucoup plus loin à cet égard et proposait même que ces avis lient le créancier de l'obligation dans le cas où la preuve démontre qu'il «pouvait» les connaitre au moment de la formation du contrat. Cette formulation fut heureusement modifiée suite aux débats en commission parlementaire.

226. Article 1386 C.c.Q. qui déclare: «**Article 1386.** *L'échange de consentement se réalise par la manifestation, expresse ou tacite, de la volonté d'une personne d'accepter l'offre de contracter que lui fait une autre personne.*»

227. Article 1394 C.c.Q. qui déclare: «**Article 1394.** *Le silence ne vaut pas acceptation, à moins qu'il n'en résulte autrement de la volonté des parties, de la loi ou de circonstances particulières, tels les usages ou les relations d'affaires antérieures.*»

228. Article 10 de la *Loi sur la protection du consommateur*: «**Article 10.** *Est interdite la stipulation par laquelle le commençant se dégage des conséquences de son fait personnel ou de celui de son représentant.*» Cette disposition qui semble peu connue est d'ordre public et le consommateur ne peut y renoncer à l'avance, même par acceptation tacite ou par contrat (articles 261 et 262 L.P.C.).

229. Lazar Sarna, *Traité de la clause de non-responsabilité, op. cit.* note 223, pp. 84-87; Jean-Louis Baudouin, *Les Obligations, op. cit.* note 117. p. 450, par. 746.

230. L'article 1019 C.c.B.C. est remplacé par le nouvel article 1432 C.c.Q. qui est au même effet.

231. Jean-Louis Baudouin, *Les Obligations, op. cit.* note 117. p. 448, par. 744; Lazar Sarna, *Traité de la clause de non-responsabilité, op. cit.* note 223, pp. 60-67; Claude Ferron, «Les clauses de non-responsabilité en responsabilité civile contractuelle et délictuelle.» *op. cit.* note 31, p. 62.

232. Responsabilité des tuteurs, curateurs ou gardiens d'un majeur non doué de raison (article 1461 C.c.Q.), responsabilité de la personne qui porte secours à autrui (article 1471 C.c.Q.), détermination des dommages contractuels prévisibles (article 1613 C.c.Q.), restitution des prestations par une personne protégée (article 1706 C.c.Q.), responsabilité de l'hôtelier (article 2301 C.c.Q.).

233. Notamment: *Commissaires du Havre de Québec* c. *Swift Canadian Co.*, (1929) 47 B.R. 118; *American Automobile Insurance Co.* c. *Dickson*, [1943] S.C.R. 143; *The King* c. *Canada Steamship Lines Ltd.*, [1950] R.C.S. 532, [1952] A.C. 192; *Burke* c. *Perry*, [1963] S.C.R.. 329; *Alliance Assurance Co.* c. *Dominion Electric Protection Co. Ltd.* [1979] R.C.S. 168; *Laiterie Artic Ltée.* c. *Dominion Electric Protection Co.*, [1972] C.A. 244; *Gagnon Électrique Ltée.* c. *Gagnon Inc.*, [1976] C.A. 268; *Ceres Stevedoring Co. Ltd.* c. *Eisen und Metall A.G.*, [1977] C.A. 56; *Télémontage Inc.* c. *Air Canada*, [1981] C.A. 146; *Bois Franc Royal Hardwood Ltée.* c. *Industries J.S.P. Inc.*, [1988] C.A. 507; *Domaine Montebello Inc.* c. *Construction Laramée Ltée*, [1989] R.R.A. 788 (C.A.);

234. Par exemple, il faut bien admettre que l'une des décisions les plus importantes sur cette question, l'arrêt de la Cour suprême dans l'affaire *The King* c. *Canada Steamship Lines Ltd.*, [1950] R.C.S. 532, est encore confondante à bien des égards, plus de quarante ans plus tard, sur l'application de la notion de «faute lourde». On en est presque venu à exiger dans cette affaire la preuve d'une faute intentionnelle pour que cette faute puisse être qualifiée de «lourde». Voir: Lazar Sarna, *Traité de la clause de non-responsabilité, op. cit.* note 223, pp. 76-90

235. *Southern Canada Power Co.* c. *Conserverie de Napierville Ltée*, [1967] B.R. 907; *Conseil des Ports Nationaux* c. *Swift Canadian Company Limited*, [1953] B.R. 70 où l'on retrouve le passage suivant qui est révélateur de ce courant: «*Conserver gelées les choses périssables que l'on*

avait reçues dans cet état, ce ne peut pas être une précaution spéciale, puisque c'est pour cette fin que les effets sont remis ou confiés au défendeur.» (p. 738)

236. Claude Ferron, «Les clauses de non-responsabilité en responsabilité civile contractuelle et délictuelle.» *op. cit.* note 31, p. 56. Voir à cet effet la jurisprudence rapportée par M. le professeur Ferron à la page 59; Lazar Sarna, *Traité de la clause de non-responsabilité, op. cit.* note 223, pp. 163-165.

237. André et Richard Nadeau, *Traité pratique de la responsabilité civile délictuelle, op. cit.* note 21, n° 690, p. 639.

238. Article 303 du projet sur les obligations. *Op. cit.* note 59.

239. Jean-Louis Baudouin, *La responsabilité civile délictuelle, op. cit.* note 16, par. 377, p. 203.

240. Rénée Joyal-Poupart, *La responsabilité civile en matière de sports au Québec et en France.*, Montréal, Presses de l'Université de Montréal, 1975, n°s 117 et ss., p. 78 et ss.; Lorne Giroux, «L'acceptation des risques.», (1967-68) 9 *C. de D.* 65; C. Perrault, «Le sport des boules de neige et l'acceptation des risques.» (1965) 25 *R. du B.* 621; Albert Mayrand, «L'amour au volant et la règle *volenti non fit injuria.*» (1961) 21 *R. du B.* 366.

241. Voir par. 42 et 43.

242. Ministère de la Justice du Québec, *Code civil du Québec. Textes, sources et commentaires. op. cit.* note 64, Livre V, Des obligations, Titre premier, Des obligations en général. p. 69. Voir à cet effet: Patrice Garant, *Droit administratif, op. cit.* note 154, p. 923 à 926; René Dussault et Louis Borgeat, *Traité de droit administratif*, Tome III, *op. cit.* note 102, p. 830 et 953.

243. Projet de loi 125, *Code civil du Québec*, Éditeur officiel du Québec, article 1477.

244. L'article 1621 C.c.Q. ne créant pas à cet égard de nouveaux cas d'attribution de dommages-intérêts punitifs mais déterminant les critères d'attribution de ces dommages-intérêts lorsqu'ils sont reconnus par une disposition particulière.

245. Les précisions que l'on retrouve à l'article 1612 C.c.Q. relativement aux dommages-intérêts qui peuvent être réclamés en matière de secret commercial ne sont, à cet égard, qu'une des nombreuses applications de cette règle.

246. Jean-Louis Baudouin, *La responsabilité civile délictuelle, op. cit.* note 16, par. 168 à 178, pp. 100-107.

247. C'est ainsi que l'assureur ne peut, en dehors des cas de subrogation, prétendre revendiquer le statut de victime immédiate de la faute du défendeur puisque l'accident n'est que l'occasion de mettre en application la couverture prévue dans le contrat d'assurance. *Transport Indemnity Company. c. Paquin*, [1972] C.S. 704; *Couture c. Halifax Fire Insurance Co.* (1938) 64 B.R. 448.

248. *Cie. des Chemins de fer Nationaux du Canada c. Norsk Pacific Steamship Co.* [1992] 1 R.C.S. 1021.

249. Un chaland appartenant à la défenderesse ayant endommagé lourdement un pont qui n'appartenait pas à la demanderesse mais qui était loué par elle, il s'agissait de savoir si tous les dommages causés par le détournement du trafic ferroviaire étaient admissibles. Cette question fut décidée en faveur de la demanderesse par quatre juges contre trois. Pour le droit civil: Daniel Jutras, «Civil law and pure economic loss: what are we missing?» (1986-87) 12 *Can. Bus. L.J.* 295.

250. La question ne se pose même pas dans le cas de certains de ces régimes qui abolissent les recours de droit commun (accidents d'automobile) ou qui les réduisent à presque rien (accidents du travail).

251. *Loi sur la Régie des rentes du Québec,* L.R.Q., c. R-9. L'assurance chômage ne constitue pas pour sa part un véritable régime de compensation du préjudice corporel.

252. Jean-Guy Bergeron, «Le cumul des indemnités pour perte de revenus en assurance accident et maladie.» (1980) 40 *R. du B.* 840.

253. Il est heureusement rare en effet que ces dons et cadeaux soient accompagnés d'une demande de subrogation en faveur du donateur. Voir: M. Sigler, «Gratuities received by the victim of an accident and the award of damages.» (1958) 18 *R. du B.* 208 et Jean-Louis Baudouin, *La responsabilité civile délictuelle,* op. cit. note 16, par. 200 à 211, pp. 119-123.

254. François Héleine, «Du régime juridique des quittances, règlements et déclarations obtenues de la victime dans les quinze jours d'un accident dans le droit actuel et dans le droit de l'avenir.» (1977) 37 *R. du B.* 487.

255. L'article 625 C.c.Q. prévoit à cet égard que: «**Article 625.** *Les héritiers sont, par le décès du défunt ou par l'événement qui donne effet à un legs, saisis du patrimoine du défunt, sous réserve des dispositions relatives à la liquidation successorale.* Ils ne sont pas, sauf les exceptions prévues au présent livre, tenus des obligations du défunt au-delà de la valeur des biens qu'ils recueillent et ils conservent le droit de réclamer de la succession le paiement de leurs créances. *Ils sont saisis des droits d'action du défunt contre l'auteur de toute violation d'un droit de la personnalité ou contre ses représentants.*» (Nous soulignons)

256. On retrouve également l'affirmation de ce principe au deuxième alinéa de l'article 3 C.c.Q.

257. Jean-Louis Baudouin, *Les obligations,* op. cit. note 117, par. 8 à 10, pp. 8-10.

258. C'est sur la base de ce raisonnement que nos tribunaux ont jusqu'à maintenant refusé la réclamation des héritiers de la victime pour cause d'abrègement de la vie de cette dernière: *Driver* c. *Coca Cola Limited,* [1961] R.C.S. 323 où l'on retrouve le raisonnement suivant: «*La disparition juridique de la personne se produit à l'instant précis de son décès et, à cet instant, s'éteint juridiquement la possibilité pour elle d'acquérir des droits ou des obligations. Lorsque le préjudice, pour lequel l'indemnité est recherchée en l'espèce, s'est réalisé, aucun droit ne pouvait désormais s'ouvrir au profit de la victime qui avait cessé de vivre; la naissance d'un droit d'action pour réclamer de ce chef était dès lors devenue juridiquement impossible.*» (J. Fauteux)

259. Cette situation doit toutefois être distinguée des cas où le fait de diffamer une personne entraîne des dommages directs et personnels pour les autres membres de la famille qui ont dans ce cas un intérêt à poursuivre: *Chiniguy* c. *Bégin*, (1915) 24 B.R. 294.

260. Les exemples présentés par M. le juge Jean-Louis Baudouin, dans son ouvrage sur *La responsabilité civile délictuelle*, *op. cit.* note 16, par. 179 à 182, pp. 107-109, nous apparaissent encore tout à fait pertinents pour l'application du nouveau code.

261. *Jacobs-Asbestos Mining Co.* c. *Lessard*, (1925) 38 B.R. 183. Jugement fondé également sur l'absence de faute, selon l'opinion de la Cour d'appel, de la part des propriétaires d'une mine d'amiante.

262. L. Ducharme, «La réparation du préjudice futur.», (1959) 4 *C. de D.* 5.

263. *Lawson* c. *Laferrière*, *op. cit.* note 118. On confond souvent, à tort, la notion de «perte de chance» avec la notion de dommage futur. Il peut s'agir d'une perte passée. Cette notion met en cause la certitude du dommage. Voir la revue de la question faite par Mme. la professeure Suzanne Nootens dans «La perte de chance.», *Congrès annuel du Barreau du Québec (1990)*, Service de la formation permanente, Barreau du Québec, 1990, p. 195.

264. Il nous semble seulement que l'on doive regretter, avec cette décision de la Cour suprême dans *Lawson* c. *Laferrière*, que les compensations accordées pour les dommages-intérêts prouvés par prépondérance de preuve (angoisses de la victime et perte de qualité de vie durant les trois années précédant son décès pour cause de cancer) aient été si désespérément faibles. Le fait qu'il s'agissait d'un affrontement «symbolique», la victime étant décédée depuis de nombreuses années au moment du jugement, est sans aucun doute un facteur qui a joué dans l'appréciation du tribunal.

265. Le législateur substitue les notions de faute lourde et intentionnelle à la notion de «dol» qui vise surtout les cas de faute intentionnelle, ce qui restreint la règle en élargissant l'exception. En pratique toutefois, les notions de «faute lourde» et de «dol» sont très proches.

266. Voir par. 49.

267. Il s'agit comme on le sait de trois arrêts rendus par la Cour suprême en 1978: *Andrews* c. *Grand and Toy Alberta Ltd*, [1978] 2 R.C.S. 229; *Thornton* c. *Board of School Trustees of school District no. 57*, [1978] 2 R.C.S. 267 et *Arnold* c. *Teno*, [1978] 2 R.C.S. 287.

268. Voir: Daniel Gardner, «L'actualisation des dommages-intérêts en matière de préjudice corporel.» (1987) 28 *C. de D.* 39; S. Rea, «Inflation, taxation and damage assessment.», (1980) 58 *R. du B. Can.* 280; W. Landsea, «How workable are net discount rates?» (1983) 28 *McGill L.J.* 102.

269. La Cour suprême a opté, dans les deux premières décisions de la trilogie, pour un taux de 7% alors que la jurisprudence québécoise majoritaire opte présentement pour un taux avoisinant 3%.

270. Daniel Gardner, «L'évaluation du préjudice corporel — vers une meilleure utilisation de la technique de la transaction à paiements

différés.», (1987) 47 *R. du B.* 223; Jean-Pierre Ménard, «Les conditions économiques du règlement des versements échelonnés.», dans: *Responsabilité civile et les dommages*, Volume I, Institut Canadien, décembre 1990, section III; Robert F McGlynn, «Structured settlements: a practical perspective.», dans: *Responsabilité civile et les dommages*, Volume I, Institut Canadien, décembre 1990, section II.

271. Jean-Louis Baudouin, *Les obligations, op. cit.* note 117, par. 704, p. 422.

272. Jean-Louis Baudouin, *La responsabilité civile délictuelle, op. cit.* note 16, par. 333, p. 174.

273. Voir par. 15.

274. Pauline Roy, «La difficile intégration du concept de dommage exemplaires en droit québécois.» dans: *Responsabilité civile et les dommages*, Volume I, Institut Canadien, décembre 1990, section VII.

275. Voir par. 15.

276. *Augustus c. Gosset*, [1990] R.J.Q. 2641.

Table des matières

Précis sur la vente

*Pierre-Gabriel Jobin**

Avant-propos

La rédaction de ce précis a donné lieu à des difficultés de documentation qui doivent être signalées. D'abord, la version imprimée de la loi d'application du Code civil n'a été disponible qu'à la veille de remettre le manuscrit à l'imprimeur. Même si je ne devais rendre compte que des dispositions de droit transitoire propres au droit de la vente, on comprendra que mes observations à leur propos sont forcément sommaires et qu'elles manquent peut-être de la perspective générale que seule peut donner l'étude attentive de l'ensemble des mesures transitoires.

En second lieu, les commentaires du gouvernement sur le nouveau code ne sont disponibles en ce moment que dans la version de leur «première ébauche». Cette version officieuse porte sur les dispositions du projet de loi 125 en première lecture. J'ai parfois cité ces commentaires pour faire voir l'intention du législateur, mais en rapport avec des articles dont la substance n'a pas été modifiée entre la première lecture et la version finale du Code. Même dans ces cas, on doit se rappeler la nature provisoire des commentaires.

Je tiens à remercier mes assistants qui m'ont secondé avec compétence et dévouement dans plusieurs tâches: Mlle Maryse Beaulieu, M. Denis Boulianne, Mlle Caroline Champagne et MM. Yves Comtois et Alain Olivier. Ma reconnaissance va aussi au Conseil de recherches en sciences humaines du Canada pour son appui financier.

Pierre-Gabriel Jobin

* Professeur titulaire à l'Université McGill.

Articles et ouvrages cités en abrégé

Baudouin, *Obligations:* J.-L. Baudouin, *Les obligations*, 3ᵉ éd., Cowansville, Yvon Blais, 1989.

Deslauriers, «Commentaires sur la vente»: J. Deslauriers, «La réforme du droit des obligations. Commentaires sur les propositions concernant la vente», (1988) 29 *C. de D.* 931.

Faribault, *Vente:* L. Faribault, *Traité de droit civil du Québec*, t. 11, *De la vente*, Montréal, Wilson et Lafleur, 1961.

Ghestin et Desché, *Vente:* J. Ghestin, éd., *Traité des contrats, La vente*, par J. Ghestin et B. Desché, Paris, L.G.D.J., 1990.

Goldstein, «Observations sur la vente»: G. Goldstein, «La vente dans le nouveau Code civil du Québec: quelques observations critiques sur le projet de loi 125», (1991) 51 *R. du B.* 329.

Mazeaud, *Leçons. Vente:* H., J. et L. Mazeaud, *Leçons de droit civil*, t. 3, vol. 2, *Principaux contrats*, 1ʳᵉ partie, *Vente et échange*, 7ᵉ éd., par M. de Juglart, Paris, Montchrestien, 1987.

Mignault, t. 7: P.-B. Mignault, *Le droit civil canadien*, t. 7, *La vente, l'échange et le louage*, Montréal, Wilson & Lafleur, 1906.

Pourcelet, *Vente:* M. Pourcelet, *La vente*, 5ᵉ éd., Montréal, Thémis, 1987.

Rousseau-Houle, *Précis:* T. Rousseau-Houle, *Précis du droit de la vente et du louage*, Québec, P.U.L., 1986.

Rousseau-Houle, «Récents développements»: T. Rousseau-Houle, «Récents développements dans le droit de la vente et du louage de choses au Québec», (1985) 15 *R.D.U.S.* 307.

Abréviations

Avant-projet de loi: *Avant-projet de loi portant réforme au Code civil du Québec du droit des obligations*, Assemblée nationale, 33ᵉ légis., 1ʳᵉ session, 1987.

C.c.B.C.: Code civil du Bas-Canada.

C.c.Q.: Code civil du Québec.

Commentaires de l'O.R.C.C.: **Office de révision du Code civil,** *Rapport sur le Code civil du Québec,* **Québec, Éditeur officiel, 1978, vol. II, tome 2,** *Commentaires,* **sauf indication contraire.**

Commentaires du gouvernement: Commentaires publiés sous forme d'ébauche, en 1991, par le Gouvernement du Québec, sur l'article du projet de loi 125 (1ère lecture) correspondant à l'article du Code civil du Québec qui est considéré, sauf indication contraire.

Loi d'application: *Loi sur l'application de la réforme du Code civil,* L.Q. 1992, ch. 57.

L.p.c.: *Loi sur la protection du consommateur,* L.R.Q. ch. P-40.1.

P.C.c.: Office de révision du Code civil, *Rapport sur le Code civil du Québec,* Québec, Éditeur officiel, 1978, vol. I, *Projet de Code civil,* livre V, sauf indication contraire.

P.l. 125 *ou* projet de loi 125: *Code civil du Québec,* Assemblée nationale, 34e légis., 1ère session, projet de loi 125, 1990.

Introduction

I. Nature du contrat

A. *Éléments essentiels et caractères*

1. Comme naguère sous l'empire du Code civil du Bas-Canada, les éléments essentiels de la vente, dans le Code civil du Québec, demeurent le transfert de propriété d'un bien et le paiement d'un prix en argent. Le Code civil, en effet, définit la vente comme le contrat par lequel le vendeur transfère la propriété d'un bien à l'acheteur, moyennant un prix en argent que ce dernier s'oblige à payer Le législateur ne s'est pas limité à voir la vente dans sa conception la plus habituelle, visant le transfert du droit de propriété, qui est le droit réel par excellence: il ajoute que «le transfert peut aussi porter sur un démembrement du droit de propriété ou sur tout autre droit dont on est titulaire[1]».

La terminologie de la nouvelle définition marque certes une amélioration par rapport l'ancienne[2], mais on est toujours en présence de la notion classique de vente[3].

Le prix versé doit être une somme d'argent. S'il en était autrement, il ne s'agirait pas d'une vente; quand celui qui reçoit la propriété d'un bien donne en contrepartie un autre bien ou rend des services, par exemple, la convention ne s'analyse pas comme une vente mais comme un contrat d'échange, un autre contrat nommé ou un contrat innommé[4].

2. Quatre caractères principaux de la vente méritent d'être soulignés. C'est d'abord un contrat consensuel. Contrairement à l'ancien code, le Code civil du Québec contient une règle générale selon laquelle tout contrat est consensuel sauf si la loi ou la convention exige une formalité particulière comme condition nécessaire à sa formation[5]. On trouve parfois une telle exigence dans un régime spécial, tel celui de la vente de certains immeubles à usage d'habitation[6]. Mais les règles générales sur la vente n'exigent aucune formalité: le contrat se forme donc par le simple accord de volonté sur ses éléments essentiels, soit l'objet et le prix[7].

La vente est à la fois un contrat bilatéral et onéreux. En effet, chaque partie y assume des obligations réciproques de valeur semblable[8].

La question se pose de savoir si la vente est un contrat d'exécution instantanée. D'après le nouveau code, dans un tel contrat la nature des obligations et de leur objet ne s'oppose pas à ce que les obligations respectives des parties s'exécutent en une seule et même fois, ou instantanément[9]. Or, *par leur nature*, toutes les obligations de la vente peuvent s'exécuter en un instant. Cela est vrai même de la vente à tempérament, car c'est uniquement par la volonté des parties, et non la nature des choses, que son exécution s'échelonne dans le temps. Toute vente est un contrat d'exécution instantanée.

On sait que la différence essentielle entre un contrat d'exécution instantanée et un contrat d'exécution successive réside dans le fait que la résolution du premier a un effet rétroactif au moment de la formation du contrat alors que la résiliation du second n'a pas cet effet[10].

B. Distinction avec d'autres contrats

3. Le critère de distinction entre la vente et la donation est clair: la première, comme on vient de le voir, est un contrat à titre onéreux alors que la seconde est un contrat à titre gratuit[11]. C'est en pratique que les difficultés surgissent, car il est parfois délicat de déterminer s'il y a une valeur équivalente entre la propriété transférée et le prix payé par «l'acheteur[12]». La vente à vil prix constitue une donation déguisée et obéit aux règles de la donation, notamment quant à sa formation[13].

4. La distinction entre la vente d'un bien futur et le contrat d'entreprise dans lequel le professionnel fournit la matière et doit livrer le bien une fois celui-ci complété a donné lieu à des hésitations dans l'ancienne jurisprudence[14]. Le législateur a mis un terme à cette incertitude: une nouvelle disposition, reprenant l'opinion d'un juge dans un ancien jugement, pose comme critère de distinction la valeur relative du travail et des matériaux[15]. Désormais, de tels contrats sont a priori considérés comme des contrats d'œuvre; ils sont des ventes quand le travail n'est qu'un accessoire «par rapport à la valeur des matériaux[16]». Pour que ce soit une vente, il faut donc démontrer que l'écart entre la valeur respective du travail et des matériaux est si considérable que le travail n'apparaisse que comme un accessoire.

Parmi les principales différences entre la vente et le contrat d'œuvre, on peut mentionner des régimes différents de garantie de qualité[17] et une règle propre au contrat d'œuvre, la faculté de résiliation unilatérale par le client[18].

5. Les codificateurs du XIXe siècle voyaient la cession de créance comme une espèce particulière de vente[19]. Le législateur de notre temps la considère plutôt comme un mode de transmission de la créance[20], au même titre que la subrogation, la novation et la délégation de paiement.

Le régime juridique de la cession de créance, dans le Code civil du Québec, est inspiré de son régime dans l'ancien code, lequel était inscrit dans le chapitre de la vente. Pourtant, à notre avis, les nouvelles dispositions sur la vente ne sauraient s'appliquer de façon supplétive à la cession de créance. D'abord, cette solution s'explique évidemment par le fait que les règles sur la cession de créance sont maintenant placées dans la théorie générale des obligations et non dans le chapitre sur la vente. Il faut aussi se rappeler les différences profondes qui existent depuis toujours entre le transfert de la propriété d'un bien corporel et la cession d'un droit personnel: régimes juridiques différents et réalités économiques différentes. La cession de créance ne constitue pas toujours une vente; elle réalise souvent une dation en paiement[21]; elle constitue fréquemment un mécanisme de sûreté réelle[22].

II. Politiques législatives

A. Protection de certaines catégories d'acheteur ou de vendeur

6. Un survol de la réforme du droit de la vente montre un net souci du législateur de protéger, dans une certaine mesure, l'acheteur d'un immeuble à usage d'habitation, l'emprunteur d'une somme d'argent et le commerçant. Ces mesures relèvent de l'ordre public économique et social de protection.

Le législateur a mis en place tout un régime, nouveau et substantiel, pour la *vente d'un immeuble à usage d'habitation*, faite par un constructeur ou un promoteur à une personne physique qui l'acquiert pour l'occuper elle-même. Il s'agit d'un train de mesures dont plusieurs sont très spécifiques dans leurs exigences; ce genre de législation est typique de l'ordre public de protection.

Mentionnons l'imposition d'un avant-contrat obligatoire, devant comprendre une faculté de dédit ainsi que des mentions obligatoires, et, dans certaines ventes, la remise obligatoire de documents d'information à l'acheteur. Une autre disposition remarquable est l'imposition d'une garantie minimale de qualité pour les pertes ou vices de construction[23].

7. Plusieurs mécanismes de protection visent aussi l'*emprunteur* d'une somme d'argent qui utilise le mécanisme de la vente. Le législateur vise en fait, dans cet ensemble de règles, toute personne, morale ou physique, qui obtient du crédit par le moyen d'une vente. Plus particulièrement, il s'agit de la résolution de la vente immobilière pour défaut de l'acheteur d'exécuter ses

obligations, de la reprise de possession dans la vente à tempérament, qu'elle soit mobilière ou immobilière, et de la déchéance de la faculté de rachat quand la vente avec faculté de rachat équivaut à un prêt d'argent.

Le législateur étend à ces trois situations le mécanisme de la prise en paiement des droits hypothécaires et ses mesures préalables. Les principaux points de ce régime sont: le préavis, ou la mise en demeure, signifié au débiteur, au sous-acquéreur et au tiers dont le droit réel pourra être affecté par l'exécution des droits du créancier; le délai accordé au débiteur, au sous-acquéreur et au tiers pour remédier au défaut du débiteur et éviter ainsi la sanction; lorsque le débiteur a acquitté au moins la moitié de sa dette, la nécessité pour le créancier d'obtenir l'autorisation du tribunal avant d'exercer la sanction; enfin, le droit du débiteur, du sous-acquéreur et du tiers de forcer le créancier à vendre le bien ou à le faire vendre, plutôt que d'exercer la sanction qu'il avait annoncée[24].

Ce mécanisme de la prise en paiement des droits hypothécaires rappelle fort le régime des articles 1040a et suivants du Code civil du Bas-Canada. On remarquera cependant que, à l'avenir, la protection s'étend à de nouvelles catégories: soit la vente mobilière à tempérament et la vente mobilière avec faculté de rachat.

En revanche, on s'étonne que certains «emprunteurs», protégés par l'article 1040d du Code civil du Bas-Canada et la jurisprudence, ne soient plus visés par ce mécanisme de prise en paiement et ses mesures préalables. Il s'agit de l'acheteur à terme, de l'acheteur sous condition qui n'est pas un acheteur à tempérament, du possesseur avec une promesse de vente ou une option d'achat, et du possesseur avec une promesse de vente sans transfert de propriété et non enregistrée[25]. La seule manière pour ces «emprunteurs» de se ménager une protection est de conclure, lorsque le cocontractant y consent, une hypothèque conventionnelle. Leur exclusion du régime de protection accordée à d'autres emprunteurs dans la réforme s'explique mal.

Le législateur a de plus prescrit que, lorsque la vente avec faculté de rachat équivaut à un prêt d'argent, le vendeur est réputé être un emprunteur[26]. À ce titre, il bénéficie donc de la règle exceptionnelle de la lésion dans le prêt d'argent, laquelle est désormais placée dans le chapitre du Code civil sur le prêt[27].

Ces dispositions rappellent l'article 1040c du Code civil du Bas-Canada sur la lésion dans le prêt d'argent. On remarque cependant que le domaine de ce régime juridique est désormais élargi pour inclure la vente mobilière avec faculté de rachat. L'ancien code prévoyait déjà cette protection pour la vente immobilière à réméré[28]. Mais la question posée il y a un instant revient: pourquoi, dans la réforme, avoir fait perdre cette protection contre la lésion à l'acheteur à terme, à l'acheteur à tempérament et aux autres personnes visées par l'article 1040d du Code civil du Bas-Canada? L'explication se trouve peut-être dans le tollé de protestations des milieux professionnels (et spécialement juridiques) et des milieux d'affaires contre la proposition, pourtant modeste, d'introduire une règle générale sur la lésion[29].

8. En troisième lieu, le nouveau code révèle une certaine sympathie du législateur pour le *commerçant*. Dans le droit commun des obligations, le législateur s'est montré peu sensible au sort des commerçants, sauf dans la mesure où ils se font imposer un contrat d'adhésion[30]. On se rappellera à ce sujet les règles déjà célèbres sur la clause externe, la clause incompréhensible et la clause abusive, dont le domaine d'application est restreint aux contrats de consommation et aux contrats d'adhésion. Il reste que ces règles s'appliqueront aux commerçants comme aux consommateurs quand ils seront «victimes» d'un contrat d'adhésion[31].

Dans le domaine de la vente, on sait que la *Loi sur la protection du consommateur* comporte un régime juridique élaboré sur la vente à tempérament; mais évidemment, ce régime ne protège pas les commerçants[32]. En revanche, ceux-ci obtiennent dans la réforme une nouvelle protection en matière de vente à tempérament: la section du Code civil du Québec sur ce type de vente étend à la reprise de possession le mécanisme de la prise en paiement des droits hypothécaires et ses mesures préalables[33]. Dans l'ensemble, le régime de la vente à tempérament du Code civil est moins élaboré que celui de la *Loi sur la protection du consommateur*. Cependant, il accorde une protection non négligeable à un commerçant qui se trouve à faire un achat à tempérament[34]. Ce droit de la vente à tempérament dans le Code civil n'est pas restreint aux contrats d'adhésion.

B. Protection des tiers

9. À certains égards, la protection des tiers dans le Code civil du Québec est comparable à ce qu'elle est dans le Code civil du Bas-Canada. Ainsi, pour la résolution de la vente immobilière, la clause résolutoire doit être inscrite; si elle est exercée, seuls seront anéantis les droits des tiers qui auront été inscrits après l'inscription de la clause résolutoire[35].

Dans la résolution de la vente immobilière et dans la déchéance de la faculté de rachat lorsque la vente avec faculté de rachat équivaut à un prêt d'argent, on retrouve dans le Code civil du Québec, comme il vient d'être dit, l'exigence d'un préavis ainsi que le droit du sous-acquéreur et des tiers de remédier au défaut de l'acheteur et d'éviter ainsi l'extinction de leur droit, pour ne mentionner que les principaux aspects du mécanisme de la prise paiement et de ses mesures préalables[36].

La raison d'être du régime sur la vente d'entreprise, naguère appelée vente en bloc, est précisément la protection des créanciers du vendeur, lesquels constituent une catégorie précise de tiers. Compte tenu de l'ensemble des changements intervenus dans ce régime, on peut sans doute penser que la protection des tiers n'est ni pire n'est meilleure qu'elle ne l'était dans le Code civil du Bas-Canada.

D'une part, le nouveau code renforce la protection des tiers. Car, dans l'ancien code, la somme d'argent qui était le produit de la vente devait être distribuée aux créanciers du vendeur par l'acheteur lui-même; selon le Code civil du Québec, cette distribution doit être effectuée par un tiers choisi par les parties, ce qui donne une meilleure garantie de rigueur et d'indépendance[37]. D'autre part, la protection des tiers est diminuée. Quand le prix d'achat n'est pas distribué à tous les créanciers du vendeur selon toutes les prescriptions de la loi, le Code civil du Québec est moins sévère que ne l'était le Code civil du Bas-Canada: en effet, ce dernier prescrivait que l'acheteur, chargé de faire cette distribution, était personnellement et pleinement responsable de sa faute; d'après le nouveau code, cette faute de la personne chargée de faire la distribution a simplement comme conséquence de rendre la vente inopposable aux créanciers du vendeur, lesquels peuvent exécuter un jugement seulement contre les biens vendus[38].

10. Certaines mesures adoptées dans la réforme du Code civil accordent une plus grande protection aux tiers. Le droit de la vente, à cet égard, profite du rôle plus grand de la publicité des droits dans l'ensemble du Code civil; on sait que l'objectif du législateur est de permettre à toute personne de se fier aux registres pour connaître les droits réels qui grèvent un immeuble ou même un meuble[39].

Cette politique peut être observée notamment dans la vente avec faculté de rachat. Quand cette vente a lieu pour les fins de l'entreprise de l'acheteur, elle doit être publiée pour être opposable aux tiers; de plus, dans toute vente avec faculté de rachat, pour que le vendeur puisse reprendre le bien libre des charges créées au profit des tiers, la faculté de rachat doit avoir été publiée avant ces charges[40]. Les exigences pour l'opposabilité de ce type de vente sont donc augmentées.

Nous avons signalé plus haut le nouveau régime juridique de la vente à tempérament dans le Code civil du Québec. Il suffira de rappeler ici que la reprise de possession obéit au mécanisme de la prise en paiement des droits hypothécaires et à ses mesures préalables, dont spécialement le préavis au sous-acquéreur et son droit de remédier au défaut de l'acquéreur, évitant ainsi la reprise de possession[41].

Enfin, de grands changements sont intervenus dans le régime de la vente du bien d'autrui. L'un des plus remarquables est de faire disparaître la protection absolue de l'acheteur de bonne foi d'un bien meuble qui n'avait été ni perdu ni volé, lorsque l'acheteur l'avait acquis dans une vente commerciale[42]. Désormais, le propriétaire pourra toujours revendiquer son bien à la condition évidemment de rembourser le prix payé par l'acheteur.

C. Sécurité contractuelle et stabilité de la propriété

11. Le législateur de 1991, comme celui de 1865, s'est préoccupé de la sécurité contractuelle des opérations immobilières et, par le fait même, de la stabilité de la propriété immobilière.

Dans le Code civil du Québec, les ventes immobilières ne font peut-être pas l'objet d'autant de protection que dans le Code civil du Bas-Canada, mais leur sécurité contractuelle est indéniablement plus grande que celle des ventes mobilières. Cette plus grande sécurité se manifeste de trois façons.

D'abord, une restriction importante est apportée au droit du vendeur d'un immeuble à la résolution pour défaut de l'acheteur de payer le prix: ce droit ne peut être exercé que dans les cinq années de la vente, alors que, sous l'empire du Code civil du Bas-Canada, il pouvait l'être jusqu'à dix ans après la vente[43].

12. En second lieu, la résolution de la vente immobilière est parfois assujettie à des conditions préalables, qui emportent comme conséquence concrète que les résolutions seront moins fréquentes. Trois conditions, déjà mentionnées, peuvent être rappelées. D'abord, le vendeur ne peut demander la résolution pour défaut de payer le prix que si la convention contient une clause résolutoire particulière; les deux codes sont semblables à ce sujet[44]

Avant de pouvoir faire respecter cette clause résolutoire, le vendeur impayé doit mettre en demeure l'acheteur et, le cas échéant, tout acquéreur subséquent, et il doit la signifier aussi à tous les tiers dont les droits seront éventuellement affectés par la résolution; ces personnes peuvent éviter la résolution en remédiant au défaut dans les 60 jours, parfois dans un délai plus long[45]. Cette procédure évoque celle des articles 1040a et suivants du Code civil du Bas-Canada. Enfin, quand le vendeur s'est conformé à ces exigences et que l'acheteur ne consent pas à la résolution, le vendeur n'a pas droit à la résolution sans obtenir l'autorisation du tribunal si l'acheteur a déjà acquitté au moins la moitié de sa dette; cette règle remarquable est nouvelle[46]. Ces règles sur l'avis de 60 jours et l'autorisation du tribunal s'appliquent également à la reprise de possession dans la vente à tempérament et à la déchéance de la faculté de rachat dans la vente avec faculté de rachat équivalant à un prêt[47]; elles contribuent à la sécurité contractuelle et à la stabilité de la propriété, mais il faut noter qu'elles s'appliquent aussi bien en matière mobilière qu'immobilière et ne créent donc pas de différence entre ces deux types de vente.

13. En troisième lieu, l'écart entre les ventes immobilière et mobilière est encore accentué par certaines dispositions qui permettent la résolution extrajudiciaire de la vente mobilière dans des circonstances où la résolution de la vente immobilière ne peut être que judiciaire. Il s'agit du droit du vendeur de considérer la vente mobilière résolue si l'acheteur ne prend pas délivrance du bien et ne paie pas le prix[48]. Il s'agit encore du droit de l'acheteur de considérer la vente comme résolue quand le vendeur ne délivre pas le bien[49]. Et il s'agit du droit du vendeur de considérer la vente résolue et de revendiquer le bien si l'acheteur ne paie pas le prix dans les 30 jours de la délivrance[50]. La première règle existait dans le Code civil du Bas-Canada, mais pas la seconde ni la troisième[51].

14. La sécurité contractuelle est encore renforcée, non seulement dans la vente immobilière, mais également dans la vente mobilière, par de nouvelles conditions communes à la garantie du droit de propriété et à celle de qualité. Avant d'exercer en justice ses droits à l'une de ces garanties, en effet, l'acheteur doit donner au vendeur un avis écrit de la menace d'éviction ou, selon le cas, de l'existence du vice, sauf si le vendeur le connaissait ou ne pouvait l'ignorer[52]. Le vendeur aura donc l'occasion de faire disparaître le droit réel qui menaçait l'acheteur ou de réparer le vice caché, avant de faire l'objet de poursuites. Dans bien des cas, peut-on espérer, l'acheteur obtiendra l'exécution en nature de l'obligation de garantie, et sera ainsi évitée la résolution ou une autre sanction: le contrat de vente survivra, au lieu d'être anéanti.

15. À d'autres égards, la sécurité contractuelle de la vente se trouve affaiblie par la réforme. Cela est particulièrement manifeste dans les ventes mobilières. Car, comme il vient d'être mentionné, le vendeur d'un meuble a désormais le droit de considérer la vente résolue et de revendiquer le bien si l'acheteur ne paie pas le prix dans les 30 jours de la délivrance; de plus, l'acheteur, de son côté, peut considérer la vente comme résolue quand le vendeur ne délivre pas le bien. Ces nouvelles mesures s'ajoutent à celle, déjà existante dans le Code civil du Bas-Canada, de la résolution de la vente mobilière par le vendeur lui-même quand l'acheteur ne prend pas délivrance du bien[53]. Le gouvernement voit dans la technique de la résolution

extrajudiciaire pour faute un instrument de déjudiciarisation de ce domaine du droit[54].

On remarquera aussi la disparition du régime de faveur accordé par le législateur de 1865 à la vente mobilière commerciale dans le cadre de la vente du bien d'autrui. Alors que, en général, la vente du bien d'autrui était nulle et que le véritable propriétaire avait le droit de revendiquer son bien entre les mains de l'acheteur, celui-ci jouissait d'une prescription acquisitive instantanée quand il avait acheté le bien, de bonne foi, dans une vente commerciale et que ce bien n'avait pas été perdu ni volé: cette vente était inattaquable et le propriétaire était privé de son droit de revendication[55]. Désormais, même de telles ventes donneront lieu à la nullité et à la revendication[56].

Mais ces règles propres à la vente sont peu de choses si l'on considère aussi le droit commun des contrats, dans lequel le législateur, par une nouvelle règle, permet la résolution extra-judiciaire et unilatérale de tout contrat, quand il y a faute du cocontractant, dans de nombreuses situations (notamment lorsque le débiteur n'a pas exécuté son obligation dans le délai raisonnable qui lui était imparti dans la mise en demeure qu'il a reçue)[57].

III. Rapports avec les autres parties du Code civil

16. Aujourd'hui peut-être plus qu'hier encore, il est essentiel de faire le lien entre le chapitre sur la vente et le titre du Code civil sur les règles générales des obligations. Cet exercice est d'abord nécessaire pour identifier toutes les règles qui régissent la vente; ainsi, pour ne donner que deux exemples topiques, les dispositions sur le transfert de propriété et sur la résolution se trouvent en partie dans le chapitre sur la vente et en partie dans le titre sur les obligations[58]. Mais cet exercice est aussi indispensable pour donner aux règles de la vente une juste interprétation, qui soit conforme aux politiques générales qui se dégagent du titre sur les obligations[59].

Le législateur lui-même a proclamé l'existence de ce lien étroit. Il a en effet prescrit que tout contrat est assujetti aux règles générales du chapitre sur le droit commun des contrats[60]. Cette prescription est tout à fait exacte, mais il n'en est pas moins vrai que le droit de la vente doit être examiné à la lumière aussi des autres chapitres du droit commun des obligations; par exemple, celui qui applique les règles de la vente ne saurait ignorer, dans le chapitre sur la responsabilité civile, les dispositions qui écartent l'option entre les régimes contractuel et extracontractuel, celles sur la responsabilité du fabricant pour un vice de sécurité et celles sur la clause exonératoire[61].

Il faut également se tourner vers des chapitres consacrés à d'autres contrats nommés que la vente. Il en est ainsi par exemple pour la vente d'un immeuble résidentiel par un entrepreneur[62].

Enfin, il faut souvent sortir du livre sur les obligations et aller chercher dans d'autres parties du Code le complément aux dispositions du chapitre sur la vente. C'est par exemple dans le droit des biens qu'on trouve les règles sur le transfert des risques[63] et c'est dans le droit des sûretés qu'on trouve celles, extrêmement importantes, qui gouvernent le mécanisme de réalisation d'une sûreté, qu'il s'agisse de résolution de la vente immobilière, de la reprise de possession dans la vente à tempérament ou de la déchéance de la faculté de rachat dans la vente avec faculté de rachat équivalant à un prêt d'argent[64].

Il est d'autant plus important de bien faire ces liens que les règles auxquelles il est fait renvoi sont la plupart du temps impératives.

Droit commun de la vente

I. Formation du contrat

A. Règles générales

1. Existence du consentement

17. Le consentement demeure la condition la plus fondamentale de la formation de la vente. En l'absence de consentement, le contrat est nul de nullité absolue. Les textes du nouveau code n'ont pas fait disparaître une certaine incertitude dans la distinction entre, d'une part, l'inexistence, ou la nullité absolue, du contrat et, d'autre part, l'erreur sur la nature du contrat ou de son objet, source de nullité relative[65].

Dans le droit du Code civil du Bas-Canada, selon l'opinion dominante, la nullité absolue pour absence de consentement s'applique essentiellement à deux situations: premièrement, celle où on ne peut pas dire qu'il y a une rencontre des volontés parce que les parties n'avaient pas à l'esprit le même objet (par exemple le vendeur croyait vendre un herbicide et l'acheteur croyait acheter un engrais)[66]; deuxièmement, celle de l'incapacité, dite naturelle, qu'elle soit temporaire ou permanente, de donner un consentement valable sans qu'il y ait d'incapacité légale, spécialement la tutelle ou la curatelle (par exemple la cession d'un immeuble consentie sous l'effet de médicaments)[67].

L'intérêt de la distinction vient de la nature de la nullité: absolue pour l'inexistence du consentement, relative pour le vice de consentement. Le nouveau code réduit considérablement cet intérêt, car il permet désormais, même dans le cas d'une nullité relative, aux deux parties de demander la nullité[68].

a.   Offre et acceptation

18. Contrat consensuel, la vente naît d'un accord de volontés qui se réalise suivant le mode classique de l'offre et de l'acceptation[69]. On verra toutefois certaines règles particulières à la formation de certains types de vente: la vente d'un immeuble résidentiel par un constructeur[70]. Nous rappellerons ici les principales règles de l'offre puis de l'acceptation dans la mesure où elles s'appliquent au droit commun de la vente.

Offre et invitation de contracter sont deux mécanismes différents, car seule la première peut conduire directement à la formation de la vente. L'offre doit être ferme, c'est à dire qu'elle doit refléter la volonté de son auteur d'être lié en cas d'acceptation. Elle doit de plus comporter tous les éléments essentiels de la vente, soit le prix et le bien qui doit faire l'objet d'un transfert de propriété[71].

19. Pour déterminer les effets de l'offre, il faut distinguer selon qu'elle est, ou non, assortie d'un délai. Dans la négative, le Code civil du Québec énonce que l'offre peut être révoquée tant que l'offrant n'a pas reçu d'acceptation, ce qui est conforme à une certaine jurisprudence[72]. Alors que le Code civil du Bas-Canada était en vigueur, cependant, certaines autorités étaient

d'avis que, si l'offrant révoquait son offre avant l'expiration d'un délai raisonnable, il commettait un abus de droit et se rendait responsable des dommages subis par le destinataire de l'offre; cette solution est implicitement écartée par le nouveau texte catégorique du Code civil du Québec, basé sur celui de l'Office de révision[73].

Quand l'offre de vente ou d'achat est assortie d'un délai, l'offrant ne peut la révoquer avant l'expiration de ce délai[74]. Même dans cette hypothèse toutefois, l'offrant a la possibilité de révoquer son offre avant qu'elle ne parvienne à son destinataire[75].

20. L'offre avec délai devient caduque à son expiration si elle n'a pas encore été valablement acceptée[76]. Quand par ailleurs l'offrant n'a pas précisé de délai pour l'acceptation, elle devient caduque à l'expiration d'un délai raisonnable[77]; cette dernière règle apporte un complément au droit de l'offrant de retirer une telle offre à tout moment. Le Code civil prévoit plusieurs autres cas particuliers de caducité de l'offre[78].

21. Quant à l'acceptation, pour qu'elle entraîne la formation de la vente, elle doit survenir alors que l'offre demeure pendante et elle doit être soit pure et simple, soit substantiellement conforme à l'offre[79]. L'acceptation peut être tacite, c'est à dire résulter de gestes posés par son destinataire et qui supposent clairement son accord, tel le commencement de l'exécution de la vente par le destinataire de l'offre[80].

Le Code civil contient maintenant une disposition sur le silence du destinataire de l'offre. En règle générale, le silence ne vaut ni acceptation ni refus de l'offre[81]. Il peut toutefois valoir acceptation si, exceptionnellement, la volonté des parties, la loi ou des circonstances particulières, comme les usages ou des relations d'affaires antérieures, le montrent clairement; le silence du destinataire peut ainsi constituer une acceptation qui forme la vente quand les parties sont en relations d'affaires continues et que ce silence ne peut s'interpréter, objectivement, que comme une acceptation[82].

b. Vente conclue à distance

22. Enfin, le Code civil du Québec modifie les règles sur le lieu et le moment de la formation des contrats conclus à distance. La

théorie dite «de la réception » est imposée dans tous les cas: le contrat est réputé formé au moment et au lieu où l'offrant reçoit l'acceptation, quel que soit le mode de communication entre les parties et même si celle-ci ont réservé leur accord sur certains éléments secondaires. Cette règle unique avait été proposée par l'Office de révision, pour des motifs de protection accrue de l'offrant et d'utilité pratique[83]. La nouvelle disposition supprime les distinctions, d'ailleurs contestables, établies par la jurisprudence pour les contrats par correspondance et elle renverse certaines règles, concernant par exemple le lieu de la vente conclue par téléphone[84].

2. Vices de consentement

23. La vente continuera d'être un domaine privilégié d'application des vices de consentement de la théorie générale des contrats, dont la nomenclature est maintenant différente de ce qu'elle était: erreur, spontanée ou provoquée par le dol, crainte et lésion[85].

Avant d'aller plus loin, insistons sur le fait que la lésion, en fait, n'occupera pas une plus grande place dans le Code civil du Québec que celle qu'elle avait auparavant: le gouvernement a fini par céder aux pressions exercées sur lui pour supprimer la règle générale, mais dont le domaine d'application était pourtant restreint, contenue dans l'Avant-projet de loi[86]. Le législateur a prescrit que, «outre les cas expressément prévus par la loi, la lésion ne vicie le consentement qu'à l'égard des mineurs et des majeurs protégés[87]».

a. Erreur spontanée

24. Pour constituer un vice de consentement, l'erreur spontanée doit porter sur l'un des objets énumérés à l'article 1400 C.c.Q. Comme naguère, il peut y avoir erreur sur la nature du contrat, une méprise entre la vente et un autre contrat[88]. Comme on vient de le voir, il subsistera un certain doute sur la question de savoir si l'erreur sur la nature du contrat entraîne la nullité relative, pour vice de consentement, ou la nullité absolue, pour absence de consentement[89].

Deuxièmement, selon cette disposition, l'erreur donne ouverture à la nullité quand elle porte sur l'objet de la prestation. À ce propos également il demeure une certaine incertitude quant à la sanction de cette erreur par la nullité absolue ou par la nullité relative[90].

L'erreur, vice de consentement, peut encore porter, selon l'article 1400, sur «tout élément essentiel qui a déterminé le consentement» L'expression rappelle l'erreur sur «la considération principale» du Code civil du Bas-Canada[91], mais elle paraît un peu plus large. Chose certaine, le nouveau texte permettra d'obtenir la nullité de la vente au moins dans les mêmes situations qu'auparavant. Tel sera le cas de l'erreur sur une qualité substantielle de l'objet (par exemple une méprise sur la nature des matériaux avec lesquels est construit l'immeuble acheté[92] ou parfois sur l'année de fabrication d'un véhicule[93]).

C'est en fait une catégorie résiduaire pour inclure d'autres erreurs que celles prévues spécifiquement par le Code civil. Quelques décisions ont déjà considéré comme une erreur sur la considération principale l'ignorance par l'acheteur que le bien n'est pas conforme à une exigence réglementaire[94]. Mais le cas le plus important d'erreur sur un élément essentiel est celle qui porte sur le motif de l'acheteur; malgré le silence du nouveau texte, il y a lieu de penser que continuera de s'appliquer l'ancienne jurisprudence selon laquelle, pour que l'erreur sur le motif donne ouverture à la nullité, il faut que le motif particulier ait été exprimé, qu'il ait été connu ou au moins présumé connu du cocontractant lors de la vente[95].

25. Pour que l'erreur spontanée soit un motif de nullité de la vente, certaines conditions doivent être remplies. D'abord, l'erreur doit avoit déterminé le consentement de l'acheteur ou du vendeur. L'article 1400, alinéa 1, du Code civil du Québec sera interprété à cet égard comme l'ancien article 992 du Code civil du Bas-Canada[96].

En second lieu, l'erreur doit être excusable. Le Code civil ne reconnaît pas l'erreur inexcusable, ou grossière, comme un vice de consentement[97]. C'est là une règle de droit nouveau, qui renverse l'ancienne jurisprudence[98].

Enfin, quand l'erreur spontanée est le fait d'une seule partie, c'est à dire si elle est unilatérale ou subjective, sa preuve ne saurait reposer sur la seule affirmation de celui qui s'est trompé;

son témoignage doit être corroboré. Cette règle jurisprudentielle, adoptée à l'époque du Code civil du Bas-Canada, devra,
à notre avis, continuer de s'appliquer car c'est une règle de
sagesse et de prudence, qui évite les abus[99]. D'ailleurs, ce n'est
pas tellement une règle de fond comme une règle de preuve.

b. Erreur provoquée

26. Dans la réforme, le dol est devenu l'erreur provoquée par le
dol. Comme par le passé, il peut s'agit de fausses déclarations[100]
ou de manœuvres frauduleuses[101]. Cependant, le Code civil codifie l'ancienne jurisprudence en reconnaissant expressément le
dol résultant du silence ou de la réticence[102].

Pour que l'erreur provoquée conduise à des sanctions, il faut
d'abord que le dol ait été commis par le cocontractant lui-même
ou encore par un tiers mais à la connaissance du cocontractant[103]. En second lieu, il faut que, sans cette erreur, la victime
n'aurait pas contracté ou aurait contracté à des conditions différentes — par exemple, l'acheteur aurait payé un prix moindre.
Le législateur exige donc que le dol soit déterminant ou, comme
le recommandait l'Office de révision, simplement incident[104].
La majorité de la jurisprudence avait admis le dol incident
comme motif de dommages-intérêts ou de réduction des obligations, mais non de nullité[105].

En matière de vente, les exemples de dol déterminant ou incident sont nombreux. Citons le cas du vendeur qui présente
comme neuf un véhicule usagé ou qui déclare que le véhicule
neuf est de l'année courante alors qu'il a été fabriqué antérieurement et qu'il est différent du modèle de l'année courante[106].
Le vendeur d'un fonds de commerce qui affirme que ce fonds
rapporte des profits, alors qu'il entraîne des pertes, ou même
qui passe sous silence une baisse importante du chiffre d'affaires est lui aussi coupable de dol[107].

c. Crainte

27. Le Code civil prévoit certaines conditions pour que la
crainte permette d'obtenir la nullité ou une autre sanction[108];
nous ne soulignerons ici que les deux principales.

D'abord, à l'instar de l'erreur provoquée par le dol, la crainte
doit avoir été déterminante, c'est à dire que, sans les menaces

dont il a été victime, l'acheteur ou le vendeur n'aurait pas contracté ou encore aurait contracté à des conditions moins
onéreuses; tel est le cas du laitier qui, sous la menace de perdre
son emploi, achète de son employeur de l'équipement et l'achalandage d'un circuit de distribution de lait[109].

Le Code civil dispose que «la crainte inspirée par l'exercice
abusif d'un droit ou d'une autorité ou par la menace d'un tel
exercice vicie le consentement»[110]. Le législateur consacre ainsi
l'exigence du caractère illégitime de la menace ou de la cause
de la crainte. Pour être un motif de nullité ou d'une autre sanction, il suffit que la menace ait été illégitime soit quant au but
poursuivi par son auteur soit quant aux moyens qu'il a employés[111].

d. Sanctions

28. Les vices de consentement conduisent à la nullité relative[112].
Il serait excessif de reprendre dans ce précis la théorie des nullités[113], mais il convient de signaler quelques particularités qui
peuvent être fort pertinentes en matière de vente.

Lorsqu'il y a erreur provoquée par le dol, crainte causée par
violence ou lésion, la victime dispose d'un triple choix: elle
peut exercer un recours en nullité, en dommages-intérêts ou en
réduction de ses obligations[114]. Il s'agit en fait de la codification
et de l'élargissement de la jurisprudence largement majoritaire
sur les sanctions du dol incident[115]. Les derniers recours en
dommages-intérêts ou en réduction du prix sont particulièrement avantageux pour l'acheteur qui désire conserver le bien
acheté et qui peut ainsi recouvrer la différence de valeur entre
le bien tel qu'il lui a été représenté et celui qu'il a réellement
acheté, ou encore le coût des travaux nécessaires pour rendre le
bien conforme à ce que le vendeur lui avait dit qu'il était.

3. Objet et cause

a. Objet possible

29. Comme première règle relative à l'objet de la vente, il faut
qu'il soit possible, c'est-à-dire que le transfert de propriété soit
possible[116]. Si une vente portait sur un bien individualisé qui
n'existe pas ou qui a existé mais qui a péri avant que la vente

ne soit conclue, le transfert de propriété serait impossible; la vente serait frappée de nullité absolue[117].

b. Objet déterminé ou déterminable

30. En second lieu, il faut que le bien qui est l'objet de la vente soit déterminé quant à son espèce et qu'il soit déterminé ou au moins déterminable quant à sa quantité[118]. Il n'est donc pas essentiel que la convention révèle expressément la quantité précise pourvu que ses termes, exprès ou implicites, permettent de la déterminer; la même règle semble pouvoir s'appliquer à certains aspects de la nature du bien[119]. Mais par exemple un simple engagement d'acheter «des produits» d'une marque déterminée, pour au moins une certaine valeur totale fixée dans la convention, alors qu'il existe au moins cent produits différents de cette marque, constitue un contrat nul au motif qu'il ne porte pas sur un objet déterminé ni déterminable[120].

31. Plusieurs types de situation peuvent se présenter. La plus simple, et qui ne pose guère de problème à l'égard de cette règle, est la vente d'un bien individualisé, aussi appelée «vente d'un corps certain et déterminé», ou de plusieurs biens considérés par les parties comme une universalité, aussi appelée «vente en bloc» au sens propre de l'expression. Ce peut être par exemple la vente d'un véhicule portant tel numéro de série ou celle de tout un lot de billots de bois situés à tel endroit[121].

Les ventes suivantes, par ailleurs, présentent souvent des problèmes de transfert de propriété, de risques ou de fruits[122], cependant elles satisfont l'exigence que l'objet doit être déterminé ou déterminable[123]:

La vente d'un bien individualisé quant à son espèce seulement, jusqu'à maintenant connu sous le nom de «vente d'une chose de genre», comme par exemple la vente d'une boite de 500g de café de tel type et de telle marque.

La vente dite «au compte, au poids ou à la mesure», c'est-à-dire la vente d'un bien individualisé quant à son espèce seulement et qui ne peut être complètement individualisé que par la pesée, la mesure ou le comptage et la mise à part des articles destinés à l'acheteur, par exemple la vente d'une quantité déterminée de boites d'aliments en conserve de telle nature à prendre parmi le stock du vendeur[124].

La vente de biens dont la quantité n'est pas précisée mais qui peut être déterminée d'après des éléments figurant dans la convention, telle la vente de la quantité d'huile nécessaire pour remplir le réservoir de l'acheteur.

La vente d'un bien dont la qualité n'est pas spécifiée[125].

Pourvu que l'espèce soit déterminée et la quantité au moins déterminable lors de la formation du contrat, la vente d'un bien futur, que le vendeur doit acquérir, fabriquer ou construire[126].

c. Objet licite

32. Enfin, le bien vendu ne doit pas être un objet hors commerce et sa vente ne doit pas être interdite par l'ordre public[127]. Cette règle prend plus d'importance à notre époque où l'ordre public a tendance à s'étendre.

Des dispositions législatives déclarent que certains biens sont hors commerce, prescrivent que leur aliénation serait contraire à l'ordre public ou simplement en interdisent la vente pour des motifs considérés d'ordre public.

À titre d'exemple, on peut mentionner d'abord le cas de l'aliénation d'une partie du corps humain ou de l'un de ses produits. Dans le Code civil du Bas-Canada, leur vente était valide pourvu qu'elle portât sur une partie du corps susceptible de régénération, car l'aliénation d'une partie qui ne l'était pas devait être gratuite; le risque couru par le majeur qui vendait une partie de son corps ne devait pas être «hors de proportion avec le bienfait qu'[il pouvait] en espérer[128]». Dans la réforme, le législateur s'est montré conservateur à ce sujet. Seule est désormais permise l'aliénation *gratuite* d'une partie du corps ou d'un de ses produits[129].

Le Code civil interdit tout pacte sur une succession future. C'est dire que la vente des droits à une succession qui n'est pas encore ouverte est illégale[130] La vente de tels droits est cependant valide si elle survient après le décès du *de cujus*[131].

On peut encore citer l'interdiction de la vente des produits énumérés dans l'annexe de la *Loi sur les produits dangereux*[132] et la vente d'appareils, de dispositifs et de matériaux électriques qui serait interdite par le règlement adopté en vertu de la *Loi sur les installations électriques*[133].

33. Dans d'autres cas, ce n'est pas la loi mais la jurisprudence et la doctrine qui considèrent un bien comme hors commerce et sa vente comme contraire à l'ordre public. Ainsi, les ventes suivantes sont nulles pour illicéité de leur objet:

La vente de la clientèle d'un médecin et des dossiers de ses patients[134].

La vente des vases sacrés et autres objets consacrés au culte, tel que décidé dans la célèbre affaire des trésors de l'Ange-Gardien[135].

La vente des droits qui sont attachés à la personne, tels qu'une pension alimentaire et une pension de retraite[136].

La vente de choses communes à tous, ou *res communis*, sauf l'air et l'eau quand ils ne sont pas destinés à l'utilité publique et qu'ils sont recueillis dans un récipient[137].

d. Cause licite

34. La cause du contrat est le motif personnel, concret et subjectif pour lequel une partie, ou les deux, ont conclu ce contrat; il varie donc d'une convention à l'autre. Le Code civil dispose qu'un contrat est nul, de nullité absolue, quand sa cause est prohibée par la loi ou contraire à l'ordre public[138]. Cette dernière partie de la disposition est une règle utile au contrôle judiciaire de la licéité des conventions, notamment de la vente. Il arrive parfois que le bien vendu ne soit pas contraire à l'ordre public mais que le but poursuivi par les parties, en passant ce contrat, le soit; par exemple les parties peuvent vouloir ainsi accomplir un acte interdit par le Code criminel, une loi pénale, administrative ou civile, ou encore poser un geste contraire aux bonnes mœurs[139].

4. Capacité

a. Règles générales

35. Les règles générales sur la capacité des personnes sont énoncées au livre des personnes[140]. Il suffit de rappeler ici les principales d'entre elles qui concernent la capacité de vendre ou d'acheter. Pour le mineur, il faut distinguer selon les deux types de protection prévus par le Code civil: le cas du mineur non émancipé et celui du mineur ayant reçu la simple émancipation.

Le mineur non émancipé peut passer seul les contrats relatifs à ses besoins usuels et ordinaires, compte tenu de son âge et de sa capacité de discernement[141]. Toutefois, quand il agit seul, il peut obtenir la nullité du contrat ou la réduction des obligations qui en découlent s'il subit un préjudice du fait de ce contrat[142].

Pour tous les contrats qui ne concernent pas ses besoins usuels et ordinaires, le mineur non émancipé doit être représenté par son tuteur[143]. De plus, pour la vente d'un immeuble, d'une entreprise ou d'un autre bien important de caractère familial, le tuteur doit avoir été autorisé par le conseil de tutelle ou, si la valeur du bien excède 25 000$, par le tribunal, lequel doit solliciter l'avis du conseil de tutelle; l'autorisation est donnée seulement dans certains cas définis par la loi, comme la nécessité de la vente pour assurer l'éducation et l'entretien du mineur[144]. Pour la vente d'un bien dont la valeur excède 25 000$, le tuteur doit obtenir l'évaluation préalable d'un expert, sauf s'il s'agit de certaines valeurs mobilières[145]. Si le mineur passe seul un tel contrat, ou s'il est représenté par son tuteur mais que le conseil de tutelle ou le tribunal, selon le cas, n'a pas autorisé le contrat, le mineur peut en obtenir la nullité sans avoir à prouver qu'il subit un préjudice[146].

36. Quant au mineur ayant reçu la simple émancipation[147], il a la capacité d'agir seul pour tous les contrats relatifs à ses besoins usuels et ordinaires ainsi que pour les actes de simple administration. Ces achats ou ces ventes ne peuvent être attaqués même quand le mineur en subit un préjudice[148].

Dans les autres cas, le mineur ayant la simple émancipation doit être assisté de son tuteur. De plus, pour la vente d'un immeuble ou d'une entreprise, il faut l'autorisation du tribunal, qui n'est donnée qu'après avis du tuteur. Si un tel contrat est passé sans que ces formalités ne soient respectées et qu'il cause préjudice au mineur, celui-ci peut en demander la nullité ou la réduction des obligations qui en découlent[149].

b.   Règles particulières du Code civil

37. Le Code civil contient un certain nombre de règles particulières qui restreignent la capacité de vendre ou d'acheter. Les plus importantes, en pratique, ne se trouvent pas dans le chapitre sur la vente mais dans le titre sur le mariage.

Autrefois, la vente entre époux était interdite, afin d'éviter la fraude des créanciers et l'influence indue d'un époux sur son conjoint[150]. Cette prohibition a été levée il y a plus de 20 ans et une telle vente est maintenant valide. De nouvelles prohibitions ont cependant été introduites dans le droit du mariage afin de protéger les intérêts de la famille.

Il s'agit d'abord de la vente par l'un des époux, sans le consentement de son conjoint, d'un bien meuble destiné à garnir ou orner la principale résidence de la famille; une telle vente est sanctionnée par la nullité relative, au bénéfice du conjoint dont le consentement était requis, mais seulement si le tiers acheteur était de mauvaise foi[151].

Deuxièmement, il est interdit à un époux de vendre, sans le consentement du conjoint, un immeuble qui sert en tout ou en partie de résidence familiale principale, à la condition toutefois qu'une déclaration de résidence familiale ait été inscrite avant la vente. Si l'immeuble comporte moins de 5 logements, la vente est sujette à la nullité relative au bénéfice du conjoint dont le consentement était requis; si l'immeuble comporte 5 logements ou plus, le conjoint peut seulement exiger de l'acquéreur qu'il lui consente le louage du logement déjà occupé par la famille[152].

Dans le livre sur les biens, au titre des restrictions à la libre disposition des biens, on trouve le régime juridique de la prohibition d'aliéner, maintenant appelée «stipulation d'inaliénabilité[153]». Quand la stipulation est valide et qu'elle est enfreinte sans autorisation du tribunal, la nullité relative de la vente peut être demandée par celui qui a fait la stipulation d'inaliénabilité, par son ayant cause ou par celui au bénéfice duquel elle a été faite[154].

Dans le chapitre sur la vente, l'article 1709 du Code civil du Québec reprend la règle classique sur l'interdiction de vendre ou d'acheter certains biens faite à des personnes en conflit d'intérêts, même par personne interposée. Cette incapacité de jouissance vise notamment l'administrateur du bien d'autrui[155], le tuteur du mineur ou du majeur[156], le curateur[157] et le mandataire[158]. Alors que l'article correspondant du Code civil du Bas-Canada constituait une énumération de cas d'incapacité, la disposition du Code civil du Québec est une règle générale visant

la vente d'un bien par celui qui est chargé de le vendre et toute
vente par l'administrateur du bien d'autrui et par celui chargé
de surveiller l'administration qui en est faite; celui qui ne peut
acquérir ne peut non plus vendre son propre bien en recevant
comme prix une somme d'argent provenant du patrimoine qu'il
est chargé d'administrer[159]. La règle est sanctionnée par la nullité relative[160].

Cette disposition doit être complétée par une interdiction
particulière concernant l'achat de droits litigieux par un avocat,
un notaire, un juge ou un autre officier de justice. La nouvelle
règle est un peu plus large que celle du Code civil du Bas-
Canada, laquelle était restreinte aux droits litigieux du ressort
du tribunal où ces personnes exercent leurs fonctions[161]. Le
Code civil du Québec prévoit la nullité absolue de la vente
conclue en violation de cette interdiction, ce qui met fin à une
controverse doctrinale[162].

c.   Règles particulières édictées par des lois

38. Les restrictions à la capacité de vendre ou d'acheter ne sont
pas toutes contenues dans le Code civil, loin de là. Au nom de
l'intérêt de la collectivité, de nombreuses dispositions incluses
dans des lois viennent limiter la capacité de jouissance ou
d'exercice. Leur incidence sur le droit de la vente se fait de plus
en plus grande.

Un premier groupe de règles viennent restreindre la capacité de
jouissance des personnes de doit privé. Ce sont des dispositions
appartenant généralement à l'ordre public de direction, de sorte
que leur violation entraîne en principe la nullité absolue de la
vente[163]. On peut citer les exemples suivants.

Le propriétaire d'un logement situé dans un immeuble qui a été
converti en copropriété par déclaration ne peut pas vendre ce
logement sans avoir d'abord donné au locataire qui l'occupe la
possibilité de l'acheter[164].

Le propriétaire d'un bien culturel «reconnu» (et inscrit dans le
registre spécial du ministère des Affaires culturelles) ne peut le
vendre sans avoir donné au ministre un avis préalable de 60
jours, période pendant laquelle le ministre peut acquérir ce bien,
s'il a plus de 50 ans, pour le prix auquel le propriétaire offre de
le vendre[165].

Dans une région désignée comme agricole par la Commission de protection du territoire agricole, le propriétaire de deux ou plusieurs lots contigus ne peut, sans l'autorisation de la Commission, aliéner une partie seulement de ces lots à la fois[166].

39. Un second groupe de règles, extrêmement nombreuses, viennent restreindre la capacité de jouissance ou d'exercice, selon le cas, des personnes de droit public. On en dénote plusieurs types. Selon ces règles, par exemple, l'autorité publique ne peut contracter que pour un objet qui entre dans le cadre de ses attributions *rationae materiae*, certains contrats doivent être spécifiquement autorisés par un organe de l'Administration (tels le conseil du Trésor, le conseil des ministres, le conseil municipal) et seuls certains membres bien déterminés de l'Administration ont le pouvoir de signer certains contrats.

Un autre type de telles règles est l'exigence d'une autorisation préalable du contrat par une autorité administrative autre que celle qui est partie à la vente. Le législateur veut ainsi assurer le contrôle de l'opportunité et de la légalité du contrat proposé, la bonne gestion de l'autorité inférieure ou permettre l'information et éventuellement l'intervention de l'autorité supérieure. Comme on est encore en matière d'ordre public de direction, la sanction de la vente ou l'achat passé en violation d'une telle disposition est la nullité absolue[167]. Deux exemples seulement seront mentionnés.

La municipalité qui désire acheter un immeuble pour des fins industrielles doit obtenir l'autorisation et du ministre des Affaires municipales et de celui de l'Industrie et du Commerce[168].

La commission scolaire qui désire acheter des biens meubles d'une valeur de plus de 50 000$ ou un immeuble et qui, pour ce faire, doit engager des crédits qui s'étalent sur plus d'un an doit obtenir l'autorisation du ministre de l'Éducation[169].

B. *Promesse de vente*

1. Nature

40. Il y a deux types de promesse de vente: la promesse bilatérale, par laquelle une partie s'engage à vendre un bien et le cocontractant s'engage à l'acheter; la promesse unilatérale, par

laquelle seule une des parties s'engage soit à vendre soit à acheter un bien[170]. La promesse unilatérale est très souvent appelée «option». Comme promesses unilatérale et bilatérale sont des contrats (on les appelle des «avant-contrats»), elles supposent nécessairement un accord des volontés sur l'objet et le prix, lesquels doivent être déterminés ou au moins déterminables comme pour la validité de la vente elle-même[171]. L'option comprend parfois un prix payé par le bénéficiaire comme contrepartie de l'avantage qu'il en retire, mais cela ne change pas la nature de l'institution[172].

a.   Distinction avec l'offre

41. Il ne faut pas confondre la promesse unilatérale et l'offre d'achat ou de vente[173]. La promesse unilatérale est un contrat; elle demande donc un accord de volontés sur le bien et le prix comme on vient de le voir. Toutefois, le bénéficiaire n'assume aucune obligation d'acheter ou de vendre. On verra plus bas que la violation d'une promesse est sanctionnée par l'action en passation de titre ou un recours contractuel en dommages-intérêts[174].

L'offre, par ailleurs, n'est pas un contrat. Il s'agit d'un acte unilatéral par lequel une personne exprime sa volonté de vendre, ou d'acheter, tel bien à tel prix[175]. Le contrat se formera dès que le bénéficiaire acceptera d'acheter, ou de vendre, aux termes de l'offre[176]. Mais au moment de l'offre elle-même, le bénéficiaire ne donne quelqu'accord que ce soit. Contrairement à la promesse, l'offre sans délai peut être retirée à tout moment avant son acceptation. La violation d'une offre entraîne seulement la responsabilité extracontractuelle en dommages-intérêts[177].

En pratique, il est souvent difficile de distinguer une promesse unilatérale et une offre. Les gens utilisent indifféremment un terme ou l'autre. De plus, l'offre avec délai et la promesse avec délai constituent des situations très semblables: il est alors malaisé de déterminer si le bénéficiaire a donné son accord sur le bien et le prix, quoiqu'il n'ait pris aucun engagement (cas de la promesse), ou s'il est demeuré purement passif (cas de l'offre). Pour résoudre cette difficulté, le législateur a adopté une présomption: «l'offre de contracter, faite à une personne déterminée,» est réputée être «une promesse de conclure le contrat envisagé, dès lors que le destinataire manifeste clairement à l'offrant son intention de prendre l'offre en considération et d'y répondre dans un délai raisonnable ou dans celui dont elle est assortie»[178].

b. Distinction avec le pacte de préférence

42. En droit québécois, «pacte de préférence» et «droit de préemption» sont des synonymes[179]. Le pacte de préférence constitue un accord par lequel une partie s'engage, pour le cas où elle déciderait de vendre son bien, de l'offrir en priorité à l'autre partie. La première condition de la mise en œuvre du pacte de préférence est donc la volonté du propriétaire de mettre son bien en vente; il reste libre de ne jamais le faire[180].

Pour connaître les droits des parties, les conventions de pacte de préférence doivent être examinées attentivement, car il en existe au moins deux espèces[181]. Dans certains cas, le prix auquel le bénéficiaire pourra acheter le bien est déterminable, car la convention prévoit que ce sera le prix auquel le bien sera mis en vente ou encore le prix offert par le premier tiers intéressé. Dans d'autres cas cependant, la convention reste silencieuse sur le prix: la seule obligation du propriétaire alors consiste, s'il décide de vendre le bien, de l'offrir d'abord au bénéficiaire et, à notre avis, de négocier de bonne foi avec lui selon le principe énoncé à l'article 1375 du Code civil du Québec.

Certaines autorités considèrent le pacte de préférence comme une promesse unilatérale et conditionnelle[182]. Mais telle n'est plus la qualification retenue par la doctrine et la jurisprudence contemporaines, du moins au Québec. Quand le prix n'est même pas déterminable, il ne saurait être question d'assimiler le pacte de préférence à la promesse. De plus, la volonté du propriétaire ne saurait constituer une condition de son obligation, car elle est un élément essentiel de ce mécanisme, et ce serait une condition purement potestative. Le pacte de préférence, dont la validité n'est plus contestée aujourd'hui, apparaît donc comme une institution *sui generis*, d'ailleurs fort utile aux affaires[183].

43. L'intérêt s'est porté sur les effets du pacte de préférence. En cas de violation, on s'est accordé à reconnaître au bénéficiaire

un recours en dommages-intérêts; en revanche, selon la majorité des autorités, le bénéficiaire n'acquérait pas de droit réel et
ne disposait pas d'un recours en passation de titre ou en résolution de la vente consentie à un tiers, dans le droit du Code
civil du Bas-Canada[184].

Dans une disposition nouvelle, le Code civil du Québec codifie
la jurisprudence majoritaire et exclut clairement le droit du
bénéficiaire d'attaquer la vente consentie à un tiers ou d'exiger
la passation du titre[185]. Quand le propriétaire a vendu à un tiers
ou que, ayant décidé de vendre, il n'offre pas le bien au bénéficiaire, celui-ci peut donc obtenir du propriétaire la compensation du préjudice qu'il subit[186]; contre le tiers qui a acquis le
bien de mauvaise foi, le bénéficiaire peut aussi obtenir des
dommages-intérêts[187]; mais ses droits s'arrêtent là.

c.   Faculté de dédit

44. C'est dans une promesse de vendre ou d'acheter qu'on
trouve habituellement la stipulation d'une faculté de dédit,
comme d'ailleurs une convention d'arrhes. Mais il faut se rappeler que rien ne s'oppose à ce que ces clauses particulières
soient insérées dans la vente elle-même, voire dans un autre
contrat.

La faculté de dédit est le droit reconnu par la convention à une
partie, ou à chacune d'elles, de résoudre la promesse à sa discrétion; la résolution est extrajudiciaire et unilatérale; aucune
justification n'est requise, mais la faculté de dédit ne saurait
être exercée de façon malicieuse[188]. C'est en somme un droit de
repentir, comme ceux imposés par la loi dans certains contrats
de consommation et dans la promesse d'achat d'un immeuble
résidentiel[189].

Quand la faculté de dédit n'est pas imposée par la loi, elle
comprend très souvent le versement d'une somme d'argent par
une partie à l'autre. Elle peut alors, mais pas nécessairement,
former une convention d'arrhes[190].

d.   Convention d'arrhes

45. La convention d'arrhes est celle par laquelle une partie, très
généralement le promettant-acheteur, remet au cocontractant,

lors de la promesse, une somme d'argent de telle sorte que celui qui a versé cette somme peut se libérer de la promesse en l'abandonnant à l'autre et que celui qui l'a reçue peut se libérer en remboursant à celui qui l'a versée le double de ce qu'il a reçu; les parties prévoient habituellement un délai pendant lequel elles peuvent se prévaloir de cette faculté[191].

La faculté de dédit et la convention d'arrhes ne doivent pas être confondues. Tandis que la convention d'arrhes suppose nécessairement que chaque partie a le droit de se libérer de la promesse, dans la faculté de dédit ce droit peut être reconnu aux deux parties ou seulement à l'une d'elles[192].

46. Le problème le plus sérieux qu'on rencontre dans ce domaine en est un de qualification. Quand le promettant-acheteur verse une somme d'argent lors de la promesse, est-on en présence d'une convention d'arrhes ou du versement d'un acompte sur le prix? Il arrive assez souvent, en effet, que le promettant-acheteur donne un acompte sur le prix, pour prouver sa volonté ferme; il n'y a alors ni convention d'arrhes ni faculté de dédit[193].

À ce sujet, dans la jurisprudence rendue sous l'empire du Code civil du Bas-Canada, la faculté de se délier de son engagement étant dérogatoire du droit commun, *a priori* le versement d'un montant d'argent était vu comme un acompte et non comme des arrhes[194]. Mais la jurisprudence s'efforçait de déceler l'intention des parties à partir du texte de la convention et parfois même des circonstances. Si cette méthode ne donnait pas de résultat concluant, les tribunaux considéraient le montant versé: s'il correspondait raisonnablement à l'indemnité pour le préjudice subi par le promettant-vendeur du fait que la vente n'avait pas lieu, ils concluaient à une convention d'arrhes; en cas contraire, ils décidaient qu'il s'agissait d'un acompte[195].

Le Code civil du Québec édicte que «toute somme versée à l'occasion d'une promesse de vente est présumée être un acompte sur le prix, à moins que le contrat n'en dispose autrement» [196]. Un important changement est opéré. Désormais, la convention d'arrhes doit être très claire, sinon expresse. L'ancienne jurisprudence sur l'interprétation des conventions ne fait plus guère autorité, sauf, dans des cas marginaux, sur l'importance à accorder à l'intention des parties.

Quand il y a une véritable convention d'arrhes et qu'aucune des parties ne s'est prévalue de la faculté de dédit dans le délai utile, la promesse devient irrévocable et la somme versée devient alors un acompte sur le prix[197].

2. Effets

a. Promesse bilatérale

47. Le Code civil du Québec met fin à l'une des plus importantes controverses du droit civil québécois, qui était largement attribuable à la rédaction ambiguë des articles 1476 et 1478 du Code civil du Bas-Canada: il s'agit des effets des promesses bilatérale et unilatérale de vente ou d'achat.

En ce qui concerne d'abord la promesse bilatérale, le *nouveau texte nous paraît clair*: elle ne constitue pas une vente, mais un avant-contrat par lequel les parties s'obligent à passer ultérieurement la vente[198]. Les parties à la promesse sont donc toutes les deux tenues à une obligation de faire, soit de signer une convention de vente conforme à la promesse, obligation qui pourra éventuellement être sanctionnée par l'action en passation de titre[199]. La promesse elle-même n'engendre aucun des effets de la vente; notamment, elle ne transfère pas la propriété du bien ni ne confère au promettant-acquéreur aucun droit réel qui justifierait l'inscription[200]. Ainsi, s'il arrivait que le promettant-vendeur vende à un tiers de bonne foi, le seul recours du promettant-acheteur serait en dommages-intérêts contre le promettant-vendeur[201].

Par cette disposition, le législateur consacre l'interprétation que la majorité de la jurisprudence et la doctrine donnaient à l'ancienne règle du Code civil du Bas-Canada; de nombreuses autorités demeurent donc pertinentes[202]. Par ailleurs, d'autres autorités, pour lesquelles la promesse bilatérale constituerait une vente et en produirait immédiatement tous les effets, n'ont plus qu'un intérêt historique (ces autorités préconisaient la même solution pour la promesse unilatérale ayant fait l'objet d'une levée d'option)[203].

48. Cette règle du Code civil, toutefois, n'est qu'interprétative de la volonté des parties à une promesse[204]; elle ne s'applique donc que lorsqu'il est impossible de décider si les parties ont eu

l'intention, en passant la promesse, de faire simplement un avant-contrat ou une vente réelle. Dans tous les cas, il faut d'abord rechercher l'intention des parties. En cas de doute, les tribunaux déterminent l'intention présumée des parties à partir des termes employés dans la convention ou même de certains indices[205].

Ainsi, quand les parties consentent à retarder le transfert de propriété jusqu'à la passation de l'acte notarié, on décide que la promesse n'équivaut pas à une vente[206]. Au contraire, quand elles prévoient le paiement du prix et le transfert de propriété dès le moment de la promesse, on juge qu'il y a vente immédiate[207].

49. Le principal effet de la promesse est de permettre au bénéficiaire d'exercer une action en passation de titre contre son cocontractant récalcitrant. Ce recours a pour objet de contraindre le défendeur à signer un acte de vente conforme à la promesse ou, à défaut par lui de ce faire dans le délai déterminé, de tenir lieu d'acte de vente[208]. Quand, par interprétation de la convention ou par application de la règle du Code civil, la promesse est considérée comme un simple avant-contrat, le jugement en passation de titre est constitutif des droits des parties[209]. En revanche, quand on décide que la promesse équivaut à une vente, au moment du jugement les effets de la vente sont réputés s'être déjà produits et le jugement est déclaratoire des droits des parties[210].

50. La promesse peut aussi donner droit à des dommages-intérêts, comme tout contrat lorsqu'il est violé. Le recours en dommages-intérêts peut être joint à l'action en passation de titre, de façon accessoire ou même subsidiaire[211], ou il peut être exercé à la place de l'action en passation de titre[212].

Quand le bien a été vendu à un tiers de bonne foi en violation de la promesse, les dommages-intérêts contre le promettant-vendeur constituent la seule sanction possible; en effet, le tiers ne saurait alors être recherché en responsabilité car il n'a aucun lien contractuel avec le bénéficiaire de la promesse et il n'a commis aucune faute extracontractuelle[213]. Si toutefois le tiers acquéreur est de mauvaise foi, il a commis la faute d'avoir délibérément contribué à frustrer le bénéficiaire de ses droits et attentes légitimes, ce qui le rend passible de dommages-intérêts comme le promettant-vendeur lui-même, mais au plan extracontractuel[214].

51. Sous l'empire du Code civil du Bas-Canada, certaines autorités estimaient que le bénéficiaire de la promesse pouvait obtenir la nullité de la vente consentie à un tiers de mauvaise foi, en application du principe *fraus omnia corrumpit* ; les exigences de la jurisprudence pour admettre la mauvaise foi étaient cependant si élevées que ce recours demeurait plutôt théorique[215]. Qu'en est-il maintenant?

L'article 1397 du Code civil du Québec dispose que la vente consentie à un tiers est «opposable» au bénéficiaire de la promesse. Il s'agit d'une règle qui protège l'acquéreur, même de mauvaise foi, contre une attaque de son titre par celui qui ne détient qu'une promesse d'achat. Cette disposition semble donc exclure toute possibilité d'obtenir la nullité de la vente consentie au tiers.

Cependant, cet article 1397 doit être interprété à la lumière de celui qui le précède immédiatement et dont il constitue le complément. L'article 1396 prescrit que la promesse bilatérale et la levée de l'option dans une promesse unilatérale ne transfèrent pas la propriété du bien au bénéficiaire; comme on vient de le voir, telle est désormais la règle claire du droit commun. Puisque ce sont des dispositions complémentaires, la promesse à laquelle réfère l'article 1397 est celle visée par l'article 1396.

Or, dans le nouveau droit comme dans celui du Code civil du Bas-Canada, rappelons-le, il peut y avoir et il existe effectivement des conventions de promesse dans lesquelles l'intention des parties est de réaliser le transfert de propriété dès la conclusion de la promesse bilatérale ou dès la levée de l'option. Dans un tel cas, il y a transfert immédiat de propriété; malgré leur nom, de telles «promesses» constituent en réalité des ventes. Dès lors, à notre avis, ni l'article 1396 ni l'article 1397 du Code civil du Québec ne s'appliquent; car ces dispositions, rappelons-le, ne sont que supplétives de la volonté des parties.

Dans cette hypothèse, il y a en réalité une *double vente*: le propriétaire a d'abord vendu le bien par le truchement d'une promesse et il l'a vendu une seconde fois au moyen d'une vente. Il ne s'agit pas de se demander si le bénéficiaire de la «promesse» peut obtenir la nullité de la deuxième vente. Il s'agit de savoir laquelle des deux ventes doit avoir priorité, c'est-à-dire laquelle est opposable à l'autre[216].

52. Enfin, signalons que, si les conditions prévues par le Code de procédure civile sont remplies, le bénéficiaire d'une promesse peut, pour empêcher la vente appréhendée à un tiers, recourir à la saisie avant jugement[217] et à l'injonction, même interlocutoire ou provisoire[218].

b. Promesse unilatérale

53. La promesse unilatérale, communément appelée «option», ne donne lieu qu'à quelques problèmes qui n'ont pas déjà été examinés dans le cadre de la promesse bilatérale. Il s'agit d'abord de la situation juridique des parties avant la levée de l'option.

Si, comme on l'a vu, la promesse bilatérale aujourd'hui n'équivaut pas à vente et ne confère pas au bénéficiaire un droit réel susceptible d'être inscrit, à plus forte raison doit-il en être de même pour le bénéficiaire d'une simple promesse unilatérale avant la levée de l'option. Ce dernier ne détient pas de droit réel, mais une créance de nature mobilière en vertu de laquelle il pourra éventuellement contraindre le promettant à réaliser la vente. Si le bien est vendu à un tiers de bonne foi, le bénéficiaire ne possède donc aucun droit contre lui[219].

Même avant la levée de l'option, le bénéficiaire dispose de certaines sanctions contre le promettant. Si le promettant-vendeur vend à un tiers ou encore si le promettant-acheteur ou le promettant-vendeur indique son intention de ne pas respecter sa promesse, il se rend passible de dommages-intérêts pour violation d'une obligation contractuelle[220]. De plus, quand le promettant-vendeur s'apprête à vendre à un tiers, le bénéficiaire doit à notre avis pouvoir recourir aux mesures provisionnelles pour l'en empêcher, comme dans le cas de la promesse bilatérale[221].

54. Le délai dont dispose le bénéficiaire pour lever l'option, d'après l'opinion qui a fini par prévaloir, n'est pas un délai de rigueur en règle générale[222]. Cependant, les parties ont la liberté de stipuler que le délai sera de rigueur, ou qu'elles seront libé-

rées par le seul écoulement du temps prévu pour lever l'option;
la volonté des parties doit être clairement exprimée à ce sujet;
à l'arrivée du terme le bénéficiaire ne pourra pas prétendre que
le promettant a tacitement renoncé au délai et il perdra alors ses
droits, sauf évidemment nouvelle convention[223].

Quand la convention ne prévoit aucun délai pour l'acceptation
et que le bénéficiaire n'accepte ni ne renonce à la promesse, le
promettant se trouve dans une situation quelque peu embarras-
sante. Pour s'en sortir, il doit mettre le bénéficiaire en demeure
de faire un choix dans une délai déterminé et raisonnable. Le
bénéficiaire qui n'exercerait pas son choix dans ce délai per-
drait alors ses droits[224].

55. Quant aux effets de la levée de l'option, ils ont fait l'objet
du même débat que celui, évoqué plus haut, sur les effets de la
promesse bilatérale, dans le droit du Code civil du Bas-Canada:
on s'est demandé si la levée de l'option entraînait une vente ou
simplement un avant-contrat obligeant les parties à passer la
vente. Pour la promesse unilatérale comme pour la promesse
bilatérale, l'article 1396, alinéa 2, du Code civil du Québec
tranche la controverse en faveur de l'opinion majoritaire de la
jurisprudence et la doctrine[225]: la levée de l'option donne naissance à une promesse bilatérale, non à une vente.

Ainsi, en règle générale, la levée de l'option ne crée pas de droit
réel susceptible de permettre l'inscription[226]. Comme en matière
de promesse bilatérale, toutefois, il faut toujours faire prévaloir
l'intention des parties sur ces règles du Code civil: ainsi, la
propriété est transférée au moment même de la levée de l'option
quand les termes de la convention révèlent, même implicitement, l'intention des parties qu'il en soit ainsi[227].

Enfin, après la levée de l'option, les parties disposent des
mêmes droits que dans la promesse bilatérale: elles peuvent
toutes les deux recourir à l'action en passation de titre, celle en
dommages-intérêts et aux mesures provisionnelles, redresse-
ments qui ont été mentionnés plus haut[228].

c. *Promesse avec délivrance et possession*

56. Par dérogation aux règles précédentes, le Code civil dispose
qu'une promesse constitue une vente quand elle est complétée

par la délivrance du bien au promettant-acheteur et que celui-ci en a la possession actuelle; la vente a alors lieu immédiatement, quitte à ce que les parties signent plus tard l'acte de vente. Cette règle vaut aussi bien pour la promesse unilatérale que pour la promesse bilatérale[229]. Les deux codes sont identiques sur ce point.

La loi présume que, dans ces circonstances, les parties consentent à ce que la vente produise immédiatement ses effets, ce qui implique qu'on soit en présence d'une vente et non d'une promesse[230]. En effet, le promettant-vendeur, en délivrant le bien, et le promettant-acheteur, en en prenant possession, commencent à exécuter leurs obligations découlant de la vente elle-même.

C'est ce qui explique que, lorsque la délivrance et la prise de possession ont une autre raison d'être que la vente et la promesse, par exemple si elles résultent d'un louage du bien, cette règle ne s'applique pas[231].

La jurisprudence et la doctrine étaient d'avis que la disposition correspondante dans le Code civil du Bas-Canada n'était pas d'ordre public. En conséquence, la promesse avec délivrance et possession n'équivalait à vente qu'à défaut de stipulation contraire ou de termes incompatibles avec l'idée d'une vente immédiate[232]. La même interprétation devrait prévaloir pour la nouvelle disposition — qui aurait certes pu être plus explicite[233] — car il n'y a aucune indication qu'elle soit impérative.

C. Vente du bien d'autrui

1. Introduction

57. Aux termes des articles 1723 et suivants du Code civil du Québec, quand le bien vendu n'appartient pas au vendeur, la vente est nulle et le propriétaire peut le revendiquer. Un résumé du fondement de ces recours permettra de mieux interpréter les règles pertinentes.

Pour expliquer l'action en nullité de la vente du bien d'autrui, deux théories ont été mises de l'avant. La première repose sur le fait que le transfert de propriété est un des éléments essentiels de la vente: on ne peut transférer plus de droits qu'on n'en détient soi-même et le vendeur qui n'est pas propriétaire ne

pourrait prétendre passer une vente, car il serait impossible
qu'elle produise cet effet essentiel[234]. La seconde théorie voit
dans l'action en nullité la sanction d'une erreur, vice de consentement: l'acheteur d'un bien n'appartenant pas au vendeur serait
victime d'une erreur sur une qualité substantielle du bien, en
l'occurrence son appartenance au vendeur en pleine propriété[235].

Ces deux explications ne sont pas sans avoir des implications
concrètes. D'abord, selon la première, même un acheteur de
mauvaise foi pourrait demander la nullité de la vente, tandis
que, selon la seconde, seul l'acheteur de bonne foi le pourrait[236].
Deuxièmement, dans le droit du Code civil du Bas-Canada, en
vertu du premier fondement, l'action en nullité se prescrivait
par 30 ans selon la règle générale qui devait s'appliquer à
défaut de règle particulière[237]; d'après le second fondement, la
prescription était au contraire de 10 ans selon la règle concernant l'action en nullité pour erreur[238]. Dans le Code civil du
Québec, toutefois, la prescription est la même dans les deux
cas, vu l'unification des délais de prescription[239].

Le mérite de la thèse de l'erreur est d'expliquer le fait que, dans
le Code civil du Bas-Canada, seul l'acheteur pouvait demander
la nullité, qui est d'ailleurs une nullité relative; le vendeur ne le
pouvait pas[240]. Cette thèse doit toutefois être rejetée à notre avis.
En effet, elle est inconciliable avec le fait que non seulement
l'acheteur de bonne foi peut obtenir la nullité, mais même celui
qui est de mauvaise foi; les textes du Code civil du Québec,
comme d'ailleurs du Code civil du Bas-Canada, ne font aucune
distinction entre les deux[241]. De plus, de nouvelles dispositions
du Code civil permettent même au propriétaire et, à certaines
conditions, au vendeur lui-même de demander la nullité[242].

Dans l'action en nullité, le but du législateur n'est pas de protéger le consentement de l'acheteur, mais de faire respecter les
éléments essentiels du mécanisme juridique de la vente. Les
seules exceptions au droit d'obtenir la nullité[243] s'expliquent par
la sécurité de la vente en justice et la protection des intérêts
légitimes de l'acheteur-possesseur de bonne foi, qui peut invoquer la prescription acquisitive[244].

58. Le régime de la vente du bien d'autrui ne se limite pas aux
rapports entre l'acheteur et le vendeur: il inclut également ceux

qui existent entre chacun d'eux et le propriétaire du bien, car tous ces rapports sont étroitement liés.

La loi protège les intérêts légitimes du propriétaire qui désire récupérer son bien et obtenir une indemnité pour le préjudice qu'il a subi; d'où ses recours en revendication et en dommages-intérêts et même en nullité de la vente. Cependant, la loi apporte certaines restrictions aux droits du propriétaire car elle cherche à concilier ses intérêts avec d'autres objectifs non moins importants: l'intérêt de l'acheteur, qui peut invoquer la prescription acquisitive, la sécurité de la vente en justice, laquelle est inattaquable[245], et l'intérêt général du commerce; c'est au nom de l'intérêt général du commerce que, lorsque l'acheteur a acquis un bien meuble dans le cours des activités d'une entreprise du vendeur, le propriétaire qui le revendique est tenu de rembourser à l'acheteur le prix que celui-ci a payé pour l'acquérir[246].

On remarquera que le législateur moderne accorde moins d'importance que celui du XIXᵉ siècle à l'intérêt général du commerce. Dans le Code civil du Bas-Canada, la vente du bien d'autrui acheté d'un commerçant dans le cours ordinaire de ses affaires, ou dans une autre vente commerciale, était valide et inattaquable; ce n'est que lorsque le bien avait été perdu ou volé que le propriétaire pouvait le revendiquer, quoiqu'il devait alors rembourser à l'acheteur le prix que celui-ci avait payé[247]. Désormais, la vente «commerciale» du bien d'autrui ne sera jamais à l'abri d'une contestation; la seule considération que le législateur lui apporte est de permettre à l'acheteur d'exiger le remboursement du prix qu'il a payé au «commerçant» quand le propriétaire revendique le bien[248].

2. Notion

59. De manière générale, il y a vente du bien d'autrui lorsque, selon le cas, l'objet de la vente n'appartient pas au vendeur en pleine propriété, le vendeur n'est pas titulaire d'un autre droit réel qu'il veut céder ou il n'a pas le mandat ou le pouvoir légal d'aliéner le bien[249]. Ainsi, constituent des ventes du bien d'autrui: la vente d'un bien par le dépositaire, le locataire ou un autre détenteur précaire, la vente d'un immeuble sur lequel le vendeur n'a qu'un droit d'usufruit, d'usage ou d'habitation, le

fait pour l'acheteur à tempérament de vendre sans condition un objet non complètement payé, la vente sans restriction d'un bien quand on n'en est propriétaire que pour une part indivise, la vente d'un bien sur lequel une banque détient la sûreté spéciale de la *Loi sur les banques*[250], laquelle implique un droit de propriété *sui generis*[251].

Le moment exact du transfert de propriété n'est pas sans soulever certains problèmes[252]. Pour qu'il y ait effectivement vente du bien d'autrui, il faut que le vendeur ne soit pas propriétaire du bien au moment où ce transfert devrait normalement avoir lieu. Quand le transfert ne doit pas avoir lieu au moment de la formation du contrat mais qu'il est retardé à une date ultérieure, par la nature des choses ou par une disposition de la convention, le régime de la vente du bien d'autrui ne peut pas s'appliquer au jour de la formation du contrat; il trouvera peut-être à s'appliquer plus tard.

Par exemple, en matière de vente d'un bien déterminé quant à son espèce seulement, le propriétaire du bien et l'acheteur ne pourront faire valoir leurs droits au titre de la vente du bien d'autrui qu'au moment où le bien sera individualisé et que l'acheteur en sera informé[253]. S'agissant de la vente d'un bien futur, le régime de la vente du bien d'autrui ne pourra être invoqué que lorsque le bien aura été fabriqué ou construit et, s'il s'agit d'un bien individualisé quant à son espèce seulement, lorsqu'il aura été individualisé et que l'acheteur en aura été informé[254]. Si la convention prévoit un terme différant le transfert de propriété, la question de la vente du bien d'autrui ne pourra être soulevée qu'à l'arrivée du terme et si, alors, le vendeur n'est pas propriétaire.

On peut validement vendre un bien dont on est propriétaire sous condition résolutoire ou suspensive, mais la vente doit elle-même être soumise à cette condition. Quand la vente n'est pas assujettie à cette condition, le propriétaire et l'acheteur peuvent invoquer la vente du bien d'autrui si, au moment où ils le font, le vendeur n'est pas devenu propriétaire inconditionnel. Dans l'hypothèse où la vente n'est pas assujettie à cette condition, il faut toutefois réserver le cas où le vendeur informe clairement l'acheteur qu'il ignore si et quand il deviendra propriétaire: une telle vente, à notre avis, constitue un contrat aléatoire, parfaitement valide.

60. Dans quelques cas, il n'y a pas vente du bien d'autrui quoique le vendeur ne soit pas propriétaire du bien vendu au moment de la vente. Le premier, prévu par le Code civil, est le plus simple; c'est celui où le vendeur devient propriétaire subséquemment à la vente, par exemple s'il hérite du bien qu'il avait vendu alors qu'il appartenait au *de cujus*[255]. En second lieu, quand l'administrateur du bien d'autrui agit au-delà de ses pouvoirs en vendant le bien, le véritable propriétaire peut ratifier cet acte; tel est le cas par exemple du mandant qui ratifie la vente par le mandataire qui n'était pas autorisé à vendre[256].

Il y a enfin certains cas où la vente du bien d'autrui est jugée valide en raison de la théorie de l'apparence. Le plus connu est le cas du mandat apparent ou, plus généralement, du pouvoir apparent de l'administrateur du bien d'autrui[257]. Il faut mentionner aussi la vente, à un tiers de bonne foi, d'un bien de la succession par l'héritier apparent[258]. Finalement, le Code civil du Québec, uniformisant les solutions diverses du droit antérieur, considère valide la vente à un tiers de bonne foi par un ayant cause à titre particulier dont le titre devient anéanti rétroactivement par l'annulation ou la résolution[259].

3. Droits du propriétaire contre l'acheteur

a. Revendication

61. Le propriétaire a le droit de revendiquer son bien entre les mains de l'acheteur, comme autrefois dans le droit du Code civil du Bas-Canada. Il s'agit d'une application particulière du droit général de tout propriétaire de revendiquer le bien dont il a été dépossédé[260].

Quand cependant le bien a été acquis par l'acheteur dans le cours des activités de l'entreprise du vendeur — concept qui, en cette matière du moins, reprend essentiellement la vente commerciale et la vente par un trafiquant en semblables matières du Code civil du Bas-Canada, bien que le concept d'entreprise soit plus large[261] —, le propriétaire ne peut revendiquer son bien sans rembourser à l'acheteur le prix que celui-ci a déboursé pour l'acquérir[262]. Le législateur accorde ainsi une certaine protection aux opérations commerciales mobilières; bien que cette protection soit moins grande que celle procurée par le Code civil du Bas-Canada, elle n'est pas négligeable[263].

L'acheteur doit réclamer le remboursement du prix avant de
remettre le bien au propriétaire, car c'est un élément important
de la démarche du propriétaire: normalement, celui-ci n'est pas
disposé à payer n'importe quel prix pour récupérer son bien, et
parfois la somme est si importante qu'il préfèrera s'abstenir[264].

L'acheteur a aussi droit, selon les règles du droit commun des
biens, d'être remboursé par le propriétaire des constructions,
ouvrages et plantations qu'il a faits sur le bien revendiqué, le
cas échéant. Par exemple, le propriétaire doit rembourser à
l'acheteur de bonne foi toutes les dépenses nécessaires encourues; si plutôt les dépenses sont utiles et que les constructions,
ouvrages et plantations concernés existent encore lors de la
revendication, le propriétaire peut, à son choix, rembourser les
dépenses encourues ou verser une indemnité égale à la plus-
value donnée au bien[265].

b. Nullité

62. Désormais, les droits du propriétaire contre l'acheteur ne se
limitent pas à la revendication; il peut également obtenir la
nullité de la vente[266]. C'est une innovation du législateur
moderne[267]. Dans le droit du Code civil du Bas-Canada, le propriétaire ne pouvait demander la nullité de la vente: en raison
de l'effet relatif des contrats, ce tiers qu'est le propriétaire ne
pouvait attaquer la vente, à laquelle il est étranger[268]. Si on lui
permet de le faire aujourd'hui, c'est sans doute pour faciliter la
solution de tous les aspects de la vente du bien d'autrui par un
seul jugement et éviter la multiplication des recours; de plus, en
faisant prononcer la nullité du contrat, le propriétaire obtiendra
un jugement condamnant le vendeur à restituer à l'acheteur le
prix de la vente et évitera ainsi de devoir lui-même rembourser
ce prix, ce qu'il devrait faire s'il exerçait uniquement un
recours en revendication et qu'il s'agissait d'un meuble vendu
dans le cours des activités d'une entreprise.

En instituant son recours en nullité, le propriétaire doit poursuivre non seulement l'acheteur, mais aussi l'autre partie au
contrat attaqué, le vendeur. L'acheteur et le vendeur pourront
faire valoir des moyens de droit ou de fait visant à faire rejeter
l'action; par exemple, l'acheteur invoquera la prescription

acquisitive et le vendeur, une vente à terme et le fait qu'il est devenu propriétaire au moment de l'institution de l'action[269].

La question se pose maintenant de savoir si le propriétaire peut se contenter de revendiquer le bien sans demander aussi la nullité de la vente. Le texte de l'article 1714 du Code civil du Québec n'exige pas clairement que les deux recours soient liés. En vertu du Code civil du Bas-Canada, on l'a vu, le propriétaire n'avait pas le droit de demander la nullité; c'est dire qu'il exerçait simplement le recours en revendication. Il n'y a pas de motif, à notre avis, pour qu'il ne continue pas d'en être encore ainsi, lorsque tel est le choix du propriétaire. Quand ce dernier préfèrera uniquement revendiquer son bien, le vente demeurera valide entre les parties, et il appartiendra à l'acheteur, s'il le désire, d'en demander la nullité en poursuivant le vendeur[270]; quand cependant l'acheteur aura obtenu du propriétaire le remboursement du prix payé, il ne saurait demander au vendeur le remboursement une seconde fois et son intérêt pratique à obtenir la nullité sera mince[271].

c. Exceptions

i. Vente sous l'autorité de la justice

63. Il y a deux exceptions au droit du propriétaire de revendiquer son bien et de demander la nullité de la vente du bien d'autrui. Le premier cas est celui de la vente sous l'autorité de la justice[272]. On interprète cette exception comme englobant les ventes forcées et les ventes volontaires[273].

D'après les auteurs, la vente en justice n'accorde pas tout à fait la même protection selon qu'elle porte sur un meuble ou un immeuble. En ce qui concerne la vente d'un bien meuble, cette vente, sauf cas de fraude ou de non-respect des formalités prescrites par la loi, accorde à l'adjudicataire une protection complète contre la revendication et la nullité[274]. Dans la vente en justice d'un immeuble, si les formalités ont été respectées et s'il n'y a pas eu de fraude, l'adjudicataire n'est protégé contre la revendication et la nullité qu'en autant que l'immeuble a été saisi entre les mains d'une personne qui possédait l'immeuble à titre de propriétaire, avec *l'animus* d'un propriétaire[275].

ii. Prescription acquisitive

64. L'acheteur peut également opposer la prescription acquisitive au propriétaire qui revendique son bien ou demande la nullité de la vente. En matière mobilière, le Code civil du Québec, reprenant la règle de base du Code civil du Bas-Canada, établit à trois ans la prescription acquisitive du possesseur de bonne foi[276]. Dans les autres cas, elle est de dix ans[277].

On se rappellera les règles générales à ce sujet. Le possesseur est présumé de bonne foi; c'est au propriétaire de prouver sa mauvaise foi[278]. Aux termes de l'article 932 du Code civil du Québec, «le possesseur est de bonne foi si, au début de sa possession, il est justifié de se croire titulaire du droit réel qu'il exerce [...]». Enfin, le voleur, le receleur et le fraudeur ne peuvent jamais invoquer la prescription acquisitive, même celle du possesseur de mauvaise foi[279].

Dans le contexte de dispositions différentes mais portant sur la même matière, la jurisprudence du Code civil du Bas-Canada avait apporté des précisions sur l'appréciation de la bonne foi[280]. Celle-ci doit être déterminée en tenant compte de toutes les circonstances entourant la vente. Il ne faut pas assimiler à de la mauvaise foi une simple négligence de l'acheteur; mais, s'il a des doutes sérieux sur le titre de propriété de son vendeur, il doit alors au moins tenter d'obtenir des éclaircissements sur ce titre, sinon il sera jugé de mauvaise foi. Cette jurisprudence devrait conserver son autorité aujourd'hui.

Le possesseur de mauvaise foi, quant à lui, ne peut pas invoquer la prescription de trois ans[281]. À défaut de disposition particulière, c'est la règle générale de la prescription de dix ans qui s'applique à lui[282].

65. En matière immobilière, l'acheteur peut opposer la prescription décennale au propriétaire qui revendique son bien ou demande la nullité de la vente du bien d'autrui. À cet égard, le Code civil du Québec ne fait pas la distinction qu'on trouvait dans le Code civil du Bas-Canada entre possesseur de bonne foi et possesseur de mauvaise foi[283].

4. Droits de l'acheteur contre le vendeur

66. On observera d'abord que, pour avoir une vue complète des droits de l'acheteur dans le cas de vente du bien d'autrui, il faut examiner non seulement le régime de la vente du bien d'autrui elle-même, mais aussi celui de la garantie du droit de propriété (naguère connue sous le nom de garantie contre l'éviction). Dans certaines circonstances, l'acheteur peut choisir d'invoquer les droits que lui confèrent l'un ou l'autre régime. De plus, s'il n'exerce pas ses droits au titre de la vente du bien d'autrui et qu'il est plus tard évincé par le propriétaire, il pourra alors quand même faire valoir ses droits découlant de la garantie du droit de propriété[284].

a. Nullité

67. L'acheteur peut obtenir la nullité de la vente du bien d'autrui[285]. La nullité de la vente du bien d'autrui est considérée comme relative. Il peut paraître étonnant que la sanction du défaut d'un des éléments constitutifs de la vente ne soit pas la nullité absolue, mais le législateur, la jurisprudence et la doctrine considèrent qu'il s'agit en l'espèce de la simple protection d'intérêts individuels[286].

En principe, seul l'acheteur peut ainsi demander la nullité; mais le Code civil du Québec a innové en permettant également au cocontractant, donc le vendeur en l'espèce, de l'invoquer à la double condition d'être de bonne foi et de subir un préjudice sérieux[287]. De plus, l'acheteur et le vendeur ne sont pas les seuls à pouvoir demander la nullité: comme on l'a déjà vu[288], le propriétaire le peut également. C'est une autre innovation du Code civil du Québec, sur laquelle il n'y a pas lieu de revenir ici.

Comme il s'agit d'une nullité relative, l'acheteur a la possibilité de ratifier la vente[289]. La ratification, ou confirmation, résulte soit d'une déclaration expresse soit, de façon tacite, du comportement de l'acheteur manifestant clairement cette intention. Plus précisément, il y a ratification tacite lorsque l'acheteur a conscience qu'il est victime d'une vente du bien d'autrui et que son comportement suppose fortement qu'il renonce à invoquer la nullité[290] — par exemple il paie le prix au vendeur. De plus, le vendeur ayant désormais qualité pour demander la nullité, il peut lui aussi confirmer le contrat, mais sa confirmation ne saurait préjudicier au droit de l'acheteur de demander la nullité; l'article 1424 du Code civil, en effet, prévoit expressément que, dans un tel cas, la confirmation par une partie n'empêche pas l'autre d'invoquer la nullité.

Comme dans le Code civil du Bas-Canada, la bonne foi de l'acheteur ne constitue pas une condition de la nullité[291]. On se souviendra que cette nullité n'est pas fondée sur l'erreur présumée de l'acheteur, mais sur l'impossibilité que la vente produise tous ses effets essentiels[292].

68. Le droit de l'acheteur d'obtenir la nullité n'est pas sans exception, car le Code civil prévoit qu'il ne peut plus la demander quand le propriétaire lui-même n'est plus admis à revendiquer le bien[293]. Une certaine cohérence est ainsi assurée entre les droits du propriétaire et ceux de l'acheteur.

La première exception réside dans la prescription acquisitive: dès que le délai de prescription est expiré — selon qu'il s'agit de matière mobilière ou immobilière —, l'acheteur ne peut plus obtenir la nullité de la vente[294]. Ainsi la prescription n'est pas seulement un facteur de sécurité pour les rapports entre le propriétaire et l'acheteur, mais également pour ceux entre le vendeur et l'acheteur. Le législateur a repris à ce propos la solution préconisée sous l'empire du Code civil du Bas-Canada[295].

L'article 1715, alinéa 2, du Code civil du Québec énonce que l'acheteur «n'est plus admis» à demander la nullité de la vente quand le propriétaire lui-même «n'est plus admis» à revendiquer le bien. Ce texte, interprété *a contrario*, porte à penser que seule la prescription est visée. Mais, à notre avis, il faut ajouter le cas de la vente sous l'autorité de la justice, cas dans lequel le propriétaire n'a jamais pu revendiquer et dans lequel il convient que l'acheteur ne puisse pas non plus obtenir la nullité de la vente[296].

La vente sous l'autorité de la justice jouit d'une protection spéciale qui lui confère une sécurité juridique exceptionnelle. Il serait contraire à cette politique de permettre d'obtenir la nullité à l'acheteur d'un bien qui n'appartient pas au vendeur-saisi. De plus, il serait incohérent que le législateur ait interdit au propriétaire d'obtenir la nullité d'une telle vente et qu'il ait permis à l'acheteur de le faire[297]. D'ailleurs, dans le droit du Code civil du Bas-Canada, l'acheteur ne pouvait pas demander la nullité de la vente dans ce contexte[298].

b.   Dommages-intérêts

69. Le Code civil du Québec ne fait pas allusion au droit de l'acheteur d'obtenir du vendeur des dommages-intérêts. La question a pourtant son intérêt: qu'on songe à la perte de profits subie par l'acheteur et aux dépenses nécessaires que ce dernier a effectuées mais qui ne lui sont pas remboursées par le propriétaire parce que ce dernier ne revendique pas son bien.

Le Code civil du Bas-Canada prévoyait le droit de l'acheteur d'obtenir des dommages-intérêts pourvu qu'il fût de bonne foi[299]. Dans le régime recommandé par l'Office de révision, il n'y avait pas de disposition concernant ce recours; toutefois, le commentaire précisait que le droit à des dommages-intérêts serait assuré par les règles générales sur l'inexécution des obligations; les auteurs du rapport ajoutaient qu'il ne paraissait pas souhaitable de retenir la règle du Code civil du Bas-Canada qui subordonnait le droit de l'acheteur à une indemnité à son ignorance que le bien acheté n'appartenait pas au vendeur[300].

Devant le silence du nouveau régime de la vente du bien d'autrui sur cette question, il faut à notre avis se reporter au régime de la garantie du droit de propriété, dont certaines règles, dans les circonstances, peuvent s'appliquer. Comme on le verra, le vendeur doit la garantie pour tous les droits non déclarés par lui lors de la vente; l'ignorance par l'acheteur des droits qui grèvent le bien n'est plus une condition de la garantie[301]. Le droit de l'acheteur à des dommages-intérêts est régi par les règles du droit commun sur l'inexécution des obligations[302]. Ce sont donc ces règles qui s'appliquent au droit de l'acheteur du bien d'autrui d'obtenir une indemnité du vendeur.

La complémentarité des règles de la garantie du droit de propriété permet aussi à l'acheteur d'invoquer celles-ci pour réclamer du vendeur la restitution du prix de vente. Parfois, on le sait, le propriétaire, en revendiquant le bien, n'est pas tenu de rembourser à l'acheteur le prix qu'il a payé: c'est le cas lorsqu'il ne s'agit *pas* d'une vente mobilière conclue de bonne foi dans le cours des activités de l'entreprise du vendeur[303].

Alors l'acheteur perd le bien et pourra récupérer du vendeur le prix qu'il avait payé en invoquant les règles de la garantie du droit de propriété.

5. Droits du propriétaire contre le vendeur

a. Règles générales

70. Le vendeur doit indemniser le propriétaire du préjudice subi à cause de sa faute, selon les règles générales de la responsabilité extracontractuelle. La faute du vendeur, en l'espèce, consiste à avoir vendu un bien dont il savait, ou devait savoir, qu'il n'appartenait pas à son propre vendeur; c'est en somme d'avoir consciemment vendu le bien d'autrui[304]. Pour les tribunaux, il s'agit en cette matière de faire respecter certaines normes minimales de conduite dans les affaires — le mot «affaires» n'étant pas restreint aux opérations commerciales ou d'entreprise.

Le propriétaire peut être indemnisé de divers types de préjudice. D'abord, quand il ne peut revendiquer le bien, il s'agit de la valeur de celui-ci. Quand il peut le revendiquer mais à la condition de rembourser à l'acheteur le prix que celui-ci a payé pour l'acquérir, le préjudice est alors égal au montant de ce remboursement; dans cette hypothèse, cependant, le propriétaire ne saurait réclamer du vendeur l'indemnité versée à l'acheteur pour les constructions, ouvrages et plantations, car il en retire le bénéfice en récupérant son bien. Enfin, le propriétaire subit parfois des pertes en raison de la privation de son bien; il peut par exemple avoir été obligé de louer un équipement de remplacement et il pourra en réclamer le coût pour la période comprise entre le moment où le vendeur a su, ou a dû savoir, qu'il s'agissait d'un bien d'autrui et le moment où le propriétaire récupère son bien.

b. Protection du propriétaire d'un véhicule volé

71. L'article 152 du *Code de la sécurité routière* accorde une protection spéciale au propriétaire d'un véhicule volé. Ce texte a été adopté à l'époque du Code civil du Bas-Canada. Tout commerçant de véhicules devait, pour obtenir son permis, fournir un cautionnement garantissant l'indemnisation du propriétaire qui avait revendiqué son véhicule et remboursé à

l'acheteur le prix d'acquisition payé par celui-ci; il y avait solidarité de la caution et du vendeur de véhicules pour cette responsabilité vis-à-vis le propriétaire[305]. Le régime s'appliquait à
la vente de véhicules neufs et usagés et même de pièces[306].

Indirectement, ce régime élargit la responsabilité du vendeur à
l'égard du propriétaire, car il n'y est pas question de connaissance réelle ou présumée, par le vendeur, qu'il s'agit d'une
opération portant sur le bien d'autrui. Il réduit ainsi le fardeau
financier des propriétaires victimes de vol. Il accorde enfin une
protection non négligeable contre l'insolvabilité du vendeur.

Ce régime du *Code de la sécurité routière* continue de s'appliquer dans le cadre du Code civil du Québec malgré les changements intervenus dans le régime de la vente du bien d'autrui[307].

D. Vente à l'essai

72. Aujourd'hui comme hier, la vente à l'essai est présumée
avoir été conclue sous la condition suspensive de la décision de
l'acheteur d'acheter le bien parce qu'il en est satisfait[308].
C'est une présomption simple, la convention pouvant stipuler,
par exemple, qu'il s'agira d'une condition résolutoire. Contrairement au Code civil du Bas-Canada[309], le Code civil du Québec ne prévoit pas la possibilité de prouver une intention
contraire à cette présomption légale; mais l'emploi du terme
«présumée», plutôt que «réputée», et la continuité entre l'ancien
et le nouveau codes indiquent que la règle n'est pas changée à
cet égard.

Pour qu'on soit en présence d'une vente à l'essai, il n'est pas
nécessaire que les parties en aient convenu expressément. Il
peut y avoir vente à l'essai en vertu de l'intention présumée des
parties telle qu'elle se dégage de la convention ou des circonstances, ou même comme le veut l'usage[310].

L'application des règles de la condition suspensive modifie le
régime juridique général de la vente. Entre l'échange de consentements et la communication au vendeur de la décision de
l'acheteur, il n'y a pas de transfert de propriété et le vendeur
n'est pas assujetti à ses obligations habituelles, telles que la
garantie du droit de propriété. Le vendeur a toutefois l'obligation de délivrer le bien, ce qui est indispensable à l'essai que

doit faire l'acheteur. De son côté, l'acheteur, même si la loi ne le dit pas expressément, est un administrateur du bien d'autrui chargé de la simple administration: il a donc une obligation de garde et de conservation à l'égard du bien[311]. Quand l'acheteur se déclare satisfait, l'accomplissement de la condition a un effet rétroactif au moment de l'échange des consentements. En cas contraire, il y a remise en état: l'acheteur doit rendre le bien et le vendeur, s'il a reçu le prix, doit le rembourser[312].

73. Lorsque la convention ne précise pas la durée de l'essai, la condition est réputée réalisée et la vente devient irrévocable si, 30 jours après la réception du bien, l'acheteur n'a pas informé le vendeur de son refus[313]. Il s'agit là d'une innovation du Code civil du Québec. Elle vise à éviter que la situation juridique incertaine de la vente à l'essai se prolonge trop longtemps et à dissiper l'équivoque qui existe parfois sur la décision de l'acheteur.

74. Il y a toutefois une question importante à laquelle le Code civil ne répond pas: le refus de l'acheteur doit-il être raisonnable, ou au moins soutenable? En d'autres termes, quand l'acheteur se déclare insatisfait, le droit peut-il se contenter de son opinion personnelle et de sa décision purement discrétionnaire, ou doit-il exiger que l'acheteur démontre au moins que sa décision repose sur un certain fondement rationnel, même si elle n'est pas nécessairement la meilleure?

La réponse se trouve assez souvent dans les termes plus ou moins clairs de la convention, qui précisent par exemple les critères de la décision ou la fin spécifique à laquelle le bien doit être apte; parfois, c'est en recourant aux usages qu'on saura si le test de l'essai doit être objectif ou s'il peut être entièrement subjectif[314]. Et il faut reconnaître que, lorsque les parties ont convenu d'une vente à l'essai pour un certain type de bien, comme un tableau et un instrument de musique, elles avaient naturellement en vue une appréciation subjective et purement personnelle. En dernier ressort, cependant, Mignault enseigne que le choix de l'acheteur ne doit pas être «capricieux», donc qu'il doit avoir un certain fondement objectif, même si ce n'est pas le meilleur[315].

II. Transfert de la propriété, des risques et des fruits

A. *Vente d'un bien individualisé*

1. Transfert de la propriété

75. Quand la vente porte sur un bien individualisé, ou une chose certaine et déterminée, le transfert de propriété a lieu, en l'absence de modification conventionnelle, dès la conclusion du contrat. C'est le consentement à lui seul, et non la délivrance, qui opère ce transfert. À cet égard, le Code civil du Québec continue le Code civil du Bas-Canada.

Cette règle générale s'applique à la vente d'un bien meuble individualisé[316]. Elle s'applique également à la vente d'un immeuble; dans ce deuxième cas, cependant, pour que les tiers soient liés par le transfert de propriété, les règles de l'opposabilité exigent que l'acte de vente soit publié[317].

Le Code précise que la règle s'applique encore à la vente de plusieurs biens considérés comme une universalité[318]. Cette expression comprend ce que la pratique appelle une «vente en bloc»; ce type de vente a pour objet notamment la totalité des biens se trouvant dans un lieu déterminé et dont le prix est généralement fixé en fonction d'une unité de mesure (par exemple, tel montant d'argent la tonne). Dès la formation du contrat, l'ensemble des biens est ainsi individualisé; l'opération de comptage (calcul du nombre d'articles, du poids total ou de la longueur totale) n'a pour but que de déterminer le prix total de la vente[319]. En pratique, la distinction entre une vente en bloc et la vente d'un bien individualisé seulement par son espèce est parfois délicate[320].

2. Transfert des risques et des fruits

a. Perte totale

76. En règle générale, le transfert des risques du bien et du contrat ainsi que le transfert des fruits civils (tels les revenus) et des fruits naturels (telles les récoltes) suivent le transfert de propriété. Comme naguère, c'est donc le principe *res perit domino* qui gouverne les contrats translatifs de propriété[321]. Par exemple, dès qu'il y a eu accord des volontés sur la vente d'un bien individualisé, l'acheteur a droit aux fruits, sauf convention ou usage contraire[322].

Cette règle générale touche le droit aux fruits du bien vendu[323]. Elle concerne aussi les conséquences de la perte totale du bien[324], mais, en cette matière, elle connaît deux importantes exceptions.

Même quand il y a transfert du droit de propriété, la charge des risques continue de reposer sur le vendeur tant que le bien n'a pas été délivré: *res perit debitori*. L'exception concerne aussi bien la vente d'un meuble que celle d'un immeuble[325]. Ainsi, quand le bien individualisé périt avant la délivrance, la vente est résolue de plein droit et l'acheteur est libéré de payer le prix. On notera qu'avant que le vendeur soit libéré de son obligation de délivrance et qu'on se tourne vers la théorie des risques, il doit prouver que la perte ne lui est pas imputable et ce, par la force majeure[326].

Cette exception opère un renversement du droit. À l'époque du Code civil du Bas-Canada, les risques étaient en principe à la charge du propriétaire et, quand le bien était individualisé et que la perte survenait avant la délivrance, ils devenaient à la charge du vendeur *seulement* si ce dernier était en défaut de délivrer et qu'il avait été mis en demeure[327]. Sur ce point, le Code civil du Québec introduit dans le contrat translatif de propriété la règle du contrat bilatéral non translatif, considérée par certains comme la règle de principe[328].

Une mesure de droit transitoire était nécessaire pour le cas où la vente a été conclue sous l'empire de l'ancien code et que, selon les règles de ce dernier, le transfert de propriété et des risques a lieu *avant* l'entrée en vigueur du Code civil du Québec, bien que la délivrance ne doive avoir lieu qu'*après* cette entrée en vigueur. Pour éviter une situation absurde, le législateur a prévu que la nouvelle règle liant le transfert des risques à la délivrance ne s'appliquera pas alors: le transfert des risques, déjà accompli le jour de l'entrée en vigueur du nouveau code, est respecté[329].

La seconde exception à la règle générale sur le transfert des risques concerne la vente à tempérament. Dans ce genre de vente, le législateur, suivant en cela la pratique générale, a placé les risques sur l'acheteur, bien qu'il ne soit pas propriétaire du bien avant le paiement final; le législateur a fait exception pour la vente à tempérament qui constitue une vente de consommation[330] et pour le cas où les parties feraient une convention contraire[331].

b. Perte partielle

77. Dans l'éventualité d'une perte partielle, ou détérioration, l'acheteur, créancier de l'obligation de délivrance, doit recevoir le bien dans l'état où il se trouve, sans diminution du prix, quand la perte n'est pas due au fait ni à la faute du vendeur; c'est toutefois la solution contraire qui s'impose si la perte partielle survient après que le vendeur a été mis en demeure de délivrer[332]. En cette matière, la règle est donc *res perit creditori*. Le nouveau code reprend la règle de l'ancien. On notera que le vendeur, pour être libéré de son obligation, doit démontrer absence de faute ou cas fortuit.

B. *Vente d'un bien déterminé seulement par son espèce*

1. Transfert de la propriété

78. Le droit de propriété ne peut porter que sur un bien individualisé. La vente d'un bien déterminé seulement par son espèce, ou chose de genre, est valide, mais elle ne peut transférer la propriété que lorsque le bien est devenu individualisé. Le Code civil du Québec, à l'instar du Code civil du Bas-Canada, prescrit que le transfert de propriété se réalise quand deux opérations ont été complétées: l'individualisation du bien et l'information de l'acheteur de cette individualisation[333].

a. Individualisation du bien

79. La vente à la mesure constitue le paradigme et le cas le plus fréquent de vente d'un bien déterminé seulement par son espèce. Il s'agit de la vente d'une certaine quantité de biens, souvent des marchandises, à prélever parmi d'autres biens identiques et déterminés, qui se trouvent normalement dans un lieu déterminé, en les pesant, les comptant ou les mesurant[334]. Mais la vente d'un bien déterminé seulement par son espèce est une catégorie plus large qui inclut notamment la vente d'un bien à acheter, la vente d'un bien futur, c'est-à-dire à fabriquer ou à construire, et la vente d'un seul article à prélever dans un lot d'articles identiques[335].

L'individualisation du bien, indispensable au transfert de propriété, peut s'opérer de diverses façons. Dans la vente à la mesure, elle se fait par le comptage, la pesée ou le mesurage. Dans d'autres ventes, l'individualisation résulte de n'importe quelle opération qui fait qu'on peut clairement identifier les biens destinés à l'acheteur. L'individualisation ne doit pas être confondue avec la délivrance; en pratique cependant, il arrive parfois que c'est au moment de faire la délivrance que le vendeur individualise le bien[336].

Le Code civil du Québec, pas plus que ne le faisait le Code civil du Bas-Canada, n'exige que le mesurage soit contradictoire, c'est-à-dire qu'il soit fait en présence de l'acheteur, à moins qu'il n'y ait renoncé[337]. En France, certaines autorités ont déjà été d'avis que le mesurage doit être contradictoire afin d'éviter la fraude du vendeur; aujourd'hui, les auteurs français insistent plutôt sur le fait que, en cas de contestation, c'est le vendeur qui a le fardeau de prouver que le mesurage a été fait sérieusement[338]. À notre avis, ce serait trop étendre la portée du texte du Code civil que de l'interpréter de manière à ce qu'il inclue implicitement l'exigence du mesurage contradictoire, sauf éventuellement usage contraire dans un domaine d'activités[339].

80. Même s'il n'entraîne pas immédiatement le transfert de propriété, le contrat de vente d'un bien déterminé seulement par son espèce est validement formé et produit des droits et obligations dès l'échange des consentements. Ainsi le vendeur doit procéder à l'individualisation dans un délai raisonnable ou dans celui stipulé au contrat. Il a contracté l'obligation implicite de parfaire la vente par l'individualisation du bien.

Si le vendeur manque à cette obligation, il s'expose à des dommages-intérêts ou à la résolution extrajudiciaire[340]. Sous l'empire du Code civil du Bas-Canada, il existait une controverse sur le possibilité pour l'acheteur de recourir à l'exécution forcée en nature, malgré le texte clair de l'article 1474 de ce code; nous ne voyons pas pourquoi, en principe, cette forme d'exécution, qui est devenue une règle générale, serait exclue dans ce contexte[341].

b. Information de l'acheteur

81. Dans le Code civil du Bas-Canada, l'article 1026 exigeait, comme seconde condition pour le transfert de propriété, la notification, ou l'information, de l'acheteur que les biens ont été effectivement individualisés, alors que l'article 1474 était silencieux sur ce point. Il semble bien que le législateur de 1866 ait commis un oubli dans l'article 1474 et que l'information de l'acheteur devait s'ajouter à l'individualisation pour opérer le transfert de propriété[342].

Dans le Code civil du Québec, il n'y a plus aucun doute que l'information de l'acheteur constitue la deuxième condition cumulative pour qu'il y ait transfert de propriété. Dans cette exigence, le législateur a le souci que l'acheteur soit bien informé; cette disposition se rattache à la politique générale de la protection du consentement[343]. Cette règle n'exige aucune forme particulière pour l'information de l'acheteur: une lettre, un appel téléphonique, la présence de l'acheteur au moment de l'individualisation suffisent[344].

c. Vente d'un bien futur

82. La vente d'une récolte à venir, d'un engin à fabriquer ou d'une œuvre d'art à réaliser est une vente de bien futur[345]. On peut y assimiler, pour les remarques qui suivent, la vente d'un bien que le vendeur doit lui-même acheter d'abord d'un tiers (par exemple un fabricant) avant de le livrer à l'acheteur. Dans plusieurs circonstances, il s'agit de la vente d'un bien déterminé seulement par son espèce et elle obéit aux règles de l'individualisation et de la notification[346].

Il arrive toutefois que la vente d'un bien futur constitue la vente d'un bien individualisé, quand, d'après les circonstances, il s'agit d'un bien unique qui est nécessairement destiné à l'acheteur. Dans ce cas, dès que le bien arrive à existence, sa propriété est transférée à l'acquéreur, sans qu'il y ait besoin d'individualisation ni d'information[347]. Mais il faut être vigilant et vérifier si les parties n'ont pas eu une intention différente[348].

2. Transfert des risques et des fruits

83. Comme on l'a vu, en général le transfert des risques et des fruits est lié à celui de la propriété. *Res perit domino:* celui qui

est propriétaire supporte la perte par cas fortuit et, doit-on ajouter, perçoit les fruits car ils lui appartiennent. Cette règle générale vaut pour le bien individualisé et également pour le bien déterminé seulement par son espèce[349].

Le Code civil apporte deux importantes exceptions en ce qui concerne les risques. D'abord, comme on l'a vu, ils sont désormais liés à la délivrance: sauf stipulation contraire, le vendeur assume le risque de perte jusqu'à la délivrance du bien[350]. C'est une règle de droit nouveau, dont les implications sur l'assurance sont importantes. Le régime de transfert des risques est ainsi devenu en grande partie distinct du régime de transfert de la propriété et des fruits[351]. Par exemple, dans une vente à la mesure, si le bien périt après son invidualisation et l'information de l'acheteur mais avant la délivrance, les risques demeurent à la charge du vendeur, alors que jadis ils étaient dans ces circonstances à la charge de l'acheteur[352].

La seconde exception, déjà mentionnée, concerne la vente à tempérament. Désormais, les risques passeront à l'acheteur dès la délivrance, quoique le vendeur demeure propriétaire jusqu'au parfait paiement du prix, sauf stipulation contraire et sauf dans les contrats de consommation[353].

On constate donc que, au plan pratique, les règles sur l'individualisation du bien et l'information de l'acheteur auront moins d'importance à cause de cette nouvelle règle liant le transfert des risques à la délivrance.

C. Double vente

1. Vente d'un bien meuble

84. Quand le propriétaire vend le même bien meuble successivement à deux acquéreurs, par deux contrats distincts, lequel aura un titre parfait et opposable à l'autre? Le législateur a choisi l'acquéreur qui, de bonne foi, a été le premier mis en possession du bien, quoiqu'il puisse avoir acquis le bien après l'autre. Le Code civil du Québec reprend simplement la solution du Code civil du Bas-Canada[354]. On notera que l'acquéreur qui veut se prévaloir de cette règle doit être de bonne foi, c'est-à-dire qu'il doit ignorer que le même bien a déjà été vendu à un tiers[355].

Il s'agit là d'une exception à la règle générale sur l'opposabilité des contrats, suivant laquelle tout contrat devient opposable aux tiers dès sa formation. Cette exception illustre le rôle important joué par la possession en matière mobilière. La mise en possession de l'acquéreur, en l'espèce, constitue en quelque sorte une formalité de publicité[356].

Quand le second acquéreur est mis en possession le premier, ce n'est pas à dire que le contrat de l'autre acquéreur est nul: il est uniquement *inopposable* et ne peut pas être exécuté. Cet autre acquéreur peut donc, à certaines conditions, invoquer la garantie du droit de propriété à l'endroit de son vendeur[357].

2. Vente d'un bien immeuble

85. Dans la vente d'un immeuble, la double vente reçoit une solution différente. Reprenant pour l'essentiel la règle du droit antérieur, le Code civil du Québec prévoit que, en principe, c'est l'acheteur qui aura le premier fait inscrire son titre qui aura la préférence[358]. La validité de chacune des ventes n'est pas en cause[359]; il s'agit uniquement d'une question d'opposabilité et, de façon plus spécifique, de l'opposabilité de la première vente inscrite à l'égard de l'autre acquéreur.

En cette matière comme en d'autres, la publicité joue un rôle capital pour l'opposabilité d'un droit. En accordant la préférence à l'acte qui aura été inscrit le premier, le législateur utilise le procédé simple de la publicitié pour poursuivre une politique de sécurité des opérations immobilières[360].

Le cas du second acquéreur qui connaît l'existence de la première vente, non inscrite, mais qui fait néanmoins inscrire son propre titre est quelque peu délicat; c'est en somme le problème de la mauvaise foi dans l'utilisation de la publicité des droits. Le Code civil du Bas-Canada faisait primer le formalisme de l'enregistrement et la sécurité des opérations immobilières sur la sanction de la fraude[361]. Le Code civil du Québec est plus nuancé; il apporte une restriction à la règle générale de la priorité de l'inscription. Quand l'immeuble aura fait l'objet d'une immatriculation, son acquéreur, qui se fonde *de bonne foi* sur les inscriptions du registre de la publicité, aura la préférence même si l'autre acquéreur vient à faire inscrire son titre avant le sien, pourvu qu'il fasse aussi inscrire son propre titre[362].

Enfin, comme pour la vente mobilière, l'acquéreur auquel la loi n'accorde pas la préférence se trouve évincé par le fait du vendeur; il peut donc, à certaines conditions, exercer la garantie contre l'éviction contre son vendeur[363].

D. *Modifications conventionnelles*

86. Les règles du Code sur le transfert de la propriété, des fruits et des risques ne sont pas impératives. Les parties peuvent donc librement retarder ce transfert[364]. Sur ce point, le Code civil du Québec et le Code civil du Bas-Canada sont en harmonie.

Les stipulations les plus fréquentes, qui seront signalées ici, soumettent le transfert de la propriété ou celui des risques à un terme ou une condition. Il ne faut pas oublier cependant que le transfert de la propriété, des fruits et des risques est aussi affecté, mais indirectement, par un terme ou une condition qui vise le contrat lui-même de vente.

Les ventes à distance, qui impliquent le transport du bien par un tiers, ont donné naissance à certains aménagements conventionnels du transfert de la propriété et des risques. Ces clauses ont été normalisées et ont donné leur nom au contrat: vente FOB (*free on board*), vente FAS (*free along side*), vente CIF ou CAF (coût, assurance, fret) et autres[365], qui ne seront pas examinées ici.

1. Transfert de la propriété

a. Terme

87. Les obligations à terme[366] sont assez fréquentes dans la vente. Ainsi, un terme peut être fixé pour la délivrance; alors le transfert des risques a lieu à la délivrance mais celui de la propriété a lieu, selon le cas, à l'échange des consentements ou à l'individualisation du bien et à l'information de l'acheteur, selon les règles générales[367].

Des termes successifs et à intervalles réguliers sont souvent stipulés pour le paiement, à chacun, d'une fraction du prix; c'est la vente à crédit. Dans une telle vente, le transfert de la propriété, des fruits et des risques obéit aux règles générales. Si toutefois cette stipulation est complétée par une clause qui retarde le transfert de propriété jusqu'au dernier paiement, on est en présence d'une vente à tempérament et, comme on le verra, la solution est différente[368].

b. Condition

88. Avant de souligner les principales applications de la condition[369] à la vente, deux remarques doivent être formulées. D'abord, il est important en pratique de distinguer la condition qui affecte le contrat de vente et celle qui concerne seulement un ou quelques-uns de ses effets. Dans le premier cas, c'est la vente, avec tous ses effets, qui est en jeu. Dans une vente sous condition suspensive, comme la vente à l'essai[370], si par exemple la condition ne se réalise pas, le vendeur et l'acheteur sont réputés n'avoir aucune obligation; si le bien a été délivré à l'acheteur ou si le prix a été payé au vendeur, il doit y avoir restitution des prestations[371].

En revanche, quand la condition ne touche qu'un effet de la vente, celle-ci, sauf stipulation contraire, produit tous ses autres effets. L'exemple typique nous vient de la vente à tempérament, à l'époque où elle était considérée comme une vente sous condition suspensive: en principe, seul le transfert de propriété était visé par la condition, et vendeur et acheteur étaient par ailleurs assujettis à toutes les obligations d'une vente: délivrance, garantie contre les vices, paiement du prix, et d'autres; mais en pratique la vente à tempérament comportait aussinotamment, une clause résolutoire en cas de défaut de l'acheteur d'effectuer un paiement à son échéance, de sorte que toutes les obligations du vendeur venaient à s'éteindre s'il y avait un défaut de l'acheteur et que le vendeur invoquait cette clause.

89. Comme seconde observation préliminaire, on doit se demander si la condition peut résider dans un élément interne au contrat, soit l'exécution d'une obligation, comme notamment le paiement du prix dans une vente à tempérament. Doctrine et jurisprudence québécoises ont longtemps considéré que la vente à tempérament constitue une vente sous condition suspensive et ont, souvent implicitement, donné une réponse affirmative à cette question[372]. En 1989 toutefois, la Cour suprême y donnait une réponse négative et décidait justement que, sauf stipulation contraire, la vente à tempérament n'est qu'une vente à terme[373].

Selon cette nouvelle doctrine, le paiement complet du prix ne peut, en règle générale, constituer une condition, un «événement futur et incertain». Tenir le paiement complet du prix, non pour un terme mais pour une condition ayant un effet rétroactif au jour de la formation de la vente, équivaudrait à changer l'échéance de plusieurs des obligations et autres effets de la vente, lesquels, selon la volonté présumée des parties, sont différés jusqu'à un certain moment, qui souvent survient longtemps après la formation du contrat. La Cour suprême a toutefois précisé que les parties pourraient stipuler le contraire et donner un effet rétroactif au transfert de propriété dans la vente à tempérament. De plus, elle a souligné qu'il est correct de voir des contrats conditionnels dans les conventions accessoires qui garantissent l'exécution d'obligations principales; elle a réaffirmé que, dans cette optique, la clause de dation en paiement est bel et bien une clause de transfert de propriété sous condition suspensive, avec effet rétroactif[374].

Selon cette nouvelle analyse de la Cour suprême, la vente à tempérament est donc une vente dans laquelle le transfert de propriété est à terme. Les parties ont la faculté de stipuler — et elles n'y manquent pas — le droit pour le vendeur, en cas de défaut de l'acheteur, de reprendre possession du bien et de résoudre la vente. On verra que le législateur accorde expressément au vendeur le droit de reprise de possession, ce qui rend superflue la stipulation à ce sujet[375].

90. Dans le cas de la condition suspensive, quoique la vente soit formée dès l'échange des consentements, la propriété reste au vendeur; elle ne passera éventuellement à l'acheteur que si la condition se réalise. Contrairement à ce qui se produit pour le terme, la condition, quand elle s'accomplit, opère rétroactivement: l'acheteur sous condition suspensive est ainsi réputé devenu propriétaire le jour de l'échange des consentements. Cet effet rétroactif joue même à l'égard des tiers; ainsi, les droits réels que l'acheteur avait consentis à des tiers sur le bien vendu sont confirmés à la réalisation de la condition[376].

Si au contraire la condition suspensive ne se réalise pas, la vente est réputée n'avoir jamais existé; c'est alors le vendeur qui est confirmé dans son droit de propriété[377]. Si l'acheteur avait accordé à des tiers des droits réels dans le bien, ils sont anéantis[378].

91. Dans le cas de la vente sous condition résolutoire, comme la vente avec faculté de rachat[379], le contrat est formé dès l'échange des consentements et l'acheteur devient immédiatement propriétaire, quoique son titre soit précaire.

Si la condition résolutoire ne se réalise pas, le droit de propriété de l'acheteur est confirmé, ainsi que tous les droits réels qu'ils avait consentis depuis la vente.

Si la condition se réalise, en revanche, la vente est réputée n'avoir jamais existé; la réalisation de la condition a un effet rétroactif et, si les parties avaient exécuté le contrat en tout ou en partie, il doit y avoir remise en l'état[380]. De même, si l'acheteur avait accordé des droits réels à des tiers, ils sont anéantis; on admet seulement que subsistent les actes de simple administration ou de jouissance accomplis sans fraude du vendeur[381].

Aux plans social et économique, la réalisation de la condition résolutoire est souvent néfaste; aussi le législateur a-t-il prévu certaines dérogations aux règles précitées. Le louage consenti par l'acquéreur n'est pas résolu: s'il s'agit d'un bail résidentiel, il se poursuit jusqu'à son terme et le vendeur devient locateur à la place de l'acheteur; dans le cas d'un bail non résidentiel, tel un bail commercial, le vendeur doit l'assumer pendant un certain temps seulement[382].

Par ailleurs, il ne peut y avoir de résolution de la vente immoblière, faute par l'acheteur d'exécuter ses obligations, à moins d'une clause spécifique; l'exercice de ce droit de résolution ne peut avoir lieu que dans les 5 ans de la vente[383]. Le vendeur qui désire s'en prévaloir doit d'abord mettre en demeure l'acheteur et tout acquéreur subséquent, lesquels ont 60 jours pour remédier au défaut[384]; si la résolution a lieu, le vendeur reprend son immeuble libre des charges qui ont été inscrites après l'inscription de l'acte de vente contenant la clause résolutoire, mais non des autres charges[385].

2. Transfert des risques

92. Les parties ont la liberté de dissocier la charge des risques et le droit de propriété[386]. Elles le font par une stipulation qui prévoit le transfert des risques à une date antérieure ou

postérieure à celle du transfert de propriété. Tel est le cas notamment dans la vente à tempérament[387].

Souvent, cependant, le texte de l'acte de vente ne vise expressément que le transfert de propriété. Comme, selon le droit commun, en règle générale le transfert des risques est lié au transfert de propriété, une telle stipulation se trouve en réalité à viser également le transfert des risques[388]. Les règles dont il sera question ici concernent le cas où le transfert des risques et celui de propriété sont associés expressément ou implicitement.

93. Quand un terme est fixé pour le transfert de propriété, le transfert des risques ne survient qu'à l'échéance du terme. Il faut toutefois souligner que, dans la vente à tempérament, le législateur a prévu la solution contraire[389].

94. Lorsque le transfert de propriété est assujetti à une condition suspensive, comme dans la vente à l'essai[390], le transfert des risques n'intervient qu'au jour de la réalisation de la condition. Par exemple, si la perte survient pendant l'essai et sans la faute de l'acheteur, c'est le vendeur qui supporte la perte et les deux parties sont libérées[391].

Quand le transfert de propriété est lié à une condition résolutoire, il y a transfert des risques à l'acheteur au moment de la vente. Si le bien périt avant la réalisation de la condition, la perte repose sur l'acheteur, qui doit quand même payer le prix[392].

En ce qui concerne les détériorations, ou pertes partielles, la règle du Code civil du Québec est la même que celle du Code civil du Bas-Canada. Si une détérioration est survenue *pendente conditione*, l'acheteur doit accepter le bien sans réduction du prix, sauf si la détérioration résulte de la faute du vendeur ou si elle est survenue après que le vendeur fût en demeure de livrer. La même règle s'applique, mais à l'inverse, lorsque c'est le vendeur qui doit recevoir le bien[393].

III. Obligations du vendeur

95. Le Code civil du Québec énonce que «le vendeur est tenu de délivrer le bien et d'en garantir le droit de propriété et la qualité. Ces garanties existent de plein droit, sans qu'il soit

nécessaire de les stipuler dans le contrat de vente[394].» Il s'agit
d'une disposition déclaratoire, plutôt que normative. Elle vise à
une meilleure compréhension du régime de la vente. Des dispositions semblables existaient dans le Code civil du Bas-
Canada[395].

Une telle disposition n'empêche pas les tribunaux de mettre à
la charge du vendeur des obligations implicites, en vertu du
pouvoir qui leur est conféré par les règles du droit commun des
contrats. On pense par exemple à l'obligation du vendeur
d'avertir l'acheteur des dangers inhérents au bien vendu[396].

A. *Délivrance*

1. Notion

96. La délivrance est la mise du bien à la disposition de l'acheteur. C'est le transfert de la détention du bien, afin que l'acheteur puisse en tirer tous les avantages légitimes d'un propriétaire. Quand la délivrance est réduite à sa plus simple
expression, le vendeur ne fait que lever tout obstacle à la pleine
utilisation du bien par l'acheteur ou il donne simplement son
consentement à ce que l'acheteur prenne, ou appréhende, le
bien[397].

La délivrance n'opère donc pas un transfert de possession,
comme le suggère à tort le texte du Code civil[398]. La possession
— au sens propre du terme — est transférée par la vente elle-
même. D'une part, l'acheteur a l'*animus domini* à compter du
transfert de propriété. D'autre part, jusqu'à la délivrance, le
vendeur ne fait que détenir le bien pour le compte de l'acheteur;
c'est ce qui fait dire à la doctrine que, du transfert de propriété
jusqu'à la délivrance, l'acheteur a également le *corpus* par
l'intermédiaire du vendeur[399].

97. Il faut distinguer délivrance et livraison. La livraison est la
remise du bien meuble corporel à l'acheteur. Elle suppose des
actes matériels du vendeur (dans la vente à livrer, elle comporte
le transport du bien au domicile ou à la place d'affaires de
l'acheteur[400]). La notion de délivrance est donc plus étroite que
celle de livraison, car celle-ci implique que le vendeur lui-
même donne à l'acheteur la détention du bien[401]. Au contraire,
dans la délivrance, le rôle du vendeur est passif en général; ce

n'est que dans certaines circonstances qu'il joue un rôle actif: individualiser le bien et en informer l'acheteur dans la vente d'un d'un bien déterminé par son espèce seulement, fabriquer le bien dans la vente d'un bien à fabriquer[402].

98. Entre le transfert de propriété et la délivrance, ou la livraison selon le cas, le vendeur doit conserver le bien et y apporter les soins d'une personne prudente et raisonnable. Il est administrateur du bien d'autrui[403].

99. Le vendeur assume les frais de délivrance[404]. Il s'agit du coût de tout ce qu'il faut faire pour mettre le bien à la disposition de l'acheteur (le pesage, le mesurage, le comptage, l'emballage et, si le bien doit être livré, le transport)[405]. Paradoxalement, selon un usage bien établi, les frais d'acte de vente sont à la charge de l'acheteur, en vertu d'une disposition spéciale du Code civil[406].

100. Il existe plusieurs modes de délivrance, lesquels dépendent de la nature de l'objet vendu et des circonstances[407]. Les parties prévoient parfois des modalités particulières[408].

Le mode le plus fréquent est le dessaisissement du bien meuble, par le vendeur, de manière à permettre à l'acheteur de l'appréhender (par exemple dans la vente à emporter d'un article dans un magasin). En matière immobilière, on dit plutôt que le vendeur doit délaisser l'immeuble qu'il occupe[409].

La délivrance s'effectue aussi par la remise des clés qui permettent l'accès au bien (comme une maison ou une automobile[410]) ou la remise du titre (tel le connaissement) permettant à l'acheteur de réclamer le bien d'un tiers.

Parfois, la délivrance est symbolique. Le cas typique en est le marquage du bien (par exemple du bois coupé): le marquage suffit et il y a délivrance même si le bien reste alors entre les mains du vendeur[411].

La délivrance dite consensuelle s'effectue par le simple consentement des parties. Elle se produit lorsque le bien se trouve déjà détenu par l'acheteur à un autre titre que celui de propriétaire (par exemple s'il en est locataire) . Elle peut se produire également quand, au contraire, le bien, entre les mains du vendeur, le restera pendant un certain temps mais que le vendeur ne sera plus considéré comme propriétaire (par exemple il deviendra gardien du bien d'autrui). Il y a alors interversion du titre de celui qui détient le bien.

Enfin, pour les biens incorporels (actions d'une société, créance hypothécaire), la délivrance s'effectue par la remise du titre, ou, quand le droit cédé n'est pas constaté par un écrit, par l'usage que l'acquéreur en fait à la connaissance et avec le consentement du vendeur, ou encore, si le droit est constaté par un acte authentique, par la signature et la remise à l'acheteur d'un acte de cession du droit du vendeur[412].

2. Objet

a. Accessoires

101. Le vendeur doit non seulement délivrer le bien vendu, mais également tous ses accessoires, de manière à ce que l'acheteur puisse en retirer toute la jouissance qu'il peut légitimement en attendre[413]. Cette obligation comporte de nombreuses facettes.

D'abord le Code civil oblige le vendeur à remettre à l'acheteur les titres de propriété qui sont entre ses mains[414]; le législateur, en matière de vente immobilière, apporte des précisions à cette obligation, que nous analyserons plus bas[415]. Il s'agit d'une nouvelle disposition, dont les applications sont surtout importantes dans la vente immobilière et que nous signalerons dans un instant. La règle est cependant générale. En matière mobilière, d'une certaine manière elle codifie la jurisprudence (en ce qui concerne notamment la remise par le vendeur d'un véhicule des documents nécessaires au transfert de l'immatriculation[416]); mais la règle du Code civil va un peu plus loin en raison de ses termes très larges (par exemple, désormais, le vendeur d'un véhicule devra remettre même son contrat d'achat, sauf évidemment stipulation contraire ou renonciation de l'acheteur).

102. L'obligation de délivrer les accessoires comporte également, dans certaines circonstances, une obligation d'information de l'acheteur par le vendeur. Il s'agit d'une double obligation, en fait, car elle a deux objets fort différents.

Premièrement, le vendeur a l'obligation d'avertir l'acheteur des dangers inhérents au bien, mais cachés et inconnus de l'acheteur. Dans le droit du Code civil du Bas-Canada, c'est la jurisprudence qui avait créé de toutes pièces cette obligation en se fondant sur l'article 1024 sur les obligations implicites[417]. Dans la réforme, le législateur a prévu une semblable obligation, à la charge du fabricant et des autres professionnels de la distribution — y compris le détaillant — mais il s'agit uniquement d'une responsabilité extracontractuelle[418]; le chapitre de la vente ne comporte aucune disposition à ce sujet. Comme il est désormais interdit d'opter pour le régime extracontractuel de responsabilité[419], l'acheteur, victime d'un défaut d'avertissement de la part de son vendeur, doit s'en tenir au régime contractuel et il doit encore s'en remettre à une obligation implicite d'avertissement, en vertu de l'article 1434 du Code civil du Québec. Nous y reviendrons[420].

Deuxièmement, le vendeur doit fournir à l'acheteur les directives nécessaires sur la manière d'utiliser le bien afin qu'il en retire tous les avantages normaux. Dans cette matière, il n'est pas question de sécurité; il s'agit simplement d'assurer à l'acheteur la pleine jouissance du bien[421].

103. L'obligation de délivrance embrasse aussi la cession à l'acheteur des droits étroitement attachés au bien, qu'on appelle parfois les «accessoires juridiques». Il s'agit par exemple d'une servitude en faveur du fonds vendu, qui est transmise à l'acquéreur par l'effet de la loi[422]. Il s'agit aussi des droits que le vendeur, à titre de locateur, détient dans le bail du bien vendu ou d'une partie de ce bien, spécialement s'il s'agit d'un immeuble, droits auxquels sont indissolublement liées les obligations du locateur[423].

Une nouvelle disposition du droit commun des contrats doit être évoquée ici: c'est la règle selon laquelle, par le simple effet de la loi, les droits d'une partie contractante sont transmis à ses ayants cause à titre particulier quand ces droits sont des accessoires du bien transmis ou quand ils lui sont intimement liés[424]. Dans la vente, cette règle comporte deux applications importantes.

En premier lieu, l'acheteur acquiert les droits que détient le vendeur en vertu du contrat d'entreprise pour la fabrication ou la construction du bien vendu; il s'agit des droits à la garantie pour les matériaux fournis par l'entrepreneur et, pour les immeubles, des droits à la garantie des pertes, c'est-à-dire les vices de construction, et à la garantie des malfaçons, contre l'entrepreneur, le sous-entrepreneur, l'architecte et l'ingénieur[425].

De plus, cette nouvelle disposition du droit commun des contrats confère à l'acheteur tous les droits à la garantie des vices cachés que son vendeur détient contre son propre vendeur. En d'autres termes, la garantie due par le premier vendeur au premier acheteur est transmise, par l'effet de la loi, à tout acquéreur subséquent (spécialement un sous-acquéreur). Le nouvel article 1442 est d'ailleurs la codification de la jurisprudence qui avait reconnu ce transfert de plein droit de la garantie[426]. Cependant, cette règle générale se heurte, en quelque sorte, à une règle propre à la garantie de qualité dans la vente, règle qui est nouvelle elle aussi: d'après cette disposition, l'acheteur peut exercer contre le fabricant et tout autre distributeur du bien les droits de la *garantie que lui doit son propre vendeur*[427]; en somme, ce mouvement est l'inverse du précédent, car c'est la dernière vente de la chaîne — la vente à l'acheteur victime d'un vice — qui étend ses effets aux vendeurs précédents. Nous reviendrons sur ces deux mécanismes; on notera pour l'instant que, à notre avis, l'acheteur devrait avoir la faculté d'opter pour celui qu'il préfère.

En revanche, en vertu de cette règle générale de l'article 1442, les droits personnels qui ne sont pas intimement liés au bien vendu, mais qui sont plutôt attachés à la personne du vendeur, ne passent pas automatiquement à l'acheteur. On pense d'abord aux droits *intuitu personae* et de même qu'aux permis d'exploitation accordés au vendeur personnellement. Mais il s'agit aussi de divers droits comme celui à l'assurance de choses contractée par le vendeur et le droit de coupe du bois. Pour que l'acheteur en devienne titulaire, il faudra l'intervention — discrétionnaire — du débiteur ou, selon le cas, de l'autorité administrative[428].

104. Rappelons que l'acheteur a droit aux fruits du bien (par exemple le loyer dû par le locataire de l'immeuble) dès le transfert de propriété, sauf stipulation contraire. Quand la propriété a été transférée dès l'échange des consentements mais que la délivrance n'a lieu que plus tard, le vendeur doit donc remettre à l'acheteur les fruits produits par le bien dans l'intervalle[429].

105. Au sujet des accessoires que le vendeur doit délivrer, deux règles particulières à la vente immobilière doivent être soulignées. Codifiant l'usage et une certaine jurisprudence, le législateur a prescrit que le vendeur doit remettre à l'acheteur une copie de son acte d'acquisition, des titres antérieurs et du certificat de localisation qu'il a en mains[430]. De plus, la jurisprudence et la doctrine imposent au vendeur l'obligation de délivrer même les immeubles par destination de l'immeuble vendu, sauf stipulation contraire[431].

b. Conformité

106. Le vendeur a l'obligation de délivrer un bien rigoureusement conforme à celui qui a été convenu[432]. Cette règle touche principalement l'identité, la quantité et la qualité du bien. Souvent, la convention est très explicite sur l'identité et la quantité, ou alors elle contient des indications qui permettent de les déterminer. En pratique, la qualité pose plus de problèmes: si l'acheteur désire éviter les règles de droit commun[433], il a intérêt à inclure dans la convention toutes les précisions nécessaires à ce sujet.

La distinction entre la non-conformité du bien délivré et un vice caché s'avère parfois délicate en pratique. Il est pourtant important de bien qualifier les faits d'une espèce, parce que le régime particulier de la garantie de qualité diffère à plusieurs égards de celui de l'obligation de délivrance[434]. Il peut aussi se présenter des problèmes de distinction entre la non-conformité du bien délivré et l'erreur sur une qualité substantielle[435].

Ainsi, le bien délivré doit être identique à celui sur lequel les parties se sont entendues. Il doit notamment posséder toutes les caractéristiques (couleur, dimension, modèle, par exemple) précisées par l'acheteur lors de la vente[436].

Le bien délivré doit avoir toutes les qualités convenues. Cette exigence est particulièrement importante en ce qui concerne la capacité d'un appareil d'accomplir certaines fonctions précisées par l'acheteur lors de l'achat et l'aptitude d'un appareil à être utilisé en conjonction avec d'autres appareils de l'acheteur[437].

Quand la vente porte sur un bien individualisé, le bien doit être délivré dans l'état où il se trouvait au moment de la vente, car la loi présume que l'acheteur l'a accepté tel qu'il était alors[438].

Dans la vente d'un bien déterminé seulement par son espèce, quand la qualité n'a pas été précisée lors de la vente, le vendeur n'est pas tenu de délivrer un bien de la meilleure qualité, mais il ne peut pas non plus en délivrer un de la plus mauvaise. La formulation de cette règle dans le Code civil du Québec est moins satisfaisante que celle du Code civil du Bas-Canada, laquelle ajoutait: «La chose doit être de qualité marchande»[439]. Il faut souhaiter que la jurisprudence interprètera la nouvelle règle en lui donnant le même sens que la précédente, laquelle permettait de déterminer la qualité en faisant appel à l'usage et aux règles de l'art.

107. Enfin, en ce qui concerne la quantité, les règles du Code civil du Bas-Canada sur la contenance, c'est-à-dire la superficie d'un immeuble, sont devenues, dans la réforme, des règles qui gouvernent et la contenance et, de façon générale, la quantité à délivrer dans *toute* vente[440]. Le législateur a heureusement simplifié le droit en cette matière.

La règle générale veut que, si la quantité ou la contenance a été indiquée dans la vente, le vendeur doit délivrer la quantité ou contenance exacte, peu importe si la vente a été faite pour un prix global ou à tant la mesure[441].

Exceptionnellement, la quantité ou contenance réelle, délivrée par le vendeur, peut être différente de celle indiquée dans la vente lorsque la quantité ou contenance du bien individualisé ne constituait pas un élément d'importance aux yeux de l'acheteur, qui avait en vue seulement un bien dont le prix et d'autres caractéristiques que la quantité ou contenance étaient déterminants. Le Code civil précise qu'il doit être «évident» que le bien acheté l'a été sans égard à la contenance, pour donner ouverture à cette exception. Les termes du contrat ou les circonstances ne doivent pas laisser de doute à ce sujet. C'est celui qui veut invoquer cette exception — généralement l'acheteur — qui a le fardeau de la preuve[442].

Par ailleurs, quand la vente a eu lieu sans indication de quantité ou contenance (par exemple, si l'immeuble est désigné uniquement par son numéro d'identification cadastrale), l'acheteur ne peut exiger du vendeur autre chose que la délivrance du bien tel qu'il est. L'acheteur peut toutefois exercer certains droits s'il a été victime d'un vice de consentement (comme des fausses représentations verbales sur la contenance)[443].

3. Date et lieu

a. Date

108. Quand les parties ont expressément fixé dans la convention un délai pour la délivrance, le vendeur doit le respecter, sinon il sera en faute[444].

Dans l'éventualité du silence de la convention, la délivrance doit en principe avoir lieu immédiatement; le cas se présente assez souvent (par exemple, dans la vente à emporter). Mais il est fréquent d'accorder au vendeur un délai raisonnable pour exécuter son obligation, délai que les tribunaux déterminent en fonction des circonstances et, le cas échéant, de l'usage (par exemple, un délai pour la fabrication du bien par le vendeur ou pour permettre à celui-ci d'acheter le bien d'un tiers)[445]. Si l'acheteur considère que le délai raisonnable est expiré, il doit mettre le vendeur en demeure avant d'intenter contre lui un recours pour défaut de délivrance[446].

Quand le vendeur offre la délivrance après le délai stipulé ou le délai raisonnable, l'acheteur peut légitimement la refuser[447].

109. La loi établit certains rapports entre l'obligation de délivrance et l'obligation de l'acheteur de payer le prix. Ainsi, dans une vente au comptant, le vendeur n'est pas tenu de délivrer tant que l'acheteur n'est pas disposé et en mesure de payer le prix. Pareillement, l'acheteur ne peut demander en justice la délivrance s'il n'offre pas lui-même de payer le prix. Cette règle faisait l'objet de l'article 1496 du Code civil du Bas-Canada, mais cette disposition n'était qu'une application de la règle jurisprudentielle de droit commun de l'exception d'inexécution dans les contrats bilatéraux. Elle subsiste donc dans le Code civil du Québec en vertu, cette fois, d'une règle générale du Code civil lui-même[448].

Toutefois, le vendeur doit délivrer le bien s'il avait accordé à l'acheteur un terme pour payer. L'obligation du vendeur est alors pure et simple, immédiatement exigible, alors que celle de l'acheteur est à terme[449].

Enfin, dans une vente à terme, le vendeur est exempté de délivrer le bien si l'acheteur est devenu insolvable depuis la formation du contrat[450].

b. Lieu

110. Le Code civil ne comportant pas de règle particulière sur le lieu de la délivrance, il faut se reporter aux règles de droit commun sur le paiement. En droit commun, en principe, les dettes sont quérables, non portables, c'est-à-dire que le vendeur n'est pas tenu de transporter le bien au domicile de l'acheteur et que celui-ci doit aller le chercher. C'est par une convention que le vendeur peut être obligé de transporter le bien au domicile de l'acheteur ou à un autre lieu (par exemple, un chantier de construction). Ces conventions sont fréquentes (vente à livrer[451]).

Le régime de droit commun prévoit d'abord que la délivrance doit être effectuée au lieu désigné par les parties, expressément ou même implicitement[452]. La désignation implicite peut résulter notamment d'autres stipulations de la convention[453].

À défaut de désignation par les parties, la délivrance doit se faire, s'il s'agit d'un bien individualisé, au lieu où il se trouve lors de la formation de la vente[454]. S'il s'agit plutôt d'un bien déterminé par son espèce seulement, la délivrance se fera au domicile du vendeur[455].

4. Sanctions particulières

a. Défaut de délivrance à temps

111. Dans la vente mobilière, le législateur a accordé à l'acheteur, en cas de défaut de délivrance à temps, le droit de considérer la vente résolue si le vendeur est en demeure de plein droit ou encore s'il n'a pas effectué la délivrance dans le délai fixé par une mise en demeure[456]. Il s'agit d'un nouveau droit de résolution unilatérale et extrajudiciaire. Dans le droit du Code civil du Bas-Canada, en pareilles circonstances, l'acheteur devait s'adresser aux tribunaux pour obtenir la résolution, sauf s'il y avait répudiation du contrat par le vendeur et sauf évidemment s'il pouvait provoquer la résolution extrajudiciaire par une clause résolutoire dite «automatique»[457].

Cette disposition pourra être invoquée quand le vendeur sera en demeure de plein droit. À ce sujet, on sait que la règle du Code civil du Québec sur la mise en demeure de plein droit est plus large que celle du Code civil du Bas-Canada; on doit se rappeler certains cas de mise en demeure de plein droit dans lesquels il n'est pas toujours facile de décider si le vendeur est effectivement en défaut[458]: la délivrance ne pouvait être effectuée utilement que dans un certain délai que le vendeur a laissé s'écouler, le vendeur n'a pas fait la délivrance immédiatement alors qu'il y avait urgence, le vendeur a clairement manifesté à l'acheteur son intention de ne pas effectuer la délivrance.

Quelles que soient les circonstances, l'acheteur prudent mettra donc le vendeur en demeure avant de considérer la vente résolue et d'agir en conséquence (par exemple, acheter le bien d'un autre vendeur).

112. En fait, cette règle du chapitre de la vente permet la résolution extrajudiciaire de la vente mobilière dans des conditions identiques à celles de la règle générale du droit des contrats sur la résolution extrajudiciaire[459]. Cette règle est toutefois restreinte à la vente mobilière. La question se pose alors de savoir si l'acheteur d'un *immeuble* peut invoquer la règle générale pour considérer la vente résolue, dans les mêmes circonstances. Dans la vente, la règle générale est-elle implicitement exclue, notamment en matière immobilière, par la présence de cette règle particulière dont le domaine est limité aux biens meubles?

La réponse à cette question semble être affirmative. Si la règle générale continuait de s'appliquer dans la vente, la disposition particulière sur la vente mobilière serait inutile. Un meilleur argument est tiré de la politique du législateur de 1991, qui, à l'instar de celui de 1865, a voulu accorder à la vente immobilière une plus grande sécurité contractuelle qu'à la vente mobilière; on a vu plus haut que cette politique se dégage d'un certains nombre de dispositions qui soit restreignent le droit de résoudre la vente immobilière, soit facilitent la résolution de la vente mobilière[460].

b. Défaut de délivrance de la quantité ou contenance

113. Les sanctions de l'obligation du vendeur de délivrer la quantité ou contenance indiquée dans la convention sont

quelque peu particulières. Le législateur a simplifié les règles qu'on trouvait dans le Code civil du Bas-Canada[461]. Il a notamment laissé tomber la règle de la vente de deux fonds dont l'un a une contenance inférieure à celle stipulée et l'autre, une contenance supérieure, une hypothèse rare en pratique[462].

Les problèmes les plus fréquents portent sur la délivrance d'une quantité ou contenance insuffisante. À cet égard, on remarquera d'abord que la première obligation du vendeur en défaut consiste à compléter l'exécution de son obligation en délivrant le complément nécessaire quand il en a la possibilité (par exemple, quand il est propriétaire du lot contigu à celui vendu et dont la contenance est insuffisante). En effet, le Code civil prévoit le droit de l'acheteur à une réduction de prix ou la résolution si le vendeur «est dans l'impossibilité» de délivrer toute la quantité ou contenance stipulée[463].

114. Quand il y a défaut de délivrance de la quantité ou contenance et que le vendeur n'est pas en mesure de fournir le complément nécessaire, l'acheteur a d'abord droit à la réduction du prix[464]. Il s'agit d'une application particulière de la règle de droit commun sur la sanction des obligations contractuelles[465].

Dans le Code civil du Bas-Canada, le critère pour apprécier la réduction du prix était la valeur de la partie non délivrée par rapport à l'ensemble[466]. Dans le Code civil du Québec, la disposition du droit de la vente n'énonce aucun critère. Il faut donc se reporter à la disposition générale. Or celle-ci donne comme critères «toutes les circonstances»[467] — ce qui inclut les valeurs respectives de la partie manquante et de l'ensemble, mais qui est aussi plus large. On devra donc utiliser l'ancienne jurisprudence avec quelque circonspection.

Deuxièmement, l'acheteur a droit à la résolution de la vente. Pour cela, il doit cependant démontrer, selon la règle générale du droit des contrats, que le défaut de délivrance lui cause un préjudice sérieux (par exemple, la différence entre la contenance stipulée et celle délivrée est telle qu'il est empêché de faire du terrain l'usage pour lequel il l'a acheté)[468].

Ce critère est fort différent de celui qu'avait retenu le législateur du Code civil du Bas-Canada: à cette époque, l'acheteur avait droit à la résolution si l'on pouvait présumer qu'il n'aurait pas acheté s'il avait su que la contenance réelle serait ce qu'elle s'est avérée être. Ce critère rappelait singulièrement celui du dol déterminant[469]. En pratique, un défaut de quantité ou contenance peut à la fois être déterminant et causer un préjudice sérieux; mais il faudra se montrer prudent dans l'utilisation de la jurisprudence rendue sous l'empire du Code civil du Bas-Canada.

115. Enfin, l'acheteur a-t-il droit à des dommages-intérêts, qu'il exerce ou non son droit à la réduction de prix ou la résolution? Le Code civil du Bas-Canada avait le mérite de prévoir expressément le droit à des dommages-intérêts et la jurisprudence, avec raison, avait précisé que ce droit de l'acheteur existait indépendamment de la bonne ou mauvaise foi du vendeur[470].

Au chapitre de la vente, le Code civil du Québec est silencieux à ce sujet. Le défaut de délivrer la quantité ou contenance peut être analysé comme une erreur et, dans cette hypothèse, l'acheteur n'aurait pas droit à des dommages-intérêts, sauf mauvaise foi du vendeur. Mais ce défaut peut aussi s'interpréter comme l'exécution incomplète, donc fautive, de l'obligation de délivrance; cette qualification paraît prévaloir aujourd'hui[471]. Elle entraîne un droit pour l'acheteur à des dommages-intérêts selon la règle du droit commun sur l'inexécution des contrats[472].

116. Le Code civil prévoit que, si la quantité ou contenance excède ce qui est stipulé, l'acheteur doit payer au vendeur la valeur de l'excédent ou encore lui remettre cet excédent[473].

Le choix de l'acheteur est-il limité à ces deux options prévues par le Code civil? Un texte clair du Code civil du Bas-Canada accordait à l'acheteur le droit à la résolution même dans le cas de délivrance excédentaire (par exemple, quand la remise de l'excédent au vendeur aurait rendu le terrain acheté impropre à l'utilisation pour laquelle l'acheteur l'avait acquis)[474].

On ne retrouve pas cette disposition dans le Code civil du Québec. D'après nous, l'acheteur, victime d'une faute du vendeur, ne doit pas être obligé de payer plus que le prix stipulé, s'il ne le désire pas; s'il choisit de ne pas payer davantage et que, par ailleurs, la remise au vendeur de l'excédent lui causerait un préjudice sérieux (comme dans l'exemple mentionné il y a un instant), l'acheteur doit avoir la possibilité d'obtenir la résolution de la vente, conformément à la règle générale sur l'inexécution des contrats[475].

5. Obligation de l'acheteur d'enlever le bien

117. En matière de vente mobilière, l'obligation de délivrance a un corollaire important: l'obligation de l'acheteur d'enlever le bien, à ses frais[476]. Enlever le bien vendu, c'est l'action de le prendre, de l'appréhender, d'en assumer la détention[477]. L'enlèvement, par exemple, implique souvent, pour un meuble qui n'est pas livré chez l'acheteur, le transport du bien par celui-ci ou un transporteur engagé par lui, à partir du lieu où le vendeur le met à sa disposition. Les règles sur l'enlèvement s'appliquent en complément de la délivrance au sens strict ainsi que de la livraison[478].

118. L'obligation d'enlèvement est assujettie aux sanctions du droit commun des contrats; c'est le créancier, en la matière le vendeur, qui a le choix de la sanction qui correspond le mieux à ses intérêts. Il peut notamment poursuivre l'acheteur en dommages-intérêts, lui réclamer le prix — en offrant la délivrance — ou demander une ordonnance pour forcer l'acheteur à enlever le bien[479].

Deux applications de l'exception d'inexécution doivent être signalées. Dans l'éventualité de délivrances successives, le vendeur peut suspendre les délivrances si l'acheteur n'enlève pas les biens faisant l'objet de certaines délivrances[480]. Le Code civil du Québec, dans une nouvelle disposition, accorde au vendeur le droit d'arrêter la livraison du bien en cours de transport quand il apparaît que l'acheteur n'exécutera pas une partie substantielle de ses obligations d'enlèvement et de paiement[481]; c'est l'incorporation dans notre droit du *stoppage in transit* de la common law et d'une règle semblable de la Convention des Nations-Unies sur les contrats de vente internationale de marchandises[482].

119. En matière d'enlèvement d'un bien meuble, le Code civil prévoit une option additionnelle pour le vendeur victime du défaut de l'acheteur: quand l'acheteur n'enlève pas le bien et ne paie pas le prix, le vendeur peut considérer la vente résolue, si l'acheteur est en demeure de plein droit d'exécuter ces deux obligations ou encore s'il ne les a pas exécutées dans le délai

fixé par la mise en demeure[483]. Le Code civil du Bas-Canada comportait une disposition très semblable, que le législateur n'a fait que reformuler en tenant compte des nouvelles règles du droit commun sur la résolution de plein droit[484].

L'exercice de ce droit à la résolution est avantageux pour le vendeur. Ainsi, il le dispense de s'adresser aux tribunaux pour faire résoudre la vente; de plus, il ne prive pas le vendeur de demander des dommages-intérêts selon le droit commun des contrats[485]. Pour éviter l'incertitude sur le sort du contrat, le vendeur serait sage d'aviser par écrit l'acheteur de sa décision de considérer la vente résolue.

Dans le Code civil du Bas-Canada, l'exercice de ce droit emportait pour le vendeur renonciation à réclamer le prix[486]. Cette restriction n'est pas reprise dans le Code civil du Québec; mais il va sans dire que le vendeur ne saurait à la fois résoudre la vente et réclamer le prix.

B. Garantie du droit de propriété

1. Introduction

120. Un des effets essentiels de la vente consiste à transférer la propriété du bien à l'acheteur. L'un des objectifs du droit de la vente est donc de permettre à l'acheteur de jouir pleinement du bien comme un propriétaire et d'exercer sur lui toutes les prérogatives d'un propriétaire. C'est ce qui explique le nullité de la vente du bien d'autrui, dont le régime a déjà été examiné[487]. C'est aussi ce qui explique les règles sur la garantie contre l'éviction, ou garantie du droit de propriété, qui procurent à l'acheteur une protection complémentaire.

Il est ainsi naturel que le vendeur ait l'obligation de garantir l'acheteur pour le cas où celui-ci ne pourrait jouir pleinement du bien comme tout propriétaire ou ne pourrait exercer sur lui toutes ses prérogatives de propriétaire. Le vendeur doit garantir l'acheteur contre l'exercice d'un droit réel sur le bien, que ce soit par un tiers ou le vendeur lui-même, et contre le trouble de fait que le vendeur pourrait apporter à la jouissance de l'acheteur. Cette obligation existe tant pour une éviction totale (comme la revendication du bien en entier) que pour une éviction partielle (par exemple, l'exercice d'une servitude).

La garantie contre l'éviction a subi des modifications importantes dans la réforme. Son nouveau régime, largement inspiré des recommandations de l'Office de révision[488], renforce la protection de l'acheteur, en général. Le fondement est le même qu'autrefois; mais les règles sont simplifiées et, fait important, les objectifs sont devenus plus exigeants[489]. En effet, le vendeur n'est plus seulement obligé de garantir à l'acheteur la jouissance paisible du bien, comme dans la conception classique[490], mais il doit de plus lui fournir un titre «clair»: le vendeur a désormais une obligation de faire, soit purger le bien des hypothèques qui le grèvent[491].

Ainsi, le vendeur est maintenant soumis non seulement à des mesures-sanctions (la résolution, la réduction du prix, les dommages-intérêts), mais aussi à des mesures curatives (purger le bien des hypothèques), à l'instar du vendeur dans un contrat de consommation[492]. En somme, le vendeur n'est plus simplement tenu de «compenser» les conséquences d'une éviction partielle ou totale, mais il doit aussi prendre les mesures nécessaires pour éviter cette éviction dans le cas d'une hypothèque, afin que l'acheteur ait effectivement la pleine jouissance du bien. Voilà pourquoi cette obligation se nomme désormais «garantie du droit de propriété», un changement d'appellation approprié[493].

121. Le régime juridique a subi de nombreuses modifications dans la réforme. La première qu'il faut signaler concerne la condition suivant laquelle, pour pouvoir invoquer la garantie contre l'éviction dans le Code civil du Bas-Canada, il fallait, sauf pour une servitude[494], que l'éviction se soit réalisée ou au moins qu'il y ait une menace grave d'éviction (telle une action en revendication ou un bornage qui révèle le vice du titre). Désormais, il suffira d'un *risque* d'éviction; comme autrefois pour la servitude, l'acheteur pourra invoquer la garantie du droit de propriété dès qu'il découvrira l'existence du vice du titre ou apprendra la prétention du tiers[495].

La seconde innovation remarquable est la codification de la jurisprudence sur l'application de la garantie contre l'éviction aux restrictions apportées par les autorités de droit public au droit de propriété et qui ne sont pas considérées comme des limitations de droit commun[496].

122. Le législateur a grandement simplifié le régime. Désormais, sur plusieurs points, les règles générales sur l'inexécution des obligations remplaceront les dispositions particulières de la garantie dans la vente.

Ainsi en est-il de cette règle du Code civil du Bas-Canada selon laquelle, quand le bien augmente de valeur entre la vente et l'éviction, le vendeur doit payer à l'acheteur une compensation pour l'augmentation; cette obligation existait même si l'augmentation était imprévisible lors de la vente, ce qui constituait une dérogation à la règle générale qu'un contractant ne doit indemniser le cocontractant que pour le préjudice prévisible[497]. Le Code civil du Québec ne contenant aucune disposition particulière sur le sujet, on arrivera à un résultat pratique presque identique par application des règles générales sur les dommages-intérêts, car la perte de l'augmentation de valeur du bien constitue très souvent une conséquence directe et prévisible de la faute du vendeur[498].

La règle particulière du Code civil du Bas-Canada sur la diminution de valeur du bien entre la vente et l'éviction n'a pas été reprise dans le Code civil du Québec[499]. Conformément à la règle générale sur la résolution des contrats, le vendeur devra donc rembourser à l'acheteur le plein montant du prix payé. S'il y avait eu perte totale ou partielle du bien, ce serait une affaire à régler entre l'acheteur et le tiers qui revendique, selon les règles générales sur la restitution[500].

Enfin, la réduction du prix, dans la garantie contre l'éviction, était une sanction particulière[501]. C'est maintenant une sanction générale, application à toute violation d'une obligation d'un contrat bilatéral[502].

123. Plusieurs éléments de la garantie contre l'éviction du Code civil du Bas-Canada ne sont pas repris dans le Code civil du Québec C'est d'abord le cas de la distinction des droits de l'acheteur selon qu'il connaissait, ou non, lors de la vente, la cause de l'éviction; cette preuve était souvent une source de difficultés[503].

Est également disparue, sauf en ce qui concerne l'éviction en raison d'une limitation de droit public, la condition selon laquelle la cause de l'éviction doit être occulte, ou non apparente, lors de la vente[504]; de plus, dans le nouveau régime général de la garantie du droit de propriété, l'inscription de la charge ne prive pas l'acheteur de ses droits[505]. On ne peut manquer de rapprocher cette règle de la tendance jurisprudentielle, dans le droit du Code civil du Bas-Canada, de *ne pas considérer* comme une charge apparente celle dont l'acte avait été enregistré; les tribunaux et les auteurs obligeaient alors le vendeur à déclarer toutes les charges occultes, même celles qui avaient été enregistrées[506]. De ce point de vue, il y a continuité entre l'ancien et le nouveau codes.

Toutefois, dans le nouveau régime de garantie pour une restriction de droit public, on observe un double phénomène. D'une part, on voit réapparaître la condition que la cause d'éviction doit être occulte pour donner droit à la garantie; d'autre part, le législateur introduit un nouveau critère, celui de l'inscription de la limitation de droit public au registre de la publicité[507]. Ces divergences entre ce régime particulier et le régime général de la garantie du droit de propriété s'expliquent mal.

L'absence d'effet de la publicité sur la garantie, dans un cas, et, dans l'autre, l'effet dramatique de la publicite évoquent la nouvelle présomption, absolue ou relative selon le cas, de connaissance de tout droit inscrit, par toute personne qui *acquiert* ou qui publie un droit sur l'immeuble ou le meuble concerné[508]. Le moins qu'on puisse dire, c'est que, en matière de garantie du droit de propriété, ce principe aura des répercussions très diverses.

Le législateur de 1991 a aussi supprimé les règles qui faisaient de l'appel en garantie du vendeur, par l'acheteur poursuivi par un tiers, une condition de la garantie; cette condition a été jugée superflue dans un code civil[509].

Dans le Code civil du Québec, on ne retrouve pas davantage les règles particulières sur l'indemnisation de l'acheteur par le vendeur pour les impenses qu'il a faites[510]. Il n'y a pas pour autant de vide juridique sur ce point: les dispositions générales sur le droit des biens, quoiqu'un peu moins favorables à l'acheteur, continueront de s'appliquer en cette matière[511]. Il n'y a plus de règle sur la vente «en bloc» de deux fonds[512]. C'est là une hypothèse rare en pratique, qui peut être traitée en recourant aux règles du droit commun sur la résolution des contrats et la réduction du prix[513].

Enfin, le législateur semble avoir simplifié le droit en faisant disparaître la distinction entre le régime général, d'une part, et, d'autre part, le régime particulier pour l'éviction à cause d'une servitude ou autre charge (un usufruit ou une hypothèque, par exemple) grevant un immeuble[514]. Mais c'est plutôt une illusion: car le nouveau régime général se complète maintenant de *deux* régimes particuliers, visant respectivement l'hypothèque qui grève le bien et la violation d'une restriction de droit public au plein exercice du droit de propriété[515].

2. Garantie contre une limitation de droit privé

a. Règles générales

124. Le Code civil pose la règle générale que le vendeur doit garantir l'acheteur contre l'existence de tout droit de nature privée qui prive l'acheteur de son droit de propriété ou le restreint (tels le droit de propriété d'un tiers, une servitude, une hypothèque)[516].

Le Code civil du Bas-Canada protégeait l'acheteur contre «l'éviction». Par contraste, le Code civil du Québec énonce clairement que le vendeur garantit que «le bien est libre de tous droits[517]». Dorénavant, l'acheteur peut donc exercer ses droits dès qu'il découvre l'existence d'un droit sur le bien acheté et il n'a plus à attendre d'être menacé d'éviction, comme c'était le cas jadis sauf pour les servitudes. C'est là un changement majeur.

125. Cette règle générale connaît un certain nombre de limites. La première réside dans le fait que la garantie ne s'applique qu'aux vices du titre dont on peut légitimement rendre le vendeur responsable. Concrètement, ce sont les vices existant lors de la vente; au contraire, ce ne sont pas ceux qui ont pris naissance après la vente, sauf s'ils sont attribuables au vendeur (par exemple, une double vente immobilière quand le second acheteur inscrit son titre avant le premier acheteur)[518].

La garantie du droit de propriété ne vise pas les «servitudes légales» (telle la servitude d'écoulement des eaux[519]). Comme l'indique leur nom, ces servitudes sont établies par la loi et considérées comme des limitations de droit commun au droit de propriété; elles s'opposent aux servitudes établies par le fait de l'être humain. Cette limite à la garantie n'est pas mentionnée par le Code civil du Québec. Mais elle ne l'était pas davantage par le Code civil du Bas-Canada et elle avait été définie par la doctrine[520]. Il n'y a pas de raison, d'après nous, de ne pas maintenir cette interprétation.

Deux conditions viennent aussi limiter la garantie du droit de propriété.

126. Premièrement, pour que l'acheteur puisse invoquer la garantie, le droit portant sur le bien vendu ne doit pas avoir été déclaré à l'acheteur lors de la vente[521]. Sur ce point, le Code civil du Québec est pratiquement identique au Code civil du Bas-Canada, tel qu'il avait été interprété: car l'exception à la garantie contre l'éviction quand une charge ou une servitude avait été déclarée dans l'acte de vente était conçue largement et s'appliquait à toutes sortes de charge: hypothèque, usufruit ou autre démembrement du droit de propriété, bail; le vendeur avait l'obligation de dénoncer à l'acheteur, dans l'acte de vente, «tout ce qui peut éventuellement contribuer à son éviction partielle ou totale de la chose vendue[522]».

127. Deuxièmement, pour que l'acheteur puisse invoquer la garantie, il doit avoir dénoncé au vendeur le risque d'éviction. «L'acheteur qui découvre un risque d'atteinte à son droit de propriété doit, par écrit et dans un délai raisonnable depuis sa découverte, dénoncer au vendeur le droit ou la prétention du tiers, en précisant la nature de ce droit ou de cette prétention. Le vendeur qui connaissait ou ne pouvait ignorer ce droit ou cette prétention,» ajoute le législateur, «ne peut, toutefois, se prévaloir d'une dénonciation tardive de l'acheteur[523]».

Il s'agit d'une nouvelle règle, dont le but est de permettre au vendeur de remédier au vice du titre, si possible, avant l'institution de recours en justice par l'acheteur contre lui. Quoique la disposition ne l'exprime pas expressément, c'est en réalité une condition à l'exercice de la garantie; l'acheteur qui ne se conforme pas à cette exigence peut perdre ses droits, comme l'indique indirectement la deuxième partie de la disposition.

La détermination du délai raisonnable pour donner l'avis promet des difficultés. Chaque cas sera étudié à la lumière de ses faits particuliers. Mais la jurisprudence s'inspirera-t-elle de l'interprétation qu'elle avait donnée à l'exigence d'exercer dans un délai raisonnable le recours pour vice caché, dans le Code civil du Bas-Canada? Verra-t-on apparaître des tendances quant à la durée du délai raisonnable et retrouvera-t-on des motifs d'extension de ce délai[524]? On peut le penser. Car il nous paraît souhaitable que cette règle sur la dénonciation du risque d'éviction soit interprétée et appliquée de la même manière que la règle, qui la suit dans le Code civil, sur la dénonciation du vice dans la garantie de qualité, règle qui comporte la même exigence d'agir dans un délai raisonnable[525]; voilà deux points où la cohérence et l'uniformité sont des vertus.

b.   Cas de l'hypothèque grevant le bien vendu

128. Le Code civil prescrit que le vendeur «est tenu de purger le bien des hypothèques qui [...] grèvent [le bien vendu], même déclarées ou inscrites, à moins que l'acheteur n'ait assumé la dette ainsi garantie»[526]. Il s'agit d'une toute nouvelle disposition, inspirée de façon lointaine d'une recommandation de l'Office de révision, laquelle visait la purge de tous les droits réels[527]. La nouvelle règle reflète mieux que toute autre l'objectif du législateur de 1991 que le vendeur fournisse à l'acheteur un «bon» tire, un titre «clair de tout droit».

On remarque d'abord que cette garantie particulière ne s'applique qu'aux hypothèques mobilières et immobilières; les priorités[528], pourtant importantes dans la pratique, ne sont pas visées et sont donc régies par le régime général de garantie. On peut noter aussi l'écart considérable, dans les conditions de la garantie, entre cette règle particulière et le régime général : quand il s'agit d'une hypothèque, le vendeur doit la garantie même s'il l'a déclarée dans l'acte de vente; sa seule façon d'échapper à la garantie, s'il n'obtient pas mainlevée de l'hypothèque avant la vente, est de convaincre l'acheteur d'assumer la dette garantie. Il faut dire, cependant, qu'il est assez fréquent en pratique que, lors d'une vente, l'hypothèque soit maintenue — avec le consentement du prêteur — , que l'acheteur prenne à sa charge le remboursement du solde de la dette et que le versement du prix de vente soit ajusté en conséquence.

L'autre différence significative entre le régime particulier de l'hypothèque et le régime général de la garantie du droit de propriété réside dans les sanctions. Alors que la résolution, la réduction du prix, l'exception d'inexécution et les dommages-intérêts sont les sanctions du régime général[529], le législateur va plus loin dans ce régime particulier: il permet à l'acheteur de forcer le vendeur à purger le bien, il lui accorde donc l'exécution forcée en nature.

On se rappellera que le créancier d'une obligation a le choix des sanctions en cas de violation[530]. L'acheteur, créancier de la garantie, peut donc forcer le vendeur à purger le bien de l'hypothèque chaque fois que cela est possible (en cas de faillite ou d'insolvabilité du vendeur, par exemple, le vendeur sera dans l'impossibilité de rembourser la dette et de purger le bien). Mais ce droit ne fait pas perdre à l'acheteur le choix d'exercer d'autres sanctions, et notamment la résolution si la violation de la garantie est importante, ou encore la réduction du prix, avec ou sans dommages-intérêts[531]. Le régime particulier de garantie contre une hypothèque vient ajouter certaines protections à celles du régime général, mais il ne saurait exclure celles du régime général.

129. Cette garantie particulière pour le cas d'une hypothèque est soumise à la condition de la dénonciation du risque d'éviction, par l'acheteur au vendeur. En effet, rien dans le texte de la disposition ne restreint son application au régime général de garantie[532].

c.   Indemnisation pour les impenses faites par l'acheteur

130. Au chapitre de la garantie contre l'éviction, le Code civil du Bas-Canada comportait quelques règles sur la responsabilité du vendeur à l'égard de l'acheteur pour les impenses que celui-ci avait faites sur le bien[533]; ces règles étaient en fait plus généreuses envers l'acheteur que celles du droit commun des biens, auxquelles elles s'ajoutaient[534]. Le législateur ne les a pas reprises dans le Code civil du Québec.

Aujourd'hui, quand l'acheteur est évincé et qu'il doit remettre le bien acheté à un tiers, ce sont les règles du droit commun des biens qui s'appliquent. Le mécanisme est plutôt simple. En remettant le bien au tiers, l'acheteur lui remet également le résultat de toutes les impenses qu'il a faites: réparations ou autres travaux nécessaires, constructions, ouvrages ou plantations — communément appelés «améliorations» — sauf possiblement les améliorations de pur agrément. Le tiers qui revendique son bien doit indemniser l'acheteur pour les impenses faites par celui-ci, à certaines conditions et sous certaines limites[535]. Titulaire d'un droit de rétention, l'acheteur peut cependant retenir le bien jusqu'à ce que le tiers lui ait versé l'indemnité due[536].

131. Considérons par exemple l'hypothèse où l'acheteur est de bonne foi, laquelle est la plus fréquente. D'abord, le tiers doit lui rembourser toutes les impenses nécessaires, même si le résultat des travaux ou les améliorations n'existent plus lors de l'éviction (par exemple, le bâtiment a passé au feu)[537]. En ce qui concerne les améliorations utiles, si elles existent encore lors de l'éviction, le tiers a le choix soit de payer à l'acheteur le prix qu'elles lui ont coûté, soit la plus-value qu'elles ont donnée au bien[538].

Enfin, il faut rappeler qu'en principe le droit de l'acheteur de toucher une indemnité du tiers ne lui fait pas perdre le droit de réclamer du vendeur des dommages-intérêts en vertu de la garantie du droit de propriété qui, par hypothèse, n'a pas été respectée[539]. L'acheteur ne peut certes pas toucher une double indemnité. Dans certaines éventualités cependant, il peut réclamer du vendeur un complément (par exemple, la différence entre le coût réel d'impenses utiles et la plus-value qu'elles ont donnée au bien et pour laquelle le tiers a payé une indemnité, quand l'acheteur est de bonne foi et que le coût réel excède la plus-value).

3. Garantie contre une limitation de droit public

a. Notion

132. Le Code civil du Québec comporte une nouvelle règle, qui était attendue: «Le vendeur d'un immeuble se porte garant envers l'acheteur de toute violation aux limitations de droit public qui grèvent le bien et qui échappent au droit commun de la propriété[540]...» Pour l'essentiel, cette disposition codifie la jurisprudence contemporaine dominante (par exemple, à propos

d'un terrain homologué ou d'un immeuble servant à des fins non autorisées par un règlement de zonage)[541].

Ce texte protège l'acheteur à l'égard des «limitations de droit public [...] qui échappent au droit commun de la propriété». Les limitations de droit commun doivent être déterminées cas par cas par la jurisprudence[542]. La notion même de limitation de droit commun peut évoluer avec le temps: ce qui est exceptionnel aujourd'hui peut devenir commun demain, et inversement (qu'on pense aux limitations résultant du progrès technologique, spécialement dans les télécommunications).

On notera que ce texte vise toute *violation* d'une limitation du droit de propriété, et non *l'existence* d'une telle limitation; autrement dit, au moment de la vente, la violation doit être consommée pour que la garantie s'applique (par exemple, l'immeuble ne répond pas aux exigences réglementaires sur la sécurité). Or la jurisprudence et la doctrine du droit du Code civil du Bas-Canada acceptaient, dans certaines circonstances, d'appliquer la garantie également à l'existence d'une limitation qui échappait au droit commun de la propriété, même s'il n'y avait eu encore aucune violation lors de la vente (par exemple, le vendeur d'avait pas violé une limitation de construire parce qu'il n'avait pas fait de travaux, mais c'est l'acheteur qui, en voulant entreprendre des travaux, découvrait la limitation)[543]. La nouvelle règle est un peu moins large que l'ancienne.

La garantie du Code civil du Québec s'applique seulement en matière immobilière[544]. Le législateur a laissé de côté le domaine de la vente *mobilière* (spécialement la vente d'équipement et de véhicule, pour lesquels il existe pourtant une réglementation abondante qui peut gêner l'acheteur)[545]. Est-ce à dire que l'acheteur d'un bien meuble ne jouit d'aucune protection? La question est délicate. Certes, jusqu'à maintenant, la grande majorité des cas de violation d'une limitation de droit public concernaient des immeubles et, pour les régler, on a souvent assimilé la restriction à une servitude. Mais, dans d'autres cas, on a, de façon plus heureuse, assimilé la restriction à une charge selon l'article 1508 du Code civil du Bas-Canada[546]. Dès lors, on peut encore, semble-t-il, faire la même assimilation dans la vente mobilière, non visée par le régime nouveau mis en place par le législateur pour les ventes immobilières.

Le régime particulier aux limitations de droit public, on le verra dans un instant, à certains égards codifie le droit jurisprudentiel et à d'autres égards le modifie clairement. Il convient alors, nous semble-t-il, de faire appel à la présomption de stabilité du droit dans l'interprétation d'une règle qui modifie le droit commun[547]; si l'on accepte cette prémisse, il faut admettre que l'acheteur a droit à une garantie même en matière mobilière et conclure à l'application, dans ce cas, du régime de droit commun, c'est-à-dire le régime général de la garantie du droit de propriété[548].

133. Ce régime particulier, à l'instar du régime général de la garantie contre une limitation de droit privé, ne vise que les limitations existant lors de la vente, non celles qui sont imposées par l'Administration après le contrat[549].

La garantie contre les limitations de droit public peut être mise en œuvre peu importe si c'est le vendeur lui-même, l'un de ses auteurs ou même un entrepreneur indépendant qui a enfreint la limitation: il ne faut pas distinguer là où la loi ne distingue pas[550]. Avec raison, le législateur n'a pas voulu imposer à l'acheteur le fardeau d'identifier l'auteur de la violation.

Comme dans le régime général de la garantie contre une limitation de droit privé, la garantie contre une limitation de droit public s'applique même si le vendeur ignorait l'existence de la limitation ou sa violation. La bonne foi du vendeur n'est pas un critère[551].

b. Conditions

134. L'étude des conditions de la garantie contre une limitation de droit public montre que cette garantie est plus limitée qu'il n'en paraît à première vue. D'abord, comme dans le régime général, le vendeur ne doit pas avoir dénoncé la limitation lors de la vente, préférablement dans l'acte de vente; en somme, le vendeur a l'obligation générale de dénoncer à l'acheteur *toutes* les limitations du droit de propriété. Cette disposition est une codification de la jurisprudence[552].

En second lieu, pour qu'il y ait garantie, la limitation de droit public ne doit pas avoir été inscrite au registre de la publicité des droits lors de la vente; sur ce point, le législateur a adopté

des règles diamétralement opposées pour le régime particulier
des limitations de droit public et le régime général des limitations de droit privé[553].

Cette règle renverse la jurisprudence dominante qui dispensait
l'acheteur de faire des recherches juridiques pour découvrir les
éventuelles limitations de droit public grevant l'immeuble qu'il
se proposait d'acquérir[554]. Mais en réalité, la brèche dans la
jurisprudence n'est que partielle: en effet, la règle exclut de la
garantie seulement les limitations inscrites au *bureau de la
publicité des droits*, elle ne vise pas les innombrables lois et
règlements, créant des restrictions au droit de propriété, qui n'y
sont pas inscrits et pour lesquels l'acheteur continuera, sur ce
point, de jouir de la garantie.

135. Troisièmement, pour qu'il y ait garantie, la limitation doit
être occulte, ou cachée. Il n'y a pas de garantie, précise le Code
civil, quand «un acheteur prudent et diligent aurait pu [la]
découvrir par la nature, la situation et l'utilisation des lieux[555]».
La réglementation de droit public est devenue si complexe,
changeante, voire parfois arbitraire, qu'on ne peut exiger de
l'acheteur plus qu'un examen des lieux eux-mêmes, fait avec
diligence et prudence[556].

Sur ce point, le Code civil du Québec rejoint la jurisprudence
ancienne[557]. Un juge avait écrit que «l'acheteur a le droit de
présumer que l'immeuble, tel que construit et tel qu'occupé au
moment où il l'achète, est conforme à tous les règlements alors
en vigueur[558]». On peut donc dire que la nouvelle règle codifie
la jurisprudence sauf en ce qui concerne les limitations inscrites
au registre de la publicitié des droits, comme on vient de le voir.

Bien que les textes respectifs ne soient pas identiques, on
retrouvera la même règle en matière de garantie de la qualité[559].
Quand l'acheteur est un profane, la limitation de droit public est
occulte lorsqu'un profane comme lui ne l'aurait pas découverte
s'il avait agi en personne prudente et raisonnable; point n'est
besoin de faire appel à un expert. En revanche, il semble que le
professionnel de l'immobilier qui achète un immeuble, et qui
est donc un expert agissant dans son propre domaine, a l'obligation de faire des démarches auprès des autorités administratives pour se renseigner sur les éventuelles limitations ou de

faire appel à un autre expert pour le faire à sa place (notaire, arpenteur-géomètre ou autre)[560].

136. Dans le régime général de la garantie, le législateur a imposé comme dernière condition que l'acheteur qui découvre un risque d'éviction en donne avis au vendeur par écrit et dans un délai raisonnable[561]. Cette règle générale s'applique-t-elle dans le régime particulier de la garantie contre les limitations de droit public?

La réponse à cette question n'est pas évidente. Par cette condition générale, le législateur a voulu donner au vendeur l'occasion de faire disparaître la cause d'éviction. Or, en matière de limitation de droit public, cette condition ne serait d'aucune utilité: on ne peut prêter au législateur l'intention de permettre au vendeur de faire disparaître, par influence ou autrement, une limitation de droit public. Ou bien l'Administration a raison de prétendre que le bien viole une loi ou un règlement, et alors il doit y avoir inexorablement éviction; ou bien l'Administration a tort, et l'acheteur ne sera pas troublé finalement. Il serait donc superflu d'aviser le vendeur. Mais les choses ne sont pas toujours si simples: assez souvent, l'Administration prétend que le bien vendu est en violation d'une norme de droit public, elle menace de prendre des poursuites et même elle les intente... pour apprendre plus tard, des tribunaux, qu'elle avait tort. En somme, le vendeur a intérêt à être avisé du risque d'éviction et à avoir la possibilité de contester les prétentions de l'Administration. À tout considérer, l'envoi d'un avis est également une condition de la garantie pour la violation d'une limitation de droit public[562].

4. Garantie contre l'empiètement

137. Le Code civil du Québec prescrit que le vendeur est garant de tout empiètement exercé par lui-même et de tout empiètement qu'un tiers aurait, à sa connaissance, commencé d'exercer avant la vente[563]. Il s'agit plus ou moins d'une nouvelle disposition: dans le droit du Code civil du Bas-Canada, la garantie contre l'éviction incluait une garantie contre les troubles de fait du vendeur lui-même[564].

Le trouble de fait est un acte matériel qui diminue ou entrave la jouissance du bien vendu mais sans que le vendeur prétende s'appuyer sur un droit quelconque pour agir ainsi (par exemple, en exploitant son propre lot, contigu à celui vendu, le vendeur dépasse la ligne qui sépare les lots et empiète sur le terrain vendu[565]). L'empiètement est le principal trouble de fait en pratique, mais il pourrait théoriquement y en avoir d'autres.

La nouvelle disposition ne vise que l'empiètement. Désormais, ce sera donc la seule forme de trouble de fait garantie. Il faut noter que le législateur a innové en incluant dans l'objet de la garantie l'empiètement par un tiers, commencé avant la vente, à la connaissance du vendeur[566]. Sous cette réserve, le vendeur n'est aucunement responsable des troubles de fait causés par les tiers quand ils n'invoquent pas de droit pour agir ainsi[567].

138. La dénonciation de l'atteinte, par l'acheteur au vendeur, qui est une condition du régime général de la garantie, ne trouve pas à s'appliquer dans la garantie contre l'empiètement. En effet, le Code civil prévoit que l'acheteur doit aviser le vendeur «du droit ou de la prétention du tiers[568]». Son application en cette matière n'aurait aucun sens pour un empiètement par le vendeur lui-même. Cependant, malgré les termes de cette disposition, il conviendrait d'en étendre l'application à l'empiètement par un tiers afin de donner au vendeur la chance de le faire déguerpir.

La seule façon pour le vendeur d'échapper à cette garantie est de déclarer l'empiètement lors de la vente, de préférence dans l'acte de vente[569]. La garantie contre l'empiètement fait partie de la garantie du fait personnel du vendeur, dont le régime est très sévère[570].

Enfin, l'acheteur peut recourir aux sanctions du droit commun des contrats. Il préfèrera souvent l'injonction pour faire sanctionner cette obligation de ne pas faire[571].

5. Modifications conventionnelles

139. En règle générale, les dispositions du Code civil sur la garantie du droit de propriété ne sont pas impératives et les parties peuvent y déroger; ainsi elles peuvent en principe exclure la garantie et même faire une vente aux risques et périls de l'acheteur[572]. Certaines restrictions doivent cependant être signalées[573].

a. Cas du vice du titre connu du vendeur

140. Quand, lors de la vente, le vendeur connaissait ou ne pouvait ignorer le vice du titre et qu'il ne l'a pas déclaré, une clause exonératoire est inopérante[574]. Cette règle est fondée sur la bonne foi[575]: il serait contraire à la bonne foi de prétendre transférer la propriété, sans réserve, alors qu'on sait que l'acheteur n'aura pas un bon titre.

Les tribunaux auront à décider les cas où le vendeur ne pouvait ignorer le vice du titre. Ils voudront très probablement faire une analogie avec la garantie de qualité, dans laquelle le législateur utilise une même présomption de connaissance — habituellement appliquée au vendeur professionnel — ainsi que le concept de vendeur professionnel[576] (ainsi, la présomption de connaissance pourrait s'appliquer au promoteur immobilier qui a acquis un vaste lot et l'a subdivisé puis a vendu séparément les subdivisions sur lesquelles il a construit des maisons).

Le nouveau code prévoit une exception à cette règle sur la clause exonératoire: si la vente est faite aux risques et périls de l'acheteur et que le vendeur n'est pas un vendeur professionnel, il est complètement libéré par cette clause, même quand il connaissait le vice du titre ou ne pouvait l'ignorer et qu'il ne l'a pas dénoncé. Sur ce point, les deux codes se rejoignent à un «détail» près[577]. Car désormais seul le vendeur qui n'est *pas un professionnel* pourra invoquer une clause d'achat aux risques et périls de l'acheteur.

b. Le cas de la garantie du fait personnel du vendeur

141. Dans la réforme, le législateur a maintenu le principe que le vendeur ne peut exclure sa garantie pour ses faits personnels; la règle vaut autant pour un vice du titre que pour un empiètement[578]. Ainsi subsiste ce concept, bien connu dans le droit du Code civil du Bas-Canada, de la garantie du fait personnel du vendeur. Elle embrasse l'empiètement attribuable au vendeur, l'exercice, par un tiers contre l'acheteur, d'un droit réel qu'avait consenti le vendeur (par exemple une servitude), ainsi que l'exercice d'un droit réel par le vendeur lui-même contre l'acheteur (telle une servitude en faveur d'un autre fonds dont le vendeur est demeuré propriétaire)[579].

La loi ne permet pas au vendeur d'échapper à la garantie de son fait personnel par une clause exonératoire en raison du vieux principe que «celui qui doit garantie ne peut évincer». La seule façon de le faire est de déclarer l'empiètement, le droit ou le vice du titre lors de la vente, préférablement dans l'acte de vente. Le transfert du droit de propriété est un des effets essentiels produits par la vente. La moralité juridique ne permet pas au vendeur de troubler l'acheteur à moins que la convention ne lui en ait réservé le droit expressément et clairement[580].

La garantie du fait personnel est si capitale que, comme il a été décidé dans le droit du Code civil du Bas-Canada, en l'absence d'une dénonciation du droit ou vice du titre dans la vente, cette garantie n'est pas écartée par une vente aux risques et périls de l'acheteur[581] ni par une clause suivant laquelle «l'acheteur acquiert l'immeuble avec toutes ses servitudes actives et passives, apparentes et non apparentes»[582]. Le texte de la nouvelle disposition sur l'achat aux risques et péril de l'acheteur ne paraît pas s'opposer à ce que cette interprétation continue de prévaloir.

c. Déclaration générale de l'existence de servitudes

142. Presque tous les contrats de vente contiennent une stipulation aux termes de laquelle la vente est faite «avec toutes les servitudes actives et passives, apparentes et non apparentes, qui affectent l'immeuble». La stipulation est si fréquente qu'on peut dire que c'est une clause de style.

Il a été décidé à bon droit qu'une telle stipulation n'est pas suffisante pour satisfaire l'obligation du vendeur de dénoncer à l'acheteur les servitudes occultes[583]. La dénonciation ne doit pas être ambiguë. Il ne suffit pas de mentionner qu'«une servitude a été inscrite». Il faut être clair et spécifique (par exemple, il faut donner le numéro d'inscription de l'acte créant la servitude ou encore le nom du notaire instrumentant et le numéro de la minute de son acte; si plus d'une servitude sont créés par le même acte, il faut toutes les décrire[584]).

C. Garantie de qualité

1. Introduction

143. Dans la réforme le législateur a fait disparaître une règle de la garantie contre les vices cachés dans le Code civil du Bas-Canada. Il s'agit de la condition d'exercice du recours pour garantie contre les vices selon laquelle l'action devait être intentée dans un délai raisonnable après la découverte du vice par l'acheteur[585]. L'effet concret de cette règle était de restreindre sensiblement la responsabilité du vendeur.

Cette disposition avait donné lieu à une jurisprudence et une doctrine abondantes. Elles seront utiles pour la nouvelle règle sur l'avis que l'acheteur qui découvre un vice doit donner au vendeur[586]. Cependant, l'effet pratique de l'exigence d'agir dans un délai raisonnable sera moins marqué qu'auparavant: car, désormais, quand l'acheteur omet de dénoncer le vice dans un délai raisonnable, le vendeur est néanmoins tenu à la garantie quand il connaissait ou ne pouvait ignorer le vice[587].

Une autre règle du Code civil du Bas-Canada a connu une histoire étonnante dans la réforme. Il s'agit de la condition suivant laquelle, pour que l'acheteur ait droit à des dommages-intérêts, le vendeur devait avoir eu une connaissance réelle ou présumée du vice lors de la vente[588]. Cette condition, qui était particulière à la garantie contre les vices dans la vente — et le louage[589] —, avait été la source de développements jurisprudentiels et doctrinaux majeurs. L'Office de révision avait recommandé sa suppression, afin d'harmoniser les sanctions de la garantie contre les vices avec le droit commun des contrats, et le gouvernement avait suivi cette recommandation dans l'avant-projet de loi et le projet de loi sur le Code civil du Québec[590], mais la règle a été réintroduite dans la version finale du projet de loi[591].

Le concept de la connaissance réelle ou présumée du vice par le vendeur a aussi été utilisé par le législateur dans la nouvelle règle sur l'avis que l'acheteur qui découvre un vice doit donner au vendeur: celui-ci ne pourra se plaindre d'avoir reçu une dénonciation tardive du vice quand il aura connu ou ne pourra pas avoir ignoré le vice lors de la vente[592]. Ainsi, non seulement toute la jurisprudence et la doctrine sur la connaissance présumée du vice par le vendeur demeureront pertinentes, mais elles auront encore plus d'importance.

Sous la rubrique «Garantie de qualité», le législateur a inclus la traditionnelle garantie contre les vices et aussi une garantie de «durabilité». Cette règle est inspirée du droit de la consommation[593]. En réalité, elle est étroitement liée à la notion de vice caché, comme on le verra[594].

Avant d'aborder le principal changement opéré par la réforme en matière de vices, soulignons que la vente en justice, aujourd'hui comme hier, ne donne ouverture à aucune garantie de qualité[595]. Cette mesure vise à assurer la plus grande stabilité possible aux ventes en justice.

144. Une innovation majeure de la réforme se trouve dans le chapitre portant sur les dispositions générales sur les obligations: il s'agit des règles sur la responsabilité pour un *défaut de sécurité*. Avant même de devenir loi, cette innovation a été une source de difficultés sérieuses[596].

Ces trois articles du droit commun des obligations imposent *au fabricant* et à tout distributeur d'un bien meuble, y compris le détaillant, la responsabilité pour les dommages causés par un défaut de sécurité; ils définissent le défaut de sécurité comme étant soit un vice dangereux (de conception, de fabrication, de mauvaise conservation ou de présentation du bien) soit un défaut d'avertissement d'un danger inhérent au bien; enfin, ils énoncent les conditions de la responsabilité et les moyens d'exonération[597]. C'est la codification de la célèbre jurisprudence sur l'obligation de sécurité — dans ses deux volets: défectuosité dangereuse et avertissement d'un danger inhérent. D'abord, en ce qui concerne les vices dangereux pour la personne, il y a longtemps que les tribunaux ont admis la responsabilité extracontractuelle directe du fabricant vis-à-vis le sous-acquéreur et un tiers victimes[598]. Plus récemment, ils ont étendu cette responsabilité à des vices dangereux n'ayant causé de dommages qu'à des biens (court circuit, explosion, qui détruit d'autres biens)[599]. La jurisprudence avait aussi établi clairement la responsabilité du fabricant pour le défaut d'avertissement d'un danger inhérent[600].

Le rapport entre ces règles du droit commun et les règles de la vente, en matière de sécurité et de qualité, soulève des questions importantes. Le législateur, dans le chapitre sur la vente, a gardé le silence sur les droits de l'acheteur concernant la sécurité. Est-ce à dire que le régime du droit commun doit s'appliquer à tout défaut de sécurité entre le fabricant et l'acheteur? Doit-il régir aussi les rapports de nature contractuelle entre le vendeur immédiat et l'acheteur? Faut-il distinguer entre la défectuosité dangereuse et l'avertissement d'un danger inhérent?

145. Un bref retour en arrière éclairera ces problèmes. Dans le projet de loi 125, le texte des dispositions sur le fabricant prévoyait que celui-ci serait responsable du «préjudice causé *à autrui*[601]». Cependant, à la suite d'un amendement apporté en commission parlementaire, le fabricant est désormais responsable du «préjudice causé à *un tiers* (*a third person*)[602]». Ce changement de terminologie n'a pas été fait par souci d'élégance: le législateur a employé une nouvelle expression dont le sens juridique exclut clairement le cocontractant[603]; on est témoin ici d'un revirement de l'intention du législateur. Il faut conclure que le régime de la responsabilité du fabricant, tel qu'il a été finalement adopté par le législateur, ne protège que les personnes qui n'ont *pas contracté* directement avec le fabricant.

Dès lors, deux questions se posent. Quel est exactement le régime de l'obligation de sécurité entre le vendeur et l'acheteur? Deuxièmement, quand le sous-acquéreur est victime d'un défaut de sécurité, a-t-il des droits contre le fabricant avec lequel il n'a pas contracté et, si oui, découlent-ils du régime extracontractuel général ou plutôt du régime contractuel particulier à la vente?

146. Considérons d'abord la question de l'obligation de sécurité *entre le vendeur et l'acheteur*. Il faut le répéter car ce fait est déterminant: au chapitre de la vente, il n'y a aucune disposition qui traite directement de cette question. On y trouve des dispositions sur la garantie des vices et la durabilité. Il s'agit de règles concernant une défectuosité, ou l'inaptitude du bien à servir à son usage normal[604]. Il arrive souvent qu'une défectuosité, en plus de diminuer ou compromettre l'usage du bien,

porte atteinte à l'intégrité des personnes (blessures ou mort) ou des biens (incendie ou autre forme de destruction); dans tous ces cas, la jurisprudence a eu tendance à déterminer la responsabilité du vendeur à l'égard de l'acheteur en recourant simplement à la garantie des vices[605], et l'on ne voit pas pourquoi il ne continuerait pas d'en être ainsi dans le nouveau droit[606]. Ainsi, un problème de sécurité est réglé par des règles sur la qualité du bien.

Dans ce contexte précis de la garantie de qualité, le Code civil du Québec, dans une nouvelle disposition, impose expressément les mêmes obligations au vendeur et au fabricant ainsi qu'à tout distributeur du bien. Ces derniers deviennent, par l'effet de la loi, codébiteurs de la garantie des vices, selon toutes les règles du chapitre de la vente[607]. Chaque fois que le défaut de sécurité peut être qualifié de vice caché, l'acheteur a donc une protection accrue, car il peut atteindre directement le fabricant (en cas par exemple de faillite du vendeur).

Il existe cependant de nombreuses situations dans lesquelles il n'y a pas véritablement de vice, au sens d'une défectuosité, mais dans lesquelles il y a menace ou atteinte à l'intégrité d'une personne ou d'un bien parce que le bien vendu est dangereux. On songe par exemple à l'omission du vendeur d'avertir suffisamment l'acheteur du caractère hautement corrosif de l'ammoniaque ou son omission de fournir à l'acheteur toutes les informations suffisantes pour utiliser sans se blesser un appareil pour monter et démonter les pneus[608]. On le voit, il s'agit, non de l'aptitude du bien à son usage, mais d'un danger inhérent: c'est un problème de sécurité »à l'état pur», pour lequel la garantie des vices n'est d'aucun secours. Il s'agit plutôt d'une *obligation d'avertissement d'un danger inhérent*.

Ce volet de l'obligation de sécurité touche aussi le fabricant. Le législateur, codifiant la jurisprudence, l'a clairement inclus dans la notion de défaut de sécurité dont est responsable tout fabricant, mais, comme on l'a vu, ce régime général ne s'applique qu'à la responsabilité extracontractuelle du fabricant[609]. Il ne s'applique donc pas aux rapports contractuels entre le vendeur et l'acheteur. Le Code civil du Bas-Canada ne comportait aucune disposition spéciale sur la responsabilité du vendeur pour un danger inhérent; cependant, la protection juridique de l'acheteur était assurée par la jurisprudence et la doctrine en imposant au vendeur une obligation implicite de sécurité, fondée sur l'article 1024 de ce code[610].

Les principales conditions de cette obligation et les critères pour en préciser l'étendue sont: que le risque soit inconnu de l'acheteur; qu'il soit caché pour celui-ci, de sorte que l'accident est imprévisible pour lui; que l'accident soit raisonnablement prévisible pour le vendeur — ce qui n'exclut en fait que les accidents survenus dans des conditions d'utilisation anormales et tout à fait improbables —; que le risque soit connu ou présumé connu du vendeur; que l'avertissement doive être d'autant plus vigoureux et précis que le danger est plus grand[611] — ces conditions ont d'ailleurs été en grande partie codifiées en ce qui concerne la responsabilité extracontractuelle du fabricant[612]. Pour combler la lacune du Code civil du Québec en matière de vente, il faut donc continuer de faire appel à cette jurisprudence et cette doctrine. C'est désormais l'article 1434 du nouveau code, successeur de l'ancien article 1024, qui leur sert de fondement.

147. Le tort du législateur, dans l'adoption de ces règles sur la responsabilité pour un défaut de sécurité, est d'avoir restreint le régime de la responsabilité aux rapports *extracontractuels* entre un fabricant et un *tiers*. À cause de cela, entre le vendeur, fût-il fabricant, et l'acheteur, on est forcé de recourir soit à la garantie des vices, pour un défaut de sécurité qui coïncide avec un vice caché, soit à l'ancienne jurisprudence, pour un défaut de sécurité qui est un danger inhérent. Sans doute la jurisprudence nouvelle voudra-t-elle harmoniser le plus possible les règles de la responsabilité contractuelle du vendeur et celles, posées par le Code, de la responsabilité extracontractuelle du fabricant. Certes, il subsiste des différences inévitables entre les responsabilités contractuelle et extracontractuelle[613]. Mais pourquoi, à toutes fins utiles, avoir morcelé la responsabilité pour défauts de sécurité? Car il faut, dans la vente, recourir à d'autres sources: la garantie des vices et l'obligation implicite de sécurité[614]; il aurait été si simple de faire disparaître les incertitudes et d'unifier le régime de la responsabilité du fabricant et du vendeur professionnel...

148. Il reste le problème de préciser la nature des droits du *sous-acquéreur contre le premier vendeur*. À première vue, on pense à appliquer la responsabilité extracontractuelle du fabricant — ou distributeur ou grossiste, selon le cas — pour défauts de sécurité, puisque les parties n'ont pas contracté entre elles[615]. Mais il faut se pencher sur deux nouvelles dispositions: d'abord, celle qui permet au sous-acquéreur d'exercer directement contre le fabricant ou un autre distributeur professionnel la garantie de qualité qu'il détient en vertu de son propre contrat d'achat[616]; puis la disposition, codification d'une jurisprudence célèbre, qui prévoit que les droits d'une partie à un contrat (en l'espèce, la garantie de qualité ou l'obligation d'avertissement due par le premier vendeur au premier acheteur) sont transmis à tout ayant cause à titre particulier, en même temps que le bien, lorsque ces droits sont l'accessoire de ce bien ou qu'ils y sont intimement liés[617]. Indiscutablement, le sous-acquéreur dispose donc de certains droits contractuels contre le fabricant avec lequel il n'a pas contracté directement.

Dès lors, le sous-acquéreur aurait-il le *choix* entre un recours extracontractuel, fondé sur les dispositions concernant la responsabilité du fabricant, et un recours contractuel, fondé sur les règles de la vente? À priori, il faut répondre non à cette question, car le Code interdit désormais l'option entre les régimes contractuel et extracontractuel[618].

En France, cette question a fait l'objet d'hésitations dans la jurisprudence et de controverses dans la doctrine: c'est un cas particulier où la règle stricte du respect du régime contractuel a déjà subi une entorse, le sous-acquéreur ayant alors le choix entre le recours contractuel — en vertu là aussi de la transmission légale des droits du premier acquéreur — et le recours extracontractuel[619]. Il y eut ensuite un revirement: on força le sous-acquéreur à s'en tenir au recours contractuel[620]. Le sous-acquéreur, a-t-on argué, n'est pas vraiment un tiers, car une chaîne de deux ou plusieurs contrats le lie au premier vendeur et, au plan économique ou commercial, il prend simplement la place du premier acquéreur[621].

Cette solution est peut-être valable en France. Au Québec, cependant, il faut insister sur le fait que le sous-acquéreur n'a pas plus de droits que le premier acquéreur. Notre doctrine et notre jurisprudence avaient montré les difficultés engendrées par la «règle de Kravitz[622]». L'acheteur qui revend le bien perd-il tous ses droits à la garantie contre son propre vendeur? Les droits du sous-acquéreur contre le fabricant sont-ils menacés par les stipulations figurant dans la convention de vente entre le fabricant et son premier acquéreur (clause exonératoire ou limitative de responsabilité, clause compromissoire, clause d'attribution de compétence à un tribunal étranger)? Comme le premier acquéreur est presque toujours un professionnel (par exemple un concessionnaire d'automobiles), le droit de ce dernier à un avertissement ou à la garantie des vices est problématique, et de ce fait le droit du sous-acquéreur n'est-il pas lui aussi problématique?

Afin d'assurer la protection efficace du sous-acquéreur contre tout défaut de sécurité, il nous semble par conséquent préférable de lui permettre, exceptionnellement, de choisir à sa discrétion le recours contractuel ou extracontractuel contre le premier vendeur.

149. Soulignons que le législateur a maintenu les dispositions particulières de la *Loi sur la protection du consommateur* concernant les garanties, dont la garantie d'aptitude du bien à son usage normal, la garantie de durabilité et la responsabilité du fabricant[623]. Il est clair que, chaque fois qu'il s'agit d'un contrat de consommation, la *Loi sur la protection du consommateur* reçoit préséance sur le Code civil, quand il y a conflit entre les deux, car cette loi particulière doit l'emporter sur le droit commun énoncé dans le Code[624]. Ainsi, les droits du sous-acquéreur ne posent pas les problèmes que nous venons de discuter, car la *Loi* dispose expressément que le consommateur qui a acheté le bien d'un commerçant peut exercer directement contre le fabricant *ses propres droits* — et non ceux de son auteur — à la garantie et au défaut d'avertissement d'un danger[625]; si le consommateur vend le bien à un autre consommateur, ce dernier peut lui aussi exercer ses droits directement contre le fabricant[626].

Quand en revanche il n'y a pas de conflit entre la *Loi sur la protection du consommateur* et le Code civil, il faut se souvenir que le Code, qui, comme l'exprime sa disposition préliminaire, énonce le droit commun, s'applique à la garantie de qualité dans la vente de consommation.

2. Garantie contre les vices cachés

a. Notion

150. Alors que la garantie du droit de propriété vise à procurer à l'acheteur la possession paisible du bien comme propriétaire, la garantie de qualité vise à lui procurer l'utilité du bien vendu. La garantie contre les vices cachés est, de loin, l'élément le plus important de cette garantie de qualité.

À l'instar du Code civil du Bas-Canada, le Code civil du Québec définit le vice comme une défectuosité qui rend le bien «impropre à l'usage auquel on le destine ou qui diminue tellement son utilité que l'acheteur ne l'aurait pas acheté, ou n'aurait pas donné si haut prix», s'il l'avait connue. Cette garantie s'applique au bien vendu et à tous ses accessoires[627].

Il existe trois principales formes de vice[628]. Il peut d'abord s'agir d'une défectuosité matérielle, lorsque le bien livré est détérioré ou brisé (par exemple, une automobile neuve dont la peinture est égratignée)[629]. La défectuosité est plutôt fonctionnelle quand le bien est incapable de servir à son usage normal, quelle qu'en soit la cause: mauvaise conception, fabrication incorrecte ou autre (tels sont le véhicule dont le moteur fonctionne mal et l'automobile qui n'est pas étanche[630]). Dans cette forme de vice, on se réfère à l'usage normal du bien, selon un test objectif[631].

Mais l'usage particulier peut aussi être pris en compte dans certaines circonstances. Il y a une défectuosité conventionnelle quand le bien est incapable de servir à l'usage spécifique que les parties avaient en vue lors de la formation de la vente; cet usage peut être soit défini au contrat ou dans la garantie conventionnelle du vendeur, soit révélé par l'acheteur au vendeur lors des négociations ou de la conclusion du contrat (comme une roulotte dont il est prévu qu'elle est habitable l'hiver[632]). Une autre forme de garantie conventionnelle réside dans la déclaration, ou la garantie, par le vendeur, quant à l'état du bien usagé qui est vendu ou quant à la nature ou à l'étendue des réparations requises pour remettre le bien en bon état; lorsque ces déclarations ou garanties s'avèrent fausses, il y a ouverture à la garantie contre les vices[633].

En général, l'acheteur a le fardeau de la preuve[634]. Certaines autorités permettent à l'acheteur d'identifier par une présomption de fait la cause précise de la défectuosité et d'autres exigent de lui seulement qu'il prouve la défectuosité elle-même; on doit rappeler à ce sujet que la garantie contre les vices cachés est le paradigme de l'obligation de garantie et que, dans une telle obligation, il suffit au créancier de démontrer l'absence de résultat[635].

b. Conditions

151. Le Code civil du Québec reprend substantiellement les conditions de la garantie du Code civil du Bas-Canada, sauf celle relative à l'exercice en justice des droits de l'acheteur dans un délai raisonnable[636]. Le législateur a cependant ajouté une nouvelle: la dénonciation du vice au vendeur, par l'acheteur, dans un délai raisonnable de sa découverte.

La première condition exige que le vice soit *grave*. Le texte du Code, cité il y a un instant, indique les critères de la gravité du vice: celui-ci doit être tel que, si l'acheteur l'avait connu, il n'aurait pas acheté ou aurait acheté mais à un moindre prix[637]. Pour décider si un vice est assez grave pour donner ouverture à la garantie, on ne considère pas seulement le coût de sa réparation par rapport à la valeur du bien: on regarde tous les aspects, dont notamment les inconvénients du vice pour l'acheteur[638].

L'acheteur a le fardeau de prouver au moins qu'il aurait payé moins cher s'il avait connu le vice lors de l'achat. Pour apprécier cette preuve, les tribunaux considèrent toutes les circonstances (par exemple, l'usage prolongé que l'acheteur a fait du bien sans le faire réparer)[639].

152. En second lieu, pour que l'acheteur puisse invoquer la garantie contre les vices, il doit avoir ignoré la défectuosité lors de la vente; le vice doit être *inconnu de l'acheteur*[640]. Il arrive parfois que le vendeur dénonce le vice à l'acheteur ou que ce dernier, ou son expert, le découvre avant la vente: il n'y a alors aucune garantie, sauf stipulation contraire. C'est au vendeur de prouver la connaissance du vice par l'acheteur[641].

La plupart du temps, le vendeur est incapable de faire la preuve de la connaissance réelle du vice par l'acheteur avant la vente. Pour tenter d'échapper à la garantie, il voudra alors prouver une connaissance présumée, c'est-à-dire que le vice était apparent et que l'acheteur aurait dû le voir.

153. Comme troisième condition de la garantie, le Code édicte que la défectuosité ne doit pas avoir été apparente lors de la vente, en un mot que le vice est *caché*[642]. Autrement, l'acheteur est présumé l'avoir connu et il n'y a pas de garantie, sauf stipulation contraire.

Ce même article 1726 du Code civil du Québec précise qu'il faut entendre par un vice apparent celui «qui peut être constaté par un acheteur prudent et diligent sans avoir besoin de recourir à un expert». Cette disposition, qui reprend une recommandation de l'Office de révision, met fin à une importante controverse doctrinale et jurisprudentielle sur la nécessité, pour l'acheteur profane acquérant un bien usagé, de le faire examiner par un expert afin de déceler les vices, s'il veut satisfaire l'exigence du vice caché[643]. Dans la décennie précédente, la jurisprudence avait déjà tempéré l'exigence de recourir à un expert[644].

La nouvelle règle écarte définitivement cette partie de la jurisprudence, développée sous l'empire du Code civil du Bas-Canada, qui décidait que seul un vice qu'aurait constaté un expert procédant à un examen prudent pouvait être admis comme vice caché, ou encore que le recours à un expert était une mesure de prudence qui était parfois nécessaire, selon les circonstances, pour que le vice fût jugé caché, en matière de meuble usagé[645] et d'immeuble plus ou moins ancien[646] — par opposition à un bien neuf.

154. En principe, l'acheteur, ou son expert s'il décide de faire examiner le bien par un expert, doit procéder à un examen raisonnable du bien et seuls les vices qui échappent à un tel examen sont jugés cachés. Les tribunaux se réservent manifestement un large pouvoir d'appréciation et la jurisprudence n'est pas très précise sur ce qu'elle entend par un examen raisonnable. Il doit, semble-t-il, être attentif et sérieux, quoique plutôt rapide et non approfondi[647].

En général, le caractère caché du vice est apprécié de façon objective, c'est-à-dire par rapport à une personne prudente et raisonnable[648]. Mais il faut ajouter que les tribunaux prennent en compte la compétence technique de l'acheteur, ce qui est un facteur d'ordre subjectif; ils considèrent aussi la nature de la défectuosité, les circonstances de l'examen, la nature et l'âge du bien ainsi que le prix convenu — un faible prix étant un indice qui doit inciter l'acheteur à une plus grande vigilance. L'acheteur ou son expert n'est pas obligé de prendre des mesures inhabituelles (comme ouvrir un mur ou creuser autour des fondations) pour chercher des vices, sauf si un indice visible soulève des soupçons[649]. Comme l'a fait observer un auteur[650], désormais l'acheteur qui fera examiner le bien par un expert aura l'esprit tout à fait tranquille car il se sera certainement comporté en personne prudente et raisonnable. Enfin, des représentations trompeuses du vendeur à l'acheteur peuvent conduire les tribunaux à juger caché un vice qui, autrement, serait apparent[651].

155. Comme quatrième condition, le Code exige que le vice soit *antérieur* à la vente[652]. Quand il s'agit d'un bien déterminé par son espèce seulement, il faut que le vice existe lors de son individualisation. Pour qu'il soit considéré comme antérieur, il n'est pas nécessaire que le vice se soit pleinement manifesté avant la vente, il suffit qu'il ait existé en germe[653].

Le but de cette condition est d'éviter que le vendeur ne soit responsable d'une défectuosité résultant du mauvais usage du bien par l'acheteur ou une autre personne dont il n'a pas à répondre[654]. En principe, l'acheteur a le fardeau de prouver que le vice est antérieur à la vente. Il peut toutefois bénéficier d'une présomption de fait, notamment s'il dénonce le vice tôt après la délivrance ou s'il prouve qu'il s'est manifesté peu après celle-ci[655]. Quand le vendeur prétend que le vice est dû à l'usage abusif du bien par l'acheteur ou même à un cas fortuit, c'est cependant à lui de le démontrer[656].

156. Après des hésitations, le législateur a finalement repris dans le Code civil du Québec la condition du Code civil du Bas-Canada suivant laquelle, pour que l'acheteur ait droit à des dommages-intérêts, le vendeur doit, lors de la vente, *avoir connu le vice ou être présumé l'avoir connu*[657]. C'est la

cinquième condition de la garantie, limitée, comme il a été dit, à la réparation du préjudice subi par l'acheteur.

157. La présomption de connaissance ne s'applique pas au vendeur non professionnel qui n'avait pas de motif raisonnable de penser qu'il existait un vice et qui ne possède pas la compétence d'un fabricant ou d'un commerçant dans le domaine concerné[658]. En revanche, elle s'applique à tout vendeur professionnel, de meubles ou d'immeubles[659], même pour des biens usagés qu'il achète et revend[660].

Comment repousser cette présomption? À ce sujet, on songe immédiatement aux pages célèbres de l'arrêt *Kravitz* sur l'impossibilité de la repousser pour le fabricant et tout autre vendeur professionnel; mais d'après le texte même du jugement de la Cour suprême, cette partie de sa décision est un *obiter*[661]. On reste donc, à notre avis, avec l'arrêt classique de la Cour suprême dans *Samson & Filion*[662], qui n'a pas été modifié par une décision subséquente de cette même cour et qui a été suivi par la Cour d'appel.

D'une part, en principe, le fabricant ne peut repousser la présomption, car son ignorance du vice est une faute en soi[663]. Un problème se soulève à propos des risques de développement; cette expression désigne la responsabilité pour un vice qui, compte tenu de l'état des connaissances scientifiques lors de la mise en marché du bien par le fabricant, ne pouvait pas être connu de celui-ci à ce moment, mais qu'on a découvert subséquemment. En 1944, la Cour suprême a décidé que le fabricant n'est pas responsable des dommages causés par un tel vice[664]. Dans les nouvelles dispositions sur la responsabilité extra-contractuelle du fabricant, le législateur a codifié cette jurisprudence[665].

Selon un auteur, la décision *Kravitz* de 1979, en affirmant que la présomption de connaissance du fabricant est pratiquement absolue, aurait écarté cette ancienne jurisprudence et, désormais, du moins dans la garantie contractuelle de qualité du bien, le vendeur serait responsable même pour les conséquences d'un risque de développement[666]. Nous ne sommes pas de cet avis. Dans l'affaire *Kravitz*, il ne s'agissait aucunement d'un risque de développement dans les faits, mais d'un vice ordinaire: un défaut de montage du véhicule ou de fabrication d'une

pièce; la Cour suprême n'a même pas effleuré la question des
risques de développement; enfin, comme elle l'a signalé elle-
même, ses propos sur la présomption de connaissance du vice
sont un simple *obiter* car la fabricant n'avait pas tenté de
démontrer qu'il lui aurait été impossible de le découvrir. Il
serait pour le moins paradoxal que, le législateur ayant maintenant dégagé expressément le fabricant de toute responsabilité
extracontractuelle pour les risques de développement, la jurisprudence l'en rende responsable au plan contractuel.

D'autre part, quant au vendeur qui a une compétence personnelle dans la matière de l'objet vendu et surtout quant aux
autres vendeurs professionnels (importateur, grossiste, détaillant), la présomption qui pèse contre eux est très forte. La loi
leur impose un devoir de connaître les marchandises qu'ils font
métier de vendre et ils sont presque toujours présumés en connaître les vices. Dans des circonstances particulières, ils arrivent
parfois à repousser cette présomption (par exemple, pour des
biens emballés par le fabricant et dont l'emballage n'est pas
destiné à être ouvert par quiconque d'autre que l'acheteur-
utilisateur, comme des boîtes de conserve)[667]. Rappelons enfin
qu'aux termes mêmes de la *Loi sur la protection du consommateur*, ni le fabricant ni le détaillant ne sont admis à prétendre
qu'ils ne connaissaient pas le vice, dans un contrat assujetti à
cette loi[668].

158. Comme dernière condition, le Code civil exige la *dénonciation du vice*: l'acheteur qui découvre un vice caché doit le
dénoncer par écrit au vendeur dans un délai raisonnable de sa
découverte[669]. Il s'agit d'une nouvelle condition de la garantie
contre les vices, qui avait été recommandée par l'Office de
révision[670]. Cette règle du Code est inspirée de la jurisprudence
récente, développée dans le droit du Code civil du Bas-Canada,
qui imposait à l'acheteur l'obligation de mettre en demeure le
vendeur avant de le poursuivre pour un vice caché[671]; l'acheteur, il est vrai, en était dispensé dans certaines circonstances,
par exemple quand le vice avait subitement provoqué un incendie[672], mais le principe semblait bien établi.

La dénonciation permettra au vendeur de tenter de remédier au
vice, à un coût souvent inférieur à celui de la réparation par un
tiers quelconque choisi par l'acheteur, et elle évitera bien des

litiges; elle permettra aussi de déterminer plus facilement si le vice est antérieur à la vente[673].

L'acheteur n'est plus tenu, comme jadis, d'intenter son recours dans un délai raisonnable; il lui suffit de donner l'avis[674]. Mais, pour ce faire, il ne dispose encore que d'un délai raisonnable.

159. La jurisprudence et la doctrine sur le délai raisonnable pour l'exercice du recours continueront donc d'être pertinentes pour l'avis.

Les tribunaux jouissent d'un large pouvoir d'appréciation pour décider, dans chaque espèce, ce qui constitue un délai raisonnable. Celui-ci varie notamment en fonction des usages, de la nature du bien et du vice lui-même[675].

Le Code civil du Québec codifie la jurisprudence sur deux questions. D'abord, il précise que le point de départ du délai est la découverte du vice[676]. Deuxièmement, il énonce que, lorsque le vice apparaît graduellement, le délai commence à courir à partir du «jour où l'acheteur a pu en soupçonner la gravité et l'étendue[677]». Par exemple, le délai sera prolongé quand une expertise est nécessaire pour identifier et apprécier le vice[678] ou quand il ne peut être constaté que durant certaines saisons[679].

Dans le droit du Code civil du Bas-Canada, la jurisprudence avait décidé de prolonger le délai quand le vendeur avait tenté de réparer le bien ou qu'il avait fait certaines représentations au vendeur, comme la promesse d'effectuer la réparation, la déclaration qu'il s'agit seulement d'un défaut passager ou encore la dénégation qu'il s'agit d'un vice[680].

160. Le Code prescrit que le vendeur ne peut reprocher à l'acheteur de l'avoir avisé tardivement d'un vice si le vendeur le «connaissait ou ne pouvait [l']ignorer»[681]. Malgré une formulation différente, cette disposition du Code civil du Québec sur la connaissance présumée reprend en substance l'ancienne disposition du Code civil du Bas-Canada sur la connaissance présumée du vendeur comme condition de sa responsabilité en dommages-intérêts[682]. Les anciennes jurisprudence et doctrine sur le sujet demeurent donc pertinentes. On se reportera à notre exposé à ce sujet dans le cadre de la condition suivant laquelle le vice doit être connu ou présumé connu du vendeur pour que l'acheteur ait droit à des dommages-intérêts[683].

3. Garantie de durabilité

161. Dans la réforme, le législateur a innové en introduisant dans le Code civil une garantie de durabilité, inspirée de celle qu'on trouve dans la *Loi sur la protection du consommateur*[684]. Le premier but de cette règle du Code civil, comme pour celle de la loi particulière, est de lever tout doute sur la responsabilité du vendeur pour la survenance de défauts bien après la vente mais qui peuvent être attribués à une mauvaise conception ou fabrication du bien, par comparaison à la qualité d'autres biens semblables. À la fin de l'ère du Code civil du Bas-Canada, la jurisprudence en était venue à reconnaître qu'une durabilité insuffisante constitue essentiellement un problème de vice caché[685]. La disposition constitue donc une codification[686], non une innovation.

162. Alors que la garantie de durabilité du droit de la consommation ne profite qu'à un consommateur, celle du droit civil, rédigée en termes généraux, bénéficie à tout acquéreur: consommateur, industriel, commerçant ou autre. Les termes de l'article 1729 sont si larges qu'ils s'appliquent à un meuble ou à un immeuble; ils visent même un bien usagé (comme une vieille automobile), mais, dans ce dernier cas, le défaut de durabilité peut être attribuable soit à un vice de conception ou de fabrication, soit à l'usage du bien par un propriétaire antérieur, et il faudra bien identifier qui en est responsable[687].

Comme pour toute la garantie de qualité, la garantie de durabilité s'impose non seulement au vendeur, mais également au fabricant et à toute personne faisant la distribution du bien sous son nom[688]. Toutefois, tandis que la garantie contre les vices cachés est due par tout vendeur, seul le vendeur professionnel est tenu à la garantie de durabilité[689].

On remarquera la technique employée par le législateur. Quand la détérioration ou le mauvais fonctionnement du bien survient prématurément, par rapport à des biens identiques ou semblables, «l'existence d'un vice au moment de la vente est *présumée*[690]». Il ne s'agit pas d'une présomption absolue. Comme on le verra dans un instant, quand l'acheteur démontre le manque de durabilité, le législateur le dispense de prouver qu'il s'agit véritablement d'un vice et que ce vice existait antérieurement à la vente; le vendeur, de son côté, conserve la possibilité de démontrer qu'en fait le problème est attribuable à l'acheteur.

163. Le tribunal dispose d'un large pouvoir d'appréciation en ce qui concerne la durabilité. Celle-ci est fonction des circonstances normalement prévisibles de l'utilisation du bien[691]. Quand la vente porte sur un bien usagé, elle s'apprécie d'après l'âge du bien au moment de la vente, le prix payé et tout autre facteur pertinent; l'acheteur d'un bien usagé ne peut prétendre obtenir, par le biais de la garantie de durabilité, la qualité et la satisfaction que lui procurerait un bien neuf[692].

164. L'utilité de cette garantie de durabilité est, essentiellement, de dispenser l'acheteur de démontrer l'antériorité du vice dans des circonstances où cette preuve serait difficile[693].

La garantie particulière de durabilité n'écarte pas la règle générale selon laquelle le vendeur n'est pas responsable d'un défaut postérieur à la vente, c'est-à-dire dont l'origine ne lui est pas attribuable. Ainsi, lorsque l'acheteur invoque ses droits à la durabilité, le vendeur a la possibilité de prouver qu'en l'espèce la déception de l'acheteur est due au comportement de ce dernier, ou à celui d'un tiers après la vente, dans l'utilisation ou la conservation du bien, comme d'ailleurs le précise en partie le texte de l'article 1729 du Code civil du Québec[694].

4. Exercice des droits à la garantie

165. L'acheteur, victime d'un vice caché, dispose de divers droits contre le vendeur. Certains d'entre eux, qui ne présentent pas d'intérêt particulier en la matière, ne seront pas analysés ici. On songe par exemple à l'ordonnance ou l'injonction de réparation, c'est-à-dire l'exécution forcée en nature[695], et la retenue du prix, qui est une forme d'exception d'inexécution[696]. Quant aux dommages-intérêts, nous avons examiné plus haut le point qui présente un intérêt spécial, soit la condition selon laquelle le vice doit avoir été connu, ou présumé avoir été connu, par le vendeur pour qu'il soit responsable des dommages[697].

a. Questions préliminaires

166. Quelques questions préliminaires doivent être soulevées avant d'aborder les recours de l'acheteur. Il s'agit d'abord de

savoir si, avant d'intenter un recours, il doit donner au vendeur
l'occasion de réparer le vice, sans quoi son action pourrait être
rejetée. Une jurisprudence récente, développée dans le droit du
Code civil du Bas-Canada, imposait cette obligation à l'acheteur, notamment en exigeant de lui qu'il mette le vendeur en
demeure[698]. Cette jurisprudence, d'ailleurs, suivait une jurisprudence tout à fait semblable en matière de contrat d'entreprise[699].

Cette obligation subsiste sous l'empire du Code civil du Québec, quoique sous une forme quelque peu différente. En effet,
comme on l'a vu, l'acheteur doit dénoncer le vice au vendeur
avant d'exercer un recours fondé sur la garantie[700]; cette nouvelle règle, qui codifie en quelque sorte l'ancienne règle jurisprudentielle, a, entre autres choses, le même but: permettre au
vendeur de remédier si possible au vice avant que le problème
ne se «judiciarise».

167. En second lieu, on notera que l'institution d'une action en
résolution ne constitue pas une renonciation tacite, ni une fin de
non-recevoir, qui empêcherait ensuite l'acheteur de se raviser et
d'exercer plutôt un recours en diminution du prix[701]; l'inverse
est également vrai[702]. L'acheteur, créancier des droits à la
garantie, dispose, comme tout créancier, du choix des sanctions.
S'il décide de demander la diminution du prix, cela n'implique
pas nécessairement qu'il renonce à demander plutôt la résolution un jour, avant jugement. Le Code civil n'interdit pas d'effectuer un tel changement[703].

Parfois, il est vrai, les circonstances sont interprétées comme
une renonciation tacite de l'acheteur à demander la résolution,
par exemple quand il a effectué des réparations importantes au
bien. Il doit alors se contenter de la réduction du prix et, éventuellement, des dommages-intérêts. Il faut toutefois se montrer
prudent et n'admettre la renonciation que lorsque les circonstances révèlent clairement que telle était nécessairement l'intention de l'acheteur[704].

168. Enfin, quand l'acheteur a revendu le bien, perd-il la qualité
et l'intérêt pour exercer contre son vendeur un recours fondé sur
la garantie de qualité? Certaines autorités, s'inspirant du raisonnement suivi dans la décision *Kravitz*, ont été d'avis que oui,
au motif que la seconde vente aurait transmis au sous-acquéreur

tous les droits du premier acquéreur à la garantie[705]. À notre avis, une distinction s'impose.

En ce qui concerne la réduction de prix et les dommages-intérêts, souvent l'acheteur conserve, malgré la revente, la qualité et l'intérêt requis. Il en est ainsi notamment quand il a dû consentir à un rabais sur le prix en raison justement du vice, quand il est poursuivi en réduction du prix ou en dommages-intérêts par le sous-acquéreur, ou encore quand il a subi un préjudice qui n'est toujours pas compensé (coût de réparations qu'il a effectuées avant la revente, perte d'usage)[706].

En ce qui concerne la résolution, a priori l'acheteur n'a plus la qualité puisqu'il a revendu le bien[707]. D'après nous, toutefois, il faut lui reconnaître la qualité pour appeler le vendeur en garantie lorsqu'il est lui-même poursuivi en résolution par le sous-acquéreur; car, autrement, chaque fois que le sous-acquéreur choisit de poursuivre en résolution son propre vendeur plutôt que le premier vendeur responsable du vice, le premier acheteur, pourtant innocent, devrait subir le coût de ce vice[708].

b. Résolution

169. Dans le Code civil du Bas-Canada, l'action rédhibitoire était prévue spécialement dans les dispositions sur la vente[709]. Il n'en est plus ainsi dans le Code civil du Québec: désormais, le droit de l'acheteur à la résolution pour un vice caché a sa source dans les règles générales sur les sanctions des obligations contractuelles[710].

Dans le droit du Code civil du Bas-Canada, l'exercice du droit à la résolution supposait nécessairement que l'acheteur offre de restituer le bien vicié et ses accessoires et qu'il soit en mesure de le faire[711]. Ainsi, quand l'acheteur avait grevé le bien de droits réels, il devait les faire disparaître[712] s'il s'était placé dans l'impossibilité de restituer le bien (notamment s'il l'avait aliéné), il ne pouvait pas exercer l'action résolutoire[713].

À l'avenir, ces problèmes devront être considérés à la lumière des nouvelles règles générales sur la restitution des prestations. Il y est prévu notamment que, quand celui qui doit restituer un bien — l'acheteur dans notre cas — l'a aliéné de bonne foi, la restitution se fera par équivalent et qu'il sera tenu de «rendre la valeur du bien, considérée au moment de sa réception, de sa perte ou aliénation, ou encore au moment de la restitution, suivant la moindre de ces valeurs»[714]. Il y aura donc lieu d'opérer compensation entre la restitution du prix de vente, due par le vendeur, et le paiement par l'acheteur de la valeur du bien — souvent, l'acheteur aura intérêt à réclamer tout simplement une réduction du prix de vente.

Le tribunal pourra refuser la résolution quand le vice est «de peu d'importance», selon la règle générale; l'acheteur devra se contenter de la réduction du prix et, éventuellement, des dommages-intérêts[715]. Il s'agit alors d'un vice grave, en ce sens que l'acheteur «n'aurait pas donné si haut prix» s'il l'avait connu[716], mais qui n'est tout de même pas assez sérieux pour justifier la résolution.

Au plan pratique, on se rappellera cette nouvelle règle du droit commun des obligations qui permet à l'acheteur de considérer la vente résolue lorsque le vendeur a violé la garantie contre les vices et que soit le vendeur est en demeure de plein droit, soit encore il n'a pas réparé le vice dans le délai raisonnable imparti dans la mise en demeure[717]. Cette disposition du droit commun des obligations ne fait pas disparaître l'obligation de l'acheteur qui découvre un vice d'en aviser le vendeur par écrit[718]; la mise en demeure et l'avis seront fusionnés dans le même document. L'acheteur serait bien avisé, d'abord, de prévenir le vendeur dans l'avis-mise en demeure qu'il pourra considérer la vente résolue, puis, en temps opportun, aviser par écrit le vendeur qu'il considère désormais la vente ainsi résolue.

L'utilisation du bien par l'acheteur pendant l'instance en résolution constitue-t-elle une fin de non-recevoir à cette action? On pourrait peut-être le penser, au motif qu'il y a là une renonciation tacite ou, mieux, qu'en agissant ainsi, l'acheteur se place dans l'impossibilité de restituer le bien dans l'état dans lequel il l'a reçu. Dans cette optique, l'acheteur devrait remiser le bien, ou le rapporter au vendeur, dès l'institution de l'action[719].

À notre avis, quand l'utilisation du bien pendant l'instance ne cause pas, ou très peu, d'inconvénients à l'acheteur, cela affaiblira sa prétention que le bien est affecté d'un vice grave. En droit cependant, l'utilisation pendant l'instance n'est pas une fin de non-recevoir à l'action en résolution. Il convient d'appliquer la nouvelle règle concernant la restitution d'un bien qui a subi une détérioration ou une dépréciation de valeur: le vendeur est tenu de reprendre le bien sans compensation pour cette perte; il a droit à une compensation seulement dans la mesure où la perte partielle n'est pas attribuable à l'usage normal du bien[720]. Dans le droit du Code civil du Bas-Canada, on arrivait au même résultat en faisant appel par analogie à l'obligation conditionnelle: le débiteur de la restitution (l'acheteur) n'était tenu de rendre le bien que dans l'état où il se trouvait et le créancier (le vendeur) ne pouvait exiger aucune compensation pour la détérioration qui n'était pas attribuable à la faute du débiteur; la majorité des autorités n'exigeaient donc pas que l'acheteur cessât d'utiliser le bien pendant l'instance[721].

On retrouve substantiellement la même règle, dans le Code civil du Québec, au chapitre général sur la restitution des prestations: en vertu de ces règles, l'acheteur doit indemniser le vendeur pour la dépréciation du bien, *sauf* dans la mesure où elle résulte de l'usage *normal*[722]. Les nouveaux textes ne suggèrent aucunement que le demandeur en résolution doive s'abstenir d'utiliser le bien pendant l'instance.

170. Dans l'hypothèse où le bien vicié périt entre sa délivrance et sa restitution, les règles sur la vente, dans le Code civil du Québec, modifient le régime général de ce code concernant la restitution des prestations[723]. Le législateur a repris essentiellement l'article 1529 du Code civil du Bas-Canada. D'une part, si la perte ou la détérioration est la conséquence du vice, c'est le vendeur qui la supporte, ce qui est logique. Dans ce cas, l'acheteur a droit à la résolution et la restitution du prix et il n'est obligé de restituer au vendeur que ce qu'il reste du bien, s'il en reste quelque chose[724]. D'autre part, quand la perte ou la détérioration résulte de la force majeure ou de la faute de l'acheteur, alors celui-ci a quand même une certaine protection: il a droit à la résolution, mais le vendeur n'est obligé de restituer que la différence entre le prix de la vente et la valeur réelle du bien dans l'état où il se trouvait lors de la perte[725].

Pour les fruits et autres avantages, on doit se reporter aux règles générales sur la restitution des prestations. L'acheteur n'est pas tenu de remettre au vendeur les fruits produits par le bien entre la délivrance et la restitution; par ailleurs, il ne doit au vendeur aucune indemnité pour la jouissance qu'il a retirée du bien, sauf s'il s'agit d'un bien «susceptible de se déprécier rapidement[726]».

c. Réduction du prix

171. Pour faire sanctionner un vice caché, l'acheteur dispose aussi du droit à la réduction du prix de la vente. On parlait jadis de l'«action estimatoire», terme qui désignait ce type particulier de réduction du prix dont le régime comportait certaines règles particulières, dont l'exigence que l'action soit intentée dans un délai raisonnable. Ces particularités ont disparu aujourd'hui et le terme tombera sans doute en désuétude. Dans le Code civil du Québec, la réduction du prix, dans la garantie contre les vices cachés, est régie par les règles du droit commun des contrats[727].

La jurisprudence se montre assez souple dans la détermination de la réduction du prix. La première mesure possible est certes la diminution de valeur du bien, attribuable au vice[728]. Mais on voit souvent les tribunaux évaluer la réduction du prix en prenant comme base de calcul le coût des réparations qui seront nécessaires pour remédier au vice[729]; en procédant ainsi plutôt que par l'action en dommages-intérêts, l'acheteur évite de devoir prouver la connaissance du vice par le vendeur lors de la vente[730]. Après avoir mis le vendeur en demeure de remédier au vice, l'acheteur peut également le faire réparer à ses frais et obtenir une réduction du prix calculée en fonction des dépenses encourues, sauf à tenir compte, le cas échéant, de la plus-value donnée au bien par les travaux[731]. On a même admis que le coût de l'expertise nécessaire pour découvrir le vice peut servir de base de calcul, en plus du coût des travaux de réparation[732].

On sait que l'acheteur a le choix de demander la résolution de la vente ou la réduction du prix. Toutefois, si, dans une espèce donnée, la réduction du prix était disproportionnée par rapport à la valeur du bien ou au prix de vente, l'acheteur ne pourrait pas obtenir cette réduction[733]. C'est là une mesure d'équité pour le vendeur.

d. Exercice des droits du sous-acquéreur

172. L'exercice des droits du sous-acquéreur à la garantie devient problématique lorsque son vendeur «disparaît» (par la faillite ou autrement): son recours contre ce dernier étant devenu illusoire, le sous-acquéreur cherche à exercer directement contre le vendeur de son vendeur, ou un vendeur antérieur, un recours direct en garantie. Il s'agit pour lui de tenter d'atteindre directement le fabricant ou parfois un intermédiaire dans la chaîne de distribution (par exemple le grossiste).

D'abord, en ce qui concerne les vices *dangereux*, en ce sens qu'ils ont causé un préjudice à une personne ou à un bien, on a vu plus haut que le législateur a codifié la jurisprudence et a imposé une responsabilité extracontractuelle du fabricant vis-à-vis les tiers[734]. Mais le sous-acquéreur est un tiers d'un type particulier, puisqu'il est relié au fabricant par une suite de contrats. Son cas soulève un dilemme: peut-il invoquer contre le fabricant ses droits contractuels, soit en vertu de l'article 1730 du Code civil du Québec — que nous verrons dans un instant —, soit en vertu de la transmission légale de la garantie du premier acquéreur à tout acquéreur subséquent[735], ou peut-il plutôt invoquer contre le fabricant ses droits extracontractuels malgré la règle obligatoire du respect du régime contractuel[736]? Nous avons suggéré plus haut que, exceptionnellement, le sous-acquéreur devrait avoir droit d'opter pour le régime de son choix[737].

Il reste les cas, nombreux, où un bien défectueux n'a pas causé de dommages à des personnes ni à d'autres biens: l'acheteur voudra alors obtenir la résolution de la vente, la réduction du prix, des dommages-intérêts (par exemple pour la perte de revenus). Et il voudra souvent exercer ces droits contre le fabricant, le grossiste ou le détaillant.

173. Dans le chapitre sur la vente, le Code civil du Québec comporte une nouvelle disposition destinée spécialement à protéger le sous-acquéreur: le fabricant, le grossiste, l'importateur et toute autre personne faisant la distribution du bien sous son nom, comme étant son bien, deviennent codébiteurs de la garantie du vendeur[738].

On remarquera la technique utilisée. Les droits du premier acquéreur ne sont pas transmis au sous-acquéreur; plutôt, un ou plusieurs *débiteurs additionnels* viennent s'ajouter au dernier vendeur, comme codébiteurs de la garantie. C'est en fait la technique que le législateur a déjà employée dans le droit de la consommation, où le fabricant devient deuxième débiteur de la garantie due par le marchand-vendeur au consommateur[739]; il a ainsi un lien contractuel direct avec le consommateur et il est responsable exactement aux mêmes conditions que le marchand-vendeur.

Cette règle particulière de la vente doit être rapprochée de cette autre nouvelle disposition selon laquelle «les droits des parties à un contrat sont transmis à leurs ayants cause à titre particulier s'ils constituent l'accessoire d'un bien qui leur est transmis ou s'ils lui sont intimement liés[740]». Dans notre problème, la garantie due par le fabricant au premier acheteur serait donc transmise à tout acquéreur subséquent. Cette règle permet au sous-acquéreur d'obtenir la résolution à la fois de son propre achat et de la vente par le premier vendeur, la restitution du prix payé par le premier acquéreur (prix du gros) ainsi que des dommages-intérêts pour la différence entre le prix payé par lui-même (prix de détail) et celui payé par le premier acquéreur (prix du gros), pour les dépenses effectuées (réparations) et pour les inconvénients[741].

Il s'agit d'une disposition générale susceptible de s'appliquer au sous-acquéreur. On ne voit pas pourquoi le sous-acquéreur qui y voit son intérêt serait privé de poursuivre le fabricant en se fondant sur cette règle générale plutôt que sur la règle particulière du chapitre sur la vente. Toutefois, la position du sous-acquéreur qui poursuit le fabricant sur le fondement de la garantie due par ce dernier au premier acheteur n'est pas toujours confortable: nous avons souligné plus haut les difficultés auxquelles il peut se heurter (clause compromissoire, vice apparent pour un acheteur professionnel, par exemple)[742]. La nouvelle disposition insérée dans le chapitre de la vente évite toutes ces difficultés. En pratique, le sous-acquéreur préférera donc souvent s'appuyer sur cette règle propre à la vente.

174. La nouvelle disposition du chapitre de la vente est rédigée en termes assez larges pour viser non seulement la garantie de

durabilité, prévue dans l'article qui la précède immédiatement, mais aussi la garantie contre les vices cachés. C'est donc toute la garantie de qualité du bien qui est touchée. De plus, faute de restriction dans le texte, la disposition concerne toute vente, y compris celle par un vendeur qui n'est pas un professionnel de la distribution (par exemple un profane ayant acheté le bien d'un détaillant). Dans cette hypothèse, le vendeur non professionnel et le fabricant devront être assujettis à des règles différentes à certains égards: on songe spécialement à la présomption de connaissance du vice, qui ne touche pas toujours le vendeur non professionnel mais qui doit nécessairement s'appliquer au vendeur professionnel[743], sans quoi la politique de responsabilité du fabricant sera mise en échec. Le législateur aurait dû préciser que le fabricant et les autres professionnels deviennent codébiteurs de la garantie due par le vendeur *professionnel*.

Quand le vendeur immédiat est un professionnel, le sous-acquéreur bénéficiera de la solidarité entre ce vendeur et le fabricant et éventuellement un autre distributeur, car il s'agit pour eux d'une affaire concernant l'exploitation de l'entreprise — une affaire commerciale comme on disait jadis[744].

La *Loi sur la protection du consommateur*, on le sait, est une loi particulière qui, dans son domaine d'application, a préséance sur le Code civil. En conséquence, dans la vente par un commerçant à un consommateur, c'est la règle de cette loi qui s'applique aux droits du sous-acquéreur contre le fabricant. Comme nous venons de le signaler, cependant, cette règle est très semblable à celle du Code civil au chapitre de la vente: le fabricant devient le deuxième débiteur de la garantie contre les vices cachés et de la garantie de durabilité dues par le commerçant, et ni le fabricant ni le commerçant ne peuvent prétendre qu'ils ignoraient le vice ou le défaut de durabilité[745].

Enfin, les expressions «fabricant, grossiste, importateur et toute personne faisant la distribution du bien», employés par le législateur dans l'article du Code civil[746], indiquent son intention de limiter cette disposition au domaine de la vente mobilière.

175. Dans les ventes immobilières, le recours direct du sous-acquéreur est assuré par cette disposition générale évoquée plus haut et connue sous le nom de «règle de Kravitz[747]». On se

rappellera que, depuis fort longtemps, la jurisprudence du Code civil du Bas-Canada avait adopté cette même règle en ce qui concerne la transmission à tout acquéreur subséquent de la garantie contre les vices de construction du contrat d'entreprise, en matière immobilière[748]. Il n'y a aucun obstacle à ce que la «règle de Kravitz» s'applique de même, dans la vente immobilière, pour la garantie contre les vices cachés de la vente[749].

On notera que, dans la vente d'un immeuble résidentiel neuf par un constructeur ou un promoteur à une personne physique qui l'acquiert pour y habiter, la garantie contre les vices de construction du contrat d'entreprise s'applique obligatoirement entre le vendeur et le premier acquéreur[750]. Bien souvent, c'est donc cette garantie qui sera invoquée par le sous-acquéreur.

Finalement, on se rappellera la règle du respect du régime contractuel[751], qui doit être évoquée quand un créancier — ici le sous-acquéreur — a le choix entre un recours contractuel et un recours extracontractuel . La question se pose quand le vice est dangereux et cause des dommages aux personnes ou aux biens. À notre avis, la règle du respect du régime contractuel ne s'impose pas au sous-acquéreur car, tel que mentionné plus haut[752], il y a lieu de voir en cette matière un cas limite dans lequel l'option devrait être permise.

5. Modifications conventionnelles

a. Garantie de bon fonctionnement

176. Le vendeur professionnel donne souvent une garantie conventionnelle qui, du moins à certains égards, accorde à l'acheteur une protection supérieure à celle du Code civil: par exemple, il garantit le bien contre tout vice qui pourrait se manifester — et, dans certaines conventions, être dénoncé — dans une période déterminée, ou encore il garantit le bon fonctionnement du bien pendant une telle période. Ces conventions sont fréquentes surtout en matière mobilière[753].

La première répercussion d'une telle clause, dans le droit du Code civil du Bas-Canada, touchait l'exigence d'instituer un recours dans un délai raisonnable[754]. Les tribunaux invoquaient la règle qui veut qu'une stipulation produise toujours un effet juridique réel[755] et interprétaient cette clause comme dispensant

l'acheteur de l'obligation d'intenter dans un délai raisonnable
son recours contre le vendeur: il suffisait que le vice ait été
découvert, et éventuellement dénoncé, dans le délai stipulé,
quitte même à ce que l'action soit intentée après son expiration
pourvu que le retard à s'adresser à la justice ne révélât pas une
renonciation tacite de la part de l'acheteur[756].

Pour transposer cette jurisprudence dans le droit du Code civil
du Québec, il faut tenir compte du remplacement de l'ancienne
règle sur le délai raisonnable pour instituer une action par la
règle du délai raisonnable pour dénoncer le vice[757]. Par analogie, dans le nouveau droit, l'acheteur qui bénéficie d'une telle
clause sera donc dispensé de dénoncer le vice dans le délai
raisonnable; il lui suffira de le faire dans la période de garantie.

Certaines garanties de bon fonctionnement ont aussi été interprétées comme écartant implicitement la condition suivant laquelle un vice doit être caché pour donner ouverture à la
garantie[758]. Lorsqu'un vendeur s'engage à réparer «tout» vice,
c'est, a-t-on considéré avec raison, qu'il se rend responsable des
vices apparents comme des vices cachés[759]. On pourrait aussi
prétendre que, par cette expression, le vendeur entend assumer
même des vices qui, strictement, ne seraient pas jugés graves[760].

b. Clause exonératoire ou limitative

177. Les clauses visant à exonérer complètement ou partiellement le vendeur (exclusion de certaines parties du bien, exclusion de certains recours, limitation de la garantie à une certaine
période, notamment) sont très fréquentes[761]. En vertu du principe de la liberté contractuelle, elle sont valides en règle générale[762]. De tout temps, cependant, elles ont été interprétées restrictivement et, en cas de doute, en faveur de la partie à laquelle
on cherche à les opposer[763].

Dans le Code civil du Québec, le législateur a codifié la règle
jurisprudentielle selon laquelle de telles clauses sont inopérantes quand le débiteur est de mauvaise foi ou quand il a
commis une faute lourde[764]. Il a innové, par ailleurs, en déclarant ces clauses inopérantes en matière de réparation du préjudice corporel ou moral; cette règle, inspirée d'une recommandation de l'Office de révision, s'applique aussi bien dans le
domaine contractuel que dans le domaine extracontractuel[765].

Ces deux dispositions relèvent du droit commun des obligations.

178. Dans le chapitre sur la vente, le législateur prévoit qu'une telle clause est inopérante lorsque le vendeur n'a pas révélé à l'acheteur le vice qu'il connaissait ou ne pouvait ignorer lors de la vente[766]. Malgré les apparences peut-être, il ne s'agit aucunement d'une nouvelle règle; c'est la codification d'une règle jurisprudentielle du droit du Code civil du Bas-Canada, suivant laquelle le vendeur qui connaissait le vice ou était présumé le connaître ne saurait invoquer une clause limitative ou exonératoire. Pour assurer la cohérence, on devra donc interpréter cette «nouvelle» disposition en se référant à cette autre disposition du Code civil du Québec en vertu de laquelle le vendeur qui connaissait le vice ou ne pouvait l'ignorer est tenu d'indemniser l'acheteur pour le préjudice subi[767].

La jurisprudence avait suivi un raisonnement assez remarquable pour arriver à ce résultat. Elle assimilait d'abord le vendeur qui était présumé connaître le vice à celui qui le connaissait, suivant en cela la prescription du Code civil[768]; cette présomption s'appliquait essentiellement au vendeur professionnel. Elle postulait ensuite qu'il est contraire au principe de la bonne foi, pour un vendeur qui connaît l'existence d'un vice, de ne pas la révéler à l'acheteur lors de la vente: en quelque sorte, il commet un dol par réticence. Un tel vendeur ne saurait bénéficier d'une clause exonératoire ou limitative, car ces clauses n'ont aucun effet en cas de dol. Cette jurisprudence célèbre demeure encore utile pour déterminer quels vendeurs sont présumés connaître le vice, ou ne peuvent l'ignorer[769].

Cette jurisprudence ne condamnait pas tous les vendeurs. Il est arrivé que certains aient légitimement ignoré le vice et qu'ils aient pu invoquer avec succès une clause exonératoire[770].

c.   Clause d'acceptation du bien

179. La clause d'acceptation du bien prend des formes assez diverses: «Le bien est vendu tel que vu», «L'acheteur déclare avoir examiné le bien et en être satisfait», «Le bien est vendu dans l'état où il se trouve», et d'autres. De telles stipulations sont en principe valides. De fait, il arrive qu'elles libèrent le vendeur de toute garantie, par exemple quand l'acheteur

connaissait l'état général du bien lors de la vente (un bien ayant subi un accident) et qu'il n'y a eu aucun dol du vendeur[771]. La clause d'acceptation est alors assimilée à une clause exonératoire.

Selon une longue tradition, cependant, la jurisprudence interprète cette stipulation de façon limitative, de manière à restreindre le moins possible la garantie légale contre les vices cachés[772]. C'est ainsi que, très souvent, elle ne prive pas l'acheteur de ses droits à l'égard de vices cachés, mais seulement de vices apparents: on décide qu'une clause d'acceptation du bien ne fait pas présumer que l'acheteur connaissait un vice qui était par ailleurs caché au sens de la loi[773]. Raisonnement étonnant en droit pur, car il prive une clause de tout effet juridique[774]; mais tel est souvent le sort réservé aux clauses de style[775].

d. Achat aux risques et périls de l'acheteur

180. La validité de la clause selon laquelle l'acheteur achète le bien à ses risques et périls est maintenant reconnue par le Code civil en matière de vices cachés[776]; elle libère le vendeur de toute garantie de qualité.

L'ancienne jurisprudence est très rare sur ce sujet. Peut-être peut-on parler d'une tendance à restreindre l'effet d'une telle stipulation — tendance bien naturelle si l'on compare avec l'attitude des tribunaux vis-à-vis la clause exonératoire et la clause d'acceptation du bien. On a ainsi décidé que la clause d'achat aux risques et périls de l'acheteur ne prive pas celui-ci de la garantie quand le vendeur lui a donné, lors de la vente, des motifs légitimes de penser qu'il achetait un bien en bon état, alors qu'en réalité il était affecté d'un vice très sérieux[777].

La clause d'achat aux risques et périls de l'acheteur pourra parfois être attaquée, dans un contrat d'adhésion ou de consommation, quand elle «désavantage le consommateur ou l'adhérent d'une manière excessive et déraisonnable» et qu'elle «est si éloignée des obligations essentielles qui découlent normalement de la nature du contrat ou de sa réglementation qu'elle dénature celui-ci[778]».

On notera toutefois une nouvelle restriction: le Code civil du Québec ne permet la clause d'achat aux risques et périls de l'acheteur que dans les ventes par un non-professionnel[779]. Ainsi il sera désormais impossible pour un détaillant, par exemple, d'échapper à la garantie de qualité soit par cette clause soit par une clause exonératoire, puisque, comme on l'a vu, très généralement le détaillant ne peut ignorer le vice[780].

IV. Obligations de l'acheteur

A. *Obligation de prendre livraison*

181. À l'obligation du vendeur de délivrer le bien, c'est-à-dire de permettre à l'acheteur de le prendre, correspond l'obligation complémentaire de l'acheteur d'enlever le bien, ou d'en prendre livraison[781]. Il s'agit pour l'acheteur d'assumer la détention du bien alors que le vendeur s'en dessaisit. En matière mobilière spécialement, l'acheteur doit recevoir le bien que lui offre le vendeur, sinon ce dernier devrait le conserver indéfiniment dans ses locaux jusqu'à ce que l'acheteur veuille bien le prendre[782].

La date et le lieu de l'enlèvement coïncident naturellement avec la date et le lieu de la délivrance. Les frais d'enlèvement sont à la charge de l'acheteur[783]. Sauf stipulation contraire, on inclut dans les frais d'enlèvement les frais de transport et les droits de douane[784].

182. Dans la vente mobilière, l'obligation de prendre livraison a une sanction particulière. Si l'acheteur n'exécute pas son obligation, s'il ne paie pas le prix et si, enfin, il n'a pas exécuté ces deux obligations dans le délai fixé par la mise en demeure ou encore s'il est en demeure de plein droit de les exécuter, le vendeur peut considérer le contrat comme résolu[785]. Contrairement à la règle du droit commun des contrats qui prévoit la résolution judiciaire pour sanctionner une faute[786], la résolution, dans ce cas, est extrajudiciaire et unilatérale[787]. Pour éviter l'incertitude sur le sort du contrat, le vendeur qui choisit dese prévaloir de cette sanction devrait aviser l'acheteur que la vente est résolue.

Les conditions de cette disposition sont cumulatives, sauf pour les deux modes de mise en demeure. Ainsi, quand l'acheteur a payé le prix mais néglige de prendre livraison du bien, le vendeur ne saurait considérer la vente comme résolue. La mise en demeure doit avoir comme objet à la fois le défaut de payer le prix et le défaut de prendre livraison.

Cette protection spéciale est accordée au vendeur sans préjudice de ses autres droits. C'est ainsi que, ayant résolu la vente, il peut réclamer des dommages-intérêts de l'acheteur fautif; il a l'option de se prévaloir de la résolution extrajudiciaire ou des autres sanctions du contrat, dont notamment l'exécution forcée en nature jointe à des dommage-intérêts[788].

B. Paiement du prix

1. Détermination du prix

183. Le prix, on l'a vu, constitue un élément essentiel de la vente[789]. Pour la validité de celle-ci, il n'est pas nécessaire qu'il soit déterminé lors de la formation du contrat. D'après le droit commun des obligations, il suffit que le prix soit déterminable: la convention, verbale ou écrite, doit au moins contenir les éléments objectifs qui permettront, lors de l'échéance, de fixer le prix avec précision. C'est le cas par exemple de la vente au compte, au poids ou à la mesure, dans laquelle, le prix unitaire étant connu, le comptage, la pesée ou le mesurage permet de déterminer exactement le prix du contrat[790].

La détermination du prix doit s'effectuer de façon objective; elle ne saurait être laissée à la volonté ou la discrétion d'une des parties. Si tel était le cas (par exemple si la convention prévoyait que le prix sera celui du tarif du vendeur au jour de la délivrance), il n'y aurait pas de véritable accord des volontés avant le jour où un prix ferme est annoncé et celui-ci pourrait être refusé par l'autre partie[791].

2. Date et lieu du paiement

184. Normalement, l'acheteur doit payer le prix à la date et au lieu de la délivrance[792]; tel est le cas typique de la vente au comptant. Cette règle, on le remarquera, est différente de celle du droit commun[793]. Très souvent, les parties prévoient que le paiement s'effectuera à une autre date et à un autre lieu que ceux de la délivrance; c'est le cas notamment des ventes à terme, des ventes à tempérament[794] et des stipulations «net 30 jours[795]». Il surgit parfois un problème d'interprétation de la

volonté des parties quand une même vente prévoit des livraisons successives: habituellement on considère que l'acheteur doit payer à chaque livraison une fraction du prix équivalant à la quantité délivrée; parfois on décide que, le marché étant indivisible, l'acheteur ne doit effectuer le paiement complet qu'à la dernière livraison[796].

Si, au moment de la délivrance, l'acheteur refuse de payer, le vendeur peut refuser de délivrer. La loi établit en effet une corrélation entre ces deux obligations: en vertu de l'exception d'inexécution, le vendeur peut suspendre l'exécution de son obligation de délivrance tant que son cocontractant n'exécute pas la sienne[797].

On notera enfin les nouveaux modes de paiement admis par le Code civil du Québec: le mandat postal, le chèque certifié et l'utilisation d'une carte de crédit[798].

3.   Intérêt sur le prix et frais de vente

185. L'acheteur doit l'intérêt sur le prix depuis la délivrance ou, le cas échéant, depuis l'expiration du terme stipulé pour le paiement[799]. Il s'agit de la généralisation d'une règle du Code civil du Bas-Canada qui ne s'appliquait que si le bien vendu était frugifère; pour un bien non frugifère, l'intérêt était dû seulement à compter de la mise en demeure[800]. Le législateur a simplifié le droit sur ce point, puisqu'il n'y a pas de motif sérieux de traiter différemment le cas du bien frugifère et celui du bien non frugifère, d'autant moins que, sauf stipulation contraire, le prix est payable à la délivrance dans les deux cas[801].

Sauf stipulation contraire, le prix porte intérêt au taux légal[802].

186. L'acheteur doit enfin payer les «frais de l'acte de vente[803]». Le Code civil du Bas-Canada prévoyait qu'il devait les frais de l'acte de vente «et autres accessoires à la vente[804]». Malgré le changement de terminologie, le législateur ne semble pas avoir voulu modifier la portée de la règle[805].

Les frais de l'acte de vente incluent les taxes, les honoraires et déboursés de la rédaction de l'acte — notarié, spécialement — pour la vente elle-même. Ils n'incluent pas les frais qui sont rendus nécessaires pour libérer le bien de droits réels, ces frais étant à la charge du vendeur qui doit garantir à l'acheteur le droit de propriété[806].

4. Sanctions particulières

a. Introduction

187. Le droit des obligations prévoit des sanctions pour le défaut de payer le prix qui jouent essentiellement le même rôle que celui des sûretés réelles. Or le législateur du Code civil du Québec a apporté, dans le droit de ces dernières, de profondes modifications. Aussi ne faut-il pas s'étonner si, par corollaire, il a aussi réformé de façon importante le droit du vendeur à la résolution, qui constitue la principale sanction du droit des obligations pour le défaut de paiement.

Dans la réforme, le vendeur d'un immeuble a perdu tout privilège[807]; il ne dispose maintenant que de l'hypothèque conventionnelle. De son côté, le vendeur d'un meuble jouit d'une priorité, qui équivaut à peu près au privilège, mais seulement dans le cas de la vente à une personne physique qui n'exploite pas une entreprise[808]; dans la vente mobilière à une personne morale et dans celle à une personne physique exploitant une entreprise, le vendeur a perdu son privilège et il ne jouit pas d'autre préférence légale; il ne lui reste que l'hypothèque conventionnelle.

C'est dire l'importance accrue qu'a prise la résolution dans le Code civil du Québec. Dans ces pages, nous analyserons le droit du vendeur à la résolution et son complément dans la vente mobilière, le droit à la revendication. Les priorités et les hypothèques ne relèvent pas de cette étude[809].

188. Dans la vente immobilière, les points suivants doivent être soulignés. D'abord, la résolution, en application d'une clause résolutoire, est assujettie aux règles de la prise en paiement et à ses mesures préalables. En fait, ce nouveau régime ressemble à celui des articles 1040a et suivants du Code civil du Bas-Canada, mais les règles sont plus précises et plus exigeantes que jadis. Le législateur a voulu qu'il n'y ait qu'un seul régime juridique quel que soit le moyen choisi par le vendeur pour garantir ses droits — clause résolutoire ou hypothèque (incluant d'une certaine manière l'ancienne clause de dation en paiement)[810].

Le Code civil comporte de nouvelles mesures pour restreindre, ou contrôler, le droit du vendeur à la résolution. En cela, le législateur s'efforce d'augmenter la stabilité de la propriété immobilière et la sécurité contractuelle ainsi que d'éviter dans certains cas le dépouillement de l'acheteur et la disparition des droits des tiers, spécialement lorsque l'acheteur a déjà payé une grande partie du prix ou que la valeur de l'immeuble, après le paiement du vendeur, représente un actif intéressant pour l'acheteur ou une sûreté adéquate pour les tiers[811].

Ces nouvelles mesures produisent toutefois un effet secondaire non négligeable. À cause d'elles, le vendeur qui réclame la résolution peut en venir à perdre le contrôle de la situation et se voir imposer un mode de règlement de sa réclamation qui est fort différent de la résolution qu'il désirait[812]. De ce point de vue, la résolution perd quelque peu de son attrait.

189. Pour la vente mobilière, on se rappelle la panoplie de moyens que le Code civil du Bas-Canada mettait à la disposition du vendeur impayé: résolution judiciaire ou extrajudiciaire selon le cas, droit de suspendre la délivrance — souvent appelé droit de rétention —, droit de revendication et privilège. Leur efficacité, il est vrai, n'était pas égale[813]. Dans le Code civil du Québec, le tableau change à plusieurs égards.

Quand le défaut de l'acheteur survient avant la délivrance, on a vu plus haut le droit du vendeur de suspendre la délivrance — ou droit de rétention — et son droit à la résolution extrajudiciaire[814]. Quand le défaut survient en cours de délivrance, c'est-à-dire durant le transport, le législateur a ajouté un complément au droit de rétention[815]. Il s'agit dans le deux cas de sanctions au plan de la possession.

Quand le défaut survient après la délivrance, en vertu du Code civil du Bas-Canada le vendeur impayé pouvait, à certaines conditions strictes, revendiquer le bien entre les mains de l'acheteur et parfois entre celles d'un tiers; le vendeur agissait alors, non en raison d'un droit de propriété qu'il aurait conservé dans le bien vendu, mais afin d'exercer son droit de rétention jusqu'au paiement complet du prix; la revendication était un complément de la rétention[816].

Dans le Code civil du Québec, après la délivrance, le vendeur impayé peut considérer la vente mobilière résolue, à certaines conditions, et revendiquer son bien. Dans la réforme, le législateur a maintenu en substance le droit de résolution du vendeur de l'article 1543 du Code civil du Bas-Canada, mais il l'a transformé de façon significative: désormais, la résolution est extrajudiciaire, alors qu'autrefois elle était judiciaire sauf s'il y avait une clause de résolution dite «automatique[817]».

Cette résolution, édicte l'article 1741 du Code civil du Québec, s'accompagne de la revendication. Cette disposition prévoit une sanction au plan du droit de propriété, non de la possession. La revendication dont il s'agit n'est donc pas celle qu'envisageait le législateur de 1866 dans les articles 1998 et 1999 du Code civil du Bas-Canada, qui complétaient le droit de rétention. La «nouvelle» revendication est le complément de la résolution; elle reprend sa vocation première, qui est d'assurer l'une des prérogatives du droit de propriété, soit la détention[818].

Si la nouvelle règle sur la résolution et la revendication comporte plusieurs des conditions de l'ancienne disposition sur la revendication (par exemple, le bien est demeuré entier et dans le même état, il n'est pas passé entre les mains d'un tiers qui en a payé le prix), ce n'est, pour ainsi dire, qu'une coïncidence. Dans le Code civil du Québec, la revendication ne peut être associée au droit de rétention, car la disposition vise la résolution de la vente; or, si le vendeur résout la vente, il n'est plus question pour lui de devoir ultérieurement délivrer le bien à l'acheteur et la seule fonction de la revendication est de lui permettre de reprendre la détention, ou la possession, du bien dont il est redevenu propriétaire.

190. Une question se pose: pourquoi la résolution de la vente mobilière pour défaut de paiement du prix, qui, rappelons-le, constitue essentiellement un mécanisme de sûreté, n'est-elle pas assujettie aux conditions d'exercice des sûretés mobilières prévues au Code civil du Québec? Par ces conditions d'exercice, le législateur a voulu protéger les tiers et même, dans une certaine mesure, le débiteur lui-même (notamment par l'envoi obligatoire d'une mise en demeure et un délai de 20 jours pour remédier au défaut[819]).

L'Office de révision avait recommandé l'adoption d'une présomption générale d'hypothèque, laquelle aurait obligé tout créancier à suivre ces conditions d'exercice pour réaliser une forme quelconque de sûreté. Ainsi, en particulier, le vendeur de meuble aurait dû se soumettre à ces exigences avant d'exercer le droit à la résolution[820]. Dans le Code civil du Québec, les conditions d'exercice d'une sûreté réelle ont un domaine d'application très large. Elles ne concernent pas le vendeur de meuble, toutefois, ce qui paraît bien être une incohérence. Étant donné cette lacune — et d'autres, comme l'inapplicabilité des règles sur la publicité et sur l'exercice des droits de sûreté réelle à d'autres mécanismes juridiques équivalant à une sûreté réelle — un auteur est d'avis que les tribunaux, dans l'interprétation du nouveau code, devraient dégager, de l'ensemble des règles sur l'exécution des sûretés, un principe général comparable à la présomption d'hypothèque: chaque fois que, dans les faits, la substance d'une opération juridique serait de la nature d'une sûreté réelle (notamment dans le cas de la résolution d'une vente mobilière pour défaut de paiement du prix), les tribunaux devraient imposer les conditions d'exercice des sûretés réelles, même si le législateur a oublié d'y pourvoir; c'est ce qu'il appelle le principe de l'«essence de l'opération[821]».

b.   Résolution de la vente immobilière

191. La résolution de la vente immobilière est soumise à certaines conditions exigeantes: un délai d'exercice, une clause résolutoire, une mise en demeure et parfois l'autorisation du tribunal[822].

Le Code civil du Bas-Canada disposait que le vendeur ne pouvait exercer la résolution que dans les dix ans de la vente. Dans le Code civil du Québec, le législateur a ramené ce *délai* à *cinq ans*[823]. La sécurité contractuelle et la stabilité de la propriété immobilière s'en trouvent renforcées de façon significative.

192. Comme naguère, pour que le vendeur puisse obtenir la résolution de la vente en cas de défaut de l'acheteur, l'acte doit comporter une *clause résolutoire* claire et spécifique. Cette condition, comme toutes les autres étudiées ici, s'applique non seulement au défaut de payer le prix, mais aussi à tout autre manquement de l'acheteur à l'une quelconque de ses obligations (le

paiement des taxes, le paiement des primes d'assurance, l'entretien, par exemple). Si l'acte de vente ne remplit pas cette exigence, le vendeur doit se contenter d'une action en paiement ou d'une autre sanction[824].

193. Avant d'obtenir la résolution, le vendeur doit aussi donner une *mise en demeure* de remédier au défaut, ou préavis, dans les 60 jours de l'inscription de la mise en demeure au registre, à l'acheteur et, le cas échéant, à tout acquéreur subséquent. La ressemblance entre cette mise en demeure et «l'avis de 60 jours» du Code civil du Bas-Canada est grande[825]; d'ailleurs, une certaine partie de l'ancienne jurisprudence demeure pertinente.

Le législateur a prévu que les règles sur la prise en paiement et ses mesures préalables s'appliquent impérativement à la clause résolutoire, en faisant les adaptations nécessaires[826]. Ces règles pertinentes sont principalement les suivantes.

194. Premièrement, la mise en demeure doit dénoncer le défaut de l'acheteur et, le cas échéant, préciser en dollars et en cents le capital et les intérêts dus, ce qui n'était pas toujours exigé par la jurisprudence du droit du Code civil du Bas-Canada[827]. Désormais, l'acheteur n'aura donc plus à consulter des actes ou faire des recherches (pour les taxes ou les primes d'assurance, par exemple) afin de connaître le montant exact de son défaut.

Si, en plus de la clause résolutoire, l'acte de vente comporte une clause de déchéance du terme, selon certaines autorités, le vendeur, dans le droit de l'ancien code, ne pouvait réclamer dans le préavis, ou la mise en demeure, tout le solde dû en application de cette stipulation; l'acheteur avait la possibilité de remédier à son défaut initial et éviter ainsi la résolution[828]. Cette interprétation doit continuer de prévaloir, car, autrement, la protection voulue par le législateur serait illusoire, l'acheteur devant «se refinancer» dans un court laps de temps pour éviter de perdre son immeuble.

195. En second lieu, la mise en demeure doit rappeler à l'acheteur et, le cas échéant, à l'acquéreur subséquent et aux tiers leur droit de remédier au défaut dans le délai imparti et d'éviter ainsi la résolution; elle doit décrire l'immeuble faisant l'objet de la vente qui sera résolue et avertir de l'intention du

vendeur d'exercer la résolution si le défaut persiste. C'est beaucoup plus que n'exigeait le Code civil du Bas-Canada[829].

On remarquera en particulier que, dans l'ancien code, l'avis ne constituait pas un choix ferme de la sanction précise que voulait prendre le vendeur[830]. Le texte de la nouvelle disposition, en exigeant d'indiquer dans la mise en demeure la sanction envisagée, écarte implicitement cette possibilité. Ainsi, quand l'acheteur a annoncé une prise en paiement et qu'ensuite il veut plutôt la résolution, il devra envoyer une deuxième mise en demeure annonçant la résolution.

196. Troisièmement, la mise en demeure doit être signifiée à toute personne contre laquelle le vendeur désire exercer la résolution, spécialement l'acquéreur, le sous-acquéreur et les créanciers hypothécaires; la mise en demeure et la preuve de sa signification doivent être inscrites au registre[831]. Comme il ne s'agit pas d'une procédure judiciaire, il n'est pas obligatoire que la signification soit effectuée par un huissier; un avocat ou un notaire, par exemple, peuvent la faire[832].

La signification de la mise en demeure va permettre à ces personnes, si elles le désirent, d'éviter la résolution, en particulier en payant au vendeur ce qui lui est dû[833]. Car, si la résolution se produit, elles perdront leur droit de propriété, leur démembrement du droit de propriété ou leur droit réel accessoire[834].

197. Si, lors de l'inscription de la mise en demeure, l'acheteur a déjà acquitté au moins la moitié de sa dette et qu'il ne consent pas à la résolution par un acte de gré à gré, le vendeur doit obtenir *l'autorisation du tribunal* pour exercer la résolution[835]. C'est la dernière condition à remplir.

Le législateur est demeuré silencieux sur les critères de cette autorisation judiciaire. Il s'agit d'une nouvelle disposition pour la protection de l'acheteur; il apparaît donc légitime de faire une comparaison avec le droit de la consommation où on trouve une disposition très semblable concernant la reprise de possession dans la vente à tempérament, quand justement l'acheteur a déjà acquitté au moins la moitié du prix. Dans le droit de la consommation, le législateur a prévu certains critères pour l'autorisation judiciaire: le montant total de l'obligation de l'acheteur et la partie qui en a été payée, la valeur du bien au moment où l'acheteur est devenu en défaut, la capacité de payer de l'acheteur et la raison pour laquelle il est en défaut[836].

La jurisprudence sur cette disposition du droit de la consommation s'est reconnue un large pouvoir d'appréciation. Elle a ainsi ajouté des compléments aux critères légaux: les revenus et dépenses de l'acheteur, la valeur nette («équité») de ses biens, la prépondérance des inconvénients respectifs pour les parties, la négligence de l'acheteur dans la gestion de ses affaires, pour ne mentionner que les principaux. La jurisprudence sur la nouvelle disposition du Code civil du Québec voudra sans doute s'inspirer de ces critères légaux et jurisprudentiels[837].

198. Le législateur a apporté deux tempéraments importants à l'exercice du droit de résolution du vendeur dans la vente immobilière. L'un d'entre eux est de droit nouveau.

D'abord, l'acheteur, le sous-acquéreur ou toute autre personne intéressée peut empêcher la résolution en remédiant au défaut de l'acheteur mentionné dans la mise en demeure, le cas échéant en remédiant à un défaut subséquent (spécialement un autre versement du prix devenu échu depuis l'envoi de la mise en demeure) et en payant les frais engagés[838]. Le vendeur ne peut pas exiger d'autre indemnité (telle une somme additionnelle en vertu d'une clause pénale) que les intérêts et les frais engagés; le Code civil est ainsi harmonisé avec la loi fédérale sur l'intérêt[839].

Quand une clause de déchéance du terme a été stipulée dans la vente, elle n'opère pas dans le contexte qui nous intéresse ici: pour éviter la résolution, il suffit de remédier au défaut initial et éventuellement à un défaut subséquent. Cette solution s'impose par cohérence avec l'interprétation, indiquée plus haut[840], concernant le montant d'argent que le vendeur peut réclamer dans la mise en demeure[841].

199. L'acheteur, le sous-acquéreur ou tout autre intéressé peut remédier au défaut non seulement dans les 60 jours mentionnés dans la mise en demeure, mais aussi jusqu'à la résolution même de la vente[842]. Cette règle nous amène à considérer l'effet d'une clause résolutoire dans ce contexte.

Il existe deux types de clause résolutoire. L'une permet de demander la résolution de la vente en cas de défaut de l'acheteur; la résolution est alors judiciaire. L'autre donne au vendeur le droit de considérer la vente résolue ou elle entraîne la résolution de plein droit dès le défaut; en principe, la résolution dans ce cas est extrajudiciaire — c'est pourquoi cette deuxième clause est souvent appelée «clause de résolution automatique».

Dans le droit du Code civil du Bas-Canada, les *deux* types de clause conduisaient obligatoirement à la résolution judiciaire dans le cadre de l'article 1040b, sauf quand le vendeur et l'acheteur passaient de gré à gré un acte de résolution; ainsi, l'acheteur ou tout autre intéressé avait le droit de remédier au défaut non seulement pendant le délai de 60 jours, mais aussi, comme le prévoyait plus ou moins clairement la disposition, jusqu'au jugement en résolution ou jusqu'à l'acte de résolution; l'interprétation était la même en ce qui concerne une clause de dation en paiement[843]. On disait que la clause résolutoire automatique entrait en conflit avec le droit de l'acheteur et de tout intéressé de remédier au défaut, cette disposition étant d'ordre public[844].

Le législateur a codifié cette interprétation. Désormais, dans les règles de la prise en paiement qui s'appliquent à la résolution de la vente immobilière, il est clair que le débiteur ou tout autre intéressé peut remédier au défaut jusqu'au moment de la prise en paiement, laquelle se réalise par le jugement en délaissement ou encore par un acte de gré à gré[845].

Selon ce même raisonnement, tant que l'acte de résolution volontaire n'a pas été passé ou que le jugement sur l'action en résolution n'a pas été rendu, l'immeuble, objet de la vente, reste dans le patrimoine de l'acheteur et les créanciers de ce dernier peuvent le saisir[846].

200. Le deuxième tempérament à la résolution est nouveau. L'acheteur, le sous-acquéreur ou un créancier hypothécaire postérieur au vendeur peut exiger que celui-ci, au lieu de procéder à la résolution, vende l'immeuble ou le fasse vendre en justice. Celui qui se prévaut de ce droit doit, dans le délai de 60 jours de la mise en demeure, en aviser le vendeur et inscrire son avis au registre; il lui faut rembourser au vendeur les frais déjà engagés, lui avancer les frais pour la vente et lui fournir caution pour le plein paiement de sa créance à même le produit de la

vente. Cet avis doit être signifié au vendeur et, s'il est donné par une autre personne que l'acheteur, il doit être signifié aussi à l'acheteur[847].

Le vendeur peut toutefois échapper à l'exercice de ce droit, à certaines conditions. Si c'est un créancier qui a exigé la vente, le vendeur peut le désintéresser — sans intervention du tribunal — et le processus de la résolution poursuivra son cours[848]. Si par ailleurs c'est l'acheteur qui a exigé la vente, le vendeur peut solliciter du tribunal qu'il autorise la résolution, aux conditions qu'il détermine[849]. On peut penser que les tribunaux, dans l'exercice de ce pouvoir, éviteront de dépouiller l'acheteur d'un immeuble ayant une valeur nette («équité») importante et d'enrichir injustement le vendeur.

Quand enfin le vendeur ne réussit pas à échapper à l'exigence de la vente mais qu'il reste inactif, celui qui a requis la vente peut être autorisé à y procéder lui-même; le tribunal peut même autoriser «toute autre personne» à procéder à la vente[850]. On vient ainsi à bout de la résistance passive du vendeur.

201. La résolution de la vente immobilière peut se produire de deux façons. D'abord, il peut s'agir d'une résolution volontaire, par un acte de gré à gré[851]. Il est important de ne pas confondre cette résolution, en application de la clause résolutoire et comme suite à la mise en demeure, laquelle a un effet rétroactif, et la dation *volontaire* en paiement[852], qui n'a pas d'effet rétroactif, de même d'ailleurs qu'il faut éviter de confondre la prise en paiement, ou la dation en paiement, de gré à gré, en application d'une clause de dation en paiement et comme suite à une mise en demeure, et la dation en paiement *volontaire*, seule la première ayant des effets rétroactifs[853].

La résolution peut aussi être l'objet d'un jugement, quand l'acheteur refuse de consentir un acte de résolution. Le jugement constitue le titre de propriété du vendeur et il doit être publié pour être opposable aux tiers[854].

202. *Entre l'acheteur et le vendeur*, la résolution a des conséquences non négligeables. En principe, selon le droit commun, chaque partie doit restituer à l'autre tout ce qu'elle a reçu, afin d'effectuer la remise en état[855]. Pour le vendeur, il s'agit simplement de rendre le prix perçu, en capital et intérêt. Le vendeur

doit aussi indemniser l'acheteur pour les impenses que celui-ci a faites — les dépenses de réparation ou d'amélioration, soit pour des constructions, ouvrages ou plantations. À cette fin, on se reportera au droit des biens, en notant que l'acheteur est assimilé à un possesseur de mauvaise foi, car c'est par sa faute que se produit la résolution[856]. L'acheteur peut retenir l'immeuble jusqu'à ce qu'il ait été payé de ce que lui doit le vendeur[857]. En pratique ces problèmes ne se posent guère, car, dans la plupart des actes de vente, la clause résolutoire est complétée par une clause pénale selon laquelle le vendeur conservera tous les versements, en capital et intérêt, comme dommages liquidés[858] ainsi qu'une stipulation en vertu de laquelle le vendeur sera exempté d'indemniser l'acheteur et les tiers pour toutes les impenses faites.

De son côté, l'acheteur doit remettre le bien vendu. De plus, si le bien a produit des fruits ou revenus, l'acheteur doit également les remettre au vendeur, mais après avoir déduit les dépenses engagées pour les obtenir — il ne doit donc que le bénéfice net[859]. On enseigne généralement que l'acheteur qui a payé une partie du prix de vente n'est pas tenu de rendre tous les fruits et revenus perçus: il ne serait obligé de rendre que la partie des fruits et revenus correspondant à la partie du prix qu'il *n'a pas* payée[860].

Il arrive que le bien vendu périsse en tout ou en partie avant la résolution. Dans l'éventualité d'une perte partielle attribuable soit au fait ou à la faute de l'acheteur soit à un cas fortuit, mais non à l'usage normal du bien, l'acheteur doit indemniser le vendeur pour la perte; sur ce point, le Code civil du Québec renverse la solution préconisée à l'époque du Code civil du Bas-Canada[861]. Évidemment, si la perte est causée par l'usage normal et qu'il n'y a pas de faute de l'acheteur, aucune indemnité n'est due. Dans l'éventualité d'une perte totale, l'acheteur doit verser au vendeur le plus élevé des montants suivants: la valeur du bien lors de la délivrance, lors de la perte ou lors de la résolution; il doit y avoir indemnisation même si la perte a eu lieu par cas fortuit, mais il y a dispense quand le bien aurait péri également entre les mains du vendeur[862].

Sous réserve de ces remarques, la résolution éteint toute la dette de l'acheteur envers le vendeur[863].

203. La résolution de la vente immobilière entraîne des effets très importants, parfois dramatiques, *à l'égard des tiers* (le sous-acquéreur, le détenteur d'une priorité ou d'une hypothèque, le détenteur d'un démembrement du droit de propriété acquis après la vente). Comme l'acheteur ne peut transmettre plus de droits qu'il n'en possède, théoriquement tous les droits réels qu'il a consentis ou qui ont été créés pendant qu'il était propriétaire devraient être anéantis rétroactivement par la résolution[864]. Mais, dans le nouveau code comme dans l'ancien, le législateur a placé des restrictions à ces répercussions, afin de protéger les droits des tiers et la propriété immobilière.

D'abord, pour que la résolution soit opposable aux tiers, la vente doit avoir été publiée. Plus précisément, pour que les droits d'un tiers soient anéantis, il faut que l'inscription de l'acte de vente contenant la clause résolutoire ait été faite avant l'inscription de l'acte créant le droit de ce tiers. La clause résolutoire rétroagit, non à la date de l'acte de vente lui-même, mais à la date de son inscription — et entre les deux, bien des tiers peuvent inscrire leurs droits. À cet égard, le droit n'est pas modifié par la réforme[865].

En second lieu, pour que la résolution soit opposable aux tiers, la mise en demeure envoyée par le vendeur doit être signifiée non seulement à l'acheteur mais à chacun de ces tiers également. Selon le Code civil du Bas-Canada, l'avis de 60 jours devait être signifié au propriétaire de l'immeuble et c'est le registrateur qui en envoyait une copie aux tiers ayant donné un avis d'adresse[866].

Une limite importante à l'effet de la résolution à l'égard des tiers provient du droit du louage, lorsque l'acheteur ou un ayant cause a consenti un louage. La restriction est d'ailleurs différente selon qu'est en cause un louage résidentiel ou non résidentiel. Dans le premier cas, à la résolution, l'acheteur succède au vendeur pour tous ses droits et obligations en vertu du louage et ce, indéfiniment: ainsi, en reprenant son immeuble, le vendeur devient purement et simplement le nouveau locateur du logement[867].

Dans le louage non résidentiel (tel le louage pour fins d'une entreprise), le vendeur succède aussi à l'acheteur, comme locateur, pour tous les droits et obligations découlant du bail. Si le bail immobilier est de durée fixe et qu'il a été inscrit, l'acheteur est lié jusqu'au terme. Toutefois, si le bail immobilier n'a pas été inscrit, s'il s'agit d'un bail mobilier ou d'un bail de durée indéterminée, l'acheteur peut unilatéralement y mettre fin par un avis de résiliation donné dans le délai prévu par la loi[868].

c. Résolution de la vente mobilière et revendication

204. Le vendeur impayé d'un bien meuble peut considérer la vente résolue et revendiquer le bien[869]. L'effet principal est radical: les parties sont libérées de leurs obligations et le vendeur récupère le bien. On a vu plus haut que, dans le Code civil du Bas-Canada, la revendication était parfois, comme maintenant, le complément de la résolution, mais qu'elle était le plus souvent considérée en association avec le droit de rétention[870]. Un changement important a donc été opéré en cette matière.

La résolution dont il s'agit ici est extrajudiciaire, ce qui n'était pas le cas autrefois[871]. Dès que les conditions sont réunies, le vendeur peut, à sa discrétion, résoudre la vente; pour éviter l'incertitude sur le sort du contrat, il serait bien avisé d'informer l'acheteur par écrit de sa décision — le Code ne l'exige pas, cependant.

Dans ce nouveau contexte, la stipulation d'une clause résolutoire paraît superflue. Elle l'est effectivement lorsque toutes les conditions de la résolution prévue par le Code sont réunies. Toutefois, le vendeur peut désirer se prémunir contre d'autres situations et provoquer la résolution lorsque l'acheteur est en défaut, même s'il manque une des conditions; la clause résolutoire dite «automatique» retrouve alors son utilité. Par ailleurs, il est souvent stipulé qu'en cas de résolution pour défaut de l'acheteur, le vendeur conservera tous les paiement effectués, en capital et intérêt, à titre de dommages liquidés; il s'agit essentiellement d'une clause pénale[872].

Le législateur a prévu un certain nombre de conditions pour la résolution et la revendication. Plusieurs de ces conditions ressemblent fort à celles qu'on trouve dans le Code civil du Bas-Canada[873]. Si, dans une situation donnée, il en manque ne serait-ce qu'une seule, il ne peut se prévaloir de ces deux sanctions légales particulières: il doit alors se tourner vers d'autres mesures d'exécution, légales (comme la priorité et la résolution judiciaire) ou conventionnelles (comme l'hypothèque mobilière et la résolution en vertu d'une clause résolutoire).

205. Comme première condition pour la résolution et la revendication, le législateur exige que la vente ait été faite sans terme, c'est-à-dire au comptant. On notera que, si la vente est à terme mais que le terme est échu et que le prix n'est pas payé, cette condition ne devrait plus être un obstacle à la résolution et la revendication[874].

206. Deuxièmement, le bien vendu doit être encore entier et dans le même état lorsque le vendeur exerce ses droits. Il ne doit donc pas avoir subi de transformation ni avoir été incorporé à un autre bien (par exemple, une fenêtre incorporée à un bâtiment). Toutefois, le bien peut avoir été placé dans un bâtiment et y avoir été attaché d'une manière telle qu'il reste entier et qu'il soit très facile à détacher sans détériorer ni le bien vendu ni le bâtiment (par exemple, il suffit de débrancher une prise d'eau ou d'électricité)[875].

207. En troisième lieu, le vendeur doit agir dans les 30 jours de la délivrance. Contrairement à ce qui était le cas dans le Code civil du Bas-Canada, la loi ne distingue plus entre les situations où il y a faillite de l'acheteur et celles où il n'y en a pas; le délai est désormais toujours le même[876].

208. Quatrièmement, pour que le vendeur puisse considérer la vente résolue et revendiquer le bien, celui-ci ne doit pas être passé entre les mains d'un tiers qui en a payé le prix ni d'un créancier hypothécaire qui a obtenu le délaissement. Ainsi, le bien ne doit pas avoir été revendu à un tiers qui l'a payé comptant; il ne doit pas non plus avoir fait l'objet d'une prise de possession à des fins d'administration ni, *a fortiori*, d'une prise en paiement. Cependant, cette condition n'exclut pas la résolution et la revendication dans certaines situations qui ne sont pas rares, telles que la revente à crédit, tant que le prix complet n'est pas payé, et la revente qui devait être faite au comptant, mais dont en réalité le prix n'a pas été payé[877]. Cette règle est en partie de droit nouveau. La règle équivalente du Code civil du Bas-Canada a donné lieu à des nuances importantes.

On notera d'abord, pour mieux comprendre ce qui suivra, le conflit qui existait entre le droit du vendeur à la revendication

et la sûreté d'une banque en vertu de la *Loi sur les banques*. En
règle générale, la banque avait priorité sur le vendeur; exceptionnellement, la préséance était accordée au vendeur si son
droit à la revendication avait pris naissance avant la sûreté de
la banque, si la banque en avait connu l'existence au moment
où elle avait acquis sa sûreté et si évidemment le vendeur était
dans les conditions pour revendiquer. Ce premier problème est
disparu aujourd'hui; en effet, comme on l'a vu[878], dans le Code
civil du Québec la revendication ne joue pas le rôle d'une sûreté
et elle n'est pas associée au droit de rétention du vendeur: elle
est plutôt le complément de la résolution. Or, comme on va le
constater dans un instant, le conflit entre la banque et le vendeur
qui revendique s'en trouve complètement transformé.

Dans le droit du Code civil du Bas-Canada, des autorités importantes en étaient venues à faire la distinction entre la revendication des articles 1998 et 1999 et la résolution de l'article
1543 du même code. L'article 179, paragraphe 1, de la *Loi sur
les banques*, on le sait, dispose que la sûreté de la banque ne
prime pas la «créance» («*claim*») du vendeur impayé qui avait
un privilège sur le bien concerné au moment où la banque a
acquis sa sûreté. On était d'avis que cette expression «créance»
(«*claim*») ne doit pas être interprétée comme visant le droit du
vendeur à la résolution pour défaut de paiement, mais seulement son droit à la revendication — et également son privilège
de vendeur. Le droit de propriété *sui generis* de la banque était
considéré comme assujetti au droit de résolution du vendeur,
car l'acheteur ne peut transmettre à la banque plus de droits
qu'il n'en possède.

En conséquence, lorsque le vendeur, au lieu d'exercer son droit
à la revendication, choisissait la résolution et que les conditions
particulières de l'article 1543 étaient satisfaites (le bien était
encore en la possession de l'acheteur et, s'il y avait faillite, le
recours était exercé dans les 30 jours de la délivrance), l'acheteur avait préséance sur la banque[879]. Au contraire, si la banque
avait saisi le bien vendu ou en avait pris possession avant que
le vendeur n'exerce son droit de résolution, la majorité des
autorités étaient d'avis que, puisqu'il manquait l'une des conditions, le vendeur perdait son droit à la résolution et la banque
avait préséance[880]. D'après certaines autorités récentes, cependant, la prise de possession par la banque, en réalisation

partielle de sa sûreté, ne constitue pas la dépossession visée par l'article 1543 du Code civil du Bas-Canada et elle n'empêche pas le vendeur d'exercer la résolution et d'avoir ainsi préséance sur la banque[881].

Le même conflit subsiste aujourd'hui entre la sûreté de la banque et le droit de résolution du vendeur, malgré les changements apportés par le législateur à ce droit. Il convient d'après nous d'y apporter les mêmes solutions.

209. Enfin, pour résoudre la vente et revendiquer son bien, le vendeur doit mettre l'acheteur en demeure. Il s'agit d'une nouvelle condition. Cette initiative s'inscrit dans la ligne des mesures d'avertissement du débiteur avant que les sanctions ne s'abattent sur lui[882]. On se rappellera que, dans certains cas, il y a mise en demeure de plein droit[883].

C. Modifications conventionnelles

1. Observations générales

210. L'une des principales modifications conventionnelles, la clause résolutoire, a déjà été considérée. On a vu que, pour que l'acheteur puisse obtenir la résolution de la vente immobilière, l'acte de vente doit contenir une clause résolutoire; l'acheteur et les tiers sont protégés, dans une certaine mesure contre l'exercice de cette clause[884]. En ce qui conerne la vente mobilière, on a vu que la clause résolutoire y trouve son utilité pour le vendeur qui ne remplit pas les conditions légales de la résolution extrajudiciaire[885]. Quant à la clause de déchéance du terme, elle sera examinée ci-dessous dans le cadre de la vente à terme et plus bas dans celui de la vente à tempérament[886].

211. La clause pénale est fréquente dans la vente. Par exemple, en complément à une clause résolutoire, il est souvent stipulé que, en cas de défaut de l'acheteur et de résolution, les paiements déjà effectués resteront acquis au vendeur à titre de dommages-intérêts liquidés. Deux points doivent être soulignés à propos de la clause pénale.

Il s'agit d'abord de cette nouvelle règle du Code civil du Québec, qui prévoit qu'une clause pénale peut être réduite si elle est jugée abusive[887]. Cette nouvelle disposition sera possiblement interprétée en fonction de la règle *générale* sur la clause

abusive; si tel était le cas, la pénalité serait réduite quand elle
«désavantagerait [l'acheteur] d'une manière excessive et
déraisonnable, allant ainsi à l'encontre de ce qu'exige la bonne
foi[888]». On ne manquera sans doute pas d'établir une comparaison avec le droit français dans lequel les tribunaux ont le
pouvoir de réduire une pénalité «manifestement excessive[889]».

Quand le solde impayé du prix de vente est garanti par une
hypothèque immobilière, il faut aussi garder à l'esprit cette disposition de la loi fédérale sur l'intérêt qui interdit de stipuler
des intérêts ou quelque autre forme de pénalité, sur des arriérés,
supérieurs à ceux stipulés sur le prix qui est dû avant
l'échéance[890].

Il reste à examiner avec un peu plus de détail la vente à terme.

2. Vente à terme

212. La vente à terme est celle dans laquelle le paiement du prix
est retardé, en tout ou en partie, à une date postérieure à la
délivrance; il peut y avoir un seul paiement ou plusieurs paiements échelonnés sur une certaine période[891]. La vente à terme
se distingue facilement de la vente à tempérament, car, dans
cette dernière, non seulement le paiement du prix, mais également le transfert de la propriété sont retardés[892].

En règle générale, le terme est présumé stipulé au bénéfice de
l'acheteur; ainsi, ce dernier a la faculté d'y renoncer en tout
temps et de faire un paiement par anticipation. Toutefois, si un
intérêt est stipulé — ce qui est presque toujours le cas — , alors
le terme est réputé stipulé au bénéfice des deux parties; dans ce
cas, l'acheteur ne peut, sans le consentement du vendeur, faire
un paiement par anticipation[893], ce qui lui permettrait évidemment de payer moins d'intérêt.

Une première dérogation à cette règle est prévue par le droit
commun pour la protection du créancier. Si l'acheteur devient
insolvable, est mis en faillite, s'il diminue la sûreté donnée au
vendeur, et dans quelques autres circonstances, il perd le bénéfice du terme et tout le solde du prix devient immédiatement
exigible[894]. La seconde dérogation est celle produite par la stipulation d'une clause de déchéance du terme; très fréquemment, l'acte de vente contient une disposition selon laquelle,

dès que l'acheteur est en défaut d'effectuer un versement du prix ou de remplir quelque autre obligation, et même dans certains événements (comme le déplacement du bien meuble vendu hors du lieu où il a été convenu qu'il serait installé), tout le solde du prix devient exigible. Cette clause de déchéance du terme accorde ainsi une protection additionnelle au vendeur. Dans la vente immobilière, cependant, elle ne produit pas toujours les effets escomptés quand, comme on l'a vu, elle entre en conflit avec le régime de protection de l'acheteur et des tiers[895].

Régimes particuliers

I. Vente à tempérament

A. Introduction

213. Les abus de la position économique supérieure du vendeur dans la vente à tempérament ont, depuis longtemps, été un sujet de préoccupation pour le législateur québécois. En 1947, étaient introduites dans le Code civil du Bas-Canada certaines dispositions visant à protéger l'acheteur dans une telle vente. Il s'agissait par exemple de mentions obligatoires, du droit de l'acheteur à effectuer un ou des paiements par anticipation, du droit de l'acheteur et de ses créanciers de faire échec à la reprise de possession en remédiant au défaut de l'acheteur. Le domaine d'application de ces règles particulières correspondait approximativement à ce que l'on connaît aujourd'hui comme le droit de la consommation; ce régime comportait toutefois certaines restrictions, que ne l'on retrouve plus aujourd'hui, en ce qui concerne les catégories de personnes touchées et le prix maximum (800$) des contrats visés[896].

C'est en 1971 que législateur a adopté la première loi de protection des consommateurs. Les dispositions du Code civil qui viennent d'être signalées étaient abrogées et, en pratique, remplacées par un régime semblable inclus dans la *Loi de la protection du consommateur*. Ce nouveau régime était un peu plus élaboré que le précédent; il comportait notamment une nouvelle exigence d'un préavis avant la reprise de possession et l'autorisation du tribunal pour la reprise de possession dans certaines circonstances. Le domaine d'application de ces règles sur la vente à tempérament était celui du droit de la consommation[897].

En 1978, réforme du droit de la consommation. Une nouvelle loi est adoptée, qui reprend les mesures de protection pour la vente à tempérament, en y ajoutant quelque peu; ainsi, désormais, les risques sont obligatoirement à la charge du vendeur jusqu'au dernier paiement, ou jusqu'à ce que l'acheteur soit autorisé par le tribunal à conserver le bien lors d'une tentative de reprise de possession[898].

214. Le législateur a profité de la réforme du Code civil en 1991 pour réintroduire dans ce code un régime spécial pour la vente à tempérament[899]. Il a toutefois maintenu le régime propre au droit de la consommation. Il y a donc désormais *deux régimes juridiques* pour la vente à tempérament. Contrairement aux règles du Code civil du Bas-Canada sur la vente à tempérament et à celles de la *Loi sur la protection du consommateur*, les nouvelles règles du Code civil ont un domaine d'application universel: toute vente, mobilière ou immobilière, est visée[900].

Des conflits surgiront inévitablement entre le Code civil du Québec et la *Loi sur la protection du consommateur*. Dès qu'il s'agira, selon les termes de l'article 1745, alinéa 1 du Code civil, d'une «vente à terme par laquelle le vendeur se réserve la propriété du bien jusqu'au paiement total du prix de vente», en principe le régime du Code civil du Québec s'appliquera. Quand surgira une contradiction entre une règle du régime très général du Code civil et une règle particulière de la *Loi sur le protection du consommateur*, c'est la seconde qui aura préséance. On se rappellera à cet égard, d'abord, la disposition préliminaire du Code civil du Québec en vertu de la laquelle ce code établit le droit commun, auquel les lois particulières penvent ajouter ou déroger; on se rappellera aussi cette règle sur l'interprétation des lois selon laquelle, en cas de contradiction, une loi particulière a préséance sur une loi générale même quand la loi particulière est antérieure[901]. En simplifiant les choses, d'une part, on peut donc dire que la vente mobilière entre celui qui exploite une entreprise et un consommateur continue d'être régie par le droit de la consommation[902]; d'autre part, le Code civil s'applique, premièrement, à toutes les ventes immobilières et, deuxièmement, aux ventes mobilières entre deux personnes exploitant une entreprise[903].

215. Voilà donc dans le Code civil des mesures de protection qui visent notamment les commerçants. Le législateur reconnaît enfin que bien des commerçants, surtout de petits commerçants, ont besoin de protection juridique, ce qu'il a oublié trop souvent par le passé. Il reconnaît que la vente à tempérament est essentiellement un contrat de financement, et que la réserve de propriété n'est rien d'autre qu'une sûreté, dont l'exécution peut causer un préjudice considérable à l'acheteur, aux sous-acquéreurs et à leurs créanciers[904]. C'est pourquoi le législateur a imposé certains mécanismes de protection pour l'exécution du droit à la reprise de possession, mesures calquées sur celles de l'exécution d'une hypothèque, spécialement la prise en paiement[905].

En ce qui concerne la vente immobilière, ce nouveau régime de protection ressemble à celui prévu au Code civil du Bas-Canada pour l'exercice d'une clause de dation en paiement et d'une clause résolutoire[906]. De plus, les ventes immobilières devaient en effet être enregistrées pour être opposables aux tiers; ainsi, la réserve de propriété, le droit à la reprise de possession, la clause résolutoire et la clause de dation en paiement pouvaient être vérifiés aisément par un sous-acquéreur ou un créancier[907]. En revanche, le nouveau régime est une innovation dans la vente mobilière qui n'est pas une vente de consommation. Jadis, cette vente mobilière n'était pas assujettie à l'enregistrement et ne faisait l'objet d'aucune mesure de protection.

Le régime juridique de la vente à tempérament est beaucoup moins élaboré dans le Code civil du Québec qu'il ne l'est dans la *Loi sur la protection du consommateur;* par exemple, on n'y retrouve aucun formalisme dans la formation du contrat ni aucun contenu obligatoire de la convention[908]. Le législateur a évidemment estimé que l'acheteur immobilier et l'acheteur mobilier «commerçant» (plus précisément, qui achète pour les fins de son entreprise) ont moins besoin de protection que l'acheteur consommateur[909]. Il n'est pas dit que le régime du Code sur la vente à tempérament restera immuable pendant des décennies. Car l'application à la reprise de possession des règles de la prise en paiement du droit des hypothèques soulèvera sans doute des difficultés que n'a pas entrevues le législateur[910]. Et l'on prendra peut-être conscience d'un plus grand besoin de protection des non-consommateurs.

B. Formation et opposabilité

216. L'article 1745 du Code civil du Québec définit la vente à tempérament et impose certaines conditions pour son opposabilité. Il est remarquable, toutefois, que cette disposition ne comporte aucune condition pour la validité elle-même de la vente à tempérament. Contrairement à ce qui est le cas dans le droit de la consommation, la vente à tempérament, dans le Code civil, demeure une application pure du consensualisme[911]. Cela est vrai aussi bien de la vente mobilière et de la vente immobilière que de la vente pour le service ou l'exploitation d'une entreprise (la vente commerciale) et pour une vente qui ne l'est pas.

Toutefois, quand il s'agit d'une vente pour le service ou l'exploitation d'une entreprise, le législateur a prescrit que la réserve du droit propriété n'est opposable aux tiers que si elle est publiée. La règle est identique pour les ventes mobilière et immobilière — en réalité, par comparaison avec le Code civil du Bas-Canada, il n'y a d'innovation qu'en ce qui concerne les meubles[912].

Ainsi, les créanciers et les sous-acquéreurs de l'acheteur qui exploite une entreprise peuvent plus facilement se protéger: il leur suffit de consulter le registre foncier ou le registre des droits personnels et réels mobiliers, selon le cas, et ils éviteront ainsi les problèmes de la vente du bien d'autrui[913]. En revanche, les créanciers et sous-acquéreurs d'un acheteur «non-commerçant» n'ont guère de protection contre les manœuvres douteuses de l'acheteur.

Une mesure de droit transitoire était nécessaire pour les nouvelles exigences relatives à l'opposabilité de la réserve de propriété de la vente d'un bien meuble qui est acquis pour le service ou l'exploitation d'une entreprise. Quand la vente a été conclue avant l'entrée en vigueur du nouveau code, cette opposabilité est maintenue selon le droit antérieur, c'est-à-dire sans formalité, pour une période de transition. La réserve de propriété devra cependant être publiée dans le registre des droits personnels et réels mobiliers dans les douze mois qui suivront la publication, par le ministre de la Justice, à la *Gazette officielle du Québec*, d'un avis indiquant que ce registre est pleinement opérationnel, à compter de la date qu'il indiquera, quant à la publicité de ces droits[914].

C. *Effets*

1. Observations générales

217. La vente à tempérament était souvent appelée «vente conditionnelle» (qui était un calque de l'anglais «*conditional sale*»). Cette vente comme étant assujettie à la condition suspensive que tous les paiements du prix soient effectués. Effectivement, toute vente à tempérament inclut la stipulation du droit du vendeur, en cas de défaut de l'acheteur de payer le prix à son échéance, de prendre possession du bien et de résoudre la vente. Or la Cour suprême a mis fin à cette façon de voir les choses. Elle a décidé que la vente à tempérament en est une dans laquelle le transfert de propriété est *à terme*; en conséquence, le transfert n'a pas d'effet rétroactif en principe, ce qui n'empêche pas, a précisé la cour, les parties de stipuler par exemple que le transfert de propriété sera retardé jusqu'au dernier paiement et qu'il aura alors un effet rétroactif au jour de la formation du contrat[915].

Avant d'étudier dans un certain détail les règles particulières à la vente à tempérament, il faut rappeler que, en principe, le vendeur, victime d'une faute de l'acheteur (ne pas avoir payé le prix), a le choix des sanctions: il peut exiger le paiement en retard, ou reprendre possession du bien, ou encore, si la convention inclut une clause de déchéance du terme, exiger le paiement de tout le solde dû[916].

Le législateur est toutefois intervenu pour protéger soit l'acheteur, soit le vendeur, soit encore les tiers, selon le cas: le Code civil comporte à cet égard des règles sur le transfert des risques et la déchéance du terme. Par ailleurs, désormais, le droit de reprendre possession du bien n'a plus besoin d'être stipulé dans le contrat de vente à tempérament puisqu'il est prévu expressément par le Code civil du Québec[917]. Mais le législateur a imposé de nombreuses conditions strictes et des restrictions pour l'exercice de cette reprise de possession: la mise en demeure, l'autorisation du tribunal dans certains cas, le droit de remédier en défaut et le droit de forcer la vente du bien[918].

2. Transfert des risques

218. Selon la règle générale du droit commun, les risques sont liés au droit de propriété, mais, notons-le, ils sont mis à la charge du vendeur jusqu'à la délivrance[919]. En conséquence, dans une vente à tempérament, les risques sont théoriquement à la charge du vendeur jusqu'au paiement complet du prix, puisque c'est à ce moment que la propriété est transférée.

Les règles sur le transfert des risques ne sont pas, en général, d'ordre public. Il est donc très fréquent de trouver dans les conventions de vente à tempérament une stipulation mettant les risques à la charge de l'acheteur. En l'absence d'une telle stipulation, une certaine jurisprudence, dans le droit du Code civil du Bas-Canada, a trouvé équitable de placer les risques à la charge de l'acheteur[920]. Dans le droit de la consommation, le législateur a réagi à cet état de choses: il a obligatoirement placé les risques à la charge du vendeur tant que la propriété n'a pas été transférée[921].

Dans le Code civil du Québec, le législateur a codifié les décisions dont il vient d'être fait état, sous réserve de la liberté des parties de stipuler au contraire et de la règle contraire du droit de la consommation[922]. Ainsi, en règle générale, l'acheteur supporte les risques bien qu'il ne soit pas propriétaire. Comme justification de cette règle, le gouvernement souligne que l'acheteur est en possession du bien et que ses besoins de protection ne sont pas ceux d'un consommateur[923].

La réserve du droit de propriété, rappelons-le, existe strictement pour des fins de garantie du paiement du prix. À tous autres égards, l'acheteur a la jouissance du bien comme un propriétaire. Il paraît donc équitable qu'il assume les pertes éventuelles. Il faut cependant souligner le changement dans le fondement de la règle: dans la vente à tempérament selon le Code civil du Québec, les risques ne sont plus liés au droit de propriété, mais à la possession (au sens large).

Selon le droit transitoire, dans les vente à tempérament conclues avant l'entrée en vigueur du nouveau code, le transfert des risques demeure régi par le droit du Code civil du Bas-Canada[924]. À ce sujet, un point est clair: dans une telle hypothèse, le transfert des risques n'aura pas lieu à la délivrance[925] mais plutôt, en principe, à l'échange des consentements ou, s'il s'agit de la vente d'un bien déterminé par son espèce seulement, quand il aura été individualisé et que l'acheteur en aura été informé. On vient de voir cependant que le droit du Code civil du Bas-Canada n'était pas vraiment fixé sur l'application rigoureuse de la maxime *res perit domino* dans la vente à tempérament et que certaines autorités liaient les risques à la possession par l'acheteur. La mesure de droit transitoire permettra à cette incertitude de subsister temporairement, sauf évidemment quand les parties auront prévu par stipulation conventionnelle le transfert des risques.

3. Déchéance du terme

219. La déchéance du terme peut intervenir dans deux types de circonstances. Premièrement, quand la convention le prévoit, l'acheteur en défaut d'effectuer ne serait-ce qu'un versement perd le bénéfice du terme et doit payer tout le solde dû[926]. On verra plus bas toutefois que, lorsque le vendeur opte pour la reprise de possession, la clause de déchéance du terme n'opère pas à l'égard du droit de l'acheteur, ou d'une autre personne, de remédier au défaut[927]. On remarquera aussi que le Code civil du Québec n'a pas repris certaines mesures particulières du droit de la consommation: l'exigence d'un préavis avant l'exercice de la déchéance du terme, un délai pendant lequel l'acheteur peut remédier à son défaut, la possibilité pour l'acheteur de demander au tribunal de modifier les modalités de paiement ou même d'autoriser l'acheteur à remettre le bien au vendeur plutôt que payer le solde dû[928]. Le Code civil est nettement moins contraignant que la *Loi sur la protection du consommateur*.

Deuxièmement, il y a automatiquement déchéance du terme lorsque survient l'un des événements suivants: le bien est vendu sous l'autorité de la justice ou encore l'acheteur, sans le consentement du vendeur, cède à un tiers ses droits sur le bien. Cette déchéance du terme résulte de la loi elle-même et elle est propre à la vente à tempérament[929]. Elle vise naturellement à protéger les intérêts légitimes du vendeur, qui pourra faire valoir ses droits dans la vente en justice ou, s'il y a effectivement vente du bien d'autrui, en demander la nullité[930].

En vertu du droit commun des obligations, il y a également déchéance du terme, par le simple effet de la loi, lorsque l'acheteur est insolvable, ou en faillite, ou encore lorsque, sans le consentement du vendeur, il diminue la sûreté conventionnelle de la dette[931]. Le vendeur peut enfin imposer, prévoir, dans la convention, des protections additionnelles, comme la déchéance du terme si l'acheteur transporte le bien hors du Québec.

4. Reprise de possession

220. La reprise de possession est la sanction la plus radicale pour la faute de l'acheteur: le vendeur reprend son bien et l'obligation de l'acheteur est éteinte[932]; la vente se trouve donc résolue. Aussi le législateur a-t-il prévu, d'une part, des conditions (mise en demeure et autorisation du tribunal dans certains cas) et, d'autres part, certaines atténuations (droit de reméfier au défaut et droit de forcer la vente) à cette mesure draconienne.

Assez curieusement, le texte du Code semble faire de la publication de la réserve de propriété une condition pour l'exercice même de la reprise de possession; cette condition s'appliquerait non seulement à l'opposabilité de la reprise de possession visà-vis les tiers, mais également entre les parties[933]. À notre avis, il s'agit là d'une erreur de rédaction: comme il a été dit plus haut, un autre texte prévoit expressément et clairement que la publication n'est requise que pour l'opposabilité[934].

L'analyse du régime juridique de la reprise de possession constitue un exercice particulier, car les règles de la section sur la vente à tempérament doivent être complétées, en faisant les adaptations nécessaires, par celles, du livre sur les priorités et les hypothèques, concernant plus précisément la prise en paiement et les mesures préalables à cette prise en paiement[935].

221. La première condition préalable à l'exercice de la reprise de possession est une *mise en demeure*. Cette exigence est comparable au préavis du droit de la consommation et elle est très semblable à la mise en demeure exigée pour la résolution de la vente immobilière; de plus, elle rappelle singulièrement l'avis de l'ancien article 1040a C.c.B.C.[936].

Essentiellement, le vendeur doit donner une mise en demeure à l'acheteur et, le cas échéant, à tout acquéreur subséquent, de remédier au défaut de l'acheteur dans un délai précis. Dans la vente de meuble, ce délai est de vingt jours depuis l'inscription de la mise en demeure au registre des droits personnels et des droits réels mobiliers; dans la vente immobilière, il est de soixante jours depuis l'inscription de la mise en demeure au registre foncier[937]. La mise en demeure pour la reprise de posses sion est presque identique à celle pour la résolution d'une vente inmmobilière. On se reportera donc à nos observations sur la résolution de la vente immobilière en ce qui concerne notamment la dénonciation du montant du défaut, le caractère inopérant de la clause de déchéance de terme, la description du bien, l'indication de l'intention du vendeur de reprendre possession, la possibilité pour l'acheteur ou l'acquéreur subséquent de remédier au défaut, la signification et l'inscription de la mise en demeure[938].

Comme la mise en demeure doit obligatoirement mentionner l'intention du vendeur de reprendre possession, elle implique un choix ferme de la sanction de sa part. Si le vendeur change de stratégie (par exemple, s'il désire plutôt la résolution de la vente immobilière), il doit envoyer une nouvelle mise en demeure[939]. La même exigence existe en droit de la consommation, mais le législateur a précisé, dans la *Loi sur la protection du consommateur*, que le vendeur doit attendre l'expiration du délai légal du premier préavis avant d'en envoyer un nouveau[940]. Comme cette précision n'a pas été reprise par le législateur dans le Code civil du Québec, il semble bien que le vendeur qui opte pour une autre sanction que celle indiquée dans la mise en demeure peut envoyer une nouvelle mise en demeure en tout temps et que le second délai commence alors à courir[941].

222. La deuxième condition pour l'exercice de la reprise de possession est l'*autorisation du tribunal*. Si, lors de l'inscription de la mise en demeure, l'acheteur a déjà acquitté la moitié de sa dette et qu'il ne consent pas à la reprise de possession de gré à gré, le vendeur doit obtenir l'autorisation du tribunal pour exercer cette reprise de possession[942]. De toutes les mesures incorporées par renvoi dans le régime de la vente à tempérament, celle-ci est la plus remarquable. Dans le droit de la consommation, on trouve un mécanisme comparable quoique

moins complet[943]. Les régimes juridiques de la vente à tempérament dans le Code civil et de la vente à tempérament dans le
droit de la consommation sont donc en partie harmonisés.

Comme le Code civil n'indique pas de critère pour guider le
tribunal dans sa décision d'autoriser, ou non, la reprise de
possession, il convient d'appliquer par analogie les critères de
la loi et de la jurisprudence du droit de la consommation. La
problématique, dans la matière qui nous préoccupe ici, est la
même que celle de la résolution de la vente immobilière: on
pourra donc se référer à nos observations sur celles-ci[944].

Le législateur a prévu une première atténuation au droit de
reprendre possession du bien: il s'agit du *droit de remédier au
défaut*. L'acheteur, le sous-acquéreur ou tout autre intéressé
peut empêcher la reprise de possession en remédiant au défaut
de l'acheteur et en payant les frais engagés par le vendeur,
pendant un délai fixé par la loi pour la mise en demeure ou, par
la suite, tant que la reprise de possession n'a pas effectivement
été réalisée par un jugement ou par un acte consenti volontairement[945]. Ainsi, les règles sur la reprise de possession, dans la
vente immobilière, sont en continuité avec celles du Code civil
du Bas-Canada, et, en matière mobilière, elles sont en harmonie
avec le droit de la consommation[946].

Le mécanisme du droit de remédier au défaut est exactement le
même dans la reprise de possesion et la vente immobilière. Il
n'a y donc pas lieu de reprendre ici l'analyse qui a été faite plus
haut[947].

223. Le législateur a aussi atténué la reprise de possession en
accordant le *droit de forcer la vente du bien*. En effet, l'acheteur, un sous-acquéreur ou un créancier peut forcer le vendeur,
au lieu de procéder à la reprise de possession, à vendre le bien
ou le faire vendre en justice. Encore une fois, il s'agit essentiellement du même procédé que celui qui a été examiné dans le
cadre de la résolution de la vente immobilière; le lecteur voudra
donc se référer aux pages qui nous y avons consacrées[948].

Il est quelque peu surprenant que l'acheteur ou une autre personne puisse forcer le vendeur à vendre, ou faire vendre en
justice, le bien puisque, dans la vente à tempérament, l'acheteur
n'est pas encore propriétaire du bien au moment où est exercé

ce droit. On peut se demander si l'incorporation par renvoi des règles sur la prise en paiement s'étend jusqu'à ce droit de forcer la vente. Il semble bien que la réponse doive être affirmative. Ce droit est compréhensible si l'on se rappelle que la réserve de propriété, dans la vente à tempérament, constitue essentiellement une sûreté réelle pour le vendeur. Il convient, en principe, de soumettre l'exécution de toute sûreté aux mêmes mécanismes et aux mêmes restrictions[949].

Toutefois, dans le cas actuel, ce droit de forcer la vente paraît plutôt théorique. Il ne serait vraiment utile que lorsque le bien *a gagné* une valeur appréciable depuis la vente et que sa revente à un tiers rapportera suffisamment pour, à la fois, couvrir les frais, payer le solde dû au vendeur et laisser un surplus à remettre à l'acheteur — ou que le créancier de l'acheteur pourra saisir entre les mains du vendeur.

II. Vente avec faculté de rachat

A. *Introduction*

224. La vente à réméré, maintenant appelée vente avec faculté de rachat, est moins employée aujourd'hui qu'autrefois, surtout aux époques où le prêt d'argent à intérêt était interdit ou sévèrement réglementé; la vente à réméré servait alors à déguiser un prêt d'argent[950]. La doctrine s'est intéressée à la vente à réméré dans les années 50[951].

L'Office de révision avait recommandé de n'adopter aucune disposition sur la vente à réméré, car il avait recommandé d'établir une présomption générale d'hypothèque qui aurait atteint les objectifs de protection que l'on recherche généralement pour une vente à réméré servant de garantie pour un prêt[952]. Comme le gouvernement devait abandonner l'idée d'une présomption générale d'hypothèque, le projet de loi 125 reprenait essentiellement les dispositions du Code civil du Bas-Canada[953]; cependant, il faut d'abord souligner que le projet de loi imposait au *vendeur* l'obligation de donner un avis quand il voulait exercer la faculté de rachat, alors que le Code civil du Bas-Canada, lorsque le vendeur était considéré comme un emprunteur, obligeait l'*acheteur* à donner un avis de soixante jours quand le vendeur était en défaut de faire ses paiements et que l'acheteur voulait devenir propriétaire irrévocable de l'immeuble[954]; deuxièmement, par une toute nouvelle règle, le projet de loi frappait de nullité toute vente avec faculté de rachat qui avait pour objet réel de garantir un prêt[955].

À la suite des nombreuses critiques qu'il a reçues, le gouvernement a supprimé cette prohibition et, lorsque la vente avec faculté de rachat équivaut effectivement à un prêt, il est revenu au mécanisme de l'avis donné par l'acheteur quand le vendeur est en défaut: l'acheteur est alors assujetti à toutes les conditions et restrictions du créancier hypothécaire qui désire exercer ses droits hypothécaires[956]. Dans cette dernière mesure, on reconnaît la poursuite d'une certaine politique d'uniformisation du régime juridique du prêt d'argent et de ses sûretés, qu'il soit sous forme d'une vente avec faculté de rachat ou d'un autre contrat[957].

Ainsi, on a abouti à une double conception de la vente avec faculté de rachat: en règle générale, semble-t-il, le législateur ne considère pas cette vente comme un contrat de financement, et c'est le vendeur qui doit donner un avis de son intention d'exercer la faculté de rachat; dans le cas particulier où la vente avec faculté de rachat constitue un contrat de financement, c'est plutôt l'acheteur qui doit donner un avis de son intention de faire perdre la faculté de rachat au vendeur.

225. Certaines autres modifications ont été apportées au régime juridique. D'abord, le délai pour exercer la faculté de rachat a été réduit de dix à cinq ans[958]. Cette décision renforce la stabilité contractuelle et accorde une plus grande sécurité juridique aux tiers qui acquièrent un droit réel sur le bien pendant le délai.

Deuxièmement, le législateur augmente les formalités pour rendre la vente opposable aux tiers. La publicité de la faculté de rachat est exigée non seulement pour un immeuble, mais aussi pour un meuble, conformément à la nouvelle politique de publicité des droits personnels et réels mobiliers[959]. Cette publicité est évidemment importante, car le rachat fait perdre aux tiers tous leurs droits quand elle leur est opposable. La protection des tiers est donc renforcée.

En troisième lieu, les exigences quant aux avis à donner ont elles aussi été augmentées. D'abord, tel que mentionné il y a un instant, quand le vendeur veut exercer la faculté de rachat, il doit donner à l'acheteur, et éventuellement à tout acquéreur subséquent, un avis de son intention[960]. Il s'agit d'une nouvelle règle.

226. Par ailleurs, quand la vente avec faculté de rachat équivaut à un prêt d'argent, que le vendeur est en défaut de remplir ses obligations et que l'acheteur veut devenir propriétaire irrévocable du bien, privant ainsi le vendeur, pour toujours, de son droit d'exercer la faculté de rachat, l'acheteur doit donner au vendeur un avis, en matière immobilière tout comme dans le Code civil du Bas-Canada[961], et aussi en matière mobilière, ce qui est nouveau[962]. De plus, le législateur a incorporé par renvoi, pour ce genre de vente avec faculté de rachat, tout le régime de l'exercice des droits hypothécaires[963].

La protection du vendeur-emprunteur va encore plus loin. Quand la vente avec faculté de rachat équivaut à un contrat de financement, le vendeur est réputé emprunteur, ce qui entraîne l'application des règles du Code civil sur le prêt d'argent[964]. Le vendeur acquiert ainsi la possibilité, exceptionnelle dans le Code civil du Québec, d'invoquer la lésion; il est vrai que le Code civil du Bas-Canada prévoyait une protection comparable pour le vendeur-emprunteur[965].

227. Enfin, le législateur a fait le ménage dans le régime de la vente avec faculté de rachat. Un certain nombre de dispositions ont disparu. Le Code civil du Bas-Canada prévoyait: que le vendeur qui exerce la faculté de réméré doit rembourser les frais de vente, le coût des réparations nécessaires et, jusqu'à concurrence de l'augmentation de la valeur, le coût des améliorations faites par l'acheteur; que le délai maximal fixé par la loi pour l'exercice de la faculté de réméré est de rigueur et ne peut être prolongé par le tribunal; que, lorsque le vendeur n'exerce pas la faculté de réméré dans le délai, l'acheteur devient propriétaire irrévocable; que l'acheteur a un droit de rétention jusqu'à ce que le vendeur lui ait remboursé tout ce qu'il lui doit; que le délai court contre toute personne, même les mineurs et les personnes protégées; que la faculté de réméré peut être exercée contre un sous-acquéreur même si elle n'est

pas mentionnée dans le second acte de vente; que l'acheteur bénéficie des règles de prescription acquisitive ou extinctive à propos du droit de propriété transmis par la vente à réméré; que l'acheteur peut invoquer le bénéfice de discussion contre les créanciers du vendeur[966].

Ces anciennes dispositions, plus ou moins superflues, étaient directement inspirées de règles générales; aujourd'hui, dans presque tous les cas, on peut atteindre le même résultat grâce aux règles générales ou à l'esprit du régime juridique de la vente avec faculté de rachat.

B. Nature et formation

228. La vente avec faculté de rachat est celle dans laquelle le vendeur se réserve le droit de reprendre le bien aliéné en remboursant à l'acheteur le prix payé. C'est essentiellement une vente sous condition résolutoire. Malgré l'emploi des expressions «rachat» et «racheter» par le législateur dans le nouveau code, il ne s'agit pas de deux contrats, l'un d'achat et l'autre de rachat, mais bien d'un seul contrat assujetti à une condition résolutoire. Cette distinction a des répercussions importantes quant aux tiers, comme on le verra plus bas[967].

Comme toute vente, la vente avec faculté de rachat est un contrat consensuel[968]. On notera en passant que rien ne s'oppose à ce que les parties fassent deux actes distincts, l'un étant une vente pure et simple et l'autre, qui peut même être une contre-lettre, énonçant la faculté de rachat[969]; mais il faut parfois faire la distinction entre une véritable stipulation de faculté de rachat et une promesse de revente, surtout quand il y a deux actes distincts.

Le fait que la vente avec faculté de rachat soit un contrat consensuel n'empêche pas l'existence de formalités importantes pour son opposabilité: d'une part, le législateur exige la publication de la faculté de rachat quand l'achat est fait pour les fins d'une entreprise, pour l'opposabilité à *tous* les tiers, et, d'autre part, il exige sa publication dans tout type de vente — pour les fins d'une entreprise ou non — pour son opposabilité aux tiers *ayant acquis une charge sur le bien*[970].

La vente avec faculté de rachat peut porter sur un bien meuble ou immeuble, voire sur une créance[971].

Quand la vente avec faculté de rachat constitue un mécanisme pour garantir un prêt d'argent, le vendeur est réputé emprunteur et l'acheteur est réputé créancier hypothécaire[972]. Il s'en suit que le vendeur-emprunteur peut invoquer les règles du Code civil du Québec sur le prêt d'argent, tout spécialement celles sur la lésion. Par ce détour, le Code civil du Québec arrive au même résultat que le Code civil du Bas-Canada, du moins en ce qui concerne la vente avec faculté de rachat[973].

Le vendeur-emprunteur pourra donc obtenir la révision des modalités de ses obligations (par exemple un remboursement selon un montant moindre à chaque fois), ou la réduction de ses obligations (par exemple une réduction de la différence entre le prix de rachat et le prix de vente), ou même la nullité du contrat, quand il y aura lésion. Ces règles rappellent l'art. 1040c du Code civil du Bas-Canada, mais les pouvoirs du tribunal seront désormais plus larges[974].

C. Effets

1. Pendente conditione

229. L'acheteur détient un véritable droit de propriété, mais sous condition résolutoire. Il peut donc exercer sur le bien tous les droits d'un propriétaire (vente, hypothèque et autres). Ces droits seront toutefois anéantis si la faculté de rachat est exercée[975].

Comme propriétaire, l'acheteur peut percevoir les fruits naturels et civils et il n'aura pas à les retourner advenant l'exercice de la faculté de rachat[976]. Si le bien vient à périr en totalité, c'est l'acheteur qui supporte les risques, car il est propriétaire: *res perit domino*[977]. On remarquera qu'il n'y pas lieu d'appliquer la nouvelle règle du Code civil du Québec en vertu de laquelle, tant que la partie à un contrat qui a l'obligation de délivrer le bien ne l'a pas délivré, les risques sont à sa charge: en effet, *pendente conditione*, l'acheteur n'a pas l'obligation de délivrer le bien et celle-ci ne naît que lorsque et si le vendeur manifeste son intention d'exercer sa faculté de rachat[978]. Quant au risque de pertes partielles ou de détériorations, qui ne sont pas dues à la faute de l'acheteur, elles sont à la charge du vendeur qui doit recevoir le bien dans l'état où il se trouve au moment du rachat[979]. Ces règles ne sont pas d'ordre public; on trouve fréquemment des stipulations contraires.

230. Le vendeur, de son côté, est dans la position d'un propriétaire sous condition suspensive. En principe, il peut vendre le bien ou consentir à son égard des droits réels à des tiers. Comme toutefois son droit de propriété est conditionnel, les droits qu'il aura consentis s'éteindront si le faculté de rachat n'est pas exercée[980].

2. Exercice de la faculté de rachat

231. Si le vendeur veut exercer la faculté de rachat, il doit donner un avis écrit à l'acheteur aussi bien dans la vente immobilière que dans la vente mobilière; c'est une nouvelle règle[981]. L'avis doit être publié; quand la faculté de rachat a été publiée, l'avis doit aussi être donné au sous-acquéreur contre lequel le vendeur veut exercer le rachat, le cas échéant; l'avis est de vingt jours pour les meubles, soixante jours pour les immeubles[982]. Cet avis cristallise la situation juridique et sert de moyen de preuve. On verra plus bas que la rétrocession se réalise simplement par l'avis du vendeur et que, si un jugement est nécessaire, celui-ci est déclaratoire. L'avis dont il est question ici est tout à fait différent de celui que l'acheteur doit parfois donner au vendeur[983].

232. La faculté de rachat n'est pas *intuitu personae*. En conséquence, l'acheteur et le vendeur peuvent chacun céder, à titre particulier ou à titre universel, les droits qu'ils possèdent. C'est ainsi que les héritiers du vendeur peuvent exercer la faculté de rachat s'ils le font dans le délai — lequel commence à courir au jour de la vente et non de l'ouverture de la succession[984]. C'est ainsi également que la faculté de rachat peut en principe être exercée contre un sous-acquéreur, ayant cause de l'acheteur, comme on le verra plus bas[985].

233. De façon générale, les règles sur les obligations divisibles et indivisibles s'appliquent à la vente avec faculté de rachat. Le législateur a prévu quelques exceptions[986]. Ainsi, «si l'acheteur d'une partie indivise d'un bien sujet à la faculté de rachat devient, par l'effet d'un partage, acquéreur de la totalité, il peut

obliger le vendeur qui veut exercer la faculté à reprendre la totalité du bien»[987]. De plus, «lorsque la vente a été faite par plusieurs personnes conjointement et par un seul contrat ou lorsque le vendeur a laissé plusieurs héritiers, l'acheteur peut s'opposer à la reprise partielle du bien et exiger que le covendeur ou le cohéritier reprenne la totalité du bien»[988].

3. Effets du rachat entre les parties et à l'égard des tiers

a. Effets entre les parties

234. Le vendeur, reprenant son bien, est censé n'en avoir jamais perdu la propriété. Il s'agit bien d'une rétrocession, et non d'une nouvelle acquisition, selon la règle normale de l'effet rétroactif d'une condition[989].

Le Code civil du Bas-Canada prévoyait que le vendeur devait rembourser le prix et les frais de la vente, le coût des réparations nécessaires et, jusqu'à concurrence de l'augmentation de valeur, le coût des améliorations. On ne retrouve pas ces précisions dans le Code civil du Québec[990].

Le vendeur a évidemment l'obligation de rembourser le prix, ce qui n'est qu'une conséquence directe de la résolution. Mais il ne doit pas l'intérêt sur ce prix, qui n'est pas exigible tant que le vendeur ne demande pas le rachat[991]. Quand la faculté de rachat est exercée contre un sous-acquéreur, le vendeur ne doit rembourser que le prix de la première vente[992].

En ce qui concerne les réparations nécessaires et les améliorations, le régime prévu par le Code civil du Bas-Canada en était un de faveur pour l'acheteur, qui était assimilé à un possesseur de bonne foi. De plus, le législateur ne faisait pas de distinction entre les améliorations utiles et celles d'agrément — ou améliorations somptuaires[993]. Qu'en est-il dans le Code civil du Québec? La réponse est suggérée par une comparaison avec le droit de retrait du propriétaire d'un immeuble vendu pour défaut de payer les taxes, comparaison que la jurisprudence fait elle-même. Dans le droit de retrait, l'adjudicataire, pendant le délai durant lequel le retrait peut être exercé, est considéré comme un possesseur de bonne foi; il ne devient de mauvaise foi que le jour où le propriétaire manifeste son intention d'exercer son droit retrait[994].

Pareillement, dans la vente avec faculté de rachat, du moins jusqu'à ce que le vendeur donne son avis de rachat, il faut considérer l'acheteur comme étant de bonne foi et appliquer les règles du Code civil du Québec sur les réparations nécessaires, les améliorations utiles et celles pour l'agrément du possesseur de bonne foi[995]. Il est certes prudent de prévoir dans l'acte de vente le droit, ou les obligations, de l'acheteur de faire des améliorations, ainsi que le sort de ces améliorations lors de l'exercice de la faulté de rachat et les obligations du vendeur à leur égard.

235. L'acheteur est titulaire d'un droit de rétention pour protéger sa créance, en ce qui concerne le remboursement du prix et de toutes les dépenses dont il vient d'être question. Ce droit de rétention découle désormais des règles générales, et non plus d'une règle particulière à la vente avec faculté de rachat[996].

De son côté, l'acheteur a l'obligation de remettre au vendeur le bien vendu dans son intégralité[997]. L'acheteur doit signer un acte de rétrocession, que le vendeur pourra inscrire, rendant ainsi son titre de rétrocession opposable aux tiers. Si l'acheteur refuse de signer cet acte, le vendeur instituera une action en justice et le jugement sera de la nature d'un jugement en passation de titre; il aura un effet déclaratoire des droits du vendeur depuis le jour où celui-ci a donné l'avis de son intention de racheter le bien[998]. L'acheteur n'est pas obligé de remettre au vendeur les fruits qu'il a perçus avant l'exercice de la faculté de rachat[999].

b. Effets à l'égard des tiers

236. Le législateur a prévu deux exigences de publicité pour l'opposabilité aux tiers de la vente avec faculté de rachat. Premièrement, quand cette vente a lieu pour les fins d'une entreprise, la faculté de rachat doit être publiée. Le texte de l'article précise que la règle s'applique quand le bien est «acquis» pour l'entreprise de l'acheteur[1000]; il s'ensuit que l'exigence ne s'applique pas à la vente avec faculté de rachat pour les fins de l'entreprise du vendeur (par exemple dans un contrat de financement commercial du vendeur). Par cette publication, la faculté de rachat devient opposable à tous les sous-acquéreurs et aux tiers, aussi bien pour les fins des droits réels qu'ils pourraient avoir acquis sur le bien que pour d'autres fins.

Deuxièmement, le législateur exige la publication de la faculté de rachat pour que soient purgées lors du rachat les charges dont l'acheteur a grevé le bien (par exemple, hypothèque et servitude)[1001]. Cette publication doit avoir lieu qu'il s'agisse d'une vente pour les fins d'une entreprise ou non. En revanche, elle ne vise que les charges qui sont venues grever le bien après l'inscription de la faculté de rachat.

À certains égards, ces règles sont propres à la vente avec faculté de rachat. On sait que les règles générales du Code civil du Québec sur la publicité des droits exigent la publication de toute aliénation immobilière et de toute stipulation du droit de résoudre une vente immobilière, pour qu'elles soient opposables aux sous-acquéreurs et aux tiers[1002]. Dans la vente avec faculté de rachat, le législateur se montre plus exigeant, d'une part, pour l'opposabilité de la vente pour les fins d'une entreprise et, d'autre part, pour l'opposabilité de toute vente aux tiers ayant acquis une charge — les deux catégories pouvant d'ailleurs se recouper à l'occasion. La protection des tiers est clairement accrue dans les ventes mobilières.

Rédigées en termes larges, ces dispositions s'appliquent aussi bien aux meubles et aux immeubles. Dans le Code civil du Bas-Canada, seul était obligatoire l'enregistrement de la vente immobilière avec droit de réméré, pour les fins d'opposabilité. De plus, cet enregistrement visait tous les effets de l'opposabilité: sous-acquéreurs, tiers ayant acquis une charge et de façon générale tous les tiers[1003]. Il faudra en conséquence utiliser avec circonspection la jurisprudence et la doctrine du droit du Code civil du Bas-Canada en ce qui concerne l'opposabilité de la vente avec faculté de rachat.

237. Quelques mots sur la situation du *sous-acquéreur*, dont les droits sont résolus par l'exercice de la faculté de rachat. Comme on l'a vu, dans une vente pour les fins d'une entreprise, cette faculté de rachat sera opposable au sous-acquéreur si elle aura été inscrite. *A contrario*, quand il ne s'agit pas d'une vente pour les fins d'une entreprise (par exemple une vente à la consommation), elle sera en principe opposable au sous-acquéreur sans formalité[1004]. Dans ce deuxième cas, il existe un certain danger pour le sous-acquéreur, qui ne dispose pas de moyen de connaître l'existence de la faculté de rachat. En pratique,

cependant, le danger n'existe qu'en matière mobilière, parce que l'inscription de la vente immobilière demeurera la pratique générale[1005]. Même en matière mobilière, la vente avec faculté de rachat sera très souvent inscrite afin de permettre l'opposabilité aux tiers ayant acquis une charge sur le bien, et en conséquence le sous-acquéreur pourra en être averti[1006].

Une disposition de droit transitoire était nécessaire pour la nouvelle règle sur l'opposabilité aux tiers de la faculté de rachat d'un bien meuble acquis pour le service ou l'exploitation de l'entreprise de l'acheteur. Quand la vente a été conclue avant l'entrée en vigueur du nouveau code, cette opposabilité est maintenue selon le droit antérieur, c'est-à-dire sans formalité, pour une période de transition. La réserve de propriété devra cependant être publiée dans le registre des droits personnels et réels mobiliers dans les douze mois qui suivront la publication, par le ministre de la Justice, à la *Gazette officielle du Québec*, d'un avis indiquant que ce registre est pleinement opérationnel, à compter de la date qu'il indiquera, quant à la publicité de ces droits[1007].

238. Enfin, les *tiers ayant acquis une charge* — tiers autres que le sous-acquéreur, dont le cas est visé spécifiquement par la règle dont il vient d'être question. Selon l'effet normal de la condition résolutoire, qui fait disparaître le titre de l'acheteur, auteur de ces tiers, ceux-ci perdent les droits réels qu'ils ont acquis entre la vente avec faculté de rachat et l'exercice de cette faculté[1008]. Le législateur a toutefois prévu une condition particulière pour la protection des tiers: la faculté de rachat ne leur est opposable que si elle a été publiée. S'il n'y a pas eu de publication, ou si la publication de la faculté de rachat n'a été effectuée qu'après celle du droit des tiers, la faculté de rachat pourra être exercée mais les tiers conserveront leurs droits réels, qui seront opposables au vendeur[1009].

Une protection toute spéciale a été accordée au *locataire* qui a passé un bail avec l'acheteur. Le locataire résidentiel conserve tous ses droits et obligations, sans restriction ni condition (telle l'inscription). Le locataire immobilier non résidentiel a la même protection si le bail a été inscrit avant l'inscription de la faculté de rachat. Si ce n'est pas le cas, ou si le bail est de durée indéterminée, ou encore si le bail est mobilier, la protection est limitée à un certain délai au terme duquel le vendeur qui a exercé la faculté de rachat peut mettre fin au bail. Le Code civil du Québec est très comparable au Code civil du Bas-Canada à ce sujet[1010].

D. Extinction de la faculté de rachat

239. La faculté de rachat doit être exercée dans le délai fixé par les parties, mais, dans tous les cas, jamais plus de cinq ans à partir du jour de la vente. Le législateur, dans la réforme, a réduit ce délai de dix ans qu'il était à cinq ans. Un délai excédant cinq ans ne sera pas nul mais il sera réduit à cette période[1011]. Le délai court contre toute personne, même contre l'État; en raison des règles générales du Code civil du Québec, il n'a pas été nécessaire de reprendre à ce sujet les règles particulières du Code civil du Bas-Canada[1012].

En droit transitoire, quand une vente avec faculté de rachat aura été passée avant l'entrée en vigueur du nouveau code, le législateur dispose que cette faculté demeurera valide selon le terme qui aura été stipulé, malgré la nouvelle règle qui réduit le terme à cinq ans[1013]. Il faut lire cette disposition dans le contexte du Code civil du Bas-Canada: la clause ne saurait malgré tout être exercée au-delà de dix ans après la vente[1014].

Le Code civil du Québec ne précise pas si ce délai est de rigueur, comme le faisait cependant le Code civil du Bas-Canada. Toutefois, les termes de la disposition («s'il excède cinq ans, le terme est réduit à cette durée») indiquent que ce délai maximum continue d'être d'ordre public dans le droit actuel[1015].

Quand la faculté de rachat n'est pas exercée dans le délai stipulé ou, au plus tard, dans les cinq ans de la vente, la condition résolutoire devient caduque et l'acheteur devient propriétaire irrévocable du bien; c'est la conséquence normale du régime de la condition résolutoire, qui faisait l'objet d'une disposition expresse et particulière dans le Code civil du Bas-Canada[1016].

240. Quand cependant la vente avec faculté de rachat équivaut à un prêt d'argent, l'expiration du délai ne suffit pas. Quand le vendeur est en défaut dans ses paiements et que l'acheteur désire que le vendeur soit déchu de la faculté d'exercer le

rachat, de sorte que l'acheteur devienne lui-même propriétaire irrévocable, ce dernier doit donner au vendeur un avis. L'avis est de soixante jours en matière immobilière, et de vingt jours en matière mobilière. Il s'agit d'un disposition nouvelle en ce qui concerne les ventes mobilières. Dans le contexte du prêt d'argent, pour que le vendeur soit déchu de son droit de rachat, il ne suffit donc pas que le délai pour exercer la faculté de rachat soit expiré: il faut aussi que l'acheteur ait donné cet avis et que le vendeur n'ait pas remédié à son défaut et n'ait pas exercé son droit de rachat dans le délai de vingt ou de soixante jours selon le cas[1017].

Fait très important, tout le régime de l'exercice des droits hypothécaires s'applique à cet avis de vingt ou de soixante jours. On songe en particulier à la possibilité pour le vendeur et ses créanciers de remédier au défaut du vendeur dans le délai de l'avis, aux conditions d'exercice des droits hypothécaires, dont en particulier l'autorisation du tribunal si le vendeur a déjà remboursé au moins la moitié de sa dette, et aux effets de cet exercice des droits hypothécaires. On pourra consulter plus haut notre chapitre sur la résolution de la vente dans lequel plusieurs éléments de ce régime ont été soulignés[1018].

III. Vente aux enchères

A. *Introduction*

241. La réforme du Code civil a introduit quelques modifications dans le droit de la vente aux enchères. Certaines dispositions du Code civil du Bas-Canada n'ont pas été reprises dans le Code civil du Québec, dont par exemple celles exigeant une licence de la part de l'encanteur[1019].

La licitation est la vente volontaire d'un bien en copropriété par indivision, lorsque l'indivision ne résulte pas d'une succession. La licitation faisait jadis l'objet, dans le droit de la vente aux enchères, de deux dispositions, dont le contenu était assez léger[1020]; elles devaient être complétées par les règles sur le partage. Désormais, le Code comporte un seul groupe de règles sur le partage, que l'indivision résulte d'une succession ou d'une autre source[1021]. On ne trouve plus rien sur la licitation dans le chapitre sur la vente.

En raison de deux règles du Code civil du Bas-Canada, l'expropriation était plus ou moins clairement associée à la vente. En pratique toutefois le régime juridique d'une expropriation découle de la *Loi sur l'expropriation* ou d'autres lois particulières[1022]. Le Code civil du Québec ne comporte donc aucune règle sur l'expropriation dans le chapitre sur la vente.

Dans la vente aux enchères proprement dite, le législateur, dans la réforme, a repris certaines règles de l'ancien code et il a aussi adopté quelques nouvelles dispositions qui viennent préciser le régime juridique de cette vente[1023].

B. *Notion et formation*

242. Contrairement au Code civil du Bas-Canada, le Code civil du Québec donne une définition de la vente aux enchères[1024]. C'est «celle par laquelle un bien est offert en vente à plusieurs personnes par l'entremise d'un tiers, l'encanteur, et est déclaré adjugé au plus offrant et dernier enchérisseur».

La façon de procéder à une vente aux enchères est très caractéristique. L'encanteur qui y dérogerait pourrait provoquer la nullité (par exemple si l'adjudication était faite à une personne qui n'a pas fait l'offre la plus élevée). La vente aux enchères n'est pas pour autant un contrat formaliste, au sens où un écrit serait nécessaire à sa validité. Le Code civil du Québec précise que la vente est «parfaite» par l'adjudication au dernier enchérisseur[1025]. L'inscription dans le registre de l'encanteur, du nom de cet enchérisseur et du montant, ne sont donc que des moyens de preuve. Le Code précise d'ailleurs expressément que cette inscription est le moyen de prouver la vente aux enchères[1026]. Cette règle constitue une dérogation aux règles générales sur la preuve, spécialement lorsqu'il ne s'agit pas de la vente pour les fins d'une entreprise et que le montant est supérieur à mille cinq cents dollars[1027]. Si l'encanteur omettait de faire l'inscription, l'adjudicataire pourrait faire la preuve testimoniale de la vente aux enchères[1028].

En complément de ces règles, le législateur précise que les parties doivent passer l'acte de vente d'un immeuble dans les dix jours de la demande qui en est faite par l'une des parties[1029]. On rappellera qu'il s'agit là d'une formalité en vue de rendre la vente immobilière opposable aux tiers, par son inscription au registre foncier[1030].

Dans le Code civil du Bas-Canada, les modalités de formation de la vente aux enchères étaient toutes différentes. La vente était complétée uniquement au moment de l'inscription du nom de l'adjudicataire dans le registre de l'encanteur. Cette vente était un contrat formaliste[1031].

243. Le Code civil du Québec pourvoit à certaines difficultés qui peuvent surgir à propos de la validité d'une vente aux enchères. D'abord, il est prévu que le vendeur peut fixer la mise à prix ou d'autres conditions de la vente. Toutefois, la vente aux enchères n'est assujettie à ces conditions que si, avant de recevoir les offres ou enchères, l'encanteur les a communiquées aux personnes présentes. C'est là une nouvelle règle beaucoup plus précise que celle que l'on trouvait dans le Code civil du Bas-Canada[1032].

En second lieu, le Code précise que la vente aux enchères est valide même si le nom du vendeur n'a pas été divulgué lors des enchères; dans ce cas, cependant, l'encanteur lui-même assume toutes les obligations du vendeur[1033]. Si l'adjudicataire découvre le vendeur réel, peut-il lui réclamer l'exécution des obligations résultant de la vente? L'analogie avec le cas du prête-nom suggère une réponse affirmative à cette question: quand un mandataire agit en son propre nom, il est tenu personnellement, mais le mandant dont le nom était resté caché est lui aussi tenu directement vis-à-vis le tier[1034].

Troisièmement, le Code dispose que, lorsque c'est une entreprise qui est vendue aux enchères, au sens de la section du Code sur la vente d'entreprise, l'encanteur doit, avant de remettre le prix au vendeur, observer toutes les exigences du Code civil pour la protection des créanciers du vendeur[1035]. C'est dire que la vente aux enchères d'une entreprise est légale. Les devoirs normalement à la charge de l'acheteur sont imposés à l'encanteur. Comme on le verra, l'inobservance de ces obligations entraîne l'inopposabilité de la vente aux créanciers du vendeur, et non la nullité du contrat[1036].

244. Il existe deux types principaux de vente aux enchères: les ventes forcées et les ventes volontaires[1037]. La vente forcée est

celle à laquelle le vendeur est juridiquement obligé de procéder. Par exemple, dans l'exercice des droits hypothécaires, quand le créancier entreprend la prise en paiement, le débiteur ou un créancier hypothécaire subséquent peut forcer le créancier saisissant à vendre le bien plutôt que le prendre en paiement[1038].

Comme toutes les autres ventes ayant un régime particulier, la vente aux enchères obéit aux règles générales sur la vente dans la mesure où elles ne sont pas incompatibles avec les dispositions particulières pertinentes. La vente aux enchères forcée a cependant un régime complexe: les règles pertinentes du Code du procédure civile ont préséance sur les règles du Code civil du Québec en matière de vente aux enchères, et, à leur tour, ces dernières ont préséance sur les règles générales de la vente[1039].

Il existe enfin une catégorie à part, un type spécial de vente aux enchères: la vente à la folle enchère. Il s'agit d'une seconde vente aux enchères qui est rendue nécessaire parce que l'adjudicataire de la première vente n'a pas payé le prix[1040].

Le Code impose une condition de validité en cette matière: l'encanteur doit donner un avis qu'il y aura une vente à la folle enchère. L'avis doit être «suffisant» et conforme à l'usage. Par ailleurs, l'adjudicataire n'a pas le droit d'enchérir dans cette seconde vente[1041].

La possibilité pour le vendeur de procéder à la vente à la folle enchère n'exclut pas la possibilité d'exercer ses autres droits comme vendeur, notamment de poursuivre l'adjudicataire pour le prix auquel le bien lui a été adjugé; le vendeur a l'option entre les deux voies[1042]. On verra dans un instant que, même quand il y a vente à la folle enchère, le vendeur conserve certains droits contre le premier adjudicataire.

C. Effets

245. La vente aux enchères est essentiellement une vente: en règle générale, ses effets sont donc régis par les dispositions du droit sur la vente. Certaines dérogations doivent être soulignées. C'est dans la vente forcée qu'on trouve les dérogations les plus importantes, qui résultent des dispositions du Code de procédure civile; elles ne seront pas examinées ici[1043].

Le Code civil du Québec dispose d'abord qu'un enchérisseur ne peut jamais retirer son offre. Cette nouvelle disposition écarte la règle de droit commun des contrats en matière d'offre[1044]. Le législateur veut assurer le bon déroulement du processus de la vente aux enchères.

Deuxièmement, le vendeur et l'adjudicataire d'un immeuble ont l'obligation de passer l'acte de vente, tout comme le promettant vendeur et le promettant acheteur dans les règles générales sur la vente. Dans la vente aux enchères cependant, le législateur a été plus précis: l'obligation de passer l'acte n'est exigible que dix jours après la demande qu'en fait une des parties[1045]. Le législateur veut ainsi éviter les délais, parfois assez longs, dus à la négligence ou au désintérêt d'une des parties[1046]. Au besoin, le vendeur ou l'adjudicataire pourra instituer une action en passation de titre[1047].

Troisièmement, le Code prévoit à certaines règles particulières en matière de garantie du droit de propriété — ou de garantie d'éviction, selon l'ancienne terminologie. L'adjudicataire peut en effet être troublé par exemple par un créancier du vendeur dont le droit réel n'a pas été purgé par la vente[1048]. En cas d'éviction, totale ou partielle, l'adjudicataire dispose de certains droits importants[1049].

Contre le vendeur, il a droit au prix, avec intérêt, et aux frais[1050]. Contre les créanciers du vendeur qui, à la suite de la saisie et de la vente ont reçu le produit de la vente, l'adjudicataire évincé a droit au prix et aux intérêts. Toutefois, les créanciers peuvent le forcer à poursuivre d'abord le vendeur et à tenter d'exécuter contre lui son jugement, avant d'obtenir un jugement et de l'exécuter contre eux — c'est le bénéfice de discussion[1051]. Enfin, l'adjudicataire dispose du droit à des dommages-intérêts pour le préjudice subi, contre le créancier qui est responsable d'une irrégularité dans la saisie ou la vente[1052].

Enfin, certains effets particuliers à la vente à la folle enchère doivent être signalés[1053]. On se rappellera d'abord que le vendeur n'est pas obligé de procéder à la vente à la folle enchère quand l'adjudicataire ne paie pas le prix: le vendeur peut soit demander le résolution de la vente, soit réclamer le paiement du prix de l'adjudicataire selon les règles générales[1054].

Mais le vendeur peut justement procéder à la vente à la folle enchère. L'adjudicataire qui n'a pas payé le prix dû selon la vente initiale est le grand responsable de la nécessité de tenir cette seconde vente — d'où son nom évocateur de «fol enchérisseur» et ses obligations onéreuses. Si le prix de la vente à la folle enchère est inférieur au prix de la première adjudication, le fol enchérisseur doit au vendeur la différence entre les deux. Si au contraire le prix de la vente à la folle enchère est supérieur, le fol enchérisseur ne peut toutefois pas réclamer l'excédent au vendeur. Dans une vente forcée, de plus, le fol enchérisseur est responsable des intérêts, des frais et des dommages-intérêts pour le préjudice qui résulte de son défaut de payer; il est ainsi responsable à l'égard du vendeur et éventuellement du saisi et du créancier saisissant ayant obtenu un jugement[1055].

IV. Vente d'entreprise

A. *Introduction*

1. Politiques législatives

246. Les articles 1767 et suivants du Code civil du Québec remplacent les articles 1569a et suivants du Code civil du Bas-Canada sur la vente en bloc[1056], qui s'appelle désormais la vente d'entreprise. Ce chapitre du Code civil avait été adopté en 1910. Le législateur québécois suivait en cela un mouvement généralisé, dans le reste du Canada et aux États-Unis, pour lutter contre un type de fraude alors fréquent et préjudiciable au commerce: après la vente de son fonds de commerce, le vendeur plaçait le prix reçu hors d'atteinte de ses créanciers, quand il ne devenait pas tout simplement introuvable lui-même, et, de son côté, l'acheteur s'empressait de liquider les actifs du fonds. Les créanciers étaient donc incapables de récupérer ce qui leur était dû, ce qui avait aussi comme répercussion d'augmenter le coût du crédit aux commerçants.

Les *Bulk Sales Acts* et le chapitre de notre Code civil du Bas-Canada avaient donc comme objectifs d'empêcher ces fraudes et, indirectement, d'abaisser les taux de crédit aux commerçants. Il s'agit d'un mécanisme qui rappelle l'action paulienne pour la protection des tiers créanciers. Les exigences pour la vente d'entreprise ou la vente en bloc sont certainement dérogatoires du droit commun et, dans cette mesure, devraient recevoir une interprétation plutôt restrictive. Nos tribunaux, cependant, ont parfois interprété ces dispositions de façon trop restrictive, ce qui ne permettait pas à la loi d'atteindre pleinement son but; on peut espérer que les nouvelles dispositions permettront réellement de mieux l'atteindre[1057].

Ce nouveau régime juridique ne s'appliquera pas aux ventes en bloc conclues avant l'entrée en vigueur du Code civil du Québec. Une règle du droit transitoire prévoit que ces ventes seront régies entièrement par les articles 1569a et suivants du Code civil du Bas-Canada[1058].

2. Domaine d'application

247. Le domaine d'application de ce régime spécial est quelque peu élargi dans le nouveau code. Certes, comme dans le Code civil du Bas-Canada, il s'appliquera encore à la vente d'un fonds de commerce, ou même d'un intérêt dans les affaires ou le commerce du vendeur, faite hors du cours ordinaire des affaires du vendeur; ce genre de vente inclut les éléments corporels du fonds de commerce, tels l'équipement[1059] et les marchandises en stock, et ses éléments incorporels, comme le droit au bail, le droit à l'achalandage et les brevets[1060].

Mais le cadre de la vente d'entreprise du Code civil du Québec semble bien être plus large que celui de la vente en bloc du Code civil du Bas-Canada. Il n'est pas facile de prévoir l'étendue précise que prendra le concept de vente d'entreprise au fil des ans. Pour définir le domaine de ce régime sur la vente d'entreprise, on ne peut s'empêcher de songer immédiatement à la nouvelle définition *légale* de ce qu'on appelait hier encore «une affaire commerciale»[1061]; cette définition mérite ici une attention particulière, certains éléments devant être mis en relief:

> Constitue l'exploitation d'une entreprise l'exercice, par une ou plusieurs personnes, d'une activité économique organisée, *qu'elle soit ou non à caractère commercial*, consistant dans la *production* ou la réalisation de biens, leur administration ou leur aliénation, ou dans la *prestation de services*[1062].

Toute la question est évidemment de décider si le terme «entreprise», dans la définition de «vente d'entreprise» à l'article 1767 du Code civil du Québec, a le sens prévu par le législateur dans cette définition générale, ou s'il doit recevoir un sens plus restreint. Le caractère dérogatoire, et de surcroît impératif, du régime spécial de la vente d'entreprise appuirait évidemment l'attribution d'un sens particulier et restreint au terme «entreprise». Mais on remarquera que le législateur n'a pas utilisé l'expression «fonds de commerce ou de marchandises[1063]», qui aurait été appropriée pour reprendre le droit du Code civil du Bas-Canada; il a préféré s'en tenir à «entreprise». À notre avis, ce choix terminologique traduit une intention d'élargir le domaine d'application de ce régime, par référence implicite à la définition légale précitée[1064].

Si l'on accepte cette interprétation, le régime de la vente d'entreprise s'appliquera à toutes sortes d'«activités économiques organisées», selon l'expression du législateur. Certains cas ne font pas de doute; ainsi, il est clair que la vente d'entreprises industrielles, axées sur la production de biens, vient s'ajouter à celle de fonds de commerce, dont l'objet principal est la distribution de biens[1065]. Si l'on se reporte aux éléments mis en relief plus haut dans la définition légale d'«entreprise», on acceptera que l'expression «vente d'entreprise» est si large qu'elle englobe la vente de l'«entreprise» d'un artisan et même celle d'un professionnel[1066].

248. On peut d'ores et déjà identifier certaines limites au domaine d'application de la vente d'entreprise. Les créanciers prioritaires et hypothécaires en sont partiellement exclus, car ils ne participent pas à la distribution du prix, sauf dans la mesure où leur créance n'est pas garantie par la sûreté[1067]. Il s'agit là d'une innovation du Code civil du Québec; le législateur a estimé que ces créanciers sont suffisamment protégés par leur sûreté, qui suit le bien entre les mains de l'acheteur[1068].

La prise en paiement et l'échange sont-ils exclus du domaine d'application de la vente d'entreprise? La question était controversée dans le droit du Code civil du Bas-Canada[1069]. Comme l'«acquéreur» ne verse aucun prix, le mécanisme principal de ce régime se trouve paralysé et, d'après nous, il ne saurait donc y avoir vente d'entreprise dans de tels cas[1070]. De plus, obliger l'«acquéreur» qui, à titre de créancier, prend en paiement l'entreprise de son débiteur, à payer les autres créanciers de ce dernier saperait l'efficacité de cette forme de sûreté que constitue la clause de dation ou prise en paiement[1071].

Enfin, le Code civil lui-même écarte la vente d'entreprise dans quatre cas[1072]. Il s'agit d'abord de la vente, par un créancier prioritaire ou hypothécaire, des biens à l'égard desquels il est titulaire d'une priorité ou d'une hypothèque[1073]. Vient ensuite la vente, par l'administrateur du bien d'autrui, faite pour le bénéfice des créanciers[1074]. Troisièmement, la vente par un officier public, agissant sous l'autorité du tribunal, ne tombe pas sous le coup des prescriptions de la vente d'entreprise[1075]. Et il en est de même de la vente à une société formée par le vendeur lui-même pour acheter l'actif de l'entreprise, quand la société assume les dettes du vendeur, quelle continue l'entreprise et qu'elle donne avis de la vente aux créanciers du vendeur[1076].

B. *Obligations de l'acheteur*

1. Déclaration du vendeur

249. Avant de verser même une partie du prix de vente, l'acheteur a l'obligation d'obtenir du vendeur une déclaration sous serment qui identifie et décrit ses dettes. Cette déclaration doit porter sur *toutes* les dettes du vendeur, qu'elles concernent l'entreprise vendue ou non, comme l'exigeait la jurisprudence dominante sur l'interprétation de la vente en bloc[1077]; la raison en est que l'entreprise fait partie du gage commun des créanciers du vendeur et qu'elle est parfois son principal, voire son seul actif[1078]. La déclaration doit inclure le nom et l'adresse de tous les créanciers, le montant et la nature de chaque créance, le solde dû sur chacune d'elles et, ce qui est nouveau, les sûretés qui garantissent chacune le cas échéant[1079].

On verra plus loin la responsabilité de l'acheteur quand il ne respecte pas cette obligation[1080]. Celui qui se conforme aux exigences de la loi, et celle-ci en particulier, n'encourt aucune responsabilité personnelle vis-à-vis les créanciers du vendeur; seuls les biens vendus peuvent être saisis entre ses mains par les créanciers[1081]. Le régime de la vente d'entreprise, on l'a vu, vise à réprimer la fraude des créanciers; le législateur estime qu'il n'y a pas de danger sérieux à cet égard quand le vendeur reçoit un prix de vente supérieur au montant total de ses dettes.

L'obtention de la déclaration est la seule obligation mise à la charge de l'acheteur quand le prix de vente est payable au comptant et qu'il est suffisant pour rembourser tous les créanciers mentionnés dans la déclaration[1082].

2. Avis aux créanciers

250. Avant de verser le prix de vente, l'acheteur doit donner avis de la vente d'entreprise à tous les créanciers prioritaires ou hypothécaires mentionnés dans la déclaration du vendeur. Cet avis doit leur demander de décrire, par écrit, dans les vingt jours, leur créance et leur sûreté; aux créanciers hypothécaires, l'avis doit de plus demander d'indiquer la valeur qu'ils attribuent à leur sûreté compte tenu de son rang, de la somme pour laquelle elle a été consentie et de la valeur du bien grevé. Ces exigences sont une nouvelle règle du Code civil du Québec[1083]. Elle constitue la première étape du processus selon lequel ces créanciers ne participeront éventuellement à la distribution du prix que pour la partie de leur créance qui n'est pas garantie par la sûreté[1084]. La responsabilité de l'acheteur pour le défaut de remplir cette obligation sera examinée plus bas[1085].

3. Désignation d'une personne pour payer les créanciers

251. L'acheteur et le vendeur doivent désigner, dans l'acte de vente, une personne à qui l'acheteur versera le prix de vente pour distribution aux créanciers du vendeur. Cette obligation vaut autant pour la vente à terme que pour la vente au comptant[1086]. Il s'agit d'une nouvelle exigence. Dans le Code civil du Bas-Canada, c'est l'acheteur lui-même qui devait faire la distribution du prix[1087]. L'intervention d'un tiers pour effectuer la distribution, comme d'ailleurs dans les autres provinces, assurera une plus grande sécurité dans ce processus. Il y aura aussi une meilleure garantie de rigueur si le tiers choisi possède la formation et l'expérience souhaitables, par exemple s'il est notaire ou comptable.

La sanction de cette obligation n'est pas la nullité de la vente. Essentiellement, il ne s'agit pas d'une question de forme du contrat, mais de son contenu. Si le Code civil n'avait pas prévu

de sanction, on devrait se demander si le manquement des
parties à cette exigence entraîne la nullité; mais le législateur a
expressément énoncé la sanction, qui est l'inopposabilité de la
vente aux créanciers du vendeur, sanction que nous discuterons
plus bas[1088]. Par ailleurs, l'acheteur et le vendeur sont responsables du travail de distribution effectué par le tiers désigné[1089].

C. Paiement des créanciers

1. Déclaration des créanciers prioritaires et hypothécaires

252. Si un créancier prioritaire ou hypothécaire désire participer
à la distribution du prix, pour la partie de sa créance qui n'est
pas garantie par la sûreté, il doit faire parvenir à l'acheteur une
déclaration décrivant sa créance. S'il omet de le faire, ce créancier conservera certes ses recours personnel contre le vendeur,
son débiteur, et réel contre l'acheteur en vertu de son droit réel
de sûreté, mais il ne sera pas admis à participer à la distribution[1090]; ce créancier estimera être suffisamment protégé par ces
recours.

La déclaration doit indiquer le montant de la créance; de plus,
s'il s'agit d'une hypothèque, elle doit préciser la valeur que le
créancier attribue à sa sûreté. L'article 1769 du Code civil
indique les principaux facteurs de cette évaluation: le rang de la
sûreté, la valeur du bien grevé, la somme que l'hypothèque
garantit. C'est là un exercice délicat pour le créancier. Le registre foncier et le registre des droits réels mobiliers lui seront
utiles. Mais toutes les créances du vendeur n'y sont pas nécessairement inscrites. Tel est le cas par exemple des créances
prioritaires exemptées de l'inscription, notamment la créance de
l'État pour un impôt ou une taxe impayés[1091]; or ces réclamations peuvent changer complètement le tableau financier.

La déclaration doit être faite par écrit, dans les vingt jours de
l'avis donné par l'acheteur au créancier[1092]. Ce dernier dispose
de peu de temps pour évaluer sa sûreté, et en particulier le bien
grevé — qui est normalement entre les mains de l'acheteur —
ainsi que la valeur des sûretés qui prennent rang avant la sienne.
La stratégie habituelle du créancier consistera donc à sous-éva-
luer le bien grevé et à surévaluer sa propre créance ainsi que
celles qui ont préséance sur la sienne, de manière à participer
à la distribution, à titre de créancier chirographaire, pour la plus

grande portion possible de sa créance. Il est à prévoir que les contestations entre créanciers seront nombreuses.

2. Bordereau et distribution du prix

253. La personne chargée de distribuer le prix doit d'abord dresser un bordereau de distribution du prix aux créanciers et en faire parvenir une copie à tous les créanciers mentionnés dans la déclaration du vendeur[1093]. La loi ne précise pas dans quel délai cette opération doit s'effectuer; la personne concernée, qui, comme on le verra dans un instant, est un administrateur du bien d'autrui, doit donc agir avec diligence.

Doivent être exclus de ce bordereau les créanciers prioritaires ou hypothécaires qui n'ont pas produit de déclaration et ceux dont la sûreté a une valeur égale ou supérieure au montant de la créance[1094]. Le bordereau doit en revanche inclure tous les créanciers chirographaires déclarés par le vendeur et les créanciers prioritaires ou hypothécaires dont la sûreté a une valeur inférieure au montant de la créance, mais seulement pour la différence entre les deux[1095].

Le créancier ne dispose que de vingt jours, depuis l'envoi du bordereau, pour le contester. S'il ne le fait pas dans le délai prescrit, la distribution aura lieu telle que prévue au bordereau[1096]. Cependant, une créance, omise par le vendeur dans sa déclaration, peut être ajoutée au bordereau et la distribution, avoir lieu en conséquence, quand cette créance est portée en temps utile à la connaissance de celui qui fait la distribution et que le vendeur l'approuve[1097].

Le bordereau peut être contesté au motif notamment qu'il y manque une créance, que la valeur attribuée à un bien donné en garantie est trop faible ou que le montant indiqué pour une créance est inexact. Le Code civil prévoit donc que, en cas de contestation — sauf s'il s'agit d'une créance qui avait été omise dans la déclaration mais que le vendeur approuve, la personne chargée de faire la distribution retient, jusqu'au jugement qui tranche la question, le montant d'argent nécessaire pour éventuellement satisfaire la réclamation de celui qui conteste[1098]. Ainsi, l'acheteur et le vendeur sont protégés contre des réclamations de créanciers qui voudraient profiter illégalement de la situation ou qui simplement se sont trompés.

La distribution du prix de vente se fait en proportion du montant de chaque créance admissible, au marc le dollar[1099].

Bien que le Code civil soit silencieux à cet égard, il faut considérer la personne qui fait la distribution du prix comme un administrateur du bien d'autrui: car c'est bien là l'essence de sa fonction[1100]. On se reportera donc aux règles sur l'administration du bien d'autrui pour connaître son droit à une rémunération, son devoir d'agir avec diligence et prudence et son obligation de ne pas confondre les biens administrés avec les siens propres (ce qui se traduit en pratique par l'ouverture d'un compte de banque distinct, ou au moins l'utilisation d'un compte en fidéicommis avec comptabilité détaillée, pour le prix de vente)[1101].

3. Recours contre le vendeur et l'acheteur

254. Les recours des créanciers ne sont pas tous les mêmes selon que les exigences de la loi ont été respectées ou non. Dans la première hypothèse, les créanciers chirographaires du vendeur n'ont de droits et ne peuvent exercer de recours que contre lui, dans la mesure où ils n'ont pas été payés au complet dans la distribution du prix[1102]. Le régime de la vente d'entreprise accorde une protection complète à l'acheteur dans ce cas.

Le vendeur demeure pleinement responsable personnellement des créances prioritaires ou hypothécaires. Mais ces créanciers peuvent de plus exercer leur droit réel sur les biens transmis à l'acheteur et affectés à la garantie de leur créance; ils le peuvent même quand ils ont participé à la distribution du prix pour la partie non garantie de leur créance[1103]. À l'égard des créances prioritaires et hypothécaires, l'acheteur n'est donc pas responsable personnellement, mais seulement «réellement».

L'acheteur bien avisé tiendra compte de ces règles dans la négociation du prix de vente. Quand les créanciers prioritaires ou hypothécaires, du consentement de tous les intéressés, ne seront pas payés lors de la vente à même le prix versé, l'acheteur aura intérêt à s'engager personnellement à payer ces créanciers — à diverses dates d'échéance le plus souvent — et à réduire d'autant le prix à verser à l'acheteur ou ses créanciers chirographaires.

255. Quand les exigences de la loi n'ont pas été respectées, la situation est plus complexe. Sur la question du respect des exigences, on observera d'abord que la jurisprudence rendue dans le droit du Code civil du Bas-Canada décidait que, si l'acheteur n'est pas obligé de vérifier l'exactitude de la déclaration du vendeur, il ne doit pas cependant se contenter d'une déclaration irrégulière dans sa forme, ou à sa face même. L'exemple typique est celui où la déclaration réfère exclusivement aux créances concernant l'entreprise vendue, sans mentionner les autres créances du vendeur. Un autre exemple est la complicité de l'acheteur de mauvaise foi et du vendeur pour exclure un créancier de la déclaration. Les tribunaux assimilaient ce cas à celui où il n'y a aucune déclaration[1104]. Cette jurisprudence devrait continuer de faire autorité sous l'empire du Code civil du Québec.

Quand les exigences de la loi n'ont pas été respectées, les créanciers prioritaires et hypothécaires conservent leur droit réel sur les biens vendus, de la même manière que dans le cas où elles ont été suivies. Quant à leur droit personnel, leur situation juridique est celle de tous les autres créanciers, que nous allons maintenant examiner.

Le Code civil décrète que, lorsque l'une quelconque des exigences n'a pas été respectée, la vente d'entreprise est inopposable aux créanciers du vendeur dont la créance est antérieure à la date de cette vente, à moins que l'acheteur ne paie ces créances jusqu'à concurrence de la valeur des biens vendus. En d'autres termes, juridiquement, ces biens sont demeurés dans le patrimoine du vendeur; les créanciers peuvent donc poursuivre le vendeur, leur débiteur, et ensuite faire exécuter le jugement sur les biens vendus qui sont entre les mains de l'acheteur — quand l'acheteur a déjà revendu les biens de l'entreprise, il est responsable jusqu'à concurrence de leur valeur[1105].

Devant cette situation, l'acheteur a ainsi le choix de laisser la justice suivre son cours et de perdre en tout ou en partie les biens achetés, ou encore de désintéresser le créancier du vendeur, jusqu'à concurrence seulement de la valeur des biens achetés. Dès que les biens vendus ont fait l'objet d'une saisie, il est trop tard pour enfin mettre en branle le mécanisme de distribution extrajudiciaire du prix ou pour y ajouter la créance omise dans la déclaration, car le mécanisme judiciaire d'exécution des jugements a préséance dans les circonstances.

Le créancier du vendeur qui désire se prévaloir de l'inopposabilité de la vente d'entreprise doit le faire dans l'année qui suit le jour où il découvre la vente, mais, dans tous les cas, pas plus de trois ans après la vente. Il s'agit là d'un délai de déchéance[1106].

Quand, à cause d'une fausse déclaration du vendeur, l'acheteur a perdu un bien de l'entreprise, qui a été saisi et vendu, ou qu'il a dû désintéresser un créancier du vendeur, il dispose d'un recours contre ce dernier, mais il s'agit souvent d'un recours théorique en raison de l'insolvabilité du vendeur[1107].

Enfin, si c'est la personne désignée pour faire la distribution qui ne suit pas les prescriptions légales, il y a responsabilité du fait d'autrui pour le vendeur et l'acheteur. Le vendeur est pleinement responsable. L'acheteur, quant à lui, n'est responsable encore une fois que jusqu'à concurrence de la valeur des biens achetés. Il y a solidarité entre les deux, car on est en matière commerciale ou d'entreprise[1108].

Dans l'ensemble, le Code civil du Bas-Canada était plus sévère que le Code civil du Québec. Le législateur, dans le premier, avait retenu l'inopposabilité uniquement pour sanctionner le défaut de l'acheteur d'obtenir du vendeur la déclaration assermentée, alors appelée «affidavit». La sanction du défaut de distribuer le prix de vente à tous les créanciers déclarés conformément à la loi était, non l'inopposabilité comme maintenant, mais la pleine et entière responsabilité personnelle de l'acheteur[1109].

V. Vente de droits successoraux

A. *Nature et formation*

256. La vente de droits successoraux est un contrat par lequel un héritier cède, moyennant un prix, l'universalité ou une quote-part indivise de l'universalité des droits patrimoniaux qui résultent pour lui de l'ouverture d'une succession. Le vendeur peut être un héritier légal ou testamentaire. L'acheteur peut être un cohéritier ou un tiers[1110]. L'objet de cette vente n'est pas un

bien particulier ni une créance particulière de la succession. Ce sont les droits héréditaires. On remarquera que le vendeur ne cède pas sa qualité même d'héritier, qui lui est personnelle; il vend plutôt ses droits et charges résultant de la succession[1111]. On verra plus bas les conséquences importantes, pour les créanciers de la succession, du fait que le vendeur conserve sa qualité d'héritier.

Quand l'acheteur de droits successoraux est un cohéritier du vendeur, l'opération s'analyse comme un partage plutôt qu'une vente. En effet, il n'y a pas alors véritablement de transfert de propriété, comme dans une vente; cette vente de droits successoraux constitue plutôt un acte déclaratif des droits des deux héritiers en cause, ayant un effet rétroactif à l'ouverture de la succession[1112].

Le Code civil du Québec est plus complet que le Code civil du Bas-Canada en matière de vente de droits successoraux. Mais il n'y a pas de différence substantielle à signaler entre les deux droits.

257. Seuls les droits découlant d'une succession ouverte peuvent faire l'objet d'une vente de droits successoraux. Si la succession n'était pas ouverte, la vente serait nulle, car le pacte sur succession future est interdit[1113].

Par une stipulation expresse, le vendeur de droits successoraux peut exclure du contrat certains biens ou même certaines dettes sans dénaturer cette vente[1114].

Comme on le verra, le vendeur ne garantit que sa qualité d'héritier; il ne garantit pas l'étendue des actifs cédés, ni même leur existence. Lorsque l'acheteur ne connaît pas l'étendue de l'actif et du passif de la succession, il s'agit souvent d'un contrat aléatoire. La vente de droits successoraux demeure donc valide même lorsque, à la fin, le passif s'avère supérieur à l'actif[1115].

Selon la règle générale du consensualisme dans la vente, entre les parties, la vente de droits successoraux est parfaite par le simple accord des volontés. Elle opère donc immédiatement le transfert de propriété, du moins lorsqu'il s'agit d'une vente à une personne autre qu'un cohéritier[1116].

B. *Effets*

1. Effets entre les parties

258. Pour le moment du transfert du droit de propriété de biens corporels ou des créances, il suffit de se reporter à la nature de la vente de droits successoraux dont il vient d'être question il y a un instant. Il faut distinguer selon qu'il s'agit d'une vente à un cohéritier ou à un étranger à la succession. Dans le premier cas, il s'agit d'un partage, et en conséquence il n'y a pas de transfert de propriété ou de créance au moment même de la vente et il faut plutôt dire que ce partage détermine les droits respectifs des héritiers de façon rétroactive à la date d'ouverture de la succession. Dans le cas d'une vente à un étranger à la succession, la vente de droits successoraux emporte transfert immédiat de tous les droits.

259. Le vendeur a essentiellement deux obligations. Il doit d'abord délivrer tout ce qu'il a retiré de la succession, notamment «les fruits et revenus qu'il a perçus, de même que le capital de la créance échue et le prix des biens qu'il a vendus et qui faisaient partie de la succession[1117]».

Il peut arriver que le vendeur, cohéritier, voit sa part de la succession augmenter *postérieurement* à la conclusion de la vente de droits successoraux, du fait de la renonciation d'un autre héritier à ses droits. Il y a dans ce cas une incertitude sur l'étendue des obligations du vendeur. Sauf stipulation contraire, il semble que l'accroissement de la part du vendeur doive profiter à l'acheteur et que le vendeur doive délivrer tout objet de cet accroissement[1118].

En ce qui concerne la garantie, le vendeur de droits successoraux ne garantit que sa qualité d'héritier, du moins lorsque la vente ne précise pas en détail les biens qui en sont l'objet[1119]. S'il arrivait que le vendeur n'était pas le véritable héritier, l'acheteur pourrait invoquer la garantie du droit de propriété, selon les règles générales de la vente[1120].

260. Deux obligations de l'acheteur doivent être mentionnées. D'abord, selon les règles de la vente, il doit payer le prix convenu. Pour sanctionner cette obligation, le vendeur dispose des mêmes droits que ceux de tout vendeur[1121].

En second lieu, «l'acheteur est tenu de rembourser au vendeur les dettes de la succession et les frais de liquidation de celle-ci que le vendeur a payés, de même que les sommes que la succession lui doit. Il doit aussi acquitter les dettes de la succession dont le vendeur est tenu[1122]». Cette obligation s'explique par le fait, mentionné précédemment, que le vendeur demeure héritier de la succession malgré la vente de ses droits successoraux. Comme on le verra dans un instant, il peut donc être poursuivi directement par les créanciers de la succession; c'est pourquoi le Code prévoit que l'acheteur doit lui rembourser ce qu'il a payé, en tenant compte, le cas échéant, du fait que le vendeur n'est héritier que pour une partie de la succession.

2. Effets vis-à-vis des tiers

261. Comme pour toute vente immobilière, la vente de droits successoraux portant sur un immeuble doit être inscrite pour être opposable aux tiers[1123].

Dans la mesure où la vente de droits successoraux inclut des créances de la succession contre des tiers ou même contre un cohéritier du vendeur, elle doit faire l'objet des formalités prévues pour l'opposabilité aux tiers, notamment aux débiteurs[1124]. Le paiement que ferait de bonne foi un débiteur de la succession au vendeur serait opposable à l'acheteur si les formalités n'avaient pas été accomplies[1125].

Autrement, la vente de droits successoraux est opposable aux tiers (par exemple les créanciers du vendeur) sans formalité[1126].

En ce qui concerne les créanciers de la succession, on se rappellera que, paradoxalement, le vendeur de droits successoraux conserve sa qualité d'héritier; en conséquence, il reste personnellement responsable vis-à-vis les créanciers de la succession des dettes de celle-ci. La question de l'opposabilité de la vente de droits successoraux aux créanciers de la succession ne se pose donc pas: pour se faire payer, ils s'adressent au vendeur, et non à l'acheteur de droits successoraux[1127]. Rappelons que l'héritier qui a payé une dette de la succession peut se faire rembourser par l'acheteur[1128].

Les cohéritiers du vendeur constituent une catégorie spéciale de tiers. Pour éviter qu'un étranger ne s'immisce dans la

succession et les affaires de famille contre le gré des cohéritiers,
le législateur donne à ceux-ci, pour ainsi dire, le droit d'expulser du cercle de la succession l'acheteur de droits successoraux.
Il s'agit du retrait successoral. À cet égard, le chapitre de la
vente doit être complété par celui des successions, dans lequel
il est prévu que «tout héritier peut écarter du partage une personne qui n'est pas un héritier et à laquelle un autre héritier
aurait cédé son droit à la succession, moyennant le remboursement de la valeur de ce droit à l'époque du retrait et des frais
acquittés lors de la cession[1129]».

VI. Vente de droit litigieux

A. Notion et validité

262. Le Code civil du Québec dispose qu'«un droit est litigieux
lorsqu'il est incertain, disputé ou susceptible de dispute par le
débiteur, que l'action soit intentée ou qu'il y ait eu lieu de
présumer qu'elle sera nécessaire[1130]». Le droit vendu peut être
un droit réel, personnel ou intellectuel. La vente d'un droit
litigieux permet à son titulaire, ou créancier, de se débarrasser
de ce droit tout en percevant un prix de l'acquéreur, qui s'effor-
cera de faire valoir ce droit contre le débiteur. Le vendeur évite
ainsi les ennuis, les coûts et l'incertitude d'un litige et l'acheteur essayera de faire reconnaître ce droit et de réaliser ainsi un
profit. On estime généralement que l'acheteur, devenant titulaire de l'espoir d'un droit, passe un contrat aléatoire[1131].

En tant que telle, la vente d'un droit litigieux n'est pas illégale.
Le Code civil ne fait qu'interdire l'acquisition de droits litigieux par certaines personnes impliquées dans l'administration
de la justice, afin d'éviter les conflits d'intérêt et d'assurer
l'indépendance dans l'administration de la justice. Cette règle
sur l'incapacité de jouissance est étudiée ailleurs[1132].

Les règles les plus remarquables dans la vente de droits litigieux concernent le droit de retrait. Quand le titulaire a vendu
un droit litigieux, le débiteur a le droit d'acquérir lui-même ce
droit de l'acheteur, en remboursant à celui-ci le prix qu'il a
payé au titulaire. Les qualités de créancier et de débiteur se
trouvant réunies sur la tête d'une même personne, le retrait met
fin à toute contestation, et le débiteur évite un procès[1133]. La loi

ainsi décourage la vente des droits litigieux et la spéculation à laquelle elle pourrait donner lieu. En matière de droit de retrait, le Code civil du Québec est très semblable au Code civil du Bas-Canada.

B. Droit de retrait

1. Conditions

263. Comme première condition du droit de retrait, il faut préciser que le transfert de droits litigieux doit être une véritable vente, car, pour que le retrait puisse être exercé, le débiteur doit rembourser à l'acheteur le prix qu'il a payé. Cette vente peut s'opérer par la cession de créance à titre onéreux ou même, semble-t-il, par la subrogation, même si ces mécanismes sont régis par les règles générales du droit des obligations[1134]. En revanche, le droit de retrait ne saurait s'appliquer à une dation en paiement, car, normalement, la dation est un moyen de paiement et non un mécanisme de spéculation — c'est souvent en désespoir de cause qu'un créancier recourt à la dation en paiement pour percevoir sa créance[1135].

Deuxièmement, il doit s'agir véritablement d'un droit litigieux, selon la définition du Code civil[1136]. Il ne suffit pas qu'il y ait une incertitude sur la capacité du débiteur de payer — cela n'est d'ailleurs pas pertinent. Il faut une incertitude sur le fond du droit, c'est-à-dire qu'il doit être susceptible d'une contestation sérieuse, et non frivole ou dilatoire; cependant, si, après le retrait, les motifs de contestation s'avèrent mal fondés, cela n'enlèvera pas au droit son caractère litigieux si, par ailleurs, au moment opportun, il y avait un motif sérieux de contestation[1137].

L'incertitude doit exister non seulement au moment de la vente du droit litigieux, mais aussi au moment du retrait par le débiteur[1138]. En conséquence, le retrait n'est plus possible après qu'un jugement soit passé en force de chose jugée; il n'est pas possible non plus quand le droit a été reconnu par un jugement qui est porté en appel, car le but du droit de retrait, rappellons-le, est d'éviter un procès[1139]. Le Code civil exclut aussi le retrait «quand le droit [prétendument] litigieux a été établi et que le litige est en état d'être jugé», ce qui est à notre avis un cas limite, lequel est une source de litiges en soi[1140].

Troisièmement, la loi elle-même exclut le droit de retrait dans certaines circonstances. Il s'agit principalement de la vente d'un droit litigieux à un cohéritier ou à un copropriétaire du droit vendu. Dans ce contexte, le législateur estime qu'il n'y a pas de spéculation dans l'achat du droit, mais qu'il s'agit plutôt d'un partage entre cohéritiers ou copropriétaires[1141]. La loi exclut également le droit de retrait en ce qui concerne la vente d'un droit litigieux au possesseur du bien qui est l'objet de ce droit[1142].

2. Effets

264. Les effets du retrait sont originaux et importants[1143]. Ils permettent de constater qu'il ne s'agit pas d'un achat forcé du droit litigieux acquis par l'acheteur, mais d'une institution *sui generis*.

Si le débiteur (appelé le «retrayant») décide d'exercer son droit de retrait, il doit en manifester l'intention clairement à l'acheteur (appelé le «retrayé») et lui offrir le remboursement du prix de la vente, les frais du contrat et l'intérêt sur le prix de vente calculé à compter du jour où l'acheteur l'a payé[1144].

Deux situations peuvent se présenter. D'abord, le débiteur prend l'initiative d'exiger le retrait. Il doit faire des offres réelles à l'acheteur et, si elles ne sont pas acceptées, il doit intenter contre lui un recours en justice pour faire reconnaître son droit[1145]. Par ailleurs, le débiteur peut rester passif et attendre que l'acheteur institue contre lui des procédures pour faire sanctionner le droit qu'il a acheté. Le débiteur doit alors, en défense, invoquer le caractère litigieux du droit, en réclamer le retrait et faire des offres réelles et consigner le montant du prix de la vente des droits litigieux, les frais du contrat, les intérêts et les frais judiciaires encourus par l'acheteur pour l'institution de l'action[1146]. Le cas échéant, le débiteur doit parfaire la somme d'argent qu'il a offerte au débiteur.

Par une fiction légale, le retrait a un effet rétroactif au moment de la vente du droit litigieux. Le débiteur est réputé substitué à l'acheteur depuis la vente et l'acheteur est réputé n'avoir jamais été titulaire du droit litigieux — avec toutes les conséquences que cela comporte lorsque l'acheteur a consenti certains droits relatifs au bien ou à la créance concernés.

Entre le vendeur et le débiteur, le retrait produit un effet capital:
le retrait opère confusion des qualités de créancier et de débiteur dans la personne du débiteur, de sorte que celui-ci est
désormais libéré vis-à-vis le titulaire du droit. C'est là l'avantage essentiel de cette opération pour le débiteur.

Enfin, entre le vendeur et l'acheteur du droit litigieux, les effets
de la vente subsistent, car le retrait n'entraîne pas la nullité de
cette vente. Si, par exemple, l'acheteur n'avait pas payé le prix,
son obligation à cet égard demeurerait.

VII. Vente d'un immeuble résidentiel

A. Introduction

265. La section sur la vente d'immeubles à usage d'habitation
est toute nouvelle. Le législateur y poursuit plusieurs objectifs[1147]. D'abord, une politique de consentement éclairé. L'achat
d'un logement, que ce soit un studio ou une maison individuelle, constitue une opération complexe, comportant de nombreuses questions financières, juridiques, de techniques de
construction, et autres — que d'acheteurs ont connu de très
mauvaises surprises quand ils ont découvert, trop tard, le montant des charges communes! Cet achat comporte de nombreux
aspects cachés pour un acheteur profane. D'où l'obligation de
remettre à l'acheteur une note d'information et des annexes
(plans, devis, budget)[1148].

Également, une politique de consentement libre. Dans de trop
nombreux cas, les vendeurs recourent à une publicité et à d'autres méthodes de mise en marché jugées excessives, qui exercent une forte pression sur l'acheteur, souvent inexpérimenté.
C'est pour cette raison que le législateur impose une faculté
dédit, qui permet à l'acheteur de se retirer de la convention
quand il découvre son erreur[1149].

Troisièmement, une politique de qualité des bâtiments résidentiels. Les garanties de qualité dans la vente sont inférieures à
celles que le Code civil prévoit dans le contrat d'entreprise,
spécialement en matière de pertes (ou de vices de construction);
les deux régimes présentent des différences appréciables pour
l'acheteur. Pour l'entrepreneur professionnel, au contraire, au

plan économique et commercial, les différences entre la vente et l'entreprise sont très minces. Pourtant, plusieurs entrepreneurs recourent à la vente, afin justement d'éviter les garanties plus onéreuses du contrat d'entreprise. Le législateur a donc imposé au vendeur professionnel les garanties du contrat d'entreprise[1150].

Enfin, une politique d'efficacité de l'exercice des droits de l'acheteur. Souvent, celui-ci ignore l'identité de tous les intervenants importants dans la construction de sa résidence, lesquels peuvent éventuellement être responsables de pertes, de vices ou de malfaçons. Par ailleurs, il n'est pas rare qu'un immeuble résidentiel soit vendu par un promoteur, plutôt que par celui qui l'a construit; ainsi, selon les règles du droit commun des contrats, l'acheteur n'aurait comme protection que les garanties contractuelles de qualité de la vente, dues par le promoteur, et que la responsabilité extracontractuelle du constructeur. D'où, deux mesures de protection prévues par le législateur: d'abord, l'identification, dans une note d'information, de l'ingénieur et des autres personnes qui peuvent être responsables de pertes ou de malfaçons; ensuite, l'assujettissement du promoteur, qui vend l'immeuble construit par un autre, aux garanties des vices, des malfaçons et des pertes du contrat d'entreprise, comme si ce promoteur était le constructeur[1151].

266. Le régime juridique mis en place dans cette section sur la vente d'un immeuble résidentiel présente toutes les caractéristiques d'un droit de la consommation. Il s'agit essentiellement de mesures de protection de la partie «faible» dans le contrat (mentions obligatoires, droit de résolution, et autres). On y retrouve le formalisme du droit de la consommation, ses règles impératives et très détaillées — il aurait été préférable pour le législateur de déléguer au gouvernement le pouvoir de prescrire les règles les plus particulières de ce régime. Toutes ces règles, plus ou moins générales, sont cumulatives[1152].

Il ne faut pas oublier que les articles 1785 et suivants du Code civil du Québec ne comportent pas tout le droit applicable à la vente d'un immeuble résidentiel. Ces dispositions doivent être complétées par les règles du droit commun sur la vente et, le cas échéant, par celles du droit commun de la copropriété divise et de la copropriété par indivision[1153].

B. Domaine d'application

267. La section sur la vente d'immeubles résidentiels est constituée de règles que l'on peut diviser en trois groupes, ayant chacun son domaine d'application. En fait, ce domaine est parfois très général, dans d'autres cas, général, et dans certains cas, particulier. Avant de définir ce domaine d'application, soulignons que le régime juridique de cette section semble viser, à première vue, les immeubles neufs — et ce sera souvent le cas en pratique — mais que rien dans le texte ne s'oppose à ce qu'il s'applique aussi à un immeuble qui ne l'est pas (par exemple, un immeuble rénové ou qui a fait l'objet d'opérations de spéculation par un promoteur immobilier)[1154].

Une seule règle très générale s'aplique à *toute vente*, par un entrepreneur ou un promoteur, d'un fonds et d'un bâtiment à usage d'habitation, construit ou à construire: le législateur impose dans ces ventes une garantie contre les pertes, ou vices de construction, comme s'il s'agissait de contrats d'entreprise[1155].

Les règles d'*application générale* sont plus nombreuses: elles exigent que la vente soit précédée d'un contrat préliminaire contenant des mentions obligatoires, une promesse d'achat et une faculté de dédit[1156]. Leur domaine doit être circonscrit avec précision. Il s'agit de la vente d'un bâtiment, construit ou à construire, à usage — exclusif ou non — d'habitation[1157]. On remarque à ce propos que de telles règles s'appliquent peu importe s'il y a vente à la fois du fonds et du bâtiment ou seulement du bâtiment — hypothèse de la propriété superficiaire[1158].

Dans ce second groupe, il s'agit de la vente par un constructeur ou un promoteur à une personne physique, qui achète pour habiter elle-même les lieux[1159]. En cette matière, on ne trouve pas de définition légale de «promoteur». Ce terme est cependant utilisé aussi dans d'autres contextes et il fait l'objet d'une définition légale pour les fins de la copropriété divise[1160]. Le *Petit Robert* définit le promoteur comme «un homme [ou une femme] d'affaires qui assure et finance la construction d'immeubles». Pour atteindre les objectifs du législateur que nous avons d'évoquer un peu plus haut, les tribunaux ne devraient pas, à notre avis, adopter une conception étroite du promoteur. Si par exemple une personne ne finance pas personnellement le projet, mais qu'elle joue un rôle déterminant dans sa conception, son développement et sa mise en marché, elle devrait être considérée comme un promoteur.

Il est au moins clair que les règles générales dont il est question ici ne concernent pas la vente à une société ni la vente entre «non-commerçants», pour employer l'ancienne expression[1161].

268. En troisième lieu, il y a des *règles particulières*. En réalité, on relève deux domaines d'application distincts à propos de ces règles. Le premier est la vente d'un logement dans un ensemble d'au moins dix unités. La loi impose au vendeur de remettre à l'acheteur une note d'information, complétée par des annexes; des renseignements importants doivent ainsi être fournis à l'acheteur, dont notamment le plan d'ensemble, l'identité de l'architecte, le budget et la déclaration de copropriété[1162].

Ce premier groupe de règles s'applique à quatre types de vente: d'abord, la vente d'une part indivise de propriété, puis la vente d'une fraction de copropriété divise, troisièmement, la vente, à plusieurs personnes, d'une part de copropriété divise quand chaque personne a un droit de jouissance périodique et successif — cas de la copropriété en temps partagé; dans ces trois types de contrat, la vente porte sur une unité située dans un immeuble comportant au moins dix unités à usage d'habitation, ou faisant partie d'un ensemble qui comporte au moins dix unités. Le quatrième type est celui de la vente d'un droit de propriété exclusif dans une résidence, qui fait partie d'un ensemble d'au moins dix résidences ayant de installations communes[1163].

Comme on le voit, le législateur cherche à englober tous les genres de logement, depuis l'appartement d'une pièce jusqu'à la maison individuelle, pourvu qu'il fasse partie d'un ensemble d'au moins dix unités.

Il existe enfin une règle particulière qui a son propre domaine d'application: dans la vente d'une fraction de copropriété divise, la vente peut être résolue si la déclaration n'a pas été inscrite dans les trente jours[1164]. Dans ce cas-ci, le législateur n'a imposé aucune restriction quant au nombre d'unités de l'ensemble. La seule restriction, qui est implicite, vient du domaine d'application de l'ensemble de cette section du Code civil: il doit s'agir d'un lieu à usage d'habitation.

C. *Règles très générales sur la garantie de qualité*

269. Une disposition très générale prévoit que la vente d'un fonds et d'un bâtiment, construit ou à construire, à usage d'habitation, par l'entrepreneur ou le promoteur, est assujettie aux règles du contrat de vente d'entreprise ou de service relatives aux garanties, en faisant les adaptations nécessaires[1165].

Le but du législateur, sur cette question, est d'implanter dans la vente les garanties suivantes du contrat d'entreprise: celle pour les pertes (ou «vices de construction») survenues dans les cinq ans[1166], c'est-à-dire les défectuosités affectant la solidité du bâtiment, pour lesquelles sont solidairement responsables, et de façon impérative, l'entrepreneur, le sous-entrepreneur, l'ingénieur et l'architecte[1167]; la garantie des malfaçons pendant un an, dont sont responsables conjointement les mêmes personnes; enfin, la garantie de bonne qualité de l'entrepreneur pour les matériaux fournis[1168].

Sauf en ce qui concerne la garantie de bonne qualité des matériaux[1169] — qui est identique à la garantie dans la vente — les divers régimes du contrat d'entreprise accordent à l'acheteur une protection supérieure à celle qu'il reçoit de la garantie de qualité (ou des vices cachés) dans la vente[1170]. À toutes fins utiles, le législateur a fait de la vente d'un immeuble résidentiel un contrat hybride: cette rente est composée de certaines règles de la vente et de certaines règles du contrat d'entreprise. Chaque fois qu'il y a contradiction entre une règle de la vente et une règle pertinente du contrat d'entreprise, c'est la seconde qui a préséance. On notera que, lorsque la vente est faite par le promoteur, cela ne fait pas disparaître la responsabilité *extra-contractuelle* de l'entrepreneur et des autres intervenants visés par la loi, lesquels sont responsables *in solidum*[1171].

Dans le droit du Code civil du Bas-Canada, un important mouvement d'opinion s'était développé pour accorder cette protection à l'acheteur d'un bâtiment neuf, surtout quand il a été construit spécialement pour lui, dans les cas, assez nombreux, où l'entrepreur bien avisé avait procédé au moyen d'une vente plutôt que d'un contrat d'entreprise[1172]. Le Code civil du Québec consacre donc ce mouvement.

Il faut enfin souligner une disposition très comparable dans le chapitre du Code sur le contrat d'entreprise. Elle prévoit que le promoteur immobilier qui vend un ouvrage qu'il a construit ou fait construire est assimilé à un entrepreneur[1173]. Cette règle, on le notera, n'est restreinte ni aux bâtiments à usage d'habitation ni aux règles sur la garantie.

D. Règles générales sur le contrat préliminaire

270. Pour le domaine précis d'application des règles générales sur le contrat préliminaire, on se reportera à nos explications précédentes[1174]. Il s'agit maintenant de voir comment ce contrat préliminaire est une condition de validité de la vente, de préciser les mentions obligatoires de ce contrat et de souligner qu'il doit nécessairement comporter une promesse de vente et une faculté de dédit.

1. Condition de validité de la vente

271. Dans la vente de certains immeubles résidentiels, le législateur a imposé, *comme condition de validité de cette vente*, la passation d'un contrat préliminaire. Pour éviter tout doute, le législateur a précisé que, quand il n'y a pas de contrat préliminaire, la vente elle-même peut être annulée si l'acheteur en subit un préjudice sérieux[1175].

Il s'agit là d'une mesure de protection du consentement qui est originale. La validité du contrat principal dépend de celle de ce contrat accessoire. Pour faire annuler le contrat principal, l'acheteur n'a pas besoin de prouver l'erreur ou le dol selon les critères du droit commun, il lui suffit de prouver un préjudice sérieux[1176]. Mais cette règle particulière ne prive pas l'acheteur de son droit de demander la nullité pour erreur ou dol selon les critères du droit commun.

Les parties sont libres d'inclure diverses stipulations dans ce contrat préliminaire, mais le législateur leur impose un contenu minimum obligatoire que nous étudierons plus bas: des mentions obligatoires, une promesse d'achat et une faculté de dédit.

Les autres stipulations qu'auraient formulées les parties et qui entreraient en conflit avec ce contenu obligatoire seraient inopérantes. De plus, pour que le contrat préliminaire soit considéré avoir existé, il ne suffit pas que les parties aient convenu un contrat quelconque: elles doivent avoir passé un contrat préliminaire conforme à toutes les prescriptions impératives que nous allons étudier, sinon l'intention du législateur serait déjouée.

Comme on le verra dans un instant, le vendeur doit remettre à l'acheteur, lors de la signiture du contrat préliminaire, une note d'information, complétée par une annexe[1177]. Un problème particulier se soulève à ce propos: la remise de cette note est-elle, comme la passation du contrat préliminaire, une condition de validité du contrat principal?

Dans cet article où le législateur impose la remise de cette note, il a utilisé une formulation qui suggère l'imposition d'une *obligation* plutôt qu'une condition de validité[1178]. De plus, dans l'article où le législateur prévoit la nullité de la vente en l'absence d'un contrat préliminaire, il vise exclusivement la passation de ce contrat préliminaire, ne mentionnant aucunement la remise de la note d'information[1179]. En conséquence, à notre avis, la remise de cette note n'est pas une condition de validité de la vente ni du contrat préliminaire. Ce n'est pas à dire cependant que le vendeur qui manquera à son obligation de remettre cette note ne s'exposera pas à des ennuis: l'absence de la note, ou son caractère incomplet, pourra servir à prouver l'erreur ou le dol selon le droit commun, ou encore le préjudice sérieux de l'acheteur quand il n'a y pas eu de contrat préliminaire[1180].

2. Mentions obligatoires

272. Le contrat préliminaire doit mentionner: le nom et l'adresse du vendeur et du promettant-acheteur, l'ouvrage à réaliser et sa date de délivrance, le prix de vente et, le cas échéant, les droits réels qui grèvent l'immeuble. Le contrat préliminaire doit aussi contenir les «informations utiles relatives aux caractéristiques de l'immeuble[1181]»; cette dernière exigence, par la généralité de ses termes, sera une source de litiges[1182].

De plus, si le prix de la vente est révisable, le contrat préliminaire doit préciser «les modalités de la révision», en anglais, «*the terms and conditions of revision*[1183]». Voici un cas où la version française d'une disposition, beaucoup moins précise, doit être interprétée à la lumière de la version anglaise[1184]. Par cette mesure, le législateur veut éviter que le vendeur se réserve un droit unilatéral et discrétionnaire de réviser le prix et il vise à ce que le contrat préliminaire prévoie, avec le plus de clareté et de précision possible, les critères objectifs de révision, la base de calcul du prix et d'autres «modalités» importantes.

3. Promesse d'achat

273. Le contrat préliminaire doit obligatoirement comporter une promesse d'achat[1185]. Il peut paraître curieux que le texte impose clairement une promesse d'*achat* seulement, ce qui implique que seul le promettant-acheteur est obligé d'acheter; en pratique on peut s'attendre à ce que la promesse soit bilatérale.

Les parties sont libres de convenir des termes de cette promesse, sous réserve des mentions obligatoires indiquées ci-dessus et de l'inclusion d'une faculté de dédit, que nous allons maintenant examiner.

4. Faculté de dédit

274. Le contrat préliminaire doit aussi inclure une faculté pour l'acheteur de se dédire, c'est-à-dire de résoudre, à sa discrétion, la promesse d'achat[1186]. Dans le droit de la consommation, on trouve de semblables mesures de protection[1187].

Le législateur impose un délai minimum pendant lequel le promettant-acheteur peut exercer sa faculté de dédit, soit dix jours depuis la conclusion de la promesse[1188]. Les parties peuvent évidemment convenir d'un délai supérieur. Si la convention prévoit que le promettant-acheteur doit payer une indemnité pour exercer sa faculté dédit, le législateur impose un plafond de 0,5% du prix de vente convenu[1189]. La résolution est extrajudiciaire[1190]. Le Code civil n'exige aucune formalité pour l'exercice de la faculté de dédit, mais le promettant-acheteur serait sage de se ménager une preuve au moyen d'un avis écrit.

E. Règles particulières

1. Vente d'un logement dans un ensemble comprenant au moins dix unités

275. Pour la vente d'un logement dans un ensemble comprenant au moins dix unités, le vendeur a l'obligation de remettre à l'acheteur une note d'information lors de la signature du contrat préliminaire[1191]. On a vu plus haut que la remise de cette note ne constitue pas vraiment une condition de validité du contrat préliminaire ni de la vente[1192]. Pour le domaine précis d'application de cette exigence, on se reportera plus haut à notre description des domaines d'application des diverses règles étudiées ici[1193].

Cette mesure vise à assurer le consentement éclairé de l'acheteur, et elle doit être interprétée en conséquence. Elle n'est pas sans précédent dans le droit québécois: à la suite de la conversion en copropriété divise d'un immeuble résidentiel, avant la première vente d'une fraction de la copropriété portant sur un logement, le vendeur doit remettre à l'acheteur potentiel une circulaire d'information[1194] qui ressemble à la note d'information qui nous occupe ici.

276. Le législateur a fait preuve d'exigences pointilleuses. «La note d'information [...] énonce, selon l'article 1788, les noms des architectes, ingénieurs, constructeurs et promoteurs et contient un plan de l'ensemble du projet immobilier et, s'il y a lieu, le plan général de développement du projet, ainsi que le sommaire d'un avis descriptif; elle [...] indique les installations communes et fournit les renseignements sur la gérance de l'immeuble, ainsi que, s'il y a lieu, sur les droits d'emphytéose et les droits de propriété superficiaire dont l'immeuble fait l'objet[1195].»

La note d'information doit aussi faire état du budget prévisionnel. Celui-ci «doit être établi sur une base annuelle d'occupation complète de l'immeuble; dans le cas d'une copropriété divise, il est établi pour une période débutant le jour où la déclaration de copropriété est inscrite. Le budget comprend, notamment, un état des dettes et des créances, des recettes et débours et des charges communes. Il indique aussi, pour chaque fraction, les impôts fonciers susceptibles d'être dus, le taux de ceux-ci, et les charges annuelles à payer, y compris, le cas échéant, la contribution au fonds de prévoyance[1196]».

> Lorsque la vente porte sur une fraction de copropriété divise, la note d'information contient un état des baux consentis par le promoteur ou le constructeur sur les parties privatives ou communes et indique le nombre maximum de fractions destinées par eux à des fins locatives[1197].

La loi prescrit également que certains documents doivent être joints en annexe à la note d'information[1198]. Il s'agit du réglement de l'immeuble, d'une part, et d'autre part, d'une copie ou d'un résumé de la déclaration de copropriété ou de la convention d'indivision. Il est prévu que ces documents doivent être joints à la note d'information même s'ils sont «à l'état d'ébauche», ce qui ne laisse guère de choix au vendeur peu scrupuleux.

Il faut enfin mentionner le pouvoir exceptionnel du syndicat des propriétaires de résilier un bail consenti par le promoteur ou le constructeur avant la première vente, dans un immeuble en copropriété divise. Ce pouvoir existe lorsque la durée du bail est supérieure à la durée indiquée dans la note d'information. La loi prévoit, comme modalités d'exercice de ce droit, l'envoi d'un avis au locataire et au locateur et, si plusieurs baux excèdent la période indiquée, l'obligation de résilier d'abord les baux les plus récents[1199].

2. Vente d'une fraction de copropriété divise

277. Contrairement aux dispositions qui viennent d'être examinées, la règle considérée ici vise toute vente d'une fraction de copropriété divise portant sur des lieux à usage d'habitation, peu importe le nombre d'unités de l'ensemble[1200].

On sait que la copropriété divise est créée *par la publication* de la déclaration de copropriété[1201]. Il peut arriver que la vente d'une unité soit conclue avant l'inscription de la déclaration. Pour protéger l'acheteur contre l'incertitude et la précarité d'une telle situation, le législateur lui permet de résoudre la vente si la déclaration n'est pas inscrite dans les trente jours à compter de la date où elle peut l'être[1202]. Le texte de la disposition ne précise pas quelle partie peut résoudre la vente: donc, théoriquement, le vendeur le pourrait aussi bien que l'acheteur. De plus, l'article dispose que «la vente [...] peut être résolue sans formalités [...]». Il semble bien que cette expression désigne la résolution extrajudiciaire et unilatérale. La partie qui veut excercer ce droit de résolution serait toutefois bien avisée de donner un avis écrit, afin de se ménager une preuve

Contrats apparentés à la vente

I. Échange

A. Nature

278. À l'article 1795, le Code civil du Québec définit l'échange comme «le contrat par lequel les parties se transfèrent respectivement la propriété d'un bien autre qu'une somme d'argent». Cette définition est plus précise et plus juste que celle du Code civil du Bas-Canada[1203]. On y trouve nettement exprimé le caractère distinctif de l'échange: l'une des «choses» que se transmettent les parties ne doit pas être une somme d'argent. Il s'agit habituellement d'un droit de propriété, mais ce peut aussi être un démembrement du droit de propriété ou même une créance[1204]. Comme on le sait, le prix en argent est un élément essentiel de la vente[1205]. La distinction entre vente et échange semble donc facile à faire. De fait, elle l'est assez souvent en pratique.

Un problème surgit cependant lorsque les biens échangés ne sont pas d'égale valeur: les parties conviennent alors que l'une d'elles devra une somme d'argent en plus de transférer un droit — cette somme d'argent est appelée «soulte». Le contrat devient-il pour autant une vente? L'intérêt de la question réside naturellement dans l'existence de certaines règles propres à l'échange — si tant est qu'une telle chose existe, comme on le verra dans un instant[1206].

En France, la qualification d'un échange avec soulte est une question assez délicate. En principe, dès que les parties ont toutes deux une certaine obligation de transférer un droit de propriété, il s'agit d'un échange. Mais il arrive parfois que la somme d'argent soit beaucoup plus considérable que la valeur du bien échangé. La jurisprudence française veut éviter de

dissimuler une vente en un contrat d'échange: elle respecte
donc généralement la qualification apparente du contrat, soit
l'échange, sauf quand il y a «disproportion» entre la valeur du
bien et la somme d'argent versée[1207]. La même solution devrait
prévaloir au Québec.

B. Régime juridique

279. Une disposition du Code prévoit que toutes les règles de
la vente s'appliquent à l'échange[1208]. Cette transposition des
règles de la vente dans l'échange n'est donc pas le résultat
d'une analogie faite par les tribunaux mais bien d'une assimilation faite par le législateur lui-même. Ce principe peut souffrir
des exceptions.

Il faut d'abord exclure les règles sur le prix. Dans l'échange,
elles sont en effet inapplicables, faute d'objet. Le coéchangiste
d'un bien meuble ne jouit donc pas de la priorité du vendeur.
Toutefois, quand l'échange comporte une soulte, celle-ci est
considérée comme un prix et alors les règles du prix s'y appliquent, y compris celles sur les sûretés réelles[1209].

280. Le législateur, aussi bien dans le Code civil du Québec que
dans le Code civil du Bas-Canada, a prévu deux règles particulières pour l'échange, en ce qui concerne la garantie du droit de
propriété.

Premièrement, quand une partie n'est pas propriétaire du bien
qu'elle doit transmettre, l'autre ne peut pas être forcée de délivrer le bien qu'elle s'était engagée à transférer; cette autre
partie peut seulement être contrainte de remettre le bien qu'elle
a reçu. Le Code précise que la règle s'applique même quand la
première partie a déjà délivré le bien et que la seconde partie a
le fardeau de prouver que l'autre n'est pas propriétaire du bien.
Cette disposition est la même dans les deux codes[1210].

En réalité, cette règle constitue essentiellement une application
particulière de l'exception d'inexécution[1211]. Dans le Code civil
du Québec, elle est un vestige de l'ancien code. Dans le Code
civil du Bas-Canada, en effet, il n'y avait pas de disposition
générale sur l'exception d'inexécution, mais seulement certaines applications particulières. L'une de ces applications, dans
la vente, permettait justement à l'acheteur qui avait un motif

raisonnable de penser qu'il serait évincé de retenir le prix[1212]. Le législateur avait repris la substance de cette règle pour le coéchangiste[1213], et c'est elle qui est à l'origine de la règle actuelle du Code civil du Québec.

Or le Code civil du Québec comporte une nouvelle règle *générale*, qui établit l'exception d'inexécution pour tous les contrats[1214]. La nouvelle disposition, dans la section sur l'échange, n'est donc pas vraiment nécessaire. L'Office de révision avait d'ailleurs recommandé de ne pas reproduire l'ancienne disposition équivalente du Code civil du Bas-Canada[1215].

281. Le législateur a prévu une seconde exception au principe de la transposition dans l'échange de toutes les règles de la vente. Quand une partie «est évincée» du bien qu'elle a reçu, elle peut obtenir des dommages-intérêts de l'autre partie ou la restitution du bien qu'elle avait elle-même transféré. La même disposition se trouvait dans le Code civil du Bas-Canada[1216].

Il s'agit essentiellement du droit de toute victime d'une faute contractuelle d'obtenir des dommages-intérêts ou la résolution du contrat, selon les règles générales du Code civil du Québec et du Code civil du Bas-Canada[1217]. Comme, en principe, les règles de la vente et, a fortiori, les règles générales s'appliquent à l'échange, on ne voit pas l'utilité de cette disposition particulière à l'échange[1218].

Tel que formulé, cet article 1797 du Code civil du Québec risque même du restreindre la protection du coéchangiste qui est victime de l'éviction. En effet, il présente les dommages-intérêts et la résolution comme des droits alternatifs[1219]. La même difficulté d'interprétation s'était soulevée à propos de l'article 1598 du Code civil du Bas-Canada. Un auteur avait, avec raison, émis l'opinion que cette formulation défectueuse, dans le cas particulier de l'échange, ne devait pas faire perdre au coéchangiste, victime, tous les droits que lui accordent le droit commun des contrats, c'est-à-dire celui d'obtenir seulement des dommages-intérêts, *ou encore* la résolution *et* des dommages-intérêts quand il subit un préjudice malgré la résolution[1220]. La même interprétation devrait prévaloir aujourd'hui[1221].

II. Dation en paiement

A. *Nature*

282. L'article 1799 du Code civil du Québec définit la dation en paiement comme «le contrat par lequel un débiteur transfère la propriété d'un bien à son créancier qui accepte de le recevoir, à la place et en paiement d'une somme d'argent ou de quelque autre bien qui lui est dû».

Il est important de distinguer cette dation en paiement de l'opération qui découle de la *clause* de dation paiement. Cette stipulation crée une condition résolutoire ou suspensive, selon les diverses opinions, assortie d'une clause pénale pour les paiements déjà effectués et les améliorations apportées au bien. Cette clause de dation en paiement, dans le droit du Code civil du Bas-Canada, était mise en œuvre par un jugement ou par un contrat, ou «acte volontaire», de dation en paiement[1222]. Plus spécialement, il faut distinguer d'un côté la dation en paiement prévue à l'article 1799 et de l'autre côté l'ancienne dation «volontaire» en paiement ainsi que la nouvelle prise en paiement par un acte «volontairement consenti».

Dans le droit du Code civil du Bas-Canada, la «dation volontaire» était la mise en œuvre par les parties, au moyen d'un acte de gré à gré, de la clause de dation en paiement quand le débiteur était en défaut. Dans le droit du Code civil du Québec, la «prise en paiement volontaire» est la mise en œuvre volontaire de la prise en paiement, qui est un des droits du créancier hypothécaire[1223]. Quant à l'ancienne dation en paiement volontaire, que la nouvelle prise en paiement volontaire remplace, elles obéissent à des conditions particulières et ont des effets propres, dont la rétroactivité du transfert de propriété à la date de l'enregistrement ou de l'inscription, ce qui entraîne la disparition de tous les droits réels créés subséquemment[1224].

B. *Régime juridique*

283. En ce qui concerne la formation de la dation en paiement, il faut remarquer que la délivrance est une formalité nécessaire à la validité du contrat. Ainsi, la dation en paiement est un contrat réel, ou formaliste, contrairement à la vente. Le Code civil du Québec est sur ce point identique au Code civil du Bas-

Canada[1225]. On se rappellera cette nouvelle disposition du Code civil du Québec selon laquelle la promesse de conclure un contrat n'est pas soumise à la forme exigée pour ce contrat[1226].

284. Dans une disposition toute nouvelle, le Code civil du Québec interdit la clause suivant laquelle le créancier se réserve le droit de devenir propriétaire d'un bien ou d'en disposer dans l'éventualité du défaut du débiteur[1227]. Il s'agit d'une nouvelle «pratique interdite». La clause de dation en paiement est depuis longtemps devenue systématique dans de nombreux contrats, comme la vente à crédit et le prêt d'argent.

L'explication de cette nouvelle interdiction se trouve dans le droit des priorités et des hypothèques. Dans la réforme, le législateur a unifié les mécanismes de sûreté réelle. Désormais, mises à part quelques priorités et hypothèques légales, il n'existe que l'hypothèque conventionnelle pour garantir les droits d'un créancier. Cette hypothèque confère notamment, par le seul effet de la loi, le droit de prendre le bien en paiement de la dette. En matières mobilière et immobilière, cette prise en paiement est assujettie à des conditions d'exercice impératives (une mise en demeure et dans certains cas l'autorisation du tribunal) ainsi qu'à des mesures d'atténuation pour protéger le débiteur et les tiers (comme le droit de remédier au défaut et d'éviter la prise en paiement). Pour une description plus détaillée, on voudra bien se référer à notre exposé sur la résolution de la vente immobilière[1228].

En somme, par le seul effet de l'hypothèque, le créancier dispose désormais du droit — la prise en paiement — qu'il devait autrefois se ménager par la stipulation d'une clause de dation en paiement. La mise œuvre de cette prise en paiement est réglementée de façon impérative, comme l'était d'ailleurs la mise en œuvre de la dation en paiement dans les articles 1040a et suivants du Code civil du Bas-Canada. D'où l'interdiction de la stipulation d'une clause de dation en paiement, qui, immanquablement, entrerait en conflit avec les nouvelles dispositions d'ordre public.

D'après le droit transitoire, la prohibition des clauses de dation en paiement frappe de telles clauses incluses dans des actes portant hypothèque conclus avant l'entrée en vigueur du nouveau code, sauf si, au jour de cette entrée en vigueur, le créancier a commencé la mise en œuvre de ses droits conformément à l'article 1040a du Code civil du Bas-Canada[1229]. La question est de savoir ce qui constitue la mise en œuvre des droits selon l'article 1040a. Le texte de cette disposition prévoit deux formalités, complémentaires et étroitement liées, comme première étape de la mise en œuvre d'une clause de dation en paiement: la signification au propriétaire d'un avis de 60 jours et son enregistrement. À notre avis, la «mise en œuvre» des droits du créancier exige donc au moins l'accomplissement de ces deux formalités, comme l'indique dans un contexte très voisin l'article 133 de la loi d'application; il ne suffit pas d'avoir remis l'avis de 60 jours à un huissier, de l'avoir signifié ou de l'avoir enregistré. Toutefois, le délai de 60 jours, pendant lequel le débiteur ou un tiers peut remédier au défaut, constitue une étape distincte: pour qu'une clause de dation en paiement échappe à l'interdiction, il ne sera donc pas nécessaire que ce délai soit écoulé le jour de l'entrée en vigueur du nouveau droit.

Pour plus de clarté, le législateur ajoute que «les droits rattachés aux clauses de dation en paiement, qui survivent ou sont exercées suivant [la règle analysée ci-dessus], ou les droits qui découlent de l'exécution de ces clauses sont aussi conservés[1230]». On pense spécialement à l'exercice de l'action en dation en paiement selon le droit du Code civil du Bas-Canada et à l'opposabilité de la clause aux tiers ayant acquis un droit réel dans le bien. Le législateur semble «immuniser» le créancier contre toutes les règles du nouveau code sur le processus de l'exécution de la clause de dation en paiement[1231]; en particulier, le créancier bénéficiant de l'exemption n'aurait pas à obtenir l'autorisation du tribunal quand le débiteur a acquitté au moins la moitié de sa dette et il n'aurait pas à devoir se plier à la demande, par le débiteur ou un créancier hypothécaire subséquent, de vendre le bien plutôt que de le prendre en paiement[1232].

285. En ce qui concerne les effets de la dation en paiement, les règles de la vente sont, encore une fois, transposées par le législateur dans la dation en paiement. On notera, entre autres choses, que celui qui donne un bien en paiement est assujetti à la garantie de qualité du vendeur. Le Code civil du Québec reprend le Code civil du Bas-Canada[1233].

On remarquera que la dation en paiement n'a pas d'effet rétroactif[1234]. Il s'agit là de la principale distinction entre le contrat de dation en paiement et l'exercice, autrefois, de la clause de dation en paiement et, aujourd'hui, la prise en paiement par le créancier hypothécaire[1235]. Enfin, par sa nature, la dation en paiement éteint la dette du débiteur qui donne son bien. On peut faire exception à cette règle par une convention contraire, par exemple quand la valeur du bien donné en paiement est inférieure au montant de la dette.

III. Bail à rente

A. *Nature et formation*

286. Le bail à rente est assez rare en pratique dans le droit moderne. Le législateur n'y a donc consacré que quelques articles dans le Code civil du Québec. Ces dispositions spécifiques doivent d'ailleurs être complétées par celles sur la vente et, surtout, celles sur la rente[1236].

À l'article 1802, le Code civil du Québec définit le bail à rente comme «le contrat par lequel le bailleur transfère la propriété d'un immeuble moyennant un rente foncière que le preneur s'oblige à payer».

On voit donc que le bail à rente ne peut concerner qu'un immeuble. Malgré cela, la rente foncière est aujourd'hui un droit personnel et mobilier[1237].

La rente est payable en argent ou en nature[1238]. Elle est payée à la fin de chaque année; son montant est calculé à partir du jour où elle est constituée[1239].

La rente est viagère ou non. La rente viagère peut être constituée pour la durée de la vie du bailleur ou d'une autre personne ou même pour la durée de la vie de plusieurs personnes successivement[1240].

La rente peut être payable au bailleur ou à un tiers[1241]. Dans le deuxième cas, la rente constitue une stipulation pour autrui[1242].

Le bail à rente se forme par l'échange des consentements. Comme la vente, il est un contrat consensuel. C'est l'opposabilité aux tiers qui est assujettie à une certaine publicité, comme d'ailleurs la vente[1243].

Depuis la réforme du Code civil, le vendeur d'immeuble n'a
plus de privilège. Le bailleur d'une rente, non plus. S'il désire
avoir une garantie, il doit donc obtenir une hypothèque conventionnelle.

Quand le bailleur détient une hypothèque pour garantir sa rente
et que l'immeuble hypothéqué doit être l'objet d'une vente
forcée, le bailleur ne peut pas faire une opposition pour que la
vente ait lieu à charge de son hypothèque. Si toutefois il est
créancier hypothécaire de premier rang, le bailleur peut exiger,
de celui qui force la vente, un cautionnement pour le service de
la rente; si le créancier qui exécute ne peut pas fournir de cautionnement, alors le bailleur est colloqué pour la valeur de sa
rente[1244].

B. Durée et extinction

287. Que la rente soit viagère ou non, qu'elle soit constituée
pour la vie de plusieurs personnes successivement ou d'une
seule personne, ou pour une période déterminée, la durée du
contrat est limité par le législateur à un maximum de cent ans.
Il s'agit là d'une règle impérative, qui vise à interdire les contrats à perpétuité, dans le bail à rente comme dans d'autres
contrats; le législateur a adopté dans le Code civil du Québec
une politique claire à ce sujet[1245]. Si la rente est stipulée pour un
terme excédant cent ans ou si toutes les personnes pour la durée
de la vie desquelles elle est constituée ne sont pas décédées au
terme de cent ans, la rente est réduite ou limitée à cent ans par
le tribunal[1246].

Signalons quelques dispositions originales. À l'instar du Code
civil du Bas-Canada, le Code civil du Québec précise que le
preneur est «tenu personnellement» au service de la rente et
qu'il ne peut pas s'en libérer en abandonnant l'immeuble[1247].
Cette disposition s'explique par un retour à l'ancien droit —
c'est-à-dire le droit antérieur à la codification, et non le droit du
Code civil du Bas-Canada. Dans l'ancien droit, quand, par
exemple, le preneur avait mal estimé le rendement de l'immeuble, il pouvait se libérer en l'abandonnant et alors le bailleur recouvrait son plein droit de propriété. Les législateurs de
1866 et de 1991 ont voulu mettre fin à cette possibilité[1248].

Le législateur a prévu un mode particulier pour la libération de l'obligation de payer la rente: le preneur peut verser au bailleur la valeur en capital de la rente et renoncer à la restitution des paiements effectués. On remarquera que cette faculté n'est accordée qu'au preneur. Sur ce point, le Code civil du Québec est identique au Code civil du Bas-Canada[1249].

Dans une nouvelle règle, cependant, le législateur interdit expressément au preneur de se faire remplacer par un assureur, c'est-à-dire d'acheter lui-même un contrat de rente et de stipuler que celle-ci est payable au bailleur[1250].

La perte de l'immeuble, même par cas fortuit, ne libère pas le preneur du service de la rente[1251]. Encore une fois, il faut retourner à l'ancien droit. À cette époque, la rente était un droit réel immobilier auquel le preneur était obligé uniquement parce qu'il détenait le bien en vertu du contrat. En conséquence, si le bien était détruit ou même si le preneur cédait son droit dans l'immeuble, il était libéré. Le droit moderne — de 1866 et de 1991 — a mis fin à cette conception et à ses conséquences[1252].

Aujourd'hui, le bail à rente est une vente. Or, dans la vente, les risques du contrat sont à la charge de l'acheteur à partir de la délivrance ou du transfert de propriété[1253]. Il en est donc ainsi dans le bail à rente[1254].

Notes

1. Art. 1708 C.c.Q. Ghestin et Desché, *Vente*, n° 51; voir aussi M. Cantin Cumyn, «De l'usufruit, de l'usage et de l'habitation», dans *Répertoire de droit. Biens*, Montréal, Chambre des notaires du Québec, document n° 3, 1985, n° 56.
2. Comparer art. 1472 C.c.B.C.
3. Sous réserve des observations que nous formulerons plus bas sur la cession de créance (n° 5), la substitution du mot «bien» au mot «chose» ne modifie pas l'objet de la vente. Voir la classification des biens à l'art. 899 C.c.Q.
4. Pour le contrat d'échange, voir *infra* n°s 278-281.
5. Art. 1385 C.c.Q. Comparer l'ancienne règle particulière des art. 1025 et 1472 C.c.B.C.
6. Art. 1785 et 1793 C.c.Q. et *infra* n°s 275-276.
7. Rousseau-Houle, *Précis*, p. 12. Voir art. 1386, al. 1, et 1388 C.c.Q.
8. Voir les art. 1380 et 1381 C.c.Q. Voir aussi *infra* n° 3, pour la distinction entre la vente réelle, contrat onéreux, et la vente à vil prix, contrat gratuit.

9. Art. 1383 C.c.Q.

10. Art. 1606 C.c.Q.

11. Art. 1806, al. 1, C.c.Q.

12. *Cabot* c. *Kimlin*, [1977] C.S. 520.

13. Art. 1824 C.c.Q.

14. Voir T. Rousseau-Houle, *Les contrats de construction en droit public et privé*, Montréal, Wilson & Lafleur et SOQUIJ, 1982, p. 16 à 18, et jurisprudence citée.

15. *Inns* c. *Gabriel Lucas Ltée*, [1963] B.R. 500, j. Tremblay, p. 514.

16. Art. 2103, al. 3, C.c.Q.

17. Art. 1726 et s C.c.Q., *infra* nos 143 et s, et art. 2103, 2118 à 2120 C.c.Q.

18. Art. 2125 C.c.Q.

19. Art 1570 et s C.c.B.C.

20. Art. 1637 et s C.c.Q.

21. Art. 1799 C.c.Q.

22. Pour l'hypothèque mobilière sur les créances, voir art. 2710 et s C.c.Q.

23. Art. 1785 et s C.c.Q.

24. Art. 1743, 1749, 1756 et 2757 et s C.c.Q.

25. *Nadeau* c. *Nadeau*, [1977] C.A. 248.

26. Art. 1756 C.c.Q.

27. Art. 2332 C.c.Q. Voir aussi art. 1405 C.c.Q.

28. Voir art. 1040c et 1040d C.c.B.C.

29. G. Rémillard, «Présentation du projet de Code civil du Québec», (1991) 22 *R.G.D.* 5, p. 26. Voir art. 1449 de l'Avant-projet de loi.

30. Voir art. 1738 C.c.Q. pour la notion de contrat d'adhésion.

31. Art. 1435 à 1437 C.c.Q.

32. Art. 66 à 114 et 132 à 149 L.p.c. Voir la définition de «consommateur» à art. 1 L.p.c.

33. Art. 1745 à 1749 et 2757 et s, 2778 et s C.c.Q.

34. G. Rémillard, «Présentation du projet de Code civil du Québec», *supra* note 29, p. 36.

35. Art. 1743, al. 2, C.c.Q. et 2102 C.c.B.C.

36. Art. 1743, 1756, 2757 et s C.c.Q. et 1040a et 1040b C.c.B.C.

37. Art. 1773 C.c.Q. et 1569d C.c.B.C.

38. Art. 1776 C.c.Q. et 1569d C.c.B.C.

39. J. Pineau, «La philosophie générale du nouveau Code civil du Québec» (1992) 71 *R. du B. can.* 423, p. 431.

40. Art. 1750, al. 2, et 1752 C.c.Q. et 1547 et 2102 C.c.B.C.

41. Art. 1749 C.c.Q. et *supra* n° 7.

42. Art. 1713 à 1715 C.c.Q. et 1488, 1489 et 2268 C.c.B.C.

43. Art. 1742 C.c.Q. et 1547 C.c.B.C.

44. Art. 1742 C.c.Q. et 1536 C.c.B.C.

45. Art. 1743. Voir aussi art. 2757 et 2758 C.c.Q.

46. Art. 1743 et 2778 C.c.Q.

47. Art. 1749 et 1756 C.c.Q.

48. Art. 1740 C.c.Q.

49. Art. 1736 C.c.Q.

50. Art. 1741 C.c.Q.

51. Art. 1544 C.c.B.C. et comparer art. 1998 et 1999 C.c.B.C.

52. Art. 1738 et 1739 C.c.Q.

53. Art. 1736, 1740 et 1741 C.c.Q. et 1544 C.c.B.C.

54. G. Rémillard, «Présentation du projet de Code civil du Québec», *supra* note 29, p. 35.

55. Art. 1488 et 2268, al. 3, C.c.B.C.

56. Art. 1713 et s C.c.Q. et *infra* no 57 et s.

57. Art. 1597 et 1605 C.c.Q.

58. Art. 1453, 1604 à 1606, 1740 à 1743 et 1746 C.c.Q.

59. Notamment, J. Pineau, «La philosophie générale du nouveau Code civil du Québec», *supra* note 39, p. 430, 438 et 439; G. Rémillard, «Présentation du projet de Code civil du Québec», *supra* note 29, p. 25 et s.

60. Art. 1377 C.c.Q.

61. Art. 1458, al. 2, 1468, 1469, 1473 et 1474 C.c.Q.

62. Art. 1794 C.c.Q.

63. Art. 950 et 1456 C.c.Q.

64. Art. 1743, 1749 et 1756 C.c.Q.

65. Art. 1400 C.c.Q.

66. *Agricultural Chemicals Ltd.* c. *Boisjoli*, [1972] R.C.S. 278, arrêt dans lequel la Cour suprême parle même d'inexistence du contrat. Baudouin, *Obligations*, n° 328.

67. *Turcotte* c. *Bélisle*, [1977] C.A. 511. Baudouin, *Obligations*, n° 261.

68. Art. 1420 C.c.Q. Cependant, pour que le cocontractant de celui qui est protégé par la nullité relative puisse l'invoquer, il doit être de bonne foi et subir un préjudice sérieux.

69. Art. 1386 C.c.Q.

70. Art. 1785 C.c.Q. et *infra* n°s 265 et s.

71. Art. 1388 C.c.Q. *Beaudoin* c. *Rodrigue*, [1952] B.R. 83; *Association Pharmaceutique de la Province de Québec* c. *T. Eaton Co.*, (1931) 50 B.R. 482, (1929) 67 C.S. 521. *Supra* n° 1.

72. Art. 1390, al. 2, C.c.Q. *Bissel & Bissel Ltd.* c. *Zwaig*, [1975] C.A 853.

73. Art. 1390, al. 2, C.c.Q. et 16, al. 1, P.C.c.; Commentaires de l'O.R.C.C., p. 609. Pour l'application de cette théorie dans l'ancien droit, voir Baudouin, *Obligations*, n°s 105 et 106, et doctrine et jurisprudence citées.

Toutefois, le nouveau texte du C.c.q. laisse sans doute la possibilité d'appliquer la doctrine, très générale, de la renonciation tacite par le destinataire: *Pontbriand* c. *Montreal Land & Housing Corp.*, [1985] C.S. 321. Voir aussi *Bélair* c. *Rivest*, [1965] C.S. 587.

74. Art. 1390, al. 2, C.c.Q. *Beaudry* c. *Randall*, [1962] B.R. 577; [1962] R.C.S. 148; *Renfrew Flour Mills* c. *Sanschagrin*, (1928) 45 B.R. 29.

75. Art. 1391 C.c.Q.

76. Art. 1392, al. 1, C.c.Q.

77. Art. 1392, al. 1, C.c.Q. Voir *Vitra Glass Ltd.* c. *Z. Lavigueur Ltée.*, [1959] B.R. 799.

78. Art. 1392, al. 2, C.c.Q.

79. Art. 1393 C.c.Q. *Dufresne* c. *Dubois*, (1914) 23 B.R. 28. Une acceptation tardive ou non conforme à l'offre peut toutefois constituer une nouvelle offre: art. 1393, al. 2, C.c.Q.

80. Baudouin, *Obligations*, n° 108, et jurisprudence citée.

81. Art. 1394 C.c.Q. *Grace and Co.* c. *Perras*, (1922) 62 R.C.S, 166, (1921) 31 B.R. 382; *Commissaires d'écoles pour la municipalité de Montréal-Sud* c. *Lord*, [1965] C.S. 265.

82. Art. 1394 C.c.Q. *Dufresne et Locke Ltée* c. *Steine*, (1925) 39 B.R. 510.

83. Art. 1387 C.c.Q. et 19 P.C.c.; Commentaires de l'O.R.C.C., p. 610.

84. Voir *Rosenthal Inc.* c. *Bonavista Fabrics Ltd*, [1984] C.A. 52; *Magann* c. *Auger*, (1932) 31 R.C.S. 186; *Charlebois* c. *Baril*, [1928] R.C.S. 88. S. Gaudet et R.P. Kouri, «Contrats entre non-présents et contrats entre présents: y a-t-il une différence?», (1989) 20 *R.D.U.S.* 175.

85. Art. 1399 C.c.Q.

86. Art. 1449 de l'Avant-projet de loi. G. Rémillard, «Présentation du projet de Code civil du Québec», note 29, p.26.

87. Art. 1405 C.c.Q. et 1012 C.c.B.C. Voir aussi art. 1406 C.c.Q. pour la définition légale de la lésion.

88. *Lévesque* c. *Dionne*, [1954] B.R. 83.

89. *Supra* n° 17.

90. *Supra* n° 17.

91. Art. 992 C.c.B.C.

92. *Pagnuelo* c. *Choquette*, [1903] 34 R.C.S. 102. Pour l'authenticité d'un tableau, voir *Lavoie* c. *Centre canadien d'expertise des peintures ltée*, J.E. 92-76 (C.S.).

93. *Bel Automobiles Inc.* c. *Gallant*, [1974] C.A. 593. F. Poupart, «Un problème particulier: l'erreur sur l'année de fabrication d'une automobile et les recours possibles de l'acheteur», (1980) 40 *R. du B.* 296. *Contra, Chenel* c. *Bell Automobiles (1961) Inc.*, J.E. 78-498 (C.A.); *Ferron* c. *Eugène Bégin Autos Inc.*, [1974] C.S. 210.

94. *Lévesque* c. *Dulude*, [1957] R.L. 1 (C.S.). Voir aussi *Racicot* c. *Bertrand*, [1979] 1 R.C.S. 441, [1976] C.A. 441.

95. *Co. Eugène Julien* c. *Perrault*, (1922) 32 B.R. 318. Voir aussi *Courtemanche* c. *Charland*, J.E. 81-606 (C.A.). Baudouin, *Obligations*, n° 142, et jurisprudence citée.

96. Voir Baudouin, *Obligations*, n°ˢ 144 et 145.

97. Art. 1400, al. 2, C.c.Q.

98. Voir *Faubert* c. *Poirier*, [1959] R.C.S. 459, [1956] B.R. 551. Baudouin, *Obligations*, n° 146 et autorités citées.

99. Voir *Service de musique Trans-Canada Inc.* c. *Davis*, [1979] C.S. 211; *Faubert* c. *Poirier*, [1959] R.C.S. 459, [1956] B.R. 551.

100. *Lortie* c. *Bouchard*, [1952] 1 R.C.S. 508.

101. *Creighton* c. *Grynspan*, [1987] R.J.Q. 527 (C.A.).

102. Art. 1401 C.c.Q. *Lavoie* c. *Centre canadien d'expertise des peintres ltée*, J.E. 92-76; *Rouleau* c. *La Canardière Auto Inc.*, [1978] C.S. 1105.

Dominion Restaurant Inc. c. *Dominion Restaurant and Bar-B-Q. Inc.*, [1976] C.A. 738.

103. Art. 1401 C.c.Q.

104. Art. 1401 C.c.Q. et 31 P.C.c.

105. *Costa* c. *Benoît*, [1988] R.J.Q. 2253 (C.S.); *Bellemarre* c. *Dionne*, [1961] B.R. 524; *Bellerose* c. *Bouvier*, [1955] B.R. 175. Voir *infra* n° 28.

106. *Ginn* c. *Canbec Auto Inc.*, [1976] C.S. 1416; *Lepage* c. *La Canardière Datsun Inc.*, [1974] 15 C. de D. 179 (C.P.); *Girard* c. *J.D. Chevrolet Oldsmobile Ltée.*, [1973] C.S. 265. F. Poupart, «Un problème particulier: l'erreur sur l'année de fabrication d'une automobile et les recours possibles de l'acheteur», *supra* note 93.

107. *Dominion Restaurant Inc.* c. *Dominion Restaurant and Bar-B-Q Inc.*, [1976] C.A. 738; *Brisson* c. *Lepage*, [1969] B.R. 657. Voir aussi *Bélanger* c. *Demers*, J.E. 92-1089.

108. Art. 1402 à 1404 C.c.Q.

109. Art. 1402 C.c.Q. *Dutrisac* c. *Brunelle*, [1980] C.S. 503; *J.J. Joubert Ltée.* c. *Lapierre*, [1972] C.S. 476.

110. Art. 1403 C.c.Q.

111. *J.J. Joubert Ltée.* c. *Lapierre*, [1972] C.S. 476. Baudouin, *Obligations*, n°ˢ 182 et s.

112. Art. 1419 C.c.Q.

113. Voir art. 1416 et s C.c.Q. Baudouin, *Obligations*, n°ˢ 298 et s.

114. Art. 1407 C.c.Q. La réduction des obligations (de même que les dommages-intérêts) n'est toutefois pas prévue en cas d'erreur spontanée, contrairement à la recommandation de l'Office de la révision: art. 38 P.C.c; la position de l'ancienne jurisprudence est donc maintenue: *Turmel* c. *Quadragesco Inc.*, [1988] R.J.Q. 2608 (C.A.), [1985] C.S. 1065; *Celanese Canada Inc.* c. *Lord Realty Holdings Ltd.*, J.E. 85-1047 (C.S).

115. *Bélanger* c. *Demers*, J.E. 92-1089; *Bouvier* c. *Habitation des Champs Fleuris Inc.*, J.E. 88-906 (C.P.); *Cyr* c. *Boucher*, [1987] R.J.Q. 2079 (C.S.); *Pinkus Construction Inc.* c. *McRobert*, [1968] B.R. 516; *Bellemarre* c. *Dionne*, [1961] B.R. 524; *Bellerose* c. *Bouvier*, [1955] B.R. 175; Baudouin, *Obligations*, n° 169; H. Lazare, «Misrepresentation in Sale of Immoveables», *Conférences commémoratives Meredith 1989. Problèmes contemporains en droit immobilier*, Cowansville, Yvon Blais, 1990, 65.

116. Art. 1373, al. 2, C.c.Q.

117. Rousseau-Houle, *Précis*, p. 62; Pourcelet, *Vente*, p. 53. Si la perte du bien survient *après* la conclusion de la vente, il s'agit plutôt d'un problème de transfert des risques du contrat, qui peut conduire à la *résolution* de la vente: *infra* n° 76.

118. Art. 1374 C.c.Q. La même règle s'applique à la détermination du prix: *infra* n° 183.

119. Pourcelet, *Vente*, p. 52; Mazeaud, *Leçons.Vente*, n°ˢ 844 et 845.

120. *Summer Sports Inc.* c. *Pavillon Chasse et pêche Inc.*, [1987] R.J.Q. 2467 (C.S.).

121. Voir *Tardif* c. *Fortier*, [1946] B.R. 356.

122. *Infra* n° 78 et s.

123. Rousseau-Houle, *Précis*, p. 63.

124. Mignault, t. 7, p. 20 et 21; Faribault, *Vente*, p. 62 à 64. Voir aussi *Provost & Provost (1961) Ltée*. c. *Spot Supermarkets Corp.*, [1969] R.C.S. 427, [1968] B.R. 404. Voir aussi art. 1474 C.c.B.C.

125. Voir art. 1563 C.c.Q.

126. Art. 1374 C.c.Q. Voir aussi *Inns* c. *Gabriel Lucas Ltée.*, [1963] B.R. 500. Rousseau-Houle, *Précis*, p. 63 et 64. Pour la distinction entre la vente d'un bien à fabriquer ou à construire et le contrat d'entreprise, voir *supra* n° 4. La règle est différente quand l'intention des parties était de passer un contrat aléatoire (ex.: vente de la récolte de tel verger), dans lequel l'acheteur, moyennant en général un prix en conséquence, assume le risque que la quantité ne soit pas celle prévue ou même que le bien n'arrive jamais à existence. Rousseau-Houle, *Précis*, p. 63 et 64; Mazeaud, *Leçons. Vente*, n° 843.

127. Art. 1373, al. 2, C.c.Q.

128. Art. 20 C.c.B.C. Voir R.P. Kouri, «Le consentement aux soins médicaux à la lumière du projet de loi 20», (1987) 18 *R.D.U.S.* 27, p. 38 et s.; J.-L. Baudouin, «Quelques aspects de la loi 20 et des droits de la personnalité», (1987) 18 *R.D.U.S.* 45, p. 52.

129. Art. 25 C.c.Q.

130. Art. 631 C.c.Q. Voir *Labadie* c. *Labrecque*, [1981] C.A. 401.

131. Pourcelet, *Vente*, p. 52. Voir art. 1779 et s C.c.Q. et *infra* n° 257 et s.

132. *Loi sur les produits dangereux*, L.R.C. 1985, chap. H-3, art. 4.

133. *Loi sur les installations électriques*, L.R.Q. chap. I-13.01, art. 10. *Constant* c. *Holy*, [1957] C.S. 357. Voir P.-G. Jobin, «Les effets du droit pénal ou administratif sur le contrat: où s'arrêtera l'ordre public?», (1985) 45 *R. du B.* 655.

134. *Jeanty* c. *Labrecque*, [1978] C.S. 463. R. Lesage, «Les bonnes mœurs au Québec de 1975», (1979) 39 *R. du B.* 334. Voir aussi *Brunet* c. *Shiettekatte*, [1969] C.S. 193. Comparer *Robert Laforce Inc.* c. *Bellemarre*, J.E. 89-1058 (C.A.).

135. *Fabrique de la paroisse de l'Ange-Gardien* c. *P.G. du Québec*, J.E. 87-657 (C.A.), [1980] C.S. 175.

136. Rousseau-Houle, *Précis*, p. 65.

137. Art. 913 C.c.Q.

138. Art. 1411 et 1417 C.c.Q.

139. *Leroux* c. *Robert*, [1948] R.L.n.s. 513 (C.S.); Baudouin, *Obligations*, n° 291.

140. Art. 1409 C.c.Q. et art. 155 et s C.c.Q.

141. Art. 157 C.c.Q.

142. Art. 163 C.c.Q.

143. Art. 158 C.c.Q.

144. Art. 213 C.c.Q.

145. Art. 214 C.c.Q.

146. Art. 161 et 162 C.c.Q.

147. La «simple émancipation» dont il est question ici s'oppose à la «pleine émancipation», laquelle confère au mineur la pleine capacité d'un majeur: voir art. 175 et 176 C.c.Q.
Le mineur peut recevoir la simple émancipation par une décision du tribunal ou une déclaration de son tuteur: voir art. 167 et 168 C.c.Q.

148. Art. 172 C.c.Q.

149. Art. 173 et 174 C.c.Q.

150. Ancien art. 1483 C.c.B.C., abrogé depuis 1970.

151. Art. 401 et 402 C.c.Q. J. Pineau et D. Burman, *Effets du mariage et régimes matrimoniaux*, Montréal, Éditions Thémis, 1984, p. 53 et s.; E. Caparros, *Les régimes matrimoniaux au Québec*, 3ᵉ éd., 2ᵉ tirage, Montréal, Wilson et Lafleur, 1988, n° 56.

152. Art. 404 et 405 C.c.Q. *Droit de la famille - 947*, [1991] R.J.Q. 489 (C.S.). J. Pineau et D. Burman, *supra* note 151, p. 61 et s; E. Caparros, *supra* note 151, nᵒˢ 58 et s.

153. Art. 1212 et s C.c.Q. et comparer art. 968 et s C.c.B.C.

154. Art. 1217 C.c.Q.

155. Voir art. 1299 et s C.c.Q.

156. Voir les art. 192 et s et 285 et s C.c.Q. *Denis-Cossette c. Germain*, [1982] 1 R.C.S. 751.

157. Voir art. 281 et s C.c.Q.

158. Art. 2130 et s C.c.Q.

159. Comparer art. 1484 C.c.B.C. Deslauriers, «Commentaires sur la vente», p. 935.

160. Art. 1709, al. 3, C.c.Q.

161. Art. 1783 C.c.Q. *Boissonneault c. Turgeon*, [1976] C.S. 1198; *Gosselin c. Lapointe*, [1973] C.A. 156. Comparer 1485 C.c.B.C.

162. Art. 1783 C.c.Q. *Belzile c. Bouchard*, J.E. 92-656. Faribault, *Vente*, no 161. Pourcelet, *Vente*, p. 49 et 50; Mignault, t. 7., p. 45.

163. Art. 1417 C.c.Q. A. Cossette, «De certaines ventes nécessitant une autorisation», dans *Répertoire de droit. Vente*, Montréal, Chambre des notaires du Québec, doctrine, document n° 4, 1990. Comparer Ghestin et Desché, *Vente*, n° 232 et s.

164. C'est le droit de préemption du locataire résidentiel. *Loi sur la Régie du logement*, L.R.Q. chap. R-8.1, art. 54.7 et s.

165. C'est le droit de préemption du ministre des Affaires culturelles. *Loi sur les biens culturels*, L.R.Q. chap. B-4, art. 20 et s.

166. C'est la politique contre le démembrement des terres agricoles: *Loi sur la protection du territoire agricole*, L.R.Q. chap. P-41.1, art. 29.

167. A. Cossette, «De certaines ventes nécessitant une autorisation»,*supra* note 163; P. Garant, «Les contrats des autorités publiques; évolution récente et approches nouvelles», (1975) 35 *R. du B.* 275, p. 306; R. Dussault et L. Borgeat, *Traité de droit administratif*, spécialement t. 1, 2ᵉ éd., Québec, Presses de l'Université Laval, 1986, p. 58 et s. Comparer Ghestin et Desché, *Vente*, n° 232 et s.

168. *Loi sur les immeubles industriels municipaux*, L.R.Q. chap. I-0.1, art. 2.

169. *Loi sur l'instruction publique*, L.R.Q. chap. I-13.3, art. 268.

170. Pourcelet, *Vente*, p. 19; Baudouin, *Obligations*, n°s 120 et 121.

171. Mazeaud, *Leçons. Vente*, no 789. Voir art. 1373, al. 2, C.c.Q. et *supra* n° 30.

172. Rousseau-Houle, «Récents développements», p. 316 et 317.

173. Rousseau-Houle, «Récents développements», p. 315 et 316; Baudouin, *Obligations*, n°s 105 et 120; Mazeaud, *Leçons. Vente*, n° 792. Voir aussi Y. Demers, «Les avant-contrats», dans *Répertoire de droit. Biens*, Chambre des notaires du Québec, Montréal, Document 1, août 1981, n°s 10 et s.

174. *Infra* no 50.

175. Art. 1388 à 1390 C.c.Q.

176. Art. 1385 et 1386 C.c.Q.

177. Art. 1390 et 1457 C.c.Q.

178. Art. 1396, al. 1, C.c.Q.

179. «Droit de premier refus» a le même sens mais est un calque de l'anglais. Voir P.-A. Crépeau *et al.*, *Dictionnaire de droit privé*, Montréal, Centre de recherche en droit privé et comparé du Québec et Yvon Blais, 2e éd., 1991, voir «droit de préemption» et «pacte de préférence». Comparer, *contra*, en droit français, Ghestin et Desché, *Vente*, n° 456.

180. *Cadieux* c. *Hinse*, [1989] R.J.Q. 353 (C.S.); *St-Laurent* c. *Ouellette*, [1984] C.A. 124. Rousseau-Houle, «Récents développements», p. 332 et 335. Voir aussi *Phan-Thi-Anh* c. *Nash*, J.E. 92-1703; *Brasserie Labatt Ltée* c. *Montréal (Ville de)*, [1987] R.J.Q. 535 C.A.; *Goulet* c. *McHugh*, [1977] C.S. 298.

181. Voir Rousseau-Houle, «Récents développements», p. 336.

182. H. Turgeon, «Droit et pacte de préférence», (1952) 54 *R. du N.* 397. Comparer la jurisprudence française dans ce sens: Ghestin et Desché, *Vente*, n° 168.

183. Voir *St-Laurent* c. *Ouellette*, [1984] C.A. 124. Rousseau-Houle, «Récents développements», p. 334 et s; Ghestin et Desché, *Vente*, n°s 168 et s.

184. *Romansky* c. *Romansky*, [1989] R.D.I. 636 (C.A.); *Jacol Realty Holdings Inc.* c. *Conseil d'expansion économique d'Argenteuil*, [1986] R.J.Q. 2295 (C.A.). S. Gaudet, «Le droit à la réparation en nature en cas de violation d'un droit personnel ad rem», (1989) 19 *R.D.U.S.* 473; Rousseau-Houle, «Récents développements», p. 337. Voir aussi *St-Denis* c. *Quévillon*, [1915] 51 R.C.S. 603, [1914] 23 B.R. 436.

185. Art. 1397, al. 2, C.c.Q.

186. *Robichaud* c. *Panneton*, [1989] R.J.Q. 1267 (C.S.); *Cadieux* c. *Hinse*, [1989] R.J.Q. 353 (C.S) . Voir aussi *Jacol Realty Holdings Inc.* c. *Conseil d'expansion économique d'Argenteuil*, [1986] R.J.Q. 2295 (C.A.).

187. *Jacol Realty Holdings Inc.* c. *Conseil d'expansion économique d'Argenteuil*, [1986] R.J.Q. 2295 (C.A.); *Romansky* c. *Romansky*, [1989] R.D.I. 636 (C.A.).

188. *Proulx* c. *Villiard*, [1950] B.R. 52. Mazeaud, *Leçons. Vente*, n° 805.

189. Art. 59, 73 et s., 193 et s., 202, 203 et 209 et s. L.p.c. et art. 1785, al. 2, C.c.Q. et *infra* n° 274.

190. Pour la distinction entre une clause pénale et la convention d'arrhes ou la faculté de dédit, voir notamment *Société de développement de Hauterive* c. *Parent*, [1974] C.S. 276. T. Rousseau-Houle, «De la convention d'arrhes», (1976) 36 *R. du B.* 153; Mazeaud, *Leçons. Vente*, nos 805 et 806.

191. Art. 1477 C.c.B.C. Pourcelet, *Vente*, p. 38 et 39. Le législateur n'a pas défini la convention d'arrhes dans le Code civil du Québec.

192. *Société de développement de Hauterive* c. *Parent*, [1974] C.S. 276; *Proulx* c. *Villiard*, [1950] B.R. 52.

193. *Waldrick* c. *Maheux*, [1948] B.R. 579. Rousseau-Houle, *Précis*, p. 45 et 46. Voir aussi *Guiot* c. *Spector*, [1978] C.A. 312.

194. *Péloquin* c. *Montréal Courrier Service Inc.*, J.E. 79-117 (C.S.); *Proulx* c. *Villiard*, [1950] B.R. 52. Pourcelet, *Vente*, p. 39; Rousseau-Houle, *Précis*, p. 47 et 48.

195. *Proulx* c. *Villiard*, [1950] B.R. 52. Voir aussi T. Rousseau-Houle, «De la convention d'arrhes», *supra* note 190.

196. Art. 1711 C.c.Q.

197. Pourcelet, *Vente*, p. 40.

198. Art. 1396, al. 2, C.c.Q.

199. Art. 1712 C.c.Q. Pourcelet, *Vente*, p. 23.

200. Cependant, quand la promesse contient une garantie conventionnelle (par exemple contre les vices cachés) et qu'elle est suivie d'un acte de vente qui, tout en n'excluant pas clairement cette garantie, ne la reprend pas, il faut rechercher l'intention des parties dans les deux documents, la promesse et la vente, de sorte que la garantie conventionnelle fait effectivement partie de la convention des parties: *Dagenais* c. *Cie immobilière 8655 Foucher inc.*, [1989] R.J.Q. 827 (C.A.); *Robichaud* c. *Glenfield*, [1988] R.D.I. 33 (C.A.).

201. *Boisvert* c. *Bournival*, [1984] C.A. 133; *Therrien* c. *Arto*, [1981] C.A. 662; *Ouimet* c. *Guilbault*, [1972] C.S. 859.

202. *Dessureault* c. *Anastasopoulos*, [1989] R.D.I. 377 (C.Q.); *Cyr* c. *Norwich Union Fire Insurance Society Limited*, [1975] C.S. 671; *Ouimet* c. *Guilbault*, [1972] C.S. 859; *Léo Perrault ltée* c. *Blouin*, [1959] B.R. 764; *Raymond de Rosa* c. *Dupuis*, [1958] B.R. 94. P. Lemyre, «La promesse de vente», [1986] R.D.I. 161, p. 171; W. de M. Marler, *The Law of Real Property. Quebec*, Toronto, Burroughs, 1932, nos 417 et 424 à 443; J. Pineau, «À la recherche d'une solution au problème de la promesse de vente», (1965) 67 *R. du N.* 387; Pourcelet, *Vente*, p. 21 et 22; Rousseau-Houle, «Récents développements», p. 328.

203. *Labbé* c. *Placements Hector Poulin inc.*, [1989] R.J.Q. 331 (C.S.); j. Paré, diss., dans *Therrien* c. *Arto*, [1981] C.A. 662, p. 668; *Perron* c. *Lessard*, [1976] C.S. 1830. H. Turgeon, «Considérations sur la promesse de vente», (1952-53) 55 *R. du N.* 321; Mignault, t. 7, p. 23 et s. Voir aussi M. Tancelin, «La promesse de vente en droit civil québécois: une illustration de la conception réaliste du consensualisme», (1969) 47 *R. du B. can.* 573.

204. Art. 1396, al. 2 *in fine*, C.c.Q.

205. Pineau, *supra* note 202; Pourcelet, *Vente,* p. 23; Rousseau-Houle, *Précis,* p. 38.

206. *Therrien* c. *Arto,* [1981] C.A. 662; *Cyr* c. *Norwich Union Fire Insurance Society Ltd.,* [1975] C.S. 67; *Ouimet* c. *Guilbault* [1972] C.S. 859. Voir cependant *Daigle* c. *Allstate du Canada,* [1986] R.D.I. 197 (C.S.).

207. *Soucy* c. *Filion,* [1976] C.A. 870; *Mathieu* c. *Crochat,* J.E. 79-988 (C.S.).

208. Art. 1712 C.c.Q. et 1476 C.c.B.C. Pourcelet, *Vente,* p. 34 et 35. Pour la conformité de l'acte de vente aux stipulations de la promesse, voir *Provenzano* c. *Babori,* J.E. 91-822 (C.A.); Rousseau-Houle, «Récents développements», p. 343 et 345.

209. *Ouimet* c. *Guilbault,* [1972] C.S. 859. P. Lemyre, «La promesse de vente», *supra* note 202, p. 171; Pourcelet, *Vente,* p. 36. Voir *contra, Zusman* c. *Tremblay,* [1951] R.C.S. 659, [1950] B.R. 79.

210. *Zusman* c. *Tremblay,* [1951] R.C.S. 659, [1950] B.R. 79. Pourcelet, *Vente,* p. 36. Voir aussi *Guiot* c. *Spector,* [1978] C.A. 312; *Soucy* c. *Filion,* [1976] C.A. 870; *Perron* c. *Lessard,* [1976] C.S. 1830.

211. *Bahler* c. *Pfeuti,* [1988] R.J.Q. 258 (C.A.); *Hanna* c. *Coffer* [1988] R.D.I. 204; *Guiot* c. *Spector,* [1978] C.A. 312. Pourcelet, *Vente,* p. 43.

212. Art. 1458 C.c.Q. *Millette* c. *Green,* [1985] C.P. 343; *Yaxley* c. *Bowen-Fripp,* [1974] C.A. 601. Rousseau-Houle, *Précis,* p. 41. Voir aussi *Mathieu* c. *Crochat,* J.E. 79-988 (C.S.).

213. Art. 1397, al. 1, C.c.Q. *Therrien* c. *Arto,* [1981] C.A. 662; *Cere* c. *Neeley,* [1980] C.S. 1160.

214. Art. 1397, al. 1, et 1457 C.c.Q. Rousseau-Houle, «Récents développements», p. 324. Voir aussi *St-Denis* c. *Quévillon,* [1915] 51 R.C.S. 605, [1914] 23 B.R. 436. Pourcelet,*Vente,* p. 27.

215. Pourcelet, *Vente,* p. 27; Rousseau-Houle, «Récents développements», p. 324 à 326. Voir aussi *St-Denis* c. *Quévillon,* [1915] 51 R.C.S. 605, [1914] 23 B.R. 436. Comparer *Jacol Realty Holdings Inc.* c. *Conseil d'expansion économique d'Argenteuil,* [1986] R.J.Q. 2295 (C.A.).

216. Voir *infra* n° 84.

217. Art. 733 C.p.c. *Sigma Construction Inc.* c. *Levers,* J.E. 88-214 (C.A.); *Hébert* c. *Lipari,* [1987] R.D.I. 332 (C.S); *Bruwer* c. *Trust Général du Canada,* J.E. 85-170 (C.A.).

218. Art. 751 et s C.p.c. *Société Financière J.B. ltée* c. *122681 Canada inc.,* J.E. 86-135 (C.A.); *Lortie* c. *Gauthier,* [1976] C.S. 1726.

219. Art. 1396, al. 2, et 1397, al. 1, C.c.Q. *Cere* c. *Neeley,* [1980] C.S. 1160. Rousseau-Houle, «Récents développements», p. 320 et 321; Faribault, *Vente,* p. 82 et 83. Voir *infra* n° 55.

220. Art. 1458 C.c.Q. Voir aussi art. 1597 et 1605 C.c.Q. Faribault, *Vente,* p. 84 et 85. Voir aussi art. 1597 et 1605 C.c.Q.

221. *Supra* n° 52 pour l'injonction et la saisie avant jugement.

222. *Sosiak* c. *Marto Construction Inc.,* [1976] C.A. 286, [1974] C.S. 474. Rousseau-Houle, «Récents développements», p. 319. Voir aussi *Banque Mercantile du Canada* c. *Bouchard,* J.E. 78-550 (C.A.); *Comtois* c.

Thibault, J.E. 92-1740 (C.A.); *Groupe immobilier Grilli inc.* c. *Mack*, J.E. 92-990 (C.S.). *Contra*, P. Lemyre, «La promesse de vente», *supra* note 202, p. 165. Voir aussi *contra, Payeur* c. *Dion*, [1979] C.S. 675; *Mercier* c. *Casaubon*, [1970] C.S. 405.

223. *Dubord Construction inc.* c. *Elkman Development Corp.*, J.E. 92-39 (C.A.); *Groupe immobilier Grilli inc.* c. *Mack*, J.E. 92-990 (C.S.); *Gauthier* c. *Planchette*, [1972] C.S. 821. Voir aussi *Barrette* c. *Talbot*, J.E. 88-575 (C.A.); *Sosiak* c. *Marto Construction Inc.*, [1976] C.A. 286, [1974] C.S. 474.

224. Faribault, *Vente*, p. 80 et 81; Rousseau-Houle, «Récents développements», p. 320. Il peut aussi y avoir renonciation tacite à ses droits par le bénéficiaire: *Boisvert* c. *Bournival*, [1984] C.A. 133.

225. Voir *supra* notes 202 et 203, pour les autorités encore pertinentes et celles qui ne le sont plus.

226. Pourcelet, *Vente*, p. 29 à 31. Voir *supra* n° 47.

227. Pourcelet, *Vente*, p. 31. Voir aussi *supra* n° 48.

228. Art. 1458 et 1712 C.c.Q. *Supra* n°ˢ 49 à 52.

229. Art. 1710 C.c.Q. et 1478 C.c.B.C. *Leblanc* c. *Janson*, J.E. 82-753 (C.A.); *Perron* c. *Lessard*, [1976] C.S. 1830. Voir aussi *Arsenault* c. *Entreprises Paganina inc.*, J.E. 87-831 (C.S.).

230. *Léo Perrault Ltée* c. *Blouin*, [1959] B.R. 764. Pourcelet, *Vente*, p. 32. Rousseau-Houle, *Précis*, p. 35.

231. *Payeur* c. *Dion*, [1979] C.S. 675.

232. *Payeur* c. *Dion*, [1979] C.S. 675. *Yaxley* c. *Bowen-Fripp*, [1974] C.A. 601; *Nadeau* c. *Dulac*, [1953] 1 R.C.S. 164. Pourcelet, *Vente*, p. 32; Rousseau-Houle, *Précis*, p. 35.

233. Goldstein, «Observations sur la vente», p. 335 et 336.

234. A. Bilodeau, «La vente de la chose d'autrui», (1954-55) 1 *C. de D.* 34, p. 40; Pourcelet, *Vente*, p. 55, 60 et 61.

235. Mignault, t. 7, p. 54; Mazeaud, *Leçons. Vente,* n° 816 .

236. Pourcelet, *Vente*, p. 60 et 61.

237. Art. 2242 C.c.B.C.

238. Art. 2258 C.c.B.C.

239. Art. 2925 C.c.Q.

240. Art. 1487 C.c.B.C. Rousseau-Houle, *Précis*, p. 67 et 68.

241. Art 1715 C.c.Q. et 1487 C.c.B.C.

242. Art. 1420 et 1714 C.c.Q.

243. Dans le droit du Code civil du Bas-Canada, la seule restriction imposée par le législateur à l'acquéreur de mauvaise foi concernait son droit d'être indemnisé de son préjudice par le vendeur. L'action en dommages-intérêts était réservée à l'acheteur de bonne foi: art. 1487 C.c.B.C.

244. Art. 1714 et 1715 C.c.Q.

245. Art. 1714, al. 1, C.c.Q.

246. Art. 1724, al. 2, C.c.Q.

247. Art. 1488 à 1490 et 2268 C.c.B.C. Y. Caron, «La vente et le nantissemment de la chose mobilière d'autrui», (1977) 23 *R.D. McGill* 1

et 380; Pourcelet, *Vente*, p. 65 et s.; Rousseau-Houle, *Précis*, p. 69 et s.
L'Office de révision du Code civil n'avait, dans ce contexte, accordé
aucune importance à l'intérêt général du commerce: voir art. 387 P.C.c.

248. Art. 1714, al. 2, C.c.Q.

249. Voir art. 1713, al. 1, C.c.Q.

250. L.R.C. 1985, chap. B-1, art. 178 et 179.

251. *Curateur public du Québec* c. *Barbeau*, [1985] C.P. 142; *Entreprises
Maurice Canada ltée* c. *Cossette et frères ltée*, [1980] C.S. 895; *Sawyer
Tanning Company* c. *Leather Group Ltd.*, [1977] C.S. 1150; *Industrial
Acceptance Corp.* c. *Couture*, [1954] R.C.S. 34. Pourcelet, *Vente*, p. 56.

252. Faribault, *Vente*, nᵒˢ 174 à 176; Pourcelet, *Vente*, p. 57 et 58.

253. Voir art. 1453, al. 2, C.c.Q.

254. Voir art. 1453, al. 2, C.c.Q.

255. Art. 1713, al. 2, C.c.Q.
Il a été décidé que, lorsque le vendeur prétend être devenu propriétaire
après l'institution de l'action en nullité, cela n'empêche pas l'action d'être
accueillie car la situation doit être appréciée au jour de l'institution de la
demande en nullité: *Polanski* c. *Hart*, [1963] C.S. 350. Pourcelet, *Vente*,
p. 62 et 63. Cette décision était sans doute juste vu les faits en l'espèce,
mais, aujourd'hui, les tribunaux ont plutôt tendance à apprécier une
situation au moment de l'enquête et de l'audition.

256. Art. 2160, al. 2, C.c.q. Voir aussi C. Fabien, «Les règles du mandat»
dans *Répertoire de droit. Mandat*, Montréal, Chambre des notaires du
Québec, doctrine, document nᵒ 1, 1986, nᵒˢ 430 et s.

257. Art. 1323 et 2163 C.c.Q.

258. Art. 627 C.c.Q. G. Brière, *Traité de droit civil* (P.-A. Crépeau, éd.),
Les successions, Centre de recherche en droit privé et comparé du Québec
et Yvon Blais, 1990, nᵒ 148; Pourcelet, *Vente*, p. 56.

259. Art. 1707 C.c.Q. Baudouin, *Obligations,* nᵒ 325 pour l'annulation et
nᵒ 459 pour la résolution. Voir *contra, Denis-Cossette* c. *Germain*, [1982]
1 R.C.S. 751.

260. Art. 1714 C.c.Q. et 2268 C.c.B.C. Voir aussi art. 2919, al. 2, C.c.Q.

261. Art. 1488, 1489 et 2268 C.c.B.C. Voir aussi art. 1525, al. 3 C.c.Q..

262. Art. 1714, al. 2, C.c.Q.

263. Art. 1488, 1489 et 2268 C.c.B.C. et *supra* nᵒ 58.

264. *Piché* c. *Laurentide Finance,* [1983] C.A. 301.

265. Art. 932 et 958 et s C.c.Q.

266. Art. 1714 C.c.Q.

267. L'Office de révision du Code civil n'avait recommandé, pour le
propriétaire, que le droit de revendiquer son bien: art. 357 et 387 P.C.c.

268. Voir art. 1487 à 1490 et 2268 C.c.B.C. Faribault, *Vente,* nᵒ 157;
Pourcelet, *Vente*, p. 64.

269. *Supra* nᵒ 59 et art. 1714, al. 1, C.c.Q. et *infra* nᵒ 64.

270. Art. 1715 C.c.Q.

271. Il voudra cependant intenter contre le vendeur un recours en
dommages-intérêts: *infra* nᵒ 70.

272. Art. 1714, al. 1, C.c.Q. Cette disposition reprend les art. 1490 et 2268, al. 5, C.c.B.C. Si le propriétaire découvre la saisie, il peut toutefois formuler une opposition: art. 597 et 675 C.p.c.

273. Pourcelet, *Vente*, p. 70; Rousseau-Houle, *Précis*, p. 76.

274. Art. 577 C.p.c. Y. Caron, «La vente et le nantissement de la chose mobilière d'autrui», *supra* note 247, p. 398 et s; Pourcelet, *Vente*, p. 70 et 71; Rousseau-Houle, *Précis*, p. 76 et 77.

275. Art. 569 et 577 C.p.c. Pourcelet, *Vente*, p. 71; Rousseau-Houle, *Précis*, p. 76 et 77.

276. Art. 1714, al. 1 et 2919 C.c.Q. et 2268 C.c.B.C. *Joyal* c. *Boka*, J.E. 88-116 (C.S.); *Arsenault* c. *Entreprises Paganina inc.*, J.E. 87-831 (C.S.); *René T. Leclerc inc.* c. *Perreault*, [1970] C.A. 141.

277. Art. 1714, al. 1, 2917 et 2918 C.c.Q.

278. Art. 928 C.c.Q. *Entreprises Maurice Canada ltée* c. *Cossette et frères ltée*, [1980] C.S. 895.

279. Art. 927 C.c.Q.

280. *Entreprises Maurice Canada ltée* c. *Cossette et frères ltée*, [1980] C.S. 895; *Morgan, Ostiguy & Hudon ltée* c. *Sun Life Ass. of Canada*, [1975] C.A. 473; *Econ Oil Co.* c. *Eddy Veilleux transport ltée*, [1973] C.S. 1068; *Fortin Foundry Ltd.* c. *Palmer Brothers Ltd.*, [1960] C.S. 325. Y. Caron, «La vente et le nantissement de la chose mobilière d'autrui», *supra* note 247, p. 19 et s. Comparer *Crédit Ford du Canada* c. *Demers*, J.E. 92-1159 (C.Q.).

281. *Entreprises Maurice Canada ltée* c. *Cossette et frères ltée*, [1980] C.S. 895; *Econ Oil Co.* c. *Eddy Veilleux transport ltée*, [1973] C.S. 1068.

282. Art. 2917 C.c.Q. Pourcelet, *Vente*, p. 62.

L'acheteur de mauvaise foi s'expose, en plus de la revendication et la nullité, aux dommages-intérêts: *Fortin* c. *Palmer Brothers Ltd*, [1960] C.S. 324.

283. Art. 1714, al. 1 et 2917 C.c.Q. Voir aussi art. 2918 C.c.Q. *Siest* c. *Moussette*, [1986] R.J.Q. 674 (C.S.). Comparer art. 2242 et 2252 C.c.B.C. Rousseau-Houle, *Précis*, p. 68 et 69.

284. Goldstein, «Observations sur la vente», p. 348 et 349; Pourcelet, *Vente*, p. 62. Voir art. 1723 et s C.c.Q. et *infra* n°s 120 et s.

285. Art. 1713 et 1715 C.c.Q.

286. *Baudouin* c. *Le Groupe Dominion du Canada, cie d'assurance*, [1989] R.R.A. 711 (C.Q.). Ghestin et Desché, *Vente*, n° 371; Pourcelet, *Vente*, p. 59 et 60; Rousseau-Houle, *Précis*, p. 67 et 68. Voir aussi *supra* n° 57. Voir *contra*, *Diotte* c. *Guardian assurance ltée*, [1977] C.S. 306; *Soucy* c. *Guardian Insurance Co.*, [1975] C.S. 447.

287. Art. 1420 C.c.Q.

288. Art. 1714 C.c.Q. et *supra* n° 62.

289. Art. 1420, al. 2, C.c.Q. Voir Pourcelet, *Vente*, p. 59.

290. Art. 1423 C.c.Q. Voir Baudouin, *Obligations*, n° 317.

291. Art. 1487 C.c.B.C. Pourcelet, *Vente*, p. 60 et 61; Rousseau-Houle, *Précis*, p. 68.

292. Voir *supra* n° 57.

293. Art. 1715, al. 2, C.c.Q.

294. Art. 1714, al. 1, et 1715, al. 2, C.c.Q. .

295. Pourcelet, *Vente*, p. 63.

296. Art. 1714, al. 1, et 1715, al. 2, C.c.Q.

297. Voir art. 1714 C.c.Q.

298. Voir art. 1490 et 2268, al. 5, C.c.B.C. Pourcelet, *Vente*, p. 70.

299. Art. 1487 C.c.B.C.

300. Art. 357 et 387 P.C.c. Commentaires de l'O.R.C.C., p. 703.

301. Art. 1723 C.c.Q. et *infra* n° 123.

302. Voir Deslauriers, «Commentaires sur la vente», p. 936; Goldstein, «Observations sur la vente», p. 349 et 350.

303. Art. 1714, al. 2, C.c.Q.

304. Art. 1457 C.c.Q. *Banque nationale du Canada* c. *Michel et Serge auto inc.*, [1989] R.J.Q. 2905 (C.Q.). Pourcelet, *Vente*, p. 64. Voir aussi *Morgan, Ostiguy et Hudon ltée* c. *Sun Life Assurance Co. of Canada*, [1975] C.A. 473.

305. Art. 152 du *Code de la sécurité routière*, L.R.Q., chap. C-24.2. *Banque nationale du Canada* c. *Michel et Serge auto inc.*, [1989] R.J.Q. 2905 (C.Q.)
Le texte des nouvelles dispositions est heureusement plus clair que celui de l'ancien article 22 du *Code de la route* (L.R.Q., chap. C-24) et n'entraîne pas les difficultés d'interprétation du Code civil illustrées par *Industrial Acceptance Corp.* c. *Couture*, [1954] R.C.S. 34. M. Pourcelet, «Vente d'un véhicule volé. Recours du propriétaire revendiquant contre le vendeur licencié», (1964-65) 67 *R. du N.* 135.

306. Art. 154 du *Code de la sécurité routière*, L.R.Q., chap. C-24.2.

307. Deslauriers, «Commentaires sur la vente», p. 937.

308. Art. 1744, al. 1, C.c.Q. et 1475 C.c.B.C.

309. Art. 1475 C.c.B.C. *Studio Gosselin ltée* c. *Campagna*, [1977] C.P. 154. Pour un exemple de condition résolutoire, voir *Religieuses du Précieux-Sang de Notre-Dame de Grâce, Montréal* c. *Décarie*, [1990] R.D.I. 387 (C.S.), et commentaire Y. Desjardins, (1991-92) 94 *R. du N.* 441.

310. Pourcelet, *Vente*, p. 92 et 93.

311. Art. 1308 et 1309 C.c.Q.

312. Art. 1699 C.c.Q. Pourcelet, *Vente*, p. 93 et 102; Rousseau-Houle, *Précis*, p. 52. Voir art. 1299, 1301 et s et 1497 et s C.c.Q. *Duval* c. *Larocque*, [1951] C.S. 474; *Studio Gosselin ltée* c. *Campagna*, [1977] C.P. 154.

313. Art. 1744, al. 2, C.c.Q. Désormais, il n'est donc plus possible, en cas de silence de la convention, de prouver la durée de l'essai d'après l'usage.

314. *Mercier* c. *Watson Jack-Hopkins Ltd.*, [1961] C.S. 251; Pourcelet, *Vente*, p. 94.

315. Mignault, t. 7, p. 22. Comparer *Stonehouse* c. *Valiquette*, [1915] 47 C.S. 408. Mazeaud, *Leçons. Vente*, n° 914.

316. Art. 1453, al. 1, C.c.Q. et 1025, al. 1, et 1472, al. 2, C.c.B.C. *Mechutan Fur Corp.* c. *Cark Druker Furs Inc.*, [1962] C.S. 429. Voir

aussi, pour la notion de bien individualisé, *Nault* c. *Canadian Consumer Co.*, [1981] 1 R.C.S. 553.

317. Art. 1453, 1455, 2938, 2941 et 2962 C.c.Q. et 1472, al. 2, C.c.B.C. *Zusman* c. *Tremblay*, [1950] B.R. 79, conf. [1951] R.C.S. 659. Baudouin, *Obligations*, nº 471.

318. Art. 1453, al. 1, C.c.Q.

319. Art. 1453, al. 1 *in fine*, C.c.Q. Pourcelet, *Vente*, p. 88 et 89. Comparer Rousseau-Houle, *Précis*, p. 48 et 49.

Si toutefois l'intention des parties est d'avoir un prix fixe quel que soit le nombre d'articles ou leur poids, l'acheteur ne peut pas obtenir de réduction du prix s'il n'a pas la quantité escomptée: *Ruffo* c. *Montréal Construction Ltd.*, [1953] R.L. 458 (C.S.).

320. Voir *Tourbière Pearl Inc.* c. *Leclerc*, [1983] R.L. 397 (C.S.); *Pépin* c. *David Lord ltée*, [1970] C.S. 378; *Lévesque* c. *Tremblay*, [1947] B.R. 684. Comparer *infra* nº 79.

321. Art. 949, 950 et 1456, al. 1, C.c.Q., sous réserve de l'art. 1456, al. 2, C.c.Q. Voir *Mechutan Fur Corp.* c. *Carl Druker Furs Inc.*, [1962] C.S. 429; *Zusman* c. *Tremblay*, [1950] B.R. 79, conf. [1951] R.C.S. 659. Baudouin, *Obligations*, nos 472 et 473; D. Jacoby, «Les risques dans la vente: de la loi romaine à la loi de la protection du consommateur», (1972) 18 *R.D. McGill* 343; Pourcelet, *Vente*, p. 115; Rousseau-Houle, *Précis*, p. 13.

322. Art. 949 et 1456 C.c.Q. Mazeaud, *Leçons. Vente*, nº 939; Rousseau-Houle, *Précis*, p. 91. Voir aussi *Silices St-Pierre ltée* c. *Armand Sicotte et fils ltée*, [1976] C.S. 1420.

323. Art. 949 et 1456, al. 1, C.c.Q.

324. Art. 950 et 1456, al. 1, C.c.Q.

325. Art. 1456, al. 2, C.c.Q. Le législateur s'est inspiré en partie de la *Convention (de Vienne) sur la vente internationale de marchandises (de 1980)*. Dans ses commentaires, le gouvernement souligne que la disposition nouvelle correspond mieux aux attentes des parties et que le vendeur, jusqu'à la délivrance, est dans une meilleure position que l'acheteur pour contrôler les risques.

326. Art. 1693 C.c.Q. Comparer art. 1200 C.c.B.C. qui permettait l'exonération par la preuve *aussi* de l'absence de faute: le changement dans cette règle semble avoir été opéré par inadvertance (voir les Commentaires du gouvernement). Comparer aussi l'art. 1562 C.c.Q. qui, en matière de perte partielle, permet l'exonération par la preuve soit d'un cas fortuit *soit d'une absence de faute.*

327. Voir art. 1200 C.c.B.C. Pourcelet, *Vente* p. 98 et 99; Rousseau-Houle, *Précis*, p. 13. Cette nouvelle règle n'avait pas été proposée par l'Office de révision.

328. Voir art. 1693 et 1694 C.c.Q. et 1202 C.c.B.C. Baudouin, *Obligations*, nº 465; D. Jacoby, «Les risques dans la vente», *supra* note 321, spécialement p. 351 et 352. Il y a désormais unité presque totale de règles en cette matière dans la vente et le contrat d'entreprise: voir art. 2115 C.c.Q. et comparer art. 1684 à 1686 C.c.B.C.

329. Loi d'application, art. 84.

330. Voir art. 133 L.p.c.

331. Art. 1746 C.c.Q. et *infra* n° 218.

332. Art. 1562 C.c.Q. et 1150 C.c.B.C. Baudouin, *Obligations*, n° 299. Pour les cas où le vendeur est de plein droit en demeure de livrer, voir art. 1597 C.c.Q.

333. Art. 1453, al. 2, C.c.Q. et 1026 C.c.B.C. Voir Ghestin et Desché, *Vente*, n°ˢ 544 et 546. Voir *supra* n° 30 pour les notions de bien individualisé et de bien déterminé seulement par son espèce.

334. Voir art. 1474 C.c.B.C. Mazeaud, *Leçons. Vente*, n°ˢ 904 et 906.

335. Voir Mazeaud, *Leçons. Vente*, n°ˢ 903 et s.

336. *Tourbière Pearl Inc.* c. *Leclerc*, [1983] R.L. 397 (C.S.); *Provost & Provost (1961) ltée* c. *Spot Supermarkets Corp.*, [1969] R.C.S. 427, [1968] B.R. 404; *Laurier* c. *St-Jean*, [1952] B.R. 561. Pourcelet, *Vente*, p. 87. Voir aussi Mazeaud, *Leçons. Vente*, n°ˢ 904 à 906. Voir *infra* n° 183 pour le cas où la pesée, le comptage ou le mesurage ne sont pas requis pour individualiser les biens vendus, mais seulement pour déterminer le prix total de la vente.

337. Voir art. 1453, al. 2, C.c.Q. et art. 1474 C.c.B.C.

338. Ghestin et Desché, *Vente*, no 546. Voir aussi Mazeaud, *Leçons. Vente*, n° 905.

339. *Contra, Joyal* c. *Beaucage*, [1921] 59 C.S. 211.

340. Art. 1458 et 1736 C.c.Q.

341. Art. 1590 et 1601 C.c.Q. *Interprovincial Lumber Co.* c. *Matapedia Co.*, [1973] C.A. 140. R. Jukier, «The Emergence of Specific Performance as a Major Remedy in Quebec Law», (1987) 47 *R. du B.* 47, p. 57; Pourcelet, *Vente*, p. 88. *Contra, Nault* c. *Canadian Consumer Co.*, [1981] 1 R.C.S. 553. Voir aussi *contra*, Baudouin, *Obligations*, n° 685.

342. D. Jacoby, «Les risques dans la vente»,*supra* note 321, p. 353; Rousseau-Houle, *Précis*, p. 50. Voir aussi *Lévesque* c. *Tremblay*, [1947] B.R. 684. Voir *contra*, Pourcelet, *Vente*, p. 87 et 88.

343. Art. 1453, al. 2, C.c.Q. Comparer *supra* n° 22 pour les contrats conclus à distance.

344. Voir *Lévesque* c. *Tremblay*, [1947] B.R. 684.

345. Voir art. 2103 C.c.Q. et *supra* n° 4 pour la distinction entre la vente d'un bien à fabriquer et le contrat d'entreprise.

346. Art. 1453, al. 2, C.c.Q. Comparer Pourcelet, *Vente*, p. 89, qui omet toutefois l'exigence de l'information de l'acheteur. Voir Mazeaud, *Leçons. Vente*, n° 909; Ghestin et Desché, *Vente*, n° 555, en tenant compte du fait que le droit français n'exige pas l'information de l'acheteur, en plus de l'individualisation.

347. Mazeaud, *Leçons. Vente*, n° 909; Ghestin et Desché, *Vente*, n° 555.

348. Pourcelet, *Vente*, p. 89. Voir aussi *Inns* c. *Gabriel Lucas*, [1963] B.R. 500, qui est un cas d'espèce.

349. Art. 949, 950 et 1456 C.c.Q. Voir *supra* n° 76.

350. Art. 1456 C.c.Q.

351. Voir aussi *supra* n° 76.

352. Voir Baudouin, *Obligations*, n° 476; Rousseau-Houle, *Précis*, p. 49.

353. Art. 1746 C.c.Q.

354. Art. 1454 et 1029, al. 2, C.c.B.C.; Voir aussi art. 2268, al. 1, C.c.B.C.

355. *Tardif* c. *Fortin*, [1946] B.R. 356.

356. J. Pineau et D. Burman, *Théorie des obligations*, 2ᵉ éd., Montréal, Thémis, 1988, n° 158.

357. J. Pineau et D. Burman, *supra* note 356, note 335. Voir art. 1723 et s C.c.Q. et *infra* n⁰ˢ 120 et s.

358. Art. 1455, 2938, al. 1, 2941 C.c.Q. et 1027, 1472, al. 2, et 2098, al. 1 et 2, C.c.B.C. Selon le nouvel art. 1707 C.c.Q., l'aliénation à titre onéreux faite par l'acheteur qui ne devait *pas* être préféré sera opposable, semble-t-il, à l'autre acheteur; la solution est contraire à celle suivie dans une décision rendue sous l'ancien code: *Cimon* c. *Aubin*, [1964] C.S. 428.

359. Art. 2941, al. 2, C.c.Q.

360. J. Pineau et D. Burman, *supra* note 356, n⁰ˢ 156 et 158.

361. Art. 2085 C.c.B.C. Voir J. Pineau et D. Burman, *supra* note 356, n° 158. *Mercier* c. *Blais*, J.E. 91-502 (C.A.).

362. Art. 2962 C.c.Q.

363. J. Pineau et D. Burman, *supra* note 356, note 334. Voir art. 1723 et s C.c.Q. et *infra* n⁰ˢ 120 et s.

364. Baudouin, *Obligations*, n° 481; Pourcelet, *Vente*, p. 86, 90 et 103; Rousseau-Houle, *Précis*, p. 91;

365. Ghestin et Desché, *Vente*, n° 559; W. Tetley, *Marine Cargo Claims*, 3ᵉ éd., Montréal, Yvon Blais, 1988, p. 157, 159, 160, 161, 165, 166, 169 à 173, 177.

366. Art. 1508 et s C.c.Q.

367. Art. 1453 et 1456 C.c.Q. Mazeaud, *Leçons*. *Vente*, n° 912.

368. Rousseau-Houle, *Précis*, p. 229 et 230. Voir art. 1746 C.c.Q. et *infra* n° 218.

369. Art. 1497 et s C.c.Q.

370. Art. 1744 C.c.Q. et *supra* n° 72.

371. Art. 1507 et 1699 C.c.Q. *Studio Gosselin Ltée* c. *Campagna*, [1977] C.P. 154. Une réserve doit être faite: dans certaines circonstances, le vendeur ou l'acheteur doit, par la nature des choses, assumer certaines obligations temporaires qui, si elles sont violées, entraîneront responsabilité même si la vente n'a pas lieu (par exemple, l'acheteur qui a reçu le bien a une obligation de garde et de conservation à son endroit tant qu'il ne l'a pas remis au vendeur).

372. Voir *Commission de protection du territoire agricole* c. *Venne*, [1985] C.A. 703, j. Jacques, p. 705; *Létourneau* c. *Laliberté*, [1957] C.S. 428. Pourcelet, *Vente*, p. 91; Rousseau-Houle, *Précis*, p. 229. Voir *contra*, J. Pineau et D. Burman, *supra* note 356, n° 280.

373. *Commission de protection du territoire agricole* c. *Venne*, [1989] 1 R.C.S. 880, [1989] R.D.I. 263 (C.S.C.).

374. Voir *Bissonnette* c. *Cie de finance Laval ltée*, [1963] R.C.S. 616; *Caisse populaire de Scott* c. *Guillemette*, [1962] B.R. 293.

375. Art. 1748 C.c.Q. et *infra* n° 220.

376. Art. 1506 C.c.Q. Baudouin, *Obligations*, n° 772.

377. Pourcelet, *Vente*, p. 92.

378. Art. 1506 C.c.Q., qui semble avoir préséance sur la règle de la restitution des prestations (art. 1707 C.c.Q.). Baudouin, *Obligations*, n° 772. Voir aussi *Caisse populaire de Scott* c. *Guillemette*, [1962] B.R. 293.

379. Art. 1750 C.c.q. et s et *infra* n°⁵ 228 et s.

380. Art. 1506 et 1507 C.c.Q. *Delorme (in re): Gaudet* c. *Perras*, [1970] C.S. 374. Baudouin, *Obligations*, n° 775; Pourcelet, *Vente*, p. 95.

381. Art. 1506 C.c.Q., qui semble avoir préséance sur la règle générale (art. 1707 C.c.Q.). *Larin* c. *Brière*, [1965] B.R. 800; *Vachon* c. *Deschênes*, (1935) 59 B.R. 193. Baudouin, *Obligations*, n° 775.

382. Art. 1886, 1887 et 1937 C.c.Q.

383. Art. 1742 C.c.Q.

384. Art. 1743, al. 1, C.c.Q. et *infra* n°⁵ 193 et s.

385. Art. 1743, al. 2, C.c.Q. et *infra* n° 203.

386. *Grace and Co.* c. *Clogg*, [1920] 57 C.S. 251. Pourcelet, *Vente*, p. 103.

387. Art. 1746, al. 2, C.c.Q. et *infra* n° 218.

388. Art. 1456 C.c.Q. Toutefois, l'al. 2 de l'art. 1456 C.c.q. prévoit que les risques demeurent à la charge du vendeur jusqu'à la délivrance, même s'il n'est plus propriétaire; les règles du Code civil sur le transfert des risques n'étant pas impératives, comme on vient de le voir, une stipulation conventionnelle sur le transfert des risques aurait donc pour conséquence d'écarter à la fois la règle générale du 1er al. de l'art. 1456 et la règle particulière du 2e al. de ce même article.

389. Art. 1746 C.c.Q.

390. Art. 1744 C.c.Q. et *supra* n° 72.

391. Baudouin, *Obligations*, n° 477; Pourcelet, *Vente*, p. 102.
À l'époque où la vente à tempérament était considérée comme une vente sous condition suspensive (voir *supra* no 89), quelques décisions avaient outrepassé cette règle et avaient placé les risques du contrat sur l'acheteur: *infra*, n° 218.

392. Baudouin, *Obligations*, n° 478; Pourcelet, *Vente*, p. 103.

393. Art. 1562 C.c.Q. et 1150 C.c.B.C. Baudouin, *Obligations*, n° 482; Pourcelet, *Vente*, p. 102 et 103.

394. Art. 1716 C.c.Q.

395. Art. 1491 et 1507 C.c.B.C. Voir aussi Rousseau-Houle, *Précis*, p. 84.

396. Art. 1434 C.c.Q. et 1024 C.c.B.C. et *infra* n° 146. Par exemple *Royal Industries Inc.* c. *Jones*, [1979] C.A. 561; *L. Martin et fils inc.* c. *Industries Pittsburgh du Canada ltée*, [1982] C.S. 629. Voir aussi Goldstein, «Observations sur la vente», p. 354 et 355.

397. *Turcotte* c. *Lacombe*, [1975] C.A. 305; *Descôtes* c. *Lauzon*, [1958] B.R. 66. Rousseau-Houle, *Précis*, p. 85. Voir aussi *(Procureur Général) Québec* c. *J.L. Guay ltée*, [1984] C.S. 1143. M. Boodman, «The Right of Retention of the Seller of Moveables in Quebec», (1988) 67 *R. du B. can.* 658, p. 660 et s.

398. Art. 1717 C.c.Q. Voir aussi art. 1492 et 1493 C.c.B.C.

399. Mazeaud, *Leçons. Vente*, n° 930; Rousseau-Houle, *Précis*, p. 85. Voir aussi P. Martineau, *La prescription*, Montréal, P.U.M., 1977, n° 52.

400. Mentionnons, dans les ventes à distance: la livraison au transporteur dans la vente FOB, la livraison sous le plan du navire dans la vente FAS, la livraison à bord même du navire dans la vente CAF, ou CIF. Ghestin et Desché, *Vente*, n° 559; W. Tetley, *Marine Cargo Claims*, supra note 365, p. 157, 159 à 161, 165, 166, 169 à 173, 177; J.A. Martin Léger, *Le contrat de vente C.A.F. au Québec*, Cowansville, Yvon Blais, 1992.

401. Deslauriers, «Commentaires sur la vente», p. 939; Ghestin et Desché, *Vente*, n° 666. Voir aussi P.-A. Crépeau *et al.*, *Dictionnaire de droit privé*, Montréal, Centre de recherche en droit privé et comparé du Québec et Yvon Blais, Université McGill, 1991, voir «délivrance» et «livraison».

402. Rousseau-Houle, *Précis*, p. 86. Voir *supra* n°s 79 et 82.

403. Pourcelet, *Vente*, p. 106 et 107. Voir art. 1299 et s C.c.Q., spécialement art. 1308 et 1309 C.c.Q.

404. Art. 1722 C.c.Q. et 1495 C.c.B.C. De son côté, l'acheteur assume les frais d'enlèvement du bien: voir *infra* n° 117.

405. Rousseau-Houle, *Précis*, p. 88 et 89.

406. Art. 1734 C.c.Q. et art. 1479 C.c.B.C.

407. Voir Ghestin et Desché, *Vente*, n°s 674 et s; Pourcelet, *Vente*, p. 110 et 111; Rousseau-Houle, *Précis*, p. 86 et 87.

408. Voir *Légaré* c. *Madore*, [1955] C.S. 186.

409. Sauf convention contraire, la délivrance d'un immeuble occupé par un locataire est complète dès que le vendeur le délaisse et en remet les clés à l'acquéreur, même si le locataire continue d'occuper son local comme l'y autorise la loi: art. 1886, 1887 et 1937 C.c.Q.

410. *St-Louis* c. *Gatto*, J.E. 80-516 (C.S.), C.A.P. 88C-246 (C.A.). La remise des copies d'actes relatifs au titre de propriété est désormais visée par une disposition expresse du Code civil et s'analyse dans le cadre de l'objet de la délivrance: art. 1719 C.c.Q. et *infra* n° 101.

411. *Lauriault* c. *Lévesque*, [1944] C.S. 37.

412. *Plourde* c. *Chrétien*, [1933] 54 B.R. 15. Voir aussi art. 1494 C.c.B.C., qui n'a pas été repris dans le Code civil du Québec. Pour la cession de créance, qui n'est plus un type de vente, mais un mode de transmission de l'obligation, voir art. 1637 et s C.c.Q.

413. Art. 1718 C.c.Q. et 1499 C.c.B.C. Pourcelet, *Vente*, p. 116; Rousseau-Houle, *Précis*, p. 91.

414. Art. 1719 C.c.Q.

415. Art. 1719 C.c.Q. et *infra* n° 105.

416. *Turcotte* c. *Lacombe*, [1975] C.A. 305; *Cama* c. *National Automobile*, [1971] R.L. 243 (C.P.).

417. Notamment *J.E. Livernois Ltée* c. *Plamondon*, J.E. 85-619 (C.A.), [1982] C.S. 594; *Royal Industries Inc.* c. *Jones*, [1979] C.A. 561. P. Legrand jr, «Pour une théorie de l'obligation de renseignement du fabricant en droit civil canadien», (1981) 26 *R.D. McGill* 207, p. 244 et s.

418. Art. 1468, 1469 et 1473 C.c.Q.

419. Art. 1458, al. 2, C.c.Q.

420. *Infra* n°s 144 et s.

421. Ghestin et Desché, *Vente*, n° 867; P. Legrand jr, «Pour une théorie de l'obligation de renseignement du fabricant en droit civil canadien», *supra*

note 417, p. 226. Pour d'autres détails, voir P.-G. Jobin, *Les contrats de distribution de biens techniques*, Québec, P.U.L. 1975, nᵒˢ 52 et s.

422. Art. 1182 C.c.Q.

423. Art. 1886, 1887 et 1937 C.c.Q.

424. Art. 1442 C.c.Q.

425. *McGuire* c. *Fraser*, [1908] 40 R.C.S. 577. Voir art. 2103, 2118 à 2120 C.c.Q. et art. 1688 et 1689 C.c.B.C.

426. *General Motors Products of Canada Ltd* c. *Kravitz*, [1979] 1 R.C.S. 790.

427. Art. 1730 C.c.Q. et *infra* nᵒˢ 173 et s.

428. Pourcelet, *Vente*, p. 118; Rousseau-Houle, *Précis*, p. 92.

429. Art. 949 et 1456 C.c.Q. et *supra* nᵒ 76.

430. Art. 1719 C.c.Q. *Kelegher, Stump Dessinateurs Associés Inc.* c. *Cuttle-Derry*, [1983] C.A. 296; *Boyer* c. *Roy*, [1936] 42 R.L. 54 (C.S.). Pourcelet, *Vente*, p. 117.

431. *Corbeil* c. *Horner-Corbeil*, [1978] C.S. 703. Pourcelet, *Vente*, p. 117. Voir aussi Ghestin et Desché, *Vente*, nᵒˢ 682 et 683.

432. Art. 1561 C.c.Q. Ghestin et Desché, *Vente*, nᵒˢ 707 et s; Mazeaud, *Leçons. Vente*, nᵒ 937; Pourcelet, *Vente*, p. 107 et 108.

433. Art. 1563 C.c.Q.

434. Ghestin et Desché, *Vente*, nᵒˢ 760 et s; Mazeaud, *Leçons. Vente*, nᵒ 937. Voir *infra* nᵒˢ 143 et s pour la garantie de qualité.

435. *Turmel* c. *Quadragesco Inc.*, [1988] R.J.Q. 2608 (C.A.). Voir *supra* nᵒ 24 et s pour l'erreur.

436. *Scharf* c. *Kerr*, [1969] B.R. 855; *Choquette* c. *Abias Pépin*, [1963] C.S. 145.

437. *Houle* c. *Centre d'Économie Énergétique de la Rive-Nord Inc.*, [1987] R.J.Q. 231 (C.P.); *Barker Industrial Equipment Ltd.* c. *Pichette*, [1968] B.R. 392; *Tolhurst Oil Ltd.* c. *Vincent*, [1964] C.S. 264.

438. Art. 1718 C.c.Q. et 1498 C.c.B.C. Pour le problème, voisin, d'une détérioration, ou perte partielle, survenue entre le transfert de propriété et la délivrance, voir *supra* nᵒ 76.

439. Art. 1563 C.c.Q. *Pépinière St-Vincent-de-Paul* c. *Outremont (Ville d')*, [1978] R.L. 147 (C.P.); *Beaver Asphalt* c. *Pabinovitch*, [1967] B.R. 256. Baudouin, *Obligations*, nᵒ 659. Comparer art. 1151 C.c.B.C.

440. Art. 1720 et 1737 C.c.Q. Comparer art. 1500 à 1505 C.c.B.C.

441. Art. 1720 C.c.Q. *Belec* c. *Alta ltée.*, J.E. 92-685 (C.Q.); *Hornstein* c. *Constant*, [1967] B.R. 446. Pourcelet, *Vente*, p. 119.

442. Art. 1720 C.c.Q. Comparer art. 1503 C.c.B.C. *Verdun Transport Inc.* c. *Ciciola*, J.E. 80-400 (C.S.); *Steckler* c. *Tremblay-Damphousse*, [1975] C.A. 488; *Hornstein* c. *Constant*, [1967] B.R. 446; *Trudeau* c. *Châle*, [1991] R.J.Q. 1141 (C.Q.). Deslauriers, «Commentaires sur la vente», p. 940 et 941; Pourcelet, *Vente*, p. 121. Comparer art. 1503 C.c.B.C.

443. *Autobus Sept-Iles ltée* c. *Guimond*, [1971] C.A. 731.

444. *Bivansa Inc.* c. *House of Bradley Inc.*, [1977] R.L. 373 (C.S.).

445. *Marley Canadian Ltd.* c. *Canada Ballotini Inc.*, [1971] C.S. 477; *Cama* c. *National Automobile Brokers Inc.*, [1971] R.L. 243 (C.P.). Pourcelet, *Vente*, p. 111 et 112.

446. *Marley Canadian Ltd.* c. *Canada Ballotini Inc.*, [1971] C.S. 477. Rousseau-Houle, *Précis*, p. 88. Pour le droit à la résolution après mise en demeure, voir art. 1736 C.c.Q. La mise en demeure doit elle-même accorder au vendeur un délai raisonnable pour exécuter son obligation: art. 1595 C.c.Q.

447. *Memphrémagog Auto Inc.* c. *Béloin*, [1968] C.S. 241; *Marcotte* c. *Morneau*, [1961] C.S. 460. L'acceptation sans protester d'une délivrance tardive équivaut souvent à une renonciation tacite à invoquer le défaut de délivrance à temps: *Klein* c. *Corp. immobilière La Callière Inc.*, [1987] R.J.Q. 626 (C.S.).

448. Art. 1591 C.c.Q. *Lebel* c. *Commissaires d'écoles de Montmorency*, [1955] R.C.S. 298. Si le vendeur a délivré un bien meuble et que l'acheteur ne paie pas le prix, le vendeur a alors la possibilité de le revendiquer: voir art. 1741 C.c.Q. et *infra* n°s 204 et s.

449. Voir art. 1496 C.c.B.C. Rousseau-Houle, *Précis*, p. 89.

450. Art. 1721 C.c.Q. Comparer art. 1497 C.c.B.C. Rousseau-Houle, *Précis*, p. 89.

451. Baudouin, *Obligations*, n° 623. Voir *supra* n° 97.

452. Art. 1566, al. 1, C.c.Q. et 1152, al. 1, C.c.B.C.

453. Voir Ghestin et Desché, *Vente*, n° 678.

454. Art. 1566, al. 2, C.c.Q. et 1152, al. 2, C.c.B.C.

455. Art. 1566, al. 2, C.c.Q. et 1152, al. 3, C.c.B.C.

456. Art. 1736 C.c.Q.

457. Baudouin, *Obligations*, n°s 450 et 452.

458. Art. 1597 C.c.Q., lequel prévoit aussi d'autres cas de mise en demeure de plein droit qui sont moins problématiques.

459. Art. 1597 et 1605 C.c.Q.

460. *Supra* nos 11 et s.

461. Comparer art. 1737 C.c.Q. et art. 1501, 1502, 1504 et 1505 C.c.B.C.

462. Art. 1505 C.c.B.C.

463. Art. 1737, al. 1, C.c.Q. et 1501 C.c.B.C. Voir Mazeaud, *Leçons. Vente*, n° 938.

464. Art. 1737, al. 1, C.c.Q.

465. Art. 1604 C.c.Q.

466. Art. 1501 C.c.B.C. *Gauthier* c. *Giroux*, [1979] C.P. 263; *Hornstein* c. *Constant*, [1967] B.R. 446. Rousseau-Houle, *Précis*, p. 94 et 95.

467. Art. 1604 C.c.Q.

468. Art. 1737, al. 1, C.c.Q. Voir aussi art. 1604 C.c.Q. dont l'expression «d'importance» paraît équivalente.

469. Voir art. 1401 C.c.Q. et comparer art. 993 C.c.B.C. *Cliche* c. *Société mutuelle contre l'incendie de Beauce*, [1986] R.D.I. 564 (C.A.); *Steckler* c. *Tremblay-Damphousse*, [1975] C.A. 488.

470. Art. 1502 C.c.B.C. *Cliche* c. *Société mutuelle contre l'incendie de Beauce*, [1986] R.D.I. 564 (C.A.). Rousseau-Houle, *Précis*, p. 95.

471. Mazeaud, *Leçons. Vente*, n° 938.

472. Art. 1458 C.c.Q.

473. Art. 1737, al. 2, C.c.Q. et 1501 C.c.B.C. *Issenman* c. *Westcrest Development Inc.*, [1961] C.S. 656.

474. Art. 1502 C.c.B.C. Pourcelet, *Vente*, p. 120.

475. Art. 1604 C.c.Q.

476. Art. 1722 et 1740, al. 1, C.c.Q. De son côté, le vendeur assume les frais de délivrance: *supra* n° 99.

477. Rousseau-Houle, *Précis*, p. 89 et 216.

478. Pour la distinction, voir *supra* n° 97.

479. Art. 1458 et 1601 et s C.c.Q. *V.O. Furniture and Television Co.* c. *Arpin*, [1960] C.S. 575. Rousseau-Houle, *Précis*, p. 216 et 217.

480. *Interprovincial Lumber Co.* c. *Matapédia Co.*, [1973] C.A. 140.

481. Art. 1740, al. 2, C.c.Q.

482. Commentaires du gouvernement.

483. Art. 1740, al. 1, C.c.Q.

484. Art. 1544 C.c.B.C. Commentaires du gouvernement.

485. Art. 1458 C.c.Q. *Interprovincial Lumber Co.* c. *Matapédia Co.*, [1973] C.A. 140. Voir aussi art. 1544 *in fine* C.c.B.C.

486. Voir art. 1541 C.c.B.C.

487. Voir art. 1713 et s C.c.Q. et *supra* n°s 57 et s.

488. Voir art. 363 à 366, 393, 394 et 396 P.C.c.

489. Commentaires de l'O.R.C.C., p. 573 et 574.

490. Mignault, t. 7, p. 84; Pourcelet, *Vente*, p. 126 et 127.

491. Art. 1723, al. 2, C.c.Q.

492. Comparer art. 36 L.p.c.

493. *Contra*, Deslauriers, «Commentaires sur la vente», p. 938 et 940; Goldstein, «Observations sur la vente», p. 348.

494. Art. 1519 C.c.B.C.

495. Art. 1723 et 1738 C.c.Q. (:«L'acheteur qui découvre un risque d'atteinte à son droit [...]»). *Riendeau* c. *2440-3941 Québec Inc.*, [1990] R.D.I. 56 (C.S.); *Avrith* c. *National Trust Co.*, [1968] B.R. 193. Comparer notamment art. 1511 C.c.B.C.

496. Art. 1725 C.c.Q.

497. Art. 1613 C.c.Q. et 1514 C.c.B.C. Rousseau-Houle, *Précis*, p. 113 et 114.

498. Art. 1458, 1607 et 1613 C.c.Q. *Remer Brothers Investment Corp.* c. *Robin*, [1966] R.C.S. 506.

499. Art. 1513 C.c.B.C.

500. Art. 1701 et 1702 C.c.Q.

501. Art. 1518 et 1519 C.c.B.C.

502. Art. 1604 C.c.Q.

503. Art. 1511 et 1512 C.c.B.C.

504. Art. 1508 et 1519 C.c.B.C. Deslauriers, «Commentaires sur la vente», p. 941. Voir art. 1723 C.c.Q.

505. Voir art. 1723 C.c.Q., qui ne fait aucune allusion à la publicité des droits.

506. *Millette* c. *Cournoyer*, [1978] C.S. 337; *Ruel* c. *St-Pierre (héritiers de)*, [1970] C.A. 292; *Cayer* c. *Boivin*, [1966] C.S. 400. D. Lluelles, «La garantie du vendeur à raison des limitations de droit public affectant le fonds vendu», (1978-79) 81 *R. du N.* 185, p. 207; Pourcelet, *Vente*, p. 130.

Contra, Paquet c. *Canadian Northern Québec Railway Co.*, [1977] C.S. 1095. Comparer *contra, Meloche* c. *Simpson* (1898-99), 29 R.C.S. 375.

507. Art. 1725, al. 2, C.c.Q. et comparer art. 1508 et 1519 C.c.B.C.

508. Art. 2943 et 2944 C.c.Q.

509. Art. 1520 et 1521 C.c.B.C. Commentaires de l'O.R.C.C., p. 574. *Contra*, Deslauriers, «Commentaires sur la vente», p. 942.

510. Art. 1515 et 1516 C.c.B.C.

511. Voir *infra* n° 130.

512. Art. 1517 et 1518 C.c.B.C.

513. Art. 1604 C.c.Q.

514. Art. 1508 et 1519 C.c.B.C. Pourcelet, *Vente,* p. 129, 130 et 140 à 142.

515. Art. 1723, al. 2, et 1725 C.c.Q.

516. Art. 1723, al. 1, C.c.Q. *Bates* c. *Shea,* [1975] C.A. 491.

517. Art. 1508 C.c.B.C. et 1723, al. 1, C.c.Q.

518. *Vivier* c. *Sarkissian,* [1989] R.D.I. 41 (C.A.). Rousseau-Houle, *Précis*, p. 103 et 104. Voir aussi *Racicot* c. *Bertrand,* [1979] 1 R.C.S. 441.

519. Art. 979 et s C.c.Q.

520. W. de M. Marler, *The Law of Real Property. Quebec*, Toronto, Burroughs, 1932, no 511; Pourcelet, *Vente,* p. 140 et 141; Rousseau-Houle, *Précis*, p. 104. Voir *infra* n° 132 pour les limitations de droit public qui ne sont pas considérées comme des limitations de droit commun.

521. Art. 1723, al. 1, C.c.Q.

522. *Cayer* c. *Boivin*, [1966] C.S. 400, j. Morin, p. 407. Pourcelet, *Vente,* p. 129 et 130. La jurisprudence étendait cette règle aux limitations du droit de propriété imposées par des règlements ou autres actes de l'administration, *infra* n° 134.

523. Art. 1738 C.c.Q.

524. Comparer art. 1530 C.c.B.C. J.W. Durnford, «The Redhibitory Action and the 'Reasonable Diligence' of Article 1530 C.c.», (1963) 9 *R.D. McGill* 16; Rousseau-Houle, *Précis*, p. 164 à 180.

525. Art. 1739 C.c.Q. et *infra* n°s 158 et s.

526. Art. 1723, al. 2, C.c.Q.

527. Art. 396, P.C.c. Commentaires de l'O.R.C.C., art. 573, 574 et 576.

528. Art. 2650 et s C.c.Q.

529. Art. 1458 et 1590, 1591 et 1604 et s C.c.Q.

530. Art. 1590 C.c.Q.

531. Art. 1458 et 1604 et s C.c.Q.

532. Art. 1738 C.c.Q.

533. Art. 1515 et 1516 C.c.B.C.

534. Comparer les art. 417 et 418 C.c.B.C. Ainsi, quand l'acheteur était de bonne foi, le vendeur de bonne foi devait l'indemniser pour toutes les impenses nécessaires ou même simplement utiles que le tiers ne compensait pas; le vendeur de mauvaise foi devait, de plus, indemniser l'acheteur pour les dépenses voluptaires ou de pur agrément: art. 1515 et 1516 C.c.B.C.

535. Art. 933, 957, 958, 959 et 1703 C.c.Q. Pour la distinction entre les impenses nécessaires et utiles, voir P.-C. Lafond, *Droit des biens*, Montréal, Thémis, 1991, p. 650 et s.

536. Art. 963 C.c.Q.

537. Art. 958 C.c.Q.

538. Art. 959 C.c.Q. Le tiers a aussi la possibilité théorique, quand les impenses sont coûteuses et représentent une proportion considérable de la valeur totale du bien, de forcer l'acheteur à conserver le bien et lui payer la valeur, exclusion faite de la valeur des impenses: art. 960 C.c.Q.

539. Art. 1557 C.c.Q.

540. Art. 1725, al. 1, C.c.Q. Voir aussi l'art. 394 P.C.c. L'introduction dans le Code d'une disposition spécifique fait disparaître la difficulté de qualifier la limitation («charge» au sens de l'art. 1508 C.c.B.C. ou «servitude» au sens de l'art. 1519 C.c.B.C.?): Voir Rousseau-Houle, «Récents développements», p. 360 et s.

541. *Gersten* c. *Luxenberg*, [1987] R.J.Q. 533 (C.A.); *Donskill Construction (Québec) Ltd* c. *Karoly*, [1977] C.S. 1147; *Kraus* c. *Nakis Holding Ltd*, [1969] C.S. 261. D. Lluelles, «La garantie du vendeur à raison des limitations de droit public affectant le fonds vendu», *supra* note 506; D. Lluelles, «La servitude administrative et les professionnels de la vente immobilière», (1983) 85 *R. du N.* 251; Rousseau-Houle, «Récents développements», p. 354 à 365. Voir aussi *Boulianne* c. *Couture*, J.E. 92-942 (C.S.).

542. Les limitations de droit commun ne sont pas celles créées par une loi plutôt que par un règlement; selon une conception classique, ce sont celles qui visent indistinctement tout immeuble, où qu'il soit situé sur le territoire du Québec, et qui peuvent être considérées comme des restrictions ordinaires que tout propriétaire doit subir quand les conditions en sont réunies (par exemple, les servitudes de vues, art. 993 et s C.c.Q.); au contraire les limitations qui ne sont pas de droit commun ne visent que certains immeubles, même s'ils sont très nombreux et situés à divers endroits du territoire québécois (par exemple, des règlements de zonage): D. Lluelles, «La garantie du vendeur à raison des limitations de droit public affectant le fonds vendu», *supra* note 506, p. 211 à 215. Voir aussi Rousseau-Houle, «Récents developpements», p. 356 et s. Mais la jurisprudence semble vouloir élargir ce concept depuis quelque temps: voir *Immeubles Maude Inc.* c. *Farazli*, J.E. 91-1264 (C.A.).

543. *Savoie* c. *130857 Canada Inc.*, [1989] R.D.I. 717 (C.S.); *Bourgeois* c. *Morin*, [1989] R.D.I. 572 (C.Q.); *Donskill Construction (Québec) Ltd.* c. *Karoly*, [1977] C.S. 1147. D. Lluelles, «La servitude administrative et les professionnels de la vente immobilière», *supra* note 541, p. 260. Voir aussi *Normand* c. *R. Scholle Inc.*, [1982] C.S. 1133.

544. Art. 1725, al. 1, C.c.Q.

545. Pour la vente d'un fond de commerce, voir *Marcoux* c. *Plamondon*, [1975] C.S. 660.

546. Voir Rousseau-Houle, «Récents développements», p. 363.

547. P.-A. Côté, *Interprétation des lois*, 2ᵉ éd., Cowansville, Yvon Blais, 1990, p. 477 et s.

548. Art. 1723 C.c.Q.

549. Voir *supra* nᵒ 125. *Brooks* c. *Kaiser*, [1977] C.P. 162. Voir aussi *Harvey* c. *Simard*, J.E. 92-573 (C.Q.); *Racicot* c. *Bertrand*, [1979] 1 R.C.S. 441.

550. Art. 1725, al. 1, C.c.Q.: «Le vendeur [...] se porte garant [...] de *toute* violation [...].»

551. D. Lluelles, «La garantie du vendeur à raison des limitations de droit public affectant le fonds vendu», *supra* note 506, p. 208 et 209. Voir *supra* nᵒ 527. Voir aussi *Bérichon* c. *Beaudry*, [1989] R.J.Q. 2005 (C.Q.).

552. Art. 1725, al. 2, C.c.Q. *Riendeau* c. *2440-3941 Québec Inc.*, [1990] R.D.I. 56 (C.S.); *Kraus* c. *Nakis Holding Ltd*, [1969] C.S. 261. Rousseau-Houle, «Récents développements», p. 356. Voir art. 1723, al. 1, C.c.Q.

553. Art. 1725, al. 2, C.c.Q. Voir art. 1723, al. 1, C.c.Q.

554. *Bourgeois* c. *Morin*, [1989] R.D.I. 573 (C.Q.); *J.P. Desrochers Inc.* c. *Orfac Inc.*, [1976] C.S. 407; *Krauss* c. *Nakis Holding Ltd*, [1969] C.S. 261; *Piersanti* c. *Laporte*, [1956] B.R. 210. Rousseau-Houle, «Récents développements», p. 357 à 360. Voir aussi *Luxenberg* c. *Gersten*, [1984] C.S. 313. Voir *contra*, Desjardins c. *Théorêt*, [1983] C.S. 1233.

555. Art. 1725, al. 2, C.c.Q. Voir aussi D. Lluelles, «La garantie du vendeur à raison des limitations de droit public affectant le fonds vendu», *supra* note 506, p. 216.

556. Rousseau-Houle, «Récents développements», p. 357.

557. *Messina* c. *Girard*, J.E. 92-379 (C.A.); *J.P. Desrochers Inc.* c. *Orfac Inc.*, [1976] C.S. 407; *Kraus* c. *Nakis Holding Ltd.*, [1969] C.S. 261. D. Lluelles, «La garantie du vendeur à raison des limitations de droit public affectant le fonds vendu», *supra* note 506, p. 207 et 208.

558. *Kraus* c. *Nakis Holding Ltd*, [1969] C.S. 261, j. Mayrand, p. 264.

559. Comparer art. 1726, al. 2, C.c.Q. et *infra* nᵒ 153. Comparer aussi la *Loi sur la protection du consommateur*, L.R.Q. ch. P-40.1, art. 53.

560. *Normand* c. *R. Scholle Inc.*, [1982] C.S. 1133.

561. Art. 1738 C.c.Q.

562. Voir Goldstein, «Observations sur la vente», p 353.

563. Art. 1724 C.c.Q.

564. Art. 1508 C.c.B.C. Rousseau-Houle, *Précis*, p. 99.

565. Rousseau-Houle, *Précis*, p. 99.

566. Art. 1724, al. 2, C.c.Q.

567. Pourcelet, *Vente*, p. 128.

568. Art. 1738 C.c.Q.

569. Art. 1724, al. 2, C.c.Q.

570. Art. 1741, al. 1, C.c.Q. Rousseau-Houle, *Précis*, p. 100. Pour les clauses visant à libérer le vendeur de sa garantie, voir les numéros suivants.

571. Art. 1458 et 1601 et s C.c.Q. et art. 751 et s C.p.c.

572. Art. 1732 et 1733 C.c.Q. Pourcelet, *Vente*, p. 142. Voir aussi *Ibex Developments Ltd.* c. *Leopold*, [1979] C.A. 591; *Girard* c. *Villeneuve*, [1957] B.R. 281. On notera une nouvelle restriction du Code civil du Québec: seul le vendeur non professionnel peut invoquer une clause d'achat aux risques et périls de l'acheteur.

573. On se rappellera aussi la règle du droit commun des obligations suivant laquelle une clause exonératoire ou limitative de responsabilité est inopérante quand il y a faute intentionnelle ou faute lourde: art. 1474, al. 1, C.c.Q.

574. Art. 1733, al. 1, C.c.Q.

575. Art. 1375 C.c.Q.

576. Voir art. 1728 et 1729 C.c.Q., *infra* n°s 156 et 157. Comparer *Normand* c. *R. Scholle*, [1982] C.S. 1133.

577. Art. 1733, al. 2, C.c.Q. et comparer art. 1510 C.c.B.C. *Girard* c. *Villeneuve*, [1957] B.R. 281.

578. Art. 1732 C.c.Q. et art. 1509 C.c.B.C.

579. Ghestin et Desché, *Vente*, nos 841 et 844; Pourcelet, *Vente*, p. 127, 128 et 143. Voir aussi les décisions controversées *Paquet* c. *Canadian Northern Québec Railway Co.*, [1977] C.S. 1095, et *Lévis Mushroom Farm Inc./Ferme de champignons de Lévis Inc.* c. *Lévis (Cité de)*, [1969] R.C.S. 96.

580. Art. 1723 C.c.Q. et 1508 C.c.B.C. *Forget* c. *Goyer*, [1945] B.R. 437. Mazeaud, *Leçons. Vente*, n°s 954 et 956; Pourcelet, *Vente*, p. 127 et 128.

581. *Lévis Mushroom Farm Inc./Ferme de champignons de Lévis Inc.* c. *Lévis (Cité de)*, [1969] R.C.S. 96.

582. *Forget* c. *Goyer*, [1945] B.R. 437. Voir aussi Ghestin et Desché, *Vente*, n°s 834 et 835.

583. *Gagnon* c. *Placements J.J. Construction Inc.*, [1989] R.D.I. 363 (C.Q.); *Forget* c. *Goyer*, [1945] B.R. 437.

584. *Savoie* c. *130857 Canada Inc.*, [1989] R.D.I. 717 (C.S.); *Gagnon* c. *Placements J.J. Construction Inc.*, [1989] R.D.I. 363 (C.Q.); *Ruel* c. *St-Pierre (héritiers de)*, [1970] C.A. 292. Pourcelet, *Vente*, p. 141.

585. Art. 1530 C.c.B.C.

586. Art. 1739, al. 1, C.c.Q.

587. Art. 1739, al. 2, C.c.Q.

588. Art. 1527 C.c.B.C.

589. Art. 1606 C.c.B.C.

590. Commentaires de l'O.R.C.C., p. 575, art. 1720 et s p.l. 125 et 1774 et s de l'avant-projet.

591. Art. 1728 C.c.Q.

592. Art. 1739, al. 2, C.c.Q.

593. Art. 38 *L.p.c.*

594. *Infra* n°s 161 et s.

595. Art. 1731 C.c.Q. et 1531 C.c.B.C.

596. Voir C. Masse, «L'avant-projet de loi sous l'angle de la responsabilité des fabricants et des vendeurs spécialisés» (1989) 30 *C. de D.* 627; C. Masse, «La responsabilité du fabricant: responsabilité stricte, négligence ou indemnisation sans égard à la faute? (Le contexte du libre-échange)», dans *Conférences sur le nouveau Code civil du Québec*, Cowansville, Yvon Blais, 1992, 301. Dans le même ouvrage, voir aussi R. Langlois, «La responsabilité du fabricant en droit civil québécois: d'aujourd'hui à demain», 379; J. Dennis, «Basic Principles of Manufacturer's Liability under the Civil Code of Québec», 403; W.E. Crawford,

«Manufacturer's Liability under the Proposed Revision of the Civil Code of Québec», 417.

597. Art. 1468, 1469 et 1473 C.c.Q.

598. *Cohen* c. *Coca-Cola Ltd*, [1967] R.C.S. 469; *Ross* c. *Dunstall*, [1921] 62 R.C.S. 393.

599. *Veranda Industries Inc.* c. *Beaver Lumber Co.*, [1992] R.J.Q. 1763 (C.A.), mod., [1991] R.R.A. 234 (C.S.); *A. Côté et Frères Ltée* c. *Laboratoires Sagi Inc.*, [1984] C.S. 255; *General Steel Wares Ltd* c. *Raymond*, [1978] C.A. 288; *Doucet* c. *Cie Générale Électrique du Canada Ltée*, [1975] R.L. 157 (C.P.). Voir aussi *Madill* c. *C.E.B. Cie*, [1989] R.R.A. 87; *Air Canada* c. *McDonnell-Douglas Corp.*, [1989] 1 R.C.S. 1554.

600. *Mulco Inc.* c. *La Garantie, cie d'assurance*, [1990] R.R.A. 68 (C.A.); *Royal Industries Inc.* c. *Jones*, [1979] C.A. 561; *Trudel* c. *Clairol Inc.*, [1975] 2 R. C.S. 236.

601. Art. 1464 du projet de loi 125, en première lecture. Les italiques sont de nous.

602. Art. 1468 C.c.Q. Les italiques sont de nous.

603. P.-A. Crépeau *et al.*, *Dictionnaire de droit privé*, 2ᵉ éd., Cowansville, Centre de recherche en droit privé et comparé du Québec et Yvon Blais, 1991, voir «tiers».

604. *Infra* n° 150.

605. Par exemple, *Averback* c. *Meunier*, J.E. 92-941 (C.S.); *Veranda Industries Inc.* c. *Beaver Lumber Co.*, [1992] R.J.Q. 1763 (C.A.), mod. [1991] R.R.A. 234 (C.S.); *F. Ménard Inc.* c. *Bernier*, J.E. 85-257 (C.A.).

606. Désormais, cependant, la clause exonératoire sera toujours inopérante dans une réclamation pour dommage corporel ou moral: art. 1474 C.c.Q. Contrairement à la jurisprudence québécoise, la jurisprudence française s'oriente maintenant vers une distinction entre, d'un côté, la garantie contractuelle des vices, pour la résolution ou la réduction du prix et la réparation du dommage commercial ainsi que du dommage causé au bien vendu lui-même et, de l'autre côté, une responsabilité contractuelle autonome pour la réparation du préjudice causé par le bien aux personnes et aux autres biens: note P. Jourdain sur Cass 1ᵉʳᵉ civ. 11 juin 1991, [1992] *R.T.D.Civ.* 114.

607. Art. 1730 C.c.Q. Comparer art. 53 L.p.c.

608. *J.E. Livernois Ltée* c. *Plamondon*, J.E. 85-618 (C.A.), conf. [1982] C.S. 594; *Royal Industries Inc.* c. *Jones*, [1979] C.A. 561.

609. Art. 1468 et 1469 C.c.Q.

610. Notamment *National Drying Machinery Co.* c. *Wabasso Ltd*, [1979] C.A. 279, inf. sur d'autres points par [1981] 1 R.C.S. 578; P.-A. Crépeau, «Le contenu obligationnel d'un contrat», (1965) 43 *R. du B. can.* 1, p. 16 à 18; P. Legrand jr, «Pour une théorie de l'obligation de renseignement du fabricant en droit civil canadien», (1981) 26 *R.D. McGill* 207, p. 244.

611. *Les entreprises Cloutier & Gagnon Ltée* c. *Le groupe des matériaux de construction Inc.*, [1991] R.R.A. 789; *Mulco Inc.* c. *La Garantie, Cie d'assurance*, [1990] R.R.A. 68; *O.B. Canada inc.* c. *Lapointe*, [1987] R.J.Q. 101 (C.A.); *L. Martin et Fils Inc.* c. *Industries Pittsburg du Canada*

Ltée, [1982] C.S. 629; *National Drying Machinery Co.* c. *Wabasso Ltd*, [1979] C.A. 279, inf. sur d'autres points par [1981] 1 R.C.S. 578; *J.E. Livernois Ltée* c. *Plamondon*, J.E. 85-619 (C.A.), conf. [1982] C.S. 594; *Royal Industries Inc.* c. *Jones*, [1979] C.A. 561. Voir aussi *Air Canada* c. *McDonnell Douglas Corp.*, [1989] 1 R.C.S. 1554. P. Legrand jr, «Pour une théorie de l'obligation de renseignement du fabricant en droit civil canadien», *supra* note 610, p. 233 et s; P.-G. Jobin, «L'obligation d'avertissement et un cas typique de cumul», (1979) 39 *R. du B.* 939.

612. Art. 1469 et 1473 C.c.Q.

613. Par exemple, en responsabilité contractuelle, seul le préjudice *prévisible* peut être réparé, sauf s'il y a faute intentionnelle ou lourde (art. 1613 C.c.Q.).

614. *Contra*, C. Masse, «L'avant-projet de loi sous l'angle de la responsabilité des fabricants et des vendeurs spécialisés», *supra* note 596, p. 638.

615. Art. 1468, 1469 et 1473 C.c.Q.

616. Art. 1730 C.c.Q.

617. Art. 1442 C.c.Q. *General Motors Products of Canada Ltd* c. *Kravitz*, [1979] 1 R.C.S. 790. Voir également *Averback* c. *Meunier*, J.E. 92-941 (C.S.).

618. Art. 1458, al. 2, C.c.Q.

619. G. Durry, *La distinction de la responsabilité contractuelle et de la responsabilité délictuelle*, Montréal, Centre de recherche en droit privé et comparé du Québec, 1986, nᵒˢ 206 et s; *Traité de droit civil* (J. Ghestin, éd.), *Les obligations. La responsabilité: conditions*, par G. Viney, Paris, L.G.D.J., 1982, note 288, p. 264.

620. Cass. 1ère civ., 9 oct. 1979, Gaz. Pal., 1980.I.249, et obs. G. Durry, [1980] *R.T.D. civ.* 364; Cass. comm., 17 mai 1982, Bull. civ. IV, no 152, et obs. G. Durry, [1983] *R.T.D. Civ.* 135; Cass. 1ᵉʳᵉ civ., 4 mars 1986, Bull. civ. nᵒ 57 (1); Cass. 2e civ. 30 nov. 1988, Bull. civ. II, nᵒ 240, et obs. P. Jourdain, [1989] *R.T.D. Civ.* 323; voir aussi, à propos du contrat d'entreprise, Cass. ass. plén., 7 fév. 1986, D. 1986. 293, note Bénabent, J.C.P. 1986, éd. G., II, 20616, note Ph. Malinvaud, et obs. dans [1986] *R.T.D. Civ*: D. Huet, 364, J. Mestre, 595, et Ph. Rémy, 605.

621. G. Durry, *La distinction de la responsabilité contractuelle et de la responsabilité délictuelle*, *supra* note 619, nᵒ 207.

622. Jurisprudence citée *infra* nᵒ 168. D. Lluelles, «Le transfert au sous-acquéreur de la garantie légale des vices cachés due par le fabricant, vendeur initial: la lumière et les ombres de la décision *Kravitz* de la Cour suprême», (1979-80) 14 *R.J.T.* 7, p. 29 et s; J. Ghestin, «L'arrêt *Kravitz* et le droit positif français sur la garantie des vices cachés», (1980) 25 *R.D. McGill* 315, p. 326 et s; C. Masse, «La responsabilité du fabricant: responsabilité stricte, négligence ou indemnisation sans égard à la faute? (Le contexte du libre-échange)», *supra* note 596, p. 324. Voir, cependant, l'affirmation contraire du j. Pratte dans *General Motors Products of Canada Ltd* c. *Kravitz*, [1979] 1 R.C.S. 790, p. 798.

623. Art. 34 et s L.p.c.

624. Disposition préliminaire du Code civil du Québec.

625. Art. 53 L.p.c.; C. Masse, «La responsabilité du fabricant: responsabilité stricte, négligence ou indemnisation sans égard à la faute? (Le contexte du libre-échange)», *supra* note 596, p. 326.

626. Art. 53 L.p.c.

627. Art. 1726, al. 1, C.c.Q. et 1522 C.c.B.C.

628. Ghestin et Desché, *Vente*, n° 722.

629. *Ruel* c. *Savoie*, J.E. 92-724 (C.A.).

630. *Bosa-Chatigny* c. *Roberge*, [1990] R.L. 1 (C.A.); *Richler Truck Centre Inc.* c. *Lapierre*, [1984] C.A. 136; *Fiat Motors of Canada Ltd.* c. *Desnoyers*, [1980] C.A. 613; *Touchette* c. *Pizzagalli*, [1938] R.C.S. 433. Comparer *Messina* c. *Girard*, J.E. 92-379 (C.A.), conf. [1986] R.D.I. 834 (C.S.).

631. *Eldon Instries Inc.* c. *Eddy Metal Products Co.*, J.E. 90-822 (C.A.); *Labrie* c. *Machineries Kraft du Québec Inc.*, [1984] C.S. 263. Comparer Mazeaud, *Leçons. Vente*, n° 981.

632. *Seigneur* c. *Wanner*, [1989] R.J.Q. 189 (C.S.); *Olier, Grisé & Cie* c. *Équipements de Bureau Maskoutain Inc.*, [1985] C.S. 680; *Romano Export* c. *Sutton Silk Mills Ltd.*, [1975] C.S. 901; *Couture* c. *Lemelin*, [1973] C.A. 1099. Rousseau-Houle, *Précis*, p. 120 et 121. Voir aussi *Saulnier* c. *Giasson*, [1990] R.J.Q. 1717 (C.Q.). Il y a assez souvent chevauchement entre cette conception conventionnelle de la garantie contre les vices et l'obligation du vendeur de délivrer un objet conforme à celui convenu (*supra* n° 106).

633. *Routhier* c. *Beaudoin*, [1978] C.S. 1188; *Hevey* c. *Langlois*, [1977] C.S. 943; *Lortie* c. *Bouchard*, [1952] R.C.S. 508.

634. *Houle* c. *Paquette*, [1961] C.S. 197. Pourcelet, *Vente*, p. 151.

635. *Blandino* c. *Colagiacomo*, [1989] R.D.I. 148 (C.A.); *Tinmouth* c. *General Motors du Canada Ltée*, [1988] R.J.Q. 1982 (C.Q.); *Assurances Claude Lafrenière Inc.* c. *Garage L'Épicier Cie*, [1985] C.P. 14; *Desaulniers* c. *Ford du Canada Ltée*, [1981] 1 R.C.S. 260, J.E. 80-149 (C.A.), [1976] C.S. 1609; *Creatchman* c. *Belcourt Construction Co.*, [1979] C.A. 595, [1976] C.S. 614. P.-A. Crépeau, *L'intensité de l'obligation juridique ou des obligations de diligence, de résultat et de garantie*, Montréal, Centre de recherche en droit privé et comparé du Québec et Yvon Blais, 1989, n°s 20 et 26.

636. Art. 1530 C.c.B.C.

637. Art. 1726, al. 1, C.c.Q. et 1522 C.c.B.C. *Averback* c. *Meunier*, J.E. 92-941 (C.S.); *Pominville* c. *Demers*, [1990] R.D.I. 97 (C.Q.); *Lévesque* c. *Gestion G. Jeanneau et al. Inc.*, [1988] R.D.I. 284 (C.P.); *Assurances Claude Lafrenière Inc. (Les)* c. *Garage l'Épicier Cie*, [1985] C.P. 14; *Proulx* c. *Boisvert*, [1980] R.L. 141 (C.P.).

638. *Obadia* c. *Construction P.P.L. Inc.*, [1981] C.S. 309; *Fiat Motors of Canada Ltd* c. *Desnoyers*, [1980] C.A. 613; *Bourget* c. *Martel*, [1955] B.R. 659.

639. *Pouliot* c. *Champlain Auto Ford Inc.*, [1968] B.R. 956; *Houle* c. *Paquette*, [1961] C.S. 197. Rousseau-Houle, *Précis*, p. 122; Pourcelet, *Vente*, p. 150.

640. Art. 1726, al. 2, C.c.Q.

641. Rousseau-Houle, *Précis*, p. 134; Pourcelet, *Vente*, p. 149. Voir aussi *Normandin* c. *Duprelan*, [1979] C.P. 477.

642. Art. 1726, al. 2, C.c.Q.

643. Art. 374 P.C.c. Deslauriers, «Commentaires sur la vente», p. 943. Voir aussi *Gosselin* c. *Létourneau*, J.E. 80-132 (C.A.); *Laurier Vachon Ltée* c. *Girard*, [1968] B.R. 497; *Levine* c. *Frank W. Horner Ltd*, [1962] R.C.S. 343. P. Ciotola, «Le consommateur immobilier: la recherche d'une maison neuve ou usagée de qualité», (1977-78) 80 *R. du N.* 3. Comparer art. 53 L.p.c., *supra* note 559.

644. Rousseau-Houle, «Récents développements», p. 366-372 et jurisprudence citée.

645. *Blackburn* c. *Grenier*, J.E. 88-599 (C.A.); *Ménard* c. *St-Léonard Nissan*, [1988] R.J.Q. 1721 (C.P.); *Proulx* c. *Boisvert*, [1980] R.L. 141 (C.P.); *Millette* c. *Lefebvre*, [1974] R.L. 415 (C.P.).

646. *Pominville* c. *Demers*, [1990] R.D.I. 97 (C.Q.); *Placement Jacpar Inc.* c. *Benzakour*, [1989] R.J.Q. 2309 (C.A.); *Bédard* c. *Labrecque*, [1989] R.D.I. 826 (C.S.); *Winograd* c. *Masliah*, J.E. 80-626 (C.A.); *Levine* c. *Frank W. Horner Ltd*, [1962] R.C.S. 343.

647. *Placement Jacpar Inc.* c. *Benzakour*, [1989] R.J.Q. 2309 (C.A.); *Bussières* c. *Caisse Populaire Desjardins de Ste-Christine*, J.E. 89-59 (C.A.); *Winograd* c. *Masliah*, J.E. 80-626 (C.A.). Pourcelet, *Vente*, p. 147.

648. Pourcelet, *Vente*, p. 147. Voir *contra*, Rousseau-Houle, *Précis*, p. 131.

649. *Messina* c. *Girard*, J.E. 92-379 (C.A.), conf. [1986] R.D.I. 834 (C.S.); *Douville* c. *Papillon*, [1990] R.D.J. 47 (C.A.); *Immeubles Maude inc.* c. *Farazli* J.E. 91-1264 (C.A.); *Gélinas* c. *Beaumier*, [1990] R.D.I. 23 (C.A.), [1989] R.L. 595 (C.A.); *Zerounian* c. *Morin*, [1990] R.D.I. 50 (C.S.); *Pominville* c. *Demers*, [1990] R.D.I. 97 (C.Q.); *Placement Jacpar Inc.* c. *Benzakour*, [1989] R.J.Q. 2309 (C.A.); *Rousseau* c. *Gagnon*, [1987] R.J.Q. 40 (C.A.); *Lemonde* c. *Thibault*, [1987] R.J.Q. 2508 (C.S.); *Routhier* c. *Beaudoin*, [1978] C.S. 1188; *Romano Export* c. *Sutton Silk Mills Ltd*, [1975] C.S. 901. Pourcelet, *Vente*, p. 149 et 150; Rousseau-Houle, «Récents développements», p. 367 et 368. Voir cependant *Levine* c. *Frank W. Horner Ltd.*, [1962] R.C.S. 343.

650. Goldstein, «Observations sur la vente», p. 359.

651. *Proulx-Robertson* c. *Collins*, J.E. 92-310 (C.A.); *Ruel* c. *Savoie*, J.E. 92-724 (C.A.); *Maillet* c. *Potvin*, J.E. 91-1221 (C.A.); *Massie* c. *Banque d'Épargne de la Cité et du District de Montréal*, [1990] R.D.I. 377 (C.Q.); *B. & R. Gauthier Inc.* c. *Lemieux*, [1977] C.S. 295.

652. Art. 1726, al. 1, C.c.Q. *Canadian Motor Sales Corp.* c. *Lemay*, [1979] C.A. 275; *Forgues* c. *Garage Asselin & Fils Inc.*, [1971] C.A. 361. Pourcelet, *Vente*, p. 151; Rousseau-Houle, *Précis*, p. 136.

653. *Courchesne* c. *Côté*, [1979] C.P. 457. Pourcelet, *Vente*, p. 151; Rousseau-Houle, *Précis*, p. 136.

654. *Éthier* c. *Aéroclub de Sorel Ltée*, [1977] R.L. 173 (C.P.); *Forgues* c. *Garage Asselin & Fils Inc.*, [1971] C.A. 361.

655. *Canadian Motor Sales Corp.* c. *Lemay*, [1979] C.A. 275; *Villeneuve* c. *Boisvert*, [1979] C.P. 474; *Courchesne* c. *Côté.* [1979] C.P. 457; *La Prévoyance, Cie d'Assurance* c. *Ford Motor Co.*, J.E. 78-801 (C.S.); *Éthier* c. *Aéroclub de Sorel Ltée*, [1977] R.L. 173 (C.P.).

656. *Air Products & Chemicals Inc.* c. *(Eastern) Produits d'Acier Gypsum Ltd*, J.E. 89-142 (C.A.); *Létourneau* c. *Beaupré Automobiles Ltée*, [1976] C.S. 1820; *Rioux* c. *General Motors Products of Canada Ltd*, [1971] C.S. 828; *Busner* c. *Chrysler Canada Ltd*, [1970] R.L. 419 (C.P.); .

657. Art. 1728 C.c.Q. Ni le Projet de Code civil, l'avant-projet de loi sur les obligations ou la version initiale du projet de loi 125 sur le Code civil du Québec ne comportaient cette disposition. Voir généralement D. Cayne, «The Buyer's Remedy in Damages for Latent Defects in the Province of Quebec», (1976) 54 *R. du B. can.* 105.

658. *Averback* c. *Meunier*, J.E. 92-941 (C.S.); *Zerounian* c. *Morin*, [1990] R.D.I. 50 (C.S.); *Air Products & Chemicals Inc.* c. *(Eastern) Produits d'Acier Gypsum Ltd*, J.E. 89-142 (C.A.); *Caisse Populaire Desjardins de St-Nicholas* c. *Rouette*, [1988] R.J.Q. 2667 (C.A.); *Ouellet* c. *Eymann*, [1988] R.J.Q. 2448 (C.A.); *Létourneau* c. *Beaupré Automobiles Ltée*, [1976] C.S. 1820; *Samson & Filion* c. *Davie Shipbuilding & Repairing Co. (The)*, [1925] R.C.S. 202.

659. *Cicione* c. *Habitations Clobert Inc.*, [1990] R.J.Q. 2022 (C.Q.); *Blandino* c. *Colagiacorno*, [1989] R.D.I. 148 (C.A.); *F. Ménard Inc.* c. *Bernier*, J.E. 85-257 (C.A.); *General Motors Products of Canada Ltd* c. *Kravitz*, [1979] 1 R.C.S. 790. Avant *Kravitz*, les autorités admettaient que la présomption ne s'applique pas à celui qui, bien que faisant habitu-ellement le commerce d'objets comme celui vendu, ne peut être qualifié de «vendeur professionnel» parce qu'il ne possède pas de compétence particulière qui engendre la confiance de l'acheteur: voir D. Cayne, «The Buyer's Remedy in Damages for Latent Defects in the Province of Quebec», *supra* note 657, p. 124 et 125.

660. *Caron* c. *Centre Routier Inc.*, [1990] R.J.Q. 75 (C.A.); *Esteve* c. *Claireview Chrysler Plymouth Ltd*, [1975] C.S. 436.

661. *General Motors Products of Canada Ltd* c. *Kravitz*, [1979] 1 R.C.S. 790, j. Pratte, p. 801 et 802.

662. *Samson & Filion* c. *Davie Shipbuilding & Repairing Co. (The)*, [1925] R.C.S. 202.

663. *Cicione* c. *Habitations Clobert Inc.*, [1990] R.J.Q. 2022 (C.Q.); *Blandino* c. *Colagiacorno*, [1989] R.D.I. 148 (C.A.). Goldstein, «Obser-vations sur la vente», p. 360 et 361.

664. *London & Lancashire Guarantee & Accident Co.* c. *Cie F.X. Drolet*, [1944] R.C.S. 82.

665. Art. 1473 C.c.Q.

666. C. Masse, «La responsabilité du fabricant: responsabilité stricte, négligence ou indemnisation sans égard à la faute? (Le contexte du libre-échange)», *supra* note 596, p. 324.

667. *F. Ménard Inc.* c. *Bernier*, J.E. 85-257 (C.A.). Goldstein, «Observations sur la vente», p. 360 et 361. Voir *contra, Poulin* c. *M & M*

Caravanne Ltée, [1978] C.S. 660; *Odendahl* c. *Salmico Ltd,* [1977] C.S. 939.

668. Art. 53 L.p.c. Par exemple, *Veranda Industries Inc.* c. *Beaver Lumber Co.,* [1992] R.J.Q. 1763 (C.A.), mod. [1991] R.R.A. 234 (C.S.).

669. Art. 1739 C.c.Q.

670. Art. 377 P.C.c. Cette règle est tirée de la *Convention sur la vente internationale de marchandises (de 1980).*

671. *Arsenault* c. *Maurice Turcot Construction Ltée,* [1973] R.L. 155 (C.P.). Voir aussi *Caron* c. *Centre Routier Inc.,* [1990] R.J.Q. 75 (C.A.); *St-Pierre* c. *Blier,* [1990] R.D.I. 305 (C.Q.).

672. *Société Nationale d'Assurance* c. *Adiro Construction Ltée,* [1989] R.J.Q. 1803 (C.A.).

673. Commentaires de l'O.R.C.C., p. 706. Comparer Pourcelet, *Vente,* p. 154 et 155; J.W. Durnford, «The Redhibitory Action and the "Reasonable Diligence" of Article 1530 C.C.», *supra* note 524.

674. Comparer art. 1530 C.c.B.C.

675. *Proulx-Robertson* c. *Collins,* J.E. 92-310 (C.A.); *Bosa-Chatigny* c. *Roberge,* [1990] R.L. 1 (C.A.); *Rousseau* c. *Gagnon,* [1987] R.J.Q. 40 (C.A.); *Richler Truck Centre Inc.* c. *Lapierre,* [1984] C.A. 136; *Bourque* c. *Gladu,* [1979] C.A. 292; *Gosselin* c. *Pellerin,* [1979] C.P. 258. Pourcelet, *Vente,* p. 154.

676. *Touchette* c. *Pizzagalli,* [1938] R.C.S. 433; *Larouche* c. *Gravel,* [1990] R.R.A. 53 (C.A.).

677. Art. 1739, al. 1, C.c.Q.

678. *Gérard Collin Inc.* c. *Canadian Pittsburg Industries Ltd,* [1984] R.D.J. 223 (C.A.); *Boisjoly & Boisjoly Ltée* c. *Zukauskas,* [1964] B.R. 318.

679. *Lemonde* c. *Thibault,* [1987] R.J.Q. 2708 (C.S.); *Tremblay* c. *Truchon,* [1980] C.S. 624; *Belcourt Construction Co.* c. *Creatchman,* [1979] C.A. 595.

680. *Blandino* c. *Colagiacomo,* [1989] R.D.I. 148 (C.A.); *Belcourt Construction Co.* c. *Creatchman,* [1979] C.A. 595; *Preteroti* c. *Arduini & Ianni Construction Ltd,* [1975] C.S. 664. Voir aussi *Cicione* c. *Habitations Clobert Inc.,* [1990] R.J.Q. 1022 (C.Q.); *B.& R. Gauthier Inc.* c. *Lemieux,* [1977] C.S. 295.

681. Art. 1739, al. 2, C.c.Q.

682. Art. 1527 C.c.B.C.

683. Voir *supra* n°s 156 et s.

684. Art. 1729 C.c.Q.; art. 38 L.p.c. Voir notamment L. Perret, «Les garanties légales de la qualité d'un produit selon la nouvelle Loi de (*sic*) la protection du consommateur», (1979) 10 *R.G.D.* 343, p. 350 et s.

685. *Forest* c. *Labrecque,* J.E. 90-1115 (C.Q.); *Cusson* c. *À l'Enseigne de la Bonne Voiture Inc.,* J.E. 86-1012 (C.P.p.c.); *Létourneau* c. *Beaupré Automobiles Ltée,* [1976] C.S. 1820; *Dawson* c. *Château Motors Ltd,* [1976] C.P. 247. Voir *contra,* dans le cadre des «deux» garanties de durabilité et de bon fonctionnement de la *Loi sur la protection du consommateur* (art. 37 et 38), *Létourneau* c. *Laflèche Auto Ltée,* [1986]

R.J.Q. 1956 (C.S.), et commentaire T. Rousseau-Houle, (1986) 46 *R. du B.* 676.

686. Commentaires du gouvernement.

687. Voir *Équipement Piedmont Ltée* c. *Brissette*, [1988] R.L. 36 (C.A.). Comparer *Forest* c. *Labrecque*, J.E. 90-1115 (C.Q.); *Desbiens* c. *Desmeules Automobiles Inc.*, J.E. 90-1228 (C.Q.).

688. Art. 1730 C.c.Q. et *infra* n° 173.

689. Art. 1729 C.c.Q. Comparer art. 1726 C.c.Q.

690. Art. 1729 C.c.Q. Nos italiques.

691. *St-Pierre* c. *Dunlop Truck Sales*, J.E. 82-850 (C.P.); *Legault* c. *Château Paint Works Ltd*, [1960] C.S. 567.

692. *Wilson* c. *Chagnon*, [1981] C.P. 182. Comparer art. 38 L.p.c. L. Perret, «Les garanties légales de la qualité d'un produit selon la nouvelle Loi de (*sic*) la protection du consommateur», *supra* note 684, p. 355 et s.

693. Deslauriers, «Commentaires sur la vente», p. 943; C. Masse, «L'Avant-projet de loi sous l'angle de la responsabilité des fabricants et vendeurs spécialisés», *supra* note 596, p. 638 à 640. Comparer *Mathieu* c. *Autos M.L. Ltée*, J.E. 82-394 (C.P.p.c.). Il a même été suggéré, à propos des garanties de bon fonctionnement et de durabilité de la *Loi sur la protection du consommateur*, que l'acheteur n'a pas à prouver le caractère *caché* du «vice»: *Létourneau* c. *Laflèche Auto Ltée*, [1986] R.J.Q. 1956 (C.S.), et commentaire T. Rousseau-Houle, *supra* note 685.

694. *Wymersch* c. *Ford Motor Co.*, [1976] C.P. 244. Voir aussi *Legault* c. *Château Paint Works Ltd*, [1960] C.S. 567.

695. Art. 1601 C.c.Q.

696. Art. 1591 C.c.Q.

697. Art. 1727 C.c.Q. et *supra* n°ˢ 156 et s.

698. Voir *supra* n° 158.

699. *149620 Canada Ltée* c. *Wylie*, J.E. 91-1523 (C.S.); *Conversions G. Perrault Inc.* c. *I.M.C. International Consultants Inc.*, J.E. 91-1128 (C.Q.).

700. Art. 1739 C.c.Q. et *supra* n° 158.

701. *Verrillo* c. *Pallazzi*, J.E. 89-1644 (C.A.); *Caisse Populaire Desjardins de St-Nicholas* c. *Rouette*, [1988] R.J.Q. 2667 (C.A.). Rousseau-Houle, *Précis*, p. 158.

702. *Caisse Populaire Desjardins de St-Nicholas* c. *Rouette*, [1988] R.J.Q. 2667 (C.A.); *Entreprises Rémar Inc.* c. *Rainville*, [1981] R.L. 388 (C.S.). Rousseau-Houle, *Précis*, p. 158.

703. Le nouvel art. 1590 C.c.Q. est clair à ce sujet. Voir aussi art. 1526 C.c.B.C. Au plan de la procédure, il appartiendra au tribunal de décider quels sont, dans les circonstances, les droits du vendeur pour s'ajuster à cette nouvelle demande (par exemple, un délai pour préparer sa preuve).

704. *Équipement Piedmont Ltée* c. *Brissette*, [1988] R.L. 36 (C.A.); *Caisse Populaire Desjardins de St-Nicholas* c. *Rouette*, [1988] R.J.Q. 2667 (C.A.); *Turcotte* c. *Caisse Populaire St-Arsène de Montréal*, J.E. 85-489 (C.A.); *Latouche* c. *Lehouillier*, [1959] B.R. 26; *Carré* c. *Noel*, [1959] B.R. 544.

705. *Dubuisson* c. *Laplante*, [1986] R.D.I. 384 (C.S.); *Fournier* c. *Bégin*, [1983] R.L. 170 (C.P.). Rousseau-Houle, *Précis*, p. 157. Voir aussi art.

1442 C.c.Q., qui codifie *General Motors Products of Canada Ltd* c. *Kravitz*, [1979] 1 R.C.S. 790.

706. *Dorion* c. *Lehouillier*, [1989] R.J.Q. 1798 (C.A.); *Costa* c. *Benoît*, [1988], R.J.Q. 2253 (C.S.); *Lasalle* c. *Perreault*, [1987] R.J.Q. 977 (C.A.); *Lemonde* c. *Thibault*, [1987] R.J.Q. 2508 (C.S.). Voir aussi *Federal Trust Co.* c. *D'Aoust*, [1987] R.J.Q. 275 (C.A.).

707. Voir *Caron* c. *Centre Routier Inc.*, [1990] R.J.Q. 75 (C.A.).

708. Comparer *Dorion* c. *Lehouillier*, [1989] R.J.Q. 1798 (C.A.).

709. Art. 1526 à 1528 et 1530 C.c.B.C. La résolution obéissant à un régime un peu particulier du fait principalement qu'elle devait être intentée dans un délai raisonnable, et, pour cette raison, portait le nom de «rédhibition». À l'avenir, il n'y aura plus lieu d'en faire une espèce particulière, avec un nom qui lui est propre.

710. Art. 1590 et 1604 C.c.Q. Pour la distinction entre la résolution pour vice caché et la nullité pour dol ou erreur, voir Rousseau-Houle, *Précis*, p. 159 et s, et comparer P.-G. Jobin, *Traité de droit civil. Le louage de choses*, Montréal, Centre de recherche en droit privé et comparé du Québec et Yvon Blais, 1989, n° 57.

711. *Veilleux* c. *Giroux*, [1988] C.A. 185; *Ford du Canada Ltée* c. *Pilote*, J.E. 85-488 (C.A.). Pourcelet, *Vente*, p. 152; Rousseau-Houle, *Précis*, p. 153 à 155.

712. *Veilleux* c. *Giroux*, [1988] C.A. 185; *Obadia* c. *Construction P.P.L. Inc.*, [1981] C.S. 309.

713. *Bonneville* c. *Bonaventure, Chevrolet, Oldsmobile*, J.E. 86-1125 (C.P.); *Ford du Canada Ltée* c. *Pilote*, J.E. 85-488 (C.A.). Voir aussi *Caron* c. *Centre Routier Inc.*, [1990] R.J.Q. 75 (C.A.). Voir cependant notre réserve, *supra* no 168, quand l'acheteur est poursuivi en résolution par le sous-acquéreur.

714. Art. 1700 et 1701 C.c.Q.

715. Art. 1604 C.c.Q. Voir aussi Pourcelet, *Vente*, p. 153.

716. Art. 1726 C.c.Q. et *supra* n° 151.

717. Art. 1605 C.c.Q. Pour la mise en demeure de plein droit, voir art. 1597 C.c.Q. Cette résolution extrajudiciaire ne saurait permettre de contourner la règle générale qui exige une inexécution importante pour donner ouverture à la résolution (art. 1604 C.c.Q.).

718. Art. 1739 C.c.Q. et *supra* n° 158.

719. *Girard* c. *J.D. Chevrolet Oldsmobile Ltée*, [1973] C.S. 263; *Houle* c. *Forget*, [1953] R.L. 229 (C.S.).

720. Art. 1702 C.c.Q.

721. Art. 1087 et 1088 C.c.B.C. *Assurances Claude Lafrenière Inc.* c. *Garage L'Épicier Cie*, [1985] C.P. 14; *Harvey* c. *Stan Fortin Meubles Inc.*, [1979] C.P. 254; *Couture* c. *Lemelin*, [1973] C.A. 1079; *Bertrand Godbout Inc.* c. *John Deere Ltd*, [1972] C.S. 380; *Touchette* c. *Pizzagalli*, [1938] R.C.S. 433. Pourcelet, *Vente*, p. 152. Voir aussi *Lortie* c. *Bouchard*, [1952] 1 R.C.S. 508.

722. Art. 1702 C.c.Q.

723. Voir 1700 et s C.c.Q.

724. Art. 1727 C.c.Q. Rousseau-Houle, *Précis*, p. 155. Voir aussi *Legault c. Tremblay-Bilodeau*, [1978] C.A. 576. Pourcelet, *Vente*, p. 153.

725. Art. 1727 C.c.Q. Voir *Lebrun c. I. Tardif et fils Inc.*, [1976] C.P. 546. Voir Rousseau-Houle, *Précis*, p. 155.

726. Art. 1704 C.c.Q.

727. Art. 1604 C.c.Q. et 1526 C.c.B.C.

728. *Ouellet c. Eymann*, [1988] R.J.Q. 2448 (C.A.). Rousseau-Houle, *Précis*, p. 158.

729. *Caron c. Centre Routier Inc.*, [1990] R.J.Q. 75 (C.A.); *Zerounian c. Morin*, [1990] R.D.I. 50 (C.S.); *Placement Jacpar Inc. c. Benzakour*, [1989] R.J.Q. 2309 (C.A.). Voir *contra,Ouellet c. Eymann*, [1988] R.J.Q. 2448 (C.A.). Comparer les décisions qui traitent du coût des réparations dans le cadre d'une action en dommages-intérêts: *Proulx-Robertson c. Collins*, J.E. 92-310 (C.A.); *Blandino c. Colagiacomo*, [1989] R.D.I. 148 (C.A.); *Costa c. Benoît*, [1988] R.J.Q. 2253 (C.S.).

730. Art. 1728 C.c.Q. et *supra* n° 156.

731. *Richler Truck Centre Inc. c. Lapierre*, [1984] C.A. 136; *Hamel c. Jetté*, [1982] C.A. 577. Pourcelet, *Vente*, p. 163. Voir aussi Rousseau-Houle, *Précis*, p. 158.

732. *Hamel c. Jetté*, [1982] C.A. 577.

733. *Caron c. Centre Routier Inc.*, [1990] R.J.Q. 75 (C.A.). Voir aussi *supra* n° 167.

734. Art. 1468, 1469 et 1473 C.c.Q.

735. Art. 1442 C.c.Q., règle dite «de Kravitz».

736. Art. 1458, al. 2, C.c.Q.

737. Voir *supra* n° 148.

738. Art. 1730 C.c.Q.

739. Art 53 L.p.c.

740. Art. 1442 C.c.Q. C'est la codification de la décision célèbre *General Motors Products of Canada Ltd. c. Kravitz*, [1979] 1 R.C.S. 790.

741. *Fiat Motors of Canada Ltd c. Desnoyers*, [1980] C.A. 613; *General Motors Products of Canada Ltd. c. Kravitz*, [1979] 1 R.C.S. 790. Voir aussi *Averback c. Meunier*, J.E. 92-941 (C.S.).

742. *Supra* n° 154.

743. Notamment art. 1728, al. 2, C.c.Q. et *supra* n° 157; voir aussi art. 1733, al. 2, C.c.Q. et *infra* n° 178.

744. Art. 1525, al. 3, C.c.Q.

745. Art. 53 et 54 L.p.c.

746. Art. 1730 C.c.Q.

747. Art. 1442 C.c.Q.

748. *McGuire c. Fraser* (1908), 40 R.C.S. 577, (1908) 17 B.R. 449. T. Rousseau-Houle, *Les contrats de construction en droit public et privé*, Montréal, Wilson et Lafleur et Sorej, 1982, p. 335 à 337.

749. Voir *Dorion c. Lehouillier*, [1989] R.J.Q. 1798 (C.A.); *Fournier c. Bégin*, [1983] R.L. 170 (C.P.).

750. Art. 1794 C.c.Q. et *infra* n° 269.

751. Art. 1458, al. 2, C.c.Q.

752. *Supra* nº 148.

753. Voir F. Poupart, «Les garanties relatives à la qualité d'un bien de consommation», (1982-83) 17 *R.J.T.* 233, p. 295 et s. Comparer, dans le droit de la consommation, les garanties *légales* et impératives de bon fonctionnement, soit la garantie générale applicable à tout contrat et la garantie spéciale applicable à la vente d'une automobile d'occasion: art. 37 et 159 et s L.p.c.

754. Art. 1530 C.c.B.C.

755. Art. 1428 C.c.Q. et 1414 C.c.B.C.

756. *Létourneau* c. *Beaupré Automobiles Ltée*, [1976] C.S. 1820; *Rivard* c. *Roulottes Champion Ltée*, [1975] C.S. 905; *Gougeon* c. *Peugeot Canada Ltée*, [1973] C.A. 824; *Bertrand Godbout Inc.* c. *John Deere Ltd.*, [1972] C.S. 380; *Fillion* c. *Bizier*, [1967] B.R. 107; *Acme Restaurant Equipment Co.* c. *Coziol*, [1962] B.R. 1; *Lambert* c. *Lévis Automobile Inc.*, [1957] R.C.S. 621. Rousseau-Houle, *Précis*, p. 193.

757. Art. 1739 C.c.Q.

758. Art. 1727 C.c.Q.

759. Rousseau-Houle, *Précis*, p. 192. Voir aussi *Castonguay* c. *Casier*, J.E. 88-844 (C.A.); *Dagenais* c. *Cie Immobilière 8655 Foucher Inc.*, [1989] R.J.Q. 827 (C.A.).

760. Art. 1727 C.c.Q. Ceci serait particulièrement vrai dans la conception *conventionnelle* du vice, c'est-à-dire quand l'accord des parties précise l'usage du bien que le vendeur garantit à l'acheteur; voir Ghestin et Desché, *Vente*, nº 722.

761. Pour une analyse critique du programme de certification des maisons neuves de l'Association provinciale des constructeurs d'habitation, voir C. Masse, «La responsabilité du vendeur et du constructeur de maison d'habitation au Québec», (1977) 12 *R.J.T.* 419, p. 432.

762. Art. 1732 C.c.Q. et 1507 C.c.B.C. *Glengoil Steamship Line Ltd.* c. *Pilkington* (1898), 28 R.C.S. 146. Baudouin, *Obligations*, no 741. Désormais, toutefois, la limitation ou l'exclusion de responsabilité à l'égard des tiers sera inopérante: art. 1476 C.c.Q.

763. *Canada Steamship Lines Ltd.* c. *R.*, [1952] A.C. 192. Baudouin, *Obligations*, nº 746. Pour la preuve de la connaissance d'un avis d'exclusion ou de limitation de responsabilité, voir art. 1475 C.c.Q.

764. Art. 1474, al. 1, C.c.Q. *Brien* c. *Lemelin*, J.E. 89-634 (C.A.). Baudouin, *Obligations*, no 744.

765. Art. 1474, al. 2, C.c.Q. et 301 P.C.c.

766. Art. 1733, al. 1, C.c.Q.

767. Voir 1728 C.c.Q.

768. Art. 1527 C.c.B.C.

769. *Massie* c. *La Banque d'Épargne de la Cité et du District de Montréal*, [1990] R.D.I. 377 (C.Q.); *Richler Truck Centre Inc.* c. *Lapierre*, [1984] C.A. 136; *General Motors Products of Canada Ltd.* c. *Kravitz*, [1979] 1 R.C.S. 790. Rousseau-Houle, *Précis*, p. 135 et 136. Voir aussi *supra* nos 156 et s.

770. *Devin* c. *Banque Royale du Canada*, [1990] R.D.I. 640 (C.Q.). Voir aussi *supra* nº 157.

771. *Éthier* c. *Aéroclub de Sorel Ltée*, [1977] R.L. 173 (C.P.). Rousseau-Houle, *Précis*, p. 135.

772. *Castonguay* c. *Cosier*, J.E. 88-844 (C.A.); *Normandin* c. *Duprelan*, [1979] C.P. 477; *B & R Gauthier Inc.* c. *Lemieux*, [1977] C.S. 295; *Bourget* c. *Martel*, [1955] B.R. 659; *Tellier* c. *Proulx*, [1954] C.S. 180.

773. *Quessy* c. *Cimon*, [1987] R.D.I. 443 (C.P.); *Michaud* c. *Létourneau*, [1967] C.S. 150; *Lortie* c. *Bouchard*, [1952] 1 R.C.S. 508. Rousseau-Houle, *Précis*, p. 135.

774. Art. 1428 C.c.Q. et 1014 C.c.B.C.

775. Voir Y. Brunet, «Le danger des clauses employées machinalement», (1966) 1 *R.J.T.* 302.

776. Art. 1733, al. 2, C.c.Q. Comparer art. 1510 C.c.B.C. en matière de garantie contre l'éviction.

777. *Richler Truck Centre Inc.* c. *Lapierre*, [1984] C.A. 136.

778. Art. 1437 C.c.Q.

779. Art. 1733, al. 2, C.c.Q.

780. Art. 1733, al. 1, C.c.Q. et *supra* n° 156 et s.

781. Art. 1734 C.c.Q. Pour la délivrance, voir art. 1717 C.c.Q. et supra n°s 96 et s.

782. Pourcelet, *Vente*, p. 171; Rousseau-Houle, *Précis*, p. 216.

783. Art. 1734 C.c.Q. et 1495 C.c.B.C. *Interprovincial Lumber Co.* c. *Matapédia Co.*, [1973] C.A. 140.

784. Voir Pourcelet, *Vente*, p. 114; Rousseau-Houle, *Précis*, p. 196.

785. Art. 1740 C.c.Q. et 1544 C.c.B.C. *Gauthier* c. *Provencher*, [1966] R.L. 572 (C.P.). Voir aussi art. 1597 C.c.Q. pour les cas où il y a mise en demeure de plein droit.

786. Art. 1590 et 1604 C.c.Q. Voir cependant art. 1605 C.c.Q. pour d'autres cas de résolution extrajudiciaire.

787. *Interprovincial Lumber Co.* c. *Matapédia Co.*, [1973] C.A. 140.

788. Art. 1590 et s C.c.Q. *V.O. Furniture and Television Co.* c. *Alpin*, [1960] C.S. 575; *Mile End Milling Co.* c. *Peterborough Cereal Co.*, [1924] R.C.S. 120. Voir aussi art. 1544 C.c.B.C.

789. Art. 1708 C.c.Q. et *supra* n° 1.

790. Art. 1373 C.c.Q. Faribault, *Vente*, p. 62 à 64; Mazeaud, *Leçons. Vente*, n° 866. Une clause d'arbitrage quant au prix est valide et ne rend pas celui-ci indéterminé ni indéterminable: *Rinders* c. *Cie de Charlevoix Ltée*, [1983] C.S. 897.

791. Mazeaud, *Leçons. Vente*, n° 865.

792. Art. 1734 C.c.Q. et 1533 C.c.B.C. Pour la date et le lieu de la délivrance, voir *supra* n°s 108 et s.

793. Voir art. 1566 C.c.Q.

794. Voir *infra* nos 212, 213 et s.

795. *Alcools de Commerce Inc.* c. *Corp. de Produits Chimiques de Valleyfield Ltée*, [1985] C.A. 686; *Fiducie du Québec* c. *Fabrication Précision Inc.*, [1978] C.A. 255.

796. Ghestin et Desché, *Vente*, n° 1086; Pourcelet, *Vente*, p. 169.

797. Art. 1591 C.c.Q. *Interprovincial Lumber Co.* c. *Matapédia Co.*, [1973] C.A. 140. Pourcelet, *Vente*, p. 168. Voir aussi art. 1740, al. 2, C.c.Q. et *supra* n° 118.

798. Art. 1564 C.c.Q.

799. Art. 1735 C.c.Q.

800. Art. 1534 C.c.B.C.

801. Commentaires du gouvernement. Voir aussi art. 1734 C.c.Q.et 381 P.C.c. Deslauriers, «Commentaires sur la vente», p. 945.

802. Art. 1565 C.c.Q.; *Loi sur l'intérêt*, L.R.C. 1985, ch. I-18, art. 3.

803. Art. 1734 C.c.Q.

804. Art. 1479 C.c.B.C.

805. Commentaires du gouvernement.

806. Ghestin et Desché, *Vente*, n° 1094. Voir cependant la *Loi sur le notariat*, L.R.Q., ch. N-2, art. 11, qui prévoit que *toutes* les parties à un acte notarié sont solidairement *tenues* aux paiements des frais et des honoraires du notaire instrumentant; le vendeur, «tenu» mais non obligé, qui les a payés a droit d'en recouvrer le remboursement par l'acheteur.

807. Art. 2651 et 2724 C.c.Q. Comparer art. 2009 C.c.B.C.

808. Art. 2651 et 2724 C.c.Q. Comparer art. 1994 C.c.B.C.

809. Art. 2650 et s et 2660 et s C.c.Q. Le contrat de dation en paiement (art. 1799 et s C.c.Q.), qui est distinct de la prise en paiement, laquelle est un droit hypothécaire (art. 2778 et s C.c.Q.), sera examiné plus bas: n°s 282 et s.

810. Art. 1743, al. 1, C.c.Q. Commentaires du gouvernement; R. P. Godin, «Code civil du Québec: la réforme du droit des sûretés réelles. L'exercice des droits hypothécaires en matière immobilière», (1992) 23 *R.G.D.* 433. Voir aussi art. 2757 et s et 2778 et s C.c.Q.

811. Art. 1742, 2778 et s C.c.Q.

812. R. P. Godin, «Code civil du Québec: la réforme du droit des sûretés réelles. L'exercice des droits hypothécaires en matière immobilière», *supra* note 810; M. Boudreault et P. Ciotola, «Présentation et critique des dispositions du Projet de loi 125 portant sur les sûretés réelles», (1991) 22 *R.G.D.* 697, p. 756.

813. Art. 1496, 1497, 1543, 1994, 1998, 1999 C.c.B.C. Voir M. Boodman, «The Seller's Revendication Remedy as a Fossil», (1989) 35 *R.D. McGill* 18.

814. Art. 1740 C.c.Q. et *supra* n°s 118 et 119.

815. Art. 1740, al. 2, C.c.Q. et *supra* n° 118.

816. Art. 1998 et 1999 C.c.B.C. *Jocami Inc.* c. *Joly*, [1982] C.S. 637. Pourcelet, *Vente*, p. 173; Rousseau-Houle, *Précis*, p. 200. Voir aussi pour le droit de rétention, art. 1496 C.c.B.C.

817. Art. 1741 C.c.Q. Commentaires du gouvernement. Comparer art. 1543, 1998 et 1999 C.c.B.C.

818. Pour la revendication dans le droit du Code civil du Bas-Canada, voir l'analyse de R.A. Macdonald, «Enforcing Rights in Corporeal Moveables: Revendication and its Surrogates», (1986) 31 *R.D. McGill* 573 et (1987) 32 *R.D. McGill* 1.

819. Art. 2748 et s C.c.Q. M. Boudreault, «Code civil du Québec: la réforme du droit des sûretés réelles. L'exécution des sûretés mobilières sous le nouveau Code civil du Québec», (1992) 23 *R.G.D.* 411.

820. Art. 281 à 284, livre IV P.C.c. Commentaires de l'O.R.C.C., tome 1, p. 431 à 435.

821. R. A. Macdonald, «Code civil du Québec: la réforme du droit des sûretés réelles. Change of Terminology? Change of Law?», (1992) 23 *R.G.D.* 357; R.A. Macdonald, «Faut-il s'assurer qu'on appelle un chat un chat? Observations sur la méthodologie législative à travers l'énumération limitative des sûretés, 'la présomption d'hypothèque' et le principe de 'l'essence de l'opération'», dans *Mélanges Germain Brière*, Montréal, Wilson et Lafleur, à paraître. Voir aussi M. Boudreault et P. Ciotola, «Présentation et critique des dispositions du Projet de loi 125 portant sur les sûretés réelles», *supra* note 812, p. 706 à 708.

Ainsi, on sera frappé, et peut-être choqué, du contraste entre la résolution d'une vente mobilière au comptant, qui échappe aux conditions assurant une certaine protection à l'acheteur et aux tiers, d'une part, et, d'autre part, la vente à tempérament, qui est désormais soumise à ces conditions: art. 1749 C.c.Q. et *infra* nos 220 et s.

822. Voir généralement R. P. Godin, «Code civil du Québec: la réforme du droit des sûretés réelles. L'exercice des droits hypothécaires en matière immobilière», *supra* note 810.

823. Art. 1742, al. 2, C.c.Q. et 1537, al. 2, C.c.B.C.

824. Art. 1742, al. 1, C.c.Q. et 1536 C.c.B.C. *Romanesky* c. *Romanesky*, [1989] R.D.I. 636 (C.A.); *Soucy* c. *Filion*, [1976] C.A. 870. Voir *contra, Cimon* c. *Archevêque catholique romain de Québec*, [1990] R.J.Q. 729 (C.A.), et Y. Desjardins, «Un regrettable arrêt de la Cour d'appel», (1990-91) 93 *R. du N.* 216.

825. Art. 1743, al. 1, C.c.Q. Comparer art. 1040a C.c.B.C. et, généralement, J. Deslauriers, *Précis de droit des sûretés*, Montréal, Wilson et Lafleur, 1990, p. 282 et s.

826. Art. 1743, al. 1, C.c.Q. Voir art. 2757 et s et 2778 et s C.c.Q.

827. Art. 2758 C.c.Q. Comparer art. 1040a C.c.B.C., qui n'était pas clair à ce sujet. *Contra, Société canadienne d'hypothèque et de logement* c. *Caisse populaire St-Denis*, [1981] R. L. 1 (C.S.), et commentaire R. Comtois, (1980-81) 83 *R. du N.* 504; *Desgroseillers* c. *McHugh*, [1968] C.S. 643. Voir aussi *contra, Immeubles Patenaude Ltée* c. *Trust Général du Canada*, [1975] C.S. 983.

828. *Forte* c. *Coast to Coast Paving Ltd*, [1972] C.S. 718. J. Deslauriers, *Précis de droit des sûretés, supra* note 825, p. 284; C. Hoffmann, «Acceleration Clauses and Article 1040b», (1974) 20 *R.D. McGill* 124; Rousseau-Houle, «Récents développements», p. 390. Voir aussi *Immeubles Patenaude Ltée* c. *Trust Général du Canada*, [1975] C.S. 983. M. Boudreault, «Analyse des articles 1040a et suivants du Code civil», (1982-83) 85 *R. du N* 3 et 131, p. 18. *Contra, Société canadienne d'hypothèque et de logement* c. *Caisse populaire St-Denis*, [1981] R. L. 1 (C.S.), et commentaire R. Comtois, (1980-81) 83 *R. du N.* 504; *Chambly Realties*

Ltée c. *Gallett*, [1970] C.S. 361; *Darveau* c. *Routhier*, [1967] C.S. 665.

829. Art. 2758, al. 1, C.c.Q. Comparer 1040a C.c.B.C., qui exigeait simplement la description de l'immeuble; en ce qui concerne la description de l'immeuble, voir *contra*, *Re Industries Senneterre ltée: Swidler* c. *International Trust Co.*, [1984] C.S. 1288.

830. *Drummond* c. *113052 Canada Inc.*, [1986] R.D.J. 560 (C.A.); *Trust Général du Canada* c. *Les Fonds Nordic Ltée*, [1986] R.D.I. 248 (C.S.).

831. Art. 2757, al. 1, C.c.Q. Cette inscription est dénoncée par l'officier de la publicité des droits à toute personne qui a requis l'inscription de son adresse: art. 2757, al. 2, et 3017 C.c.Q. (comparer art. 1040a, al. 4, C.c.B.C.).

832. *Lakeshore Development Corp.* c. *Pesant*, [1968] C.S. 613. J. Deslauriers, *Précis de droit des sûretés*, *supra* note 825, p. 284.

833. Art. 2761 C.c.Q.

834. Art. 1743, al. 2, C.c.Q.

835. Art. 2778 C.c.Q. Quand le défaut de l'acheteur ne concerne pas une obligation monétaire (par exemple, violation de son obligation d'effectuer toutes les réparations nécessaires), et que par ailleurs plus de la moitié du prix a été acquittée, il semble que l'acheteur ne devrait pas être privé de cette protection et que l'autorisation du tribunal serait quand même requise; *contra*, R. P. Godin, «Code civil du Québec: la réforme du droit des sûretés réelles. L'exercice des droits hypothécaires en matière immobilière», *supra* note 810.

836. Art. 109, 142 à 144 L.p.c. Voir aussi art. 107 et 108 L.p.c. Il s'agit évidemment de procéder par analogie, à la discrétion du tribunal; celui-ci hésitera peut-être à appliquer tous les critères du droit de la protection du consommateur quand, par exemple, le vendeur et l'acheteur sont des entreprises de force égale: voir R. P. Godin, «Code civil du Québec: la réforme du droit des sûretés réelles. L'exercice des droits hypothécaires en matière immobilière», *supra* note 810.

837. *Sirois* c. *Actuel Pontiac Buick Cadillac inc.*, J.E. 92-1197 (C.S.); *Bonneau* c. *Banque Nationale du Canada*, J.E. 92-1324 (C.Q.); *Beaucage* c. *General Motors Acceptance Corp.*, J.E. 91-1512 (C.S.); *Beaulieu* c. *Banque de Montréal*, J.E. 91-1387 (C.Q.); *Cyr* c. *Banque Nationale du Canada*, [1990] R.J.Q. 873 (C.Q.); *Labrecque* c. *Banque Canadienne Impériale de Commerce*, [1984] C.P. 84; *Cousineau* c. *Banque Canadienne Impériale de Commerce*, [1983] C.S. 1194. N. L'Heureux, «La force obligatoire des contrats de consommation», (1985) 45 *R. du B.* 301.

838. Art. 2761 C.c.Q. et 1040b C.c.B.C. Voir *Ledoux* c. *France*, [1991] R.J.Q. 2704 (C.S.).

839. Art. 2762 C.c.Q. et 1040b, al. 2, C.c.B.C. *Loi sur l'intérêt*, L.R.C. 1985, ch. I-15, art. 8. Voir *Les Immeubles Fournier Inc.* c. *Construction St-Hilaire Ltée*, [1975] 2 R.C.S. 2.

840. *Supra* n° 194.

841. Art. 1743 C.c.B.C. *Forte* c. *Coast to Coast Paving Ltd*, [1972] C.S. 718. J. Deslauriers, *Précis de droit des sûretés*, *supra* note 825, p. 286 et 287.

842. Art. 2761, al. 2, C.c.Q. et 1040b C.c.B.C.

843. *Cie Montréal Trust* c. *Roadrunner Jeans Mfg Ltd*, [1983] C.S. 245. Voir aussi, pour la dation en paiement, *Re Reny: Morency* c. *Banque Nationale du Canada*, [1990] R.D.I. 697 (registraire C.S.); *Re Les Cuisines Fortier Ltée: La Caisse d'établissement de la Chaudière* c. *Maheux, Noiseux Inc.*, [1982] C.S. 808; *Brissette* c. *Thode*, [1971] C.S. 644; *Langlois* c. *Banque d'Expansion Industrielle*, [1969] B.R. 456.

844. Voir art. 1040b C.c.B.C. Rousseau-Houle, «Récents développements», p. 391 et 392; M. Tancelin, «Légalité douteuse de la résolution conventionnelle de plein droit de la vente d'immeuble», (1967-68) 9 *C. de D.* 293. Comparer M. Boudreault, «La détermination du moment où prend effet une clause de dation en paiement», (1983) 14 *R.G.D.* 5. Le jugement en résolution est celui de première instance, non celui de la Cour d'appel: *Bousquet* c. *Robert-Bourgeault*, [1976] C.A. 552.

845. Art. 2761, al. 2, et 2781 C.c.Q.

846. *Canadian Elevator Co.* c. *Habitat Val-Orford Inc.*, [1982] C.S. 178. Voir aussi *Martel* c. *Résidences Revlac Ltée*, [1982] C.S. 852; *Gravel Photograveur Inc.* c. *Zicat*, [1976] C.S. 1142. J. Deslauriers, *Précis. de droit des sûretés*, supra note 825, p. 288.

847. Art. 2779 C.c.Q. L'inscription de cet avis est dénoncée, par l'officier de la publicité des droits, à toute personne qui a requis l'inscription de son adresse: art. 2779, al. 2, et 3017 C.c.Q. Pour la vente par le créancier et la vente en justice, voir art. 2784 et s et 2791 et s C.c.Q.

848. Art. 2780, al. 1, C.c.Q. Le Code n'exige pas que le vendeur, dans cette hypothèse, donne une nouvelle mise en demeure; celle-ci paraîtrait superflue parce que le fait qu'un créancier soit désintéressé ne porte pas de préjudice aux autres.

849. Art. 2780, al. 1, C.c.Q. Voir aussi l'autorisation *obligatoire* de la résolution quand l'acheteur a déjà payé au moins la moitié de sa dette: art. 2778 C.c.Q. et supra n° 197.

850. Art. 2780, al. 2, C.c.Q.

851. Art. 2781 C.c.Q.

852. Art. 1799 et s C.c.Q. et *infra* n°s 282 et s.

853. Voir notamment *Fortier* c. *Les Produits Concebec Inc.*, [1981] C.S. 556; *Lavoie* c. *Crédit Mauricien Inc.*, [1967] C.S. 629. J. Deslauriers, *Précis de droit des sûretés*, supra note 825, p. 286 et 289. Pour la dation volontaire en paiement, voir art. 1799 et s C.c.Q. et *infra* n°s 282 et s.

854. Art. 2781, 2938 et 2941 C.c.Q. *Canadian Elevator Co.* c. *Habitat Val-Orford Inc.*, [1982] C.S. 178.

855. Art. 1699 C.c.Q.

856. Art. 1703 C.c.Q. Voir art. 958 et s C.c.Q. L'art. 1539 C.c.B.C., au chapitre de la vente, n'a pas été repris dans le C.c.Q.

857. Art. 1592 C.c.Q.

858. Noter cependant l'art. 1623, al. 2, C.c.Q., selon lequel une clause pénale peut être réduite si elle est jugée abusive.

859. Art. 1704 C.c.Q. La règle de l'art. 1540 C.c.B.C., particulière à la vente, n'a pas été reprise dans le C.c.Q.

860. Pourcelet, *Vente*, p. 181; Rousseau-Houle, *Précis*, p. 214.

861. Art. 1702 C.c.Q. Voir *contra* art. 1087 et 1088 C.c.B.C. Rousseau-Houle, *Précis*, p. 214.

862. Art. 1701 C.c.Q.

863. Art. 2782 C.c.Q.

864. Quand le vendeur n'a pas suivi les prescriptions sur la mise en demeure et qu'il y a résolution *volontaire* de la vente, les tiers ne perdent pas leurs droits: voir *supra* n° 201.

865. Art. 1743, al. 2, 2939 et 2941 C.c.Q. et 2102 C.c.B.C. *Entreprises Diane Fortin Inc.* c. *Frenette et Frères Ltée*, [1990] R.D.I. 72 (C.A.); *Stendel* c. *Moidel*, [1977] 2 R.C.S. 256; *Meco Electric Inc.* c. *Lawrence*, [1977] 2 R.C.S. 264. Pourcelet, *Vente*, p. 181 et 182. Comparer J. Deslauriers, *Précis. de droit des sûretés*, *supra* note 825, p. 289 et 290.

866. Art. 2757, al. 1, C.c.Q. Comparer art. 1040a, al. 2 et 4, C.c.B.C. J. Deslauriers, *Précis de droit des sûretés*, *supra* note 825, p. 286.

867. Art. 1937 C.c.Q. et 1657.1 C.c.B.C. P.-G. Jobin, *Traité de droit civil. Le louage de choses*, Montréal, Centre de recherche en droit privé et comparé du Québec et Yvon Blais, 1989, n° 308 et 309.

868. Art. 1886, 1887 C.c.Q. et comparer art. 1646, 1647 C.c.B.C. qui ne visaient que les baux immobiliers. Voir aussi P.-G. Jobin, *Traité de droit civil. Le louage de choses*, *supra* note 867, n° 306, 307 et 309. Voir aussi *Banque de Montréal* c. *Aluminium du Canada*, [1983] C.A. 505.

869. Art. 1741 C.c.Q.

870. Voir art. 1998 et 1999 C.c.B.C. et *supra* n° 189.

871. Comparer art. 1543 C.c.B.C.

872. Selon l'art. 1623, al. 2, C.c.Q., l'acheteur pourrait désormais demander au tribunal de réduire cette pénalité s'il pouvait le convaincre qu'elle est abusive. Comparer cependant le droit de la consommation, dans lequel le vendeur à tempérament, lors de la reprise de possession du bien pour défaut de paiement du prix, «n'est pas tenu de remettre [à l'acheteur] le montant des paiements qu'il a déjà reçus» (art. 141 L.p.c.).

873. Il est donc possible de s'inspirer de plusieurs des autorités portant sur les conditions correspondantes du Code civil du Bas-Canada, mais il faut garder à l'esprit que, essentiellement, la revendication dont il est question ici n'est pas la même que celle de l'art. 1999 C.c.B.C. (voir *supra* n° 189).

874. Art. 1741 C.c.Q. Voir aussi art. 1999 C.c.B.C. *Alcools de commerce Inc.* c. *Corporation de produits chimiques de Valleyfield*, [1985] C.A. 686; *Keymer Equipment Ltd* c. *Themcor Holding Ltd*, [1982] C.S. 326; *Fiducie du Québec* c. *Fabrication Précision Inc.*, [1978] C.A. 255. Pourcelet, *Vente*, p. 173.

875. Art. 1741 C.c.Q. Voir aussi art. 1979 C.c.B.C. *Alcools de commerce Inc.* c. *Corporation de produits chimiques de Valleyfield*, [1985] C.A. 686; *Mercure* c. *Philippe Beaubien et Cie*, [1966] B.R. 413; *Frigidaire Corp.* c. *Duclos* (1932), 52 B.R. 91. Pourcelet, *Vente*, p. 173.

876. Art. 1741 C.c.Q. Comparer art. 1998 et 1999 C.c.B.C. *Keymar Equipment Ltd* c. *Themcor Holding Ltd*, [1982] C.S. 326.

877. Art. 1741 C.c.Q. Voir aussi art. 2763 à 2783 C.c.Q. Comparer art. 1999 C.c.B.C. Voir aussi *Alcools de commerce Inc.* c. *Corporation de*

produits chimiques de Valleyfield, [1985] C.A. 686. R. A. Macdonald, «Enforcing Rights in Corporeal Moveables: Revendication and its Surrogates», (1987) 32 *R.D. McGill* 1, p. 55 et s.

878. *Supra* n° 189.

879. *Loi sur les banques*, L.R.C. 1985, ch. B-1, art. 178 et 179. *Re Paramount Leather Goods Co.: A. Druker et Toronto Dominion Bank*, [1952] C.S. 42; *Re Eastern Wood Corp.: P.L. Robertson Manufacturing Co.* c. *Lawrence*, [1975] C.S. 539. R.A Macdonald, «Security Under Section 178 of the Bank Act: A Civil Law Analysis», (1983) 43 *R. du B.* 1007, p. 1053 à 1056.

880. *Provigo (Distribution) Inc.* c. *Laverdière*, J.E. 85-716 (C.S.). G.E. Le Dain, «Security upon Moveable Property in the Province of Quebec», (1955-56) 2 *R.D. McGill* 77, p. 109; R.A. Macdonald, «Security Under Section 178 of the Bank Act: A Civil Law Analysis», *supra* note 879, p. 1053 à 1056.

881. *Banque Nationale du Canada* c. *William Neilson Ltd*, [1991] R.J.Q. 712 (C.A., pourvoi pendant en Cour Suprême). Voir aussi M. Boodman, «The Continuing Saga of the Bank and the Unpaid Seller: *Banque Nationale du Canada* v. *William Neilson Ltd* », (1991) 51 *R. du B.* 537.

882. Art. 1741 C.c.Q.

883. Voir art. 1597 et 1598 C.c.Q.

884. Art. 1742 C.c.Q. et *supra* n°[os] 192 et s et 198 et s.

885. Art. 1741 C.c.Q. et *supra* n° 204.

886. Art. 1748 et *infra* n°[os] 212 et 219.

887. Art. 1623 C.c.Q.

888. Art. 1437 C.c.Q. P.-G. Jobin, «La révision du contrat par le juge», dans *Mélanges Germain Brière*, Montréal, Wilson et Lafleur, à paraître.

889. Art. 1152 et 1231 C.c. français. G. Paisant, «Dix ans d'application de la réforme des articles 1152 et 1231 du Code civil relative à la clause pénale», (1985) 84 *R.T.D. Civ.* 647.

890. *Loi sur l'intérêt*, L.R.C. 1985, ch. I-15, art. 8.

891. Art. 1508 C.c.Q.

892. Voir art. 1745 C.c.Q. et *infra* n° 217.

893. Art. 1511 C.c.Q. *Iberville Lumber Inc.* c. *Coffrage Marcel (1982) Inc.*, J.E. 89-5 (C.A.). Baudouin, *Obligations*, n° 753. Comparer art. 93 L.p.c.

894. Art. 1514 et 1515 C.c.Q.

895. *Supra* n° 194.

896. Anciens art. 1561a à 1561j C.c.B.C.

897. *Loi de la protection du consommateur*, L.Q. 1971, ch. 74, art. 9 à 20, 29 à 42.

898. Art. 66 à 114, 132 à 149 L.p.c.

899. Art. 1745 à 1749 C.c.Q.

900. Le texte de l'art. 1749 C.c.Q., en particulier, est très clair sur l'application de ce régime à la vente immobilière à tempérament.

901. Disposition préliminaire du C.c.Q. P.-A. Côté, *Interprétation des lois*, 2ᵉ éd., Cowansville, Yvon Blais, 1990, p. 339 et 340. Voir aussi art. 1746

C.c.Q., et *infra* n° 215, dans lequel le législateur départage expressément le domaine d'application du Code civil et celui de la *Loi sur la protection du consommateur.*

902. Voir art. 1 à 6.1 L.p.c. N. L'Heureux, *Droit de la consommation,* 3ᵉ éd., Montréal, Wilson et Lafleur, 1986, n°ˢ 122 et s.

903. Commentaires du gouvernement, art. 1745.

904. Commentaires du gouvernement, art. 1745.

905. Art. 1748 et 1749 C.c.Q.

906. Art. 1040a et s C.c.B.C.

907. Art. 2098 et 2102 C.c.B.C.

908. Comparer art. 23 et s, 66 et s, 80 et 134 L.p.c.

909. Commentaires du gouvernement, art. 1745.

910. Voir R. A. Macdonald, «Code civil du Québec: la réforme du droit des sûretés réelles. Change of Terminology? Change of Law?», (1992) 23 *R.G.D.* 357; R.A. Macdonald, «Faut-il s'assurer qu'on appelle un chat un chat? Observations sur la méthodologie législative à travers l'énumération limitative des sûretés, "la présomption d'hypothèque" et le principe de "l'essence de l'opération"», dans *Mélanges Germain Brière,* Montréal, Wilson et Lafleur, à paraître.

911. Comparer art. 23 et s, 80 et 134 L.p.c.

912. Art. 1745, al. 2, C.c.Q. Pour la définition d'«entreprise», voir art. 1525 C.c.Q. Pour l'enregistrement de la vente immobilière, comparer art. 2098 C.c.B.C.

913. Voir art. 1713 et s C.c.Q. et *supra* n°ˢ 57 et s.

914. Loi d'application, art. 98 et 162. Comparer la loi d'application, art. 4.

915. *Commission de protection du territoire agricole* c. *Venne,* [1989] 1 R.C.S. 880.

916. Art. 1748 C.c.Q.

917. Art. 1748 C.c.Q. La reprise de possession, éteignant automatiquement l'obligation de l'acheteur (art. 1749 et 2782 C.c.Q.), opère implicitement résolution de la vente.

918. Art. 1749 C.c.Q. Voir généralement M. Boudreault, «Code civil du Québec: la réforme du droit des sûretés réelles. L'exécution des sûretés mobilières sous le nouveau Code civil du Québec», (1992) 23 *R.G.D.* 411., et R. P. Godin, «Code civil du Québec: la réforme du droit des sûretés réelles. L'exercice des droits hypothécaires en matière immobilière», (1992) 23 *R.G.D.* 433; R.A. Macdonald, «Faut-il s'assurer qu'on appelle un chat un chat?», *supra* note 910.

919. Art. 950 et 1456 C.c.Q. et *supra* n°ˢ 76 et s.

920. *Létourneau* c. *Laliberté,* [1957] C.S. 428; *Banque Nationale du Canada* c. *Forget,* J.E. 86-111 (C.S.) Voir aussi *Isabelle* c. *Latreille,* [1958] B.R. 431, et commentaire L. Drazin (1958-59) 5 *R.D. McGill* 198.

921. Art. 133 L.p.c. *Contra,* dans un cas particulier, art. 145 L.p.c.

922. Art. 1746 C.c.Q.

923. Commentaires du gouvernement

924. Loi d'application, art. 99. Voir aussi la loi d'application, art. 4.

925. Art. 1456, al. 2, C.c.Q. Voir cependant la loi d'application, art. 84.

926. Art. 1748 C.c.Q.

927. *Infra* n° 221.

928. Voir art. 104 et s L.p.c.

929. Art. 1747 C.c.Q.

930. Voir notamment art. 2651 C.c.Q. pour la priorité du vendeur impayé et art. 1713 et s, et *supra* n° 62, pour la nullité de la vente du bien d'autrui.

931. Art. 1514 C.c.Q.

932. Art. 1749, al. 2, et 2782 C.c.Q.

933. Art. 1749, al. 1, C.c.Q.

934. Art. 1745, al. 2, C.c.Q. et *supra* n° 216. La version antérieure de l'art. 1749 C.c.Q., soit l'art. 1739 du projet de loi 125, associe clairement la publication et l'opposabilité au sous-acquéreur.

935. Art. 1749, al. 2, C.c.Q.

936. Voir art. 139 et s L.p.c. et 1743 C.c.Q. et *supra* n°s 193 et s.

937. Art. 1749, al. 1, C.c.Q.

938. *Supra* n°s 193 et s et autorités citées.

939. Art. 1749, al. 2, et 2758 C.c.Q. Pour la même règle à propos de la mise en demeure préalable à la résolution de la vente immobilière, voir *supra* n° 195.

940. Art. 146 Lp.c.

941. À supposer évidemment que la deuxième sanction exige une mise en demeure spéciale, ce qui n'est pas le cas par exemple pour réclamer le solde du prix.

942. Art. 1749, al. 2 et 2778 C.c.Q.

943. Art. 142 à 145 L.p.c.

944. Voir *supra* n° 197 et autorités citées.

945. Art. 1749, al. 2, 2761 et 2762 C.c.Q.

946. Commentaires du gouvernement. Comparer art. 1040a et s C.c.B.C. et 139 et 140 L.p.c.

947. *Supra* n°s 198 et 199.

948. Art. 1749, al. 2 et 2779 et s C.c.Q. Voir *supra* n° 200.

949. R.A. Macdonald, «Change of Terminology? Change of Law?», *supra* note 910; R.A. Macdonald, «Faut-il s'assurer qu'on appelle un chat un chat?», *supra* note 910.

950. Voir par exemple, *Industrial Acceptance Corp.* c. *Marmette*, [1957] B.R. 681; *Booth Ltd* c. *McClean*, [1927] R.C.S. 243; *Salvas* c. *Vassal* (1896), 27 R.C.S. 68.

951. T.-L. Bergeron, «Du droit de réméré à la condition résolutoire», (1956) 16 *R. du B.* 422; N. Parent, «De la nature du droit de réméré», (1959-60) 10 *Thémis* 98; H. Turgeon, «La vente à réméré», (1952-53) 55 *R. du N.* 249.

952. Art. 281 à 285, livre V, P.C.c.

953. Art. 1740 et s p.l. 125.

954. Art. 1741 p.l. 125 et 1040a et s C.c.B.C.

955. Art. 1746 p.l. 125.

956. Art. 1756 C.c.Q.

957. Voir généralement R. A. Macdonald, «Code civil du Québec: la réforme du droit des sûretés réelles. Change of Terminology? Change of

Law?», (1992) 23 *R.G.D.* 357; R.A. Macdonald, «Faut-il s'assurer qu'on appelle un chat un chat? Observations sur la méthodologie législative à travers l'énumération limitative des sûretés, "la présomption d'hypothèque" et le principe de "l'essence de l'opération"», dans *Mélanges Germain Brière*, Montréal, Wilson et Lafleur, à paraître.

958. Art. 1753 C.c.Q. et 1548 C.c.B.C.

959. Art. 1750, al. 2 et 1752 C.c.Q. et 1547 et 2102 C.c.B.C.

960. Art. 1751 C.c.Q. Commentaires du gouvernement.

961. Art. 1756 et 2757 et s C.c.Q. et 1040a et 1040d C.c.B.C.

962. Art. 1756 et 2757 et s C.c.Q.

963. Art. 1756 et 2749 et s C.c.Q.

964. Art. 1756 et 2329 à 2332 C.c.Q.

965. Art. 2332 C.c.Q. et 1040c et 1040d C.c.B.C. Voir aussi art. 1405 C.c.Q.

966. Art. 1546, 1549, 1550, 1551, 1552, 1553, 1554 C.c.B.C.

967. Art. 1750 C.c.Q.; comparer art. 1546, al. 1, C.c.B.C. *Duchesneau* c. *Cook*, [1955] R.C.S. 207, spécialement le j. Fauteux, aux p. 218 et 219. Mazeaud, *Leçons. Vente*, n° 917; Rousseau-Houle, *Précis*, p. 220. Voir aussi *Cie d'Assurance sur la vie La Sauvegarde* c. *Ayers*, [1938] R.C.S. 164. Voir art. 1752 C.c.Q. et *infra* n°s 237 et s.

968. *Supra* n° 2. *Ostiguy* c. *Loiselle*, [1966] B.R. 150.

969. *Dansereau* c. *Caisse Populaire du Québec-Est*, [1973] C.A. 226; *Ostiguy* c. *Loiselle*, [1966] B.R. 150; *Guillemette* c. *Pukey*, [1949] B.R. 153; *Booth Ltd* c. *McClean*, [1927] R.C.S. 243. Voir aussi Rousseau-Houle, *Précis*, p. 223 et 224.

970. Art. 1750, al. 2 et 1752 C.c.Q.

971. Pourcelet, *Vente*, p. 191; Rousseau-Houle, *Précis*, p. 221 et 222. Voir *Développement Central Ville de l'Isle* c. *Leibovitch*, [1967] R.C.S. 603.

972. Art. 1756 C.c.Q.

973. Art. 2332 C.c.Q. et 1040a, 1040c et 1040d C.c.B.C. Aux termes de ce dernier article, non seulement le vendeur dans une vente à réméré était réputé emprunteur — et pouvait ainsi invoquer l'art. 1040c C.c.B.C. —, mais aussi l'acheteur à terme, l'acheteur à tempérament ou sous condition et le possesseur avec promesse de vente ou option d'achat: dans le Code civil du Québec, ces personnes ne semblent pas pouvoir invoquer la lésion.

974. Sur l'art. 1040c C.c.B.C., voir Baudouin, *Obligations*, n°s 196 à 198.

975. Art. 1750 C.c.Q. *Caisse d'entraide économique de Rouyn-Noranda* c. *Boucher*, J.E. 79-901 (C.S.). Rousseau-Houle, *Précis*, p. 225 et 226. Voir aussi *Duchesneau* c. *Cook*, [1955] R.C.S. 207.

976. Art. 1704 C.c.Q. Pourcelet, *Vente*, p. 195; Rousseau-Houle, *Précis*, p. 226.

977. Art. 949, 950 et 1456, al. 1, C.c.Q. et *supra* n° 76.

978. Art. 1456, al. 2, C.c.Q. et *supra* n° 76.

979. Art. 1562 C.c.Q. et *supra* n° 77. Rousseau-Houle, *Précis*, p. 228. Comparer art. 1702 C.c.Q., dont l'application en l'espèce paraît douteuse parce que peu équitable pour l'acheteur.

980. Rousseau-Houle, *Précis*, p. 221, 226 et 227; Mignault, t. 7, p. 154 et 155. *Contra*, Pourcelet, *Vente*, p. 193 et 194.

981. Art. 1751 C.c.Q.

982. Art. 1751 C.c.Q.

983. Art. 1756 C.c.Q.

984. *Deleemans* c. *Lalonde-Viau*, J.E. 79-274 (C.S.). Rousseau-Houle, *Précis*, p. 222.

985. Art. 1751 C.c.Q. et *infra* n° 237.

986. Art. 1755, al. 2, C.c.Q. Voir aussi art. 1518 et s C.c.Q.

987. Art. 1754 C.c.Q. et 1555 C.c.B.C. Pourcelet, *Vente*, p. 199; Rousseau-Houle, *Précis*, p. 223.

988. Art. 1755 C.c.Q. et 1556 à 1560 C.c.B.C. Pourcelet, *Vente*, p. 197 et 198; Rousseau-Houle, *Précis*, p. 22.

989. *Duchesneau* c. *Cook*, [1955] R.C.S. 207. Rousseau-Houle, *Précis*, p. 220. Voir art. 1506 C.c.Q.

990. Art. 1546, al. 1, C.c.B.C.

991. Art. 1507, al. 2, C.c.Q. *Dansereau* c. *Caisse Populaire de Québec-Est*, [1977] C.A. 590. Pourcelet, *Vente*, p. 195.

992. Pourcelet, *Vente*, p. 202.

993. Pourcelet, *Vente*, p. 203. Comparer art 417 C.c.B.C.; P.-C. Lafond, *Droit des biens*, Montréal, Thémis, 1991, p. 652 et s.

994. *Lancalp Holding Co.* c. *Montréal (Ville de)*, [1986] R.D.I. 26 (C.S.); *Martel* c. *Tremblay*, [1975] C.A. 586. P.-C. Lafond, *Droit des biens*, *supra* note 993, p. 161 et 162.

995. Art. 933 et 935 et s C.c.Q.

996. Art. 1592 C.c.Q. et 1546, al. 2, C.c.B.C.

997. Pourcelet, *Vente*, p. 203; pour la perte totale ou les détériorations, voir *supra* n° 229.

998. Pourcelet, *Vente*, p. 200 et 201; Rousseau-Houle, *Précis*, p. 227. Voir aussi *Deleemans* c. *Lalonde-Viau*, J.E. 79-274 (C.S.). Pour l'action en passation de titre, voir *supra* n° 49.

999. Pourcelet, *Vente*, p. 195; Rousseau-Houle, *Précis*, p. 226.

1000. Art. 1750, al. 2, C.c.Q. Pour la notion d'entreprise, voir art. 1525, al. 3, C.c.Q.

1001. Art. 1752 C.c.Q.

1002. Art. 2938, 2939 et 2941 C.c.Q.

1003. Art. 1547 et 2102 C.c.B.C. *Caisse d'entraide économique de Rouyn-Noranda* c. *Boucher*, J.E. 79-901 (C.S.).

1004. Art. 1750, al. 2, C.c.Q.

1005. Art. 2938 C.c.Q.

1006. Art. 1752 C.c.Q.

1007. Loi d'application, art. 98 et 162. Comparer la loi d'application, art. 4.

1008. *Supra* n° 229.

1009. Art. 1752, 2941 et 2945 C.c.Q.

1010. Art. 1886, 1887 et 1937 C.c.Q. et 1646, 1647 et 1657.1 C.c.B.C. Rousseau-Houle, *Précis*, p. 228.

1011. Art. 1753 C.c.Q. et 1548 C.c.B.C. *Caisse d'entraide économique de Rouyn-Noranda* c. *Boucher*, J.E. 79-901 (C.S.). Rousseau-Houle, *Précis*, p. 224.

1012. Art. 2877 et 2905, *a contrario*, C.c.Q. et 1551 C.c.B.C.

1013. Loi d'application, art. 100. Comparer la loi d'application, art. 5.

1014. Art. 1548 C.c.B.C.

1015. Art. 1753 C.c.Q. Voir aussi art. 1549 C.c.B.C. On a affirmé qu'il s'agissait, dans le droit du Code civil du Bas-Canada, d'un délai préfix, non susceptible de suspension ni d'interruption (Rousseau-Houle, *Précis*, p. 224). Outre que cette sorte de délai était difficile d'application et contestée (Baudouin, *Obligations*, n⁰ˢ 871 à 873), elle semble être disparue dans le nouveau code (voir art. 2875 et s C.c.Q.); voir *contra*, Commentaires du gouvernement, art. 1751.

1016. Art. 1550 C.c.B.C. *Booth Ltd* c. *McClean*, [1927] R.C.S. 243. Pourcelet, *Vente*, p. 197; Rousseau-Houle, *Précis*, p. 220 et 228.

1017. Art. 1756 et 2758 C.c.Q. et 1040a et 1040d C.c.B.C. Rousseau-Houle, *Précis*, p. 224, 225 et 228. Par exemple, *Dansereau* c. *Caisse Populaire de Québec-Est*, [1973] C.A. 226; *Dansereau* c. *Caisse Populaire de Québec-Est*, [1977] C.A. 590. Voir aussi Pourcelet, *Vente*, p. 196 et 197. Cet avis n'était pas exigé quand la vente ne portait pas sur un immeuble: *Développement Central Ville de l'Isle* c. *Leibovitch*, [1967] R.C.S. 603.

1018. Art. 1756, 2749 et s, spécialement 2761 et 2778 C.c.Q. Voir *supra* n⁰ˢ 193 et s.

1019. Art. 1565 et 1566 C.c.B.C. Également art. 1585 C.c.B.C.

1020. Art. 1562 et 1563 C.c.B.C.

1021. Voir art. 884 et s et 1030 et s C.c.Q.

1022. Art. 1589 et 1590 C.c.B.C. *Loi sur l'expropriation*, L.R.Q. ch. E-24. Voir Rousseau-Houle, *Précis*, p. 268.

1023. Spécialement art. 1757, 1760, 1761, 1763 et 1764 C.c.Q.

1024. Art. 1757 C.c.Q.

1025. Art. 1762 C.c.Q.

1026. Art. 1762 C.c.Q. *Contra*, art. 1567 C.c.B.C.

1027. Art. 2862 C.c.Q. Rousseau-Houle, *Précis*, p. 264.

1028. Art. 1762 C.c.Q.

1029. Art. 1763 C.c.Q., qui est une nouvelle disposition.

1030. Voir art. 2938 C.c.Q.

1031. Art. 1567 C.c.B.C. Rousseau-Houle, *Précis*, p. 263 et 264.

1032. Art. 1759 C.c.Q. Comparer art. 1567 C.c.B.C.

1033. Art. 1760 C.c.Q., qui est une nouvelle disposition.

1034. Art. 2157, al. 2, C.c.Q.

1035. Art. 1764 C.c.Q., qui est une nouvelle disposition.

1036. Voir art. 1767 et s C.c.Q. et *infra* n⁰ 255.

1037. Art. 1758 C.c.Q. et 1564 C.c.B.C.

1038. Art. 2779 et s C.c.Q.

1039. Art. 1758 C.c.Q. et 1564 C.c.B.C. Voir art. 605 et s et 683 et s C.p.c.

1040. Art. 1765 C.c.Q. et 1568 C.c.B.C. Rousseau-Houle, *Précis*, p. 265.

1041. Art. 1765 C.c.Q. et 1568 C.c.B.C.

1042. Art. 1765 C.c.Q. Rousseau-Houle, *Précis*, p. 266.

1043. Voir art. 605 et s et 683 et s C.p.c.

1044. Art. 1761 C.c.Q. Comparer art. 1390, al. 2, C.c.Q.

1045. Art. 1763 C.c.Q. Comparer art. 1712 C.c.Q.

1046. Commentaires du gouvernement.

1047. Voir *supra* n° 49.

1048. Dans une vente forcée, le décret purge plusieurs droits réels grevant l'immeuble vendu, mais pas tous (par exemple, pas la servitude): art. 696 C.p.c.

1049. Rousseau-Houle, *Précis*, p. 267. Voir aussi *Nelthorpe* c. *Robichaud*, J.E. 81-802 (C.S.).

1050. Art. 1766, al. 1, C.c.Q. et 1586 C.c.B.C.

1051. Art. 1766, al. 1, C.c.Q. et 1586 C.c.B.C.

1052. Art. 1766, al. 2, C.c.Q. et 1587 C.c.B.C.

1053. Voir *supra* n° 244 pour la définition de ce type de vente aux enchères et l'impossibilité pour le fol enchérisseur d'enchérir dans la seconde vente.

1054. Art. 1765 C.c.Q. Voir, pour les meubles, art. 1740 et 1741 C.c.Q. et pour les immeubles, art. 1742 et 1743 C.c.Q. et *supra* n°ˢ 187 et s.

1055. Art. 1765, al. 2, C.c.Q., 1568 C.c.B.C. et 686 (d) et 694 C.p.c. Rousseau-Houle, *Précis*, p. 265 et 266.

1056. L'expression «vente en bloc» était un calque de l'anglais «*bulk sale*», expression qui vient elle-même des *Bulk Sales Acts* dont il sera question dans un instant.

1057. J. Beaulne et D. Coderre, «La réforme du droit des obligations. Pour une révision de l'Avant-projet dans une perspective de déjudiciarisation», (1989) 30 *C. de D.* 843, p. 857; J. Dalpé, «La vente en bloc», dans *Congrès du Barreau du Québec 1992*, Montréal, Barreau de Montréal, 1992, p. 171; I. Gliserman et S.J. Wax, «Bulk Sales (De la vente en bloc) C.C. 1569 (a) to (e)», (1971) 31 *R. du B.* 419; J.H. Gomery, «Bulk Sales», (1967) 27 *R. du B.* 666; L. Payette, «Vente en bloc» [1970] *C.P. du N.* 47, p. 48 à 50; E. Poulin, «Aspects civils de la vente en bloc», [1984] *C.P. du N.*, n° 4.

1058. Loi d'application, art. 101. Comparer la Loi d'application, art. 2, 3 et 4.

1059. D'après certaines autorités, la vente de l'équipement sans les autres éléments du fonds de commerce ne tombe pas sous le coup de ce régime: *Système comptant ltée* c. *Centre d'achat Méthot inc.*, [1976] C.S. 617; *Charrette* c. *Damphousse* (1924), 37 B.R. 315.

1060. Art. 1569a C.c.B.C. et 1767 C.c.Q. *Re l'Édifice Le St-Laurent inc.: Dorion, Jolin et associés* c. *Placements d'Auteuil inc.*, [1979] C.A. 602; *Alarie* c. *Naud*, (1956) R.L. 307 (C.S.); *Gagnon* c. *La Banque Nationale*, (1920) 29 B.R. 166. I. Gliserman et S.J. Wax, «Bulk Sales (De la vente en bloc) C.C. 1569 (a) to (e)», *supra* note 1057, p. 420 à 422; J.H. Gomery, «Bulk Sales», *supra* note 1057, p. 667 et 668; L. Payette, «Vente en bloc», *supra* note 1057, p. 51; E. Poulin, «Aspects civils de la vente en bloc», *supra* note 1057, spécialement n° 18.

1061. N. L'Heureux, *Précis de droit commercial du Québec,* 2ᵉ éd., Québec, P.U.L., 1975, nᵒˢ 60 à 65. Pour une revue de la commercialité des actes, voir notamment N. L'Heureux, *ibid.,* nᵒˢ 21 à 28; J.-C. Royer, *La preuve civile,* Cowansville, Yvon Blais, 1987, nᵒˢ 1315 et s.

1062. Art. 1525, al. 3, C.c.Q.

1063. Voir art. 1569a C.c.B.C.

1064. Voir dans ce sens le texte qu'avait proposé l'Office de révision: «La vente en bloc est celle qui a pour objet l'ensemble ou une partie substantielle d'une entreprise commerciale, industrielle, professionnelle ou autre et qui a lieu en dehors du cours ordinaire des activités du vendeur» (art. 411 P.C.c.).

1065. J. Beaulne et D. Coderre, «La réforme du droit des obligations», *supra* note 1057, p. 856. Dans la vente en bloc du Code civil du Bas-Canada, il n'était pas certain que la vente d'une entreprise fût assujettie à ce régime: *Re Savas: Hamel* c. *Savas,* [1961] C.S. 322; *Charrette* c. *Damphousse* (1924), 34 B.R. 315; *Kirouac* c. *Gauthier* (1922), 60 C.S. 192. E. Poulin, «Aspects civils de la vente en bloc», *supra* note 1057, nᵒˢ 10 à 19.

1066. Deslauriers, «Commentaires sur la vente», p. 947. Comparer pour la vente en bloc du Code civil du Bas-Canada, *Wilson* c. *Chaput,* [1916] 50 C.S. 321. E. Poulin, «Aspects civils de la vente en bloc»,*supra* note 1057, nᵒˢ 22 à 24.

1067. Art. 1772 C.c.Q.

1068. Deslauriers, «Commentaires sur la vente», p. 947. Comparer art. 1569d C.c.B.C.

1069. J.H. Gomery, «Bulk Sales», *supra* note 1057, p. 668; J. Dalpé, «La vente en bloc», *supra* note 1057. *Contra, Champagne* c. *National Brewery Ltd,* (1920) 26 R.L. 224 (C.B.R.). R. Comtois, «La vente en bloc», (1948-49) 51 *R. du N.* 174, p. 176; E. Poulin, «Aspects civils de la vente en bloc», *supra* note 1057, nᵒˢ 57 et 58. Voir aussi *contra, Darveau* c. *D'Amours* (1932), 52 B.R. 449, conf. sur un autre point par [1933] R.C.S. 503.

1070. Notre opinion serait évidemment contraire si l'acquéreur versait un certain prix ou un autre montant d'argent en «ajustement».

1071. L. Payette, «Vente en bloc», *supra* note 1057, p. 54; E. Poulin, «Aspects civils de la vente en bloc», *supra* note 1057, n° 65. Nous envisageons ici le cas où la prise en paiement s'effectue en application d'une clause de dation en paiement quand le débiteur est en défaut; toutefois quand l'entreprise est cédée, non comme une sûreté, mais en exécution «volontaire» d'une obligation (art. 1799 et s C.c.Q. et *infra* nᵒˢ 282 et s), il n'y a pas de raison pour écarter les exigences de la vente d'entreprise.

1072. Art. 1778 C.c.Q.

1073. Voir art 2784 et s C.c.Q.

1074. Par exemple, le liquidateur d'une succession (art. 802 et 804 C.c.Q.).

1075. Par exemple, l'officier chargé de vendre un bien meuble ou immeuble en exécution d'un jugement: art. 605 et s. et 683 et s. C.p.c.

1076. C'est la codification de l'interprétation donnée aux art. 1569a et s C.c.B.C. par la Cour suprême du Canada: *D'Amours* c. *Darveau*, [1933] R.C.S. 503, conf. (1932) 52 B.R. 449.

1077. Art. 1768 C.c.Q.; art. 1569b C.c.B.C. *Sandhill Wholesale Inc.* c. *Artisan du garde-feu québécois*, J.E. 91-1700; *Lafleur* c. *Viens*, [1984] C.S. 311; *Verroeulst* c. *Guérin*, [1969] B.R. 782; *In re Savas: Hamel* c. *Savas & George's Soda Bar Inc.*, [1961] C.S. 322. H. Gomery, «Bulk Sales», *supra* note 1057, p. 669; L. Payette, «Vente en bloc», *supra* note 1057, p. 55 à 58.

1078. Art. 2644 et s C.c.Q.

1079. Art. 1768 C.c.Q.; comparer art. 1569b C.c.B.C.

1080. Art. 1776 C.c.Q. et *infra* n° 255.

1081. Art. 1775 C.c.Q. et *infra* n° 255.

S'il arrivait que le vendeur ne fournisse pas de liste de créanciers au motif qu'il n'a aucune dette, l'acheteur serait bien avisé, afin de protéger sa responsabilité, d'obtenir du vendeur une déclaration assermentée qu'il n'a aucune dette, qu'elle se rapporte à l'entreprise ou pas. Voir *Montréal Abattoirs Ltd.* c. *Picotte* (1917), 52 C.S. 373.

1082. Art. 1770 C.c.Q.

1083. Art. 1769 C.c.Q. J. Dalpé, «La vente en bloc», *supra* note 1057. Dans certaines circonstances, cet avis n'est pas nécéssaire: art. 1770 C.c.Q.

Bien que l'art. 1769 C.c.Q. ne l'exige pas clairement, l'acheteur serait prudent s'il précisait dans son avis le délai accordé au créancier pour produire sa déclaration.

1084. Art. 1772 C.c.Q. et *infra* n° 252.

1085. Art. 1776 C.c.Q. et *infra* n° 255.

1086. Art. 1773 C.c.Q. Pour les cas où les parties sont dispensées de cette exigence, voir art. 1770 C.c.Q. et *supra* n° 249.

1087. Art. 1569d C.c.B.C. Comparer art. 415 et 419 P.C.c.; *Bulk Sales Act*, R.S.O. 1970, chap. 52, art. 9.

1088. Art. 1776 C.c.Q. et *infra* n° 255.

1089. Art. 1777 C.c.Q. et *infra* n° 255.

1090. Art. 1769, et *supra* n° 248, et 1771 C.c.Q. Deslauriers, «Commentaires sur la vente», p. 947.

1091. Art. 2651, 2654 et 2955 et s C.c.Q.

1092. Art. 1769 C.c.Q.

1093. Art. 1774, al.1, C.c.Q. Il serait prudent d'envoyer une copie du bordereau également aux créanciers, non déclarés par le vendeur, qui ont fait connaître leur intention de participer à la distribution.

1094. Voir art. 1771 C.c.Q.

1095. Voir art. 1768 et 1772 C.c.Q.

1096. Art. 1774, al.1, C.c.Q.

1097. Art. 1774, al. 2, C.c.Q.

1098. Art. 1774, al. 2, C.c.Q.

1099. Art. 1774, al. 1, C.c.Q.

1100. Voir art. 1299 C.c.Q.

1101. Art. 1300, 1309 et 1313 C.c.Q.

1102. Art. 1775 C.c.Q. Il faut aussi inclure dans cette catégorie les créanciers prioritaires ou hypothécaires qui ont participé à la distribution du prix de vente pour la partie non garantie de leur créance et n'ont pas été payés au complet pour cette partie.

1103. Art. 1775 C.c.Q.

1104. *Sandhill Wholesale Inc.* c. *Artisan du garde-feu québécois*, J.E. 91-1700 (C.S.); *Verroeulst* c. *Guérin*, [1969] B.R. 782; *Montréal Abattoirs Ltd.* c. *Picotte* (1917), 52 C.S. 373. J.H. Gomery, «Bulk Sales», *supra*, note 1057, p. 669; L. Payette, «Vente en bloc», *supra* note 1057, p. 55 à 58 et 61.

1105. Art. 1776, al. 1, C.c.Q. *Sandhill Wholesale Inc.* c. *Artisan du garde-feu québécois*, J.E. 91-1700 (C.S.); *Assurances Michel L. Allard inc.* c. *Sport-Nat inc.*, [1979] C.S. 680; *Verroeulst* c. *Guérin*, [1969] B.R. 782; *Re Savas: Hamel* c. *Savas*, [1961] C.S. 322; *Morin* c. *Morin*, [1954] B.R. 590. Pour la preuve de la date de la créance, voir art. 2830 C.c.Q. Contrairement à ce que décidait la jurisprudence dans le cadre du Code civil du Bas-Canada, le créancier pourrait poursuivre l'acheteur personnellement (de même que le vendeur) pour faire déclarer la vente *inopposable* et faire autoriser la saisie éventuelle des biens vendus.

1106. Art. 1776, al. 2, C.c.Q. Pour respecter ce bref délai, il ne faut guère compter sur la saisie *après* jugement; la saisie *avant* jugement est plus indiquée, quand le créancier est dans les conditions pour l'exercer.

1107. *Girard* c. *Bérubé*, [1973] C.S. 1053.

1108. Art. 1525 et 1777 C.c.Q.

1109. Art. 1569c et 1569d C.c.B.C.

1110. *A contrario*, art. 1779 C.c.Q. Pourcelet, *Vente*, p. 234; Rousseau-Houle, *Précis*, p. 255.

1111. Pourcelet, *Vente*, p. 234; Rousseau-Houle, *Précis*, p. 255.

1112. Rousseau-Houle, *Précis*, p. 255. Voir art. 884 et s C.c.Q. G. Brière, *Traité de droit civil* (P.-A. Crépeau, éd.), *Les successions*, Montréal, Centre de recherche en droit privé et comparé du Québec et Yvon Blais, 1990, n° 855.

1113. Art. 631 C.c.Q.

1114. Voir art. 1580 C.c.B.C.

1115. Rousseau-Houle, *Précis*, p. 255.

1116. Pourcelet, *Vente*, p. 234 et 235. Voir *supra* n° 75.

1117. Art. 1780 C.c.Q. et 1580 C.c.B.C.

1118. Mignault, t. 7, p. 198; Rousseau-Houle, *Précis*, p. 257. Voir *contra*, Pourcelet, *Vente*, p. 236 et 237.

1119. Art. 1779 C.c.Q. et 1579 C.c.B.C.

1120. Pourcelet, *Vente*, p. 238. Voir art. 1723 et s C.c.Q. et *supra* n°s 120 et s.

1121. Pourcelet, *Vente*, p. 239. Voir art. 1740 et s C.c.Q. et *supra* n°s 187 et s.

1122. Art. 1781 C.c.Q. et 1581 C.c.B.C.

1123. Pourcelet, *Vente*, p. 235. Voir art. 2938 C.c.Q.

1124. Mignault, t. 7, p. 197; Rousseau-Houle, *Précis*, p. 256 et 258. Voir *contra*, Pourcelet, *Vente*, p. 235. Voir art. 1641 et s C.c.Q. et 1571 et s C.c.B.C.

1125. Art. 1559 C.c.Q. Rousseau-Houle, *Précis*, p. 258.

1126. Pourcelet, *Vente*, p. 235.

1127. Mazeaud, *Leçons. Vente*, n° 839; Pourcelet, *Vente*, p. 240.

1128. Art. 1781 C.c.Q.

1129. Art. 848 C.c.Q. Comparer art. 710 C.c.B.C. qui obligeait l'héritier à rembourser à l'acheteur seulement le *prix* que celui-ci avait payé. Voir aussi art. 1022 à 1024 C.c.Q. pour le retrait successoral dans la copropriété par indivision. Pour le retrait successoral, voir G. Brière, *Traité de droit civil, Les successions, supra* note 1112, n°s 744 à 747.

1130. Art. 1782 C.c.Q. et 1583 C.c.B.C. Voir *infra* n° 263 pour plus de détails sur la notion de droit litigieux.

1131. Mazeaud, *Leçons. Vente*, n° 846; Pourcelet, *Vente*, p. 241.

1132. Art. 1783 C.c.Q. et *supra* n° 37.

1133. Comparer le droit de retrait dans l'indivision, qui permet à un indivisaire d'écarter de l'indivision une personne étrangère qui a acquis à titre onéreux la part d'un autre indivisaire: art. 1022 C.c.Q.

1134. Voir art. 1637 et s C.c.Q. *Gosselin c. Lapointe*, [1973] C.A. 156.

1135. Art. 1784, al. 2, C.c.Q. et 1584 (2) C.c.B.C. Pourcelet, *Vente*, p. 245.

1136. Art. 1782 C.c.Q. Voir *Enros c. E.H. Jones Inc.*, [1976] C.A. 387; *Boissonneau c. Turgeon*, [1976] C.S. 1198.

1137. *Placements Langelier Inc. c. Quenneville*, [1980] C.A. 622; *Eastern Farms Development Ltd. c. Marby Investment Corp.*, [1980] C.S. 1155; *Gosselin c. Lapointe*, [1973] C.A. 156, j. Lajoie, diss., p. 159 et 160, *contra*, j. Hyde, p. 161 et 162; *McNaughton c. Irvine*, [1926] R.C.S. 8.

1138. *Eastern Farms Development Ltd. c. Marby Investment Corp.*, [1980] C.S. 1155.

1139. Art. 1784, al. 2, C.c.Q. et 1584 (4) C.c.B.C. Voir Pourcelet, *Vente*, p. 242; Rousseau-Houle, *Précis*, p. 262.

1140. Art. 1784, al. 2, C.c.Q. et 1584 (4) C.c.B.C. («when [the right] has been made clear by evidence and is ready for judgment»). *McNaughton c. Irvine*, [1926] R.C.S. 8. Voir aussi *91732 Canada Inc. c. Bedek Investments Ltd*, [1988] R.J.Q. 1609 (C.A.).

1141. Art. 1784, al. 2, C.c.Q. et 1584 (1) C.c.B.C. Pourcelet, *Vente*, p. 244 et 245.

1142. Art. 1784, al. 2, C.c.Q. et 1584 (3) C.c.B.C.

1143. *McNaughton c. Irvine*, [1926] R.C.S. 8. Mazeaud, *Leçons. Vente*, n°s 855 à 857; Pourcelet, *Vente*, p. 246 et 247.

1144. Art. 1784, al. 1, C.c.Q. et 1582 C.c.B.C.

1145. Voir art. 1573 et s C.c.Q.

1146. *917732 Canada Inc. c. Bedek Investments Ltd.*, [1988] R.J.Q. 1609 (C.A.); *McNaughton c. Irvine*, [1926] R.C.S. 8. Pourcelet, *Vente*, p. 244.

1147. Voir Commentaires du gouvernement, art. 1785, 1787 et 1794; Deslauriers, «Commentaires sur la vente», p. 950.

1148. Art. 1787 à 1789 et 1791 C.c.Q.

1149. Art. 1785, al. 2, et 1786, al. 2, C.c.Q.

1150. Art. 1794 C.c.Q.

1151. Art. 1788 et 1794 C.c.Q.

1152. Commentaires du gouvernement.

1153. Art. 1012 et s. et 1038 et s. C.c.Q.

1154. Cette observation est d'ailleurs confirmée par les art. 1789 et 1790 C.c.Q., qui concernent les baux existants lors de la vente d'une des unités d'un ensemble.

1155. Art. 1794 C.c.Q.

1156. Art. 1785 et 1786 C.c.Q.

1157. Art. 1785, al. 1, C.c.Q.

1158. Pour la propriété superficiaire, voir art. 1110 et s. C.c.Q.

1159. Art. 1785, al. 1, C.c.Q.

1160. Voir art. 1092, 1093 et 2124 C.c.Q.

1161. Deslauriers, «Commentaires sur la vente», p. 950.

1162. Art. 1787 et s C.c.Q.

1163. Art. 1787 C.c.Q.

1164. Art. 1792 C.c.Q.

1165. Art. 1794 C.c.Q.

1166. Ces garanties sont transmises à l'ayant cause, même à titre particulier, de l'acheteur: art. 1442 C.c.Q. *General Motors Products of Canada* c. *Kravitz*, [1979] 1 R.C.S. 790; *McGuire* c. *Fraser* (1908), 40 R.C.S. 577.

1167. Art. 2118, 2119 et 2121 C.c.Q. Comparer art. 1688 et 1689 C.c.B.C.

1168. Art. 2120 C.c.Q.

1169. Art. 2103 C.c.Q.

1170. Pour la garantie de qualité dans la vente, voir *supra* n°s 143 et s.

1171. *Desgagnés* c. *Fabrique de la Paroisse de St-Philippe d'Arvida*, [1984] 1 R.C.S. 19.

1172. *Rubinger* c. *Belcourt Construction Co.*, [1986] R.D.I. 737 (C.S.); *Gagnon* c. *Latouche*, [1963] C.S. 417. J.W. Durnford, «The Liability of the Builder, Architect and Engineer for Perishing or Other Defect in Construction», (1967) 2 *R.J.T.* 161. Voir aussi *Dumas* c. *Immeubles Roussin Inc.*, [1975] C.A. 192

1173. Art. 2124 C.c.Q.

1174. *Supra* n° 267.

1175. Art. 1785 et 1793 C.c.Q.

1176. Voir art. 1400 et 1401 C.c.Q. et *supra* n°s 24 et 26.

1177. Art. 1787 C.c.Q.

1178. Art. 1785 C.c.Q.

1179. Art. 1793 C.c.Q.

1180. Art. 1793 C.c.Q.

1181. Art. 1786, al. 1, C.c.Q.

1182. Art. 1786, al. 1, C.c.Q.

1183. Art. 1786, al. 1, C.c.Q.

1184. Voir *Loi d'interprétation*, L.R.Q. ch. I-16, art. 40.1. Mais voir P.-A. Côté, *Interprétation des lois*, 2ᵉ éd., Cowansville, Yvon Blais, 1990, p. 306 et 307.

1185. Art. 1785, al. 1, C.c.Q. Pour la promesse de vente en général, voir *supra* nᵒˢ 40 et s.

1186. Art. 1785, al. 2, C.c.Q. Pour la faculté de dédit en général, voir *supra* nᵒ 44.

1187. Art. 59, 73 et s, 193 et s, 202, 203 et 209 L.p.c.

1188. Art. 1785, al. 2, C.c.Q.

1189. Art. 1786, al. 2, C.c.Q.

1190. Voir *supra* nᵒ 44.

1191. Art. 1787 C.c.Q.

1192. *Supra* nᵒ 271.

1193. *Supra* nᵒ 268.

1194. *Loi sur la Régie du logement*, L.R.Q. ch. R-8.1, art. 54.6.

1195. Art. 1788, al. 1, C.c.Q.

1196. Art. 1788, al. 1, et 1791 C.c.Q.

1197. Art. 1789 C.c.Q.

1198. Art. 1788, al. 2, C.c.Q.

1199. Art. 1790 C.c.Q.

1200. Pour les domaines d'application respectifs de chaque groupe de règles, voir *supra* nᵒˢ 267 et 268. On se rappellera que si la fraction de copropriété divise concerne un immeuble comportant au moins dix unités d'habitation, les exigences d'une note d'information, examinées il y a un instant, s'appliquent également (art. 1787 à 1791 C.c.Q.).

1201. Art. 1038 et 1059 à 1062 C.c.Q.

1202. Art. 1792 C.c.Q. Pour l'inscription, voir art. 3030 et 3041 C.c.Q.

1203. Art. 1596 C.c.B.C.

1204. Ph. Malaurie et L. Aynès, *Droit civil. Les contrats spéciaux*, Paris, Cujas, 1991, nᵒ 804; Mazeaud, *Leçons. Vente*, nᵒ 1031. Comparer art. 1596 C.c.B.C.

1205. Art. 1708 C.c.Q. et *supra* nᵒ 1.

1206. Art. 1796 et 1797 C.c.Q.

1207. Ghestin et Desché, *Vente*, nᵒ 40; Mazeaud, *Leçons. Vente*, nᵒ 1036.

1208. Art. 1798 C.c.Q. et 1599 C.c.B.C.

1209. Ghestin et Desché, *Vente*, nᵒ 40; Mazeaud, *Leçons. Vente*, nᵒ 1037.

1210. Art. 1796 C.c.Q. et 1597 C.c.B.C.

1211. Ghestin et Desché, *Vente*, nᵒ 38; Faribault, *Vente*, p. 539.

1212. Art. 1535 C.c.B.C. Voir aussi Faribault, *Vente*, p. 539.

1213. Art. 1597 C.c.B.C.

1214. Art. 1591 C.c.Q.

1215. Commentaires de l'O.R.C.C., art. 351.

1216. Art. 1797 C.c.Q. et 1598 C.c.B.C.

1217. Art. 1590 C.c.Q. et 1065 C.c.B.C. C'est pourquoi l'Office de révision avait recommandé de ne pas reprendre cette règle: Commentaires de l'O.R.C.C., art. 351.

1218. Faribault, *Vente*, p. 540, interprétait l'art. 1598 C.c.B.C. comme accordant au coéchangiste la possibilité d'exercer ses droits à la garantie d'éviction dès la menace d'éviction, et non, comme dans le régime général de la garantie d'éviction de la vente, lorsqu'il y avait éviction réelle (art. 1508 et s. C.c.B.C.). Interprétation douteuse, d'après nous; mais le problème n'existe plus aujourd'hui, puisque le vendeur doit la garantie du droit de propriété dès qu'il y a menace sérieuse: *supra* n° 124.

1219. Voir le «ou» dans l'art. 1797 C.c.Q.

1220. Faribault, *Vente*, p. 541.

1221. Voir les articles fondamentaux du C.c.Q. sur les droits de toute victime d'une faute contractuelle: art. 1590, 1604 et 1607 C.c.Q.

1222. J. Deslauriers, *Précis de droit des sûretés*, Montréal, Wilson et Lafleur, 1990, p. 280 à 282, 289 et s, et autorités citées.

1223. Art. 2748 et 2778 C.c.Q.

1224. Art. 2781 à 2783 C.c.Q. Voir art 1040b C.c.B.C. *Domaine du Lac McDonald Inc.* c. *Distribution Internationale de Cuir Meridian Inc.*, [1989] R.J.Q. 1449 C.A. P. Ciotola, *Droit des sûretés*, 2ᵉ éd., Montréal, Thémis, 1991, p. 415 et 416.

1225. Art. 1800, al. 2, C.c.Q. et 1592, al. 2, C.c.B.C. Comparer art. 1708 C.c.Q. et *supra* n° 2.

1226. Art. 1415 C.c.Q.

1227. Art. 1801 C.c.Q.

1228. Art. 2660, 2757 et s et 2778 et s C.c.Q. Comparer art. 1040a et s C.c.B.C. Voir généralement R. P. Godin, «Code civil du Québec: la réforme du droit des sûretés réelles. L'exercice des droits hypothécaires en matière immobilière», (1992) 23 *R.G.D.* 433; M. Boudreault, «Code civil du Québec: la réforme du droit des sûretés réelles. L'exécution des sûretés mobilières sous le nouveau Code civil du Québec», (1992) 23 *R.G.D.* 411. Voir *supra* nᵒˢ 143 et s.

1229. Loi d'application, art. 102, al. 1. Comparer la Loi d'application, art. 5, 88 et 133.

1230. Loi d'application, art. 102, al. 2.

1231. Comparer la Loi d'application, art. 88.

1232. Art. 2778 et s. C.c.Q.

1233. Art. 1800, al. 1, C.c.Q. et 1592, al. 1, C.c.B.C.

1234. *Domaine du Lac McDonald Inc.* c. *Distribution Internationale de Cuir Meridian Inc.*, [1989] R.J.Q. 1449 (C.A.) P. Ciotola, *supra* note 1224, p. 415 et 416.

1235. Art. 2783 C.c.Q. J. Deslauriers, *Précis de droit des sûretés*, *supra* note 1222, p. 289 et s.

1236. Art. 1805 C.c.Q. et 1593 et 1594 C.c.B.C. Voir aussi art. 2368 C.c.Q.

1237. Art. 907 C.c.Q. et 388 C.c.B.C. Mignault, t. 7, p. 212 et 213. Voir aussi P.-C. Lafond, *Droit des biens*, Montréal, Thémis, 1991, p. 101; P.-A. Crépeau *et al.*, *Dictionnaire de droit privé*, 2ᵉ éd., Centre de recherche en droit privé et comparé du Québec et Yvon Blais, 1991, voir «rente» et «rente foncière».

1238. Art. 1805, al. 2, C.c.Q. et 1594 C.c.B.C.

1239. Art. 1802 C.c.Q.

1240. Art. 2371 et 2372 C.c.Q.

1241. Art. 2369 C.c.Q.

1242. Voir art. 1444 et s C.c.Q.

1243. Voir art. 2938 et 2941 C.c.Q.

1244. Art. 2387 C.c.Q. et 1914 et 1915 C.c.B.C.; *contra*, art. 1908 C.c.B.C.

1245. Art. 2374 et 2376 C.c.Q. et comparer art. 389 et 1593 C.c.B.C. Comparer art. 1123 C.c.Q. pour l'usufruit et art. 1880 pour le louage.

1246. Art. 2376 C.c.Q.

1247. Art. 1804 C.c.Q. et 1595 C.c.B.C.

1248. Faribault, *Vente*, p. 535.

1249. Art. 1803 C.c.Q. et 389 et 393 C.c.B.C.

1250. Art. 1803 C.c.Q. Comparer *contra*, art. 2384 C.c.Q.

1251. Art. 1804 C.c.Q. et 1595 C.c.B.C.

1252. Mignault, t. 7, p. 212 et 213.

1253. Art. 1456 C.c.Q. et *supra* n° 76.

1254. Art. 1805 C.c.Q. et 1593 C.c.B.C. Voir aussi Mignault, t. 7, p. 213.

Table des matières

Droit des obligations du louage

*Nicole Archambault**

Introduction

Alors que le nouveau Code civil (C.c.Q.) introduit d'importants changements au Titre des OBLIGATIONS EN GENERAL et à celui des CONTRATS NOMMES, le LOUAGE, ayant déjà fait l'objet d'une réforme en profondeur en 1973 (L.Q. 1973, c. 74) complétée en 1979 pour ce qui est du bail résidentiel ou d'habitation (L.Q. 1979, c. 48), subit plutôt un rafraîchissement et une mise à jour s'actualisant principalement dans des modifications de structure, de rédaction et terminologiques (ex. la «prolongation» de bail redevient la «reconduction»).

La presque totalité des articles 1600 à 1665.6 du Code civil du Bas-Canada (C.c.B.C.) ont fait l'objet d'une réécriture; les règles ont été reformulées et leur présentation est différente. Elles sont maintenant disposées en deux groupes plutôt que trois:

a) les dispositions générales concernant le louage, qu'elles visent les biens mobiliers ou immobiliers (Sections I (De la nature du louage), II (Des droits et obligations résultant du bail) et III (De la fin du bail, articles 1851 à 1891); et

b) les règles particulières au bail d'un logement, qui à bien des égards constituent des règles dérogatoires aux dispositions générales (Section IV, articles 1892 à 2000).

Bien sûr, un certain nombre de modifications importantes sont introduites. Certaines reflètent des adaptations à des besoins particuliers et à de nouvelles réalités sociales. D'autres ont été rendues nécessaires afin d'assurer la cohérence juridique de

* Avocate.

toute la réforme. D'autres enfin visent à clarifier et à préciser des règles existantes et ainsi à mettre fin à des controverses quant à l'interprétation de la portée des textes législatifs actuellement en vigueur, notamment par la codification de certaines tendances jurisprudentielles majoritaires.

C'est ainsi que le crédit-bail fait maintenant l'objet d'un chapitre distinct de celui du louage, il devient un contrat nommé au même titre que tous les autres et l'on ne pourra plus, à l'avenir et de façon supplétive, lui appliquer les règles propres au louage en cas de lacune dans le nouveau régime. Le crédit-bail n'est dorénavant apparenté au bail que par l'appellation.

En application de la réforme du droit des priorités et des hypothèques, le privilège du locateur est aboli. Le nouveau Code civil met encore fin à l'incertitude qui prévalait en matière de cession quant à la responsabilité du cédant: dorénavant la cession de bail décharge le cédant de ses obligations. De plus l'action oblique du sous-locataire contre le locateur est explicitement prévue.

Disons enfin que, outre qu'il interdit la conclusion d'un bail perpétuel et reconnaît une plus grande liberté contractuelle dans les clauses de réajustement de loyer, le nouveau Code civil prévoit que des dommages-intérêts punitifs pourront être obtenus en certains cas de discrimination, de harcèlement, d'éviction ou de reprise de mauvaise foi. Certaines modifications ont comme effet le renforcement du droit au maintien dans les lieux.

Avant de passer à l'analyse des changements intervenus, il est important de garder à l'esprit que les nouvelles dispositions en matière de LOUAGE ne peuvent être lues isolément et doivent être interprétées en regard des principes qui régiront dorénavant l'ensemble des règles relatives aux obligations et plus globalement l'ensemble du nouveau Code civil.

1. De la nature du louage

L'article 1851 C.c.Q. qui reprend en substance les articles 1600, 1601 et 1602 du C.c.B.C. permet de dégager les caractéristiques du «louage, aussi appelé bail».

Il n'est pas inutile de rappeler ici que le bail est un **contrat synallagmatique** en ce qu'il engendre des obligations pour chacune des parties l'une envers l'autre. D'une part, le locateur doit procurer au locataire la jouissance du bien, ce qui s'actualisera par sa délivrance en bon état de réparation de toute espèce et son entretien en état de servir à l'usage pour lequel il est loué, pendant toute la durée du bail (article 1854). D'autre part, le locataire doit payer le loyer convenu et user du bien avec prudence et diligence (article 1855).

L'obligation de payer le loyer fait du bail un **contrat à titre onéreux** dont l'objet peut être un bien «meuble ou immeuble».

Même si en louage d'habitation l'article 1895 prévoit un certain formalisme en obligeant le locateur à remettre au locataire un exemplaire du bail ou un écrit reproduisant des mentions obligatoires prescrites, le contrat de bail n'en demeure pas moins un **contrat consensuel**, qui naît du seul accord des volontés car, même en l'absence de cette formalité, il demeure source d'obligation, l'alinéa 3 prévoyant que le locataire ne peut demander la résiliation du bail en cas de manquement à cette obligation par le locateur.

L'exécution des obligations assumées par chacune des parties aux termes du bail s'étendant sur une certaine période de temps «la durée du bail», laquelle peut être fixe ou indéterminée, le bail est un **contrat à exécution successive** qui prendra fin soit par l'arrivée du terme prévu au contrat (bail à durée fixe), soit par l'expression de la volonté d'une des parties d'y mettre fin (bail à durée indéterminée).

C'est encore un **contrat «intuitu personae»** car il n'est pas indifférent au locateur que le bien soit utilisé ou occupé par telle personne qu'il a choisie et qu'il considère apte à bien exécuter ses obligations de conservation et d'utilisation du bien en personne prudente et diligente. Ce caractère est reconnu implicitement à l'article 1870 C.c.Q. lorsqu'il est prévu qu'en cas de sous-location ou de cession, le locataire doive donner le nom et l'adresse du sous-locataire ou du cessionnaire proposé et obtenir le consentement du locateur à la sous-location ou à la cession.

Précisons enfin que les droits résultant du bail sont des **droits personnels** et, comme l'article 1852 qui est de droit nouveau l'autorise expressément, ils pourront être publiés par voie d'inscription au registre des droits personnels et réels mobiliers (article 2938 al. 3). La publicité ayant comme principal effet de rendre les droits publiés opposables aux tiers (article 2941), l'on peut prétendre qu'il est inutile pour un locataire de publier les droits lui résultant du bail d'un logement. En cas d'aliénation de l'immeuble ou d'extinction du titre du locateur, vu les dispositions de l'article 1937, la loi même accorde au locataire la protection qu'il pourrait acquérir par la publication de ses droits: le nouveau locateur ne pourra résilier le bail qui est continué et qui pourra même être reconduit comme tout autre bail ayant pour objet un logement; de plus, la loi prévoit que le nouveau locateur aura envers le locataire, les droits et obligations résultant du bail.

1.1 Le bail par tolérance

Lorsqu'une personne utilise un bien meuble ou occupe un immeuble sans entente d'aucune sorte avec le propriétaire qui connaît cette occupation et ne s'y oppose pas, c'est la loi qui, en créant une présomption, permet de qualifier la nature du contrat qui intervient alors.

En cas d'utilisation d'un **bien meuble,** le C.c.Q. tranche la question à l'article 1853 alinéa 1 : «la personne qui utilise le bien est présumée l'avoir emprunté en vertu d'un **prêt à usage**». Il s'agit donc d'un contrat à titre gratuit. Le prêteur ne pourra exiger de loyer. De son côté, l'emprunteur pourra user du bien mais il devra agir, quant à sa garde et à sa conservation, avec prudence et diligence. (articles 2313 à 2326).

Si le bien utilisé est un **immeuble,** il n'y a aucun changement: le contrat en est un de **bail à durée indéterminée** qui prend effet dès l'occupation et comporte un loyer correspondant à la valeur locative (article 1853 al. 2). C'est le contrat appelé communément «bail par tolérance».

1.2 Le bail d'un logement: domaine d'application

Il est essentiel pour la compréhension des Sections II et III dont l'analyse suit de cerner dès maintenant le domaine d'application particulier au bail d'un logement.

Le terme «logement» n'est toujours pas défini et, sous réserve de certaines précisions apportées par la loi, il faudra, tout comme en droit actuel, lui donner son sens commun et large: tout local destiné à l'habitation, qu'il soit ou non occupé, constitue un logement. En effet, l'article 1 de la Loi sur la Régie du logement (L.R.Q., c. R-8.1), dont nous ne pouvons faire abstraction en cette matière, prévoit qu'un local destiné à l'habitation ne cesse pas d'être un logement du simple fait qu'il est vacant.

De plus, afin d'éviter toute ambiguité, l'article 1892 précise que le bail d'une chambre, à trois exceptions près, celui d'une maison mobile placée sur un châssis, qu'elle ait ou non une fondation permanente, et celui d'un terrain destiné à recevoir une maison mobile sont assimilés à des baux de logement. Les règles propres au bail d'habitation s'appliquent également aux baux relatifs aux services, accessoires et dépendances du logement, de la chambre, de la maison mobile ou du terrain. C'est le cas, par exemple, du bail relatif à un espace de stationnement, à des meubles meublant le logement ou à des services d'infirmerie ou de restauration dans une résidence pour personnes âgées.

Certains **baux** de locaux d'habitation sont cependant **exemptés** de l'application de la Section propre à la location résidentielle. Il en va ainsi du logement loué à des fins de villégiature ou de celui dont plus du tiers de la superficie est utilisé à un usage autre que l'habitation (article 1892 (1er) et (2e).

C'est également le cas:

— de la chambre située dans la résidence du locateur si: au plus deux chambres y sont louées ou offertes en location, la chambre ne possède pas de sortie extérieure distincte, ni d'installation sanitaire indépendante de celles du locateur, ces conditions étant cumulatives.

— de la chambre située dans un établissement hôtelier ou dans un établissement de santé et de services sociaux. Pour bénéficier de cette exemption, l'établissement doit cependant détenir le permis prévu aux articles 4 de la Loi sur les établissements touristiques (L.R.Q., c. E-15.1) d'une part et 136 de la Loi sur les services de santé et services sociaux (L.R.Q., c. S-5) d'autre part.

Relativement à la chambre située dans un local administré par un établissement de santé et de services sociaux, l'article 1892 (5e) ajoute au droit actuel en permettant l'application à ce cas de l'article 1974. Ainsi, cette exception à l'exception permettra à une personne âgée locataire d'une chambre dans un centre d'hébergement et de soins prolongés, de résilier son bail si elle est admise dans un autre établissement ou dans un foyer d'hébergement.

2. Des droits et obligations des parties

Dans les baux commerciaux, industriels ou professionnels, les obligations prévues à la Section II ne sont pas impératives, les parties pouvant s'en libérer conventionnellement. Il ne s'agit donc alors que de dispositions facultatives d'ordre supplétif qui ne s'appliqueront que si le contrat ne contient aucune clause au même effet. Cependant, en matière de bail d'un logement, l'article 1893 que nous analyserons plus loin, établit le caractère impératif de la majorité des dispositions de cette Section. Il en va ainsi des articles 1854, al.2, 1856 à 1858 et 1860 à 1863).

Notes:

1) À moins d'indications contraires, ces obligations s'étendent tant au bail mobilier qu'immobilier;

2) Dans le tableau qui suit seuls les items en gras constituent des modifications par rapport au droit actuel et feront l'objet de commentaires.

Obligations du locateur

Délivrer le bien loué en état de réparation de toute espèce (art. 1854. al.1);

Procurer la jouissance paisible du bien loué pendant toute la durée du bail (art. 1854 al.1);

Garantir que le bien peut servir à l'usage pour lequel il est loué pendant toute la durée du bail (art. 1854 al 2) (voir 2.1)

Entretenir le bien pour qu'il serve à l'usage pour lequel il est loué (art. 1854 al.2)

Ne pas changer, au cours du bail, ni la forme ni la destination du bien loué (art. 1856)

User du droit d'accès prévu à l'article 1857, de façon raisonnable (Voir 2.2)

Garantir le locataire des troubles de droit apportés à la jouissance du bien loué (art. 1858)

Garantir, à certaines conditions, le locataire des troubles de fait (art. 1859, 1861) (voir 2.3)

Obligations du locataire

Payer le loyer convenu (art. 1855)

User du bien avec prudence et diligence (art. 1855)

Ne pas changer au cours du bail ni la forme ni la destination du bien loué (art. 1856)

Permettre au locateur de vérifier l'état du bien loué, d'y effectuer des travaux et en matière de bail immobilier, de le faire visiter à un locateur ou à un acquéreur éventuel (art. 1857 et 1930 et s.) (voir 2.2)

Se conduire de manière à ne pas troubler la jouissance normale des autres locataires — (art. 1860) (voir 2.3)

Conserver le bien à l'abri des pertes (art. 1862) (voir 2.4)

2.1 La garantie de bon usage

La garantie contre les défauts cachés de l'article 1606 C.c.B.C.
est remplacée dans le nouveau Code par une garantie de bon
usage: le bien doit servir à l'usage pour lequel il est loué pendant toute la durée du bail. Liée à l'obligation qu'a le locateur
de procurer la jouissance du bien et à celle d'entretien qu'il doit
assumer (article 1854), la nouvelle règle, beaucoup plus exi-
geante pour le locateur d'une part alors que le recours du locataire s'en trouve facilité d'autre part, constitue une **modification majeure** par rapport au régime actuel.

La réalisation de certaines conditions, présentes à 1606
C.c.B.C. ou résultant de son interprétation, était nécessaire pour
donner ouverture au recours en garantie contre les défauts
cachés: le vice devait être grave, occulte, inconnu du locataire
lors de la formation du contrat, ne pas lui être imputable, et sa
connaissance par le locateur était une condition d'exercice du
recours en dommages.

Bien sûr, le bien qui ne peut servir à l'usage pour lequel il est
loué est affecté d'un vice ou défaut grave et l'on peut prévoir
que le locataire continuera de devoir prouver la gravité du
défaut dont il se plaint et le fait que sa jouissance du bien en est
substantiellement diminuée. De plus, tout comme maintenant, le
défaut ne devra pas être imputable au locataire pour donner
ouverture à la garantie: le garant n'ayant pas à répondre des
vices qui sont le fait du bénéficiaire de la garantie.

Sont cependant omises au nouveau Code civil, 3 conditions
prévues à ou s'inférant de 1606 C.c.B.C. D'abord, il n'est plus
question que le défaut soit caché, la nouvelle garantie couvrant
tant le défaut caché qu'apparent. Il s'ensuit que le locataire ne
pourra plus se voir reprocher de ne pas avoir examiné le logement avant de le louer. Bien plus, même si le locataire connaissait le défaut au moment de la formation du contrat, il pourra
exercer la garantie de bon usage si nécessaire.

L'impact le plus important de la modification concerne cependant la responsabilité du locateur. En effet, le deuxième alinéa
de l'article 1606 C.c.B.C. n'ayant pas été repris, la connaissance réelle ou présumée du défaut par le locateur cesse d'être

une condition de sa responsabilité lors d'une poursuite en dommages-intérêts que dirigerait contre lui un locataire.

Par conséquent, toute violation de cette obligation de garantir l'usage pourra entraîner une réclamation en dommages. Toutefois, le cas échéant, la responsabilité du locateur pourra être réduite et parfois même disparaître si le locataire a fait défaut d'avertir le locateur d'une défectuosité ou d'une détérioration substantielles au bien (article 1866).

Notons ici que l'article 1866 étend à tous les baux l'obligation dont seul le locataire d'un logement était redevable en vertu de la loi en droit actuel (article 1652.6 C.c.B.C.).

2.2 Obligation de supporter l'examen du bien loué, certains travaux et visites et son corollaire: L'accès au logement (articles 1857 et 1930 à 1935)

Le droit du locateur de vérifier l'état du bien loué était déjà reconnu à l'article 1622 C.c.B.C.. Sauf pour les baux de logement (article 1654.1 C.c.B.C.), le droit d'y effectuer des travaux n'était pas codifié même s'il était reconnu au locateur comme découlant de son obligation d'entretenir le bien pour qu'il serve à l'usage pour lequel il était loué. Le droit de visite ne s'étendait pas non plus à celle d'un acquéreur éventuel. L'article 1857 comble ces lacunes et uniformise les règles applicables à tous les baux.

Dans le but de régler certains problèmes pratiques, comme par exemple le refus d'un locataire de laisser entrer le propriétaire pour procéder à l'extermination de coquerelles prétextant qu'il ne s'agissait pas d'une réparation, l'article 1857 utilise le terme «travaux» moins restrictif que le mot «réparations» de l'article 1654.1 C.c.B.C..

Le droit du locateur de se faire accompagner par un tiers intéressé, assureur ou créancier par exemple, ou de déléguer sur les lieux des personnes qui effectueront les travaux, s'infère de l'ensemble des règles du droit commun sans qu'il soit nécessaire de le préciser ici.

Si le bien loué est un immeuble, l'article 1857 confirme également le droit accordé aux locateurs par les articles 1645 et

1654 C c.B.C. de faire visiter les lieux à un locataire éventuel et d'apposer les affiches d'usage annonçant au public que les lieux sont à louer, le cas échéant.

Les modalités relatives aux délais de visite et d'affichage sont prévues à l'article 1885 pour ce qui concerne le bail immobilier autre que résidentiel et à l'article 1930 pour ce qui est de ce dernier. Actuellement, en matière de bail d'un logement, l'article 1654 C.c.B.C. restreint le droit de visite par un locataire éventuel au seul cas où le locateur a été avisé de la non prolongation du bail. Dorénavant, l'article 1930 étend ce droit aux cas où le locataire peut résilier un bail en cours (ex. articles 1974 et 1976), de même qu'aux cas d'entente entre locataire et locateur quant à la résiliation d'un bail en cours.

Alors que pour les locateurs de biens autres que de logements, les modalités d'exercice du droit d'accès se résument à en user de façon raisonnable, l'appréciation de ce qui est raisonnable ou non étant laissée aux tribunaux, en matière de baux d'habitation, l'usage raisonnable est précisé aux articles 1931, 1932 et 1933. Sauf pour la visite par un locataire éventuel et à moins d'urgence dans les autres cas, un préavis, qui peut être verbal vu l'article 1898, doit être donné au locataire. Même si un préavis n'est pas formellement requis par la loi et en l'absence d'entente entre le locateur et le locataire sur les modalités d'exercice des droits de visite de locataires éventuels, au surplus si le locataire a manifesté son refus de laisser visiter le logement, le locateur ne pourra ignorer le droit du locataire au respect de sa vie privée (article 3 C.c.Q.) et à l'inviolabilité de sa demeure (Charte des droits et libertés de la personne, L.R.Q., c. C-12, a.7). Au cas de refus abusif du locataire, le locateur pourra requérir de la Régie du logement l'émission d'une ordonnance d'accès.

La visite par un locataire ou un acquéreur éventuels ou pour vérifier l'état des lieux doit avoir lieu entre 9h00 et 21h00. S'il en est autrement, le locataire peut la refuser, de même qu'il peut refuser l'accès au logement si le locateur ou son représentant, cela va de soi même si le nouveau Code ne le prévoit pas spécifiquement, ne peut être présent (article 1932).

S'il s'agit d'effectuer des travaux au logement, ils doivent être exécutés entre 7h00 et 19h00, à défaut de quoi, le locataire peut s'y opposer, l'urgence étant toujours une exception (article 1933).

Disons enfin, pour terminer avec l'accès au logement que l'article 1934 règle bien des problèmes pratiques nés de l'interprétation stricte qu'a généralement faite la jurisprudence de la «serrure d'accès» de l'article 1654.4 C.c.B.C.. La nouvelle disposition vise dorénavant non seulement le changement mais également la pose de tout mécanisme pouvant restreindre l'accès à un logement. Ainsi les chaînes de sécurité, verrous, barrières, etc.. seront clairement couvertes.

2.3 De la garantie des troubles de fait

Les articles 1859, 1860 et 1861 concernent la garantie des troubles de fait que doit assumer le locateur. Tout en gardant, à une exception près, la substance des articles 1608, 1635 et 1636 du C.c.B.C., l'on peut dire qu'ils en améliorent nettement la clarté et donc l'application.

2.3.1 *Le locataire troublé et le locateur (articles 1859 et 1861)*

Si la source du trouble subi par un locataire n'origine pas d'un tiers aussi locataire du bien ou d'une personne à qui ce locataire permet l'usage ou l'accès à celui-ci, le régime est simple: l'article 1859, tout comme l'actuel article 1608 C.c.B.C., limite à toutes fins utiles les recours du locataire troublé à la diminution de loyer ou à la résiliation du bail. Quant à la réparation du préjudice subi, il ne peut l'obtenir de son locateur. Cependant, quand la source du trouble origine d'un tiers aussi locataire du bien ou d'une personne à qui ce locataire permet l'usage ou l'accès au bien, à la condition d'avoir dénoncé le trouble au locateur commun et moyennant que ce trouble persiste après l'avis au locateur, le locataire troublé peut obtenir en plus d'une diminution de loyer ou de la résiliation du bail, selon le cas, des dommages-intérêts du locateur, à moins que celui-ci ne parvienne à repousser la présomption de faute qui pèse sur lui.

2.3.2 *Le locataire troublé et le locataire auteur du trouble (article 1860)*

Il est difficile de parler de l'obligation du locateur de garantir ses locataires des troubles de fait sans parler de l'obligation du locataire de se conduire de manière à ne pas troubler la jouissance normale «des autres locataires» nous dit l'article 1860 alors que l'article 1635 C.c.B.C. précise «des autres locataires du même immeuble». La violation de cette obligation expose le fautif à des recours de la part et du locateur (dommages-intérêts, résiliation de bail) et du locataire troublé (dommages-intérêts).

À défaut de précision, et le texte ne référant plus aux «autres locataires du même immeuble», l'on peut soutenir que la nouvelle disposition vise tant les locataires cocontractants que les autres locataires liés par bail au même locateur, le terme locataire n'étant pas limité à celui qui est un voisin, un tiers, par rapport au locataire troublé.

Le tableau (page suivante) permettra de visualiser les recours possibles en matière de garantie contre les troubles de fait.

2.4 L'obligation de conserver le bien à l'abri des pertes (article 1862)

Encore ici, le changement est avant tout terminologique, le mot «pertes» incluant les dégradations de l'article 1621 C.c.B.C. L'article 1862 réunit en un seul les articles 1621 et 1643 C.c.B.C. qui déterminent la responsabilité du locataire en cas cas de pertes survenues au bien loué.

Au premier alinéa, la loi établit une présomption, réfragable cependant, à l'effet que les pertes, tant la perte totale que la perte partielle, survenues au bien en cours de bail sont à la charge du locataire.

En matière de bail immobilier, le deuxième alinéa de l'article apporte un tempérament à cette règle: si la perte est due à un incendie dans les lieux loués, la présomption de responsabilité du locataire ne joue plus et le locateur devra faire la preuve qu'il y a faute du locataire ou d'une personne à qui il a permis l'accès à l'immeuble.

Le tableau suivant permettra de visualiser les recours possibles en matière de garantie contre les troubles de fait.

A + B cocontractants locataires d'un même logement	C locataire d'un autre logement	D locataire d'un autre logement	E locateur

Hypothèse de travail:	A cocontractant est le locataire fautif.
En vertu des articles 1859 et 1861 C.c.Q.	C et D ont un recours contre E (diminution de loyer, résiliation de bail et dommages-intérêts).
	B n'a aucun recours contre E car A n'est pas un tiers vis-à-vis de B
	E a un recours contre A (dommages-intérêts).
En vertu de l'article 1860 C.c.Q.	B, C, et D ont un recours contre A (dommages-intérêts).
	E a un recours contre A + B (résiliation du bail).
	E a un recours contre A (dommages-intérêts

Pour que le recours en dommages du locateur soit accueilli en cours de bail, la jurisprudence a établi que les pertes ou dégradations doivent être graves, de nature à affecter la structure des bâtiments et à causer un préjudice auquel le locataire ne pourra remédier avant l'expiration du bail. Ce n'est qu'après l'expiration du bail que le locateur a droit de réclamer au sujet des réparations qui n'affectent pas la structure du bâtiment. À moins que les dégradations ne soient très sérieuses, le locateur ne peut présumer avant la fin du bail que le locataire ne remplira pas son obligation de rendre les lieux loués dans l'état où il les a reçus.

2.5 Disparition du privilège du locateur

Vu le bouleversement du droit des sûretés réelles, le locateur perd le privilège que lui garantissaient les article 1637 à 1640 C.c.B.C. qui ne sont pas repris.La garantie réelle devra être négociée dans chaque cas avec le locateur. Cette modification affectera le bail commercial, puisque vu l'article 1650.4 C.c.B.C., ce privilège ne pouvait déjà plus être invoqué par le locateur d'un logement depuis la réforme de 1979. La loi autorisant expressément la publication des droits résultant du bail (article 1852), c'est donc par l'inscription de son droit sur le registre des droits personnels et réels mobiliers que le locateur d'un local commercial devra garantir ses créances contre le locataire.

2.6 Les recours en cas de manquement à une obligation (article 1863)

Les recours prévus aux articles 1610, 1611, 1628, 1656 alinéa 1 et 1656.4 alinéa 1 C.c.B.C. ont été regroupés en un seul article énonçant les recours ouverts tant au locateur qu'au locataire en cas de manquement à une obligation par l'un ou l'autre.À moins de dispositions particulières, toute inexécution d'une obligation est susceptible d'être sanctionnée en application de l'article 1863.

Le nouvel article ajoute au droit antérieur en précisant que le recours en résiliation de bail est ouvert au locataire, non seulement lorsque c'est le locataire qui subit le préjudice sérieux, mais encore lorsque le préjudice est subi par d'autres occupants de l'immeuble, qu'il s'agisse d'autres locataires, ou de personnes vivant sous le toit d'un locataire ou même, en certains cas, des employés de celui-ci. Nul doute que l'intérêt juridique d'un locataire pour intenter un tel recours sera questionné.

La retenue de loyer disparaît de l'éventail des recours offerts au locataire. Dorénavant, et nous y reviendrons, ce dernier pourra s'adresser au Tribunal pour obtenir directement l'autorisation d'exécuter lui-même les travaux que la loi oblige le locateur à faire et qu'il omet (art. 1867). Si le bien loué est un logement, le locataire pourra faire sanctionner de cette façon, c'est-à-dire rechercher l'autorisation de l'exécuter lui-même, tout manquement à une obligation quelle qu'elle soit (article 1907, al.1)

En matière de bail de logement, pour ce qui est de la résiliation du bail pour cause de retard fréquent dans le paiement du loyer ou au motif que le locataire est en retard de plus de trois semaines, il faudra se référer à l'article 1871 et le recours en dépôt de loyer sera traité à l'article 1907.

L'on a déjà noté qu'en cas de trouble de jouissance causé par un tiers, locataire ou non, des recours spécifiques ouverts au locateur et au locataire troublé sont prévus aux articles 1859, 1860 et 1861.

Finalement, même si à l'instar de l'actuel Code civil, l'article 1863 n'inclut pas l'application de l'exception d'inexécution. Comme cette sanction est prévue par les règles qui traitent de la mise en œuvre du droit à l'exécution de l'obligation (article 1591), je ne vois aucun empêchement à ce qu'elle puisse être invoquée dans les cas propices à son application. Le fait dans le louage de ne référer qu'à certaines des sanctions du droit commun ne saurait exclure les autres.

3. Les réparations

3.1 Les réparations nécessaires au bien loué

L'article 1864 réunit en un seul article, les règles énoncées aux articles 1605 et 1627 C.c.B.C.. Au cours du bail, le locateur est tenu de faire toutes les réparations nécessaires au bien loué, à l'exception des menues réparations d'entretien, terminologie dorénavant retenue en remplacement des mots «réparations locatives», lesquelles sont à la charge du locataire qui peut cependant s'en exonérer en prouvant vétusté du bien ou force majeure.

3.2 Les réparations urgentes et nécessaires à la conservation ou à la jouissance du bien (article 1865)

Ces réparations sont à la charge du locateur et le locataire doit les subir. Sauf exception, par exemple, si une faute particulière a été commise par le locateur, la loi assimile les réparations urgentes et nécessaires à un cas fortuit et par conséquent le locataire n'a pas droit à des dommages-intérêts. Cependant, la plupart de ces travaux entraînant une diminution de jouissance: le loyer peut être réduit et, si la perte de jouissance est critique, le bail peut être résilié.

Le nouvel article 1865, en identifiant la finalité de la réparation, codifie la jurisprudence et la doctrine actuelles: il s'agit de réparations qui ne peuvent être différées jusqu'à la fin du bail, d'où leur qualification d'urgentes et quant à la condition tenant à la nécessité le nouveau Code précise qu'elles doivent être requises pour assurer la bonne conservation ou la pleine jouissance du bien loué.

Le droit actuel est maintenu quant à la recherche ou non d'une autorisation judiciaire pour effectuer ces travaux:

— la réparation nécessaire entraînant l'éviction ou la dépossession du bien loué pour le locataire ne peut être entreprise à moins que le tribunal ne l'ait autorisée et n'ait fixé les conditions requises pour la protection des droits du locataire;

— la réparation urgente peut être entreprise sans autorisation du tribunal et ce, même s'il est nécessaire que le locataire quitte les lieux. Le nouveau Code civil précise clairement ce qui s'induisait seulement du droit actuel (article 1626 C.c.B.C.).

Dorénavant, et c'est de droit nouveau, tout locataire évincé ou dépossédé temporairement, que ce soit avec ou sans l'autorisation du tribunal, peut exiger une indemnité, laquelle ne sanctionne pas une faute mais doit plutôt être considéré comme une obligation contractuelle imposée au locateur à l'occasion des réparations et peut être assimilée à celle prévue au bail résidentiel en cas de réparations ou améliorations majeures autres qu'urgentes. Même si l'objet de cette indemnité n'est pas précisé, par analogie avec l'article 1922, celle-ci devrait couvrir les dépenses raisonnables que le locataire devra assumer en raison des pertes causées directement par l'évacuation (ex., coûts du déménagement et du réemménagement, débranchement et réinstallation du câble, du téléphone...).

3.3 Autorisation d'exécuter les réparations aux lieux et place du locateur (articles 1867 et 1907)

En cas de défaut du locateur d'effectuer les réparations et améliorations auxquelles la loi ou le bail l'obligent, le C.c.Q. se distingue du C.c.B.C. en ce qu'il substitue au recours en retenue de loyer prévu aux articles 1612 et 1656 C.c.B.C. un recours permettant au locataire d'aller droit au but en recherchant auprès du tribunal l'autorisation d'exécuter les travaux. Une fois obtenue, les travaux pourront être exécutés par le locataire lui-même ou par un tiers à la demande du locataire.

En les autorisant le tribunal fixe les conditions de leur exécution et en fixe le montant. La compensation entre le loyer et le montant des dépenses fixé par le tribunal opère de plein droit. L'article 1869 prévoit que le locataire doit rendre compte de sa gestion, pièces à l'appui et si le bien loué est un meuble, les pièces remplacées doivent être remises au locateur.

Lorsque le bail en est un d'habitation, l'on se référera à l'article 1907 qui est d'application plus large puisqu'il permet au locataire de faire sanctionner, par la demande d'autorisation de les exécuter lui-même, tout manquement à une obligation. Le locataire est alors soumis aux obligations prévues à l'article 1869 quant à la reddition de compte et à la remise de pièces justificatives.

3.4 Dépenses engagées aux lieux et place du locateur (article 1868)

L'article 1868 constitue une exception aux articles 1867 et 1907 en ce qu'il permet à un locataire ayant mis le locateur en demeure d'entreprendre une réparation ou d'engager une dépense en ses lieux et place sans autorisation du tribunal.

La condition d'exercice de ce droit par le locataire: que la réparation ou la dépense soit urgente et nécessaire pour assurer la conservation ou la jouissance du bien loué.

L'article 1868 modifie le droit actuel en ne limitant plus ce principe au bail immobilier et en étendant son application à une dépense urgente et nécessaire. Cet ajout qui comble une lacune permettra, par exemple, à un locataire, par grand froid et en l'absence du locateur, de faire remplir le réservoir de mazout de l'immeuble.

Il étend également le droit du locataire d'un logement de retenir de plein droit le montant des dépenses ainsi effectuées à tout locataire d'un bien mobilier ou immobilier. La reddition de compte et la remise des pièces justificatives est de mise ici encore (article 1869).

4. De la sous-location du bien et de la cession du bail

4.1 Nature de la sous-location et de la cession

La **sous-location** est le louage d'une partie ou de la totalité d'un bien déjà objet d'un bail, lequel louage intervient entre le locataire principal qui devient sous-locateur et un tiers, le sous-locataire. Ce contrat est distinct du contrat de bail principal.

En prévoyant que le locataire peut sous-louer tout ou partie du bien loué, l'article 1870 met fin à une controverse en permettant expressément la sous-location partielle du bien. Certains prétendaient, en effet, que la formulation de l'article 1655, al. 1 C.c.B.C. ne permettait que la sous-location totale en matière de bail de logement auquel cas la location d'une chambre par le locataire d'un logement ne constituait pas une sous-location.

Il est maintenant clair que même en matière de logement, la sous-location peut porter, au choix du locataire, sur l'ensemble ou sur une partie seulement de la chose louée.

La **cession de bail**, quant à elle, est le transport par le locataire (cédant) à un tiers (cessionnaire) de tous les droits et obligations qu'il a dans un bail existant entre un locateur (cédé) et ce locataire. Le cessionnaire devient créancier des droits du cédant auprès du locateur. S'il vient à souffrir d'un trouble quelconque de jouissance, le cessionnaire doit s'adresser au locateur, ne disposant d'aucun recours contre le cédant lequel n'est pas libéré des obligations découlant du bail à l'égard de son locateur, sauf en présence d'une convention claire à cet effet, la novation ne se présumant pas.

Nous reviendrons sur la responsabilité du cédant en traitant de l'article 1873 qui est de droit nouveau.

En cédant son bail, le locataire transmet donc à un tiers tous les droits et obligations qu'il y possédait, y compris le droit au maintien dans les lieux, droit personnel auquel il est évident que le locataire-cédant renonce en choisissant de procéder par voie de cession.

La cession de bail est une **cession de contrat** et non une cession de créances au sens des articles 1637 et ss C.c.Q. mais les règles de la cession de créances ont toujours été appliquées à la cession de bail dans la mesure où elles étaient pertinentes. Il n'y a pas de raison pour qu'il en aille différemment à l'avenir.

En terminant disons qu'en pratique la distinction entre la cession de bail et la sous-location n'est pas toujours claire. Il faut rechercher l'intention des parties à la lumière des termes employés et des règles utilisées en matière d'interprétation des contrats.

À défaut de pouvoir identifier clairement cette intention, la solution retenue traditionnellement par la jurisprudence est de présumer qu'elles ont voulu conclure une sous-location[1].

4.2 Unification des règles et application à tous les baux

Les règles applicables aux cas de sous-location et de cession que nous retrouvons au C.c.B.C. à deux sous-sections différentes (articles 1619 et 1620 d'une part et, en matière de louage résidentiel, articles 1655 et 1655.1) sont fusionnées dans le nouveau Code. Nous les retrouvons aux articles 1870 à 1876 alors que les règles et modalités sont unifiées, s'appliquant à tous les baux, quel que soit leur objet.

4.3 Nécessité d'obtenir le consentement du locateur

Le louage étant un contrat intuitu personae en ce qui regarde la personne du locataire, il est normal que le locateur agrée au choix du sous-locataire ou du cessionnaire.

L'article 1870 ajoute au droit actuel en imposant au locataire une obligation qui ne s'appliquait qu'au bail du logement: tout locataire, peu importe la nature du bail, doit indiquer dans l'avis donné au locateur, le **nom et l'adresse** de la personne à qui il entend sous-louer son logement ou céder son bail.

Sauf en matière de louage résidentiel, compte tenu des dispositions de l'article 1898 C.c.B.c., rien n'exige que cet avis soit donné par écrit.

Le nouvel article 1871 formule les règles sur le consentement de manière différente et en modifie quelque peu les modalités, mais le fond reste inchangé: le locateur ne peut refuser de consentir à la sous-location ou à la cession s'il n'a pas un motif sérieux, dont il a avisé le locataire dans les 15 jours de la réception de l'avis d'intention de ce dernier. Auparavant, cette obligation d'indiquer les motifs de refus était restreinte au domaine du bail de logement, et le délai accordé au locateur pour répondre était de 10 jours pour ce type de bail et de 15 pour les autres baux, le délai de réponse a été uniformisé à 15 jours.

En application du droit transitoire, le nouveau délai s'appliquera à compter de la date d'entrée en vigueur du nouveau code. On devra tenir compte du temps écoulé avant l'entrée en vigueur pour la computation du délai. (Ex.: avis reçu le 29 décembre; entrée en vigueur du nouveau Code le 1er janvier; le délai pour répondre à l'avis se terminera le 13 janvier).

Si le locateur omet de répondre au locataire, la présomption du droit actuel tient toujours: il est réputé avoir consenti à la sous-location ou à la cession.

Quant aux motifs de refus, le nouveau Code est plus exigeant que l'ancien. En effet, pour pouvoir valablement s'objecter à la cession ou à la sous-location, ce n'est plus un motif «raisonnable» que devra démontrer le locateur, mais un motif «sérieux». Ce changement de terminologie enjoindra sans doute les tribunaux à être encore plus stricts que maintenant dans l'appréciation des motifs. L'on constate que la raisonnabilité est actuellement interprétée de façon très restrictive par les adjudicateurs. Les motifs jugés suffisamment raisonnables se limitant, pour ainsi dire, à la preuve de l'insolvabilité du cessionnaire ou à celle que le sous-locataire ou le cessionnaire auraient manifesté antérieurement un comportement tel qu'il pût être considéré comme indésirable. À l'avenir, il faudra y ajouter un élément d'analyse «le sérieux». Il s'ensuit que le locateur devra généralement accepter le nouveau débiteur.

4.4 Novation présumée en cas de cession de bail

L'article 1661 C.c.Q. stipule que «la novation ne se présume pas, l'intention de l'opérer doit être évidente». À défaut de répondre à l'avis du locataire dans le délai imparti, le locateur est présumé avoir accepté le changement de locataire. L'article 1873 C.c.Q. apporte donc un tempérament d'importance à ce principe. **Dorénavant la cession décharge le cédant de toutes ses obligations et aucune convention à l'effet contraire ne peut être stipulée en matière de louage résidentiel.**

La cession de bail était jusqu'à maintenant peu utilisée par les locataires d'habitation et ce, en raison de l'existence d'une controverse quant à l'étendue de la responsabilité du locataire-cédant après la cession.

Certains prétendaient que le cédant n'était pas libéré de ses obligations envers le locateur lequel conservait tous ses droits contre lui en l'absence de novation, d'autres soutenaient le contraire.

En pratique, et dans le doute, les locataires de logement se sont généralement abstenus de recourir à la cession à moins que le locateur n'accepte expressément le cessionnaire, auquel cas il y avait novation et il était clair que le locataire était relevé de ses obligations, le locateur ayant consenti à la substitution de locataire.

L'article 1873 met donc fin à la controverse en prévoyant que la cession de bail décharge l'ancien locataire de ses obligations. Mais le locateur pourra se voir substituer, au locataire avec lequel il a transigé, un autre locataire, sans que son intention d'opérer cette substitution ne soit expresse et explicite, la loi créant une présomption d'acceptation du nouveau locataire.

En matière de baux autres que résidentiels, les parties pourront cependant convenir qu'il en sera autrement.

4.5 Le sous-locataire et le loyer

Le sous-locataire est responsable du loyer à l'égard du locataire principal ou sous-locateur. L'article 1874 détermine la responsabilité du sous-locataire envers le locateur, lorsqu'une action est intentée par ce dernier contre le locataire. Le sous-locataire n'est alors tenu qu'à concurrence du loyer de la sous-location dont il est lui-même débiteur envers le locataire. Il n'est toutefois pas libéré des paiements anticipés qu'il a faits sauf s'ils l'ont été en vertu d'une stipulation inscrite au bail de sous-location et dénoncée au locateur principal ou s'ils sont conformes à l'usage des lieux.

Contrairement au droit actuel qui retient le «moment de la saisie» comme étant le moment de référence pour évaluer la somme due par le sous-locataire, le nouveau code ne reprend pas cette précision. L'on peut penser que le moment qui sera retenu pour évaluer le loyer dont le sous-locataire est redevable envers le locateur sera celui du jugement obtenu contre le locataire principal puisque c'est à compter de ce moment que la créance contre le locataire principal sera liquidée.

4.6 Recours du sous-locataire contre le locateur principal (article 1876)

L'article 1876 est de droit nouveau. Il permet au sous-locataire d'exercer un recours directement contre le locateur principal qui néglige d'exécuter les obligations auxquelles il est tenu. Le nouvel article modifie le droit actuel qui ne reconnaît pas au sous-locataire un recours direct contre le locateur : le sous-locataire devait invariablement agir contre le locataire, qui à son tour devait agir contre le locateur.

La réforme remédie à une faiblesse du régime actuel en ce que l'article 1876 vise, en fait, à forcer le locateur à exécuter ses obligations et à éviter au locataire et au sous-locataire des délais inutiles.

En raison de l'utilisation des termes «pour les faire exécuter», le recours en résiliation de bail, en diminution de loyer et en dommages-intérêts semblent être exclus des recours ouverts au sous-locataire.

4.7 Conclusion

Le locataire qui quitte son logement en cours de bail cherche d'abord à limiter sa responsabilité financière. À défaut d'entente, la sous-location du logement est en ce moment le moyen le plus fréquemment utilisé dans ces circonstances; du moins pour ce qui concerne le louage résidentiel.

Bien que la cession soit également l'un des moyens mis à la disposition du locataire pour mettre fin à son bail, elle n'était jusqu'à maintenant que peu utilisée en raison de la controverse jurisprudentielle quant à l'étendue des responsabilités que conserve le locataire-cédant après la cession dont nous avons traité.

L'article 1873 vient complètement modifier cette approche en prévoyant que la cession de bail décharge l'ancien locataire de ses obligations sans que le consentement du locateur ne soit requis. En d'autres termes, le locateur se verra imposer un nouveau locataire sans qu'il ne puisse pratiquement intervenir.

Bien sûr, le locateur peut refuser la cession pour un «motif sérieux» mais l'on a vu que cette notion sera interprétée de façon encore plus restrictive que ne l'est actuellement le refus pour motif raisonnable.

5. De la fin du bail

N.B.: Les articles 1877, 1878, 1879, 1882, 1885, 1886 et 1887 de la Section III ne s'appliquent pas dans le cas du bail d'un logement puisque le locataire bénéficie, à la fin du bail, du droit au maintien dans les lieux.

L'article 1880, de droit nouveau, s'applique au bail d'habitation. Il fixe à 100 ans la durée maximale d'un bail, mettant ainsi fin aux prises de position opposées et très fermes, tant de la jurisprudence que de la doctrine, sur la validité du bail perpétuel. La durée maximale de 100 ans s'inspire de la durée maximale de l'usufruit (article 1123), de l'emphytéose (article 1197) et du contrat de rente (article 2376).

Tout comme dans le droit antérieur, la sûreté consentie par un tiers pour garantir l'exécution des obligations du locataire continue de ne pas s'étendre au bail reconduit (article 1881) et le décès de l'une des parties n'emporte pas la résiliation du bail (article 1884). Les règles relatives aux conséquences de l'expropriation du bien loué sont également reconduites (article 1888).

5.1 Le paiement avant jugement: moyen d'éviter la résiliation du bail

L'article 1883 reprend la règle énoncée aux articles 1633 et 1656.5 C.c.B.C. et uniformise la loi sur cette matière. Le locataire, poursuivi en résiliation de bail pour défaut de payer son loyer, peut éviter la résiliation en versant, avant jugement, le loyer dû, les intérêts et les frais.

Le taux d'intérêt maximum est celui fixé par l'article 28 de la Loi sur le ministère du Revenu. Auparavant, seul l'article 1656.5 C.c.B.C. contenait cette précision: pour les baux autres que ceux d'habitation, on appliquait plutôt les règles générales énoncées au chapitre des obligations.

Le locataire d'un logement devra dorénavant, en plus du loyer dû et des intérêts auxquels il était déjà obligé, rembourser le locateur des frais encourus pour l'introduction de la demande devant la Régie du logement.

Par ailleurs, et même si l'article 1883 est d'ordre public, les parties peuvent convenir d'un autre taux d'intérêt, pourvu que ce taux soit moins élevé que celui du ministère du Revenu et ce, même en matière de bail d'habitation, puisqu'il s'agit d'un avantage conféré au locataire.

Après certaines contradictions, la jurisprudence reconnaît maintenant de façon prépondérante que le locataire, qui a vu la Régie du logement prononcer la résiliation de son bail et qui en appelle de cette, décision pourra éviter la résiliation en payant le montant prévu à l'article 1883 avant le jugement de la Cour du Québec[2].

5.2 De la remise du bien loué à la fin du bail

À la fin du bail, le locataire continue à devoir remettre le bien dans l'état où il l'a reçu. L'article 1890 innove cependant en prévoyant que le constat de l'état du bien peut être fait, non seulement par la description qu'en font les parties, mais également par des photographies.

L'article 1891 précise que le locataire **doit** enlever à la fin du bail les constructions, ouvrages ou plantations qu'il a faits, à la condition que leur enlèvement ne soit pas source de détérioration du bien loué. S'il s'ensuivait la détérioration du bien, le locateur a le choix, soit de les conserver en en payant la valeur au locataire, soit de forcer celui-ci à les enlever et à remettre le bien dans l'état où il l'a reçu. Au cas où la remise en état serait impossible, l'article 1891 prévoit que le locateur peut conserver les constructions, ouvrages ou plantatations faits par le locataire, sans avoir à lui verser d'indemnité.

6. Du caractere imperatif des règles particulieres au bail d'un logement

Les règles particulières au bail d'un logement sont-elles d'ordre public? Si oui, s'agit-il d'un ordre public de direction ou de protection et qu'en est-il de la sanction de la violation d'une des règles: s'agira-t-il de nullité absolue ou de nullité relative?

Le concept d'ordre public a beaucoup évolué au cours des dix dernières années. En droit québécois, tout comme en droit français, l'on distingue maintenant entre l'**ordre public de direction** lequel trouve application lorsque les règles posées transcendent le seul intérêt individuel et s'attachent davantage à l'intérêt collectif et l'**ordre public de protection** lorsque le texte législatif vise à assurer la protection d'intérêts particuliers ou privés généralement ceux de la partie la plus faible dans le rapport de forces entre cocontractants. C'est le cas en matière de louage résidentiel où, avec l'évolution du droit, le caractère d'ordre public de protection de ses règles est devenu évident[3].

Dans la cause de **Garcia Transport Ltée c. Cie Trust Royal**, Mme la juge L'Heureux-Dubé s'exprime d'ailleurs ainsi:

> Si la protection du consommateur est peut-être le meilleur exemple de cette catégorie de lois, elle comprend également les lois établissant des exigences en matière de permis et de qualifications professionnelle, les lois concernant les relations et les normes de travail **ainsi que les lois touchant le logement**[4].

Le nouveau Code codifie cette évolution du droit aux articles 1417 à 1421 du Livre des obligations.

L'article 1893 énonce le caractère impératif des règles particulières au bail d'un logement: est sans effet la clause du bail qui déroge aux dispositions des articles 1892 à 2000 et à bon nombre de celles prévues aux Sections II et III du chapitre sur le louage et énumérées à l'article 1893. Il va de soi qu'une entente postérieure au bail et constituant une modification de celui-ci est soumise aux mêmes règles.

Il ressort cependant de la jurisprudence et de la doctrine que la partie que la loi vise à protéger peut renoncer au bénéfice qu'elle lui garantit. Mais à quel moment une telle renonciation est-elle permise?

> La règle générale veut que la renonciation ne soit valide que si elle intervient après que la partie, en faveur de laquelle la loi a été édictée, a acquis le droit qui découle de cette loi. C'est alors, et alors seulement, que la partie la plus faible, tel le débiteur en l'espèce, peut faire un choix éclairé entre la protection que la loi lui accorde et les avantages qu'elle compte obtenir de son cocontractant en échange de la renonciation à cette protection[5].

On ne peut donc renoncer d'avance à la protection qu'accorde la loi. Ce serait le cas, par exemple, d'une clause du bail par laquelle le locataire renoncerait à son droit de recevoir un avis avant l'expiration du délai pour le donner.

> Pour conclure sur ce point, disons qu'il est possible de renoncer à une disposition d'ordre public économique de protection puisque sa violation n'est sanctionnée que par une nullité relative. En raison de la nature même de la protection accordée,toutefois, cette renonciation n'est valide que si elle est consentie après l'acquisition du droit et non avant[6].

Ainsi, en cours de bail et une fois que la protection n'est plus nécessaire, la partie en faveur de laquelle elle est stipulée peut renoncer à un droit que la loi lui reconnaît en concluant une entente avec l'autre partie. Cette entente, faite de bonne foi, constitue une transaction au sens de l'article 2631 C.c.Q.

Considérant que nous sommes en matière d'ordre public de protection, il s'ensuit que seule la partie que la règle a pour but de protéger peut invoquer l'invalidité de celle-ci devant le tribunal:

> Il est clair que si la règle ne vise qu'à protéger une seule des deux parties, c'est seulement cette partie-là qui sera autorisée à agir en nullité. Ceci est propre aux règles d'ordre public de protection[7].

7. Du bail

7.1 Le formalisme entourant sa conclusion

Avant même la conclusion du bail, le locateur doit remettre au locataire un exemplaire du règlement de l'immeuble dont l'objet peut concerner tant des règles relatives à l'usage et à l'entretien des logements que relatives aux lieux d'usage commun, tel les salles de lavage, piscine... Ce règlement fait partie du bail.

L'article 1894 se distingue cependant de l'article 1651 C.c.B.C. en ce qu'il précise que la remise du règlement au locataire n'est obligatoire que s'il en existe un dans l'immeuble: à l'impossible, nul n'est tenu.

Dans les dix jours de la conclusion du bail, le locateur doit remettre au locataire un exemplaire du bail et, s'il est verbal, un écrit comportant les mentions prescrites par l'article 1895, notamment, le montant du loyer et l'adresse du logement loué dont l'actuel article 1651.1 n'exige pas la divulgation. Cet écrit complète le bail verbal et en fait partie.

Le cas échéant, **et avant le début de la reconduction,** le locateur doit remettre au locataire un écrit constatant les modifications au bail initial dont les parties ont convenu.

Enfin, le nouveau Code exclut expressément le recours en résiliation de bail en cas de défaut du locateur de remettre au locataire, soit le bail, soit l'un ou l'autre des écrits prévus aux premier et deuxième alinéas de l'article 1895. Il s'agit d'une codification de la jurisprudence, le défaut de remettre le bail ou l'écrit n'ayant jamais donné ouverture à la résiliation. Si nécessaire, le locataire peut requérir de la Régie du logement une ordonnance forçant le locateur à lui remettre le document concerné et même une condamnation à des dommages-intérêts, s'il subit un préjudice du fait que le locateur a manqué à l'obligation prescrite.

L'écrit au nouveau locataire de l'article 1651.2 C.c.B.C. devient à 1896 C.c.Q., **l'avis au nouveau locataire.** Le terme avis est plus juste, eu égard à l'article 1898 et au Règlement sur les mentions obligatoires du bail, de l'écrit et de certains avis prévus par le Code civil[8].

La dispense de remettre cet avis, dont bénéficie actuellement le locateur d'un logement à loyer modique, est reprise et même étendue clairement à la coopérative d'habitation qui loue un logement à l'un de ses membres et au locateur d'un logement dans un immeuble nouvellement bâti ou dont l'utilisation à des fins locatives résulte d'un changement d'affectation récent. Le «nouvellement» et le «récent» devant s'entendre d'un délai de cinq ans de la date à laquelle l'immeuble était prêt pour la location (article 1955). Il est clair que si la Régie du logement n'a pas juridiction pour fixer un loyer, il n'est plus obligatoire pour le locateur de remettre à un nouveau locataire l'avis indiquant le loyer le plus bas payé au cours des douze mois précédant le début du bail.

7.2 La langue du bail et des avis y relatifs

Le bail, de même que le règlement de l'immeuble, doivent être rédigés en français, à moins que les parties n'aient expressément convenu de leur rédaction dans une autre langue. Il s'agit d'une application de l'article 55 de la Charte de la langue française (L.R.Q., c. C-11).

De plus, **tout avis relatif au bail doit,** comme en droit actuel:

— **être** donné par **écrit,** à l'adresse indiquée au bail ou à toute nouvelle adresse dont le locateur a été avisé. Une exception: l'avis que doit donner le locateur pour avoir accès au logement, lequel peut être verbal (article 1931);

— être rédigé **dans la même langue que le bail;** et

— **respecter les règles prescrites par règlement**[9].

L'article 1898 ne limite plus la règle prévue au second alinéa aux seuls défauts relatifs à l'adresse ou à la langue comme c'est le cas à l'actuel 1651.4. Le défaut, par une partie de respecter l'une ou l'autre des règles prescrites, quelles qu'elles soient, rend l'avis inopposable à l'autre à moins que celui qui l'a donné ne démontre que le destinataire ne subit aucun préjudice du fait du manquement.

7.2 Discrimination et clauses prohibées

L'actuel article 1665 C.c.B.C. est repris intégralement à l'article 1899. Cependant, vu le caractère discriminatoire des actes prohibés, le nouveau Code reconnaît au locataire victime d'une telle discrimination le droit de demander que le locateur fautif soit condamné à des dommages-intérêts punitifs.

Sauf pour ce qui concerne le refus de consentir un bail à une personne, le recours en dommages pourra être exercé devant la Régie du logement si le montant de la réclamation est inférieur à 15 000$. Il s'agit, en effet, d'une demande relative au bail d'un logement au sens de l'article 28 (1er) de la Loi sur la Régie du logement. On notera au passage que l'article 1621 C.c.Q. établit les conditions d'attribution de dommages-intérêts punitifs, lorsque la loi les prévoit.

L'article 1900 reprend, en un seul article, les clauses déclarées inopérantes ou inopposables en vertu des articles 1664.4 à 1664.6 et 1664.9 C.c.B.C.. Il se distingue toutefois du droit actuel en ce qu'il déclare sans effet la clause visant à modifier les droits du locataire en raison de l'augmentation du nombre des occupants du logement, peu importe leur statut et non seulement en raison de l'augmentation du nombre des membres de la famille du locataire. Ceci s'imposait du fait que de plus en plus de logements sont partagés par des gens n'ayant pas de liens de parenté.

Disons enfin que l'expression «suivant les modalités dont lui-même convient» du deuxième alinéa de l'article 1900 couvre la vente à tempérament de l'article 1664.6 C.c.B.C.

7.4 Sanction du harcèlement

L'**article 1902** est **de droit nouveau**. Il vise à empêcher qu'un locataire ne soit victime de harcèlement dans le but de restreindre son droit à la jouissance paisible des lieux ou dans le but d'obtenir son départ du logement. Complété par l'article 1968 en cas de reprise ou d'éviction de mauvaise foi, cet article s'inscrit dans la ligne de pensée de l'article 112.1, introduit en 1987 à la Loi sur la Régie du logement dans le cadre de la nouvelle législation sur la conversion des immeubles locatifs en copropriété divise. L'article 112.1, de droit pénal, rend passible d'une amende quiconque use de harcèlement envers le locataire de manière à restreindre son droit à la jouissance paisible du logement, soit en vue de le convertir en copropriété, soit dans le but d'évincer un locataire. L'article 1902 est donc le pendant civil de ce recours pénal.

8. Du loyer

8.1 Son paiement

Le paiement du loyer est, comme nous l'avons vu à l'article 1855, une obligation essentielle du contrat de louage.

Le loyer convenu doit être indiqué au bail (article 1903) et vu l'article 1895, l'obligation vise tant le bail écrit que le bail verbal. Cette mesure a pour but la parfaite information du locataire; elle évitera notamment l'incertitude ou la confusion pouvant résulter d'un accord verbal sur le loyer.

Le locateur ne peut exiger **d'avance que le** paiement du **premier terme de loyer**. Même si le droit actuel ne porte pas cette précision, il est acquis que le locateur ne peut exiger d'avance le paiement du dernier terme du loyer.

La clause de déchéance de bénéfice du terme dans un bail d'habitation continue d'être prohibée (article 1905).

8.2 Son réajustement en cours de bail (article 1906)

Si la **durée du bail** est **de douze mois ou moins**, le loyer ne peut être réajusté en cours de bail et une clause qui le prévoirait est sans effet.

Si la **durée du bail** est **de plus de douze mois**, le loyer ne peut varier au cours des douze premiers mois, ni plus d'une fois par période de douze mois, par la suite.

Le loyer d'un **logement à loyer modique** peut varier en cours de bail dans les situations et selon des modalités particulières prévues à l'article 1994.

Même si l'on peut dire que le C.c.Q. reprend certains principes du droit actuel régissant le réajustement du loyer, il s'en distingue, et c'est une **modification majeure**, en ce qu'il ne reprend pas les critères établis par l'article 1658.13 C.c.B.C. qui sont les seuls actuellement acceptables et pouvant servir au calcul du réajustement de loyer en cours de bail, vu le caractère impératif de cette disposition. La sphère à l'intérieur de laquelle les parties peuvent exercer leur liberté contractuelle est donc très circonscrite.

Par son silence face à l'énumération de critères, le nouvel article 1906 reconnaît la liberté des parties de négocier des ententes en cette matière, tout en prévoyant, au cas où l'un ou l'autre des cocontractants serait lésé par l'entente, la possibilité de s'adresser au tribunal compétent, savoir la Régie du logement, pour obtenir le redressement de la situation (article 1949). Les parties sont donc libres de déterminer les facteurs d'augmentation ou même simplement un pourcentage ou un montant d'augmentation pour chacune des périodes de la durée du bail.

L'article 1949, de droit nouveau, permet non seulement au locataire, mais aussi au locateur de contester le réajustement. Si le régisseur en vient à la conclusion que l'entente est lésionnaire pour la partie qui en demande le réajustement à cause de son caractère excessif ou insuffisant, selon que le demandeur est un locataire ou un locateur, le loyer sera fixé conformément au Règlement sur les critères de fixation ou de révision de loyer pris en vertu de l'article 1953[10].

Tant le locateur que le locataire peut introduire une demande de réajustement de loyer, pourvu qu'elle soit produite dans le mois où le réajustement doit prendre effet. Le montant du réajustement étant, en fait, déjà prévu au bail, contrairement au droit actuel, il n'est plus nécessaire d'en donner avis à l'autre partie.

8.3 Du dépôt de loyer (articles 1907 à 1909)

Le recours au dépôt de loyer continue de faire partie de l'éventail des recours ouverts au locataire lorsque le locateur n'exécute pas les obligations auxquelles il est tenu.

La procédure à suivre consiste à donner au locateur un préavis de dix jours indiquant le motif du dépôt. Si la Régie considère que le motif est sérieux, elle autorisera le dépôt du loyer à son greffe.

L'article 1907 ne précise plus que le tribunal donne cette autorisation «après avoir entendu le locataire» (article 1656, al. 3 C.c.B.C.). Cela va de soi, car, vu l'article 23 de la Charte des droits et libertés de la personne (L.R.Q. c. C-12), la Régie doit entendre les deux parties, ce qu'elle fait d'ailleurs actuellement malgré le libellé de l'article 1656. Le droit des parties d'être entendues lorsqu'une décision est susceptible d'affecter leurs droits relève des règles de justice naturelle.

En matière de dépôt de loyer, le locataire peut actuellement s'adresser:

— à la Régie du logement, s'il invoque l'inexécution d'une obligation par le locateur;

— à la Cour supérieure en vertu de la Loi sur les dépôts et consignations (L.R.Q., c. D-5) si un litige existe relativement au paiement du loyer (ex.: le locateur refuse de le recevoir, le locataire est incertain de la personne à qui il doit le payer...).

Le nouvel article 1908 modifie le droit actuel. Les modifications touchent tant le champ d'application de la règle que la solution elle-même.

Quant au champ d'application, et par souci de concordance avec le Livre Des priorités et des hypothèques, il est ajouté, aux cas déjà prévus à l'article 1651.7 C.c.B.C., celui de l'inscription d'une hypothèque sur les loyers.

De plus, l'article 1908 ne vise plus seulement le cas où le locataire est incertain de la personne à qui il doit payer le loyer mais aussi celui où il n'a pas été avisé personnellement des nom et adresse du nouveau locateur ou de celui à qui il doit payer le loyer. Il étend encore le recours en dépôt de loyer aux cas où le locateur est introuvable ou en refuse le paiement.

Nul doute que l'ajout de ces cas, qui comble un vide du droit actuel, permettra de solutionner un certain nombre de difficultés

courantes, notamment lorsqu'il existe un conflit entre deux
créanciers.

Quant à la solution, plutôt que de s'adresser au tribunal pour
faire déterminer qui a droit au loyer, le locataire pourra déposer
le loyer contesté au greffe de la Régie du logement, sur autorisation de celle-ci. Il appartiendra alors au créancier qui verrait
son droit reconnu de s'adresser à la Régie pour récupérer le
loyer déposé.

9. De l'état du logement

Le nouveau Code retient la distinction du Code actuel entre le
«bon état d'habitabilité» et la notion de logement «impropre à
l'habitation».

9.1 Du bon état d'habitabilité et de propreté (articles 1910 à 1912)

Le locateur continue de devoir délivrer et maintenir le logement
en bon état d'habitabilité, de devoir également le délivrer en
bon état de propreté et de le remettre dans ce dernier état s'il
y effectue des travaux au cours du bail. Le terme «travaux»
remplace ici encore les mots «réparation ou amélioration» de
l'article 1653.3 C.c.B.C..

L'obligation de maintenir le logement en bon état de propreté
est, quant à elle, à la charge du locataire.

Tant le locateur que le locataire doivent se conformer aux obligations de la loi relatives à la sécurité ou à la salubrité d'un
logement, et cela inclut le respect de la réglementation municipale ou autre. Le locateur doit, en plus se conformer aux exigences minimales fixées par la loi concernant l'entretien,
l'habitabilité, la sécurité et la salubrité d'un immeuble comportant un logement. Le fait de contrevenir à une obligation prévue
à l'article 1912 donne ouverture aux mêmes recours qu'un
manquement à une obligation du bail.

9.2 Le logement impropre à l'habitation (articles 1913 à 1918)

9.2.1 Définition

La définition du logement impropre à l'habitation de l'article 1652.8 C.c.B.C. est reprise mot à mot à l'article 1913:

> Est impropre à l'habitation le logement dont l'état constitue une menace sérieuse pour la santé ou la sécurité des occupants ou du public...

et le nouveau Code ajoute en référence à l'article 1665.3 C.c.B.C

> ou celui qui a été déclaré tel par le tribunal ou par l'autorité compétente...

Lorsque le tribunal déclare un logement impropre à l'habitation, il peut alors statuer sur le loyer, fixer les conditions nécessaires à la protection des droits du locataire et même ordonner que le logement soit rendu propre à l'habitation (article 1917).

9.2.2 De la délivrance du logement

L'article 1914 de droit nouveau prévoit une sanction spécifique lorsque le logement délivré est impropre à l'habitation: le locataire peut refuser d'en prendre possession et le bail est résilié de plein droit sans qu'aucun préavis au locateur ne soit requis, contrairement à ce qui est prévu à l'article 1915, en cas d'abandon du logement en cours de bail.

9.2.3 En cours de bail

Le locataire peut abandonner son logement s'il devient impropre à l'habitation. Il est intéressant de constater que le mot «abandonner» remplace maintenant le terme «déguerpir» utilisé aux articles 1652.9 et s. C.c.B.C., lequel terme a toujours eu une connotation négative dans l'esprit des locataires exerçant un droit que la loi leur reconnaît. «Déguerpir» ne sera dorénavant utilisé que dans le cas où le locataire quitte le logement, en cours de bail, sans motif, et en emportant ses effets (article 1975).

Le fait d'aviser le locateur de l'état du logement, soit avant l'abandon, soit dans les dix jours qui le suivent, dispense le locataire du paiement du loyer et lui assure, sous certaines conditions prévues à l'article 1916, le droit au maintien dans les lieux, s'il le désire, lorsque le logement redevient propre à l'habitation.

La solution retenue à l'article 1916, à savoir la résiliation du bail de plein droit et le droit du locateur de consentir un bail à un nouveau locataire s'inspire du droit actuel (article 1652.10). Elle s'en distingue toutefois en ce que ce n'est plus le nouveau bail qui emporte résiliation de l'ancien, mais plutôt le défaut du locataire d'avoir donné avis de sa nouvelle adresse et de son intention de réintégrer ou non le logement.

Si le locataire abandonne un logement impropre à l'habitation sans aviser le locateur, ce dernier pourra obtenir la résiliation du bail, sans autre motif (article 1975). De plus, dans ce cas, il va de soi que le recours en dommages demeure ouvert au locateur, sans qu'il soit nécessaire de le préciser et ce, en application de l'article 1863 que nous avons déjà analysé.

L'article 1972 prévoit également que, tant le locateur que le locataire peut demander la résiliation du bail, si le logement devient impropre à l'habitation en cours de bail.

Disons enfin que l'article 1918 étend la portée de la règle énoncée à l'article 1656.3 C.c.B.C. en permettant au locataire de requérir du tribunal l'émission d'une ordonnance enjoignant au locateur d'exécuter son obligation, non seulement lorsque le logement est impropre à l'habitation, mais aussi, lorsqu'il risque de le devenir.

9.3 De certains cas particuliers

L'interdiction de conserver dans le logement une substance constituant un risque d'incendie est reprise mais l'article 1991 l'étend à la conservation de substances explosives.

Bien qu'il ne renvoie plus à des normes réglementaires spécifiques, l'article 1920 ne modifie pas pour autant le droit actuel. En effet, même en l'absence de normes réglementaires, il résulte de l'obligation générale d'user du bien loué avec prudence et diligence énoncée à l'article 1855, que le locataire doit éviter le surpeuplement. Bien sûr, si un règlement relatif aux normes d'occupation des logements existe dans la municipalité concernée, il faudra continuer de l'appliquer même s'il n'y est plus fait référence dans le nouveau Code. La nouvelle formulation, outre qu'elle tienne compte du fait qu'il existe des municipalités qui n'ont pas de règlements relatifs à la santé et à la sécurité ou des normes d'occupation d'un logement, fait appel à des normes de confort et de salubrité relevant des habitudes de vie des communautés.

Disons en terminant l'analyse de la sous-section relative à l'état du logement que, dorénavant, l'identification du logement occupé par une personne handicapée pourra se faire sur simple demande verbale du locataire (article 1921).

10. De certaines modifications au logement (articles 1922 à 1929)

Cette sous-section ayant déjà fait l'objet d'importantes modifications en 1987[11], à une exception près, seuls des changements de forme ont été apportés aux articles 1653 et ss. C.c.B.C..

Le locataire résidentiel doit supporter les améliorations majeures et les réparations majeures non urgentes effectuées dans son logement. Le locateur ne peut cependant y procéder sans respecter un certain nombre de modalités prévues à la loi: avis au locataire et, si l'amélioration ou la réparation nécessite l'évacuation temporaire de ce dernier, le locateur doit lui offrir une indemnité, payable à la date de l'évacuation, et couvrant les dépenses raisonnables que le locataire encourra en raison de cette évacuation. (articles 1922 à 1924).

Le troisième alinéa de l'article 1924 est de droit nouveau. À des fins de concordance avec l'article 1865 et afin d'éviter toute ambiguïté sur ce point, il rappelle que les recours en diminution de loyer et en résiliation de bail sont offerts au locataire qui subit des réparations ou améliorations majeures non urgentes au même titre qu'ils le sont au locataire qui subit des réparations urgentes et nécessaires.

Si l'avis demande au locataire d'évacuer son logement, il a dix jours, depuis sa réception, pour aviser le locateur s'il consent à la demande d'évacuation ou non. S'il omet de répondre dans ce délai, il est réputé avoir refusé de quitter les lieux. Dans les dix jours du refus exprimé ou présumé, le locateur peut, s'il désire toujours entreprendre les travaux, s'adresser au tribunal pour faire statuer sur l'opportunité de l'évacuation (article 1925).

Le locataire, dont l'évacuation n'est pas requise ou qui y consent, conserve le droit de s'adresser au tribunal, dans les dix jours de la réception de l'avis de réparations du locateur, pour faire modifier ou supprimer une condition de l'avis qu'il estime abusive (article 1926). Peuvent être contestés, par exemple, la durée des travaux, le fait qu'il ne s'agisse pas d'une réparation ou amélioration, le moment choisi pour les exécuter ...

Tout comme en droit actuel, c'est le locateur qui a le fardeau de démontrer le caractère raisonnable des travaux et de leurs conditions d'exécution. Ce fardeau sera dorénavant alourdi du fait que l'article 1928 oblige également le locateur à démontrer la nécessité de l'évacuation.

L'article 1928 modifie l'article 1653.1.5 C.c.B.C. en ce qu'il ne reprend pas, de façon explicite, l'interdiction pour le locataire de contester la nature ou l'opportunité des travaux. Cette modification, à mon sens, n'aura pas, en pratique, de conséquences très importantes. Déjà, avec le texte actuel, la nature des travaux est généralement questionnée par les décideurs qui doivent s'assurer que les travaux à entreprendre sont bien des réparations ou améliorations.

De plus, la jurisprudence est pleine d'exemples où l'opportunité des travaux a été questionnée par le biais de la compétence donnée à la Régie du logement de réviser les conditions dans lesquelles ils doivent s'effectuer.

11. Du droit au maintien dans les lieux

11.1 Des bénéficiaires du droit

Tout le droit sur le louage résidentiel est articulé autour du principe du droit du locataire au maintien dans les lieux. Cet énoncé traduit une politique claire de protection du locataire quant à la stabilité de son logement. À l'article 1936, l'on précise que le droit au maintien dans les lieux est un **droit personnel**. Cet ajout clarifie la position du locataire cocontractant qui désire bénéficier du droit au maintien dans les lieux alors que son cosignataire du bail ne désire plus le reconduire. Il pourra faire valoir son droit et demeurer dans le logement, évidemment bien entendu, en assumant l'obligation de payer tout le loyer au locateur.

Relativement à toute la problématique entourant les colocataires et la façon de régler leurs relations lorsque tous ne sont pas d'accord pour réagir de la même façon à un avis reçu du locateur commun, je vous référerais à un article des plus intéressant écrit par Me Pierre-Gabriel Jobin et intitulé «Résiliation et renouvellement du bail conclu avec plus d'un locataire: le difficile ménage à trois[12]».

Relativement au droit au maintien dans les lieux, un certain nombre de situations particulières sont à analyser:

— un **changement de locateur** à la suite de l'aliénation volontaire ou forcée d'un immeuble comportant un logement, ou l'extinction du titre du locateur, n'a pas de conséquence pour le locataire. «Le nouveau locateur a, envers le locataire, les droits et obligations résultant du bail» prévoit l'article 1937;

— en cas de **cessation de cohabitation**, l'article 1938 prévoit que, à la condition de continuer à occuper le logement et d'aviser le locateur de ce fait dans les deux mois de la cessation de la cohabitation, le conjoint du locataire et, s'ils habitaient avec lui depuis six mois et plus, son concubin, un parent ou un allié acquièrent le droit au maintien dans les lieux et deviennent locataires. Une cession légale du contrat s'opère alors en faveur de la personne qui remplit les conditions énumérées;

— en cas de **décès du locataire**, en matière de louage d'habitation, le principe de l'article 1884 voulant que le décès de l'une ou l'autre des parties au bail ne soit pas une cause d'extinction de l'obligation souffre diverses dérogations. Si personne n'habite avec le locataire au moment du décès, le liquidateur de la succession ou un héritier peut résilier le bail. Il doit pour cela, donner au locateur un avis de départ de trois mois et ce, dans les six mois du décès. L'on évite donc à l'héritier ou au liquidateur d'être lié longtemps par un bail sans utilité pour lui (article 1939). Pour sa part, le locateur peut éviter la reconduction du bail en avisant de son intention l'héritier ou le liquidateur de la succession lequel peut contester le bien-fondé de cet avis. (Articles 1944, al.2 et 1948).

Si au moment de son décès, le locataire partage son logement avec une autre personne qui n'est pas son colocataire, l'article 1938, al.2 prévoit la cession légale du bail, incluant évidemment le droit au maintien dans les lieux, en faveur de cette personne à la condition qu'elle continue d'occuper le logement et qu'elle avise le locateur de ce fait dans les deux mois du décès. Pour que la cession s'opère, il n'est pas nécessaire d'être héritier, ni parent du défunt. Lorsque la personne ayant habité avec le locataire ne se prévaut pas de cette faculté de devenir locataire dans le délai imparti, le liquidateur de la succession ou, à défaut, un héritier peut résilier le bail en donnant au locateur un avis d'un mois, **dans le mois qui suit l'expiration du délai de deux mois**. En précisant le point de départ de la computation du délai d'avis à être donné par le liquidateur de la succession ou l'héritier, le nouveau Code met fin à une controverse jurisprudentielle ayant eu cours quant à l'interprétation de l'actuel article 1657.3.

— Le **sous-locataire** d'un logement **ne bénéficie pas du droit au maintien dans les lieux**. Le premier alinéa de l'article 1940 énonce clairement ce qui ne fait que s'inférer de l'article 1650.5 C.c.B.C.. De plus, l'article unifie les règles applicables au moment où la sous-location prend fin, qu'elle soit totale ou partielle, aucune raison ne justifiant que la sous-location d'une chambre et la sous-location de tout autre logement ne soient pas soumises au même régime juridique. Actuellement, le bail d'une chambre dans un logement prend fin dès que se termine le bail principal auquel cas les règles générales veulent que le locateur ait le droit d'expulser le sous-locataire du jour au lendemain, même s'il n'a reçu aucun avis de départ.

Pour éviter cette fâcheuse situation, le nouveau Code prévoit que la sous-location, incluant celle d'une chambre, prend fin en même temps que le bail principal, et que ni le locateur principal, ni le locataire-locateur ne peut expulser le sous-locataire que dix jours après lui avoir donné un avis à cette fin.

L'article 108 de la Loi sur l'application de la réforme du Code civil énonce une disposition spécifique en regard des baux de sous-location autre que ceux d'une chambre. Si le bail a été conclu avant l'entrée en vigueur du nouveau Code, l'envoi d'un préavis ne sera pas exigé si le bail se termine dans les dix jours qui suivent cette date.

11.2 De la reconduction et de la modification du bail

Mentionnons tout d'abord un changement terminologique: la «prolongation du bail» redevient la «reconduction».

L'article 1941 réaffirme le principe posé à l'article 1658 C.c.B.C. quant au droit à la reconduction de plein droit du bail à durée fixe pour le locataire ayant droit au maintien dans les lieux.

L'article 1942 réaffirme au locateur le droit de modifier les conditions du bail, lors de la reconduction, s'il donne un avis de son intention au locataire dans les délais prescrits, lesquels sont inchangés par rapport au droit actuel.

Le nouveau Code ne distingue plus la durée du bail, ni l'augmentation du loyer, des autres conditions du bail. Dorénavant, les deux sont inclus dans le terme «modification».

Le contenu de l'avis de modification demeure le même avec cependant un ajout d'importance pour le locataire: on doit l'informer du délai prévu à l'article 1945 qui lui est accordé pour refuser la modification proposée, savoir un mois de la réception de l'avis.

11.3 De la fixation des conditions du bail

Les principes du droit actuel sont repris. En cas de refus de la modification proposée par le locataire, c'est toujours le locateur qui doit s'adresser à la Régie du logement pour faire fixer le loyer ou faire statuer sur une autre modification recherchée.

11.3.1 La fixation de loyer par un nouveau locataire

Un changement terminologique: le nouveau Code corrige une erreur véhiculée dans le Code actuel: on ne parlera plus de «révision de loyer» par un nouveau locataire, mais de fixation de loyer. C'est beaucoup plus juste et l'expression «révision de loyer» sera utilisée en matière de droit du logement dans son sens propre de révision d'une décision.[13]

Le nouvel article 1950 reprend les article 1658.10, 1658.11 et 1658.14. Il s'en distingue cependant, en ce qu'il établit les mêmes délais pour présenter une demande de fixation, que celle-ci soit faite par un sous-locataire ou par un locataire. Antérieurement les délais prescrits n'étaient pas les mêmes dans les deux cas.

Même si ce n'est pas expressément prévu, le sous-locataire a droit à l'avis prescrit à l'article 1896, étant lui-même nouveau locataire; il recevra cet avis de son locateur, c'est-à-dire du locataire principal. Il est donc important que l'on tienne compte de cette réalité pour fixer le délai dont bénéficie le sous-locataire pour faire sa demande de fixation du loyer, comme on le fait pour le nouveau locataire.

11.3.2 Cas particuliers d'exemptions au contrôle des loyers

L'article 1955 interdit aux locateurs et locataires de certains logements de faire fixer le loyer ou de faire modifier d'autres conditions du bail par le tribunal. Il reprend en substance les exceptions déjà prescrites par l'article 1658.21 C.c.B.C.

L'on y supprime la référence particulière à la «Loi facilitant davantage l'exécution d'un projet d'élimination de taudis et de construction de logements salubres dans la cité de Montréal» (L.Q. 1956-1957. chapitre 53). Cette référence n'est plus nécessaires car les logements visés par le projet en cause sont des logements à loyer modique tels que définis à l'article 1984, étant des logements dont le loyer est déterminé conformément au Règlement sur les conditions de location de logements à loyer modique[14]. Par conséquent, la détermination du loyer ou la modification d'autres conditions du bail relatif à ces logements est désormais régie par l'article 1956.

Le deuxième alinéa de l'article 1955 se distingue du droit actuel, d'une part par sa formulation : il renvoie à un immeuble nouvellement bâti plutôt qu'à un immeuble dont les travaux de construction ont commencé après une date précise, et d'autre part et de façon plus importante, en ce qu'il étend l'exception prescrite, non seulement aux immeubles nouvellement bâtis , mais aussi aux immeubles dont l'utilisation à des fins locatives résulte d'un changement d'affectation récent. La modification est de nature à favoriser la rénovation d'immeubles désaffectés. Ces immeubles sont donc exemptés du contrôle des loyers pour cinq ans, à compter de la date à laquelle l'immeuble est prêt pour la location.

Aucune sanction particulière n'est prévue actuellement en cas de défaut du locateur de mentionner au bail le fait que le logement loué n'est pas sujet au contrôle des loyers par la Régie du logement. Le nouveau code sanctionne ce défaut de façon spécifique. À défaut de faire cette divulgation dans le bail, le locateur ne pourra invoquer l'exception de l'article 1955 dont il pourrait par ailleurs bénéficier. En conséquence, advenant un débat sur la fixation du loyer de ces logements, la Régie statuera sur les modifications demandées lors de la reconduction du bail de la même manière que pour les logements ne faisant pas l'objet de cette exemption.

Enfin l'article 1955 se distingue encore du droit actuel, en n'interdisant plus l'usage de clause de réajustement de loyer pour les types d'immeubles visés. Une telle clause peut être utile tant pour le locataire, qui est ainsi en mesure de savoir à quoi s'attendre, qu'au locateur qui peut alors prévoir ses coûts.

En vertu de l'article 109 de la loi sur l'application de la réforme, les dispositions relatives au dernier alinéa de l'article 1955 ne s'appliqueront pas aux baux conclus avant l'entrée en vigueur du nouveau Code.

12. De la reprise du logement et de l'éviction (articles 1957 à 1970)

Les articles 1957 à 1970 constituent des exceptions au principe du droit au maintien dans les lieux en ce qu'ils prévoient des situations où le locateur pourra éviter que le bail ne soit reconduit de plein droit. Il s'agit de la reprise du logement, de la subdivision, de l'agrandissement ou du changement d'affectation. Comme toute dérogation, ces exceptions doivent être interprétées de façon restrictive. Il ne peut être question de les étendre de manière à englober des situations semblables.

12.1 De la reprise du logement

La reprise de possession de l'article 1659 C.c.B.C. devient, dans le nouveau Code, la reprise d'un logement.

L'article 1957 peut sembler limiter la portée du droit actuel en spécifiant que le locateur ne pourra reprendre le logement que «s'il en est le propriétaire». Il s'ensuit que l'emphytéote qui, aux termes de l'article 1200 «a, à l'égard de l'immeuble, tous les droits attachés à la qualité de propriétaire», le pourra également, sous réserve des limitations prévues au Code ou au contrat. La modification ne fait que codifier la jurisprudence actuelle qui, après quelques tergiversations, a toujours limité le sens du mot «locateur» et n'a accordé le bénéfice de la reprise de possession qu'à une personne physique en autant qu'elle soit propriétaire du bien.

Il devient maintenant clair que l'usufruitier, à qui l'on a par le passé souvent reconnu le droit à la reprise de possession, ne bénéficiera pas de ce droit à la suite des précisions introduites.

L'article 1957 se distingue encore de l'article 1659 C.c.B.C. en modifiant la liste des personnes au bénéfice desquelles le droit à la reprise du logement peut être exercé. Alors que le droit antérieur vise tous les ascendants et descendants du locateur, la nouvelle disposition restreint ce droit aux seuls ascendants, ou descendants au premier degré. Dans les autres cas, le locateur-propriétaire devra prouver qu'il est le principal soutien du parent ou de l'allié pour lequel il revendique le logement. Le nouveau code renforce donc le droit au maintien dans les lieux.

L'alinéa 2 de l'article 1957 permet de régler un problème pratique auquel plusieurs ont été confrontés dans le passé, faute de texte précis pour régler la situation. Dorénavant, la personne divorcée ou séparée qui est le principal soutien de son ex-conjoint pourra reprendre le logement dont elle est propriétaire pour y loger ce dernier.

L'article 1958 circonscrit le droit du propriétaire d'une part indivise d'un immeuble de reprendre un logement s'y trouvant. Les alinéas 2 et 3 de l'article 1659.1 C.c.B.C. étant à caractère transitoire, c'est à l'article 110 de la Loi sur l'application de la réforme que nous les retrouverons.

12.2   De l'éviction du logement.

L'article 1959 ajoute un motif d'éviction à ceux déjà prévus à l'article 1660 C.c.B.C.: l'agrandissement substantiel du logement. Cet ajout comble un vide créé par l'interprétation stricte donnée par la jurisprudence à l'actuel article 1660. Aussi, dorénavant, le locateur pourra notamment, évin cer un locataire pour réunir deux logements en un seul.

12.3   De la procédure pour la reprise et l'éviction

Les différents cas de non reconduction du bail obéissent à un modèle commun de procédure:

— un avis motivé doit être donné par le locateur au locataire: six mois avant l'expiration du bail lorsque sa durée est de plus de six mois; un mois avant son expiration s'il est de six mois et moins; si le bail est à durée indéterminée, l'avis doit être donné six mois avant date prévue pour la reprise ou l'éviction (articles 1960 et 1961).

— Le locataire a un mois à compter de la réception de l'avis pour prendre une décision. Il est important de souligner en cette matière que, le défaut du locataire de répondre à l'avis n'a pas le même effet selon que le but recherché est la reprise du logement ou l'éviction du locataire. Si la demande en est une de reprise du logement et que le locataire omet d'aviser le locateur de son intention de ne pas

quitter le logement, le silence du locataire ne lui porte aucun préjudice et le locateur doit introduire, dans le mois du
refus exprimé ou présumé, une demande en autorisation de
reprendre le logement (articles 1962 et 1963).

— Dans les cas d'éviction, le silence du locataire équivaut à
consentement à quitter les lieux et c'est lui qui doit prendre
l'initiative de produire une opposition à la Régie du logement (article 1966).

Dans tous les cas cependant, le fardeau de la preuve repose sur
les épaules du locateur. **En matière de reprise de logement**, le
nouveau régime est tout aussi exigeant que le régime actuel. Le
locateur devra continuer à démontrer qu'il entend réellement
reprendre le logement pour la fin indiquée à l'avis et qu'il ne
s'agit pas d'un prétexte pour atteindre d'autres fins.

Même si l'obligation de démontrer sa bonne foi n'est plus inscrite à la loi, l'on peut dire que le locateur y est toujours tenu,
compte tenu du degré de preuve qu'il doit apporter. Sur le fond,
le nouveau texte n'apporte pas de changement.

En matière d'éviction, même si la démarche judiciaire origine
du locataire, c'est le locateur qui a le fardeau de prouver qu'il
entend réellement poser les gestes dont il a informé le locataire.
La preuve de conformité du projet du locateur avec la loi et la
réglementation, municipale ou autre, est requise. La conformité
du projet à la règlementation peut être démontrée notamment
par la production des permis émis par la municipalité ou par
l'opinion d'un expert.

12.4 De l'autorisation du tribunal

En autorisant la reprise ou l'éviction, le tribunal peut imposer
les conditions qu'il estime justes et raisonnables. L'article 1967,
en étendant au domaine de l'éviction ce principe jusqu'à
maintenant édicté uniquement en matière de reprise de possession, comble une lacune du droit actuel en permettant au tribunal d'aller au-delà de l'indemnité prescrite par l'article 1965
qui prévoit que les frais de déménagement, pour être rembour-
sables, doivent avoir un caractère raisonnable. Compte tenu du
libellé de l'article 1967, même en matière d'éviction, le tribunal

pourra fixer d'autres conditions, assurant la protection des droits des locataires.

L'article 1967 précise également, réglant en cela une difficulté d'interprétation de l'actuel article 1659.7, qu'en cas de reprise du logement, les frais de déménagement constituent l'un des éléments à prendre en compte dans la détermination de l'indemnité, et non le seul, comme le droit actuel pouvait le laisser entendre.

12.5 Recours en cas de mauvaise foi du locateur

L'article 1968 étend au cas d'éviction le recours en dommages-intérêts déjà prévu à l'article 1659.8 C.c.B.C. en matière de reprise de possession. Rien ne justifie que le locataire évincé ne soit pas traité de la même façon que le locataire dont on a repris le logement, lorsque le locateur a agi de mauvaise foi.

Le second alinéa ajoute au droit actuel, en prescrivant que le locateur peut aussi être condamné à des dommages-intérêts punitifs. Cette disposition s'inscrit dans la ligne de pensée de l'artile 54.10 de la Loi sur la Régie du logement qui prévoit également que la Régie peut accorder de tels dommages en cas de reprise de possession illégale ou faite en vue de convertir l'immeuble en copropriété divise.

Disons finalement que l'article 1969 reprend en substance les articles 1658.9, 1659.5 et 1660.5 C.c.B.C. et l'article 1970, les articles 1659.6 et 1660.5 C.c.B.C.

13. De la résiliation du bail

L'article 1971 se distingue de l'article 1656.4 C.c.B.C. en ce qu'il ne reprend pas le dépôt fréquent du loyer sans motif sérieux comme pouvant donner ouverture à la résiliation de bail. C'était de toute façon le cas depuis que l'article 1656 C.c.B.C. a été modifié en 1981 sans que la modification de concordance à l'article 1656.4 n'ait alors été apportée

Nous avons déjà vu que, tant le locateur que le locataire peut demander la résiliation du bail d'un logement devenu impropre à l'habitation (article 1972).

La discrétion du tribunal saisi d'une demande en résiliation de bail et qui lui permet d'ordonner au débiteur d'exécuter ses obligations dans le délai qu'il détermine, plutôt que d'accorder immédiatement la résiliation est reprise. Il reprend également l'exception admise et voulant que le tribunal ne jouisse d'aucune discrétion lorsque la demande de résiliation est fondée sur un retard de plus de trois semaines dans le paiement du loyer (article 1973).

L'article 1974 ajoute à l'article 1612 C.c.B.C.. Un locataire pourra dorénavant résilier un bail en cours:

— si atteint d'un handicap, il ne peut plus occuper son logement;

— s'il est admis dans un foyer d'hébergement, que ce dernier soit administré par un organisme à but lucratif ou non. Le principe de la résiliation est valable, peu importe le type de foyer d'hébergement où le locataire est admis.

Dans un souci de concordance avec la Loi sur les services de santé et les services sociaux (L.Q. 1991, chapitre 42, a. 83), la notion de «centre d'accueil» est remplacée par celle de «centre d'hébergement et de soins de longue durée». La loi exige maintenant que le bénéficiaire soit admis de façon permanente.

Le deuxième alinéa de l'article 1661 C.c.B.C. a été également modifié afin d'éviter que la résiliation de bail survienne dès que le logement est reloué à un nouveau locataire, obligeant ainsi le locataire à quitter son logement avant la date prévue pour son réaménagement. Ceci constitue actuellement un irritant pour les locataires qui doivent donner un avis de résiliation de trois mois et qui peuvent faire l'objet d'une éviction au bout d'un mois parce que le locateur a reloué le logement.

Le principe de la résiliation de plein droit du bail, en cas de déguerpissement sans motif du locataire est repris (article 1975).

À l'article 1976, l'on a remplacé le mot «employé» par le mot «salarié», en concordance avec les articles 2085 et s. qui traitent du contrat de travail. L'employeur peut résilier le bail accessoire à un contrat de travail lorsque le salarié cesse d'être à son service. D'autre part, le droit de résilier ce type de bail est accordé au salarié, peu importe les circonstances dans lesquelles le contrat de travail a pris fin. Actuellement le salarié peut exercer ce droit uniquement lorsque c'est l'employeur qui a mis fin au contrat de travail.

Relativement à la disposition des biens laissés dans les lieux loués après le départ du locataire, le recours au tribunal n'est pas maintenu. La disposition des biens ne se fait pas pour autant de façon arbitraire. Il faudra en disposer conformément aux règles prescrites au livre des biens, articles 934 à 946.

14. Des dispositions particulières à certains baux

14.1 Du bail dans un établissement d'enseignement

Cette sous-secton est de droit nouveau. Seuls deux articles traitent de cette question en droit actuel: l'article 1655.2 qui interdit la sous-location et la cession dans ce type de baux. L'article 1981 reprend cette interdiction.

Quant à l'article 1661.5 C.c.B.C. qui traite du bail d'étudiants, il est modifié sur plusieurs points.

14.1.2 Du droit au maintien dans les lieux

L'article 1979 établit le principe: ce droit est limité à la période où la personne est inscrite aux études à temps plein dans le même établissement duquel elle loue son logement et il ne bénéficie pas à l'étudiant à qui un bail est consenti pour la seule période estivale.

La règle voulant qu'à son expiration le bail soit reconduit de plein droit est ici renversée. À moins que le locataire, un mois avant le terme du bail, n'avise le locateur de son intention d'exercer son droit au maintien dans les lieux, le bail ne sera pas reconduit.

De plus, afin de faciliter la gestion des résidences d'étudiants, le second alinéa de l'article 1980 permet à l'établissement d'enseignement, pour des motifs sérieux, de reloger ailleurs la personne aux études, à la condition que le nouveau logement soit de même genre que celui qu'elle occupe, situé dans les environs et de loyer équivalent.

14.1.3 *De la résiliation du bail*

Moyennant un préavis d'un mois, l'établissement d'enseignement peut résilier le bail de l'étudiant qui cesse d'étudier à plein temps. L'étudiant dans cette situation peut également faire de même.

De plus le bail se termine de plein droit lorsque la personne termine ses études ou qu'elle n'est plus inscrite à l'établissement.

14.2 Du bail d'un logement à loyer modique

Le logement à loyer modique est défini à l'article 1984 qui reprend sous une formulation différente, la définition actuellement contenue à l'article 1662 C.c.B.C.

L'article 1988, de droit nouveau, permet au locateur, si un logement est attribué à la suite d'une fausse déclaration du locataire, de demander selon le cas, soit la résiliation du bail, soit la modification de certaines de ses conditions. Actuellement, en cas de fausse déclaration, le seul recours ouvert au locateur consiste à demander la nullité du bail pour cause de dol. À cause des difficultés de preuve, ce recours n'a été que peu exercé.

Une autre modification, celle-là prévue à l'article 1990, permettra de reloger un locataire, non plus seulement à la fin du bail, mais en tout temps. Quant au droit au maintien dans les lieux, l'article 1991 y apporte une limite: pour y avoir droit en cas de cessation de cohabitation ou de décès du locataire et malgré l'article 1938, la personne qui cohabitait avec ce locataire doit, elle aussi, satisfaire aux conditions d'attribution prévues par les règlements de la Société d'habitation du Québec ou pris en application des règlements de la Société. Il est cependant permis à la personne occupant le logement d'y demeurer jusqu'à la fin du bail.

Disons en terminant que l'article 1995 continue de reconnaître au locataire d'un logement à loyer modique le droit de résilier son bail en tout temps. Il le modifie cependant en ce qu'il hausse de un à trois mois le délai d'avis que doit respecter le locataire.

14.3 Du bail d'un terrain destiné à l'installation d'une maison mobile

Dans le Code civil du Québec, la situation juridique du bail d'une maison mobile sur châssis, tout comme celle du terrain destiné à la recevoir demeure la même: ces baux sont assimilés à des baux de logements (Article 1892 paragraphe 1).

L'obligation de délivrance et d'entretien auquel est tenu le locateur est maintenu (article 1996). La référence aux «normes d'aménagement établies par la loi» inclut évidemment celles prévues par un règlement, municipal ou autre.

Les interdictions qui sont faites au locateur par les articles 1663.1 à 1663.5 C.c.B.C. sont reprises avec très peu de modifications. C'est ainsi qu'il ne peut:

— exiger de procéder lui-même au déplacement de la maison mobile du locataire. À noter qu'il ne lui est cependant pas interdit d'exiger de procéder à son installation. Du fait qu'il est de la responsabilité du locateur de s'assurer que la maison réponde aux normes d'installation municipales entre autres, le locateur aura avantage à, tout au moins, superviser cette installation.

— Empêcher le locataire du terrain de remplacer sa maison par une autre de son choix.

— limiter le droit du locataire d'aliéner ou de louer sa maison mobile, que cette restriction soit ou non au profit du locateur. Cette interdiction de l'article 1998 paragraphe 2 se distingue de celle prévue au C.c.B.C. qui la limite au seul cas où la restriction est faite au profit du locateur (article 1664.8).

Quant à l'aliénation ou à la location de la maison mobile, le locateur ne peut non plus:

— exiger d'agir comme mandataire du locataire ou de choisir le mandataire.

— exiger du locataire une somme d'argent en raison de l'aliénation ou de la location de la maison. Une exception: s'il agit comme mandataire du locataire pour l'aliénation ou la location de la maison avec un mandat, même verbal, il pourra exiger d'être rémunéré pour ses services. L'article 1663.3 C.c.B.C. prévoit que le mandat devait être constaté dans un contrat écrit. Dorénavant, un mandat verbal sera tout autant valable (article 1999).

L'article 2000 prévoit de façon explicite un cas de substitution de locataire. À moins d'un avis du nouveau locataire indiquant au locateur son intention de quitter le terrain loué dans le mois de l'acquisition, il y a cession de bail en vertu de la loi, d'où l'obligation pour le locataire qui aliène sa maison d'en aviser immédiatement le locateur du terrain (article 1998 paragraphe 3), ce qui n'est pas explicitement prévu au C.c.B.C.

Notes

1. Thérèse Rousseau-Houle, *Précis du droit de la vente et du louage,* Québec, Presses de l'Université Laval, 1984, p. 381.
2. *Ouari, c. Sari.* 1987, R.J.Q. 1443 *Fracasso c. Tremblay.* Juge Charles Cimon, C.Q. Montréal 500- 02-025191-912, 1992-01-23.
3. Pierre-Gabriel JOBIN, *Le louage de choses,* Montréal, Les éditions Yvon Blaism, p. 142, n° 46.
4. *Garcia Transport Ltée c. Cie Trust Royal.* (1992) 2 R.C.S. p. 523.
5. *Ibid.,* p. 529.
6. *Ibid.,* p. 530.
7. Jacques GHESTIN, *Le contrat dans le nouveau droit québécois et en droit français: principes directeurs, consentement, cause et objet,* Montréal, Institut de droit comparé, 1982.
8. R.R.Q., chapitre R-8.1, r.2.
9. *Id.*
10. R.R.Q., chapitre R-8.1, r.1.01
11. L.Q. 1987, chapitre 77.
12. Pierre-Gabriel JOBIN, *Résiliation et renouvellement du bail conclu avec plus d'un locataire: le difficile ménage à trois,* (1987) 66 R. du B. can. 305.
13. L.R.Q.,chapitre R-8.1, a.90.
14. Décret 251-92. G.O. II 1357.

Table de concordance

C.c.Q.	C.c.B.C	C.c.Q.	C.c.B.C.	C.c.Q.	C.c.B.C
1842		1885	1645	1922	1653
à 1850	1603	1886	1646, 1647	1923	1653.1
1851	1600, 1001,	1887	1646, 1647	1924	1653.1.1
1602		1888	1649	1925	1653.1.2
1852	—	1889	1648	1926	1653.1.3
1853	1634	1890	1623	1927	1653.1.2,
1854	1604, 1606	1891	1624		1653.1.3,
1855	1617	1892	1650, 1650.1,		1653.1.4
1856	1607, 1618		1650.2, 1650.3	1928	1653.1.5
1857	1622	1893	1664	1929	1653.2
1858	1609	1894	1651	1930	1654
1859	1608	1895	1651.1	1931	1654.1
1860	1635	1896	1651.2	1932	1654.2, 1653.3
1861	1636	1897	1651.3	1933	1653.5
1862	1621, 1643	1898	1651.4, 1664.7	1934	1654.4
1863	1610,1611,	1899	1665	1935	1665.6
	1628, 1656al.1,	1900	1664.4, 1664.5,	1936	1657
	1656.4 al.1		1664.6, 1664.9	1937	1650.4, 1657.1
1864	1605, 1627	1901	1664.10,	1938	1657.2, 1657.3
1865	1626		1664.11	1939	1657.4
1866	1652.6	1902	—	1940	1650.5, 1657.5
1867	1612, 1613,	1903	1651.5 al.1,	1941	1658
	1614 al.1		1651.6	1942	1658.1, 1658.1
1868	1644, 1653.4	1904	1651.5 al.2,	1943	1658.4
1869	1614 al.2,		1665.1, 1665.2	1944	1658.2, 1658.3
	1615	1905	1664.2	1945	1658.5
1870	1619 al.1,	1906	1658.13 al.2,	1946	1658.4, 1658.8
	1655 al.1		1664.3	1947	1658.6
1871	1619 al. 2,	1907	1656	1948	1658.7, 1658.9
	1655 al.2	1908	1651.7	1949	1658.13
1872	1619 al.3,	1909	1656.1	1950	C.c.B.C.
	1655 al.3	1910	1652, 1664.1		1658.10,
1873	—	1911	1652.1, 1652.3,		1658.11,
1874	1620		1653.3		1658.14
1875	1655.1	1912	1652.2, 1652.4	1951	1658.12
1876	—	1913	1652.8, 1665.3	1952	1658.16
1877	1629	1914	—	1953	1658.15,
1878	—	1915	1652.9		1658.17,
1879	1641	1916	1652.10		1658.18,
1880	—	1917	1652.11		1658.20
1881	1642	1918	1656.3	1954	1658.18,
1882	1630, 1631	1919	1665.5		1658.19
1883	1633, 1656.5	1920	1652.5	1955	1659.21
1884	1632	1921	1665.4	1956	1659.22

C.c.Q.	C.c.B.C	C.c.Q.	C.c.B.C.	C.c.Q.	C.c.B.C
1957	1659	1972	1661.1	1988	—
1958	1659 al. 2	1973	1656.2, 1656.6	1989	1662.6
1959	1660	1974	1661	1990	1662.7
1960	1659.1, 1660.1	1975	1661.2	1991	—
1961	1659.1, 1660.1	1976	1661.4	1992	1658.22,
1962	1659.2	1977	1658.9		1662.8
1963	1659.3	1978	1652.7	1993	1662.9
1964	1659.4	1979	—	1994	1662.10
1965	1660.4	1980	—	1995	1662.11,
1966	1660.2, 1660.3	1981	1655.2		1662.12
1967	1659.7	1982	1661.5	1996	1663
1968	1659.8	1983	—	1997	1663.4
1969	1658.9,	1984	1662	1998	1663.1,
	1659.5, 1660.5	1985	1662.1, 1662.2		1663.2, 1664.8
1970	1659.6, 1660.5	1986	1662.3	1999	1663.3
1971	1656.4	1987	1662.4, 1662.5	2000	1663.5

Table des matières

Le crédit-bail*
Articles 1842 à 1850
Code civil du Québec

*Robert P. Godin**

> *Une des plus grandes sources d'erreurs, c'est de prendre le probable pour certain, et l'improbable pour impossible.*
>
> *Frithjof Schuon*

Introduction

1. Lorsque l'on parle de *CRÉDIT-BAIL*, l'on parle en réalité d'une forme de contrat finance qui s'est développé en marge des sûretés traditionnelles, soit les privilèges et les hypothèques de notre Code civil du Bas-Canada le («CcBC»).

2. Comme le contrat de vente conditionnelle en matière mobilière, et la clause de dation en paiement et la clause résolutoire en matière immobilière, le *CRÉDIT-BAIL* constitue non pas une sûreté à proprement parler mais bien une technique juridique qui repose essentiellement sur une manipulation du droit de propriété lui-même.

3. En effet, en droit civil traditionnel, le créancier qui bénéficie d'une sûreté réelle ne détient pas un droit de propriété dans la chose grevée d'une sûreté, mais uniquement un droit réel accessoire lui conférant un *droit de préférence* (c'est-à-dire, celui d'être payé prioritairement sur le produit de la vente) ainsi qu'un *droit de suite* (le droit de suivre la chose en quelque main qu'elle se trouve). En fait, la sûreté traditionnelle ne constitue même pas un démembrement du droit de propriété.

* Avocat et professeur associé à la faculté de droit de l'Université McGill.

4. En matière de *CRÉDIT-BAIL*, nous nous trouvons donc dans un domaine qui échappe aux principes fondamentaux d'une sûreté en droit civil, mais qui puise plutôt son fondement dans l'utilisation directe du droit de propriété par le créancier, accordant à celui-ci un droit de propriété dans la chose qui fait l'objet de la «sûreté» et, à «l'utilisateur-emprunteur», la possibilité d'obtenir le crédit nécessaire *ainsi que* la possession et l'utilisation de la chose qui fait l'objet de la convention entre les parties.

5. L'on pourrait consacrer beaucoup de temps et d'énergie à débattre la question de savoir s'il est acceptable ou non, comme politique législative, de permettre qu'il existe, dans un même système juridique, des formes de sûretés proprement dites à côté de modes de garantie dont l'opération repose sur une manipulation du droit de propriété. Une des solutions possibles, à cet égard, est d'établir une *présomption d'hypothèque* qui assimile à l'hypothèque toutes les différentes formes de conventions ayant comme but principal celui de créer une garantie réelle en faveur du créancier, de façon à respecter l'intégrité et l'uniformité du système et d'éviter qu'il se produise des distorsions dans la mise en oeuvre des priorités, distorsions qui seraient dues uniquement à la forme utilisée: crédit-bail plutôt qu'hypothèque mobilière, par exemple.

6. Il est d'ailleurs intéressant de noter qu'à l'occasion de la confection de notre nouveau Code civil (le «CcQ»), le législateur ait cru bon de faire un renvoi aux règles se rapportant aux *Priorités et hypothèques* en ce qui a trait à la vente à tempérament ainsi qu'à la vente avec faculté de rachat[1]. Le *CRÉDIT-BAIL*, pour sa part, échappe entièrement à cette contrainte et peut être étudié sans qu'il soit nécessaire de faire appel aux dispositions qui portent sur les priorités et les hypothèques, mais bien comme un contrat nommé distinct et indépendant.[2]

7. Le CcQ nous offre une nouvelle série de dispositions traitant nommément du *CRÉDIT-BAIL*, regroupées dans un chapitre qui leur est propre et constituant les règles qui doivent maintenant régir un contrat nommé distinct.

8. En effet, dans le CcBC, la notion de *CRÉDIT-BAIL* trouve son expression uniquement comme exception aux règles générales du LOUAGE: ce n'est que par dérogation ou, si l'on peut

dire, par une règle négative, que le *CRÉDIT-BAIL* trouve sa définition sous l'empire du CcBC.

9. Inspirées par plusieurs dispositions de la *Convention d'Unidroit sur le crédit-bail international* du 28 mai 1988 dont le Canada est un des signataires[3], les nouvelles dispositions du CcQ en cette matière constituent un ensemble de neuf (9) articles, regroupés au Chapitre Troisième («Du crédit-bail») du Titre Deuxième («Des contrats nommés») du Livre Cinquième («Des obligations»). Nous pourrons constater que ce changement formel n'est probablement pas sans conséquences juridiques importantes.

10. Cet exposé se divise en trois parties: la première traitera brièvement et en guise de rappel, des règles se rapportant au *CRÉDIT-BAIL* dans le droit actuel, c'est-à-dire sous l'empire du CcBC. La deuxième traitera plus particulièrement des dispositions du CcQ se rapportant au nouveau contrat nommé appelé «*CRÉDIT-BAIL*» et la troisième partie fera état très brièvement des quelques dispositions applicables du droit transitoire.

Première partie:
Le **crédit-bail** *sous le code civil du Bas-Canada[4]*

11. Tel que mentionné précédemment, le *CRÉDIT-BAIL* reçoit une attention limitée dans le CcBC, pour ainsi dire, négative.

12. Le seul article portant sur cette matière se trouve au Titre du Louage, dans le Chapitre premier et plus particulièrement parmi les dispositions générales applicables à tous les baux. L'article 1603 CcBC se lit comme suit:

> 1603. Les dispositions du présent chapitre ne s'appliquent pas au crédit-bail consenti par une personne qui fait le commerce de prêter ou de consentir du crédit et qui, à la demande du locataire, a acquis d'un tiers la propriété du bien qui fait l'objet du contrat pourvu que
>
> 1. le crédit-bail soit consenti pour des fins commerciales, industrielles, professionnelles ou artisanales;
>
> 2. le crédit-bail porte sur un bien meuble;
>
> 3. le locataire ait procédé lui-même au choix du bien;

4. le locateur cède expressément au locataire les garanties qui lui résultent de la vente intervenue avec le tiers; et que

5. la cession des garanties soit acceptée sans réserve par le tiers.

13. Dans l'état actuel du droit, lorsque, dans une convention, les conditions de l'article 1603 CcBC sont intégralement respectées, cette convention échappe alors à toutes les règles du louage, plus particulièrement à celles qui imposent au locateur des obligations se rapportant à la jouissance du bien, permettant ainsi aux parties d'établir entre elles des conventions qui sont vraiment de la nature d'un contrat de financement et non de la nature d'un louage de choses.

14. Par contre, si ces conditions ne sont pas toutes respectées par les parties à l'occasion de l'élaboration de leurs relations contractuelles, il semblerait qu'en principe, la convention doive alors être caractérisée comme contrat soumis aux règles générales du louage, avec les conséquences très importantes qui s'en suivent nécessairement.[5] C'est alors que le contrat entre les parties cesse d'être un outil de financement pour devenir une sorte de contrat hybride tenant à la fois du louage dans une certaine mesure et de la convention *sui generis* pour le surplus.

Quels sont les éléments essentiels du *CRÉDIT-BAIL* en vertu du CcBC?

15. Au départ, on doit noter que le CcBC ne donne pas une définition du *CRÉDIT-BAIL* comme tel, puisqu'il emploi ce terme uniquement dans le cadre de la détermination des conditions qui, si elles se retrouvent toutes présentes dans la même situation juridique, permettront aux parties d'échapper aux contraintes bien spécifiques du contrat de louage.

16. Dans la première phrase de l'article 1603 CcBC, l'expression «crédit-bail» est donc utilisée en prenant pour acquis que ce type de contrat existe quelque part et qu'il n'y a pas lieu d'en proposer une définition[6].

17. Il faut donc se reporter à la pratique commerciale qui est à la base de cette relation contractuelle, de façon à pouvoir par la suite mieux comprendre la portée des conditions qu'impose l'article 1603 CcBC.

18. Le *CRÉDIT-BAIL* est essentiellement une forme de contrat de financement d'équipement, qui met en présence trois parties distinctes:

— le fabriquant ou distributeur de l'équipement (le «vendeur»);

— le bailleur de fonds (l'«acheteur»-«prêteur»-«locateur»); et

— l'utilisateur de l'équipement (le «débiteur»-«locataire»).

19. M. Kevin Smyth décrit comme suit les relations entre les parties[7]:

> *In financial leasing the lessor plays a very passive role. The lessor is under no obligation toward the lessee other than to provide the capital with which an asset may be acquired. In financial lease transactions it is the lessee who selects the asset, negotiates the terms and conditions of the purchase and the terms of any warranties which will apply to the same. It is the lessee who attends to all other matters which would be required of any owner purchasing such asset, save only assumption of ownership and payment of the purchase price ... In effect, in the case of financial leasing, the lessee performs the same functions, obtains the same rights (save naked ownership itself), benefits, privileges and recourses as would be the case if it elected to purchase and finance the asset by any other conventional method of financing.*

20. C'est donc dans cet esprit qu'il faut considérer les conditions très précises qu'impose le législateur aux parties contractantes afin qu'elles puissent échapper aux contraintes du droit commun en matière de louage.

21. En effet, puisqu'il s'agit d'une forme de financement et non d'un louage proprement dit, il s'agit de modifier profondément les conséquences qui devraient découler des relations normales qui existeraient entre les parties s'il s'agissait i) d'une vente simple par le fabriquant en faveur du locateur et ii) d'un bail ordinaire entre le locateur et le locataire.

22. Nous pouvons maintenant considérer brièvement les conditions particulières édictées par l'article 1603 CcBC:

A. Qualité du locateur

23. Au départ, la personne qui assume le rôle de bailleur de fonds doit être «*une personne qui fait le commerce de prêter ou de consentir du crédit*[8]...». Il s'agit donc d'une opération essentiellement commerciale, impliquant des institutions financières spécialisées dans les domaines du crédit et du financement, à l'exclusion de parties qui voudraient utiliser cette technique juridique comme forme de placement et non dans le cadre d'opérations commerciales régulières.

B. Contexte précis de l'acquisition

24. L'acquisition par le bailleur doit être faite i) à la demande du locataire et ii) auprès d'un tiers[9]. Ainsi, le bailleur ne pourra pas utiliser des biens qu'il pourrait avoir en inventaire, il ne sera ni le manufacturier ni le distributeur; l'acquisition qu'il en aura faite le sera à la demande expresse du locataire.

C. Champs d'activité du locataire

25. Le paragraphe 1. de l'article 1603 définit clairement le champ d'application de ce type d'opération financière: le but recherché par le locataire doit s'insérer clairement dans le cadre de ses opérations «*commerciales, industrielles, professionnelles ou artisanales*»; c'est donc dire que cette forme de contrat ne serait probablement pas utilisable d'une façon générale dans le contexte des contrats à la consommation[10].

D. Nature mobilière de la chose

26. Aux termes du paragraphe 2. de l'article 1603, le champ d'application du *CRÉDIT-BAIL* est limité au domaine mobilier. Le domaine immobilier est donc entièrement exclu de l'application de ce mode de financement, le *leaseback* immobilier demeurant entièrement assujetti aux règles essentielles de la vente et du louage[11]. Par ailleurs, à cause de la position à peu près constante de la jurisprudence en matière d'immobilisation par destination aux termes de l'article 379 CcBC[12], les risques

qui pourraient résulter d'un changement de nature résultant de l'immobilisation par destination du bien meuble, objet du *CRÉDIT-BAIL*, n'existent pas sous l'empire du CcBC.

27. En effet, puisque l'exigence d'identité de propriété du bien meuble et du bien immeuble ne peut pas, par définition, être respectée (le bailleur demeurant propriétaire du bien meuble), il n'y a pas de danger dans le droit actuel (sous le CcBC) que cette exigence de l'article 1603 CcBC se trouve soudainement impossible à satisfaire. Nous verrons que sous le CcQ, il a fallu être plus explicite en cette matière.

E. Choix du locataire

28. La chose qui fait l'objet du *CRÉDIT-BAIL* doit avoir été choisie par le locataire, cette condition confirmant la nature purement financière de la relation entre le locateur et le locataire, ce dernier devant transiger avec un tiers (le vendeur) à cet égard.

F. Cession des garanties par le locateur au locataire et acceptation de la cession par le tiers

29. À cause de la nature particulière de chacun des contrats intervenus entre les parties, il n'y aurait pas, en principe, de lien de droit entre le fabriquant-vendeur du bien et le locataire. Comme ce dernier est obligé au paiement intégral de toutes les sommes dues au locateur (puisqu'il s'agit d'un contrat de financement et non d'un contrat de louage à proprement parler) et comme le locateur (bailleur de fonds) n'entend pas prendre les risques qui découleraient normalement de l'obligation de «procurer la jouissance paisible» de la chose[13], il est essentiel de permettre au locataire de pouvoir exercer ses recours en garantie contre le vendeur de la chose qui fait l'objet du *CRÉDIT-BAIL*. Les conditions énoncées aux sous-paragraphes 4. et 5. de l'article 1603 CcBC étant satisfaites, le locataire devrait pouvoir exercer directement des recours en garantie contre le «tiers», vendeur du bien, le lien de droit nécessaire à cet égard ayant été établi par la cession intervenue entre locateur et locataire de toutes les garanties et l'acceptation sans condition de cette cession par le «tiers».

30. Enfin, il y a lieu de mentionner qu'à cause de l'effet juridique très particulier qui résulte de l'application des dispositions de l'article 1603 CcBC, nos tribunaux en interprètent les dispositions d'une façon stricte et rigoureuse[14].

Conclusion de la première partie

31. Ce bref rappel nous a permis de revoir rapidement la situation actuelle en matière de *CRÉDIT-BAIL*, rappel qui ne se veut pas exhaustif mais dont le but principal est de préparer l'auditeur à mieux comprendre les dispositions que nous propose le législateur à l'occasion de l'adoption et de la mise en vigueur du nouveau Code civil du Québec.

32. À partir de cette base, il nous est maintenant possible d'entreprendre l'étude de ces nouvelles dispositions.

Deuxième partie: Le crédit-bail *et le code civil du Québec*

Introduction

33. Reconnaissant les lacunes qui subsistent en matière de *CRÉDIT-BAIL* dans la législation actuelle, le législateur du Code Civil du Québec a tenté de trouver des solutions aux différentes difficultés et imprécisions qui font de ce type de contrat un outil juridique dont les fondements sont imprécis et impossibles à déterminer avec certitude.

34. Dans la version des *COMMENTAIRES* disponibles au moment où ces lignes sont rédigées (février 1993)[15], on nous informe que l'effet premier de la nouvelle législation est de mettre «*...fin à la controverse entourant la nature juridique et la qualification du contrat de crédit-bail*».

35. Pour ce faire, et tel que mentionné précédemment, le législateur a cru bon de faire du *CRÉDIT-BAIL* un contrat nommé distinct, dont le point de rattachement *a contrario*, si l'on peut dire, n'est plus le louage, comme c'est le cas actuellement dans le CcBC.

36. Cette modification peut, au départ, n'apparaître que formelle et sans grande conséquence. Toutefois, avec le professeur

Pierre-Gabriel Jobin, il est permis de s'inquiéter face à l'absence de rattachement d'une convention qui ne se qualifierait pas de *CRÉDIT-BAIL* à cause d'une absence de conformité aux règles imposées par les articles 1842 à 1850 CcQ[16].

37. D'autre part, à la lecture de ces *COMMENTAIRES*, il est fait référence à plusieurs reprises à la *Convention d'Unidroit sur le crédit-bail international*, convention internationale qui a été signée à Ottawa le 28 mai 1988 par les représentants de 55 pays, dont le Canada. Les termes du texte adopté dans le cadre de l'élaboration de cette *Convention* ont servi de base à la rédaction de plusieurs articles de ce chapitre du CcQ. Nous aurons l'occasion de mentionner cette *Convention* à quelques reprises.[17]

A. Définition - article 1842 CcQ

38. Tel qu'annoncé dans les *COMMENTAIRES*[18], les nouvelles dispositions comportent une définition qui se veut précise de ce qu'est le *CRÉDIT-BAIL*:

> 1842. Le crédit-bail est le contrat par lequel une personne, le crédit-bailleur, met un meuble à la disposition d'une autre personne, le crédit-preneur, pendant une période de temps déterminée et moyennant une contrepartie.
>
> Le bien qui fait l'objet du crédit-bail est acquis d'un tiers par le crédit-bailleur, à la demande du crédit-preneur et conformément aux instructions de ce dernier.
>
> Le crédit-bail ne peut être consenti qu'à des fins d'entreprise.

B. Éléments de la définition

Cette nouvelle définition comporte de nombreux éléments importants. Il y a lieu de les considérer individuellement.

a) *Désignation des parties*

39. Les termes «locateur» et «locataire» ont été remplacés par les termes «crédit-bailleur» et «crédit-preneur»; l'utilisation de ces nouvelles expressions pour décrire les parties à un *CRÉDIT-*

BAIL a sans doute comme but de confirmer la distance qui doit être prise face au louage à proprement parler. Par contre, il est sans doute permis de s'interroger sur l'importance de ce changement puisque dans la version anglaise de l'article 1842 CcQ, on emploie encore les expressions *«lessor»* et *«lessee»*, comme dans l'article 1603 CcBC.

b) Nature du droit du «crédit-preneur»

40. La partie de cette définition qui sera sans doute la source de nombreux problèmes est celle qui définit (ou en réalité, ne définit pas) la nature exacte du droit que doit avoir le crédit-preneur sur la chose qui fait l'objet de la convention:

> Le crédit-bail est le contrat par lequel... le crédit-bailleur... *met à la disposition* d'une autre personne, le crédit-preneur... (l'italique est de nous)

41. Est-il possible de définir juridiquement en quoi consiste le fait de *«mettre à la disposition»* de quelqu'un une chose mobilière, sans qu'il s'agisse d'un louage de choses, d'un transfert du droit de propriété ou d'un démembrement (il ne s'agit certainement pas de l'«Usage» tel que décrit aux articles 1172 et suivants CcQ), le crédit-bailleur demeurant propriétaire de la chose, par définition?

42. Quelle sera la nature exacte des droits du crédit-preneur sur la chose qui fait l'objet du contrat durant son terme? Son droit sera-t-il opposable aux cessionnaires du crédit-bailleur (donc un droit *dans* la chose), par exemple, comme s'il s'agissait d'une sorte de droit réel, ou s'agira-t-il simplement d'un droit de créance contre son crédit-bailleur relativement à cette *«mise à la disposition»*, sans recours direct contre un tiers acquéreur? Autant de questions auxquelles il n'est pas possible de trouver de réponses pour l'instant, bien qu'il soit d'ores et déjà permis de douter de la nature *réelle* des droits du crédit-preneur dans la chose objet du *CRÉDIT-BAIL*.

43. À cet égard, qu'il nous soit permis de nous interroger sur l'affirmation sans réserve des rédacteurs des *COMMENTAIRES* lorsqu'ils affirment, sans rougir, dans l'introduction du chapitre portant sur le *CRÉDIT-BAIL*:

Les dispositions du chapitre *Du crédit-bail* mettent donc fin à la controverse entourant la nature juridique et la qualification du contrat de crédit-bail.

c) Nature mobilière de l'objet du contrat

44. L'article 1842 CcQ limite, au départ, l'application des dispositions de ce chapitre aux choses mobilières. Le *CRÉDIT-BAIL* en matière immobilière n'est donc pas prévu, ni balisé de quelque façon que ce soit. En matière immobilière, le *leaseback* que nous avons connu jusqu'à maintenant continuera à tirer toute sa légitimité i) du contrat de vente par l'«emprunteur» au «créancier» et ii) du bail *net-net-net* par le «créancier» à l'«emprunteur», sans qu'il y ait de réglementation particulière concernant cette opération financière, les règles de droit applicables à ces deux contrats, assorties des conventions des parties, demeurant la seule source du droit en la matière.

45. Pour ce qui est de la notion de «meuble», il est important de noter que le CcQ modifie d'une façon importante les notions que nous connaissions jusqu'à maintenant en matière d'immobilisation par destination. En effet, dans les dernières heures précédant l'adoption du nouveau Code civil, on a cru bon de faire disparaître complètement la notion d'immobilisation par destination énoncée aux Articles 379 et 380 du CcBC, notion dont les racines remontaient évidemment au Code Napoléon, mais également trouvaient leur rattachement dans une longue tradition civiliste[19]. C'est ainsi que nous retrouvons maintenant une notion très différente énoncée à l'article 903 CcQ, qui se lit comme suit:

> Article 903. Les meubles qui sont, à demeure, matériellement attachés ou réunis à l'immeuble, sans perdre leur individualité et sans y être incorporés, sont immeubles tant qu'ils y restent.

46. Il n'est pas de notre intention de faire ici l'analyse de cette nouvelle disposition, nous aurons sans doute l'occasion de le faire dans le contexte autre que celui du *CRÉDIT-BAIL*. Toutefois, il est important de noter que l'immobilisation dont il est question à l'article 903 CcQ peut se produire *même* s'il n'y a *pas* d'identité entre le propriétaire de l'immeuble et le propriétaire du meuble que l'on voudrait immobiliser. C'est pour cette

raison que l'on a cru bon, et à bon droit compte tenu de la rédaction actuelle de l'article 903 CcQ, d'apporter une exception à la règle de l'article 903 CcQ dans le cas du *CRÉDIT-BAIL*, en adoptant l'article 1843 CcQ qui se lit comme suit:

> 1843. Le bien qui fait l'objet du crédit-bail conserve sa nature mobilière tant que dure le contrat, même s'il est rattaché ou réuni à un immeuble, pourvu qu'il ne perde pas son individualité.

47. Ce que nous dit l'article 1843 CcQ, c'est que l'immobilisation prévue à l'article 903 CcQ ne pourra pas se produire si la chose meuble dont il est question fait l'objet, au préalable et avant d'être rattaché, d'un *CRÉDIT-BAIL*[20].

48. Par contre, il faudra être prudent en ce qui a trait à l'immobilisation qui se produira dans les circonstances prévues aux articles 900 et 901 CcQ:

> 900. Sont immeubles les fonds de terre, les constructions et ouvrages à caractère permanent qui s'y trouvent et tout ce qui en fait partie intégrante ....

49. L'article 901 CcQ définit plus particulièrement la notion de «[faire] partie intégrante»:

> 901. Font partie intégrante d'un immeuble les meubles qui sont incorporés à l'immeuble, perdent leur individualité et assurent l'utilité de l'immeuble.[21]

50. Dans les circonstances prévues aux articles 900 et 901 CcQ, le caractère mobilier de la chose sera perdu et, devenant immeuble, les dispositions du *CRÉDIT-BAIL* ne lui seront plus applicables, tout au moins pas en tant que *CRÉDIT-BAIL*. Dans ces circonstances, par ailleurs, le crédit-bailleur perdra son droit de propriété dans la chose qui avait été l'objet du *CRÉDIT-BAIL*, cette chose devenue immeuble appartenant maintenant au propriétaire de l'immeuble par une application simple des règles relatives à l'accession immobilière artificielle[22].

d) Terme

51. Le premier alinéa de l'article 1842 CcQ prévoit également qu'il doit y avoir «une période de temps déterminée». L'expli-

cation que l'on retrouve dans les *Commentaires*[23] à cet égard nous semble tout à fait plausible dans les circonstances:

> La nécessité qu'un terme soit déterminé est considérée, en doctrine française particulièrement, comme un élément essentiel à l'économie du crédit-bail. Ce terme est indispensable à la détermination du montant et de l'échelonnement de la contrepartie payée au crédit-bailleur. L'article 1842 consacre donc cette nécessité de stipuler un terme[24].

e) La Contrepartie

52. Il en est de même concernant le fait qu'il doive y avoir une «contrepartie»:

> De même, cet article précise que le crédit-bail est consenti moyennant une contrepartie, consacrant ainsi le caractère onéreux du contrat, conformément à l'article premier de la Convention d'Unidroit sur le crédit-bail international[25].

f) Relation tripartite

53. Dans son deuxième alinéa, l'article 1842 CcQ confirme et clarifie les dispositions un peu plus laconiques de l'article 1603 CcBC, mais également, regroupe dans une même phrase l'énoncé du fait qui est de première importance dans l'établissement d'un *CRÉDIT-BAIL*, soit la relation tripartite *VENDEUR, CRÉDIT-BAILLEUR, CRÉDIT-PRENEUR*, confirmant en même temps la spécificité de chacun:

> Article 1842, alinéa 2.: Le bien qui fait l'objet du crédit-bail est acquis d'un *tiers* par le *crédit-bailleur*, à la demande du *crédit-preneur* et conformément aux instructions de ce dernier. (L'italique est de nous)

54. Nous ne répéterons pas les commentaires que nous avons faits à ce sujet lors de notre examen des dispositions de l'article 1603 CcBC, si ce n'est de faire remarquer qu'aux termes du deuxième alinéa de l'article 1842 CcQ reproduit ci-dessus,

— le rôle du crédit-bailleur est tout à fait passif (c'est-à-dire, purement financier),

— qu'il ne peut pas s'agir d'une chose que le crédit-bailleur pourrait avoir en inventaire,

— ni d'un nouveau *CRÉDIT-BAIL* intervenu suite à l'expiration d'un premier *CRÉDIT-BAIL* portant sur la même chose,

— ni, bien certainement, d'un «*SOUS*» *CRÉDIT-BAIL*.

g) *Entreprise*

55. L'article 1842 CcQ, dans son troisième alinéa, limite le champ d'application du *CRÉDIT-BAIL* au contexte de l'entreprise. À cet égard, on se souviendra que le nouveau Code civil n'a pas conservé le principe bien établi de la «commercialité» si important à toute l'économie et à l'application des dispositions de CcBC, principe qui a été remplacé dans le CcQ par une notion nouvelle, celle de «l'entreprise». Cette notion qui n'a été définie, d'ailleurs, qu'au tout dernier moment lors de l'adoption du *Projet de loi 125*, se retrouve, un peu par accident, enfouie au troisième alinéa de l'article 1525 CcQ traitant plus particulièrement de la présomption de solidarité lorsqu'une «obligation [a été] contractée pour *le service ou l'exploitation d'une entreprise*» (l'italique est de nous)[26].

56. Le *CRÉDIT-BAIL*, comme c'est le cas pour l'hypothèque mobilière sans dépossession[27], ne sera disponible comme mode de financement que dans le contexte de l'exploitation d'une entreprise. Il est certainement trop tôt pour tenter de faire des distinctions entre les champs d'application prévus au paragraphe 1. de l'article 1603 CcBC[28] et ceux qui seront disponibles dans le cadre de l'exploitation d'une entreprise selon la définition que nous en donne le troisième alinéa de l'article 1525 CcQ[29].

h) *Qualité du crédit-bailleur*

57. Enfin, il est à remarquer que la nouvelle définition générale de l'article 1842 CcQ ne contient plus l'exigence qui se trouve dans le CcBC ayant trait à la qualité du crédit-bailleur. Vous vous souviendrez que le premier alinéa de l'article 1603 CcBC identifiait nommément le crédit-bailleur comme «*une personne qui fait le commerce de prêter ou de consentir du crédit*[30]...».

Dans le nouveau contexte que nous propose le CcQ, il sera possible d'utiliser le *CRÉDIT-BAIL* comme outil financier et comme mode de placement, sans être limité par les contraintes que nous impose le droit actuel à cet égard.

C. Articulation de la relation tripartite

a) *Relation directe entre le vendeur et le crédit-preneur:*

58. L'article 1603 CcBC exige des parties qu'elles se conforment à un certain rituel comprenant i) la cession de garantie par le crédit-bailleur en faveur du crédit-preneur et ii) l'acceptation sans réserve de cette cession par le vendeur de la chose[31].

59. Le procédé que nous propose le nouveau Code est un procédé *légal*, le lien de droit entre vendeur et crédit-preneur s'établissant par l'effet de la loi, sans que les parties soient obligées de poser de gestes particuliers à cet égard, si ce n'est de dénoncer au vendeur l'existence du *CRÉDIT-BAIL* au moment de la vente:

> Article 1844. Le crédit-bailleur doit dénoncer le contrat de crédit-bail dans l'acte de vente.

60. En pratique commerciale, «l'acte de vente» dont il est question est souvent rudimentaire, sous forme de facture plus ou moins élaborée. Dans les circonstances qui nous intéressent présentement, il faudra veiller à ce que la convention de vente soit bien articulée, comporte une définition claire des garanties, soit légales ou conventionnelles, et que le crédit-preneur soit identifié.

61. Ce formalisme rudimentaire étant respecté, le crédit-preneur pourra bénéficier directement des garanties, sans qu'il lui soit nécessaire d'accomplir quelque autre démarche:

> Article 1845. Le vendeur du bien est directement tenu envers le crédit-preneur des garanties légales et conventionnelles inhérentes au contrat de vente[32].

b) *Droits du crédit-bailleur et relations avec le crédit-preneur:*

62. Tel que mentionné précédemment, le *CRÉDIT-BAIL* est la seule forme de sûreté qui échappe complètement au régime des priorités et hypothèques du nouveau code[33]. Par contre, reconnaissant qu'il s'agit bel et bien d'un contrat de financement et qu'inévitablement les droits du crédit-bailleur doivent tôt ou tard venir en conflit avec les droits des autres créanciers du crédit-preneur, l'opposabilité du droit de propriété du crédit-bailleur ne peut être conservée face aux tiers que si ses droits sont publiés, sans doute dans le nouveau registre des droits personnels et réels mobiliers[34]. Par ailleurs, cette règle complète la règle applicable à la vente à tempérament[35] ainsi que celle qui porte sur la vente avec faculté de rachat[36]. Ainsi, il sera maintenant possible aux créanciers du crédit-preneur de connaître l'état exact de son patrimoine, et de prendre les mesures qui s'imposeront alors.

63. Reconnaissant la nature particulière de la relation entre le crédit-bailleur et le crédit-preneur, en particulier le fait qu'il s'agit vraiment d'une forme de financement, le nouveau Code, comme il le fait à l'occasion du transfert des garanties, prévoit un transfert légal des risques de perte, même ceux attribuables à la force majeure, ainsi que les frais d'entretiens[37]:

> Article 1846. Le crédit-preneur assume, à compter du moment où il en prend possession, tous les risques de perte du bien, même par force majeure.
>
> Il assume, de même, les frais d'entretiens et de réparation.

64. À partir de cette règle, il est clair que le crédit-preneur a un intérêt d'assurance indéniable[38]: en fait, il se comporte comme s'il était le propriétaire de la chose, assume les risques, est tenu d'effectuer l'entretien et les réparations et bénéficie des garanties, et ce, par l'effet de la loi, avant même que n'intervienne la convention entre les parties.

65. Par ailleurs et comme s'il s'agissait d'un contrat de vente[39], la règle énoncée à l'article 1848 CcQ permet au crédit-preneur de considérer le *CRÉDIT-BAIL* comme résolu dans le cas où le crédit-bailleur manque à son obligation de livraison de la chose.

66. L'article 1849 CcQ règle la question de la compensation que peut devoir le crédit-preneur au crédit-bailleur en cas de résiliation du contrat, compensation qui doit en principe correspondre à l'avantage qu'a pu retirer le crédit-preneur avant que n'intervienne cette résiliation.

67. Le dernier article de ce chapitre, l'article 1850 CcQ, traite de l'obligation du crédit-preneur de remettre le bien au crédit-bailleur, tout en laissant entrevoir, donc en légitimant implicitement, la possibilité que les parties aient prévu une faculté d'achat en faveur du crédit-preneur[40]. Revenant un instant à notre commentaire concernant la nature des droits du crédit-preneur dans la chose objet du contrat[41], il est permis de s'interroger sur la nature exacte de cette faculté d'achat en faveur du crédit-preneur et particulièrement concernant l'opposabilité de cette disposition à un tiers acquéreur des droits du crédit-bailleur (par exemple, un créancier hypothécaire du crédit-bailleur qui aurait réalisé sa garantie hypothécaire et qui n'aurait pas assumé personnellement les obligations du crédit-bailleur à cet égard). Nous avons là un bon exemple des types de problèmes qui surviennent nécessairement lorsqu'on permet la coexistence de sûretés traditionnelles et des «sûretés» impliquant l'utilisation du droit de propriété lui-même.

Troisième partie: Dispositions transitoires

68. Les règles générales traitant des dispositions transitoires et d'application de la réforme font l'objet d'un autre cours. Toutefois, afin de compléter les notes qui précèdent, il est essentiel de mentionner qu'il existe une règle spécifique portant sur les contrats en vigueur lors de la mise en force du nouveau Code, cette règle se trouvant dans la *Loi sur l'application de la réforme du Code civil*[42], et plus spécialement à l'article 107 de cette *Loi*, lequel se lit comme suit:

> 107. Les droits de propriété du crédit-bailleur, résultant de contrats de crédit-bail en cours, sont assujettis, quant à leur opposabilité aux tiers, aux dispositions de l'article 162.

69. Cet article 162. n'est pas applicable exclusivement au crédit-bail mais prévoit le formalisme de transition applicable à

différentes formes de sûretés, dont le crédit-bail, afin d'intégrer ces sûretés dans les nouvelles structures de publicité établies sous le nouveau Code.

> 162. Lorsque la loi nouvelle, contrairement à la loi ancienne, impose des formalités de publicité pour rendre le droit efficace ou opposable aux tiers, et notamment dans les cas prévus par les articles 98, 107 et 137, le droit antérieurement constitué est maintenu et conserve son opposabilité initiale, pourvu qu'il soit publié au registre approprié dans les douze mois qui suivent la publication, par le ministre de la Justice, à la *Gazette officielle du Québec*, d'un avis indiquant que le registre des droits personnels et réels mobiliers est pleinement opérationnel, à compter de la date qu'il indique, quant à la publicité de ces droits. Un avis de cette publication est aussi donné dans les quotidiens publiés au Québec ou, s'il y a lieu, y circulant...

70. Cet article fait état du fait qu'il y aura un décalage de temps entre la date de la mise en vigueur du nouveau Code et celle de la mise en marche du registre des droits personnels et réels mobiliers. Pour cette raison, les contrats en cours lors de la mise en vigueur du nouveau Code continueront d'être opposables aux tiers, sans formalité particulière, puisqu'il n'en existe pas présentement sous l'empire du CcBC. Toutefois, dès la publication de l'avis du ministre de la Justice, il faudra dans le douze mois de la publication de cet avis, procéder à la publication des contrats en cours afin de préserver l'opposabilité des droits du crédit-bailleur[43].

71. Pour le surplus, les principes généraux de droit transitoire énoncés aux articles 2 à 10 inclusivement de la *Loi sur l'application du la réforme du Code Civil*[44] s'appliquent aux contrats en cours. À cet égard, qu'il suffise de mentionner que par l'application de l'article 4[45] de cette *Loi* il faudra tenir compte de la survie du droit ancien à plusieurs égards.

Conclusion

72. D'après ce que nous avons pu constater ci-dessus, les dispositions du CcQ en matière de *CRÉDIT-BAIL* apportent plusieurs améliorations importantes au régime qui existe sous l'empire du CcBC. Toutefois, et comme on l'a fait trop souvent

dans d'autres situations à l'occasion de la réforme, on a cru qu'il était suffisant de créer les règles «opérationnelles» applicables à la relation juridique qu'est le *CRÉDIT-BAIL*, sans pour autant en définir clairement l'assise dans les principes de notre droit civil. Cette lacune est d'une importance capitale et sera sans doute la source de nombreux problèmes d'interprétation et d'application, problèmes que devront trancher nos tribunaux, à qui l'on demandera de trouver des solutions sans pour autant leur avoir donné les outils nécessaires.

Notes

* L'auteur tient à remercier son associé M. Kevin Smyth pour les conseils judicieux qu'il lui a donnés lors de la préparation du présent cours.

1. Pour ce qui est de la vente à tempérament, l'article 1749 CcQ prévoit nommément au deuxième alinéa: «Les règles relatives à la prise en paiement énoncées au livre Des priorités et des hypothèques, ainsi que les mesures préalables à l'exercice de ce droit s'appliquent à la reprise du bien, compte tenu des adaptations nécessaires». Il en de même pour la faculté de rachat concernant laquelle l'article 1756 CcQ énonce: «Si la faculté de rachat a pour objet de garantir un prêt, le vendeur est réputé emprunteur et l'acquéreur est réputé créancier hypothécaire. Le vendeur ne pourra toutefois perdre le droit d'exercer la faculté de rachat, à moins que l'acquéreur ne suive les règles prévues au livre Des priorités et des hypothèques pour l'exercice des droits hypothécaires.»

2. Sous réserve seulement de l'application des règles touchant à la publicité: *infra*, paragraphe 62.

3. Voir infra, paragraphe 37.

4. Voir P.-G. Jobin, *«Traité de droit civil: Le Louage de choses»*, Montréal, Édit. Yvon Blais, 1989, n°s 21 et s., p. 69 et s. ainsi que les références y mentionnées.

5. Robert Demers, «Les aspects juridiques du crédit-bail mobilier», (1983) 14 *R.D.U.S.* 193, p. 200 et s.

6. Article 1603. «Les dispositions du présent chapitre ne s'appliquent pas au *crédit-bail* consenti (l'italique est de nous)».

7. M. K. Smyth, «Financial Leasing: Some of its Characteristics, Advantages and Pitfalls», dans *Conférence Meredith 1981*, Don Mills (Ontario), Richard DeBoo, 1982, p. 23, à la p. 26.

8. Premier alinéa de l'article 1603 CCBC.

9. Article 1603: «...et qui, à la demande du locataire, a acquis d'un tiers la propriété du bien qui fait l'objet du contrat...».

10. Voir R. Demers, *supra* note 5, p. 198 et P.-G. Jobin, *supra* note 4, p. 75.

11. Voir Henri Ader, «Le Crédit-Bail Immobilier en Droit Français Contemporain», (1981) 12 R.G.D. 473.

12. Cette jurisprudence se fonde sur le principe adopté dans *La Banque d'Hochelaga c. The Waterous Engine Works Company*, (1897) R.C.S. 406.

13. Article 1604 CCBC.

14. *Beaver Diversified Corporation c. Gerard Faulkner*, C.P.M. 02-044.683-75-8: «De l'avis du tribunal, l'art. 1603 CC est exorbitant du droit commun et doit être interprété strictement et pour qu'il s'applique, les exigences des paragraphes 1 à 5 doivent être prouvées globalement et particulièrement.» Cette façon d'interpréter et d'appliquer les dispositions de l'article 1603 CCBC a été suivie dans *Equilease Ltée c. Bouffard*, [1979] C.S. 191 et dans *IAC Limited c. Fred Wolfe*, [1979] C.P. 361, citées dans M. K. Smyth, *supra* note 7.

15. Il s'agit de la version des Textes, Sources et *Commentaires*, ministère de la justice du Québec, portant la date du 7juillet 1992.

16. Les commentaires du professeur Jobin portent sur les dispositions que l'on retrouvait dans l'*Avant-projet de la loi sur les obligations*, mais sont tout à fait pertinents aujourd'hui en ce qui a trait au texte du CcQ; P.-G. Jobin, *supra* note 4, p. 81: «Dans ces conditions, il est fort douteux que les tribunaux, en cas de lacune ou d'obscurité dans le régime du crédit-bail, puissent encore faire appel, par analogie, aux règles du louage, comme ils peuvent le faire aujourd'hui. Les nouvelles dispositions, dans leur forme actuelle, suscitent une inquiétude. Quand une convention ne correspondra pas aux conditions prévues par la loi pour être un crédit-bail assujetti au régime spécial que nous venons de décrire, elle ne sera pas assimilée à un louage, comme il vient d'être dit; cette convention sera vraisemblablement qualifiée de contrat innommé. Or, s'il en est ainsi, la liberté contractuelle reprendra son empire, sous réserve parfois de la responsabilité du fabricant pour un vice touchant la sécurité; en conséquence, l'utilisateur risquera de perdre la protection que lui assure le régime légal du crédit-bail (par exemple, par l'effet d'une clause exonératoire ou par l'absence d'une cession conventionnelle de garantie).»

17. Voir sur ce sujet Ronald C.C. Cuming, «*Report on the Unidroit Convention on International Financial Leasing*», Constitutional and International Law Section, Department of Justice, Government of Canada, septembre 1988.

18. Voir *supra* note 15.

19. Voir, à titre d'exemple, Chs. C. de Lorimier, *La Bibliothèque du code Civil de la Province de Québec*, Montréal 1874, vol. 3, pp. 279 et ss.

20. Il est important de noter que la portée de l'article 903 CcQ a été modifiée sérieusement, par un procédé législatif des plus discutables, soit par l'adoption d'une disposition particulière de la *Loi sur l'application de la réforme du Code civil*, L.Q. 1992, c.57, article 48, qui se lit comme suit: «L'article 903 du nouveau code est censé ne permettre de considérer immeubles que les meubles visés qui assurent l'utilité de l'immeuble, les meubles qui, dans l'immeuble, servent à l'exploitation d'une entreprise ou à la poursuite d'activités étant censés demeurer meubles».

21. En pratique, il ne sera pas facile de faire la distinction entre l'immobilisation résultant des circonstances décrites à l'article 903 CcQ, tel que cet article est amendé implicitement par l'article 48 de la *Loi sur l'application de la réforme du Code civil* (*supra* note 20) et l'immobilisation résultant du jeu des articles 900 et 901 CcQ, les deux formes d'immobilisation ayant comme point de rattachement commun le fait d'assurer «l'utilité de l'immeuble». En matière de *CRÉDIT-BAIL* la distinction sera fort importante puisque la protection que peut conférer l'article 1843 CcQ ne s'applique qu'à l'immobilisation prévue à l'article 903 CcQ (tel qu'amendé) et non à l'immobilisation résultant de l'application des articles 900 et 901 CcQ.

22. Voir à ce sujet les articles 955 et suivants CcQ.

23. *Supra* note 15.

24. *Supra* note 15.

25. *Supra* note 15.

26. À cet égard, le troisième alinéa de l'article 1525 CcQ définit l'exploitation d'une entreprise comme suit: «1525 alinéa 3. CcQ: Constitue l'exploitation d'une entreprise l'exercice, par une ou plusieurs personnes, d'une activité économique organisée, qu'elle soit ou non à caractère commercial, consistant dans la production ou la réalisation de biens, leur administration ou leur aliénation, ou dans la prestation de services.»

27. Voir l'article 2683 CcQ: «2683 CcQ. À moins qu'elle n'exploite une entreprise et que l'hypothèque ne grève les biens de l'entreprise, une personne physique ne peut consentir une hypothèque mobilière sans dépossession que dans les conditions et suivant les formes autorisées par la loi.»

28. Article 1603. par. 1.: «...le crédit-bail soit consenti pour des *fins commerciales, industrielles, professionnelles ou artisanales.*»

29. Voir *supra* note 26.

30. Sur ce point, les *Commentaires* sont à l'effet simplement que: «Il n'y avait aucune raison de maintenir une telle restriction que la Convention d'Unidroit sur le crédit-bail international ne prévoit d'ailleurs pas.»

31. Voir les sous-paragraphes 4. et 5. de l'article 1603 CCBC.

32. Bien qu'à première vue cette règle semble faire violence aux notions traditionnelles relatives à l'effet des contrats, le procédé décrit à l'article 1845 CcQ, indépendamment des considérations purement pratiques, s'inscrit dans l'esprit du principe que l'on retrouve énoncé à l'article 1442 CcQ (lui-même inspiré de l'arrêt *Kravitz*): «1442. Les droits des parties à un contrat sont transmis à leurs ayants cause à titre particulier s'ils constituent l'accessoire d'un bien qui leur est transmis ou s'ils lui sont intimement liés.»

33. L'autre exception qu'il faut sans doute mentionner est le droit de rétention qui est décrit aux articles 1592 et 1593 CcQ qui donne un droit exceptionnel à la partie qui peut en bénéficier, droit qui est par ailleurs opposable à tous.

34. Voir l'article 2980 CcQ.

35. Deuxième alinéa de l'article 1745 CcQ: «La réserve de propriété d'un bien acquis pour le service ou l'exploitation d'une entreprise n'est opposable aux tiers que si elle est publiée.»

36. Deuxième alinéa de l'article 1750 CcQ: «La faculté de rachat d'un bien acquis pour le service et l'exploitation d'une entreprise n'est opposable aux tiers que si elle est publiée.»

37. Voir les articles 8 et 9 de la *Convention d'Unidroit sur le crédit-bail international.*

38. La définition de l'intérêt d'assurance se trouve à l'article 2481 CcQ: «Une personne a un intérêt d'assurance dans un bien lorsque la perte de celui-ci peut lui causer un préjudice direct et immédiat...».

39. Voir l'article 1736 CcQ.

40. Au sujet de cet article 1850 CcQ, le *Commentaire* est à l'effet suivant: «Cet article nouveau s'inspire de l'article 9(2) de la Convention d'Unidroit sur le crédit-bail international. Il prévoit qu'à la fin du contrat de crédit-bail, le crédit-preneur doit rendre le bien au crédit-bailleur, à moins qu'il ne se soit prévalu, le cas échéant, de la faculté que lui réserve le contrat de l'acquérir. Considérant que le crédit-bail est d'abord un mécanisme visant à financer l'usage d'un bien et non son acquisition, le nouveau code laisse aux parties le soin de stipuler ou non une option d'achat à la fin du contrat de crédit-bail.»

41. Voir paragraphes 40 et s. ci-dessus.

42. L.Q. 1992, c. 57.

43. Qu'en est-il de l'opposabilité des droits du crédit-preneur?

44. *Supra* note 42.

45. 1992, L.Q. C.57, article 4.: «4. Dans les situations juridiques contractuelles en cours lors de l'entrée en vigueur de la loi nouvelle, la loi ancienne survit lorsqu'il s'agit de recourir à des règles supplétives pour déterminer la portée de l'étendue des droits et des obligations des parties, de même que les effets du contrat.

Cependant, les dispositions de la loi nouvelle s'appliquent à l'exercice des droits et à l'exécution des obligations, à leur preuve, leur transmission, leur mutation ou leur extinction.»

Table des matières

Le bail commercial*
Articles 1851 à 1891
Code civil du Québec

*Robert P. Godin**

Introduction

1. Les règles de notre Code civil du Bas Canada (le «CcBC»), concernant le louage de choses, sont relativement récentes, si on les compare à la plupart des autres règles de ce même Code. En effet, le CcBC a fait l'objet de deux réformes en matière de louage. La première, générale, fut apportée par le chapitre 74 des lois de 1973, alors que les articles 1600 à 1665 du CcBC étaient remplacés par de nouvelles dispositions, appartenant à trois catégories, à savoir: (a) des dispositions applicables à tous les baux (articles 1600 à 1633 du CcBC); (b) des dispositions applicables aux baux immobiliers exclusivement (articles 1634 à 1649 du CcBC); et (c) des dispositions applicables aux seuls baux résidentiels (articles 1650 à 1665 du CcBC). La seconde réforme, en 1979, a opéré un réaménagement complet des dispositions applicables aux seuls baux résidentiels, avec l'adoption de la *Loi instituant la Régie du logement et modifiant le Code civil et d'autres dispositions législatives* (L.Q. 1979, ch.48).

2. Bien que le nouveau Code civil du Québec (le «CcQ») joint en un seul corps de règles (abandonnant, par le fait même, les deux premières catégories que nous mentionnions précédemment) les dispositions générales concernant le louage, et ce, qu'elles visent les biens mobiliers ou immobiliers, le nouveau CcQ reprend, pour l'essentiel, les deux réformes précédemment

* Avocat et professeur associé à la faculté de droit de l'Université McGill.

mentionnées. Il y introduit néanmoins plusieurs modifications importantes, notamment pour tenir compte de certaines difficultés d'interprétation ou d'application soulevées au cours des quinze (15) dernières années et pour tenir compte également de modifications apportées à d'autres parties du CcQ, au titre des sûretés par exemple.

3. Alors que la majorité des règles concernant le bail d'un logement sont d'ordre public, empêchant ainsi très souvent les parties d'y déroger, les dispositions applicables aux autres baux et, notamment, aux baux commerciaux sont, en général, des dispositions facultatives, d'ordre supplétif, qui ne s'appliqueront que si le contrat ne contient aucune clause relativement au même objet.

4. Nous n'étudierons, dans le cadre de cet exposé, qu'un type de bail, à savoir, le *BAIL COMMERCIAL* immobilier (i.e. bail d'un commerce de détail, bail industriel ou bail professionnel).

5. Cependant, pour bien connaître l'évolution du droit, dans le domaine du *BAIL COMMERCIAL* immobilier, nous constaterons qu'il ne suffit pas de regarder les règles du nouveau CcQ. Il sera également nécessaire d'examiner les pratiques commerciales qui se sont développées et qui ont amené une multitude de contrats de louage. Nous constaterons que l'étude de ces différents baux commerciaux révèle souvent peu de ressemblance entre leur contenu et les règles du nouveau CcQ.

Première partie: *La nature du louage*

6. La définition du louage, contenue à l'article 1851 du CcQ[1], permet d'en dégager les caractéristiques essentielles.

A. Un contrat synallagmatique

7. Il s'agit d'un contrat synallagmatique, puisqu'il engendre des obligations pour les deux parties. Le locateur a l'obligation de procurer au locataire la jouissance de l'immeuble loué; pratiquement parlant, comme nous le verrons, le locateur s'acquitte de son obligation en deux étapes, soit, dans un premier temps, en livrant l'immeuble et, dans un second temps, en le main-

tenant en état de servir à l'usage auquel il est destiné. Le locataire, quant à lui, a l'obligation de payer au locateur le prix de
cette jouissance, le loyer.

B. Un contrat limité dans le temps

8. Le bail est un contrat qui est limité dans le temps («pendant
un certain temps»), prenant fin soit au moment indiqué au
contrat («contrat à durée fixe»), soit par l'expression de la
volonté de l'une des parties d'y mettre fin («contrat à durée
indéterminée»). L'article 1880 du CcQ[2] stipule que la durée du
bail ne peut excéder cent ans.

C. Un contrat à titre onéreux

9. L'obligation imposée au locataire de payer un loyer fait du
bail un contrat à titre onéreux, permettant ainsi de le distinguer
du prêt à usage, lequel, suivant l'article 2313 du CcQ, constitue
un contrat à titre gratuit[3].

D. Un contrat susceptible d'être publié

10. L'article 1852 du CcQ[4], lequel est lié aux dispositions du
livre traitant de la publicité des droits[5], stipule expressément
que les droits résultant d'un bail peuvent être publiés. Il est à
noter qu'il était essentiel que la loi autorise expressément une
telle publication de ces droits, étant donné le caractère personnel de tels droits[6].

E. Un contrat qui peut être présumé, lorsqu'il porte sur un immeuble

11. Le second alinéa de l'article 1853 du CcQ[7] traite du bail
immobilier par tolérance. Cet alinéa reprend le principe que
nous retrouvons à l'article 1634 du CcBC, selon lequel la personne qui occupe un immeuble avec la tolérance du propriétaire
est présumée locataire, sauf preuve contraire. Un tel bail, qui est
nécessairement à durée indéterminée, prend effet dès l'occupation par cette personne et comporte un loyer correspondant à la

valeur locative de l'espace ou de l'immeuble loué. Cette valeur locative peut être établie soit par le loyer antérieurement payé, soit par le loyer payé pour des espaces ou immeubles similaires situés à proximité.

12. Il est nécessaire, pour que nous puissions conclure être en présence d'un bail par tolérance, que l'occupation par une telle personne se fasse à la connaissance du propriétaire et sans que ce dernier ne s'y oppose. La jurisprudence établie sous le CcBC était constante en ce qu'il ne peut y avoir un bail par tolérance lorsque le locataire occupe les lieux contre le gré du propriétaire[8].

13. Dans une affaire traitée en fonction du CcBC alors que le locataire a fait défaut d'exercer une option de renouvellement contenue dans son bail écrit, mais ayant continué d'occuper les lieux, il fut jugé qu'il y avait un bail par tolérance, du fait que le locateur avait fait certifier les chèques donnés en paiement du loyer[9].

Deuxième partie:
Des droits et obligations résultant du bail

A. Obligation du locateur de livrer la chose

14. Tout comme en vertu de l'article 1604(1) du CcBC, le premier alinéa de l'article 1854 du CcQ[10] établit l'obligation du locateur de délivrer le bien loué au locataire en bon état de réparation de toute espèce.

15. Inutile de préciser que l'immeuble loué doit être livré au locataire au moment convenu entre les parties. De plus, le locateur a l'obligation d'en livrer toute la contenance.

16. Aussi, l'obligation de livrer la chose comprend celle d'en livrer les accessoires[11].

17. Comme il est prévu à l'article 1604(3) du CcBC, le premier alinéa de l'article 1854 du CcQ établit l'obligation du locateur de procurer au locataire la jouissance paisible de l'immeuble pendant *toute* la durée du bail[12].

18. La garantie contre les défauts cachés que l'on retrouve à l'article 1606 du CcBC est maintenant remplacée, aux termes du deuxième alinéa de l'article 1854 du CcQ, par une garantie du locateur à l'effet que l'immeuble peut servir à l'usage pour lequel il est loué. De plus, cette garantie doit s'appliquer pendant toute la durée du bail[13].

19. On peut constater, à la lecture de cet article 1854 du CcQ, que la connaissance (réelle ou présumée), par le locateur, du non respect de cette garantie, n'est plus une condition préalable nécessaire en vue de rechercher le locateur en dommages-intérêts. Tous les recours seront donc ouverts au locataire, lorsqu'il pourra invoquer le simple fait du non respect de cette obligation de garantie du locateur.

20. Cependant, la responsabilité du locateur pourra être réduite, advenant le défaut du locataire de s'acquitter de son obligation prévue à l'article 1866 du CcQ, à l'effet de divulguer au locateur, dans un délai raisonnable, les défectuosités ou détériorations substantielles dont il a connaissance[14]. Cette obligation de divulgation imposée au locataire en vertu de cet article du CcQ n'existe pas dans le CcBC; elle constitue néanmoins, dans les faits, une codification de la jurisprudence antérieure.

21. Il est également important de remarquer que l'article 1854 du CcQ ne fait aucunement allusion au caractère «caché» du vice ou défaut dont pourrait être affublé l'immeuble loué. Il ne semblerait donc pas nécessaire que nous soyons en présence d'un vice ou défaut «caché» pour que cette garantie du locateur entre en jeu. En corollaire, il semble donc qu'il ne sera pas nécessaire qu'un tel vice ou défaut soit inconnu du locataire. Il sera intéressant de surveiller les développements jurisprudentiels à cet égard[15].

22. Il va sans dire que ces modifications à la nature de la garantie du locateur sont importantes. Cette garantie du locateur ne correspond plus, en vertu du nouveau CcQ, à la garantie contre les vices cachés qui était applicable en matière de vente, et dont les critères avaient été transposés par la jurisprudence en matière de louage[16].

23. Étant donné que l'obligation de procurer la jouissance paisible du bien loué est une obligation fondamentale du locateur,

il est certes possible de déroger contractuellement (comme nous le mentionnions plus haut) à cette obligation, mais nous croyons que cette dérogation ne pourrait être telle qu'elle priverait le locataire de toute la jouissance du bien loué[17].

24. Ainsi, comme sanction à l'inexécution de cette obligation qu'a le locateur de livrer l'immeuble loué en état de servir aux fins pour lesquelles il a été loué, les tribunaux ont annulé des baux, à quelques reprises, en raison du fait que les permis d'opération nécessaires ne pouvaient être obtenus, très souvent parce que les lieux loués n'étaient pas conformes aux exigences de la réglementation municipale[18].

B. Obligation du locataire de payer le loyer

25. L'article 1855 du CcQ[19] reprend, d'une façon textuelle, sous ce rapport, le texte de l'article 1617(2) du CcBC.

26. Le principal changement que nous pouvons souligner (mais non le moindre), concernant le paiement du loyer, réside en la disparition du privilège du locateur, lequel privilège est prévu aux articles 1637 à 1640 du CcBC[20].

27. À cause de la disparition de cette forme de sûreté, les locateurs d'espaces commerciaux rechercheront sans doute des formes de sûretés alternatives, telles des lettres de garantie bancaire ou hypothèques mobilières. La pratique commerciale, en cette matière, devra donc se redéfinir lors de la mise en vigueur des dispositions du CcQ[21].

28. Le chapitre du louage est muet quant aux modalités du paiement. Il est donc nécessaire, advenant un défaut de stipulation au contrat, de s'en remettre à la théorie générale des obligations et aux dispositions qu'on y retrouve au chapitre du paiement[22].

C. Obligation du locataire d'user de l'immeuble loué avec prudence et diligence

29. L'article 1855 du CcQ[23] reprend, en substance, l'article 1617 du CcBC.

30. L'obligation imposée à une personne d'agir «en bon père de famille», que nous retrouvons d'une façon constante au CcBC, est remplacée ici comme ailleurs dans le CcQ, par l'obligation d'agir avec «prudence et diligence».

D. Obligation de ne pas changer la forme ou la destination de l'immeuble loué

31. Un seul article du nouveau CcQ, à savoir l'article 1856[24], impose cette obligation au locateur *et* au locataire. Cet article ne fait que reprendre le principe qui était énoncé aux articles 1607 et 1618 du CcBC.

32. Cette obligation, imposée conjointement au locateur et au locataire, a été interprétée à plusieurs reprises par nos tribunaux.

33. Ainsi, le locateur ne pourrait effectuer des travaux empiétant sur la superficie louée[25].

34. Cette obligation qu'a le locateur de ne pas changer la destination de l'immeuble loué ne s'étend pas seulement à la superficie faisant l'objet du contrat, mais également à l'environnement immédiat de cette superficie et au voisinage dans lequel elle est située[26]. Dans cette affaire, la Cour d'appel a décidé que le locateur ne pouvait, durant le terme du bail, convertir un immeuble résidentiel en édifice à bureaux. La Cour accordait ainsi le droit au locataire d'obtenir une injonction visant à empêcher le locateur d'effectuer un tel changement.

35. Les tribunaux ont également permis au locataire, dans certaines circonstances, de demander la résiliation du bail, lorsqu'il y avait eu changement de la destination des lieux. Tel fut le cas dans l'affaire de *The Great-West Life Assurance Co. c. Raby*[27], alors que le locateur a loué, dans un immeuble qui ne devait contenir que des bureaux et des commerces, certains locaux à des fins résidentielles.

E. Droit du locateur de vérifier l'état du bien loué

36. L'article 1857 du CcQ[28] reprend textuellement, sous ce rapport, le contenu de l'article 1622 de notre CcBC.

F. Droit du locateur d'effectuer des travaux

37. L'article 1857 du CcQ[29] complète, sous ce rapport, l'article 1622 du CcBC, en stipulant que le locateur peut effectuer des travaux à l'immeuble loué. Il s'agit certainement d'un droit que le locateur possédait déjà implicitement et qui découlait de son obligation d'entretenir le bien loué.

G. Droit du locateur de faire visiter l'immeuble

38. L'article 1857 du CcQ[30] prévoit le droit du locateur de faire visiter l'immeuble à un «locataire» ou à un «acquéreur éventuel».

39. En vertu de l'article 1645 du CcBC, un tel droit est reconnu au locateur, mais se limite au droit de faire visiter à un «locataire éventuel». Ce droit du locateur de faire visiter l'immeuble fut étendu à un «acquéreur éventuel».

40. Le CcQ reste muet sur le droit du locateur de se faire accompagner par un tiers intéressé, tel un assureur ou un créancier hypothécaire éventuel.

41. L'article 1885 du CcQ[31] complète les dispositions de l'article 1857 de ce même Code, en ce qui a trait au droit de visite accordé au locateur pour fins de location. Il accorde au locateur, pour une certaine période avant l'expiration du bail, un droit d'affichage. Cet article fixe également le délai accordé au locateur pour exercer ce droit, de même que le droit de visite afférent. Il aurait été préférable que l'article 1857 du CcQ ne traite que du droit du locateur de faire visiter l'immeuble à un éventuel acquéreur, pour laisser l'article 1885 du CcQ traiter du droit du locateur de faire visiter l'immeuble à un locataire éventuel. Cela aurait facilité l'interprétation de ces deux articles.

H. Obligation du locateur de garantir le locataire des troubles de droit

42. L'article 1858 du CcQ[32] maintient, sous ce rapport, ce qui est prévu à l'article 1609 du CcBC.

43. Ainsi, le locateur est donc toujours tenu de garantir le locataire des troubles de droit apportés à la jouissance de l'immeuble loué.

44. Toutefois, le locataire ne peut exercer aucun de ses recours, désormais prévus à l'article 1863 du CcQ[33], sans avoir au préalable dénoncé tout tel trouble au locateur.

45. Il faut entendre, par l'expression «troubles de droit», le trouble causé par un tiers qui prétend avoir un quelconque droit sur l'immeuble loué, qu'il s'agisse d'un droit de propriété, d'un droit à l'exercice d'une servitude, ou tout autre droit réel ou personnel empêchant ou diminuant la jouissance de l'immeuble loué par le locataire.

46. Il fut jugé[34], en application de l'article 1609 du CcBC, qu'il était nécessaire, pour qu'un locataire ait gain de cause contre un locateur sur la base de cette garantie à l'encontre des troubles de droit, que le locataire soit effectivement troublé, c'est-à-dire que le droit du tiers ait été reconnu par un jugement. Les tribunaux[35] sont même allés jusqu'à affirmer que, malgré l'existence reconnue du droit d'un tiers, aucun recours n'existerait en faveur du locataire contre son locateur si ce tiers n'exerçait pas le droit lui ayant été ainsi reconnu.

47. La dénonciation requise aux termes de l'article 1858 du CcQ réside en la nécessité que le locateur soit au courant de la prétention du tiers, afin de pouvoir y apporter une défense adéquate, le cas échéant.

48. Il ne serait certes pas déraisonnable de prétendre qu'il y aurait une dénonciation suffisante si le locateur était également poursuivi par le tiers ou s'il reconnaissait le droit de ce dernier.

49. L'importance de la dénonciation du locataire au locateur est indéniable, advenant l'éventualité où le tiers exercerait ses droits directement à l'encontre du locataire. Si le locataire faisait défaut de dénoncer, il donnerait ouverture à une éventuelle prétention du locateur à l'effet que ce dernier possédait des moyens pour faire rejeter la demande du tiers et qu'il n'a pas pu s'en prévaloir, faute de connaissance.

I. Obligation du locateur de garantir le locataire des troubles de fait

50. Le principe général énoncé par l'article 1859 du CcQ[36] est à l'effet de ne pas obliger le locateur de réparer le préjudice que pourrait subir le locataire en raison d'un trouble de fait qu'un tiers apporte à la jouissance de l'immeuble. Cet article reprend l'article 1608 du CcBC.

51. Cependant, cet article 1859 du CcQ ajoute que le locateur serait tenu de réparer tel préjudice, si ce tiers était aussi locataire de l'immeuble ou s'il était une personne à laquelle le locataire permet l'usage ou l'accès à l'immeuble. La première de ces exceptions, dans le cas où le tiers est aussi locataire de l'immeuble, peut être interprétée comme constituant un renvoi implicite à l'article 1861 du CcQ[37]. La deuxième de ces exceptions, soit celle où le tiers est une personne à laquelle le locataire permet l'usage ou l'accès à l'immeuble loué, est plus difficile à comprendre et expliquer; comment le locateur peut-il exercer quelque contrôle sur les personnes auxquelles le locataire permet l'usage ou l'accès à l'immeuble loué. Peut-être le législateur entendait-il faire référence aux personnes auxquelles le «tiers-locataire» permet l'usage ou l'accès à l'immeuble? Il sera intéressant de suivre l'interprétation que les tribunaux seront appelés à faire de cette disposition.

52. Toutefois, si le locataire est troublé dans sa jouissance, par le fait d'un tiers qui ne prétend avoir aucun droit dans l'immeuble loué, il a contre le locateur tous les recours prévus à l'article 1863 du CcQ[38], sous réserve qu'il ne pourra réclamer du locateur les dommages-intérêts qu'il subit.

53. Le locataire ainsi troublé dans sa jouissance possède, contre l'auteur du trouble, un recours en dommages-intérêts.

54. Le principe énoncé à l'article 1859 du CcQ[39] doit également être interprété à la lumière et sous réserve des articles 1860 et 1861 du même Code, lesquels reprennent les articles 1635 et 1636 du CcBC.

55. En bref, l'article 1860 du CcQ[40] interdit au locataire de troubler la jouissance normale des autres locataires du même immeuble, sous peine de réparer le préjudice qui peut en

résulter, que le trouble soit dû au fait du locataire lui-même ou au fait des personnes auxquelles il permet l'usage ou l'accès à l'immeuble.

56. Le locateur peut, si le locataire viole cette obligation, demander la résiliation du bail.

57. Il va sans dire que le locataire est également responsable en dommages à l'égard des locataires ainsi troublés.

58. L'article 1861 du CcQ[41], lequel reprend l'article 1636 du CcBC, va plus loin et crée une obligation pour le locateur d'intervenir de façon active pour faire cesser le trouble, une fois que ce trouble lui a été dénoncé par mise en demeure.

59. Si le trouble persiste, malgré la mise en demeure du locateur, le locataire troublé peut rechercher le locateur non seulement en diminution de loyer ou en résiliation de bail, mais également en dommages-intérêts.

60. Le locateur pourra toutefois se libérer de sa responsabilité en dommages-intérêts en prouvant qu'il a agi avec prudence et diligence et qu'il a pris tous les moyens raisonnables pour faire cesser le trouble. Il pourrait prouver, à titre d'exemple, qu'il a déployé tous les efforts requis en vue de demander la résiliation du bail du locataire fautif.

61. Il va sans dire que le locateur qui aura dû ainsi indemniser un locataire en dommages pourra poursuivre le locataire fautif afin de se faire rembourser les montants ainsi payés.

J. Obligation du locataire de répondre des pertes survenues à l'immeuble

62. À la lecture de l'article 1862 du CcQ[42], nous pouvons constater que la loi établit, en faveur du locateur, une présomption à l'effet que les pertes survenues à l'immeuble loué, durant le terme du bail, sont à la charge du locataire.

63. Cette présomption peut s'expliquer aisément par le fait que l'immeuble loué est en la possession du locataire, ce dernier en ayant la garde matérielle. Il devient donc normal que le législateur suppose que si une perte quelconque survient à l'im-

meuble loué, elle soit due aux agissements du locataire ou des personnes à qui il en permet l'usage[43].

64. Il était évidemment logique, comme le prévoit d'ailleurs la deuxième partie du premier alinéa de l'article 1862 du CcQ, que le locataire puisse repousser cette présomption en prouvant l'absence de quelque faute de sa part ou de la part des personnes à qui il a permis l'usage ou l'accès à l'immeuble loué.

65. Sous l'article 1621 du CcBC, que reprend par ailleurs l'article 1862 du CcQ, la jurisprudence[44] a établi qu'il ne suffisait pas, pour que cette présomption soit repoussée, que le locataire prouve qu'il a agi en «bon père de famille». En effet, le locataire doit aller plus loin et démontrer la cause de l'accident. Cette cause, à titre d'exemple, pourrait être la vétusté, un cas fortuit, une force majeure, l'acte d'un tiers, un acte du locateur, un vice caché ou quelque autre cause.

66. Sous l'article 1621 du CcBC, les tribunaux ont accordé au locateur la résiliation du bail, lorsque les dommages causés à l'immeuble loué étaient d'importance. Ils refusaient cependant la résiliation si les dommages étaient mineurs ou si la situation n'existait plus au moment d'intenter l'action[45].

67. Cependant, nous pouvons constater que le deuxième alinéa de l'article 1862 du CcQ apporte un sérieux tempérament à la règle précitée et établie au premier alinéa de ce même article. En effet, si des réparations deviennent nécessaires en raison d'un incendie dans les lieux loués, cette présomption de responsabilité du locataire n'existe plus et c'est le locateur qui devra, s'il veut rechercher le locataire en dommages-intérêts, prouver la faute du locataire ou celle d'une personne à qui le locataire a permis l'usage ou l'accès aux lieux loués. Notons que ce deuxième alinéa de l'article 1862 du CcQ reprend l'article 1643 du CcBC.

68. Il est à souligner que le mot «pertes», utilisé dans le cadre de l'article 1862 du CcQ, couvre aussi bien la perte totale que la perte partielle.

K. Sanctions de l'inexécution d'une obligation par l'une des parties

69. C'est à l'article 1863 du CcQ[46] que sont prévus les recours dont peuvent se prévaloir les parties au bail, advenant l'inexécution d'une obligation par l'autre partie.

70. Cet article 1863 du CcQ reprend les articles 1610, 1611 et 1628 du CcBC, en les complétant toutefois quelque peu.

71. En effet, cet article 1863 du CcQ va un peu plus loin, en prévoyant que le recours en résiliation de bail est non seulement ouvert lorsque le locataire subit un préjudice sérieux, mais aussi lorsqu'un tel préjudice sérieux est subi par les autres occupants de l'immeuble. Le mot «occupants», utilisé au premier alinéa de l'article 1863 du CcQ, vise aussi bien, selon nous, les autres locataires que les employés de ceux-ci.

72. Comme nous le verrons un peu plus loin, les dispositions de cet article 1863 du CcQ sont complétées par les articles 1867 et 1868 de ce même Code[47], ces derniers articles ayant davantage trait aux sanctions rattachées au défaut du locateur d'effectuer les réparations auxquelles il est tenu.

L. Obligation du locateur d'effectuer les réparations nécessaires à l'immeuble loué

73. L'article 1864 du CcQ[48] établit le principe général voulant que le locateur soit tenu de faire les réparations nécessaires à l'immeuble loué, à l'exception des menues réparations d'entretien. Ces menues réparations d'entretien sont donc à la charge du locataire, nous dit cet article 1864, à moins qu'elles ne résultent de la vétusté (le CcBC utilisait les mots «vieillissement normal de la chose») de l'immeuble ou d'une force majeure. Cet article 1864 du CcQ réunit donc les règles énoncées aux articles 1605 et 1627 du CcBC.

74. À la lecture des commentaires qui précèdent concernant l'article 1864 du CcQ, nous pouvons aisément constater que ce qui constitue une réparation à la charge du locateur demeurera toujours une question de fait.

75. Il ne faut pas oublier, également, le caractère supplétif de cette obligation du locateur, lequel pourra toujours s'en libérer contractuellement, en totalité ou en partie. Comme corollaire à cette obligation du locateur d'effectuer les réparations nécessaires à l'immeuble loué, et afin que le locateur soit en mesure de remplir cette obligation, l'article 1865 du CcQ, à son premier alinéa[49], reprenant par ailleurs les dispositions du premier alinéa de l'article 1625 du CcBC, impose au locataire l'obligation de subir les réparations urgentes et nécessaires pour assurer la conservation ou la jouissance de l'immeuble loué.

76. Le deuxième alinéa de l'article 1865 du CcQ[50] confirme le droit du locateur qui procède à de telles réparations d'exiger l'évacuation temporaire du locataire de l'immeuble loué, si cela est nécessaire. Le locateur doit cependant obtenir l'autorisation préalable du tribunal pour ce faire, sauf s'il s'agit de réparations urgentes. Le tribunal pourra alors fixer les conditions qu'il estime appropriées afin de protéger adéquatement les droits du locataire.

77. Le troisième alinéa de l'article 1865 du CcQ[51] confirme le droit du locataire, suivant les circonstances, d'obtenir une diminution de loyer, de demander la résiliation du bail ou, en cas d'évacuation temporaire, d'exiger une indemnité du locateur.

78. L'article 1866 du CcQ[52] impose une obligation nouvelle au locataire d'un immeuble commercial, en ce qu'il est obligé d'aviser le locateur, dans un délai raisonnable, de toute défectuosité ou détérioration substantielle de l'immeuble loué dont il peut avoir connaissance. En vertu du CcBC, seul le locataire d'un immeuble d'habitation a cette obligation, aux termes de l'article 1652.6 de ce Code.

79. L'article 1867 du CcQ[53] prévoit la sanction du défaut, de la part du locateur, d'effectuer les réparations ou améliorations auxquelles il est tenu, en vertu du bail ou de la loi. Le locataire peut, dans un tel cas, s'adresser au tribunal afin d'être autorisé à les exécuter. Si le tribunal autorise le locataire à exécuter de tels travaux, il devra en déterminer le montant et fixer les conditions de leur exécution. Le tribunal pourra alors également autoriser le locataire à retenir sur son loyer les dépenses faites pour l'exécution des travaux ainsi autorisés, jusqu'à concurrence du montant fixé par le tribunal.

80. Il est à noter, à la lecture de cet article 1867 du CcQ, si on le compare à l'article 1612 du CcBC, que le législateur entend substituer à l'autorisation que le locataire pouvait obtenir du tribunal pour retenir le loyer (afin de procéder aux travaux), l'autorisation d'exécuter ces travaux. Il semble donc que le locataire ne pourra retenir quelque somme sur son loyer tant et aussi longtemps qu'une dépense n'aura pas été réellement faite en vue de l'exécution des travaux qui auront été préalablement autorisés par le tribunal.

81. Il ne faut pas perdre de vue le fait que ce recours prévu à l'article 1867 du CcQ est un recours exceptionnel, qui doit donc être limité aux seules réparations ou améliorations auxquelles le locateur est tenu.

82. L'autorisation doit être accordée avant que les travaux ne soient exécutés. En d'autres mots, un locataire ne pourrait pas s'arroger un droit avant de l'obtenir[54].

83. Cet article 1867 du CcQ, dont nous avons traité dans le cadre des paragraphes qui précèdent, doit cependant souffrir une exception, prévue à l'article 1868 de ce même Code[55]. Ainsi, le locataire peut, après avoir tenté d'informer le locateur ou après l'avoir informé si celui-ci n'agit pas en temps utile, entreprendre une réparation ou engager une dépense (le CcBC ne se limite qu'à une «réparation» urgente et nécessaire; le CcQ étend également l'application de ce principe à une «dépense» urgente et nécessaire), s'il s'avère que cette réparation ou dépense est urgente et nécessaire pour la conservation ou la jouissance de l'immeuble loué, sans autorisation préalable du tribunal.

84. En vertu de l'article 1869 du CcQ[56], le locataire est obligé de rendre compte au locateur des réparations ou améliorations qu'il a effectuées à l'immeuble loué et des dépenses qu'il a engagées, de même qu'il est obligé de lui remettre les pièces justificatives de ses dépenses. En vertu de ce même article, le locateur est, pour sa part, tenu de rembourser toute somme qui excède le loyer retenu par le locataire, mais jusqu'à concurrence seulement de la somme que le locataire a été autorisé à débourser. Nous pouvons constater que cet article 1869 du CcQ s'inspire du texte des articles 1614 et 1615 du CcBC.

85. Le locataire a évidemment le droit, aux termes du second alinéa de cet article 1868 du CcQ[57], advenant qu'il effectue une telle réparation ou engage une telle dépense, d'être remboursé des dépenses raisonnables qu'il a faites.

M. Droit du locataire de sous-louer l'immeuble loué ou de céder le bail

86. Il n'est pas inutile d'établir, dans un premier temps, la distinction entre une sous-location de l'immeuble loué et une cession du bail.

87. Dans le cadre d'une cession du bail, le cédant transfère au cessionnaire *tous* les droits qu'il a dans le bail. Il en découle donc une perte, de la part du cédant, de tous ses droits contre le locateur. Cela est logique, étant donné qu'il les a tous cédés au cessionnaire. Alors que, sous le CcBC, le locataire-cédant n'était pas pour autant libéré de ses obligations envers le locateur, lequel conservait tous ses droits contre le locataire-cédant[58], l'article 1873 du CcQ[59] vient changer cette règle en ce qu'il édicte que la cession de bail décharge l'ancien locataire de ses obligations, à moins que les parties n'aient convenu autrement. Le cessionnaire, à qui tous les droits du cédant ont été transférés, a donc, envers le locateur, tous les droits qui appartenaient auparavant au locataire-cédant. Le cessionnaire est également tenu envers le locateur au respect de toutes les obligations contenues au bail, et ce, à partir du moment où la cession fut signifiée au locateur ou fut acceptée par ce dernier ou est réputée avoir été acceptée par ce dernier suivant les termes de l'article 1871 du CcQ[60].

88. Sous réserve des dispositions des articles 1875 et 1876 du CcQ[61], dont nous traiterons ultérieurement, nous pouvons affirmer, lorsqu'il y a sous-location, aucun lien de droit n'est créé entre le locateur et le sous-locataire. Le locataire conserve évidemment tous ses droits et obligations à l'égard du locateur. Par ailleurs, le locataire acquiert les droits et obligations d'un locateur à l'égard du sous-locataire.

89. Il sera évidemment nécessaire d'examiner attentivement les termes du contrat, avant de conclure qu'il y a cession du bail ou sous-location de l'immeuble loué.

90. Le locataire doit, en vertu de l'article 1870 du CcQ[62], comme il y était tenu aux termes du premier alinéa de l'article 1619 du CcBC, obtenir le consentement du locateur pour sous-louer l'immeuble loué ou céder son bail. Le locateur ne peut refuser son consentement sans motif sérieux[63]. Pratiquement parlant, le motif qui sera le plus fréquemment invoqué, par les locateurs, pour refuser leur consentement, tiendra au manque de solvabilité du sous-locataire ou du cessionnaire proposé.

91. L'article 1870 du CcQ oblige le locataire, afin que le locateur puisse être en mesure de prendre une décision éclairée, d'indiquer au locateur les nom et adresse de la personne à qui il entend sous-louer l'immeuble loué ou céder son bail.

92. Suivant l'article 1871 du CcQ[64], lequel reprend les principes établis au deuxième alinéa de l'article 1619 du CcBC, le locateur dispose d'un délai de quinze (15) jours pour manifester sa volonté, à défaut de quoi, il sera réputé avoir consenti.

93. Évidemment, lorsque le locateur analyse toute telle demande de consentement à la sous-location de l'immeuble loué ou à la cession du bail, le locateur est susceptible d'encourir certains débours tels, à titre d'exemple, les frais d'une enquête de solvabilité. C'est la raison pour laquelle l'article 1872 du CcQ[65], lequel reprend le troisième alinéa de l'article 1619 du CcBC, prévoit la possibilité, pour le locateur, d'exiger du locataire le remboursement des dépenses raisonnables qui ont pu résulter de la sous-location ou de la cession.

94. L'article 1873 du CcQ[66] est de droit nouveau. Il est à souligner qu'il ne s'applique qu'à la cession d'un bail, à l'exclusion de la sous-location de l'immeuble loué. Il prévoit que le locataire-cédant est libéré de ses obligations lors de la cession du bail, à moins, évidemment, que les parties n'aient convenu autrement. Cette nouvelle règle n'a donc pas un caractère impératif. Ce nouvel article du CcQ rendra donc la cession beaucoup plus désavantageuse pour le locateur, par rapport à la sous-location, laquelle ne déchargera pas le sous-locateur.

95. L'article 1874 du CcQ[67], lequel reprend en substance l'article 1620 du CcBC, détermine la responsabilité du sous-locataire envers le locateur, lorsque ce dernier décide d'intenter une action contre le locataire. Le sous-locataire ne peut alors

être tenu que jusqu'à concurrence du loyer de la sous-location dont il est toujours lui-même débiteur envers le locataire.

96. Si le sous-locataire a effectué des paiements anticipés de loyer, ils ne sont pas libératoires à l'égard du locateur, sauf s'ils ont été faits en vertu d'une disposition du sous-bail dénoncé au locateur, ou sauf s'ils ont été faits conformément à l'usage des lieux.

97. Nous aurons compris, à la lecture de cet article 1874 du CcQ, que le législateur a retenu le moment où le locateur intente son action comme moment de référence pour évaluer la somme due par le sous-locataire.

98. L'article 1875 du CcQ[68] comporte, lui aussi, une référence aux «occupants», dont nous avons déjà traité précédemment[69]. Plus précisément, cet article rend applicable au bail commercial le droit qu'a le locateur d'un immeuble d'habitation à logements, en vertu de l'article 1655.1 du CcBC, de demander la résiliation de la sous-location, lorsque l'inexécution d'une obligation par le sous-locataire cause un préjudice sérieux au locateur ou aux autres locataires ou occupants.

99. Comme corollaire, l'article 1876 du CcQ[70], qui est de droit nouveau, permet au sous-locataire d'exercer les droits et recours du locataire principal, advenant l'inexécution par le locateur de ses obligations. Le sous-locataire acquiert donc un recours direct contre le locateur principal qui refuse ou néglige d'exécuter ses obligations. Aucun tel recours direct n'est reconnu au sous-locataire, en vertu du CcBC; le sous-locataire doit, en vertu du CcBC, nécessairement agir contre le locataire principal, lequel exerce un recours récursoire contre le locateur. Cet article 1876 du CcQ facilite donc grandement les recours du sous-locataire mécontent.

Troisième partie: De la fin du bail

100. Comme nous l'avons vu lors de notre étude portant sur la nature du louage (dans la première partie de ce texte), le bail, suivant l'article 1851 du CcQ[71], est à durée fixe ou indéterminée, i.e. pour une durée déterminée ou déterminable à la volonté de l'une des parties.

A. Le bail à durée fixe

101. L'article 1629 du CcBC, de même que l'article 1877 du CcQ[72], précisent que le *bail à durée fixe* cesse de plein droit à l'arrivée de son terme. Les parties n'ont donc aucun avis de terminaison à se donner.

B. Le bail à durée indéterminée

102. Si, par ailleurs, le *bail est à durée indéterminée*, ce bail, comme son nom l'indique, dure tant et aussi longtemps que l'une des parties ne décide pas d'y mettre fin. C'est ce que prescrit l'article 1877 du CcQ[73], comme le fait l'article 1630 du CcBC. La partie qui entend ainsi mettre fin au bail à durée indéterminée doit alors faire connaître son intention à l'autre partie en lui donnant un avis à cet effet, tel que le prescrit l'article 1882 du CcQ, à son premier alinéa[74], lequel reprend l'article 1630 du CcBC.

103. Suivant les termes du deuxième alinéa de cet article 1882 du CcQ[75], l'avis en question doit être donné dans le même délai que le terme fixé pour le paiement du loyer, à moins que ce terme excède trois (3) mois, auquel cas cet avis doit être de trois (3) mois. Ce deuxième alinéa dudit article 1882 reprend donc l'article 1631 du CcBC, en ce qui a trait au bail commercial.

C. Reconduction tacite du bail à durée fixe

104. Suivant les articles 1878 et 1879 du CcQ[76], il y aura une reconduction tacite du bail commercial à durée fixe, lorsque le locataire continuera d'occuper les lieux loués plus de dix (10) jours après l'expiration du bail, et ce, sans opposition de la part du locateur.

105. Cette opposition de la part du locateur pourra se manifester de plusieurs façons, dont, notamment, par un avis de son intention de ne pas renouveler le bail, avis qui devra nécessairement être donné avant la fin du dixième (10e) jour suivant l'expiration du bail. Rien n'empêcherait toutefois le locateur de donner cet avis avant la fin du bail lui-même. L'opposition du locateur pourrait également consister en une action en justice

ayant pour objet d'obtenir l'expulsion du locataire. Plusieurs décisions rendues en rapport avec l'article 1641 du CcBC ont établi le fait que des négociations entamées par le locateur, relativement au renouvellement du bail, empêchaient toute tacite reconduction[77]. Il est donc nécessaire qu'il y ait absence de quelque manifestation d'une intention contraire de la part du locateur, pour que la tacite reconduction puisse s'opérer.

106. Lorsqu'il y aura tacite reconduction, conformément au premier alinéa de l'article 1879 du CcQ[78], le deuxième alinéa de ce même article (lequel reprend les dispositions de l'article 1641 du CcBC) stipule que la reconduction opérera pour un an, ou pour le terme du bail reconduit si celui-ci était inférieur à un an.

107. Bien que le nouveau CcQ ne le prévoit pas expressément, il semble incontestable que le bail ainsi reconduit soit lui-même un bail à durée fixe. Il prendra donc fin par la seule arrivée de son terme. Le bail reconduit sera cependant lui-même sujet à reconduction, conformément à la deuxième phrase du deuxième alinéa de l'article 1879 du CcQ, de même que conformément à la deuxième phrase du deuxième alinéa de l'article 1641 du CcBC.

108. L'article 1881 du CcQ[79], reprenant en cela l'article 1642 du CcBC, prévoit que la sûreté consentie par un tiers pour garantir l'exécution des obligations du locataire est libérée lors de l'arrivée du terme. Cette sûreté ne s'étend pas au bail reconduit et ne répondra donc pas des obligations du locataire pendant la durée de la reconduction.

109. Cependant, cet article 1881 du CcQ se distingue de l'article 1642 du CcBC en ce qu'il ne prévoit plus que la sûreté consentie par un tiers pour garantir l'exécution des obligations du locataire ne s'étend pas au bail «prolongé». Nous pouvons donc nous demander si la sûreté consentie par un tiers pour garantir les obligations du locataire serait libérée lors de l'arrivée du terme ou si elle continuerait de répondre des obligations du locataire pendant la durée d'un renouvellement (par exemple, suite à l'exercice, par le locataire, d'une option de renouvellement). Pour la rédaction de baux, il y aura lieu d'être explicite à cet égard.

D. Non validité du bail perpétuel

110. L'article 1880 du CcQ[80], qui est de droit nouveau, vient mettre fin à la controverse qui existait en ce qui a trait à la validité du bail perpétuel. Cet article l'interdit expressément en stipulant que la durée du bail ne peut excéder cent (100) ans. Si elle excédait une telle période, elle serait automatiquement réduite à cette durée de cent (100) ans.

E. Le décès d'une partie ne met pas fin au bail

111. Tout comme l'article 1632 du CcBC, l'article 1884 du CcQ[81] prévoit que le décès de l'une des parties n'emporte pas la résiliation du bail. Les héritiers du locataire, comme ceux du locateur, sont tenus de respecter le bail jusqu'à son expiration[82].

F. L'aliénation de l'immeuble ne met pas fin au bail

112. L'article 1886 du CcQ[83] confirme le principe qui est établi aux articles 1646 et 1647 du CcBC voulant que l'aliénation volontaire ou forcée (le CcBC parlait d'«aliénation judiciaire») de l'immeuble loué, de même que l'extinction du titre du locateur pour toute autre cause (il n'a pas paru utile au législateur, lors de la rédaction du nouveau CcQ, de reprendre les exemples de causes d'extinction du titre du locateur que donnait le CcBC), ne met pas fin de plein droit au bail de cet immeuble.

113. Le changement de propriétaire ne met donc pas fin automatiquement au bail commercial, qu'il soit à durée fixe ou indéterminée.

114. Cependant, le CcQ, au deuxième aliéna de l'article 1887[84], comme le fait le CcBC à l'article 1646, accorde un droit exceptionnel au nouvel acquéreur d'un immeuble ou à celui qui bénéficie de l'extinction du titre, à savoir celui de mettre fin au *bail à durée fixe* avant son expiration, en autant que certaines conditions soient respectées.

115. Évidemment, cette possibilité d'ainsi mettre fin au bail à durée fixe, avant son expiration, sujet au respect de ces conditions, appartient à tout nouveau propriétaire de l'immeuble

loué, quel que soit la nature de l'acte en vertu duquel il est ainsi devenu propriétaire. Il pourrait donc s'agir d'une vente de gré à gré, d'une donation, d'un testament, d'une vente en justice, d'une licitation, d'une rétrocession du droit de propriété par le fait d'une clause résolutoire, d'un exercice du droit de rachat suite à une vente pour taxes, d'une dation en paiement, de la fin d'un usufruit, de l'ouverture d'une substitution, etc.

116. Il est également important de souligner que ce droit qui est conféré au nouveau propriétaire de mettre fin au bail à durée fixe avant son expiration lui est exclusif. Le locataire est, quant à lui, tenu de respecter le bail qu'il a signé jusqu'à la fin de son terme, en dépit du changement de propriétaire.

117. Le deuxième alinéa de l'article 1887 du CcQ[85], dont la rédaction diffère de celle de l'article 1646 du CcBC, prévoit les conditions auxquelles sera assujetti ce droit d'ainsi mettre fin au bail à durée fixe avant son expiration:

118. (a) ce bail ne doit pas avoir été inscrit au bureau de la publicité des droits ou ne doit l'avoir été que postérieurement à la publication ayant donné lieu au changement de propriétaire; évidemment, si le bail fut ainsi inscrit au bureau de la publicité des droits avant que ne l'ait été l'acte d'aliénation ou l'acte à l'origine de l'extinction du titre, le nouvel acquéreur ou celui qui bénéficie de l'extinction du titre doit respecter le bail jusqu'à la fin;

119. (b) il doit s'agir d'un bail consenti pour une période supérieure à douze (12) mois;

120. (c) il doit rester, au moment de l'aliénation ou de l'extinction du titre, plus de douze (12) mois à courir sur le bail; s'il reste moins de douze (12) mois à courir au bail, le nouveau propriétaire devra le respecter jusqu'à la fin;

121. (d) le nouveau propriétaire doit respecter le bail en vigueur pendant une période de douze (12) mois à compter de l'aliénation ou de l'extinction du titre et ne peut y mettre fin avant la l'expiration de ces douze (12) mois;

122. (e) le nouveau propriétaire pourra cependant le résilier, à l'expiration de cette période de douze (12) mois à compter de l'aliénation ou de l'extinction du titre, en donnant au locataire

un avis écrit à l'effet qu'il désire résilier le bail avant terme, soit exactement à l'expiration des douze (12) mois à compter de l'aliénation ou de l'extinction du titre; cet avis devrait donc nécessairement être rédigé de telle sorte que le locataire puisse connaître, précisément, la date à laquelle le nouveau propriétaire désire résilier le bail; cet avis doit être donné avant l'expiration du sixième (6ᵉ) mois à compter de l'aliénation ou de l'extinction du titre.

123. Le deuxième alinéa de l'article 1887 du CcQ[86] vient donc mettre fin à une longue controverse du passé, en consacrant une certaine interprétation jurisprudentielle, suivant laquelle l'avis de résiliation du bail doit parvenir au locataire six mois avant l'expiration du délai de douze mois calculé à partir de l'aliénation ou de l'extinction du titre.

124. La jurisprudence établie sous le CcBC ne devrait pas changer en ce que le locataire évincé, même s'il n'a pas inscrit le bail au bureau de la publicité des droits, possède un recours en dommages-intérêts contre le locateur-vendeur[87].

125. Dans le cas du *bail à durée indéterminée*, le premier alinéa de l'article 1887 du CcQ[88] stipule que le nouveau propriétaire (i.e. l'acquéreur ou celui qui bénéficie de l'extinction du titre) peut résilier le bail à durée indéterminée en suivant les règles ordinaires de résiliation prévues pour ce type de bail à l'article 1882 du CcQ[89]. Ce premier alinéa de l'article 1887 du CcQ reprend le principe énoncé au second alinéa de l'article 1647 du CcBC.

126. Une remarque d'ordre pratique s'impose, en marge des commentaires qui précèdent, concernant les article 1886 et 1887 du CcQ. Nous retrouvons fréquemment, en pratique, dans les actes d'aliénation d'immeubles commerciaux, une clause en vertu de laquelle l'acquéreur s'engage, envers le vendeur, à respecter les baux existants. Les tribunaux ont eu à se pencher, dans le passé, afin de déterminer si l'acquéreur pouvait, malgré une telle clause, se prévaloir des dispositions de l'article 1646 du CcBC pour résilier le bail avant terme. Notre Cour d'appel, dans l'affaire *Ibroll c. Jacobson-Szlamkovicz*[90], s'est dite d'opinion que cette clause, imposant le respect des baux à l'acquéreur, prévalait sur l'article 1646 du CcBC et profitait au loca-

taire. La même conclusion fut retenue par le juge Nadeau, dans l'affaire *Entreprises Blouin Ltée c. Larouche*[91].

G. L'expropriation met fin au bail

127. L'article 1888 du CcQ[92], reprenant à ce chapitre l'article 1649 du CcBC, prévoit que l'expropriation met fin au bail, et ce, à compter de la date à laquelle l'expropriant peut prendre possession du bien en vertu de la *Loi sur l'expropriation*[93].

128. Toujours selon ce même article, le locataire pourra, si l'expropriation n'est que partielle, selon l'utilité qu'il peut retirer de la partie non expropriée de l'immeuble loué, obtenir la résiliation du bail ou une diminution du loyer.

129. Étant donné qu'il s'agit d'un événement sur lequel il n'a aucun contrôle, le locateur n'est aucunement tenu d'indemniser le locataire pour les dommages que ce dernier peut subir en raison de l'expropriation. C'est par l'expropriant lui-même que le locataire pourra être indemnisé, conformément à la *Loi sur l'expropriation*[94].

130. Cependant, si le locataire louait après que le propriétaire ait reçu l'avis d'expropriation prévu par la *Loi sur l'expropriation*, la situation serait évidemment fort différente. Dans un tel cas, aucune indemnité ne serait due au locataire par l'autorité expropriante. Le propriétaire pourrait alors encourir une responsabilité en dommages envers le nouveau locataire, s'il ne lui a pas dénoncé qu'une expropriation de l'immeuble était en cours.

H. Refus du locataire de quitter à l'expiration du bail

131. L'article 1889 du CcQ[95], comme le fait l'article 1648 du CcBC, précise que le locateur peut demander l'expulsion du locataire, lorsque ce dernier ne quitte pas les lieux loués à l'expiration du bail ou à la date dont les parties ont pu convenir en cours de bail.

Quatrième partie: Des dispositions transitoires

132. Les règles générales traitant des dispositions transitoires et de l'application de la réforme du Code civil font l'objet d'un autre cours.

133. Ces règles se trouvent principalement dans la *Loi sur l'application de la réforme du Code civil*[96].

134. Bien que cette loi ne comporte aucune règle spécifique portant sur le bail commercial, les principes généraux du droit transitoire, énoncés aux articles 2 à 10 inclusivement de cette Loi, s'appliquent aux baux commerciaux en cours.

135. À cet égard, qu'il nous suffise de mentionner que, par l'application de l'article 4 de cette Loi, il nous faudra tenir compte de la survie du droit ancien, et ce, à plusieurs égards[97].

136. Finalement, comme nous l'avons précédemment mentionné dans le cadre de cet exposé, l'un des changements importants apportés par le nouveau CcQ est la disparition du privilège du locateur. Il y a lieu de se demander ce qu'il adviendra de ce privilège, en ce qui concerne les baux commerciaux signés avant l'entrée en vigueur du CcQ. L'article 133 de la *Loi sur l'application de la réforme du Code civil*[98] mentionne que les biens affectés d'une sûreté ayant pris naissance sous le régime de la loi ancienne (*i.e.* le CcBC) demeureront régis par cette loi, dans la mesure où l'exécution de la sûreté aura été mise en œuvre (par l'envoi et la publication des avis requis par la loi ancienne ou par une demande en justice, selon le cas) avant l'entrée en vigueur de la loi nouvelle (*i.e.* le CcQ). Donc, par exemple, les locateurs qui auront entamé des procédures de saisie, avant l'entrée en vigueur de la loi nouvelle demeureront régis par les dispositions du CcBC. Comme le prévoit le deuxième alinéa de cet article 133, si le droit à l'exécution de la sûreté n'a pas encore été mis en œuvre (i.e. si, dans le cas qui nous préoccupe, des procédures de saisie n'ont par été entamées) au moment de l'entrée en vigueur de la loi nouvelle, celle-ci sera applicable. S'appliquera alors le cinquième paragraphe du premier alinéa de l'article 134 de cette Loi, lequel stipule que le privilège du locateur (d'un immeuble autre que résidentiel) sur les meubles (du locataire) devient une hypothèque légale mobilière, avec toutes les caractéristiques que

confère le nouveau CcQ à une telle hypothèque[99]. Cette hypothèque légale mobilière conservera son opposabilité aux tiers
pour une période d'au plus dix ans, à la condition d'être publiée
dans les douze mois de l'entrée en vigueur de la loi nouvelle par
une inscription portée sur le registre des droits personnels et
réels mobiliers.

Cinquième partie: La pratique commerciale

A. Une grande variété de types de baux commerciaux

137. Une très grande variété de types de baux commerciaux
s'est développée, au cours des dernières décennies, auxquels
l'avocat est susceptible d'être confronté dans sa pratique.

138. D'un point de vue financier, la principale distinction que
nous pouvons établir, entre ces différents types de baux, réside
en la responsabilité financière qu'assume le locataire. Ce dernier, dans certains cas, ne peut être tenu qu'au paiement du
loyer. À l'autre extrême, il peut être tenu d'assumer, outre le
paiement du loyer, toutes les taxes et tous les coûts inhérents à
la gestion, à l'opération, à l'administration et à l'entretien de
l'immeuble loué. Il va sans dire qu'une infinité d'arrangements
possibles peut se retrouver entre ces deux extrêmes.

139. Face à cette multitude d'arrangements possibles, les déve-
loppeurs immobiliers, aidés des courtiers en location et de
l'ensemble des autres intervenants du domaine immobilier, ont
été tentés d'attribuer diverses appellations à ces arrangements,
telles bail «net», «net net», «net net net», etc. Ces termes ou
appellations ne font évidemment appel à aucun concept légal
connu. Le praticien devra donc examiner attentivement les
droits et obligations de chacune des parties, plutôt que de
s'attarder à la qualification du bail de «net», «net net» ou autre.

140. Outre l'étendue de la responsabilité financière qu'assume
le locataire, le contenu d'un bail commercial peut également
varier à l'infini, selon que nous sommes en présence d'un local
situé dans un centre d'achats, un édifice à bureaux, un bâtiment
industriel, etc.

B. L'offre de location

141. Au Québec, la signature d'un bail commercial est souvent précédée d'un avant-contrat qui s'appelle «offre de location».

142. Cette offre de location est habituellement faite sur une formule standard imposée par le locateur. La plupart du temps, ces offres de location contiennent une clause prévoyant que, si cette offre de location est acceptée par le locateur, le locataire s'engage à signer le contrat de bail «standard» du locateur. Le locataire ne devrait souscrire un tel engagement que s'il a vérifié toutes et chacune des clauses de ce contrat de bail «standard» et qu'il en soit satisfait.

C. Le loyer additionnel

143. Il va sans dire que l'inflation que nous avons connue au cours des vingt dernières années, conjuguée avec la volonté fréquente qu'ont les locataires de vouloir signer des baux à longs termes, ont incité les locateurs à faire signer des baux commerciaux comportant un loyer minimum de base, auquel s'ajoute un loyer additionnel.

144. Ainsi, les locateurs se sont libérés du risque que comportait une éventuelle augmentation des taxes et des dépenses reliées à la gestion, à l'administration, à l'opération et à l'entretien de leur immeuble. Ces types de baux comportent donc un loyer variable pour le locataire. Nous ferons une brève nomenclature, ci-après, des types de baux fréquemment utilisés.

145. D'une façon sommaire, nous pouvons affirmer qu'il existe trois types de clauses prévoyant un loyer additionnel. Il y a d'abord la clause dite «escalatoire», la clause d'«indexation au coût de la vie» et la clause de «loyer proportionnel».

146. En marge de ces trois types de clauses prévoyant un loyer additionnel, il s'est également développé une formule de loyer additionnel consistant en un pourcentage des ventes, formule que l'on retrouve surtout dans les centres d'achats et qui permet au locateur de participer au succès commercial de l'entreprise exercée par le locataire. Dans la plupart des cas, le locataire y trouve également son compte, étant donné que le locateur a tout

intérêt à attirer dans son centre d'achats les meilleurs commerces possibles pour le mettre le plus en valeur possible et attirer un maximum de clientèle.

D. Description des activités commerciales du locataire

147. Comme nous venons d'effleurer la question des baux de centres d'achats, nous croyons nécessaire de souligner la nécessité, pour les parties à un tel bail, de délimiter le plus clairement possible les activités commerciales que le locataire pourra exercer dans son local. Aussi, les clauses de non concurrence, c'est-à-dire celles par lesquelles le locataire s'engage à ne pas exercer des activités similaires dans un certain rayon, sont également très fréquentes dans ce type de bail. Il en va de même des clauses obligeant le locataire à opérer d'une façon continue.

E. L'option de renouvellement

148. Les baux commerciaux, d'une façon générale, comportent très fréquemment une ou des options de renouvellement en faveur du locataire.

149. Une telle clause devrait d'abord prévoir la durée du renouvellement, le nombre d'options de renouvellement que pourra exercer le locataire et le loyer qui sera payable par le locataire durant la période de renouvellement. À tout le moins, la clause comportant l'option de renouvellement devrait déterminer la façon de calculer ce loyer.

150. Comme nous traitons présentement du loyer payable durant la période de renouvellement, nous croyons qu'une mise en garde s'impose ici. Plusieurs baux commerciaux comportent des options de renouvellement qui, en réalité, n'en sont pas. Il s'agit, plus précisément, des clauses en vertu desquelles il est prévu que le bail sera renouvelé, à l'option de l'une des parties, mais dont le loyer devra alors être fixé d'un commun accord entre ces mêmes parties. Les tribunaux ont souvent décidé que ces clauses sont sans effet et qu'elles ne constituaient pas de véritables options de renouvellement, à défaut d'entente entre les parties.

F. La perte de l'immeuble loué

151. Les baux commerciaux comportent également très fréquemment des clauses traitant de la destruction ou de la perte totale ou partielle de l'immeuble loué. Ces clauses prévoient habituellement, advenant une telle éventualité, sans la faute du locataire il va sans dire, une réserve, en faveur du locateur, du droit de décider, dans un certain délai à compter de la destruction ou de la perte, s'il entend ou non réparer ou reconstruire l'immeuble loué. S'il n'entend pas reconstruire ou réparer l'immeuble loué, ces clauses prévoient généralement que le bail sera ou pourra être résilié.

Conclusion

152. Le nouveau CcQ reprend donc, pour l'essentiel, les deux réformes dont nous faisions état dans le cadre de l'introduction de ce cours.

153. Il y introduit toutefois plusieurs modifications importantes, dont certaines ont pour objectif de tenir compte des difficultés d'interprétation ou d'application soulevées au cours des dernières années.

154. Outre le fait qu'il interdit la conclusion d'un bail perpétuel, il abolit, comme conséquence de la réforme du droit des priorités et des hypothèques, le privilège du locateur.

155. Il établit aussi le principe que la cession de bail décharge le cédant de ses obligations et accorde au sous-locataire le droit d'agir directement contre le locateur.

156. La principale tâche qu'a accompli le nouveau CcQ consistait à joindre en un seul corps de règles les dispositions générales concernant le louage, qu'elles visent les biens mobiliers ou immobiliers. Le législateur entendait sans doute tenir compte du fait que la location de meubles est en évolution.

Notes

* L'auteur tient à remercier son collègue, Me Christian Drapeau, pour l'aide précieuse qu'il a apportée à la rédaction de ce cours.

1. Article 1851 CcQ: «Le louage, aussi appelé bail, est le contrat par lequel une personne, le locateur, s'engage envers une autre personne, le locataire, à lui procurer, moyennant un loyer, la jouissance d'un bien, meuble ou immeuble, pendant un certain temps. Le bail est à durée fixe ou indéterminée.»

2. Article 1880 CcQ: «La durée du bail ne peut excéder cent ans. Si elle excède cent ans, elle est réduite à cette durée.»

3. Article 2313 CcQ: «Le prêt à usage est le contrat à titre gratuit par lequel une personne, le prêteur, remet un bien à une autre personne, l'emprunteur, pour qu'il en use, à la charge de le lui rendre après un certain temps.»

4. Article 1852 CcQ: «Les droits résultant du bail peuvent être publiés.»

5. Voir les articles 2938 et 2939 du CcQ.

6. Article 2938 CcQ, al. 3: «Les autres droits personnels et les droits réels mobiliers sont soumis à la publicité dans la mesure où la loi prescrit ou autorise expressément leur publication. La modification ou l'extinction d'un droit ainsi publié est soumise à la publicité.»

7. Article 1853 CcQ, al. 2: «Le bail portant sur un bien immeuble est, pour sa part, présumé lorsqu'une personne occupe les lieux avec la tolérance du propriétaire. Ce bail est à durée indéterminée; il prend effet dès l'occupation et comporte un loyer correspondant à la valeur locative.»

8. *Vandelac c. Cardinal*, J.E. 80-805 et *Zieba c. Beauchemin*, [1980] C.S. 1104.

9. *Tétreault c. Lambropoulos*, [1975] C.S.356.

10. Article 1854 CcQ, al. 1: «Le locateur est tenu de délivrer au locataire le bien loué en bon état de réparation de toute espèce et de lui en procurer la jouissance paisible pendant toute la durée du bail.»

11. *Someco-Colbert Inc. c. Briscoe*, [1970] R.L.289.

12. *Supra* note 10.

13. Article 1854 CcQ, al. 2: «Il est aussi tenu de garantir au locataire que le bien peut servir à l'usage pour lequel il est loué, et de l'entretenir à cette fin pendant toute la durée du bail.»

14. Article 1866 CcQ: «Le locataire qui a connaissance d'une défectuosité ou d'une détérioration substantielles du bien loué, est tenu d'en aviser le locateur dans un délai raisonnable.»

15. Voir l'article 1606 du CcBC.

16. *The British American Oil Co. Ltd. c. Pelletier*, [1977] C.A. 298.

17. C'est à cet égard qu'il existe une distinction fondamentale entre le louage proprement dit et le crédit-bail dont les paramètres sont définis à l'article 1603 du CcBC.

18. *Palmina Puliafito Co. c. Athanasiou*, [1961] B.R.806, confirmé par [1964] R.C.S. 119; *Brochu c. Boucher*, [1980] C.P.126.

19. Article 1855 CcQ: «Le locataire est tenu, pendant la durée du bail, de payer le loyer convenu et d'user du bien avec prudence et diligence.»

20. Voir également les articles 1994(8) et 2005 du CcBC.

21. Voir le paragraphe 136 *infra* concernant les mesures transitoires à cet égard.

22. Voir l'article 1566 du CcQ, par exemple.

23. *Supra* note 19.

24. Article 1856 CcQ: «Ni le locateur ni le locataire ne peuvent, au cours du bail, changer la forme ou la destination du bien loué.»

25. *Pulos c. Gross*, [1915] 21 R.L.N.S. 331.

26. *Sternlieb c. Cain*, [1962] B.R.440.

27. [1960] C.S. 505.

28. Article 1857 CcQ: «Le locateur a le droit de vérifier l'état du bien loué, d'y effectuer des travaux et, s'il s'agit d'un immeuble, de le faire visiter à un locataire ou à un acquéreur éventuel; il est toutefois tenu d'user de son droit de façon raisonnable.»

29. *Supra* note 28.

30. *Supra* note 28.

31. Article 1885 CcQ: «Lorsque le bail d'un immeuble est à durée fixe, le locataire doit, aux fins de location, permettre la visite des lieux et l'affichage au cours des trois mois qui précèdent l'expiration du bail, ou au cours du mois qui précède si le bail est de moins d'un an. Lorsque le bail est à durée indéterminée, le locataire est tenu à cette obligation à compter de l'avis de résiliation.»

32. Article 1858 CcQ: «Le locateur est tenu de garantir le locataire des troubles de droit apportés à la jouissance du bien loué.
Le locataire, avant d'exercer ses recours, doit d'abord dénoncer le trouble au locateur.»

33. Article 1863 CcQ: «L'inexécution d'une obligation par l'une des parties confère à l'autre le droit de demander, outre des dommages-intérêts, l'exécution en nature, dans les cas qui le permettent. Si l'inexécution lui cause à elle-même ou, s'agissant d'un bail immobilier, aux autres occupants, un préjudice sérieux, elle peut demander la résiliation du bail.
L'inexécution confère, en outre, au locataire le droit de demander une diminution de loyer; lorsque le tribunal accorde une telle diminution de loyer, le locateur qui remédie au défaut a néanmoins le droit au rétablissement du loyer pour l'avenir.»

34. *Dame Brender c. Kennedy*, [1923] 34 B.R. 414.

35. *Charpentier c. The Quebec Bank*, [1901] 21 C.S.296.

36. Article 1859 CcQ: «Le locateur n'est pas tenu de réparer le préjudice qui résulte du trouble de fait qu'un tiers apporte à la jouissance du bien; il peut l'être lorsque le tiers est aussi locataire de ce bien ou est une personne à laquelle le locataire permet l'usage ou l'accès à celui-ci. Toutefois, si la jouissance du bien en est diminuée, le locataire conserve ses autres recours contre le locateur.»

37. Article 1861 CcQ: «Le locataire, troublé par un autre locataire ou par les personnes auxquelles ce dernier permet l'usage du bien ou l'accès à

celui-ci, peut obtenir, suivant les circonstances, une diminution de loyer ou la résiliation du bail, s'il a dénoncé au locateur commun le trouble et que celui-ci persiste. Il peut aussi obtenir des dommages-intérêts du locateur commun, à moins que celui-ci ne prouve qu'il a agi avec prudence et diligence; le locateur peut s'adresser au locataire fautif, afin d'être indemnisé pour le préjudice qu'il a subi.»

38. *Supra* note 33.

39. *Supra* note 36.

40. Article 1860 CcQ: «Le locataire est tenu de se conduire de manière à ne pas troubler la jouissance normale des autres locataires.

Il est tenu, envers le locateur et les autres locataires, de réparer le préjudice qui peut résulter de la violation de cette obligation, que cette violation soit due à son fait ou au fait des personnes auxquelles il permet l'usage du bien ou l'accès à celui-ci. Le locateur peut, au cas de violation de cette obligation, demander la résiliation du bail.»

41. *Supra* note 37.

42. Article 1862 CcQ: «Le locataire est tenu de réparer le préjudice subi par le locateur en raison des pertes survenues au bien loué, à moins qu'il ne prouve que ces pertes ne sont pas dues à sa faute ou à celle des personnes à qui il permet l'usage du bien ou l'accès à celui-ci.

Néanmoins, lorsque le bien loué est un immeuble, le locataire n'est tenu des dommages-intérêts résultant d'un incendie que s'il est prouvé que celui-ci est dû à sa faute ou à celle des personnes à qui il a permis l'accès à l'immeuble.»

43. *Ménard c. Lapointe*, [1976] C.P.426.

44. *Galle c. Dubord*, [1973] R.L.201.

45. *Duquette c. Savoie*, [1979] C.P.360.

46. *Supra* note 33.

47. *Infra* notes 53 et 55.

48. Article 1864 CcQ: «Le locateur est tenu, au cours du bail, de faire toutes les réparations nécessaires au bien loué, à l'exception des menues réparations d'entretien; celles-ci sont à la charge du locataire, à moins qu'elles ne résultent de la vétusté du bien ou d'une force majeure.»

49. Article 1865 CcQ, al. 1: «Le locataire doit subir les réparations urgentes et nécessaires pour assurer la conservation ou la jouissance du bien loué.»

50. Article 1865 CcQ, al. 2: «Le locateur qui procède à ces réparations peut exiger l'évacuation ou la dépossession temporaire du locataire, mais il doit, s'il ne s'agit pas de réparations urgentes, obtenir l'autorisation préalable du tribunal, lequel fixe alors les conditions requises pour la protection des droits du locataire.»

51. Article 1865 CcQ, al. 3: «Le locataire conserve néanmoins, suivant les circonstances, le droit d'obtenir une diminution de loyer, celui de demander la résiliation du bail ou, en cas d'évacuation ou de dépossession temporaire, celui d'exiger une indemnité.»

52. *Supra* note 14.

53. Article 1867 CcQ: «Lorsque le locateur n'effectue pas les réparations ou améliorations auxquelles il est tenu, en vertu du bail ou de la loi, le

locataire peut s'adresser au tribunal afin d'être autorisé à les exécuter. Le tribunal, s'il autorise les travaux, en détermine le montant et fixe les conditions pour les effectuer. Le locataire peut alors retenir sur son loyer les dépenses faites pour l'exécution des travaux autorisés, jusqu'à concurrence du montant ainsi fixé.»

54. *Bussières c. Caron*, [1977] D.C.L. 93.

55. Article 1868 CcQ: «Le locataire peut, après avoir tenté d'informer le locateur ou après l'avoir informé si celui-ci n'agit pas en temps utile, entreprendre une réparation ou engager une dépense, même sans autorisation du tribunal, pourvu que cette réparation ou cette dépense soit urgente et nécessaire pour assurer la conservation ou la jouissance du bien loué. Le locateur peut toutefois intervenir à tout moment pour poursuivre les travaux.

Le locataire a le droit d'être remboursé des dépenses raisonnables qu'il a faites dans ce but; il peut, si nécessaire, retenir sur son loyer le montant de ces dépenses.»

56. Article 1869 CcQ: «Le locataire est tenu de rendre compte au locateur des réparations ou améliorations effectuées au bien et des dépenses engagées, de lui remettre les pièces justificatives de ces dépenses et, s'il s'agit d'un meuble, de lui remettre les pièces remplacées.

Le locateur, pour sa part, est tenu de rembourser la somme qui excède le loyer retenu, mais il n'est tenu, le cas échéant, qu'à concurrence de la somme que le locataire a été autorisé à débourser.»

57. *Supra* note 55.

58. *Châtillon-Anjou Inc. c. Ville d'Anjou*, [1977] C.A. 175.

59. Article 1873 CcQ: «La cession de bail décharge l'ancien locataire de ses obligations, à moins que, s'agissant d'un bail autre que le bail d'un logement, les parties n'aient convenu autrement.»

60. Article 1871 CcQ: «Le locateur ne peut refuser de consentir à la sous-location du bien ou à la cession du bail sans un motif sérieux.

Lorsqu'il refuse, le locateur est tenu d'indiquer au locataire, dans les quinze jours de la réception de l'avis, les motifs de son refus; s'il omet de le faire, il est réputé avoir consenti.»

61. *Infra* notes 68 et 70.

62. Article 1870 CcQ: «Le locataire peut sous-louer tout ou partie du bien loué ou céder le bail. Il est alors tenu d'aviser le locateur de son intention, de lui indiquer le nom et l'adresse de la personne à qui il entend sous-louer le bien ou céder le bail et d'obtenir le consentement du locateur à la sous-location ou à la cession.»

63. *Supra* note 60.

64. *Supra* note 60.

65. Article 1872 CcQ: «Le locateur qui consent à la sous-location ou à la cession ne peut exiger que le remboursement des dépenses raisonnables qui peuvent résulter de la sous-location ou de la cession.»

66. *Supra* note 59.

67. Article 1874 CcQ: «Lorsqu'une action est intentée par le locateur contre le locataire, le sous-locataire n'est tenu, envers le locateur, qu'à

concurrence du loyer de la sous-location dont il est lui-même débiteur envers le locataire; il ne peut opposer les paiements faits par anticipation. Le paiement fait par le sous-locataire soit en vertu d'une stipulation portée à son bail et dénoncée au locateur, soit conformément à l'usage des lieux, n'est pas considéré fait par anticipation.»

68. Article 1875 CcQ: «Lorsque l'inexécution d'une obligation par le sous-locataire cause un préjudice sérieux au locateur ou aux autres locataires ou occupants, le locateur peut demander la résiliation de la sous-location.»

69. Voir paragraphe 71, *supra.*

70. Article 1876 CcQ: «Faute par le locateur d'exécuter les obligations auxquelles il est tenu, le sous-locataire peut exercer les droits et recours appartenant au locataire du bien pour les faire exécuter.»

71. *Supra* note 1.

72. Article 1877 CcQ: «Le bail à durée fixe cesse de plein droit à l'arrivée du terme. Le bail à durée indéterminée cesse lorsqu'il est résilié par l'une ou l'autre des parties.»

73. *Supra* note 72.

74. Article 1882 CcQ, al. 1: «La partie qui entend résilier un bail à durée indéterminée doit donner à l'autre partie un avis à cet effet.»

75. Article 1882 CcQ, al. 2: «L'avis est donné dans le même délai que le terme fixé pour le paiement du loyer ou, si le terme excède trois mois, dans un délai de trois mois. Toutefois, lorsque le bien loué est un bien meuble, ce délai est de dix jours, quel que soit le terme fixé pour le paiement du loyer.»

76. Article 1878 CcQ: «Le bail à durée fixe peut être reconduit. Cette reconduction doit être expresse, à moins qu'il ne s'agisse du bail d'un immeuble, auquel cas elle peut être tacite.»

Article 1879 CcQ: «Le bail est reconduit tacitement lorsque le locataire continue, sans opposition de la part du locateur, d'occuper les lieux plus de dix jours après l'expiration du bail.

Dans ce cas, le bail est reconduit pour un an ou pour la durée du bail initial, si celle-ci était inférieure à un an, aux mêmes conditions. Le bail est lui-même sujet à reconduction.»

77. *Lauzon c. Paiement,* [1926] 33 R.L.N.S. 63; *Cie d'immeubles Courville Ltée c. Corporation professionnelle des administrateurs agréés du Québec,* [1979] C.P. 127.

78. *Supra* note 76.

79. Article 1881 CcQ: «La sûreté consentie par un tiers pour garantir l'exécution des obligations du locataire ne s'étend pas au bail reconduit.»

80. *Supra* note 2.

81. Article 1884 CcQ: «Le décès de l'une des parties n'emporte pas résiliation du bail.»

82. *Messier c. Olivier,* [1974] C.S. 443; par contre, il faut noter que sous l'empire des nouvelles règles en matière successorale, les héritiers ne sont jamais tenus au-delà de la valeur des biens qui leur sont dévolus; voir le 2e alinéa de l'article 625 du CcQ.

83. Article 1886 CcQ: «L'aliénation volontaire ou forcée du bien loué, de même que l'extinction du titre du locateur pour toute autre cause, ne met pas fin de plein droit au bail.»

84. Article 1887 CcQ, al. 2: «S'il s'agit d'un bail immobilier à durée fixe et qu'il reste à courir plus de douze mois à compter de l'aliénation ou de l'extinction du titre, il peut le résilier à l'expiration de ces douze mois en donnant par écrit un préavis de six mois au locataire. Si le bail a été inscrit au bureau de la publicité des droits avant que l'ait été l'acte d'aliénation ou l'acte à l'origine de l'extinction du titre, il ne peut résilier le bail.»

85. *Supra* note 84.

86. *Supra* note 84.

87. *Entrepôts frigorifiques Martineau Inc. c. Entrepôts Frigorifiques Laberge Inc.*, [1978] C.S. 219.

88. Article 1887 CcQ, al. 1: «L'acquéreur ou celui qui bénéficie de l'extinction du titre peut résilier le bail à durée indéterminée en suivant les règles ordinaires de résiliation prévues à la présente section.»

89. *Supra* note 74.

90. [1976] C.A.826.

91. [1979] C.S.200.

92. Article 1888 CcQ: «L'expropriation totale du bien loué met fin au bail à compter de la date à laquelle l'expropriant peut prendre possession du bien selon la Loi sur l'expropriation.
Si l'expropriation est partielle, le locataire peut, suivant les circonstances, obtenir une diminution du loyer ou la résiliation du bail.»

93. L.R.Q., c. E-24.

94. *Supra* note 93; voir particulièrement l'article 66.

95. Article 1889 CcQ: «Le locateur d'un immeuble peut obtenir l'expulsion du locataire qui continue d'occuper les lieux loués après la fin du bail ou après la date convenue au cours du bail pour la remise des lieux; le locateur d'un meuble peut, dans les mêmes circonstances, obtenir la remise du bien.»

96. L.Q.1992, ch.57.

97. Article 4: «Dans les situations juridiques contractuelles en cours lors de l'entrée en vigueur de la loi nouvelle, la loi ancienne survit lorsqu'il s'agit de recourir à des règles supplétives pour déterminer la portée et l'étendue des droits et des obligations des parties, de même que les effets du contrat.
Cependant, les dispositions de la loi nouvelle s'appliquent à l'exercice des droits et à l'exécution des obligations, à leur preuve, leur transmission, leur mutation ou leur extinction.»

98. Article 133: «Les biens affectés d'une sûreté ayant pris naissance sous le régime de la loi ancienne demeurent régis par cette loi dans la mesure où le droit à l'exécution de la sûreté a été mis en œuvre, par l'envoi et la publication des avis requis par la loi ancienne ou, à défaut, par une demande en justice, avant l'entrée en vigueur de la loi nouvelle.
Si le droit à l'exécution de la sûreté n'a pas encore été mis en œuvre, la loi nouvelle est applicable.»

99. Article 134, al. 1, par. 5: «Sous réserve que leur enregistrement, s'il était requis par la loi ancienne, ait lieu dans les délais que celle-ci prévoyait: (...)

5° les privilèges deviennent soit des priorités, soit des hypothèques légales, selon la qualité que la loi nouvelle attache aux créances qui les fondent. Toutefois, le privilège du vendeur d'un immeuble devient une hypothèque légale; le privilège du locateur d'un immeuble autre que résidentiel sur les meubles devient une hypothèque légale mobilière qui conserve son opposabilité pour une période d'au plus dix ans à la condition d'être publiée, comme s'il s'agissait d'un renouvellement fait conformément à l'article 157.»

Table des matières

Le contrat de travail
Code civil du Québec, Livre cinquième, titre deuxième, chapitre septième (Articles 2085-2097 C.c.Q.)

Marie-France Bich*

A. *Remarques introductives*

1. Nul besoin d'épiloguer sur l'importance du travail salarié dans notre société et sur celle du cadre juridique qui en régit l'existence et les modalités. On pouvait donc se surprendre de ce que le législateur québécois, en plus d'un siècle, n'ait pas cru bon (ou si peu) de revoir les règles afférentes à ce que le Code civil du Bas-Canada nomme le «contrat de louage du service personnel». On a longtemps espéré que le législateur modernise au moins les règles en question et y intègre les acquis jurisprudentiels, tant il est vrai qu'en la matière le laconisme du Code civil du Bas-Canada a obligé les tribunaux à une œuvre créatrice et régulatrice considérable.

2. Mais voilà qu'enfin, avec le Code civil du Québec, le législateur s'est livré à ce nécessaire exercice de modernisation. Les articles 2085 à 2097 du Code civil du Québec formeront ainsi le cœur des dispositions législatives établissant le régime du droit commun en matière d'emploi, dispositions que complètent bien sûr les règles du régime général du droit des obligations[1].

3. Globalement, on doit d'abord reconnaître que les dispositions du Code civil du Québec sont, pour user d'un euphémisme, plus explicites que celles qu'elles remplaceront: les 1665a à 1671 du Code civil du Bas-Canada, et en particulier les articles 1667 à 1670, sont pour le moins rachitiques, assurément lacunaires et

* Professeure à la faculté de droit de l'Université de Montréal.

assez mal adaptées à la réalité du monde de l'emploi, encore
que les tribunaux aient largement pallié cette insuffisance, avec
un succès variable selon les époques. De ce point de vue, les
articles 2085 à 2097 C.c.Q., malgré qu'ils ne bousculent pas
l'ordre établi, constituent une nette amélioration: ils tracent un
portrait plus précis du contrat de travail, énoncent plus clairement les obligations principales des parties et ont le grand
mérite de rajeunir le vocabulaire juridique pertinent en l'accordant à l'usage contemporain. On pourra ainsi désormais parler
officiellement de «contrat de travail», plutôt que de contrat de
louage du service personnel, comme le voudrait encore le Code
civil du Bas-Canada; on pourra parler d'employeur, plutôt que
de locataire ou de maître, et de salarié plutôt que de locateur,
de partie engagée ou de serviteur.

4. Une seule observation, à ce chapitre: on peut regretter que le
législateur ait choisi, pour désigner la partie qui se met au service de l'autre, le terme de «salarié», plutôt que celui d'«employé», qu'utilisait d'ailleurs l'avant-projet de loi[2]. On a peut-
être voulu éviter la confusion susceptible de découler parfois de
la similarité phonétique des mots «employeur» et «employé»;
on a peut-être voulu user d'un mot dont certains prétendront
qu'il est plus politiquement orthodoxe; on a peut-être voulu
assurer une espèce de concordance avec des lois comme la *Loi
sur les normes du travail*[3] ou le *Code du travail*[4], qui emploient
toutes deux le vocable de «salarié». Ce faisant, toutefois, on
s'assurait en même temps de ce que jamais le mot «salarié» ne
puisse être employé sans mention du contexte, puisqu'en effet
ce mot, comme nous l'indiquions ci-dessus, est déjà utilisé dans
la *Loi sur les normes du travail*, avec un sens bien précis, dans
le *Code du travail*, avec un sens différent mais tout aussi précis,
et dans la *Loi sur les décrets de convention collective*[5], dans un
sens qui recoupe en partie, mais en partie seulement, les deux
premiers. Il nous semble que l'on aurait pu avantageusement
retenir le terme «employé», consacré par l'usage.

5. Mais cette question de vocabulaire n'a qu'une importance
relativement secondaire. Avant tout, les articles 2085 à 2097
C.c.Q. ont le mérite de rendre autonome une institution juridique que le Code civil du Bas-Canada associe encore au contrat de transport[6] et, généralement, au louage de choses[7],
contrats qui n'ont pas ou n'ont plus à voir avec les rapports

employeur-salarié[8] . Quant au contrat d'entreprise, que le Code
civil du Bas-Canada associe également au contrat de travail, il
devient, avec le Code civil du Québec, théoriquement plus
facile à distinguer, encore qu'en pratique on ne puisse évidemment éviter d'occasionnels problèmes de qualification: il
est impossible d'éliminer toute zone grise entre les domaines
respectifs de ces contrats. Il y a en effet dans les deux cas
louage d'ouvrage, l'existence ou l'inexistence d'un lien de
subordination, notion juridique floue par excellence, les distinguant pour l'essentiel (du moins lorsque l'on a affaire à des
personnes physiques).

6. Pour l'essentiel, cependant, ces nouvelles dispositions ne
révolutionnent pas le droit du contrat de travail et consacrent
largement la jurisprudence et la doctrine actuelles. Il y a tout de
même quelques changements notables, sur lesquels nous aurons
l'occasion de revenir: consécration, sur le plan contractuel, de
l'obligation de sécurité qui incombe à l'employeur (article 2087
C.c.Q.), renversement du fardeau de la preuve en matière de
clause de non-concurrence (article 2089 C.c.Q.), subsistance du
contrat de travail en cas d'aliénation d'entreprise (article 2097
C.c.Q.), par exemple.

7. Mais si le nouveau Code se distingue par quelques améliorations, il se distingue peut-être encore davantage par ce qu'il
ne dit pas et ne règle pas: nous aurons l'occasion de revenir là-
dessus et nous nous contenterons simplement de signaler ici que
le législateur, qui a pourtant osé trancher le débat relatif aux
effets de l'aliénation d'entreprise sur le maintien du lien d'emploi, n'a pas cru opportun de traiter de sujets aussi fondamentaux que le pouvoir disciplinaire ou les conséquences de la mise
à pied, phénomènes pourtant largement répandus et dont le traitement juridique actuel, hormis dans le cadre des conventions
collectives, n'est guère satisfaisant.

8. Ces quelques remarques préliminaires étant faites, il convient
maintenant d'examiner un à un les articles 2085 à 2097 C.c.Q.
Nous avons choisi pour ce faire non pas de suivre l'ordre numérique des dispositions mais plutôt de les regrouper par thème,
après nous être interrogée sur leur champ général d'application.
Nous traiterons donc successivement de la définition et des
caractéristiques définitionnelles du contrat de travail (articles

2085 et 2086 C.c.Q.), des règles gouvernant la formation du contrat et son contenu obligationnel (articles 2087 et 2088 C.c.Q.), des effets de l'aliénation d'entreprise (article 2097 C.c.Q.), de la terminaison du contrat (articles 2090 à 2094 C.c.Q.) et des obligations postérieures à la terminaison du contrat (articles 2088, 2089, 2095 et 2096 C.c.Q.). Dans chaque cas, nous indiquerons si les nouvelles dispositions consacrent ou non le droit actuel et, le cas échéant, ce en quoi elles diffèrent ou innovent, le tout dans une perspective critique. Nous signalerons aussi, sans avoir la prétention d'y répondre, les questions que soulèvent les nouvelles dispositions. Enfin, soulignons que les pages qui suivent n'ont aucunement l'ambition d'un traité du contrat de travail, ni même d'un manuel. Il ne s'agira donc pas de faire le tour complet de toutes les questions susceptibles de se poser en la matière, ni de faire celui de la jurisprudence et de la doctrine. Beaucoup plus modestement, nous tenterons seulement de présenter de manière succincte les disposition du Code civil du Québec en ce domaine et d'en mettre les grandes lignes en relief[9].

B. Champ d'application des articles 2085 à 2097 C.c.Q.

9. Le champ d'application des nouvelles dispositions ne diffère bien sûr pas de celui des dispositions correspondantes du Code civil du Bas-Canada. Les articles 2085 à 2097 C.c.Q. visent tous les rapports employeurs-salariés, c'est-à-dire tous les cas où une personne met ses capacités physiques ou intellectuelles au service d'une autre et s'intègre à l'entreprise de cette dernière, moyennant rémunération, le tout sous réserve des stipulations contractuelles des parties ou des limites, exceptions et dérogations législatives. La place précise des dispositions de droit commun dans le régime juridique applicable à chaque individu varie en effet selon le statut de cet individu. Dans certains cas, celui des cadres supérieurs, par exemple, les rapports de travail seront pour l'essentiel régis par le droit commun; dans d'autres cas, le régime de droit commun coexiste avec un régime normatif minimal, comme celui qu'établissent la *Loi sur les normes du travail* ou la partie III du *Code canadien du travail*[10]; dans d'autres cas encore, celui des travailleurs syndiqués, le régime de droit commun n'est plus que le substrat ou le complément du régime établi par la convention collective, dont il est en quelque sorte la toile de fond.

10. Cette dernière affirmation vaut d'ailleurs qu'on s'y attarde: qu'en est-il au juste de la subsistance du contrat de travail, et donc des droits et des obligations résultant du régime de droit commun, lorsque des salariés sont régis par une convention collective? L'entrée en vigueur du Code civil du Québec est-elle susceptible de changer quelque chose à l'attitude présente des tribunaux en la matière?

11. Les tribunaux québécois, et plus précisément la Cour d'appel, semblent en effet avoir conclu à l'anéantissement du contrat de travail, et donc à l'inapplicabilité des règles qui gouvernent celui-ci, lorsqu'une convention collective existe par ailleurs. Celle-ci constituerait, pour reprendre la phrase de Gagnon, LeBel et Verge, «la somme unique des droits pour les salariés comme pour les parties à la convention[11]». Ce point de vue, que l'on fait volontiers remonter à l'affaire *Paquet*[12], aurait été consacré dans toute une série d'arrêts de la Cour suprême du Canada, dont l'affaire *Hémond c. Coopérative fédérée du Québec*[13], où l'on applique un principe déjà reconnu, avec un degré croissant de vigueur, dans les affaires *McGavin Toasmaster Ltd. c. Ainscough*[14], *Métallurgistes Unis d'Amérique, local 4589 c. Bombardier MLW Limitée*[15], *St. Anne Nackawic Pulp & Paper Co. c. Section locale 219 du Syndicat canadien des travailleurs du papier*[16] et *CAIMAW c. Paccar of Canada Ltd.*[17]. Au Québec, la reconnaissance de ce principe culmine avec la décision de la Cour d'appel dans l'affaire *Maribro Inc. c. Union des employées et employés de service, section locale 298*[18], qui, à toutes fins pratiques, conclut que l'existence d'une convention collective anéantit les droits et les obligations pouvant découler, pour l'une et l'autre partie, du contrat individuel de travail[19]. La Cour suprême, malgré les apparences, n'était peut-être pas allée aussi loin. Ne déclare-t-elle pas, dans l'affaire CAIMAW, ne pas avoir à répondre à la question de savoir si le régime de droit commun (en l'occurrence celui de la common law) demeure ou non la toile de fond sur laquelle s'inscrit la convention collective[20], laissant ainsi sous-entendre qu'elle n'a jamais affirmé l'anéantissement pur et simple du contrat individuel de travail en contexte de convention collective.

12. Il faut en effet bien reconnaître que les conventions collectives ne se greffent pas sur du vide: il y a du droit avant les conventions collectives et hors d'elles! Pour ne donner qu'un

exemple, on ne prétendrait évidemment pas que, dans les cas où une convention collective est muette sur ce sujet précis, ce qui est généralement le cas, un salarié n'a aucune obligation de loyauté à l'égard de son employeur, obligation qui ne découle que du droit commun. Autre exemple: le pouvoir de direction de l'employeur, corollaire du lien de subordination essentiel à tout rapport d'emploi, pouvoir que consacre la plupart des conventions collectives, n'en émane pourtant pas, mais vient du régime de droit commun, encore que son ampleur ou les modalités de son exercice puissent être en partie réglées par la convention.

13. Dire que le régime de droit commun subsiste en arrière-plan, à titre subsidiaire ou complémentaire, n'affecte par ailleurs pas le principe de la primauté de la convention collective et n'affecte pas davantage le principe voulant que les litiges nés des rapports entre un employeur et ses salariés syndiqués, même lorsqu'ils impliquent des règles de droit commun, relèvent des tribunaux spécialisés mis sur pied par les législateurs en vue d'assurer la bonne marche des régimes collectifs de travail. Mais c'est confondre que d'affirmer que cette primauté du régime collectif, au double plan substantif et procédural, signifie l'effacement complet du régime de droit commun. Avec égard pour l'opinion contraire, nous sommes loin d'être sûre que la convention collective constitue la seule source des droits de salariés et, à l'instar de Fernand Morin, nous affirmerions plutôt que:

> En somme, il ne peut y avoir de doute, quant à nous, au sujet de la coexistence du contrat individuel de travail et de la convention collective de réglementation du travail. La disparition temporaire ou définitive du contrat individuel de travail par l'arrivée de la convention collective répugne à la logique et à la pratique[21].

14. Qu'en sera-t-il de ce débat avec l'entrée en vigueur du Code civil du Québec? Signalons tout d'abord que l'avant-projet du Code civil du Québec comportait la disposition suivante, rayée de la version finale:

> 2157. Le contrat de travail peut être complété par des décrets, ordonnances, règlements ou conventions collectives[22].

On pourrait conclure qu'en ne reproduisant pas cette disposition au Code civil du Québec, le législateur a voulu soit éviter le débat, soit établir, bien qu'implicitement, l'impossible coexistence du régime de droit commun et de la convention collective, et donc l'effacement du premier. Mais nous ne le croyons pas. S'il est vrai que le Code civil du Québec n'a pas repris l'article 2157 de l'avant-projet, il faut tout de même compter avec le préambule dudit code, dont le second alinéa stipule que:

> Le code est constitué d'un ensemble de règles qui, en toutes matières auxquelles se rapportent la lettre, l'esprit ou l'objet de ses dispositions, établit, en termes exprès ou de façon implicite, le droit commun. *En ces matières, il constitue le fondement des autres lois qui peuvent elles-mêmes ajouter au code ou y déroger.* (Les italiques sont nôtres)

Il nous semble que le législateur québécois confirme ici un principe de superposition, les dispositions du Code civil constituant un plan directeur auquel d'autres lois et d'autres instruments juridiques peuvent s'ajouter ou déroger. En cas d'ajout ou de dérogation de nature contractuelle, le concept d'ordre public entre en jeu, selon la norme édictée par l'article 9 C.c.Q.:

> 9. Dans l'exercice des droits civils, il peut être dérogé aux règles du présent code qui sont supplétives de volonté; il ne peut, cependant, être dérogé à celles qui intéressent l'ordre public.

15. Dans ce cadre, il serait logique de conclure que la convention collective, quoiqu'elle prime, n'engendre pas l'effacement des règles du droit commun, qui subsistent au moins à titre subsidiaire ou complémentaire.

C. *Définition et caractéristiques définitionnelles du contrat de travail*

16. Le Code civil du Bas-Canada ne définit pas vraiment le contrat de travail, sinon par le biais d'un énoncé général applicable à tout louage d'ouvrage, et qui vise donc aussi bien le contrat de transport et celui d'entreprise:

> 1665a. Le louage d'ouvrage est un contrat par lequel le locateur s'engage à faire quelque chose pour le locataire moyennant un prix.

17. L'article 2085 du Code civil du Québec propose plutôt la définition suivante:

> 2085. Le contrat de travail est celui par lequel une personne, le salarié, s'oblige, pour un temps limité et moyennant rémunération, à effectuer un travail sous la direction ou le contrôle d'une autre personne, l'employeur.

Cette définition fait ressortir les éléments suivants:

1) le contrat de travail est un contrat évidemment synallagmatique au sens de l'article 1380 C.c.Q.[23];

2) le contrat de travail est un contrat onéreux, au sens de l'article 1381[24];

3) le contrat de travail est commutatif, au sens de l'article 1382 C.c.Q.[25];

4) le contrat de travail est, bien sûr, d'exécution successive au sens de l'article 1383 C.c.Q.[26].

18. La question se pose de savoir si le contrat de travail est ou non un contrat d'adhésion au sens de l'article 1379 C.c.Q., qui prévoit que:

> 1379. Le contrat est d'adhésion lorsque les stipulations qu'il comporte ont été imposées par l'une des parties ou rédigées par elle, pour son compte ou suivant ses instructions, et qu'elles ne pouvaient être librement discutées.
>
> Tout contrat qui n'est pas d'adhésion est de gré à gré.

À cette question, la réponse, bien sûr, dépend des faits de chaque espèce. Il est des contrats de travail qui sont de gré à gré: c'est normalement le cas des contrats qui lient un employeur à un cadre supérieur de son entreprise, ou à certains salariés spécialisés, ou celui des contrats qui unissent un employeur au salarié qui travaille dans un secteur où la main-d'œuvre est tout à la fois rare et recherchée. Il est par contre des contrats (et c'est vraisemblablement la majorité) qui sont, pour le salarié des contrats d'adhésion. Dans l'un et l'autre cas, l'état du marché est un facteur déterminant.

19. La qualification du contrat de travail, sous cet angle, n'est pas que théorique mais fait sentir son effet notamment en matière d'interprétation. L'article 1342 C.c.Q. stipule ainsi que:

1432. Dans le doute, le contrat s'interprète en faveur de celui qui a contracté l'obligation et contre celui qui l'a stipulée. *Dans tous les cas, il s'interprète en faveur de l'adhérent ou du consommateur.* (Les italiques sont nôtres)

20. Mais la définition que propose l'article 2085 C.c.Q. fait plus que renvoyer aux règles générales qui gouvernent les obligations; elle fait état des éléments essentiels du contrat de travail (subordination, exécution personnelle, durée limitée). L'article 2085 ne stipule cependant pas que le salarié doive être une personne physique, caractéristique en principe essentielle à l'établissement d'un rapport d'emploi. Nous nous intéresserons donc d'abord à cette question avant d'examiner tour à tour les autres caractéristiques définitionnelles du contrat de travail.

1. Salarié = personne physique

21. Pas plus que le Code civil du Québec, le Code civil du Bas-Canada ne précise que le salarié est et doit, pour mériter ce nom, être une personne physique. La nature du contrat et le type de contrainte qui s'exerce sur le salarié empêchent cependant qu'il en soit autrement. Les dispositions législatives relatives au décès du salarié (articles 1668 C.c.B.-C. et 2093 C.c.Q.) et à celui de l'employeur, tout comme l'interdiction des engagements à durée illimitée (articles 1667 C.c.B.-C. et 2085 C.c..Q) sont d'ailleurs peu compatibles avec une autre hypothèse. Et même l'article 2097 C.c.Q., qui prescrit le maintien des contrats de travail en cas d'aliénation d'entreprise, n'a de sens véritable que si l'on a voulu protéger la personne humaine contre les vicissitudes d'un marché auquel elle ne participe pas.

22. On sait que, particulièrement dans le cas de certains cadres supérieurs, s'est développée une pratique voulant que l'on n'embauche plus directement tel ou tel cadre mais que l'on fasse plutôt affaire avec la «compagnie de gestion» dudit cadre, qui loue les services de ce dernier à l'«employeur». Faut-il voir dans cette pratique un obstacle à l'existence d'un contrat d'emploi entre le cadre et l'employeur? Nous ne le croyons pas. Ce type de montage, qui obéit à des préoccupations essentiellement fiscales, ne peut masquer le fait que l'employeur est bel et bien intéressé à la personne même du cadre et à nulle autre; en pratique, du reste, le pouvoir de direction et de contrôle qui

échoit à l'employeur en cette qualité s'exercera bel et bien sur la personne de ce cadre, sans intermédiaire: en vérité, il y a vraisemblablement dans ce cas simulation au sens de l'article 1451 C.c.Q.

2. Subordination

23. La subordination du salarié à l'employeur est de l'essence même du contrat de travail: il ne se conçoit pas de pareil contrat sans subordination du salarié à l'employeur, c'est-à-dire sans manifestation de l'état de sujétion dans lequel le salarié, pour mériter ce nom, doit se trouver par rapport à l'employeur. C'est d'ailleurs l'existence de ce lien de subordination qui, souvent, permettra de distinguer le contrat de travail du contrat de services ou d'entreprise, au sujet duquel l'article 2099 C.c.Q., consacrant en cela le droit antérieur, énonce que:

> 2099. L'entrepreneur ou le prestataire de services a le libre choix des moyens d'exécution du contrat et il n'y a entre lui et le client aucun lien de subordination quant à son exécution.

C'est précisément le contraire qui se produit en matière d'emploi, comme l'indique maintenant explicitement l'article 2085 C.c.Q. Bien que le salarié ait parfois une assez grande liberté d'exécution pratique, il demeure néanmoins assujetti au contrôle de l'employeur: parce que l'activité du salarié s'intègre au cadre tracé par l'employeur et s'effectue au bénéfice de celui-ci, il est normal qu'il y ait contrôle d'une part et subordination d'autre part.

24. Comme le dit, dans un autre contexte, l'article L.122-1 du Code du travail français, l'activité du salarié, à la différence de celle de l'entrepreneur ou de celle du prestataire de services, permet de pourvoir durablement aux activités normales et permanentes de l'entreprise. Pour cette raison, l'article 2085 C.c.Q., à l'instar du droit actuel, consacre le caractère essentiel du lien de subordination et, en corollaire, du pouvoir de direction et de contrôle de l'employeur.

25. Ce pouvoir de direction et de contrôle peut se matérialiser de plusieurs façons. Il y a d'abord ce que l'on pourrait appeler la forme traditionnelle du contrôle: l'employeur donne réguliè-

rement au salarié des instructions précises sur l'accomplissement du travail et l'ensemble des modalités d'exécution. Il s'agit alors d'un contrôle direct, étroit, fréquent, sinon quotidien. C'est le type de contrôle que l'on rencontre habituellement dans les métiers peu spécialisés ou ceux qui nécessitent l'accomplissement répétitif des mêmes tâches. La latitude professionnelle dont jouit alors le salarié est limitée et parfois nulle.

26. Le type de contrôle exercé en pratique par l'employeur tend cependant à changer avec l'élévation du degré de spécialisation ou de savoir requis du salarié, tout comme il change avec l'élévation du niveau hiérarchique de l'emploi: par exemple, on imagine mal le recteur d'une université, incarnation du pouvoir universitaire patronal, dicter à chaque professeur la façon de donner ses cours ou celle de mener ses recherches, pas plus que l'on imagine un conseil d'administration indiquer quotidiennement au président d'une compagnie (sauf exception) la façon de mener la barque corporative. De même, il existe une foule d'emplois dont l'exercice requiert une latitude professionnelle assez grande, qui croît souvent avec l'expérience: pensons aux avocats et aux avocates qui œuvrent en cabinet privé, à titre salarié, ou dans un contentieux d'entreprise, aux gestionnaires de niveau supérieur ou aux spécialistes d'une discipline de haut savoir (pharmacie, informatique, génie, etc.) ou même aux détenteurs de certains savoirs techniques; pensons également à certains types de vendeurs dont la fonction s'accommode mal d'un contrôle étroit. Dans ces cas-là, le pouvoir de direction et de contrôle s'incarne plutôt dans une faculté de vérification et d'évaluation du travail fait. Comme l'écrivent Gagnon, LeBel et Verge, le pouvoir de contrôle, en pareil cas, «porte non pas sur la façon d'exécuter le travail, mais plutôt sur la régularité de son accomplissement, comme sur la qualité de son exécution[27]». L'employeur, qui définit le cadre général de l'emploi, conserve toujours le pouvoir théorique de donner des directives plus précises mais n'exerce généralement pas cette faculté.

27. De toute évidence, l'article 2085, dont le libellé est fort général, recouvre tout l'éventail des possibilités de contrôle, du plus étroit jusqu'au plus lâche.

3. Exécution personnelle

28. Selon le droit actuel, le salarié doit exécuter personnellement le contrat de travail, c'est-à-dire qu'il doit exécuter lui-même les obligations qui lui incombent, sans pouvoir déléguer à autrui le soin d'exécuter sa prestation, sauf pour une portion minime de sa tâche ou à condition que l'employeur l'y autorise explicitement ou implicitement.

29. Traditionnellement, cette obligation à l'exécution personnelle était rattachée au caractère soi-disant *intuitu personæ* du contrat de travail, caractère lié à l'essence même du contrat et, partant, irréfragable. Il paraît pourtant aujourd'hui bien hasardeux d'affirmer le caractère systématiquement *intuitu personæ* des contrats de travail. Il existe bien sûr des contrats de travail conclus en fonction même de la personne des cocontractants, mais il y en a d'autres — la plupart sans doute — qui ne le sont pas. Le caractère tout à fait impersonnel des méthodes d'embauche en vigueur dans de nombreux milieux, où les candidats à l'emploi sont pratiquement interchangeables à condition de respecter certaines conditions minimales, rend d'ailleurs difficilement acceptable l'idée même qu'il puisse, dans ces cas, s'agir de contrats *intuitu personæ*[28].

30. À quoi rattacher alors l'obligation d'exécution personnelle qui incombe au salarié, et, dans une certaine mesure à l'employeur? Vraisemblablement à la nature même du contrat et à l'usage, sources d'obligations implicites tant aux termes de l'article 1024 C.c.B.-C. que de l'article 1434 C.c.Q.[29], qui lui succède. On conçoit mal en effet que le contrat de travail s'accommode d'autre chose que de l'exécution personnelle: si un soi-disant salarié pouvait en fait déléguer sa tâche à autrui, il n'y aurait plus de contrat de travail mais vraisemblablement contrat de services (et plus précisément contrat de fourniture des services d'autrui).

4. Durée limitée

31. L'article 2085 C.c.Q. stipule que le salarié ne peut s'engager que pour un temps limité, reprenant en cela l'interdiction qui figure à l'article 1667 C.c.B.-C., qui proscrit l'engagement du salarié pour une durée illimitée, c'est-à-dire perpétuelle.

32. L'article 1667 a été décrit comme la disposition anti-esclavagiste du Code civil du Bas-Canada, disposition d'ordre public, bien sûr, tout comme doit l'être à cet égard l'article 2085 C.c.Q.

33. Il ne faut toutefois pas confondre l'engagement à durée illimitée, interdit autant par l'article 1667 C.c.B.-C. que par l'article 2085 C.c.Q., avec l'engagement à durée indéterminée, tout à fait licite, aux termes mêmes de l'article 2086 C.c.Q. Dans le premier cas, le salarié s'engage à perpétuité; il renonce, explicitement ou implicitement à son droit de résilier le contrat, il s'engage à vie ou en tout cas pour toute la durée de sa vie professionnelle; dans le second cas, les parties, lorsqu'elles concluent le contrat, n'en fixent tout simplement pas le terme extinctif, se réservant donc implicitement le droit d'y mettre fin à volonté. À côté de ces contrats à durée indéterminée, il peut aussi exister des contrats à durée déterminée, dont les parties ont d'avance fixé le terme extinctif (voir l'article 1517 C.c.Q.)[30]. L'article 2086 C.c.Q. consacre ces deux modalités temporelles du contrat de travail en énonçant que:

> 2086. Le contrat de travail est à durée déterminée ou indéterminée.

D. *Formation et contenu obligationnel du contrat*

34. Là où le Code civil du Bas-Canada se contente de dispositions floues, largement complétées par l'usage, le Code civil du Québec se montre beaucoup plus précis, énumérant en toutes lettres les obligations respectives des parties (voir notamment les articles 2087 et 2088 C.c.Q.). Nous examinerons ci-dessous le contenu obligationnel du contrat de travail, tel qu'il est dorénavant régi par le Code civil du Québec. Cependant, nous dirons d'abord quelques mots des conditions de formation de ce contrat.

1. Formation du contrat

35. Ni le Code civil du Bas-Canada ni le Code civil du Québec ne prévoient de règles particulières au sujet de la formation du contrat de travail. Il faut donc, comme le prescrivent et l'article

1670 C.c.B.-C. et l'article 1377 C.c.Q.[31], appliquer en la matière
les règles ordinaires du droit des obligations (capacité des cocontractants, consentement, objet, cause, etc.)[32]. La conclusion
d'un contrat de travail ne nécessite aucune formalité et n'exige
que l'échange des consentements de personnes capables de contracter: on lira à ce propos avec profit l'article 1385 C.c.Q.,
applicable aux contrats en général et, par ricochet, au contrat de
travail. Au chapitre de la capacité des parties, on renverra au
titre quatrième du Code civil du Québec et l'on portera une
attention particulière aux dispositions relatives à la minorité et
notamment aux articles 156 (présomption de majorité attachée
au mineur de quatorze ans et plus aux fins de son emploi), 157
(capacité limitée du mineur), 167 à 174 (émancipation simple)
et 175-176 (pleine émancipation).

2.   Obligations et pouvoirs de l'employeur

36. L'article 2087 C.c.Q., qui consacre là-dessus en gros le
droit actuel, énonce en ces termes les obligations de l'employeur:

> 2087. L'employeur, outre qu'il est tenu de permettre l'exécu-
> tion de la prestation de travail convenu et de payer la rému-
> nération fixée, doit prendre des mesures appropriées à la
> nature du travail, en vue de protéger la santé, la sécurité et la
> dignité du salarié.

Les obligations de l'employeur sont donc les suivantes: 1) fournir le travail, 2) rémunérer le salarié et 3) assurer la santé, la
sécurité et la dignité du salarié. À ces obligations, dont nous
traiterons dans les prochaines sections, nous ajouterons la question de l'exercice du pouvoir disciplinaire, manifestation particulière du pouvoir de contrôle et de direction de l'employeur et
corollaire de l'état de subordination du salarié.

a.   Fourniture du travail

37. L'employeur a l'obligation de fournir le travail convenu.
Dans l'état actuel du droit, l'employeur ne peut unilatéralement
modifier cette prestation que dans la mesure où les changements ne transforment pas fondamentalement le travail requis

du salarié ou s'autorisent de l'usage ou de conditions implicites au contrat[33]. Compte tenu de la nature essentiellement dynamique et évolutive de l'emploi dans une entreprise, il convient en effet d'interpréter avec une certaine flexibilité cette obligation de l'employeur de fournir le travail convenu et non de pétrifier les choses en l'état dans lequel elles étaient au moment de la conclusion du contrat. Par ailleurs, bien sûr, les parties peuvent implicitement ou explicitement modifier la contenu de la prestation de travail. Le Code civil du Québec ne devrait rien changer à tout cela.

38. L'article 2087 C.c.Q. soulève toutefois une question que pose déjà le droit actuel: dans la mesure où l'employeur a l'obligation de permettre l'exécution de la prestation et donc celle de fournir le travail convenu, peut-il mettre un salarié à pied sans rompre *ipso facto* le contrat? Qu'est-ce en effet qu'une mise à pied? C'est la suspension de l'exécution du contrat de travail, pendant une certaine période, suspension imposée unilatéralement par l'employeur pour des raisons économiques ou administratives et assortie d'une promesse de rappel implicite ou explicite[34]. Cette suspension s'accompagne d'une cessation de la rémunération pour la même période. La mise à pied est, paradoxalement, un des phénomènes les plus répandus du monde de l'emploi, et pas seulement dans les entreprises syndiquées.

39. Les conventions collectives, lorsqu'il en est, régissent habituellement les conditions et les effets de la mise à pied, de même qu'elles régissent les modalités du rappel. Mais lorsqu'il n'y a pas de convention collective, que se passe-t-il?

40. L'application textuelle des dispositions du Code civil du Bas-Canada en matière d'exécution des contrats devrait nous convaincre que la mise à pied engendre toujours la rupture définitive du contrat, pour cause d'inexécution. À cela, deux exceptions toutefois: celle où le salarié accepte implicitement ou explicitement la mise à pied et celle des mises à pied saisonnières (liées à la nature de l'entreprise), ces dernières étant pour ainsi dire intégrées aux conditions d'emploi elles-mêmes. Dans les autres cas, l'employeur qui met à pied un salarié déroge à son obligation de fournir le travail et d'en permettre l'exécution. Le contrat peut-il survivre à une telle dérogation? En

principe, la réponse devrait être négative, soit à titre de sanction de l'inexécution aux termes de l'article 1065 C.c.B.-C. soit parce qu'un tel acte équivaut à résiliation unilatérale du contrat.

41. C'est du reste là la position adoptée par la Cour d'appel dans *Surveyer, Nenniger et Chênevert Inc. c. Thomas*[35], où l'on retrouve le passage suivant:

> Le Code civil ne reconnaît pas à une partie le droit de suspendre temporairement l'effet du contrat, ce qui est le cas de la mise à pied temporaire. L'employeur n'a ce droit que si le contrat d'emploi le prévoit ou si l'employé y consent. En l'espèce, le contrat d'emploi ne comporte aucune telle clause et, comme vu précédemment, l'intimé n'y a jamais consenti.
>
> Le refus de l'employeur de permettre à l'employé de fournir ses services et la cessation du paiement du salaire constituent une résiliation unilatérale, un licenciement sans préavis[36].

42. On notera par contre tout de suite que, dans *Internote Canada Inc. c. Commission des normes du travail*[37], la même Cour d'appel, saisie d'un litige relatif à l'application de la *Loi sur les normes du travail*, décidait plutôt qu'un lien contractuel subsiste parfois entre les parties en cas de mise à pied, lien atténué cependant, que la Cour ne définit guère mais qu'elle semble lier à la promesse de rappel[38].

43. À première vue, la décision de la Cour d'appel dans l'affaire *Thomas* paraît plus rigoureuse, et peut-être plus compatible avec les dispositions que le Code civil du Québec contient désormais en matière d'exécution des contrats. Il faut lire en effet l'article 1605 C.c.Q., qui stipule que:

> 1605. La résolution ou la résiliation du contrat peut avoir lieu sans poursuite judiciaire lorsque le débiteur est en demeure de plein droit d'exécuter son obligation ou qu'il ne l'a pas exécutée dans le délai fixé dans la mise en demeure.

L'article 1507 C.c.Q., lui, prévoit les conditions de la mise en demeure de plein droit:

> 1597. Le débiteur est en demeure de plein droit, par le seul effet de la loi, lorsque l'obligation ne pouvait être exécutée utilement que dans un certain temps qu'il a laissé s'écouler ou qu'il ne l'a pas exécutée immédiatement alors qu'il y avait urgence.

Il est également en demeure de plein droit lorsqu'il a manqué à une obligation de ne pas faire, ou qu'il a, par sa faute, rendu impossible l'exécution en nature de l'obligation; *il l'est encore lorsqu'il a clairement manifesté au créancier son intention de ne pas exécuter son obligation ou, s'il s'agit d'une obligation à exécution successive, qu'il refuse ou néglige de l'exécuter de manière répétée.* (Les italiques sont nôtres)

Certainement, l'employeur qui met formellement à pied un salarié lui indique clairement qu'il entend ne pas exécuter son obligation, pendant un certain temps; par ailleurs, lorsque la mise à pied prend effet, quelle qu'ait été la façon de l'annoncer, elle équivaut à refus répété d'exécuter une des obligations consacrées par l'article 2087 C.c.Q. En pareil cas, le salarié pourrait donc à juste titre considérer que le contrat, en application de l'article 1605 C.c.Q., est rompu. Ceci n'empêcherait pas le salarié de consentir à la mise à pied, implicitement ou explicitement, engendrant ainsi une suspension mutuelle du contrat, ce que que les parties peuvent toujours faire. En cas de refus, le salarié serait libéré de ses obligations et pourraitréclamer toutes les indemnités afférentes, le cas échéant, à une telle rupture. Dans tous les cas, bien sûr, certaines dispositions législatives particulières (c'est le cas par exemple des articles 82, 83 et 83.1 de la *Loi sur les normes du travail*, peuvent s'ajouter à ce régime général[39].

44. Quant à la promesse de rappel au travail, dont la mise à pied est en principe assortie, elle pourrait être analysée à la lumière des articles 1388 à 1397 C.c.Q., relatifs aux offres et à leur acceptation, de même qu'à la lumière des articles 1497 à 1507 C.c.Q., relatifs à l'obligation conditionnelle (voir en particulier l'article 1500, qui traite de la condition potestative).

b. *Rémunération*

45. L'article 2087 C.c.Q. consacre en la matière le droit actuel: la rémunération, tant en termes de quotité que de modalités, est en principe fixée par les parties, sous réserve des normes minimales édictées par le législateur (directement ou dans le cadre de la réglementation pertinente) et sous réserve des dispositions de la convention collective, s'il en est.

c. Santé, sécurité et dignité

i. Santé et sécurité

46. On doit saluer ici le fait que législateur ait enfin donné un fondement contractuel exprès à cette obligation qu'a l'employeur d'assurer, par la prise de mesures adéquates, la santé et la sécurité des salariés qui œuvrent au sein de son entreprise. La précision, en effet, n'est pas inutile, la *Loi sur la santé et la sécurité du travail*[40], qui définit largement les paramètres de cette obligation, ne s'appliquant pas à tous les types de salariés[41].

47. Traditionnellement rattachée à l'obligation générale de bonne conduite sanctionnée par la responsabilité civile délictuelle, vaguement régie par l'article 47 de la *Charte des droits et libertés de la personne*[42], l'obligation de l'employeur en matière de santé et de sécurité peut avantageusement être rattachée à l'article 1024 C.c.B.-C.: il s'agirait d'une obligation implicite, découlant de la nature du contrat. L'employeur ayant le contrôle de son entreprise et celui de ses salariés, il est normal qu'il ait en même temps le devoir d'assurer, dans la mesure du possible, l'intégrité des salariés qui travaillent pour son compte. Plutôt, toutefois, que de se confiner à l'implicite, et à l'article 1434 C.c.Q., pendant de l'article 1024 C.c.B.-C., le législateur, à l'article 2087 C.c.Q., a choisi de rendre explicite cette obligation de l'employeur. Il donne ainsi du contrat de travail, et de son contenu obligationnel, un portrait complet, qui facilite ensuite «la compréhension et l'ordonnancement, au plan conceptuel, des différents régimes normatifs mis en place par les lois du travail, les décrets, les conventions collectives, etc.[43]».

48. On peut enfin penser que la violation de cette obligation, si elle atteint un certain degré de gravité, est susceptible de constituer pour le salarié un motif sérieux de résiliation unilatérale du contrat, sans préavis, au sens de l'article 2094 C.c.Q.

ii. Dignité

49. Quelques mots enfin sur cette nouvelle obligation faite à l'employeur d'assurer, au moyen de mesures appropriées, la dignité du salarié. Rien de tel dans le Code civil du Bas-

Canada, ce qui ne signifie toutefois pas que l'employeur puisse bafouer à plaisir la dignité d'un salarié: après tout, la *Charte des droits et libertés de la personne*, lorsqu'elle s'applique, prévoit en son article 4 que toute personne a droit à la sauvegarde de sa dignité, de son honneur et de sa réputation.

50. Mais l'article 2087 C.c.Q., rend dorénavant explicite cette obligation en matière d'emploi, obligation qu'il faut vraisemblablement conjuguer à celles qui découlent de l'article 3 C.c.Q.:

> 3. Toute personne est titulaire de droits de la personnalité, tels le droit à la vie, à l'inviolabilité et à l'intégrité de sa personne, au respect de son nom, de sa réputation et de sa vie privée.

51. L'employeur doit donc, par des «mesures appropriées à la nature du travail», comme le précise l'article 2087 C.c.Q., assurer la dignité de son employé. L'employeur a vraisemblablement ici une double obligation: non seulement doit-il s'abstenir d'attenter lui-même à la dignité du salarié mais il doit en outre faire en sorte que son entreprise en général soit un lieu où l'on respecte le salarié, ce qui implique naturellement une certaine responsabilité à l'égard des gestes ou paroles des autres salariés. Le contrôle de l'employeur sur son entreprise et sur l'ensemble de ses salariés dicte cette conclusion. C'est d'ailleurs un raisonnement de ce genre qui a permis à la Cour suprême du Canada de décider que l'employeur est responsable des actes de harcèlement sexuel dont une employée est victime aux mains d'un collègue de travail, s'il n'a pas pris les mesures nécessaires pour prévenir ce type de comportement, alors qu'il en a été informé[44]. L'article 2087 va même probablement plus loin: dans la mesure où il oblige l'employeur à prendre les mesures appropriées en vue de protéger la dignité du salarié, il impose à celui-ci une obligation préventive, dont les tribunaux se chargeront de préciser le contenu.

52. Ceci dit, il faut quand même se demander ce que signifie au juste cette obligation d'assurer la dignité du salarié. Veut-on par ce moyen signifier que l'employeur doit traiter le salarié avec respect[44b], éviter les insultes, l'arrogance, le harcèlement (sexuel ou autre), créer un environnement de travail où de tels comportements et attitudes ne sont pas tolérés?

53. Veut-on par ailleurs donner là un fondement à une obligation d'équité procédurale qui incomberait à l'employeur en matière disciplinaire ou en matière de congédiement ou de licenciement? Cette obligation n'est pas reconnue par le droit actuel, sinon par le truchement du devoir d'équité («duty to act fairly») qui incombe généralement aux organismes publics, y compris lorsqu'ils agissent à titre d'employeur[45]. Les employeurs privés, eux, n'y sont pas assujettis. On pourrait bien sûr arguer que cette obligation d'équité procédurale est une facette de l'équité en général, source d'obligations implicites aux termes de l'article 1024 C.c.B.-C., argument qui ne semble guère avoir été retenu, pourtant. Mais l'article 2087 C.c.Q., avec son appel à la protection de la dignité du salarié, permet peut-être de fournir quelques munitions à ceux qui croient qu'un tel devoir d'équité procédurale s'impose en matière d'emploi. En conjuguant l'article 2087 aux articles 1434 (obligations contractuelles implicites découlant entre autres de l'équité), 6 et 1375 C.c.Q., qui donnent un relief accusé à la bonne foi, principe directeur de la conduite des parties en toute matière contractuelle, on en arrive peut-être au fondement de cette obligation d'équité procédurale (obligation dont le contenu variera bien sûr selon les circonstances: il ne s'agit pas d'imposer à l'entreprise un cadre de fonctionnement judiciaire ou quasijudiciaire!).

54. Outre ces questions sur la signification de l'obligation de l'employeur, on doit se demander aussi comment en assurer l'exécution. Que fait le salarié victime, sous ce chef, d'inexécution? L'exécution forcée étant peu concevable, le salarié, en cas de préjudice, disposerait alors d'un recours en responsabilité civile contractuelle. Mais ce recours lui-même peut être largement théorique (sauf peut-être si la violation reprochée à l'employeur peut faire l'objet d'un grief), en raison notamment des coûts qu'il engendre. Par ailleurs, le salarié victime d'une violation dont le degré de gravité sera suffisant disposera sans doute d'un motif sérieux lui permettant de résilier unilatéralement le contrat de travail, sans préavis (et sans préjudice à son recours en responsabilité civile, le cas échéant), au sens de l'article 2094 C.c.Q.

d. Pouvoir disciplinaire

55. L'une des manifestations les plus fréquentes du pouvoir général de direction de l'employeur réside dans l'exercice du pouvoir disciplinaire, pouvoir dont on parle surtout en contexte de convention collective mais qui n'est pas exercé, peu s'en faut, que dans l'entreprise syndiquée. Le phénomène disciplinaire est connu aussi chez les non-syndiqués sans toutefois dans ce cas les garanties que prescrit habituellement la convention collective.

56. Que se passe-t-il donc lorsque l'employeur, dans un but répressif, dissuasif ou éducatif, inflige au salarié insubordonné, déloyal, négligent ou retardataire une coupure de salaire? une réprimande? une suspension plus ou moins longue (qui s'accompagne évidemment d'une coupure de salaire corrélative)? une rétrogradation? L'employeur exerce alors son pouvoir disciplinaire, pouvoir unilatéral qu'aucun texte législatif ne lui confère expressément et qui ne peut que venir de l'usage, sanctionné par l'article 1024 C.c.B.-C. (et, bientôt, par l'article 1434 C.c.Q.) ou être un effet de la nature du contrat, manifestation du pouvoir de contrôle dévolu à l'employeur.

57. L'exercice de ce pouvoir ne va bien sûr pas sans problème. Lorsque les salariés bénéficient d'une convention collective, ils peuvent habituellement se plaindre par grief d'une mesure disciplinaire injustifiée ou excessive. Lorsque, sans être protégés par une convention collective, ils sont tout de même assujettis à la *Loi sur les normes du travail* ou à la partie III du *Code canadien du travail*, ils peuvent en certains cas, si la mesure disciplinaire cache un comportement illégal, obtenir redressement ou imposition d'une mesure disciplinaire appropriée (par exemple en remplacement d'un congédiement injustifié).

58. Mais que fait le salarié qui n'est pas protégé par une convention collective et qui ne peut se prévaloir des recours créés par certaines lois particulières? Quels effets ont les mesures disciplinaires infligées par l'employeur? Le salarié doit-il considérer que l'employeur qui le suspend pour deux semaines pour cause d'insubordination viole son obligation de fournir le travail? Peut-il en conséquence considérer le contrat rompu? Doit-il plutôt considérer que l'employeur qui exerce son pou-

voir disciplinaire s'autorise en fait d'une forme d'exception d'inexécution (puisqu'il réagit alors à mauvaise exécution ou inexécution d'une des obligations incombant au salarié)? Doit-on appliquer en la matière un principe analogue à celui de l'article 1604 C.c.Q., qui énonce que:

> **1604.** Le créancier, s'il ne se prévaut pas du droit de forcer, dans les cas qui le permettent, l'exécution en nature de l'obligation contractuelle de son débiteur, a droit à la résolution du contrat, ou à sa résiliation s'il s'agit d'un contrat à exécution successive.
>
> Cependant, il n'y a pas droit, malgré toute stipulation contraire, lorsque le défaut du débiteur est de peu d'importance, à moins que, s'agissant d'une obligation à exécution successive, ce défaut n'ait un caractère répétitif; *mais il a droit, alors, à la réduction proportionnelle de son obligation corrélative.*
>
> La réduction proportionnelle de l'obligation corrélative s'apprécie en tenant compte de toutes les circonstances appropriées; si elle ne peut avoir lieu, le créancier n'a droit qu'à des dommages-intérêts. (Les italiques sont nôtres)

L'exercice du pouvoir disciplinaire serait, un peu sur ce modèle, une forme de réduction des obligations patronales, pour une durée proportionnelle à la gravité du manquement reproché au salarié. Mais une telle approche, outre qu'elle complique peut-être inutilement les choses, laisse intacte la question de savoir comment doit s'y prendre le salarié qui souhaite se plaindre de l'imposition d'une sanction excessive ou carrément injustifiée.

59. Bien sûr, le salarié victime d'une sanction disciplinaire excessive ou injustifiée dispose peut-être, de ce fait, d'un motif sérieux de résiliation sans préavis, au sens de l'article 2094 C.c.Q. Le salarié pourrait aussi considérer que son contrat est résilié, aux termes des articles 1605 et 1597 C.c.Q.[46]. Encore faudrait-il, aux fins de ces articles, que le manquement reproché à l'employeur, c'est-à-dire l'imposition d'une mesure disciplinaire injustifiée ou excessive, atteigne un certain niveau de gravité, ou soit le dernier en date d'une série d'incidents semblables. Il faut en effet tenir compte, aux fin de l'article 1605 C.c.Q., des dispositions de l'article 1604 C.c.Q., reproduit plus

haut, et dont le second alinéa subordonne le droit à la résolution ou à la résiliation à l'existence d'un défaut important ou répétitif.

Mais il est loin d'être sûr que le salarié victime d'une sanction disciplinaire préférera dans tous les cas un moyen qui équivaut à quitter son emploi: le remède, alors, risque en effet d'être pire que le mal!

60. Par ailleurs, il faut aussi se pencher sur la question suivante: lorsque l'employeur exerce son pouvoir disciplinaire, doit-il respecter certains canons procéduraux? On sait qu'en matière de jurisprudence arbitrale de griefs, l'on a développé un certain nombre de principes, tels ceux de la proportionnalité faute-sanction (la gravité de la sanction doit être à la mesure du manquement reproché au salarié), la progressivité des sanctions (la répétition de certaines infractions disciplinaires ou la commission successive de plusieurs infractions, individuellement peu importantes, peut justifier l'imposition de sanctions progressivement plus graves), etc. L'employeur est-il tenu de respecter ces principes, même lorsqu'il n'est pas assujetti à une convention collective? Rien n'empêcherait bien sûr les tribunaux judiciaires d'adopter ces principes, basés au fond sur l'équité, concept lié à la bonne foi, et qui devraient présider à l'exécution de tout contrat. Mais encore faudrait-il qu'ils en aient l'occasion! On imagine en effet assez mal le salarié victime d'une suspension injustifiée d'une durée d'une semaine se pourvoir en justice devant les tribunaux ordinaires, en dommages-intérêts par exemple[47]. À moins que la sanction disciplinaire infligée au salarié ne soit un congédiement, forme de résiliation imposée par l'employeur, il faut bien reconnaître que les recours du salarié en la matière, à supposer qu'il en ait, restent largement illusoires.

61. Bref, il y a dans toute cette question de l'existence et de l'exercice du pouvoir disciplinaire une belle gymnastique intellectuelle et peut-être l'occasion de nombreux litiges. Tout de même, on se demande pourquoi le législateur n'a pas voulu, avec le Code civil du Québec, traiter d'un phénomène aussi courant. Il aurait pu s'inspirer par exemple du Code du travail français, qui régit avec précision le cadre, la finalité et les principes qui doivent gouverner l'exercice du pouvoir disciplinaire[48].

3. Obligations du salarié

62. L'article 2088 C.c.Q. décrit comme suit les obligations du salarié:

> 2088. Le salarié, outre qu'il est tenu d'exécuter son travail avec prudence et diligence, doit agir avec loyauté et ne pas faire usage de l'information à caractère confidentiel qu'il obtient dans l'exécution ou à l'occasion de son travail.
>
> Ces obligations survivent pendant un délai raisonnable après cessation du contrat, et survivent en tout temps lorsque l'information réfère à la réputation et à la vie privée d'autrui.

Les obligations qu'énumèrent cet article correspondent pour l'essentiel au droit actuel.

a. *Exécution du travail*

63. Vu l'objet et la nature du contrat, il n'y a rien d'étonnant à ce que le salarié ait l'obligation d'exécuter le travail convenu, tel que le lui fournit l'employeur... Il doit bien sûr exécuter ce travail avec compétence, dans le respect des directives de l'employeur. Le droit actuel ne dit pas autre chose et c'est ce que confirme l'article 2088 C.c.Q.

64. Cette nouvelle disposition associe à l'exécution du travail le standard de la prudence et de la diligence, ce dont le Code civil du Bas-Canada ne parle pas. La jurisprudence, toutefois, s'est chargée de remédier à ce silence. De manière générale, on considère que l'obligation d'exécution du travail qui incombe au salarié est une obligation de moyen dont l'intensité varie cependant selon les espèces: presque obligation de résultat dans certains cas, obligation de moyen «légère» dans d'autres, avec tous les degrés intermédiaires. L'article 2088 C.c.Q. consacre ce point de vue: l'emploi des termes prudence et diligence est bien caractéristique de l'obligation de moyen.

65. La question se pose de savoir si ces termes incluent la notion de compétence, généralement employée par la jurisprudence et la doctrine. À première vue, la notion de compétence semble renvoyer à un élément objectif de capacité d'accomplissement de la tâche, capacité qui ne semble pas ressortir clairement des notions de prudence et de diligence. À notre avis,

pourtant, il est peu probable et à vrai dire même impossible, compte tenu de la nature du contrat, que l'on interprète les mots «prudence et diligence» comme excluant la compétence, qui touche directement les aptitudes du salarié à l'exécution de ses tâches.

66. Par ailleurs, on notera que le législateur, au chapitre que le Code civil du Québec consacre à l'administration du bien d'autrui, impose à l'administrateur d'agir «avec prudence et diligence» (article 1309 C.c.Q.). Le même type d'obligation incombe au mandataire, en vertu de l'article 2138 C.c.Q. Le statut de salarié n'étant pas dépourvu de rapports avec celui d'administrateur du bien d'autrui et celui de mandataire, les qualifications se superposant souvent, le législateur a fait preuve de cohérence en imposant dans les trois cas le même standard de conduite.

b. *Loyauté et discrétion*

67. L'article 2088 C.c.Q. impose au salarié un double devoir de loyauté et de confidentialité, devoir qui peut d'ailleurs, à l'instar du droit actuel, survivre à la cessation du contrat, pendant un certain temps. Nous nous intéresserons plus loin à cette survivance (voir *infra*, section G-1) et nous examinerons pour l'instant le contenu de l'obligation de loyauté du salarié et celui de son obligation de discrétion.

i. Loyauté

68. Émanation du principe de bonne foi qui règle l'exécution des obligations[49], principe que consacre avec une vigueur nouvelle le Code civil du Québec, à l'article 1375 en particulier, le devoir de loyauté est aussi la manifestation du lien de subordination qui unit le salarié à l'employeur. Le salarié ne travaille pas à son compte mais pour celui de l'employeur qui, seul, dispose des fruits de cette activité. Il convient donc que le salarié ne sabote pas l'entreprise à laquelle il participe; il convient qu'il fasse primer les intérêts de l'employeur sur les siens propres et ne se place pas en situation de conflit d'intérêts (qu'il s'agisse des siens ou de ceux d'un tiers, autre employeur par exemple); il convient aussi qu'il se conduise honnêtement envers l'employeur. Le degré d'intensité de l'obligation augmen-

tera par ailleurs avec le niveau hiérarchique du salarié ou
l'importance de ses responsabilités professionnelles dans l'entreprise.

69. En donnant un fondement explicite à ce devoir de loyauté,
l'article 2088 C.c.Q. consacre l'état actuel d'un droit largement
façonné par la jurisprudence, le Code civil du Bas-Canada étant
muet là-dessus.

ii. Discrétion

70. Dans l'état actuel du droit, l'obligation de discrétion incombe au salarié en vertu de son devoir général de loyauté, dont
il est l'une des facettes: le salarié ne doit ni divulguer ni utiliser
l'information confidentielle qu'il obtient dans le cadre de son
travail.

71. Compte tenu de l'importance de cette obligation de discrétion, il était tout naturel que le législateur en fasse explicitement mention dans l'article 2088 C.c.Q. Quelques remarques
s'imposent cependant.

72. Tout d'abord, on doit se réjouir de ce que le législateur ait
modifié à ce propos le texte du projet de loi[50], dont l'article
2078 prévoyait que:

> 2078. Le salarié [...] doit agir avec loyauté et ne pas faire
> usage, *d'une manière qui soit préjudiciable à l'employeur*, de
> l'information à caractère confidentiel qu'il obtient dans l'exé-
> cution ou à l'occasion de son travail. (Les italiques sont
> nôtres)

On a supprimé de la version finale de cette disposition les mots
«d'une manière qui soit préjudiciable à l'employeur», mots qui
auraient restreint considérablement le contenu obligationnel du
devoir de discrétion en le subordonnant à l'existence, et donc
potentiellement à la preuve, d'un dommage à l'employeur. Il est
en effet des indiscrétions qui constituent des actes de déloyauté
même si, par hasard ou par bonheur, elles n'ont pas causé préjudice à l'employeur. Elles affectent à tout le moins le rapport
de confiance qui doit exister entre l'employeur et les salariés et
peuvent même constituer un motif valable, c'est-à-dire sérieux,
de résiliation du contrat. En ne retenant pas la restriction pro-
jetée, l'article 2088 C.c.Q. s'inscrit donc dans le courant jurisprudentiel et doctrinal actuel.

73. Par ailleurs, il faut se demander ce que vise l'interdiction décrétée par l'article 2088 C.c.Q. Cette interdiction de «faire usage» de l'information confidentielle obtenue dans l'exécution ou à l'occasion du travail s'étend-elle à la simple divulgation de l'information, sans que le salarié n'en fasse à proprement parler usage? Que se passe-t-il si, par exemple, le salarié communique l'information à un tiers, contre un pot-de-vin, ou pour nuire à l'employeur?

74. On pourrait tout d'abord arguer que si la simple divulgation ne tombe pas sous le coup de l'obligation de discrétion énoncée par l'article 2088 C.c.Q., elle tombe de toute façon dans l'orbite du devoir général de loyauté que consacre cette même disposition. Mais est-ce bien sûr? On note en effet que le législateur semble avoir voulu distinguer l'obligation de loyauté de l'obligation de discrétion. Par exemple, s'il avait écrit ce qui suit:

> 2088. Le salarié [...] doit faire preuve de loyauté et, *notamment*, ne pas faire usage de l'information à caractère confidentiel qu'il obtient dans l'exécution ou à l'occasion de son travail.

il aurait été clair que l'obligation de discrétion n'est qu'un volet de l'obligation plus générale de loyauté. Mais ce n'est pas ce que le législateur a écrit: en utilisant simplement la conjonction «et», n'a-t-il pas effectué une coupure nette entre les deux obligations, de sorte qu'il serait impossible de recourir à l'une pour combler les lacunes de l'autre?

75. À notre avis, il est peu probable que telle ait été l'intention du législateur. Tout d'abord, l'article 2088 C.c.Q. s'inscrit dans un contexte juridique que le législateur est présumé connaître bien et dont il n'aurait pu vouloir s'écarter que par un langage beaucoup plus clair. D'autre part, il faut tenir compte de l'article 1426 C.c.Q. qui, en matière d'interprétation des contrats, stipule que:

> 1426. On tient compte, dans l'interprétation du contrat, *de sa nature*, des circonstances dans lesquelles il a été conclu, de l'interprétation que les parties lui ont déjà donnée ou qu'il peut avoir reçue, *ainsi que des usages*. (Les italiques sont nôtres)

Or la nature du contrat, et même les usages qui règnent en la matière, ne permettent pas la divulgation par le salarié des informations confidentielles obtenues dans le cadre ou à l'occasion de son travail. De toute évidence, la loyauté et la discrétion sont liées, doivent être interprétées à la lumière l'une de l'autre et couvrent certainement la simple divulgation d'information confidentielle.

76. Cela dit, la question de savoir si la divulgation ou l'usage de pareille information constituent un motif sérieux de résiliation unilatérale sans préavis, au sens de l'article 2094 C.c.Q., est une autre histoire, qui dépendra des circonstances et dont il convient de laisser l'appréciation aux tribunaux judiciaires ou administratifs compétents, qui s'inspireront sans aucun doute de leur jurisprudence actuelle.

77. À ce propos, faudra-t-il, dans l'appréciation de la gravité d'un manquement à l'obligation de discrétion, tenir compte de l'article 1472 C.c.Q., qui dispose que:

> 1472. Toute personne peut se dégager de sa responsabilité pour le préjudice causé à autrui par suite de la divulgation d'un secret commercial si elle prouve que l'intérêt général l'emportait sur le maintien du secret et, notamment, que la divulgation de celui-ci était justifiée par des motifs liés à la santé ou à la sécurité du public.

Toute information confidentielle n'est peut-être pas un secret commercial mais tout secret commercial est une information confidentielle[51]. Le salarié qui, *dans les circonstances décrites par l'article 1472*, dévoile un secret commercial viole-t-il son obligation de discrétion? Cette violation, le cas échéant, constitue-t-elle un motif sérieux de résiliation sans préavis au sens de l'article 2094 C.c.Q.? Autrement dit, l'article 1472 C.c.Q. n'est-il qu'une cause d'exonération de la responsabilité civile, sans effet sur les rapports entre l'employeur et le salarié? L'employeur, qui ne peut plus poursuivre son salarié en dommages-intérêts, même si l'indiscrétion est bel et bien source de préjudice, peut-il néanmoins se défaire des services de ce salarié, sans devoir lui payer l'indemnité normalement exigible?

78. Enfin, signalons que, dans les cas où la violation du devoir de discrétion ne tombe pas sous le coup de l'article 1472

C.c.Q., il faut tenir compte de l'article 1612 C.c.Q., qui prescrit que:

> 1612. En matière de secret commercial, la perte que subit le propriétaire du secret comprend le coût des investissements faits pour son acquisition, sa mise au point et son exploitation; le gain dont il est privé peut être indemnisé sous forme de redevances.

Le salarié qui, dans des circonstances autres que celles de l'article 1472 C.c.Q. divulguerait ou emploierait à ses fins un secret commercial de l'employeur, secret acquis dans le cadre de son travail, serait bien sûr responsable du préjudice causé à l'employeur et visé par cette disposition.

E. Aliénation d'entreprise

79. Le législateur, au chapitre de l'aliénation d'entreprise, opère avec l'article 2097 C.c.Q. un véritable changement de cap, changement qui s'inscrit toutefois dans la foulée de dispositions de même type, mais non de même effet, inscrites dans d'autres lois, et notamment dans la *Loi sur les normes du travail* et le *Code du travail*. L'article 2097 C.c.Q. se lit comme suit:

> 2097. L'aliénation de l'entreprise ou la modification de sa structure juridique par fusion ou autrement, ne met pas fin au contrat de travail.
>
> Ce contrat lie l'ayant cause de l'employeur.

80. Tant à cause du principe de l'effet relatif des contrats, sanctionné par les articles 1023 et 1028 C.c.B.-C., qu'à cause de son caractère soi-disant *intuitu personæ* (la nature du contrat empêche donc que soient liés les ayants cause, voir l'article 1030 C.c.B.-C.), la jurisprudence et la doctrine classiques décident en effet que le contrat de travail ne peut survivre à l'aliénation de l'entreprise de l'employeur[52].

81. Afin de pallier les effets radicaux de cette règle, le législateur a d'abord édicté l'article 45 du *Code du travail*, qui prévoit , à certaines conditions, le transfert de la structure syndicale et des droits qui s'y rattachent de l'employeur-vendeur à l'acheteur[53], bien que la question du transfert des salariés eux-mêmes

reste, à tout le moins, controversée[54]. Le législateur a ensuite
édicté les articles 96 et 97 de la *Loi sur les normes du travail*,
dispositions nébuleuses, qui ont engendré maints litiges et qui
ne protègent que partiellement les salariés en cas d'aliénation
d'entreprise. L'article 97 de la loi, en particulier, a été interprété
comme conférant aux salariés du vendeur, lorsque l'acheteur de
l'entreprise les a effectivement gardés à son service, le droit de
calculer la durée de leur service continu, notion définie par le
paragraphe 1(12) de cette même loi, en combinant les périodes
de service passées au service du vendeur et à celui de l'acheteur
successivement[55]. Mais l'article 97 n'a pas, du moins pas encore, été interprété comme obligeant l'acheteur de l'entreprise
à garder à son service les salariés de l'employeur-vendeur.

82. Nous serons désormais dispensés de nous pencher plus
avant sur l'effet des articles 45 du *Code du travail* ou 97 de la
Loi sur les normes du travail sur le maintien du contrat individuel de travail en cas d'aliénation d'entreprise, maintien
qu'édicte maintenant l'article 2097 C.c.Q.: l'ayant cause de
l'employeur sera dorénavant lié par les contrats de travail conclus par son auteur en marge de l'entreprise qu'il acquiert (par
voie d'aliénation ou suite à la modification de la structure juridique de l'entreprise).

83. À notre avis, dans une société où le travail ne devrait plus
être vu simplement comme un élément de capital à exploiter ou
un simple actif de l'entreprise, la position du législateur québécois est, plus que louable, nécessaire. Elle assure par ailleurs
la cohérence du traitement des effets de l'aliénation d'entreprise
à tous les niveaux des rapports d'emploi, de l'individuel au
collectif. Elle s'inscrit en outre dans la logique des articles 1441
et 1442 C.c.Q., qui édictent que:

> 1441. Les droits et les obligations résultant du contrat sont,
> lors du décès de l'une des parties, transmis à ses héritiers si la
> nature du contrat ne s'y oppose pas.

> 1442. Les droits des parties à un contrat son transmis à leurs
> ayants cause à titre particulier s'ils sont l'accessoire d'un bien
> qui leur est transmis ou s'ils lui sont intimement liés.

84. Afin de cerner complètement la portée de l'article 2097
C.c.Q., il reste cependant à déterminer ce qu'entend le législa-

teur par les termes «aliénation d'entreprise» et «modification de sa structure juridique». Ce sont là des expressions qu'emploient et l'article 45 du *Code du travail* et l'article 97 de la *Loi sur les normes du travail*. Il est donc logique de s'en référer à la jurisprudence qui, dans le cadre de ces deux dispositions, s'est penchée sur le sens qu'il convient de donner aux termes en cause.

85. La Cour suprême du Canada rendait en 1988, dans *Union des employés de service, local 298* c. *Bibeault*[56], la décision de principe en la matière. Le litige portait alors sur l'interprétation de l'article 45 du *Code du travail*, mais la Cour y réfère, par voie de comparaison, à l'article 97 de la *Loi sur les normes du travail*. La Cour suprême y décide qu'il y a aliénation d'entreprise à deux conditions. Premièrement, l'entreprise dont il est question doit être définie de manière dite «organique», c'est-à-dire envisagée «as a going concern», avec tous les éléments nécessaires à la poursuite des objectifs de l'employeur et non en fonction des seuls actifs, ou seulement en fonction des tâches accomplies par les salariés. L'entreprise doit être vue dans son intégralité[57]. Deuxièmement, il doit exister entre le premier exploitant de l'entreprise et le second un lien de droit direct, qui permet de parler d'auteur et d'ayant cause, lien de droit établi «par recours au droit civil»[58]. Le transfert de l'entreprise doit avoir été voulu par les parties elles-mêmes: il doit s'agir d'un transfert volontaire, bien que cela n'exclut pas l'intervention d'un intermédiaire[59]. Si la vente ou le transfert successoral[60] sont visés par cette définition du lien de droit direct, il n'en irait pas autant en cas de vente faite par exemple dans le cadre de la réalisation d'une garantie régie par la *Loi sur les banques*[61] ou la *Loi sur la cession des biens en stock*[62].

86. La Cour d'appel, dans l'arrêt *Bergeron* c. *Métallurgie Frontenac Ltée*[63] adopte ces mêmes règles aux fins de l'interprétation de l'article 97 de la *Loi sur les normes du travail*.

87. On peut donc prédire avec une relative certitude qu'une interprétation semblable prévaudra aux fins de l'article 2097 C.c.Q.[64]

88. Enfin, il faut ajouter qu'en pratique l'acheteur qui «subit» les effets de l'article 2097 C.c.Q. peut bien sûr se prévaloir du régime de terminaison applicable aux contrats de travail. Il

pourra ainsi se défaire des services des employés du vendeur en suivant les dispositions habituelles en matière de résiliation unilatérale, avec délai de congé, s'il s'agit de contrats à durée indéterminée. S'il s'agit de contrats à durée déterminée, il devra les assumer jusqu'à leur terme normal à moins d'indemniser les salariés selon les règles normales en pareil cas. Le vendeur peut, de même, licencier ses employés avant le transfert d'entreprise, aux mêmes conditions[65].

F. Terminaison du contrat

89. Tout comme en vertu du Code civil du Bas-Canada, le régime juridique de la terminaison du contrat de travail puise non seulement aux règles du Code civil du Québec en la matière (articles 2090, 2091, 2093 et 2094 C.c.Q.) mais aussi aux règles générales du titre des obligations. Globalement, on retrouve donc au Code civil du Québec les causes de terminaison que connaît déjà le droit actuel, causes communes aux contrats à durée déterminée ou indéterminée (volonté bilatérale, décès de l'une des parties, sous certaines réserves, inaptitude du salarié, exercice de la faculté de résiliation unilatérale sur la base d'un motif sérieux, inexécution) et causes propres à l'un ou à l'autre (arrivée du terme dans le cas du contrat à durée déterminée et, dans le cas du contrat à durée indéterminée, exercice de la faculté de résiliation unilatérale, avec délai de congé).

90. Comme nous le verrons, le Code civil du Québec consacre pour l'essentiel les solutions élaborées, parfois péniblement, par la jurisprudence et la doctrine, sur la base d'un Code civil du Bas-Canada particulièrement peu loquace en la matière et dont les règles générales ont dû, parfois, être tournées et contournées. De ce point de vue, la consécration est avantageuse: non seulement les dispositions du Code civil du Québec fournissent-elles une assise solide au régime de la terminaison du contrat de travail mais encore nous éviteront-elles, en partie du moins, certaines des contorsions intellectuelles nécessaires à l'élaboration du régime actuel.

91. Nous passerons donc en revue, successivement, les causes de terminaison propres à l'ensemble des contrats de travail, la cause propre au contrat à durée déterminée et la cause propre au contrat à durée indéterminée.

1. Causes communes aux contrats de travail

a. Volonté bilatérale

92. Comme tout contrat, le contrat de travail, qu'il soit à durée déterminée ou indéterminée, prendra fin avec l'accord des parties. C'est ce que prévoit l'article 1022 C.c.B.-C. (qui stipule que les contrats «ne peuvent être résolus que du consentement des parties, ou pour les causes que la loi reconnaît»), disposition que l'article 1439 C.c.Q. réitère en ces termes:

> 1439. Le contrat ne peut être résolu, résilié, modifié ou révoqué que pour les causes reconnues par la loi ou de l'accord des parties.

b. Décès du salarié et de l'employeur

93. L'article 2093 C.c.Q. se lit comme suit:

> 2093. Le décès du salarié met fin au contrat de travail.
>
> Le décès de l'employeur peut aussi, suivant les circonstances, y mettre fin.

Le premier alinéa de cette disposition correspond au premier alinéa de l'article 1668 C.c.B.-C. et confirme le caractère d'exécution personnelle qui s'attache aux obligations du salarié. Que les héritiers du salarié ne soient pas tenus des engagements de ce dernier est aussi l'expression du principe de la liberté de travail, qui a marqué le droit civil depuis la Révolution française et constitue également une autre manifestation des limites temporelles de l'engagement du salarié (voir là-dessus les articles 1667 C.c.B.-C. et 2085 C.c.Q.).

94. Si le contrat de travail ne peut en aucun cas survivre au décès du salarié, il n'en va toutefois pas de même du décès de l'employeur. Le second alinéa de l'article 2093 C.c.Q., fidèle au second alinéa de l'article 1668 C.c.B.-C., prévoit que, «suivant les circonstances», le décès de l'employeur peut mettre fin au contrat de travail. L'interprétation de l'article 1668 C.c.B.-C. n'est pas des plus claires, mais l'on peut probablement affirmer qu'en pratique le contrat de travail ne survit pas au décès de l'employeur sauf (et encore cette exception est-elle controversable) dans les cas où ce dernier laisse son entreprise à un

légataire universel ou à ses héritiers légaux[66]. Or malgré que son libellé soit semblable au second alinéa de l'article 1668 C.c.B.-C., le second alinéa de l'article 2093 C.c.Q. ne peut sans doute pas être interprété de la même façon.

95. En effet, il faut tenir compte ici de l'article 2097 C.c.Q., qui prescrit le maintien du contrat de travail en cas d'aliénation d'entreprise, ce qui doit vraisemblablement couvrir les cas de transfert par voie successorale. Dans cette mesure, il faut sans doute conclure que l'article 2093 pourvoit en principe au maintien du contrat de travail après le décès de l'employeur: le contrat lie les ayants cause de ce dernier, sauf dans les circonstances où il possède, dans les faits, un caractère *intuitu personæ* ou est d'une nature telle qu'il ne peut que s'éteindre avec le décès de l'employeur (l'exemple classique d'une telle situation est celui de la personne embauchée afin de prendre soin d'un employeur malade, qui décède). Dans ces cas-là, la nature du contrat s'opposerait à la survie, au sens de l'article 1441 C.c.Q.

c. Inaptitude du salarié

96. En son premier alinéa, l'article 1668 C.c.B.-C. prévoit que le contrat de travail s'éteint lorsque le salarié devient «sans sa faute» incapable d'exécuter ses obligations. La règle doit bien sûr être étendue aux cas où cette incapacité découle de la faute du salarié, puisqu'on imagine en effet assez mal le contrat survivre à l'inaptitude du salarié, quelle qu'en ait été l'origine.

97. Par incapacité ou inaptitude, on entend ici non pas l'incompétence, mais plutôt l'empêchement physique ou mental qui affecte un salarié. Si par suite d'une maladie ou d'un accident, un salarié devient inapte à exécuter ses obligations, le contrat de travail prend fin. Deux conditions doivent être remplies avant que l'on ne puisse parler d'inaptitude: tout d'abord, l'incapacité qui frappe le salarié doit affecter directement ses aptitudes à effectuer le travail convenu et non pas simplement rendre cet accomplissement plus incommode; deuxièmement, cette incapacité ne doit pas être susceptible de cesser dans un délai raisonnable, dont la durée varie selon les espèces. À ces règles, il faut bien sûr ajouter les obligations susceptibles de découler de l'application de la *Charte des droits et libertés de la personne* (article 10) ou de la *Loi canadienne des droits et libertés*[67]

(articles 2 et 25, concept de déficience), qui protègent la personne handicapée (y compris celle qui le devient en cours d'emploi). Il ne faut pas oublier non plus les obligations issues par exemple de l'article 122.2 de la *Loi sur les normes du travail*[68]. Si l'inaptitude du salarié découle d'un accident du travail ou d'une maladie professionnelle, il faudra en outre tenir compte des lois applicables en la matière.

98. Curieusement, le Code civil du Québec n'a pas à ce chapitre repris les dispositions du Code civil du Bas-Canada et ne contient aucune disposition précise sur l'inaptitude du salarié. On notera que l'avant-projet et le projet de loi contenaient tous deux des dispositions à ce sujet, dispositions d'ailleurs problématiques[69]. De toute évidence, le fait que la version finale du code ne comporte aucune semblable disposition ne signifie pas que le contrat de travail survit désormais à l'inaptitude du salarié. Simplement, il faudra plutôt appliquer en pareil cas soit les dispositions qui, au titre général des obligations, régissent, l'impossibilité d'exécution et l'inexécution, soit l'article 2094 C.c.Q., qui permet à chaque partie de résilier le contrat sans préavis pour cause de motif sérieux.

99. Dans la première hypothèse, on appliquerait les articles 1693 et 1470 C.c.Q., qui se lisent respectivement comme suit :

> 1693. Lorsqu'une obligation ne peut plus être exécutée par le débiteur, en raison d'une force majeure et avant qu'il soit en demeure, il est libéré de cette obligation; il en est également libéré, lors même qu'il était en demeure, lorsque le créancier n'aurait pu, de toute façon, bénéficier de l'exécution de l'obligation en raison de cette force majeure; à moins que, dans l'un et l'autre cas, le débiteur ne se soit expressément chargé des cas de force majeure.
>
> La preuve d'une force majeure incombe au débiteur.
>
> 1470. Toute personne peut se dégager de sa responsabilité pour le préjudice causé à autrui si elle prouve que le préjudice résulte d'une force majeure, à moins qu'elle ne se soit engagée à le réparer.
>
> *La force majeure est un événement imprévisible et irrésistible; y est assimilée la cause étrangère qui présente ces mêmes caractères.* (Les italiques sont nôtres)

100. Lorsque l'inaptitude du salarié découle d'une force majeure, l'application de ces dispositions ne pose pas problème. Il en va autrement lorsque cette inaptitude résulte d'une imprudence ou d'une négligence du salarié: peut-on alors parler de force majeure au sens du second alinéa de l'article 1470? Que faire aussi du salarié affecté d'une maladie dégénérative qui existait au moment où le salarié a été embauché mais qui n'affecte que graduellement ses aptitudes à la tâche?

101. Dans ces cas, il convient de laisser le problème au régime général de la résiliation sans préavis, tel que prévu par l'article 2094 C.c.Q. L'inaptitude du salarié pourrait, selon les circonstances de chaque espèce, constituer pour l'employeur un motif sérieux de résiliation, sous réserve des dispositions des lois qui protègent les personnes handicapées ou celles qui sont victimes d'accidents du travail ou de maladies professionnelles, ou les personnes protégées par l'article 122.2. de la *Loi sur les normes du travail*, ou autres dispositions législatives du genre. Il est probable d'ailleurs que les règles développées en matière d'inaptitude aux fins de l'application de l'article 1668 C.c.B.-C. soient transposées ici à l'interprétation du motif sérieux de résiliation.

d. *Exercice de la faculté de résiliation unilatérale, sur la base d'un motif sérieux*

102. L'article 2094 C.c.Q., auquel nous avons déjà plusieurs fois fait allusion, stipule que:

> 2094. Une partie peut, pour un motif sérieux, résilier unilatéralement et sans préavis le contrat de travail.

103. En vertu du droit actuel, et sur la base d'une application automatique (c'est-à-dire sans besoin d'intervention judiciaire) de l'article 1065 C.c.B.-C.[70], les parties au contrat de travail, que celui-ci ait une durée déterminée ou indéterminée, peuvent y mettre fin pour «une cause juste et suffisante» (ou autre expression équivalente), c'est-à-dire un motif grave lié à la conduite de l'autre dans l'exécution de ses obligations: par exemple, le salarié peut résilier le contrat qu'il a conclu avec un employeur qui refuse de lui fournir le travail convenu; l'employeur peut résilier le contrat de l'employé incompétent, insubordonné ou déloyal. On notera ici que les difficultés finan-

cières ne sont pas considérées comme une cause juste et suffisante de résiliation sans préavis: l'insolvabilité n'est pas une cause d'extinction des obligations et il n'y a pas de raison pour que les difficultés financières de l'entreprise ou les nécessités de sa réorganisation administrative le soient[71]. Dans ces cas là, l'employeur peut toujours utiliser, si le contrat est à durée indéterminée, son droit de résilier unilatéralement le contrat avec un délai de congé adéquat. De la même manière, le salarié qui quitte son emploi parce qu'il souhaite améliorer son sort en acceptant un poste ailleurs n'a pas une cause juste et suffisante de résiliation sans préavis, bien qu'il puisse lui aussi exercer son droit de résiliation unilatérale, avec délai de congé, s'il s'agit d'un contrat à durée indéterminée.

104. S'il s'agit plutôt d'un contrat à durée déterminée, la faculté de résiliation avec préavis n'existe en principe pas: si un employeur ou un salarié, autrement que pour un motif sérieux, met fin prématurément à un tel contrat, il est responsable envers l'autre partie du préjudice subi. Dans le cas du salarié, l'indemnité sera égale au salaire et autres avantages qui auraient normalement été versés jusqu'à l'échéance normale du contrat, moins certains facteurs de mitigation.

105. L'emploi du terme «motif sérieux», à l'article 2094 C.c.Q. traduit-il bien cette réalité que l'on désigne actuellement plus volontiers par l'expression «cause juste et suffisante»? Bien que certains entretiennent là-dessus quelques doute[72], nous croyons que les deux expressions sont équivalentes. Il eût peut-être été préférable que le législateur, par souci de cohérence, emploie ici l'expression «cause juste et suffisante», utilisée dans d'autres lois (et notamment dans la *Loi sur les normes du travail*), mais nous ne pensons pas que les tribunaux, qui ont eux-mêmes utilisé dans le passé toute une brochette d'expressions allant de la cause suffisante à la faute grave, limitent indûment le sens qu'il convient de donner au «motif sérieux» de l'article 2094 C.c.Q. Un motif sérieux, c'est, il nous semble, tout à la fois un motif grave et suffisant, gravité et suffisance devant être appréciées selon les circonstances de l'espèce. C'est parce que l'autre exécute mal ou n'exécute pas l'une de ses obligations (selon le standard proposé par l'article 1604, second alinéa, C.c.Q.), que le cocontractant peut résilier le contrat: voilà le motif sérieux.

106. À notre avis, l'article 2094 C.c.Q. ne change rien à ces règles, tout en donnant un fondement législatif exprès à une faculté que l'on a originalement liée à l'application de l'article 1065 C.c.B.-C. (et que l'on aurait pu choisir rattacher aux articles 1605 et 1597 C.c.Q.[73]) et à la sanction de l'inexécution des obligations de l'une ou l'autre partie ou à l'application d'une sorte d'exception d'inexécution engendrant non pas la suspension des obligations corrélatives des parties mais bien la rupture pure et simple du contrat.

2. Cause propre au contrat à durée déterminée et tacite reconduction

107. L'arrivée du terme fixé par les parties éteint en principe le contrat de travail à durée déterminée, en vertu du principe général en la matière (article 1138 C.c.B.-C. et articles 1517 et 1671 C.c.Q.). Par ailleurs, les parties ont pu expressément prévoir la reconduction du contrat et pourvoir à ses modalités.

108. La tacite reconduction du contrat est également possible, aux conditions désormais réglées par l'article 2090 C.c.Q., qui se lit comme suit:

> 2090. Le contrat de travail est reconduit tacitement *pour une durée indéterminée* lorsque, après l'arrivée du terme, le salarié continue d'effectuer son travail pendant cinq jours, sans opposition de la part de l'employeur. (Les italiques sont nôtres)

109. L'article 1667 C.c.B.-C., qui prévoit la possibilité de la tacite reconduction sans toutefois en préciser les conditions, a donné lieu à trois courants d'interprétation. Le premier veut que le contrat à durée déterminée, s'il se continue au-delà du terme, soit reconduit pour une période égale à la période initiale. Le second veut que le contrat à durée déterminée soit en la matière, vu le mutisme de l'article 1667 C.c.B.-C., assujetti à titre subsidiaire aux conditions de tacite reconduction du bail immobilier[74]. Enfin, un troisième courant considère qu'en ne fixant pas le terme de leur nouvel engagement, à l'expiration du premier, les parties montrent implicitement qu'elles entendent s'obliger pour une durée indéterminée. On applique ici le raisonnement que l'on tient à l'égard des parties qui contractent pour la première fois.

110. C'est cette troisième solution que retient l'article 2090 C.c.Q., à l'instar de ce que décrète l'article L.122-3-10 du Code du travail français.

3. Cause propre au contrat à durée indéterminée: exercice de la faculté unilatérale de résiliation avec délai de congé

111. L'article 2091 C.c.Q. consacre l'état actuel du droit, ou ce que l'on perçoit généralement comme tel, en stipulant que:

> 2091. Chacune des parties à un *contrat à durée indéterminée* peut y mettre fin en donnant à l'autre un délai de congé.
>
> Le délai de congé doit être raisonnable et tenir compte, notamment, de la nature de l'emploi, des circonstances particulières dans lesquelles il s'exerce et de la durée de la prestation de travail. (Les italiques sont nôtres)

112. À la différence du droit reconnu par l'article 2094 C.c.Q. (droit de résiliation unilatérale sans préavis, pour cause de motif sérieux), qui peut être exercé aussi bien dans le cas du contrat à durée déterminée que dans celui du contrat à durée indéterminée, la faculté de résiliation dont parle l'article 2091 C.c.Q. est une faculté discrétionnaire qui ne peut être exercée que dans le cadre d'un contrat à durée indéterminée. La chose s'impose en effet: le contrat à durée indéterminée doit pouvoir être résilié à volonté si l'on veut échapper à la prohibition de l'engagement à durée illimitée. Les parties qui concluent un contrat de travail sans en fixer le terme sont ainsi présumées s'être réservées cette faculté de résiliation que consacre maintenant en toutes lettres l'article 2091. Par contre, la situation est tout autre en matière de contrat à durée déterminée: lorsque les parties ont d'avance, et en toute connaissance de cause, fixé le terme extinctif de leur engagement (d'une manière qui ne contrevienne par ailleurs pas indirectement à la prohibition de durée illimitée), rien ne justifie qu'elles puissent à volonté, et par déclaration unilatérale, échapper aux obligations qu'elles ont ainsi valablement contractées. Si une partie, sans motif sérieux, rompt prématurément le contrat de travail à durée déterminée, il engage pleinement sa responsabilité civile à l'égard de son cocontractant (voir notamment les articles 1590, 1607 à 1621 C.c.Q.)[75]. Le droit actuel ne décide pas autrement.

113. Le contrat à durée indéterminée est donc à tout moment susceptible d'être résilié par l'une ou l'autre des parties, mais non pas sans formalités cependant, formalités destinées à éviter ou à minimiser le préjudice causé à l'autre partie. En effet, en vue de pallier l'incertitude que peut engendrer la possibilité qu'un contrat soit ainsi résilié, le législateur, consacrant en cela le droit actuel, l'assortit de l'obligation d'en donner préavis, c'est-à-dire de donner un délai de congé. La durée de ce délai de congé varie selon les espèces: le second alinéa de l'article 2091 C.c.Q. énumère d'ailleurs certains des facteurs susceptibles d'être pris en considération aux fins du calcul de cette durée[76]. La liste des facteurs en question, qui n'est pas exhaustive, est conforme au droit actuel.

114. Le contrat de travail se poursuit en principe jusqu'à l'expiration du délai de congé et les parties demeurent pendant cette période tenues de respecter leurs obligations mutuelles.

115. Le droit actuel reconnaît cependant à la partie qui résilie le contrat le droit de verser, en lieu et place du délai de congé, une indemnité équivalente. Dans ces cas là, le contrat peut se terminer sur le champ. Lorsque l'employeur résilie le contrat, cette indemnité est calculée en fonction du salaire et autres avantages auxquels le salarié aurait eu droit pendant la durée du délai de congé. Si le délai de congé et par conséquent l'indemnité qui en tient lieu sont insuffisants, le salarié peut poursuivre l'employeur en dommages-intérêts et réclamer une indemnité équivalente à la différence entre ce qu'il aurait dû recevoir et ce qu'il a effectivement reçu, sous réserve de la prise en compte de certains facteurs de mitigation. La jurisprudence regorge d'ailleurs d'affaires où le salarié a poursuivi l'employeur qui ne lui a donné aucun délai de congé ou lui a donné un délai de congé ou une indemnité compensatoire insuffisants. Pour des raisons évidentes, liées à la difficulté de quantifier le préjudice, les exemples sont beaucoup plus rares de cas où l'employeur a poursuivi le salarié qui a résilié le contrat de travail sans le préavis ou l'indemnité compensatoire requise, bien que théoriquement les mêmes règles s'appliquent.

116. Le Code civil du Québec consacre-t-il cette possibilité de remplacer le délai de congé par une indemnité équivalente (dont le caractère suffisant sera ultimement apprécié par les tribu-

naux, en cas de litige)? Pas expressément. Mais il est probable
que les tribunaux continueront d'appliquer cette solution, solution qui sous-tend d'ailleurs l'article 2092 C.c.Q. Cette disposition se lit comme suit:

> 2092. Le salarié ne peut renoncer au droit qu'il a d'obtenir une
> indemnité en réparation du préjudice qu'il subit, lorsque le le
> délai de congé est insuffisant ou que la résiliation est faite de
> manière abusive.

117. L'article 2092 C.c.Q., dont le libellé indique le caractère
d'ordre public, accorde à l'employé une protection que le droit
actuel ne lui reconnaît pas, ou du moins pas avec cette ampleur[77]: une clause de préavis (ou d'indemnité équivalente) qui
aurait pour effet de réduire la durée du délai de congé (ou
l'indemnité) auquel le salarié aurait eu droit en vertu du droit
commun est donc nulle. Une décision comme celle qu'a rendu
la Cour d'appel dans l'affaire *Sofati Ltée* c. *Laporte*[78] ne serait
probablement plus possible (du moins dans le cadre du contrat
à durée indéterminée, voir *infra* par. 118). Il faudra donc
désormais apprécier la validité de telles clauses non plus seulement en tenant compte du respect que l'on doit aux volontés
des cocontractants et des impératifs de bonne conduite liés à la
notion d'abus de droit, mais aussi en fonction des critères
énumérés au second alinéa de l'article 2091 C.c.Q.

118. L'article 2092 C.c.Q. soulève une autre question: ne s'ap-
plique-t-il qu'au contrat à durée indéterminée ou vise-t-il également le contrat à durée déterminée? Autrement dit, le salarié
pourrait-il, dans le cadre d'un contrat à durée déterminée,
renoncer à son droit d'obtenir la réparation du préjudice envisagé par l'article 2092? Le texte même de la disposition est
ambigu: la référence à une résiliation abusive est certainement
susceptible d'englober autant la résiliation prématurée d'un
contrat à durée déterminée que la résiliation discrétionnaire du
contrat à durée indéterminée; par contre, la référence au délai
de congé, notion étrangère au contrat à durée déterminée[79],
pourrait nous incliner à penser que l'article 2092 ne vise que le
contrat à durée indéterminée. Ceci, pourtant, paraît bien restrictif lorsque l'on considère l'esprit qui a sans aucun doute présidé
à l'adoption de cette disposition: clairement, celle-ci a pour but
de protéger le salarié. Pourquoi le salarié qui a conclu un con-

trat à durée déterminée bénéficierait-il d'une protection moins
étendue que le salarié qui a conclu un contrat à durée indéterminée? En quoi le fait que le contrat soit à durée déterminée
justifie-t-il qu'une protection moindre soit accordée au salarié?
Quel est le lien rationnel entre les deux propositions? Poser ces
question, c'est, il nous semble, y répondre. L'article 2092, dont
le libellé n'est décidément pas des plus heureux, doit s'appliquer aussi bien au contrat à durée déterminée qu'au contrat à
durée indéterminée, en faisant les adaptations nécessaires à chaque cas.

119. Enfin, conjugués l'un à l'autre, les articles 2091 et 2092
C.c.Q. nous obligent à poser la question suivante: le salarié dont
le contrat de travail à durée indéterminée a été unilatéralement
résilié par l'employeur, même avec un délai de congé, peut-il
obtenir sa réintégration, s'il est montré que l'employeur n'avait
aucun raison valable[80] de mettre fin au contrat? Comme on l'a
vu précédemment, la réintégration ne fait traditionnellement pas
partie de l'arsenal des moyens de droit commun que les tribunaux mettent à la disposition des salariés congédiés (encore
qu'il faille tenir compte maintenant de l'impact de l'article 49
de la *Charte des droits et libertés de la personne*[81]): voir *Dupré
Quarries Ltd* c. *Dupré*[82], et *supra*, note infrapaginale 75. Les
motifs mis de l'avant par la Cour suprême dans l'affaire *Dupré*,
on l'a vu, ne tiennent plus guère. Mais si le droit à la réintégration, modalité de l'exécution forcée en nature, peut être envisagée dans le cas du contrat à durée déterminée, la chose n'est pas
aussi sûre dans le cas du contrat à durée indéterminée. Comment concilier en effet l'existence et l'exercice d'une faculté de
résiliation comme celle qu'énonce l'article 2091 C.c.Q. avec la
possibilité de la réintégration?. On doit se demander si l'existence d'une telle faculté de résiliation, affirmée sans réserve
(sauf, bien sûr celle qui découle de la bonne foi) ne contredit
pas forcément l'hypothèse de la réintégration. En effet, qu'est-
ce que la réintégration? Elle est la forme particulière que prend
l'exécution en nature, au sens de l'article 1065 C.c.B.-C.
comme au sens des articles 1590 et 1601 C.c.Q. Elle sanctionne
le fait que, par exemple, l'employeur, alors qu'il n'en avait pas
le droit, a, sans motif sérieux, rompu prématurément le contrat
à durée déterminée. Or, dans le cas d'un contrat à durée indéterminée, l'employeur jouit désormais sans équivoque (comme

le salarié du reste) du droit de résilier unilatéralement le contrat de travail, même sans motif sérieux, à condition qu'un délai de congé suffisant soit donné. Est-il concevable que l'employeur qui exerce cette faculté de résiliation moyennant un délai de congé adéquat puisse être condamné à la réintégration? Et s'il y a résiliation sans délai de congé ou sans délai suffisant, quelle doit être la sanction? La réintégration? Ne serait-ce pas plutôt les dommages-intérêts, qui permettront au salarié de recevoir l'équivalent de ce à quoi il aurait eu droit si l'employeur avait convenablement exercé le droit que lui confère l'article 2091 C.c.Q. Comme on le voit, le sujet n'est pas simple... mais offre ample matière à réflexion.

4. Abus de droit

120. Il est impossible de parler de terminaison du contrat de travail sans parler aussi d'abus de droit, notion que la Cour suprême du Canada, en toutes matières contractuelles, consacrait récemment avec éclat dans l'affaire *Banque nationale du Canada* c. *Houle*[83].

121. L'abus de droit, qui gagnait ainsi ses lettres de noblesse contractuelle, balise bien sûr l'exercice des droits des parties au contrat de travail et prend plus de relief encore au moment de la terminaison de ce dernier, comme l'illustre l'abondante jurisprudence en la matière. Or les articles 6, 7 et 1375 C.c.Q. donnent plus de force encore à cette notion, émanation du principe de bonne foi, en stipulant que:

> 6. Toute personne est tenue d'exercer ses droits civils selon les exigences de la bonne foi.

> 7. Aucun droit ne peut être exercé en vue de nuire à autrui ou d'une manière excessive et déraisonnable, allant ainsi à l'encontre des exigences de la bonne foi.

> 1375. La bonne foi doit gouverner la conduite des parties, tant au moment de la naissance de l'obligation qu'à celui de son exécution ou de son extinction.

Ces dispositions s'appliquent bien sûr au contrat de travail, notamment en matière de résiliation, avec ou sans délai de congé, avec ou sans motif sérieux. Ni l'employeur ni le salarié ne doivent abuser de leurs droits à cet égard et tous deux s'exposent à des dommages-intérêts au cas contraire. Qui plus est, l'article 2092 C.c.Q. interdit même au salarié de renoncer à l'indemnité qui lui est due en raison d'une résiliation abusive.

G. *Obligations postérieures à la terminaison du contrat*

122. Nous traiterons enfin brièvement de trois obligations issues du contrat de travail mais dont l'effet est conditionnel à la terminaison du contrat de travail ou lui survit: les obligations de loyauté et de discrétion, les obligations de non-concurrence résultant de clauses contractuelles et l'obligation de fournir un certificat de travail.

1. Loyauté et discrétion

123. Rappelons ici le texte de l'article 2088 C.c.Q., que nous citions plus tôt:

> 2088. Le salarié, outre qu'il est tenu d'exécuter son travail avec prudence et diligence, doit agir avec loyauté et ne pas faire usage de l'information à caractère confidentiel qu'il obtient dans l'exécution ou à l'occasion de son travail.
>
> *Ces obligations survivent en tout temps pendant un délai raisonnable après la cessation du contrat, et survivent en tout temps lorsque l'information réfère à la réputation et à la vie privée d'autrui.* (Les italiques sont nôtres)

Le second alinéa de cette disposition, malgré son libellé un peu boiteux, qui semble inclure l'obligation d'exécuter le travail, réfère bien sûr exclusivement aux obligations de loyauté et de discrétion. Le contraire serait évidemment impensable...

124. Que ces obligations subsistent pour un temps plus ou moins long après la cessation du contrat ne pose pas de difficulté particulière: le droit actuel le reconnaît déjà, en vertu d'une morale de l'emploi et de l'entreprise liée, encore, aux exigences de la bonne foi et à celles de la bonne conduite au sens de l'article 1053 C.c.B.-C. de même qu'aux effets de la nature du contrat, au sens de l'article 1024 C.c.Q.

125. Bien sûr, l'ampleur de ces obligations, après la cessation du contrat n'est peut-être pas la même: par exemple, rien n'em-

pêche le salarié, dès le lendemain du jour où prend fin son contrat de travail de faire concurrence, même féroce, à son ex-employeur pourvu que, ce faisant, il ne viole aucune clause de non-concurrence et ne se livre pas à une concurrence déloyale (ce qui serait notamment le cas s'il utilisait à ces fins des informations confidentielles obtenues dans le cadre ou à l'occasion de son emploi).

2. Clauses de non-concurrence

126. Les articles 2089 et 2095 C.c.Q. stipulent ce qui suit en matière de clause de non-concurrence:

> 2089. Les parties peuvent, par écrit et en termes exprès, stipuler que même après la fin du contrat, le salarié ne pourra faire concurrence à l'employeur ni participer à quelque titre que ce soit à une entreprise qui lui ferait concurrence.
>
> Toutefois, cette stipulation doit être limitée, quant au temps, au lieu et au genre de travail, à ce qui est nécessaire pour protéger les intérêts légitimes de l'employeur.
>
> Il incombe à l'employeur de prouver que cette stipulation est valide.
>
> 2095. L'employeur ne peut se prévaloir d'une stipulation de non-concurrence, s'il a résilié le contrat sans motif sérieux, ou s'il a lui-même donné au salarié un tel motif de résiliation.

127. *Grosso modo*, ces dispositions consacrent le droit actuel, sauf en matière de preuve: en raison de l'article 1203 C.c.B.-C., il incombe actuellement au salarié de prouver le caractère déraisonnable, et donc la nullité, de la clause de non-concurrence, alors que l'article 2089 C.c.Q. impose dorénavant à l'employeur, par dérogation à l'article 2803 C.c.Q., le fardeau de démontrer la validité de la stipulation de non-concurrence.

128. L'article 2088 C.c.Q. exige de plus que la clause de non-concurrence soit couchée par écrit: il s'agit là d'un formalisme dont le non-respect signifie la nullité de la clause[84].

129. Au chapitre des conditions de validité de la clause de non-concurrence, on notera que le second alinéa de l'article 2089 C.c.Q. ne parle que de «ce qui est nécessaire pour protéger les

intérêts légitimes de l'employeur». Qu'est-il arrivé à la mention de la tout aussi légitime capacité de gain du salarié, mention qui figurait et dans l'avant-projet (article 2148) et dans le projet de loi (article 2079)? C'est ce test à double volet qu'applique actuellement les tribunaux. Doit-on craindre qu'en ne référant plus qu'aux intérêts légitimes de l'employeur, l'article 2089 laisse échapper un élément qui pourrait être plus qu'une nuance? Pourquoi ne pas avoir maintenu l'équilibre en précisant que les nécessités de la protection des intérêts légitimes de l'employeur ne doivent cependant pas indûment, c'est-à-dire de manière déraisonnable, entraver la capacité de gain du salarié, c'est-à-dire sa capacité de gagner sa vie? D'un autre côté, on pourrait toujours arguer que les intérêts «légitimes» de l'employeur ne le sont plus s'ils ont pour effet de priver déraison-nablement un salarié des moyens de gagner sa vie. Il faut sans doute de plus compter avec la notion d'abus de droit, à la fois dans l'application et l'interprétation de la clause. Mais enfin, il y a peut-être là quelques débats en perspective!

3. Certificat de travail

130. L'article 2096 C.c.Q. se lit comme suit:

> 2096. Lorsque le contrat prend fin, l'employeur doit fournir au salarié qui le demande un certificat de travail faisant état uni-quement de la nature et de la durée de l'emploi et indiquant l'identité des parties.

Cette disposition, qui ne figure pas dans le *Code civil du Bas-Canada*, est la sœur jumelle de l'article 84 de la *Loi sur les normes du travail*. Qu'on en juge:

> 84. À l'expiration du contrat de travail, un salarié peut exiger que son employeur lui délivre un certificat de travail faisant état exclusivement de la nature et de la durée de son emploi, du début et de la fin de l'exercice de ses fonctions ainsi que du nom et de l'adresse de l'employeur. Le certificat ne peut faire état de la qualité du travail ou de la conduite du salarié.

131. L'employeur doit donc attester dans ce certificat de travail de faits objectifs: il ne faut pas confondre le certificat de travail dont parlent les articles 2096 C.c.Q. et 84 L.n.t. avec la lettre

de recommandation, que le salarié demeure toujours libre de demander à son employeur et que celui-ci demeure toujours libre de refuser.

132. Pour le reste, l'article 2096 C.c.Q., tout comme l'article 84 L.n.t., a vraisemblablement pour but de contrer les manœuvres d'employeurs malintentionnés, qui refuseraient de telles attestations à leurs ex-salariés, mettant ainsi potentiellement en péril les droits de ces derniers à l'assurance-chômage, par exemple, ou rendant leur exercice plus difficile, ou encore nuisant à la recherche d'un nouvel emploi.

Notes

1. L'article 1377 C.c.Q., au chapitre du contrat (second chapitre du titre premier du livre cinquième), dispose ainsi que: «1377. Les règles générales du présent chapitre s'appliquent à tout contrat, quelle qu'en soit la nature. Des règles particulières à certains contrats, qui complètent ces règles générales ou y dérogent, sont établies au titre deuxième du présent livre.»

2. *Loi portant réforme au Code civil du Québec du droit des obligations*, avant-projet de loi, Éditeur officiel du Québec, 1987, articles 2144 à 2157.

3. L.R.Q., c. N-1.1 (ou «L.n.t.»).

4. L.R.Q., c. C-27.

5. L.R.Q., c. D-2.

6. Article 1666 C.c.B.-C.

7. Le titre du louage d'ouvrage, qui comprend le contrat de louage du service personnel, le contrat de transport et le contrat d'entreprise, constitue le second chapitre du titre général du louage, titre dont le premier chapitre est consacré au louage de choses. Cette conception du louage en deux catégories symétriques et apparentées nous vient de Pothier. Voir Pothier, *Traité du contrat de louage*, dans *Œuvres de Pothier*, par M. Bugnet, t. 4, Paris, E. Plon, Nourrit et Ce, 1890.

8. Cette conception du louage de service, qui fait de la force de travail d'un individu un bien susceptible de location au même titre et de la même façon qu'une chose, cadre bien avec le libéralisme absolu du XIXe siècle, dont le Code civil du Bas-Canada se fait d'ailleurs l'apôtre en général, et en matière de contrat de travail en particulier: voir J. W. Cairns, «Employment in the Civil Code of Lower Canada: Tradition and Political Economy in Legal Classification and Reform», (1987) 32 McGill L.J. 673.

9. Pour un exposé beaucoup plus complet des règles du droit actuel, on consultera notamment les ouvrages suivants, dont le premier contient en outre de nombreux commentaires sur les nouvelles dispositions du Code civil du Québec: G. Audet. R. Bonhomme et C. Gascon, *Le congédiement en droit québécois*, 3e éd., Cowansville, Les Éditions Yvon Blais Inc.,

1991; R. P. Gagnon, L. LeBel et P. Verge, *Droit du travail*, Ste-Foy, P.U.L., 1991; A. E. Aust, *Le contrat d'emploi*, Cowansville, Les Éditions Yvon Blais Inc., 1988. Pour un aperçu commenté des réformes envisagées par le législateur en matière de contrat d'emploi, on pourra lire également: M.-F. Bich, «Le contrat de travail et le Code civil : du nouveau à l'horizon», (1990) 24 R.J.T. 111.

10. L.R.C. (1985), c. L-2.

11. R. Gagnon, L. LeBel et P. Verge, *op. cit.*, note 9, à la p. 543.

12. *Syndicat catholique des employés des magasins de Québec Inc. c. Cie Paquet Ltée*, [1959] R.C.S. 206.

13. [1989] 2 R.C.S. 962.

14. [1976] 1 R.C.S. 718.

15. [1980] R.C.S. 905.

16. [1986] 1 R.C.S. 704.

17. [1989] 2 R.C.S. 983.

18. [1992] R.J.Q. 572 (C.A.).

19. Il faut noter que la Cour d'appel avait, en 1989, déployé une égale éloquence à nous convaincre du contraire, c'est-à-dire de la possible co-existence du contrat individuel de travail et de la convention collective: voir *Commission des normes du travail c. Campeau Corporation*, [1989] R.J.Q. 2108, aux pp. 2112 à 2115 (C.A.). Pour un commentaire récent de l'arrêt *Maribro*, voir: C. D'aoust, «L'arrêt *Maribro*: un changement de cap de la Cour d'appel» (1992) 23 R.G.D. 583.

20. *CAIMAW c. Paccar of Canada Ltd.*, précité, note 17, à la p. 1007.

21. F. Morin, *Rapports collectifs de travail*, 2e éd., Montréal, Les éditions Thémis, 1991, à la p. 590. Sur toute la question des rapports qu'entre-tiennent contrat individuel de travail et convention collective, on con-sultera d'ailleurs avec profit les pp. 584 à 592 de cet ouvrage.

22. Cette disposition avait initialement été proposée par l'Office de révi-sion du Code civil qui voulait ainsi en finir avec «cette dichotomie irréa-liste entre le contrat de travail et le contrat collectif préconisée par plu-sieurs». Voir O.R.C.C., *Rapport sur le Code civil du Québec*, vol. II, Québec, Éditeur officiel, 1977, à la p. 753 (commentaire sur l'article 669).

23. L'article 1380 C.c.Q. énonce que: «1380. *Le contrat est synallag-matique ou bilatéral lorsque les parties s'obligent réciproquement, de manière que l'obligation de chacune d'elles soit corrélative à l'obligation de l'autre*. Il est unilatéral lorsque l'une des parties s'oblige envers l'autre sans que, de la part de cette dernière, il y ait d'obligation. (Les italiques sont nôtres)

24. L'article 1381 C.c.Q. énonce que: «1381. *Le contrat à titre onéreux est celui par lequel chaque partie retire un avantage en échange de son obligation*. Le contrat à titre gratuit est celui par lequel l'une des parties s'oblige envers l'autre pour le bénéfice de celle-ci, sans retirer d'avantage en retour.» (Les italiques sont nôtres)

Le bénévolat ressemble sans doute à l'emploi... mais n'en est pas. Il n'y a d'emploi que s'il y a rémunération: l'article 2085 C.c.Q. le dit en toutes lettres, comme actuellement l'article 1665a C.c.B.-C., qui prévoit que tout louage d'ouvrage suppose un prix pour le locateur, c'est-à-dire en l'espèce le salarié. Dans la mesure où l'employeur retire lui aussi un avantage du contrat, celui-ci est donc onéreux pour les deux parties, au sens de l'article 1381 C.c.Q.

25. L'article 1382 C.c.Q. énonce que: «1382. *Le contrat est commutatif lorsque, au moment où il est conclu, l'étendue des obligations des parties et des avantages qu'elles retirent en échange est certaine et déterminée.* Il est aléatoire lorsque l'étendue de l'obligation ou des avantages est incertaine.» *(Les italiques sont nôtres)*

26. L'article 1383 C.c.Q. énonce que: «1383. Le contrat à exécution instantanée est celui où la nature des choses ne s'oppose pas à ce que les obligations des parties s'exécutent en une seule et même fois. *Le contrat à exécution successive est celui où la nature des choses exige que les obligations s'exécutent en plusieurs fois ou d'une façon continue.» (Les italiques sont nôtres)*

27. R. P. Gagnon, L. LeBel et P. Verge, *op. cit.*, note 9, à la p. 11.

28. À ce sujet, voir généralement: M.-F. Bich, «Du contrat individuel de travail en droit québécois: essai en forme de point d'interrogation», (1986) 17 R.G.D. 85, aux pp. 91-108. *Contra*: G. Audet, R. Bonhomme et C. Gascon, *op. cit.*, note 9, aux pp. 1-2 et 1-3.

29. L'article 1434 C.c.Q. se lit comme suit: «1434. Le contrat valablement formé oblige ceux qui l'ont conclu non seulement pour ce qu'ils y ont exprimé, mais aussi pour tout ce qui en découle d'après sa nature et suivant les usages, l'équité ou la loi.»

30. Comme le montre la jurisprudence, il n'est pas toujours facile de distinguer le contrat à durée déterminée du contrat à durée indéterminée. Il se peut ainsi que certains contrats que l'on croit à première vue être à durée déterminée soit en fait plutôt à durée indéterminée (ce pourrait être le cas, par exemple, lorsqu'il y a une clause de renouvellement automatique à l'échéance, sauf avis contraire de l'un ou l'autre partie). En général, sur la difficulté de qualification, voir: *Shawinigan Lavalin Inc.* c. *Espinosa*, [1989] R.L. 27 (C.A.).

31. Voir *supra*, note 1.

32. Voir les articles 1371 à 1424 C.c.Q.

33. *Filion* c. *Ville de Montréal*, [1970] R.C.S. 211.

34. Voir G. Dion, *Dictionnaire des relations de travail*, 2ᵉ éd., Québec, P.U.L., 1976, à la p. 228: «mise à pied: Perte d'emploi temporaire due à des motifs d'organisation interne ou liée à la vie économique. La mise à pied se transforme en licenciement après une période déterminée s'il n'y a pas de rappel avant l'expiration de cette période.»

35. D.T.E. 89T-640.

36. *Id.*, à la p. 4.

37. [1989] R.J.Q. 2097.

38. La Cour se posait alors la question de savoir si les mises à pied antérieures, toutes liées au caractère saisonnier des activités de l'employeur, constituaient des ruptures du contrat de travail susceptibles en conséquence d'affecter la durée du service continu au sens de l'article 1, par. 12, de la *Loi sur les normes du travail*. Elle aurait peut-être pu conclure que les mises à pied de ce type, en raison de leur caractère

prévisible et récurrent font partie des conditions même de l'emploi (au même titre que les congés de week-end ou les vacances) et n'affectent donc pas le lien d'emploi comme tel. Dans ces cas là, en effet, le salarié qui connaît le caractère saisonnier de l'entreprise accepte au moins implicitement, lorsqu'il conclut le contrat, la suspension occasionnelle de celui-ci.

39. Ce type de solution est celui du droit français, qui, sur le plan du droit commun, s'est heurté aux mêmes difficultés. Voir en général, J.-M. Béraud, *La suspension du contrat de travail*, Paris, Sirey, Bibliothèque de droit du travail et de la sécurité sociale, VII, 1980, note 87; G. H. Camerlynck, *Le contrat de travail*, 2ᵉ éd., tome I de *Droit du travail*, sous la direction de G. H. Camerlynck, Paris, Dalloz, 1982, aux pp. 338-344.

40. L.R.Q., c. S-2.1 («L.S.S.T.»).

41. L'article 1 L.S.S.T. définit comme suit le «travailleur»: «une personne qui exécute, en vertu d'un contrat de louage de services personnels ou d'un contrat d'apprentissage, même sans rémunération, un travail pour un employeur, y compris un étudiant dans les cas déterminés par règlement, à l'exception:

1ᵉʳ d'une personne qui employée à titre de gérant, surintendant, contremaître ou représentant de l'employeur dans ses relations avec les travailleurs;

2ᵉ d'un administrateur ou officier d'une corporation, sauf si une personne agit à ce titre à l'égard de son employeur après avoir été désignée par les travailleurs ou une association accréditée»

42. L.R.Q., c. C-12. L'article 47 de la Charte se lit comme suit: «47. Toute personne qui travaille a droit, conformément à la loi, à des conditions de travail justes et raisonnables et qui respectent sa santé, sa sécurité et son intégrité physique.»

43. M.-F. Bich, *loc. cit.*, note 9, à la p. 118.

44. *Robichaud* c. *Canada (Conseil du trésor)*, [1987] 2 R.C.S. 84; *Jantzen* c. *Platy Enterprises Ltd.*, [1989] 1 R.C.S. 1252.

44b. Obligation déjà évoquée par la Cour supérieure en marge de l'article 1024 C.C.b.c: voir *Valois* c *Caisse populaire Notre-Dame de la Merci* (Montréal) [1991] RJQ 1057, p. 1062 (en appel, nᵒ 500-09-000442-913).

45. Pour un exemple récent de l'application de cette doctrine, on lira: *Tremblay* c. *Anjou*, [1991] R.J.Q. 1989 (C.S.).

46. Voir *supra*, à la p. 16.

47. Notons tout de même que, dans l'affaire *Tremblay* c. *Anjou*, précitée, note 45, c'est précisément ce qu'a fait la demanderesse, qui se plaignait d'une suspension de deux semaines. Elle réclamait cependant, outre le salaire qui lui était dû pour ces deux semaines, une importante indemnité fondé sur une violation de l'article 4 de la Charte des droits et libertés de la personne, visant à compenser une atteinte concomitante à son honneur et à sa réputation. En général cependant, on peut estimer que le salarié ordinaire n'aura guère les moyens d'intenter pareille action.

48. Voir les articles L.122-33 à L. 122-45 du Code du travail français.

49. Voir à ce sujet *Banque de Montréal* c. *Ng*, [1989] 2 R.C.S. 429, à la p. 438.

50. *Code civil du Québec*, projet de loi 125, Québec, Éditeur officiel du Québec, 1990.

51. Sur la différence entre les deux concepts, on consultera notamment: D. Vaver, «What is a Trade Secret», dans R. T. Hughes, éd., *Trade Secrets*, Toronto, The Law Society of Upper Canada, 1990, aux pp. 1- 42; F. Guay, «La protection des secrets de fabrique et des informations confidentielles», dans *Développements récents en droit commercial*, Cowansville, Les Éditions Yvon Blais Inc., 1993, aux pp. 167-204; M. Bourgeois, «La protection juridique de l'information confidentielle économique — Étude de droit québécois et français», (1988) Cahiers de propriété intellectuelle 1.

52. Voir: *Syndicat national des travailleurs de la pulpe et du papier de La Tuque Inc.* c. *C.R.O.*, [1959] B.R.1; *Matheson* c. *Sprecher & Schuh Inc.*, D.T.E. 88T-646 (C.A.). *Contra*: *Sperano* c. *Héritiers St-Pierre*, D.T.E. 84T-174 (C.P.).

53. Afin d'alléger le texte, nous emploierons dans cette section les termes acheteur et vendeur pour désigner les exploitants successifs de l'entreprise, qu'il s'agisse d'aliénation (par vente, concession, transmission successorale, etc.) ou de modification de la structure juridique de l'entreprise (notamment par fusion).

54. Le juge Brière, dans *Services Ménagers Roy Ltée* c. *Syndicat national des employés de la Commission scolaire régionale de l'Outaouais*, [1982] T.T. 115, à la p. 148 (qui se retrouvera en Cour suprême *sub nom. Union des employés de service, local 298* c. *Bibeault*, [1988] 2 R.C.S. 1048), dénonçait la portée limitée de l'article 45 C.t. tout en constatant que cette disposition n'avait pas pour effet de protéger les salariés individuellement. Dans certains cas, cependant, les droits individuels du salarié sont protégés: *Adam* c. *Daniel Roy Ltée*, [1983] 1 R.C.S. 683. Sur l'ensemble de la question, voir: R.P. Gagnon, L. LeBel et P. Verge, *op. cit.*, note 9, aux pp. 395-396; F. Morin, *op. cit.*, note 21, aux pp. 385-386.Voir aussi les effets de l'article 44 du *Code canadien du travail*, pendant fédéral de l'article 45 C.t.

55. Voir à ce sujet: *Produits Pétro-Canada Inc.* c. *Moalli*, [1987] R.J.Q. 261 (C.A).

56. Précitée, note 54.

57. *Id.*, aux pp. 1103 à 1110.

58. *Id.*, à la p. 1112.

59. Sur toute la question du lien de droit direct, voir: *Id.*, aux pp. 1110 à 1120.

60. Au sujet du transfert par voie successorale, il faut parallèlement lire l'article 2093 C.c.Q., sur lequel nous reviendrons. Voir *infra*, par. 94 et 95.

61. L.R.C. (1985), c. B-1.

62. L.R.Q., c. C-53.

63. [1992] R.J.Q. 2656 (C.A.).

64. Si l'aliénation se fait par voie de vente d'entreprise, devra-t-on tenir compte de l'article 1767 C.c.Q., qui prévoit que: «1767. La vente d'entreprise est celle qui porte sur l'ensemble ou sur une partie substantielle d'une entreprise et qui a lieu en dehors du cours des activités du vendeur.»

65. Évidemment, dans l'un et l'autre cas, il est possible que l'employeur (acheteur ou vendeur) ait à faire face aux recours issus de certaines lois particulières (par exemple les recours pour congédiement sans cause juste et suffisante ou pour congédiement injustifié prévus respectivement par les articles 124 de la *Loi sur les normes du travail* et 240 du *Code canadien du travail*).

66. Voir: *Syndicat national des travailleurs de la pulpe et du papier de La Tuque Inc.* c. *C.R.O.*, précitée, note 52; *Matheson* c. *Sprecher & Schuh Inc.*, précitée, note 52 (où la Cour d'appel laisse en effet entendre, sans le dire vraiment, que les héritiers légaux ou les légataires à titre universel seraient en effet liés par les contrats de travail conclus par leur auteur à titre d'employeur).

67. L.R.C. (1985), c. H-6.

68. L'article 122.2 L.n.t. se lit comme suit: «122.2 Il est interdit à un employeur ou à son agent de congédier, de suspendre ou de déplacer un salarié qui justifie de trois mois de service continu, pour le motif qu'il s'est absenté pour cause de maladie ou d'accident durant une période d'au plus 17 semaines au cours des 12 derniers mois.

Le premier alinéa n'a pas pour effet d'empêcher un employeur ou son agent de congédier, suspendre ou déplacer un salarié si les conséquences de la maladie ou de l'accident ou le caractère répétitif des absences constituent une cause juste et suffisante, selon les circonstances. De plus, à la fin d'une absence pour cause de maladie ou d'accident excédant quatre semaines consécutives, l'employeur peut, au lieu de réintégrer le salarié dans son poste habituel, l'affecter à un emploi comparable dans le même établissement avec au moins le salaire auquel il aurait eu droit s'il était resté au travail et avec un régime de retraite et d'assurance équivalent, le cas échéant.

Le présent article ne s'applique pas dans le cas d'un accident du travail ou d'une maladie professionnelle au sens de la Loi sur les accidents du travail et les maladies professionnelles (chapitre A-3.01)».

69. Voir l'article 2151 de l'avant-projet, précité, note 2, et l'article 2083 du projet de loi 125, précité, note 50.

70. Voir *Dupré Quarries Ltd* c. *Dupré*, [1934] R.C.S. 528.

71. Voir par exemple: *Auger* c. *Albert Dyotte Inc.*, J.E. 84-23 (C.S.).

72. Voir: G. Audet, R. Bonhomme et C. Gascon, *op. cit.*, note 9, à la p. 4-6.

73. Voir *supra*. On peut d'ailleurs prétendre que l'article 2094 C.c.Q. est une version adaptée de l'article 1605 C.c.Q.

74. Cette solution était peut être justifiée à l'époque où l'article 1600 C.c.B.-C. (supprimé en 1974) se lisait comme suit: «1600. Le contrat de louage a pour objet soit les choses, soit l'ouvrage, ou les choses et l'ouvrage tout à la fois.» Le contrat de louage de choses et celui de louage d'ouvrage étant considérés comme deux espèces appartenant au même genre, on pouvait peut-être alors en effet appliquer au second, à titre subsidiaire, la règle de tacite reconduction propre au premier.

75. Lorsque c'est le salarié qui est victime de la résiliation prématurée du contrat de travail à durée **déterminée**, on pourrait peut-être même, à la

lumière de deux décisions judiciaires récentes, envisager l'exécution en nature, sous la forme d'une réintégration dans l'emploi. Ce remède à l'inexécution des obligations de l'employeur est traditionnellement tenu pour impossible par la jurisprudence et la doctrine. La Cour suprême du Canada, en 1934, avait eu pour la dernière fois l'occasion de réitérer ce principe (voir *Dupré Quarries Ltd.* c. *Dupré*, précité, note 70), récemment battu en brèche: voir *Rock-Forest* c. *Gosselin*, [1991] R.J.Q. 1000 (bien que les propos de M. le juge Vallerand sur le sujet ne soient qu'*obiter*) et *Boivin* c. *Orchestre symphonique de Laval 1984 Inc.*, C.S.M. 500-05-008346-924, 4 juin 1992, où un juge de la Cour supérieure accorde sur la base de l'apparence de droit une injonction interlocutoire provisoire enjoignant l'employeur de réintégrer le salarié. Il faut bien dire que les arguments invoqués par la Cour suprême, en 1934, pour nier la possibilité de l'exécution en nature et donc de la réintégration ne valent plus guère aujourd'hui. La Cour suprême fondait en effet sa conclusion sur trois raisons essentielles: l'impossibilité procédurale, le droit civil de l'époque ne connaissant pas l'injonction pour assurer la sanction des obligations de faire; l'impossibilité substantive, liée au caractère *intuitu personæ* du contrat de travail et au nécessaire lien de confiance qui existe entre employeur et salarié; la liberté humaine, valeur privilégiée de notre droit civil, qui répugne en conséquence à ce qu'une contrainte physique soit imposée à celui qui refuse d'exécuter son obligation. Seule l'exécution par équivalent, c'est-à-dire par dommages-intérêts, demeure donc possible. Qu'en est-il aujourd'hui de ces arguments? L'injonction existe, et peut être utilisée même dans le cas des obligations de faire (on ne se gêne du reste nullement pour l'utiliser en vue de forcer des salariés en grève illégale à retourner au travail). L'argument de liberté humaine, outre qu'il est affaibli par l'existence même de la procédure d'injonction, ne semble plus devoir tenir dans une société où nombreuses sont les lois qui permettent de forcer un employeur à reprendre un salarié à son service. La notion de liberté humaine est un concept essentiellement évolutif et il n'est pas dit qu'on doive l'interpréter comme on le faisait en 1934, du moins à l'égard de l'employeur (d'autres considérations sont en effet susceptibles d'intervenir dans le cas du salarié). Enfin, on sait ce qu'il reste de l'affirmation systématique du caractère *intuitu personæ* du contrat de travail, affirmation qui ne correspond plus guère à la réalité moderne. Pour le contrat à durée **indéterminée**, voir *infra*.

76. Comme dans le droit actuel, la durée du délai de congé est bien sûr assujettie aux normes minimales qu'édictent par exemple la *Loi sur les normes du travail* ou le *Code canadien du travail*, normes d'ordre public. Pareillement, les dispositions d'une éventuelle convention collective primeront.

77. Voir à ce sujet: G. Audet, R. Bonhomme et C. Gascon, *op. cit.*, note 9, aux pp. 6-45 à 6-52.

78. [1992] R.J.Q. 321. La Cour y a reconnu la validité d'une clause de résiliation prématurée, avec préavis fixe, incluse dans un contrat à durée déterminée. Son raisonnement vaudrait aussi bien pour la clause semblable figurant dans un contrat à durée indéterminée.

79. Étrangère au droit commun, plus exactement. Il semble en effet que la rupture prématurée du contrat de travail à durée déterminée oblige l'employeur, s'il est l'auteur de la rupture, à donner le préavis minimal de l'article 82 L.n.t., sans préjudice au recours du salarié pour le surplus (voir aussi l'article 82.1 L.n.t.)

80. Raison valable qu'il faut sans doute distinguer du motif sérieux dont parle l'article 2094 C.c.Q. et qui permet la résiliation sans préavis. Ainsi, les difficultés financières de l'entreprise ou sa réorganisation administrative, qui ne sont sans doute pas un motif sérieux de mettre fin au contrat en vertu de l'article 2094, pourraient par ailleurs constituer une raison valable d'y mettre fin aux termes de l'article 2091.

81. Disposition qui permet à un Cour d'ordonner la réintégration si elle juge qu'il s'agit là du moyen approprié de remédier aux effets d'un acte discriminatoire: *Rock-Forest* c. *Gosselin*, précité, note 75, à la p. 1004; *Leprêtre* c. *Auberge des Gouverneurs*, [1986] D.L.Q. 30 (C.S.); *Gagnon* c. *Brasserie La Bulle Inc.*, [1986] D.L.Q. 28 (C.S.).

82. Précité, note 70.

83. [1991] 3 R.C.S. 122.

84. Voir à ce propos le premier alinéa de l'article 1385 C.c.Q., qui stipule que: «1395. Le contrat se forme par le seul échange de consentement entre des personnes capables de contracter, à moins que la loi n'exige, en outre, le respect d'une forme particulière comme condition nécessaire à sa formation, ou que les parties n'assujettissent la formation du contrat à une forme solennelle. [...]»

Table des matières

Le contrat d'entreprise ou de service
Articles 2098 à 2129

*Pierre Cimon**

Introduction

1. Le chapitre huitième du Code civil du Québec, qui ne contient que 31 articles, comble un vide du précédent Code civil du Bas Canada. Ce dernier abordait sommairement le contrat dit «d'entreprise» pour n'en traiter que certains aspects relatifs aux ouvrages par devis et marchés et était silencieux quant au contrat dit «de service». Ces dispositions se retrouvaient au chapitre du louage d'ouvrage qui traitait principalement de ce que l'on appelle aujourd'hui le contrat de travail.

2. Le développement de la société moderne, fondé en bonne partie sur une économie dont une très large part est axée sur l'industrie du service, professionnel ou commercial, rendait impérieux de légiférer à cet égard.

3. Par ailleurs, de la même façon, le Code civil du Bas Canada n'apportait guère d'aide à la résolution des conflits en matière de construction ou de réalisation «d'ouvrage matériel». Le vide avait été comblé par la jurisprudence.

4. Essentiellement, on y retrouve en grande partie les principes que la jurisprudence avait établis pour pallier l'insuffisance des dispositions législatives existantes et pour tenir compte de l'évolution importante que la nature des contrats de service et d'entreprise a connue, particulièrement au cours des cinquante dernières années.

5. Il faut noter dans les dispositions de ce chapitre, comme ailleurs dans le Code civil, un souci évident du législateur de

---

* Avocat chez Ogilvy Renault.

protéger les utilisateurs de services ou les clients des entrepreneurs. Il faut évidemment se rappeler que ces dispositions sont, dans l'ensemble, supplétives de volonté et que tant les consommateurs «professionnels» que les entrepreneurs apprendront à adapter leurs contrats à cette nouvelle réalité.

6. Le chapitre huitième se divise en trois sections qui traitent:

I)   De la nature et de l'étendue du contrat

II)   Des droits et obligations des parties

III) De la résiliation du contrat

7. Les sections I et III visent les contrats de service et d'entreprise, sans distinction.

8. La section II consiste en une première partie (2101 à 2109) applicable aux deux contrats et en une seconde (2110 à 2124) qui ne traite que des ouvrages. Cette dernière se subdivise elle-même pour viser d'abord les ouvrages en général et ensuite les ouvrages immobiliers.

9. Notons finalement que l'avant-projet de loi comportait des changements radicaux par rapport au droit existant qui n'ont pas été retenus finalement par le législateur. Il faut donc consulter avec prudence les écrits commentant l'avant-projet.

Section I
De la nature et de l'étendue du contrat

10. Le Code dispose en trois articles de ce qui se veut être une définition du contrat d'entreprise ou de service et de l'intensité des obligations qui y sont rattachées.

Définition des contrats

Article 2098:

> Le contrat d'entreprise ou de service est celui par lequel une personne, selon le cas l'entrepreneur ou le prestataire de services, s'engage envers une autre personne, le client, à réaliser un ouvrage matériel ou intellectuel ou à fournir un service moyennant un prix que le client s'oblige à lui payer.

11. À première vue, il paraît utile de définir les termes permettant de déterminer là où se termine l'ouvrage et où commence le service.

12. L'entrepreneur est celui qui «réalise» un ouvrage. Le prestataire de services, quant à lui, «fournit» un service.

13. La distinction paraît simple mais, puisqu'elle se fonde sur l'objet du contrat, c'est donc celui-ci qui doit être considéré.

Définition de l'ouvrage

14. Or, l'ouvrage peut être autant matériel qu'intellectuel. Cette précision rend impossible, en pratique, de fixer avec précision les limites réciproques des deux contrats. Le contrat de l'avocat, que nous connaissons bien, permet de cerner cette difficulté. Le mandat comportant la préparation d'une opinion écrite et le règlement d'un litige paraît tenir à la fois de l'ouvrage intellectuel et du service. Par ailleurs, le dentiste qui répare une dent réalise-t-il un ouvrage matériel ou rend-il un service? Les exemples de ce genre foisonnent, mais il serait inutile de tenter d'établir une distinction là où le Code ne le fait pas.

15. En effet, celui-ci n'a pas introduit ses définitions pour leur rattacher des obligations distinctes, mais plutôt pour les soumettre aux mêmes dispositions. Le souci semble avoir été de soumettre ces deux contrats aux mêmes règles, soit les règles énoncées aux articles 2098 à 2109 et 2125 à 2129.

16. Quant aux dispositions particulières aux ouvrages, soit les articles 2110 à 2124, leur contenu ne risque à aucun moment de susciter de confusion pouvant résulter de la détermination de l'objet du contrat.

17. La réalisation d'ouvrages immobiliers est vraiment à l'opposé du contrat de service, et le contenu des articles relatifs aux ouvrages en général, traitant principalement de la réception, du paiement et de la perte de ceux-ci, ne semble pas non plus présenter de difficulté quant à la qualification du contrat.

Distinction de l'ouvrage matériel et intellectuel

18. De la même façon, il semble parfois difficile de distinguer un ouvrage matériel d'un ouvrage intellectuel. La préparation

de plans et devis pour la construction d'un immeuble s'apparente-t-elle plus à un ouvrage intellectuel, même si leur présentation et leur objet sont matériels?

19. Là encore, la distinction est inutile puisque le Code n'y attache aucune conséquence. Elle n'a été faite que pour s'assurer que les deux types d'ouvrage allaient être soumis aux mêmes dispositions, comme le contrat de service.

Définition du client

20. Il reste à identifier le co-contractant de l'entrepreneur ou du prestataire de services, que le Code nomme le «client».

21. Strictement, le client est celui envers qui l'entrepreneur ou le prestataire de services s'engage «à réaliser un ouvrage» ou «à fournir un service» moyennant un prix que le client s'oblige à payer.

22. Dans le cas du contrat de service, cette définition présente une difficulté lorsque la personne à qui le service est rendu n'est pas celle qui s'oblige à en payer le prix. C'est la situation qui résulte du contrat d'assurance (obligation de défense) et de diverses mesures sociales (assurance-maladie, assurance-hospitalisation).

23. De fait, le «client» peut donc être deux personnes distinctes, soit celle qui bénéficie du service et celle qui le commande et s'oblige à en payer le prix.

24. La définition de «client» doit être interprétée de façon libérale et cette notion recouvre ces deux réalités. Elle peut donc regrouper plusieurs personnes distinctes agissant en des qualités différentes et dont les droits et obligations doivent être évalués en conséquence.

25. Cette précision est importante pour l'application de l'obligation d'information prévue à l'article 2102 et de l'intensité des obligations décrites à l'article 2100, dont celle d'agir «au mieux des intérêts de leur client».

Exécution du contrat

Article 2099

> L'entrepreneur ou le prestataire de services a le libre choix des moyens d'exécution du contrat et il n'existe entre lui et le client aucun lien de subordination quant à son exécution.»

26. Ce concept est codifié pour la première fois, dans le sens où il avait été établi depuis longtemps par la jurisprudence (*Hill Clarke Francis Ltd. c. Northland Groceries Ltd.* (1941), R.C.S., 437).

27. Il consacre de fait deux principes distincts:

Le libre choix de l'entrepreneur ou du prestataire de services quant aux moyens d'exécution et son corollaire, le droit de celui-ci de refuser au client de s'immiscer dans l'exécution du contrat.

28. En matière de construction, ce droit est particulièrement important.

29. Dans la section réservée aux ouvrages immobiliers, le Code applique ce principe en permettant aux intervenants d'être libérés de leurs responsabilités au cas d'une telle immixtion, acceptée ou non (article 2119).

L'absence de lien de subordination

30. Ce principe, bien connu et appliqué, ne nécessite pas de commentaires. Il constitue ce qui distingue fondamentalement ces contrats du contrat de travail.

31. La jurisprudence existante ayant fixé les critères permettant de reconnaître la présence d'un lien de subordination demeure donc d'actualité.

Intensité de l'obligation

Article 2100

> L'entrepreneur et le prestataire de services sont tenus d'agir au mieux des intérêts de leur client, avec prudence et diligence.

Ils sont aussi tenus, suivant la nature de l'ouvrage à réaliser ou du service à fournir, d'agir conformément aux usages et règles de leur art, et de s'assurer, le cas échéant, que l'ouvrage réalisé ou le service fourni est conforme au contrat.

Lorsqu'ils sont tenus du résultat, ils ne peuvent se dégager de leur responsabilité qu'en prouvant la force majeure.

32. Cet article détermine les critères permettant de fixer l'intensité de l'obligation attachée au contrat d'entreprise ou de service.

Obligation de moyens et de résultat

33. Fort heureusement, le Code n'a pas cherché à classifier les contrats par rapport à une obligation de moyen ou de résultat. L'obligation de résultat paraît découler de la troisième obligation à laquelle sont tenus les entrepreneurs et prestataires de services, soit de «s'assurer, le cas échéant, que l'ouvrage réalisé ou le service fourni est conforme au contrat».

34. «Le cas échéant», l'ouvrage ou le service devra donc être conforme au contrat. Si la partie est tenue du résultat, elle ne pourra se dégager qu'en prouvant force majeure.

35. Rien dans cet article ne permet de déterminer quelles sont les obligations tenues à un résultat. Il faut donc se reporter à la jurisprudence et à la doctrine existantes voulant que l'intensité de l'obligation dépende d'abord de la nature du contrat, de son objet et de sa complexité.

36. Il est évident que les termes mêmes du contrat doivent être les premiers éléments servant à fixer l'intensité des obligations en découlant.

37. À cet égard, le Code civil n'innove pas.

La force majeure

38. Quant à la force majeure permettant de se libérer d'une obligation de résultat, c'est évidemment celle dont fait état l'article 1470 C.c.Q., laquelle correspond aux notions connues.

39. Par ailleurs, indépendamment du résultat, le Code tend à fixer l'intensité de l'obligation en décrétant, dans les deux

premières obligations auxquelles ils sont tenus, que tant l'entrepreneur que le prestataire de services doivent:

1) Agir au mieux des intérêts de leurs clients, avec prudence et diligence.

et

2) Suivant la nature de l'ouvrage ou du service, d'agir conformément aux usages et règles de leur art.

40. L'obligation d'agir avec prudence et diligence correspond à l'obligation générale de droit commun, alors que celle d'agir selon les usages et règles de l'art constitue notamment le fondement de la responsabilité professionnelle telle qu'elle est actuellement connue.

41. L'obligation d'agir au mieux des intérêts du client est-elle redondante de ce qu'expriment déjà les autres obligations, ainsi que l'obligation générale d'agir de bonne foi prévue à l'article 1375 C.c.Q.? Il nous paraît que ces mots doivent recevoir un sens distinct allant au delà de ces autres obligations. Le devoir des entrepreneurs et prestataires de services devra être apprécié en fonction des intérêts particuliers de leurs clients et non uniquement de l'objet du contrat et des règles de l'art. Ceci entraînera la nécessité de poser des jugements de valeur sur l'utilité de certains services et l'étendue de ceux-ci.

Section II
Des droits et obligations des parties

Dispositions générales applicables tant aux services qu'aux ouvrages

42. Cette section du Code s'applique à tous les contrats de service et d'entreprise. Ces dispositions sont donc applicables tant aux contrats de services professionnels (médecin, avocat, dentiste, psychologue, ingénieur, etc.) et aux contrats de service de nature commerciale (agence de placement, publicité, entretien, etc.) qu'aux contrats d'entreprise de quelque nature que ce soit.

Délégation et sous-traitance

Article 2101

> À moins que le contrat n'ait été conclu en considération de ses qualités personnelles ou que cela ne soit incompatible avec la nature même du contrat, l'entrepreneur ou le prestataire de services peut s'adjoindre un tiers pour l'exécuter; il conserve néanmoins la direction et la responsabilité de l'exécution.

43. Cet article rappelle la règle générale du droit à l'exécution par un tiers (articles 1553 - 1555 C.c.Q.), avec deux exceptions, soit le contrat conclu en considération des qualités personnelles du co-contractant (*intuiti personae*) et l'incompatibilité de l'exécution par un tiers avec la nature du contrat.

44. Il consacre le droit à la sous-traitance et à l'exécution par des subordonnés ou des associés, à l'exception du contrat conclu en considération des qualités personnelles du cocontractant et de celui où «l'adjonction» de tiers est incompatible avec la nature du contrat.

45. Quant à ces deux exceptions, la première est de nature subjective. En conséquence, la considération des qualités personnelles du cocontractant devrait être exprimée au moment de la formation du contrat pour y donner ouverture.

46. La seconde exception relative à l'incompatibilité avec la nature du contrat est de nature objective. Par exemple, l'engagement d'un artiste pour un concert paraît certes incompatible avec la sous-traitance. Puisque l'incompatibilité doit donc se situer au niveau de la nature du contrat, ceci limite singulièrement son application.

Obligation d'information

Article 2102

> L'entrepreneur ou le prestataire de services est tenu, avant la conclusion du contrat, de fournir au client, dans la mesure où les circonstances le permettent, toute information utile relativement à la nature de la tâche qu'il s'engage à effectuer ainsi qu'aux biens et au temps nécessaires à cette fin.

47. Voici un article véritablement de droit nouveau qui introduit dans le Code une obligation formelle, de la part des entrepreneurs et prestataires de services, à fournir à leurs clients toute information utile sur la nature de la tâche qu'ils s'apprêtent à accomplir, ainsi que les biens et le temps nécessaires pour y parvenir.

48. La jurisprudence avait déjà établi l'existence d'une telle obligation quant à certains entrepreneurs ou prestataires de services, tels les manufacturiers et les professionnels de la santé.

49. Il est à noter que cet article n'existait pas dans le projet de loi 125 et qu'il n'est apparu dans le Code qu'au moment de son adoption.

Nature de l'obligation

50. Il est important également de souligner que l'obligation d'information qui y est énoncée est véritablement unilatérale. Il ne s'agit que de l'obligation d'information de l'entrepreneur ou du prestataire de services envers leur client et non de celle de ce dernier envers ceux-ci.

51. En matière de contrat d'entreprise, le Code civil du Québec est absolument muet sur l'obligation d'information ou de renseignement du client envers l'entrepreneur. La décision récente de la Cour suprême le 25 juin 1992 dans l'affaire de *Banque de Montréal c. Commission hydroélectrique du Québec et al* (1992) 2 RCS 554 rendue par l'honorable juge Gonthier continuera donc de guider les praticiens à cet égard et pourra servir, même dans l'application de l'article 2102, à déterminer l'étendue et la nature des informations devant être fournies.

Étendue de l'obligation

52. Cette jurisprudence plus récente, les arrêts précédents de la Cour suprême (*Ross c. Donstall*, (1921), 62 R.C.S. 393 *Air Canada c. McDonald Douglas Corporation*, (1989) 1 R.C.S., 1554), ainsi que tous les arrêts rendus par nos tribunaux en matière de responsabilité professionnelle médicale permettront de cerner l'étendue de l'obligation d'information.

53. L'obligation de renseignement a toujours été un corollaire de la théorie de l'acceptation des risques que pouvait assumer un cocontractant et le Code ne reprend pas directement cette notion. Cette idée est sûrement présente dans les informations relatives à la nature de la tâche qui doit être accomplie.

54. Quant aux informations relatives aux biens et aux temps nécessaires pour exécuter le contrat, elles semblent dirigées vers l'appréciation du coût du contrat à l'avantage du client.

55. Puisqu'il s'agit d'une obligation qui doit être remplie avant la conclusion du contrat et qu'elle vise les informations utiles, cette obligation couvre ce que le client devrait connaître et qui serait susceptible de l'aider à prendre la décision de conclure ou non le contrat, mais uniquement en ce qui a trait à la nature de la tâche ainsi qu'aux biens et au temps nécessaires pour l'accomplir.

56. Le Code prévoit que cette obligation n'existe que «dans la mesure où les circonstances le permettent». Cette obligation d'information doit ainsi être évaluée objectivement en fonction de la nature du contrat et de l'urgence de le conclure. Elle doit également être tempérée par la connaissance que le client, par son expérience ou autrement, a lui-même des informations en faisant l'objet.

Sanction de l'obligation

57. Puisque cette obligation est impérative et doit être remplie avant l'exécution du contrat, cela peut conduire littéralement à une véritable obligation de fournir une estimation des coûts.

58. Cependant, le Code ne prévoit aucune sanction au seul défaut de s'y conformer. L'effet pourrait sans nul doute être ressenti au niveau de la formation du contrat (nullité), de l'exigibilité de son prix (paiement) ou des conséquences de son exécution (responsabilité).

Contenu de l'obligation

Article 2103

> L'entrepreneur ou le prestataire de services fournit les biens nécessaires à l'exécution du contrat, à moins que les parties n'aient stipulé qu'il ne fournirait que son travail.
>
> Les biens qu'il fournit doivent être de bonne qualité; il est tenu, quant à ces biens, des mêmes garanties que le vendeur.
>
> Il y a contrat de vente, et non contrat d'entreprise ou de service, lorsque l'ouvrage ou le service n'est qu'un accessoire par rapport à la valeur des biens fournis.

Biens et travail

59. Cet article stipule que, en principe, l'entrepreneur et le prestataire de services doivent fournir tous les biens nécessaires à l'exécution du contrat, c'est-à-dire autant les outils que les fournitures devant être incorporés à l'ouvrage.

60. Quant aux biens fournis, le Code précise qu'ils doivent être de bonne qualité.

61. Le Code attache à ces biens les mêmes garanties que celles auxquelles est tenu le vendeur au chapitre de la vente et particulièrement à la garantie relative aux vices cachés.

Garantie du vendeur

62. Il faut noter que cette «garantie» s'ajoute à celle prévue à l'article 2120 relatif aux malfaçons et, à fortiori, à la présomption de responsabilité prévue à l'article 2118. Elle n'est pas complémentaire et la garantie prévue à l'article 2120 semble couvrir tout autant les malfaçons résultant du vice d'un bien que d'une mauvaise exécution. Si ce n'était pas le cas, le créancier de l'obligation se retrouverait devant la nécessité de faire preuve de l'origine du défaut (vice ou mauvaise exécution) de façon à choisir son recours entre deux régimes qui ne sont pas soumis aux mêmes conditions d'ouverture (avis) et à la même prescription.

Qualification du contrat

63. Le dernier paragraphe de l'article 2103 précise qu'il y aura contrat de vente lorsque l'ouvrage ou le service ne sera qu'un accessoire par rapport à la valeur des biens fournis. En d'autres termes, lorsque les biens fournis auront une valeur dépassant celle de l'ouvrage ou du service, il y aura alors contrat de vente.

64. Il faut tout d'abord s'interroger quant à savoir s'il est possible que l'ouvrage, auquel seront incorporés les biens fournis, ait une valeur inférieure à celle des biens eux-mêmes. Comment l'ouvrage, qui est l'objet du contrat, peut-il être un accessoire quant à la valeur des biens qui y sont incorporés?

65. Pour donner un sens à ce paragraphe, il faut sûrement donner au mot «ouvrage» que l'on y retrouve le sens de «travail», c'est-à-dire distinguer le coût des biens qui le composent de tous les autres éléments qui sont compris dans son coût total.

66. De toute façon, dans un tel cas, le Code stipule que l'on doit appliquer les dispositions du contrat de vente. L'intérêt de cette précision ne peut être d'ajouter des garanties quelconques puisqu'il est déjà prévu que celles relatives au contrat de vente doivent s'appliquer, tel qu'il est mentionné au deuxième paragraphe.

67. Cette distinction ne semble avoir été faite que pour faciliter l'application des chapitres respectifs du contrat d'entreprise ou de service et du contrat de vente et a pour effet, dans ce dernier cas, d'alléger les obligations de l'entrepreneur et du prestataire de services qui échappent alors aux obligations prévues au chapitre huitième.

68. Dans les grands contrats d'entreprise, la détermination de la nature du contrat pourra être difficile. Souvent, la valeur des biens fournis par l'entrepreneur dépassent largement la valeur des services ou du labeur qui les accompagnent. Cependant, par expérience, l'on sait que ces contrats sont rédigés avec une minutie telle que les obligations réciproques des parties y sont habituellement prévues dans le moindre détail, et le troisième paragraphe de l'article 2103 ne devrait pas présenter de difficultés à cet égard.

Obligation relative aux biens fournis

Article 2104

> Lorsque les biens sont fournis par le client, l'entrepreneur ou le prestataire de services est tenu d'en user avec soin et de rendre compte de cette utilisation; si les biens sont manifestement impropres à l'utilisation à laquelle ils sont destinés ou s'ils sont affectés d'un vice apparent ou d'un vice caché qu'il devait connaître, l'entrepreneur ou le prestataire de services est tenu d'en informer immédiatement le client, à défaut de quoi il est responsable du préjudice qui peut résulter de l'utilisation des biens.

Objet de l'obligation

69. L'article 2104 vise une situation de plus en plus fréquente en matière de construction, c'est-à-dire les cas où l'entrepreneur ne fournit que son labeur. Il est même encore plus fréquent que le propriétaire fournisse une partie importante des biens devant être incorporés à l'ouvrage.

70. L'entrepreneur et le prestataire de services doivent évidemment prendre soin des biens fournis et rendre compte de leur utilisation.

71. Cette disposition nous paraît également devoir s'appliquer même si les biens fournis sont expressément et nommément décrits au contrat quant à leur nature et leur qualité.

Obligation d'information quant aux vices des biens

72. Cet article fait aussi obligation à l'entrepreneur d'aviser le propriétaire lorsque les biens fournis sont manifestement impropres à l'utilisation à laquelle ils sont destinés.

73. C'est en matière de construction, ou de réalisation d'un ouvrage mobilier, que cette disposition sera surtout applicable. En effet, l'entrepreneur doit être présumé spécialiste dans son domaine, et bénéficie donc des connaissances lui permettant de juger de la qualité des biens qui lui sont fournis pour l'exécution de son contrat.

Présomption de connaissance

74. Cet article impose ainsi à l'entrepreneur une certaine présomption de connaissance quant aux vices cachés de ces biens. Il sera en effet tenu responsable des dommages résultant de l'utilisation de biens impropres à leur utilisation en vertu de vices manifestes qu'il devait connaître, soit des vices que sa qualité d'entrepreneur aurait dû lui permettre de découvrir.

75. Cependant, l'emploi de l'adverbe «manifestement», pour définir le caractère impropre des biens permet de limiter en conséquence l'étendue de l'obligation de l'entrepreneur. Le caractère impropre des biens devra être évident et incontestable pour donner ouverture à cette responsabilité.

Étendue de l'obligation

76. Son obligation est cependant limitée à celle d'aviser le client et, si celui-ci choisit de passer outre, nous devons en conclure que l'entrepreneur n'encourra à ce moment aucune responsabilité (2119 *in fine*). C'est le défaut d'avoir informé le client qui rend l'entrepreneur responsable du préjudice et non l'utilisation subséquente des biens.

77. Cependant, une décision du client mettant en cause la solidité d'une construction ne libérera jamais l'entrepreneur de sa responsabilité s'il aurait dû connaître ou connaissait le danger en résultant, puisque ceci irait à l'encontre de l'ordre public.

78. Il faut lire cet article en corrélation avec le troisième paragraphe de l'article 2119 qui permet justement, autant aux professionnels de la construction qu'aux entrepreneurs, de se libérer de leurs responsabilités lorsque la perte de l'ouvrage résulte notamment de décisions imposées par le client dans le choix des matériaux.

79. Finalement, nous désirons préciser que cet article s'applique aux prestataires de services utilisant eux-mêmes les biens dans l'exécution de leurs propres contrats, par opposition aux architectes et aux ingénieurs appelés à surveiller les travaux effectués par un tiers à qui le client peut fournir certains matériaux. Il serait d'ailleurs inopportun d'imposer aux ingénieurs et aux architectes une obligation supplémentaire, quant à la qualité des

biens incorporés à l'immeuble, si ceux-ci sont fournis par le propriétaire plutôt que par l'entrepreneur.

80. On pourrait illustrer l'application de l'article 2104 à un prestataire de services avec l'exemple d'une entreprise de déneigement à qui l'on fournirait des fondants chimiques de mauvaise qualité en vue de déglacer une route.

81. Quant aux conséquences du défaut d'avoir donné l'avis prévu à l'article 2104, l'entrepreneur ou le prestataire de services seront alors responsables des coûts de reprise, de réparations et même de la perte de l'ouvrage pouvant résulter des vices des biens fournis par le client.

Perte des biens fournis

Article 2105

> Si les biens nécessaires à l'exécution du contrat périssent par force majeure, leur perte est à la charge de la partie qui les fournit.

82. Cet article reprend la notion *«res perit domino»*.

83. Quant aux biens fournis par le client, cet article constitue une dérogation à l'article 2115, premier paragraphe, qui met à la charge de l'entrepreneur la perte de l'ouvrage survenant avant sa délivrance. Cette règle est toutefois en concordance avec le second paragraphe du même article. Elle est évidemment rendue nécessaire par le fait que les biens sont alors fournis par le client et non par l'entrepreneur.

Fixation du prix

Article 2106

> Le prix de l'ouvrage ou du service est déterminé par le contrat, les usages ou la loi, ou encore d'après la valeur des travaux effectués ou des services rendus.

84. Cet article n'apporte aucune notion nouvelle, mais codifie la notion du «quantum meruit» en ce qui a trait à la fixation du prix des travaux ou des services, en l'absence de convention expresse, d'usages ou de législation applicable.

85. Ce n'est qu'en l'absence de stipulations au contrat, d'usages ou de dispositions législatives applicables que l'on pourra recourir à la valeur des travaux effectués ou des services rendus pour déterminer le prix.

Contrat sur estimation

Article 2107

> Si, lors de la conclusion du contrat, le prix des travaux ou des services a fait l'objet d'une estimation, l'entrepreneur ou le prestataire de services doit justifier toute augmentation du prix.
>
> Le client n'est tenu de payer cette augmentation que dans la mesure où elle résulte de travaux, de services ou de dépenses qui n'étaient pas prévisibles par l'entrepreneur ou le prestataire de services au moment de la conclusion du contrat.

86. Cet article constitue une disposition de droit nouveau et introduit une notion que l'on pourrait appeler le «contrat sur estimation».

87. Lorsque l'entrepreneur ou le prestataire de services a fourni une estimation, il ne pourra justifier une augmentation de son prix que dans les cas où celle-ci résulte de travaux, de services ou de dépenses qui n'étaient pas prévisibles au moment de la conclusion du contrat.

88. Sauf dans la *Loi sur la protection du consommateur*, le contrat sur estimation n'avait jamais fait l'objet d'une réglementation particulière.

89. L'estimation demeurait l'indication de bonne foi du coût approximatif des services à fournir ou des travaux à exécuter.

90. Faire de l'estimation un prix ferme revient, à toutes fins pratiques, à la transformer en un quasi-contrat «à forfait».

91. Antérieurement, à toutes fins pratiques, l'estimation ne liait pas les parties et constituait l'indication d'un ordre de grandeur de la valeur des travaux.

Caractère de l'imprévisibilité

92. En vertu de l'article 2107, une augmentation de prix, par rapport à l'estimation, devra dorénavant être justifiée par des circonstances imprévisibles.

93. La prévisibilité qui est mentionnée ici est de la même nature que celle de la force majeure, c'est-à-dire un événement non seulement imprévu, mais qui n'aurait pu l'être et auquel on ne pouvait s'attendre.

Droit du client à une diminution de prix

94. Quant au client, il conserve la possibilité de demander une diminution de prix si l'ouvrage ou le service a exigé moins de travail ou a coûté moins cher qu'il n'avait été prévu. Le Code ne prévoit rien quant à l'impossibilité pour le client de bénéficier d'une diminution de prix et rien ne justifie de l'en priver si le coût est inférieur aux prévisions, quelle qu'en soit la cause.

Reddition de comptes en cours d'exécution

Article 2108

> Lorsque le prix est établi en fonction de la valeur des travaux exécutés, des services rendus ou des biens fournis, l'entrepreneur ou le prestataire de services est tenu, à la demande du client, de lui rendre compte de l'état d'avancement des travaux, des services déjà rendus et des dépenses déjà faites.

95. Cet article donne la possibilité au client, lorsque le contrat est établi en fonction de la valeur des travaux, des services ou des biens, c'est-à-dire en régie contrôlée, d'obtenir une reddition de comptes en cours d'exécution, en vue évidemment d'être tenu informé du coût du contrat.

Contrat à forfait

Article 2109

> Lorsque le contrat est à forfait, le client doit payer le prix convenu et il ne peut prétendre à une diminution du prix en faisant valoir que l'ouvrage ou le service a exigé moins de travail ou a coûté moins cher qu'il n'avait été prévu.

Pareillement, l'entrepreneur ou le prestataire de services ne peut prétendre à une augmentation du prix pour un motif contraire.

Le prix forfaitaire reste le même, bien que des modifications aient été apportées aux conditions d'exécution initialement prévues, à moins que les parties n'en aient convenu autrement.

Effet du contrat

96. L'article 2109 établit que, en matière de contrat à forfait, il ne peut y avoir d'augmentation ou de diminution de prix, «bien que des modifications aient été apportées aux conditions d'exécution initialement prévues (...)».

97. L'article 2109 est le pendant de l'article 2107, lequel traite du contrat sur estimation.

98. Cet article reprend à toutes fins pratiques l'article 1690 du Code civil du Bas Canada, sauf évidemment qu'il ne se limite pas aux ouvrages par devis et marchés.

99. Dans le cas d'un contrat à forfait, il ne peut y avoir ni diminution ni augmentation de prix, même si les conditions d'exécution prévues initialement n'ont pas été respectées.

100. Dans ce cas, que les augmentations résultent de circonstances prévisibles ou non, l'entrepreneur ou le prestataire de services n'a pas droit à aucune majoration de prix, ni le client par ailleurs à une diminution.

101. On vise donc ici non seulement les conditions d'exécution que les parties n'ont pas anticipées, mais également celles qui sont contraires aux conditions anticipées.

102. Sous le Code civil du Québec, il nous paraît que l'entrepreneur devra toujours subir la perte s'il pouvait prévoir les modifications qui ont dû être apportées, que son prix ait fait l'objet d'une estimation (2107) ou qu'il soit forfaitaire (2109). Quant à l'entrepreneur qui aurait accepté un prix forfaitaire, il devra subir la perte advienne que pourra, même si les conditions réelles étaient imprévisibles ou différentes de celles initialement prévues, comme cela était le cas à l'article 1690 C.c.B.C.

Clause de révision

103. Il est évident que le contrat peut contenir des provisions permettant sa révision, comme c'est habituellement le cas dans tous les contrats de construction d'importance.

104. Eu égard à la rédaction du dernier paragraphe qui fait état «des modifications ... apportées aux conditions d'exécution initialement prévues», il paraît nécessaire de souligner qu'il faut éviter de confondre les conditions d'exécution prévues avec les stipulations mêmes du contrat. Les conditions d'exécution expressément prévues au contrat ne sont pas assujetties à cet article 2109 et peuvent donner ouverture à une demande de révision de prix.

Dispositions particulières aux ouvrages

I)   Dispositions générales

105. Les dispositions de ce chapitre ne présentent véritablement que peu de particularités et visent à définir la fin des travaux, la réception de l'ouvrage, les conditions relatives au paiement du prix et le point de départ de la prescription des recours entre les parties.

Fin des travaux

Article 2110

> Le client est tenu de recevoir l'ouvrage à la fin des travaux; celle-ci a lieu lorsque l'ouvrage est exécuté et en état de servir conformément à l'usage auquel on le destine.
>
> La réception de l'ouvrage est l'acte par lequel le client déclare l'accepter, avec ou sans réserve.

106. Cet article donne d'abord une définition à deux notions importantes en matière d'exécution d'ouvrages, et particulièrement en matière de constructions immobilières.

Fin des travaux

107. La première notion est celle de «fin des travaux». Le Code n'innove pas et adopte celle que nos tribunaux ont définie en

matière de privilège ouvrier, soit lorsque l'ouvrage est complété et prêt à servir à l'usage auquel il est destiné. En résumé, il s'agit de l'exécution complète des travaux prévus au contrat.

Réception

108. La deuxième notion qui est définie est celle de «réception», soit un acte volontaire et unilatéral du client qui déclare accepter l'ouvrage, avec ou sans réserve. Cette définition est de droit nouveau.

109. Puisque la réception *doit* avoir lieu à la «fin des travaux» et qu'elle peut être faite avec réserve, il faut en conclure que l'exécution parfaite des travaux n'est pas nécessaire pour y donner ouverture. L'exécution doit être complète, mais les travaux peuvent souffrir de déficiences ou de malfaçons, pour autant évidemment que ceci ne compromette pas l'usage de l'ouvrage conformément à sa destination.

110. De cet article 2110, il faut également retenir que la réception doit obligatoirement avoir lieu à la fin des travaux, telle que définie. Le client ne saurait donc retenir le paiement intégral des travaux sous prétexte d'une exécution imparfaite, sous réserve de l'article 2111.

111. Puisque la réception doit avoir lieu à la fin des travaux, elle devra être présumée si le client n'y procède pas sans motif valable. Ses effets, telles l'obligation de payer le prix et la garantie des malfaçons, seront alors mis en œuvre.

112. Lorsque la fin des travaux arrive, le propriétaire doit les recevoir. La réception entraîne l'obligation de payer le prix, et la fin des travaux constitue le point de départ de la prescription. L'intérêt de ne pas soumettre ces deux faits juridiques au même événement, soit la déclaration unilatérale d'acceptation par le propriétaire, est évident. La notion de fin des travaux est suffisamment difficile à mettre en œuvre sans que l'on y ajoute en sus la nécessité d'un acte unilatéral de la part du propriétaire pour déterminer le point de départ de la prescription.

113. De la même manière, si les circonstances donnant ouverture à la réception sont présentes, le défaut du client d'y procéder formellement ne devrait pas être un obstacle à la réclamation du prix par l'entrepreneur.

Conséquences de la réception

Article 2111

> Le client n'est pas tenu de payer le prix avant la réception de l'ouvrage.
>
> Lors du paiement, il peut retenir sur le prix, jusqu'à ce que les réparations ou les corrections soient faites à l'ouvrage, une somme suffisante pour satisfaire aux réserves faites quant aux vices ou malfaçons apparents qui existaient lors de la réception de l'ouvrage.
>
> Le client ne peut exercer ce droit si l'entrepreneur lui fournit une sûreté suffisante garantissant l'exécution de ses obligations.

114. Cet article apporte trois notions nouvelles et importantes.

Paiement du prix

115. Le paiement de l'ouvrage est d'abord dû le jour de la réception de celui-ci. Rappelons que la réception se fait à la fin des travaux et que la possibilité d'enregistrer des avis d'hypothèque légale de la part des constructeurs, sous-traitants et fournisseurs subsiste trente jours après la fin de ceux-ci. En pratique, il faut s'attendre à ce que ce délai de trente jours prenne le pas sur l'article 2111, et ce, indépendamment des retenues prévues à l'article 2123.

Retenue pour les malfaçons

116. Par ailleurs, ce paiement peut faire l'objet d'une retenue d'un montant suffisant pour pallier les vices et malfaçons apparents. Ceci confirme d'abord que l'ouvrage doit être entièrement exécuté puisque la retenue ne vise que les vices et malfaçons. également, le propriétaire ne peut y procéder que pour autant qu'il s'agisse de vices et malfaçons apparents, c'est-à-dire que la crainte d'un défaut ou la suspicion d'un vice possible ne saurait justifier une retenue.

Dépôt d'une sûreté

117. Finalement, pour éviter cette retenue, l'entrepreneur pourra fournir au propriétaire une sûreté suffisante quant à l'exécution entière de toutes ses obligations.

Nature de la sûreté

118. Les tribunaux auront certes l'occasion de définir cette notion de «sûreté suffisante». L'avant-projet utilisait le mot «caution». On a donc voulu élargir cette notion. Nul doute que les «cautionnements» des compagnies d'assurance autorisées semblent répondre à cette exigence, comme la lettre de crédit bancaire irrévocable. Cependant, qu'en sera-t-il des autres sûretés, telles les hypothèques? Une sûreté «suffisante» devrait non seulement assurer le paiement, mais aussi ne pas constituer un moyen de paiement trop complexe à mettre en œuvre.

119. Cependant, bien que cet article soit rédigé de façon à laisser croire que la «sûreté» suit chronologiquement la retenue, rien ne s'oppose à ce qu'un cautionnement déjà fourni à l'occasion de la signature du contrat, pour garantir sa bonne et entière exécution, ne puisse valoir à ce titre. Il semblerait exagéré de requérir le dépôt d'une sûreté additionnelle faisant double emploi avec une autre déjà en place et acceptée par le propriétaire en vue de garantir l'exécution entière du contrat. Le propriétaire devra cependant s'assurer d'en respecter les conditions pour éviter qu'il ne s'éteigne pour défaut d'avoir agi en temps opportun.

Conséquence de la réception sans réserve

120. à titre de corollaire des principes énoncés à l'article 2111, il faut comprendre que la réception sans réserve constitue une acceptation des vices et malfaçons apparents.

121. La formulation de l'article 2120 ayant trait à la responsabilité d'un an pour les malfaçons présente cependant une difficulté certaine à cet égard.

122. En effet, l'article 2120 établit une garantie légale d'une année pour les malfaçons existant au moment de la réception, sans préciser qu'elle est limitée aux malfaçons non apparentes. Ceci nous semble cependant découler nécessairement du droit existant et, plus particulièrement, du principe selon lequel la réception d'un ouvrage couvre les défauts apparents. L'article 2113, qui consacre le droit du propriétaire quant aux vices non apparents, malgré la réception, corrobore cette interprétation.

Évaluation de la retenue

Article 2112

> Si les parties ne s'entendent pas sur la somme à retenir et les travaux à compléter, l'évaluation est faite par un expert que désignent les parties ou, à défaut, le tribunal.

123. Cet article est très clair et ne nécessite pas de commentaires, si ce n'est à préciser que le rôle du tribunal, en cas de mésentente, semble devoir être limité à la désignation de l'expert et non à la fixation du montant de la retenue.

124. La procédure à utiliser n'est pas précisée, mais rien ne s'oppose à ce que cela soit fait par requête.

Vices ou malfaçons non apparents

Article 2113

> Le client qui accepte sans réserve, conserve, néanmoins, ses recours contre l'entrepreneur aux cas de vices ou malfaçons non apparents.

125. Cet article est un corollaire des précédents et vise à éviter tout malentendu quant aux droits du propriétaire, qui accepte un ouvrage sans réserve, en ce qui a trait aux vices et malfaçons non apparents.

126. On devrait ajouter qu'il est évident que le client qui a accepté l'ouvrage, avec des réserves, conserve tout autant ses droits quant aux vices et malfaçons non apparents.

Réception partielle

Article 2114

> Si l'ouvrage est exécuté par phases successives, il peut être reçu par parties; le prix afférent à chacune d'elles est payable au moment de la délivrance et de la réception de cette partie et le paiement fait présumer qu'elle a été ainsi reçue, à moins que les sommes versées ne doivent être considérées comme de simples acomptes sur le prix.

Conditions

127. Cet article simplifie les dispositions de l'article 1687 C.c.B.C. et tend à réglementer une situation de fait de plus en plus fréquente, soit la construction d'ouvrages importants par phases successives.

128. Il faut comprendre de cet article que le contrat en faisant l'objet doit lui-même prévoir plusieurs phases pour permettre ainsi la réception par parties; en effet, cette réception partielle n'est pas obligatoire et découle de la bonne volonté du client, ainsi que des circonstances de fait entourant le paiement d'une phase qui, sauf preuve contraire, fait présumer la réception et, en conséquence, la fin des travaux.

129. La réception partielle présumée nécessite la délivrance partielle de l'ouvrage.

130. Il s'agit cependant d'une présomption *juris tantum* pouvant être renversée.

Effet de la réception partielle

131. L'intérêt de cette réception partielle est d'éteindre les recours ou possibilités de réserves ultérieures pour les vices et malfaçons apparents quant à cette phase, en plus de mettre en marche la prescription des recours à l'égard de ces travaux.

132. Elle sert également à transférer au client, en vertu de l'article 2115, les risques de la perte de l'ouvrage.

Notion de délivrance

133. Le Code utilise dans cet article une notion supplémentaire, soit celle de «délivrance» de l'ouvrage qui, avec la réception, rend exigible le prix de celui-ci. Ainsi, le prix n'est donc payable que si la phase est complétée et que cette partie est livrée au client. Cet élément matériel de possession se justifie par la difficulté supplémentaire posée par le caractère partiel de la réception et permet d'éviter les litiges quant à savoir, en cas de réception partielle, si le prix est payable ou non.

Perte avant délivrance

Article 2115

> L'entrepreneur est tenu de la perte de l'ouvrage qui survient avant sa délivrance, à moins qu'elle ne soit due à la faute du client ou que celui-ci ne soit en demeure de recevoir l'ouvrage.
>
> Toutefois, si les biens sont fournis par le client, l'entrepreneur n'est pas tenu de la perte de l'ouvrage, à moins qu'elle ne soit due à sa faute ou à un autre manquement de sa part. Il ne peut réclamer le prix de son travail que si la perte de l'ouvrage résulte du vice propre des biens fournis ou d'un vice du bien qu'il ne pouvait déceler, ou encore si la perte est due à la faute du client.

Res perit domino

134. Cet article consacre la règle «*res perit domino*» et se veut un allègement des actuels articles 1684, 1685 et 1686 C.c.B.C. dont il reproduit la substance.

Perte résultant d'un vice de biens fournis par le client

135. Cependant, à titre de corollaire à l'article 2104, l'entrepreneur ne pourra réclamer le prix de son travail, même si l'ouvrage périt à cause d'un vice des biens fournis par le client, sauf s'il ne pouvait le déceler, c'est-à-dire qu'il ne devait pas le connaître.

136. Quant à la réclamation du prix de son travail, l'article 2115 paraît plus sévère envers l'entrepreneur que l'article 2104.

137. L'article 2104 tient l'entrepreneur responsable des dommages découlant de l'utilisation de biens *manifestement* impropres à l'usage auquel ils sont destinés et résultant d'un vice qu'il devait connaître.

136. L'article 2115 empêche l'entrepreneur de réclamer le prix de son travail s'il appert, dans les mêmes circonstances, que la perte résulte du vice propre des biens fournis ou d'un vice du bien qu'il ne pouvait déceler. La possibilité de déceler le vice du bien fourni découle évidemment d'une présomption de connaissance rattachée à sa qualité de spécialiste.

137. Cette présomption paraît plus lourde que celle de l'article 2104 puisqu'elle ne réfère pas au caractère «manifeste» du vice qui aurait dû être connu.

Prescription

Article 2116

> La prescription des recours entre les parties ne commence à courir qu'à compter de la fin des travaux, même à l'égard de ceux qui ont fait l'objet de réserves lors de la réception de l'ouvrage.

138. Cet article fixe le début de la prescription des recours à compter de la fin des travaux. Il est heureux que le Code ait choisi la fin des travaux comme point de départ de la prescription, plutôt que la réception de l'ouvrage qui nécessite un acte unilatéral de la part du client.

139. La prescription court donc dès la réception, même pour les travaux ayant fait l'objet de réserves faites à l'occasion de celle-ci.

140. Si la réception n'a pas eu lieu alors que la fin des travaux est arrivée, la prescription courra donc de la même façon quant aux vices et malfaçons apparents qui auraient dû faire l'objet de réserves.

141. La prescription est de trois ans (C.c.Q. 2925).

142. Par ailleurs, quant aux malfaçons non apparentes (C.c.Q. 2120), ou quant à la perte de l'immeuble survenant après la réception (C.c.Q. 2118), c'est leur découverte ou leur survenance qui déclenchera la même prescription de trois ans.

143. En cas de vices ou de pertes graduelles, c'est à leur première manifestation que la prescription commence à courir (C.c.Q. 2926).

II) *Des ouvrages immobiliers*

144. C'est aux articles 2117 à 2124 que nous retrouvons vraiment les modifications les plus importantes apportées au régime de droit existant.

145. Ces modifications ont trait à l'obligation de garantie due par les professionnels et entrepreneurs de la construction quant aux ouvrages immobiliers.

146. Le Code civil du Québec crée deux régimes de responsabilité distincts des professionnels et entrepreneurs de la construction, soit un régime de responsabilité solidaire pour les pertes de l'ouvrage survenant dans les cinq années suivant la fin des travaux, et un second régime de garantie conjointe pour les malfaçons existantes au moment de la réception ou des découvertes dans l'année suivant celle-ci.

147. Le Code civil du Québec a remplacé le régime existant de présomption irréfragable, équivalant à un régime de responsabilité légale. par un régime allégé de présomption *«juris tantum»* pouvant être renversée dans certaines circonstances précises. Il a de plus ajouté un nouveau régime de «garantie» d'une année pour les malfaçons.

Droit de vérification du client

Article 2117

> À tout moment de la construction ou de la rénovation d'un immeuble, le client peut, mais de manière à ne pas nuire au déroulement des travaux, vérifier leur état d'avancement, la qualité des matériaux utilisés et celle du travail effectué, ainsi que l'état des dépenses faites.

148. Cet article accorde au client le droit de suivre le déroulement des travaux et d'en vérifier la qualité et l'état des dépenses faites.

149. Il ne doit cependant pas nuire à leur déroulement.

150. Quant à l'état des dépenses, son droit doit être interprété en fonction du type de contrat qui le lie à l'entrepreneur. Un contrat à forfait ne peut permettre au client d'obtenir une reddition de comptes détaillée des frais engagés par l'entrepreneur, comme pourrait le demander le client en vertu d'un contrat où le prix est fonction des frais engagés.

Responsabilité légale pour la perte de l'ouvrage

Article 2118

> À moins qu'ils ne puissent se dégager de leur responsabilité, l'entrepreneur, l'architecte et l'ingénieur qui ont, selon le cas, dirigé ou surveillé les travaux, et le sous-entrepreneur pour les travaux qu'il a exécutés, sont solidairement tenus de la perte de l'ouvrage qui survient dans les cinq ans qui suivent la fin des travaux, que la perte résulte d'un vice de conception, de construction ou de réalisation de l'ouvrage, ou, encore, d'un vice du sol.

151. Les articles 2118 et 2119 instaurent un régime modifié de responsabilité légale des professionnels et entrepreneurs de construction en cas de perte de l'ouvrage.

152. Ce régime reprend en substance les éléments de l'article 1688 C.c.B.C., mais il élargit le cercle des personnes visées et, surtout, prévoit des causes d'exonération.

Personnes soumises

153. L'entrepreneur, l'architecte et l'ingénieur (codifiant ainsi, quant à ce dernier, la jurisprudence existante) sont sujets à cette responsabilité.

154. Quant à l'architecte et à l'ingénieur, leur responsabilité légale ne sera engagée que dans la mesure où ils ont dirigé ou surveillé les travaux.

155. Quant à celui qui assume le rôle de gérant de projet, il ne peut être assimilé à un entrepreneur. Il est plutôt un prestataire de services. Cependant, même s'il est ingénieur ou architecte, sa responsabilité ne sera pas engagée puisque, même s'il dirige les travaux, il ne les a pas conçus. La conception de l'ouvrage est le fondement de cette responsabilité comme c'est le cas sous l'article 1688 C.c.B.C., dont la formulation à cet égard est identique.

156. Le Code a maintenu le principe de la responsabilité personnelle des ingénieurs ou architectes, au-delà des corporations au sein desquelles œuvrent les ingénieurs et qui, à l'occasion, contractent en rapport avec leurs services.

157. De plus, le vocabulaire employé, incluant à l'article 2119 le mot «expertise», permet d'inclure tous les ingénieurs ou architectes ayant participé à la conception du projet et dirigeant ou surveillant les travaux, qu'ils aient préparé des plans ou fourni des expertises, telles des analyses de sol ou des opinions sur le type de structure recommandable.

158. L'entrepreneur fait évidemment partie des personnes responsables, et le Code a ajouté le sous-traitant pour les travaux que ce dernier a effectués.

159. Finalement, l'article 2124, pour les fins de ce chapitre, c'est-à-dire autant pour les fins de l'article 2118 que de l'article 2120, ajoute aux personnes responsables le promoteur immobilier qui a construit ou fait construire l'immeuble et qui le vend même après son achèvement.

160. Ce régime de responsabilité, comme l'avait établi la Cour suprême dans l'arrêt *Desgagné c. Fabrique de St-Philippe d'Arvida* (1984) 1 S.C.R. 19, à l'égard de l'article 1688 C.c.B.C., est de nature légale et ne prend pas sa source dans l'existence de contrats. Ce régime s'ajoute donc au régime de responsabilité contractuelle. Comme pour la garantie relatives aux vices cachés, il favorise les acquéreurs subséquents, sous réserve des exonérations qui y sont prévues.

Conditions d'ouverture

a)   Perte de l'ouvrage

161. Cette notion reprend celle développée par la jurisprudence en fonction de la ruine du bâtiment, prévue à l'article 1688 C.c.B.C., soit non seulement la perte totale ou partielle, mais la perte potentielle, ainsi que le défaut rendant la construction impropre à l'usage auquel on la destine.

b)   Causes de la perte

162. Le Code retient quatre causes, soit le vice de conception, de construction, de réalisation ou le vice du sol.

163. Bien que cet article énumére deux causes de plus que l'article 1688 C.c.B.C. (vice de conception et vice de réali-

sation), il ne semble pas ajouter à l'étendue donnée à cet article 1688 C.c.B.C. par la jurisprudence.

164. Le vice de construction comprend implicitement le vice de conception, et il se distingue difficilement du vice de réalisation.

c) Durée

165. Cinq ans.

d) Nature de la responsabilité

166. Solidaire.

e) Prescription

167. La prescription est de trois ans à compter de la perte (2925 C.c.Q. ou de la première manifestation de la perte graduelle (2926 C.c.Q.).

Exonération du régime légal de responsabilité

Article 2119

> L'architecte ou l'ingénieur ne sera dégagé de sa responsabilité qu'en prouvant que les vices de l'ouvrage ou de la partie qu'il a réalisée ne résultent ni d'une erreur ou d'un défaut dans les expertises ou les plans qu'il a pu fournir, ni d'un manquement dans la direction ou dans la surveillance des travaux.
>
> L'entrepreneur n'en sera dégagé qu'en prouvant que ces vices résultent d'une erreur ou d'un défaut dans les expertises ou les plans de l'architecte ou de l'ingénieur choisi par le client. Le sous-entrepreneur n'en sera dégagé qu'en prouvant que ces vices résultent des décisions de l'entrepreneur ou des expertises ou plans de l'architecte ou de l'ingénieur.
>
> Chacun pourra encore se dégager de sa responsabilité en prouvant que ces vices résultent de décisions imposées par le client dans le choix du sol ou des matériaux, ou dans le choix des sous-entrepreneurs, des experts ou des méthodes de construction.

168. Cet article innove grandement en prévoyant une possibilité d'exonération pour tous les intervenants.

Exonération de l'architecte ou de l'ingénieur

169. Ceux-ci pourront se dégager de cette responsabilité en démontrant que la perte ne résulte ni d'une erreur de leur part dans la conception de leurs plans ou dans la préparation de leurs expertises, ni d'un manquement de leur part dans la direction et la surveillance des travaux.

170. Ce fardeau de la preuve positive d'une absence de faute est très lourd.

171. La preuve de l'absence de faute doit évidemment être limitée à la partie de l'ouvrage réalisée par le professionnel en cause. L'article 1688 C.c.B.C. ne faisait pas de distinction, quant à la responsabilité, entre les diverses spécialités professionnelles des ingénieurs, ni évidemment quant au partage des tâches entre l'architecte et l'ingénieur.

Exonération de l'entrepreneur

172. Le fardeau de l'entrepreneur paraît plus léger puisqu'il devra démontrer que la perte découle d'une erreur dans les plans ou expertises de l'architecte ou de l'ingénieur *choisi par le client.*

173. Les erreurs des professionnels choisis et engagés par l'entrepreneur ne seront pas exculpatoires pour ce dernier comme, par exemple, dans le cas des contrats «clés en main».

174. La preuve d'une telle erreur ne sera entièrement exculpatoire que dans la mesure où il ne sera pas démontré que l'entrepreneur est lui-même en faute. Il faut comprendre qu'en présence d'une preuve d'erreur de la part des ingénieurs ou de l'architecte et qu'en l'absence de preuve d'une faute de la part de l'entrepreneur, ce dernier sera libéré. De plus, l'entrepreneur, en sa qualité de spécialiste, pourra certes être considéré comme ayant commis une faute s'il n'a pas décelé dans les plans qui lui ont été soumis des erreurs qu'il aurait dû reconnaître.

175. Les principes de l'arrêt *Davie Shipbuilding Ltd et al c. Cargill Grain et al* (1978) 1 RCS 570 devraient être utiles pour

fixer les critères d'appréciation de la faute de l'entrepreneur à cet égard.

176. Il faut finalement noter que l'erreur de l'ingénieur ou de l'architecte dans la surveillance et la direction des travaux ne peut être exculpatoire pour l'entrepreneur. L'erreur de surveillance prend toujours sa source dans une erreur de l'entrepreneur.

177. L'erreur du sous-entrepreneur n'est pas non plus exculpatoire, sauf dans le cas du dernier paragraphe visant notamment une perte résultant de l'imposition d'un sous-entrepreneur par le client.

Exonération du sous-entrepreneur

178. Le sous-entrepreneur, pour les travaux qu'il a effectués, pourra également se dégager en prouvant la faute de l'ingénieur ou de l'architecte dans les plans ou expertises ayant servi à la construction.

179. Le Code ajoute en plus, à titre de moyen supplémentaire, que le sous-entrepreneur sera exonéré si les vices à l'origine de la perte de l'ouvrage résultent de décisions de l'entrepreneur.

180. Ce concept est actuellement difficile à cerner. L'entrepreneur a la maîtrise des travaux et peut certes prendre des décisions qui influent sur les travaux du sous-entrepreneur. Ces décisions peuvent avoir trait au calendrier des travaux, à leur ordonnancement, de même qu'au choix des matériaux, des fournisseurs et même des méthodes de construction. Cependant, ceci comprend-t-il les vices résultant d'une mauvaise exécution par l'entrepreneur d'une autre partie des travaux, telle la fissuration d'un revêtement causée par un problème de structure? Le terme «décision» paraît exclure une telle situation qui, cependant, devrait y être comprise sur la base des principes sur lesquels l'article 2119 est fondé.

181. Il paraît s'agir là, en fait, pour le sous-entrepreneur, d'un moyen exculpatoire de la même nature que celui dont bénéficient tous les intervenants à l'égard du propriétaire quant aux décisions imposées par celui-ci et visées par le dernier paragraphe de l'article 2119.

182. Cependant, là encore, la faute des sous-entrepreneurs de ne pas avoir dénoncé ou souligné une décision qu'ils auraient dû savoir erronée pourra entraîner leur responsabilité solidaire.

Exonération de tous les intervenants

183. Tous les intervenants pourront se dégager si la perte résulte de décisions imposées par le client dans le choix du sol, des matériaux, des sous-entrepreneurs, des experts ou des méthodes de construction. Il est essentiel de souligner que la perte doit résulter de l'imposition de telles décisions, et non survenue uniquement à l'occasion des travaux où elles sont intervenues.

184. Ceci est de droit nouveau et consacre l'ouverture faite par la Cour suprême dans l'arrêt *Davie Shipbuilding Ltd et al c. Cargill Grain et al* (1978) 1 RCS 570.

185. Cette ouverture se comprend bien en fonction du choix du sol, des matériaux et des méthodes de construction, là où la relation de cause à effet est plus évidente.

186. Cependant, l'imposition d'un sous-entrepreneur entraîne-t-elle automatiquement l'exonération de l'entrepreneur pour tous les travaux exécutés par le premier puisque tout manquement aux règles de l'art sera imputable à l'imposition du sous-entrepreneur par le client et découlera de son choix? Un lien de causalité doit exister entre le vice reproché et la décision d'imposer ce sous-entrepreneur ce qui présente des difficultés d'appréciation, c'est-à-dire que la seule imposition du sous-entrepreneur n'est pas suffisante.

187. Quant à l'imposition des «experts», il arrive souvent que le propriétaire désigne ceux que l'entrepreneur doit engager pour le conseiller et le surveiller.

188. La seule exigence par le client d'un expert ou d'un sous-entrepreneur en particulier ne paraît pas suffisante pour donner ouverture à l'exonération. Une preuve de la probabilité que le choix d'autres experts, ou d'autres sous-entrepreneurs, aurait permis d'éviter le vice semble nécessaire pour donner ouverture à ce moyen.

189. L'exonération des intervenants, suite à l'intervention du client, sera opposable aux acquéreurs subséquents qui n'auront pas de recours aux termes de l'article 2118.

190. Il est remarquable que cette exonération ne tienne pas compte du degré de compétence du client et que son ingérence dans la construction conduira directement à une exonération totale des professionnels et entrepreneurs. On peut en conclure que le Code n'a pas retenu dans le régime de responsabilité légale les conditions énoncées dans l'arrêt *Davie Shipbuilding Ltd et al c. Cargill Grain et al* (1978) 1 RCS 570 pour donner ouverture à l'exonération et donc, en particulier, la nécessité d'un avis dénonçant le risque ou le caractère fautif de l'intervention.

191. Cependant, comme ailleurs, les intervenants ne devront pas accepter, sans les signaler, les décisions du propriétaire qu'ils devraient savoir comporter un danger. Ce défaut pourra constituer une faute qui les liera tant à l'égard du client qu'envers les acquéreurs subséquents, mais sous le régime de droit commun et non sous le régime exceptionnel de l'article 2118.

192. Dans le cas où la perte de l'ouvrage résulterait d'un vice d'un bien fourni par le propriétaire et que l'entrepreneur aurait dû déceler, l'article 2104 devra avoir préséance sur l'exonération prévue à l'article 2119. Ceci se justifie par les règles ordinaires de la responsabilité et la présomption de connaissance énoncée à cet article 2104.

Partage des responsabilités

193. Le partage final de responsabilité entre les débiteurs solidaires n'ayant pu s'exonérer devra être établi par le tribunal, dans la mesure où les fautes respectives seront démontrées.

194. De façon certaine, les articles 2118 et 2119 sont d'ordre public et il ne peut y être dérogé, tout au moins en vue d'alléger les responsabilités qui y sont prévues. En effet, le caractère d'ordre public est rendu nécessaire par l'implication de la sécurité publique dans la construction des ouvrages immobiliers (Voir «Commentaires détaillés sur les dispositions du projet»).

Prescription

195. La prescription des recours est de trois ans à compter de la perte ou de la découverte du vice (art. 2925 C.c.Q.). La

période maximale pendant laquelle un recours pourra être exercé est de huit ans.

196. Il faut cependant se rappeler que ceci ne vise que les recours fondés sur ces présomptions légales. Ceux se fondant sur la faute alléguée et prouvée des défendeurs, particulièrement en matière contractuelle, sera de trois ans suivant la perte, même si celle-ci est survenue après le délai de cinq ans prévu à l'article 2118. Ceci correspond au droit actuel, sauf quant au temps de prescription qui est ramené à trois ans.

Obligation de garantie pour les vices et malfaçons

Article 2120

> L'entrepreneur, l'architecte et l'ingénieur pour les travaux qu'ils ont dirigés ou surveillés et, le cas échéant, le sous-entrepreneur pour les travaux qu'il a exécutés, sont tenus conjointement pendant un an de garantir l'ouvrage contre les malfaçons existantes au moment de la réception, ou découvertes dans l'année qui suit la réception.

Personnes soumises

197. Finalement, à l'article 2120, le Code impose une toute nouvelle obligation de garantie en ce qui à trait à l'entrepreneur, l'architecte et l'ingénieur ayant dirigé ou surveillé les travaux. Encore là, ceci inclut le sous-entrepreneur pour les travaux qu'il a exécutés et le promoteur-vendeur. Ceux-ci sont conjointement tenus de garantir l'ouvrage contre les malfaçons existantes au moment de la réception ou qui sont découvertes dans l'année qui suit.

Objet de la garantie

198. On doit distinguer les vices prévus à l'article 2118 des malfaçons prévues à l'article 2120, en précisant que ces dernières ne constituent qu'une mauvaise exécution de l'ouvrage n'entraînant pas la perte totale ou partielle de celui-ci. Ce sont des travaux mal exécutés qui n'ont pas de conséquence sur la solidité de l'immeuble et qui n'entraînent pas sa détérioration.

Nature de la garantie

199. Cette responsabilité est conjointe et le Code n'a pas prévu de moyens disculpatoires.

200. Il est aussi important de souligner qu'il ne s'agit pas d'une présomption de responsabilité, mais d'une obligation légale de garantie. Elle ne prend donc pas sa source dans la faute prouvée ou présumée de ces personnes. Ceci permet de mieux comprendre l'absence de moyens disculpatoires.

Point de départ de la garantie

201. La responsabilité prévue à l'article 2118 débute à compter de la fin des travaux. Celle de l'article 2120 court manifestement depuis la réception, bien que l'article ne le précise pas, puisqu'elle vise les malfaçons qui se manifestent dans l'année suivant leur réception.

202. Cette particularité présente un problème dans le cas où la réception n'aurait pas eu lieu en raison de la négligence ou du refus du propriétaire. Dans ce cas, la garantie prendra effet à compter de la date où la réception aurait dû avoir lieu, c'est-à-dire de la fin des travaux (C.c. 2110). Le propriétaire ne peut, par sa négligence ou son refus injustifié, prolonger le délai de garantie.

203. Lorsque la réception et la fin des travaux ne concordent pas sans qu'il y ait faute de la part du propriétaire, la réception marque le point de départ de la garantie.

Étendue de la garantie

204. La formulation de l'article 2120 pose par ailleurs certaines difficultés. Comment interpréter d'abord le sens d'une garantie d'une année sur les malfaçons existantes au moment de la réception? Quelle est l'étendue d'une garantie d'une année sur des malfaçons découvertes dans cette même année? Il ne faut certes pas y voir une prescription ou un délai de déchéance voulant qu'une action soit prise ou une réclamation soit faite dans ce délai d'un an.

205. Rappelons d'abord que les vices et malfaçons apparents qui n'ont pas fait l'objet de réserves à l'occasion de la réception

sont couverts par celle-ci et ne peuvent donc être l'objet de la garantie prévue à l'article 2120. En effet, si l'entrepreneur se trouve libéré par cette acceptation présumée des défauts apparents, ceci a certes le même effet quant aux professionnels.

206. Qu'en est-il des vices et malfaçons non apparents, des vices et malfaçons apparents et ayant fait l'objet de réserves à l'occasion de la réception et, finalement, des vices et malfaçons apparents ou non à la fin des travaux, lorsque la réception n'a pas lieu ou est retardée par la faute du propriétaire?

207. Les vices et malfaçons apparents ayant fait l'objet de réserves, et pour lesquels l'entrepreneur est déjà responsable en vertu de l'article 2113, sont «existants» au moment de la réception. La garantie s'y applique et la prescription du recours est de trois ans suivant la réception.

208. Les vices et malfaçons non apparents au moment de la réception devront se manifester dans l'année qui suit celle-ci et seront sujets à une prescription de trois ans suivant leur découverte.

209. Dans le cas où la réception n'aurait pas eu lieu par suite de la négligence ou du refus du propriétaire, tous les vices, apparents ou non, seront garantis.

210. Pour les vices et malfaçons apparents, il faut présumer qu'ils auraient fait l'objet de réserves lors de la réception et ils sont sujets à une prescription de trois ans suivant la date à laquelle la réception aurait dû avoir lieu, soit à compter de la fin des travaux.

211. Pour les vices et malfaçons non apparents, ils doivent se manifester dans l'année suivant la date où la réception aurait dû avoir lieu et sont sujets à une prescription de trois ans suivant leur découverte.

212. Rappelons que, dans tous les cas, la mise en œuvre de cette garantie est sujette aux dispositions des articles 1590 et suivants relatifs à la demeure.

Partage

213. Le fait que la responsabilité soit conjointe limite celle de chacun des intervenants à leur part des coûts de correction.

Cette part doit être établie en fonction du nombre d'intervenants et non de leur degré de responsabilité respective.

214. La version anglaise de la loi emploie pour traduire «conjointement» le mot «solidarily» qui signifie plutôt solidairement. Ceci semble une erreur, car les commentaires accompagnant la loi confirment sans équivoque que cette garantie n'est que conjointe.

215. Rien ne s'oppose cependant, comme pour les débiteurs solidaires, à ce que chaque intervenant puisse exercer contre les autres une action récursoire ou un recours en garantie, dans la limite où il peut établir leur faute exclusive ou le caractère moins grave de sa propre faute.

216. Cependant, puisqu'il s'agira d'une faute dans l'exécution d'un contrat conclu avec le client, la faute devra être «caractérisée» au sens où l'a entendu la Cour suprême dans l'affaire *Desgagné c. La Fabrique de St-Philippe d'Arvida* (1984) 1 S.C.R. 19. On doit se rappeler que la faute de surveillance ne peut être exculpatoire de celle d'exécution.

217. Quant à l'article 2120, il ne semble pas avoir le même caractère d'ordre public que les articles 2118 et 2119 puisque la sécurité publique n'est pas mise en œuvre par cette garantie. Le but de cet article, tel qu'il est exprimé dans les commentaires accompagnant le projet de loi, est de s'assurer de la conformité de l'ouvrage avec le contrat et de l'absence de défauts.

Responsabilité des concepteurs

Article 2121

> L'architecte et l'ingénieur qui ne dirigent pas ou ne surveillent pas les travaux ne sont responsables que de la perte qui résulte d'un défaut ou d'une erreur dans les plans ou les expertises qu'ils ont fournis.

218. Finalement, au niveau des responsabilités, le Code civil du Québec reprend les dispositions du Code civil du Bas Canada en ce qui a trait à la responsabilité de l'architecte et de l'ingénieur qui n'ont que préparé les plans ou les expertises sans surveiller l'ouvrage. Ils ne sont responsables que de la perte qui résulte d'un défaut ou d'une erreur dans leurs plans ou

expertises. Ils ne sont donc pas sujets à une présomption et cette responsabilité n'entre en jeu que pour autant que preuve soit faite de l'erreur ou du défaut qui y donne ouverture. Ils ne sont pas non plus sujets à la responsabilité solidaire légale prévue à l'article 2118.

Paiement

Article 2122

> Pendant la durée des travaux, l'entrepreneur peut, si la convention le prévoit, exiger des acomptes sur le prix du contrat pour la valeur des travaux exécutés et des matériaux nécessaires à la réalisation de l'ouvrage; il est tenu, préalablement, de fournir au client un état des sommes payées aux sous-entrepreneurs, à ceux qui ont fourni ces matériaux et aux autres personnes qui ont participé à ces travaux, et des sommes qu'il leur doit encore pour terminer les travaux.

219. Cet article codifie l'usage des décomptes et paiements progressifs, ainsi que celui des déclarations devant accompagner les demandes de versements et attestant des paiements faits jusqu'alors aux ouvriers, aux fournisseurs et aux sous-entrepreneurs.

Retenue pour les hypothèques judiciaires

Article 2123

> Au moment du paiement, le client peut retenir, sur le prix du contrat, une somme suffisante pour acquitter les créances des ouvriers, de même que celles des autres personnes qui peuvent faire valoir une hypothèque légale sur l'ouvrage immobilier et qui lui ont dénoncé leur contrat avec l'entrepreneur, pour les travaux faits ou les matériaux ou services fournis après cette dénonciation.

> Cette retenue est valable tant que l'entrepreneur n'a pas remis au client une quittance de ces créances.

> Il ne peut exercer ce droit si l'entrepreneur lui fournit une sûreté suffisante garantissant ces créances.

Droit de retenue

220. L'article 2123 permet au client de retenir, sur le prix du contrat, des sommes suffisantes pour acquitter les créances des ouvriers et autres personnes pouvant faire valoir une hypothèque légale sur l'ouvrage, suite à leurs travaux ou matériaux fournis. Il s'agit de la retenue équivalente à celle qui était prévue aux articles relatifs au privilége ouvrier sous le Code civil du Bas-Canada.

Dépôt d'une sûreté

221. Le Code civil apporte cependant un tempérament fort important, soit la possibilité pour l'entrepreneur, aux lieu et place de cette retenue, de fournir une sûreté suffisante pour garantir ces créances. Le Code ne prévoit pas la nature de la sûreté ni, comme dans le cas de l'article 2112, la possibilité de recourir au tribunal pour la fixation du montant à défaut d'entente entre les parties.

222. Il semble que ce droit soit implicite cependant.

223. Par ailleurs, contrairement à la sûreté permise au sens de l'article 2111, un cautionnement fourni lors de la conclusion du contrat pour garantir le paiement des fournisseurs et des sous-entrepreneurs de l'entrepreneur pourrait ne pas suffire, au sens de cet article, à titre de sûreté. En effet, ces cautionnements sont habituellement établis à l'avantage des créanciers et ne constituent en rien une obligation de paiement consenti directement en faveur du propriétaire. Rien n'oblige les créanciers à y avoir recours et ces cautionnements peuvent donc s'éteindre sans que l'hypothèque légale ne soit affectée et sans possibilité d'intervention du propriétaire.

Responsabilité du promoteur immobilier

Article 2124

> Pour l'application des dispositions du présent chapitre, le promoteur immobilier qui vend, même après son achèvement, un ouvrage qu'il a construit ou a fait construire est assimilé à l'entrepreneur.

224. Cet article assimile le promoteur immobilier à l'entrepreneur, aux fins de ce chapitre.

Section III
De la résiliation du contrat

Droit du client à la résiliation

Article 2125

> Le client peut, unilatéralement, résilier le contrat, quoique la réalisation de l'ouvrage ou la prestation du service ait déjà été entreprise.

225. Cet article étend le droit existant de résiliation du contrat d'entreprise, prévu à l'article 1691 C.c.B.C., à tous les contrats d'entreprise et de service.

226. Il s'agit d'un droit unilatéral de résiliation qui n'a pas à être motivé, mais qui entraîne l'obligation de dédommager l'autre partie pour le préjudice que la résiliation lui cause.

Droit de l'entrepreneur à la résiliation

Article 2126

> L'entrepreneur ou le prestataire de services ne peut résilier unilatéralement le contrat que pour un motif sérieux et, même alors, il ne peut le faire à contretemps; autrement, il est tenu de réparer le préjudice causé au client par cette résiliation.
>
> Il est tenu, lorsqu'il résilie le contrat, de faire tout ce qui est immédiatement nécessaire pour prévenir une perte.

227. Cet article accorde à l'entrepreneur ou au prestataire de services un droit équivalent de résiliation, mais qu'il ne pourra cependant exercer que pour un motif sérieux.

228. Ce droit de résiliation ne peut cependant être exercé à contretemps, à défaut de quoi l'entrepreneur doit réparer le préjudice.

229. On peut d'abord se demander en quoi ce préjudice résultant d'une résiliation à contretemps se distingue de celui que

l'entrepreneur, comme le client d'ailleurs, doit de toute façon réparer en vertu du dernier paragraphe de l'article 2129.

230. Quant à définir ce que peut constituer un motif sérieux, il serait très hasardeux de spéculer sur l'interprétation que les tribunaux donneront à cette expression.

231. On peut probablement exclure dès maintenant l'erreur économique dans l'établissement du coût du contrat qui ferait en sorte que l'entrepreneur voudrait mettre fin à ses obligations. Nos tribunaux ont déjà refusé de reconnaître l'erreur àconomique comme une cause de nullité des contrats, et rien ne permet d'en faire un motif suffisant de résiliation.

232. Les motifs donnant ouverture à l'exception d'inexécution des contrats constituent très certainement des motifs de résiliation. S'ils justifient une partie de ne pas exécuter ces obligations, cela peut certes constituer un motif valable de résilier le contrat.

233. Il restera à déterminer si des motifs extérieurs au contrat lui-même, telle la crainte légitime de ne pas être payé, pourront constituer des motifs valables.

Résiliation suite au décès du client

Article 2127

> Le décès du client ne met fin au contrat que si cela rend impossible ou inutile l'exécution du contrat.

234. Cet article reprend le droit existant.

Résiliation suite au décès
ou à l'inaptitude de l'entrepreneur

Article 2128

> Le décès ou l'inaptitude de l'entrepreneur ou du prestataire de services ne met pas fin au contrat, à moins qu'il n'ait été conclu en considération de ses qualités personnelles ou qu'il ne puisse être continué de manière adéquate par celui qui lui succède dans ses activités, auquel cas le client peut résilier le contrat.

235. Cet article reprend également le droit existant, et plus particulièrement l'article 1692 C.c.B.C., en y ajoutant cependant deux notions.

236. En plus de s'étendre à tous les contrats, et non seulement aux ouvrages par devis et marchés, il ajoute «l'inaptitude de l'entrepreneur» aux causes ne mettant pas fin au contrat.

237. La réserve existante visant à de créer une exception pour les cas où les qualités personnelles de l'entrepreneur ou du prestataire de services avaient été une considération du contrat, demeure.

Conséquences de la résiliation

Article 2129

> Le client est tenu, lors de la résiliation du contrat, de payer à l'entrepreneur ou au prestataire de services, en proportion du prix convenu, les frais et dépenses actuelles, la valeur des travaux exécutés avant la fin du contrat ou avant la notification de la résiliation, ainsi que, le cas échéant, la valeur des biens fournis, lorsque ceux-ci peuvent lui être remis et qu'il peut les utiliser.
>
> L'entrepreneur ou le prestataire de services est tenu, pour sa part, de restituer les avances qu'il a reçues en excédent de ce qu'il a gagné.
>
> Dans l'un et l'autre cas, chacune des parties est aussi tenue de tout autre préjudice que l'autre partie a pu subir.

238. Le premier paragraphe de cet article reprend le droit actuel en ce qui a trait aux obligations du client de payer, à l'occasion d'une résiliation, les services rendus ou les travaux exécutés.

239. Le deuxième paragraphe, qui oblige l'entrepreneur résiliant le contrat à restituer les avances qu'il a reçues en excédent de ce qu'il a gagné, découle de l'institution de son droit à la résiliation prévu à l'article 2126.

240. Quant au troisième paragraphe, il étend à toutes les parties l'obligation de réparer le préjudice causé par la résiliation.

241. Quant à la nature de ce préjudice, cet article n'apporte rien de nouveau à la jurisprudence établie à l'égard de l'article 1691 C.c.B.C.

Loi sur l'application de la réforme du Code civil

242. La seule disposition de cette loi visant le chapitre du contrat d'entreprise ou de service se retrouve à l'article 98. Il stipule que les articles 2118, 2119, 2120, 2121 et 2124 C.c.Q. ne s'appliquent qu'aux pertes résultant d'un vice postérieur à la date d'entrée en vigueur du Code. Il faut comprendre que l'on vise l'existence du vice et non sa découverte ou sa manifestation. En pratique, il sera, dans certains cas, très difficile de démontrer que le vice existait au moment de l'entrée en vigueur du Code.

L'ASSURANCE MARITIME, LE TRANSPORT MARITIME
ET L'AFFRÈTEMENT

Table des matières

L'assurance maritime, le transport maritime et l'affrètement

*Edouard Baudry**

1. Partie I - L'assurance maritime

1.1 Introduction

1. La très majeure partie du chapitre du Code Civil du Bas Canada (ci-après le C.C.B.C.) sur l'assurance maritime avait échappé aux modifications de 1974 qui visaient essentiellement l'assurance terrestre. Il reflète l'état du droit anglais de l'assurance maritime en 1866, avec quelques divergences provenant du droit français et du droit américain.

2. En 1906, le parlement britannique adoptait une loi qui codifiait les règles de droit élaborées par les tribunaux anglais, (ci-après la Loi de 1906)[1]. Au Canada, les lois sur l'assurance maritime de l'Ontario, du Nouveau-Brunswick, de la Nouvelle-Écosse, du Manitoba et de la Colombie-Britannique la reproduisent de façon intégrale. Au niveau fédéral, le projet C-97 de la Loi sur l'assurance maritime, déposé le 26 novembre 1992, reprend tous les principes édictés dans la Loi de 1906.

3. Le Code adopte, avec quelques exceptions cependant, les principes de la Loi de 1906, dans un souci d'uniformisation et en reconnaissance de l'influence du droit anglais sur le droit maritime. Le mémoire du 13 octobre 1987 adressé au Conseil des ministres par le Ministre de la justice énonce l'approche adoptée par les rédacteurs du projet, à la page 87:

---

* Avocat.

Les dispositions du Code civil relatives à l'assurance maritime n'ont, quant à elles, jamais fait l'objet d'une réforme depuis la codification. Or, si celles-ci convenaient bien à la navigation à voile de l'époque, elles ne correspondent plus à la réalité du commerce maritime moderne.

Pour que la proposition soit le juste reflet des besoins de ce secteur d'activités, il faut tenir compte de certaines caractéristiques bien spécifiques à ce domaine.

D'abord et avant tout, il faut reconnaître l'extrême influence du droit anglais sur tout ce qui a trait au droit maritime. Les polices émises au Québec sont invariablement dans la forme de celles utilisées en Angleterre. Cette influence anglaise se remarque partout, autant en Europe qu'en Amérique, et se justifie sans doute par l'impérieuse nécessité de faire appel à la réassurance dans ce champ particulier de l'assurance. Par ailleurs, puisque le bien assuré doit presque inévitablement se déplacer, le besoin d'uniformiser les règles applicables, d'une juridiction à une autre, est plus particulièrement pressant ici que dans d'autres secteurs du droit. Enfin, si le ton de la réforme de l'assurance terrestre doit absolument refléter un souci de protection de l'assuré, il n'en est pas de même en assurance maritime. L'équilibre entre les contractants est habituellement atteint par l'importance des moyens financiers dont dispose chacune des parties.

Par conséquent, la proposition de réforme s'inspire très largement de la loi anglaise de 1906, laquelle est, suivant l'avis des spécialistes, la meilleure législation existant actuellement dans ce domaine. C'est d'ailleurs celle qui fut le plus souvent reprise par toutes les juridictions qui ont effectué une codification de l'assurance maritime. Enfin, la quasi-totalité des dispositions sont de caractère supplétif.

En cette matière, il convient cependant de souligner que la marge législative du Québec est limitée. La tendance de la Cour suprême du Canada, exprimée dans quelques jugements récents, est de considérer l'assurance comme partie du droit maritime et le droit maritime, en général, comme inclus dans la compétence fédérale sur la navigation et les expéditions par eau.

Néanmoins, outre que ces décisions pourront faire l'objet de distinctions, il demeure que certains transports maritimes locaux peuvent être touchés par le droit québécois et que celui-ci, avec la réforme, vient s'aligner sur les législations existantes dans quelques autres provinces. D'ailleurs, aucune législation fédérale n'existe en la matière, si ce n'est, par incorporation indirecte, la loi anglaise de 1906.

4. Le mémoire résume les éléments de la réforme à la page 93:

> Le droit actuel en cette matière remonte à 1967 et il n'a pas fait depuis l'objet de réforme. S'inspirant de la proposition de l'Office de révision du Code civil, de la loi anglaise de 1906 et de la version française de la loi du Nouveau-Brunswick, la réforme introduit cette réglementation au code quasi-intégralement. Seules quelques règles ont été modifiées, pour mieux s'harmoniser avec la pratique des affaires dans ce domaine et refléter dans une codification, la plupart des clauses habituellement insérées dans les contrats d'assurance maritime.

5. Tel que le mentionne le mémoire précité, la marge législative du Québec est limitée. Le Parlement fédéral détient sa compétence en droit maritime de l'art. 91, par. 13 (la navigation et les expéditions par eau) et de l'art. 92, par. 10 (transport maritime inter-provincial et international) de la Loi constitutionnelle de 1867. La compétence des provinces en droit maritime se limite aux «travaux et ouvrages d'une nature locale».

6. Dans l'affaire *Triglav* c. *Terrasses Jewelers Inc.*,[2] la Cour suprême du Canada confirmait la compétence de la Cour fédérale en matière d'assurance maritime, déclarant que l'assurance maritime fait partie du droit maritime sur lequel l'article 22 de la Loi sur la Cour fédérale confère à ce tribunal une compétence concurrente. Après avoir rejeté la thèse voulant que l'assurance maritime relève de la compétence provinciale sur les droits civils et la propriété dans la province, Monsieur le juge Chouinard s'exprimait ainsi:

> À mon avis le procureur général du Canada a raison de qualifier l'assurance maritime de matière relevant à proprement parler de la propriété et des droits civils mais qui a néanmoins été confiée au Parlement comme partie de la navigation et des expéditions par eau. Il en va de même par exemple des lettres de change et des billets promissoires qui sont matières de

propriété et de droits civils, mais au sujet desquelles la compétence a été attribuée au Parlement par le par. 18 de l'art. 91 de la Loi constitutionnelle de 1867.

Il est inexact, à mon avis, de qualifier l'assurance maritime au même titre que les autres formes d'assurance qui en sont dérivées et dont elle ne se distinguerait que par son objet, l'aventure maritime. Il est inexact aussi de dire que l'assurance maritime ne fait pas partie des activités de la navigation et des expéditions par eau et qu'elle demeure de l'assurance quoiqu'appliquée à des activités de cette nature.

L'assurance maritime est avant tout un contrat de droit maritime. Ce n'est pas une application de l'assurance au domaine maritime. Ce sont plutôt les autres formes d'assurance qui sont des applications à d'autres domaines de principes empruntés à l'assurance maritime.

Je suis d'avis que l'assurance maritime fait partie du droit maritime sur lequel l'art. 22 de la Loi sur la Cour fédérale confère à celle-ci une compétence concurrente. Il n'est pas nécessaire de déterminer quels autres tribunaux peuvent avoir une compétence concurrente avec la Cour fédérale ni de déterminer l'étendue de leur compétence. Je suis également d'avis que l'assurance maritime est comprise dans le pouvoir du Parlement relatif à la navigation et aux expéditions par eau et qu'en conséquence il doit être répondu non à la question constitutionnelle.»

7. Quant aux diverses lois provinciales sur l'assurance maritime, la Cour décidait qu'il n'était pas nécessaire d'en délimiter le champ d'application puisqu'il s'agissait en l'instance d'une expédition provenant de l'étranger, sur laquelle la compétence des provinces sur l'assurance maritime qui pourrait découler de leur compétence sur les travaux et ouvrages d'une nature locale ne pouvait s'exercer.

8. Ainsi, l'étendue de la compétence provinciale sur l'assurance maritime reste à définir. Il semble qu'elle doive au mieux se restreindre aux opérations maritimes intra-provinciales. Il est permis de la mettre en doute même à ce niveau puisque la compétence du Parlement fédéral en matière de navigation et d'expéditions par eau s'étend aussi aux opérations locales.

9. Par ailleurs, le Code ne précise pas en quelles circonstances le contrat d'assurance maritime sera régi par la loi du Québec. L'article 2496 C.C.B.C. visait l'assurance maritime comme l'assurance terrestre mais l'article 3119 qui l'a remplacé ne concerne que l'assurance terrestre. Pour déterminer le droit applicable à un contrat d'assurance maritime qui, de par son objet, pourrait être régi par le Code, il faudra s'en remettre aux articles 3112 et 3113 ; la loi applicable sera celle désignée dans la police et en l'absence d'une telle désignation, il semble que le contrat sera régi par la loi du lieu où l'assureur possède son établissement, en acceptant toutefois que la «prestation caractéristique de l'acte» mentionnée à l'article 3113 doive être le paiement de l'indemnité.

10. L'incertitude autour de la compétence des provinces sur l'assurance maritime ne susciterait pas de difficultés pratiques majeures si les articles du Code étaient en tout point conformes aux principes de la Loi de 1906, donc avec les lois sur l'assurance maritime des autres provinces et surtout avec le droit maritime canadien qui, semble-t-il, englobe la Loi de 1906 par incorporation indirecte et auquel viendra s'ajouter la future loi fédérale sur l'assurance maritime.

11. Le Code apporte un net progrès puisque l'uniformité est presque entièrement réalisée. Cependant, quelques différences existent, notamment l'établissement d'un droit d'action directe contre l'assureur responsabilité. De plus, certaines divergences proviennent de règles prévues ailleurs au Code, par exemple au sujet du recours subrogatoire et des contrats d'adhésion.

1.2 Commentaires généraux

12. L'assurance maritime possède un caractère fondamentalement commercial, ce que reconnaissait l'article 2492 C.C.B.C., alinéa 2. Cette distinction est maintenue. L'article 2414, alinéa 1 qui prononce la nullité de toute clause qui accorderait à l'assuré moins de droits que ce qui est prévu au chapitre des assurances vise uniquement l'assurance terrestre. Demeure cependant applicable à l'assurance maritime le second alinéa qui prononce la nullité de toute stipulation qui déroge aux règles relatives à l'intérêt d'assurance ou aux règles

protégeant les droits du tiers lésé en matière d'assurance responsabilité.

13. Les articles 2400 et 2405 qui accordent à l'assuré une protection accrue en prévoyant la primauté de la proposition d'assurance sur la police en cas de divergences, et en régissant de façon stricte le mécanisme de modifications au contrat et de renouvellement, ne concernent pas l'assurance maritime.

14. Notons par ailleurs que le concept de contrat d'adhésion tel que défini à l'article 1379 s'étend à l'assurance maritime comme à l'assurance terrestre et que la plupart des polices rencontreront cette définition. Les règles établies aux articles 1431, 1432 et 1433 deviennent alors pertinentes: nullité de la clause externe dont l'adhérent n'avait pas la connaissance (article 1431), nullité sous certaines conditions de la clause dite illisible ou incompréhensible pour une personne raisonnable et nullité de la clause dite abusive. Le droit maritime canadien ne prévoit pas de régime spécial pour les contrats d'adhésion.

15. Les règles d'interprétation du contrat demeurent communes aux deux formes d'assurance. L'article 2499 C.C.B.C. déclarant que le contrat d'assurance en cas d'ambiguïté s'interprète contre l'assureur n'est pas remplacé mais on retrouve l'article 1428 d'où il résulte que le contrat d'assurance, étant dans la plupart des cas un contrat d'adhésion tel que défini au Code, s'interprétera en faveur de l'assuré.

16. Parmi les sources des divers articles, nous avons énuméré en annexe, outre les articles du C.C.B.C., les références aux articles correspondants de la Loi de 1906 et de la Loi sur l'assurance maritime du Nouveau-Brunswick. La loi du Nouveau-Brunswick a pour intérêt d'offrir dans un texte législatif une traduction française littérale de la Loi de 1906.

17. La plupart des articles du Code sont nouveaux; ils traitent de sujets qui n'étaient pas abordés au C.C.B.C. ou dont la rédaction est nouvelle, mais le plus souvent ils reprennent des règles déjà connues et appliquées. Nous n'avons pas cru utile de reprendre les commentaires de ce genre, mais avons insisté sur les divergences entre les articles du Code et le droit anglo-canadien.

1.3 Les articles

18. La définition de l'assurance maritime proposée à l'article 2390 reste inchangée:

> L'assurance maritime a pour objet d'indemniser l'assuré des sinistres qui peuvent résulter des risques relatifs à une opération maritime.

Section IV
De l'assurance maritime
1- Dispositions générales

19. Art. 2505: vient préciser que l'assurance maritime peut couvrir des risques qui, sans être encourus lors d'une opération maritime, s'y trouvent reliés.

20. Art. 2506: identifie un certain nombre de situations dans lesquelles il y a effectivement un risque relatif à une opération maritime.

21. Art. 2507: énumère de façon non limitative ce qui peut constituer un péril de mer.

22. Art. 2508: détermine sur quoi porte l'assurance d'un navire.

23. Art. 2509: détermine sur quoi porte l'assurance du fret.

24. Art. 2510: détermine sur quoi porte l'assurance de biens meubles.

2- De l'intérêt d'assurance
I- De la nécessité de l'intérêt

25. Commentaire: Notons de nouveau qu'en vertu de l'article 2414, est nulle la stipulation qui déroge aux règles relatives à l'intérêt d'assurance.

26. Art. 2511: requiert l'existence d'un intérêt au moment du sinistre, sauf pour l'assurance sur bonne ou mauvaise nouvelle, à condition que l'assuré n'ait pas été au courant du sinistre lors de la conclusion du contrat.

27. Art. 2512: prononce la nullité absolue du contrat d'assurance maritime par manière de jeu ou de pari. Il y a tel contrat lorsque l'assuré n'a pas d'intérêt d'assurance.

II - Des cas d'intérêt d'assurance

28. Art. 2513: définition de l'intérêt d'assurance.

29. Art. 2514: un intérêt d'assurance annulable, éventuel ou partiel est suffisant.

30. Art. 2515: énumère certaines situations dans lesquelles il existe un intérêt d'assurance.

III - De l'étendue de l'intérêt d'assurance

31. Art. 2516: toute personne ayant un intérêt dans le bien assuré peut souscrire aussi pour le compte d'un tiers qui y a un intérêt.

32. Art. 2517: l'intérêt d'assurance du propriétaire d'un bien n'est pas modifié par son droit d'être indemnisé par un tiers.

3.- De la détermination de la valeur assurable des biens

33. Art. 2518: définition de la valeur assurable des biens.

34. Art. 2519: définition de la valeur assurable d'un navire, du fret ou de la marchandise.

4.- Du contrat et de la police
I - De la souscription

35. Art. 2520: «La souscription de chaque assureur constitue un contrat distinct avec l'assuré.»

II - Des espèces de contrats

36. Art. 2521: les contrats sont au voyage ou de durée, aussi à valeur agréée, à valeur indéterminée ou flottants.

37. Art. 2522: définition du contrat au voyage et du contrat de durée.

38. Art. 2523: définition du contrat à valeur agréée.

39. Art. 2524: définition du contrat à valeur indéterminée.

40. Art. 2525: définition du contrat flottant.

41. Art. 2526: façon d'établir les déclarations dans un contrat flottant.

III - Du contenu de la police d'assurance

42. Art. 2527: énumération du contenu.

IV - De la cession de la police d'assurance

43. Art. 2528: consacre le caractère cessible d'une police d'assurance maritime.

44. Art. 2529: l'assuré qui ne détient plus son intérêt dans le bien assuré ne peut par la suite céder l'assurance.

45. Art. 2530: l'aliénation du bien assuré n'emporte pas la cession de l'assurance, sauf par l'effet de la loi ou par succession.

46. Art. 2531: Le cessionnaire peut agir directement contre l'assureur.

V - De la preuve et de la ratification du contrat

47. Art. 2532: le contrat ne se prouve que par la production de la police d'assurance. Après coup, les attestations d'assurance sont recevables pour établir la teneur véritable du contrat et le moment où l'assureur a accepté la demande d'assurance.

48. Art. 2533: ratification du contrat par un tiers.

5.- Des droits et obligations des parties relativement à la prime.

49. Art. 2534: l'assureur peut retenir la police jusqu'au paiement de la prime.

50. Art. 2535: si le montant de la prime n'a pas été convenu, l'assuré doit néanmoins une prime raisonnable.

51. Art. 2536: le courtier est responsable de la prime envers l'assureur.

52. Art. 2537: l'assureur doit directement à l'assuré soit l'indemnité, soit la ristourne de prime.

53. Art. 2538: obligation de l'assureur de restituer la prime «quand la contrepartie du paiement de celle-ci fait totalement défaut». Une ristourne partielle est prévue si la contrepartie du paiement de la prime est divisible et qu'une fraction de cette contrepartie fait totalement défaut.

54. Commentaire: Cet article pose le principe général qui permettra à l'assuré de demander une ristourne de prime; il correspond à l'article 84 de la Loi de 1906, paragraphes 1 et 2. Les articles 2539 à 2542 précisent diverses circonstances où la prime doit être restituée, et correspondent à l'énumération contenue au troisième paragraphe de l'article 84 de la Loi de 1906.

55. Art. 2539: restitution de prime en cas de nullité de la police avant le commencement du risque.

56. Art. 2540: restitution de prime lorsque les biens assurés n'ont jamais été exposés au risque.

57. Art. 2541: restitution de prime lorsque l'assuré n'a eu aucun intérêt assurable.

58. Art. 2542: restitution de prime en cas de souscription pour un montant supérieur à la valeur du bien dans le cadre d'un contrat à valeur indéterminée, et en cas de surassurance à cause d'un cumul de contrats.

59. Art. 2543: le courtier peut exercer un droit de rétention sur la police;

60. Art. 2544: la mention sur la police que la prime a été payée libère l'assuré mais non le courtier vis-à-vis l'assureur.

6.- Des déclarations

61. Art. 2545: «La formation du contrat d'assurance maritime nécessite la plus absolue bonne foi. Si celle-ci n'est pas observée par l'une des parties, l'autre peut demander la nullité du contrat.»

62. Commentaire: Ce principe est fondamental à tous les contrats d'assurance. Selon les commentateurs de la Loi de 1906, on a cru bon de l'énoncer parce que les dispositions qui suivent en matière de déclarations ne sont pas exhaustives.

63. Art. 2546: obligation de déclaration.

64. Art. 2547: restrictions à l'obligation de déclaration.

65. Art. 2548: en quelles circonstances certaines déclarations sont réputées vraies.

66. Art. 2549: déclarations effectuées par un représentant de l'assuré.

67. Art. 2550: «L'assuré et l'assureur, de même que leurs représentants, sont réputés connaître toutes les circonstances qui, dans le cours de leurs activités, devraient être connues d'eux.»

68. Commentaire: L'article 2624 C.C.B.C. prévoyait que l'assuré n'est pas tenu de déclarer des faits que l'assureur connaît, ou qu'il est censé connaître d'après leur caractère public et leur notoriété. L'article 2408, quant aux déclarations en assurance terrestre, prévoit la même règle. L'article 18 de la Loi de 1906 dispense également l'assuré de déclarer les circonstances qui sont de notoriété ou de connaissance générales. L'article 2550 laisse donc une incertitude: l'assuré doit-il déclarer les circonstances de caractère notoire ou pourra-t-il présumer que l'assureur sera lui-même réputé en avoir acquis la connaissance dans le cours normal de ses affaires?

69. Art. 2551: permet le retrait ou la rectification des déclarations avant la formation du contrat.

70. Art. 2552: l'omission ou la fausse déclaration de l'assuré entraîne la nullité du contrat.

71. Commentaire: En assurance terrestre, cette règle se trouve mitigée par l'article 2411 relatif à l'assurance de dommage; elle conserve ici sa rigueur.

7.- Des engagements

72. Art. 2553: «Il y a engagement lorsque l'assuré affirme ou nie l'existence d'un certain état de fait ou lorsqu'il s'oblige à ce qu'une chose soit faite ou ne soit pas faite ou que certaines conditions soient remplies. L'affirmation ou la négation d'un état de fait sous-entend nécessairement que cet état ne variera pas.»

73. Art. 2554: établit l'obligation de respecter les engagements intégralement, sinon l'assureur est libéré de ses obligations à compter de la violation et l'assuré ne peut invoquer en défense le fait qu'il a été remédié à la violation.

74. Commentaire: En matière d'engagements le Code revient aux principes sévères du droit anglais, desquels on s'était écarté en 1974 en se référant, par amendement à l'article 2628 C.C.B.C., aux règles générales concernant les garanties en assurance terrestre, c'est-à-dire les articles 2489 et 2490

C.C.B.C.; le manquement à un engagement formel ne faisait donc que suspendre la garantie jusqu'à ce que l'assuré ait remédié à la violation.

75. Art. 2555: engagements devenus illégaux ou qui ne sont plus pertinents au contrat.

76. Art. 2556: établit deux formes d'engagement: exprès et implicite.

77. Art. 2557: l'engagement exprès portant sur la neutralité d'un navire.

78. Art. 2558: il n'existe pas d'engagement implicite relativement à la nationalité du navire.

79. Art. 2559: engagement quant au bon état ou à la sécurité des biens assurés.

80. Art. 2560: engagement implicite, dans un contrat au voyage, que le navire est en bon état de navigabilité au commencement du voyage.

81. Art. 2561: dans un contrat de durée, il n'y a pas d'engagement implicite que le navire est en bon état de navigabilité.

82. Art. 2562: définit le bon état de navigabilité du navire.

83. Art. 2563: pour les marchandises ou autres biens meubles, il n'y a pas d'engagement implicite que les biens sont en état de voyager par mer mais, pour un contrat au voyage, il y a engagement implicite du bon état de navigabilité du navire.

84. Art. 2564: l'obligation implicite quant à la légalité de l'opération maritime.

8.- Du voyage
I - Du départ

85. Art. 2565: dans un contrat au voyage, le départ doit se faire dans un délai raisonnable.

86. Art. 2566: interdit le changement du lieu de départ ou, au départ, le changement de destination, dans un contrat au voyage.

II - Du changement de voyage

87. Art. 2567: interdit le changement volontaire de la destination du navire, après le début du risque.

III - Du déroutement

88. Art. 2568: il y a déroutement lorsque le navire s'écarte de son itinéraire. Tel déroutement sans excuse légitime est interdit.

89. Art. 2569: le navire ne doit pas se rendre à tous les ports de déchargement indiqués mais doit se rendre aux ports qu'il touchera dans l'ordre indiqué au contrat.

90. Art. 2570: lieux de destination désignés selon les régions.

IV - Du retard

91. Art. 2571: dans un contrat au voyage, obligation de poursuivre l'opération maritime avec diligence.

V - Des retards et des déroutements excusables

92. Art. 2572: établit certains cas de retards ou de déroutements excusables.

93. Art. 2573: le navire doit reprendre son itinéraire lorsque la cause excusant le déroutement ou le retard disparaît.

94. Art. 2574: interruption de voyage et transbordement.

9.- De la déclaration du sinistre, des pertes et des dommages

95. Art. 2575: «La déclaration d'un sinistre obéit aux règles applicables à l'assurance terrestre de dommages.»

96. Commentaire: Selon l'article 2470, l'assuré est tenu de déclarer le sinistre «dès qu'il en a eu connaissance» et l'assureur qui subit un préjudice de la déclaration tardive peut invoquer toute clause de la police qui prévoit la déchéance du droit à l'indemnisation.

97. La Loi de 1906 ne traite pas de la déclaration de sinistre. Le délai dans lequel la déclaration doit être faite est normalement prévu à la police, qui peut valablement stipuler comme sanction la déchéance du droit à l'indemnité. Lorsque la police ne prévoit pas de délai, la jurisprudence établit que la déclaration doit être donnée dans un délai raisonnable. Dans tous les cas,

l'assuré doit répondre auprès de l'assureur du préjudice subi par ce dernier attribuable à une déclaration tardive. Selon les circonstances, il pourra donc y avoir divergences entre le régime du Code et celui du droit anglais relativement au délai de déclaration de sinistre et surtout quant aux conséquences d'une déclaration tardive.

98. Art. 2576: «L'assureur n'est tenu que des pertes et des dommages résultant directement d'un risque couvert par la police. Il est libéré de ses obligations lorsque ces pertes et dommages résultent de la faute intentionnelle de l'assuré, mais il ne l'est pas s'ils résultent de la faute du capitaine ou de l'équipage.»

99. Commentaire: L'article 2633 C.C.B.C. libérait l'assureur de l'obligation d'indemniser l'assuré des pertes résultant de son fait répréhensible ou de sa négligence grossière. L'article 2576 ne libère l'assureur qu'advenant la faute intentionnelle de l'assuré. La nouvelle règle est cependant conforme à l'article 55 de la Loi de 1906.

100. Art. 2577: les pertes découlant directement du retard ne sont pas couvertes. L'article énumère aussi d'autres circonstances qui ne constituent pas un péril de mer, tel le vice propre du bien assuré.

101. Art. 2578: établit que le préjudice peut être soit une avarie, soit la perte totale des biens. Les pertes totales sont réelles ou implicites.

102. Commentaire: Le terme «avarie» remplace la «perte partielle» du C.C.B.C.

103. Art. 2579: l'assurance contre les pertes totales comprend les pertes réelles et les pertes implicites.

104. Art. 2580: définition de la perte totale réelle.

105. Art. 2581: définition de la perte totale implicite.

106. Art. 2582: détermine comment établir si le coût de recouvrement ou de réparation d'un bien assuré est supérieur à la valeur de ce bien.

107. Art. 2583: incidence des contributions d'avarie commune dans le calcul des frais de réparation.

108. Art. 2584: l'assuré peut considérer la perte totale implicite comme avarie ou perte totale réelle mais est alors tenu au délaissement.

109. Art. 2585: l'assuré peut être indemnisé pour une avarie même s'il a intenté une action pour une perte totale.

110 Art. 2586: l'impossibilité d'identifier les marchandises ne donne ouverture qu'à une action d'avarie.

10.- Du délaissement

111. Art. 2587: l'avis de délaissement doit être donné par l'assuré qui réclame pour ce qu'il identifie comme une perte totale implicite.

112. Art. 2588: l'avis de délaissement n'est assujetti à aucune condition de forme.

113. Art. 2589: l'avis de délaissement doit être donné avec diligence.

114. Art. 2590: l'assuré est dispensé de l'avis de délaissement lorsque, au moment où l'assuré a été mis au courant de la perte, l'assureur n'aurait pu tirer aucun avantage du délaissement.

115. Art. 2591: «L'assureur n'est pas tenu de donner un avis du délaissement à son réassureur.»

116. Art. 2592: l'assureur peut accepter ou refuser le délaissement. Son silence ne constitue pas une acceptation. Il peut renoncer à l'avis de délaissement.

117. Art. 2593: «L'acceptation de l'avis en justifie la validité, rend le délaissement irrévocable et comporte reconnaissance de la part de l'assureur de son obligation d'indemniser l'assuré.»

118. Art. 2594: «L'assureur qui accepte le délaissement devient propriétaire, à compter du sinistre, tant de l'intérêt de l'assuré dans tout ce qui peut subsister du bien assuré que des droits qui y sont afférents. Il assume, en même temps, les obligations qui s'y rattachent. L'assureur qui a accepté le délaissement d'un navire a droit au fret gagné après le sinistre, déduction faite des frais engagés, après le sinistre, pour le gagner. De plus, quand le navire transporte les marchandises du propriétaire du navire, l'assureur a droit à une rémunération raisonnable pour le transport effectué après le sinistre.»

119. Commentaire: La conséquence de l'acceptation du délaissement établie au premier alinéa est conforme au droit anglais, quoique la Loi de 1906 ne prévoit pas spécifiquement que l'assureur assume aussi les obligations qui se rattachent au bien assuré.

120. L'alinéa 2 de l'article 2594 accorde à l'assureur qui a accepté le délaissement d'un navire le fret gagné après le sinistre. Il y a divergence avec la Loi de 1906, article 63, qui accorde aussi à l'assureur le fret qui était en train d'être gagné au moment du sinistre.

121. Art. 2595: conséquences du refus du délaissement par l'assureur.

11.- Des espèces d'avaries

122. Commentaire: Sous ce titre, on définit les diverses espèces d'avaries soit, l'avarie particulière, les avaries-frais ou frais de conservation, les frais de sauvetage et en quatrième lieu, l'avarie commune,

123. Art. 2596: définitions des avaries particulières.

124. Art. 2597: définition des avaries-frais.

125. Art. 2598: définition des frais de sauvetage.

126. Art. 2599: définition de la perte par avarie commune.

127. Art. 2600: «Sous réserve des règles du droit maritime, la perte par avarie commune donne le droit, à la partie qui la subit, d'exiger une contribution proportionnelle des autres intéressés; cette contribution est dite contribution d'avarie commune.»

128. Art. 2601: l'assuré qui a engagé une dépense ou qui a consenti un sacrifice d'avarie commune peut se faire indemniser par l'assureur.

129. Art. 2602: limites à l'obligation de l'assureur d'indemniser;

130. Art. 2603: calcul de la contribution de l'assureur dont l'assuré détient des intérêts divers dans l'aventure commune.

12.- Du calcul de l'indemnité

131. Art. 2604: «L'indemnité exigible se calcule en fonction de la pleine valeur assurable, si le contrat est à valeur indéterminée, ou en fonction de la somme fixée au contrat, si celui-ci est à valeur agréée.»

132. Art. 2605: établit le principe de l'indemnité proportionnelle selon lequel l'indemnité correspond au rapport entre le montant de la souscription de l'assureur et la valeur, soit la valeur agréée ou la valeur assurable.

133. Art. 2606: établit l'indemnité pour la perte totale.

134. Art. 2607: établit l'indemnité pour la perte de frais.

135. Art. 2608: établit les indemnités dues pour l'avarie d'un navire.

136. Art. 2609: établit l'indemnité due pour la perte totale d'une partie des marchandises.

137. Art. 2610: établit l'indemnité due lorsque les marchandises ont été livrées à destination en état d'avarie.

138. Art. 2611: établit la ventilation de la valeur assurée de biens de nature différente ayant fait l'objet d'une évaluation globale.

139. Art. 2612: établit l'indemnité due à l'assuré pour les pertes par avarie commune.

140. Art. 2613: «L'indemnité exigible en vertu d'une assurance de responsabilité civile est la somme payée ou payable aux tiers, jusqu'à concurrence du montant de l'assurance.»

141. Commentaire: Contrairement aux dispositions sur l'assurance terrestre (article 2503), cet article ne prévoit pas que les frais et dépens qui résultent des actions contre l'assuré et les intérêts sur le montant de l'assurance sont à la charge de l'assureur en plus du montant d'assurance.

142. Art. 2614: «Lorsque les pertes ou les dommages subis ne sont pas visés par le présent paragraphe, l'indemnité s'établit néanmoins, autant que possible, conformément à celui-ci.»

143. Art. 2615: établit l'indemnité lorsque le bien est assuré franc d'avaries particulières.

144. Art. 2616: dispositions additionnelles relatives à l'indemnité payable lorsque le bien est assuré franc d'avaries particulières.

145. Art. 2617: établit l'indemnité en cas de sinistres successifs.

146. Art. 2618: établit l'indemnité due en vertu de la clause sur les mesures conservatoires et préventives («sue and labour»). Les obligations découlant de cette clause sont supplémentaires aux autres indemnités prévues au contrat.

147. Art. 2619: établit l'obligation de la part de l'assuré de minimiser ses dommages, lors d'un sinistre.

13.- Dispositions diverses
I - De la subrogation

148. Art. 2620: «Lorsque l'assureur indemnise l'assuré en raison d'une perte totale, soit pour le tout, soit, s'il s'agit de marchandises, pour une partie divisible du bien assuré, il acquiert de ce fait le droit de recueillir l'intérêt de l'assuré dans tout ce qui peut subsister du bien qu'il assurait; il est, par là même, subrogé dans tous les droits et recours de l'assuré relativement à ce bien, depuis le moment de l'événement qui a causé sa perte. Cependant, l'indemnisation de l'assuré pour des avaries particulières ne confère à l'assureur aucun droit dans le bien assuré ou dans ce qui peut en rester. L'assureur est de ce fait subrogé, à compter du sinistre, dans tous les droits de l'assuré relativement à ce bien, jusqu'à concurrence de l'indemnité d'assurance payée.»

149. Commentaire: Cet article, nouveau, reprend textuellement l'article 79 de la Loi de 1906. Advenant une perte totale, l'assuré a la faculté de s'attribuer la propriété de ce qui reste du bien assuré; il n'acquiert cependant pas cet intérêt, ni les obligations qui peuvent s'y rattacher, du fait même du paiement de l'indemnité.

150. Par ailleurs, l'assureur qui a indemnisé l'assuré en raison d'une perte totale ou d'avaries particulières est subrogé dans tous les droits de l'assuré relativement aux biens assurés.

151. Le C.C.B.C. ne prévoyait pas une telle subrogation. La subrogation légale existe au profit de l'assureur terrestre depuis

la réforme de 1974. Du fait de la subrogation légale, l'assuré perd l'intérêt requis pour que l'action subrogatoire soit intentée en son nom et il faudra donc que l'action subrogatoire soit prise au nom de l'assureur maritime.

152. Cependant, l'action subrogatoire assujettie au droit anglais se prend au nom de l'assuré. Le praticien devra opter entre l'un ou l'autre régime, au péril de se faire opposer que l'action a été prise au nom du mauvais demandeur. Cette uniformisation avec la Loi de 1906 crée donc une divergence majeure au niveau pratique de l'exercice du recours subrogatoire.

II - Du cumul de contrats

153. Art. 2621: définition du cumul de contrats ou de la pluralité d'assurance.

154. Art. 2622: en cas de cumul de contrats, l'assuré peut exiger le paiement de ses assureurs dans l'ordre de son choix.

155. Commentaire: L'article 2640 C.C.B.C. prévoyait que l'assuré se fasse indemniser par ordre chronologique de couverture, selon le principe du droit français retenu par les codificateurs en 1866. Le nouvel article est conforme à la Loi de 1906.

156. Art. 2623: l'assuré doit déduire de l'indemnité réclamée les sommes reçues en vertu d'un autre contrat.

157. Art. 2624: l'assuré détient tout excédent d'indemnité pour le compte des assureurs qui y ont droit.

158. Art. 2625: établit le mécanisme de contribution entre les divers assureurs.

III - De la sous-assurance

159. Art. 2626: «Lorsque l'assuré est couvert pour une somme inférieure à la valeur assurable ou, si le contrat est à valeur agréée, pour une somme inférieure à la valeur convenue, l'assuré est son propre assureur pour la différence.»

160. Commentaire: Le C.C.B.C. ne contenait aucune disposition semblable. Cet article reprend l'article 81 de la Loi de 1906.

IV - De l'assurance mutuelle

161. Art. 2627: définit l'assurance mutuelle, qui est assujettie aux règles de la présente section sauf quant à la prime.

V - De l'action directe

162. Art. 2628: «Les articles 2500 à 2502, relatifs à l'action directe du tiers lésé, s'appliquent à l'assurance maritime. Toute stipulation qui déroge à ces règles est nulle.»

163. Commentaire: Cet article introduit l'action directe à l'assurance maritime. Il est formel. Cependant, il n'y a pas de recours direct contre l'assureur responsabilité en droit maritime canadien. La validité d'une action directe intentée contre l'assureur maritime dépendra donc du droit applicable.

1.4 Table de concordance des articles

Du code civil du Québec
Du code civil du Bas-Canada
De la loi anglaise de 1906
De la loi sur l'assurance maritime du Nouveau-Brunswick

C.C.Q.	C.C.B.Q.	Loi anglaise de 1906	Loi du Nouveau-Brunswick
2390	2470	1	2
2505	2610	2	2
2506	—	3	4
2507	2613	3	1
2508	—	30	31
2509	—	30, 90	1, 31
2510	—	90	1
2511	2608, 2618	6	7
2512	2611	4	5
2513	2607	5	6
2514	—	7, 8	8, 9
2515	2610	7, 9 A 14	8, 10 A 15
2516	—	14	15
2517	—	14	15
2518	2658, 2659	16	17
2519	2658, 2659	16	17
2520	—	24	25
2521	2611, 2612	26, 28, 30	25, 27, 29
2522	2612	25	26
2523	—	27	28
2524	2611	28, 29	29, 30
2525	—	29	30
2526	—	29	30
2527	2609	23	24
2528	2615	50	51
2529	2616	51	52
2530	2578, 2616	15	16
2531	—	50	51
2532	9	21, 22, 89	22, 23
2533	—	86	87
2534	—	52	53
2535	—	31	32
2536	—	53	54
2537	—	54	54
2538	2621, 2622	84	85
2539	2621, 2622	84	85
2540	2618, 2621, 2622	84	85

C.C.Q.	C.C.B.Q.	Loi anglaise de 1906	Loi du Nouveau-Brunswick
2541	2621	84	85
2542	2639, 2640, 2641	84	85
2543	—	53	54
2544	—	54	55
2545	2623, 2626	17	18
2546	2623	18	19
2547	2624	18	18
2548	2627	20	20
2549	—	19	20
2550	—	18, 19	19, 20
2551	—	20	21
2552	2625	17, 20	18, 21
2553	—	33	34
2554	—	33	34
2555	—	34	35
2556	—	33, 35	36
2557	—	36	37
2558	—	37	38
2559	—	38	39
2560	2629	39	40
2561	2629	39	40
2562	2629	39	40
2563	—	40	41
2564	2630	41	42
2565	—	42	43
2566	—	43, 44	44, 45
2567	2632	45	46
2568	2632	46	47
2569	2632	47	48
2570	2632	47	48
2571	2633	48	49
2572	2632	49	50
2573	—	49	50
2574	—	59	60
2575	2645	—	—
2576	2631, 2633	55	56
2577	2632, 2633	55	56
2578	2646, 2647, 2648	56	57
2579	—	56	57
2580	2671	57, 58	59
2581	2647	60	61
2582	2647	60	61
2583	—	60	61
2584	2647, 2663	61	62

C.C.Q.	C.C.B.Q.	Loi anglaise de 1906	Loi du Nouveau-Brunswick
2585	—	56	57
2586	—	56	57
2587	2647, 2663, 2668	62, 57	63, 58
2588	2664, 2669	62	63
2589	2666	62	63
2590	—	62	62
2591	—	62	63
2592	2672	62	63
2593	2674	62	63
2594	2672, 2673	63	64
2595	2675	62	63
2596	2652	64	65
2597	—	64	65
2598	—	65	66
2599	2677	66	67
2600	—	66	67
2601	2676s.	66	67
2602	—	66	67
2603	—	66	67
2604	—	67	68
2605	—	67	68
2606	—	68	69
2607	—	70	71
2608	—	69	70
2609	—	71	72
2610	2660	71	72
2611	—	72	73
2612	—	73	74
2613	—	74	75
2614	—	75	76
2615	—	76	77
2616	—	76	77
2617	—	77	78
2618	—	78	79
2619	2662	78	79
2620	—	79	80
2621	2640	32	33
2622	2640, 2641	32	33
2623	—	32	33
2624	—	32	33
2625	2643	80	33
2626	—	81	82
2627	—	85	86
2628	—	—	—

2. Partie II - le transport maritime

2.1 Introduction

164. Le Code ne traite pas distinctement du transport maritime de personnes. S'y appliquent les dispositions générales, les articles 2030 à 2035 et la section traitant du transport de personnes en général (articles 2036 à 2039).

165. Par ailleurs, le transport maritime de biens fait l'objet d'une section distincte comprenant des dispositions entièrement nouvelles régissant en outre la responsabilité de l'entrepreneur de manutention.

166. Il faut encore souligner la place prépondérante qu'occupent en droit maritime la législation fédérale et le droit maritime canadien tel que défini par la Cour suprême.

167. Outre l'arrêt *Triglav* c. *Terrasses Jewelers Inc.* mentionné précédemment, il faut retenir plus particulièrement les arrêts *I.T.O. International Terminal Operators Ltd.* c. *Miida Electronics et al.*[3], *Q.N.S. Paper* c. *Chartwell Shipping*[4], *Whitbread* c. *Walley*[5] et *Monk Corp.* c. *Island Fertilizers Ltd.*[6]

168. Dans l'affaire *I.T.O.*, il s'agissait, de décider parmi autres questions, de la compétence de la Cour fédérale du Canada sur l'action d'un consignataire de marchandises déchargées d'un navire au port de Montréal et volées avant qu'elles n'aient pu être livrées, contre l'entrepositaire dont les services avaient été retenus par le transporteur maritime. Advenant que la compétence de la Cour fédérale du Canada soit confirmée, il fallait ensuite déterminer si le recours de nature extra-contractuelle contre l'entrepositaire devait être résolu selon les principes du droit civil québécois ou ceux de la common law. La Cour décida que la question de la responsabilité de l'entrepositaire au port de Montréal était si intimement liée aux affaires maritimes pour être assujettie au droit maritime canadien, lequel relève de la compétence législative fédérale et constitue un ensemble de règles de droit fédéral qui englobe les principes de la common law en matière de responsabilité délictuelle, de contrat et de dépôt et est uniforme partout au Canada. Les règles de la responsabilité civile furent écartées et le recours contre l'entre-

positaire I.T.O. fut décidé en fonction des règles de la common
law en matière de dépôt subsidiaire («sub-bailment»).

169. Des arrêts subséquents de la Cour suprême viendront confirmer le rôle étendu du droit maritime canadien et des règles de
la common law qu'il contient. Dans l'affaire *Chartwell* la
demanderesse réclamait de Chartwell, une compagnie
montréalaise, le coût de services de stevedoring rendus dans un
port du Québec au mandant de Chartwell, un affréteur dont
l'identité n'avait pas été dévoilée quoique Chartwell avait
spécifié qu'elle agissait comme mandataire; la Cour d'appel du
Québec avait conclu à la responsabilité de Chartwell à titre de
mandataire non dévoilé au sens du Code civil. La Cour suprême
adopta les règles de la common law en vertu desquelles
Chartwell avait suffisamment dévoilé le mandant en révélant sa
qualité de mandataire. Dans l'affaire *Whitbread* c. *Walley*, il fut
décidé que le droit maritime canadien, en particulier les dispositions de la Loi sur la marine marchande du Canada en matière
de limitation de responsabilité, s'appliquait à un accident survenu sur un bateau de plaisance dans les eaux navigables intérieures. Enfin, l'arrêt *Monk Corp.* confirmait la juridiction de la
Cour fédérale sur un litige portant sur un contrat de vente commerciale à l'étranger auquel s'étaient greffés des éléments de
transport et d'affrètement lesquels furent jugés suffisants pour
conférer un caractère maritime à l'action du demandeur.

170. Il est donc concevable que le droit fédéral occupe tout le
champ du transport maritime y compris les activités qui y sont
intimement reliées et qu'il doive gérer toutes les activités
effectuées sur les eaux navigables intérieures. À tout événement, les tribunaux seront appelés à identifier quelles opérations de transport se trouveraient hors du champ d'application
du droit maritime fédéral. Il importe donc de souligner toutes
divergences entre le Code et le droit maritime canadien.

2.2 Les articles:

Du transport
Section I
Des règles applicables ä tous les modes de transport
1.- Dispositions générales

171. Art. 2032: Le transport à titre gratuit n'est pas régi par le chapitre traitant du transport, celui qui offre le transport n'étant tenu en ce cas que d'une obligation de prudence et de diligence.

172. Commentaire: On peut prévoir qu'en matière de navigation de plaisance le propriétaire de l'embarcation ne serait tenu envers ses passagers que de ladite obligation de prudence et de diligence.

173. Art. 2033: établit l'obligation du transporteur de transporter toute personne qui le demande et tout bien qu'on lui demande de transporter, sauf motifs sérieux de refus.

174. Commentaire: L'article 656 de la Loi sur la marine marchande du Canada[7] est au même effet.

175. Art. 2034: «Le transporteur ne peut exclure ou limiter sa responsabilité que dans la mesure et aux conditions prévues par la loi. Il est tenu de réparer le préjudice résultant du retard, à moins qu'il ne prouve la force majeure.»

176. Commentaire: Les clauses d'exclusion ou de limitation de responsabilité dans les contrats de transport sont proscrites. Le droit maritime canadien ne prévoit pas une telle interdiction. Il semble, selon le deuxième alinéa, que le transporteur n'ait pas la faculté d'exclure ou de limiter sa responsabilité pour les dommages résultant du retard.

2.- Du transport de personnes

177. Art. 2036: le transport de personnes inclut l'embarquement et le débarquement.

178. Art. 2037: «Le transporteur est tenu de mener le passager, sain et sauf, à destination. Il est tenu de réparer le préjudice subi par le passager, à moins qu'il n'établisse que ce préjudice résulte d'une force majeure, de l'état de santé du passager, ou de la faute de celui-ci. Il est aussi tenu à réparation lorsque le

préjudice résulte de son état de santé ou de celui d'un de ses préposés, ou encore de l'état ou du fonctionnement du véhicule.»

179. Commentaire: Cet article impose une obligation de résultat. Le transporteur ne peut se dégager de sa responsabilité qu'en établissant la force majeure ou le fait ou état de santé du passager; il répond en tous les cas de son propre état de santé ou de celui de ses préposés et de l'état ou du fonctionnement de son véhicule. Ce régime diffère de celui du droit canadien qui impose au transporteur le devoir d'exercer toute la diligence requise selon les circonstances pour éviter le préjudice.

180. Art. 2038: détermine la responsabilité du transporteur pour les bagages et autres effets du passager.

181. Commentaire: L'article 587 de la Loi sur la marine marchande contient des dispositions semblables, et limite en plus la responsabilité du transporteur à $200.00.

182. Art. 2039: Transport successif ou combiné de personnes.

Section II
Des règles particulières au transport maritime de biens
1.- Dispositions générales

183. Art. 2059: «À moins que les parties n'en conviennent autrement, la présente section s'applique au transport de biens par voie d'eau, lorsque les ports de départ et de destination sont situés au Québec.»

184. Commentaire: Le champ d'application de cette section est donc restreint au transport intra-provincial, à moins que les parties ne conviennent de l'étendre à d'autres opérations.

185. Tel qu'indiqué précédemment, cet article ne résout pas le conflit entre le Code et le droit maritime canadien puisque la compétence attribuée au Parlement en matière de navigation et d'expéditions par eau vise l'ensemble du transport maritime, extra-provincial ou non. En matière de transport maritime de biens, le texte fondamental est la Loi sur le transport des marchandises par eau[8] qui régit indistinctement tous les transports maritimes d'un point à un autre au Canada ou entre le Canada et l'étranger. Elle incorpore les Règles de La Haye de 1924 adoptées par la Convention internationale pour l'unification de

certaines règles en matière de connaissement. La Loi sur la marine marchande contient aussi certaines dispositions relatives au transport maritime, notamment sur la limitation de responsabilité de l'armateur.

186. Vu cet état d'incertitude, la recommandation de l'Office de révision du Code civil, en 1977, avait été de prévoir des règles en tout point identiques à la Loi sur le transport des marchandises par eau. Cette solution n'a pas été retenue. Dans l'ensemble, cependant, les nouvelles dispositions contiennent peu de divergences avec la législation fédérale. Notons surtout que les obligations réciproques du transporteur et du chargeur demeurent les mêmes, que le transporteur dispose essentiellement des mêmes moyens de défense et que la prescription annale de l'action contre le transporteur est conservée.

187. Art. 2060: «Le transport de biens couvre la période qui s'étend de la prise en charge des biens par le transporteur jusqu'à leur délivrance.»

188. Commentaire: Puisque l'article 2071 précise que le transporteur est responsable de la perte depuis la prise en charge jusqu'à la délivrance, l'interdiction des clauses d'exonération établie à l'article 2070 s'étend à la période avant le chargement et à celle après le déchargement, alors que semblables clauses ne sont pas interdites par le droit maritime canadien et sont prévues dans la plupart des connaissements.

2.- Des obligations des parties

189. Art. 2061: établit qui doit le fret.

190. Art. 2062: détermine les obligations du chargeur quant à la présentation de la cargaison.

191. Art. 2063: établit les obligations du transporteur quant à la préparation du navire en vue du transport.

192. Art. 2064: établit les obligations du transporteur quant au chargement, la manutention, l'arrimage, le transport, la garde et le déchargement de la marchandise. Il traite également du chargement en pontée.

193. Art. 2065: obligation du transporteur de délivrer un connaissement au chargeur, sur demande.

194. Art. 2066: responsabilité du chargeur en cas d'inexactitude des déclarations faites au connaissement.

195. Art. 2067: sanctionne la déclaration inexacte de la nature ou de la valeur du bien.

196. Art. 2068: l'enlèvement du bien sans protestation écrite fait présumer que le bien a été reçu dans l'état indiqué au connaissement.

197. Art. 2069: le transporteur et le destinataire doivent se donner réciproquement les moyens d'inspecter le bien et d'en vérifier le compte.

198. Art. 2070: prononce l'interdiction de toute stipulation qui exonère le transporteur, hormis pour le transport des animaux vivants et des marchandises en pontée sauf les conteneurs.

199. Art. 2071: détermine l'étendue de la responsabilité du transporteur depuis la prise en charge jusqu'à la délivrance.

200. Art. 2072: établit les circonstances où le transporteur n'est pas responsable de la perte du bien.

201. Commentaire: Cette énumération reprend de manière plus succincte les exceptions prévues dans les Règles de La Haye.

202. Art. 2073: précise l'étendue de la responsabilité du chargeur.

203. Art. 2074: prévoit, sans la préciser, une limite de responsabilité à être fixée par règlement. La loi fédérale prévoit une limite de $500.00 par colis ou unité.

204. Art. 2075: «Il n'est dû aucun fret pour les biens perdus par fortune de mer ou par suite de la négligence du transporteur à mettre le navire en état de navigabilité.»

205. Commentaire: Cet article n'a pas d'équivalent dans la législation fédérale. En pratique, les connaissements prévoient que le fret est acquis, que les biens soient perdus ou non, le propriétaire des biens conservant la faculté de réclamer le fret comme partie de la valeur du bien perdu, sujet cependant aux moyens de défense dont dispose le transporteur, y compris la fortune de mer, et le droit du transporteur de limiter sa responsabilité.

206. Art. 2076: concerne les droits du transporteur relatifs aux biens dangereux et la responsabilité du chargeur.

207. Art. 2077: accorde au transporteur le droit de débarquer un bien dangereux qu'il a embarqué volontairement, s'il devient un danger pour le navire ou la cargaison.

208. Art. 2078: «Le contrat est résolu, sans dommages-intérêts de part et d'autre si, en raison d'une force majeure, le départ du navire qui devait effectuer le transport est empêché ou retardé d'une manière telle que le transport ne puisse plus se faire utilement pour le chargeur et sans risque d'engager sa responsabilité à l'égard du transporteur.»

209. Commentaire: Cet article n'a pas d'équivalent dans les Règles de La Haye. Il s'agit d'une énonciation de la doctrine de la «frustration by delay» du droit anglais.

210. Art. 2079: établit une prescription annale pour toute action intentée contre le transporteur, le chargeur ou le destinataire en raison du contrat de transport.

211. Commentaire: La prescription annale prévue aux Règles de La Haye vise uniquement l'action dirigée contre le transporteur en cas de perte ou avarie de la cargaison; le recours du transporteur contre le chargeur ou contre le destinataire, par exemple en recouvrement du fret ou suite à des pertes ou dommages attribuables à la cargaison, demeure sujet à la prescription prévue par le droit commun.

3.- De la manutention des biens

212. Commentaire: Ces dispositions sont entièrement nouvelles et s'inspirent de la loi française de juin 1966 sur les contrats d'affrètement et de transport maritime.

213. Elles entrent en conflit avec le droit maritime canadien qui ne crée pas de régime spécial pour l'entreprise de manutention et en vertu duquel il n'est donc pas interdit à l'entrepreneur d'exclure ou de limiter sa responsabilité par contrat.

214. Art. 2080: établit les obligations de l'entrepreneur de manutention.

215. Art. 2081: «L'entrepreneur de manutention agit pour le compte de celui qui a requis ses services, et sa responsabilité

n'est engagée qu'envers celui-ci qui seul a une action contre lui.»

216. Commentaire: Dans le cours normal des affaires au Canada, les services de l'entrepreneur de manutention sont requis par l'armateur. Ainsi, le consignataire ou l'expéditeur n'aurait pas de recours à exercer contre lui, ce qui est contraire à la situation qui prévaut selon le droit maritime canadien où l'entrepreneur dont les services ont été retenus par un transporteur demeure exposé en cas de perte ou avarie à la marchandise au recours direct du propriétaire de la marchandise. Tel que déterminé dans l'arrêt I.T.O. précité, sa responsabilité sera établie selon les règles du dépôt subsidiaire de la common law. Notons cependant que le transporteur aura presque toujours inséré une clause au connaissement, la soi-disant clause Himalaya, prévoyant l'exonération de l'entrepreneur.

217. Art. 2082: établit d'autres obligations auxquelles l'entrepreneur peut être tenu.

218. Art. 2083: assujettit l'entrepreneur de manutention au même régime de responsabilité que le transporteur, et prévoit une limite de responsabilité à être déterminée par règlement.

219. Art. 2084: rend inopposables au chargeur et au destinataire les clauses d'exclusion et de limitation de responsabilité.

3. Partie III - l'affrètement: (articles 2001 à 2029)

3.1 Introduction

220. Les dispositions du Code sur l'affrètement sont de droit supplétif. Elles seront d'une utilité restreinte puisque le contrat d'affrètement est normalement constaté par un écrit, la charte partie, dont il existe divers contrats types fort complets et couramment utilisés.

221. De par sa nature même, l'affrètement est un contrat maritime, ce qui suscite les remarques exprimées précédemment au sujet de la marge législative limitée des provinces.

222. La réforme reprend essentiellement les principes contenus aux contrats types utilisés dans le commerce, et veut donc refléter la pratique et les usages en vigueur.

3.2 Les articles

Section I
Dispositions générales

223. Art. 2001: définition du contrat d'affrètement.

224. Art. 2002: traite du paiement du prix de l'affrètement et détermine ce prix s'il n'a pas été convenu.

225. Art. 2003: prévoit le droit de rétention sur la cargaison dont dispose le fréteur, jusqu'au paiement du fret.

226. Art. 2004: se réfère aux usages maritimes conventionnels, en ce qui a trait aux avaries communes.

227. Art. 2005: permet à l'affréteur de sous-fréter le navire ou de l'utiliser à des transports sous connaissements. Le fréteur peut agir directement contre le sous-affréteur en paiement du fret dû par ce dernier, en récupération des montants qui lui sont dus par l'affréteur.

228. Art. 2006: établit le point de départ de la prescription des actions nées des contrats d'affrètement.

Section II
Des règles particuliæres aux différents contrats d'affrètement
1.- De l'affrètement coque-nue

229. Art. 2007: définition de l'affrètement coque-nue. Le fréteur obtient la gestion nautique et la gestion commerciale du navire.

230. Art. 2008: établit les obligations du fréteur quant à la remise du navire.

231. Art. 2009: établit l'utilisation que peut faire l'affréteur du navire.

232. Art. 2010: précise le rôle de l'affréteur.

233. Art. 2011: «L'affréteur est tenu de garantir le fréteur contre tous les recours des tiers qui sont la conséquence de l'exploitation du navire.»

234. Art. 2012: établit les obligations réciproques de l'affréteur et du fréteur quant aux réparations et au remplacement.

235. Art. 2013: établit les obligations de l'affréteur quant à la restitution du navire.

2.- De l'affrètement à temps

236. Art. 2014: définition de l'affrètement à temps. Le fréteur conserve la gestion nautique et l'affréteur en obtient la gestion commerciale.

237. Art. 2015: établit l'obligation du fréteur quant à la remise du navire.

238. Art. 2016: prévoit que l'affréteur assume les frais inhérents à l'exploitation commerciale du navire. L'affréteur acquiert et paie le carburant qui se trouve à bord du navire.

239. Art. 2017: prévoit l'obligation du capitaine d'obéir aux instructions de l'affréteur en ce qui a trait à la gestion commerciale du navire.

240. Art. 2018: prévoit la responsabilité de l'affréteur pour les pertes et avaries causées au navire et résultant de son exploitation commerciale.

241. Art. 2019: prévoit la période pour laquelle le fret est dû.

242. Art. 2020: prévoit le mode de restitution du navire.

3.- De l'affrètement au voyage

243. Art. 2021: définition de l'affrètement au voyage. Le fréteur conserve la gestion nautique et commerciale du navire et le met à la disposition de l'affréteur relativement à une cargaison pour un ou plusieurs voyages déterminés.

244. Commentaire: Cette forme d'affrètement s'apparente plus au contrat de transport qu'au contrat de louage; son objet est l'accomplissement d'un voyage «relativement à une cargaison» plutôt que l'utilisation du navire par l'affréteur. Cependant, et à l'instar du droit français, le Code maintient la distinction entre l'affrètement au voyage et le transport. Ainsi, l'article 2023 conserve aux parties la liberté de définir la responsabilité du fréteur en cas de perte ou d'avarie à la cargaison.

245. Art. 2022: établit l'obligation du fréteur quant à la remise du navire.

246. Art. 2023: prévoit la responsabilité du fréteur en cas de perte ou d'avarie à la marchandise, dans les limites prévues au contrat.

247. Art. 2024: établit l'obligation de l'affréteur de fournir une cargaison.

248. Art. 2025: prévoit les délais alloués à l'affréteur pour charger et décharger la cargaison.

249. Art. 2026: prévoit le début des délais alloués pour charger ou décharger la cargaison.

250. Art. 2027: en cas de dépassement des délais alloués, prévoit le paiement des surestaries.

251. Art. 2028: prévoit le paiement du fret.

252. Art. 2029: prévoit la résolution du contrat en cas d'impossibilité d'exécution du voyage.

Notes

1. *The Marine Insurance Act,* 1906 ou *An Act to Codify the Law Relating to Marine Insurance,* (1906) Edw. 7, ch. 41 (R.U.).
2. [1983] 1 R.C.S., 283.
3. [1986] 1 R.C.S., 752.
4. [1989] 2 R.C.S., 683.
5. [1990] 3 R.C.S., 1273.
6. [1991] 1 R.C.S., 779.
7. S.R.C. 1985, ch. S-9.
8. S.R.C. 1985, ch. C-27.

Table des matières

Le nouveau droit du mandat

*Claude Fabien**

Introduction

1- Importance du mandat - Contrat nommé des plus anciens, bien connu du droit romain, le mandant était à l'origine un service que l'on se rendait entre amis. Même s'il persiste toujours sous cette forme, le mandat constitue aujourd'hui le cadre juridique dans lequel opèrent des agents économiques importants: intermédiaires de commerce, courtiers, agents, représentants, professionnels de la représentation. Ses règles ont une incidence sur le réseau complexe des délégations de pouvoirs dans la structure hiérarchique des entreprises. Pour les notaires et les avocats, le mandat est ce contrat parasitaire que l'on retrouve dans bon nombre de dossiers. C'est aussi, dans bien des cas, le contrat qui régit les relations avec leurs propres clients.

Les règles du mandat servent de source formelle de droit pour l'administrateur d'une personne morale (art. 321 C.c.Q.) et l'associé d'une société (art. 2219 C.c.Q.). Elles ont directement inspiré les règles de l'administration du bien d'autrui (art. 1299 et suivants C.c.Q.) et seront utiles à leur interprétation.

En dépit de son importance, le mandat est peu enseigné et a fait l'objet d'un nombre limité de travaux de recherche et de rédaction. Il convient de signaler deux ouvrages de synthèse, l'un de 1952[1] l'autre de 1986[2].

2- Importance des changements - Les nouvelles règles du mandat sont exposées aux articles 2130 à 2185 du Code civil du Québec. Elles succéderont aux articles 1701 à 1761 du Code civil du Bas-Canada. On y trouve à la fois continuité et changement.

* Professeur à l'Université de Montréal et avocat.

La continuité se reconnaît dans la substance des règles, même si presqu'aucun article du Code civil du Bas-Canada n'est reproduit littéralement dans le Code civil du Québec[3]. Le nombre d'articles utiles est le même: une cinquantaine environ. La même philosophie de base prévaut: réaliser un équilibre acceptable entre les intérêts divergents du mandant, du mandataire et du tiers. À cet égard, la sagesse des règles fondamentales n'a pas vieilli.

Au-delà des changements superficiels, comme la disparition des avocats et notaires (art. 1732 C.c.B.C.) et des «courtiers, facteurs et autres agents de commerce» (art. 1735 à 1754 C.c.B.C.), on observe des changements plus marquants. De nouvelles définitions sont données au mandat et à la procuration (art. 2130 C.c.Q.). Pouvoirs et obligations du mandataire sont précisés par une référence implicite au régime de l'administration du bien d'autrui (art. 2135 C.c.Q.). De nouvelles obligations sont édictées pour le mandataire (arts. 2138, 2139 C.c.Q.) et pour le mandant (art. 2149, 2133, 2134 C.c.Q.). Des ajustements majeurs sont apportés au mandat apparent (art. 2163 C.c.Q.) et à la responsabilité du mandant pour la faute du mandataire (art. 2164 C.c.Q.). Les silences de la loi sont comblés en matière de sous-mandat (art. 2142 C.c.Q.), mandat clandestin (art. 2165 C.c.Q.) et révocation (arts. 2176, 2719, 2181 C.c.Q.). De nouvelles institutions apparaissent, comme le mandat semi-clandestin (art. 2159 C.c.Q.) et le mandat donné en prévision de l'inaptitude du mandant (art. 2166 à 2174 C.c.Q.).

Ces changements sont principalement d'ordre technique. Il s'agissait de combler des silences, de transférer dans le Code des acquis de la jurisprudence, de clarifier de nombreuses ambiguïtés. Si l'on cherche la philosophie qui a pu inspirer ces changements, on la trouvera vraisemblablement dans l'alourdissement des obligations et de la responsabilité du mandataire. Cette évolution est le reflet de la pénétration du mandat dans des secteurs d'activités où le mandataire est un prestataire de services professionnels et le mandant un client qu'il convient de protéger davantage. Ce rééquilibrage des rapports en faveur du mandant est présent, pour d'autres motifs, dans le «mandat donné en prévision de l'inaptitude du mandant» où il s'agit notamment de protéger le mandant devenu inapte contre les risques d'un mandat dont il ne peut plus surveiller l'exécution.

3- Source des règles - Les règles du mandat n'ont jamais eu la prétention de se suffire à elles-mêmes. On a recours, à titre supplétif, à la théorie générale des obligations. Il faut aussi tenir compte, à l'extérieur du Code, des lois et règlements qui régissent les diverses catégories de mandataires professionnels et commerciaux, et même de certains régimes juridiques complexes comme celui du droit des compagnies.

Le Code civil du Québec impose des références additionnelles. Il réfère implicitement au régime de l'administration du bien d'autrui à l'article 2135 C.c.Q., par exemple. Ce régime a aussi une vocation plus large: celle de droit supplétif aux règles du mandat. À titre d'illustrations, l'obligation du mandataire de respecter les limites du mandat, édictée à l'art. 1704 C.c.B.C., n'est pas réapparue aux règles du mandat: on la retrouve à l'art. 1308 C.c.Q. de l'administration du bien d'autrui.

Dans beaucoup de cas de mandat rémunéré, on se retrouve en présence d'un contrat mixte où la fonction de représentation se confond avec la prestation de travail ou de service[4]. Dans ce cas, les règles du mandat s'imposent dans les rapports avec les tiers. Mais dans les rapports entre les parties, on tient compte, selon le cas, des règles du contrat de travail (art. 2085 à 2097 C.c.Q.) ou de celles du contrat de service (art. 2098 à 2109 C.c.Q.). Le caissier de banque, tout mandataire qu'il soit, est aussi régi par la législation du travail qui lui est applicable et par les règles du contrat de travail édictées au Code civil. Les avocats et notaires, lorsqu'ils sont mandataires, sont aussi régis par les dispositions du contrat de service qui comportent des obligations particulières envers leurs clients notamment en matière d'information (art. 2102 et 2108 C.c.Q.) et de rémunération (art. 2106 à 2107 C.c.Q.).

4- Plan et méthode - Le Code civil du Bas-Canada regroupe sous la rubrique «Obligations du mandataire», celles qu'il a envers le mandant et celles qu'il a envers les tiers, pour ensuite faire la même chose pour les «Obligations du mandant». De manière plus logique, le Code civil du Québec traite d'abord des obligations des parties entre elles et ensuite des obligations respectives des parties envers les tiers. Quant au reste, le plan demeure le même, sous réserve du déplacement de certains articles.

Notre étude suit en principe la séquence des articles du Code, pour des raisons de commodité, à deux dérogations près. L'efficacité commande parfois de regrouper sous un même thème des articles épars: les articles relatifs à la rémunération en Section I (articles 2133 et 2134 C.c.Q.) sont étudiés en rapport avec l'obligation de rémunérer édictée en Section II (article 2150 C.c.Q.). La séquence des deux dernières sections sera inversée. Les «règles particulières» au mandat donné en prévision de l'inaptitude du mandant gagnent à être étudiées après l'ensemble des règles de droit commun. Une table de concordance est placée en annexe I.

Les changements les plus importants sont soulignés par la reproduction du texte de l'article pertinent. Le juriste bien renseigné sur le mandat, ou le lecteur pressé peut s'y référer directement ou suivre le programme court proposé en annexe II. Toutefois, la vision d'ensemble que donne le texte en son entier ne peut qu'aider à la compréhension de chacun de ses éléments.

Section I— De la nature et de l'étendue du mandat

5- Plan - On trouve dans la première section des définitions utiles et des articles relatifs à la formation du contrat et à l'étendue des pouvoirs du mandataire. Des sous-sections, absentes du Code, sont introduites pour plus de clarté.

§1- Définitions

6- Définition du mandat

> 2130 — Le mandat est le contrat par lequel une personne, le mandant, donne le pouvoir de la représenter dans l'accomplissement d'un acte juridique avec un tiers, à une autre personne, le mandataire qui, par le fait de son acceptation, s'oblige à l'exercer.
>
> Ce pouvoir et, le cas échéant, l'écrit qui le constate, s'appellent aussi procuration.

Cette définition du mandat corrige les lacunes de la définition de l'art. 1701 C.c.B.C. et met en relief les caractéristiques essentielles du mandat.

En premier lieu, le mandat est un contrat synallagmatique qui suppose le concours de deux personnes: le mandant et le mandataire. Comme tout contrat, il a pour effet de créer des obligations réciproques entre les parties, dont celle, pour le mandataire, d'accomplir le mandat. Il a aussi un second effet qui constitue la caractéristique suivante.

En second lieu, le contrat de mandat crée, sur la tête du mandataire, le pouvoir de représenter le mandant. La représentation du mandant est la fiction juridique par laquelle le mandant sera contractuellement lié envers un tiers, alors qu'il ne participe pas à la formation de ce contrat. Ce mécanisme explique aussi les précautions dont la loi entoure le mandat pour la protection du mandant et du tiers.

En troisième lieu, il est de l'essence du mandat que son objet soit l'accomplissement d'un acte juridique. Le terme doit être entendu ici dans son sens classique le plus large: toute manifestation de volonté destinée à créer des effets de droit. Le plus souvent bilatéral, l'acte peut aussi être unilatéral. Cette caractéristique est la clé de la qualification du contrat et permet de distinguer le mandat du simple contrat de travail ou de service.

En quatrième lieu, l'accomplissement du mandat suppose dans la plupart des cas une interaction entre le mandataire et un tiers. Scénario à trois personnages, le droit du mandat comporte un degré de complexité qui lui est propre. Enfin, la définition ne doit pas être entendue strictement. Elle couvre aussi l'hypothèse où le mandataire accomplit un acte unilatéral comme un paiement ou un enregistrement. Il ne s'agit pas alors d'un acte accompli strictement «avec» un tiers, mais plutôt d'un acte destiné à lui être opposable.

7- Définition de procuration - Selon l'usage courant, le terme «procuration» est employé tantôt comme synonyme de «contrat de mandat» tantôt pour désigner l'écrit instrumentaire qui constate le contrat de mandat. Il est aussi employé pour désigner l'écrit qui constate l'acte unilatéral du mandant qui dresse la liste des pouvoirs dont il entend investir le mandataire. Cet acte s'analyse comme une «offre de contracter», régie par les articles 1388 à 1394 C.c.Q., dont les effets juridiques sont limités. Cet acte requiert le consentement éventuel du mandataire pour devenir un contrat de mandat et en avoir les effets.

Cet usage est source de confusion. Il a été critiqué. M. René Rodière considère que le terme «procuration» désigne les pouvoirs de représentation dont le mandataire est investi par l'effet du contrat de mandat[5]. À son avis, il faut se garder de confondre la cause (le contrat) avec l'effet (la procuration). Il accepte aussi un second sens dérivé de ce premier. La procuration peut désigner l'écrit qui constate les pouvoirs du mandataire et que ce dernier exhibe au tiers lorsqu'il veut faire la preuve de ses pouvoirs[6]. C'est dans ce sens qu'on dit: «Montrez-moi votre procuration!» La procuration peut être incorporée au contrat de mandat: elle devient alors le titre des stipulations relatives aux pouvoirs du mandataire. Elle peut aussi faire l'objet d'un écrit distinct principalement destiné à être exhibé aux tiers[7].

L'article 2130 C.c.Q., sans prétendre commander à un usage qui de toute manière lui échappe, propose une utilisation univoque du terme «procuration» qui le distingue des termes «mandat» ou «contrat de mandat». Cette initiative, si elle est bien accueillie des praticiens, pourra contribuer à la clarification et à l'enrichissement du vocabulaire juridique.

§2- Formation du contrat

8- Plan - La formation du contrat appelle de brefs commentaires sur chacun de ses éléments: capacité des parties, consentements, objet et forme du contrat.

9- Capacité des parties - La capacité des parties au contrat de mandat est entièrement régie par les règles de droit commun. L'article 1707 C.c.B.C., qui permettait au mineur émancipé d'être mandataire, n'a pas été reproduit.

10- Consentements - Les consentements du mandant et du mandataire sont essentiels à la formation du contrat. L'article 2132 C.c.Q. reproduit un passage de l'art. 1701 C.c.B.C.: le consentement du mandataire peut être tacite. Il s'induit alors des actes et même du silence du mandataire. Cette disposition prévaut sur l'article 1394 C.c.Q. qui prévoit que le silence ne vaut pas acceptation de l'offre de contracter, sous réserve des exceptions créées par la loi. Il y a consentement tacite lorsque le mandataire intervient auprès d'un tiers aux fins de l'accomplissement du mandat.

Le mandataire, lorsqu'il est prestataire de service, est tenu, avant la conclusion du contrat de mandat, de fournir au mandant «toute information utile relativement à la nature de la tâche qu'il s'engage à effectuer ainsi qu'aux biens et au temps nécessaires à cette fin» (art. 2102 C.c.Q.).

11- Objet - L'objet du mandat doit nécessairement comporter l'accomplissement d'un acte juridique. Les problèmes de qualification sont fréquents. Pour les résoudre, il suffit de chercher l'acte. Ainsi, l'avocat qui signe une opinion juridique n'est pas un mandataire: il est un prestataire de service. Il est mandataire lorsqu'au nom de son client, il négocie un règlement ou comparaît en justice. De la même manière, le notaire n'est pas un mandataire lorsqu'il agit comme officier public dans l'exécution d'un acte notarié ou lorsqu'il donne des conseils. Il l'est lorsqu'il négocie un prêt ou un placement au nom de son client.

Le mandat n'est pas limité aux actes patrimoniaux: il peut aussi s'étendre à des actes extra-patrimoniaux comme ceux visant à assurer la protection des droits de la personnalité. L'article 2131 C.c.Q. dissipe tout doute à cet égard. Rien n'empêche une personne apte, mais qui ressent un besoin d'assistance, de confier à une personne de confiance le soin d'accomplir des actes visant à assurer la protection de sa personne, l'administration de son patrimoine et, en général, son bien-être moral et matériel. Les seules limites à la délégation d'actes extra-patrimoniaux sont celles posées par la loi. Par exemple, selon l'article 11 C.c.Q., le consentement aux soins doit être donné par la personne elle-même lorsqu'elle est apte. La délégation n'est possible qu'en cas d'inaptitude.

12- Forme - Le mandat est un contrat consensuel qui ne requiert aucun écrit pour se former. Des mandats se forment par des conversations téléphoniques entre courtiers et clients. Si le mandat est écrit, aucune forme particulière n'est nécessaire à sa validité, même si son objet porte sur l'exécution d'un acte notarié.

Le Code fait exception pour le mandat donné en prévision de l'inaptitude du mandant: il doit être fait par acte notarié en minute ou devant témoins (art. 2166 C.c.Q.). La «procuration» sous seing privé faite hors du Québec prend valeur d'écrit semi-authentique «lorsqu'elle est certifiée par un officier public

compétent qui a vérifié l'identité et la signature du mandant»
(art. 2823). Il s'agit là d'un mode d'exécution simplifié et plus
efficace que celui qui a cours en vertu de l'article 1220 parag.
5 C.c.B.C.

§3- Pouvoirs du mandataire

13- Plan - Le problème de la détermination des pouvoirs du
mandataire domine l'économie du mandat[8]. La variable la plus
significative quant à la validité de l'acte accompli avec le tiers
est de savoir si le mandataire a agi ou non dans les limites de
ses pouvoirs. En outre, on demande souvent au praticien d'examiner une procuration pour vérifier si elle permet bien ce que
le mandataire veut faire.

Le Code ne présente pas de section consacrée à cette question.
La Section I donne quelques indications sur l'étendue des pouvoirs du mandataire, alors qu'il faut chercher ailleurs des indications sur la durée des pouvoirs.

I- *Étendue des pouvoirs*

14- «Simple» ou «pleine administration»

> 2135 al. 2 — Le mandat conçu en termes généraux ne confère
> que le pouvoir de passer des actes de simple administration. Il
> doit être exprès lorsqu'il confère le pouvoir de passer des actes
> autres que ceux-là, à moins que, s'agissant d'un mandat donné
> en prévision d'une inaptitude, il ne confie la pleine admi-
> nistration.

Les pouvoirs du mandataire sont d'abord déterminés par le contrat ou, plus précisément, par cette partie du contrat qu'il convient d'appeler «la procuration». A titre supplétif, on a recours
aux règles du mandat et à celles de l'administration des biens
d'autrui énoncées au Code.

Notamment, si le mandant s'est exprimé «en termes généraux»
ou, autrement dit, s'il n'a pas spécifié une liste de pouvoirs
précis, les pouvoirs du mandataire sont limités à ceux qui lui
permettrait de passer des actes dits «de simple administration».
Ce terme, nouveau dans le Code, réfère aux dispositions

relatives à l'administration du bien d'autrui, plus précisément aux articles 1301 à 1305 C.c.Q. Ces articles décrivent les actes que la personne chargée de la simple administration a l'obligation et le pouvoir d'accomplir. Certains pouvoirs sont évidents: ceux qui permettent de faire tous les actes nécessaires à la conservation du bien (art. 1301 C.c.Q.), de percevoir fruits et revenus (art. 1302 C.c.Q.). D'autres le sont moins, comme celui d'exercer les droits attachés aux valeurs mobilières (art. 1302 C.c.Q.), ou celui de placer les sommes d'argent conformément aux règles relatives aux placements présumés sûrs (art. 1304 C.c.Q.) édictés au même titre (art. 1339 à 1344 C.c.Q.).

Si le mandant veut donner des pouvoirs qui dépassent les actes de simple administration, le mandat doit être «exprès», c'est-à-dire énoncer spécifiquement le pouvoir accordé ou l'acte autorisé. Tel sera le cas des actes dits de «pleine administration» énumérés à d'autres fins aux articles 1306 et 1307 C.c.Q.: aliéner à titre onéreux, grever d'un droit réel, changer la destination d'un bien, faire des placements spéculatifs. Cette règle est édictée afin que le mandant soit bien conscient de la portée des pouvoirs qu'il accorde et que le tiers soit rassuré sur ses intentions véritables. De façon paradoxale, on a cru bon faire exception à cette règle dans le cas du «mandat donné en prévision de l'inaptitude du mandant» où la seule mention de la volonté du mandant d'autoriser les actes de pleine administration, confère les pouvoirs nécessaires pour accomplir les actes énumérés ci-haut, sans qu'il soit nécessaire de les mentionner expressément.

15- Interprétation de la procuration

> 2136 — Les pouvoirs du mandataire s'étendent non seulement à ce qui est exprimé dans le mandat, mais encore à tout ce qui peut s'en déduire. Le mandataire peut faire tous les actes qui découlent de ces pouvoirs et qui sont nécessaires à l'exécution du mandat.

Cette disposition élargit la portée de l'article 1704 C.c.B.C. pour en faire un principe d'interprétation de la procuration. Il existe un principe bien connu en matière de contrat. C'est celui de l'art. 1024 C.c.B.C. devenu l'article 1434 C.c.Q.: le contrat oblige non seulement pour ce que les parties y ont exprimé, mais aussi pour tout ce qui en découle d'après sa nature et suivant les usages, l'équité ou la loi. S'agissant de pouvoirs, la formulation de l'article 2136 C.c.Q. a été plus prudente. Elle permet néanmoins de référer à l'usage lorsque, par exemple, il s'agit de déterminer les pouvoirs de l'avocat découlant de son mandat judiciaire, dit «*ad litem*».

16- Autres précisions - L'article 2153 C.c.Q. reprend la règle de l'article 1718 C.c.B.C. selon laquelle le mandant est lié par l'acte accompli d'une manière qui lui est plus avantageuse que celle même qu'il avait indiquée. Au lieu de justifier cette solution par le fait que le mandataire a d'emblée le pouvoir d'exécuter de manière plus avantageuse, l'article 2153 C.c.Q. a recours à une autre fiction: celle de la présomption de ratification.

L'article 2145 C.c.Q. reprend la règle de l'article 1719 C.c.B.C. selon laquelle le mandant n'est pas lié par l'acte accompli seul par un mandataire chargé d'agir conjointement avec d'autres. Toutefois, cet article atténue la rigueur de la règle en faisant bénéficier le mandataire qui excède ainsi ses pouvoirs de la règle énoncée à l'article 2153 C.c.Q., mentionné ci-haut: le mandataire qui exerce seul des pouvoirs qu'il est chargé d'exercer avec un autre excède ses pouvoirs, à moins qu'il ne les ait exercés d'une manière plus avantageuse pour le mandant que celle qui était convenue.

II- *Durée des pouvoirs*

17- Fin des pouvoirs - Un pouvoir éteint est un pouvoir inexistant. L'exercice d'un pouvoir éteint comporte une somme d'inconvénients comparable à l'exercice d'un pouvoir qui dépasse l'étendue du mandat. D'où l'intérêt de pouvoir déterminer avec une précision raisonnable la fin des pouvoirs. Ni le Code civil du Bas Canada ni le Code civil du Québec ne répond à cette préoccupation. L'article 2175 C.c.Q. reproduit les ambiguïtés de l'article 1755 C.c.B.C. et nous dit, fort à propos, que le mandat prend fin «par l'extinction du pouvoir» qui a été donné au mandataire.

Le sens du mot «mandat» à l'article 2175 C.c.Q., comme à l'article 1755 C.c.B.C. est une énigme. Il n'a manifestement pas le sens de «pouvoirs». Il ne vise pas toutes les obligations des parties, puisque le mandataire, comme le mandant, a encore plusieurs obligations à exécuter postérieurement à la soi-disant «fin du mandat». L'interprétation la plus plausible consiste à dire que la fin du mandat ne vise qu'une obligation précise: l'obligation qu'a le mandataire d'accomplir le mandat.

On peut considérer le pouvoir comme le corollaire de l'obligation. Le mandant ne peut obliger le mandataire à accomplir un acte avec un tiers que s'il lui donne le pouvoir nécessaire à cette fin. Si l'obligation s'éteint, le pouvoir, devenu inutile, s'éteint également. Au risque d'énoncer une règle circulaire, il y a lieu de conclure que les pouvoirs du mandataire s'éteignent avec son obligation de les exercer.

18- Renonciation et révocation

> 2179 — Le mandant peut, pour une durée déterminée ou pour assurer l'exécution d'une obligation particulière, renoncer à son droit de révoquer unilatéralement le mandat.
>
> Le mandat peut, de la même façon, s'engager à ne pas exercer le droit qu'il a de renoncer.
>
> La renonciation ou la révocation unilatérale faite par le mandataire malgré son engagement met fin au mandat.

Cet article est pertinent pour notre propos, parce que son troisième alinéa énonce que la renonciation ou la révocation, même faite en violation d'une clause qui l'interdit, met fin aux pouvoirs du mandataire.

En premier lieu, il convient de corriger le texte de ce troisième alinéa. Les termes «la révocation unilatérale faite par le mandataire» constituent un contre-sens. Selon l'article 2175 C.c.Q. et l'acception normale du mot «révocation», cet acte est nécessairement le fait du mandant: il ne peut pas être attribué au mandataire. Le texte devrait donc se lire en y ajoutant les mots soulignés: «La renonciation ou la révocation unilatérale faite par le mandataire *ou par le mandant* malgré son engagement met fin au mandat».

En second lieu, il importe de comprendre le contexte de ce troisième alinéa. La renonciation du mandataire et la révocation par le mandant mettent fin aux pouvoirs du mandataire. Un doute a été soulevé dans le cas des clauses d'irrévocabilité: les pouvoirs du mandataire survivent-ils lorsque le mandant révoque le mandat en violation d'une telle clause? La réponse doit être négative[9]. La violation d'une clause d'irrévocabilité ne reçoit sanction qu'en dommages-intérêts. Les pouvoirs du mandataire s'éteignent. Il s'agit d'une conséquence de la théorie des contrats (art. 1377, 1385 C.c.Q.). Le mandant ne peut pas être lié au tiers à l'encontre de sa volonté expresse de ne plus contracter. Il importait d'affirmer cette solution dans le Code. Après avoir reconnu la légalité de telles clauses, le troisième alinéa de l'art. 2179 C.c.Q. énonce que la renonciation ou la révocation, même illégale, met fin au «mandat».

Encore ici, on s'interroge sur le sens du mot «mandat». La difficulté est la même que celle que nous avons discutée plus haut pour l'article 2175 C.c.Q. La même solution s'impose: il s'agit de l'obligation du mandataire d'agir. Mais comme le pouvoir d'agir est le corollaire nécessaire de l'obligation, la renonciation ou la révocation, même illégale, qui met fin à l'obligation d'agir du mandataire met aussi fin à ses pouvoirs.

Section II — Des obligations des parties entre elles

§1- Des obligations du mandataire envers le mandant

19- Plan - Les obligations du mandataire sont déterminées par la convention et, à titre supplétif, par les dispositions du Code. Le Code édicte huit obligations, dont la plupart ont des antécédents dans le Code civil du Bas Canada:

	C.c.Q.	C.c.B.C
1) accomplir le mandat	2138	1709
	2182	
2) agir avec prudence et diligence	2138	1710
3) agir avec honnêteté et loyauté	2138	1706
	2143	1735
	2146	—
	2147	1484

4) informer	2139	—
5) agir personnellement	2140	—
	2141	1711
	2142	—
6) respecter les limites du mandat	1308	1704
7) rendre compte	2184	1713
8) remettre	2184	1713, 1714
	2185	1713
	2651	1723

Il convient d'étudier en priorité les deux nouvelles obligations qui apparaissent aux règles du mandat: l'obligation d'agir avec loyauté et celle d'informer le mandant. L'obligation d'agir personnellement vaut le détour puisqu'on y distingue désormais la substitution du sous-mandat, nouveau venu au Code. Nous concluerons avec la responsabilité du mandataire envers le mandant.

I- *Loyauté*

20- Obligation générale de loyauté

> 2138 al. 2 — Il doit également agir avec honnêteté et loyauté dans le meilleur intérêt du mandant et éviter de se placer dans une situation de conflit entre son intérêt personnel et celui de son mandant.

L'obligation de loyauté n'est pas énoncée au Code civil du Bas Canada. On pouvait néanmoins en soupçonner l'existence à travers les articles 1706 et 1484 C.c.B.C. qui édictent certaines prohibitions en matière de vente, à l'endroit du mandataire[10].

L'article 2138 C.c.Q. énonce une obligation générale d'honnêteté et de loyauté. L'administrateur du bien d'autrui est soumis à la même obligation (art. 1309 C.c.Q.). La nuance entre l'honnêteté et la loyauté n'est pas évidente. L'honnêteté se rapproche vraisemblablement de la bonne foi dans l'exécution du contrat prescrite par l'art. 1375 C.c.Q. La loyauté est un standard de comportement qui exige que le mandataire fasse passer l'intérêt du mandant avant son propre intérêt ou celui d'une tierce partie.

Le Code précise quatre modalités de l'obligation de loyauté: en matières de conflit d'intérêt (art. 2138 C.c.Q.), de double mandat (art. 2143 C.c.Q.), de détournement d'information ou de bien (art. 2146 C.c.Q.) et d'opérations de contre-partie (art. 2147). Cette énumération n'est pas limitative. Elle indique cependant toute l'importance que le Code accorde désormais à cette obligation.

21- Conflits d'intérêts - L'article 2138 C.c.Q. dit que le mandataire doit «éviter de se placer dans une situation de conflit entre son intérêt et celui du mandant». On trouve une manifestation de cette règle dans l'article 1706 C.c.B.C. qui interdit la concurrence déloyale dans le champ étroit de la vente[11].

L'article 2138 C.c.Q. va beaucoup plus loin. Il prohibe la concurrence déloyale en toutes matières. Il sanctionne non seulement les actes de concurrence déloyale mais aussi les «situations» de conflit d'intérêts, avant qu'elles ne se manifestent dans des actes déloyaux. Cette obligation d'«éviter de se placer dans une situation de conflit d'intérêts» se retrouve dans le code de déontologie de plusieurs professions.

22- Double mandat

> 2143 — Un mandataire qui accepte de représenter, pour un même acte, des parties dont les intérêts sont en conflit ou susceptibles de l'être, doit en informer chacun des mandants, à moins que l'usage ou leur connaissance respective du double mandat ne l'en dispense, et il doit agir envers chacun d'eux avec impartialité.
>
> Le mandant qui n'était pas en mesure de connaître le double mandat peut, s'il en subit un préjudice, demander la nullité de l'acte du mandataire.

L'article 2143 C.c.Q. est nouveau. Il codifie cependant des principes connus[12]. Il impose au mandataire l'obligation d'informer chacun des mandants, à moins que l'usage ou leur connaissance respective ne l'en dispense. On peut penser que l'usage dispense le courtier de divulguer son double mandat, en raison de la définition qu'en donne l'art. 1735 C.c.B.C.: «Il peut être le mandataire des deux parties et par ses actes les obliger toutes deux relativement à l'affaire pour laquelle elles l'emploient.» Cet article n'a pas été reproduit dans le Code civil du Québec. La prudence exigerait que le courtier divulgue son double mandat lorsqu'il crée un conflit d'intérêts qui s'écarte de ceux que l'usage admet.

La sanction du double mandat est la nullité. Il s'agit d'une nullité relative que seul peut invoquer le mandant qui a subi préjudice et qui rend le contrat susceptible de confirmation (art. 1420 C.c.Q.).

23- Détournement d'une information ou d'un bien

> 2146 — Le mandataire ne peut utiliser à son profit l'information qu'il obtient ou le bien qu'il est chargé de recevoir ou d'administrer dans l'exécution de son mandat, à moins que le mandant n'y ait consenti ou que l'utilisation ne résulte de la loi ou du mandat.

> Outre la compensation à laquelle il peut être tenu pour le préjudice subi, le mandataire doit, s'il utilise le bien ou l'information sans y être autorisé, indemniser le mandant en payant, s'il s'agit d'une information, une somme équivalant à l'enrichissement qu'il obtient ou, s'il s'agit d'un bien, un loyer approprié ou l'intérêt sur les sommes utilisées.

L'article 1714 C.c.B.C. énonce que le mandataire «doit l'intérêt sur les deniers du mandant qu'il emploie à son usage, à dater de cet emploi». L'article 2146 C.c.Q. reprend cette règle en lui donnant beaucoup plus d'extension.

Le mandataire doit l'intérêt sur les sommes utilisées. Cela va de soi, puisque de toute manière il est tenu de placer les sommes d'argent qu'il administre (art. 1304 C.c.Q.). Il doit un loyer approprié sur le bien qu'il utilise à son propre profit, sans y être autorisé, comme par exemple l'automobile du mandant.

La nouvelle disposition va encore plus loin lorsqu'elle oblige le mandataire à indemniser le mandant pour l'information qu'il a détournée à son propre profit. Il doit alors payer une somme équivalant à l'enrichissement qu'il obtient, outre l'indemnisation du préjudice qu'il cause au mandant, le cas échéant[13]. L'article 1314 C.c.Q. énonce une obligation semblable pour l'administrateur du bien d'autrui.

24- Opération de contre-partie

> 2147 — Le mandataire ne peut se porter partie, même par personne interposée, à un acte qu'il a accepté de conclure pour son mandant, à moins que celui-ci ne l'autorise, ou ne connaisse sa qualité de cocontractant.

> Seul le mandant peut se prévaloir de la nullité résultant de la violation de cette règle.

L'article 1484 C.c.B.C. interdit au mandataire chargé de vendre un bien de s'en rendre acquéreur, ni par lui-même, ni par personne interposée. Cette même règle est reproduite au chapitre de la vente du Code civil du Québec (art. 1709 C.c.Q.).

L'article 2147 C.c.Q., au chapitre du mandat, va plus loin. Il interdit au mandataire de se porter partie à toute espèce d'acte qu'il a accepté de conclure pour son mandant. Il se placerait autrement en conflit d'intérêts[14]. Par exemple, s'il représente le mandant pour louer son logement, il voudra en obtenir le loyer le plus élevé possible. S'il se porte lui-même locataire, il voudra payer le loyer le plus bas possible.

L'acte accompli en contravention de l'art. 2147 C.c.Q. est frappé de nullité relative (art. 1420-1421 C.c.Q.). L'administrateur du bien d'autrui est soumis à une règle semblable (art. 1312 C.c.Q.).

II- Informer

> 2139 — Au cours du mandat, le mandataire est tenu, à la demande du mandant ou lorsque les circonstances le justifient, de l'informer de l'état d'exécution du mandat.

> Il doit, sans délai, faire savoir au mandant qu'il a accompli son mandat.

25- Information et conseil - L'obligation du mandataire de tenir le mandant informé n'est pas énoncée au Code civil du Bas-Canada, encore qu'on peut la déduire de l'art. 1024 C.c.B.C. Un auteur français en a fait le point culminant d'une thèse consacrée aux obligations du mandataire[15].

Selon l'article 2139 C.c.Q., le mandataire est tenu d'informer le mandant «de l'état d'exécution du mandat» et de l'accomplissement même du mandat. Cette dernière information vise à éviter la confusion, le double emploi ou les actes contradictoires. Le mandant qui ignore que le mandataire a déjà vendu son bien est exposé à le vendre lui-même par mégarde. Quant à l'information sur «l'état d'exécution du mandat», il faudrait se garder de lui donner une interprétation si étroite, qu'elle permettrait à un mandataire de satisfaire à son obligation en répondant aux demandes répétées du client: «Rien de nouveau à signaler!» L'attente légitime du mandant, c'est que le mandataire lui communique, en cours d'exécution de mandat, toute information susceptible de favoriser ses intérêts.

Minimalement, le mandataire devrait communiquer au mandant toute information qui, de façon prévisible, serait susceptible de l'amener à modifier ses instructions. L'étendue de cette obligation devra être apprécié de façon objective, tout en se gardant de la confondre avec l'obligation de conseil.

Si le Code civil du Québec n'énonce pas d'obligation de conseil, c'est qu'elle n'a pas de portée universelle. L'ami qui rend service n'a pas de telle obligation, alors qu'elle est inhérente au mandat de l'avocat ou du notaire, par exemple. L'article 1434 C.c.Q., héritier du célèbre article 1024 C.c.B.C., suffira amplement à fonder l'obligation de conseil présente dans la plupart des mandats professionnels, sous réserve d'exclusion.

26- Prestataire de services - Le mandataire, prestataire de services, voit ses obligations d'informer précisées par les règles du contrat de service. L'article 2108 C.c.Q. prescrit que, lorsque le prix est établi en fonction de la valeur des services rendus, le prestataire de services est tenu, à la demande du client, de lui rendre compte de l'état d'avancement des travaux, des services déjà rendus et des dépenses déjà faites.

Ainsi formulée, la règle semble obliger le prestataire de service à présenter, à demande, des éléments d'information et aussi les éléments d'une reddition de compte intérimaire.

III- *Agir personnellement*

27- Problématique - Un seul article au Code civil du Bas Canada prévoit l'hypothèse où le mandataire n'agit pas personnellement et fait agir quelqu'un d'autre à sa place: l'article 1711

C.c.B.C. Le modèle est celui de la substitution. L'article en décrit certains effets, sans dire si, de plein droit, le mandataire a le pouvoir de se trouver un substitut, sous réserve d'interdiction, ou si au contraire, il doit agir en personne, sous réserve de permission de se trouver un substitut.

L'article 1711 C.c.B.C. présente encore une plus grave lacune. Le modèle qu'il offre, celui de la substitution, est inapplicable à une pratique omniprésente qui consiste, pour un grand nombre de mandataires, à se faire assister par une foule de préposés ou d'auxiliaires pour accomplir leurs mandats. Cette pratique est une nécessité incontournable lorsque le mandataire est une entité corporative. Dans tous ces cas, le mandataire n'entend pas se faire remplacer: il veut simplement se faire aider. Le mandant ne veut pas voir disparaître le mandataire principal. Il veut qu'il demeure responsable jusqu'au bout de l'exécution du mandat, même s'il se fait aider. Mais dans ce cas, le mandataire a-t-il besoin de la permission du mandant pour se faire aider, ou possède-t-il cette faculté, sous réserve d'interdiction par le mandant?

Pour moderniser les règles du mandat sous ce rapport, il fallait que le Code réponde à toutes ces questions. Il le fait, en élaborant deux modèles distincts. Dans le premier, le mandataire se fait remplacer par un substitut et disparaît: c'est la substitution. Dans le second, le mandataire se fait assister par une autre personne, tout en demeurant mandataire principal: c'est le sous-mandat.

28- Substitution

2140 — Le mandataire est tenu d'accomplir personnellement le mandat, à moins que le mandant ne l'ait autorisé à se substituer une autre personne pour exécuter tout ou partie du mandat.

Il doit cependant, si l'intérêt du mandant l'exige, se substituer un tiers, lorsque des circonstances imprévues l'empêchent d'accomplir le mandat et qu'il ne peut en aviser le mandant en temps utile.

Le pouvoir du mandataire de se faire remplacer par un autre mandataire équivaut au pouvoir de conclure avec un tiers un contrat de mandat, au nom du mandant. Le mandataire n'a pas en principe un tel pouvoir: la substitution doit avoir été autorisée par le mandant. L'article 2140 C.c.Q. apporte une atténuation à ce principe. Le mandataire a le pouvoir de se substituer quelqu'un d'autre, en l'absence d'autorisation du mandant, lorsque trois conditions sont réunies: l'intérêt du mandant l'exige, des circonstances imprévues l'empêchent d'accomplir le mandat et il ne peut en aviser le mandant en temps utile.

L'article 2141 C.c.Q. expose les effets de la substitution en reprenant substantiellement les règles de l'article 1711 C.c.B.C.

Lorsque la substitution est illégale, le mandant est néanmoins tenu envers le tiers pour les actes accomplis par le substitut, sous réserve de répudiation de ces actes par le mandant. Comme cette règle vise les rapports du mandant avec les tiers, elle a été déplacée vers les sections consacrées à ces questions, à l'article 2161 C.c.Q.

29- Sous-mandat

> 2142 — Le mandataire peut, dans l'exécution du mandat, se faire assister par une autre personne et lui déléguer des pouvoirs à cette fin, à moins que le mandant ou l'usage ne l'interdise.
>
> Il demeure tenu, à l'égard du mandant, des actes accomplis par la personne qui l'a assisté.

L'article 2142 C.c.Q. innove en fournissant le cadre juridique applicable à la plupart des situations où le mandataire principal se fait assister par des préposés ou des prestataires de services, sans pour autant disparaître. C'est le sous-mandat qui, malgré l'absence de texte, fait déjà partie de notre droit[16]. Le sous-mandat se distingue de la substitution en ce que le mandataire principal devient le mandant d'un sous-mandataire avec lequel il conclut en son propre nom un contrat de mandat. Par ce contrat, le mandataire délègue à son sous-mandataire des pouvoirs qu'il tient lui-même du mandant.

L'article 2142 C.c.Q. établit d'abord que le mandataire peut, de plein droit, se faire assister dans l'exécution du mandat, à moins que le mandant ou l'usage ne l'interdise. L'usage l'interdit dans le cas des contrats *intuitu personae*. Quant aux effets du sous-

mandat, le second alinéa dit que le mandataire «demeure tenu,
à l'égard du mandant, des actes accomplis par la personne qui
l'a assisté». Il faut comprendre que le mandataire principal
demeure tenu, à l'égard du mandant, de toutes les obligations
qu'il a assumées envers lui, sans égard au fait qu'il ait demandé
à quelqu'un d'autre de l'assister pour les exécuter. C'est une
application du principe de la responsabilité contractuelle du fait
d'autrui, consacré par la Cour d'appel dans l'arrêt *Hôpital
Notre-Dame de l'Espérance* c. *Laurent*[17]. Par ailleurs, le mandant est tenu envers le tiers pour les actes accomplis par le sous-
mandataire, comme s'ils avaient été accomplis par le mandataire principal lui-même. Le mandant dispose d'un recours
direct contre le sous-mandataire fondé sur la stipulation pour
autrui.

Des règles semblables à celle de l'article 2142 C.c.Q. sont
édictées pour l'administrateur du bien d'autrui (art. 1337
C.c.Q.) et le prestataire de services (art. 2101 C.c.Q.).

IV- *Responsabilité du mandataire*

30- Obligations de moyens - Le mandataire est soumis aux
règles générales de la responsabilité contractuelle (art. 1458 et
1607 C.c.Q.). Il a le devoir d'exécuter ses obligations. Il est,
lorsqu'il manque à ce devoir, responsable du préjudice qu'il
cause au mandant et tenu de réparer ce préjudice. Les règles du
mandat n'expriment qu'une seule application de ces principes:
la responsabilité du mandataire qui persiste à agir malgré la
révocation de son mandat (art. 2181 C.c.Q., art. 1758 C.c.B.C.).

Les obligations du mandataire sont des obligations de moyens,
à moins qu'il ne résulte de la volonté des parties ou de la nature
du contrat qu'il en soit autrement. L'article 2155 C.c.Q. énonce
que si aucune faute n'est imputable au mandataire, les sommes
qui lui sont dues le sont «lors même que l'affaire n'aurait pas
réussi». La formule vient de l'article 1722 C.c.B.C. Elle permet
de dire que le mandataire a droit à l'échec lorsqu'il est attribuable à des facteurs qu'il ne contrôle pas. Il ne répond envers
le mandant que de l'inexécution fautive de ses propres obligations.

31- Effet de la gratuité

> 2148 — Si le mandat est gratuit, le tribunal peut, lorsqu'il apprécie l'étendue de la responsabilité du mandataire, réduire le montant des dommages-intérêts dont il est tenu.

L'article 1710 al. 2 C.c.B.C. atténue la responsabilité du mandataire, agissant à titre gratuit, dans les termes suivants: «Le tribunal peut mitiger la rigueur de la responsabilité résultant de la négligence ou de la faute du mandataire, suivant les circonstances». Ce texte ne dit pas clairement si le tribunal doit alors apprécier concrètement la conduite du mandataire selon un standard inférieur à celui de la personne d'une prudence et d'une diligence normales, ou s'il doit plutôt apprécier abstraitement cette conduite pour ensuite réduire arbitrairement la somme des dommages-intérêts dus au mandant. On croit généralement que le tribunal peut faire l'un et l'autre.

L'article 2148 C.c.Q. opte pour une autre solution. Le mandataire, qu'il soit ou non rémunéré, reste toujours soumis aux mêmes standards de conduite. S'il s'en écarte, il commet une faute qui le rend responsable du préjudice qui en découle directement. Après avoir traduit ce préjudice en dommages-intérêts, le tribunal peut réduire le montant des dommages-intérêts dont le mandataire est tenu.

§2- Des obligations du mandant envers le mandataire

32- Plan - Le Code civil du Québec énonce pour le mandant cinq obligations dont toutes, sauf l'obligation de coopérer, ont des antécédents dans le Code civil du Bas Canada:

	C.c.Q.	C.c.B.C.
1) coopérer	2149	—
2) fournir des avances		
et rembourser	2151	1722
3) rémunérer	2150	1722
	2133	
	2134	

4) décharger le mandataire   2152   1720

5) indemniser   2154   1725

Nous parlerons de l'obligation de coopérer parce qu'elle est nouvelle, de l'obligation de rémunérer parce qu'elle devient plus complexe et enfin de l'obligation de «décharger» le mandataire en raison du vocabulaire nouveau.

I- Coopérer

33- Notion

2149 — Le mandant est tenu de coopérer avec le mandataire de manière à favoriser l'accomplissement du mandat.

L'article 2149 C.c.Q. énonce une obligation nouvelle quoiqu'elle puisse, elle aussi, se déduire de l'article 1434 C.c.Q. (art. 1024 C.c.B.C.)[18].

Minimalement, le mandant ne doit pas nuire au mandataire, ni entraver l'exécution du mandat. Si son obligation de rémunérer est conditionnelle à la réussite du mandat, il est tenu de rémunérer s'il empêche lui-même la réalisation de la condition (art. 1503 C.c.Q., art. 1084 C.c.B.C.).

Mais il y a plus. A cette obligation de ne pas faire, s'ajoute celle de faire positivement ce que seul le mandant peut commodément faire pour favoriser l'accomplissement du mandat. Par exemple, si le mandant offre en location le logement qu'il habite, on s'attend à ce qu'il le nettoie et l'entretienne convenablement. Il s'agit tout simplement de faire ce que la bonne foi impose (art. 1434 C.c.Q.).

II- Rémunérer

34- Plan - Selon l'article 1702 C.c.B.C., le mandat est gratuit. Cette disposition héritée du siècle dernier, semble peu compatible avec la prolifération des activités des mandataires professionnels de toutes catégories. Faut-il pour autant inverser le principe? De toute manière, il devenait nécessaire d'énoncer, pour les mandataires rémunérés, des règles plus précises de détermination de la rémunération.

35- Principe

2133 — Le mandat est à titre gratuit ou à titre onéreux. Le mandat conclu entre deux personnes physiques est présumé à titre gratuit, mais le mandat professionnel est présumé à titre onéreux.

L'article 2133 C.c.Q. énonce une solution de compromis. Maintenir le principe du mandat gratuit aurait été peu adapté aux pratiques actuelles. Adopter le principe du mandat rémunéré «sous réserve de stipulation contraire» n'aurait été guère plus réaliste: le mandat accompli à titre de service d'ami est précisément celui où l'on ne stipule généralement rien. D'où l'idée de maintenir la présomption de gratuité «entre deux personnes physiques» et d'instituer une présomption de titre onéreux pour le «mandat professionnel».

Le terme «mandat professionnel» n'est défini nulle part. Il faut se référer aux emplois du même terme ailleurs dans le Code (articles 156, 450, 1729 C.c.Q.). Notamment, l'article 1729 C.c.Q. énonce une présomption de connaissance du vice caché du bien vendu par le «vendeur professionnel». L'ensemble de ces dispositions porte à croire que le Code civil du Québec n'emploie pas les mots «profession» et «professionnel» dans le sens étroit du *Code des professions*[19]. Aux fins de cette loi, ces mots indiquent un rattachement à l'un ou l'autre des ordres professionnels officiellement reconnus. Aux fins du Code civil du Québec, le mot «professionnel» s'oppose plutôt à «occasionnel». Ainsi, le mandat «professionnel» est celui que l'on donne à une personne qui se livre de façon habituelle à des activités de mandataire en vue d'en tirer un revenu.

L'obligation de rémunérer est énoncée à l'article 2150 C.c.Q. (art. 1722 C.c.B.C.). L'article 1300 C.c.Q. précise que l'administrateur du bien d'autrui qui agit sans droit ou sans y être autorisé n'a droit à aucune rémunération. Cette disposition s'applique aussi au mandataire qui outrepasse ses pouvoirs. Il s'agit d'une application de l'exception générale d'inexécution (art. 1591 C.c.Q.).

36- Détermination de la rémunération

> 2134 — La rémunération, s'il y a lieu, est déterminée par le contrat, les usages ou la loi, ou encore d'après la valeur des services rendus.

L'article 2134 C.c.Q. énonce une règle de détermination de la rémunération. Cette règle donne un fondement légal à l'action *«quantum meruit»* créée par les tribunaux pour pallier à l'absence de texte. L'article 1300 C.c.Q. énonce une règle similaire pour l'administrateur du bien d'autrui.

Lorsque le mandataire est un prestataire de services, il est en plus soumis aux règles particulières énoncées au chapitre du contrat de service. L'article 2106 C.c.Q. énonce une règle semblable à celle de l'article 2134 C.c.Q. ci-haut. En revanche, il en va autrement lorsque le prestataire de services a donné une estimation du prix de ses services ou lorsqu'il agit à forfait.

Lorsque le mandataire, prestataire de services, a donné une estimation de ses services, lors de la conclusion du contrat, il doit justifier toute augmentation du prix (art. 2107 C.c.Q.): le client n'est tenu de payer cette augmentation que dans la mesure où elle résulte de services ou de dépenses qui n'étaient pas prévisibles par le prestataire de services au moment de la conclusion du contrat.

Lorsque le contrat est à forfait, le prestataire de services ne peut prétendre à une augmentation du prix en faisant valoir que le service a exigé plus de travail ou a coûté plus cher qu'il n'avait été prévu (art. 2109 C.c.Q.).

III- *Décharger le mandataire*

37- Notion

> 2152 al. 1 — Le mandant est tenu de décharger le mandataire des obligations que celui-ci a contractées envers les tiers dans les limites du mandat.

L'article 2152 al. 1 C.c.Q. succède à l'article 1720 C.c.B.C. qui est ainsi rédigé: «Le mandant est tenu d'indemniser le mandataire pour toutes les obligations que ce dernier a contractées avec les tiers...». L'hypothèse visée est celle où le mandataire s'est personnellement obligé envers le tiers. Elle se réalise notamment dans le cadre du mandat clandestin (art. 2157 C.c.Q., art. 1716 C.c.B.C.), lorsque le mandataire agit avec le tiers en lui cachant sa qualité. Lorsque le mandataire divulgue pleinement sa qualité et agit au nom du mandant, il n'est normalement pas tenu envers le tiers et il n'a pas à être déchargé ou indemnisé pour des obligations qu'il n'a pas personnellement assumées.

Tel que rédigé, l'article 1720 C.c.B.C. laisse entendre que le mandataire doit d'abord exécuter les obligations qu'il a personnellement assumées envers le tiers et ensuite s'adresser au mandant pour être «indemnisé». Cette méthode a l'inconvénient de faire appel à des ressources pécuniaires que le mandataire n'a peut-être pas. Il est plus réaliste de penser que le mandataire préférera que le mandant assume les obligations du contrat sans plus tarder et qu'il se charge lui-même de leur exécution. Ce faisant, le mandant «décharge» le mandataire de ses obligations envers le tiers et les prend personnellement à sa charge. Cette opération paraîtra particulièrement utile lorsque l'obligation assumée est successive ou très onéreuse, comme par exemple dans le cas d'un bail industriel.

L'interprétation de l'article 2152 C.c.Q. devrait aussi inclure l'obligation du mandant d'indemniser le mandataire pour l'obligation qu'il a déjà exécutée à ses frais, comme prévoit l'article 1720 C.c.B.C.

Lorsque le mandant offre au mandataire de le décharger des obligations qu'il a assumées envers le tiers, le mandataire a l'obligation corrélative de remettre au mandant tous les droits et titres acquis dans l'exercice du mandat, fut-il clandestin (art. 2184 C.c.Q., art. 1717 C.c.B.C.).

Section III — Des obligations des parties envers les tiers

§1- Des obligations du mandataire envers les tiers

38- Problématique - L'exécution du mandat suppose une interaction du mandataire avec un tiers et des règles claires pour déterminer qui est engagé envers qui. L'opération normale du mandat fait en sorte que le lien contractuel se forme entre le mandant et le tiers par l'intermédiaire du mandataire qui lui, sa mission terminée, n'est engagé envers personne. Ce principe de l'immunité du mandataire, hérité de l'article 1715 C.c.B.C., se retrouve à l'article 2157 C.c.Q. . On a fait sortir du Code les deux exceptions mentionnées à l'article 1715 C.c.B.C. qui chargeaient d'une responsabilité personnelle le facteur qui a son principal dans un autre pays (art. 1738 C.c.B.C.) et le maître qui contracte pour l'usage de son bâtiment (dans le sens de «navire», art. 2395 C.c.B.C.).

Le Code civil du Québec maintient les exceptions majeures établies au Code civil du Bas Canada. Ainsi, le mandataire est personnellement obligé envers le tiers:

1) lorsque le mandataire agit en son propre nom dans le cadre du mandat dit «clandestin» (art. 2157 C.c.Q., art. 1716 C.c.B.C.);

2) lorsque le mandataire outrepasse ses pouvoirs (art. 2158 C.c.Q., art. 1717 C.c.B.C.), à moins que le tiers n'ait eu une connaissance suffisante du mandat (art. 2158 C.c.Q., art. 1717 C.c.B.C.) ou que le mandant n'ait ratifié les actes accomplis sans pouvoir (art. 2158 C.c.Q.).

Il convient d'étudier deux nouveautés: une variable au mandat clandestin et une atténuation à la responsabilité personnelle du mandataire qui excède ses pouvoirs. Un commentaire s'impose enfin sur la responsabilité personnelle du mandataire pour le préjudice qu'il cause au tiers, dont les règles du mandat ne parlent pas.

39- Mandat semi-clandestin - L'article 2159 C.c.Q. présente une institution nouvelle, inspirée des travaux de l'Office de révision du Code civil[20]. Cette institution, empruntée au droit allemand, est connue en droit français sous le nom «déclaration de command». Elle s'insère à mi-chemin entre le mandat clandestin et le mandat parfaitement manifeste. Elle vise à permettre à un mandataire de taire l'identité du mandant jusqu'à ce que l'affaire soit conclue, tout en échappant au principal inconvénient du mandat clandestin: la responsabilité personnelle. En attendant une appellation plus juste, on pourrait l'appeler «mandat semi-clandestin».

Il s'agit d'un mécanisme en deux temps. Dans un premier temps, le mandataire divulgue au tiers sa qualité de mandataire sans identifier le mandant. Il promet cependant de la divulguer une fois l'affaire conclue. Dans un deuxième temps, lorsque l'affaire est conclue, il divulgue l'identité du mandant. L'effet est alors le même que si le mandat avait été manifeste dès le départ: seul le mandant est lié envers le tiers.

Le mandataire sera tenu personnellement envers le tiers dans trois cas: lorsque, contrairement à ce qu'il avait promis au tiers, il ne dévoile pas l'identité du mandant, lorsqu'il est tenu de taire le nom du mandant ou enfin lorsqu'il sait que celui qu'il déclare est insolvable, mineur ou placé sous un régime de protection et qu'il omet de le mentionner au tiers. S'il le mentionne au tiers et que ce dernier veut néanmoins contracter, il le fait à ses risques et n'a pas de recours personnel contre le mandataire.

40- Incidence de la gestion d'affaires - En principe, en cas de dépassement de pouvoirs, le mandataire est seul tenu envers le tiers (art. 2158 C.c.Q., art. 1717 C.c.B.C.). Le droit français connaît une atténuation à cette responsabilité: si le mandant a bénéficié de la gestion non-autorisée du mandataire, on applique les règles de la gestion d'affaires[21]. Tout ce passe comme si l'acte avait été autorisé: mandant et tiers sont liés et le mandataire n'encourt aucune responsabilité personnelle.

Un doute a été soulevé quant à la possibilité d'appliquer cette solution en droit québécois[22]. Le texte de l'article 1043 C.c.B.C. semble constituer un obstacle insurmontable: il exige que le géré ignore tout de la gestion du gérant. Or, dans le cadre du contrat de mandat, le mandant connaît son mandataire et lui commande, explicitement ou implicitement (art. 1704 C.c.B.C.), de ne pas excéder les limites de ses pouvoirs.

L'article 1482 C.c.Q. modifie le texte de l'article 1043 C.c.B.C. Il se lit comme suit:

> 1482 — Il y a gestion d'affaires lorsqu'une personne, le gérant, de façon spontanée et sans y être obligée, entreprend volontairement et opportunément de gérer l'affaire d'une autre personne, le géré, hors la connaissance de celle-ci ou à sa connaissance si elle n'était pas elle-même en mesure de désigner un mandataire ou d'y pourvoir de toute autre manière.

Le nouveau texte permet désormais d'appliquer les règles de la gestion d'affaires même lorsque le mandant a connaissance de la gestion de son mandataire, s'il n'était pas lui-même en mesure de désigner un mandataire ou d'y pourvoir de toute autre manière. Cette dernière condition, interprétée largement, permet de dire que le mandataire peut excéder ses pouvoirs pour gérer l'affaire de son mandant. On présume que si le mandant était au courant de la situation ou s'il n'était pas empêché d'agir, il élargirait en conséquence les pouvoirs de son mandataire ou pourvoirait à la situation de toute autre manière. On applique alors les règles de la gestion d'affaires au mandataire qui a excédé ses pouvoirs.

La gestion d'affaires est régie par les règles de l'administration du bien d'autrui (art. 1484 C.c.Q.). Elle confie au gérant les pouvoirs de la simple administration (art. 1301 à 1305 C.c.Q.). Le géré est en principe seul tenu envers les tiers (art. 1319 C.c.Q.). Le gérant n'est pas tenu envers les tiers si le géré est lui-même tenu (art. 1489 C.c.Q.). Si la gestion est «inopportune», le géré n'est obligé que dans la mesure de son enrichissement (art. 1490 C.c.Q.). Cette règle est cohérente avec celle de l'enrichissement injustifié (art. 1493 C.c.Q.).

Il y a lieu de conclure qu'on peut désormais être à la fois mandataire et gérant d'affaires: il n'y a pas d'incompatibilité entre les deux qualités. Dès lors, le mandataire qui a excédé ses pouvoirs pour gérer l'affaire de son mandant n'est pas nécessairement obligé à titre personnel. S'il se trouve dans les conditions d'application de la gestion d'affaires, tout se passera comme si sa gestion avait été autorisée.

41- Responsabilité personnelle du mandataire - Les règles du mandat disent dans quels cas le mandataire est personnellement «tenu» envers le tiers. Elles ne disent rien de la responsabilité personnelle du mandataire pour le préjudice que sa faute cause au tiers. Il faut donc appliquer les règles générales de responsabilité. Il y a lieu de considérer deux hypothèses.

Dans une première hypothèse, la faute du mandataire résulte de la violation d'un devoir de comportement imposé par la loi. On applique alors les règles de la responsabilité extra-contractuelle (art. 1457 C.c.Q., art. 1053 C.c.B.C.). Tel est le cas lorsque le mandataire commet une fraude ou viole la vie privée d'un tiers dans le but d'arriver à ses fins. Le tiers dispose d'un recours direct en responsabilité extra-contractuelle contre le mandataire.

Dans une seconde hypothèse, la faute du mandataire résulte de l'inexécution fautive d'une obligation contractuelle créée par le contrat de mandat. Le tiers a un recours contre le mandant pour le préjudice qu'il subit. Le mandant a un recours contre son mandataire fondé sur sa responsabilité contractuelle. Mais le tiers a-t-il un recours direct contre le mandataire? Et dans l'affirmative, quel en serait le fondement?

Il y a lieu d'appliquer ici les règles de la stipulation pour autrui (art. 1444 C.c.Q., art. 1029 C.c.B.C.). Lorsque le mandant demande au mandataire d'accomplir un acte avec un tiers qui va en tirer un bénéfice, il y a alors au contrat de mandat une stipulation en faveur du tiers. «Cette stipulation confère au tiers bénéficiaire le droit d'exiger directement du promettant (ici, le mandataire) l'exécution de l'obligation promise» nous dit l'art. 1444 C.c.Q. Tel est le cas si un mandant remet au mandataire une somme à verser à un tiers à titre de paiement. Le tiers a un recours direct contre le mandataire qui a détourné cette somme de sa destination. Il s'agit d'un recours en responsabilité qui est de nature contractuelle.

42- Révocation de la stipulation pour autrui - Il arrive que le mandant révoque le mandat qui comporte la stipulation d'un bénéfice pour un tiers, avant que le mandataire n'ait exécuté l'acte convenu au bénéfice du tiers. Par exemple, le mandant charge le mandataire de payer le tiers, change d'idée et révoque le mandat malgré les protestations du tiers. Le tiers a-t-il un recours contre le mandataire qui refuse d'exécuter dans ces conditions?

Il semble y avoir conflit de règles entre celles du mandat qui permettent la révocation de plein droit sans recours possible du tiers contre le mandataire (art. 2175 C.c.Q., 1755 C.c.B.C.) et celles de la stipulation pour autrui. L'article 1446 C.c.Q. énonce que le stipulant ne peut révoquer la stipulation après que le tiers lui ait manifesté sa volonté de l'accepter.

Le conflit doit être résolu en faveur des règles du mandat. L'article 1446 C.c.Q. est une règle générale, édictée pour toutes espèces de contrats. Le mandat est un contrat particulier dont les règles sont prépondérantes par rapport aux règles générales de la stipulation pour autrui. On y prévoit la faculté pour le mandant de révoquer de plein droit le mandat, unilatéralement. Même lorsqu'elle contrevient à une stipulation d'irrévocabilité, la révocation met fin aux pouvoirs du mandataire. Privé de tout pouvoir, le mandataire ne peut plus accomplir l'acte stipulé en faveur du tiers. Il n'en a plus l'obligation. Dans un tel cas, le tiers n'a aucun recours contre le mandataire. Si le tiers créancier n'a pas été payé par le mandant débiteur parce que ce dernier a révoqué le mandat de son mandataire, le tiers impayé n'a de recours que contre son débiteur.

§2- Des obligations du mandant envers les tiers

43- Plan - Dans l'opération normale du mandat, le mandant est tenu envers le tiers pour l'acte accompli par le mandataire dans les limites de ses pouvoirs, peu importe que le mandat ait été manifeste (art. 2160 C.c.Q., art. 1727 C.c.B.C.) ou clandestin (art. 2157 C.c.Q., art. 1716 C.c.B.C.). Si le mandataire a excédé ses pouvoirs, le mandant n'est en principe pas tenu envers le tiers, sous réserve des exceptions suivantes. Il est tenu:

1) lorsqu'il ratifie l'acte accompli sans pouvoir (art. 2160 C.c.Q., art. 1727 C.c.B.C.);

2) lorsque le mandataire se substitue quelqu'un d'autre, sans y être autorisé (art. 2161 C.c.Q., art. 1711 C.c.B.C.);

3) lorsqu'il y a mandat apparent pour le tiers qui ignore soit la fin du mandat (art. 2162 C.c.Q., art. 1728 C.c.B.C.), soit l'excès de pouvoirs (art. 2163 C.c.Q., art. 1730 C.c.B.C.)

Enfin, le mandant peut aussi être responsable pour le préjudice causé au tiers par la faute du mandataire (art. 2164 C.c.Q., art. 1731 C.c.B.C.).

Nous limiterons nos commentaires à la substitution non-autorisée, au mandat apparent et à la responsabilité du mandant pour le fait du mandataire. En corollaire, nous signalerons une règle nouvelle qui accorde au mandant un recours direct contre le tiers en cas de mandat clandestin.

I- Substitution non-autorisée

44- Acte de répudiation - La substitution est une opération par laquelle le mandataire accomplit, au nom du mandant, un contrat de mandat avec un tiers (le substitut) en vue d'être remplacé. Normalement, la substitution non-autorisée devrait subir le sort de tout autre acte accompli sans autorisation et devenir inopposable au mandant. L'acte accompli par le substitut ainsi désigné ne devrait pas lier le mandant. Or, il n'en est rien. Le mandant est en principe lié envers le tiers par l'acte accompli par le substitut installé illégalement dans ses fonctions, sous réserve de répudiation (art. 2161 C.c.Q., art. 1711 C.c.B.C.). Il s'agit d'une règle qui n'est pas neuve mais qui est suffisamment paradoxale pour être rappelée.

La répudiation est un acte unilatéral par lequel le mandant manifeste sa volonté de ne pas être lié envers le tiers. Pour être valable, la répudiation doit viser un acte qui cause préjudice au mandant et qui a été accompli par un substitut désigné sans l'autorisation du mandant ou sans que son intérêt ou les circonstances ne justifient la substitution. Cette dernière condition est nouvelle. On en déduit que la répudiation n'est pas possible si la substitution, quoique non-autorisée, était justifiée par l'intérêt du mandant ou par les circonstances et ce, même si l'acte accompli par le substitut cause préjudice au mandant.

II- Mandat apparent

45- Problématique - Même si le mandataire agit sans pouvoir, le mandant peut être tenu envers le tiers, comme s'il y avait véritablement mandat, en vertu des règles du mandat apparent. Ces règles constituent un système de protection des tiers et fondent leur confiance dans l'institution du mandat. En cas de mandat apparent, les obligations du mandant envers les tiers découlent non pas du contrat de mandat mais de la loi.

Il y a deux types de mandat apparent: celui qui découle de l'exercice d'un pouvoir éteint et celui qui découle de l'exercice d'un pouvoir inexistant.

Le Code civil du Québec n'apporte aucune modification au premier type de mandat apparent. Le mandant est tenu envers le tiers des actes accomplis par le mandataire dans l'exécution et les limites du mandat après la fin de celui-ci, lorsque la fin du mandat est restée inconnue du tiers (art. 2162 C.c.Q., art. 1728 C.c.B.C.). La même règle est réaffirmée en faveur du tiers qui, dans l'ignorance de la révocation, traite avec un mandataire (art. 2181 C.c.Q., 1758 C.c.B.C.). Dans ces règles, le comportement du mandant n'est pas pertinent: il ne peut s'exonérer en prouvant absence de faute. La loi fait assumer le risque des apparences au mandant, plutôt qu'au tiers.

Le second type de mandat apparent vise l'exercice par le mandataire d'un pouvoir qu'il n'a pas. Il s'agit d'une règle fondamentale de protection des tiers qui existe, sous diverses formes, aussi bien en common law qu'en droit français, quoique dans ce dernier cas elle n'ait pas été codifiée. On est familier avec la formulation de cette règle à l'article 1730 C.c.B.C. Le texte de l'article 2163 C.c.Q. semble à première vue s'écarter sensiblement de l'article 1730 C.c.B.C. et des acquis de la jurisprudence qui l'avait interprété.

Pour comprendre la portée du nouveau texte et, le cas échéant le critiquer, il importe d'abord de se remémoriser les conditions d'application de l'article 1730 C.c.B.C. et la problématique de la source des apparences. Il faut voir ensuite comment l'article 2163 C.c.Q. a su relever le défi de la révision et quel peut être le sens de la nouvelle cause d'exonération qui y apparaît.

46- Conditions de l'article 1730 C.c.B.C.

> 1730 C.c.B.C. — Le mandant est responsable envers les tiers qui contractent de bonne foi avec une personne qu'ils croient son mandataire, tandis qu'elle ne l'est pas, si le mandant a donné des motifs raisonnables de le croire.

Les conditions d'application de la règle de mandat apparent de l'art. 1730 C.c.B.C. peuvent s'analyser en quatre éléments[23]:

1) le mandataire apparent accomplit un acte qu'il n'a pas le pouvoir de faire, soit parce qu'il excède les limites de ses pouvoirs réels, soit parce que de toute manière, il ne possède pas la qualité de mandataire;

2) le tiers agit de bonne foi, subjectivement parce qu'il ignore que le mandataire agit sans pouvoir, objectivement parce qu'il ne commet pas de faute dans la vérification des

pouvoirs du mandataire, soit en ce que les circonstances le dispensent d'une telle vérification, soit en ce que celle qu'il fait est suffisante;

3) le tiers a des motifs «raisonnables» de croire au mandat, en ce qu'il ne commet pas de faute dans l'appréciation des faits qui l'amènent à croire au mandat, même si son appréciation est erronée;

4) Le mandant est la source des apparences trompeuses.

47- Problème de la source des apparences - Le seul problème qui entoure l'article 1730 C.c.B.C. est celui de la source des apparences[24]. La jurisprudence s'est considérablement écartée de la lettre du texte.

Il y a certes mandat apparent lorsque le mandant «a donné des motifs raisonnables» de croire au mandat, entendu dans le sens de source active des apparences, cause directe et déterminante de l'erreur du tiers. Mais la jurisprudence a aussi déclaré qu'il y avait mandat apparent dans les cas suivants: lorsque le mandant n'était que la source partielle des apparences ou y jouait un rôle mineur, alors que le rôle majeur était tenu par le mandataire; lorsque le mandant était une personne morale, comme une compagnie, et que la source exclusive des apparences était inévitablement un autre mandataire; lorsque le rôle du mandant s'est limité à donner un titre ou une fonction au mandataire tout en réduisant ses pouvoirs réels en deçà des pouvoirs inhérents à tel titre ou à telle fonction. Dans certains de ces cas, on observe que le mandant est source des apparences bien plus par sa passivité et ses omissions que par un rôle actif.

La Cour suprême est allée encore plus loin dans l'arrêt *Ledlev*[25]. Elle a conclu qu'un assureur était lié envers un client par l'intermédiaire d'un courtier quant au renouvellement d'une police d'assurance conjointe, à cause de motifs de croire au mandat constitués par la pratique des autres assureurs de renouveler une assurance conjointe par l'entremise de courtiers, pratique observée en l'occurrence par les cinq autres assureurs conjoints. Dans ce cas, on peut penser que les apparences émanaient d'une source extérieure au mandant, de la pratique des autres assureurs, voire même des circonstances.

Il existe une limite qui ne devrait pas être franchie: c'est celle où le mandant est totalement étranger aux apparences. Par exemple, si un individu, totalement inconnu du journal *Le Devoir*, fait du porte à porte pour vendre des abonnements et en percevoir le prix, le mandant apparent ne devrait pas être lié par ces abonnements vendus à son insu et frauduleusement. Toutefois, à partir du moment où le mandant apparent a pu prendre connaissance de la fraude et des risques de préjudice pour le public, il semble raisonnable d'exiger qu'il prenne des mesures appropriées pour prévenir l'erreur dans des circonstances qui la rendent prévisible. Le mandant ne pourrait se croiser les bras et abandonner les tiers à leur sort, sous prétexte qu'il est étranger aux apparences.

48- Le texte de l'article 2163 C.c.Q.

> 2163 — Celui qui a laissé croire qu'une personne était son mandataire est tenu, comme s'il y avait eu mandat, envers le tiers qui a contracté de bonne foi avec celle-ci, à moins qu'il n'ait pris des mesures appropriées pour prévenir l'erreur dans des circonstances qui la rendaient prévisible.

Le défi de la révision de l'article 1730 C.c.B.C. consiste d'abord à maintenir intacts son principe et ceux de ses éléments qui ne posent pas de problèmes, ensuite à résoudre le problème de la source des apparences en modifiant le texte de manière à intégrer les acquis précieux de la jurisprudence et enfin, si nécessaire, à poser une limite au mandat apparent créé par des circonstances auxquelles le mandant est totalement étranger. Dans ce cas, et dans ce cas seulement, la limite pourrait être la faute du mandant qui n'a rien fait pour dissiper les apparences trompeuses alors qu'il les connaissait ou aurait dû les connaître.

Les trois premiers éléments de l'article 1730 C.c.B.C. ressortent par interprétation de l'article 2163 C.c.Q. .

En premier lieu, la situation visée est bien celle où le mandataire a agi sans pouvoir. On l'apprend à la dernière ligne, en lisant le mot «erreur»: la croyance du tiers est erronée et il n'y a pas véritablement mandat.

En second lieu, le tiers doit être de bonne foi. Il faut y voir d'abord une exigence de bonne foi subjective (le tiers doit ignorer l'absence de pouvoirs) et aussi une exigence de bonne foi objective (la croyance erronée du tiers ne doit pas être la conséquence d'une faute de sa part). Cette notion objective de bonne foi est celle-là même qui est introduite en force au Code par les articles 6, 7 et 1375 C.c.Q.

En troisième lieu, bien que le nouveau texte fasse disparaître les termes «motifs raisonnables de croire au mandat» auxquels l'article 1730 C.c.B.C. nous avait habitués, on peut en retrouver la substance par interprétation de la «bonne foi» objective. Lorsqu'on applique le test de la «raison» aux «motifs raisonnables» de l'article 1730 C.c.B.C., on se demande en réalité si le tiers a commis une faute dans l'appréciation des faits qui l'ont conduit à croire au mandat, faute que n'aurait par commis la personne normalement prudente et diligente, placée dans les mêmes circonstances externes. Le test de la bonne foi objective imposé par l'article 2163 C.c.Q. est de même nature. Il écartera, du bénéfice du mandat apparent, le tiers crédule ou négligent.

Le quatrième élément de 1730 C.c.B.C., relatif à la source des apparences, semble avoir été modifié dans le sens indiqué par la jurisprudence. L'article 1730 C.c.B.C. vise le mandant qui «a donné» des motifs raisonnables mais erronés de croire au mandat. L'article 2163 C.c.Q. vise le mandant qui «laisse croire» erronément qu'une personne est son mandataire. Ce terme est plus large. Il ne suppose pas de rapport de causalité étroit et direct. Il englobe les cas où le mandant tient un rôle mineur, partiel, voire même passif. Il recouvre les cas où le rôle du mandant s'est limité à créer une discordance entre les pouvoirs réels qu'il donne à son mandataire et les pouvoirs inhérents au titre ou à la fonction qu'il lui attribue.

Le nouveau terme pourrait peut-être couvrir également le cas où le mandant, quoique au départ étranger aux apparences trompeuses, devient associé à leurs effets du fait de les «laisser» subsister alors qu'il aurait pu faire quelque chose pour les dissiper. On peut même se demander si le terme «laisser croire», dans un tel contexte, ne comporte pas implicitement la limitation d'une responsabilité fondée sur la faute du mandant, lorsqu'il est étranger aux apparences, limitation qui rend inutile l'explicitation que l'on retrouve à la fin de l'article 2163 C.c.Q. sous forme d'une cause d'exonération.

49- Cause d'exonération - Selon l'article 2163 C.c.Q., le mandant est tenu «à moins qu'il n'ait pris des mesures appropriées pour prévenir l'erreur dans des circonstances qui la rendaient prévisible».

Cette cause d'exonération est susceptible de deux interprétations. Certains voudront y voir un principe général d'exonération qui fait du mandat apparent la sanction d'un comportement fautif du mandant. Selon cette première interprétation, le mandant pourrait échapper au mandat apparent s'il prouve qu'il a «pris des mesures appropriées pour prévenir l'erreur» encore qu'un tel devoir n'existe que s'il se trouve «dans des circonstances qui la rendaient prévisible». On déduit que si les circonstances ne rendent pas l'erreur prévisible, le mandant n'a pas le devoir de prendre des mesures appropriées pour la prévenir. Si le mandat apparent est la sanction de la faute, le mandant qui n'a commis aucune faute devrait y échapper.

Une telle interprétation marquerait une rupture radicale avec la règle de l'article 1730 C.c.B.C. et avec la jurisprudence qui l'a interprétée. Selon cet article, le mandat apparent est fondé sur une politique de protection du tiers qui fait porter le risque des apparences sur le mandant, indépendamment de la qualification du comportement de ce dernier. Il y a mandat apparent dès que les conditions objectives de l'article 1730 C.c.B.C. se réalisent, sans que le mandant puisse y échapper en prouvant absence de faute. Une règle de mandat apparent fondée sur la faute du mandant serait une régression par rapport au droit actuel. Elle marquerait un affaiblissement de l'institution du mandat. Enfin elle serait peu compatible avec le mandat apparent résultant du pouvoir éteint (arts 2162 et 2181 C.c.Q., arts 1728 et 1758 C.c.B.C.) et avec la règle de mandat apparent édictée au titre de l'administration du bien d'autrui:

> 1323 — Celui qui, pleinement capable d'exercer ses droits civils, a donné à croire qu'une personne était administrateur de ses biens, est responsable, comme s'il y avait eu administration, envers les tiers qui ont contracté de bonne foi avec cette personne.

Le rédacteur du Code civil du Québec a pris grand soin d'harmoniser les dispositions du mandat avec celles de l'administration du bien d'autrui. Il serait étonnant qu'il ait rompu avec la tradition au chapitre du mandat en créant une règle de mandat apparent fondée sur la faute, tout en maintenant, au titre de l'administration du bien d'autrui, une règle de mandat apparent calquée sur l'article 1730 C.c.B.C. et fondée sur une politique de protection des tiers.

Une seconde interprétation paraît préférable. Elle consiste à considérer que le mandant ne peut s'exonérer pour absence de faute que s'il est étranger aux apparences trompeuses. S'il n'est pas étranger à ces apparences, s'il y est associé de quelque manière (active ou passive, entière ou partielle, par lui-même ou par ses mandataires), il ne pourrait plus plaider qu'il a pris des mesures appropriées pour prévenir l'erreur: il y aurait alors une contradiction qui rendrait sa prétention irrecevable. Dans le cas où le mandant est étranger aux apparences, et dans ce cas seulement, il paraît opportun de limiter la responsabilité du mandant à la mesure de sa faute. Dans les autres cas, il n'y a pas de raison de s'écarter de la sagesse de l'article 1730 C.c.B.C.

Ainsi, devrait-on voir dans l'article 2163 C.c.Q. deux idées distinctes:

1) celui qui a laissé croire qu'une personne était son mandataire est tenu, comme s'il y avait mandat, envers le tiers qui a contracté de bonne foi avec celle-ci;

2) s'il est étranger aux apparences, il est également tenu, à moins qu'il n'ait pris des mesures appropriées pour prévenir l'erreur dans des circonstances qui la rendaient prévisible.

III- *Responsabilité du mandant pour le fait du mandataire*

50- Responsabilité extra-contractuelle

2164 — Le mandant répond du préjudice causé par la faute du mandataire dans l'exécution de son mandat, à moins qu'il ne prouve, lorsque le mandataire n'était pas son préposé, qu'il n'aurait pas pu empêcher le dommage.

L'article 2164 C.c.Q. succède à l'article 1731 C.c.B.C. qui est ainsi rédigé:

1731 C.c.B.C. — Il est responsable des dommages causés par la faute du mandataire, conformément aux règles énoncées à l'article 1054.

La référence de l'article 1731 C.c.B.C. à l'article 1054 C.c.B.C. est une énigme[26]. Cette disposition était susceptible de trois interprétations:

1) le mandant est toujours responsable de la faute de son mandataire, comme le commettant est responsable de la faute de son préposé en vertu de l'article 1054 al. 7 C.c.B.C.;

2) le mandant est responsable de la faute de son mandataire uniquement lorsque ce dernier est son préposé, conformément à l'article 1054 al. 7 C.c.B.C.;

3) le mandant est responsable de la faute de son mandataire, selon les termes généraux de l'alinéa 1 de l'article 1054 C.c.B.c., à moins qu'il ne prouve qu'il n'a pas pu empêcher le dommage conformément à l'alinéa 6 de l'article 1054 C.c.B.C.

La solution retenue par l'article 2164 C.c.Q. consiste à distinguer selon que le mandataire est le préposé du mandant ou qu'il ne l'est pas:

1) lorsque le mandataire est le préposé du mandant, ce dernier est responsable envers le tiers du préjudice que lui cause la faute du mandataire dans l'exécution de son mandat, de la même manière qu'à l'article 1463 C.c.Q.;

2) lorsque le mandataire n'est pas le préposé du mandant, ce dernier est responsable envers le tiers du préjudice que lui cause la faute du mandataire dans l'exécution de son mandat, à moins qu'il ne prouve qu'il n'aurait pas pu empêcher le dommage.

Cette distinction est justifiée par le degré du pouvoir de contrôle que le mandant possède sur son mandataire. Lorsque ce dernier est un prestataire de service, il a le libre choix des moyens d'exécution du contrat et n'est pas le préposé du mandant (art. 2099 C.c.Q.). Le mandant ne répond ainsi que de sa faute personnelle tout en assumant le fardeau de l'exonération. Il convient toutefois de signaler une exception qui persistera vraisemblablement, malgré le nouveau texte. Le client de l'avocat est responsable de la diffamation commise par ce dernier dans l'exécution de son mandat judiciaire (*ad litem*). Il est présumé avoir autorisée la diffamation, à moins qu'il n'ait formellement désavoué son avocat[27].

En matière d'administration du bien d'autrui, la règle est fort différente. Le bénéficiaire ne répond envers les tiers du préjudice causé par la faute de l'administrateur dans l'exercice de ses fonctions qu'à concurrence des avantages qu'il a retirés de l'acte (art. 1322 C.c.Q.).

51- Responsabilité contractuelle - L'article 1731 C.c.B.C. a toujours été compris dans un contexte de responsabilité extra-contractuelle, en raison de sa référence à l'article 1054 C.c.B.C. L'article 2164 C.c.Q., qui lui succède, ne donne pas d'indication sur son champ d'application. Il s'applique manifestement à la responsabilité extra-contractuelle du mandant envers le tiers. Qu'en est-il lorsque le préjudice subi par le tiers résulte de l'inexécution fautive d'une obligation contractuelle du mandant envers le tiers, obligation dont le mandant avait confié l'exécution au mandataire?

Il y a lieu, dans ce cas, d'appliquer le principe de la responsabilité contractuelle du fait d'autrui[28]. Lorsque le mandant a envers le tiers une obligation contractuelle, il importe peu que l'inexécution résulte de sa faute personnelle ou de celle de son mandataire. Dans tous les cas, l'inexécution est la sienne propre et il en répond invariablement envers le tiers, sans égard au fait que le mandataire soit ou non son préposé. Le mandant répond ainsi de la faute de son mandataire, prestataire de services.

Il convient de conclure que l'article 2164 C.c.Q. s'applique exclusivement à la responsabilité extra-contractuelle du mandant envers le tiers.

IV- *Recours du mandant contre le tiers*

52- **Mandat clandestin**

2165 — Le mandant peut, après avoir révélé au tiers le mandat qu'il avait consenti, poursuivre directement le tiers pour l'exécution des obligations contractées par ce dernier à l'égard du mandataire qui avait agi en son propre nom; toutefois, le tiers

peut lui opposer l'incompatibilité du mandat avec les stipulations ou la nature de son contrat et les moyens respectivement
opposables au mandant et au mandataire.

Si une action est déjà intentée par le mandataire contre le tiers,
le droit du mandant ne peut alors s'exercer que par son intervention dans l'instance.

Cette sous-section consacrée aux obligations du mandant envers le mandataire contient un dernier article relatif aux obligations du tiers envers le mandant. Cet article 2165 C.c.Q. doit
être compris dans le contexte du mandat clandestin. Dans un tel
cas, lorsque le tiers, après avoir accompli un acte avec le mandataire clandestin, découvre l'existence du mandat, il a le choix:
il peut soit se prévaloir de l'acte apparent et s'adresser au mandataire pour obtenir exécution, soit exiger l'exécution de l'acte
véritable en s'adressant directement au mandant (art. 2157 et
1452 C.c.Q., art. 1716 C.c.B.C.). Le Code civil du Bas-Canada
est silencieux sur le recours du mandant contre le tiers, en cas
de mandat clandestin. Il paraît nécessaire que le mandataire
cède sa créance au mandant ou le subroge à ses droits[29]. Un tel
acte juridique exige le concours du mandataire et la signification au tiers.

L'article 2165 C.c.Q., inspiré des travaux de l'O.R.C.C., vient
combler cette lacune et simplifie le recours du mandant contre
le tiers. Il suffit que le mandant révèle au tiers le mandat qu'il
avait consenti, pour qu'il puisse poursuivre directement le tiers
pour l'exécution des obligations contractées par ce dernier à
l'égard du mandataire qui avait agi en son propre nom. Parmi
les moyens de défense que peut faire valoir le tiers, on peut
signaler le caractère *intuitus personae* de l'engagement. Si le
tiers a confié au mandataire un premier rôle au théâtre, il est
douteux que le mandant puisse le revendiquer avec succès. En
revanche, si le tiers a loué un espace à un mandataire, il ne peut
en principe opposer au mandant qui veut jouir des lieux loués
le fait qu'il soit atteint d'un handicap.

Section IV — De la fin du mandat

53- Plan - Tel qu'annoncé[30], il convient d'étudier les règles
générales relatives à la fin du mandat (section V du chapitre du

Mandat) avant les règles particulières relatives au mandat donné en prévision de l'inaptitude du mandant (section IV du chapitre du Mandat).

L'article 2175 C.c.Q. énonce sensiblement les mêmes causes d'extinction du mandat que l'article 1755 C.c.B.C.:

1) les causes d'extinction communes aux obligations (art. 1671 C.c.Q., art. 1138 C.c.B.C.);

2) la révocation par le mandant;

3) la renonciation par le mandataire;

4) l'extinction des pouvoirs du mandataire;

5) le décès de l'une ou l'autre des parties;

6) la faillite de l'une ou l'autre des parties;

7) l'ouverture d'un régime de protection à l'égard du mandataire ou, en certains cas, à l'égard du mandant.

Tel que souligné plus haut[31], l'article 2165 C.c.Q. ne précise pas davantage que l'article 1755 C.c.B.C., le sens du mot «mandat» en énonçant les causes qui y mettent fin. On en déduit, par interprétation, qu'il s'agit des causes qui mettent fin à l'obligation du mandataire d'accomplir le mandat.

Nous limiterons nos commentaires à quatre de ces causes: la révocation, la renonciation, l'ouverture d'un régime de protection et la survenance de l'inaptitude.

§1- Révocation par le mandant

54- Principe - Contrat fondé sur la confiance, le mandat peut être résilié unilatéralement par le mandant «quand bon lui semble» dit l'article 2004 du Code civil français. Il convenait cependant d'élaborer les modalités de la révocation davantage que ne le fait l'article 1756 C.c.B.C. On trouve donc au Code civil du Québec des précisions sur le sort de la procuration, la responsabilité du mandant et la stipulation d'irrévocabilité.

55- Sort de la procuration

2176 — Le mandant peut révoquer le mandat et contraindre le mandataire à lui remettre la procuration, pour qu'il y fasse mention de la fin du mandat. Le mandataire a le droit d'exiger du mandant qu'il lui fournisse un double de la procuration portant cette mention.

Si la procuration est faite par acte notarié en minute, le mandant effectue la mention sur une copie et peut donner avis de la fin du mandat au dépositaire de la minute, lequel est tenu d'en faire mention sur celle-ci et sur toute copie qu'il en délivre.

Le mandant qui révoque a intérêt à retirer de la circulation la procuration qu'il a donnée au mandataire, pour éviter d'être engagé par mandat apparent. Le mandataire a intérêt à conserver la procuration pour se ménager une preuve du mandat, des obligations respectives des parties et de l'étendue de ses pouvoirs, au cas où il y aurait litige. L'article 1756 C.c.B.C. énonce une règle relative au sort de la procuration qui méconnaît ce double intérêt.

L'article 2176 C.c.Q. essaie de concilier ces intérêts légitimes en offrant d'une part au mandant le moyen de neutraliser la procuration par la mention de la révocation et d'autre part au mandataire le moyen de conserver une preuve efficace du mandat.

Une règle nouvelle est énoncée quant au mandat notarié. Il s'agit d'un mécanisme qui vise à empêcher le notaire de mettre en circulation de nouvelles copies authentiques du mandat original, sans qu'elles ne portent mention de la révocation.

La sagesse de ces dispositions relatives au sort de la procuration après la révocation devrait être étendue à toutes les causes d'extinction du mandat où les parties y ont les mêmes intérêts.

56- Responsabilité du mandant

2181 — Le mandant qui révoque le mandat demeure tenu d'exécuter ses obligations envers le mandataire; il est aussi tenu de réparer le préjudice causé au mandataire par la révocation faite sans motif sérieux et à contretemps.

Si avis n'en a été donné qu'au mandataire, la révocation ne peut affecter le tiers qui, dans l'ignorance de cette révocation, traite avec lui, sauf le recours du mandant contre le mandataire.

L'article 2181 C.c.Q. introduit au Code une règle nouvelle. L'article 1756 C.c.B.C. laisse entendre que le mandant peut toujours révoquer le mandat, de plein droit et en toute impunité. Telle est la logique d'un contrat basé sur la confiance. Cette solution est concevable pour le mandat gratuit. La révocation n'est-elle pas alors un soulagement pour le mandataire? Cette solution s'avère moins heureuse lorsque le mandataire a intérêt à ce que le mandat soit maintenu jusqu'au bout. La jurisprudence française a créé la fiction du «mandat d'intérêt commun» pour justifier l'obligation du mandant d'indemniser le mandataire auquel la révocation cause préjudice. La jurisprudence québécoise a aussi adopté cette solution en la justifiant de diverses manières[32].

L'article 2181 C.c.Q. donne un fondement législatif à la responsabilité du mandant pour le préjudice causé au mandataire par «la révocation faite sans motif sérieux et à contretemps». La règle s'applique sans égard au fait que le mandataire soit ou non rémunéré. L'emploi de la conjonction «et» paraît ici discutable: le mandant répond aussi de la révocation faite soit sans motif sérieux, soit à contretemps.

L'interprétation des termes «motif sérieux» ne devrait pas être limitée à l'inexécution fautive des obligations du mandataire. Cette hypothèse est déjà couverte par les règles générales de la théorie des obligations qui prévoient dans un tel cas le droit du créancier à la résolution ou à la résiliation du contrat, sans préjudice de son droit à des dommages-intérêts (art. 1590, 1604-1606 C.c.Q.). Des motifs sérieux peuvent vraisemblablement être extrinsèques à la conduite du mandataire et inclure un changement de circonstances imprévisible ou la poursuite, par le mandant, d'objectifs économiques légitimes.

Quant à la sanction de la révocation faite «à contretemps», elle devrait viser le comportement du mandant qui, lorsqu'il en a le choix, ne choisit pas le moment qui minimise le plus les inconvénients que subit le mandataire ou qui ne lui donne pas un délai de congé raisonnable. Un tel délai de congé est prévu pour le salarié, en vertu des règles du contrat de travail (art. 2091 C.c.Q.) mais il n'en est pas question pour le prestataire de service (art. 2125 C.c.Q.) qui a tout intérêt à stipuler les mesures de protection qu'il croit opportunes.

De toute manière, l'interprétation jurisprudentielle de ces termes devra se faire sous l'éclairage des articles 6 et 7 C.c.Q.. Le droit de révoquer ne peut être exercé «d'une manière excessive et déraisonnable, allant ainsi à l'encontre des exigences de la bonne foi».

Outre la règle de responsabilité, l'article 2181 C.c.Q. énonce que «le mandant qui révoque demeure tenu d'exécuter ses obligations envers le mandataire». Cette règle n'est qu'une application des effets généraux de la résiliation de contrat (art. 1606 C.c.Q.). La rémunération gagnée par le mandataire jusqu'au moment de la révocation lui est due, comme le prévoit d'ailleurs l'article 2178 C.c.Q. en matière de renonciation. Le mandant est aussi tenu de ses autres obligations envers le mandataire, jusqu'au moment de la révocation.

57- Stipulation d'irrévocabilité - L'article 2179 C.c.Q. est nouveau dans le Code. Il reconnaît la validité des stipulations d'irrévocabilité de mandat qui sont fréquentes dans la pratique contractuelle de certains courtiers.

Le dernier alinéa précise l'un des effets de la révocation faite par le mandant en violation d'une telle clause. Pour en comprendre le sens, il faut en corriger le texte, comme nous l'avons fait ci-haut[33]. La révocation, même illégale, met fin aux pouvoirs du mandataire: il ne peut plus lier le mandant à un tiers. En revanche, une telle révocation constitue une faute contractuelle qui sera sanctionnée par l'obligation de réparer le préjudice qu'elle cause au mandataire, selon les règles générales de la responsabilité contractuelle (art. 1458, 1590, 1607 C.c.Q.).

§2- Renonciation par le mandataire

58- Obligations - L'obligation du mandataire d'accomplir le mandat (art. 2138 C.c.Q, art. 1709 C.c.B.C.) est atténuée, en certaines circonstances, par la faculté de résilier unilatéralement le contrat par un acte de renonciation (art. 2175 C.c.Q., art. 1755 C.c.B.C.)

Même après l'acte de renonciation, l'obligation d'accomplir le mandat subsiste partiellement sous la forme d'une obligation de faire ce qui est la suite nécessaire de ses actes ou ce qui ne peut être différé sans risque de perte (art. 2182 C.c.Q., art. 1709 C.c.B.C.). Une règle semblable est énoncée pour le prestataire de services (art. 2126 C.c.Q.). Le mandataire, comme le prestataire de services, ont droit à la rémunération gagnée et aux remboursements dus avant la renonciation (art. 2178 C.c.Q., art. 2129 C.c.Q.).

La renonciation n'entraîne aucune obligation de réparer le préjudice qu'elle cause si le mandataire la fait pour un motif sérieux et en temps opportun. Toutefois, il est tenu de réparer le préjudice causé au mandant par la renonciation faite soit «sans motif sérieux et à contretemps», soit à l'encontre d'une stipulation de non-renonciation.

59- Responsabilité du mandataire

> 2178 — Le mandataire peut renoncer au mandat qu'il a accepté, en notifiant sa renonciation au mandant. Il a alors droit, si le mandat était donné à titre onéreux, à la rémunération qu'il a gagnée jusqu'au jour de sa renonciation.
>
> Toutefois, il est tenu de réparer le préjudice causé au mandant par la renonciation faite sans motif sérieux et à contretemps.

L'article 2178 C.c.Q. modifie substantiellement les conditions de la responsabilité du mandataire qui renonce. Selon l'art. 1759 C.c.B.C., le mandataire rémunéré est tenu d'accomplir le mandat et répond de son inexécution en toutes circonstances. Seul le mandataire à titre gratuit peut renoncer en toute immunité s'il le fait pour «un motif raisonnable». Il est responsable, tout comme le mandataire rémunéré, s'il renonce sans motif raisonnable.

L'article 2178 C.c.Q. élimine toute distinction entre mandataires rémunérés ou agissant à titre gratuit. Tous peuvent renoncer pour un motif sérieux et en temps opportun, sans responsabilité. Il faut comprendre de la conjonction «et» qu'il ne suffit pas au mandataire d'avoir un motif sérieux pour renoncer: il faut en plus qu'il choisisse pour le faire un moment opportun ou qu'il donne un délai de congé suffisant. Inversement, tout mandataire est tenu de réparer le préjudice causé au mandant par la renonciation faite soit sans motif sérieux, soit à contretemps.

Ce changement de règle est vraisemblablement inspiré par un désir d'uniformiser les conditions de la résiliation unilatérale pour les deux parties. La règle de responsabilité du mandataire (art. 2178 C.c.Q.) est la même que celle que nous venons de voir pour la responsabilité du mandant (art. 2181 C.c.Q.). On y retrouve les mêmes termes qui devraient normalement donner lieu à une interprétation uniforme. Toutefois, une différence notoire subsiste, par l'effet d'une autre règle, pour le mandataire agissant à titre gratuit: les dommages-intérêts qu'il est tenu de payer peuvent être réduits par le tribunal (art. 2148 C.c.Q.).

Le contrat de travail contient une disposition de résiliation plus radicale. Une partie peut, pour un motif sérieux, résilier unilatéralement et sans préavis le contrat de travail (art. 2094 C.c.Q.). On comprend que les parties n'ont pas le fardeau de choisir un moment opportun pour résilier.

Le prestataire de services jouit d'un régime de résiliation unilatérale semblable à celui du mandataire (art. 2126 et 2129 C.c.Q.), tout comme l'administration du bien d'autrui (art. 1359 et 1367 C.c.Q.).

60- Stipulation de non-renonciation - L'article 2179 C.c.Q. reproduit plus haut[34] reconnaît à la fois la validité de la stipulation d'irrévocabilité et celle de la stipulation par laquelle le mandataire s'engage à ne pas exercer le droit qu'il a de renoncer.

La renonciation faite par le mandataire malgré son engagement à ne pas y avoir recours a les mêmes effets que la révocation faite dans les mêmes circonstances: elle met fin aux pouvoirs du mandataire et le rend responsable envers le mandant du préjudice causé par son inexécution fautive du mandat.

§3- Ouverture d'un régime de protection

61- Régime de protection pour le mandataire - L'ouverture d'un régime de protection pour le mandataire met fin au mandat (art. 2175 C.c.Q., art. 1755 C.c.B.C.). S'il n'est plus apte à assumer la gestion de ses propres affaires, il ne peut plus assurer la gestion des affaires des autres. La fin du mandat signifie pour lui la fin de ses pouvoirs et de son obligation d'agir.

On peut penser que l'obligation faite à tout mandataire, à la fin du mandat, de faire ce qui est la suite nécessaire de ses actes ou ce qui ne peut être différé sans risque de perte (art. 2182 C.c.Q.) est plutôt, dans le présent cas, transférée par la loi sur les épaules du tuteur ou du curateur par les dispositions relatives à l'administration du bien d'autrui (art. 1361 C.c.Q.). Le tuteur ou le curateur a aussi l'obligation d'aviser le mandant et de lui rendre compte.

62- Régime de protection pour le mandant - L'ouverture d'un régime de protection pour le mandant met fin au mandat (art. 2175 C.c.Q., art. 1755 C.c.Q.). Le tuteur ou le curateur remplace le mandataire dans ses fonctions de représentation du mandant. L'article 1755 al. 2 C.c.Q. précise que la fin du mandat a ainsi lieu «dans certains cas», ce qui laisse entendre qu'il y a des cas où l'ouverture d'un régime de protection ne met pas fin au mandat. Ces exceptions sont au nombre de deux. Comme nous sommes en matière de protection, elles s'interprètent restrictivement.

La première exception est celle de l'article 273 C.c.Q. édictée en matière d'ouverture de régime de protection.

> 273 — L'acte par lequel le majeur a déjà chargé une autre personne de l'administration de ses biens continue de produire ses effets malgré l'instance, à moins que, pour un motif sérieux, cet acte ne soit révoqué par le tribunal.
>
> En l'absence d'un mandat donné par le majeur ou par le tribunal en vertu de l'article 444, on suit les règles de la gestion d'affaires, et le curateur public, ainsi que toute autre personne qui a qualité pour demander l'ouverture du régime, peut faire, en cas d'urgence et même avant l'instance si une demande d'ouverture est imminente, les actes nécessaires à la conservation du patrimoine.

On comprend que, dans un tel cas, le contrat de mandat continue de produire ses effets malgré l'instance à compter du dépôt de la demande d'ouverture d'un régime de protection pour le mandant, jusqu'au jugement du tribunal qui ouvre un tel régime. Le mandat cesse d'avoir effet à l'entrée en fonction du tuteur ou du curateur, à moins que l'on ne se retrouve dans la seconde exception.

La seconde exception est celle de l'article 2169 C.c.Q. édictée dans le cadre des règles relatives au mandat donné en prévision de l'inaptitude du mandant (art. 2166 à 2174 C.c.Q.):

> 2169 — Lorsque le mandat ne permet pas d'assurer pleinement les soins de la personne ou l'administration de ses biens, un régime de protection peut être établi pour le compléter; le mandataire poursuit alors l'exécution de son mandat et fait rapport, sur demande et au moins une fois l'an, au tuteur ou au curateur et, à la fin du mandat, il leur rend compte.
>
> Le mandataire n'est tenu de ces obligations qu'à l'égard du tuteur ou curateur à la personne. S'il assure lui-même la protection de la personne, le tuteur ou le curateur aux biens est tenu aux mêmes obligations envers le mandataire.

L'article 2169 C.c.Q. s'applique dans l'hypothèse où le mandant a donné un mandat en prévision de son inaptitude, qui ne permet pas d'assurer pleinement les soins de la personne ou l'administration de ses biens. Un régime de protection peut être établi pour le compléter. Il y a alors coexistence du régime de protection et du mandat. Ce dernier continue d'avoir effet dans son domaine propre malgré l'existence du régime de protection. La coexistence n'est toutefois possible que s'il s'agit d'un mandat fait dans les règles prescrites par les articles 2166 et suivants C.c.Q.

§4- La survenance de l'inaptitude

63- Plan - Nos codes sont silencieux quant à l'effet sur le mandat de la survenance de l'inaptitude du mandataire et de celle du mandant. Cette question doit être résolue par interprétation. Elle est d'autant plus importante qu'elle permet de savoir si le régime du mandat fait en prévision de l'inaptitude du mandant est simplement une façon alternative de faire durer un mandat au-delà de l'inaptitude ou si, au contraire, il s'impose de façon impérative comme seule façon de faire un mandat valable malgré l'inaptitude du mandant.

64- Inaptitude du mandataire - La survenance, en cours de mandat, de facteurs qui diminuent les aptitudes mentales du mandataire au point de le rendre inapte à accomplir un acte pour lui-même le rendent également inapte à accomplir un acte pour autrui, à titre de mandataire. Cette conséquence semble bien découler de la théorie générale des obligations (art. 1385, 1398 C.c.Q.).

> 1398 — Le consentement doit être donné par une personne qui, au temps où elle le manifeste, de façon expresse ou tacite, est apte à s'obliger.

La sanction de l'insuffisance du consentement est alors la nullité relative qui pourra être opposée par le mandataire lui-même (art. 1420 C.c.Q.), par son tuteur (art. 290 C.c.Q.) ou par son curateur (art. 284 C.c.Q.). Le tiers avec qui le mandataire a contracté et aussi le mandant, sont placés dans une situation d'insécurité. En cas de préjudice, le recours du mandant ou du tiers contre le mandataire inapte est tout à fait aléatoire.

On devrait tenir pour acquis que le mandat prend fin avec l'inaptitude du mandataire. Le tiers de bonne foi, qui ignore l'inaptitude du mandataire, est protégé de toute manière par la règle de mandat apparent de l'article 2162 C.c.Q. S'il connaît l'inaptitude du mandataire et donc la fin de ses pouvoirs, il contracte à ses propres risques et n'a de recours ni contre le mandant, ni contre le mandataire (art. 2158 C.c.Q.).

65- Inaptitude du mandant - L'inaptitude du mandant à gérer ses propres affaires et à accomplir un acte juridique a des conséquences radicales. Il ne peut plus surveiller l'administration de son mandataire, demander des informations ou des comptes. Il ne peut plus accomplir un acte de révocation. Il est vulnérable. Il est à la merci du mandataire. Il a besoin de protection.

Le seul mandat compatible avec l'inaptitude du mandant est celui institué par le Code «en prévision de son inaptitude» (art. 2166 à 2174 C.c.Q.). Sa formation, son entrée en vigueur, son exécution et son extinction sont entourées de règles particulières qui toutes concourent à la protection de l'inapte.

De toute manière, le consentement valable du mandant est essentiel à la formation du mandat donné en prévision de l'inaptitude (art. 2167 C.c.Q.). L'aptitude du mandant à agir doit être constatée par le notaire instrumentant ou par les témoins dont le constat est éventuellement vérifié par le tribunal. Le mandant doit nécessairement manifester sa volonté avant la survenance de l'inaptitude: après, il est trop tard.

66- Mandat donné avant la survenance de l'inaptitude - Lorsqu'un mandat valablement formé est en cours d'exécution, la survenance de l'inaptitude du mandant met-elle fin aux pouvoirs et aux obligations du mandataire? Il s'agit d'une question qui était controversée avant l'entrée en vigueur en 1989 des nouvelles dispositions du Code civil du Bas Canada relatives au «mandat donné dans l'éventualité de l'inaptitude du mandant» (art. 1731.1 à 1731.11 C.c.B.C.). Ces dispositions sont incorporées au Code civil du Québec avec des modifications mineures (art. 2166 à 2174 C.c.Q.). Il n'y a pas de raison que la controverse survive au-delà de 1989. Il ressort des nouvelles dispositions que la volonté du mandant de voir toute espèce de mandat avoir effet durant son inaptitude doit être expresse et exprimée selon les formes prescrites. En principe, un mandat dans lequel on ne lit pas pareille volonté s'éteint avec la survenance de l'inaptitude. Il convient néanmoins de signaler certains problèmes de zone grise qui varient selon que le mandant ait ou non manifesté sa volonté de voir le mandat survivre à son incapacité.

Première hypothèse: il n'a pas manifesté pareille volonté. Le mandat cesse en principe d'avoir effet: il faut ouvrir pour le mandant un régime de protection. L'article 273 C.c.Q. introduit un tempérament: ce mandat va revivre pendant l'instance pour ouverture d'un régime de protection. S'il n'y a pas de telle instance, le mandat est mort. Cette interprétation restrictive se justifie par la protection de l'inapte.

Que se passe-t-il entre la survenance de l'inaptitude et le début de l'instance en ouverture d'un régime de protection? Une première solution consiste à appliquer le second alinéa de l'art. 273 C.c.Q. Le mandataire peut, en suivant les règles de la gestion d'affaires, faire en cas d'urgence les actes nécessaires à la conservation du patrimoine. On peut même soutenir qu'il en a l'obligation en vertu de l'art. 2182 C.c.Q. Une seconde solution consiste à s'adresser au tribunal, en vertu de l'art. 274 C.c.Q., pour faire désigner un administrateur provisoire chargé d'administrer dans les limites de la simple administration.

Seconde hypothèse: le mandant a manifesté sa volonté de voir le mandat continuer d'être exécuté durant son inaptitude. Si le mandat a été fait dans les formes prescrites par les articles 2166 et 2167 C.c.Q., il reprendra effet au moment de son homologation. Toutefois, le sort du mandat entre le moment où survient l'inaptitude et celui de son homologation est une question qui n'est réglée par aucun texte. On peut imaginer une solution en trois volets.

En premier lieu, le mandataire a l'obligation, en vertu de l'art. 2182 C.c.Q., de faire ce qui est la suite nécessaire de ses actes ou qui ne peut être différé sans risque de perte.

En second lieu, il a, en vertu de l'art. 1434 C.c.Q., une obligation inhérente au mandat donné en prévision de l'inaptitude du mandant: celle de faire homologuer le mandat avec diligence.

En troisième lieu, la référence que fait l'article 2168 C.c.Q. aux règles de la tutelle du majeur nous justifient d'appliquer ici l'art. 273 C.c.Q.: le mandat continue d'avoir effet durant l'instance en homologation, c'est-à-dire entre le dépôt de la requête et le jugement d'homologation. S'il est nécessaire de couvrir l'intervalle entre la survenance de l'inaptitude et le dépôt de la requête en homologation, le mandataire peut soit agir en vertu des règles de la gestion d'affaires (art. 273 C.c.Q.), soit s'adresser au tribunal pour être désigné comme administrateur provisoire (art. 274 C.c.Q.). Dans les deux cas, ses pouvoirs seront limités à ceux de la simple administration (art. 1301 à 1305 C.c.Q.). Il serait dangereux de reconnaître que le mandat garde tous ses effets dans cet intervalle. Le mandataire pourrait alors différer indéfiniment la demande d'homologation du mandat, ce qui irait manifestement à l'encontre des intentions qui ont inspiré la nouvelle institution.

Section V — Du mandat donné en prévision de l'inaptitude du mandant

67- Problématique - Le «mandat donné en prévision de l'inaptitude du mandant» est une institution nouvelle entrée en vigueur en 1989 (art. 1731.1 à 1731.11 C.c.B.C.). Ses dispositions ont été reproduites au Code civil du Québec avec des ajustements mineurs (art. 2166 à 2174 C.c.Q.).

Cette institution semble se situer au point de convergence de plusieurs intérêts. Les milieux de la santé recherchaient des interlocuteurs habilités à consentir légalement aux soins requis par l'état de santé des personnes devenues inaptes. Les milieux sociaux, préoccupés par le sort des inaptes et le stigmate entourant la curatelle, réclamaient un régime de protection plus souple, plus efficace et plus attrayant. Enfin, les milieux juridiques s'interrogeaient sur la validité d'un grand nombre de procurations maintenues en activité malgré l'inaptitude manifeste du mandant, pour des raisons de commodité.

La nouvelle institution semble concilier ces intérêts. Elle procure au médecin ou à l'institution hospitalière un interlocuteur qui peut valablement consentir aux soins destinés à l'inapte. Elle permet à une personne, en prévision de son inaptitude, de se tailler un régime de protection sur mesure, en choisissant elle-même son futur protecteur et en déterminant l'étendue de ses pouvoirs. Elle permet aux praticiens de répondre à la demande des clients qui veulent échapper au stigmate de la curatelle ou simplement prolonger la vie d'une procuration au-delà de la survenance de leur inaptitude.

68- Sources et interprétation - Les règles du mandat donné en prévision de l'inaptitude du mandant sont exposées en partie aux articles 2166 à 2174 C.c.Q. Elles sont complétées par un système complexe de références à d'autres sources. L'article 2168 C.c.Q. réfère aux règles relatives à la tutelle du majeur, qui réfèrent elles-mêmes aux règles de la tutelle au mineur, à titre supplétif (art. 266 C.c.Q.). L'article 286 C.c.Q. relatif à la tutelle au majeur donne au tuteur «la simple administration» des biens du majeur inapte (art. 1301 à 1305 C.c.Q.) qu'il doit exercer «de la même manière que le tuteur au mineur» (art. 208 et suivants C.c.Q.).

On consultera avec profit les travaux d'analyse qui ont déjà été produits sur l'interprétation et la pratique de cette institution[35].

69- Plan - La complexité de l'institution dépasse les apparences des quelques articles que le chapitre du mandat lui consacre. Nous limiterons nos commentaires à la nature juridique de la nouvelle institution, à sa formation, à ses effets quant aux pouvoirs du mandataire et les obligations respectives des parties et des tiers, et enfin aux causes qui y mettent fin.

§1- Nature et appellation

70- Nature - La nature juridique de l'institution est hybride. Elle participe à la fois du contrat et du régime de protection.

Du contrat, elle possède les caractéristiques de formation par le consentement des parties, la liberté de stipuler et les effets quant aux pouvoirs du mandataire et les obligations des parties et des tiers.

Du régime de protection, elle possède le formalisme, le recours au contrôle judiciaire pour mettre les choses en place et des mécanismes d'intervention de tierces personnes, en cours de régime pour en assurer la bonne exécution ou la cessation.

La finalité dominante de l'institution est manifestement la protection de l'inapte. Le véhicule choisi pour amender le Code civil du Bas Canada fut la *Loi sur le curateur public*[36]. Il ne faut pas voir là l'effet du hasard, mais une intention législative claire. Son objet dominant, tel qu'exprimé par l'art. 2131 C.c.Q. est d'assurer la protection de la personne de l'inapte, l'administration de son patrimoine et en général son bien-être moral et matériel. Ses dispositions contiennent plusieurs références aux régimes de protection (arts. 2168 à 2170 C.c.Q.).

On peut même penser que cette institution serait davantage à sa place au livre des personnes, avec les autres régimes de protection, qu'au livre des obligations.

71- Appellation - Le rédacteur a choisi la longue périphrase «mandat donné en prévision de l'inaptitude du mandant» pour nommer la nouvelle institution. Il paraît nécessaire de trouver une appellation courte pour la désigner, à des fins de communication et surtout à des fins d'indexation et de documentation. Un usage spontané a créé l'expression «mandat d'inaptitude», une contraction malheureuse de la périphrase.

L'appellation «mandat de protection» conviendrait mieux. Elle a l'avantage d'évoquer la nature hybride de l'institution, sa finalité de protection, et sa filiation avec les autres régimes de protection. Elle a une valeur pédagogique sûre. L'appellation convient même lorsque l'institution est utilisée pour prolonger la vie d'un mandat à objet restreint et purement patrimonial, comme la gestion d'un commerce. Elle indique alors au mandataire qu'il doit exécuter avec un constant souci de protection.

§2- Formation du contrat et exécution

72- Plan - La formation du mandat de protection suppose le consentement du mandant et du mandataire aptes à contracter, un objet licite, et certaines conditions de forme. Son exécution est subordonnée à son homologation par le tribunal.

73- Capacité des parties - Le mandataire choisi par le mandant devrait être une personne capable du plein exercice de ses droits civils et apte à exercer la charge. C'est une règle de prudence que le mandant a tout intérêt à suivre, compte tenu de la fin qu'il poursuit. C'est aussi une règle de droit qui trouve son fondement dans l'article 179 C.c.Q. auquel nous conduit la cascade de renvois évoquée plus haut[37]. Le même article 179 C.c.Q. incite à croire que le mandataire doit être une personne physique plutôt qu'une personne morale. On peut faire exception dans l'hypothèse de l'article 2169 C.c.Q. Lorsqu'il existe un tuteur ou un curateur à la personne, il est concevable qu'un mandat de protection soit donné à une personne morale, à condition que son objet soit limité à l'administration des biens du mandant.

La capacité du mandant doit exister au moment de la signature de l'acte puisque la mission du notaire instrumentant ou des deux témoins est précisément de la constater (art. 2167 C.c.Q.).

74- Consentement du mandant - Le consentement du mandant doit être exprès et écrit (art. 2167 C.c.Q.). Il est constaté par le notaire instrumentant ou par deux témoins. Sa volonté de voir le mandat avoir effet ou continuer d'avoir effet pendant la durée de son inaptitude doit également être expresse. Sinon, l'acte sera un mandat ordinaire qui risque de s'éteindre avec son inaptitude. On peut fonder cette exigence sur un argument de texte: l'art. 2167 C.c.Q. demande au mandant de révéler «la nature de l'acte». On doit surtout la fonder sur l'objectif de protection du mandant: il faut s'assurer que le mandant savait ce qu'il faisait et entendait bien donner effet au mandat à une époque où il sera devenu incapable d'en surveiller l'exécution.

75- Consentement du mandataire - Le consentement du mandataire est essentiel à la formation du contrat. Ceci découle de la nature contractuelle du mandat de protection (art. 2130, 2131 C.c.Q.). Le consentement du mandataire peut être exprès ou tacite (art. 2132 C.c.Q.).

Le mandat de protection n'a que des effets juridiques limités, avant cette acceptation. Il s'analyse comme une simple offre de contracter, au sens de l'art. 1392 C.c.Q. Il n'en résulte aucune obligation pour le mandataire. Le mandant risque d'être laissé à lui-même lorsque surviendra l'inaptitude.

Il est opportun de faire concourir le mandataire à l'acte par un consentement exprès avant la survenance de l'inaptitude ou, pourquoi pas, en même temps que le mandant. Il en résulte de nets avantages pour le mandant. Le mandataire aura dès lors l'obligation minimum de faire homologuer l'acte ou de demander l'ouverture d'un régime de protection. Il saura qu'il est désigné mandataire. Il pourra demander au mandant des précisions sur ses instructions, alors qu'il est encore temps de le faire. Une certaine pratique fait du mandat de protection un acte unilatéral et secret qui s'apparente davantage au testament qu'au contrat. Sur le plan théorique, on peut s'interroger sur la validité d'une offre de contracter qui est levée après la survenance de l'inaptitude de l'offrant. Mais surtout, on doit se demander si cette pratique sert bien l'intérêt des personnes qui recherchent protection.

76- Objet

> 2131 — Le mandat peut aussi avoir pour objet les actes destinés à assurer, en prévision de l'inaptitude du mandant à prendre soin de lui-même ou à administrer ses biens, la protection de sa personne, l'administration, en tout ou en partie, de son patrimoine et, en général, son bien-être moral et matériel.

L'objet par excellence du mandat de protection est désigné à l'article 2131 C.c.Q. L'objet du mandat de protection peut aussi être restreint soit à la protection de la personne, soit à l'administration des biens, ou même à un objet plus précis. Il est prévu, en pareil cas, qu'on puisse faire coexister le mandat de protection avec un régime de protection complémentaire (art. 2169 C.c.Q.).

Au nombre des pouvoirs à caractère extrapatrimonial accordé au mandataire, les plus importants sont ceux qui permettent à ce dernier de consentir aux soins destinés au mandant ou à les refuser (art. 11 à 31 C.c.Q.). Plusieurs dispositions font expressément référence au rôle du mandataire dans le processus de contrôle des soins de santé (articles 11, 12, 15, 16, 19, 21, 26 et 31 C.c.Q.). Certains devoirs sont imposés au mandataire en matière de consentement aux soins ou de refus:

> 12 — Celui qui consent à des soins pour autrui ou qui les refuse est tenu d'agir dans le seul intérêt de cette personne en tenant compte, dans la mesure du possible, des volontés que cette dernière a pu manifester.
>
> S'il exprime un consentement, il doit s'assurer que les soins seront bénéfiques, malgré la gravité et la permanence de certains de leurs effets, qu'ils sont opportuns dans les circonstances et que les risques présentés ne sont pas hors de proportion avec le bienfait qu'on en espère.

Si le refus du mandataire de consentir aux soins est «injustifié», le tribunal peut intervenir pour autoriser l'intervention (art. 16 C.c.Q.).

77- Volontés relatives à la phase terminale - L'institution du mandat de protection a été saluée avec enthousiasme par ceux et celles qui y ont vu le parfait véhicule des volontés relatives à la phase terminale pour une personne devenue inapte à exprimer ses volontés sur la façon dont elle entend mourir. On y a vu l'équivalent du *living will* (littéralement «testament de vie») dont on a beaucoup parlé, notamment aux États-Unis. Les expressions «testament biologique» et «volontés de fin de vie» ont aussi cours au Québec. Deux questions semblent controversées.

On se demande, en premier lieu, si le mandat de protection est bien le véhicule approprié des volontés relatives à la phase terminale. Faut-il en faire un écrit distinct adressé exclusivement au médecin? Il y aurait grand risque à ne faire que ça. Les instructions au médecin risquent de rester lettre morte, si ce dernier recherche le consentement d'une personne apte à consentir au nom de l'inapte, comme l'article 11 C.c.Q. semble le commander. Le seul acte efficace pour autoriser un mandataire à consentir à des soins ou à les refuser est le mandat de protection fait dans les formes prescrites et homologué par le tribunal (art. 2166 C.c.Q.). Si le mandant veut donner des instructions au médecin en prévision de son inaptitude, il serait prudent qu'il signe également un mandat de protection pour donner à un mandataire les pouvoirs qui lui permettront de collaborer avec le médecin.

La seconde question vise la substance des volontés de phase terminale. Jusqu'où peut aller le mandant dans l'expression de ses volontés? L'objet du mandat de protection doit être licite. La seule limite aux volontés du mandant sont celles de l'ordre public. L'article 12 C.c.Q. constitue un bon guide pour se situer à l'intérieur de l'ordre public. Mais un mandant peut-il valablement donner instruction au mandataire de refuser des soins conformes à l'art. 12 C.c.Q., surtout si un tel refus est susceptible d'abréger la vie? L'article 4 de la *Charte des droits et libertés de la personne*[38] protège le droit de toute personne «à la sauvegarde de sa dignité». On peut y voir inclus le droit de mourir dignement qui justifie le refus de l'acharnement thérapeutique et l'accès à des soins palliatifs adéquats à l'approche de la mort.

Au-delà de cette limite, se trouve le domaine de l'euthanasie passive où le refus de certains soins cause la mort, comme par exemple le refus d'antibiotiques en cas d'infection. Il s'agit d'une zone incertaine où le tribunal peut intervenir en vertu de l'article 16 C.c.Q. et renverser la décision du mandataire. Les volontés du mandant à cet égard seront davantage susceptibles d'être respectées si elles sont expresses. Par ailleurs, des instructions relatives à une forme quelconque d'euthanasie active seraient vraisemblablement jugées contraires à l'ordre public.

78- Forme - Le mandat de protection est un contrat formaliste. L'art. 2166 C.c.Q. prescrit deux formes essentielles à la validité du contrat. L'une est la forme notariée en minute. L'autre est l'écrit sous seing privé fait avec le concours de deux témoins. L'article 2167 C.c.Q. explique la manière dont l'écrit sous seing privé doit être fait:

> 2167 — Le mandat devant témoins est rédigé par le mandant ou par un tiers.

Le mandant, en présence de deux témoins qui n'ont pas d'intérêt à l'acte et qui sont en mesure de constater son aptitude à agir, déclare la nature de l'acte mais sans être tenu d'en divulguer le contenu. Il signe cet acte à la fin ou, s'il l'a déjà signé, il reconnaît sa signature; il peut aussi le faire signer par un tiers pour lui, en sa présence et suivant ses instructions. Les témoins signent aussitôt le mandat en présence du mandant.

Le mandataire ne doit pas signer comme témoin car on peut croire qu'il a «intérêt à l'acte». Rien ne s'objecte à ce que le mandataire accepte le mandat en signant l'acte avec le mandant. Le contrat est alors immédiatement formé. Le mandant peut aussi confier au mandataire un exemplaire original du mandat ou une copie authentique s'il est notarié. Cette précaution facilitera les formalités d'homologation par le mandataire.

De toute manière, on recommande au praticien d'enregistrer le mandat de protection dans un système d'enregistrement qui permettra éventuellement de signaler l'existence du mandat de protection et de retracer le mandataire le cas échéant.

79- Exécution - Le contrat est formé par le consentement des parties donné selon les formes prescrites. Dès sa formation, le contrat commence à avoir entre les parties des effets limités à certaines obligations, principalement celle pour le mandataire de faire homologuer le mandat de protection avec diligence dès que survient l'inaptitude du mandant. Quant aux effets principaux, ils se manifestent au moment de l'homologation, comme l'indique le second alinéa de l'art. 2166 C.c.Q.

2166 al. 2 — Son exécution est subordonnée à la survenance de l'inaptitude et à l'homologation par le tribunal, sur demande du mandataire désigné dans l'acte.

Il faut comprendre que le mandataire n'a pas en principe l'obligation d'agir auprès des tiers ni les pouvoirs pour le faire avant l'homologation.

La procédure d'homologation est exposée aux art. 884.1 à 884.6 du Code de procédure civile. On applique aussi les articles 878 à 878.3 C.p.c. édictés pour les régimes de protection du majeur: le juge ou le protonotaire doit normalement interroger le mandant avant d'homologuer le mandat de protection.

La requête en homologation doit être présentée par le mandataire désigné dans l'acte, selon l'article 2166 C.c.Q. Pour assurer que l'intention présente dans cette disposition se réalise, il faut d'abord que le mandataire soit au courant de l'existence du mandat et ensuite qu'il ait l'obligation de procéder à la demande d'homologation. Il est dès lors opportun que le mandataire exprime son consentement au mandant avant que ce dernier devienne inapte.

§3- Pouvoirs du mandataire

I- Étendue

80- Simple administration - L'étendue des pouvoirs est déterminée par la procuration, telle que rédigée par le mandant. Si, reprenant les termes de l'art. 2131 C.c.Q., il donne le pouvoir d'accomplir «les actes destinés à assurer la protection de sa personne, l'administration de son patrimoine et son bien-être moral et matériel», cette procuration s'analyse comme un mandat conçu en termes généraux (art. 2135 C.c.Q.). L'interprétation de ce mandat se fait selon les règles relatives à la tutelle au majeur (art. 2168 C.c.Q.). L'article 286 C.c.Q. donne au tuteur la simple administration des biens du majeur inapte (art. 1301-1305 C.c.Q.). On en conclut que les pouvoirs du mandataire sont alors limités aux actes de simple administration.

81- Pleine administration - Certaines formules en usage confient au mandataire la pleine administration des biens du mandant. Ces termes réfèrent implicitement aux art. 1306 et 1307 C.c.Q. Le mandataire a alors l'obligation de conserver, faire fructifier et accroître le patrimoine. Il a le pouvoir d'aliéner à titre onéreux, de grever, de faire toute espèce de placements.

Par dérogation à la règle du mandat qui veut que le pouvoir d'accomplir des actes autres que ceux de la simple administration soit exprès, le mandat de protection peut se contenter d'exprimer en termes généraux «la pleine administration» (art. 2135 C.c.Q.).

Donner au mandataire tous les pouvoirs de la pleine administration n'est pas prudent. Mieux vaut les limiter en référant aux pouvoirs du curateur au majeur (art. 282 C.c.Q.). Ce dernier a les pouvoirs de la pleine administration mais est limité dans ses placements à ceux, présumés sûrs, de la simple administration (arts. 1339 à 1344 C.c.Q.).

II- Durée

82- Point de départ - Les pouvoirs du mandataire commencent avec l'homologation (art. 2166 C.c.Q.). On aimerait toutefois que le mandataire puisse répondre aux besoins du mandant entre la survenance de son inaptitude et le jugement d'homologation. Deux solutions s'offrent au mandataire.

En premier lieu, il peut agir comme gérant d'affaires (art. 273 C.c.Q.) et faire en cas d'urgence les actes nécessaires à la conservation du patrimoine. La gestion d'affaires (art. 1484 C.c.Q.) accorde au gérant les pouvoirs de la simple administration (art. 1301-1305 C.c.Q.). Il est douteux que ces pouvoirs lui permettent de consentir aux soins requis par l'état du mandant.

En second lieu, s'il a besoin de plus de pouvoirs ou s'il réclame des pouvoirs extra-patrimoniaux pour consentir aux soins, par exemple, il peut s'adresser au tribunal pour que ce dernier désigne un administrateur provisoire en vertu de l'art. 274 C.c.Q. Aux fins de l'application de cet article, le mandat de protection pourrait être assimilé à un régime de protection.

83- Fin des pouvoirs - La fin des pouvoirs est déterminée par le contrat. En l'absence de stipulation, on peut penser que le mandat est donné pour la durée de l'inaptitude. La fin de l'inaptitude doit être constatée judiciairement pour mettre fin aux effets du mandat de protection (art. 2172, 2173 C.c.Q.).

Quant au reste, on applique au mandat de protection (section IV) les causes générales d'extinction du mandat qui suivent immédiatement dans la séquence des articles du Code (section V). Certaines d'entre elles édictent des modalités particulières au mandat de protection: faillite (art. 2175 C.c.Q.), révocation (art. 2177 C.c.Q.), décès du mandataire (art. 2183 C.c.Q.).

§4- Obligations des parties entre elles

84- Obligations du mandataire envers le mandant - Les obligations du mandataire sont déterminées au premier chef par la convention. L'article 2168 C.c.Q. fournit une règle d'interprétation de la convention: lorsque la portée du mandat est douteuse, le mandataire l'interprète selon les règles relatives à la tutelle du majeur. Cette référence à la tutelle au majeur (art. 266 et 286 C.c.Q.) conduit à la tutelle au mineur (art. 208 à 221 C.c.Q.) et à l'administration du bien d'autrui (art. 1301 à 1305 et 1308 à 1318 C.c.Q.).

N'y aurait-il pas lieu de référer prioritairement aux règles relatives aux obligations du mandataire envers le mandant, édictées au chapitre du mandat (art. 2138 à 2148 C.c.Q.)? Il semble y avoir contradiction entre l'article 2168 C.c.Q., qui désigne directement les règles de la tutelle au majeur comme droit supplétif, et l'article 2171 C.c.Q. qui réfère aux règles du mandat pour énumérer les obligations du mandant envers le mandataire. Si le mandant a envers le mandataire les obligations édictées au chapitre du mandat, l'inverse n'est-il pas aussi vrai? La question n'a peut-être pas un enjeu crucial, puisque un grand degré de similitude existe entre les obligations du mandataire et celles de l'administrateur du bien d'autrui.

Il convient de signaler certaines obligations particulières. Le mandataire chargé de l'administration des biens a l'obligation de faire rapport et rendre compte au tuteur ou curateur à la personne du mandant, en cas de coexistence des deux régimes (art. 2169 C.c.Q.). Le mandataire, s'il veut renoncer, doit préalablement pourvoir à son remplacement si le mandat le prévoit ou demander l'ouverture d'un régime de protection à l'égard du mandant (art. 2174 C.c.Q.).

85- Obligations du mandant envers le mandataire - Les obligations du mandant sont déterminées par la convention. L'article 2171 C.c.Q. réfère à titre supplétif aux règles du mandat relatives aux obligations du mandant envers le mandataire (art. 2149 à 2156 C.c.Q.):

> 2171 — Sauf stipulation contraire dans le mandat, le mandataire est autorisé à exécuter à son profit les obligations du mandant prévues aux articles 2150 à 2152 et 2154.

Le mandataire est autorisé à exécuter à son profit les obligations suivantes: fournir des avances, rembourser les frais, rémunérer (art. 2150 C.c.Q.); payer l'intérêt sur les frais (art. 2151 C.c.Q.);

décharger le mandataire des obligations qu'il a contractées envers les tiers ou l'indemniser de celles qu'il a exécutées (art. 2152 C.c.Q.); indemniser le mandataire du préjudice subi en raison de l'exécution du mandat (art. 2154 C.c.Q.).

§5- Obligations des parties envers les tiers

86- Obligations du mandataire envers les tiers - Les obligations du mandataire envers les tiers sont déterminées par l'opération normale des règles de droit commun. Il y a lieu d'appliquer les règles du mandat avant celles de l'administration du bien d'autrui. Telle semble être la conséquence du choix du rédacteur de situer le mandat de protection à l'intérieur du chapitre du mandat. De toute manière, les règles du mandat et celles de l'administration du bien d'autrui présentent un grand degré de similitude relativement aux rapports avec les tiers.

Le mandataire n'est en principe pas tenu envers les tiers lorsqu'il agit à l'intérieur des limites de ses pouvoirs (art. 2157, 1319 C.c.Q.). Il est personnellement tenu s'il s'agit en son propre nom (art. 2157, 1319 C.c.Q.), s'il excède ses pouvoirs à l'insu du tiers (art. 2158, 1320 C.c.Q.). Il n'y a pas de ratification possible par le mandant inapte de l'acte du mandataire accompli en dehors des limites de ses pouvoirs.

87- Responsabilité du mandataire envers les tiers - Le mandataire est responsable du préjudice qu'il cause à autrui par sa propre faute, selon les règles du droit commun[39]. En revanche, la responsabilité du mandataire pour le préjudice causé par le fait du mandant inapte est régie par une règle exceptionnelle.

> 1461 — La personne qui, agissant comme tuteur, curateur ou autrement, assume la garde d'un majeur non doué de raison n'est pas tenue de réparer le préjudice causé par le fait de ce majeur, à moins qu'elle n'ait elle-même commis une faute intentionnelle ou lourde dans l'exercice de la garde.

On comprend que ce texte crée un régime d'immunité du mandataire pour le préjudice causé par le mandant inapte dont il a la garde. En principe, il ne répond ni du fait du mandant ni de sa faute personnelle commise dans l'exercice de la garde du mandant, si cette faute ne peut être qualifiée d'intentionnelle ou lourde. Pour être indemnisé du préjudice que lui a causé le mandataire, le tiers doit prouver que ce dernier a commis une faute intentionnelle ou lourde dans l'exercice de la garde du mandant inapte.

88- Obligations du mandant envers les tiers - Le mandant est tenu envers les tiers pour l'acte accompli par le mandataire dans les limites de ses pouvoirs (art. 2160 C.c.Q.), même si ce dernier a agi en son propre nom (art. 2157, 1319 C.c.Q.). Il n'est pas lié si le mandataire a agi sans pouvoir, sauf s'il y a mandat apparent résultant de la fin du mandat inconnu du tiers de bonne foi (art. 2162, 1362 C.c.Q.).

Un problème se pose dans le cas d'une situation de mandat apparent résultant d'un excès de pouvoirs du mandataire. Il y a conflit de règles entre le mandat (art. 2163 C.c.Q.) et l'administration du bien d'autrui (art. 1323):

> 1323 — Celui qui, pleinement capable d'exercer ses droits civils, a donné à croire qu'une personne était administrateur de ses biens, est responsable, comme s'il y avait eu administration, envers les tiers qui ont contracté de bonne foi avec cette personne.

L'article 1323 C.c.Q. élimine les risques du mandat apparent pour le bénéficiaire inapte. L'article 2163 C.c.Q., tel que nous l'avons interprété[40], fait supporter par le mandant les risques du mandat apparent. L'insertion du mandat de protection au chapitre du mandat a comme conséquence naturelle de soumettre ici le mandant à la règle de mandat apparent du chapitre du mandat (art. 2163 C.c.Q.) plutôt qu'à celle de l'administration du bien d'autrui (art. 1323 C.c.Q.). Il en résulte donc, à cet égard, un régime différent pour l'inapte selon qu'il bénéficie d'un mandat de protection ou d'un régime de protection.

89- Responsabilité du mandant pour la faute du mandataire - Le mandant est-il responsable envers le tiers pour le préjudice que lui cause la faute du mandataire? Encore ici, il y a divergence de règles selon que l'on applique la règle du mandat (art. 2164 C.c.Q.) et la règle de l'administration du bien d'autrui (art. 1322 C.c.Q.):

1322 — Le bénéficiaire ne répond envers les tiers du préjudice causé par la faute de l'administrateur dans l'exercice de ses fonctions qu'à concurrence des avantages qu'il a retirés de l'acte. En cas de fiducie, ces obligations retombent sur le patrimoine fiduciaire.

L'interprétation de cette disposition n'est pas évidente, mais on comprend que le bénéficiaire de l'administration ne peut pas s'appauvrir. Il en va autrement de l'article 2164 C.c.Q. Le mandant inapte peut difficilement faire subsister un lien de préposition entre lui et son mandataire. Ce dernier sera donc, le plus souvent, qualifié de prestataire de services. Ainsi, le mandant inapte répond du préjudice causé par la faute de son mandataire, prestataire de services, à moins qu'il ne prouve qu'il n'aurait pas pu empêcher le dommage. On ne pourra pas reprocher au mandant inapte de ne pas avoir surveillé adéquatement son mandataire: il pourrait toutefois répondre de l'erreur de jugement qu'il a commise dans le choix de son mandataire ou dans les instructions fautives qu'il lui a données, lorsqu'il était encore apte. Encore ici, le rattachement du mandat de protection aux règles générales du mandat milite en faveur de l'application de l'art. 2164 C.c.Q. et crée un régime de responsabilité différent pour l'inapte sous mandat de protection, de celui qu'il aurait sous un régime de protection.

§6- Fin du mandat de protection

90- Règles communes - Les règles relatives à la fin du mandat, énoncées en section V, s'appliquent au mandat de protection situé en section IV. La même interprétation doit être donnée ici aux termes «fin du mandat»: il s'agit de l'extinction de l'obligation du mandataire d'accomplir le mandat. Parmi les causes communes d'extinction du mandat, nous étudierons uniquement celles qui mentionnent une modalité particulière d'application au mandat de protection: la révocation (art. 2177 C.c.Q.), la renonciation (art. 2174 C.c.Q.), la faillite (art. 2175 C.c.Q.) et le décès du mandataire (art. 2183 C.c.Q.). Mais auparavant, il convient de signaler une cause d'extinction propre au mandat de protection: la fin de l'inaptitude du mandant.

91- Fin de l'inaptitude du mandant - La fin de l'inaptitude du mandant met fin au mandat de protection à compter du moment où elle est judiciairement constatée. Deux méthodes conduisent à ce constat. Quiconque y a intérêt peut s'adresser au tribunal et faire la preuve de l'aptitude du mandant (art. 2172 C.c.Q.). Le directeur d'un établissement de santé ou de services sociaux peut prendre l'initiative de déposer une attestation d'aptitude au greffe du tribunal. L'article 2173 C.c.Q. expose de façon détaillée le mécanisme qui conduit alors au constat judiciaire.

Dans les deux cas, la conséquence est la même; le mandat «cesse d'avoir effet», sans toutefois cesser d'exister (art. 2172, 2173 C.c.Q.). La nuance est utile, car elle permet de faire revivre le même mandat de protection par une seconde homologation si le mandant redevient inapte. Le mandant peut empêcher cette renaissance en révoquant le mandat pendant qu'il est apte à le faire (art. 2172 C.c.Q.) ou bien en signant un nouveau mandat de protection portant désignation d'un autre mandataire (art. 2180 C.c.Q.).

92- Révocation - Le mandat de protection peut être révoqué de plusieurs façons, selon que le mandant est apte ou inapte.

Pour le mandant apte, le seul cas envisagé par le Code est celui où le mandant, après l'homologation et l'exécution du mandat pour une certaine période, redevient apte (art. 2172 C.c.Q.). Après le constat du tribunal qui met fin aux effets du mandat, le mandant a le choix de laisser subsister le mandat ou de le révoquer. S'il le révoque, s'expose-t-il à la responsabilité prévue à l'art. 2181 C.c.Q. pour la révocation faite sans motif sérieux et à contretemps? Une telle responsabilité paraît peu compatible avec la finalité de protection de l'institution et le haut degré de confiance subjective que cette finalité requiert. Il y a lieu d'exploiter ici un argument de texte qui consiste à donner complète autonomie à la faculté de révoquer énoncée à l'article 2172 C.c.Q. indépendamment de toute responsabilité.

Il convient d'appliquer la même solution à la faculté du mandant de révoquer le mandat en tout temps entre le moment où il le signe et le moment où il devient inapte, sans égard à l'acceptation du mandataire et sans responsabilité. Avant l'acceptation du mandataire, le mandant peut révoquer sans conséquence son offre de contracter (art. 1390 C.c.Q.). Après l'acceptation du mandataire, le mandant se retrouve dans une situation semblable à celle prévue à l'article 2172 C.c.Q. Il y a lieu d'appliquer, par analogie, la même solution et conclure que le mandat de protection est essentiellement révocable, en tout temps, par le mandant apte.

Lorsque le mandant est devenu inapte, il ne peut plus révoquer par lui-même le mandat. L'article 2177 C.c.Q. prévoit que toute personne intéressée peut demander au tribunal de révoquer le mandat pour un motif sérieux et d'ouvrir un régime de protection pour le mandant.

93- Renonciation - Le mandataire qui renonce est exposé à la responsabilité de l'art. 2178 C.c.Q. s'il le fait sans motif sérieux ou à contretemps. L'article 2174 C.c.Q. lui impose en plus une obligation d'ordre public, particulière au mandat de protection: il doit, avant de renoncer, pourvoir à son remplacement si le mandat le prévoit ou demander l'ouverture d'un régime de protection à l'égard du mandant.

94- Faillite - En principe la faillite de l'une ou l'autre partie met fin au mandat. L'article 2175 C.c.Q. fait exception pour le mandat de protection donné à titre gratuit.

En cas de faillite du mandataire, il peut être opportun de laisser agir le parent ou l'ami qui assume gratuitement la protection de la personne du mandant. Sa situation patrimoniale ne lui enlève pas ses qualités de gardien du mandant inapte. On peut toutefois se demander s'il serait sage de laisser le failli continuer l'administration des biens de l'inapte. Mieux vaudrait lui appliquer l'article 1355 C.c.Q. et mettre fin à son administration.

En cas de faillite du mandant inapte, il y a tout lieu de maintenir le mandat de protection. Le failli a toujours besoin qu'on assure la protection de sa personne. Sur le plan patrimonial, il a besoin que quelqu'un le représente pour la protection de ses intérêts dans le processus de faillite.

95- Décès ou inaptitude du mandataire

2183 — En cas de décès du mandataire ou en cas d'ouverture à son égard d'un régime de protection, le liquidateur, tuteur ou curateur qui connaît le mandat et qui n'est pas dans l'impossibilité d'agir est tenu d'en aviser le mandant et de faire, dans les affaires commencées, tout ce qui ne peut être différé sans risque de perte.

> Si le mandat a été donné en prévision de l'inaptitude du mandant, le liquidateur du mandataire est tenu, dans les mêmes circonstances, d'aviser le curateur public du décès du mandataire.

En cas de décès du mandataire, le liquidateur qui connaît le mandat et qui n'est pas dans l'impossibilité d'agir, est tenu:

1) d'aviser le curateur public du décès du mandataire;

2) de faire, dans les affaires commencées, tout ce qui ne peut être différé sans risque de perte;

En cas d'ouverture à l'égard du mandataire d'un régime de protection, les obligations du tuteur ou du curateur sont moins claires. En toute cohérence avec l'art. 1355 C.c.Q. édicté pour l'administrateur du bien d'autrui, on devrait considérer que le mandat de protection prend fin. Le tuteur ou le curateur devrait alors avoir les mêmes obligations que le liquidateur en cas de décès.

Notes

1. Hervé ROCH et Rodolphe PARÉ, *Traité de droit civil du Québec*, Tome 13, Montréal, Wilson et Lafleur, 1952, pp. 17-152, *Du mandat*.
2. Claude FABIEN, *Les règles du mandat*. Extraits du Répertoire de droit, Montréal, Chambre des notaires du Québec, 1986, 363 p.
3. Les articles 2156 et 2177 C.c.Q. reproduisent respectivement les articles 1726 et 1756.1 C.c.B.C.
4. FABIEN, *op. cit.*, note 2, p. 83, nᵒˢ 38 et 39.
5. René RODIERE, «Mandat», *in* Dalloz, *Répertoire de droit civil*, Tome V, Paris, Jurisprudence générale Dalloz, p. 2, n° 1.
6. Danièle ALEXANDRE, «Mandat», *Jurisclasseur civil*, art. 1984 à 1990, fascicule 2, Paris, Éditions techniques 1982, n° 11, parag. 27. Voir aussi Gérard CORNU, *Vocabulaire juridique*, Association Henri Capitant, Paris, P.U.F. 1987, «procuration».
7. FABIEN, *op. cit.*, note 2, n° 363 et 364, pages 299 et 300.
8. RODIERE, *loc. cit.*, *supra*, note 5, p. 12, n° 129.
9. FABIEN, *op. cit.*, *supra*, note 2, n° 199, p. 197.
10. FABIEN, *op. cit.*, *supra*, note 2, n° 125, p. 145.
11. FABIEN, *op. cit.*, *supra*, note 2, n° 122, p. 143.
12. *Ibid.*, n° 123, p. 144.
13. S'il s'agit d'un secret de commerce, on applique en outre l'article 1612 C.c.Q.
14. FABIEN, *op. cit.*, *supra*, note 2, n° 120, p. 141.
15. Philippe PETEL, *Les obligations du mandataire*, Paris, Litec, 1988, 390 p.

16. FABIEN, *op. cit.*, *supra*, note 2, n° 114, p. 136 et n° 264 et suiv., p. 241.

17. *Hôpital Notre-Dame de l'Espérance* c. *Laurent*, [1974] C.A. 543.

18. FABIEN, *op. cit.*, *supra*, note 2, n° 141, p. 155.

19. *Code des professions*, L.R.Q. chap. C-26.

20. O.R.C.C., *Projet de Code civil*, L.V, article 726.

21. Danièle ALEXANDRE, «Mandat», *Juris-classeur civil*, art. 1991-2002, fascicule 2, Paris, Éd. Techniques, 1980, n° 5, parag. 68.

22. Claude FABIEN, «L'abus de pouvoirs du mandataire en droit civil québécois», (1978) 19 *C. de D.* 92.

23. Claude FABIEN et Anne-Marie MOREL, «Le mandat apparent», (1980-1981) 15 R.J.T. 319-356.

24. FABIEN, *op. cit.*, *supra* note 2, n°ˢ 450 à 452, pages 355 à 357.

25. *New York Underwriters Insurance Co.* c. *Ledlev Corp.*, [1973] R.C.S. 751.

26. Gérald GOLDSTEIN, «La responsabilité quasi-délictuelle du mandant pour la faute du mandataire en droit civil québécois», (1985-86) 16 *R.D.U.S.* 123-204.

27. FABIEN, *op. cit.*, note 1.2, n° 255, p. 233.

28. *Hôpital Notre-Dame de l'Espérance* c. *Laurent*, [1974] C.A. 543; FABIEN, *op. cit.*, *supra* note 2, n° 250, p. 228.

29. FABIEN, *op. cit.*, note 2, n° 223, p. 211.

30. Voir *supra*, n° 4.

31. Voir *supra*, n° 17.

32. FABIEN, *op. cit.*, *supra*, note 2, n°ˢ 290 à 295, pages 256 à 262.

33. Voir ci-haut parag. n° 18.

34. Voir *supra*, paragr. 57.

35. Monique OUELLETTE, «La loi sur le curateur public et la protection des incapables», 1989, Cours de perfectionnement du notariat, n° 3, 1-44, page 37; Gérard GUAY, «Questions pratiques concernant le mandat donné dans l'éventualité de l'inaptitude et les régimes de protection aux majeurs inaptes», 1990, Cours de perfectionnement du notariat, n° 2, 133-208.

36. *Loi sur le curateur public modifiant le Code civil et d'autres dispositions législatives*, L.Q., 1989, c. 54, entrée en vigueur le 15 avril 1990.

37. Voir paragr. n° 68 - *Sources et interprétation*.

38. *Charte des droits et libertés de la personne*, L.R.Q., chap. C-12.

39. Voir supra, paragr. n° 41, Responsabilité personnelle du mandataire.

40. Voir ci-haut paragr. nos 48 et 49.

Annexe I

Table des matières du Code civil du Québec
au chapitre du mandat
avec renvois au Code civil du Bas-Canada

C.c.Q.	Matières	C.c.B.C.
Chapitre 9	**Du mandat**	
Section I	**De la nature et de l'étendue du mandat**	
2130	Définitions	1701
2131	Objet du mandat de protection	1701.1
2132	Acceptation expresse ou tacite	1701
2133	Obligation de rémunérer	1702
2134	Détermination de la rémunération	——
2135	Mandat spécial, mandat général	1703
2136	Mandat en termes généraux, mandat exprès	
2137	Étendue des pouvoirs	1704
	Pouvoirs inhérents à la profession ou aux fonctions	1705
Section II	**Des obligations des parties entre elles**	
§ 1 -	Des obligations du mandataire envers le mandant	
2138	Accomplir le mandat	1709
	Agir avec prudence et diligence	1710
	Agir avec honnêteté et loyauté	1706
2139	Informer	——
2140	Agir personnellement	——
2141	Substitution	1711
2142	Sous-mandat	——
2143	Double mandat	1735
2144	Solidarité des co-mandataires	1712
2145	Acte solitaire d'un co-mandataire	1719
2146	Détournement d'une information ou d'un bien	1714
2147	Opération de contre-partie	1484
2148	Effet de la gratuité sur la responsabilité	1710

C.c.Q.	Matières	C.c.B.C.
§ 2 -	Des obligations du mandant envers le mandataire	
2149	Coopérer	——
2150	Verser des avances, rembourser, rémunérer	1722
2151	Intérêt sur frais	——
2152	Décharger le mandataire	1720
2153	Manière plus avantageuse d'agir	1718
2154	Indemniser	1725
2155	Obligation en l'absence de réussite du mandataire	1722
2156	Solidarité des co-mandants	1726
Section III	**Des obligations des parties envers les tiers**	
§ 1 -	Des obligations du mandataire envers les tiers	
2157	Absence d'obligation personnelle	1715
	Mandat clandestin	1716
2158	Dépassement des pouvoirs	1717
2159	Mandat semi-clandestin	——
§ 2 -	Des obligations du mandant envers les tiers	
2160	Obligation du mandant envers les tiers	1727
	Ratification	1727
2161	Répudiation des actes du substitut	1711
2162	Actes accomplis après la fin du mandat	1729
		1728
2163	Mandat apparent	1730
2164	Responsabilité pour la faute du mandataire	1731
2165	Recours du mandant contre le tiers	——
Section IV	**Des règles particulières au mandat donné en prévision de l'inaptitude du mandant**	
2166	Forme	1731.1
	Exécution	1731.3
2167	Mandat devant témoin	1731.2
2168	Interprétation du mandat	1731.4
2169	Co-existence du mandat et d'un régime de protection	1731.5

C.c.Q.	Matières	C.c.B.C.
2170	Validité des actes antérieurs à l'homologation	1731.6
2171	Exécution des obligations du mandant envers le mandataire	1731.7
2172	Fin du mandat par constat du tribunal Révocation par le mandant	1731.8
2173	Constat du directeur de l'établissement de santé	1731.9
2174	Renonciation du mandataire	1731.11
Section V	**De la fin du mandat**	
2175	Causes d'extinction	1755
2176	Neutralisation de la procuration en cas de révocation	1756
2177	Révocation judiciaire en cas d'inaptitude du mandant	1756.1
2178	Renonciation du mandataire	1759
2179	Stipulation d'irrévocabilité	——
	Stipulation de non-renonciation	——
2180	Révocation tacite	1757
2181	Effets de la révocation entre les parties	——
	Effets sur les tiers	1758
2182	Obligation du mandataire d'agir au-delà de la fin du mandat	1709
2183	Obligation du liquidateur, tuteur ou curateur du mandataire	1761
2184	Reddition de compte et remise	1713
	Intérêt	1714
2185	Déduction et rétention	1713
	Préférence	1723
	Articles disparus ou déplacés	
——	Capacité du mineur émancipé	1707
2651	Privilège et droit de préférence du mandataire	1723
1420	Confirmation par l'inapte d'un acte annulable	1731.10
——	Avocats, procureurs et notaires	1732 à 1734
——	Courtiers, facteurs et autres agents de commerce	1735 à 1754

Annexe II

Programme court

1- Introduction (n°s 1 à 4)

2- Définitions (n°s 6 et 7)

3- Objet et forme du mandat (n°s 11 et 12)

4- Étendue des pouvoirs (n° 14)

5- Fin des pouvoirs (n°s 17 et 18)

6- Obligation de loyauté (n°s 20 à 24)

7- Substitution et sous-mandat (n°s 27 à 29)

8- Obligation de rémunérer (n°s 35 et 36)

9- Mandat semi-clandestin (n° 39)

10- Incidence de la gestion d'affaires (n° 40)

11- Mandat apparent (n°s 45 à 49)

12- Responsabilité du fait du mandataire (n° 50 et 51)

13- Recours direct du mandant contre le tiers (n° 52)

14- Révocation du mandat (n°s 54 à 57)

15- Ouverture d'un régime de protection (n°s 61 et 62)

* * *

16- Mandat de protection (n°s 67 à 71)

17- Concours du mandataire (n° 75)

18- Volontés relatives à la phase terminale (n°s 76 et 77)

19- Responsabilité du mandant envers les tiers (n°s 88 et 89)

20- Révocation du mandat de protection (n° 92)

DU CONTRAT DE SOCIÉTÉ ET D'ASSOCIATION

Table des matières

Du contrat de société et d'association (art. 2186 à 2279 C.c.Q.)

Yves Lauzon[*]

Introduction

1. Les nouvelles dispositions concernant la société opèrent des innovations de manière, entre autres, à faire disparaître les distinctions désuètes antérieures entre les sortes de sociétés. À côté de cette première réalité, les modifications au concept traditionnel de la société de personnes ne sont guère nombreuses, même si l'on prend en considération l'ensemble des règles, visant la nouvelle société en participation qui s'avère être tout bonnement l'ancienne société tacite de la jurisprudence. Le législateur a aussi crû bon d'accoler à la société le concept d'association et même de le définir dans le même article où il décrit la société, ce qui nous apparaît une démarche un peu téméraire. De l'ensemble de ces dispositions se détachent pourtant certaines nouveautés que nous tenterons, lors de l'analyse qui suit, de mettre en relief, en particulier l'exploitation d'une entreprise et le concept des décisions collectives.

Section I. Dispositions générales

A. La nature de la société (art. 2186 ss. C.c.Q.)

2. Nous définissons plus loin la société. Pour l'instant nous ne voulons qu'en souligner l'aspect contractuel qui ressort clairement de l'article 2186.

[*] Avocat et professeur.

a) L'aspect contractuel

3. Contrairement aux compagnies, dont la naissance requiert nécessairement l'intervention de l'État, la société ne résulte que d'un accord de volonté, qu'elle soit expresse ou implicite, société de fait ou occulte et inorganisée, au sujet de laquelle le nouveau Code légifère pour la première fois directement aux articles 2188, 2250 et suiv. C.c.Q.).

4. Les articles 2186 et 2187 parlent spécifiquement de la formation du «contrat» de société, ce qui, dans un premier temps, ne suggère aucune réalité tangible, mais bien seulement une relation d'obligations entre les signataires, uniquement engagés dans une situation conventionnelle.

5. La notion d'exploitation d'une entreprise ne doit toutefois pas être comprise comme restreignant la société à des activités commerciales; il s'agit là uniquement d'un exemple.

b) La personnalité juridique de la société

6. L'article 298 C.c.Q. prévoit que les personnes morales jouissent de la personnalité juridique et l'article 299 C.c.Q. énonce que les personnes morales sont constituées suivant les formes juridiques prévues par la loi (à titre d'exemple, la *Loi sur les compagnies*[1] et parfois directement par la loi (à titre d'exemple, la Commission des valeurs mobilières). Quant à l'article 334, il parle des «personnes morales qui empruntent une forme juridique régie par un autre titre de ce code...». Il ne s'agit donc pas de comprendre qu'une personne morale n'existe que si on retrouve mention au Code, mais bien plutôt si son existence résulte de dispositions du Code. (À date, notre examen bien superficiel du Code ne nous a permis de découvrir qu'une seule personne morale désignée comme telle par le Code, *i.e.* la collectivité des copropriétaires, personne morale dès la publication de la déclaration de copropriété, art. 1039.) En l'absence d'indications spécifiques de la personnalité morale de la société, il nous semble que la démarche pour en déceler l'existence sera la même que sous le code actuel.

7. Dans ce contexte, les articles suivants nous semblent indicatifs de la personnalité morale: art. 2189, 2197, 2198, 2199, 2204, 2205, 2206, 2207, 2208, 2209, 2211, 2224 et 2225 C.c.Q.

Par ailleurs, dans le cas de la société en participation, il semble douteux que celle-ci possède la personnalité morale, en particulier en raison de l'article 2252 C.c.Q. qui prévoit qu'à l'égard des tiers, chaque société demeure propriétaire des biens constituant son apport social.

8. La doctrine et les tribunaux ont toujours reconnu la personnalité civile à la société commerciale, c'est-à-dire une existence propre, indépendante de ses membres. Nous ne croyons pas que le C.c.Q. déroge à cette tradition, d'autant plus commerciale. Toutefois, il nous apparaît, qu'en raison de l'article 2252 C.c.Q., la société en participation ne peut jouir de la personnalité civile, puisque chaque associé demeure propriétaire des biens constituant son apport social (et qu'elle n'a pas, non plus, un nom distinct).

9. L'article 2188, 2ᵉ al. mentionne: *«Elle peut aussi être par actions; dans ce cas, elle est une personne morale.»* Quel est le sens de cette phrase? À notre avis, le Code ne fait ici qu'une référence aux compagnies, lesquelles sont des personnes morales. N'hésitons pas à rappeler aussi qu'elles ont ceci de particulier de ne pas être du tout des sociétés de personnes et ajoutons que le fait pour le Code de préciser qu'elles sont des personnes morales n'enlève rien aux véritables sociétés de personne. Nous croyons qu'il s'agirait là que d'une formule de renvoi aux règles applicables aux personnes morales édictées au livre *des personnes*; entre autres. Le Code n'aborde pas autrement la question de la personnalité juridique des sociétés.

10. Certains articles du C.c.Q. consacrent certains attributs à la société, tel le nom (art. 2189 et 2197), le patrimoine distinct des associés (art. 2198, 2199, 2204, 2205, 2206 et 2207) ainsi que la capacité d'ester en justice (art. 2225).

1. Le nom (art. 2189 et 2197 C.c.Q.)

11. La société en nom collectif ou en commandite possède un nom commun aux associés qu'elle doit enregistrer et utiliser dans ses rapports avec les tiers sous peine d'être réputée être une société en participation. L'absence de publicité entraînera des règles particulières de responsabilité à l'égard des tiers. Un registre des associations des entreprises sera créé en vertu de la *Loi sur les déclarations des compagnies et sociétés*[2], laquelle

sera modifiée en conséquence. Certaines déclarations ont été abrogées, telles celles relatives aux personnes faisant affaire seules ainsi que celles concernant le statut matrimonial des associés.

12. Le nom de la société en nom collectif ou la société en commandite doit indiquer la forme juridique de ces sociétés afin que le tiers puisse identifier clairement avec qui il contracte. En l'absence d'une telle mention, le tribunal pourra statuer sur l'action d'un tiers de bonne foi en lui imposant les règles de la responsabilité de la société en participation, c'est-à-dire que l'associé qui a contracté pourra être tenu seul responsable à l'égard du tiers.

2. La capacité

i) La capacité d'ester en justice (art. 2225 C.c.Q.)

13. La société pourra dorénavant ester en justice autant en demande qu'en défense contrairement à l'ancien régime. Les procédures se feront au nom de la société.

14. Ce nouvel article permettra d'éviter que tous les associés concourent à l'action ou à la défense. La jurisprudence antérieure permettait par le biais de l'article 115, 6e al. C.p.c. de poursuivre la société seule; cette pratique limitait toutefois l'exécution sur les biens de la société, sans pouvoir invoquer la responsabilité personnelle des associés.

ii) La capacité de s'obliger à l'égard des tiers

15. Il découle de la personnalité juridique de la société que cette dernière faut s'engager sur ses biens. Ainsi, les créanciers ne pourront poursuivre les associés qu'après avoir, au préalable, discuté les biens de la société (art. 2221).

3. Le patrimoine

16. Divers articles du C.c.Q. suggèrent que la société possède un patrimoine distinct des associés. Ainsi, l'art. 2198 C.c.Q. rend l'associé débiteur envers la société de tout ce qu'il promet d'y apporter. Le patrimoine de la société se compose donc des apports de chacun des associés. S'il s'agit d'un apport en numéraire, il devient responsable des intérêts sur cette somme

à compter du jour où il devait la verser et s'il s'agit d'un apport en biens, la mise des biens à la disposition de la société doit s'effectuer par le transfert du droit de propriété ou de jouissance à la société (art. 2199). L'associé pourrait même être redevable de dommages-intérêts advenant qu'il omette de verser la somme d'argent promise à la société à titre d'apport (art. 2198).

17. L'associé ne peut s'adonner à des activités ayant pour effet de priver cette dernière des biens, des connaissances ou des activités qu'il s'est engagé à lui apporter (art. 2204).

18. Également, la société doit rembourser l'associé de dépenses légitimes faites pour son compte; de plus, l'associé a droit d'être indemnisé en raison des obligations qu'il a contractées et des pertes qu'il a subies en agissant pour elle (art. 2205).

19. De plus, lorsque l'associé et la société sont créanciers d'un même débiteur, la règle de l'imputation proportionnelle devra s'appliquer lorsque le débiteur n'indique pas, lors du paiement, lequel des deux il entend payer (art. 2206). L'associé est également redevable envers la société de lui restituer le montant de toute créance qui lui a été payée par un débiteur de la société devenu ensuite insolvable, même s'il a donné quittance pour sa part (art. 2207).

B. La formation de la société

a) Les éléments essentiels du contrat de société (art. 2186 C.c.Q.)

20. Les éléments essentiels du contrat de société demeurent les mêmes, soit l'intention (devenue «l'esprit de collaboration» sous le nouveau Code), l'apport par la mise en commun de biens, de connaissances ou d'activités et enfin, la vocation au partage des bénéfices. L'article 2186 C.c.Q. qui contient tous ces éléments, est cependant plus explicite et plus clair que l'actuel article 1830 C.c.B.C. et nous croyons que la meilleure façon d'analyser les composantes essentielles de la société est de faire l'exégèse de cet article.

1. «Les parties conviennent»

21. Aucun interdit n'apparaît dans le Code concernant les parties au contrat de société, de sorte que toute personne capable de contracter (art. 1385) peut y participer, aussi bien la personne morale que l'individu. Les contrats de société qui impliquent des personnes morales sont habituellement nommés «joint venture» ou «aventure commune» et n'impliquent pas vraiment de règles particulières sauf celles qui tiennent de façon plus particulière de l'administration et du fonctionnement des compagnies.

2. «[Les parties conviennent], dans un esprit de collaboration *(l'affectio societatis)*»

22. Les parties doivent avoir un esprit de collaboration, c'est-à-dire une intention commune d'être en société. Voilà ce qui cimente principalement le contrat de société, l'*affectio societatis* de la plus ancienne et de la plus constante jurisprudence en matière de société[3]. Ce critère surtout a permis aux tribunaux de distinguer du contrat de société certaines situations en apparence ressemblantes. À l'occasion, il aura fallu des procès pour déterminer si les parties étaient associées ensemble ou si la convention entre eux était d'une autre nature, malgré la présence d'éléments ressemblant parfois beaucoup aux autres éléments essentiels du contrat de société que sont l'apport des associés et la participation aux bénéfices. À chaque fois, c'est à partir de la présence ou de l'absence de «l'intention sociale» que l'on a pu décider de l'existence ou non d'un contrat de société.

23. Ainsi, il peut s'agir de prêt d'argent avec une certaine participation du prêteur dans les projets de l'entreprise de l'emprunteur; si la participation aux profits était le seul élément essentiel du contrat de société, l'on aurait alors affaire à une société en bonne et due forme. Il en va autrement si on est dans l'impossibilité de prouver l'intention de former une société[4]. La simple copropriété des biens ne constitue pas un contrat de société, malgré l'apparence d'apport qu'elle constitue[5]. Une convention de louage de service ne change pas de nature même si l'on paie la rémunération de l'employé ou de l'«agent» en

partie à même les profits[6]. Également, ne constitue pas un contrat de société, le contrat de centre d'achats qui prévoit que le locataire d'un espace commercial paiera son loyer à même ses profits. Enfin, le mandat salarié ne devient pas un contrat de société, même si le salaire inclut une partie des bénéfices réalisés grâce à l'intervention du mandataire[7].

3. «[Les parties conviennent] d'exercer une activité incluant celle d'exploiter une entreprise»

24. Les parties doivent contracter dans le but de l'exercice d'une activité potentiellement rentable (voir ci-dessous la notion de bénéfices pécuniaires). Le Code civil du Québec remplace la notion de commercialité par celle de l'exercice d'une activité ou, encore, de façon plus précise par l'exploitation d'une entreprise qui est elle-même une facette de l'exercice d'une activité. Quoiqu'il en soit, les sociétés seront formées dans le but d'exercer une entreprise c'est-à-dire, au sens de l'article 1525 C.c.Q., une activité économique organisée, commerciale ou non et qui s'occupe de la production, de la réalisation, de l'administration ou de l'aliénation de biens ou de la prestation de services[8]. Du point de vue de l'exercice d'une entreprise, une société résulte de l'exercice d'une profession autant que de l'exploitation d'un commerce d'import-export, etc. Nous verrons plus loin que le Code fait disparaître la distinction entre société civile et société commerciale. L'exercice en société d'une profession se fera généralement sous la forme de la société en nom collectif[9]. Les sociétés de professionnels, exerçant une activité économique organisée à caractère non commercial, correspondent aux anciennes sociétés civiles.

25. Quant à «l'exercice d'une activité» mais qui ne constitue pas l'exploitation d'une entreprise, notons que ce peut être le cas d'une société de placement.

4. «[Les parties conviennent] d'y contribuer par la mise en commun de biens, de connaissance ou d'activités (l'apport)»

26. Il s'agit de l'obligation à l'apport que l'on a toujours défini par la mise commune, élément absolument essentiel à l'existence d'une société. Signalons de nouveau qu'il s'agit en même

temps d'un des arguments les plus forts en faveur de l'existence séparée de la société, l'article 2199 C.c.Q. précisant, à titre d'exemple, dans le cadre de l'apport de biens que le droit de propriété ou de jouissance dans ceux-ci doit être transféré à la société[10].

5. «[Les parties conviennent] de partager entre elles les bénéfices pécunaires qui en résultent (la participation aux bénéfices)»

27. La participation aux bénéfices de tous les associés doit se retrouver dans le contrat autrement il ne s'agit pas d'une société. La jurisprudence sous les articles 1830 et 1831 C.c.B.C. contient plusieurs exemples de ce genre de situation. Ainsi, l'on peut donner des conseils à un ami dans la conduite de ses affaires, participer occasionnellement à la réalisation d'une affaire spécifique, accomplir pour lui parfois certaines tâches et, pourtant, ne pas être en société avec lui si l'on ne participe pas dans les profits de l'entreprise[11].

b) *La preuve de l'existence du contrat de société*

28. La société est formée dès la conclusion du contrat de société à moins qu'une autre date n'y soit indiquée (art. 2187 C.c.Q.). Le contrat de société pourra être verbal ou écrit comme sous l'ancien Code et la preuve de l'existence de la société constituera parfois une question épineuse qui, dans le droit actuel, était résolue selon la séparation société civile/société commerciale[12]. Dans le nouveau Code, la preuve du contrat de société, comme celle de tout autre acte juridique, obéit à des règles plus souples que jadis, que l'on retrouve aux articles 2859 ss. Ainsi, le contrat pourra être prouvé par la production de l'original ou d'une copie qui légalement en tient lieu (art. 2860 C.c.Q.). Cependant, l'associé diligent de bonne foi, qui n'aura pu se procurer une copie du contrat, pourra prouver l'existence de la société par tous les moyens, y compris la preuve testimoniale, s'il existe un commencement de preuve (art. 2861, 2e al., 2862 et 2865 C.c.Q.). Quant au tiers, comme auparavant, il n'est jamais tenu d'avoir recours à la preuve écrite. Pour ce qui est de la société en participation, celle-ci peut résulter d'un contrat écrit ou verbal ou encore de faits manifestes qui indiquent l'intention de s'associer (art. 2250 C.c.Q.).

c) Les sortes de société

29. Le Code civil du Québec prévoit les trois (3) types suivants de société: la société en nom collectif, en commandite ou en participation (art. 2188) que nous analysons dans les sections suivantes. Le Code met ainsi fin à l'ancienne distinction entre la société civile et la société commerciale pour la remplacer par la notion «d'exploitation d'une entreprise» (art. 1525 C.c.Q.). Ainsi, les professionnels (*i.e.* avocats, etc.) qui exploitent une entreprise au sens de l'article 1525 le feront par le moyen d'une société en nom collectif.

C. Les règles générales concernant la publicité de la société

a) Les règles prévues par le Code civil du Québec (art. 2189 à 2196)

30. Le régime de la publicité des sociétés a été complètement révisé par le remplacement des règles contenues aux articles 1834, 1871 et 1877 C.c.B.C. par de nouvelles dispositions qui s'appliquent à toutes les sociétés en nom collectif et en commandite (art. 2189 à 2196). Ces nouvelles règles prévoient l'obligation pour ces sociétés de «se déclarer» de la manière prescrite par les lois relatives à la publicité légale des sociétés[13] sous peine d'être assimilées à des sociétés en participation lesquelles comportent, comme nous le verrons plus loin, des responsabilités plus lourdes pour leurs membres (art. 2189 et 2253).

31. À l'exception de la société en participation, dont l'existence suppose l'absence d'enregistrement ou de déclaration publique, les sociétés doivent s'enregistrer au moyen d'une déclaration, laquelle mentionne obligatoirement l'objet de la société ainsi que l'information à l'effet qu'aucune autre personne que celles qui y sont nommées ne fait partie de la société (art. 2190, 1er al.). La déclaration de la société en commandite doit également être complétée en y ajoutant à titre d'information supplémentaire le nom et domicile des commandités et des commanditaires connus lors de la conclusion du contrat, en les distinguant, le lieu où peut être consulté le registre de la société, ainsi

que tous renseignements sur l'apport des associés au fond commun (art. 2190, 2ᵉ al.).

32. Sous réserve du droit des tiers, la déclaration pourra être complétée ou rectifiée, au besoin, par le simple dépôt d'un acte de régularisation au registre approprié, sous réserve du droit des tiers. Lorsque la régularisation porte atteinte aux droits des tiers, elle ne pourra se faire sans leur consentement ou sous la directive du tribunal (art. 2191 et 2192). Ces articles sont similaires à l'article 123.141 de la Loi sur les compagnies[14]. La régularisation sera présumée faire partie de la déclaration et avoir pris effet au même moment à moins que l'on y mentionne une date *ultérieure* (art. 2193). Cet effet rétroactif rend cet article d'une très grande utilité aussi bien que la flexibilité permise par la possibilité d'indiquer une date ultérieure, au choix des associés, des tiers ou du tribunal (art. 2193). Cet article, encore une fois, s'inspire du droit des compagnies[15]. La société devra modifier sa déclaration lors de tout changement qui modifie l'information devant faire l'objet de la déclaration (art. 2194).

33. Le nouveau régime de publicité aura pour effet de rendre l'existence de la société ainsi que l'information contenue à la déclaration (et des déclarations modificatives ultérieures) opposables aux tiers. Les tiers pourront évidemment soulever à leur avantage toute l'information contenue à la déclaration d'où l'importance de la procédure de modification et de rectification (art. 2195 et 2196). La responsabilité des associés quant aux informations contenues à la déclaration à l'égard des tiers de bonne foi souffre une exception en faveur des commanditaires de la société en commandite. En effet, à moins que ces derniers ne se soient immiscés dans l'administration de la société, leur responsabilité n'est pas autrement engagée que'en vertu des articles 2244 et 2247 (art. 2196).

b) *Les règles prévues par la* loi sur les déclarations des compagnies et sociétés

34. Les mêmes règles continuent à s'appliquer. La déclaration doit cependant être complétée par les mentions prévues à l'article 2190, c'est-à-dire l'objet de la société et une mention

à l'effet qu'aucune autre personne que celles mentionnées à la déclaration ne fait partie de la société.

Section II.   De la société en nom collectif
(art. 2188, 2198 à 2235 C.c.Q.)

A.   Des rapports des associés entre eux et envers la société

35. Par comparaison avec les deux (2) autres types de sociétés, celle dite «en nom collectif» est définitivement la société résiduaire. Autant la société en commandite (art. 2250) que celle dite «en participation» (art. 2267) sont des institutions très spécifiques, en particulier par leur mode de formation, l'un formaliste, l'autre en quelque sorte, accidentel, pour être des «sociétés générales», rôle clairement dévolu à la société en nom collectif. L'exposition des règles générales de ce type de société confirme cette première impression, concrétisée par certains articles de renvoi, plus particulièrement l'article 2249 (pour la commandite) et l'article 2251, 2e alinéa (en ce qui concerne les rapports des associés entre eux et envers la société, par la société en participation). Ce rôle supplétif est joué, évidemment, compte tenu des adaptations nécessaires. Ainsi, en matière de commandite, la transposition des règles de la société en nom collectif est particulièrement difficile en ce qui concerne les commanditaires, quoique l'on peut adapter à ceux-ci les règles en matière d'apport, pour complémenter l'article 2240; à titre d'exemple, il n'y a rien d'incompatible avec la société en commandite dans le fait que le commanditaire soit tenu des intérêts et, éventuellement, des dommages-intérêts, selon l'article 2198. À la rigueur, on pourrait aussi appliquer en matière de commandite les règles concernant l'apport qui consiste en la jouissance de biens (art. 2199). Il nous semble par ailleurs difficile de prévoir que l'apport du commanditaire puisse se faire en connaissances ou en activités (art. 2200). Notre attitude découle peut-être de ce qu'un apport de cette forme n'est pratiquement jamais demandé à un commanditaire car, si l'on y regarde de près, il n'y a rien là d'incompatible sur le plan des principes.

36. De façon générale, le rôle supplétif des règles générales de la société en nom collectif s'appliquera surtout aux comman-

dités qui sont, ni plus ni moins, que de véritables associés en nom collectif, sauf qu'ils sont tenus de rendre compte de leur administration aux commanditaires et leur doivent les mêmes obligations que celles qui s'appliquent à l'administrateur de la pleine administration du bien d'autrui (art. 2238).

a) La formation

1. Les considérations quant au contrat

37. La société en nom collectif, comme les autres formes de société, résulte d'un contrat, lequel peut indiquer une époque précise pour sa mise en vigueur (art. 2187). Mis à part le fait que le nouveau Code étende la règle aux association, il ne s'agit pas ici de droit nouveau mais plutôt une confirmation que l'existence de la société ne dépend que de la volonté des parties (art. 1832 C.c.B.C.).

2. L'intention de former la société en nom collectif

38. L'intention des associés de former une société fut toujours considérée par les auteurs et la jurisprudence comme étant un des principaux caractères de l'existence d'une société[16]. Bien que le C.c.Q. utilise une terminologie nouvelle, ceci n'affecte aucunement les principes actuellement établis. L'esprit de collaboration devient l'«affectio societatis» qui permettra aux associés de poursuivre ensemble un but profitable (art. 2186).

3. L'apport ou mise commune des associés

39. La fourniture de l'apport (ou la mise en commun) continue à être une des conditions essentielles du contrat de société. Cette condition n'a jamais véritablement entraîné de difficultés en jurisprudence[17].

40. Le nouveau Code reprend les principes du Code actuel, avec plus de précision (art. 2198 à 2200 et 2204). En effet, advenant que le contrat de société ne mentionne pas la part de chaque associé dans l'actif, celle-ci sera présumée être égale (art.2202).

41. On y retrouve les obligations réciproques de la société et des associés concernant la mise en commun d'apports (art. 2186). Ainsi, l'associé qui s'est obligé envers la société en devient son débiteur.

42. Si l'apport doit être versé en argent, l'associé sera redevable des intérêts sur cette somme à compter du jour où l'apport devait être versé; il pourrait même être poursuivi en dommages-intérêts (art. 2198); si l'apport promis est en biens, l'associé devra transférer ses droits de propriété ou de jouissance à la société et voir au renouvellement de l'apport en jouissance, le cas échéant (art. 2199). L'apport peut également consister en connaissances ou en activités; à ce moment, il devra être continu tant et aussi longtemps que l'associé demeure membre de la société. Cette dernière forme d'apport est nouvelle à notre Code et l'associé qui s'est engagé à contribuer de cette façon devient redevable à l'égard de la société de tout bénéfice qu'il réalise par cet apport (v.g. les inventions ou découvertes, les revenus découlant de conférences, etc.) (art. 2200).

43. Sous le Code actuel, le défaut de fournir l'apport n'entraîne pas la dissolution de la société dans le cas où le défaut est celui d'un seul ou d'une partie des associés[18]. Il semble clair à la lecture des articles 2198, 2199 et 2200 que le même régime prévaudra sous le nouveau Code.

44. L'article 2204 coiffe les obligations de l'associé quant à son apport en lui interdisant la concurrence directe ou indirecte avec la société et la participation à une activité qui prive la société de ses biens ou de l'apport intellectuel ou industriel de l'associé, tout bénéfice découlant à l'associé dans de telles circonstances étant acquis à la société, sans préjudice à tout autre recours.

4.   La participation aux bénéfices

45. La participation aux bénéfices est un élément essentiel à la société. Toute stipulation qui exclurait un associé de cette participation est sans effet (art. 2203). Le Code utilise une nouvelle terminologie par les mots «sans effet» plutôt que «nulle» comme sous l'actuel article 1831 C.c.B.C., ce qui aura l'heureux effet d'éviter à l'associé de devoir prendre un recours pour faire déclarer la nullité de cette clause. Certains contrats ne pourront jamais être qualifiés de contrat de société même s'ils y ressemblent fortement vu l'absence de cet élément essentiel[19].

46. Il n'est pas nécessaire de préciser au contrat la quotité ou pourcentage de chacun des associés; en effet, dans un cas

semblable, l'article 2202 s'applique aux signataires de la convention en ce sens que les parties au bénéfice sont présumées égales[20].

47. La participation aux bénéfices a toujours entraîné l'obligation au paiement des dettes. Le nouveau Code ne fait pas exception à ce principe (art. 2201). De plus il précise que cette obligation est égale entre les associés si elle n'est pas autrement déterminée au contrat (art. 2202). Quant au contrat qui exempte un des associés de la participation dans les pertes, cette convention ne sera pas opposable aux tiers (art. 2203).

5. La publicité de la société en nom collectif

48. Sous peine d'être assimilée à une société en participation avec toutes ses conséquences à l'égard de la responsabilité des associés, la société en nom collectif doit s'enregistrer en vertu de la *Loi sur les déclarations des compagnies et des sociétés* (art. 2189 à 2196).

B. Des rapports de la société et des associés envers les tiers

a) Les droits de l'associé à l'égard de la société

1. Quant à l'associé et sa part

49. Le Code prévoit plusieurs tractations en relation avec la part d'un associé dans la société. Certaines des situations envisagées sont de droit nouveau.

i) L'associé peut associer un tiers à sa part (art. 2209)

50. Il ne s'agit pas là de droit nouveau mais d'une confirmation du principe à l'effet que l'associé peut céder à un tiers un intérêt dans sa part sociale sans le consentement des autres associés. Cette disposition n'est à peu près certainement pas d'ordre public et il faut s'attendre à ce que les parties stipulent le contraire, la règle voulant que l'on ne s'associe, en principe, qu'entre personnes compatibles.

ii) L'associé ne peut cependant intéresser un tiers à la société, sans le consentement des associés (art. 2209).

51. Il s'agit ici d'une variante de l'article 1853 C.c.B.C. L'associé ne peut prétendre se substituer à un tiers vis-à-vis la société. Une telle décision est probablement une «décision collective» au sens de l'article 2216, et, de plus, constitue une modification du contrat de société, puisque on en change une partie. Dans ces circonstances, si l'on interprète les articles les uns par les autres de façon à leur donner un sens complet, selon la règle normale d'interprétation, l'associé devra obtenir le consentement de tous ses coassociés pour faire l'opération envisagée à l'article 2209. Il n'y a pas de doute non plus que cette règle s'applique pour tous les genres de sociétés (voir art. 2249 et 2251).

iii) La cession par l'associé à un tiers de sa part dans la société (art. 2209, 2ᵉ al.)

52. Le Code innove en permettant à l'associé qui apprend une telle acquisition d'écarter le tiers, dans les soixante (60) jours de l'acquisition, en lui remboursant le prix de sa part et les frais qu'il a subi. Ce droit de retrait ne peut être exercé que dans l'année qui suit l'acquisition. Il est intéressant de constater que cet article ne s'applique qu'en cas d'acquisition à titre onéreux.

iv) La part de l'associé peut être cédée à un autre associé, à la société, ou être rachetée par cette dernière (art. 2210)

53. Advenant que les parties ne s'entendent pas sur le prix, celui-ci pourra être déterminé par un expert ou, à défaut, le tribunal. Ces modifications ajoutent des règles supplétives qui pourront être utiles en cas de désaccord sur le montant des parts.

v) L'hypothèque de la part dans l'actif ou les bénéfices de la société (art. 2211)

54. Le nouveau droit des sûretés permet dorénavant l'hypothèque mobilière et, en l'occurrence, l'hypothèque de la part sociale. Seule l'hypothèque dans l'actif nécessitera le consentement des associés à moins que le contrat l'autorise.

2. Quant aux biens de la société

55. L'associé ne peut concurrencer la société (art. 2204) (ci-dessus): ce qui rappelle, en droit des compagnies, les «occasions d'affaires», l'utilisation d'information confidentielle importante etc.

56. L'associé peut utiliser les biens de la société à la condition de les employer dans l'intérêt de celle-ci et suivant leur destination (art. 2208). À notre avis, ceci interdit l'usage strictement personnel des biens de la société.

57. Certaines dispositions sur les relations d'un associé avec les débiteurs de la société complètent ces dispositions. Ainsi, dans l'hypothèse où un associé est personnellement créancier d'un débiteur de la société, les deux (2) dettes étant exigibles, l'associé doit imputer ce qu'il reçoit en proportion sur les deux (2) créances (art. 2206). À notre avis, il aurait été préférable de favoriser la société, par imputation exclusive en sa faveur). Enfin, si l'associé reçoit sa part d'une créance de la société et que le débiteur devienne subséquemment insolvable, l'associé doit rapporter à la société ce qu'il a reçu, malgré qu'il ait donné quittance (art. 2207). (Il eut été préférable d'interdire au départ toute réception «de sa part» par l'associé.)

3. Quant à l'indemnisation de l'associé

58. L'associé de bonne foi a droit de recouvrer l'argent déboursé pour le compte de la société et d'être indemnisé des obligations contractées et des pertes subies pour son compte (art. 2205). Ce texte reprend dans sa teneur l'article 1847 C.c.B.C. tout en rendant plus claire l'exigence de la bonne foi dans ses rapports avec la société[21].

b) L'administration de la société

59. Le principe de la liberté contractuelle et du mandat réciproque sont à la base du contrat de société, celui-ci étant fondé sur la confiance mutuelle existant entre les associés, confiance qui entraîne, en principe, que chaque associé est administrateur de la société en l'absence de dispositions contraires[22]. Ces principes ont été conservés par le Code (art. 2208, 2e al. C.c.Q.) et chaque associé peut lier la société dans le cours de ses activités,

sauf le droit des associés de s'opposer à l'opération avant sa conclusion et sauf aussi les limites prévues au contrat (art. 2208, 2° al. et 2215).

60. Sur le plan gestion des affaires de la société, les associés ont le pourvoir de désigner un d'entre eux ou même un tiers à titre de gérant ou administrateur (art. 2213 et 2214 C.c.Q.).

61. Le gérant peut être nommé par une clause du pacte social et il ne peut alors être révoqué que pour motif sérieux, la société durant. Mais, s'il a été nommé par un acte postérieur au contrat de société, il est révocable en tout temps comme un mandataire ordinaire (art. 2213). Le gérant a le droit d'administrer, même malgré l'opposition des associés, sauf s'il agit frauduleusement. Dans le cas de pluralité d'administrateurs, chacun peut agir seul en l'absence d'une clause qui prévoit l'activité collégiale nécessaire; mais si une telle clause existe, un seul administrateur n'a pas compétence pour agir, en dépit même de l'impossibilité pour les autres d'agir.

62. En fait, le pouvoir d'administrer de l'associé ne peut être circonscrit on restreint que par la nomination d'un administrateur, tel que mentionné au paragraphe précédent, ou par une stipulation précise à ce sujet. À notre avis, ce genre de stipulation peut être contenue dans un acte distinct du contrat de société, les articles 2215 et 2218 ne mentionnant pas le contrat de société. Rien n'empêche de limiter le droit d'administrer d'un associé par un acte distinct: en fait, ceci se produira d'ailleurs chaque fois que l'onnommera un gérant par un acte séparé du contrat de société tel que vu précédemment. Quoiqu'il en soit, en l'absence de gérant et en l'absence de restriction au pouvoir de gestion des associés, chaque associé est réputé avoir donné mandat à tous les autres de gérer les affaires de la société (art. 2215). Les associés ne peuvent alors que s'opposer à l'acte, ensemble ou séparément, avant sa conclusion. L'associé peut encore contraindre ses coassociés aux dépenses nécessaires pour conserver les biens sociaux. Cependant, nul associé ne peut changer l'état des biens sans le consentement des autres, peu importe que le changement soit avantageux (art. 2215).

63. Quant à l'associé sans pouvoir de gestion, le Code, soucieux des droits du tiers de bonne foi, protège ce dernier dans le cas d'aliénation ou autre disposition des biens sociaux, même si, en

règle générale, l'associé sans gestion ne peut accomplir ces actes (art. 2217). En outre, l'associé, même exclu de la gestion, a le droit absolu de se renseigner sur l'état des affaires de la société et d'en consulter les livres et registres (art. 2218), pourvu qu'il agisse sans nuire à la société ou aux autres associés. Le Code introduit, à l'article 2216, un concept nouveau, celui des décisions collectives, dont on ne peut exclure l'associé, par le contrat de société ou autrement. À titre d'exemple, l'associé, même exclu de la gestion, a le droit de participer à la décision de modifier l'objet de la société, de la dissoudre, de modifier la participation dans le bénéfices et. Ces décisions correspondent à celles visant la structure même de la société.

c) *Les rapports avec les tiers*

1. La société et les tiers

64. La société peut ester en justice aussi bien en demande qu'en défense en son propre nom. Contrairement à la règle actuelle, du moins lorsque la société est en demande[23]. À l'heure actuelle, il est possible d'agir en justice contre une société sans avoir, pour la validité du recours, mis tous les associés en cause (art. 115, 6e al. C.p.c.). Celui qui choisit cette modalité de recours peut cependant exécuter que contre les biens sociaux. Il était grand temps de modifier ces règles.

65. L'associé est mandataire de la société à l'égard des tiers de bonne foi. L'article 2219 précise les règles actuelles (art. 1855 et 1856 C.c.B.C.) en prévoyant qu'à l'égard du tiers de bonne foi, même l'associé non autorisé, lie la société à l'égard du tiers de bonne foi s'il agit au nom de la société dans le cadre de ses activités. Cette règle a évidemment pour but de protéger les tiers de bonne foi à qui on ne peut opposer une stipulation du contrat à l'effet contraire.

66. Quant à l'obligation contractée par l'associé en son nom propre, elle lie la société si elle s'inscrit dans le cours des activités de celle-ci ou a pour objet des biens dont la société a usage. Le tiers peut toutefois cumuler ses moyens de défense contre l'associé et la société ou faire valoir qu'il n'aurait pas contracté s'il avait su que l'associé agissait pour le compte de la société. (Art. 2220)

2. La responsabilité des associés

67. Le droit nouveau des sociétés est fondé en premier lieu sur la notion d'exploitation d'une entreprise où l'on recherche les bénéfices pécuniaires (art. 1525 et art. 2186 C.c.Q.). Cependant, toutes les obligations de la société ne seront pas encourues nécessairement dans le service ou l'exploitation de son entreprise. Cette distinction est primordiale pour la responsabilité des associés; ceux-ci seront responsables solidairement dans le cas d'obligations contractées pour le service ou l'exploitation d'une entreprise de la société, au cas contraire, leur responsabilité sera conjointe (art. 2221 C.c.Q.). Pourtant, comme sous le Code actuel (art. 1999 C.c.B.C.), la responsabilité des associés n'est que résiduaire (art. 2221, 2° al.), les créanciers étant obligés de discuter en premier lieu les biens de la société et n'ayant un recours contre les biens de l'associé qu'après ses propres créanciers.

68. Certaines règles concernant la responsabilité des associés sont reliées à la publicité de la société (art. 2189 à 2197 C.c.Q.). Dans le cas où une société en nom collectif ou en commandite ne «se déclare pas» au sens de l'article 2189 C.c.Q., elle est réputée être une société en participation, sous réserve des droits des tiers de bonne foi. Chaque associé contracte alors en son nom personnel et est seul obligé (art. 2253 C.c.Q.), à moins d'une situation où l'associé agit publiquement comme l'associé d'un autre, auquel cas, les coassociés sont liés.

69. Dans le cas d'une déclaration de société incomplète, inexacte ou irrégulière ou en l'absence d'une déclaration modificative, le cas échéant, les associés sont responsables des obligations envers les tiers sauf les commanditaires qui, eux, doivent être responsables en raison d'une autre disposition de la loi (à titre d'exemple 2244 et 2247 C.c.Q.) (art. 2196 C.c.Q.).

70. La personne qui donne à croire qu'elle est associée, même si elle ne l'est pas, est responsable envers le tiers (art. 222). Cependant, la société n'est elle-même liée que si elle a donné lieu de croire que la personne en question était associée et n'a pris aucune mesure pour prévenir l'erreur des tiers dans les circonstances où cette erreur était prévisible (art. 2222, 2° al.). L'associé non déclaré est aussi responsable (art. 2223).

71. Enfin, le tribunal peut décider d'appliquer «à la société ou aux associés» les principes de la société en participation, dans l'hypothèse où la société en nom collectif ou en commandite n'indique pas, dans le cours de ses activités, sa forme juridique dans son nom même ou à la suite de celui-ci (art. 2197 et 2253 C.c.Q.).

3. L'appel publique à l'épargne

72. Cette activité est interdite à la société en nom collectif, sous peine de nullité des contrats et titres émis et de l'obligation de réparer le préjudice causé aux tiers de bonne foi (art. 2224). Dans un tel cas, les associés sont tenus solidairement des obligations de la société.

d) De la perte de la qualité d'associé

73. Le nouveau Code prévoit le retrait de l'associé dans diverses circonstances. Certaines de ces circonstances sont de droit nouveau tel le cas de cession ou de rachat de la part d'un associé, le retrait d'un associé sur autorisation judiciaire ou l'expulsion d'un associé (art. 2210 et 2229). Règle générale, la perte de la qualité d'associé ne provoquera pas, *ipso facto*, la dissolution de la société. Il est très intéressant de constater à cet effet que certaines causes qui entraînaient autrefois cette dissolution telles la faillite d'un associé, son interdiction (l'équivalent de l'ouverture à son égard d'un régime de protection sous le Code civil du Québec) ou le décès ont été extraites des causes de dissolution et transférées sous le régime de la perte de la qualité d'associé. Ces nouvelles règles du Code visent à préserver la société des aléas relatifs à un associé. Cependant, elles ne semblent pas généralement d'ordre public, de sorte que les associés pourraient y déroger dans le contrat de société. Nous allons maintenant procéder à leur analyse.

1. La cession de sa part par un associé ou son rachat par la société (art. 2210)

74. Il est logique que l'associé perde alors sa qualité d'associé. En fonction du caractère *intuitu personae* de la société, il est à prévoir que les associés tenteront généralement de retirer ce droit ou l'assortiront de conditions relatives à un droit de

premier refus en faveur des associés restants dans l'hypothèse d'une offre d'achat par un tiers, ou de modalités et d'échelonnement des paiements etc.

2. Le décès de l'associé, sa faillite ou l'ouverture d'un régime de protection à son égard (art. 256 ss. et 2226)

75. Ces dispositions, sauf les adaptations de circonstance, ne sont pas de droit nouveau et sont dictées par le bon sens. De façon générale, le contrat de société prévoiera les modalités de remboursement à la succession d'un associé défunt ou à propos duquel un régime de protection est ouvert. Soulignons, pour le cas du décès, que cette sorte de stipulations est monnaie courante dans le domaine des entreprises, assurant la stabilité des institutions.

3. L'exercice du droit de rachat de l'associé (art. 2209, 2ᵉ al. et 2226)

76. Il s'agit en l'occurrence du droit de retrait qui serait stipulé au contrat de société.

4. La volonté de ne plus être associé (art. 2226 et 2228)

77. Dans ce cas, l'associé donne un avis de retrait (art. 2228). L'article 2228 règle le droit de retrait de l'associé selon que la société est à durée fixe ou non déterminée ou que le contrat en réserve de droit ou non. Ces nouvelles règles permettent, encore que le retrait d'un associé entraîne la dissolution de la société. Ainsi, si le contrat ne fixe pas la durée de la société ou si le contrat réserve le droit de retrait, l'associé pourra se retirer sur simple avis de retrait. Cet avis devra toutefois être donné de bonne foi et non à contre-temps (art. 2228, 1ᵉʳ al.). Ces deux dernières notions sont circonstancielles et factuelles[24]. Lorsque le contrat fixe la durée de la société, l'associé ne pourra se retirer que s'il obtient l'accord de la majorité des autres associés, à moins que le contrat ne règle autrement le cas (art. 2228, 2ᵉ al.).

5. L'expulsion de l'associé (art. 2229)

78. Si l'un des associés devient indésirable par son comportement ou nuisible pour la société, ses coassociés pourront

l'expulser à la majorité d'entre eux. Dans ces circonstances, les associés devront dans la prise de leur décision respecter les règles de justice naturelle[25]. À l'inverse, un associé pourrait demander au tribunal de lui permettre de se retirer lorsqu'il constate ce type de comportement chez ses coassociés. Ces règles de droit nouveau permettront encore une fois d'éviter la dissolution de la société (art. 2229).

6. Le jugement autorisant le retrait (art. 2226)

79. S'il y a mésentente sur le retrait de l'associé, il peut obtenir un jugement lui permettant de se retirer de la société, sans conséquence sur l'existence de la société.

7. Le jugement ordonnant la saisie de la part de l'associé (art. 2226)

80. Il s'agit probablement du jugement validant une saisie-arrêt de la part d'un associé, ce qui a toujours eu auparavant pour effet de provoquer la fin de la société. Même si cet effet n'est plus présent, il faut remarque que l'associé n'est plus alors en position d'être un membre véritable de la société.

81. L'associé qui cesse d'être membre de la société peut réclamer la valeur de sa part des autres associés si sa perte de la qualité d'associé n'est pas due à la cession ou à la saisie de sa part. Si les associés ne peuvent convenir d'une valeur, ils auront recours à l'évaluation d'un expert ou, à défaut, au tribunal. L'ancien associé a droit aux intérêts sur la somme due à compter du jour où il a cessé d'être membre (art. 2227). Cet article est de droit nouveau et introduit des règles supplétives, à défaut d'entente entre les associés.

e) La dissolution et la liquidation

82. C'est sur le plan de la dissolution que l'on constate que la société demeure beaucoup plus fragile que la compagnie. Les causes de dissolution sont encore nombreuses et variées. (Art. 2230)

83. Tel que nous l'avons mentionné précédemment, plusieurs causes de dissolution, plus spécifiques qux personnes, ont tout simplement été exportées dans les règles relatives à la perte de

la qualité de l'actionnaire, telles le décès d'un associé, son interdiction, etc., afin de rendre la société moins vulnérable (art. 2226).

84. Certaines causes de dissolution demeurent les mêmes que sous le Code actuel telles, par exemple, l'accomplissement de l'objet de la société (art. 1892(3) C.c.B.C.) ou l'impossibilité de l'accomplir[26]. Cette dernière cause pourra englober la société dont l'objet devient illégal et même, selon les commentateurs du Code, le cas de la faillite de la société. La dissolution suite à l'application d'une clause prévue au contrat a été conservée; le contrat pourra évidemment prévoir diverses raisons de dissolution liées aux événements ou aux associés ou encore pour fixer un terme. La société pourra également être dissoute du consentement de tous les associés.

85. Enfin, la société pourra être dissoute pour une cause létime, par le tribunal. Le Code maintient ici la règle de l'article 1896 C.c.B.C.

86. Le Code innove en prévoyant la survie de la société pour cent-vingt (120) jours dans le cas où toutes les parts sociales sont réunies entre les mains d'un même associé. Pendant ce délai, un autre associé devra se joindre à celui qui reste (art. 2232). On peut, à ce stade, se demander si ce délai doit être perçu comme étant d'ordre public.

87. Dans son respect de la liberté des associés, le Code a également prévu qu'une société constituée pour une durée déterminée pourra se proroger si tous les associés y consentent (art. 2231).

88. La dissolution de la société a toujours été conçue comme un moment particulièrement névralgique où les tiers peuvent subir des inconvénients majeurs. C'est pourquoi le Code a toujours prévu des règles pour leur protection (dans le Code actuel, il s'agit des articles 1897 et 1900 C.c.B.C.). Le nouveau Code ne fait pas exception. Ainsi, même si les pouvoirs des associés cessent avec la dissolution, ils peuvent accomplir les actes qui sont une suite nécessaire des opérations en cours (art. 2233); en outre, le tiers de bonne foi qui contracte subséquemment avec un associé ou un mandataire agissant pour le compte de la société voit ses droits préservés (art. 2234). Enfin, il est

toujours possible qu'un associé agisse de bonne foi dans l'ignorance de la dissolution et il est normal que ses actes lient alors
la société et les associés comme en temps normal (art. 2233, 2°
al.).

89. Il ne faut jamais confondre dissolution et liquidation. C'est
la dissolution qui met fin à la société et c'est le processus de
liquidation qui accomplit la disposition de ses biens qui servent
d'abord au paiement des dettes avant toute distribution aux
associés, le cas échéant. Dans le nouveau Code, le processus de
dissolution de la société est emprunté au régime des personnes
morales (art. 2235, référant aux articles 358 à 364 C.c.Q.).
Notons la plus grande sécurité des tiers que sous l'actuel
régime. En effet, entre autres avis, la liquidation requiert le
dépôt d'un avis de clôture (art. 364 C.c.Q.) opérant le cas
échéant, radiation des inscriptions. Il est donc à prévoir la disparition de ces situations en vertu desquelles les enregistre-
ments perdurent au-delà de la liquidation avec parfois des conséquences fâcheuses.

90. La procédure de reddition de compte mutuelle n'apparaît
plus nommément dans le Code. Est-ce à dire que les associés ne
possèdent plus de recours les uns contre les autres dans le cadre
de leur administration respective? À notre avis, cette action
demeure en raison du principe du mandat réciproque.

Section III. De la société en commandite
(art. 2188, 2236 à 2248 C.c.Q.)

91. La société en commandite a continué d'être utilisée autant,
durant la dernière décennie que durant les années soixante-dix,
malgré le retrait de plusieurs abris fiscaux dont elle était le
véhicule par excellence. Elle est encore grandement utilisée
dans le domaine immobilier où, grâce à sa relative flexibilité,
grâce surtout au traitement particulier de la société en matière
fiscale, elle continue d'offrir des avantages à ceux dont les
revenus justifient une accessibilité plus facile à des pertes pour
fins d'impôt.

A. La formation

92. Les dispositions générales des articles 2186 à 2197 s'appliquent à la société en commandite. Les mêmes éléments de base devant se retrouver dans la commandite aussi bien que dans toutes les autres formes de société.

93. De façon particulière, la société en commandite doit prévoir l'existence de deux (2) types d'associés, les commandités et les commanditaires (art 2236), ceux-ci pouvant d'ailleurs être recruté par appels publics à l'épargne (art. 2237).

94. Comme nous le verrons ci-dessous, la société en commandite est tenue, par son existence même, de se déclarer de la manière prescrite, en l'occurrence par la *Loi sur les déclarations des compagnies et des sociétés*[27], sinon elle est réputée être une société en participation (voir en particulier les règles sur la responsabilité contenues aux articles 2253 et 2254). Les conséquences de l'absence de déclaration pourraient être supportées principalement par les commanditaires qui deviendraient alors solidairement responsables (art. 2246).

95. Actuellement, les règles du Code relatives aux sociétés en commandite se complètent par celles prévues à la *Loi sur les déclarations des compagnies et sociétés*[28] qui prévoit, en plus du mode d'enregistrement, certaines formalités quant au contenu de la déclaration. Le nouveau Code reprend en substance à l'article 2190 les termes de l'article 1877 C.c.B.C. et des articles 9 et 10 de la Loi sur les déclarations des compagnies et sociétés. La déclaration énonce, entre autres, l'objet de la société, les noms et domicile des commandités et des commanditaires, le lieu où peut être consulté le registre, tous les renseignements concernant les apports et la mention qu'aucune autre personne que celle qui y sont nommées ne fait partie de la société.

B. Des rapports des associés entre eux, envers les tiers et envers la société

a) Les commandités

96. On les nommait autrefois «gérant» et leur fonction est bien celle d'administrer la société à l'exclusion même des commanditaires (art. 2238 et 2244).

97. Les règles de la société en nom collectif sont supplétives quant aux pouvoirs, droits et obligations des commandités, lesquels sont en plus tenus de rendre compte aux commanditaires comme ceux qui sont chargés de la «pleine administration du bien d'autrui» (art. 2238). La «pleine administration du bien d'autrui» signifie le pouvoir d'aliéner en plus de la simple administration (art. 1306 et 1307).

98. Toute clause limitant les pouvoirs des commandités est inopposable aux tiers de bonne foi (art. 2238).

99. Les commandités sont tenus solidairement des dettes de la société envers les tiers en cas d'insuffisance des biens de la société (art. 2246).

100. Les commandités doivent tenir, au principal établissement de la société, un registre des noms, domicile des commanditaires, avec tous les renseignements concernant leur apport au fonds commun (art. 2239).

b) Les commanditaires

101. Il est important de noter que l'apport du commanditaire peut être fourni en tout temps, qu'il soit en argent ou en biens (art. 2240).

102. Quant à la part des bénéfices du commanditaire, celui-ci peut recevoir sa part pourvu qu'il n'entame pas le fonds commun ou que, dans le contexte d'une société dont le capital comprend des biens fongibles, le paiement des bénéfices n'affecte pas le paiement des dettes de la société (art. 2242).

103. La part du commanditaire est cessible, le commanditaire demeurant tenu des obligations qui ont pu résulter de sa participation (art. 2243).

104. Le Code retient la règle à l'effet que le commanditaire ne peut administrer la société et ne peut donner que des avis consultatifs, sous peine de responsabilité personnelle (art. 2244). Cependant, le nouveau Code prévoit qu'ils peuvent accomplir des actes de simple administration lorsque les commandités ne peuvent plus agir (art. 2245).

105. Sur le plan de la responsabilité, les commanditaires ne sont tenus des dettes de la société envers les tiers que jusqu'à concurrence de l'apport convenu, même s'ils ont vendu leur part.

106. Le commanditaire dont le nom apparaît dans la raison sociale devra voir à ce que sa qualité de commanditaire soit clairement indiquée, sinon il sera responsable comme un commandité (art. 2247).

107. Le commanditaire créancier ne peut réclamer qu'après les autres créanciers de la société, s'il réclame en sa qualité de commanditaire (art. 2248).

108. L'article 2246, 2ᵉ alinéa prévoit une règle d'ordre public devant certaines situations qui se sont présentées surtout dans le domaine immobilier durant la dernière décennie, le législateur a voulu protéger les commanditaires contre toute stipulation qui les oblige à cautionner ou à assumer les dettes de la société au-delà de l'apport convenu. Dans ce contexte, que feront les tribunaux devant les contrats qui prévoient, à la discrétion du commandité, des «apports nouveaux» des commanditaires? Il se peut que cette pratique soit jugée contraire en substance à l'article 2246.

Section IV. De la société en participation (art. 2188 et 2250 À 2266 C.c.Q.)

109. Le législateur a cru bon d'aménager des règles relatives à la société dite *«tacite»*. dans le respect des droits des pseudo-associés et de ceux des tiers. Ce type de société s'apparente à certains égards à la société anonyme prévue à l'article 1870 C.c.B.C. et regroupe toutes les sociétés peu organisées ou ponctuelles ou *«de fait»* ainsi que toutes les sociétés qui ne seront pas déclarées (enregistrées) (art. 2189).

A. De la constitution de la société

110. L'article 2250 semble étrange lorsqu'il prévoit que la société clandestine peut faire l'objet d'un contrat écrit ou verbal. Il a toujours semblé plus naturel de constater la présence d'une telle société à partir de faits manifestes dont on devait nécessairement déduire l'intention sociale. Toutefois, ce libellé se comprend à la lumière des nouvelles règles de publicité qui prévoient, entre autres, qu'en l'absence d'enregistrement la société sera réputée être en participation (art. 2189).

111. Vu sa nature occulte, la société en participation peut donner les apparences d'une association. Cependant, il s'agit bien d'une véritable société dans laquelle on retrouve les éléments essentiels à sa constitution, c'est-à-dire, l'intention (ou l'esprit de collaboration), la mise en commun et le partage des bénéfices.

112. Dans ce type de société, il peut s'avérer difficile d'y découvrir tous les éléments essentiels et en particulier, celui de l'intention de former une société. Dans cette recherche, on devra s'inférer de l'attitude des associés. Entre autres, il doit s'agir d'une collaboration active et consciente (plutôt que d'une simple situation d'indivision)[29].

B. Des rapports des associés entre eux

113. Les associés choisissent leur organisation interne; s'ils ne le font pas de façon particulière, les règles de la Société en nom collectif régiront leurs rapports entre eux et envers la société (art. 2251).

C. Des rapports des associés envers les tiers

114. Il découle de la nature de la société en participation un traitement particulier de l'apport des associés. Ainsi, à l'égard des tiers, l'associé demeure propriétaire de son apport puisque cette société ne dispose pas d'un patrimoine distinct; entre les associés, l'apport de chacun des associés est généralement régit par les règles de l'indivision (art. 2252).

115. Il est tout à fait logique dans ces circonstances que le Code établisse la règle à l'effet que l'associé contracte en son nom personnel et à ce titre, il sera seul responsable de ses obligations envers les tiers (art. 2253). Cette règle souffre toutefois une exception si l'associé représente qu'il agit à titre de mandataire des autres associés. À ce moment, l'acte conclu engagera la responsabilité de tous les associés (art. 2253, 2e al.)

116. Lorsque la responsabilité de tous les associés est engagée, ceux-ci seront tenus conjointement des dettes contractées dans l'exercice de leurs activités, malgré que leurs parts soient iné-gales. Par ailleurs, ils sont tenus solidairement si les dettes ont été contractées pour le service ou l'exploitation d'une entreprise commune (art. 2254).

117. Le tiers n'est lié qu'avec l'associé envers lequel il a con-tracté si ce dernier n'a pas déclaré sa qualité; cependant, les associés peuvent exercer tous les droits résultant des contrats conclus par un autre associé (art. 2256).

D. De la fin du contrat de société

a) Les causes de la fin du contrat de société en participation

118. Le contrat de société en participation peut être résilié selon les causes usuelles qui mettent fin au contrat de société telles l'arrivée du terme ou de la condition apposée au contrat ou par l'accomplissement de l'objet ou l'impossibilité de l'accomplir. De même, le décès, la faillite de l'un des associés, l'ouverture à son égard d'un régime de protection ou le jugement ordonnant la saisine de la part d'un associé y mettent fin. Il faut remarquer que le contrat de société en participation peut également pren-dre fin par le consentement de *tous* les associés (art. 2258).

119. L'on constate que ces causes ressemblent aux causes de dissolution de la société en nom collectif et aux causes actuelles de la dissolution des sociétés en général (art. 1892 et suiv. C.c.B.C.).

120. Le Code prévoit encore la résiliation pour cause légitime (art. 2262) et la dissolution sur avis suivant les principes déjà reconnus par les articles 1892 et 1895 C.c.B.C.

121. Il est aussi permis de stipuler la continuation de la société, avec ou sans les représentants légaux d'un associé défunt (art. 2259 et 1894 C.c.B.C.).

b) Les suites du contrat de société en participation

122. De façon générale, il s'agit des mêmes principes qu'en matière de société en nom collectif (voir, ci-dessus, nos commentaires au sujet des articles 2230 et suiv. C.c.Q., lesquels reprennent en substance les mêmes principes que les articles 2262 et 2263 C.c.Q.).

c) La liquidation de la société en participation

123. Un liquidateur peut être nommé par le tribunal à défaut d'accord entre les associés; il aura la saisine des biens mis en commun et agira à titre d'administrateur chargé de la pleine administration (art. 1306, 1307, 2264 et 2266 C.c.Q.).

124. La liquidation de la société en participation comporte une particularité qui la distingue de la liquidation des autres sociétés. En effet, l'associé a droit à l'obtention en nature des biens correspondant à sa part et il peut en outre exiger l'attribution en nature ou en équivalant des biens dont il n'a que la propriété indivise (art. 2265). Cette disposition porte atteinte aux droits habituels d'un liquidateur de disposer de tous les biens sous sa charge.

Section V. De l'association

Introduction

125. Depuis des temps immémoriaux des individus se sont réunis afin de poursuivre un but commun, sans objectif de réaliser des bénéfices pour eux-mêmes. En effet, ces groupements d'individus ou associations souvent appelés «*sans but lucratif*» n'ont pas pour fins le partage de leurs biens avec leurs membres mais visent plutôt la poursuite d'un but commun. Au Québec, pendant longtemps, on n'a reconnu aucun statut légal à ces associations non constituées en corporation et elles n'avaient de droits et d'obligations que ceux de leurs membres pris indivi-

duellement. La jurisprudence leur a reconnu peu à peu certains droits et obligations et, entre autres, les modifications de *1965* au *Code de procédure civile* à l'article 60, leur a reconnu implicitement la possibilité d'un patrimoine d'association distinct de celui leurs membres en autorisant les tiers à poursuivre l'association sous son nom au lieu de poursuivre les membres individuellement.

126. Bien que le législateur ait introduit de nouvelles règles au Code civil du Québec afin de régir les associations, ces nouveaux articles ajoutent très peu aux principes élaborés par les tribunaux au cours des années. Le Code établit plutôt un cadre qui s'avèrera utile, en particulier, pour les associations constituées verbalement, sans réglementation précise.

127. La grande distinction que l'on retrouve entre l'association de personnes et la société réside dans le but poursuivi par chacune. L'association est présumée poursuivre un but autre que la réalisation de bénéfices pécuniers contrairement à la société (art. 2186, 2 al. C.c.Q.).

A. La constitution de l'association

128. L'Association résulte toujours de la volonté des membres de se regrouper dans un but commun. À cet effet, le législateur confirme l'absence de formalisme dans la constitution des associations en reconnaissant qu'elles peuvent résulter d'une entente verbale et même de faits manifestes (art. 2267). Il s'agit dans tous les cas d'un contrat régit soit par les règles écrites dont l'association se dote ou d'un contrat non écrit régit par cette nouvelle partie du Code et dans tous les cas les règles relatives aux contrats s'appliqueront à titre supplétif. Ce contrat a ceci de particulier qu'il est présumé permettre l'admission des membres autres que les fondateurs (art. 2268).

B. La personnalité juridique de l'association

129. Le législateur confirme l'absence de personnalité distincte de l'association, réalité qui a toujours été reconnue par la jurisprudence et la doctrine majoritaire[30]. Afin d'éviter l'écueil de l'incapacité de l'association, le Code confère à l'association

certains attributs de la personnalité juridique distincte. Ainsi, il précise que les administrateurs estent en justice pour faire valoir les droits et les intérêts de l'association (art. 2271).

130. Actuellement l'article 60 C.p.c. permet à l'association d'ester en justice pour défendre aux actions portées contre elle, lui reconnaît un nom (art. 115 C.p.c.) ainsi qu'une place d'affaires et des officiers (art. 129 C.p.c.).

131. Quant au patrimoine de l'association, les biens de l'association sont la propriété collective des membres, ce dernier n'ayant qu'un droit d'usage et de jouissance dans ces biens[31].

C. Les membres de l'association

132. Le membre participe aux décisions de l'association. Le Code reprend, en matière d'association, la notion de «*décision collective*» (comme celle ayant trait à la modification du contrat, etc.) et confirme le droit d'y participer. Les individus étant libres de s'associer, il découle de cette notion que tout empêchement à ce droit sera considéré comme étant contraire à l'ordre public (art. 2272).

133. Les décisions se prennent à la majorité des voix des membres, sauf stipulation contraire au contrat d'association (art. 2272).

134. Tout membre, même celui exclu de la gestion de l'association, a le droit de se renseigner sur l'état des affaires de l'association et d'en consulter les livres et registres, malgré toute stipulation à l'effet contraire. Il ne devra pas toutefois, par ce droit, entraver les activités de l'association (art. 2273).

135. La responsabilité du membre est, en principe, limitée aux engagements qu'il a pris envers l'association à l'égard de sa contribution ou de sa cotisation à moins qu'il ne s'ingère dans l'administration (art. 2276, 2274 et 2275)[32]. La jurisprudence a retenu la responsabilité personnelle du membre qui a approuvé une décision mandatant l'administrateur à poser des gestes contraires aux objets de l'association ou à ses règlements ou une décision engageant les biens de l'association au-delà de leur valeur et enfin celle du membre qui se représente comme mandataire de l'association et contracte des engagements à ce titre[33].

136. Malgré toute stipulation contraire, un membre peut se retirer de l'association même si elle est pour une durée déterminée, sujet au paiement de toute contribution ou cotisation promise ou échue (art. 2276). Par ailleurs, le membre peut être exclu par une décision des autres membres. Il n'est pas superflu de rappeler à ce propos la jurisprudence de droit corporatif concernant l'obligation d'appliquer en la matière les préceptes de justice naturelle[34].

D. L'administration de l'association

137. Les administrateurs sont les mandataires des membres et leur rôle en est un de représentation de la collectivité. Ils sont choisis parmi les membres et les membres fondateurs sont, de plein droit, les administrateurs jusqu'à ce qu'ils soient remplacés (art. 2269). Le contrat d'association pourra circonscrire leurs pouvoirs, et en son absence, le Code ainsi que les règles du mandat s'appliqueront à titre supplétif (art. 2270). En principe, ce rôle de mandataire fera en sorte que vis-à-vis les tiers, seuls les biens de l'association seront affectés à condition évidemment que l'administrateur ait agit à l'intérieur de son mandat et que ce dernier ait été dénoncé au tiers.

138. À titre de représentant de la collectivité, le Code autorise l'administrateur à ester en justice au nom de l'association et lui donne ainsi l'intérêt en justice (art. 55, 59, 60 Cpc et 2271 C.c.Q.). Évidemment, tout recours pris par un tiers sous le seul nom de l'association limitera l'exécution du jugement aux seuls biens de l'association.

139. La responsabilité personnelle des administrateurs ainsi que des membres qui ont participé à l'administration pourrait être engagée advenant que les biens de l'association soient insuffisants[35]. Toutefois, les créanciers personnels de ces administrateurs conservent leur préséance sur ces biens (art. 2274). La responsabilité des administrateurs est limitée aux décisions qu'ils auront prises *pendant leur administration* et sera conjointe ou solidaire, selon que les obligations auront été contractées, ou non, dans le cadre de l'exploitation d'une entreprise de l'association. L'administrateur pourra dégager sa responsabilité en se portant dissident lors de la prise d'une décision

quelconque ou encore, en prouvant qu'il était absent lors de la prise de la décision et qu'il n'en a pas eu connaissance[36].

E. La fin de l'association

140. Durant la vie de l'association, les biens de l'association sont la propriété collective des membres et affectés à un but commun; à ce titre, ils ne sont pas assujettis aux règles du partage tant et aussi longtemps que l'association est en existence.

141. Les événements suivants mettent fin à l'association (art. 2277)

1. L'arrivée du terme.

2. L'avènement d'une condition apposée au contrat.

3. L'accomplissement de l'objet pour lequel l'association fut constituée.

4. La décision des membres.

142. Les administrateurs nomment alors un liquidateur sinon, le tribunal liquide (art. 2278). Le contrat d'association dispose de la façon dont les biens doivent être distribués autrement, ils sont partagés entre les membres en parts égales.

143. Les biens qui proviennent de tiers sont obligatoirement dévolus à une association, à une personne morale ou à une fiducie partageant des objectifs semblables à l'association; cette règle suit les principes déjà connus en droit fiscal relativement aux corporations enregistrées à titre d'organisme de charité. Dans l'impossibilité d'agir ainsi, ces biens sont dévolus à l'état; si les biens sont de peu d'importance, ils sont partagés également entre les membres (art. 2279).

Notes

1. L.R.Q., c. C-38.
2. L.R.Q., c. D-1.
3. Pour ne citer que quelques causes sur ce sujet et pour illustrer la constance et la modernité de ce concept, nous référons à *Bourboin c Savard*, (1926) 40 B.R. 68 (C.A.); *Kungl c The Great Lakes Reinsurance*

Company, (1969) R.C.S. 342; *Dubé c Dubé*, (1989) R.L. 399 (C.A.); *Canuel c Fournier*, (1990) R.J.Q. 2053 (C.S.).

4. Voir en particulier *Pinsky c Poitras*, (1939) 44 R de J. 63 (C.S.); *Boivin c Zinman*, (1965) C.S. 215.

5. *Pilon c Héritiers de Julien Bellemare*, (1966) R.L. 385 (C.S.); *Barette c Denis*, (1926) 41 B.R. 438; *Boisclair c Ouellette*, (1923) 29 R.L. (n.s.) 497 (C.S.).

6. *Bourboin c Savard*, précité, note 3.

7. *Idem.*

8. L'article 1525 C.c.Q. définit l'exploitation d'une entreprise dans les termes suivants *«Constitue l'exploitation d'une entreprise l'exercice par une ou plusieurs personnes, d'une activité économique organisée, qu'elle soit ou non à caractère commercial, consistant dans la production ou la réalisation de biens, leur administration ou leur aliénation, ou dans la prestation de services.»*

9. Remarquons que rien n'empêche la pratique d'une profession sous la forme d'une société en participation ou encore d'une société en commandite.

10. *Carstens c Bork*, (1962) C.S. 210; *Dubé c Dubé*, précité, note 3.

11. *Ferland c Boivin*, (1965) C.S. 215; voir aussi dans le domaine de la réassurance un arrêt qui précise que ce type de contrat ne constitue pas une société car il ne contient pas de stipulation de participation dans les profits; *Kungl c The Great Lakes Reinsurance Company*, précité, note 3.

12. À l'heure actuelle, le tiers peut prouver par témoin l'existence d'une société civile ou commerciale; voir entre autres *Morel c Duchesne*, (1950) B.R. 485. Quant aux associés, la jurisprudence a fluctué, allant de la prohibition de la preuve testimoniale (*Chandler c Federal Alcohol Distillery Ltd.*, (1930) 49 B.R. 47 et *Beaudry c Boissonneault*, M. Le juge en chef adjoint J.K. Hugessen, C.S.M. 05-002-975-744, le 17 novembre 1978), à une attitude beaucoup plus permissive (*Wibert c Cantin*, (1973) C.A. 917; *Pelletier c Russel*, (1974) C.S. 113).

13. *Loi sur les déclarations des compagnies et des sociétés*, précité, note 2, en particulier, les articles 9 et 16.

14. Précité, note 1.

15. *Idem*, note 1, art. 123.143 L.C.Q.

16. P.B. MIGNAULT, *Leçons de droit civil*, t. 8, Montréal, Wilson et Lafleur, 1909, p. 185; PERRAULT, *Traité de droit commercial*, Éd. Albert Lévesque, Montréal, 1936, T. 2.: p. 396, nº 952; ROCH et PARÉ, *Traité de droit civil québécois*, Wilson et Lafleur, 1952, t. 13 p. 337; *Bourboin c Savard*, précité, note 3, aux pages 70 et 71: *«Trois éléments sont essentiels au contrat de société: 1- la poursuite d'un but commun consistant dans la réalisation d'un bénéfice; 2- la constitution d'un fonds commun par les apports que chacun y fait de ses biens, de son crédit, de son habilité ou de son industrie; et 3- la participation dans les profits, ce qui entraîne l'obligation de partager dans les pertes, sauf convention contraire. Ces trois éléments comportent qu'il doit y avoir chez les deux parties l'intention, juridiquement prouvée, de poursuivre en commun, à*

l'aide des apports de tous, la réalisation d'un bénéfice; en d'autres termes, pour qu'il y ait société, il faut à défaut de contrat exprès, que les faits fassent apparaître clairement chez l'un et l'autre des prétendus associés, l'intention de former un contrat de société et non pas tel ou tel autre contrat qui peut présenter avec la société plus ou moins d'analogie. C'est à cela que revient ce que les auteurs ont appelé «affectio societatis»»; Kungl c The Great Reinsurance Company, précité, note 3. *Carstens c Bork*, précité, note 10; *Crèmerie de Sorel Inc. c. Mondou*, [1957] B.R. 850; *Guillemette c Marien*, (1914) 46 C.S. 507; *Tanguay c Tanguay*, (1913) 44 C.S. 253; *Couture c Couture*, J.E. 82-957 (C.A.); *Glencross c Charrest*, [1958] C.S. 600; *Horn c Languirand*, [1958] R.L. 313 (C.S.); *Tilly Manufacturing (1973) Ltd. c Horne*, [1978] C.S. 655.

17. *Bourboin c Savard*, précité, note 3.

18. *McDowell c Wilcok*, (1907) 16 B.R. 459; *Whimbey c Clark*, (1902) 22 C.S. 453.

19. *Ferland c Boivin*, (1965) C.S. 215; *Kungl c The Great Reinsurance Company*, précité, note 3.

20. *Carstens c Bork*, précité, note 10.

21. *Tremblay c Regem*, (1936) 60 B.R. 306.

22. *The Minister of national Revenue c Thibault*, (1965) T.C.C. 88.

23. Voir en particulier l'arrêt *Dupuis c Couture*, (1958) C.S. 623 où le tribunal souscrivant à la théorie de la personnalité morale tronquée de la société commerciale actuelle, exige la mention de tous les associés au bref pour la validité du recours.

24. *Scott c Dufresne*, (1973) C.S. 31.

25. Voir par analogie: *Blitt c The Congregation Ajudath Acham of Sherbrooke*, (1926) 64 C.S. 303; *Lavergne c Club social de la Garnison du Québec*, (1917) 51 C.S. 349, (1917) 27 B.R. 37; *Barbeau c Fraternité des plombiers électriciens du Québec*, (1936) 74 C.S. 286; *Morin c Corporation de l'école de l'Esprit Saint*, JE 85-92 (CA).

26. *Lamarre c Damien Boileau Ltée*, (1953) R.C.S. 456, (1951) B.R. 387.

27. Précité, note 2.

28. *Idem.*

29. *Beaudoin-Daigneault c Richard*, (1984) 1 R.C.S. 2 «*pour s'assurer qu'il y a affectio societatis, s'il résulte des faits qu'il y a un ensemble de présomptions interdisant toute contestation sérieuse, encore bien que chacun d'entre eux pris isolément puisse laisser place à certain doute*» (p. 16) et voir au même effet *Desjarlais c Sénécal*, (1989) R.L. 557 (C.A.).

30. *Prince Consort Foundation c Blanchard*, (1991) R.J.Q. 1547 (C.A.); *Fortin c Lapointe*, (1985) C.P. 94, alors que le tribunal commente l'article 60 Cpc: «*On peut en déduire également une reconnaissance que l'Association peut assumer ses obligations, mais cela ne signifie pas que le contrat d'associaton fait naître une personne morale distincte de ses membres*». (p. 97); *Seafarer's International Union of North America (Canadian District) c Stern*, (1961) R.C.S. 682; *International Ladie Garment Workers Union c Rothman*, (1941) R.C.S. 388; *Society Brand Clothes Ltd c. Amalgamated Clothing Workers of America*, (1931) R.C.S.

321; Michel FILION, *Droit des associations*, Montréal: Y. Blais, 1986; Marcel LIZÉE, «*Deux fictions de droit corporatifs*», (1981) 43 R. du B. 649; James SMITH, «*La personnalité morale des regroupements non constitués en corporation*», (1978-79) 81 R. du N. 457 (p. 482).

31. Michel FILION, *op. cit.,* note 30.

32. *L.G Balfour Co. of Canada c Trépanier,* (1974) R.L. 333 (C.P.); *Cie France-Film c Guilde des musiciens de Montréal,* (1985) C.S. 1076; contra: *Racicot, Lassonde c Guilde des employés de Super Carnaval (Lévis)*, JE88-203 (C.S.).

33. *Fortin c Lapointe,* précité, note 30.

34. *Morin c. Corporation de l'école de l'Esprit Saint,* précité, note 25.

35. Voir à ce sujet, ci-dessus les remarques au sujet des membres qui s'immiscent dans l'administration.

36. *Fortin c Lapointe,* précité, note 30.

Table des matières

Le dépôt

Michel Deschamps*

En général, les dispositions du Code civil du Québec sur le contrat de dépôt ne modifient pas substantiellement le droit positif antérieur. Le législateur a modernisé le langage du Code civil du Bas-Canada et dans certains cas, il a codifié les réponses apportées par la jurisprudence à des interrogations suscitées par les dispositions antérieures. Ainsi, malgré l'article 1795 C.c.B.C. stipulant qu'«il est de l'essence du dépôt simple qu'il soit gratuit», on admettait que le dépôt puisse être rémunéré[1]. Le nouveau Code, s'ajustant à la pratique, reconnaît expressément que le contrat de dépôt peut être à titre onéreux.

Le chapitre sur le dépôt est divisé en quatre sections: le dépôt en général, le dépôt nécessaire, le dépôt hôtelier et le séquestre. Le texte qui suit reprendra donc cet ordre. Notons que la première section énonce les règles générales applicables au contrat de dépôt alors que les trois autres sections exposent des règles applicables à certains dépôts d'un type particulier.

I- Du dépôt en général

Nous verrons dans un premier temps les caractéristiques du contrat de dépôt, dans un second temps les obligations du dépositaire et dans un troisième temps, les obligations du déposant.

1. Dispositions générales

L'article 2280 C.c.Q. définit ainsi le dépôt:

> Le dépôt est le contrat par lequel une personne, le déposant, remet un bien meuble à une autre personne, le dépositaire, qui

---

* Avocat chez McCarthy Tétrault.

s'oblige à garder le bien pendant un certain temps et à le restituer.

Le dépôt est à titre gratuit; il peut, cependant, être à titre onéreux lorsque l'usage ou la convention le prévoit.

Pour nous permettre de dégager les caractéristiques du contrat de dépôt, l'article ci-dessus doit être complété par la lecture de l'article 2281 C.c.Q.:

La remise du bien est essentielle pour que le contrat de dépôt soit parfait.

La remise feinte suffit quand le dépositaire détient déjà le bien à un autre titre.

Ainsi, quatre éléments caractérisent le contrat de dépôt: la remise d'un bien, une obligation de garde, une obligation de restituer et la nature mobilière du bien.

1.1 La remise du bien

L'article 2281 C.c.Q. cité plus haut, prévoit que la remise (ou tradition) du bien est essentielle à la formation du dépôt. Le dépôt, tout comme en vertu du droit antérieur[2], demeure un contrat réel, dérogeant en cela au principe du consensualisme. Toutefois, le nouveau Code, à l'instar du Code civil du Bas-Canada, reconnaît la remise *feinte*, c'est-à-dire le fait pour une personne de conserver à titre de dépôt un objet dont elle avait la possession à un autre titre. Il en serait ainsi de valeurs mobilières mises en gage auprès d'un créancier et que le débiteur laisserait ensuite en dépôt chez le créancier après le remboursement de la dette.

1.2 L'obligation de garde

Le dépôt a pour but la garde du bien et c'est en cela qu'il se différencie d'autres contrats non-translatifs de propriété par lesquels un bien est remis par une personne à une autre. Ainsi, le dépôt se distingue du prêt à usage en ce que le but du prêt à usage est de permettre à l'emprunteur d'user du bien[3] et non d'en effectuer la garde.

Le contrat de garde de valeurs mobilières est un exemple moderne du contrat de dépôt: un courtier achète des titres pour le compte d'un client et ce dernier en confie ensuite la garde au courtier[4]. Remettre ses vêtements à une personne qui tient un vestiaire dans un restaurant constitue un autre exemple du contrat de dépôt.

La présence d'une obligation de garde dans un contrat n'est cependant pas suffisante pour en faire un dépôt. Plusieurs contrats comportent implicitement ou expressément une telle obligation, sans pour autant être des contrats de dépôt: citons le contrat de transport[5], le gage[6], le contrat de coffre-fort[7], etc. Pour qu'il y ait dépôt, la garde doit donc être le but du contrat plutôt que simplement faire partie des obligations de celui qui détient le bien.

Certains contrats soulèvent cependant des difficultés de qualification, soit que le contexte n'indique pas clairement une intention commune de garde, soit que l'idée de conservation du bien coexiste avec un autre objectif. Le contrat de stationnement est un exemple de la première hypothèse et le contrat de gestion de valeurs mobilières illustre la seconde hypothèse.

Le contrat de stationnement, à moins d'une entente au contraire, devrait en principe être considéré comme un bail d'espace (accompagné d'une obligation accessoire de garde de clés lorsque le client est tenu de remettre les clés du véhicule à un préposé). Toutefois, il peut ressortir du contexte, comme par exemple dans un hôtel, que l'objectif principal recherché par le client était la garde du véhicule et que l'hôtelier a accepté d'assumer cette obligation; selon les circonstances, les clauses préimprimées du billet de stationnement ne seront pas déterminantes de l'intention des parties.

Le contrat de gestion de valeurs mobilières comporte quant à lui l'idée de garde et l'idée de mandat. Lorsque la convention fait ainsi appel à des concepts appartenant à des contrats différents, certains cherchent à déterminer l'objectif principal des parties afin de qualifier la convention d'après cet objectif; d'autres affirment plutôt que la convention comporte alors plusieurs contrats[8]. Cette dernière solution est préférable, car elle est davantage conforme à l'intention des parties.

1.3 L'obligation de restitution

L'obligation de restitution du bien constitue la troisième caractéristique du contrat de dépôt et l'article 2286 C.c.Q. vient préciser que le dépositaire «doit rendre le bien même qu'il a reçu en dépôt». Cet article reprend en termes différents l'article 1804 C.c.B.C. qui énonçait que le dépositaire «doit rendre identiquement la chose qu'il a reçue en dépôt».

La doctrine fondée sur le Code civil du Bas-Canada et sur le Code civil français admet toutefois que les parties peuvent convenir que le dépositaire remettra une chose semblable et non la chose même; dans le cas d'un dépôt de choses fongibles, telle est souvent l'entente expresse ou tacite des parties. Ce dépôt est alors qualifié de *dépôt irrégulier*[9].

Rien dans le nouveau Code n'interdit la reconnaissance du dépôt irrégulier. Il s'agit donc d'un contrat innommé dont les caractéristiques sont les mêmes que le dépôt dit *régulier*, à l'exception de l'obligation de restituer qui portera non sur le bien déposé, mais sur un bien équivalent. Citons l'exemple du dépôt de titres chez un courtier, alors que le courtier peut inscrire les titres à son nom avec d'autres titres semblables déposés par d'autres clients; tel serait aussi le cas d'un dépôt de carburant dans un réservoir destiné à entreposer du carburant appartenant à plusieurs personnes[10].

Dans le même ordre d'idées, certains ont pensé à qualifier de dépôt irrégulier le dépôt en banque. Cette qualification n'a cependant pas été retenue par la doctrine et la jurisprudence québécoise[11]. En effet, de nos jours, le dépôt en banque n'est pas axé sur la garde des sommes déposées, du moins en ce qui concerne le banquier. De plus, l'examen de l'intention des parties au dépôt bancaire démontre que le contrat qu'elles entendent conclure ne correspond pas au contrat de dépôt du droit civil. Par ailleurs, le dépôt en banque présente les caractéristiques d'un prêt et la doctrine et la jurisprudence québécoise en ont conclu que le dépôt bancaire était un contrat de prêt[12]. Il n'y a aucune raison d'en arriver à une solution différente en vertu du Code civil du Québec.

1.4 Nature mobilière de la chose déposée

Le dépôt doit porter sur un bien meuble. Un contrat par lequel une personne, avant un voyage, confie à un tiers la garde d'un immeuble n'est pas un contrat de dépôt. Selon les circonstances, ce contrat devrait être qualifié de contrat de service ou de contrat de travail[13].

2. Les obligations du dépositaire

Les obligations du dépositaire sont de deux ordres: garder la chose et la remettre. Examinons l'une et l'autre.

2.1 L'obligation de garde

L'article 2283 C.c.Q. reprend l'idée que contenait l'article 1802 C.c.B.C. et énonce ce qui suit:

> Le dépositaire doit agir, dans la garde du bien, avec prudence et diligence; il ne peut se servir du bien sans la permission du déposant.

L'étendue de l'obligation de prudence et de diligence du dépositaire variera selon la nature de la chose déposée. L'usage pourra également servir à préciser l'intensité de cette obligation. Ainsi, un dépositaire professionnel devrait assurer le bien lorsqu'il existe un usage à cet effet chez des dépositaires de biens semblables.

Malgré les articles 2286 et 2289 C.c.Q. qui libèrent le dépositaire de son obligation de restituer si la chose a péri par force majeure, le dépositaire pourrait donc en certains cas être tenu aux dommages résultant d'une telle perte, s'il avait l'obligation d'assurer le bien contre le risque de l'événement ayant causé la perte du bien. La responsabilité du dépositaire résulterait alors, non pas de la non-restitution du bien, mais d'un manquement à son obligation de diligence.

En traitant de l'obligation de garde, le nouveau Code précise, tout comme le faisait le Code civil du Bas-Canada[14], que le dépositaire «ne peut se servir du bien sans la permission du déposant». Cet énoncé indique par ailleurs que le contrat ne cesse pas d'être un dépôt du seul fait que le dépositaire serait autorisé à se servir de la chose.

Dans cette hypothèse, on peut cependant se demander en quoi le dépôt se distinguerait d'un prêt à usage, si le dépôt est gratuit? En effet, le prêt à usage est un contrat à titre gratuit par lequel «le prêteur remet le bien à une autre personne, l'emprunteur, pour qu'il en use, à la charge de le lui rendre après un certain temps[15]».

L'examen du but principal recherché par les parties fournira la réponse à cette question et permettra de qualifier adéquatement l'entente des parties: si la garde est le but principal de la remise du bien, le contrat sera un dépôt et non un prêt à usage. Ainsi, il y a contrat de dépôt et non prêt à usage, lorsqu'un individu part en voyage et demande à un ami de garder sa voiture et ce, même si le voyageur permet au gardien de se servir à l'occasion du véhicule.

2.2 L'obligation de restitution

L'obligation de restitution du bien comporte quatre volets: le dépositaire ne peut exiger la preuve que le déposant était propriétaire du bien, le dépositaire est tenu de restituer le bien sur demande, le dépositaire doit rendre le bien même reçu en dépôt et le dépositaire est tenu de restituer les revenus perçus du bien. Ces questions seront maintenant examinées.

2.2.1 Le dépôt n'est pas subordonné à la propriété du bien

Tout d'abord, le dépositaire ne peut exiger la preuve que le déposant est propriétaire du bien[16]. Cette règle découle du fait que la propriété du bien n'est pas essentielle à la validité d'un contrat de dépôt: le dépôt est un contrat de garde et une personne peut avoir intérêt à s'assurer de la garde d'un bien dont elle n'est pas propriétaire.

2.2.2 Le dépositaire doit remettre le bien sur demande

L'article 2285 C.c.Q. prévoit que:

> Le dépositaire est tenu de restituer au déposant le bien déposé, dès que ce dernier le demande, alors même qu'un terme aurait été fixé pour la restitution.

Il peut, s'il a émis un reçu ou un autre titre qui constate le dépôt ou donne à celui qui le détient le droit de retirer le bien, exiger la remise de ce titre.

Cet article, qui reprend le droit antérieur[17], résulte de ce que le dépôt est fait pour l'avantage du déposant. Le droit conféré au déposant par cet article n'est d'ailleurs qu'une application des principes généraux que l'on retrouve au titre *Des obligations en général*. Dans le chapitre traitant des obligations à terme, on peut lire ce qui suit, à l'article 1511 C.c.Q.:

> Le terme profite au débiteur, sauf s'il résulte de la loi, de la volonté des parties ou des circonstances qu'il a été stipulé en faveur du créancier ou des deux parties.
>
> La partie au bénéfice exclusif de qui le terme est stipulé peut y renoncer, sans le consentement de l'autre partie.

Ainsi, le fait pour le dépositaire de demander la remise du bien avant terme équivaut à une renonciation au bénéfice du terme, ce que le dépositaire peut faire, puisque dans un contrat de dépôt, le terme est en effet présumé avoir été stipulé au bénéfice du dépositaire. L'article 2285 C.c.Q. n'étant toutefois qu'une application de l'article 1511 C.c.Q., il serait toujours loisible aux parties de convenir que le déposant ne pourra réclamer le bien avant l'expiration du terme.

Si le dépôt ne comporte pas de terme, une question différente se pose: le dépositaire sera-t-il tenu de garder le bien tant et aussi longtemps que le déposant ne le réclamera pas? Le fardeau du dépositaire pourrait alors être beaucoup plus onéreux qu'il ne le prévoyait lors du dépôt. Le chapitre sur le dépôt est silencieux sur cette question et il faut s'en reporter aux principes régissant les obligations à terme en général: le dépositaire pourra s'adresser au tribunal pour lui demander de fixer un terme...«en tenant compte de la nature de l'obligation, de la situation des parties et de toute circonstance appropriée[18]».

2.2.3 Le dépositaire doit rendre le bien même

L'article 2286 C.c.Q. énonce que «le dépositaire doit rendre le bien même reçu en dépôt». Cette règle découle de ce que le dépôt est un contrat de garde: puisque le déposant veut s'assurer de la garde d'un bien, c'est qu'il entend se faire remettre le même bien, et non un bien semblable.

Puisque cette règle est fondée sur la volonté présumée des parties, celles-ci peuvent y déroger et convenir que le dépositaire rendra une chose semblable. Il a été mentionné précédemment[19] que le contrat est alors qualifié de dépôt irrégulier. Dans le cas d'un dépôt irrégulier conférant au dépositaire la permission de se servir du bien, la doctrine souligne le problème de qualification que pose un tel dépôt. Comment le distinguer d'un contrat de prêt[20]? La difficulté se soulève avec davantage d'acuité si le dépôt porte sur des sommes d'argent. Dans le cas du dépôt bancaire, la doctrine et la jurisprudence québécoise ont d'ailleurs tranché en faveur du prêt[21].

2.2.4 Le dépositaire doit remettre les revenus du bien

Le dépositaire doit remettre «les fruits et les revenus qu'il a perçus sur le bien déposé». Cette règle, posée par l'article 2287 C.c.Q., découle du fait que le dépositaire n'est pas propriétaire du bien et elle exige peu de commentaires. Elle constitue cependant une autre illustration du bien-fondé de la qualification de *prêt* donnée au dépôt bancaire: lors d'un dépôt en banque, les parties n'entendent pas que la banque remette les revenus qu'elle a pu gagner avec les fonds déposés; inversement, la banque devra verser l'intérêt promis au client, même si elle a utilisé les fonds pour faire un prêt sur lequel elle n'aurait pas perçu d'intérêt.

L'article 2286 C.c.Q. soulève cependant la question de savoir si le dépositaire a l'obligation de percevoir les fruits ou revenus que peut produire le bien. En l'absence de convention en ce sens, il faut répondre négativement à cette question. En effet, le législateur énonce simplement que le dépositaire doit remettre les fruits et revenus perçus; imposer au dépositaire une obligation de percevoir les revenus du bien en ferait également un administrateur du bien[22], ce que n'est pas un dépositaire. Dans l'hypothèse d'un dépôt de titres chez un banquier ou un courtier, une solution plus nuancée s'impose, même si le contrat est silencieux quant à l'obligation du dépositaire de percevoir les revenus des titres. Selon les circonstances, l'usage commande

souvent que l'on interprète le contrat comme comportant tacitement une telle obligation[23].

2.3 Responsabilité du dépositaire au cas de non-restitution

L'article 2289 C.c.Q. énonce en ces termes la responsabilité du
dépositaire qui ne restitue pas le bien:

> Le dépositaire est tenu, si le dépôt est à titre gratuit, de la perte
> du bien déposé qui survient par sa faute; si le dépôt est à titre
> onéreux ou s'il a été exigé par le dépositaire, celui-ci est tenu
> de la perte du bien, à moins qu'il ne prouve la force majeure.

Cet article envisage deux hypothèses. Si le dépôt est à titre
onéreux ou a été exigé par le dépositaire, ce dernier a une
obligation de résultat et il n'est libéré que par la force majeure.
Dans les autres cas, le dépositaire n'est tenu que si la perte
survient par sa faute, c'est-à-dire si cette perte ne serait pas
survenue si le dépositaire avait apporté à la garde du bien la
prudence et la diligence requises par l'article 2283 C.c.Q.;
l'obligation du dépositaire est alors une obligation de moyen.

3. Les obligations du déposant

Les principales obligations du déposant sont énoncées à l'article
2293 C.c.Q.:

> Le déposant est tenu de rembourser au dépositaire les dépen-
> ses faites pour la conservation du bien, de l'indemniser de
> toute perte que le bien lui a causée et de lui verser la rému-
> nération convenue.
>
> Le dépositaire a le droit de retenir le bien déposé jusqu'au
> paiement.

Dans le cas où un dépositaire prudent se devrait d'assurer le
bien, les dépenses de conservation du bien comprendront les
primes d'assurance.

Le nouveau Code, à l'instar du Code civil du Bas-Canada[24],
accorde au dépositaire un droit de rétention pour les sommes
qui lui sont dues. On sait par ailleurs que le dépôt peut être fait
par une personne autre que le propriétaire du bien. Le droit de

rétention sera-t-il alors opposable au propriétaire? En principe, une réponse affirmative s'impose. Si en effet le législateur avait voulu limiter le droit de rétention au cas où le déposant est propriétaire du bien, le deuxième alinéa de l'article 2293 C.c.Q. n'aurait pas été nécessaire, puisque le dépositaire aurait de toute façon bénéficié d'un droit de rétention en vertu de l'article 1592 C.c.Q., qui s'applique à toutes les obligations en général:

> Toute partie qui, du consentement de son cocontractant, détient un bien appartenant à celui-ci a le droit de le retenir jusqu'au paiement total de la créance qu'elle a contre lui, lorsque sa créance est exigible et est intimement liée au bien qu'elle détient.

Si donc le législateur a réitéré au chapitre du dépôt que le dépositaire possédait un droit de rétention et qu'il n'a pas cette fois spécifié que le bien doit appartenir au déposant, il faut en déduire que cette exigence ne s'applique pas en matière de dépôt. D'ailleurs, une solution différente se concilierait mal avec l'article 2284 C.c.Q. qui énonce que «le dépositaire ne peut exiger du déposant la preuve qu'il est le propriétaire du bien déposé». Sous le Code civil du Bas-Canada, la doctrine concluait aussi que le droit de rétention était opposable au propriétaire, même si la chose avait été déposée par un tiers[25].

Par exception, le dépositaire ne saurait opposer son droit de rétention au propriétaire, si le fait d'accepter le bien en dépôt constitue de la part du dépositaire une faute à l'endroit du propriétaire.

Signalons enfin que, dans la mesure où les règles de la compensation s'appliqueraient par ailleurs[26], le dépositaire pourrait opposer la compensation à l'encontre d'une demande de restitution de dépôt. Tel serait le cas d'un dépositaire de sommes d'argent qui aurait prêté de l'argent au déposant. En effet, le nouveau Code ne contient plus la règle de l'article 1190 C.c.B.C. voulant que la compensation ne pouvait avoir lieu dans le cas «de la demande en restitution d'un dépôt[27]».

II- *Du dépôt nécessaire*

L'article 2295 C.c.Q. définit le dépôt nécessaire comme suit:

> Il y a dépôt nécessaire lorsqu'une personne est contrainte par une nécessité imprévue et pressante provenant d'un accident ou d'une force majeure de remettre à une autre la garde d'un bien.

Le législateur, à l'article 2297 C.c.Q., donne comme exemple du dépôt nécessaire le dépôt effectué dans un établissement de santé. On réfère notamment à la personne qui, à la suite d'un accident, est transportée d'urgence dans un hôpital et doit y déposer ses effets personnels.

Le dépôt nécessaire déroge au dépôt en général (et aux règles des contrats en général) en ce que le dépositaire ne peut refuser de contracter sauf, dit l'article 2296 C.c.Q., s'il a «un motif sérieux de le faire». En raison du caractère forcé du dépôt nécessaire, le dépositaire, selon l'article 2296 C.c.Q., «est tenu de la perte du bien, de la même manière qu'un dépositaire à titre gratuit».

III- *Du dépôt hôtelier*

En raison de la fréquence du dépôt hôtelier, le législateur a jugé approprié d'en traiter spécifiquement et une section du chapitre du dépôt est consacrée à ce type de dépôt. Notons que les règles du dépôt hôtelier s'appliquent uniquement à l'hôtelier et qu'un restaurateur n'est pas assimilé à un hôtelier. Le dépôt hôtelier a lieu lorsque l'hôtelier accepte effectivement des biens en dépôt et le contrat se forme alors de la même manière qu'un dépôt ordinaire. Toutefois, l'hôtelier sera de plus assimilé à un dépositaire des biens apportés par ses clients, même si les clients ne les lui ont pas effectivement remis[28]. Cette assimilation était nécessaire pour considérer l'hôtelier comme un dépositaire des biens apportés par un client dans une chambre d'hôtel, car en pareil cas, il n'y a pas à proprement parler de dépôt.

Par ailleurs, quant à certains biens, le nouveau Code applique à l'hôtelier une règle du dépôt nécessaire car, selon l'article 2299 C.c.Q., l'hôtelier est en général tenu d'accepter en dépôt «les documents, les espèces et les autres biens de valeur apportés par ses clients».

L'hôtelier est dans tous les cas considéré comme un dépositaire rémunéré. Sa responsabilité sera donc déterminée selon les règles du dépôt à titre onéreux, sous réserve des limites de montant suivantes: dix fois le prix quotidien du logement si la perte porte sur des biens apportés par le client mais non effectivement déposés auprès de l'hôtelier et cinquante fois ce prix, si la perte porte sur des biens effectivement déposés chez l'hôtelier[29]. Toutefois, ces limites ne recevront pas application dans les cas visés à l'article 2301 C.c.Q.:

> Malgré ce qui précède, la responsabilité de l'hôtelier est illimitée lorsque la perte d'un bien apporté par un client provient de la faute intentionnelle ou lourde de l'hôtelier ou d'une personne dont celui-ci est responsable.

> La responsabilité de l'hôtelier est encore illimitée lorsqu'il refuse le dépôt de biens qu'il est tenu d'accepter, ou lorsqu'il n'a pas pris les moyens nécessaires pour informer le client des limites de sa responsabilité.

Le législateur oblige l'hôtelier à afficher dans les salles et chambres de son établissement les articles du Code civil du Québec sur le dépôt hôtelier[30]. On ne peut cependant en déduire que l'hôtelier qui procède à cet affichage sera réputé avoir rempli le devoir d'information que lui impose le dernier alinéa de l'article 2301 C.c.Q. Selon les circonstances, cet affichage pourrait être considéré comme insuffisant.

L'hôtelier, tout comme le dépositaire ordinaire, possède un droit de rétention sur les biens dont il est dépositaire ou considéré comme tel. Ce droit garantit non seulement le prix du logement mais aussi les autres prestations fournies par l'hôtelier, comme par exemple les repas[31].

IV- Du séquestre

Le séquestre se distingue du dépôt ordinaire, notamment en ce qu'il porte sur un bien dont les parties se disputent la possession ou la propriété; de plus, le séquestre peut porter sur un bien meuble ou immeuble. L'article 2305 C.c.Q. définit le séquestre comme suit:

Le séquestre est le dépôt par lequel des personnes remettent un bien qu'elles se disputent entre les mains d'une autre personne de leur choix qui s'oblige à ne le restituer qu'à celle qui y aura droit, une fois la contestation terminée.

Les autres éléments distinctifs du séquestre sont les suivants. Tout d'abord, le «séquestre peut être constitué par l'autorité judiciaire»[32], auquel cas il cesse d'être un contrat (tout en restant soumis au chapitre du dépôt, en l'absence d'incompatibilité avec les dispositions pertinentes du Code de procédure civile). De plus, le séquestre a des obligations plus étendues qu'un simple dépositaire, car il devra aussi gérer l'immeuble[33]; il aura alors les pouvoirs d'une personne chargée de la simple administration du bien d'autrui[34], à moins que les parties ou le tribunal n'en décident autrement[35].

Notes

1. *St. Laurence Quick Service Garage Ltd.* c. *Davis*, [1956] B.R. 884. Il en est de même en droit français: *Juris-Classeur civil*, Dépôt, Fasc. A, n° 62.

2. Art. 1797 C.c.B.C.

3. Art. 2313 C.c.Q.

4. P. Malaurie et L. Aynès, *Les contrats spéciaux civils et commerciaux*, 5ᵉ éd., Éditions Cujas, Paris, 1991, p. 472; J. Vézian, *La responsabilité du banquier en droit privé français*, 3ᵉ éd., Librairies Techniques, Paris, 1983, p. 225.

5. Art. 2049 C.c.Q. Il faut cependant noter que le transporteur, après le transport, peut devenir dépositaire: art. 2048 C.c.Q.

6. Art. 2736 C.c.Q.

7. *Mastracchio* c. *Banque Canadienne Nationale*, [1962] R.C.S. 53; A.L. Stein, *The Safety Deposit Vault or Leased Metal Box: The Responsability of a Bank to its Customer*, (1972) 18 McGill L.J. 45; J.L. Rives-Langes et M. Contamine-Raynaud, *Droit bancaire*, 4ᵉ éd., Dalloz, Paris, 1986, p. 840.

8. *Juris-Classeur civil*, Dépôt, Fasc. A, n° 73.

9. P.B. Mignault, *Le droit civil canadien*, T. 8, Wilson & Lafleur, Montréal, 1980, p. 152; H. Roch et R. Paré, *Traité de droit civil du Québec*, T. 13, Wilson & Lafleur, Montréal, 1951, p. 270; *Juris-Classeur civil*, Dépôt, Fasc. A, n° 42.

10. Dans ces deux exemples, le dépôt irrégulier donnerait aussi lieu à la création d'une indivision.

11. M. Deschamps, *Les comptes en banque au Québec*, [1986] 65 R. du B. can. 75, p. 76.

12. L'article cité à la note précédente contient une analyse de cette question et une liste de la doctrine et de la jurisprudence pertinente.

13. Art. 2085 et 2098 C.c.Q.

14. Art. 1803 C.c.B.C.

15. Art. 2313 C.c.Q.

16. Art. 2284 C.c.Q.

17. Art. 1810 C.c.B.C.

18. Art. 1512 C.c.Q.

19. Voir note 9.

20. P. Malaurie et L. Aynès, note 4, p. 475.

21. Voir note 11.

22. Art. 1302 C.c.Q.

23. P. Malaurie et L. Aynès, note 4, p. 472.

24. Art. 1812 C.c.B.C.

25. H. Roch et R. Paré, note 9, p. 287.

26. Art. 1673 C.c.Q.

27. Sous le Code civil du Bas-Canada, on jugeait que cette règle ne s'appliquait pas au dépôt bancaire puisque ce dernier est un prêt, et non un dépôt; voir l'article cité à la note 11.

28. Art. 2298 C.c.Q.

29. Il s'agit ici du prix affiché. Notons aussi que les biens déposés par le client dans un coffre-fort de sa chambre sont considérés comme des biens apportés par le client avec lui, et non déposés auprès de l'hôtelier: art. 2300 C.c.Q.

30. Art. 2304 C.c.Q.

31. Art. 2302 C.c.Q.

32. Art. 2311 C.c.Q.

33. Art. 2310 C.c.Q.

34. Art. 1301 et ss. C.c.Q.

35. Art. 2308 C.c.Q.

Table des matières

Le prêt

*Michel Deschamps**

Tout comme au chapitre du dépôt, le législateur n'a pas modifié de façon significative le droit antérieur relatif au contrat de prêt. On a toutefois modernisé les concepts; de plus, la structure des dispositions sur le contrat de prêt a été simplifiée. Le Code civil du Bas-Canada connaissait le prêt à usage (ou commodat), le prêt de consommation et le prêt à intérêt; le prêt à intérêt n'était en réalité qu'une variante du prêt de consommation. Le Code civil du Québec prévoit deux catégories de prêt: le prêt à usage, qui est un contrat à titre gratuit aux termes duquel le prêteur reste propriétaire de la chose, et le simple prêt, aux termes duquel l'emprunteur devient propriétaire du bien prêté, à charge de remettre un bien semblable. Le simple prêt correspond au prêt de consommation du Code civil du Bas-Canada et il peut être à titre onéreux ou à titre gratuit. Le prêt d'argent est le meilleur exemple du simple prêt.

La principale innovation, par rapport au droit antérieur, est l'introduction en matière de prêt d'argent de la notion de lésion entre majeurs[1]. Une notion similaire existait toutefois dans le Code civil du Bas-Canada, puisque l'article 1040c permettait au tribunal de réduire ou d'annuler les obligations monétaires découlant d'un prêt d'argent, lorsqu'il jugeait qu'elles rendaient «le coût du prêt excessif et l'opération abusive et exorbitante».

Le texte qui suit reprendra l'ordre des sections du Code civil du Québec sur le prêt: les différentes espèces de prêt et leur nature, le prêt à usage et le simple prêt.

---

* Avocat chez McCarthy Tétrault.

I - *Des espèces de prêt et de leur nature*

Comme on vient de le mentionner, le Code distingue deux espèces de prêt: le prêt à usage et le simple prêt.

Le prêt à usage est défini comme suit à l'article 2313 C.c.Q.:

> Le prêt à usage est le contrat à titre gratuit par lequel une personne, le prêteur, remet un bien à une autre personne, l'emprunteur, pour qu'il en use, à la charge de le lui rendre après un certain temps.

Le prêt à usage est donc un contrat de bienfaisance puisqu'il est fait à titre gratuit. Il se distingue du dépôt gratuit en ce que le bien déposé est alors remis au dépositaire pour l'avantage du déposant; au contraire, dans un prêt à usage, le bien est remis à l'emprunteur pour l'avantage de ce dernier.

L'article 2313 C.c.Q., de même que les dispositions particulières au prêt à usage, ne spécifient pas que l'emprunteur doit remettre le bien même. Cette règle est cependant implicite de la définition du prêt à usage et c'est d'ailleurs ce qui distingue principalement un tel prêt du simple prêt. Par ailleurs, le nouveau Code ne contient pas de dispositions similaires à l'article 1762 C.c.B.C. qui énonçait que le prêt à usage portait sur «des choses dont on peut user sans les détruire». Bien qu'un prêt portant sur des choses qui se consomment en les utilisant sera en général un simple prêt, on peut concevoir un prêt à usage portant sur des choses consomptibles, si les parties ont convenu que l'emprunteur en ferait un usage autre que celui de les consommer. On peut penser à des bouteilles de vin qui seraient prêtées pour les fins d'une exposition.

Le prêt à usage, tout comme le bail, a pour but de permettre l'utilisation de la chose par la personne à qui elle est remise. C'est donc le caractère gratuit du prêt à usage qui le distingue du bail. Notons toutefois que le prêt à usage, tout comme le bail, peut porter sur un bien meuble ou immeuble. Le Code n'exige pas, contrairement au dépôt[2], que le prêt porte sur une chose mobilière.

Le simple prêt, quant à lui, est défini à l'article 2314 C.c.Q.:

> Le simple prêt est le contrat par lequel le prêteur remet une certaine quantité d'argent ou d'autres biens qui se consomment par l'usage à l'emprunteur, qui s'oblige à lui en rendre autant, de même espèce et qualité, après un certain temps.

Le simple prêt se caractérise donc par le fait que l'emprunteur doit rendre des biens de même espèce et qualité que les biens prêtés, et non pas les biens prêtés eux-mêmes. Le prêt d'argent est l'exemple par excellence du simple prêt puisque des sommes d'argent se consomment par l'utilisation que l'on en fait, de sorte que l'emprunteur ne pourrait, comme dans le prêt à usage, rendre les sommes mêmes qui lui ont été prêtées. Il doit plutôt en rendre une quantité identique.

Nous avons vu que le prêt à usage est toujours à titre gratuit. Le simple prêt, quant à lui, peut être à titre gratuit ou à titre onéreux. Il est cependant présumé à titre gratuit, sauf s'il s'agit d'un prêt d'argent, auquel cas il est présumé fait à titre onéreux[3].

Soulignons aussi que le prêt, qu'il soit un prêt à usage ou un simple prêt, est un contrat réel, et non un contrat consensuel. La remise du bien est donc essentielle à la formation du contrat de prêt. Ce principe n'est pas énoncé aussi clairement que dans le cas du dépôt[4], mais il découle des définitions que le nouveau Code donne du prêt à usage et du simple prêt: dans les deux cas, on y lit qu'il s'agit d'un «contrat ... par lequel ... le prêteur remet» un bien ou une quantité d'argent[5].

Le contrat de prêt n'existe donc qu'à partir du moment où la chose est remise à l'emprunteur. Avant cette époque, il n'y a pas de prêt.

Malgré les termes utilisés, on ne saurait donc, sur le plan juridique, qualifier de prêt une entente par laquelle une personne s'engage envers une autre à lui prêter une somme d'argent; l'ouverture de crédit accordée par un banquier à son client constitue un bon exemple d'une telle entente. Cette entente, bien qu'étant un contrat, ne deviendra un contrat de prêt que si des sommes sont effectivement décaissées; avant ce décaissement, l'entente constituera plutôt une promesse de prêt.

Quelle est alors la force obligatoire d'une promesse de prêt, si le promettant fait défaut d'avancer les fonds. Cette promesse étant un contrat, on pourrait croire que le bénéficiaire de la promesse (c'est-à-dire l'emprunteur éventuel) a droit d'exiger que le promettant (c'est-à-dire, le prêteur éventuel) exécute sa promesse. En effet, dans la majorité des cas, rien ne s'objecterait à ce que le bénéficiaire de la promesse puisse demander l'exécution en nature de l'obligation contractée par le promettant[6].

Le législateur en a décidé autrement et l'article 2316 C.c.Q. refuse au bénéficiaire de la promesse le droit d'exiger l'exécution en nature:

> La promesse de prêter ne confère au bénéficiaire de la promesse, à défaut par le promettant de l'exécuter, que le droit de réclamer des dommages-intérêts de ce dernier.

II- Du prêt à usage

Les dispositions relatives au prêt à usage portent essentiellement sur des obligations de l'emprunteur; en effet, un contrat de prêt n'impose que très peu d'obligations au prêteur. Vu le caractère réel du contrat de prêt, ceci se comprend aisément: la livraison de la chose est considérée comme une condition de validité du contrat, et non comme une obligation du prêteur. Les obligations résiduelles du prêteur sont donc peu étendues. Nous en traiterons donc brièvement, et nous nous attacherons ensuite aux obligations de l'emprunteur, qui sont quant à elles plus importantes.

1. Les obligations du prêteur

Les obligations du prêteur sont de deux ordres: une obligation de renseignement et une obligation relative aux dépenses de conservation du bien.

Le nouveau Code énonce à l'article 2321 C.c.Q. l'obligation de renseignement du prêteur:

Le prêteur qui connaissait les vices cachés du bien prêté et n'en a pas averti l'emprunteur, est tenu de réparer le préjudice qui en résulte pour ce dernier.

Cette disposition n'est en fait qu'une application du principe général voulant que «toute personne a le devoir de respecter les règles de conduite qui, suivant les circonstances, les usages ou la loi, s'imposent à elle, de manière à ne pas causer préjudice à autrui»[7].

Le prêteur a aussi l'obligation de rembourser à l'emprunteur les «dépenses nécessaires et urgentes faites pour la conservation du bien»[8]. Cette obligation du prêteur se comprend aisément. On ne doit cependant pas confondre les dépenses nécessaires à la conservation du bien et les dépenses résultant de l'utilisation du bien. Ces dernières dépenses sont à la charge de l'emprunteur, puisqu'elles sont un corollaire de son droit d'utiliser le bien[9].

Si le prêteur ne rembourse pas les dépenses nécessaires et urgentes faites par l'emprunteur, ce dernier peut retenir le bien. Ce droit de rétention découle tant du principe général de l'article 1592 C.c.Q. que l'on retrouve au titre *Des obligations en général* que de la disposition particulière contenue à l'article 2324 C.c.Q.:

> L'emprunteur ne peut retenir le bien pour ce que le prêteur lui doit, à moins que la dette ne consiste en une dépense nécessaire et urgente faite pour la conservation du bien.

Comme on le constate, ce droit de rétention ne pourrait garantir une autre dette que le prêteur devrait à l'emprunteur. Dans le cas où la chose n'appartenait pas au prêteur, le droit de rétention pourrait-il être opposé au propriétaire qui revendiquerait la chose? La logique le commande, puisqu'il serait injuste que le propriétaire puisse reprendre le bien, sans que l'emprunteur puisse lui opposer les dépenses qui étaient nécessaires à la conservation du bien. L'analyse des textes mène à la même conclusion: il n'est pas essentiel à la validité d'un prêt à usage que le prêteur soit propriétaire de la chose[10]; en conséquence, le droit de rétention devrait donc porter sur tout bien prêté, que le prêteur en soit ou non propriétaire. De plus, contrairement à l'article 1592 C.c.Q. qui traite du droit de rétention en général, l'article 2324 C.c.Q. cité ci-dessus ne pose pas comme condition au droit de rétention de l'emprunteur que le bien appartienne au prêteur.

Par exception, une solution différente s'imposerait si l'emprunteur savait que le prêteur non-propriétaire commet une faute à l'endroit du propriétaire en prêtant le bien; l'emprunteur participerait alors à cette faute en acceptant la chose, et il ne devrait donc pas être admis à opposer un droit de rétention au propriétaire.

2. Les obligations de l'emprunteur

2.1 L'obligation de garde

L'emprunteur, tout comme le dépositaire[11], «est tenu, quant à la garde et à la conservation du bien prêté, d'agir avec prudence et diligence[12]». Toutefois, même si le législateur utilise les mêmes termes qu'au chapitre du dépôt, le devoir de diligence de l'emprunteur est moins intense que celui du dépositaire, au niveau des dépenses que l'emprunteur pourrait être tenu de faire pour conserver le bien. Il découle du texte de l'article 2320 C.c.Q. que l'emprunteur n'est tenu qu'à des dépenses nécessaires et urgentes, puisque ce n'est que de ces dépenses qu'il est en droit de se faire rembourser; on ne saurait en effet prétendre que l'emprunteur a l'obligation de faire des dépenses de conservation dont il ne pourrait se faire rembourser. Au chapitre du dépôt, par contre, le législateur permet au dépositaire d'être remboursé pour toutes les dépenses faites pour la conservation du bien[13] et il faut donc en déduire que le devoir de diligence du dépositaire l'oblige à faire toutes les dépenses nécessaires à cette fin, même si celles-ci ne peuvent être qualifiées d'urgentes[14].

2.2 L'obligation de restitution

La principale obligation de l'emprunteur est de rendre le bien. Deux aspects de cette obligation doivent être considérés: quand l'emprunteur doit-il remettre le bien et qui supporte le risque de perte du bien?

Le Code est silencieux sur l'époque à laquelle le bien doit être remis. Dans le cas où le contrat comporte un terme, il faut donc s'en remettre au titre *Des obligations en général* et dire que le bien doit en principe être rendu à l'échéance du terme[15]. Si aucun terme n'a été fixé, il faut déduire de l'article 2319 C.c.Q. que l'emprunteur doit remettre le bien après avoir «cessé d'en avoir besoin»; dans la mesure toutefois où l'emprunteur a discrétion pour décider du besoin qu'il a du bien, le prêteur pourrait, après l'expiration d'un délai raisonnable, demander au tribunal de fixer un terme[16]. Enfin, si l'emprunteur doit remettre le bien lorsque le prêteur lui en fait la demande, le prêteur ne pourrait faire cette demande immédiatement après avoir consenti le prêt: par définition, le prêt à usage implique que l'emprunteur doit pouvoir user de la chose «pendant un certain temps[17]».

Toutefois, si le prêt est à terme ou pour le temps dont l'emprunteur a besoin de la chose, on permet au prêteur de la réclamer avant l'échéance du terme ou avant que l'emprunteur ait cessé d'en avoir besoin lorsque le prêteur «en a lui-même un besoin urgent et imprévu[18]». Le prêt à usage étant un contrat de bienfaisance, le législateur juge que l'intérêt du prêteur doit en pareil cas primer l'intérêt de l'emprunteur.

Traitons maintenant des risques de perte. En principe, et puisque l'emprunteur n'est pas propriétaire de la chose, la perte ne sera pas supportée par lui. Cette règle cesse toutefois de s'appliquer si la perte résulte d'un manquement à l'obligation de garde et de conservation de l'emprunteur.

Le Code nous donne quelques exemples de situations où la perte est réputée résulter d'un manquement à l'obligation de conservation de l'emprunteur.

Tout d'abord, l'emprunteur sera tenu de la perte s'il n'use pas du bien conformément à ce qui avait été convenu. L'obligation de conservation de l'emprunteur implique en effet qu'il «ne peut se servir du bien prêté que pour l'usage auquel ce bien est destiné[19]». Par voie de conséquence, l'article 2322 C.c.Q. énonce ce qui suit:

> L'emprunteur n'est pas tenu de la perte du bien qui résulte de l'usage pour lequel il est prêté.

> Cependant, s'il emploie le bien à un usage autre que celui auquel il est destiné ou pour un temps plus long qu'il ne le

devait, il est tenu de la perte, même si celle-ci résulte d'une force majeure, sauf dans le cas où la perte se serait, de toute façon, produite en raison de cette force majeure.

L'article 2323 C.c.Q. fournit un autre exemple d'une situation où l'emprunteur a manqué à son devoir de conservation et où on le tient responsable de la perte:

> Si le bien prêté périt par force majeure, alors que l'emprunteur pouvait le protéger en employant le sien propre, ou si, ne pouvant en sauver qu'un, il a préféré le sien, il est tenu de la perte.

III- Du simple prêt

1. Les obligations du prêteur

L'article 2328 C.c.Q. nous dit que le prêteur est ici «tenu, de la même manière que le prêteur à usage, du préjudice causé par les défauts ou les vices du bien prêté». Devant cet énoncé, on peut cependant s'interroger sur les motifs qui ont amené le législateur à utiliser des termes différents de ceux que l'on retrouve dans l'article correspondant du prêt à usage: dans ce dernier cas, l'article 2321 C.c.Q. parle des «vices cachés du bien prêté», plutôt que des «défauts ou ... vices du bien prêté». L'article 2328 C.c.Q. référant à l'article 2321 C.c.Q., la logique commande que les deux dispositions soient interprétées de la même manière et que la primauté soit accordée à l'article 2321.

2. Les obligations de l'emprunteur

Comme le simple prêt porte sur de l'argent ou des choses qui se consomment par l'usage, le prêteur ne peut rester propriétaire de l'argent ou des choses prêtées. Conformément au droit antérieur[20], l'emprunteur devient donc propriétaire de la chose et, par voie de conséquence, il supporte les risques de perte. Ces principes sont énoncés en ces termes par l'article 2327 C.c.Q.:

> Par le simple prêt, l'emprunteur devient le propriétaire du bien prêté et il en assume, dès la remise, les risques de perte.

Comme il a été mentionné au chapitre du dépôt, un dépôt bancaire est qualifié de prêt, sur le plan juridique. Si un client dépose des sommes à la banque et que celle-ci se les fait voler immédiatement après les avoir reçues en dépôt, la perte tombera sur la banque, et non sur le client; le vol ne saurait décharger la banque de son obligation de rembourser le client.

L'obligation de remboursement de l'emprunteur doit être examinée sous deux aspects: l'objet de cette obligation et l'époque de son exigibilité.

2.1 L'objet de l'obligation de remboursement

L'objet de l'obligation de l'emprunteur est exprimé par l'article 2329 C.c.Q.:

> L'emprunteur est tenu de rendre la même quantité et qualité de biens qu'il a reçue et rien de plus, quelle que soit l'augmentation ou la diminution de leur prix.
>
> Si le prêt porte sur une somme d'argent, il n'est tenu de rendre que la somme nominale reçue, malgré toute variation de valeur du numéraire.

L'emprunteur ayant normalement utilisé les sommes ou biens empruntés et comme le simple prêt porte sur des biens se consommant par l'utilisation que l'on en fait, il en découle que l'emprunteur n'a pas à rendre les sommes ou biens mêmes empruntés; il doit plutôt en rendre la même qualité et quantité.

L'article 2329 C.c.Q., conformément au droit antérieur[21], prévoit qu'une variation dans la valeur du bien ou des sommes empruntées ne modifie pas le *quantum* de l'obligation de l'emprunteur. Cette disposition n'est toutefois pas d'ordre public et il serait possible de stipuler, par une clause d'indexation, que le remboursement sera déterminé selon la valeur des biens ou des sommes à la date fixée pour le remboursement.

Dans le cas du prêt d'argent, l'article 2330 C.c.Q. comporte une disposition que l'on ne retrouvait pas dans le Code civil du Bas-Canada. Cet article 2330 se lit comme suit:

Le prêt d'une somme d'argent porte intérêt à compter de la remise de la somme à l'emprunteur.

Sous le droit antérieur, un prêt d'argent ne portait intérêt que si les parties en avaient convenu ainsi. Dorénavant, une entente en ce sens sera donc nécessaire si l'on ne désire pas que le prêt porte intérêt[22]. Quant au taux de l'intérêt, l'article 1565 C.c.Q. nous dit que «les intérêts se paient au taux convenu ou, à défaut, au taux légal».

Signalons qu'un prêt d'argent ne cesserait pas d'être un prêt du fait que les parties auraient convenu que le prêteur recevrait une rémunération additionnelle à l'intérêt ou une autre rémunération, à la place de l'intérêt. Ainsi, il pourrait être stipulé que l'emprunteur, en sus ou au lieu des intérêts, paiera au prêteur une portion des bénéfices réalisés par un investissement effectué au moyen de la somme prêtée[23]. Un tel prêt, couramment appelé prêt participatif, ne fait pas du prêteur un associé de l'emprunteur, car on n'y retrouve pas l'intention de former une société[24]. La participation aux bénéfices accordée au prêteur ne découle pas ici d'une entente par laquelle les parties ont décidé d'exploiter en commun une entreprise; cette participation a plutôt pour but de rémunérer le prêteur pour les sommes prêtées[25].

2.2 L'exigibilité de l'obligation de remboursement

Les dispositions sur le simple prêt sont silencieuses quant à l'époque où l'emprunteur doit rembourser le prêt. On appliquera donc ici les principes contenus au titre *Des obligations en général*, et le prêt pourra être remboursable sur demande, ou lors de l'arrivée du terme convenu.

Dans le cas d'un prêt à demande, rappelons que le prêteur, tout comme dans le cas du prêt à usage, ne pourrait pas demander le remboursement du prêt immédiatement après l'avoir consenti. La définition du simple prêt implique en effet que l'emprunteur doit pouvoir utiliser les sommes ou biens prêtées «pendant un certain temps[26]». Reconnaître au prêteur le droit de demander paiement dans les minutes suivant l'octroi du prêt irait à l'encontre du but du contrat de prêt.

Sous le Code civil du Bas-Canada, il était de plus admis que le prêteur qui requiert le paiement d'un prêt à demande ne peut en général considérer le débiteur en défaut avant l'expiration d'un délai raisonnable[27]. Le Code civil du Québec a codifié ce principe, en l'appliquant de manière générale à toutes les obligations. L'article 1595 C.c.Q., qui se trouve dans le titre *Des obligations en général*, énonce en effet ce qui suit:

> La demande extrajudiciaire par laquelle le créancier met son débiteur en demeure doit être faite par écrit.
>
> Elle doit accorder au débiteur un délai d'exécution suffisant, eu égard à la nature de l'obligation et aux circonstances; autrement, le débiteur peut toujours l'exécuter dans un délai raisonnable à compter de la demande.

Quelle doit cependant être la longueur du délai raisonnable, dans le cas d'un prêt à demande? L'article 1595 C.c.Q. cité plus haut prévoit que le délai s'apprécie ... «eu égard à la nature de l'obligation et aux circonstances». La nature de l'obligation étant ici un prêt, il y a lieu de penser que le délai doit donner à l'emprunteur le temps de pouvoir s'exécuter. Quant aux circonstances dont parle cet article 1595, elles comprendront notamment le risque supporté par le prêteur en raison du délai. Examinons brièvement ces deux idées[28].

La première idée repose sur la prémisse qu'une personne emprunte parce qu'elle n'a pas elle-même les sommes ou les biens faisant l'objet du prêt. Le simple prêt permettant à l'emprunteur de «consommer» les sommes ou biens empruntés, il faut alors en déduire, dans le cas d'un prêt à demande, que les parties entendent que l'emprunteur aura un certain temps pour s'exécuter lorsque le prêteur demandera paiement. Puisque les parties savaient que l'objet du prêt serait probablement «consommé» au moment où la demande de remboursement serait faite, on peut présumer que les parties ont voulu que l'emprunteur aurait un délai suffisant pour chercher à satisfaire à la demande et tenter d'obtenir les sommes ou biens destinés au remboursement. Dans la pratique, la longueur du délai devrait donc être fonction du temps dont un emprunteur diligent aurait besoin pour essayer de trouver les sommes ou biens nécessaires au remboursement. Ainsi, dans le cas d'un prêt d'argent, il faudrait déterminer le temps requis pour tenter trouver les argents nécessaires, en utilisant la source de fonds la plus rapidement accessible; dans bien des cas, celle-ci sera un nouvel emprunt, et le délai raisonnable devrait alors correspondre au délai que prendrait un autre prêteur pour prendre la décision d'accorder ou non le nouvel emprunt, en assumant que le nouveau prêteur procède avec célérité.

La seconde idée résulte de l'examen des circonstances que l'article 1595 C.c.Q. nous invite à considérer pour déterminer la longueur du délai; nous avons mentionné que ces circonstances comprenaient sûrement le fait que le délai ne doit pas accroître le risque du prêteur; ceci se constate particulièrement dans le cas des prêts bancaires, où l'intention des parties n'est certes pas que l'octroi du délai entraîne une aggravation du risque couru par le banquier. Si le délai normalement requis pour tenter de trouver les fonds augmentait de façon indue le risque du prêteur, il serait alors permis d'abréger ce délai, et parfois de façon considérable. Dans le même ordre d'idées, selon l'article 1597 C.c.Q., aucun délai n'aura à être donné si le débiteur ... «a clairement manifesté au créancier son intention de n pas exécuter l'obligation». Cet article, qui se trouve au titre *Des obligations en général*, doit recevoir application en matière de prêt, puisqu'il n'y a pas lieu de faire courir au prêteur le risque du délai, si l'emprunteur a déjà indiqué qu'il ne s'exécuterait pas.

La notion de délai raisonnable se soulève surtout lors d'un prêt à demande. Qu'en est-il en matière de prêt à terme? L'emprunteur a-t-il néanmoins droit à un délai raisonnable, après l'expiration du terme? Si l'on s'en tenait exclusivement à la recherche de l'intention des parties, une réponse négative s'imposerait probablement: les parties ont prévu à l'avance la date de remboursement, et l'emprunteur sait qu'il doit faire le nécessaire pour trouver les fonds à la date fixée. En raison toutefois de l'article 1594 C.c.Q., l'emprunteur ne sera constitué en demeure que s'il ressort clairement du contrat que l'arrivée du terme aura cet effet; autrement, le prêteur devra malgré tout adresser une demande de paiement à l'emprunteur et ce dernier aura également un délai raisonnable pour payer, avant de pouvoir être considéré en défaut. Comme nous venons de le mentionner, le délai devrait alors être plus court, puisque, de par le caractère du prêt, l'emprunteur connaissait déjà la date où il devait trouver les fonds.

L'emprunteur d'un simple prêt peut-il rembourser avant échéance, sans le consentement du prêteur? L'article 1511 C.c.Q. énonce ce qui suit:

> Le terme profite au débiteur, sauf s'il résulte de la loi, de la volonté des parties ou des circonstances qu'il a été stipulé en faveur du créancier ou des deux parties.
>
> La partie au bénéfice exclusif de qui le terme est stipulé peut y renoncer, sans le consentement de l'autre partie.

Dans le cas d'un prêt à intérêt, on estime que le terme est stipulé dans l'intérêt des deux parties, de sorte que l'emprunteur ne pourrait forcer le prêteur à recevoir son dû avant l'échéance[29].

3. La lésion en matière de prêt d'argent

En terminant, il faut souligner la principale innovation apportée par le législateur aux dispositions sur le contrat de prêt. En matière de prêt d'argent, tout emprunteur[30] pourra invoquer lésion, et non seulement un mineur ou un majeur protégé. L'article 2332 C.c.Q. énonce en effet ce qui suit:

> Lorsque le prêt porte sur une somme d'argent, le tribunal peut prononcer la nullité du contrat, ordonner la réduction des obligations qui en découlent ou, encore, réviser les modalités de leur exécution dans la mesure où il juge, eu égard au risque et à toutes les circonstances, qu'il y a eu lésion à l'égard de l'une des parties.

La lésion dont il s'agit est définie au premier alinéa de l'article 1406 C.c.Q.:

> La lésion résulte de l'exploitation de l'une des parties par l'autre, qui entraîne une disproportion importante entre les prestations des parties; le fait même qu'il y ait disproportion importante fait présumer l'exploitation.

L'article 1040c C.c.B.C. permettait déjà au tribunal de réduire ou annuler les obligations monétaires découlant d'un prêt d'argent, dans la mesure où... «eu égard au risque et à toutes les circonstances» ... elles rendaient ... «le coût du prêt excessif et l'opération abusive et exorbitante». Bien que les articles 1406 et 2332 C.c.Q. ont une portée légèrement plus large que l'article 1040c C.c.B.C., la jurisprudence ayant interprété ce dernier article conservera en bonne partie son actualité sous le nouveau Code[31].

Notes

1. Art. 2332 C.c.Q.; voir l'art. 1406 C.c.Q. pour la définition de la lésion.
2. Art. 2280 C.c.Q.
3. Art. 2315 C.c.Q.
4. Art. 2281 C.c.Q. Cet article reconnaît aussi en matière de dépôt que la remise feinte est suffisante à la formation du dépôt. Le chapitre du prêt ne comporte pas de disposition semblable, mais la même solution doit être admise en matière de prêt. Le droit antérieur était d'ailleurs en ce sens: *Simoneau c. Roy*, (1965) R.L. 193; *Béton Québec Inc. c. Thorne Riddell*, (1986) R.J.Q. 1532 (C.A.). La même solution est admise en France: *Répertoire de droit civil*, 2e éd., Dalloz, sous Novation, au n° 33.
5. Art. 2313 et 2314 C.c.Q. Le droit antérieur était au même effet: art. 1763 et 1777 C.c.B.C.; voir P.B. Mignault, *Le droit civil canadien*, T. 8, Wilson & Lafleur, Montréal, 1909, p. 106; *Hamel c. Assurance-Vie Desjardins*, J.E. 87-64 (C.A.). Il en est de même en droit français: *Répertoire de droit civil*, 2e éd., Dalloz, sous Prêt, au n° 42.
6. Art. 1590 et 1601 C.c.Q. Cette question a déjà fait l'objet d'un débat en France: *Répertoire de droit civil*, 2e éd., Dalloz, sous Prêt, au n° 46.
7. Art. 1457 C.c.Q.
8. Art. 2320 C.c.Q.
9. Art. 2320 C.c.Q., deuxième alinéa.
10. Le Code civil du Québec n'exige pas en effet que le prêteur soit propriétaire de la chose prêtée. Sous le Code civil du Bas-Canada, la doctrine était également en ce sens: P.B. Mignault, note 5, p. 109. En France, on considère aussi que la chose peut être prêtée par une personne qui n'en est pas propriétaire: H.L. et J. Mazeaud, *Leçons de droit civil*, T. 3, 5e éd., Éditions Montchrestien, Paris, 1980, p. 892.
11. Art. 2283 C.c.Q.
12. Art. 2317 C.c.Q.
13. Art. 2293 C.c.Q.
14. Par exemple, un dépositaire professionnel rémunéré aura souvent l'obligation de faire assurer le bien; dans le cas d'un prêt à usage, une telle obligation ne devrait pas être imposée à l'emprunteur.
15. Art. 1513 C.c.Q.
16. Art. 1512 C.c.Q.
17. Art. 2313 C.c.Q.

18. Art. 2319 C.c.Q.

19. Art. 2318 C.c.Q.

20. Art. 1778 C.c.B.C.

21. Art. 1779 et 1780 C.c.B.C.

22. Cette entente n'aura toutefois pas besoin d'être expresse; elle pourra en certains cas découler de l'usage ou se déduire des circonstances.

23. P. Malaurie et L. Aynès, *Les contrats spéciaux civils et commerciaux*, 5e éd., Éditions Cujas, Paris, 1991, p. 927.

24. Art. 2186 et 2250 C.c.Q.

25. La *Loi sur la faillite*, (L.R.C. 1985, c. 13-3) prévoit cependant à l'article 139 que la réclamation du prêteur participatif prend rang après les réclamations de tous les autres créanciers de l'emprunteur; on l'assimile en quelque sorte à un associé. La jurisprudence a cependant admis que le prêt participatif peut valablement être garanti par une sûreté sur les biens de l'emprunteur, auquel cas l'article 139 de la *Loi sur la faillite* n'empêchera pas le prêteur participatif de faire valoir sa sûreté à l'encontre des autres créanciers de l'emprunteur: *Sukloff* c. *A.H. Rushforth & Co. Ltd.*, (1964) R.C.S. 459.

26. Art. 2314 C.c.Q.

27. *Banque Nationale du Canada* c. *Houle*, (1990) 3 R.C.S. 122. Il en est de même en *common law*: *R.E. Lister Limited* c. *Dunlop Canada*, (1982) 1 R.C.S. 726; *Kavcar Investments Ltd.* c. *Aetna Financial Services*, 1989 (62) D.L.R. 4e éd., 277.

28. Pour des développements sur ces questions, voir: M. Deschamps, *La responsabilité du banquier dans un contexte d'entreprise en difficulté*, Recueil des conférences du congrès annuel du Barreau du Québec (1991), p. 182.

29. *Bousquet* c. *Compagnie du Trust National*, J.E. 83-1005 (C.S.); H.L. et J. Mazeaud, note 10, p. 916. Voir cependant: *Banque Royale* c. *Locations Lutex Ltée*, J.E. 86-233 (C.A.) relativement aux droits du prêteur qui accepterait malgré tout de recevoir les fonds, mais qui notifierait en même temps l'emprunteur qu'il réserve ses recours.

30. Il ne serait pas inconcevable, en certaines circonstances particulières, que le prêt puisse plutôt être lésionnaire pour le prêteur.

31. *Restaurants La Nouvelle-Orléans* c. *Roynat Ltée*, [1976] C.A. 557, confirmé par [1978] 1 R.C.S. 969; *Boutin* c. *Corporation de Finance Belvédère*, [1970] C.A. 389; *Simard* c. *Royer*, [1978] C.A. 219; *Fribourg Investment Inc.* c. *Savage*, [1970] C.A. 612; *Drummond* c. *Canadian Consumers Loan & Finance*, [1975] C.S. 819.

Table des matières

Les dispositions du nouveau Code civil du Québec, relatives au cautionnement

*Louise Poudrier-LeBel**

Introduction

1. Depuis plus d'un demi-siècle, la sûreté qu'est le cautionnement, connaît une vogue nouvelle. Avec le développement de la société industrielle, son emploi devient de plus en plus fréquent. Il s'explique d'abord par la facilité de sa création, l'absence de formalisme et de frais et son efficacité en cas de faillite du débiteur principal. S'ajoute à cette première cause d'expansion, la tendance des grands créanciers comme les banques prêteuses, à exiger un engagement personnel des principaux dirigeants d'une entreprise. Une autre forme de cautionnement a aussi fait son apparition en raison de l'importance des sommes à garantir, le cautionnement par compagnie d'assurance, principalement dans le domaine de la construction.

2. Le développement du contentieux s'ensuivit. Les cautions appelées à payer la dette soulevèrent l'extinction du cautionnement par la perte de leur qualité d'actionnaires ou tentèrent de soulever l'exception de subrogation, souvent vainement en raison de leur renonciation à ce moyen particulier de défense. Mais les tribunaux réagirent contre les abus des créanciers en sanctionnant leur comportement fautif dans la réalisation des garanties réelles. Ce développement jurisprudentiel trouve sa source première dans l'affaire *Banque Nationale c. Soucisse*[1]. Émerge ainsi de ce courant libérateur, une conception plus large de la nécessité de protéger certains droits.

* Professeure titulaire à l'Université Laval.

3. En adoptant le nouveau Code civil, le législateur québécois, qui n'avait procédé à aucune modification des règles du cautionnement depuis 1866, a répondu partiellement aux attentes des cautions. La volonté de protéger les droits de la caution inspire la réforme. Elle impose une obligation d'information au créancier et elle écarte la possibilité de renoncer à l'avance à ce droit ainsi qu'au bénéfice de subrogation. Le nouveau Code prononce l'extinction du cautionnement suite au décès de la caution et accorde un recours avant paiement en cas d'augmentation sensible des risques. Enfin, il permet de mettre fin au cautionnement, dans des circonstances déterminées, après un certain temps. Ce sont là les points principaux de la réforme. Le législateur apporta aussi d'autres changements mineurs et reformula les dispositions du Code. Ces modifications soulèveront des problèmes d'interprétation.

4. Pour une meilleure compréhension de la matière, nous passerons en revue toutes les règles relatives au cautionnement contenues au chapitre 13 du Code civil en y intégrant les autres règles qui les complètent. Nous tiendrons compte des variations de textes à partir du Code civil du Bas-Canada aux recommandations des rédacteurs du Rapport de l'Office de révision du Code civil jusqu'à l'Avant-projet de loi et du Projet de loi 125. Même si les changements sont peu nombreux, leur mention peut aider à l'analyse des textes.

Section I: «Nature, objet, étendue»

1. *Définition et classification*, **articles 2333 et 2334 C.c.Q.**

5. L'article 2333 est ainsi rédigé:

> Le cautionnement est le contrat par lequel une personne, la caution, s'oblige envers le créancier, gratuitement ou contre rémunération, à exécuter l'obligation du débiteur si celui-ci n'y satisfait pas.

Le législateur améliore la définition du cautionnement de deux façons. D'abord, il le qualifie de **contrat** au lieu d'acte comme à l'article 1929 C.c.B.C., ce qui est plus conforme à la nature juridique de tout cautionnement qu'il soit conventionnel, légal ou judiciaire. Ensuite, en admettant que le cautionnement puisse être **rémunéré**, le législateur reconnaît officiellement cette qualification à ces cautionnements habituellement fournis par les compagnies d'assurance[2].

6. À l'article 2334 C.c.B.C., le législateur distingue les trois sortes de cautionnement, conventionnel, légal, judiciaire, dans une phraséologie corrigée par rapport à l'article 1930 C.c.B.C. On peut noter cependant que les règles propres aux cautionnements légaux ou judiciaires (articles 1962 à 1966 C.c.B.C., solvabilité, remplacement, bénéfice de discussion) ont été intégrées aux dispositions pertinentes.

2. *Conditions de formation*, articles 2335 à 2341 C.c.Q.

A) *Capacité et consentement, articles 2335 et 2336 C.c.Q.*

7. Le cautionnement est soumis aux règles générales sur la capacité de contracter[3]. Le consentement de la caution doit être exprès selon l'article 2335 C.c.Q. qui reprend le début du texte de l'article 1935 C.c.B.C. Le législateur n'a pas retenu la recommandation de l'O.R.C.C. de l'assujettir à un écrit (article 848). Cette lacune n'est pas lourde de conséquence puisqu'en pratique, un écrit est signé le plus souvent. Cependant le cautionnement verbal soulève un problème de preuve. Un cautionnement entaché d'un vice de consentement sera annulable selon les règles générales contenues aux articles 1398 à 1409 C.c.Q.

B) *Solvabilité et domicile, articles 2337 et 2339 C.c.Q.*

8. L'article 2337 modifie la façon d'apprécier la solvabilité de la caution. Celle-ci doit **avoir et maintenir des biens suffisants** pour répondre de l'objet de l'obligation. L'expression «biens suffisants» inclut tant les biens meubles que les biens immeubles. Le **tribunal** peut être appelé à trancher le litige sur la suffisance des biens selon l'article 2339 C.c.Q. La règle concernant le domicile n'est pas changée. Le manquement à l'une ou l'autre de ces conditions oblige le débiteur principal à donner une autre caution. Cette règle ne s'applique pas lorsque le créancier a exigé pour caution une personne déterminée.

C) Substitution de garantie.

9. L'article 2338 C.c.Q. prévoit que «le débiteur tenu de fournir caution légale ou judiciaire, peut donner à la place **une autre sûreté suffisante** dont la suffisance pourra être tranchée par le tribunal (article 2339 C.c.Q.). Ce nouvel article a une portée plus grande que celle de l'article 1963 C.c.B.C. qui ne prévoyait que la constitution d'un nantissement ou gage. Outre le dépôt d'une somme d'argent, pourront être offertes une hypothèque mobilière ou immobilière, une garantie à première demande, etC..L'on notera le déplacement de cet article à la première section des règles sur le cautionnement. Le législateur écarta la recommandation de l'O.R.C.C. (article 850) de permettre la substitution de garantie pour tout cautionnement, ce qui aurait inclus le cautionnement conventionnel. La solution retenue par le législateur semble juste car elle respecte la force obligatoire des contrats en n'obligeant pas le créancier à détenir un gage ou à se plier à la procédure de réalisation d'une hypothèque. Rien n'empêche les parties, d'un commun accord, de recourir à une sûreté réelle; cette possibilité n'a pas à être prévue par le législateur.

D) Validité de l'obligation principale, principe et exceptions, articles 2340 et 2357 C.c.Q.

a) Principe

10. En raison de son caractère de contrat accessoire, le cautionnement n'est valable que si l'obligation principale l'est elle-même. L'article 2340 al.1 C.c.Q. reprend ici le texte de l'article 1932 al. 1 C.c.B.C. Pour leur part, les rédacteurs du Rapport de l'O.R.C.C. n'avaient pas jugé bon d'énoncer ce principe[4].

b) Exceptions

11. À ce principe, le législateur apporte deux exceptions: le cautionnement d'une obligation dont le débiteur peut se faire décharger en invoquant son incapacité et le cautionnement d'une obligation naturelle. Assez curieusement, le législateur a, pour la première exception seulement, prévu une condition d'application et traité du recours en remboursement. Il convient aussi de noter les variations de texte durant le processus législatif[5]. Nous étudierons séparément les deux exceptions.

i) Le cautionnement de l'obligation dont le débiteur peut se faire décharger en invoquant son **incapacité**

12. La nouvelle rédaction de cette exception est à la fois plus restreinte et plus large que celle que nous connaissions auparavant. Plus restreinte car elle supprime les mots «exception purement personnelle» qui auraient pu inclure le vice de consentement[6]. Plus large, car elle **couvre l'incapacité et non seulement la minorité.** Ce changement fut fait à la demande du Barreau pour inclure les incapacités de certaines corporations[7].

En ajoutant «**à la condition d'en avoir la connaissance**», le législateur limite la portée de l'exception. Cette condition, généralement exigée dans la doctrine française, est peu discutée dans la doctrine québécoise[8]. L'article 2357 accorde à la caution un recours en **remboursement** contre le débiteur dans la mesure de son enrichissement. Il pourra en découler un problème d'évaluation du montant.

ii) Le cautionnement d'une obligation naturelle

13. La deuxième exception se rapporte au cautionnement d'une obligation naturelle. Disparu dans la version de l'Avant-projet, ce cas réapparaît dans celle du Projet de loi. Tel que rédigé, l'article **ne semble pas exiger la connaissance de la nature particulière de l'obligation principale.** Le nouveau code demeure aussi silencieux quant à l'octroi d'un recours en **remboursement.** Il est à prévoir que les tribunaux appliqueront *mutatis mutandis* les règles déjà expliquées pour la première exception en voyant un oubli du législateur.

3. *Étendue et interprétation*

A) *Étendue, articles 2341 à 2344 C.c.Q.*

14. Les articles 2341 à 2344 C.c.Q. relatifs à l'étendue du cautionnement, reprennent **textuellement ou presque**[9] les articles 1933, 1935 et 1936 C.c.B.C. L'article 2341 affirme le caractère accessoire du cautionnement; il ne peut excéder ce qui est dû par le débiteur, ni être contracté sous des conditions plus onéreuses; le cautionnement qui ne respecte pas ces exigences est réductible à la mesure de l'obligation principale. Selon l'article

2344: «Le cautionnement d'une obligation principale s'étend à tous les accessoires de la dette, même aux frais de la première demande et à tous ceux qui sont postérieurs à la dénonciation qui en est faite à la caution.» Par contre, selon l'article 2342, «Le cautionnement peut être contracté pour une partie de l'obligation principale seulement et à des conditions moins onéreuses.» En aucun cas, selon l'article 2343, il ne peut être étendu au-delà des limites dans lesquelles il a été contracté.

B) Interprétation, articles 1435 à 1438 C.c.Q.

15. Les règles d'interprétation contenues au titre I du Livre sur les obligations s'appliqueront au cautionnement. Les règles générales, que nous connaissons, sont reprises mais avec deux ajouts[10]. À l'article 1426 C.c.Q., le législateur codifie la règle jurisprudentielle[11] dont s'autorisent les juges pour prendre connaissance d'éléments extérieurs au texte même du contrat. Aux usages[12], il ajoute la **nature du contrat, les circonstances dans lesquelles il a été conclu, ainsi que l'interprétation donnée par les parties ou même reçue.** Étant donné qu'un cautionnement est souvent en pratique un contrat d'adhésion[13], les cautions invoqueront le principe d'interprétation propre à ces contrats. Selon l'article 1432:

> Dans le doute, le contrat s'interprète en faveur de celui qui a contracté l'obligation et contre celui qui l'a stipulée. Dans tous les cas, il s'interprète en faveur de l'adhérent ou du consommateur.

On aura reconnu le texte de l'article 1019 C.c.B.C., auquel s'ajoute maintenant un énoncé de principe.

16. D'autres dispositions sur le **contrat d'adhésion**, contenues aux règles générales sur les effets du contrat, pourront peut-être être soulevées avec succès par les cautions. Si le contrat de cautionnement renvoie à une **clause externe**, celle-ci doit être **portée à la connaissance** de la caution sinon, elle est nulle[14]. Le libellé de l'article 1435 C.c.Q. permet d'établir une comparaison avec l'obligation pour l'assureur de notifier une divergence[15]. Le contentieux sur le nouvel article soulèvera-t-il autant de controverse[16]? Que constitue une clause externe? Le cautionnement d'un prêt réfère toujours au contrat de prêt lui-même, les modalités doivent-elles en être expliquées à la caution? La remise du contrat principal à la caution répond-elle à l'exigence de «porter expressément à la connaissance...de la partie qui y adhère?» Le défaut de se conformer à cette exigence entraîne la nullité de la clause. Cette sanction est plus sévère que celle prévue à l'article 33 de la *Loi sur la protection du consommateur* pour le défaut de remettre une copie du contrat. L'article 1435 C.c.Q. prévoit une exception: «à moins que l'autre partie ne prouve que...l'adhérent en avait par ailleurs connaissance». Ce sera le cas notamment lorsque la caution revêtera aussi la qualité de dirigeant de l'entreprise.

17. L'utilisation de techniques jadis réservées au droit de la consommation augmentera la protection des droits de la caution. L'article 1436 C.c.Q. prévoit que:

> Dans un contrat de consommation ou d'adhésion, **la clause illisible ou incompréhensible** pour une personne raisonnable est nulle si le consommateur ou la partie qui y adhère en souffre préjudice, à moins que l'autre partie ne prouve que des explications adéquates sur la nature et l'étendue de la clause ont été données au consommateur ou à l'adhérent.

De plus, l'article 1437 édicte que:

> **La clause abusive** d'un contrat de consommation ou d'adhésion est nulle ou l'obligation qui en découle, réductible. Est abusive toute clause qui désavantage le consommateur ou l'adhérent d'une manière excessive et déraisonnable, allant ainsi à l'encontre de ce qu'exige la bonne foi; est abusive, notamment, la clause si éloignée des obligations essentielles qui découlent des règles gouvernant habituellement le contrat qu'elle dénature celui-ci.

Section II: *«Des effets du cautionnement»*

18. Le Code traite d'abord des effets du cautionnement entre le créancier et la caution puis entre le débiteur et la caution et enfin entre les cautions. Entre le créancier et la caution, deux changements majeurs apparaissent: l'obligation d'information imposée au créancier (article 2345 C.c.Q.) et l'interdiction de renoncer d'avance à ce droit ou au bénéfice de subrogation (article 2355 C.c.Q.). L'interprétation de la nouvelle rédaction des articles relatifs aux bénéfices de discussion et de division pourra causer problème. Le Code modifie les cas d'ouverture du recours avant paiement de la caution contre le débiteur (article 2359). Enfin, signalons la disparition du terme «cofidéjusseur».

Sous-section I: Les effets entre le créancier et la caution, articles 2345 à 2356 C.c.Q.

1. Le droit de renseignement de la caution, articles 2345 et 2355 C.c.Q.

19. À la suite de l'affaire *Soucisse*, pour se dégager de leurs engagements, les cautions tentèrent de reprocher aux créanciers un manquement à un devoir d'information. La jurisprudence se montra défavorable à l'imposition d'un devoir général d'information mais sanctionna l'inexécution de l'obligation assumée dans le contrat de fournir certaines informations[17]. C'est cette règle pondérée que codifie l'article 2345 C.c.Q.:

> Le créancier est tenu de fournir à la caution, sur sa demande, tout renseignement utile sur le contenu et les modalités de l'obligation principale et sur l'état de son exécution.

20. Cet article **oblige seulement à répondre à une demande de renseignement** formulée par la caution, soit au moment de la formation du contrat, soit en cours d'exécution. Selon l'article 2355, la caution **ne peut renoncer d'avance au «droit à l'information»**. On aura remarqué le changement de terminologie du législateur. Le droit de renseignement n'est que le droit pour la caution d'obtenir des réponses à ses questions alors que le droit à l'information devrait être celui d'obtenir des informations sans que celles-ci aient été sollicitées. Dans ses commentaires sur l'article 2331 du Projet de loi 125, le ministre de la justice affirme que les droits suisse et français comportent un «droit à l'information». Ce droit diffère fortement de celui que prévoit notre Code[18]. La confusion entre ces deux notions conduit le ministre à donner des exemples non appropriés d'application de cet article. Selon lui, le créancier, qui doit agir avec bonne foi et loyauté, devrait avertir du défaut de paiement des primes d'assurance ou du retard dans le paiement du capital. En vertu du texte même de cet article, le créancier n'a pas à prendre l'initiative d'informer la caution.

21. Les renseignements visés par l'article 2345 C.c.Q. ne comprennent que ceux relatifs au contenu et aux modalités de l'obligation principale ainsi qu'à l'état de son exécution. La caution d'une marge de crédit peut certes s'enquérir de la fréquence d'utilisation, du total des avances, des dates d'échéance, de la périodicité des remboursements. Les questions doivent se rapporter à l'obligation garantie et non à l'état général d'endettement du débiteur. La portée de ce texte est moins grande que celle que préconisait l'Avant-projet. Celui-ci comportait en plus la mention suivantes «ainsi que sur les faits qu'il connaît et qui peuvent porter préjudice à la caution[19]». A-t-on voulu écarter une question piège: «Connaissez-vous des faits susceptibles de me porter préjudice?» ou encore a-t-on prévu des difficultés d'application face au secret bancaire?

22. L'article 2345 C.c.Q. n'impose pas un devoir général d'information. Cependant, on pourrait déceler un devoir ponctuel d'information à l'article 1435 C.c.Q. qui oblige le créancier à un contrat d'adhésion, à indiquer la clause externe[20]. En cas de réalisation des garanties réelles, on peut aussi s'interroger sur l'existence d'une obligation d'aviser la caution en raison de la teneur de l'article 2757 C.c.Q.[21]. L'expression «cette autre personne contre laquelle il entend exercer son droit» signifie-t-elle une autre personne tenue hypothécairement ou toute autre personne tenue même personnellement à la dette mais dont les droits sont affectés par l'exercice de l'hypothèque? Comment la caution, tiers intéressé, peut-elle remédier au défaut selon l'article 2761 C.c.Q.[22] si elle n'est pas avisée? Cependant, on peut aussi prétendre que cet article n'énonce qu'une règle générale du paiement[23].

2. Les bénéfices de discussion et de division, articles 2347 à 2353 C.c.Q.)

A) Définition et critique du choix du législateur

23. Le bénéfice de discussion, ouvert à la caution conventionnelle ou légale, consiste en la faculté pour celle-ci d'exiger que le créancier exécute d'abord l'obligation contre les biens du débiteur principal. Le bénéfice de division se définit comme le droit pour la caution poursuivie pour le tout, de demander que le créancier réduise le montant réclamé à sa part dans la dette.

24. En pratique, une clause du cautionnement écarte ces bénéfices. Il aurait été préférable que le législateur n'ignore pas cette réalité. D'ailleurs le Rapport de l'O.R.C.C. ne laissait subsister le bénéfice de discussion que si une stipulation au contrat l'accordait[24]. À l'encontre de cette recommandation, le ministre de la Justice, dans la première version des commentaires, prétend que: «la réalité économique justement, démontre que la caution n'est pas toujours dans une position stratégique lui permettant de négocier avec le créancier une clause de bénéfice de discussion[25]». C'est oublier que généralement le créancier rédige d'avance le contrat de cautionnement et, impose la renonciation à ces bénéfices. On aurait mieux protégé la caution en obligeant le créancier à procéder à la réalisation des garanties réelles avant de s'adresser à elle[26]. Le législateur ayant choisi de maintenir les bénéfices, il faut maintenant étudier les possibilités d'exclusion mentionnées au Code.

B) Les exclusions

25. La nouvelle formulation des exclusions, conforme à l'enseignement doctrinal, contredit néanmoins la jurisprudence. Les variations de rédaction durant le processus législatif comportent des changements substantiels. Le résultat final est fort différent de ce que nous connaissions auparavant.

a) L'état du droit avant la réforme

26. Sous le Code civil du Bas-Canada, la renonciation conventionnelle à ces bénéfices constitue la première cause d'exclusion. La deuxième, la solidarité, est traitée différemment par la doctrine et la jurisprudence. Les auteurs enseignent que cette modalité du cautionnement prive la caution des doubles bénéfices de discussion et de division[27]. Par contre, selon la Cour d'appel, la solidarité seule, découlant du caractère commercial d'une affaire, fait perdre le bénéfice de discussion[28] mais non le bénéfice de division[29]. Pour la première fois, étaient mises en évidence les différences de rédaction des exclusions aux articles 1941 C.c.B.C., deux exceptions pour le bénéfice de discussion, et 1946 C.c.B.C., une seule exception pour le bénéfice de division. Le nouveau code reconnaît deux exceptions à chacun des bénéfices.

b) La renonciation expresse

27. L'article 2347 C.c.Q. exclut le bénéfice de discussion en cas de **renonciation expresse à ce droit**. L'article 2349 C.c.Q. est au même effet pour le bénéfice de division. L'ajout du mot «expresse» qualifie maintenant la renonciation. Cette modification est conforme à la décision de la Cour d'appel dans *Canadian Petroleum*[30]. L'on ne pourra plus prétendre que la solidarité, découlant du caractère commercial de l'affaire, constituerait une renonciation tacite au bénéfice de division[31].

c) La qualification de caution solidaire ou de codébiteur solidaire

28. L'article 2352 C.c.Q. énonce que:

> Lorsque la caution s'oblige, avec le débiteur principal, en prenant la qualification de caution solidaire ou de codébiteur solidaire, elle ne peut plus invoquer les bénéfices de discussion et de division; les effets de son engagement se règlent par les principes établis pour les dettes solidaires, dans la mesure où ils sont compatibles avec la nature du cautionnement.

29. La solidarité maintenant exclut les deux bénéfices. Les rédactions antérieures différaient. La mention «en prenant la qualification de caution ou de codébiteur solidaire» apparaît pour la première fois dans l'Avant-projet, mais la solidarité en ce cas n'écarte que le bénéfice de discussion[32]. Cette solution s'alignait sur les deux décisions déjà mentionnées[33]. Par contre, le Projet de loi 125 n'est pas aussi clair; l'on peut prétendre qu'il maintient les solutions jurisprudentielles[34]. Un amendement fut proposé dans le sens préconisé par le Barreau[35], pour inclure, avant la référence à l'application des règles de la solidarité, «elle ne peut invoquer les bénéfices de discussion et de division». L'exclusion découlant de la solidarité vise clairement les deux bénéfices. C'est là un changement important.

30. Il faut maintenant déterminer comment une caution prend la qualification de caution solidaire ou de codébiteur solidaire. La solidarité procède de la convention ou de la loi. Dans le premier cas, une clause expresse s'avère nécessaire. Le nouveau Code augmente ici les possibilités de création de solidarité puisqu'elle est «présumée entre les débiteurs d'une obligation contractée pour le service ou l'exploitation d'une entreprise[36]. Sans égard à la source de la solidarité, celle-ci entraîne la perte des deux bénéfices. Le dernier membre de phrase de l'article 2352 C.c.Q. se comprenait aisément lorsque, comme dans l'Avant-projet, la solidarité n'excluait pas le bénéfice de division.

C) Formalités

31. L'exercice du bénéfice de discussion continue à être soumis aux mêmes formalités: demande expresse, indication des biens et avance des frais sont maintenues avec quelques modifications. Bien que les termes **«sur les premières poursuites dirigées contre elles»** de l'article 1942 C.c.B.C. soient disparus, le moyen procédural demeurant le même, il est vraisemblable que le changement n'entraîne pas de conséquence, ainsi que le «présume» le Barreau dans son mémoire.

32. Selon la version préliminaire des commentaires du ministre de la Justice, l'expression **«biens saisissables»** de l'article 2334 du P.L. 125, qui correspond à l'article 2348 C.c.Q., couvre plus de possibilités que celles mentionnées à l'article 1943 C.c.B.C. Elle s'étendrait aux biens situés hors du Bas-Canada et aux biens litigieux, mais probablement pas aux «biens hypothéqués à la dette et qui ne sont plus en la possession du débiteur» car ces biens ne sont plus des biens «du débiteur principal». En pratique, la modification, si modification il y a, sera de peu d'importance. L'article 172 C.P.C. continuera à régir l'exercice du bénéfice de division.

D) Effets

33. L'article 2348 C.c.Q. al. 2, traite de l'effet du bénéfice de discussion; l'article 2350 C.c.Q. de celui du bénéfice de division.

3. Les moyens de défense, articles 2353 et 2355 C.c.Q.

A) Affirmation du caractère accessoire du cautionnement.

34. L'article 2353 C.c.Q. énonce que:

> La caution, même qualifiée de solidaire, peut opposer au créancier tous les moyens que pouvait opposer le débiteur principal, sauf ceux qui sont purement personnels à ce dernier ou qui sont exclus par les termes de son engagement.

35. Le législateur tire ici les conséquences du caractère accessoire du cautionnement auquel il prévoit deux exceptions. Il reprend donc la règle de l'article 1958 C.c.B.C. d'après laquelle la caution peut opposer au créancier les mêmes moyens que le débiteur principal. **Le changement de terminologie**, «moyens de défense» pour «exceptions» correspond à la mode actuelle. **La disparition de l'expression «et qui sont inhérentes à la dette»** peut même clarifier le sens de l'article.

36. Seront donc opposables au créancier, les moyens jadis qualifiés d'inhérents à la dette; c'est-à-dire ceux qui se rapportent à l'obligation elle-même et qui entraînent l'extinction comme le paiement, la dation en paiement, la novation[37], la remise au débiteur et la prescription. Pourront aussi être invoqués sous cet article, les moyens jadis qualifiés de personnels, qui ont pour effet soit de réduire, soit d'éteindre l'obligation du débiteur principal comme la compensation[38] et la confusion[39].

Nous croyons aussi que la nullité du cautionnement provoquée par un vice de consentement chez le débiteur principal peut être soulevée avec succès par la caution. Nous en discutons au point suivant, car parfois, l'on prétend qu'il s'agit d'un moyen purement personnel.

B) Première exception: les moyens de défense purement personnels.

37. La caution ne peut soulever les moyens de défense purement personnels. Que comprend cette expression qui se trouve aussi à l'article 1530 C.c.Q. relatif aux moyens de défense du codébiteur solidaire? À première vue, on serait porté à croire qu'elle inclut le vice de consentement. Les auteurs dénient au codébiteur solidaire le droit de soulever cette cause de nullité[40].

Par contre, ils le permettent à la caution, même solidaire[41]. L'ajout du terme **solidaire** après le mot «caution» écarte la controverse française pour celle-ci[42]. En l'absence de jurisprudence significative au Québec, nous préférons l'enseignement unanime de la doctrine québécoise. Pour contrer toute difficulté d'interprétation, le créancier pourrait se protéger en incluant une clause par laquelle la caution renonce à soulever ce moyen de défense. La validité d'une telle clause se trouve couverte par la deuxième exception prévue à l'article 2353, «les moyens de défense exclus par les termes de son engagement». L'interdiction de clauses de renonciation ne vise que le droit à l'information et au bénéfice de subrogation[43]. L'article 2340 C.c.Q. qui énonce que le cautionnement ne peut exister que pour une obligation valable n'est pas d'ordre public.

38. Par contre, les moyens de défense purement personnels visent sûrement la minorité et l'incapacité, mais dans la mesure seulement où la caution n'a pas assumé son engagement malgré sa connaissance de cette cause de nullité. Encore ici, une clause de renonciation au droit de soulever la nullité resterait possible. L'exception ne peut viser le terme ou la condition plus favorables accordés au débiteur principal car l'obligation de la caution ne peut être plus onéreuse que celle du débiteur principal[44].

C) Deuxième exception: les moyens de défense **exclus** par les termes de son engagement.

39. Cette deuxième exception est de droit nouveau. Le législateur a probablement tenu compte de la pratique, spécialement dans le domaine bancaire. Il n'est pas rare de voir à l'acte de cautionnement une clause ainsi rédigée:

> Ce cautionnement restera valable — nonobstant tout vice de fond ou de forme, tout excès, abus ou absence de pouvoir ou toute autre cause quelconque entachant de nullité, totale ou partielle, les dettes et obligations du client et celles de toute autre personne responsable avec ou pour lui envers la Banque.

40. Le législateur reconnaît la validité d'une telle clause de renonciation à soulever un moyen de défense qu'aurait pu faire valoir le débiteur principal. Nous avons traité plus haut de la possibilité d'inclure une telle clause pour protéger le créancier contre la nullité pouvant découler d'un vice de consentement ou d'une incapacité. La caution peut aussi convenir de d'autres renonciations. Toutefois, elle ne peut renoncer au droit à l'information ni au bénéfice de subrogation.

D) Interdiction de renonciation à certains moyens de défense

41. L'article 2355 C.c.Q. **prohibe la renonciation à l'avance au droit à l'information**, tel que défini par l'article 2345, **ainsi qu'au bénéfice de subrogation.** Cette expression comprend ce que nous appellions jadis l'exception de subrogation[45], que le Code reconnaît maintenant à l'article 2365, parmi les articles relatifs à la «fin» du cautionnement. L'interdiction ne vise que les renonciations à ces droits, faites à l'avance. On doit conclure à la validité en principe des autres renonciations, qu'elles interviennent à l'égard de droits d'une nature différente ou encore vis-à-vis ces droits, mais postérieurement à la fourniture du cautionnement. L'Avant-projet de loi était à la fois plus explicite et plus restrictif. L'article 2426 correspondant à l'article 2345 C.c.Q. débutait ainsi: «La renonciation de la caution aux droits que lui confère la loi ou le contrat est valide, à moins que le créancier ne soit de mauvaise foi ou n'abuse de ses droits». Il est vraisemblable, que même en l'absence d'un texte législatif au chapitre du cautionnement, les tribunaux continueront à intervenir pour sanctionner une conduite abusive[46].

4. La prorogation du terme et la déchéance du terme

42. Le Code maintient la règle voulant que la prorogation du terme ne décharge pas la caution. Cependant, il traite, pour la première fois, de l'effet pour la caution de la déchéance du terme encourue par le débiteur principal. Rejetant une décision de la Cour d'appel[47], le législateur pose une nouvelle règle: **la déchéance du terme encourue par le débiteur principal produit ses effets à l'égard de la caution.** Celle-ci connaîtra ainsi un sort moins favorable que le débiteur solidaire[48].

Sous-section II: Les effets entre le débiteur et la caution

1. Le recours en remboursement, *articles 2356 à 2359*

A) Les bases du recours

43. Le paiement par la caution opère le transfert des droits du créancier contre le débiteur. C'est un cas de subrogation légale en vertu de l'article 1656 al. 3 C.c.Q. Si la caution n'a effectué qu'un paiement partiel, le créancier aura priorité[49]. Le transfert des droits par subrogation est si intimement lié à la nature du cautionnement que le législateur prohibe toute clause de renonciation à l'avance à ce bénéfice[50] et sanctionne la conduite du créancier qui ferait perdre des droits à la caution[51]. Le recours contre le débiteur peut constituer aussi en une action personnelle, ceci ressort de l'article traitant du montant du recours en remboursement et qui accorde en outre des dommages-intérêts. L'équité fonde le recours en remboursement de la caution qui, connaissant ce fait, s'est portée garante d'un incapable.

B) Le montant du recours

44. L'article 2356 C.c.Q. reprend substantiellement les articles 1948 et 1949 C.c.B.C. en explicitant, dans le cas d'un cautionnement fourni à la connaissance du débiteur principal, que des **dommages-intérêts s'ajoutent pour la réparation de tout préjudice qu'elle a subi en raison du cautionnement**. Une nouveauté se trouve à l'article 2357 C.c.B.C. qui règle le recours en remboursement d'une caution qui a volontairement assumé la dette d'un **incapable**[52]. Son recours se limite à **l'enrichissement** du débiteur principal.

C) Exceptions

45. Tout comme dans l'ancien Code, le législateur prévoit deux exceptions au recours en remboursement. L'article 2358 C.c.Q. prévoit que:

> La caution qui a payé une dette n'a point de recours contre le débiteur principal qui l'a payée ultérieurement, lorsqu'elle ne l'a pas averti du paiement.
>
> Celle qui a payé sans avertir le débiteur principal n'a point de recours contre lui si, au moment du paiement, le débiteur avait

des moyens pour faire déclarer la dette éteinte. Elle n'a dans les mêmes circonstances, de recours que pour la somme que le débiteur aurait pu être appelé à payer, dans la mesure où ce dernier pouvait opposer au créancier d'autres moyens pour faire réduire la dette.

Dans tous les cas, la caution conserve son action en répétition contre le créancier.

46. On note au deuxième alinéa, la **disparition des mots «sans être poursuivie»**. Si la caution prend l'initiative d'un paiement, elle le fait donc à ses risques. Si le débiteur avait pu faire valoir un moyen de défense entraînant l'extinction totale ou partielle de la dette, le recours en remboursement de la caution **se limiterait à la somme que le débiteur aurait pu être appelé à payer au créancier**.

47. Sans que le législateur n'impose à la caution l'obligation d'avertir le débiteur avant paiement, l'on voit dans cet article, la sanction d'une telle obligation, soit le refus du recours en remboursement dans les deux circonstances prévues.

2. Le recours avant paiement, article 2359

48. L'article 2359 C.c.Q. clarifie et modifie l'article 1953 C.c.B.C. La **suppression des mots «pour être indemnisé»** confirme la latitude prise par les tribunaux pour condamner le débiteur à fournir une sûreté plutôt qu'à payer la dette.

49. L'ajout d'un nouveau cas: **«Lorsque en raison des pertes subies par le débiteur ou d'une faute que ce dernier a commise, elle court des risques sensiblement plus élevés qu'au moment où elle s'est obligée»** est ici encore de nature à protéger la caution, dans la mesure où elle est vigilante. Le droit de la caution de requérir du créancier des renseignements sur l'obligation principale facilitera ce recours. Mais alors, l'octroi d'une sûreté pourra-t-il être attaqué comme étant une préférence frauduleuse selon la *Loi sur la faillite*? Probablement pas, car la sûreté sera fournie non par la volonté du débiteur mais en exécution d'un jugement. Enfin, le législateur a **supprimé** le cinquième cas prévu à l'article 1953 C.c.B.C.: «Au bout de dix ans, lorsque la dette n'a point de terme d'échéance. Il a plutôt choisi de permettre à la caution de mettre fin à son engagement[53].»

Sous-section III: Les effets entre les cautions

50. L'article 2360 C.c.Q. prévoit que:

> Lorsque plusieurs personnes ont cautionné un même débiteur
> pour une même dette, la caution qui a acquitté la dette a, outre
> l'action subrogatoire, une action personnelle contre les autres
> cautions, chacune pour sa part et portion.
>
> Cette action personnelle n'a lieu que lorsque la caution a payé
> dans l'un des cas où elle pouvait agir contre le débiteur, avant
> d'avoir payé.
>
> S'il y a insolvabilité de l'une des cautions, elle se répartit par
> contribution entre les autres et celle qui a fait le paiement.

L'on peut noter les changements suivants. Le législateur **simplifie la langue** par la suppression du mot «cofidéjusseur» et précise les **bases du recours**, l'action subrogatoire s'ajoute à l'action personnelle. Il prévoit aussi un **mode de calcul de la répartition** de la dette entre les cautions en cas **d'insolvabilité** de l'une d'elles.

51. Il est regrettable qu'il n'ait pas tenu compte de la recommandation du Barreau d'expliciter les autres règles pour établir la «part et portion» de chacune d'elles. Un problème réel se pose lorsque des personnes différemment intéressées dans une compagnie, ou aussi maintenant dans une entreprise, se portent cautions[54]. Un partage inégal, semblable à celui prévu à l'article 1537 C.c.Q. pour les débiteurs solidaires, serait équitable cependant selon l'article 2352 C.c.Q. les règles de la solidarité ne s'appliquent que dans les rapports créancier-caution. Des cautions conscientes de la gravité de leur engagement, devraient convenir d'un mode de répartition pour valoir entre elles seulement.

Section III: «De la fin du cautionnement»

52. Cette section du Code comporte aussi des changements. Le législateur a choisi de ne pas y énoncer les règles générales des obligations et à transférer certains articles à la section traitant des effets du cautionnement[55] pour se limiter aux cas d'extinction particuliers au cautionnement. Il conserve évidemment l'exception de subrogation et l'acceptation en paiement. Il règlemente trois nouveaux cas, le décès, l'avis de résiliation et la fin des fonctions. Dans ces circonstances, la caution demeure néanmoins tenue des dettes existantes à ce moment, même si elles sont soumises à une condition ou à un terme[56].

1. Le décès de la caution, articles 2361 et 2364 C.c.Q.

53. Voilà un changement majeur. L'article 1937 C.c.B.C. prévoyait au contraire que les engagements de la caution passaient à ses héritiers et la tentative de distinguer l'obligation de règlement de l'obligation de couverture ne fut pas retenue[57]. Bien que la Cour suprême ait, en raison du manquement à une obligation d'agir de bonne foi, libéré les héritiers de la caution, dans l'affaire *Soucisse*[58], elle reconnut néanmoins le principe de la transmissibilité de l'obligation de la caution aux héritiers. C'est cette situation, jugée injuste, que le législateur a corrigée. Selon les principes généraux de la dévolution successorale, les héritiers répondront des dettes contractées avant le décès de la caution[59] mais, selon la règle particulière au cautionnement, ils ne seront **pas tenus des dettes contractées après le décès**, peu importe que le créancier ait ou non connaissance du décès. Le législateur consacre le caractère d'ordre public de cette disposition en **prohibant toute stipulation contraire**.

2. L'avis de résiliation, articles 2362 et 2364 C.c.Q.

54. Le législateur prévoit, à l'article 2362 C.c.Q., que même en l'absence d'une stipulation à cet effet, la caution peut résilier son engagement lorsque le **cautionnement a été consenti en vue de couvrir des dettes futures ou indéterminées ou encore pour une période indéterminée**, en autant que la dette n'est pas devenue exigible. Cette faculté est accordée après un délai de **trois ans**; elle se matérialise par un **préavis** suffisant envoyé au débiteur, au créancier et aux autres cautions. Cette mesure, qui se veut protectrice, est peut-être moins favorable que les règles générales des obligations. Le cautionnement judiciaire ne peut cependant être résilié.

3. La fin des fonctions, article 2363 C.c.Q.

55. L'article 2363 prévoit que «le cautionnement attaché à l'exercice de fonctions particulières prend fin lorsque cessent ces fonctions». Dans ses commentaires sous l'article correspondant du P.L. 125, le ministre de la justice écrit:

> Cet article de droit nouveau met fin à la controverse entourant la validité de la révocation tacite d'un cautionnement continu (*Swift Canadian Co.* v. *Wienstein,* (1977) C.S. 12; C.A. Montréal, 500-09-000406-777, le 28 janvier 1982 (J.E. 82-231)).
>
> Le cautionnement consenti par une personne en raison des fonctions particulières qu'elle exerce, prend fin lorsque cessent ces fonctions. On a considéré que la cessation de l'élément fondamental de l'engagement: les fonctions particulières exercées par la caution, constituait le terme du cautionnement.

Cette interprétation nous semble fort audacieuse. Un tel renversement de la jurisprudence aurait mérité un texte plus clair. De plus, quant à s'apitoyer sur le sort du dirigeant d'entreprise qui vend ses actions, on aurait pu couvrir le sort de l'actionnaire qui fait de même (le terme «fonctions» s'applique à celui-là, non à celui-ci) et aussi le sort du conjoint qui divorce ou encore quitte son conjoint de fait! Pour se protéger, le créancier devrait inclure une clause écartant cet effet qui affaiblit trop l'efficacité de la sûreté, d'autant plus qu'il est d'usage au Québec, contrairement à la France, d'inclure la faculté de mettre fin au cautionnement par un avis. Ce motif fondait l'opinion du juge Bernier dans *Swift Canadian.*

4. L'exception de subrogation, article 2365 C.c.Q.

56. Le législateur a reformulé ce mode d'extinction particulier du cautionnement pour y ajouter les mots **«utilement»** après «s'opérer» et **«dans la mesure du préjudice qu'elle en subit»** après «déchargée». Cette modification s'aligne sur la jurisprudence.

5. L'acceptation volontaire d'un bien, article 2366 C.c.Q.

57. Cet article reprend substantiellement l'article 1960 C.c.B.C. en en élargissant l'application à tout bien, meuble ou immeuble. L'expression l'«acceptation volontaire d'un bien» semble viser seulement la dation en paiement consentie au créancier par le débiteur selon l'article 1799 C.c.Q. Quant à la «prise en paiement», qui est l'un des droits hypothécaires exercé à l'initiative du créancier, l'articl créancier qui a pris le bien en paiement ne peut réclamer ce qu'il paie à une 2782 c.c.Q. prévoit que:

> La prise en paiement éteint l'obligation.
>
> Le créancier prioritaire ou hypothécaire qui lui est préférable. Il n'a pas droit dans un tel cas, à subrogation contre son ancien débiteur.

Il est possible que cette disposition décourage le créancier détenant une deuxième ou troisième hypothèque d'exercer ce recours. Peut-on concevoir qu'une stipulation au contrat de prêt et/ou au contrat de cautionnement puisse limiter valablement la libération du débiteur — et par conséquence de la caution — à la valeur réelle du bien? La réponse nous semble affirmative puisque les articles 2366 et 2782 C.c.Q. ne sont pas déclarés d'ordre public. Par contre, pour être opposable à la caution, la clause devra lui être dénoncée parce qu'elle sera considérée en une clause externe. D'un autre côté, si elle est inscrite à l'acte de cautionnement, il faudra que le débiteur y intervienne ou y consente car autrement le cautionnement deviendrait plus onéreux que le contrat principal.

6. La fin du non-recevoir

58. Le développement le plus spectaculaire qu'a connu le droit du cautionnement provient de l'application jurisprudentielle de l'obligation d'agir de bonne foi[60]. Ce devoir se manifeste spécialement dans la réalisation des sûretés réelles et en cas de transgression, il constitue une fin de non-recevoir à l'action intentée pour le reliquat contre la caution. L'obligation d'agir de bonne foi, non seulement lors de la formation du contrat mais aussi lors de son exécution, se trouve maintenant codifiée aux Dispositions générales du livre sur les obligations[61].

Section IV: l'application de la réforme dans le temps

59. La *loi sur l'application de la réforme du Code civil*[62] vise à régler les conflits d'application dans le temps. Elle contient des dispositions générales qui préconisent les principes normaux de droit transitoire. Ainsi, l'article 2 affirme-t-il le principe d'absence d'effet rétroactif: les situations acquises ne seront pas perturbées[63]. Par contre, la nouvelle loi s'appliquera aux situations et contrats en cours de création, d'exécution et d'extinction[64]. Les dispositions impératives de la nouvelle loi s'appliqueront immédiatement malgré une stipulation contractuelle à l'effet contraire[65]. Enfin, la suppression dans le Code d'une cause de nullité, validera l'acte qui aurait antérieurement été nul[66]. En application de cette règle, on reconnaîtra comme valide le cautionnement d'une obligation dont le débiteur principal peut se faire décharger en invoquant son incapacité à la condition que la caution en ait eu connaissance[67].

60. D'autres dispositions de la *Loi d'application* se rapportent directement au contrat de cautionnement. Nous en ferons simplement l'énumération:

Art. 128. Les effets, à l'égard de la caution, de la déchéance du terme encourue par le débiteur principal sont déterminés par la loi en vigueur au moment de la déchéance.

Art. 129. Toute renonciation à l'avance au droit à l'information ou au bénéfice de subrogation, faite par une caution avant l'entrée en vigueur de la loi nouvelle, devient sans effet.

Art. 130. Les obligations des héritiers de la caution s'éteignent dès l'entrée en vigueur de la loi nouvelle, sauf quant aux dettes existantes à ce moment.

Art. 131. Le cautionnement attaché à l'exercice de fonctions particulières qui ont cessé avant la date de l'entrée en vigueur de la loi nouvelle prend fin, sauf quant aux dettes existantes, lors de cette entrée en vigueur.

Conclusion

61. Les aspects positifs de la réforme du droit du cautionnement sont nombreux. Le législateur définit mieux ce contrat, il autorise l'évaluation de la solvabilité de la caution eu égard à ses biens meubles, il étend les possibilités de remplacement d'un cautionnement légal ou judiciaire, il reconnaît la validité du cautionnement de l'obligation d'un incapable, dans la mesure où la caution connaît l'incapacité, il impose un devoir de renseignement limité, clarifie l'octroi des bénéfices de discussion et de division — bien que ce choix soit critiquable —, il élargit le recours avant paiement lorsque la caution court des risques substantiellement plus élevés qu'au moment où elle s'est obligée, il libère les héritiers de la caution des dettes contractées après le décès et permet la résiliation du cautionnement de dettes futures ou indéterminées ou pour une période indéterminée. Les nouvelles dispositions du Code au sujet de l'interprétation des contrats d'adhésion de même que l'obligation d'agir de bonne foi pourront aussi trouver application.

62. On peut regretter cependant qu'il n'ait pas mieux réglementé le recours en remboursement des cautions entre elles, ni obligé le créancier à procéder d'abord à la réalisation des sûretés réelles ou tout au moins à en aviser la caution. Si les cautions étaient plus conscientes de la dure réalité de leurs engagements, elles pourraient inclure des clauses à cet effet.

Notes

1. (1981) 2 R.C.S. 339.
2. L. POUDRIER-LEBEL, *Le cautionnement par compagnie de garantie*, collection Minerve, Montréal, Les Éditions Yvon Blais, 1986.
3. Majeur, article 153; mineur émancipé, articles 172 à 175, 176; majeur protégé, articles 266, 282, 286, 287; personne morale, article 301; époux, marié en société d'acquêts, article 461; séparé de biens, article 486; sous le régime communautaire, article 492.
4. Voir note suivante.
5. Article 1932 C.c.B.C.: Le cautionnement ne peut exister que sur une obligation valable. On peut cependant cautionner l'obligation purement naturelle ainsi que celle dont le débiteur principal peut se faire décharger par une exception qui lui est purement personnelle, par exemple, dans le cas de minorité.

Article 845, O.R.C.C.: On peut cautionner l'obligation naturelle, ainsi que celle dont le débiteur principal peut se faire décharger par une exception qui lui est purement personnelle.

Avant-projet de loi, article 2410: Le cautionnement ne peut exister que pour une obligation valable. Néanmoins, le cautionnement d'une obligation dont le débiteur principal peut se faire décharger en invoquant le fait qu'il est mineur ou majeur protégé, est valable si la caution en avait connaissance.

Projet de loi 125, article 2326: Le cautionnement ne peut exister que pour une obligation valable. On peut cependant cautionner l'obligation naturelle, ainsi que celle dont le débiteur principal peut se faire décharger en invoquant son incapacité.

Article 2340, C.c.Q.: Le cautionnement ne peut exister que pour une obligation valable. On peut cautionner l'obligation dont le débiteur principal peut se faire décharger en invoquant son incapacité, à la condition d'en avoir connaissance, ainsi que l'obligation naturelle.

6. MIGNAULT, t. 8, p. 341; P. SIMLER, *Le cautionnement*, Litec, Paris, 1982, p. 151, *contra*; P. CIOTOLA, *Droit des sûretés*, Montréal, Thémis, 1987, p. 19. Voir aussi la discussion sous l'article 2353 C.c.Q. par. 37.

7. Voir les commentaires sous l'article 2410 de l'Avant-projet.

8. SIMLER, P., *supra* note 6, n° 147, p. 152, M. BOUDREAULT, «Le cautionnement» dans *Répertoire de droit*, Sûretés - Doctrine, Chambre des Notaires du Québec, doc. 8, n° 69, p. 37.

9. Article 2341 C.c.Q. «réductible» au lieu de «déductible» de l'article 1933 al.3 C.c.B.C.; suppression du mot «indéfini» de l'article 1935 C.c.B.C. à l'article 2344 C.c.Q.

10. L'article 1425 C.c.Q. correspond à l'article 1013 C.c.B.C., 1426 à 1016 et 1017, 1427 à 1018, 1428 à 1014, 1429 à 1019, 1430 à 1021, 1431 à 1020, 1432 à 1019.

11. J.L. BAUDOUIN, *Les obligations*, Cowansville, 1989, n°ˢ 375 à 379, p. 249.

12. Articles 1016 et 1017 C.c.B.C.

13. L'article 1379. Le contrat est d'adhésion lorsque les stipulations essentielles qu'il comporte ont été imposées par l'une des parties ou rédigées par elle, pour son compte ou suivant ses instructions, et qu'elles ne pouvaient être librement discutées.

14. Article 1435. La clause externe à laquelle renvoie le contrat lie les parties.

Toutefois, dans un contrat de consommation ou d'adhésion, cette clause est nulle si, au moment de la formation du contrat elle n'a pas été expressément portée à la connaissance du consommateur ou de la partie qui y adhère, à moins que l'autre partie ne prouve que le consommateur ou l'adhérent en avait par ailleurs connaissance.

15. Article 2478 C.c.B.C. et 2400 C.c.Q.

16. *Robitaille* c. *Madill* (1990) 1R.C.S. 985, *Faubert* c. *L'Industrielle*, 1987 R.J.Q. 973 (C.A.), *Groupe commerce* c. *Service d'entretien Ribo*, J.E. 92-1432 (C.A.) demande de permission d'appeler à la Cour suprême.

17. L. POUDRIER-LEBEL, «La libération de la caution par la faute du créancier», (1987) 27 C. de D. p. 945 À 950.

18. Article 505 du Code suisse des obligations: Lorsque le débiteur est en retard de six mois pour un paiement de capital ou pour l'intérêt d'un semestre ou pour un amortissement annuel, le créancier doit aviser la caution. Sur demande, il doit en tout temps la renseigner sur l'état de la dette. Dans «Abus de caution?», *L'évolution du droit des sûretés*, Revue de jurisprudence commerciale, colloque de Deauville, juin 1981, p. 21, le professeur Mouly rapporte que l'article 13 du projet de loi sur la prévention des difficultés dans les entreprises oblige la banque, dans les quatre mois de la fin de chaque exercice, d'indiquer à la caution, personne physique, le montant encore dû, sous peine de déchéance des intérêts échus. Je n'ai pu vérifier si ce texte fut adopté.

19. Article 2416 C.c.Q. «... sur l'obligation principale et son exécution ainsi que sur les faits qu'il connaît et qui peuvent porter préjudice à la caution.» Ce dernier membre de phrase est disparu.

20. *Supra*, par. 16.

21. «Le créancier qui entend exercer un droit hypothécaire doit produire, au bureau de la publicité des droits, un préavis accompagné de la preuve de la signification au débiteur et, le cas échéant, au constituant, ainsi qu'à toute autre personne contre laquelle il entend exercer son droit. L'inscription de ce préavis est dénoncée conformément au livre de la publicité des droits.»

22. Le débiteur ou celui contre qui le droit hypothécaire est exercé, ou tout autre intéressé, peut faire échec à l'exercice du droit du créancier en lui payant ce qui lui est dû ou en remédiant à l'omission ou à la contravention mentionnée dans le préavis et à toute omission ou contravention subséquente et, dans l'un ou l'autre cas, en payant les frais engagés.

23. Article 1555 C.c.Q.

24. Article 853. Curieusement, il ne traitait pas du bénéfice de division.

25. Commentaires sous l'article 2333 du P.L. 125.

26. Voir les commentaires du Barreau sous l'article 2419 de l'Avant-projet.

27. P.B. MIGNAULT, *Le droit civil canadien*, t. 8, Montréal, Wilson et Lafleur, 1909, pp. 335 et 356. *Traité de droit civil du Québec*, t. 8 bis, par L. FARIBAULT, Montréal, Wilson et Lafleur, 1959, n° 337, p. 243. Voir aussi les auteurs français, les articles du Code Napoléon étant rédigés dans les mêmes termes: L.M. et J. MAZEAUD, *Leçons de droit civil*, t. 3, Paris, Éd. Montchrétien, 1960, n° 49, p. 49; F. LAURENT, *Principes de droit civil français*, t. 28, Paris, A. Marescq, 1878, n° 206, p. 217 et n° 225, p. 238; G. BAUDRY-LACANTINERIE et A. WAHL, *Traité théorique et pratique de droit civil*, 3ᵉ éd., Paris, Sirey, 1907, n° 1046, p. 555, n° 1066, p. 564; M. PLANIOL, *Traité élémentaire de droit civil*, 11ᵉ éd., Paris, L.G.D.J., 1931, n° 2352, p. 822; P. SIMLER, *Le cautionnement*, Paris, Librairies techniques, 1982, n° 318, p. 323, n° 341, p. 343, n° 351, p. 352.

28. *Raymond* c. *International Video Corp. of Canada*, 1974, C.A. 501.

29. *Canadian Petroleum* c. *Bernard*, 1972, C.A. 854. Deux auteurs récents semblent accepter cette solution. M. BOUDREAULT, *supra*, note 8 n° 199, p. 80, J. DESLAURIERS, *Précis de droit des sûretés*, Montréal, Wilson & Lafleur, 1990, p. 47.

30. *Supra*, note précédente. Cependant, dans le cas d'une affaire commerciale, la deuxième exception s'appliquera avec le nouveau code.

31. L. POUDRIER-LEBEL, «Regard neuf sur le cautionnement», (1985) 15 R.D.U.S. p. 657.

32. Article 2420: «Lorsque plusieurs personnes se sont rendues cautions d'un même débiteur pour une même dette, chacune d'elles est obligée à toute la dette et peut invoquer le bénéfice de division, à moins qu'elle n'y ait renoncé expressément à l'avance.»
Article 2423: «Lorsque la caution s'oblige, avec le débiteur principal, en prenant la qualification de caution ou de codébiteur solidaire, le créancier peut la poursuivre avant de s'adresser au débiteur. Les autres effets de son engagement se règlent par les principes établis pour les dettes solidaires, dans la mesure où ils sont compatibles avec la nature du cautionnement.»

33. *Supra*, notes 28 et 29.

34. L'article 2338 énonce qu'en cas de solidarité, les effets de l'engagement se règlent par les principes établis pour les dettes solidaires dans la mesure où ils sont compatibles avec la nature du cautionnement. Le raisonnement de *Canadian Petroleum* pourrait encore être invoqué même si cet article ne débute pas par le «néanmoins» de l'article 1946 C.c.B.C.

35. Commentaire sous l'article 2423 de l'Avant-projet:...«elle renonce par là aux bénéfices de discussion et de division.»

36. Article 1525. «Constitue l'exploitation d'une entreprise, l'exercice, par une ou plusieurs personnes d'une activité économique organisée, qu'elle soit ou non à caractère commercial, consistant dans la production ou la réalisation de biens, leur administration ou leur aliénation, ou dans la prestation de services». L'expression «entreprise» a donc une compréhension plus large que celle «affaire commerciale».

37. Article 1665 C.c.Q.

38. Article 1679 C.c.Q.

39. Article 1684.

40. M. TANCELIN, *Des obligations*, Montréal, Wilson et Lafleur, 1988, n° 1010, p. 574; 1112 C.c.B.C. et 1530 C.c.Q.

41. MIGNAULT, p. 341; M. BOUDREAULT, *supra*, note 8, n° 64, p. 35; P. CIOTCLA, *supra*, note 6, p. 19 explique même que le vice de consentement est une exception purement personnelle au codébiteur solidaire mais inhérente à la dette dans le cas de cautionnement. SIMLER, *supra*, note 6, p. 161 soutient l'opposabilité mais rapporte de la doctrine ancienne contraire au sujet de la caution solidaire; M. CABRILLAC et C. MOULY, *Droit des sûretés*, Paris, Litec, 1990, n° 250, p. 193 se prononcent aussi pour l'opposabilité mais mentionnent de la jurisprudence récente contradictoire.

42. *Supra*, note précédente.

43. Article 2355 et *Infra* par. 41.

44. Article 2341 C.c.Q.

45. Commentaire du ministre sous l'article 2341 du P.L.:
«Rappelons que la renonciation au bénéfice de subrogation empêche la caution d'invoquer cette cause d'extinction du cautionnement, mais n'entraîne pas renonciation à l'exercice de la subrobation elle-même. Conclure autrement serait contraire à la nature du cautionnement puisque la caution étant un débiteur de second plan, cela implique qu'elle soit remboursé et la subrogation est l'un des moyens dont elle dispose.»

46. Voir *infra*, *La fin de non-recevoir*. Le Barreau a fait une intervention en ce sens.

47. *Deutsch* c. *Sikender*, 1981, C.A. 597.

48. Article 1516: «La déchéance du terme encourue par l'un des débiteurs, même solidaire, est inopposable aux autres codébiteurs.»

49. Article 1658.

50. Article 2355.

51. Article 2359.

52. Cautionnement valide selon l'article 2340 C.c.Q.

53. Article 2362, *infra* par. 54.

54. L. POUDRIER-LEBEL, «Regard neuf sur le cautionnement», *supra*, note 31, p. 663.

55. Article 1956 C.c.B.C. extinction par voie principale; article 1957 confusion, maintenant à 1684 C.c.Q.; article 1958 extinction par voie accessoire, principe déplacé à 2353 C.c.Q. et 1961 C.c.B.C. prorogation du terme déplacé à 2354 C.c.Q.

56. Article 2364 C.c.Q.

57. L. POUDRIER-LEBEL, «La transmissibilité aux héritiers de la caution des dettes contractées par le débiteur principal après le décès de la caution» (1981) 22 C. de D. 887-901.

58. *Supra*, note 1.

59. Articles 2364 et 1441 C.c.Q.

60. *Banque nationale* c. *Soucisse supra*, note 1; L. POUDRIER-LEBEL, *supra* note 17; *Houle* c. *Banque canadienne nationale*, (1990) 3 R.C.S. 122; *Banque nationale du Canada* c. *Corbeil*, (1991) 1 R.C.S. 117; *Banque Nationale du Canada* c. *Atomic Slipper Co*, (1991) 1 R.C.S. 1059, *Banque nationale* c. *Couture*, 1991 R.j.Q. 913, *Banque nationale* c. *Mikburger*, 1991 R.R.A. 37. P.G. JOBIN, «Grands pas et faux pas dans l'abus de droit» (1991) 32 C. de D. 153-177.

61. Article 1375, «La bonne foi doit gouverner la conduite des parties, tant au moment de la naissance de l'obligation qu'à celui de son exécution ou de son extinction.»

62. L.Q. 1992, c. 57.

63. La loi nouvelle n'a pas d'effet rétroactif: elle ne dispose que pour l'avenir. Ainsi, elle ne modifie pas les conditions de création d'une situation juridique antérieurement créée ni les conditions d'extinction d'une situation juridique antérieurement éteinte. Elle n'altère pas non plus les effets déjà produits par une situation juridique.

64. Art. 3. La loi nouvelle est applicable aux situations juridiques en cours lors de son entrée en vigueur.

Ainsi, les situations en cours de création ou d'extinction sont, quant aux conditions de création ou d'extinction qui n'ont pas encore été remplies, régies par la loi nouvelle; celle-ci régit également les effets à venir des situations juridiques en cours.

Art. 4. Dans les situations juridiques contractuelles en cours lors de l'entrée en vigueur de la loi nouvelle, la loi ancienne survit lorsqu'il s'agit de recourir à des règles supplétives pour déterminer la portée et l'étendue des droits et des obligations des parties, de même que les effets du contrat.

Cependant, les dispositions de la loi nouvelle s'appliquent à l'exercice des droits et à l'exécution des obligations, à leur preuve, leur transmission, leur mutation ou leur extinction.

65. Art. 65 Les stipulations d'un acte juridique antérieures à la loi nouvelle et qui sont contraires à ses dispositions impératives sont privées d'effet pour l'avenir. N.B.: En application de cette disposition, voir ci-après les articles 129 et 130.

66. Art. 7 Les actes juridiques entachés de nullité lors de l'entrée en vigueur de la loi nouvelle ne peuvent plus être annulés pour un motif que la loi nouvelle ne reconnaît plus.

67. Art. 2340 C.c.Q. al. 2.

Chapitre XVI
Du jeu et du pari
Les articles 2629-2630

John E. C. Brierley*

1- *Maintien du droit antérieur* - À l'heure où les billets de loterie s'achètent au coin de la rue, et où les casinos s'apprêtent à s'implanter sur le territoire québécois, le nouveau Code civil, comme il se doit, formule la règle générale quant à la licéité ou l'illicéité du contrat de jeu et de pari. Le Code reprend en effet aux articles 2629 et 2630, la substance des articles 1927 et 1928 C.c.B.c. qui posent le principe et l'exception en cette matière. Bien que la validité du jeu ou du pari dépende de l'existence d'une loi particulière, il fallait prévoir et réglementer la situation illégale.

On pose le principe de la licéité des contrats de jeu et pari lorsqu'ils sont 1er expressément autorisés par une loi particulière ou 2e lorsqu'ils portent sur «des exercices et des jeux licites qui tiennent à la seule adresse des parties ou à l'exercice de leurs corps» (article 2629). L'article 2629, al. 2 apporte toutefois un tempérament à ce deuxième cas lorsque la somme est «excessive» compte tenu des circonstances, ainsi que de l'état et des facultés des parties.

On distingue ainsi les jeux dits «de hasard» de ceux que l'on qualifie de «jeux d'adresse». Dans le premier cas, le législateur interdit l'exécution forcée de la dette de jeu ou de pari.

2- *Interdiction de l'exécution forcée* - Lorsque le jeu et le pari ne sont pas expressément autorisés par la loi, le contrat n'est pas susceptible d'exécution forcée. L'article 2630 précise en

---

* Professeur, McGill University.

effet que le gagnant ne peut exiger le paiement de la dette (s'il le faisait, son adversaire lui opposerait l'exception de jeu) et que le perdant ne peut répéter la somme payée. Si celui-ci a volontairement payé sa dette, il s'ensuit qu'il ne peut réclamer ce qu'il a versé. Il n'en est autrement que dans le cas où il aurait perdu à la suite d'une tromperie, d'une tricherie pratiquée contre lui par le gagnant, ou lorsque le perdant est un mineur ou une personne protégée ou non douée de raison (article 2630, al. 2).

3- *Fondement de ces principes* - Il est difficile de trouver le fondement de ce système. Comme l'ont déjà fait remarquer les auteurs, n'est-il pas contradictoire d'affirmer, d'une part, que le gagnant n'a pas d'action et ne peut obtenir l'exécution d'une promesse de payer, et, d'autre part, que le perdant ne peut répéter ce qu'il a payé[1]? Les uns prétendent que les contrats de jeu ou de pari laissent subsister une obligation naturelle. Le débiteur en exécutant volontairement son obligation, a transformé celle-ci en obligation civile et n'a plus droit au remboursement. Les autres considèrent que ces contrats sont immoraux, et dès lors, que le gagnant n'est pas admis à forcer l'exécution du contrat et que le perdant ne peut non plus répéter le montant acquitté en connaissance de cause.

Quoiqu'il en soit, les solutions de droit positif s'expliquent par le principe suivant lequel le législateur a voulu tenir compte, à la fois de la protection de l'ordre public, de l'équité et de l'honnêteté entre joueurs. Comme le disent certains, la justification de ces règles est dans leurs résultats pratiques: sans empêcher le jeu, il en évite les ravages.

Notes

1. H., L. et J. Mazeaud, *Leçons de droit civil*, t. 3, vol. 2, 5ᵉ éd. par M. de Juglart, Paris, éditions Montchrestien, 1980, Nᵒ 1615, p. 1051 et suivantes.; Office de révision du Code civil, *Rapport sur le Code civil du Québec*, vol. II, t. 2, Québec, Éditeur officiel, 1978, p. 831; H. Roch & R. Paré, *Traité de droit civil du Québec*, t. 13, Montréal, Wilson & Lafleur, 1952, p. 570; P.-B. Mignault, *Le droit civil canadien*, t. 8, Montréal, Wilson & Lafleur, 1909, p. 316.

Chapitre XVII
De la transaction
Articles 2631-2637

*John E.C. Brierley**

1- *Généralités* - Les dispositions de ce chapitre reprennent substantiellement le droit actuel contenu aux articles 1918 à 1926 C.c.B.c. à deux exceptions près. D'abord, le Code requiert, pour qu'il y ait transaction, que des concessions réciproques interviennent entre les parties (article 2631). Ensuite, il prévoit rendre la transaction exécutoire sur homologation (article 2633).

Reprenons alors brièvement les articles au sujet de la transaction qui assurent la continuité historique entre le Code civil actuel et le nouveau Code, pour ensuite examiner de plus près les innovations.

2- *Continuité juridique* - La transaction est toujours définie comme le contrat par lequel les parties préviennent une contestation à naître, terminent un procès ou règlent les difficultés qui surviennent lors de l'exécution d'un jugement (article 2631 C.c.Q.; article 1918 C.c.B.c.). Ainsi, la transaction porte sur des droits litigieux ou au moins contestés et elle interdit aux parties d'intenter ou de continuer une procédure contentieuse. On ajoute qu'elle est indivisible quant à son objet. À l'instar de l'article 1919 C.c.B.c., l'article 2632 C.c.Q. édicte que la transaction ne peut avoir lieu en matière d'état et de capacité des personnes ou sur les autres questions qui intéressent l'ordre public. L'article s'inspire évidemment de l'article 1926.2 C.c.B.c. que reprend l'article 2639 C.c.Q. en matière d'arbitrage, sauf que la phrase «des matières familiables» qui s'y

* Professeur, McGill University.

retrouve n'est pas reprise dans le cas du contrat dont il est ici question. La transaction est donc toujours interdite lorsqu'elle est relative aux droits inaliénables (droits de la personnalité, en matière de mariage, de divorce ou de filiation) mais pourrait s'étendre, nous semble-t-il, à toute chose dont les parties peuvent disposer.

Tout comme le droit actuel, le nouveau Code civil dispose que les causes de nullité d'une transaction sont celles de tout contrat, sauf cependant l'erreur de droit (article 1921 C.c.B.c.; article 2634 C.c.Q.). Cette exclusion peut toujours s'expliquer par un souci du législateur d'éviter aux parties un procès qu'elles voulaient écarter par la transaction, de même que par la nature même de la convention. En effet, le doute qui porte sur l'existence du droit, objet de la convention, provient le plus souvent de la difficulté d'interprétation des règles juridiques applicables. Laisser la porte ouverte au repentir des parties pour ce motif permettrait à celles-ci de remettre en question le fondement même de la transaction. Par contre, la nullité de la transaction fondée sur un titre nul, ou celle fondée sur des pièces reconnues fausses (selon les articles 1922 et 1923 C.c.B.c. ou l'article 2635 C.c.Q.), se justifie parce que l'erreur est de fait et non de droit, à moins que les parties n'aient transigé sur la nullité même du titre.

3- *Innovations juridiques* - Les dispositions innovatrices du nouveau Code civil ne modifient le droit actuel que sous deux aspects:

— 1er *nécessité de concessions réciproques.* Contrairement à l'article 1918 C.c.B.c. qui permet de faire une transaction où les concessions ne sont pas nécessairement réciproques, l'article 2631 édicte que les concessions ou les réserves doivent être réciproques. C'est là une position déjà prônée par certains auteurs québécois[1] qui se sont inspirés de l'interprétation de l'article correspondant du *Code civil* français (article 2044). Ils justifient cette interprétation, contraire à la lettre du Code civil de 1866, en soutenant qu'une erreur avait été commise par les codificateurs de l'époque. L'Office de révision du Code civil a pourtant proposé le maintien de cette règle. Il a donc maintenu le principe voulant qu'une transaction puisse se faire par le moyen de concessions unilatérales.

Le législateur de 1991 s'est rallié à la position du droit français. Plusieurs codes étrangers[2] font aussi de cette réciprocité des concessions l'un des termes de la définition de la transaction. Dorénavant, la réciprocité des concessions est, aussi, en droit québécois, de l'essence de la transaction. Ce dernier caractère permet de distinguer la transaction du désistement d'action (articles 262 à 264 C.p.c.) ou de l'acquiescement, qui constituent des renonciations unilatérales consenties par une partie.

Il est à noter toutefois que l'égalité des concessions n'est pas exigée par la nouvelle conception de la transaction. On peut dès lors, nous semble-t-il, mettre sur le même plan les concessions d'ordre moral et d'ordre matériel. Ainsi, si une personne est guidée par le désir d'éviter les ennuis d'un procès, le contrat par lequel elle abandonne la totalité de ses prétentions peut valoir comme transaction.

— 2e *homologation comme prérequis à l'exécution forcée.* L'article 2633 dispose, d'une part, que la transaction a, entre les parties, l'autorité de la chose jugée. On reprend ainsi l'article 1920 C.c.B.c. D'autre part, il édicte que la transaction n'est susceptible d'exécution forcée qu'après avoir été homologuée.

La première proposition affirme non seulement l'autorité de la transaction, mais sa relativité, semblable à celle des jugements (voir l'article 2848 en matière de preuve). Il s'ensuit que la transaction est inopposable aux tiers qui ont acquis, antérieurement à la transaction, des droits sur la chose litigieuse. L'observation permet de comparer la transaction au jugement. L'un et l'autre mettent fin à une contestation, mais la différence n'en reste pas moins considérable entre les deux actes. La transaction demeure un contrat, non un acte de l'autorité publique. Il en résulte qu'elle n'a pas en soi de force exécutoire. À l'heure actuelle, le moyen de faire exécuter une transaction demeure l'action en justice[3].

La nouvelle procédure en homologation s'inspire, nous semble-t-il, de celle qui s'applique en matière de sentence arbitrale (articles 946 et suivants C.c.p.), avec les adaptations néces-saires. L'intérêt de cette procédure réside, d'une part, dans le fait qu'une partie peut procéder par requête[4] et d'autre part, que le tribunal ne peut refuser d'office l'homologation que s'il constate que la transaction est nulle. Toujours est-il que ni les dispositions de la loi nouvelle ni les modifications apportées au *Code de procédure civile* n'énumèrent les causes possibles de nullité contrairement aux dispositions en matière d'arbitrage. En effet, il n'y a pas de régime prévu comme c'est le cas en matière d'arbitrage.

Notes

1. P.-B. Mignault, *Le droit civil canadien*, t. 8, p. 302. H. Roch & R. Paré, *Traité de droit civil du Québec*, t. 13, 1952, étaient de l'avis contraire, p. 538.
2. Article 779 B.B.G.; art. 1809 C. civ. esp.; art. 871 C. civ. hell.
3. *King* c. *Pinsonnault* L.R. 6 P.C. 245 (1875).
4. *Loi sur l'application de la réforme du Code civil*, L.Q. 1992, ch. 57, article 411 qui prévoit que les demandes d'homologation sont introduites par requête (article ajoutant la nouvelle disposition au *Code de procédure civile*, article 885).

Chapitre XVIII
De la convention d'arbitrage
Articles 2638-2643

*John E.C. Brierley**

Introduction

1- *Histoire législative et sources* - Les dispositions de ce chapitre reprennent presque mot à mot les articles 1926.1 à 1926.6 du *Code civil du Bas-Canada* adoptés en 1986[1]. Ils trouvent leur complément procédural dans le *Code de procédure civile* aux articles 940 à 951.2. Ni les uns ni les autres ne sont affectés par des dispositions particulières de la *Loi sur l'application de la réforme du Code civil*[2] sauf bien entendu les articles de celle-ci ayant trait aux contrats en général.

Ces deux séries de dispositions s'inspirent de la *Loi type sur l'arbitrage commercial international* adoptée le 21 juin 1985 par la Commission des Nations Unies pour le droit commercial international[3] et de la *Convention pour la reconnaissance et l'exécution des sentences arbitrales étrangères*, adoptée le 10 juin 1985 à New York par la Conférence des Nations Unies sur l'arbitrage commercial[4]. Le législateur québécois a, ce faisant, agi de concert avec les autres autorités législatives canadiennes[5].

Il faut toutefois noter, d'une part, que la législation québécoise de 1986 est une *adaptation* et non pas une *adoption* textuelle de ces textes à caractère international comme c'est le cas dans la plupart des autres législations canadiennes et, d'autre part, que

---

* Professeur, McGill University.

sur le plan de l'expression formelle, ces sources ne sont établies comme sources supplétives explicites du droit québécois que dans des cas très précis. Le recours autorisé par l'article 940.6 C.p.c. à la *Loi type* (ainsi qu'au *Rapport de la Commission* et le *Commentaire analytique*) n'est permis que dans le cas où l'arbitrage, lui-même régi par le droit québécois, met en cause «des intérêts du commerce extraprovincial ou international». De même, selon l'article 984 du même Code, le recours à la *Convention de New York* de 1958 n'est autorisé que dans le cas de la reconnaissance et de l'exécution des sentences «rendues hors du Québec». La *loi type* de 1985, tout comme la *Convention de New York* de 1958, est donc une source nouvelle explicite pour le droit québécois, mais seulement lorsqu'il s'agit d'un «arbitrage international», d'un «arbitrage interprovincial» ou, encore, d'une «sentence arbitrale étrangère». Pour les arbitrages qui ne mettent en cause que des éléments d'ordre purement interne, l'interprète n'est pas formellement autorisé à faire appel à ces mêmes sources supplétives. Il nous paraît, toutefois, inévitable, que l'interprétation de l'ensemble du régime législatif de l'arbitrage réparti entre les deux codes puisse bénéficier d'une lecture des sources documentaires réelles de la loi nouvelle[6.]

Sous ce dernier rapport, il convient, en deuxième lieu, de suggérer l'esprit qui devrait régner en ce qui concerne la lecture de ces textes nouveaux.

2- *Principes d'interprétation* - S'agit-il, en effet, en matière d'arbitrage conventionnel d'une législation d'exception» (*lex specialis*) et donc du droit assujetti à une interprétation stricte? Il faut aborder cette question au seuil d'une analyse de la nouvelle loi, car il est tout à fait clair que la jurisprudence antérieure à 1986 a pris, dans son ensemble, une position nettement défavorable à son sujet par rapport aux textes qui existaient alors.

Mettre le contrat d'arbitrage dans la suite des contrats nommés réglementés par le Code civil plutôt qu'ailleurs, c'est donner, nous semble-t-il, une indication sûre que celui-ci constitue une partie intégrale de la loi fondamentale du Québec en matière de droit privé. L'arbitrage n'est plus «exorbitant» du droit commun. L'arbitrage conventionnel est ainsi devenu une matière de droits civils fondamentaux. Dès lors, il n'y a plus de raison de voir la convention d'arbitrage comme une convention de nature exceptionnelle et, partant, assujettie au régime de l'interprétation restrictive. Certains arrêts de la jurisprudence postérieure à 1986 s'engage déjà dans cette voie[7].

3- *Bibliographie sélective* - Depuis la réforme de 1986 sont apparues, parmi les publications les plus facilement accessibles, les études à caractère général suivantes: N. Antaki, «L'arbitrage commercial: concept et définitions», (1987) C.P. du N. 491; John E.C. Brierley: «La convention d'arbitrage en droit québécois interne», (1987) C.P. du N. 485 (propos largement repris et élargis dans le présent texte à la lumière de la jurisprudence postérieure à 1986); «Une loi nouvelle pour le Québec en matière d'arbitrage», (1987) 47 R. du B. 259; «Quebec's New (1986) Arbitration Law», (1987) 13 Can. Bus. L.J. 58; «Canadian Acceptance of International Commercial Arbitration», (1988) 40 Maine L.R. 287; «Equity and Good Conscience and Amiable Composition in Canadian Arbitration Law», (1991), 19 Can. Bus. L.J. 461. G. Cohen: «La reconnaissance et l'exécution au Canada des sentences arbitrales étrangères», (1987) 47 R. du B. 435; A. Dorais: «L'arbitrage commercial - Développements législatifs», (1987) 47 R. du B. 273; M. Lalonde: «Nomination des arbitres et procédure d'arbitrage», (1987) C.P. du N. 573; L. Marquis: «La compétence arbitrale: une place au soleil ou à l'ombre du pouvoir judiciaire», (1990) 21 R.D.U.S. 303; R. Tremblay: «La nature du différend et la fonction de l'arbitre consensuel», (1988) 91 R. du N. 246; «Commentaires des articles du Code civil et du Code de procédure civile en matière d'arbitrage», (1988) 90 R. du N. 394 et 536; Sabine Thuilleaux: *L'arbitrage commercial au Québec — Droit interne — Droit international privé*, Éds. Yvon Blais, 1991.

Voir aussi, dans Les cours de perfectionnement du Notariat, 1990, n° 1, les études de Me F. Rainville (à la p. 93), de Me H. Bisson (à la p. 121) et de Me G. Vézina (à la p. 189).

La doctrine au sujet de la Loi type de 1985 et de la Convention de New York de 1958 est très abondante. Les lecteurs qui cherchent une première orientation dans cette vaste littérature peuvent utilement consulter la bibliographie de l'ouvrage de M[e]

Sabine Thuilleaux mentionné ci-dessus. Voir aussi le tout récent numéro de la *Revue de droit de McGill* portant sur le règlement de différends internationaux (1992), 37 R.D. McGill 374 à 680. Le numéro contient aussi des articles au sujet de l'arbitrage en droit interne de Louis Marquis, Sabine Thuilleaux et Dean M. Proctor et d'Alain Prujiner.

4- *Plan général* - Il convient, dans l'ordonnancement classique des idées en matière de contrat, d'examiner la formation de la convention d'arbitrage (§ 1), ses modalités possibles (§ 2) et de ses effets par rapport aux personnes impliquées (§ 3). On aura dès lors noté que notre étude sommaire ne porte pas sur l'instance arbitrale elle-même, c'est-à-dire sur le déroulement de l'arbitrage, ni sur la sentence arbitrale comme l'aboutissement normal de l'instance arbitrale que la convention a vocation d'organiser. Ces matières, relevant de l'aspect juridictionnel de l'arbitrage, sont régies par le *Code de procédure civile* aux articles déjà indiqués. Il est toujours utile, cependant, dans une première section, d'analyser brièvement la nature juridique de l'arbitrage consensuel dans le but de distinguer l'arbitrage né d'un contrat de quelques institutions voisines.

De la nature juridique de l'arbitrage consensuel L'article 2638

5- *Définition* - L'arbitrage dont il est question dans le Code civil consiste, pour s'en tenir à l'essentiel, en un accord des parties de se soumettre à la décision d'un ou de plusieurs arbitres au sujet d'un différend, né ou éventuel, concernant un objet licite, et ceci, en principe, à l'exclusion des tribunaux étatiques (article 2638). Il s'agit d'une convention qui met en place un tribunal, une juridiction — c'est-à-dire un organe pour dire le droit des parties et, partant, pour trancher le litige qui les oppose.

Le droit nouveau, comme le droit antérieur, envisage l'arbitrage comme un moyen alternatif de régler les différends («disputes» en anglais). Qu'est-ce donc, au fond, qu'un différend envisagé dans son état actuel ou dans son état à venir? La notion implique, certainement, un rapport conflictuel qui oppose des adversaires ayant, de part et d'autre, des prétentions différentes à faire valoir. Lorsque la cause du conflit est reconnue comme revêtant un intérêt juridique adéquat, le conflit est susceptible de faire l'objet d'une action en justice. Le domaine de la demande judiciaire et celui de l'arbitrage semblent ainsi coïncider puisque tous deux sont des techniques parallèles pour le règlement de ce genre de différends, sous réserve, dans le cas de l'arbitrage, de l'exception de matières touchant l'ordre public (article 2639). C'est ainsi que l'arbitrage, aussi bien que l'action en justice, implique un décideur (juge ou arbitre) qui va se prononcer sur les droits des parties après que celles-ci auront eu l'occasion de soumettre leurs preuves et arguments[8]. Ce qui plus est, la mission des arbitres, tout comme celle des juges étatiques, consiste à faire une application de la loi, sauf stipulation contraire des parties[9]. La notion de «différend» peut cependant s'entendre de façon plus large que «litige» ou «poursuite civile» (*lawsuit* en anglais), en ce que la dispute des parties envisagée dans leur convention peut engager un arbitrage avant que leur opposition d'intérêts n'ait pas déjà dégénéré dans un recours en justice ou en procès devant les tribunaux de l'État.

Ceci dit, il y a lieu de préciser les critères qui sont propres à l'arbitrage par rapport aux conventions voisines, c'est-à-dire celles visant une expertise, un perfectionnement ou une révision d'un contrat, ou encore un contrat de transaction.

6- *Institutions voisines* - L'arbitrage consensuel, nous venons de le constater, consiste en un processus judiciaire qui se substitue, en principe, au déroulement ordinaire d'un procès, en ce sens que les parties nomment leurs juges pour leur exposer leurs droits. Dans le contrat de transaction, par contre, et pour reprendre les propos de Mignault, les parties se font leurs propres juges[10]. La transaction, tout simplement, ne suppose aucun aspect juridictionnel tandis que l'arbitrage, pour sa part, implique nécessairement la désignation à cette fonction judiciaire de personnes autres que les parties.

Les distinctions à faire entre une convention d'arbitrage et celle visant une expertise sont plus nuancées. Il convient de constater, tout d'abord, qu'aucun Code au Québec ne traite du «contrat d'expertise», c'est-à-dire d'une expertise acceptée à l'avance par les parties qui auraient convenu que le résultat auquel l'expert arriverait serait, pour elles, obligatoire. Il en résulte que l'expert est parfois assimilé à l'arbitre, aussi bien dans l'expression formelle de la loi[11] et dans la jurisprudence[12] que dans les actes de la pratique[13]. La distinction essentielle entre l'expertise et l'arbitrage est pourtant claire. L'expert est appelé à constater les matières de fait dont l'appréciation est difficile pour le tribunal ou pour les parties. À la différence des experts, les arbitres ont à connaître des questions tant de droit que de fait. De plus, les arbitres rendent une décision, tandis que le rapport d'experts n'est en général qu'un élément de preuve auquel les parties, sinon le tribunal[14], sont tenues de se conformer. D'habitude, l'expertise ne porte que sur de simples différences d'évaluation, la fixation d'un quantum. Encore faut-il signaler que la nature de la procédure elle-même n'est pas toujours un élément distinctif de l'expertise et de l'arbitrage, étant donné qu'on retrouve les caractéristiques d'une procédure contradictoire dans les expertises aussi.

Des parties contractantes peuvent pourvoir à l'intervention d'une tierce personne (nommée «arbitre» ou autrement), dont la fonction consiste à fournir un élément du contrat afin de le perfectionner ou de le réviser. Cet élément pourrait être nécessaire à sa formation initiale ou encore à sa révision subséquente afin que le contrat à long terme puisse continuer à régir les parties. La technique est envisagée dans le texte de l'article 1592 du *Code civil* français qui dispose que le prix, dans la vente, peut être laissé à «l'arbitrage d'un tiers». Il n'y a pas de texte comparable dans le *Code civil du Bas-Canada* ou dans le *Code civil du Québec* mais l'absence de texte ne fait pas obstacle à l'inclusion d'une telle clause selon les principes généraux du droit contractuel[15]. Cette technique pourrait aussi être étendue à d'autres domaines où il y a lieu de réviser le montant d'une prestation. La question n'est pas alors de savoir si une telle clause est licite mais plutôt de préciser ses effets juridiques.

D'emblée, on serait tenté de voir, plutôt qu'un arbitrage, une expertise confiée à un mandataire commun des parties. Il s'agirait ainsi d'une expertise acceptée à l'avance par les parties qui auraient convenu que le résultat auquel l'expert arriverait serait, pour elles, obligatoire. En effet, le tiers choisi se fait une opinion et sa «décision» oblige les parties aussi longtemps qu'elles veulent réaliser le contrat proposé. Il ne s'agit pas d'un «arbitrage» qui aura pour effet de soustraire l'opposition des intérêts en cause, le différend, à la connaissance des tribunaux, L'«arbitrage» en question n'entre pas dans le cadre du régime d'arbitrage prévu aux deux codes. La Cour suprême s'est récemment ralliée à cette position[16]. Le tiers qui fixe un prix dans le contrat de vente ne tranche à proprement parler un différend que peuvent connaître les tribunaux.

§ 1- Formation de la convention

7- *Capacité et pouvoir de compromettre* - Le chapitre du *Code civil du Québec* sur l'arbitrage est silencieux au sujet de la capacité ou pouvoir de compromettre ou, encore, de conclure comme partie une convention d'arbitrage. Le principe qui nous régit, à cet égard, découle des règles de la théorie générale des contrats. Pour compromettre, il faut avoir la capacité de disposer des objets qui forment la matière de l'arbitrage, donc la libre disposition des droits en cause. La convention d'arbitrage suppose que les parties qui y souscrivent puissent se départir d'un droit dont elles ont la libre disposition pour le soumettre à l'adjudication d'une tierce personne. Compromettre constitue, en effet, un acte d'aliénation. La nouvelle loi admet que l'État peut compromettre (article 1376)[17].

Quant aux fondés de pouvoir, il s'agit de savoir si leurs pouvoirs comportent aussi celui de compromettre pour autrui, c'est-à-dire de disposer d'un droit pour le compte d'autrui. Le mandataire, nous semble-t-il, ne devrait pas pouvoir compromettre au nom du mandant sans que ce pouvoir soit nominativement mentionné dans le contrat de mandat ou dans la convention d'arbitrage[18] Il convient aussi d'examiner les règlements fondant l'autorité des représentants des personnes morales ou de droit public ou de droit privé, même si le droit québécois ne précise aucune exigence spéciale à leur sujet[19].

L'absence de capacité entraîne la nullité de la convention et ce motif peut être invoqué, lorsque la validité de la convention pourrait être soulevée (articles 943, 943.1, 946.4(2) et 947.2 C.p.c.).

8- *Intégrité du contentement* - La convention d'arbitrage est l'expression du consentement des parties de se soumettre à l'arbitrage. Comme dans tout contrat, le consentement des parties peut être vicié par l'erreur, la fraude[20] ou la crainte (article 1399).

9- *Objet de la convention* - La détermination de l'objet de la convention soulève la question de «l'arbitrabilité» des matières, c'est-à-dire ce qui peut être déféré à l'arbitrage. Il convient d'abord de signaler que le Code civil, conformément à l'esprit général de notre droit, permet la convention sauf là où elle est interdite. L'article 2639 ne fait que confirmer le principe général (voir les articles 8 et 9). Deux applications principales de cette idée de base sont à retenir ici. En premier lieu, le principe joue aussi bien par rapport aux matières relevant de l'autorité législative fédérale qu'à celles du parlement du Québec. De plus, le droit québécois n'établit aucune distinction entre les matières relevant du droit civil ou du droit commercial (fédéral ou provincial), comme c'est toujours le cas en droit français moderne[21].

L'autonomie des parties et la liberté contractuelle sont des principes généraux ayant cours autant en matière d'arbitrage qu'en matière de conventions en général. Mais il s'agit là aussi d'un grand principe qui pourrait être restreint dans sa portée par une interprétation extensive des exceptions prévues. Selon le libellé de l'article 2639, sont retirés du domaine de l'arbitrage: 1° «les questions qui intéressent l'ordre public»; 2° l'état et la capacité de personnes; 3° les «matières familiales». Selon ce texte, la licéité de l'objet de l'arbitrage s'apprécie essentiellement au regard de l'ordre public. La convention d'arbitrage rejoint ainsi le contrat de transaction auquel elle s'apparente (article 2362). La première et la troisième exceptions sont plus problématiques que la deuxième.

Pour ce qui est d'abord de l'ordre public, il faut examiner avec soin le langage de chaque loi ainsi que la jurisprudence qui s'y rattache pour savoir si la matière «intéresse» l'ordre public. Il reste possible qu'on découvre une intention législative implicite voulant refuser l'arbitrage même lorsque celui-ci n'est pas expressément interdit (par exemple, lorsque la matière est réservée à la connaisance des tribunaux ou organes quasi-judiciaires étatiques). Une attribution impérative de compétence pour connaître un litige peut, en effet, contenir une règle d'ordre public qui exclut l'arbitrage. Il convient de signaler ici que l'expression «questions qui *intéressent* l'ordre public» n'est pas équivalent à l'expression «règles d'ordre public» qui se retrouve au deuxième alinéa du même article. En d'autres termes, l'arbitrabilité de l'objet d'une convention d'arbitrage ne cesse pas de l'être au motif que les règles que les arbitres ont mission d'appliquer sont elles-mêmes les règles de l'ordre public. Les arbitres, en effet, peuvent faire application des règles qui contiennent les dispostions impératives[22].

L'article 2639 exclut aussi les «matières familiales», formule plus large que celle du droit antérieur[23]. Il s'agit maintenant de savoir si l'expression englobe, dans toute son imprécision, les différends au sujet des aspects patrimoniaux qui découlent des matières familiales (aliments, liquidation d'un régime matrimonial, liquidation du patrimoine familial, fixation d'une prestation compensatoire). La Cour d'appel a déjà jugé que le régime de l'arbitrage du *Code de procédure civile* de 1897 permettait l'arbitrage relativement à une question de pension alimentaire[24]. Il nous semble que l'arbitrage devrait être possible dans la mesure où ces mêmes questions sont susceptibles de conventions valables. L'interdiction qui est faite à l'un ou l'autre des époux de renoncer à l'avance aux droits afférents à ces divers moyens de protection ne nous semble pas exclure la possibilité d'un arbitrage dans les cas où les droits en question se réalisent. Des conventions, par ailleurs, à ce sujet sont parfois envisagées par la loi elle-même[25].

10- *Forme de la convention* - L'article 2640 énonce que la convention d'arbitrage «doit être constatée par écrit». Il est normal qu'une convention qui entraîne l'incompétence des tribunaux soit susceptible d'une preuve certaine, et la nécessité d'un écrit n'a rien d'excessif. Le droit antérieur à 1986 l'a toujours soutenu. Mais le législateur fait preuve d'une grande flexibilité sur ce point. Il n'exige pas qu'un seul acte soit dressé pour constater l'existence de la convention. En effet, l'article 2640 ajoute que la convention est «réputée» être par écrit si elle est consignée dans: 1er «un échange de communications qui en attestent l'existence» (par exemple, un échange de lettres[26], de telex, de télégrammes ou d'autres moyens de télécommu-

nication): 2ᵉ «un échange d'actes de procédures où son existence est alléguée par une partie et non contestée par l'autre»
(par exemple, le procès-verbal des arbitres dans l'instance
arbitrale engagée).

Ces dispositions sont évidemment inspirées des textes internationaux déjà évoqués comme sources implicites du droit québécois interne en matière d'arbitrage[27]. Leur but est d'apporter un
tempérament important à l'idée que l'écrit doit être sous forme
d'un seul et unique *instrumentum*. La règle du droit en ce qui
concerne la forme et la preuve de la convention peut ainsi
s'exprimer de la manière suivante: dès qu'une expression de
volontés communes de se reporter à l'arbitrage est constatée par
écrit et non contredite, la convention synallagmatique existe.
C'est dire alors que la loi admet que la convention, à l'origine,
puisse être orale. Le principe pourrait même s'accommoder de
la situation où l'arbitrage auquel les parties entendent se
rapporter figure dans le corps de règlements d'un organisme
sous l'égide duquel se déroulera l'arbitrage, à condition que les
parties en cause en faisant la mention au sens décrit ci-haut
pour indiquer qu'elles y ont adhéré[28].

La règle qui veut que la convention d'arbitrage soit constatée
par écrit est ainsi présentée de façon très large. Il est à noter, de
plus, que l'écrit n'est pas exigé sous peine de nullité. En
d'autres termes, l'absence même d'un écrit à l'origine ne frappe
l'accord d'aucune nullité absolue. La flexibilité de la règle à
l'article 2640 est conçue surtout pour permettre la preuve d'une
convention d'arbitrage par rapport aux différends éventuels qui
pourraient surgir entre les parties, sans pour autant exclure le
cas, plus rare sans doute dans la pratique, des parties qui dressent une convention en présence d'un différend actuel. Ceci dit,
on évoque la distinction traditionnelle entre les deux modes de
convention d'arbitrage, celui dénommé compromis et celui dénommé clause compromissoire. Cette distinction constitue
l'objet principal de la deuxième section.

§ 2- Modalités de la convention

11- *Généralités* - La convention d'arbitrage, avons-nous déjà
dit[29], consiste, juridiquement, en une expression de volonté,

dont la preuve écrite est possible, de la part de personnes capables de se soumettre à l'arbitrage au sujet d'un différend, né ou éventuel, concernant un objet licite. Cette définition globale de la convention est possible à la suite de la réforme intervenue en 1986. L'article 2638 consacre une notion unitaire et non pas dualiste de la convention. En effet, il y a maintenant une seule définition de la convention et l'essentiel de cette définition réside dans l'idée que les parties *s'obligent* à déférer un différend aux arbitres. Cette obligation, d'après ce texte clair et précis, est juridiquement efficace qu'il s'agisse d'un différend actuel ou à venir.

Mais toujours est-il que la convention couvre deux réalités distinctes: celle où le différend est né et actuel, c'est-à-dire certain et déterminé et celle où il n'est que futur et éventuel, c'est-à-dire possible ou potentiel et susceptible de se réaliser. Selon le droit antérieur (et toujours d'après le droit français[30]) ces deux réalités distinctes amenaient le législateur à envisager deux conventions distinctes, le «compromis» (en anglais, *submission*) régissant le cas d'un arbitrage au sujet d'un différend né et actuel, et la «clause compromissoire» (en anglais, *undertaking to arbitrate* ou, encore, *arbitration clause*) régissant le cas d'un litige futur. À la lecture des textes nouveaux, il n'est plus fait mention de ces deux conventions. Ces termes demeurent toutefois la terminologie courante en cette matière[31]. Leur rétention à ce titre est d'ailleurs justifiée en pratique, même si la loi n'en parle pas, pour la raison évoquée tout à l'heure: dans la réalité des choses, la distinction entre différends nés et différends éventuels se reflète dans les modalités possibles de la convention. Ainsi, la convention d'arbitrage se présente sous deux modes qu'il convient toujours de distinguer. Examinons à présent la distinction dans une première sous-section (§ A), pour envisager ensuite les autres éléments possibles du contenu matériel additionnel de la convention d'arbitrage (§ B).

§ A- Distinction entre le compromis et la clause compromissoire

12- *Le compromis* - Ce qui caractérise le compromis se résume au fait qu'il sert à encadrer la volonté des parties de recourir à l'arbitrage d'un différend qui est né et actuel. Ce mode de convention, qui intervient nécessairement après la naissance du litige, suppose les éléments suivants: 1er des parties capables; 2e une formulation du différend, ne serait-ce que pour permettre aux parties de préciser leurs prétentions respectives; 3e l'expression d'une volonté commune de régler ce différend par la voie de l'arbitrage; 4° une preuve écrite. La désignation d'arbitres n'est pas en elle-même un élément nécessaire à sa formation. Le compromis peut constituer, bien sûr, un moyen direct pour effectuer la saisine des arbitres qui y sont déjà nommés, mais le droit actuel ne l'exige pas, contrairement à l'état antérieur du droit[32]. Dans le cas où le compromis n'en nomme pas, ou encore ne contient aucune référence à leur mode de désignation, le droit supplétif du *Code de procédure civile* entre en jeu[33].

La convention d'arbitrage dénommée compromis sert alors, au minimum, à établir l'encadrement de l'arbitrage. Il est bien entendu que la convention pourrait également mentionner d'autres éléments. Il est, de plus, probable qu'en pratique le compromis contiendra toute une série de clauses destinées à écarter ou adapter les dispositions supplétives de la loi. Avant d'examiner ces autres éléments possibles, ce qui fait l'objet de notre deuxième sous-section, il faut saisir l'essence de l'autre mode possible de convention d'arbitrage, c'est-à-dire la clause compromissoire.

13- *La clause compromissoire* - Le deuxième mode de convention d'arbitrage joue dans la pratique de l'arbitrage un rôle beaucoup plus important que le compromis comme moyen y donnant accès. En effet, il est normal, dans la planification des rapports juridiques, d'envisager la possibilité d'éventuels différends et donc de techniques pour les prévenir ou les régler. La convention ayant en vue l'arbitrage d'un litige futur se classe parmi les premiers de ces instruments possibles. Le contexte classique où se situe ce mode de convention est celui d'un contrat principal dont elle forme une convention incidente. Le domaine de l'arbitrage éventuel réside alors à l'intérieur du cadre des rapports contractuels des parties et par rapport aux différends futurs susceptibles de surgir dans l'exécution de ce rapport contractuel. La pratique — avant même la reconnaissance du principe de la validité de la clause compromissoire[34] — s'est développée en ce sens (par exemple, contrats d'assurance, d'entreprise, de louage, de société, contrats pour services professionnels, de co-propriété et bien d'autres, sont autant de cas où la clause d'arbitrage trouve tout naturellement sa place).

Ce deuxième mode de convention d'arbitrage suppose les éléments suivants: 1er des parties capables; 2e la référence à un champ de différends possibles; 3e l'expression de la volonté commune de soumettre le différend, lorsque celui-ci se matérialise, à l'arbitrage à l'exclusion des tribunaux; 4e une preuve écrite. Aucun autre élément n'est nécessaire à son existence ou à son efficacité juridique, quitte à ce que le différend lui-même se réalise dans les faits. La désignation des arbitres, ni même la précision des modalités de leur désignation éventuelle, ne sont essentielles. Le droit supplétif du *Code de procédure civile* entre ici en jeu à nouveau[35].

14- *Efficacité de la clause* - Quant à l'efficacité juridique de la convention, il s'agit de savoir, lorsque le différend surgit, si les parties ont employé un langage qui rend l'arbitrage obligatoire, c'est-à-dire si le troisième élément de la convention identifiée ci-haut est présent. Cette question de savoir quand la convention elle-même est «complète», «parfaite» ou «obligatoire[36]» a été souvent débattue au cours des dernières années en jurisprudence québécoise. Juridiquement, pourtant, la question n'est pas complexe: on peut dire que la convention est parfaite lorsque les parties se sont *engagées* à recourir à l'arbitrage. Il faut, en effet, tout simplement trouver les mots d'*obligation* lorsqu'il y a promesse bilatérale d'y avoir recours, et pas ceux de pure faculté. Notre jurisprudence est déjà très fournie de cas où on essaie de tracer cette distinction entre, d'une part, l'arbitrage obligatoire et, d'autre part, l'arbitrage optionnel ou facultatif qui donne à une seule des parties le choix, en cas de différend, entre la saisine des tribunaux et le recours à l'arbitrage. Toute la question est de savoir si la formulation de la convention se résume à laisser un choix à une seule des parties lorsque l'arbitrage est invoqué par l'autre[37].

L'arrêt de principe sur ce point se trouve toujours dans la décision de la Cour suprême du Canada qui date de 1982, c'est-à-dire d'une époque antérieure à la réforme de 1986. Dans l'affaire *Zodiak International Productions* c. *Pologne*[38], la Cour a exigé, en effet, que la clause compromissoire «parfaite» comporte deux éléments: 1ᵉʳ l'obligation d'avoir recours à l'arbitrage *et* 2ᵉ la reconnaissance par les parties que la sentence arbitrale à intervenir liera les parties et sera «finale». Il a déjà été jugé que la clause à laquelle il manquait ce deuxième élément n'est pas parfaite, c'est-à-dire obligatoire[39]. L'arbitrage ici en vue était alors qualifié comme étant simplement «préalable» (ou encore «préjudicielle») à une éventuelle demande en justice pour la raison qu'il n'envisage pas que le différend soit réglé de façon définitive au moyen de l'arbitrage. C'est, à notre avis, une exigence excessive, du moins selon le droit actuel. Elle s'explique par le climat créé par la jurisprudence antérieure en cette matière[40]. En effet, de par sa nature même, la sentence arbitrale à intervenir lie les parties parce que toute l'économie du droit actuel implique un règlement définitif par voie de l'arbitrage. Une expression de volonté indiquant que le différend «sera réglé par voie d'arbitrage» sans mention expresse du caractère final et obligatoire de la sentence ou faisant référence aux articles du *Code de procédure civile* devrait alors suffire. Quelques arrêts abondent dans ce sens[41]. La Cour d'appel, nous semble-t-il, paraît aussi avoir accepté comme étant efficace la clause d'arbitrage optionnelle dans laquelle une seule des parties a le choix entre l'arbitrage et recours aux tribunaux étatiques[42].

15- *Spécificité additionnelle de la clause compromissoire* - Il y a lieu de noter, en guise de conclusion à cette section qui traite des modalités de la convention d'arbitrage, deux autres traits pertinents de la clause compromissoire qui mettent en relief sa spécificité par rapport à la convention d'arbitrage sous forme de compromis.

D'une part, le passage de la convention dite clause compromissoire à l'arbitrage lui-même n'exige pas la rédaction d'un acte de compromis, comme cela semble avoir été le cas selon le droit antérieur à l'ancien article 951 du *Code de procédure civile*[43]. Le déclenchement des procédures de l'arbitrage peut s'opérer à partir d'un avis donné par la partie qui entend se prévaloir de la convention en y précisant l'objet du différend (article 944 C.c.p.)[44].

D'autre part, il serait erroné d'affirmer que les clauses compromissoires ne sont, juridiquement, que de simples accessoires à divers contrats. La loi dispose, en effet, qu'une convention d'arbitrage contenue dans un contrat principal «est *considéré* comme une convention distincte des autres clauses de ce contrat» (article 2642). La reconnaissance de l'autonomie de la clause est faite dans le but de nier le jeu du principe classique voulant que l'accessoire suive le princpal (*accessio cedit principali*) et ainsi d'éviter que la constatation de la nullité du contrat principal puisse entraîner du même coup la nullité de la clause compromissoire. Celle-ci constitue, en effet, une convention indépendante même lorsqu'elle est greffée à un autre contrat[45]. Ainsi, tout litige issu de la convention y compris son annulation éventuelle peut être soumis à l'arbitrage[46].

De ces dernières observations, il en découle une autre. La convention d'arbitrage au sujet d'un différend éventuel peut aussi exister même dans le cas où, dans le temps, celle-ci intervient postérieurement au contrat principal auquel elle se rapporte. De plus, la loi québécoise ne limite pas ce mode de convention d'arbitrage aux différends concernant un rapport exclusivement contractuel. La structure unitaire de la définition de la convention permet de l'envisager comme existant, de façon indépendante, au sujet d'un différend éventuel découlant de tout rapport juridique. L'article 2638 s'accommode parfaitement de l'idée d'une convention d'arbitrage à titre principal au sujet d'un différend éventuel.

§ B- *Contenu matériel additionnel de la convention*

16- *Généralités* - La convention d'arbitrage est juridiquement efficace dès qu'on constate une obligation d'y avoir recours. Toutefois, il serait probablement rare que cette convention, dans la pratique, soit dénuée d'autres éléments propres au fonctionnement du régime d'arbitrage. On passe ainsi du contenu minimal obligatoire nécessaire pour constituer la convention à son contenu additionnel et à ses autres modalités usuelles.

17- *Autonomie de la volonté des parties* - Le principe que les stipulations des parties constituent la source première du droit régissant l'arbitrage prévu par leur convention est pleinement accepté par le droit québécois. Ce principe est consacré par l'article 2643 qui édicte, au sujet de la procédure d'arbitrage, que sous réserve des dispositions impératives l'instance arbitrale est réglée par le contrat ou, à défaut, par le *Code de procédure civile*. Les dispositions impératives de la loi sont limitées[47]. L'idée de l'autonomie des parties en cause, et celle de leurs arbitres, reçoivent ainsi une expression maximale dans la loi. On estime, de part et d'autre, que ceci est capital dans le contexte moderne de l'arbitrage. L'ensemble des textes du *Code de procédure civile* revêt alors un caractère largement supplétif lorsqu'il s'agit: 1er de la nomination d'arbitres (article 941 C.c.p.); 2e des règles de procédure à suivre (article 944.1 C.c.p.) et 3e la sélection même des normes applicables au fond du litige (article 944.10 C.c.p.[48]). Toutes ces matières, qui dépassent l'encadrement législatif du *Code civil du Québec*, sont étudiées ailleurs[49].

Il convient, toutefois, de signaler l'article 2641 C.c.Q. qui édicte la nullité de la stipulation qui confère à une partie une situation «priviligiée» quant à la désignation des arbitres. La règle rend nulle la clause, parfois rencontrée, selon laquelle un seul arbitre nommé par l'une des parties pourrait agir comme arbitre unique lorsque l'autre partie, dans un délai prévu, n'a pas fait sa propre désignation d'arbitre. L'arbitrage *ex parte*, en tant que stipulation prévue à la convention est, en ce sens, interdit par la loi. Sa nullité entraînera alors le mode de nomination prévue par la loi à titre de règle supplétive (articles 941 à 941.3 C.c.p.). La disposition de l'article 2641 est aussi susceptible d'autres applications[50].

18- *Autres matières à prévoir* - La loi ne peut suppléer à toutes les questions possibles pour lesquelles les parties auront intérêt à préciser leurs intentions. Il y aura probablement lieu d'envisager la question de la langue de l'arbitrage ou même si des traductions seront faites. Il conviendra aussi de décider, à l'avance, si les procédures se dérouleront oralement ou par écrit, et du lieu de l'arbitrage. On devrait également envisager les frais de l'arbitrage, ainsi que les honoraires des arbitres. Contrairement au régime antérieur, le droit actuel ne précise pas, même à titre supplétif, de délai aux arbitres pour compléter l'arbitrage et pour rendre leur sentence. Vu le silence de la loi, il faut probablement s'inspirer de la règle supplétive de l'article 942.5 C.c.p. qui énonce qu'en cas d'impossibilité d'un arbitre de remplir sa mission ou de s'acquitter de ses fonctions dans un délai «raisonnable», une partie peut s'adresser au juge pour obtenir la révocation de l'arbitre. Voilà l'intérêt pour les parties de préciser un délai pour l'accomplissement de la mission des arbitres, à l'expiration duquel la juridiction arbitrale sera tout simplement *functus officio*. Par là même, on évoque le besoin d'envisager les cas du décès, du départ ou d'empêchement d'un arbitre et de son remplacement éventuel, au choix des parties, ou de l'arbitre ou des arbitres restants ou autrement.

§ 3- Effets de la convention

19- *Plan* - Il convient d'examiner les effets d'une convention d'arbitrage par rapport, d'une part, aux personnes impliquées (§ A), c'est-à-dire les parties en cause et les tiers et, d'autre part, en tant que mécanisme qui met en place une juridiction, ses effets par rapport aux tribunaux étatiques (§ B). L'observation nous amène à souligner le caractère à la fois conventionnel et juridictionnel de l'arbitrage. C'est en tenant compte de ces deux réalités juridiques qu'on peut saisir les pleins effets de l'arbitrage en tant qu'institution de droit privé.

§ A.- *Effets par rapport aux personnes impliquées*

20- *Arbitrage en sa qualité de contrat* - L'idée dominante en matière d'arbitrage est de prendre appui sur la volonté des parties[51]. Encore faut-il que la loi reconnaisse que cette volonté soit pleinement efficace. Il s'agit alors d'examiner le caractère obligatoire et même opposable de la convention, c'est-à-dire ses effets à l'égard des parties elles-mêmes et ensuite par rapport aux tiers.

21- *Obligations engendrées* - Il convient de rappeler que les parties, ayant souscrit à une convention d'arbitrage, ont accepté alors l'obligation de poursuivre un arbitrage par rapport à leur différend. L'exécution de l'obligation de poursuivre l'arbitrage se traduit, concrètement, par un nombre précis d'obligations de faire au sujet du différend lorsque celui-ci se réalise:

— 1er la partie qui entend se prévaloir de l'arbitrage doit en donner l'avis à l'autre en y précisant l'objet du différend, c'est-à-dire du moins en émettant ses prétentions[52];

— 2ᵉ elle doit nommer son arbitre, ou du moins donner avis qu'elle entend procéder à cette nomination dans un délai donné. L'avis ainsi donné constitue donc pour l'autre partie une mise en demeure d'avoir à exécuter ses propres obligations de la même nature.

De plus, ces obligations de faire sont susceptibles d'une exécution forcée en nature. Cette même partie peut demander au tribunal de désigner l'arbitre de l'autre partie lorsque celle-ci n'y procède pas dans le délai imparti[53].

22- *Effets à l'égard des tiers* - L'hypothèse qui nous intéresse ici est de savoir si l'arbitrage peut avoir un effet obligatoire sur un tiers qui n'a pas lui-même consenti à la convention. La loi n'en parle pas directement. L'arbitrage conventionnel doit alors se plier aux règles générales en cette matière. C'est un principe général que les conventions ne lient que les parties contractantes et n'ont d'effet à l'égard des tiers. Mais les tiers peuvent être atteints par l'arbitrage dans les cas suivants:

— 1ᵉʳ les ayants cause universels ou à titre universel sont en principe, liés par la convention, puisqu'ils sont assimilés aux parties contractantes elles-mêmes (articles 732, 733) et la nature du contrat ne s'y oppose pas (articles 1440, 1441). Toujours est-il, cependant, que le liquidateur d'une succession exerce, à compter de l'ouverture, la saisine des héritiers (article 777). Il peut ainsi être tenu d'assumer les conventions souscrites par le défunt.

— 2ᵉ L'ayant cause à titre particulier, au contraire, échappe à l'effet des contrats passés par son auteur et donc à la convention d'arbitrage souscrite par celui-ci, à moins que la convention soit considérée comme l'accessoire d'un bien transmis et donc soumis au même régime (article 1442[54]).

— 3ᵉ le tiers qui est substitué à l'un des contractants par l'effet d'une disposition légale ou d'une stipulation contractuelle pouvant impliquer l'observation d'une convention d'arbitrage, est-il lié? La question est délicate. D'une part, dans le cas d'une cession de contrat, le cessionnaire sera lié par la convention d'arbitrage qui figure au contrat cédé. En matière de subrogation personnelle, le subrogé est également lié par la convention d'arbitrage souscrit par le subrogeant. Qu'en est-il d'une convention d'arbitrage liant un débiteur lorsqu'il y a des co-débiteurs solidaires de celui-ci? Si, d'une part, il y a représentation mutuelle entre les co-débiteurs, il faut tenir compte, d'autre part, que cette représentation n'est pas toujours reconnue comme étant parfaite. On doit, de la sorte, hésiter à affirmer que l'arbitrage souscrit par le créancier et l'un des débiteurs s'impose aussi aux autres[55]. Il a déjà été jugé que la défenderesse en garantie n'est pas admise à soulever l'incompétence de la Cour supérieure pour le motif qu'une convention d'arbitrage rend irrecevable l'appel en garantie du demandeur principal[56]. On peut aussi douter que la caution puisse être attirée à l'instance arbitrale contre son gré car elle est tenue d'une obligation distincte de l'obligation principale[57]. Il y a lieu, toutefois, de signaler que dans un arrêt la Cour d'appel a admis que la caution peut se prévaloir de la clause figurant au contrat conclu par le débiteur principal[58]. C'est en adoptant le même raisonnement qu'on peut douter de la possibilité de la stipulation d'une convention d'arbitrage obligatoire au bénéfice d'autrui. Le principe général en ce domaine qui veut que la stipulation pour autrui puisse créer des droits mais non pas des obligations ne semble pas pouvoir autoriser des promesses d'arbitrage à la charge d'autrui (article 1443)[59].

24- *Conclusions* - Les effets d'une convention d'arbitrage à l'égard des tiers soulèvent une série de questions complexes. Il s'agit de savoir, au fond, comment les tiers peuvent être atteints par l'arbitrage. Le droit actuel en matière d'arbitrage n'envisage pas les cas où l'arbitrage pourrait avoir vocation de devenir «multi-partites» et, ainsi, vider un différend dans son ensemble. En d'autres mots, l'arbitrage n'est pas pleinement assimilé, quant à ses effets, à une juridiction étatique où l'intervention forcée d'un tiers est possible pour permettre une solution complète de litige[60]. C'est à ses effets en tant que juridiction privée qu'il faut maintenant accorder notre attention.

§ B.- *Effets par rapport aux tribunaux étatiques*

25- *Effets en tant que juridiction privée* - Au long de cette étude de la convention d'arbitrage, l'on a voulu souligner que le recours à des arbitres constitue, d'une part, un substitut à l'action en justice et que, d'autre part, il assure la mise en place d'une juridiction parallèle aux tribunaux étatiques, en ce sens que les parties attribuent volontairement la connaissance de leur litige à un tribunal créé par elles-mêmes. L'arbitrage, donc, peut se concevoir comme moyen juridictionnel de régler les conflits, ce qui ne nie en rien sa nature d'origine volontaire et contractuelle. Il convient d'insister, cependant, que si la convention comporte la mise en place d'une juridiction privée qui implique l'incompétence en principe des tribunaux étatiques, ces derniers continuent néanmoins de jouir de leur droit de surveillance sur l'arbitrage.

Il ne s'agit pas d'étudier ici toutes les questions du droit procédural auxquelles donnent lieu ces dernières observations. Une telle étude nous mènerait en dehors de notre propos, c'est-à-dire la convention elle-même. Il doit suffire ainsi de constater tout simplement un certain nombre de grands principes qui jouent en matière d'arbitrage conventionnel.

26- *Principe de l'incompétence des tribunaux* - L'incompétence des tribunaux d'État à connaître le différend qui est prévu par la convention d'arbitrage est décrétée à l'article 2638 C.c.Q. et à l'article 940.1 C.c.p. En ce qui concerne ce dernier texte, il faut noter que la loi ne confère aucun pouvoir discrétionnaire au tribunal. Il ne saurait être question de suspendre simplement l'action intentée en violation de la convention[61]. Le renvoi à l'arbitrage est impératif à condition 1° que la convention d'arbitrage soit valide; 2° que l'une des parties demande le renvoi; et 3° que la cause ne soit pas inscrite. Reprenons ces conditions dans ce même ordre.

Quant à la validité de la convention, le juge saisi peut exercer un contrôle sur la compétence des arbitres, c'est-à-dire sur l'arbitrabilité *rationae materiae* du différend, même si les arbitres peuvent statuer sur leur propre compétence (article 943.1 C.c.p.). La jurisprudence à ce sujet démontre que les tribunaux retiennent une interprétation plutôt restrictive du champ d'application de la convention d'arbitrage[62].

La deuxième condition à remplir, toujours selon l'article 940.1 C.c.p., concerne la demande, par une partie, du renvoi du litige à l'arbitrage. On peut s'attendre, en effet, de la part du défendeur à l'action qu'il manifeste sa volonté de ne pas être considéré comme ayant fait acte d'acquiescement à l'action ou de renonciation à la convention. L'incompétence du tribunal n'est que relative. Elle ne saurait être soulevée d'office par le tribunal lui-même. Le défendeur devra faire état de l'exécution de ses propres obligations découlant de la convention, c'est-à-dire au minimum qu'il a fait parvenir à l'autre partie l'avis mentionné à l'article 944 C.p.c. en y précisant ses prétentions ou sa volonté de ce faire.

L'article 940.1 C.p.c. exige, enfin, que la demande de renvoi soit faite avant que la cause ne soit inscrite pour l'enquête et audition[63]. Le temps utile au défendeur pour ce faire s'étend alors même au-delà du moment où il a fait valoir sa défense et où il y a eu contestation liée quant au fond selon l'article 186 C.p.c. D'après une certaine jurisprudence antérieure, l'invocation de faire valoir l'arbitrage devrait être faite au plus tard lors de la défense. Le défaut d'invoquer l'arbitrage avant ce stade n'emporte plus renonciation à l'arbitrage[64].

27- *Surveillance et contrôle* - Lorsque l'affaire est renvoyée devant les arbitres, l'investiture des arbitres est accomplie: il n'empêche que la compétence des tribunaux ordinaires puisse néanmoins renaître, même si ce n'est que de façon limitée. La loi est formelle, et claire, quant au principe directeur qui domine la matière: pour toutes les questions régies par le titre du *Code de procédure civile* relatif à la tenue de l'arbitrage, «un juge ou le tribunal ne peut intervenir que dans les cas où ce titre le prévoit» (article 940.3 C.p.c.).

Notes

1. L.Q. 1986, ch. 73 qui est entrée en vigueur le 11 novembre 1986. Les changements à caractère stylistique se trouvent à l'article 2639 C.c.Q. («questions qui *intéressent* l'ordre public» au lieu de «questions qui *concernent* l'ordre public» à l'article 1926.2 C.c.B.c.) et à l'article 2642 («ne rend pas nulle pour autant» au lieu de «n'entraîne pas de plein droit la nullité» à l'article 1926.5 C.c.B.c.).
2. L.Q. 1992, ch. 57.
3. Ce texte, ainsi que le *Rapport de la Commission des Nations Unies pour le droit commercial international* et le *Commentaire analytique du projet de texte* sur la loi type mentionnés à l'article 940.6 C.p.c., sont publiés dans la *Gazette du Canada*, vol. 120, nº 40, 4 oct. 1986 (sup-

plément). On observe, au passage, que l'abréviation CNUDCI signifie la Commission des Nations Unies pour le droit commercial international (en anglais: UNCITRAL, United Nations Commission for International Trade Law). De plus en plus d'États y adhèrent; voir Ph. Fouchard, «Où va l'arbitrage international?» (1989) 34 R.D. McGill 436.

4. Ce texte est facilement accessible parce qu'il figure à l'annexe de la *Loi de mise en oeuvre de la Convention des Nations Unies pour la reconnaissance et l'exécution des sentences arbitrales étrangères* L.R.C. (1985), ch. 16 (2ᵉsupplément), à l'origine S.C. 1986, ch. 21. Le texte de la «Convention de New York» de 1985 se trouve aussi dans 330 U.N.T.S. 3.

5. Au fédéral: *Loi concernant l'arbitrage commercial*, L.R.C. 1985, ch. 17, à l'origine S.C. 1986, ch. 22. Les autres provinces canadiennes et les territoires ont agi de même.

6. Voir déjà en ce sens, *A. Bianchi S.R.L.* c. *Bilumen Lighting*, [1990] R.J.Q. 1681 (C.S.); *Ville de la Sarre* c. *Gabriel Aubé*, C.A. Québec, 7.x.1991, nº 200-09-000589-918, J.E. 92-101. N. Antaki, «L'arbitrage commercial: concept et définitions» (1987) C.P. du N. 491, à la p. 502, nº 45. Aussi serait-il opportun d'examiner l'interprétation donnée à ces mêmes textes dans les systèmes juridiques qui s'en sont inspirés de la même manière.

7. *514 International Sportswear Exchange* c. *J.L.R. Fashions*, C.S. Montréal, 19.v.1988, nº 500-05-002639-886. *Condominiums Mont-St-Sauveur* c. *Les Constructions Serge Sauvé*, [1990] R.J.Q. 2783, (C.A.) M. le juge Monet à la p. 2785; [1991] R.D.I. 8. Mais voir aussi, au sens contraire, les arrêts cités à la note 62 ci-après.

8. La loi nouvelle est non équivoque à ce sujet puisque des dispositions impératives de celle-ci comportent la règle que la partie contre laquelle la sentence est invoquée peut demander sa nullité ou résister à son homologation pour la raison, *inter alia*, qu'il lui a été impossible de faire valoir ses moyens (les art. 946.4 et 947.2 C.p.c.).

9. Clause d'amiable composition prévue à l'article 944.10, al. 2. C.p.c.

10. P.-B. Mignault, *Droit civil canadien*, t. 8, p. 304. Voir, à titre d'exemple, *Kielo* c. *Vekteris*, [1975] C.A. 856.

11. Voir, à titre d'exemple, l'article 2587 C.c.B.c. en matière d'assurance des choses où il s'agit d'une expertise faussement désignée «clause compromissoire».

12. Voir, à titre d'exemple, *Zittrer* c. *Sport Maska*, [1985] C.A. 386, infirmé par [1988] 1 R.C.S. 564.

13. Ces termes s'emploient indifféremment dans la pratique.

14. Dans les «arbitrages» qui sont en réalité des expertises, il s'agit le plus souvent de préciser un élément de la contestation afin d'éliminer cette question du procès éventuel, ou même pour que le différend entre les parties ne dégénère pas en procès.

15. *Beaudoin* c. *Rodrigue*, [1952] B.R. 83. Voir aussi *Rindress* c. *Charlevoix*, [1983] C.S. 897, à la p. 900.

16. *Sport Maska* c. *Zittrer*, [1988] 1 R.C.S. 564, infirmant la Cour d'appel, [1985] C.A. 386. Voir le commentaire de P. Garant, (1989) 68 R.

du B. can. 166. Voir dans le même sens, *Prodevco Immobilière* c. *Nerenberg*, [1990] R.J.Q. 1417 (C.S.). Voir aussi, Alain Prujiner, «L'adaptation forcée du contrat par arbitrage» (1992), 37 R.D. McGill 428.

17. Voir aussi, en droit actuel, *Sparling* c. *La Caisse de dépôt et placement du Québec*, [1988] 2 R.C.S. 1015, conf. [1985] C.A. 164.

18. Le mandat *ad litem* ne comporte aucun pouvoir à soumettre à l'arbitrage, *Nadeau* c. *Provost*, (1939) 39 R.L. 69 (B.R.).

19. L'article 303 C.c.Q. édicte que les personnes morales ont, en principe, la même capacité que les personnes physiques.

20. Pour une application, voir *Le Club de Hockey Les Nordiques (1979)* c. *Lukac*, C.S., Québec, 23.ii.1987, J.E. 87-375.

21. L'article 2061 C. civ. français précise que la convention ayant en vue l'arbitrage d'un différend à naître est nulle s'il n'est disposé autrement par la loi. L'article 631 du Code de commerce permet cette convention dans les cas énumérés de la compétence des tribunaux de commerce.

22. Voir *Condominiums Mont St-Sauveur* c. *Les constructions Serge Sauvé*, [1990] R.J.Q. 2783 (C.A.). Pour d'autres illustrations, voir S. Thuilleaux, *op. cit.*, ci-dessus n° 2, à la p. 39.

23. Le *Code de procédure civile* de 1966 à l'article 940 précisait «les dons et legs d'aliments...les séparations...entre époux».

24. *Kasner* c. *Becker*, [1967] B.R. 677, confirmant le jugement de la Cour supérieure de 1965 (non rapporté).

25. Voir les articles 423 (patrimoine familial), 429 (prestation compensatoire), 465 (changement conventionnel de régime matrimonial), 685 (de la survie de l'objection alimentaire).

26. Une jurisprudence au Québec avait dégagé ce principe même avant la loi de 1986: *Société immobilière 3000* c. *Harvey*, [1985] C.A. 594.

27. Article 7(2) de la *Loi type*, règle reprise de la *Convention de New York* de 1958.

28. Dans *Argos Film* c. *Ciné 360*, [1987] R.J.Q. 2123, la Cour supérieure a reconnu la validité d'une convention d'arbitrage insérée dans des conditions générales auxquelles faisait référence un contrat principal et qui étaient annexées à ce dernier.

29. J.E.C. Brierley, «La convention d'arbitrage en droit québécois interne» (1987) C.P. du N. 485, n° 76, à la p. 547.

30. Ainsi, en France, le nouveau *Code de procédure civile* énonce la définition du compromis à l'article 1447 et celle de la clause compromissoire à l'article 1442.

31. Voir, à titre d'exemple, Mme le juge Claire L'Heureux-Dubé, *Sport Maska* c. *Zittrer*, [1988] 1 R.C.S. 564, à la p. 582.

32. L'ancien article 941 C.c.p. exigeait, pour la constitution du compromis, une désignation d'arbitres.

33. Articles 941 à 941.3.

34. Il a fallu un arrêt de principe de la Cour suprême du Canada, en 1982, pour clore le débat à ce sujet qui traînait pendant plus de quinze ans à la suite de la réforme boîteuse modifiant le *Code de procédure civile* de 1966

à l'ancien article 951. *Zodiak International Productions* c. *Pologne*, [1983] 1 R.C.S. 529.

35. Articles 941 à 941.3 C.p.c. Le droit français exige que la clause compromissoire désigne les arbitres, ou prévoit les modalités de leur désignation: article 1443 du nouveau *Code de procédure civile*.

36. Ou encore «réelle» ou «véritable» pour adopter les épithètes employées par la jurisprudence.

37. La convention, par exemple, comporte la mention qu'une partie, en cas de différend «pourra donner avis à l'autre de ce différend et demander alors l'arbitrage»: c'est un arbitrage facultatif (*Importations Cimel* c. *Pier Augé Produits de Beauté*, [1987] R.J.Q. 2345 (C.A.); *Eastern Townships Regional School Board* c. *Longpré Construction*, [1975] C.A. 627; *Black & McDonald* c. *Standard Chemical*, [1974] R.P. 375 (C.S.), confirmé en appel. En d'autres mots, on aboutit au résultat qu'une fois le différend né, les parties devraient accepter à nouveau de le faire arbitrer. À notre avis, c'est confondre l'obligation initiale et la faculté d'engager les procédures d'arbitrage. Une partie a le loisir d'exercer un droit (demander l'arbitrage) et, en choisissant de le faire, y astreindre l'autre.

38. [1983] 1 R.C.S. 529. Voir notre commentaire «Quebec Arbitration Law: A New Era Begins», (1985) 40 Arbitration Journal 134 (E.-U.) et E. Groffier (1983) 43 R. du B. 928.

39. *Industrial Development and Renovation Organization of Iran* c. *Bertrand*, [1984] R.D.J. 15 (C.A.).

40. L'exigence nous paraît, tout simplement, un reliquat de l'ancien droit, c'est-à-dire de l'époque antérieure à 1982, où pour qu'une clause compromissoire soit valable, il fallait qu'un recours ultérieur aux tribunaux étatiques restât possible. Voir, en ce sens, *Boisvert* c. *Plante*, [1952] B.R. 471. Cette jurisprudence (qui remonte très loin) a admis l'arbitrage convenu comme condition préalable (en anglais, «a condition precedent») au droit d'intenter l'action ordinaire. Elle s'inspirait des précédents anglais, notamment l'espèce célèbre de *Scott* c. *Avery* jugée par la Chambre des Lords au milieu du siècle dernier, (1856) L.R. 5 H.L. 811. Comme l'a déjà fait remarquer Alain Prujiner, la mention dans le droit actuel à l'article 2638 de «l'exclusion des tribunaux» est destinée à exclure du domaine de l'arbitrage de la nouvelle loi «la clause préjudicielle». Voir «les nouvelles règles de l'arbitrage au Québec» (1987) Revue d'arbitrage 425, à la p. 430 (France). C'est la raison, du moins nous semble-t-il, pour laquelle la Cour suprême dans l'arrêt *Zodiak* a exigé une manifestation d'intention qui *exclut* l'arbitrage simplement préjudiciel au moyen d'une indication que la sentence arbitrale soit obligatoire.

41. *Les importations Cimel* c. *Pier Augé Produits de Beauté*, [1987] R.J.Q. 2345 (C.A.). *Groupe A.M.L.* c. *Beaudoin*, C.S. Montréal, 9.xii.1988, Montréal, n°500-05-011412-887, J.E. 89-361 (requête pour appel rejetée); *Société de gestion Pamafret* c. *Dupont*, C.S. Montréal, 10.v.1989, n°500-05-014167-884, J.E. 89-758.

42. *Gestion Claude Hébert* c. *Jacques Vinet Electrix*, C.A. Montréal, 18.iv.1988, n°500-09-000123-877, C.A.P. 88C-191: «...si l'une des parties

a le droit de soumettre un litige à l'arbitrage, l'autre partie a nécessairement l'obligation de participer à cet arbitrage».

43. L'article 951 C.p.c. ancien, dans son deuxième alinéa, se lisait: «Lorsque le différend prévu est né, les parties doivent alors passer compromis [the parties must execute a submission]». Il prévoyait aussi, cependant, qu'un juge pouvait en suppléer en faisant, à demande, la nomination d'un arbitre et la désignation des objets en litige. C'était, en effet, une requête «en passation de compromis» selon l'expression du juge Mayrand dans l'arrêt *Alta Construction (1964)* c. *Dywidag Canada*, C.A. Montréal, 29.v.1981, n°500-09-000734-806, J.E. 81-583.

44. L'avis fait office de compromis, selon l'expression de Mme le juge l'Heureux-Dubé dans l'arrêt *Sport Maska* [1983] 1 R.C.S. 524, à la p. 582.

45. Voir, à titre d'exemple, *Le Club de Hockey Les Nordiques (1979)* c. *Lukac*, C.A. Québec, 23.ii.1987, n° 200-09-000665-866, J.E. 87-375 (arrêt rendu antérieurement à la mise en vigueur de la loi nouvelle) pour le genre de situation auquel l'article 2642 fait maintenant échec.

46. Voir, en ce sens, *Silverberg & Silverman* c. *Clarke Hooper*, C.S. Montréal, 23.ii.1990, n° 500-05-015310-897, J.E. 90-437; *Société de gestion Pamafret* c. *Dupont*, note 41; *Re/Max Ideal* c. *Deschamps*, C.A. Montréal, 10.x.1989, n°500-09-001459-882, J.E. 89-1550.

47. Voir l'article 940 C.p.c.

48. Au sujet de l'amiable composition où les arbitres décident *ex aequo et bono* ou «en équité», voir notre étude «Equity and Good Conscience and Amiable Composition in Canadian Arbitration Law» (1991) 19 Can. Bus. L.J. 462 et N. Antaki, «L'amiable composition» dans *Arbitrage commercial international*, Colloque Université Laval, Québec 1985, Montréal, Wilson & Lafleur, 1986, à la p. 151.

49. Voir la bibliographie sélective, n° 3 ci-dessus.

50. Voir *Charbonneau* c. *Industries A.C. Davie*, [1989] R.J.Q. 1255 (C.S.); *Desbois* c. *Industries A.C. Davie*, C.S. Québec, 11.xi.1987, n° 200-05-002581-861, J.E. 89-478.

51. La sentence arbitrale (qui «lie les parties» selon l'article 945.4 C.p.c.) n'est juridiquement que le prolongement même de la convention initiale.

52. Articles 944, 944.2 C.p.c. Cet avis tient lieu d'un acte compromis lorsqu'on est en présence d'une clause compromissoire selon les propos de Mme la juge L'heureux-Dubé dans l'affaire *Sport Maska*, [1988] 1 R.C.S. 564, à la p. 582.

53. Articles 941 à 941.2 C.p.c.

54. Voir, en ce qui concerne le contrat de vente et le transfert de l'action en garantie au sous acquéreur contre les vendeurs antérieurs et même les fabricants, *General Motors of Canada* c. *Kravitz*, [1979] 1 R.C.S. 790; *Cie d'aqueduc du Lac St-Jean*, [1925] R.C.S. 192.

55. Voir *136067 Canada* c. *Watson Computer Products*, C.A. Montréal, 9.v.1987, n°500-09-000231-878, cité par S. Thuilleaux, *op. cit.*, p. 55. Voir aussi M. le juge Rothman, *Condominiums Mont St-Sauveur* c. *Constructions Serge Sauvé*, [1990] R.J.Q. 2783 (C.A.), à la p. 2790.

56. *Ouellet* c. *Forage moderne à diamant*, C.S. Abitibi, 12.ii.1986, n° 615-05-000032-841, J.E. 86-431. Dans *Anjar Investment* c. *Colombani*, C.A. Montréal, 28.ii.1989, n° 500-09-0001353-887, J.E. 89-563, la Cour d'appel a refusé de voir une renonciation à l'arbitrage dans le fait que le défendeur avait appelé en garantie son cocontractant avec lequel il était lié par une clause compromissoire.

57. *514 International Sportswear Exchange* c. *J.L.R. Fashions*, C.S. Montréal, 19.v.1988, n° 500-05-002639-886.

58. *Guarantee Co. of North America* c. *Foundation Co. of Canada*, [1975] C.A. 763.

59. Dans le même ordre d'idées, est sans effet, nous semble-t-il, la stipulation testamentaire selon laquelle les légataires ou les exécuteurs testamentaires (ou encore le liquidateur) devraient obligatoirement avoir recours à l'arbitrage pour régler les différends éventuels entre eux au sujet des dispositions testamentaires. Voir *Limoges* c. *Limoges* [1957] R.P. 178 (C.S.).

60. Voir l'article 216 C.p.c.

61. Voir *LaSarre* c. *Gabriel Aubé*, C.A. Québec, 12.vi.1991, n° 200-09-000589-918, J.E. 92-101; 43 Q.A.C. 226; *Wolray Hotels* c. *Quebec City Hotel Partnerships*, C.A. Québec, 01.x.1992, n° 200-09-000648-912, J.E. 92.162. Voir cependant *Lincora Metal* c. *H. D'Amours* [1990] R.J.Q. 402 (C.S.) et, sur ce point, les commentaires de Louis Marquis «La compétence arbitrale: une place au soleil ou à l'ombre du pouvoir judiciaire» (1990) 21 R.D.U.S. 303.

62. Voir, en ce sens, *Re/Max Ideal* c. *Deschamps*, note 46 ci-haut; *T.D.X.* c. *Bonspille*, C.A., Montréal, 18.xii.1989, n° 500-09-001351, J.E. 90-276.

63. Articles 274 et 275 C.p.c.

64. *Peintures Larvin* c. *Mutuelle des Fonctionnaires du Québec*, [1988] R.J.Q. 5. (C.A.), à la p. 7: «C'est l'inscription pour enquête et audition après contestation qui démarque la *litis contestatio*, la contestation liée, le point de non retour; après cela, point de demande de renvoi».

Table des matières

Les assurances et les rentes

Odette Jobin-Laberge* et Luc Plamondon**

Introduction

1. Le droit des assurances a subi une réforme majeure en 1974[1] suivie de quelques réajustements en 1979[2]. En 1980, des amendements ont été apportés à l'assurance de personnes en matière de bénéficiaires et de propriétaires subrogés[3]; d'autres l'ont été en 1982 pour préciser certaines règles relatives aux contrats pour frais d'obsèques[4].

2. De façon générale, les modifications apportées en 1979 tiennent compte des recommandations faites par l'Office de révision du Code civil dans les Commentaires accompagnant le projet de Code civil déposé en 1977. Le rapport de l'Office en matière d'assurance traitait des dispositions adoptées en 1974 et entrées en vigueur en 1976.

3. En raison de cette réforme qui n'a pas encore vingt ans, il y a peu de modifications majeures au chapitre des assurances du nouveau Code civil du Québec (C.c.Q.); on y constate plutôt la codification de l'interprétation jurisprudentielle de la réforme de 1976. Dans certains cas, le législateur approuve et précise les règles développées par les tribunaux alors que, dans d'autres, il écarte volontairement les décisions des instances supérieures et enfin, dans certains, il tranche une controverse. Nous pourrons, à l'occasion, regretter que le législateur ait omis de profiter de la réforme pour clarifier un droit encore incertain. Par ailleurs, la codification élimine la liberté des tribunaux qui pouvaient jusqu'ici se rallier à un courant jurisprudentiel plutôt que l'autre mais elle leur laisse évidemment la liberté de faire évoluer ce nouveau droit écrit en l'interprétant.

---

* Avocate, associée chez Lavery, de Billy.
** Vice-président et vice-directeur juridique, Sun Life du Canada.

4. Le nouveau code intègre, plus harmonieusement que le code actuel, le droit des assurances au droit civil en lui conférant le caractère d'un véritable «contrat nommé». Aujourd'hui, le droit des assurances est contenu au titre Cinquième du Livre Quatrième du Code civil du Bas-Canada (C.c.B.C.) concernant les lois commerciales, au même titre que les dispositions concernant les lettres de change, les bâtiments marchands, l'affrètement, etC. Bien que l'article 2278 C.c.B.C. précise que les principales règles applicables aux affaires commerciales qui ne sont pas contenues dans le présent livre sont énoncées dans les livres qui précèdent, permettant ainsi d'appliquer les principes généraux du droit civil au droit des assurances, la nouvelle structure du code rend sa position beaucoup plus claire. Il fait maintenant partie du Livre Cinquième consacré aux Obligations et plus particulièrement du Titre II applicable aux contrats nommés.

5. Le droit des assurances est donc contenu au chapitre 15 de ce Titre II et comporte quatre sections: les dispositions générales applicables à tous les contrats d'assurance, les assurances de personnes, l'assurance de dommages et l'assurance maritime. L'assurance maritime ne sera pas commentée dans ce cours.

6. L'article 1377 C.c.Q. qui se trouve au Titre I du droit des obligations, prévoit que les règles générales de ce titre s'appliqueront à tout contrat quelle qu'en soit la nature; les règles établies pour un contrat nommé sont des règles particulières qui complètent les règles générales ou y dérogent.

7. Bien que l'objet de ce cours ne soit pas le droit des obligations comme tel, nous ne pouvons passer sous silence certaines dispositions concernant les contrats d'adhésion qui s'appliqueront vraisemblablement au contrat d'assurance et influenceront son interprétation et parfois celle des règles particulières prévues au chapitre des assurances.

1. Les règles générales applicables au contrat d'assurance

1.1 Le contrat d'adhésion

8. À première vue, la majorité des contrats d'assurance, tant en assurance de personnes qu'en assurance de dommages, rencontre la définition du contrat d'adhésion énoncée à l'article 1379 C.c.Q.:

> **1379.**Le contrat est d'adhésion lorsque les stipulations essentielles qu'il comporte ont été imposées par l'une des parties ou rédigées par elle, pour son compte ou suivant ses instructions, et qu'elles ne pouvaient être librement discutées.
>
> Tout contrat qui n'est pas d'adhésion est de gré à gré.

9. Cet article ne s'appliquera pas nécessairement dans tous les cas. Il arrive souvent, particulièrement en assurance de dommages souscrite par des entreprises commerciales ou des organismes publics ou para-publics, qu'il y ait négociation des termes du contrat et parfois même, rédaction par l'assuré lui-même ou son courtier. Il arrive aussi que l'assuré ou son mandataire, le courtier, soumette un projet de police et procède par appel d'offres auprès des assureurs; ce sont alors ces derniers qui acceptent les termes et conditions que l'assuré désire inclure dans sa police et ce, même si l'assuré utilise des formulations qui ont généralement cours dans l'industrie. Il en est de même en assurance de personnes, pour les contrats d'assurance collective souscrits par les grandes entreprises.

10. Mais plus fondamentalement, on peut s'interroger sur l'effet du nouvel article 2414 C.c.Q. qui fait des dispositions du code le contenu minimal du contrat; ce contenu n'est donc pas négocié et émane de la volonté du législateur et non de celle des parties. Peut-on toujours parler de contrat d'adhésion[5]?

11. De même, en assurance-automobile, le texte du contrat est prescrit par le législateur qui n'est pas partie prenante au contrat. On pourrait alors croire que l'article 1379 C.c.Q. ne trouvera pas application puisque les conditions n'ont pas été imposées par l'une des parties et pourtant, il est loin d'être

négocié! De fait, il est un contrat d'adhésion tant pour l'assureur que l'assuré[6].

12. Bien que nous soyons d'avis que les nouvelles règles concernant l'interprétation et l'effet des contrats d'adhésion ne soient pas nécessairement applicables en matière d'assurance, elles auront probablement une certaine influence sur l'interprétation des contrats d'assurance car, pour plusieurs, c'est le type même du contrat d'adhésion, et il est utile d'étudier ces nouveaux articles en regard des dispositions particulières que l'on retrouve au chapitre des assurances.

1.2 L'interprétation du contrat

13. L'article 1432 C.c.Q. prévoit que:

> Dans le doute, le contrat s'interprète en faveur de celui qui a contracté l'obligation et contre celui qui l'a stipulée; dans tous les cas, il s'interprète en faveur de l'adhérent ou du consommateur.

14. Apparemment, cette règle remplace à la fois l'article 1019 C.c.B.C. et l'article 2499 C.c.B.C.; ce dernier se trouve au chapitre des assurances et stipule que le contrat d'assurance s'interprète toujours en faveur de l'assuré et contre l'assureur. La règle *contra proferentem* ne devrait donc plus nécessairement être appliquée dans tous les cas puisque l'assureur n'est pas toujours celui qui a rédigé les clauses contractuelles. Dans les cas d'un contrat soumis et rédigé par l'assuré, il devrait être interprété en faveur de celui qui a contracté l'obligation; en l'espèce, l'assureur est le principal obligé et il n'est pas l'auteur du texte, la police devrait alors s'interpréter en sa faveur. Notons, par ailleurs, que ce nouvel article 1432 C.c.Q. repose sur la prémisse, fausse à notre avis, que l'obligé n'est jamais l'auteur de l'obligation.

15. On peut s'interroger aussi sur la portée du changement de vocabulaire. L'article 2499 C.c.B.C. prévoyait l'application de la règle contra proferentem «en cas d'ambiguïté» alors que l'article 1432 C.c.Q. pose plutôt comme critère la notion de «doute». Certains craignent que cette notion soit interprétée subjectivement et que l'assuré puisse invoquer un doute alors

qu'il n'y a pas véritablement ambiguïté[7]. Nous croyons, au contraire, qu'il s'agit toujours d'un critère objectif puisque les termes «dans le doute» qui figurent déjà dans l'article 1019 C.c.B.C. ont été interprétés en exigeant qu'il y ait ambiguïté[8].

1.3 La clause externe

16. L'article 1435 C.c.Q. est également susceptible d'affecter le contrat d'assurance. Il se lit:

> **1435.** La clause externe à laquelle renvoie le contrat lie les parties.
>
> Toutefois, dans un contrat de consommation ou d'adhésion, cette clause est nulle, si au moment de la formation du contrat, elle n'a pas été expressément portée à la connaissance du consommateur ou de la partie qui y adhère, à moins que l'autre partie ne prouve que le consommateur ou l'adhérent en avait par ailleurs connaissance.

17. Cet article pose un principe général et on doit s'interroger sur l'influence qu'il peut avoir sur les règles plus précises que le législateur a édictées en matière d'assurance. En effet, l'article 2403 C.c.Q. stipule:

> **2403.** Sous réserve des dispositions particulières à l'assurance maritime, l'assureur ne peut invoquer des conditions ou déclarations qui ne sont pas énoncées par écrit dans le contrat.

18. L'article 2403 C.c.Q. reprend le premier alinéa de l'article 2482 C.c.B.C., lequel se rapprochait de l'ancien article 214(1) de la *Loi sur les assurances*[9] et ne vaut qu'à l'encontre de l'assureur[10].

19. L'article 2403 C.c.Q. interdit donc toute clause externe, éliminant ainsi l'applicabilité de l'article 1435 C.c.Q. au contrat d'assurance, qu'il soit ou non qualifié de contrat d'adhésion.

20. Toutefois, la référence à un élément externe, si celui-ci est clairement identifié ou autorisé par la loi, est permise. En effet, l'article 2402 C.c.Q., qui reprend l'article 2481 C.c.B.C., autorise d'une part la clause générale libérant l'assureur en cas de violation à la loi lorsque cette violation constitue un acte

criminel et il est évident que le législateur n'a jamais voulu que l'assureur reproduise le Code criminel au contrat d'assurance! D'autre part, il exige que la référence à toute autre loi dont la violation pourrait être invoquée soit spécifique[11].

21. L'article 2402 C.c.Q. n'impose pas que la référence à un élément externe soit portée spécifiquement à la connaissance de l'assuré; il suffit que la référence soit claire. Le législateur semble donc avoir maintenu le régime autonome qui prévalait jusqu'ici en matière d'assurance, écartant ainsi la règle de l'article 1435 C.c.Q.

22. Il faut aussi se rappeler que l'article 2403 C.c.Q. est au même effet que le premier alinéa de l'article 2482 C.c.B.C. et que cet article 2482 C.c.B.C. n'a pas empêché la Cour d'appel, dans l'affaire *Pelletier* c. *Sun Life*[12], de valider une clause d'un contrat d'assurance collective contenant des renvois à des dispositions législatives externes au contrat.

23. En somme, le législateur, en matière d'assurance, interdit la référence à une «clause externe» mais il autorise cependant la référence à des dispositions législatives qui, sauf pour le Code criminel, doivent être spécifiées au contrat. Cette autorisation est limitée et n'impose pas la condition de porter le contenu de cette référence à l'assuré. On peut même invoquer l'adage *«Nul n'est censé ignorer la loi»*.

24. Enfin, il ne faut pas confondre une référence externe avec une divergence; la première n'est soumise qu'à un régime d'information contenu à l'intérieur du contrat lui-même et non à la notion de document séparé de l'article 2400 C.c.Q.[13].

1.4 La clause illisible ou incompréhensible

L'article 1436 C.c.Q. risque de soulever des débats considérables en matière d'assurance. Il se lit:

> **1436.** Dans un contrat de consommation ou d'adhésion, la clause illisible ou incompréhensible pour une personne raisonnable est nulle si le consommateur ou la partie qui y adhère en souffre préjudice, à moins que l'autre partie ne prouve que des explications adéquates sur la nature et l'étendue de la clause ont été données au consommateur ou à l'adhérent.

26. L'assurance repose sur le principe de la mutualité qui fait supporter à l'ensemble des assurés des risques précis et bien circonscrits. La description du risque et de ses limites est technique et cela est souvent inévitable; le principe de la mutualité risque fort d'être affecté si les assurés invoquent trop aisément leur incompréhension des termes du contrat et que les tribunaux, fidèles à l'esprit de protection du consommateur qui soustend tout le code, leur donnent raison dès que l'analyse de la clause pose quelque difficulté.

27. On peut s'interroger sur les paramètres que retiendront les tribunaux pour définir la *personne raisonnable* qui aurait pu lire ou comprendre de telles clauses. En effet, dans certains domaines, et nous pensons, entre autres, à l'assurance de biens industriels, de responsabilité des produits ou encore, d'interruption d'affaires, les assurés sont souvent des personnes très avisées et parfois conseillées par des experts externes ou à l'intérieur même de l'entreprise. Il ne faut par oublier non plus le rôle du courtier indépendant qui a pour mission de conseiller l'assuré et est à son service et non à celui des assureurs. De telles personnes sont plus avisées que la moyenne et leur présence au dossier devrait écarter la notion de personne raisonnable «ordinaire»; la compréhension de la clause par l'assuré devrait alors s'analyser en tenant compte des connaissances techniques de ces aviseurs et de leur obligation de conseil. On pourrait même reprocher à certains assurés de ne pas avoir eu recours à de tels conseillers s'il est mis en preuve que les entreprises de même nature y ont généralement recours.

28. Le moyen de défense offert au cocontractant, rédacteur d'une clause que l'assuré prétend incompréhensible, est de prouver que des explications adéquates ont été données sur la nature et l'étendue de la clause. Or, l'assureur ne traite pas toujours avec l'assuré et c'est le courtier qui, par son expertise professionnelle, a l'obligation de conseiller l'assuré sur les assurances répondant le mieux à ses besoins et qui doit lui en expliquer la portée. L'assureur qui aura transmis au courtier des explications adéquates sur son produit pourra-t-il dégager sa responsabilité si le courtier, mandataire de l'assuré pour la conclusion du contrat, n'a pas effectivement transmis ces explications à son client? La réponse devrait être affirmative.

Dans le cas où l'assureur transige par l'intermédiaire d'agents d'assurance à son emploi, il est plus acceptable qu'il supporte les conséquences de la faute de son agent dans la transmission de ces informations, sous réserve de son recours contre son employé, tel que l'autorise l'article 1463 C.c.Q.[14].

29. Dans tous les cas, la *personne raisonnable* ne devrait-elle pas avoir posé des questions, indiqué qu'elle ne comprend pas certaines clauses afin que des explications adéquates lui soient données? Il peut parfois être difficile pour l'assureur qui connaît son produit de déterminer ce qui est incompréhensible pour l'assuré, à moins que celui-ci ne manifeste son incompréhension. L'assuré qui n'aura pas lu sa police au moment de la formation du contrat et n'a pas demandé d'explication pourra-t-il se plaindre, *a posteriori*, qu'il ne comprend pas la clause et qu'on ne la lui a pas expliquée?

1.5 La clause abusive

30. L'article 1437 C.c.Q. aura également des conséquences en matière d'assurance. Cet article se lit:

> **1437.** La clause abusive d'un contrat de consommation ou d'adhésion est nulle ou l'obligation qui en découle, réductible.
>
> Est abusive toute clause qui désavantage le consommateur ou l'adhérent d'une manière excessive et déraisonnable, allant ainsi à l'encontre de ce qu'exige la bonne foi; est abusive, notamment, la clause si éloignée des obligations essentielles qui découlent des règles gouvernant habituellement le contrat qu'elle dénature celui-ci.

31. En matière d'assurance, il existe des jugements refusant d'appliquer certaines clauses au motif qu'elles sont si éloignées des obligations essentielles de l'assureur qu'elles dénaturent le contrat d'assurance. Les affaires *Indemnity Ins. Co. of North America* c. *Excel Cleaning*[15] et *Faubert c. L'Industrielle*[16] en sont des exemples. Jusqu'à maintenant, les tribunaux arrivaient à cette conclusion par application de la règle «contra proferentem» ou encore, dans certains cas, par la notion d'attente légitime *(reasonable expectation)* de l'assuré. La règle *contra proferentem* pourra être encore utilisée dans le cas d'un contrat

d'adhésion mais on peut se demander si le recours à la notion d'attente légitime est encore possible en droit québécois. À tout le moins, on pourrait croire que l'article 1437 C.c.Q. en circonscrit l'application.

32. En effet, l'application de la doctrine de l'attente légitime pose la difficulté d'établir l'intention commune des parties «in concreto» alors que le test proposé par l'article 1437 C.c.Q. est objectif et ne tient pas compte de l'intention des parties mais seulement de l'effet de la clause. En général, lors d'un sinistre, l'assuré soutient toujours que son intention était d'être assuré contre le risque précis qui est survenu! D'autre part, il faut prendre garde de ne pas confondre le mécanisme de la clause abusive avec celui de la non-application d'une clause en raison des divergences entre la police et la proposition d'assurance, mécanisme qui est propre au droit de l'assurance et qui sera traité lors de l'étude de l'article le concernant[17].

2. Des assurances - Dispositions générales

33. Cette première section du chapitre des assurances comprend quatre sous-sections; la première traite de la nature et des diverses espèces d'assurance, la seconde traitant de la formation et du contenu du contrat, la troisième des déclarations et engagements du preneur en assurance terrestre et, enfin, la quatrième énonce une disposition particulière traitant du caractère fondamental des dispositions de ce chapitre et des dérogations autorisées.

2.1 De la nature du contrat et des diverses espèces d'assurance

34. Il n'y a aucun changement majeur dans cette section. Il s'agit d'une simple reformulation de certains termes. L'Avant-projet de loi de 1987 avait fait une tentative d'introduire l'assurance collective de dommages mais cette disposition a été retranchée. Les articles 2389 à 2396 C.c.Q. reprennent donc essentiellement les articles 2468 à 2475 C.c.B.C. Seule une disposition nouvelle figure au second alinéa de l'article 2393 C.c.Q.; comme elle ne touche que les rentes, elle sera traitée dans la discussion concernant les rentes[18].

35. L'article 2397 C.c.Q. traitant de l'effet du contrat de réassurance est identique à l'article 2493 C.c.B.C. mais est maintenant situé dans la sous-section traitant de la nature et du contrat et des diverses espèces d'assurance alors qu'il se situe actuellement à la section des «Dispositions diverses». La nouvelle reclassification étonne mais ne pose pas de difficultés réelles.

2.2 De la formation et du contenu du contrat

2.2.1 Proposition et police

36. L'article 2398 C.c.Q. est identique à l'article 2476 C.c.B.C. Il maintient le principe de la formation du contrat dès l'acceptation de la proposition du preneur par l'assureur[19].

37. Le premier alinéa de l'article 2399 C.c.Q. reprend l'esprit de l'article 2477 C.c.B.C. et la jurisprudence traitant des distinctions qui existent entre le contrat tel que formé et le contrat tel que constaté par la police continuera de s'appliquer[20].

38. Le second alinéa de l'article 2399 C.c.Q. traitant des mentions obligatoires au contrat d'assurance reprend presque textuellement l'article 2480 C.c.B.C. et les modifications ne sont que formelles.

39. Le premier alinéa de l'article 2400 C.c.Q. reformule l'article 2478 C.c.B.C. Il maintient le principe que l'assureur doit remettre copie de la proposition à l'assuré. Il comporte cependant deux modifications dont il est difficile d'évaluer la portée mais, à notre avis, il ne s'agit encore que d'une modification de forme.

40. En effet, l'article 2478 C.c.B.C. oblige l'assureur à remettre au preneur une copie de «la proposition faite par écrit» alors que l'article 2400 C.c.Q. l'oblige maintenant à remettre une copie de «toute proposition écrite faite par ce dernier ou pour lui». Le droit actuel n'impose à l'assureur que de remettre «la» proposition qu'il a retenue car les autres ne sont plus véritablement des propositions puisqu'elles auront été remplacées par celle qui a été retenue; en raison du terme «toute», le nouveau code pourrait obliger l'assureur à remettre les propositions précédentes si plus d'une proposition a été faite. Nous ne croyons pas que cette interprétation devrait prévaloir car les propositions

antérieures, si elles ont été remplacées, n'ont pas fait l'objet du contrat et ne devraient pas influencer l'interprétation du contrat d'assurance. Quant à la seconde modification, à savoir la simple mention au code actuel d'une proposition «faite par écrit» alors que le nouveau code stipule plutôt «toute proposition écrite faite par ce dernier ou pour lui», elle ne nous apparaît pas changer le droit. En vertu du droit actuel, il suffit que la proposition soit faite par écrit pour que l'assureur ait l'obligation de la remettre et les nouveaux termes ne sont vraisemblablement qu'une précision pour inclure la proposition préparée par le courtier ou l'agent de l'assureur, ce qui, à notre avis, est déjà la règle.

41. L'imprécision qui existe en assurance de personnes, à savoir à quel moment la copie de la proposition doit être remise au preneur, n'est pas corrigée par le nouvel article. On peut se demander quelle utilité il y aurait de ne remettre la copie de la proposition au preneur qu'après le décès de l'assuré.

2.2.2 Divergences

42. Le second alinéa de l'article 2400 C.c.Q. traite du mécanisme de formation du contrat et de la sanction en cas de divergence entre la proposition et la police; il reprend, en le modifiant légèrement, le second alinéa de l'article 2478 C.c.B.C. Les modifications apportées visent à inclure au code l'interprétation jurisprudentielle donnée à ce second alinéa de l'article 2478 C.c.B.C.

43. En effet, l'article 2478 C.c.B.C. précise qu'en cas de divergence entre la police et la proposition, la proposition fait foi du contrat d'assurance «à moins que l'assureur n'ait indiqué par écrit au preneur les points de divergence». Le nouveau texte se lit:

> **2400.** (...) à moins que l'assureur n'ait, dans un document séparé, indiqué au preneur les éléments sur lesquels il y a divergence.»

44. La notion de document séparé provient de la décision du juge Letarte dans l'affaire *Robitaille* c. *Madill*[21], laquelle fut confirmée par la Cour suprême[22].

45. Outre l'affaire *Robitaille*[23], la notion de divergence a été étudiée dans les affaires *Faubert* c. *L'Industrielle*[24], et, plus récemment, dans l'affaire *Groupe Commerce* c. *Service d'entretien Ribo Inc.*[25]. Ces décisions ont posé des règles difficilement applicables en pratique car, avec respect, il est à peu près impossible de comparer une proposition d'assurance et une police d'assurance; en conséquence, les deux documents comportent nécessairement des divergences importantes.

46. En effet, par définition, la proposition d'assurance contient les renseignements propres à l'assuré et nécessaires à l'assureur pour déterminer la prime en tenant compte du risque particulier que représente l'assuré. En assurance de personnes, on y trouve généralement des renseignements sur l'âge, l'état de santé et les antécédents médicaux de l'assuré ainsi que sur les autres assurances qu'il détient ou a pu détenir ou encore qui lui ont été refusées. En assurance de biens, on retrouve des renseignements concernant le bien à assurer, sa valeur et ses caractéristiques propres, les sinistres antérieurs de l'assuré ainsi que sur les difficultés qu'il a pu avoir ou non à se procurer de l'assurance. De la même manière, en assurance de responsabilité, on demande à l'assuré des renseignements sur ses activités personnelles ou professionnelles afin d'évaluer le risque qu'il représente, les réclamations antérieures qui ont pu être faites contre lui et des renseignements sur ses assurances antérieures. Comme on peut le constater, la proposition d'assurance ne comporte jamais les conditions du contrat, tant ses limites que ses exclusions, puisqu'il ne s'agit pas d'un document visant à informer l'assuré mais plutôt d'un document visant à informer l'assureur des éléments de l'offre présentée par l'assuré.

47. À cet égard, nous partageons les vues exprimées par le juge Rothman dans *La Souveraine Cie d'assurance* c. *Robitaille*[26], décision qui fut malheureusement renversée par la Cour suprême. Le droit actuel semble donc imposer de signaler tant une définition restrictive[27], un engagement formel[28] qu'une exclusion[29]. Cependant, la notion de divergence a un contenu flou et nous soumettons qu'elle devrait être interprétée restrictivement par les tribunaux car il nous apparaît incongru que les conditions contractuelles, les engagements formels et même les définitions limitatives soient jugés être des divergences d'un document, la proposition, qui émane de l'assuré et qui par sa finalité

ne contient aucune clause contractuelle puisqu'il n'est pas un contrat. On a émis l'hypothèse que l'obligation de signaler «les éléments sur lesquels il y a divergence» limite le devoir de l'assureur à comparer ce qui est comparable et se retrouve dans les deux documents[30]. Nous partageons cette vue et il est clair que l'assureur qui désire n'offrir que 50% de la limite de garantie demandée doit se mettre en situation de contre-offre et en aviser l'assuré qui prendra alors sa décision.

48. Par ailleurs, en assurance de dommages, il est fréquent qu'il n'y ait pas de proposition écrite et, qu'à la demande même des assurés qui désirent bénéficier de la couverture d'assurance immédiatement, l'assureur établisse le taux de prime sur la foi de renseignements soumis par téléphone sans avoir eu l'occasion de remettre à l'assuré une copie du contrat qui sera émis. La situation est souvent la même pour l'assuré qui transige par l'intermédiaire d'un courtier; l'assuré donnera les renseignements au courtier qui obtiendra un taux de prime de l'assureur et le communiquera à l'assuré pour savoir s'il l'accepte, tout ceci se fait généralement par téléphone et sur une courte période de temps sans que l'assuré n'ait copie du contrat d'assurance qui sera émis. L'assureur devra-t-il dans tous les cas joindre à la police, un document identique pour remplir l'obligation que lui impose l'article 2400 C.c.Q.?

49. Depuis 1976, l'intention du législateur est manifestement de favoriser une meilleure information de l'assuré; le courtier ou l'assureur, selon le cas, peuvent remplir cette obligation en remettant à l'assuré, au moment de la proposition, une copie du contrat qui sera éventuellement émis ou en joignant une copie additionnelle à titre de document distinct. Mais dans un cas comme dans l'autre, encore faut-il que l'assuré se donne la peine de lire ces documents. Tant dans l'affaire *Robitaille*[31] que dans l'affaire *Ribo*[32], les assurés avaient admis ne pas avoir lu leur contrat en entier lors de sa réception; l'auraient-ils fait si copie du contrat leur avait été remis lors de la proposition ou lorsqu'ils auraient reçu le contrat et un document séparé? Pourra-t-on opposer à l'assuré le défaut de lire le document séparé comme traditionnellement on a pu lui reprocher de ne pas lire sa police[33]? À tout le moins, on peut soutenir que l'obligation de l'assureur aurait été remplie.

50. La jurisprudence a encore à déterminer l'équilibre idéal entre, d'une part, le droit de l'assuré à une information claire et précise et, d'autre part, sa réticence naturelle à porter aujourd'hui sa pleine attention sur des risques à venir, et de là, sa réticence à faire dès le départ une lecture attentive du contrat que lui soumet l'assureur. Par définition, l'assurance garantit contre l'imprévu et même l'imprévisible. Comme l'écrit un auteur, il y a équivoque entre la perception de l'assuré qui recherche une garantie illimitée et indéfinie alors que l'assureur recherche les risques circonscrits et quantifiables[34]. Il est donc difficile de faire reposer toute la problématique sur l'intention des parties alors que, très souvent, cette intention n'a pas su se focaliser sur le sinistre effectivement survenu alors qu'il était inconnu des parties au moment de la formation du contrat.

51. Quant à l'étendue du devoir de divulgation de l'assureur dans ce «document séparé», le législateur ne semble pas avoir l'intention de modifier le droit quoique celui-ci soit encore imprécis[35]. En effet, l'article 2478 C.c.B.C. oblige l'assureur à signaler «les points de divergence» alors que l'article 2400 C.c.Q. lui demande d'indiquer «les éléments sur lesquels il y a divergence»; la nuance ne nous apparaît pas significative. À tout événement, on ne peut accepter que l'assuré soit dégagé de son obligation de lire la police au seul motif que la page couverture, appelée «conditions particulières», lui donne l'impression que l'ensemble de ses activités sont couvertes sans limites ni exclusions, tel que le laissent croire les propos du juge Baudouin dans l'affaire *Ribo*[36].

52. Cette obligation de divulgation est imposée à l'assureur et, ici encore, on peut s'interroger sur le rôle du courtier, conseiller et mandataire de l'assuré, lorsque l'assurance est conclue par un tel intermédiaire. Si l'assureur a correctement expliqué son produit au courtier et lui a transmis l'information requise en vertu du second alinéa de l'article 2400 C.c.Q., il aura rempli ses obligations et ne devrait pas être responsable des lacunes de la gestion du dossier ou de la mauvaise transmission par le courtier de l'information destinée à l'assuré. L'affaire *Les Importations Leroy c. Madill*[37] est une illustration de l'omission d'un courtier dans un contexte similaire.

53. La notion de divergence s'applique vraisemblablement à une proposition verbale, sous réserve des problèmes de preuve que pose la difficulté de démontrer ce que l'assuré avait proposé et ce que l'assureur a connu de sa proposition. C'est du moins l'avis de la Cour d'appel sur cette question dans l'affaire *Ribo*[38]. Le premier alinéa de l'article 2400 C.c.Q. n'oblige l'assureur qu'à remettre une proposition écrite, ce qui tombe sous le sens, alors que le second alinéa ne précise pas que la proposition doit être écrite pour constater qu'il y a divergence entre celle-ci et la police. Pourtant, il nous apparaît tout aussi possible de soutenir que le second alinéa ne peut viser que la proposition dont il est question au premier alinéa, savoir une proposition écrite. Quoi qu'il en soit, les juges Beauregard et Deschamps ont eu raison de conclure que, si l'obligation de signaler une divergence s'applique à une proposition verbale, c'est à l'assuré de faire la preuve que l'assureur avait été mis au courant de ses désirs. Il aurait été souhaitable que le second alinéa soit modifié pour préciser que la règle de la prépondérance de la proposition ne vise qu'une proposition écrite car la preuve d'une divergence entre la police et une proposition verbale, souvent transmise à l'assureur par un intermédiaire, est délicate à jauger. D'une part, l'assuré affirmera avoir recherché la *meilleure couverture* et ce, généralement au moindre prix; d'autre part, si le courtier n'a pas transmis une information pertinente à l'assureur ou n'a pas expliqué à l'assuré les limites ou exclusions des polices courantes, l'assuré devrait s'en prendre à son courtier plutôt que d'imposer à l'assureur une obligation à laquelle il n'a jamais consenti et qui n'a jamais fait partie du contrat.

54. En assurance de personnes, la notion de divergences soulève aussi des difficultés bien que la proposition soit toujours écrite mais, là encore, la proposition ne contient, par exemple, aucun renvoi aux exclusions qui figure au contrat. L'arrêt *Faubert*[39] est un exemple de divergence en assurance de personnes, encore que la Cour d'appel semble lier la notion de divergence à celle des attentes raisonnables des assurés.

55. En conclusion, le nouveau code n'a apporté aucune solution concrète au problème des divergences et l'ambiguïté de cette notion reste entière.

56. L'article 2401 C.c.Q. concerne la divergence entre l'attestation d'assurance et la police en assurance collective de personnes. Il s'agit, en partie, de droit nouveau.

57. Le premier alinéa de l'article 2401 C.c.Q. et le début du second alinéa sont au même effet que le premier alinéa de l'article 2505 C.c.B.C. Trois éléments particuliers à l'assurance collective de personnes sont visés:

1) Obligation de délivrance de contrat par l'assureur au preneur.

2) Obligation de remise d'attestations d'assurance par l'assureur au preneur et ce dernier doit les distribuer aux adhérents.

3) Droit de l'adhérent et du bénéficiaire de consulter la police chez le preneur et d'en prendre copie.

58. Le second alinéa de l'article 2401 C.c.Q. est de droit nouveau et règle, d'une façon assez draconienne, les divergences possibles entre la police et les attestations d'assurance. Les adhérents et les bénéficiaires peuvent invoquer l'une ou l'autre, selon leur intérêt. Notons que le législateur ne tranche pas le débat qui pourrait survenir entre l'adhérent et le bénéficiaire si la divergence favorise l'un mais défavorise l'autre.

59. Le nouvel article 2401 C.c.Q. ne reproduit pas la disposition du deuxième alinéa de l'article 2505 C.c.B.C. qui permettait au gouvernement de suspendre l'obligation de remise d'attestations.

2.2.3 Clauses générales libérant l'assureur

60. L'article 2402, 1er alinéa, C.c.Q. traite des clauses générales libérant l'assureur et reprend l'article 2481 C.c.B.C. Cet article a été interprété dans l'affaire *J.A. Madill* c. *Les Héritiers de feu Albert Lacoste*[40], et on a jugé qu'il interdisait, en l'espèce, à l'assureur de référer d'une façon générale à la réglementation applicable à un aéronef pour déterminer les conditions de l'assurance; une exclusion doit être précise et porter sur un point déterminé. Une clause pourrait toutefois référer à la violation d'articles précis d'une loi ou d'un règlement sans reprendre l'article dans son entier[41].

61. Quant au second aspect de cet article, savoir la validité d'une clause générale libérant l'assureur dans le cas d'un acte criminel, le législateur aurait pu saisir l'occasion pour préciser sa pensée et mettre fin à une controverse soulevée par le professeur Bergeron en matière d'actes hybrides. En effet, le professeur Bergeron soutient que l'acte hybride est une catégorie distincte et que, n'étant pas visé par l'exception prévue à l'article 2481 C.c.B.C., l'assureur ne peut invoquer la commission d'une telle infraction pour se dégager de ses obligations[42].

62. En assurance-vie, sauf pour une affaire[43], où on a fait une interprétation restrictive d'une clause d'exclusion en regard de l'article 2481 C.c.B.C., les tribunaux retiennent généralement que l'assuré commet un crime s'il commet l'infraction de possession d'un véhicule alors que son taux d'alcoolisme dépasse la limite permise au Code criminel malgré le fait que, en raison de son décès, il ne soit jamais poursuivi et que la Couronne n'a pu opter entre la poursuite par voie sommaire ou par mise en accusation[44]. Nous croyons que l'article 34(1) de la *Loi d'interprétation*[45] permet de dire que l'infraction hybride est un acte criminel au sens de l'article 2481 C.c.B.C. et que le problème soulevé par le professeur Bergeron est un faux problème.

2.2.4 La cession de créance par l'assuré

63. Le second alinéa de l'article 2402 C.c.Q. est de droit nouveau et se lit:

> **2402.** (...) Est aussi réputée non écrite la clause de la police par laquelle l'assuré consent en faveur de son assureur, en cas de sinistre, une cession de créance qui aurait pour effet d'accorder à ce dernier plus de droits que ceux que lui confèrent les règles de la subrogation.

64. Cet article doit toutefois s'interpréter en tenant compte de l'article 2474 C.c.Q. qui prévoit le régime de la subrogation en assurance de dommages ainsi que des articles 1651 à 1659 C.c.Q. qui protègent les droits du subrogeant en les rendant prioritaires à ceux du subrogé. Le législateur a vraisemblablement voulu rendre les règles de la subrogation d'ordre public en matière d'assurance alors qu'elles ne le seraient pas de façon générale. Mais ce nouvel article élargit les droits de l'assureur

en lui permettant d'obtenir une subrogation conventionnelle dans certains cas, par exemple, contre d'autres débiteurs que «l'auteur du préjudice» désigné à l'article 2474 C.c.Q. Par exemple, l'assureur pourrait agir en subrogation contre une caution légalement imposée[46] et ceci ne contreviendrait pas à l'article 2414 C.c.Q. puisque cette subrogation ne prive d'aucun droit l'assuré qui a déjà été indemnisé.

65. On peut également s'interroger sur la possibilité qu'aurait maintenant un assureur d'obtenir par cession de droit conventionnelle le droit de poursuivre l'auteur du dommage au nom de l'assuré[47]. En effet, les règles de la subrogation n'interdisent nullement à l'assuré de céder ce droit et cette cession ne contreviendrait pas au second alinéa de l'article 2402 C.c.Q. et ne serait pas non plus défendue par l'article 2414 C.c.Q.

66. Cet article pourrait aussi autoriser les clauses prévoyant une telle cession dans le cadre des assurances de personnes ayant un caractère indemnitaire, telles l'assurance-salaire ou frais médicaux où il n'y a actuellement aucune subrogation légale.

2.2.5 Règles particulières à l'assurance de personnes

67. L'article 2404 C.c.Q. reprend l'article 2502 C.c.B.C. mais l'élargit à toutes les assurances de personnes et non seulement aux assurances contre la maladie et les accidents.

2.2.6 Modifications et renouvellements

68. Les deux premiers alinéas de l'article 2405 C.c.Q. traitent des règles régissant les modifications en cours de contrat par avenant et reprennent l'esprit du second alinéa de l'article 2482 C.c.B.C. Le nouvel article précise toutefois que la règle du consentement écrit s'applique autant à l'accroissement des obligations de l'assuré, sauf l'augmentation de la prime, qu'à la réduction des engagements de l'assureur; ce dernier cas étant le seul prévu à l'article 2482 C.c.B.C. Cette règle n'est applicable qu'aux modifications apportées en cours de contrat, tel que l'a conclu la Cour d'appel dans l'arrêt *Paul Poulin Inc.* c. *Groupe Commerce*[48], et ne devrait pas s'appliquer aux avenants particuliers émis en même temps que la police, tel que cela fut fait dans l'affaire *Progrès Du Saguenay Ltée* c. *Les Pétroles Sague-*

nay Ltée[49]. Les limitations de garanties stipulées lors de la conclusion du contrat, qu'elles soient faites par avenant ou par une clause contractuelle sont régies par les règles applicables à la formation du contrat.

69. Le troisième alinéa est de droit nouveau et nous apparaît poser des difficultés. Il se lit:

> **2405.** (...) Lorsqu'une telle modification est faite à l'occasion du renouvellement du contrat, l'assureur doit l'indiquer clairement à l'assuré dans un document distinct de l'avenant qui la constate. La modification est présumée acceptée par l'assuré trente jours après la réception du document.

70. Le législateur semble avoir voulu codifier la décision de la Cour supérieure, *La Royale du Canada Cie d'assurance* c. *C.A. Trudel Inc.*[50], et écarter la décision de la Cour d'appel dans l'affaire *Paul Poulin*[51] en rendant applicables les exigences de l'article 2482 C.c.B.C. à une police qui n'est plus en cours. Toutefois, nous croyons que ce but n'est pas atteint; le législateur semble tenir pour acquis que le contrat d'assurance est renouvelé par avenant, ce qui est rarement le cas. En effet, les polices sont généralement émises pour une période déterminée et viennent à échéance; l'assureur émet alors un nouveau contrat qui succède au précédent et ne le renouvelle pas[52]. Seule la *Loi sur l'assurance-automobile* prévoit le renouvellement automatique de la police échue et aux mêmes conditions, sauf si l'assureur donne avis de son intention de ne pas renouveler ou de modifier la prime[53]; dans ce domaine, la question de la modification du contrat lui-même se pose rarement puisque le texte en est réglementé. La notion de renouvellement par avenant nous semble ne viser que le cas de la reconduction de l'ancienne police d'assurance par un document référant clairement au contrat précédent par son numéro ou autres termes l'identifiant, ce qui implique qu'elle l'est aux mêmes termes et conditions. Si tel est le cas, il est approprié que l'assureur signale qu'il entend apporter des modifications à l'ancienne police tout comme il aurait dû le faire si ces modifications étaient survenues en cours de contrat.

71. L'obligation de signaler les modifications existe-t-elle lorsqu'il s'agit d'un nouveau contrat? Ne s'agit-il pas plutôt

d'un cas de formation du contrat d'assurance auquel devrait s'appliquer l'article 2400 C.c.Q. concernant l'effet de la proposition et les divergences entre la proposition et le contrat? Si le nouveau contrat est émis par le même assureur, il est peut-être souhaitable de lui imposer de signaler les modifications au produit qu'il offre maintenant car il connaissait parfaitement le précédent et c'est peut-être l'objectif que visait le législateur[54]. Cependant, lorsque le risque est placé auprès d'un nouvel assureur, généralement pour une question de prime, il ne connaît pas le texte de la police précédente émise par un concurrent et, si jamais il en obtenait copie, il nous semble déraisonnable d'exiger de lui qu'il étudie attentivement cette police et qu'il signale les modifications entre sa police et la précédente. Le fardeau de comparer les couvertures offertes ne devrait-il pas reposer sur l'assuré qui décide de changer d'assureur pour des considérations qui lui sont personnelles ou sur son courtier qui doit le conseiller? Le fardeau ne devrait-il pas porter encore plus sur le courtier qui fait du *shopping* pour l'assuré?

72. En résumé, l'application de la nouvelle règle du troisième alinéa de l'article 2405 C.c.Q. devrait être limitée au véritable renouvellement, c'est-à-dire à la reconduction formelle du contrat précédent pour un nouveau terme.

73. Pour informer l'assuré des modifications au contrat, le législateur retient un mécanisme semblable à celui prévu pour l'informer des divergences entre la proposition et la police, à savoir, un document distinct. On peut s'interroger sur l'utilisation par le législateur de termes différents pour décrire un mécanisme similaire; en effet, dans l'article 2400 C.c.Q., il utilise les termes «document séparé» alors que dans l'article 2405 C.c.Q., il utilise les termes «document distinct». Cette diversité de langage nous apparaît recouvrir une même réalité, à savoir l'obligation pour l'assureur de joindre un autre document que la police elle-même.

74. Par ailleurs, l'article 2400 C.c.Q. permet à l'assureur d'indiquer les «éléments sur lesquels il y a divergence» alors que l'article 2405 C.c.Q. l'oblige à signaler la «modification». Est-ce à dire que l'assureur devra transcrire la nouvelle clause au complet en indiquant qu'il s'agit de la clause modifiée sans nécessairement indiquer la nature de la modification ou devra-

t-il plutôt signaler à l'assuré que la clause portant sur tel sujet a été modifiée de façon à réduire les obligations de l'assureur ou accroître les obligations de l'assuré, selon le cas, sans avoir à l'énoncer au complet. Nous suggérons que le sens commun favorise une solution la plus informative, à savoir que l'assureur signale qu'il y a une modification à une clause donnée et résume la portée de cette modification.

75. Le document séparé accompagnera l'avenant de modification, lequel sera présumé accepté si le titulaire de la police ne le refuse pas dans les trente jours de la réception. Il ne semble donc pas nécessaire d'obtenir le consentement des assurés distincts du titulaire.

76. L'article 2405 C.c.Q. nous paraît alors d'application difficile en assurance de personnes. En effet, dans cette forme d'assurance, l'assuré, à ce titre, n'a aucun droit ni obligation au titre du contrat. Il n'est que la personne-risque et seul le preneur ou titulaire du contrat est partie au contrat. Cet article exige le consentement du *titulaire* lorsqu'il y a accroissement des obligations de l'*assuré* et il demande que les modifications soient indiquées clairement à l'*assuré!*

2.2.7 *L'opposabilité des déclarations de l'assuré en assurance collective*

77. L'article 2406 C.c.Q. concernant l'opposabilité des déclarations de celui qui adhère à une assurance collective est similaire à l'article 2483 C.c.B.C.

2.2.8 *L'opposabilité des règlements d'une société mutuelle*

78. L'article 2407 C.c.Q. traitant du contenu du certificat de participation à une société mutuelle a été reformulé et est plus concis que l'article 2484 C.c.B.C. mais il poursuit les mêmes fins. Il maintient l'inopposabilité des règlements qui ne sont pas précisément indiqués au certificat. Le droit du gouvernement d'établir par règlement la forme des réunions aux statuts et règlements de la société a été éliminé.

2.3 Des déclarations et engagements du preneur en assurance terrestre

2.3.1 Le principe actuel

79. L'article 2408 C.c.Q. traitant de la déclaration du preneur et de l'assuré reprend l'article 2485 C.c.B.C. ainsi que le second alinéa de l'article 2486 C.c.B.C., alors que l'article 2409 C.c.Q. reprend le premier alinéa de l'article 2486 C.c.B.C.

80. La seule innovation à l'article 2408 C.c.q. est la disparition du mot *raisonnable* pour qualifier l'assureur qui prend la décision d'assurer et fixe le taux de prime. Ceci ne nous apparaît cependant pas être un changement du droit actuel. En effet, malgré cette disparition, l'emploi de l'article indéfini «un» suffit pour maintenir le critère objectif actuellement appliqué, ce qui n'empêche pas l'assureur concerné d'être le seul à témoigner; le tribunal appréciera alors sa conduite selon cette norme objective, tel que l'a affirmé encore récemment la Cour d'appel dans *Bouchard* c. *Société d'assurances Cumis*[55].

81. L'article 2408 C.c.Q. reprend les notions de notoriété et de circonstances connues de l'assureur que l'on trouve à l'article 2486 C.c.B.C. L'affaire *Canadian Johns-Manville* c. *Canadian Indemnity*[56], bien qu'interprétant le droit d'avant 1976, nous semble toujours pertinente sur la question de notoriété. Quant aux circonstances connues de l'assureur, cette notion l'obligerait à tout le moins à consulter ses propres dossiers[57]. Cependant, le législateur ne semble pas avoir voulu changer le droit actuel; en conséquence, toute la question de la portée du questionnaire et du devoir résiduaire de l'assuré de dévoiler d'autres faits est toujours d'actualité[58] de même que l'étendue du devoir d'enquête de l'assureur[59]. À tout le moins, il n'appartient pas à l'assureur de découvrir des faits qui sont du ressort de l'assuré[60].

2.3.2 L'assuré normalement prévoyant

82. Il y a une innovation importante à l'article 2409 C.c.Q. En effet, le législateur y a introduit la notion d'assuré «normalement prévoyant» et semble avoir voulu reprendre la notion d'assuré raisonnable qui avait été discutée dans *Bernier* c. *The Mutual Life Ass. Co.*[61].

83. Le nouveau critère de l'assuré normalement prévoyant pose problème car il peut être difficile d'évaluer ce qu'est un assuré raisonnable selon la nature de l'assurance demandée. L'utilisation des termes «normalement prévoyant» nous laisse croire que le législateur réfère à un critère objectif, à savoir celui d'une personne raisonnable placée dans les mêmes circonstances que l'assuré; cette notion d'assuré normalement prévoyant pourra donc varier selon qu'il s'agisse d'assurances personnelles (vie, automobile, habitation) ou d'assurances d'entreprises.

84. En effet, il existe des assurés fort avisés qui savent très bien ce qui intéresse un assureur et pourraient tenter de se réfugier derrière la notion d'assuré normalement prévoyant pour dire qu'un assuré moyen ne savait pas ce qui intéresse l'assureur et qu'en conséquence, eux-mêmes n'avaient pas à le dévoiler. Pensons au médecin qui assure sa propre vie et qui pourrait ainsi abuser de la situation en ne révélant pas une affection qu'il connaît très bien. Cependant, il s'agit d'un argument fallacieux car l'assuré qui tenterait une pareille proposition pourra se faire opposer la seconde condition de l'article 2409 C.c.Q., à savoir que la déclaration doit avoir été faite sans qu'il y ait eu de réticence importante; or l'assuré qui sait qu'un fait particulier intéresse l'assureur et omet de le dire commet une réticence importante.

85. Enfin, on peut s'interroger sur la personne à qui il incombera de démontrer que la déclaration est celle d'un assuré normalement prévoyant, l'assuré ou l'assureur? Il semble bien que ce soit à l'assuré de le faire[62].

86. Enfin, signalons que si l'assuré répond à une question, il doit donner une réponse exacte et ne peut se réfugier derrière la notion de «substantiellement conforme» qui traditionnellement ne vise que la déclaration spontanée[63] et la notion d'assuré normalement prévoyant ne devrait pas affecter cette obligation.

87. Bien que l'article 2409 C.c.Q. reprenne les termes du premier alinéa de l'article 2486 lorsqu'il énonce que «l'obligation relative aux déclarations est *réputée* remplie...», on peut s'interroger sur l'influence du nouvel article 2847 C.c.Q. sur le terme «réputée». En effet, en vertu de cet article 2847, il y a une présomption absolue lorsque des faits sont «réputés» et aucune preuve ne peut leur être opposée. Nous ne sommes pas certains

que le législateur a vérifié la portée de cette nouvelle règle de l'article 2847 C.c.Q. sur chacune des dispositions législatives utilisant ces termes. Nous croyons qu'en la présente espèce, l'assuré doit toujours faire la preuve des éléments de l'article 2409 C.c.Q., à savoir qu'il a agi comme un assuré normalement prévoyant, qu'il n'a pas fait lui-même, ou par l'intermédiaire de son mandataire, de réticence importante et que les circonstances en cause sont substantiellement conformes à la déclaration qui en est faite. L'assureur doit pouvoir contredire ces faits et la présomption ne jouera que si l'assureur n'a pu y réussir. La solution contraire conduirait à l'absurde si l'assuré n'avait qu'à présenter une preuve sans que l'assureur ne puisse la contredire.

88. Notons encore une fois que l'article 2409 C.c.Q. n'emploie que le terme *assuré;* cet article bénéficie-t-il au preneur lorsqu'il n'est pas lui-même assuré?

2.3.3 *La sanction des fausses déclarations*

89. La sanction normalement attachée à la fausse déclaration ou la réticence est la nullité du contrat même en ce qui concerne les sinistres non rattachés au risque ainsi dénaturé. L'article 2410 C.c.Q. reprend à cet égard l'article 2487 C.c.B.C.

90. L'article 2410 C.c.Q. maintient les exceptions à cette règle de la nullité en matière d'assurance de personnes lorsque la fausse déclaration porte sur l'âge et le risque, tels que circonscrits aux articles 2420 à 2424 C.c.Q.; ces articles seront discutés au chapitre des assurances de personnes.

91. En assurance de dommages, l'assuré peut également bénéficier d'une sanction moindre si la fausse déclaration a été faite sans mauvaise foi de sa part et que l'assureur fait la preuve qu'il aurait fixé un taux de prime différent mais ne prétend pas qu'il n'aurait pas accepté le risque s'il avait connu les circonstances en cause. À cet égard, l'article 2411 C.c.Q. reprend l'article 2488 C.c.B.C.

92. L'article 2411 C.c.Q. apporte cependant une précision fort attendue et confirme le courant jurisprudentiel majoritaire[64] interprétant l'article 2488 C.c.B.C. à l'effet que l'assureur ne sera alors tenu de verser qu'une indemnité proportionnelle à la prime qu'il aurait dû percevoir. Par exemple, si l'assuré a payé

une prime de 100$ alors que, s'il avait correctement déclaré les circonstances, il aurait dû en payer le double, il ne recevra que la moitié de l'indemnité en cas de sinistre jusqu'à concurrence de la limite de couverture.

93. Notons également que le législateur parle toujours «de l'assureur» à l'article 2411 C.c.Q. et se soulève encore la question de savoir si l'assureur concerné peut faire la preuve de ses propres politiques d'acceptation sans référer à la notion d'assureur raisonnable pour démontrer qu'il aurait refusé le risque[65]. Nous sommes d'avis que l'utilisation de l'article défini le permet.

2.3.4 Les engagements formels

94. L'article 2412 C.c.Q. concernant la sanction des manquements aux engagements formels ou garanties promissoires reprend l'article 2489 C.c.B.C., tel qu'il avait été modifié en 1979 suite à la suggestion de l'O.R.C.C. Il n'y a donc aucun changement à cet égard.

2.3.5 Le rôle du courtier

95. L'article 2413 C.c.Q. traite du droit de l'assuré de contredire les déclarations contenues dans la proposition d'assurance lorsque celles-ci y ont été inscrites par le représentant de l'assureur ou par tout courtier d'assurance; ceci est conforme au droit actuel énoncé à l'article 2491 C.c.B.C. et ne fait aucune distinction selon que le courtier soit le mandataire de l'assuré ou de l'assureur. Le législateur y a cependant ajouté les termes «ou suggérées», ce qui permettrait à l'assuré, dans ce cas, de contredire un écrit signé de sa main. Bien que cette imputation par le législateur soit surprenante, nous soumettons que le terme *suggérées* suppose, à tout le moins, que l'assuré a d'abord fait une déclaration correcte au courtier et à l'agent et que celui-ci lui a suggéré de la modifier; une interprétation littérale de l'article soutient cette position.

96. Devra-t-on considérer comme une suggestion la réponse donnée à une question, telle que cette dernière a été interprétée par l'agent ou le courtier avant même que l'assuré n'y ait répondu, comme cela s'était produit dans l'affaire *Great West*

c. *Paris*[66], sans égards à la question de savoir de qui le courtier est alors le mandataire? En effet, cet article nous apparaît, comme d'autres, poser des difficultés dans l'appréciation du rôle du courtier qui assume souvent un double mandat, mandataire de l'assuré pour transmettre les déclarations de ce dernier à l'assureur, mandat accompagné d'un devoir de conseil envers l'assuré, et parfois mandataire de l'assureur pour recevoir lesdites déclarations. Il est souvent difficile de déterminer le moment où le *courtier mandataire de l'assuré* se transforme en *courtier mandataire de l'assureur*. À notre avis, les termes *ou suggérées* ne permettent pas de tirer la conclusion que le courtier, lorsqu'il suggère une réponse, agit comme mandataire de l'assureur. Au contraire, la suggestion est souvent dans l'intérêt immédiat de son client, l'assuré, afin de lui faire obtenir une assurance autrement inaccessible ou encore à un prix moindre. Le courtier agit alors seulement pour l'assuré et celui-ci ne devrait pas pouvoir contredire la proposition et, même en admettant que l'article 2413 C.c.Q. l'autorise à le faire, l'assureur ne devrait pas, à moins d'une preuve claire à l'effet que le courtier agissait alors pour lui, avoir à subir les conséquences de ce mauvais conseil à l'assuré; ce dernier ne devrait avoir de recours que contre son courtier pour sa faute professionnelle.

97. À tout événement, le résultat de toute tentative d'un assuré de contredire les déclarations contenues à la proposition d'assurance reposera entièrement sur la crédibilité respective de cet assuré et du courtier. À moins que le courtier ne conserve une preuve quelconque des discussions survenues lors de la proposition, l'assuré en aura généralement meilleure mémoire que le courtier puisque celui-ci voit des centaines de clients.

98. Remarquons qu'en assurance de personnes, l'assuré est la plupart du temps décédé lorsque ce point se soulève. Le nouvel article, comme l'ancien, semble permettre la preuve testimoniale par toute personne qui aurait été présente lors de la souscription, notamment le bénéficiaire.

2.4 Dispositions particulières

99. Cette section ne comporte qu'un seul article, l'article 2414 C.c.Q. qui se lit:

> **2414.** Toute clause d'un contrat d'assurance terrestre qui accorde au preneur, à l'assuré, à l'adhérent, au bénéficiaire ou au titulaire du contrat moins de droits que les dispositions du présent chapitre est nulle.
>
> Est également nulle la stipulation qui déroge aux règles relatives à l'intérêt d'assurance ou, en matière d'assurance de responsabilité, à celles protégeant les droits du tiers lésé.

100. Cet article remplace l'article 2500 C.c.B.C. qui utilise une méthode fort différente pour protéger les assurés et imposer aux assureurs des conditions minimales dans les contrats d'assurance. En effet, l'article 2500 C.c.B.C. comporte deux catégories de dispositions, celles qui sont d'ordre public absolu auxquelles aucune des parties ne peut déroger et celles qui sont d'ordre public relatif, c'est-à-dire celles auxquelles l'assureur peut déroger en faveur de l'assuré. Certains articles du code n'y sont pas mentionnés et ne sont soumis à aucune rigueur particulière.

101. Le nouvel article 2414 C.c.Q. est beaucoup plus simple: les dispositions du Code civil du Québec au chapitre des assurances sont toutes d'ordre public; elles constituent le contenu minimal du contrat d'assurance car toute clause qui accorde moins de droits à l'assuré sera nulle. En corollaire, il est toujours possible d'accorder plus de droits à l'assuré.

102. Il y a deux exceptions à cet égard. Tout d'abord, les parties ne peuvent déroger aux règles relatives à l'intérêt d'assurance, règles que l'on retrouve aux articles 2418 et 2419 C.c.Q. en assurance de personnes et aux articles 2481 à 2484 C.c.Q. en assurance de dommages. Les parties ne peuvent non plus déroger aux règles relatives à l'assurance de responsabilité qui visent à protéger les droits du tiers lésé; ces règles se retrouvent aux articles 2500 à 2502 C.c.Q.

103. L'article 2414 C.c.Q. n'interdit cependant pas à l'assureur d'inclure au contrat des dispositions qui limitent les garanties offertes ou qui circonscrivent les risques assumés par lui[67] ou,

encore, sur des sujets qui ne sont pas spécifiquement régis par le code. Nous pensons, dans ce dernier cas, à une clause d'arbitrage qui ne diminue en rien les droits des personnes protégées par l'article 2414 C.c.Q. mais qui change tout simplement le forum où ces droits peuvent s'exercer.

104. Aux termes de l'article 2500 C.c.B.C., les droits du preneur et du bénéficiaire étaient protégés alors que l'article 2414 C.c.Q. ajoute maintenant, à titre de personne dont les droits sont protégés, l'assuré, qui n'est pas nécessairement le preneur, ainsi que l'adhérent à un contrat d'assurance collective. Le législateur n'établit aucun ordre de priorité entre les droits de ces personnes et il peut parfois y avoir conflit entre ces droits respectifs; par exemple, en assurance de personnes entre les droits du preneur d'une assurance collective, l'adhérent à cette assurance et le bénéficiaire de cette assurance.

105. Que penser, par exemple, de la clause préimprimée du contrat stipulant que tout bénéficiaire, y compris le conjoint, est révocable, sauf stipulation contraire d'irrévocabilité? Cette clause, renversant la présomption d'irrévocabilité en faveur du conjoint, décrétée par le nouvel article 2449 C.c.Q., est éminemment favorable au preneur et donc valide, de son point de vue, au titre de l'article 2414 C.c.Q. Cependant, du point de vue du conjoint bénéficiaire, elle lui est éminemment défavorable. Qui des deux doit l'emporter? Si on a recours aux concepts du droit des contrats, on aurait tendance à favoriser le preneur, qui est partie prenante au contrat, alors que le bénéficiaire n'y jouit que de droits secondaires. Par contre, si on applique plutôt des concepts de protection de la famille, on cherchera à donner priorité aux droits du conjoint.

3. Des assurances de personnes

3.1 Du contenu de la police d'assurance

106. L'article 2415 C.c.Q. donnant le contenu obligatoire de la police reprend textuellement l'article 2501 C.c.B.C. Seule la présentation a changé.

107. Le premier alinéa de l'article 2416 C.c.Q. reproduit presque textuellement la première partie du premier alinéa de

l'article 2502 C.c.B.C. Le nouvel article précise que la nature de la garantie en assurance contre la maladie et les accidents doit être indiquée «expressément et en caractères apparents», alors que l'article actuel dit «expressément et de façon distincte». Il nous semble que, par cette modification, le législateur visait au moins deux buts. Le premier vise à corriger l'ambiguïté de l'expression «de façon distincte»; en effet, cette expression peut être synonyme de *clairement* mais elle peut aussi vouloir dire *de façon séparée*. Le législateur a penché pour le premier sens en utilisant les termes «en caractères apparents». Le second but recherché par le législateur en précisant que l'exclusion ou la limitation doit figurer *en caractères apparents*, semble être que l'exclusion ou la limitation doive ressortir du texte et non pas être *cachée* au beau milieu d'une longue phrase. Cette intention du législateur est d'autant plus évidente à la lecture de la version anglaise qui remplace «clearly» par «clearly legible characters».

108. Cette notion de «caractères apparents» existe en droit français, encore que la loi parle de «caractères très apparents»[68]. Pour rencontrer cette exigence, les caractères doivent frapper le lecteur, soit par leur encre de couleur différente, soit par les caractères particuliers de leurs lettres[69] ou, encore, sous une rubrique spéciale[70]. Le législateur québécois prévoit cette dernière méthode d'information au second alinéa de l'article 2502 C.c.B.C. et reprend cette exigence à l'article 2404 C.c.Q. située au chapitre des dispositions générales, bien qu'elle ne soit applicable qu'en assurance de personnes. En distinguant ainsi les deux notions «caractères apparents» et «titre approprié», voulait-il les rendre cumulatives? À notre avis, la condition du titre approprié est primaire et il suffira pour remplir la seconde que les caractères soient lisibles *(clearly legible)* et tel que nous l'avons déjà dit, l'exclusion ou la limitation ne devra pas être cachée dans le texte.

109. Le deuxième alinéa de l'article 2416 C.c.Q. reprend la dernière partie du premier alinéa de l'article 2502 C.c.B.C. en y ajoutant toutefois que l'assureur contre la maladie et les accident doit aussi indiquer «la nature et le caractère de l'invalidité assurée. À défaut d'indication claire dans la police concernant la nature et le caractère de l'invalidité assurée, cette invalidité est l'inaptitude à exercer le travail habituel».

110. Les définitions d'invalidité figurant dans les contrats d'assurance contre la maladie et les accidents comportent souvent des exigences particulières. Par exemple, certains contrats excluent l'invalidité partielle ou d'autres exigent que l'invalidité soit totale ou permanente. Par invalidité totale, on entend souvent aussi l'inaptitude de l'assuré à exercer, non seulement son propre emploi, mais tout emploi pour lequel il pourrait être apte. Ce deuxième alinéa de l'article 2416 C.c.Q. exige donc que ces précisions figurent également au contrat en caractères apparents, à défaut de quoi l'invalidité sera seulement l'inaptitude à exercer le travail habituel.

111. La plupart des contrats d'assurance, à notre connaissance, tentent de définir de façon très précise la nature et le caractère de l'invalidité assurée et, en conséquence, ces ajouts dans la nouvelle législation ne devraient pas avoir une grande influence pratique. Néanmoins, s'ils devaient s'appliquer, la question se pose de savoir quel niveau d'invalidité sera considéré une «inaptitude à exercer le travail habituel». Si l'assuré n'est que partiellement invalide et pourrait exercer 80% des fonctions de son travail habituel, est-ce que son état va lui donner droit à l'indemnité si le contrat ne contient pas d'autres précisions? Il nous semble que cet article donne un droit à l'indemnité pour l'assuré qui n'est que partiellement invalide si l'employeur, qui n'a aucune obligation d'accepter une prestation de travail partielle, refuse le retour au travail.

112. L'article 2417 C.c.Q. reprend presque textuellement les articles 2503 et 2504 C.c.B.C. sur le droit de l'assureur de réduire sa garantie en raison des antécédents médicaux de l'assuré.

3.2 De l'intérêt d'assurance

113. Le premier alinéa de l'article 2418 C.c.Q. portant sur l'intérêt d'assurance est au même effet que l'article 2506 C.c.B.C. et que le premier alinéa de l'article 2508 C.c.B.C.

114. Le deuxième alinéa de l'article 2418 C.c.Q. renverse du tout au tout l'article 2509 C.c.B.C. En fait, il reproduit une disposition du droit des assurances français.

115. L'article stipule que la cession d'un contrat d'assurance sur la vie ou la santé est nulle lorsque, au moment où elle est consentie, le cessionnaire n'a pas l'intérêt requis, à moins que l'assuré ne consente par écrit à la cession. Remarquons qu'étant donné le nouveau vocabulaire du Code civil du Québec, la cession et l'hypothèque d'un droit sont des notions distinctes, comme en font foi les articles 2461 et 2462 C.c.Q.

116. En conséquence, les titulaires de contrats d'assurance de personnes pourront continuer à mettre en gage, c'est-à-dire hypothéquer, les contrats d'assurance, sans le consentement de l'assuré, même lorsque le créancier hypothécaire n'a pas d'intérêt d'assurance dans la vie ou la santé de l'assuré. Le deuxième alinéa de l'article 2418 C.c.Q. n'interdit donc que les cessions, c'est-à-dire le transport absolu des droits du titulaire du contrat à un nouveau titulaire. Remarquons que cet alinéa n'empêche pas le titulaire d'un contrat d'assurance sur la tête d'un tiers de maintenir le contrat en vigueur même lorsqu'il perd lui-même tout intérêt d'assurance.

117. L'article 2419 C.c.Q. reprend en totalité l'article 2507 C.c.B.C., avec un ajout. Le nouvel article indique qu'une personne a un intérêt dans la vie ou la santé de toute personne qui présente pour elle un intérêt moral ou pécuniaire alors que l'ancien article ne permettait cela que dans les cas où il y avait un intérêt pécuniaire.

118. Il est difficile de préciser les cas où l'intérêt seulement moral et non pécuniaire permettrait, à l'avenir, de souscrire une assurance que les anciennes règles n'auraient pas permise. Cependant, en pratique, il ne devrait pas y avoir de différences significatives puisqu'en assurance de personnes, il est à peu près impensable de souscrire de l'assurance sur la tête d'un tiers sans que l'assureur exige le consentement de ce dernier. À ce moment-là, l'assurance est validée par l'article 2418 C.c.Q., qu'il y ait intérêt d'assurance ou non.

119. Cette sous-section du Code civil du Québec traitant de l'intérêt d'assurance ne reproduit pas le deuxième alinéa de l'article 2508 C.c.B.C. qui énumère les personnes qui peuvent donner le consentement à l'assurance lorsque l'assuré est mineur. Conformément à l'économie du nouveau code, on

retrouvera aux articles 208 C.c.Q. et suivants la totalité du droit régissant l'administration tutélaire.

3.3 De la déclaration de l'âge et du risque

120. Les articles 2420 et 2424 C.c.Q. reprennent presque textuellement les articles 2510 à 2515 C.c.B.C. Ils traitent de l'effet, sur la validité du contrat, des fausses déclarations portant sur l'âge et le risque.

121. Le seul changement figure à l'article 2421 C.c.Q., qui est le pendant de l'article 2512 C.c.B.C. La période de temps durant laquelle l'assureur est tenu d'agir lorsqu'il est fondé à demander la nullité du contrat d'assurance sur la vie est réduite de cinq à trois ans. Il s'agit d'une situation particulière ne s'appliquant que lorsqu'il y a fausses déclarations sur l'âge et que l'assureur n'aurait pas établi ce contrat s'il avait connu l'âge réel de l'assuré.

3.4 De la prise d'effet de l'assurance

122. Les articles 2425 et 2426 C.c.Q. reprennent presque textuellement les articles 2516 à 2518 C.c.B.C. sur le moment de la prise d'effet du contrat d'assurance.

123. Le seul changement se situe à l'article 2425 C.c.Q., pendant de l'article 2516 C.c.B.C., où les mots «prend effet *au moment de* l'acceptation de la proposition par l'assureur» remplacent les mots «prend effet *dès* l'acceptation de la proposition par l'assureur». Nous ne croyons pas que ce changement soit significatif.

3.5 Des primes, des avances et de la remise en vigueur de l'assurance

124. L'article 2427 C.c.Q. traitant de délai de grâce pour le règlement de la prime reproduit l'article 2519 C.c.B.C., sans changements significatifs.

125. L'article 2428 C.c.Q. est au même effet que l'article 2522 C.c.B.C. Cependant, l'article 2428 C.c.Q. comporte un second

alinéa qui codifie la règle de l'arrêt *Duplisea* c. *The T. Eaton Life Assurance Co.*[71]. En effet, lorsque le paiement de la prime a été fait par lettre de change et que la lettre de change a été refusée seulement en raison du décès du tireur, l'assureur ne peut invoquer ce défaut si les intéressés procèdent effectivement au paiement de la prime.

126. Remarquons que la formulation du deuxième alinéa de l'article 2428 C.c.Q. est telle qu'il s'applique assez facilement lorsque le tireur de la lettre de change et l'assuré sont une seule et même personne. Le décès de cette personne fait jouer la garantie et, aux termes du deuxième alinéa de l'article 2433 C.c.Q., l'assureur pourra retenir la prime échue sur les prestations qu'il doit verser. Cependant, lorsque le tireur de la lettre de change n'est pas l'assuré, ce deuxième alinéa de l'article 2428 C.c.Q. devient d'application difficile. Par définition, la situation visée est celle où le décès du tireur a empêché que le paiement de la prime se fasse dans le délai imparti, qui est normalement de 30 jours. On peut se demander alors de combien de temps additionnel les héritiers du tireur disposent pour effectuer le paiement de la prime. Disposent-ils d'un autre délai de 30 jours à compter du décès du tireur? D'un délai de 30 jours à compter du refus de la lettre de change par l'institution financière? Comment appliquer cet article si le tireur de la lettre de change n'est ni le preneur ni l'assuré et qu'il n'a donc, vis-à-vis de l'assureur, aucune obligation de remplacer la lettre de change? Pourquoi, dans ce dernier cas, les obligations de l'assureur devraient-elles être élargies en raison du décès d'un tiers non partie au contrat? Ce nouvel alinéa de l'article 2428 C.c.Q. nous semble très raisonnable pour solutionner les cas où le preneur, l'assuré et le tireur sont une seule et même personne mais soulève plus de questions qu'il n'en règle dans tous les autres cas.

127. L'article 2430 C.c.Q. reproduit, en termes plus simples, la substance de l'article 2523 C.c.B.C. et il est désormais applicable à l'assurance collective. Le non-paiement de la prime en assurance contre la maladie ou les accidents n'entraîne pas la résiliation du contrat, à moins qu'il n'y ait avis de 15 jours par l'assureur. Les articles 2431, 2432 et 2434 C.c.Q. sont au même effet que les articles 2524, 2525 et 2526 C.c.B.C. Ils traitent, pour les deux premiers, de la remise en vigueur des assurances

sur la vie qui ont chuté pour non-paiement des primes et, pour le troisième, de la reprise de la période de deux ans pour la contestabilité du contrat en cas de fausses déclarations ou de suicide.

128. L'article 2433 C.c.Q. reproduit presque textuellement l'article 2527 C.c.B.C. en y ajoutant une précision que le sens commun imposait. Le deuxième alinéa de l'article 2433 C.c.Q. stipule que l'assureur peut, pour tout contrat d'assurance individuelle, retenir le montant de la prime due sur les prestations qu'il doit verser. L'alinéa équivalent de l'article 2527 C.c.B.C. ne stipulait pas que cette règle ne s'appliquait qu'à l'assurance individuelle. On pourrait donc croire que, dans le Code civil du Bas-Canada, l'assureur d'un contrat d'assurance collective aurait pu retenir, des prestations à verser à l'égard d'un adhérent, le montant de la prime non reçue du preneur. Cela aurait pénaliser les salariés pour un manquement de leur employeur et nous doutons que les tribunaux auraient, de toute façon, permis une application aussi draconienne du deuxième alinéa de l'article 2527 C.c.B.C.

3.6 De l'exécution du contrat d'assurance

129. L'article 2435 C.c.Q. reproduit la substance de l'article 2535 C.c.B.C. L'article 2436 C.c.Q. est le pendant de l'article 2528 C.c.B.C., avec un ajout. L'article 2436 C.c.Q. indique que l'assureur est tenu de payer les sommes assurées «et les autres avantages prévus au contrat» alors que l'article 2528 C.c.B.C. ne parle que des sommes assurées. Le législateur considère-t-il comme un *avantage* comme la renonciation aux primes en cas d'invalidité?

130. Les articles 2437, 2438, 2439 et 2440 C.c.Q. sont l'équivalent des articles 2537, 2536, 2533 et 2531 C.c.B.C.

131. L'article 2441 C.c.Q., portant sur les clauses de suicide dans les contrats d'assurance de personnes, nous paraît au même effet que l'article 2532 C.c.B.C. bien qu'il utilise presque deux fois plus de mots.

132. L'article 2442 C.c.Q. qui interdit le contrat d'assurance de frais funéraires est au même effet que les articles 2538 et 2539

C.c.B.C., à une différence près. La partie de l'article 2538 C.c.B.C. qui interdisait également le contrat de tontine n'a pas été reproduite dans le Code civil du Québec.

133. L'article 2443 C.c.Q. sur l'attentat à la vie de l'assuré reproduit la substance des articles 2559 et 2560 C.c.B.C.

134. L'article 2444 C.c.Q. sur l'insaisissabilité de certains avantages en faveur des membres des sociétés de secours mutuel reproduit textuellement l'article 2561 C.c.B.C.

3.7 De la désignation des bénéficiaires et des titulaires subrogés

3.7.1 Des conditions de la désignation

135. Le premier alinéa de l'article 2445 C.c.Q. est l'équivalent de l'article 2540 C.c.B.C. Il stipule à qui le capital d'une assurance sur la vie peut être payable et on ne note qu'une différence de vocabulaire entre les deux articles. Le Code civil du Québec parle du titulaire de la police plutôt que du preneur. Nous pensons que la même personne est visée par les deux expression mais «titulaire de police» est probablement plus approprié puisqu'il couvre à la fois le titulaire initial du contrat, soit le preneur, que les titulaires subséquents qui le sont devenus par cession.

136. Le deuxième alinéa de l'article 2445 C.c.Q. est l'équivalent du troisième alinéa de l'article 2540 C.c.B.C. Il traite de la désignation d'un titulaire subrogé lorsqu'en assurance sur tiers, le titulaire prédécède l'assuré. Encore une fois, il y a changement de vocabulaire, le Code civil du Québec utilisant l'expression «titulaire subrogé» plutôt que «propriétaire subsidiaire».

137. Le troisième alinéa de l'article 2445 C.c.Q. introduit une notion nouvelle en droit québécois, du moins au niveau des principes. En effet, cet article stipule que la police d'assurance-vie ne peut être payable au porteur. Il s'agit ici d'une importation du droit français[72] mais les polices d'assurance sur la vie payables au porteur n'ont jamais eu cours au Québec.

138. L'article 2446 C.c.Q. est l'équivalent de l'article 2541 C.c.B.C. et il stipule que les désignations de bénéficiaires peu-

vent se faire dans la police ou dans des écrits qui ne sont pas nécessairement revêtus de la forme testamentaire.

139. L'article 2447 C.c.Q. est le pendant des articles 2543 et 2544 C.c.B.C. Il valide la désignation de bénéficiaires qui n'existe pas encore au moment de la nomination, stipulant qu'il suffit qu'ils existent au moment où leur droit devient exigible. L'article stipule également que le bénéficiaire doit survivre à l'assuré et le titulaire subrogé au titulaire précédent.

140. L'article 2448 C.c.Q. reprend l'article 2545 C.c.B.C. mais avec un ajout particulier. L'article traite des cas où l'assuré et le bénéficiaire ou le titulaire précédent et le titulaire subrogé décèdent dans des circonstances où il est difficile d'établir l'ordre des décès. Dans le premier cas, l'assuré est réputé avoir survécu au bénéficiaire et, dans le second cas, le titulaire en titre est réputé avoir survécu au titulaire subrogé.

141. Cet article 2448 C.c.Q. ajoute cependant un élément nouveau. Dans le cas où l'assuré décède *ab intestat* et ne laisse aucun héritier au degré successible, le bénéficiaire est réputé avoir survécu à l'assuré. Il s'agit, de la part du législateur, d'une tentative d'éviter la déshérence. En effet, cet article n'est susceptible de s'appliquer que dans les cas où l'assuré est lui-même titulaire du contrat sur sa tête et qu'il a désigné un bénéficiaire qui ne lui est pas apparenté. Si l'assuré et ce bénéficiaire décèdent en même temps, la règle normale aurait voulu que l'assuré soit réputé avoir survécu au bénéficiaire et la somme assurée deviendrait donc payable aux ayants droit de l'assuré. Dans le cas où cet assuré n'aurait aucun héritier ou degré successible, il y aurait alors déshérence. Pour éviter de résultat, la règle est renversée; le bénéficiaire est présumé avoir survécu à l'assuré et la somme assurée sera donc versée aux ayants droit du bénéficiaire.

142. Le premier alinéa de l'article 2449 C.c.Q. est l'équivalent de l'article 2547 C.c.B.C. et du premier alinéa de l'article 2546 C.c.B.C. Cet alinéa maintient la présomption d'irrévocabilité en faveur du conjoint bénéficiaire et la présomption de révocabilité à l'égard de tous les autres bénéficiaires. Il maintient aussi la règle que les désignations de titulaires subrogés sont toujours révocables. Cet alinéa reprend aussi la règle que des clauses

dans un testament ne peuvent pas stipuler valablement l'irrévocabilité d'un bénéficiaire.

143. Le deuxième alinéa de l'article 2449 C.c.Q. est au même effet que le deuxième alinéa de l'article 2546 C.c.B.C. Il stipule que la révocation d'un bénéficiaire ou d'un titulaire subrogé doit résulter d'un écrit mais qu'il n'est pas nécessaire qu'elle soit expresse.

144. Le premier alinéa de l'article 2450 C.c.Q. est l'équivalent de l'article 2542 C.c.B.C. Il valide les désignations révocables faites par testament, tout en stipulant que la nullité du testament pour défaut de forme n'emporte pas la nullité de la désignation de bénéficiaire ou de titulaire subrogé.

145. Le deuxième alinéa de l'article 2450 C.c.Q. reprend le troisième alinéa de l'article 2546 C.c.B.C. et y ajoute un élément nouveau. Cet alinéa traite de la priorité à donner entre les désignations de bénéficiaire ou de titulaire subrogé figurant aux dossiers de l'assureur et celles contenues dans les testaments. La règle actuelle est à l'effet que le testament l'emporte, s'il s'agit du dernier écrit du défunt et qu'il «identifie l'assurance en cause». Le deuxième alinéa de l'article 2450 C.c.Q. garde le même principe mais donne comme règle que le testament l'emportera s'il «mentionne la police d'assurance en cause ou que l'intention du testateur à cet égard ne soit évidente».

146. Nous ne croyons pas que le remplacement du verbe *identifier* par le verbe *mentionner* porte à conséquence. Cependant, l'ajout des termes «ou que l'intention du testateur à cet égard ne soit évidente» donne plus de flexibilité aux tribunaux de donner priorité au testament lorsque l'intention du testateur est claire même s'il n'y pas une identification précise, par exemple, par mention du numéro de contrat et du nom de l'assureur, de l'assurance en cause. Le législateur a donc rejeté l'interprétation stricte que certains jugements ont donné aux mots «identifie l'assurance en cause[73]».

147. L'article 2451 C.c.Q. est au même effet que l'article 2548 C.c.B.C. Toute désignation de bénéficiaire demeure révocable, quels que soient les termes employés, tant que l'assureur ne l'a pas reçue.

148. Le premier alinéa de l'article 2452 C.c.Q. reprend la règle du premier alinéa de l'article 2549 C.c.B.C. et d'une partie du deuxième alinéa de l'article 2557. L'assureur ne peut se voir opposer les documents de désignation ou de révocation que du jour où il les reçoit et lorsqu'il reçoit plusieurs désignations de bénéficiaires irrévocables, la priorité en est donnée à celui des documents que l'assureur reçoit le premier.

149. Le deuxième alinéa de l'article 2452 C.c.Q. énonce la même règle que le deuxième alinéa de l'article 2549 C.c.B.C. sur l'effet libératoire du paiement fait de bonne foi par l'assureur à la dernière personne connue qui y a droit.

3.7.2 *Des effets de la désignation*

150. L'article 2453 C.c.Q. est l'équivalent du premier alinéa de l'article 2550 C.c.B.C. Il mentionne que le bénéficiaire et le titulaire subrogé sont créanciers de l'assureur.

151. Les trois alinéas de l'article 2454 C.c.Q. sont équivalents aux deux alinéas de l'article 2553 C.c.B.C. Il ne s'agit fondamentalement que d'une présentation différente des règles de droit. Cet article accorde au titulaire du contrat les avantages qui en découlent, même si un bénéficiaire irrévocable a été désigné.

152. L'article 2455 C.c.Q. est au même effet que le deuxième alinéa de l'article 2550 C.c.B.C. La somme assurée payable au bénéficiaire et le contrat d'assurance transmis au titulaire subrogé ne font pas partie de la succession du défunt.

153. Le premier alinéa de l'article 2456 C.c.Q. est au même effet que le deuxième alinéa de l'article 2540 C.c.B.C. Comme diverses expressions sont utilisées par les assurés lorsqu'ils ne veulent pas faire de désignation de bénéficiaires déterminés, l'article attribue à toutes ces expressions la même signification et entraîne que l'assurance fait partie de la succession du défunt.

154. Le deuxième alinéa de l'article 2456 C.c.Q. est de droit nouveau mais ne fait que codifier des règles supplétives qui figuraient dans la plupart des formulaires de désignation de bénéficiaire. Il confirme que la représentation successorale ne

s'applique pas en matière d'assurance mais que, par ailleurs, les règles sur l'accroissement entre légataires particuliers s'appliquent entre co-bénéficiaires et co-titulaires subrogés.

155. L'article 2457 C.c.Q. maintient l'insaisissabilité que créait l'article 2552 C.c.B.C. lorsque certaines personnes proches du titulaire ou de l'adhérent sont désignées bénéficiaires, même à titre révocable.

156. L'article 2458 C.c.Q. est au même effet que l'article 2554 C.c.B.C. L'insaisissabilité est maintenue lorsque le contrat comporte un bénéficiaire irrévocable.

157. L'article 2459 C.c.Q. maintient la règle de l'article 2555 C.c.B.C. sur l'effet de la séparation de corps et du divorce sur les désignations de bénéficiaire ou de titulaire subrogé.

158. L'article 2460 C.c.Q. reprend textuellement l'article 2556 C.c.B.C. sur le droit du titulaire de disposer de ses droits dans le contrat, même lorsqu'un bénéficiaire irrévocable y a été désigné.

3.7.3 De la cession et de l'hypothèque d'un droit résultant d'un contrat d'assurance

159. L'article 2461 C.c.Q. reprend textuellement la règle de l'article 2557 C.c.B.C. sur le moment de l'opposabilité à l'assureur des cessions ou hypothèques des contrats d'assurance et sur la priorité à donner lorsque plusieurs cessions ou hypothèques sont signifiées à l'assureur. La seule nouveauté est le remplacement de l'expression «gage» par le terme «hypothèque».

160. L'article 2462 C.c.Q. reprend la règle de l'article 2558 C.c.B.C. sur la différence entre les effets d'une cession par rapport à ceux d'une hypothèque. Dans les deux cas, le nouvel article stipule que les droits du titulaire subrogé sont affectés par la cession et l'hypothèque. Cet élément en figurait pas clairement à l'article 2558 C.c.B.C.

4. De l'assurance de dommages
Dispositions communes à l'assurance de biens
et de responsabilité

4.1 Du caractère indemnitaire de l'assurance

4.1.1 Réparation du préjudice

161. L'article 2463 C.c.Q. reprend l'article 2562 C.c.B.C. et rappelle le caractère indemnitaire de l'assurance de dommages. On peut noter le changement de vocabulaire; le législateur utilise maintenant les termes «préjudice subi» plutôt que «préjudice réel» mais nous ne croyons pas que cette modification ait quelque conséquence.

162. Le caractère indemnitaire de l'assurance n'interdit cependant pas à l'assureur d'offrir à l'assuré une meilleure indemnité que le préjudice effectivement subi. On songe ici à l'assurance *valeur à neuf* qui rembourse l'assuré non pas de la valeur réelle du bien, généralement déprécié, perdu lors d'un sinistre mais lui permet de réclamer le remplacement du bien sinistré par un bien de même nature à l'état neuf aux conditions stipulées par la police. Dans ces circonstances, l'assuré reçoit plus que le préjudice subi. Cette dérogation étant en faveur de l'assuré, elle est autorisée par l'article 2414 C.c.Q.

4.1.2 La faute intentionnelle de l'assuré

163. Le premier alinéa de l'article 2464 C.c.Q. reprend les principes exprimés à l'article 2563 C.c.B.C. à l'effet que l'assureur n'est jamais tenu de réparer le préjudice résultant de la faute intentionnelle de l'assuré et qu'il peut exclure la faute simple, non intentionnelle, à la condition de le faire de façon expresse et limitative.

164. La nouveauté de cet article 2464 C.c.Q. se retrouve dans la dernière phrase du premier alinéa:

> **2464.** (...). En cas de pluralité d'assurés, l'obligation de garantie demeure à l'égard des assurés qui n'ont pas commis de faute intentionnelle. (...)

165. Le législateur choisit de ne pas suivre la décision de la Cour suprême dans l'affaire *Scott* c. *Wawanesa Ins. Co.*[74], décision qui était fort critiquable à plusieurs égards.

166. On se rappellera que dans l'affaire *Scott*, les parents d'un jeune homme qui avait causé intentionnellement l'incendie de la maison familiale, n'avaient pas été indemnisés pour la perte de leurs biens au motif que le jeune homme était un assuré au sens de la police, qu'il avait un intérêt assurable dans la maison familiale et que l'exclusion de la faute intentionnelle visait celle de tout assuré. En vertu de la nouvelle règle de l'article 2464 C.c.Q., le fils, auteur du préjudice, aurait perdu le droit d'être indemnisé, à tout le moins, pour ses biens personnels.

167. Malheureusement, il semble que les termes utilisés par le législateur n'écartent pas totalement l'un des motifs de refus de couverture invoqué par la majorité de la Cour suprême dans l'affaire *Scott*. En effet, si la Cour suprême a eu raison de dire que l'enfant avait un intérêt assurable dans la maison familiale, cet intérêt ne saurait être indemnisé et il faudra alors déterminer quelles sont les portions respectives des intérêts de l'enfant et des autres résidents et propriétaires de la maison familiale pour indemniser les assurés innocents. Avec respect, nous croyons que la Cour suprême est allée trop loin et qu'il faut être fort prudent avant de reconnaître un intérêt assurable à une personne qui ne détient ni droit de propriété ni d'obligation de conservation d'un bien, cette dernière obligation justifiant par exemple l'intérêt assurable d'un locataire.

168. L'article 2464 C.c.Q. ne permet pas non plus de déterminer l'indemnité payable au copropriétaire indivis d'un immeuble. Nous pensons ici à la résidence familiale qui est enregistrée au nom des deux époux sans que l'acte ne précise dans quelle proportion chacun en est propriétaire. Le copropriétaire indivis a un droit dans toute la chose et non seulement dans la moitié. Le sinistre occasionné par un des conjoints opère-t-il partage? L'équité voudrait que le conjoint innocent, s'il doit recevoir quelque chose, ne reçoive que la moitié de l'indemnité, autrement il n'y aurait aucune sanction à la faute intentionnelle d'un des assurés.

169. La nouvelle disposition ne solutionne pas non plus le problème de l'actionnaire innocent. En effet, c'est la compagnie

qui est assurée et seule celle-ci a droit au bénéfice de l'assurance. La compagnie ne peut évidemment commettre de faute
intentionnelle, si ce n'est par l'intermédiaire de ses officiers ou
dirigeants et par l'application de la théorie de l'alter ego[75] et,
encore là, il est possible de prétendre que la personne fautive
n'agit pas au bénéfice de la compagnie et ainsi conclure qu'elle
n'a pu lier celle-ci. Nous croyons, comme Picard et Besson[76],
que la notion de faute intentionnelle doit s'appliquer aux personnes morales car le contraire aurait pour effet de rendre assu-
rables tous les faits intentionnels des représentants de ces personnes morales. Si un actionnaire occasionne intentionnellement un sinistre mettant en jeu la garantie de l'assurance, celle-
ci doit être totalement refusée à l'assurée qui est la compagnie
et ne devrait pas être divisée entre les actionnaires innocents.

170. À notre avis, l'arrêt *Constitution Ins. Co. of Canada* c.
Kosmopoulos[77] ne peut être invoqué pour justifier l'indemnisation de tout actionnaire innocent car, dans cette affaire, la
police indiquait que c'était la compagnie «et/ou» l'individu qui
était assuré et il s'agissait d'un actionnaire unique; la Cour n'a
fait que conclure que cet actionnaire avait un intérêt assurable
personnel. À défaut d'une telle assurance protégeant personnellement chacun des actionnaires, ceux-ci, même innocents, ne
peuvent invoquer un intérêt assurable, même partiel, dans la
police couvrant la compagnie et le bénéfice de la couverture
devrait leur être refusé. On peut s'appuyer, à cet égard, sur le
nouvel article 317 C.c.Q. qui ne permet de soulever le voile
corporatif qu'en faveur des tiers de bonne foi et non en faveur
des actionnaires eux-mêmes. De même, l'article 316 C.c.Q. ne
serait, non plus, d'aucun secours aux actionnaires innocents car,
bien que cet article permette à tout intéressé de demander au
tribunal de tenir les fondateurs, administrateurs ou dirigeants
d'une personne morale responsables de toute fraude à l'égard
de cette personne morale, il ne permet pas d'invoquer ce
recours à l'égard d'une fraude commise par un administrateur
ou actionnaire envers un tiers, en l'espèce l'assureur. La
question de l'indemnisation des actionnaires innocents d'une
compagnie pour la faute intentionnelle d'un de ses dirigeants
reste entière.

4.1.3 La faute intentionnelle d'une personne dont l'assuré est responsable

171. Le second alinéa de l'article 2464 C.c.Q. reprend pratiquement l'article 2564 C.c.B.C. La terminologie est changée en ce que l'article 2564 C.c.B.C. rend l'assureur garant du préjudice de la faute intentionnelle d'une personne «dont l'assuré est responsable en vertu de l'article 1054», alors que le nouvel article le rend garant du préjudice «que l'assuré est tenu de réparer en raison du fait d'une autre personne». Le législateur semble vouloir maintenir le droit actuel et les mots «en raison du fait d'une autre personne» réfèrent sans doute au chapitre du droit des obligations consacré à la réparation du préjudice causé par le fait ou la faute d'autrui, soit les articles 1459 à 1464 C.c. qui sont similaires à la responsabilité qui existe actuellement sous l'article 1054 C.c.B.C. Les termes «du fait d'une autre personne» ne devrait pas être interprétés plus largement.

172. Le législateur a aussi solutionné une controverse qui existe actuellement dans l'interprétation de l'article 2564 C.c.B.C. en précisant que l'assureur est garant du préjudice que l'assuré «est tenu de réparer» plutôt que de dire que l'assureur «répond des fautes» des personnes dont l'assuré est responsable sous l'article 1054 C.c.B.C. Le législateur confirme ainsi le droit de l'assureur de présenter tous les moyens de défense dont dispose son assuré[78].

173. Les deux courants jurisprudentiels se résument ainsi. Selon certains, l'assureur est responsable de la faute intentionnelle d'une personne dont l'assuré doit répondre en vertu de l'article 1054 C.c.B.C. et ne peut offrir aucune défense[79] alors que, selon d'autres, l'assureur n'est garant de cette faute intentionnelle que dans la mesure où la personne qui est présumément tenue de la réparer en vertu de l'article 1054 C.c.B.C., est effectivement condamnée à le faire et, pour éviter cette condamnation, celle-ci peut invoquer les moyens de défense disponibles sous l'article 1054 C.c.B.C.[80].

174. Nous croyons que cette dernière interprétation est la bonne. En effet, l'assureur s'engage à assumer la défense et l'indemnisation de son assuré nommé, généralement le commettant ou le parent, pour sa responsabilité à ce titre; il assure

parfois celle des employés ou des enfants, soit à titre d'assurés nommés ou innommés. L'employé ou l'enfant assuré qui est l'auteur d'une faute intentionnelle, ne bénéficie d'aucune assurance en raison de la règle posée à l'article 2563 C.c.B.C. et maintenue par le premier alinéa de l'article 2464 C.c.Q. L'assureur doit cependant une défense et une indemnisation à l'assuré qui n'a pas commis de faute intentionnelle, en l'espèce l'employeur ou le parent. C'est la protection contre cette responsabilité du fait d'autrui, et éventuellement l'obligation de l'assureur d'indemniser le tiers lésé si la responsabilité à titre de commettant ou de parent est maintenue, qui est protégée par l'article 2564 C.c.B.C. et maintenue par le second alinéa de l'article 2464 C.c.Q. Cette règle empêche donc l'assureur d'invoquer la faute intentionnelle de l'employé ou de l'enfant pour se dégager de son obligation envers le commettant ou le parent qui n'a lui-même commis aucune faute intentionnelle mais il ne l'empêche pas de faire valoir les moyens de défense personnels au commettant ou parent afin de dégager leur responsabilité. Elle n'a véritablement d'application qu'en assurance de responsabilité et non en assurance de biens.

4.1.4 Le vice propre du bien

L'article 2465 C.c.Q. reprend l'article 2565 C.c.B.C. sous réserve d'un changement de vocabulaire. L'article 2565 C.c.B.C. prévoit que l'assureur ne répond pas des «déchets» provenant du vice propre du bien alors que le nouvel article 2465 C.c.Q. utilise le mot «freinte». Selon le *Petit Robert*, ce mot signifie «perte de volume ou de poids subie par certaines marchandises pendant la fabrication ou le transport». Le législateur ajoute également que les freintes, diminutions ou pertes, peuvent provenir, outre le vice propre du bien, de sa nature. Cette précision est utile dans le cas de biens périssables qui ne présentent aucun vice mais qui peuvent subir des modifications par le simple écoulement du temps; les manipulations étant généralement couvertes par la notion de freinte.

4.2 De l'aggravation du risque

176. Les articles 2466 et 2467 C.c.Q. reproduisent dans leur esprit l'article 2566 C.c.B.C.

177. L'article 2466 C.c.Q., concernant l'aggravation du risque qui doit être déclarée à l'assureur, modifie toutefois le droit actuel.

178. Tout d'abord, on constate que le législateur prévoit maintenant que doivent être déclarées promptement à un assureur les «circonstances qui aggravent les risques stipulés dans la police» alors que l'article 2566 C.c.B.C. obligeait l'assuré à déclarer à l'assureur «les aggravations de risques spécifiées au contrat». La pratique est telle que les contrats d'assurance ne comportent pas de listes ou de spécifications des aggravations de risques qui doivent être rapportées à l'assureur et, bien que la formulation actuelle n'ait pas causé de litiges, le législateur a accepté de se conformer à la réalité des choses; l'assuré doit déclarer les aggravations qui augmentent les risques garantis par le contrat, par exemple, tout fait qui augmente le risque d'incendie ou de vol ou de vandalisme ou même sa responsabilité, selon la nature de l'assurance en vigueur.

179. Les contrats en cours comportent généralement une clause imposant à l'assuré ou au créancier hypothécaire de déclarer les aggravations qui viennent à sa connaissance, même si elles ne résultent pas de ses faits et gestes. Le premier alinéa de l'article 2466 C.c.Q. oblige l'assuré à rapporter les circonstances qui aggravent les risques stipulés dans la police «et qui résultent de ses faits et gestes», posant ainsi des critères cumulatifs. Or, toute disposition plus rigoureuse à l'égard de l'assuré serait interdite par l'article 2414 C.c.Q.; l'assureur ne pourrait donc plus inclure l'exigence contractuelle de déclarer des aggravations de risque que l'assuré connaît mais dont il n'est pas l'auteur. Ainsi, le propriétaire d'un immeuble donné en location et qui connaît un changement d'usage ou une modification importante apportée par son locataire pouvant augmenter le risque d'incendie dans l'immeuble ne serait plus obligé de déclarer l'aggravation; par ailleurs, le locataire, qui n'est pas partie au contrat conclu entre l'assureur et le propriétaire, n'a aucune obligation de dénoncer à cet assureur les aggravations de

risques qu'il peut susciter par ses activités. En conséquence, l'assureur du propriétaire serait nettement désavantagé par cette nouvelle disposition en ce qu'il ne percevra pas une prime correspondant au risque réel qu'il assume, ou encore en étant obligé de supporter un risque alors qu'il aurait eu le droit de décider de ne pas maintenir l'assurance en vigueur.

180. Cette règle va à l'encontre d'une pratique qui, jusqu'à maintenant, n'avait posé aucun problème car l'assuré n'a jamais eu à déclarer un fait qu'il ne connaissait pas. Nous ignorons ce qui a pu justifier cette modification mais elle nous apparaît inopportune.

181. L'article 2468 C.c.B.C. rapatrie à la sous-section concernant les aggravations du risque les règles relatives à l'inoccupation d'une résidence secondaire d'une durée d'au plus trente jours ainsi que les travaux d'entretien et de réparation pour une même période. Cette dernière disposition reprend l'article 2597 C.c.B.C. qui ne s'applique qu'en matière d'incendie mais elle sera désormais applicable à toute assurance de biens pour l'ensemble des risques couverts. Cette disposition ne prive pas cependant l'assureur de spécifier des conditions particulières en ce qui concerne les résidences secondaires ou l'inoccupation; sont donc parfaitement valides, les assurances vol ne couvrant que le vol par effraction dans le cas des résidences secondaires. De la même manière, sont parfaitement valides les clauses excluant le gel des tuyaux si la maison n'est pas visitée tous les deux ou trois jours. Ces clauses de limitation de garantie ne doivent pas être confondues avec la règle stipulée à l'article 2597 C.c.Q. à l'effet que l'inoccupation d'une résidence n'est pas nécessairement une aggravation de risque qui doit être déclarée à l'assureur; ces clauses ne sont qu'un moyen de circonscrire le risque assuré lorsque la maison est inoccupée.

182. Notons que l'exception prévue à l'article 2468 C.c.B.C. ne concerne que le cas d'une résidence secondaire; l'inoccupation d'un immeuble utilisé à une autre fin ne bénéficie pas de ce délai de trente jours et pourra constituer une aggravation de risque qui doit être déclarée immédiatement à l'assureur.

4.3 Du paiement de la prime

183. L'article 2469 C.c.Q. regroupe les articles 2570 et 2571 C.c.B.C. et est au même effet.

4.4 De la déclaration de sinistre et du paiement de l'indemnité

4.4.1 L'avis de sinistre

184. Le premier alinéa de l'article 2470 C.c.Q. reprend l'article 2572 C.c.B.C. et maintient le principe que l'avis doit être donné immédiatement et qu'il peut l'être par tout intéressé[81].

185. Depuis l'affaire *Marcoux* c. *The Halifax Fire Ins. Co.*[82], il était bien établi en droit québécois que la violation par l'assuré de cette obligation constituait une inexécution contractuelle dispensant l'assureur d'exécuter sa propre obligation. Le principe reste donc le même et il n'appartient pas à l'assuré de décider de la gravité des dommages ni de sa responsabilité pour juger s'il doit donner avis[83].

186. Cependant, le second alinéa de l'article 2472 C.c.Q. est de droit nouveau et se lit:

> **2472.** (...) Lorsque l'assureur n'a pas été ainsi informé et qu'il en a subi un préjudice, il est admis à invoquer, contre l'assuré, toute clause de la police qui prévoit la déchéance du droit à l'indemnisation dans un tel cas.

187. Le législateur reconnaît donc le courant établi par quelques décisions isolées qui avaient retenu cette notion d'absence de préjudice à l'assureur pour relever l'assuré de son défaut d'avis[84].

188. Le mécanisme choisi par le législateur québécois est toutefois différent de celui prévu dans les provinces de Common Law. En effet, dans ces juridictions, le défaut ou retard d'avis continue d'entraîner l'application du principe général de la perte du droit à l'indemnisation, à moins que l'assuré demande d'être relevé de son défaut en vertu des dispositions législatives le permettant[85]. Le tribunal analyse alors les motifs du retard de l'assuré et s'il est satisfait que celui-ci avait un bon motif pour

ne pas rapporter le sinistre à son assureur, il analysera alors s'il est inéquitable que le droit à l'assurance lui soit refusé. C'est à cette étape que l'on vérifiera s'il y a un préjudice pour l'assureur avant d'accepter de relever l'assuré de son défaut. Si le tribunal décide de relever l'assuré de son défaut, il peut toutefois lui imposer des conditions. Si les motifs de retard de l'assuré sont déraisonnables, le tribunal peut refuser de le relever de son défaut même si l'assureur n'en a subi aucun préjudice. La méthode choisie par le législateur québécois semble permettre au tribunal d'excuser le retard de l'assuré, si l'assureur n'en a subi aucun préjudice, même lorsque l'assuré a été grossièrement négligent en violant son obligation contractuelle et légale de donner l'avis.

189. L'article 2472 C.c.Q. impose clairement à l'assureur le fardeau de prouver un préjudice et ceci n'est pas facile à établir car généralement le préjudice est hypothétique. En assurance de responsabilité, ce préjudice est hypothétique dans la mesure où il est difficile de démontrer que la disparition ou l'impossibilité de retracer certains témoins empêchera l'assureur de présenter une défense convenable de l'assuré. En effet, on peut toujours prétendre que le témoignage manquant n'aurait pas nécessairement favorisé l'assuré et dégagé sa responsabilité. À la limite, ce ne serait que l'impossibilité de retracer l'ensemble des témoins de faits qui permettrait de conclure au préjudice de l'assureur. En matière d'assurance de biens, ce pourrait être la réparation du dommage avant que l'assureur n'ait pu constater l'étendue du sinistre ni en déterminer la cause et ne laissant aucune trace permettant de retracer cette étendue ou cette cause. Une telle interprétation serait extrêmement favorable à l'assuré négligent et nous croyons que, si l'assureur peut démontrer qu'il a perdu quelque moyen de preuve que ce soit, il y a présomption de fait, donc une preuve «prima facie», qu'il a subi un préjudice; il devrait y avoir alors renversement du fardeau de la preuve et obligation pour l'assuré de démonter qu'effectivement, l'assureur pourra encore faire une preuve utile. À cet égard, on peut référer à l'analyse du déplacement du fardeau de la preuve faite par M. le Juge Owen dans l'affaire *Gouin-Perreault* c. *Villeneuve*[86].

190. Enfin, notons que le législateur exige qu'il y ait une clause spécifique au contrat réservant à l'assureur le droit d'invoquer

le préjudice que lui cause le retard d'avis pour nier couverture à l'assuré. Il est possible qu'une simple reproduction de l'article 2472 C.c.Q. aux *Dispositions générales* de la police ne soit pas suffisante.

4.4.2 La preuve de perte

191. L'article 2471 C.c.Q., traitant des modalités de la transmission de la *preuve de perte* à l'assureur, c'est-à-dire les renseignements utiles concernant le sinistre, reprend, en termes similaires, l'article 2573 C.c.B.C. Notons que la règle voulant qu'un délai de déchéance ne soit pas fatal n'y est plus mentionnée, on y indique seulement que l'assuré a droit à un délai raisonnable pour s'exécuter. Cette disparition s'explique probablement par la présence de l'article 2414 C.c.Q. qui interdit d'imposer des conditions plus désavantageuses à l'assuré; le seul fait que l'article 2471 C.c.Q. lui donne droit à un délai raisonnable rend automatiquement nulle toute clause de déchéance qui paraîtrait à la police.

4.4.3 Les déclarations mensongères

192. L'article 2472 C.c.Q. reprend le principe énoncé à l'article 2574 C.c.B.C. à l'effet que la déclaration mensongère de l'assuré concernant un sinistre, entraîne la déchéance de son droit à l'indemnisation mais il précise maintenant la limite de cette sanction.

193. Jusqu'en 1976, la déclaration mensongère entraînait la déchéance totale de toute indemnisation. Cette sanction était fondée sur la règle voulant que le contrat d'assurance soit un contrat de la plus haute bonne foi ainsi que sur le principe énoncé par la maxime «Fraus omnia corrumpit». L'article 2574 C.c.B.C., dont la rédaction fut qualifiée d'assez imprécise et malheureuse, a entraîné une jurisprudence contradictoire; certaines décisions maintiennent le principe de la déchéance totale[87], d'autres ne sanctionnent que l'item sur lequel il y avait fausse déclaration[88]; un troisième courant applique la sanction de la déchéance selon le risque auquel est rattaché l'objet d'une fausse déclaration[89] et on a même fait une distinction entre l'étendue de la garantie offerte relativement à des catégories de biens[90].

194. Le législateur a fait un choix social; il retient, dans un premier temps, la troisième tendance jurisprudentielle à savoir, une sanction totale mais limitée au risque auquel se rattache la déclaration mensongère, tempérant ainsi la sévérité des conséquences désastreuse que cette déclaration pouvait entraîner pour l'assuré. Le législateur fait donc supporter à l'ensemble des assurés, par le biais de la mutualité, l'indemnisation d'un assuré qui a pourtant commis une violation contractuelle.

195. Pour pouvoir appliquer cette sanction, le législateur consacre, au second alinéa de l'article 2475 C.c.Q., la divisibilité du contrat d'assurance selon la nature des risques tels l'incendie, le vol, les catastrophes naturelles, etc.. Cependant, il retient aussi la quatrième tendance jurisprudentielle en ne l'appliquant toutefois qu'à l'intérieur d'un même risque; ainsi, il ajoute une distinction subsidiaire reliée à la catégorie de biens affectés par un sinistre de sorte que la sanction qui devrait être *totale* quant au risque devient *partielle* quant à certains biens.

196. Les seules divisibilités fondées sur des catégories de biens qui semblent permises sont celles énumérées à cet article 2475 C.c.Q. car le législateur n'a pas utilisé le mot «notamment». Ceci veut dire que toute déclaration mensongère concernant, par exemple, un vol de bijoux, catégorie de biens généralement sujette à une limitation de garantie tout comme le sont les biens à usage professionnel, fera perdre à l'assuré l'indemnité pour l'ensemble des biens meubles qui auraient été volés puisqu'il ne s'agit pas d'une des distinctions prévues par le législateur.

197. Notons aussi que le législateur ne fait aucune mention d'autres garanties distinctes généralement offertes par les polices d'assurance de dommages, tels le remboursement des frais de subsistance permettant à un assuré de se reloger pendant le temps nécessaire à la réparation de son immeuble. Le législateur n'ayant pas créé de divisibilité à cet égard, les frais de subsistance, qui ne sont pas un risque[91] mais une garantie accessoire, devront être rattachés au risque survenu, par exemple l'incendie, et, en cas de déclaration mensongère sur les frais de subsistance encourus, l'assuré perdra toute indemnité reliée à ce risque, tel que cela fut jugé dans *Paquette* c. *Société Nationale d'Assurance*[92], tout au moins pour l'immeuble, car le législateur autorise la divisibilité entre immeubles et meubles.

De la même manière, une déclaration mensongère à l'égard des frais de location de voiture à la suite d'un vol pourra faire perdre à l'assuré l'indemnité concernant son propre véhicule puisque la location découle de la survenance du risque de vol[93]. De plus, si la déclaration mensongère concerne les circonstances même du risque, par exemple camoufler la cause de l'incendie, la distinction entre meubles et immeubles, ne saurait jouer puisque la fausse déclaration affecte le tout[94].

198. Le droit actuel à l'effet qu'une déclaration ne sera mensongère que si elle a été faite intentionnellement, en vue de tromper l'assureur et de s'avantager et non pas par erreur ou oubli, continuera de s'appliquer[95].

4.4.4 Le point de départ de la prescription

199. L'article 2473 C.c.Q. reprend l'article 2575 C.c.B.C. et ne change pas le droit actuel. Rappelons que le point de départ de la prescription de l'action de l'assuré se situe à l'expiration des soixante jours accordés à l'assureur pour l'indemniser[96].

4.4.5 La subrogation légale

200. L'article 2474 C.c.Q. reprend le principe énoncé à l'article 2576 C.c.B.C. et accorde à l'assureur une subrogation légale jusqu'à concurrence des indemnités payées. Tel que mentionné précédemment, l'article 2402 C.c.Q. permettra à l'assureur d'obtenir des droits additionnels au moyen d'une subrogation conventionnelle[97] mais, à notre avis, la subrogation légale continuera à désaisir l'assuré de ses droits contre un tiers[98] et, en tout respect, les récentes décisions de la Cour d'appel[99] n'ont pas justifié adéquatement leurs conclusions pour s'écarter de cette règle; l'interruption de prescription de l'article 2224 C.c.Q. ne pouvant, à notre avis, agir pour des droits qui ne sont pas encore dans le patrimoine de la partie qui l'invoque.

201. Notons toutefois un changement de vocabulaire; alors que l'article 2576 C.c.B.C. subroge l'assureur dans les droits de l'assuré «contre les tiers responsables», l'article 2474 C.c.Q. le fait maintenant «contre l'auteur du préjudice». Ce changement de vocabulaire semble, à première vue, purement formel et viserait à rendre cohérent le nouveau langage du code. Les prin-

cipes actuels concernant les droits de l'assureur subrogé continuent donc de s'appliquer mais les termes plus neutres «auteur du préjudice» devraient mettre un terme à l'interprétation restrictive qui avait été faite des termes «tiers responsables» au seul domaine délictuel; l'assureur bénéficie maintenant clairement de la subrogation légale tant dans les droits délictuels que contractuels dont dispose son assuré contre la personne qui a manqué à ses obligations et lui a causé préjudice[100].

202. L'article 2474 C.c.Q. maintient l'interdiction de la subrogation contre les personnes «qui font partie de la maison de l'assuré». Il est regrettable que le législateur n'ait pas profité de l'occasion de la réforme pour éclaircir le droit à cet égard. Avec respect, la jurisprudence interprète beaucoup trop largement cette notion de «maison de l'assuré» rendant ainsi ses limites imprécises dans le cas de personnes qui ne résident pas chez l'assuré[101]. Il aurait été préférable que le législateur utilise la méthode du législateur français qui, à l'article L.121-2 du Code des assurances, décrit clairement les personnes visées par cette interdiction. Ainsi, en énumérant spécifiquement les ascendants et descendants, on aurait pu éviter des décisions douteuses, tel le cas du petit-fils qui couchait une fois la semaine chez sa grand-mère[102], de l'oncle qui habitait le sous-sol de l'assuré[103] ou, encore, on n'aurait pas permis la poursuite de la fille et du gendre de l'assuré qui habitait un logement contigu dans le même immeuble[104]. Toutes ces décisions sont basées sur des questions de faits et amènent des solutions discordantes sur la notion de «maison de l'assuré» alors que le but recherché était d'éviter que l'assureur ne poursuive une personne que l'assuré n'aurait pas poursuivie pour des raisons morales. La solution du droit français aurait été beaucoup plus sûre. À tout événement, la dissidence de M. le juge Bisson dans l'arrêt *Gagné* nous apparaît être une analyse beaucoup plus juste de la notion de «maison de l'assuré[105]».

203. De la même manière, à l'instar du droit français, le législateur aurait pu préciser que l'assureur ne dispose d'aucun recours contre un préposé; ne l'ayant pas fait, il n'y a rien d'immoral à ce que l'assureur soit subrogé dans ce droit[106], au contraire le nouveau code consacre le droit de l'employeur de poursuivre son préposé[107]. Il n'y aurait rien alors d'immoral non plus à considérer que le frère[108] ou le voisin[109], même s'il

pouvait être préposé momentané de l'assuré, ne faisait pas partie de la «maison de l'assuré».

4.5 De la cession d'assurance

204. Les articles 2475 et 2476 C.c.Q. reprennent les articles 2577 et 2578 C.c.B.C. On peut cependant noter au cours des ans une «valse hésitation» de la part du législateur en ce qui concerne le droit de céder l'assurance. En effet, lors de la réforme de 1974, le législateur avait permis la cession du contrat d'assurance et l'Office de révision avait, lors du dépôt du projet du Code civil en 1977, suggéré de revenir aux principes antérieurs qui interdisaient cette cession, sauf dans des cas particuliers ou du consentement de l'assureur et ce, en raison du caractère *intuitu personae* de l'assurance et du droit de l'assureur de choisir ses assurés[110]. Cette suggestion fut suivie en 1979 et les articles 2577 et 2578 C.c.B.C. dans leur forme actuelle furent adoptés. Lors de l'Avant-projet de loi de 1987, le législateur introduisait à nouveau un droit à la cession du seul consentement de l'assuré avec simple avis à l'assureur. Ce droit, accordé unilatéralement à l'assuré, avait pour effet d'imposer à l'assureur, au moins pour un certain temps, un assuré qu'il n'avait pas choisi et sans qu'il ait pu apprécier le risque qu'il représente; on imposait également à l'assureur le fardeau de résilier le contrat. Le nouveau Code civil revient au droit actuel et la cession automatique de l'assurance n'a lieu qu'en faveur du syndic de faillite, de l'héritier de l'assuré ou du coassuré restant, sauf s'il y a consentement de l'assureur.

4.6 De la résiliation du contrat

205. L'article 2477 C.c.Q. reprend l'article 2567 C.c.B.C., sauf qu'il fait disparaître la restriction concernant l'assurance de transport et qui avait empêché la résiliation du contrat dans l'affaire *Lloyd's Underwriters* c. *Alliance Blindée Ltée*[111].

206. L'article 2477 C.c.Q. comporte une nouveauté en ce qu'il prévoit que, lorsqu'il y a plusieurs assurés nommés dans une police, l'avis de résiliation doit être donné par chacun ou à chacun d'eux. Toutefois, le législateur prévoit aussi que les

assurés pourront confier à un ou plusieurs d'entre eux le mandat de recevoir ou d'expédier l'avis de résiliation.

207. La présence d'assurés multiples est fréquente dans les assurances d'entreprises où souvent la police est obtenue par l'entreprise-mère et énumère l'ensemble de ses filiales dont certaines sont parfois situées à l'étranger. Exiger que chacun donne ou reçoive l'avis pour que la résiliation prenne effet pose des difficultés certaines d'où la nécessité d'autoriser la nomination d'un mandataire. Ce mandat pourra faire partie des conditions générales de la police ou être constaté dans un avenant joint à la police. À défaut de mandataire désigné, tous les assurés devront être avisés en cas de résiliation par l'assureur et, inversement, ce dernier ne pourra accepter une demande de résiliation sans avoir reçu une demande de chacun.

208. L'article 2478 C.c.Q. concernant les avis aux créanciers hypothécaires reprend l'article 2568 C.c.B.C. et ne change en rien le droit actuel, sauf qu'il aura vraisemblablement une application plus large qu'actuellement en raison de l'élargissement des possibilités d'hypothéquer un bien.

209. L'article 2479 C.c.Q. reprend l'article 2569 C.c.B.C. et confirme le droit de l'assureur à la prime acquise en cas de résiliation ainsi que le mode de calcul approprié selon que cette résiliation émane de l'assureur ou de l'assuré.

5. Des assurances de biens

210. On constate un changement de vocabulaire; ce qui était autrefois connu comme l'assurance de «choses», devient l'assurance de «biens».

5.1 Du contenu de la police

211. L'article 2480 C.c.Q. reprend quasi textuellement l'article 2579 C.c.B.C. On note cependant deux modifications qui semblent purement formelles: la police doit indiquer les exclusions de garantie qui ne résultent pas du sens «courant» des mots, alors que le droit actuel parle du sens «usuel»; en second lieu, l'assureur doit indiquer les limitations qui s'appliquent à

des objets ou des «catégories d'objets», alors que le droit actuel utilise plutôt le terme «classe d'objets».

5.2 De l'intérêt d'assurance

5.2.1 Les principes généraux

212. Les principes concernant l'intérêt d'assurance sont sensiblement les mêmes que sous le droit actuel. Le premier alinéa de l'article 2481 C.c.Q. reprend le premier alinéa de l'article 2580 C.c.B.C., alors que le second alinéa de l'article 2481 C.c.Q. reprend l'ensemble de l'article 2581 C.c.B.C. L'article 2482 C.c.Q. reformule le second alinéa de l'article 2580 C.c.B.C. alors que l'article 2484 C.c.Q. reformule l'article 2582 C.c.B.C. sans qu'il n'y ait de changement de substance.

5.2.2 L'assurance «pour compte»

213. L'article 2483 C.c.Q. traitant de l'assurance «pour le compte de qui il appartiendra», désignée en droit français sous le vocable d'assurance pour compte, reconnaît un type de couverture d'assurance au bénéfice de tiers, indéterminés mais déterminables, fréquemment utilisé au Québec et dont l'application était analysée en vertu des règles générales de la stipulation pour autrui[112]. Il s'agit d'une nouveauté inspirée de l'article L.112-1 du Code des assurances français. Ce type d'assurance est courant en matière de transport de biens et d'entreposage de biens où le dépositaire ou le transporteur disposent d'une assurance couvrant les biens appartenant à des tiers. Elle existe également en matière d'assurance de chantier où l'ensemble des biens destinés à entrer dans la constructions, sont assurés lorsqu'ils sont sur le site, peu importe à qui ils appartiennent.

214. Pour pouvoir appliquer ce nouvel article, il faudra toutefois faire l'exercice de déterminer si l'assurance en cause se qualifie comme une assurance de biens ou s'il s'agit d'une assurance de responsabilité et, à cet égard, la jurisprudence antérieure est toujours utile[113]. S'il s'agit effectivement d'une assurance de biens, les principes énoncés à l'article 2483 C.c.Q. s'appliqueront; en cas d'assurance responsabilité, on continuera de référer aux règles concernant la stipulation pour autrui[114].

215. Le second alinéa de cet article prévoit les exceptions que l'assureur ne peut opposer à un tiers bénéficiaire. Certains se sont interrogés sur le fait qu'en utilisant les mots «le bénéficiaire du contrat quel qu'il soit», le législateur ait voulu modifier les droits d'un créancier hypothécaire bénéficiaire d'une clause de garantie hypothécaire[115]. Nous croyons que la réponse à cette question est négative. Tout d'abord, le créancier hypothécaire n'est pas propriétaire du bien au moment du sinistre. En second lieu, la clause de garantie hypothécaire n'est pas une stipulation pour autrui qui donne au créancier le bénéfice du contrat même de l'assuré; au contraire, la Cour suprême a reconnu qu'il s'agit d'un contrat distinct[116] et que ce contrat est conclu par l'assuré à titre de mandataire du créancier hypothécaire et non à titre de «stipulant». Les termes «bénéficiaire quel qu'il soit» visent simplement à préciser le droit de la personne à qui appartient le bien assuré au jour du sinistre; cette situation se retrouvera principalement dans les exemples déjà mentionnés de contrat de transport, de dépôt, etc.

5.3 De l'étendue de la garantie

216. Il s'agit d'un nouveau chapitre à l'assurance de biens; il regroupe plusieurs dispositions qui se trouvaient anciennement sous le titre «Dispositions particulières à l'assurance incendie». De fait, les articles 2485 et 2486 C.c.Q. ne s'appliquent toujours qu'en matière d'assurance contre l'incendie alors que les articles 2487, 2488 et 2489 C.c.Q. s'appliquent à toute assurance de biens.

217. L'article 2485 C.c.Q., établissant les paramètres de l'assurance-incendie et l'exclusion du dommage causé par la chaleur, reprend en un seul article les articles 2590, 2591 et le second alinéa de l'article 2594 C.c.B.C.

218. L'article 2486 C.c.Q., dégageant l'assureur en cas d'incendie résultant de certains risques catastrophiques, reprend les articles 2592 et 2593 C.c.B.C.

219. L'article 2487 C.c.Q., obligeant l'assureur à réparer le dommage causé au bien assuré par les mesures de secours ou de sauvetage, reprend le premier alinéa de l'article 2594 C.c.B.C.

220. L'article 2488 C.c.Q. reprend l'article 2595 C.c.B.C., alors que l'article 2489 C.c.Q. reprend l'article 2596 C.c.B.C. Il est important de noter que l'article 2489 C.c.Q. permet à l'assureur d'exclure expressément certains risques ou de ne les garantir que pour un montant limité. Ces limitations ne sont pas interdites par l'article 2414 C.c.Q. Ce n'est que dans le cas de l'assurance contre l'incendie que l'assureur ne peut offrir moins que ce qui est prévu au premier alinéa de l'article 2485 C.c.Q., et il peut toujours offrir plus; par exemple, offrir des garanties qui ne sont pas obligatoires comme celles dont l'assureur est exempté aux articles 2485, second alinéa, et 2486 C.c.Q.

5.4 Du montant de l'assurance

5.4.1 La valeur du bien

221. L'article 2490 C.c.Q. reformule le premier alinéa de l'article 2583 C.c.B.C., sauf qu'on n'y fait plus référence à la «valeur réelle» du bien mais uniquement à la «valeur» du bien. Ce changement ne semble pas significatif, la valeur s'établissant selon les circonstances propres de chaque dossier, s'il s'agit d'un contrat à valeur indéterminée, ou est établie à l'avance dans le cas d'un contrat à valeur agréée.

222. L'article 2491 C.c.Q. reprend les deux derniers alinéas de l'article 2583 C.c.B.C. sous réserve d'un changement de vocabulaire; le contrat «à valeur indéterminée» a remplacé le contrat «à découvert».

5.4.2 La surassurance

223. L'article 2492 C.c.Q. traitant de la surassurance reprend l'article 2584 C.c.B.C. et ne pose pas de difficulté.

5.4.3 La sous-assurance

224. Il peut y avoir deux situations de sous-assurance; celle qui résulte d'une demande de couverture insuffisante au moment de la souscription ou celle qui résulte de la variation à la hausse de la valeur du bien entre le moment de la formation du contrat et celui du sinistre.

225. L'article 2493 C.c.Q. concernant la sous-assurance est de droit nouveau. Cet article est étonnant, car il réfère, à la fois, à deux étapes fort différentes du contrat d'assurance. En effet, d'une part, on y indique que l'assureur ne peut, pour la seule raison que le montant d'assurance est inférieur à la valeur du bien, refuser de couvrir le risque, ce qui est un cas de souscription et devrait être situé au chapitre de la formation du contrat et, d'autre part, il pose une règle d'indemnisation proportionnelle qui relève du paiement de l'indemnité et est situé à ce sous-titre.

226. Sous l'angle de la formation du contrat, si le fait qu'il s'agit de sous-assurance est dévoilé à l'assureur au moment de la souscription, il ne pourra refuser le risque mais il ne s'engagera alors qu'à verser une indemnité proportionnelle. En somme, l'assuré peut opter pour la coassurance et l'assureur doit accepter ce choix. Si la sous-assurance n'est pas dévoilée à l'assureur lors de la formation du contrat, les sanctions particulières reliées à la formation du contrat prévues à l'article 2411 C.c.Q. sont-elle écartées? En vertu de l'article 2411 C.c.Q., l'assureur peut, si l'assuré est de bonne foi, soulever qu'il n'aurait pas accepté le risque ou, s'il était acceptable, il versera une indemnité proportionnelle. Si l'assuré est de mauvaise foi, une sanction la plus sévère s'applique; il y a absence d'assurance. L'article 2493 C.c.Q. ne semble faire aucune distinction entre la sous-assurance dévoilée et celle qui ne l'a pas été; dans la seconde hypothèse, cette absence de déclaration peut être négligente mais de bonne foi ou, au contraire, faite de mauvaise foi.

227. Nous soumettons que l'article 2493 C.c.Q. ne saurait viser que la sous-assurance dévoilée à l'assureur. En effet, en faisant une relation entre la formation du contrat et le paiement de l'indemnité, le législateur présume qu'il y a eu déclaration exacte du risque à l'assureur.

228. Dans le cas de l'assuré qui ferait une fausse déclaration à l'assureur quant à la valeur du bien, les règles de l'article 2411 C.c.Q. devraient s'appliquer et le résultat sera déterminé par la bonne ou mauvaise foi de l'assuré. Dans ce dernier cas, l'assureur devrait pouvoir soulever qu'il n'aurait pas accepté le risque, même s'il s'agit de sous-assurance; autrement, la

mauvaise foi demeure sans sanction. La sous-assurance ne devrait pas non plus empêcher l'assureur de soulever toute autre fausse déclaration et de la faire sanctionner selon les règles générales.

229. Les tables de concordance consultées ne donnent aucune source pour cet article 2493 mais nous avons constaté que l'Office de révision du Code civil s'était effectivement intéressé à la question de la sous-assurance et ceci sous l'angle de la sous-assurance qui résulte de l'inflation. L'article 957 du Livre V proposé par l'O.R.C.C. se lit:

> L'assuré supporte une part proportionnelle du préjudice si la valeur réelle de la chose assurée excède le montant de l'assurance au jour du sinistre.

230. Les commentateurs indiquaient que cet article précise la situation de l'assuré et celle de l'assureur lorsque, au jour du sinistre, le montant de l'assurance est inférieur à la valeur réelle de la chose[117]. Cet article cherchait visiblement à éviter la perte du droit à l'indemnité lorsqu'il y avait sous-assurance résultant de l'accroissement de la valeur du bien depuis la conclusion du contrat d'assurance et confirmait la pratique courante des clauses de coassurance. Les clauses de coassurance permettent à l'assuré de recevoir une indemnité complète même si le bien est sous-assuré et ce, dans une marge déterminée par l'assureur. Généralement, cette marge varie entre 80% et 100% de la valeur réelle. Ainsi, si un immeuble vaut 100 000$ au moment du sinistre mais qu'il n'est assuré que pour 85 000$ et qu'il contient une clause de coassurance de 80%, l'assuré aura droit, en cas de perte totale, à la pleine indemnité jusqu'à la limite de couverture (85 000$) même si l'immeuble n'est pas assuré à sa pleine valeur. Les clauses de coassurance prévoient aussi que si l'assuré n'a pas respecté le pourcentage exigé par l'assureur, il ne recevra qu'une indemnité proportionnelle; ainsi, en cas de perte partielle, si l'immeuble n'est assuré qu'à 75% de sa valeur et qu'il y a une perte de 10 000$, l'assuré ne recevra que 7500$ et ce, même si la limite de garantie est supérieure à 10 000$. L'article 2493 C.c.Q. valide aussi cette pratique et, bien qu'il impose le calcul au prorata à titre de règle générale, l'assureur peut toujours accorder à l'assuré plus de droits que n'en prévoit le code[118] et il peut donc s'engager contractuellement à ne pas

réduire l'indemnité en cas de perte si le pourcentage de coassurance fixé est respecté.

5.5 Du sinistre et du paiement de l'indemnité

5.5.1 *Le droit de l'assureur de réparer, reconstruire ou remplacer*

231. L'article 2494 C.c.Q. reprend le troisième alinéa de l'article 2586 C.c.B.C. et précise que cet article s'applique aux créanciers prioritaires et hypothécaires; leurs droits sont déterminés par les règles du nouveau code.

232. L'article 1075 C.c.Q. constitue une exception à l'article 2494 C.c.Q. et, dans le cas particulier de l'assurance d'une copropriété divise, l'assureur ne semble pas avoir voix au chapitre; l'indemnité due au syndicat des propriétaires doit être versée au fiduciaire nommé dans l'acte constitutif de copropriété et elle doit être utilisée à la reconstruction de l'immeuble, à moins que le syndicat décide de mettre fin à la copropriété. En ce dernier cas, les indemnités seront attribuées aux copropriétaires en fonction de la valeur relative de leur fraction mais c'est alors la responsabilité du fiduciaire, et non celle de l'assureur, de payer les créanciers prioritaires et hypothécaires suivant les règles de l'article 2497 C.c.Q. en répartissant ces paiements sur la part de chaque copropriétaire. Le fiduciaire doit remettre ensuite le solde de l'indemnité au liquidateur du syndicat.

5.5.2 *Le délaissement*

233. Le premier alinéa de l'article 2495 C.c.Q. concernant le délaissement du bien reprend l'article 2588 C.c.B.C., alors que le second alinéa de l'article 2495 C.c.Q., concernant les droits d'intervention de l'assureur lors du sinistre, reprend l'article 2589 C.c.B.C. avec quelques modifications de vocabulaire sans conséquence.

5.5.3 La pluralité d'assurances

234. L'article 2496 C.c.Q. est de droit nouveau et remplace l'article 2585 C.c.B.C. dont l'interprétation avait causé des difficultés majeures.

235. L'applicabilité de cet article nécessitera toujours que soient rencontrées les conditions d'identité d'objet, d'intérêt et de risque et qu'il s'agisse d'assurances concurrentes et non subsidiaires[119]. On note que le législateur ne précise plus que chacune des assurances doit être «valide» ni qu'elle «produit ses effets»; il utilise maintenant les mots «est assuré». Ceci ne nous semble pas un changement significatif; «être assuré» ne se réalisera en fait que si l'assurance est valide et, tout comme sous l'article 2585 C.c.B.C., les droits de l'assureur à la réduction proportionnelle sont cristallisés au jour du sinistre[120].

236. La principale préoccupation du législateur est de protéger l'assuré et de ne pas lui faire supporter le poids des litiges entre assureurs en cas de pluralité d'assurances. Cet objectif est atteint par le second alinéa de l'article 2496 C.c.Q. qui rend inopposable à l'assuré toute clause qui suspend, en tout ou en partie, l'exécution du contrat en cas de pluralité d'assurances. Ceci confirme donc le droit de l'assuré de poursuivre un ou plusieurs assureurs à son choix ainsi que son droit à la pleine indemnité d'assurance de l'assureur qu'il choisira de poursuivre, sous réserve du respect du principe indemnitaire à savoir, qu'il cessera d'être indemnisé lorsque sa perte sera complètement compensée. Cette règle a l'avantage d'être beaucoup plus claire que la précédente qui découlait, en partie, de l'interdiction à l'assureur d'invoquer le bénéfice de division, notion reliée à la solidarité ou à la caution et qui n'était pas appropriée à la situation des assurances multiples.

237. D'autre part, les relations entre les assureurs seront régies de façon indépendante des droits de l'assuré et la règle de la proportionnalité ne sera applicable qu'en cas d'absence d'entente contraire entre les assureurs. Cette règle est inspirée de l'article 127 du *Insurance Act* de l'Ontario[121]. Ceci confirme donc la validité des ententes entre assureurs concernant la répartition des risques en cas d'assurances multiples[122], validité dont le principe avait été accepté par les tribunaux malgré le caractère d'ordre public absolu de l'article 2585 C.c.B.C.[123].

238. L'article 2585 C.c.B.C. avait également posé des difficultés en matière de coassurance de quotité (Subscription Policy). Le législateur reconnaît maintenant qu'il n'y a pas d'assurances multiples lorsqu'il n'y a qu'une seule police d'assurance même si plusieurs assureurs se sont regroupés pour assumer le risque; il accepte donc l'interprétation de la Cour d'appel dans l'affaire *Symons General Ins. Co. c. Sabau Construction Inc.*[124]. Dans ce type d'assurance, il y aura partage selon la convention établie par les assureurs[125] ou, à défaut, à parts égales.

239. L'article 2496 C.c.Q. maintient également la règle de l'identité de risque, de sorte qu'un assureur qui se déclare excédentaire, même si c'est par le seul moyen d'une clause de pluralité d'assurances, n'est pas un assureur du même risque et ne sera pas visé par cette disposition[126].

240. Une assurance spécifique sera une assurance de première ligne nonobstant les clauses de pluralité d'assurances. Cette nouvelle disposition est aussi inspirée en partie de l'article 127 du *Insurance Act* de l'Ontario[127] et fait vraisemblablement suite aux propos du juge Beauregard dans l'arrêt *Duret c. American Home Ins. Co.* et *Société mutuelle d'assurance contre l'incendie de Rigaud*[128].

5.5.4 L'attribution de l'indemnité aux créanciers prioritaires ou hypothécaires

241. L'article 2497 C.c.Q. concernant l'attribution des indemnités d'assurance aux créanciers prioritaires ou hypothécaires sur dénonciation de leurs droits, reprend les deux premiers alinéas de l'article 2586 C.c.B.C. Il ne faut pas confondre l'attribution légale aux créanciers prioritaires ou hypothécaires avec les droits qu'un créancier hypothécaire peut détenir à titre d'assuré distinct bénéficiant d'une clause de garantie hypothécaire. En effet, la clause de garantie hypothécaire est un contrat distinct et le créancier assuré bénéficie des conditions particulières prévues à cette garantie, notamment en ce qui a trait à l'inopposabilité des fautes intentionnelles de l'assuré[129] et de ses violations du contrat et ce, même au niveau de la déclaration de risque[130].

242. Le créancier prioritaire ou hypothécaire qui réclame le bénéfice de l'assurance en vertu d'une simple désignation de

bénéficiaire (loss payee) ou du droit légal à l'attribution prévu à l'article 2497 C.c.Q. ne jouit d'aucune protection particulière et il n'a que les droits dont l'assuré aurait pu se prévaloir. Cette distinction a été fort bien étudiée par M. le juge Bisson dans l'affaire *Madill* c. *Lirette*[131], dont les propos furent confirmés par le juge L'Heureux-Dubé dans l'affaire *Caisse populaire des Deux Rives*[132]. Plus récemment, dans *Société Canada Trust* c. *145071 Canada Inc.*[133] et *Banque Royale du Canada* c. *Protonotaire de la Cour supérieure*[134], on a discuté de l'ordre de priorité de ces créanciers.

243. La révision du droit des sûretés pourra amener des situations nouvelles. On peut s'interroger par exemple sur la nature immobilière de l'hypothèque des loyers et du droit de son détenteur sur l'indemnité d'assurance concernant la perte de loyers[135]. Cette attribution spécifique ne devrait pas donner plus de droits au créancier qu'à l'assuré ni le dispenser de dénoncer ses droits à l'assureur, tel que l'exige l'article 2497 C.c.Q. L'article 2695 C.c.Q. n'est, à notre avis, qu'une description de l'étendue des droits du créancier; son mode d'exercice, face à l'assureur, est soumis aux règles particulières du chapitre des assurances.

6. Des assurances de responsabilité

6.1 Règles générales

244. L'article 2498 C.c.Q. prévoyant que la responsabilité civile, tant contractuelle qu'extra-contractuelle, peut faire l'objet d'un contrat d'assurance reprend l'article 2600 C.c.B.C.

245. L'article 2499 C.c.Q., indiquant les mentions obligatoires à la police d'assurance responsabilité, reprend l'article 2601 C.c.B.C.

6.2 L'attribution de l'indemnité au tiers lésé

246. L'article 2500 C.c.Q., précisant que le montant d'assurance est affecté exclusivement au paiement des tiers lésés, reprend l'article 2602 C.c.B.C.

247. Bien que cette règle d'attribution de l'indemnité au tiers lésé ait été le fondement de l'action directe en droit des assurances français, elle n'a qu'un seul objectif en droit québécois puisque le législateur a spécifiquement codifié à d'autres articles[136] les règles de l'action directe contre l'assureur. À notre avis, l'article 2500 C.c.Q., comme l'article 2602 C.c.B.C., est nécessaire pour éviter un des effets du principe général voulant que l'assurance de responsabilité soit la protection du patrimoine de l'assuré, règle reprise à l'article 2396 C.c.Q., et qui aurait pour conséquence que l'indemnité serait versée à l'assuré, devenant ainsi le gage commun de l'ensemble de ses créanciers. L'article 2500 C.c.Q. vise à éviter cette situation en attribuant le produit de l'assurance au seul bénéfice du tiers lésé.

6.3 L'action directe du tiers lésé contre l'assureur

248. L'article 2501 C.c.Q. précise maintenant que le tiers lésé peut faire valoir son droit d'action directe, tant contre l'assuré que l'assureur et ce, à la fois ou séparément. Cet article vise à renverser l'interprétation donnée à l'article 2603 C.c.B.C. par la Cour d'appel dans *L'Union Québécoise Mutuelle d'Assurance contre l'Incendie* c. *Mutuelle des Bois-Francs*[137]. Selon cet arrêt, la victime devait choisir entre l'assureur et l'assuré et ne pouvait poursuivre les deux à la fois. Elle devait opter, avec les risques de se voir opposer par l'assureur les limites de la police ou les moyens de déchéance opposables à l'assuré, ainsi que le risque de voir prescrire l'un de ses recours si le premier s'avérait infructueux. Le législateur déclare explicitement que le tiers lésé conserve tous ses droits contre l'assuré ou l'assureur qu'il n'aurait pas poursuivi mais il ne précise pas que l'exercice d'un recours contre l'un emporte interruption de la prescription à l'égard de l'autre. Le tiers lésé devra donc, s'il opte en faveur d'un recours contre l'assuré plutôt que contre l'assureur, ou vice versa, prendre garde de ne pas laisser prescrire le recours qu'il aura choisi de ne pas exercer immédiatement.

249. Pour reprendre les termes de la doctrine française, l'action directe a un caractère dualiste: son fondement naît du droit à la réparation de la victime mais son exercice est limité par le contrat d'assurance[138]. Cette dualité explique que la prescription

applicable soit celle de l'action en responsabilité[139] mais que les obligations de l'assureur seront limitées par les termes du contrat[140], sous réserve de l'importante exception prévue à l'article 2502 C.c.Q.

250. Cet article 2502 C.c.Q. est de droit nouveau. Il vise à protéger le tiers lésé et codifie le droit prétorien français établissant la théorie de la cristallisation des droits de la victime au jour du sinistre[141]. Le législateur renverse donc la position de la Cour d'appel dans l'affaire *Aetna Casualty and Surety Co. c. Le Groupe Estrie, mutuelle contre l'incendie*, qui y a décidé que le défaut d'avis de sinistre était opposable au tiers lésé poursuivant l'assureur par action directe[142].

251. En principe, l'assureur ne devrait pas être tenu envers l'assuré qui a violé ses obligations contractuelles mais le législateur lui impose néanmoins l'obligation d'indemniser la victime qui réussira à prouver la faute de l'assuré. Cette inopposabilité de certains moyens de déchéance donne à la victime plus de droits que ceux dont l'assuré dispose lui-même en vertu du contrat[143].

252. Bien que l'assureur dispose d'une action récursoire contre l'assuré, celle-ci pourrait s'avérer fort aléatoire et c'est l'assureur plutôt que la victime qui devra supporter l'insolvabilité de la personne responsable, s'il y a lieu.

253. La doctrine française a largement critiqué la règle établie par les tribunaux français disant qu'elle faisait de l'assureur une *caution* de l'assuré[144] et qu'il s'agit d'un choix social répondant à un souci de protection des victimes plutôt qu'à la pure logique juridique[145].

254. Malgré la définition correcte de l'assurance de responsabilité donnée par le législateur québécois à l'article 2396 C.c.Q., à savoir qu'elle «a pour objet de garantir *l'assuré* contre les conséquences pécuniaires de l'obligation qui peut lui incomber, en raison d'un fait dommageable, de réparer le préjudice causé à autrui», celui-ci prend une position politique à l'effet que l'assurance de responsabilité a pour finalité d'indemniser les victime malgré les violations contractuelles de l'assuré, ce qui est contraire au droit des assurances mais conforme à son choix social. Ce choix fait aussi supporter à la mutualité

des assurés des indemnités qui normalement ne seraient pas dues et se répercutera vraisemblablement sur les primes payables.

255. Ce nouvel article pose certaines difficultés, car la violation du contrat postérieure au sinistre qui est le plus fréquemment commise par l'assuré est justement le défaut ou le retard d'avis; dans un tel cas, l'assureur ne pourra invoquer ce retard d'avis même s'il lui a causé préjudice alors qu'il aurait normalement pu le faire en vertu de l'article 2470 C.c.Q. Comment les tribunaux géreront-ils les recours pris à la fois contre l'assureur et l'assuré lorsqu'il y a défaut ou retard d'avis préjudiciable à l'assureur? Sous le volet de l'action contre l'assuré, l'assureur poursuivi en garantie ne serait pas tenu alors que, sous le volet de l'action directe, il le serait!

256. L'autre violation postérieure au sinistre, qui peut faire perdre à l'assuré son droit à la couverture d'assurance, est le défaut de collaborer avec l'assureur dans la défense et le règlement du sinistre ou encore une collaboration inadéquate. La collusion entre la victime et l'assuré, quant à la présentation des faits susceptible de rendre l'assuré responsable, risque fort d'être sans sanction alors que cette violation porte un préjudice certain à l'assureur dans la présentation de la défense de l'assuré. Cette absence de collaboration était jusqu'ici sanctionnée par la perte du droit au bénéfice de l'assurance et du droit à une défense[146]. Pourra-t-elle encore l'être? Ce serait peut-être possible par une interprétation large de l'article 2504 C.c.Q.[147].

257. Quant à la procédure, on peut s'interroger sur la nécessité de la mise en cause de l'assuré dont il faut prouver la responsabilité. Sous réserve des particularités du droit français en matière de compétence d'attribution qui peuvent exiger que l'action en responsabilité soit entendue devant un autre tribunal que celui compétent à entendre l'action contre l'assureur, les principes établis là-bas concernant la présence de l'assuré dans le cadre d'une action directe contre l'assureur, peuvent guider les tribunaux québécois.

258. En France[148], le principe général veut que cette mise en cause soit nécessaire; il y aura exception à cette règle si la mise en cause est inutile ou impossible. Elle sera inutile si la responsabilité et le montant des dommages ont déjà été déterminés par

jugement. L'impossibilité pourra être juridique, comme dans le cas de la faillite, ou matérielle, par exemple, dans le cas de l'assuré introuvable ou décédé et dont la succession est vacante. Il est cependant à prévoir que les victimes s'autoriseront plutôt de la liberté d'action que leur donne l'article 2501 C.c.Q. et qu'elles poursuivront à la fois l'assuré, auteur du préjudice, et son assureur, ce qui éliminerait les difficultés procédurales quant à la présence de l'assuré mais non celles relatives aux moyens de défense différents de l'assureur[149]. À tout événement, il est probable que les tribunaux, fidèles au droit français donneront une interprétation souple au principe de la nécessité de la présence de l'assuré, de façon à ne pas entraver l'exercice de cette action directe[150].

6.4 L'obligation de défendre

259. L'article 2503 C.c.Q, premier alinéa, reprend le premier alinéa de l'article 2604 C.c.B.C. et la jurisprudence actuelle concernant l'obligation de défendre de l'assureur lorsque l'assuré «a droit au bénéfice de l'assurance» continuera de s'appliquer avec toutes sa complexité[151].

6.5 Les frais de défense

260. L'article 2503 C.c.Q., second alinéa, concernant les frais de défense, reprend l'article 2605 C.c.B.C.

261. Dans l'Avant-projet de 1987, le législateur avait précisé que les obligations de l'assureur ne survivaient pas à l'épuisement du montant d'assurance prévu et codifiait ainsi la décision de la Cour supérieure dans l'affaire *Mine d'Amiante Bell Ltée c. Federal Ins. Co.*[152]. Cet ajout a été retiré de la version finale mais, à notre avis, son absence ne change rien à la règle posée par cette décision puisqu'elle est fondée sur la notion du «droit au bénéfice de l'assurance», notion qui apparaissait au contrat d'assurance sous étude et est toujours présente au premier alinéa de l'article 2503 C.c.Q.; elle peut donc encore être invoquée.

6.6 Les transactions par l'assuré

262. L'article 2504 C.c.Q., concernant l'inopposabilité à l'assureur des transactions faites par l'assuré, reprend le second alinéa de l'article 2604 C.c.B.C. et ne change pas le droit actuel[153]. Il est regrettable que le législateur n'ait pas modifié cet article pour y référer non seulement à la transaction au sens juridique du terme, mais aussi pour faire référence à la collaboration nécessaire de l'assuré, ainsi qu'à l'aveu de responsabilité.

263. En effet, les contrats d'assurance responsabilité contiennent généralement une clause exigeant de l'assuré qu'il collabore avec son assureur et lui interdisant parfois de reconnaître, de quelque manière que ce soit, sa responsabilité. On peut s'interroger sur la validité de ces clauses estimant qu'elles sont moins généreuses que l'article 2504 C.c.Q. et, de ce fait, nulles par application de l'article 2414 C.c.Q. ou, au contraire, on peut soutenir qu'elles sont valides parce que le code ne traite pas de ces questions de collaboration et d'aveu de responsabilité et qu'en conséquence, il n'y a aucune dérogation aux conditions minimales imposées par l'article 2414 C.c.Q. Nous croyons que la seconde interprétation doit prévaloir et que l'assureur a parfaitement le droit d'exiger la collaboration de l'assuré et de lui interdire de reconnaître sa responsabilité. Il aurait été cependant préférable que le législateur soit plus précis et l'article L.124-2 du Code des assurances français aurait été un exemple à suivre.

264. La reconnaissance de responsabilité, autre qu'un aveu sur les faits, devrait, tout comme la transaction, être inopposable à l'assureur nonobstant l'article 2502 C.c.Q. Cette inopposabilité ne rend pas le recours du tiers lésé irrecevable, elle l'oblige simplement, comme dans le cas de la transaction, à faire la preuve de la responsabilité de l'assuré indépendamment de cette reconnaissance et, s'il réussit, le tiers lésé sera indemnisé. Le seul droit de l'assureur à une action récursoire contre son assuré, en cas de violation de ses obligations postérieurement au sinistre, nous paraît être une sanction trop faible pour ce type de violation dont les conséquences juridiques sont aussi graves que celles découlant d'une transaction. Le régime applicable à la reconnaissance de responsabilité devrait, en toute équité, être le même.

7. Les vrais et faux disparus

265. Certains articles du Code civil du Bas-Canada situés au chapitre des assurances n'apparaissent pas au chapitre des assurances du nouveau code; certains ont un équivalent ailleurs alors que d'autres sont véritablement disparus.

266. L'article 2490 C.c.B.C. prévoit qu'est sans effet toute clause libérant l'assureur en cas d'omission, de fausse déclaration ou de manquement à un engagement formel, sauf en conformité avec les dispositions du présent titre. Cet article est actuellement nécessaire car l'article 2500 C.c.B.C. ne pose pas de principe mais ne fait qu'énumérer les articles d'ordre public absolu ou relatif. Il est maintenant inutile car, d'une part, le nouvel article 2414 C.c.Q. prévoit les conditions minimales du contrat et, d'autre part, les sanctions des omissions ou fausses déclarations de même que des manquements aux engagements formels sont prévues aux articles 2410 à 2412 C.c.Q. qui font automatiquement partie du contrat. Sa disparition ne pose donc pas de problème.

267. L'article 2492 C.c.B.C. précisant que le contrat d'assurance est une opération civile pour l'assuré et commerciale pour l'assureur, sauf exception en assurance mutuelle et en assurance maritime, est disparu. Cet article était utile en matière de preuve. Il faudra référer aux règles du chapitre de la preuve pour déterminer si l'opération est civile ou commerciale et décider des cas où la preuve testimoniale sera recevable; sous réserve évidemment de la règle particulière prévue à l'article 2413 C.c.Q. qui permet toujours à l'assuré de contredire la proposition écrite dans le cas où les réponses ont été inscrites ou suggérées par le représentant de l'assureur ou par un courtier d'assurance[154].

268. L'article 2494 C.c.B.C. prévoit que la responsabilité civile n'est pas modifiée par l'existence d'un contrat d'assurance. Cet article n'est disparu que partiellement car le législateur indique qu'il serait la source du nouvel article 1608 C.c.Q. qui se lit:

> L'obligation du débiteur de payer des dommages-intérêts au créancier n'est ni atténuée ni modifiée par le fait que le créancier reçoive une prestation d'un tiers, par suite du

préjudice qu'il a subi, sauf dans la mesure où le tiers est subrogé aux droits du créancier.»

269. Cet article atteint les mêmes fins que l'article 2494 C.c.B.C.; il est élargi à l'ensemble des prestations que peut recevoir le créancier et non seulement aux prestations d'assurance mais il n'envisage maintenant la question que sous l'angle du créancier alors que l'article 2494 C.c.B.C. posait un principe plus général. Pour une analyse plus approfondie de cet article, nous vous référons au cours pertinent.

270. L'article 2495 C.c.B.C. stipule une prescription de trois ans pour tout recours découlant du contrat d'assurance, ce qui était une exception à la prescription applicable au contrat civil ou commercial, selon le cas. Cet article est disparu mais la règle générale de l'article 2925 C.c.Q., prévoyant une prescription de trois ans pour toute action qui tend à faire valoir un droit personnel, s'applique au contrat d'assurance et la prescription est donc la même que celle du droit actuel.

271. Les articles 2496, 2497 et 2498 C.c.B.C. traitant des règles établissant le lieu de formation du contrat aux fins de déterminer le droit applicable et la juridiction des tribunaux sont remplacés par l'article 3119 C.c.Q. au chapitre du droit international privé. L'article 3119 reprend, en général, les principes du droit actuel mais il nous semble qu'une erreur de formulation s'est glissée au deuxième alinéa de cet article 3119 qui se voulait probablement être l'équivalent de l'article 2497 C.c.B.C.

272. En effet, la lecture combinée des articles 2496 et 2497 C.c.B.C. nous permet de croire qu'en assurance collective, des règles différentes s'appliquaient pour déterminer la loi du contrat pour le contrat cadre en son entier par opposition à la loi du contrat au niveau des adhérents et des bénéficiaires. Il nous apparaît raisonnable d'assujettir à la loi du Québec les droits de l'adhérent et du bénéficiaire résidant au Québec, même s'il fait partie d'une assurance collective établie en dehors du Québec. Le contrat cadre lui-même, conclu entre l'employeur et l'assureur, pourrait être assujetti, par exemple, à la loi de l'Ontario mais il n'en resterait pas moins que la partie du contrat qui vise l'adhérent ou le bénéficiaire résidant au Québec serait assujettie à la loi du Québec.

273. Malheureusement, la formulation du deuxième alinéa de l'article 3119 C.c.Q. ne reprend pas cette distinction et laisse entendre que la totalité du contrat d'assurance collective serait régie par le droit québécois lorsque l'adhérent a sa résidence au Québec au moment de son adhésion. Il nous semble qu'il s'agit ici d'une erreur technique que le législateur devrait corriger avant l'entrée en vigueur de la nouvelle législation, sans quoi les tribunaux devront faire preuve de leur sens commun habituel pour faire la distinction que le législateur n'a certainement pas voulu faire disparaître mais que le copiste a oubliée.

274. L'article 2499 C.c.B.C. stipulant que le contrat d'assurance s'interprète contre l'assureur n'a pas été reproduit comme tel mais serait l'une des sources de l'article 1432 C.c.Q. Le législateur s'en remet donc à la règle générale d'interprétation des contrats prévus à cet article. Cette règle prévoit que le contrat d'adhésion, ce qui peut être le cas en matière d'assurance, s'interprète en faveur de l'adhérent. En conséquence, la règle *contra proferentem* continuera de s'appliquer dans certains cas mais, tel que discuté précédemment[155], il pourra y avoir des situations contraires alors que l'article 2499 C.c.B.C. n'en prévoyait pas.

275. L'article 2587 C.c.B.C. confirme la validité des clauses compromissoires en matière d'assurance à la condition qu'elles résultent d'un écrit et qu'elles portent sur l'étendue et le montant des dommages ainsi que sur la suffisance des réparations ou du remplacement. L'article 2587 C.c.B.C. réfère également aux dispositions du Code de procédure civile sur l'arbitrage et précise que l'arbitrage interrompt la prescription. La disparition de cet article ne nous semble pas avoir pour conséquence d'interdire une clause d'arbitrage au contrat d'assurance. Nous croyons qu'une telle clause serait valide car elle ne viole pas l'article 2414 C.c.Q. puisqu'elle ne diminue en rien les droits de l'assuré, mais a pour seul objet de changer de forum où ces droit seront déterminés. Elle devra évidemment respecter les dispositions applicables à la convention d'arbitrage prévues aux articles 2638 à 2643 C.c.Q. et ne serait pas sujette aux limites que pose actuellement l'article 2587 C.c.B.C.

276. On constate également la disparition de l'article 2598 C.c.B.C. visant les assurances souscrites d'après un système de

cotisation, ainsi que de l'article 2599 C.c.B.C. stipulant que les polices d'assurance contre l'incendie doivent être conformes au règlement adopté par le Lieutenant-Gouverneur en Conseil. La disparition de ces deux articles semble être reliée à leur désuétude et ne nous apparaît pas poser de problème.

277. L'article 2479 C.c.B.C., stipulant que la forme et les conditions des polices relatives aux assurances concernant la propriété des véhicules-automobiles ou leur utilisation doivent être approuvées par l'Inspecteur général des institutions financières, n'a pas été reproduit au Code civil mais une disposition équivalente a été ajoutée à l'article 422 de la Loi sur les assurances[156]. Ce changement de situation ne modifie en rien le droit actuel et la question de l'utilisation des formules abrégées et la controverse concernant l'information de l'assuré et l'application de la notion de divergence à cette situation n'est pas réglée[157].

278. On note la disparition de l'article 2551 C.c.B.C. qui exemptait les bénéficiaires et propriétaires subsidiaires du rapport à succession. Comme le rapport à succession n'est plus la règle dans le nouveau Code civil, il n'y avait pas lieu d'exempter alors les bénéficiaires et les titulaires subrogés d'une règle qui n'existe plus.

279. L'article 2534 C.c.B.C., qui a fait l'objet des décisions *Desmarais* c. *Mutuelle du Canada Cie d'assurance-vie*[158] et *Pelletier* c. *Sun Life*[159] n'a pas été reproduit dans le Code civil du Québec. Cet article 2534 C.c.B.C. tentait de réglementer la coordination entre régimes privés et régimes d'État lorsqu'une personne a droit à des indemnités pour perte de revenus.

280. L'article 2529 C.c.B.C., qui créait une règle particulière de présomption de décès pour les assurés disparus depuis sept ans, a été retiré de la section des assurances et se retrouve maintenant aux articles 92 et suivants au Livre Premier sur les personnes.

281. Notons également la disparition de l'article 2530 C.c.B.C. qui permettait à l'assureur de se libérer en déposant les sommes dues conformément à la Loi des dépôts et consignations lorsqu'il était en présence de plusieurs personnes prétendant au bénéfice de l'assurance ou d'une personne y ayant droit et inca-

pable de donner quittance. Dans la première des hypothèses, soit le cas des réclamations en contestation, il s'agit simplement d'une modification de forme puisque le second alinéa de l'article 1583 C.c.Q. prévoit cette situation. Cependant, la seconde hypothèse prévue à l'article 2530 C.c.B.C. visant la personne incapable de donner quittance, n'a pas été reproduite.

8. *Des Rentes*

282. Dans le Code civil du Bas-Canada, les règles régissant le contrat de rente se retrouvent un peu partout. Certaines se retrouvent au chapitre sur la distinction des biens aux articles 389 et suivants, d'autres au chapitre sur la vente aux articles 1593 et suivants ainsi qu'un Titre Neuvième sur le prêt aux articles 1787 et suivants. Ces trois premiers groupes d'articles visent principalement les rentes foncières.

283. On retrouve également, dans le Code civil du Bas-Canada, au Titre Douzième sur les rentes, les articles 1901 et suivants qui traitent principalement des rentes viagères.

284. Dans le Code civil du Québec, l'ensemble des règles régissant le contrat de rente se retrouve aux articles 2367 à 2388.

285. Les changements de présentation et de formulation sont tellement profonds qu'il n'est pas réellement possible, à quelques exceptions près, de faire une analyse comparative, article par article, entre les dispositions du Code civil du Québec et celles du Code civil du Bas-Canada.

286. Nous estimons que la prudence commande à ceux et celles qui seront appelés à étudier des questions touchant les rentes de considérer que toutes les dispositions du Code civil du Québec sont de droit nouveau. Il ne nous servirait à rien de répéter ici les commentaires préparés par le législateur lui-même pour chaque article. Nous nous contenterons d'attirer votre attention sur certaines situations particulières en matière de rentes commerciales.

287. En principe, on retrouve des rentes commerciales établies par des grandes institutions financières et des rentes privées établies entre individus ou entre un individu et des organismes sans but lucratif, comme certaines institutions religieuses.

288. Les rentes commerciales sont généralement connues dans le public par des sigles comme REÉR, FEER, CRI et FRV et pourront être régies par les dispositions des articles 2367 et suivants du Code civil du Québec. Évidemment, ces contrats bien connus sont également régis par la législation fiscale qui leur est particulière de même que, pour certains d'entre eux, par la *Loi sur les régimes complémentaires de retraite*[160] Cependant, la grande majorité des contrats de rente de type commercial comporte leur propre jeu de règles, jeu suffisamment complet pour que le recours aux dispositions du Code civil, à titre de législation supplétive, soit très limité.

289. Compte tenu de cette réalité, trois points méritent attention.

290. Aux termes du deuxième alinéa de l'article 2393 C.c.Q., les rentes viagères ou à terme, pratiquées par les assureurs, sont assimilées à l'assurance sur la vie mais elles demeurent aussi régies par les dispositions du chapitre des rentes.

291. Le deuxième alinéa de l'article 2393 C.c.Q. est, pour la première partie, au même effet que le deuxième alinéa de l'article 2473 C.c.B.C. en ce qu'il assimile à l'assurance sur la vie les rentes viagères ou à terme fixe pratiquées par les assureurs. Cependant, l'article 2473 C.c.B.C. ne comporte pas le deuxième élément de l'article 2393 C.c.Q., à savoir que les rentes pratiquées par les assureurs sont également régies par les dispositions des chapitres sur les rentes. Il s'agit donc, sur ce point, de droit nouveau susceptible de créer des conflits.

292. En effet, les rentes pratiquées par les assureurs seront maintenant assujetties à deux jeux de règles, des conflits possibles pouvaient survenir entre les dispositions du chapitre sur les rentes et celles du chapitre sur les assurances. Le législateur n'a pas arrêté une règle générale pour résoudre ces conflits possibles mais il a toutefois édicté des règles particulières en ce qui touche l'insaisissabilité des contrats de rente établis par les assureurs et les désignations de bénéficiaire.

293. La deuxième partie du deuxième alinéa de l'article 2393 C.c.Q. stipule que les règles sur les assurances en matière d'insaisissabilité s'appliquent en priorité sur celles du chapitre des rentes pour déterminer l'insaisissabilité des rentes viagères ou à

terme fixe pratiquées par les assureurs. Les règles de l'insaisissabilité relative aux assurances et qui seront applicables aux rentes pratiquées par les assureurs en vertu de l'article 2393 C.c.Q. se retrouvent aux articles 2457 et 2458 C.c.Q.

294. Par ailleurs, l'article 2379 C.c.Q. énonce les règles devant régir les désignations et révocations d'un crédirentier autre que le titulaire de la rente. Comme il s'agit là d'une désignation qui s'apparente à la désignation d'un bénéficiaire en assurance, le législateur a décrété, par le deuxième alinéa de l'article 2379 C.c.Q., que les désignations et révocations d'un tel crédirentier au titre des rentes pratiquées par les assureurs seront régies par les règles du contrat d'assurance et non par les règles de la stipulation pour autrui, comme le veut le premier alinéa de l'article 2379 C.c.Q.

295. Le législateur a également prévu que les désignations d'un crédirentier dans le cadre de régimes de retraite seront aussi régies par les règles du contrat d'assurance et non par les règles du contrat de rente. De toute façon, la très grande majorité des régimes de retraite sont assujettis à la *Loi sur les régimes complémentaires de retraite*[161] et l'article 64 de cette loi décrète déjà que les désignations de bénéficiaire des régimes de retraite sont régies par les articles du chapitre sur les assurances. Il s'agit vraisemblablement ici d'une disposition de concordance.

Notes

* Les auteurs ont collaboré à la rédaction de la section traitant des dispositions générales applicables à tous les contrats; Mᶜ Luc Plamondon est l'auteur des chapitres concernant les assurances de personnes et les rentes alors que Mᶜ Odette Jobin-Laberge a rédigé celui traitant de l'assurance de dommages.

1. (S.Q. 1974, c. 70), réforme entrée en vigueur le 20 octobre 1976.
2. (S.Q. 1979, c. 33).
3. (S.Q. 1980, c. 39).
4. (S.Q. 1982, c. 52).
5. Rémi MOREAU, *«La plus entière bonne foi»*, (1993) 60 Assurances 577, p. 578; une idée similaire a été émise par la Cour suprême dans *Madill c. Chu*, [1977] 2 R.C.S. 400, où la règle *«contra proferentem»* ne fut pas appliquée lorsque les termes insérés dans la police sont prescrits et que l'assureur n'est pas responsable de leur libellé, p. 405 et p. 411.
6. G.B. MAUGHAM, M. Paskell-Mede: *«The duty to defend in Liability Insurance in Quebec»*, (1986) 46 R. du B. 205, note 1, p. 206.

7. R. MOREAU, «Le projet de réforme du Code civil et l'assurance», 59 Assurances 211, p. 221.

8. Voir: BAUDOUIN-RENAUD, Code civil annoté, t. 2, Montréal, Wilson et Lafleur, 1988, jurisprudence citée sous l'article 1019 C.c.B.C.

9. (S.R.Q. 1964, c. 295).

10. Cie d'assurance Guardian c. Victoria Tire Sales Ltd., [1979] 2 R.C.S. 849, p. 879.

11. Voir: infra, par. 60 à 62.

12. [1983] C.A. 1.

13. Infra, par. 42 à 55.

14. Voir l'article 2138 C.c.Q. sur les obligations du mandataire envers le mandant.

15. [1954] R.C.S. 169, p. 177-178, J. Estey; voir aussi: Société d'assurance des caisses populaires c. Hains, [1986] R.R.A. 644 (C.A.).

16. [1987] R.J.Q. 973 (C.A.).

17. Infra, par. 42 à 55.

18. Infra, par. 289 à 292.

19. Robitaille c. Madill, [1990] 1 R.C.S. 985.

20. Voir à cet égard: Cie d'assurance Guardian du Canada c. Victoria Tire Sales Ltd., [1979] 2 R.C.S. 849; Alliance Ins. Co. of Philadelphia c. Laurentian Colonies and Hotels Ltd., [1853] B.R. 241.

21. [1983] C.S. 331.

22. Précitée, note 19.

23. Id.

24. Précitée, note 16.

25. [1992] R.R.A. 959, demande d'autorisation de pourvoi à la Cour suprême refusée le 4 mars 1993 (#23242).

26. [1985] C.A. 319.

27. Faubert, précitée, note 16.

28. Robitaille, précitée, note 19.

29. Ribo, précitée, note 25.

30. Bernard FARIBAULT, «L'ancien et le nouveau», (1992) 60 Assurances 49, p. 53.

31. Précitée, note 19.

32. Précitée, note 25.

33. Provident Savings Life Ass. Society of New York c. Mowat, (1901-02) 32 R.C.S. 147; Guimond c. Fidelity Phoenix Fire Ins. Co., (1910-12) 47 R.C.S. 216, p. 223; Turgeon c. Fortin et al., [1969] R.C.S. 286, p. 295.

34. R. MOREAU, loc. cit., note 5, p. 517.

35. Voir: supra, par. 47.

36. Précitée, note 25.

37. [1990] R.J.Q. 2378 (C.A.).

38. Précitée, note 25.

39. Précitée, note 16.

40. [1988] R.R.A. 421 (C.A.).

41. Supra, par. 20.

42. Jean-Guy BERGERON, Les contrats d'assurance terrestre, t. 1, Sherbrooke, Les Éditions SEM Inc., 1989, p. 248-249.

43. *Lavoie-Duquette* c. *Cie d'assurance-vie Trans-America du Canada*, [1991] R.R.A. 123 (C.S.).

44. *Leduc* c. *La Survivance Cie mutuelle d'assurance-vie*, [1988] R.J.Q. 2896 (C.S.); *Bélanger* c. *La Survivance Cie mutuelle d'assurance-vie*, [1990] R.R.A. 680; *Lesage* c. *La Survivance Cie mutuelle d'assurance-vie*, J.E. 88-945 (C.S.).

45. L.R.C., c. I-21.

46. Voir: *General Accident Cie d'assurance* c. *Centre de la petite Voiture Inc.*, J.E. 93-3 (retenu pour publication au R.R.A.) (en appel) où cette question s'est posée, le tribunal estimant que l'article 2576 C.c.B.C. ne couvrait pas ce droit.

47. Voir aussi: C. BELLEAU, «*Le droit nouveau proposé en matière d'assurances terrestres*», (1988) 29 C. de D. 1037, p. 1058.

48. [1986] R.R.A. 93 (C.A.).

49. [1986] R.R.A. 113 (C.S.).

50. [1986] R.R.A. 325 (C.S.).

51. Précitée, note 48.

52. Voir: *Turgeon* c. *Atlas Ass. Co. Ltd.*, [1969] R.C.S. 286, p. 292; dans cette affaire toutefois, le certificat précisait que le nouveau contrat était sujet aux mêmes dispositions et conditions que l'ancien.

53. L.R.Q., c. A-25, art. 90.

54. De fait, ce nouvel article semble reprendre une des solutions proposées par le professeur C. BELLEAU, *loc. cit.*, note 47, p. 1045, dans sa critique de l'Avant-projet de 1987; selon l'auteur, il est implicite qu'il doit s'agir du même assureur pour que cet article reçoive application.

55. [1992] R.R.A. 743.

56. [1990] 2 R.C.S. 549.

57. *Opérations Forestières Fernand Lachance Ltée* c. *Cie d'assurances générales Kansa*, J.E. 85-924 (réglé hors Cour, 24 janvier 1989, 200-09-000726-858); voir aussi: *Coronation Ins. Co.* c. *Taku Air Transport Ltd.*, [1991] 3 R.C.S. 622.

58. Didier LLUELLES, «*La portée du questionnaire sur le principe de la déclaration spontanée à la lumière du droit comparé des assurances terrestres*», (1988) 67 R. du B. 258-305.

59. Christianne DUBREUIL, «*L'assurance: un contrat de bonne foi à l'étape de la formation et de l'exécution*», (1992) 37 R.D. McGill 1087, B. FARIBAULT, *loc. cit.*, note 30, p. 53 à 59.

60. *Joreg Ltd.* c. *Hanover Cie d'assurance*, [1986] R.R.A. 296 (C.S.); *Coronation Ins. Co.* c. *Taku Air Transport Ltd.*, *supra*, note 57 et, en assurance de personnes, *Samson* c. *Sun Life du Canada*, J.E. 86-212 ou [1986] R.R.A. 96 (C.S.).

61. [1973] C.A. 892; commentaire F.X. SIMARD, 1974, 34 R. du B. 407.

62. Rémi MOREAU, «*Étude comparative relative à l'assurance de dommages entre le nouveau Code civil du Québec et le Code civil actuel*», (1992) 60 Assurances 219, p. 226.

63. C. BELLEAU, *loc. cit*, note 47, p. 1047; contra, J.G. BERGERON, «*La déclaration du risque et les assurances-vie non-fumeur*», (1988) 48 R.

du B. 47, p. 56. La position du professeur Bergeron a été écartée par la Cour d'appel dans *Ouellet c. L'Industrielle compagnie d'assurance sur la vie*, JE93-440 (CA) conf. [1987] R.J.Q. 1804.

64. *Dupuis c. Phoenix du Canada*, J.E. 83-851 (C.S.); *Nadeau c. Oeuvre de la Fabrique de la Paroisse de St-Ignace de Loyola de Giffard*, J.E. 80-517 (C.S.); *Lapierre c. Constitution Ins. of Canada*, (1984) 3 C.C.L.I. 268 (C.S.); *Paquet c. Allstate du Canada*, (C.S.) dans *Les principaux arrêts du droit des Assurances*, Thémis, 1985, p. 358.

65. D. LLUELLES, *Droit des assurances*, 2ᵉ éd., Thémis, 1986, p. 183 et références y citées; voir aussi: C. DUBREUIL, *loc. cit.*, note 59, p. 1094-1095.

66. [1959] B.R. 359.

67. Voir, par exemple, l'article 2489 C.c.Q. qui constate qu'une assurance puisse avoir des exclusions et des limites de garantie.

68. Art. L.112-4, al. 2 C. Ass..

69. Yvonne LAMBERT-FAIVRE, *Droit des assurances*, 7ᵉ éd., Paris, Dalloz, 1990, p. 145.

70. Civ., 22 déc. 1970, A.D. nº 280 (référence tirée du Code des Assurances, 6ᵉ éd. annotée, Argus 1987).

71. [1980] 1 R.C.S. 144.

72. Art. L.132-6 C. Ass. français.

73. Voir, entre autres: *Therreault c. Succession de feu Marcel Therreault*, J.E. 87-231 (C.S.).

74. [1989] 1 R.C.S. 1445.

75. Voir à cet égard, *Canadian Dredge Dock c. La Reine*, [1985] 1 R.C.S. 662.

76. *Les assurances terrestres*, t. 1; *Le contrat d'assurance*, 5ᵉ éd., Paris, L.G.D.J., 1982, p. 114, nº 67.

77. [1987] 1 R.C.S. 2.

78. Voir aussi: C. BELLEAU, *loc. cit.*, note 47, p. 1057.

79. *Lepage c. Groupe Desjardins*, [1984] C.P. 11.

80. *Groupe Desjardins c. La Prévoyance*, [1988] R.R.A. 410 (C.S.); *Groupe Desjardins Assurances Générales c. Dufort*, [1985] C.P. 174.

81. *Canadian Home c. Piandes*, [1986] R.R.A. 285 (C.A.).

82. [1948] R.C.S. 278.

83. *Marcoux*, précité, note 82; *Canadian Shade Tree Service Ltd. c. Northern Assurance*, J.E. 87-49 (C.A.).

84. *Bois de l'Est du Québec (1985) Ltée c. Ville de Matane*, [1989] R.R.A. 837, désistement d'appel, 28 février 1990, 200-09-000612-892, p. 863-864; *Gravel c. Lortie*, 500-05-001027-866, 16 février 1990, j. Michaud.

85. Par exemple, en Ontario, l'article 106, *Insurance Act* (R.S.O., 1980, c. 218).

86. [1986] R.R.A., p. 4; commentaires Henri KELADA, «*La responsabilité médicale et le fardeau de la preuve*», [1986] R.R.A. 147.

87. *Banque Nationale du Canada c. American Home Assurance*, [1981] R.P. 60 (C.S.); *Haslinger c. Madill*, J.E. 81-751 (C.S.), appel déserté, 19 mars 1982, 500-09-000994-814.

88. *Harnat Stamp & Coin Ltd.* c. *Madill*, [1983] C.S. 927, appel rejeté sur requête, 12 avril 1984, 500-09-001872-837.

89. *La Royale du Canada* c. *L'Écuyer*, [1986] R.J.Q. 1165.

90. Le législateur reprend ici la distinction faite dans *René* c. *Travelers du Canada*, [1985] C.S. 125, désistement d'appel, 27 novembre 1984, 500-09-001146-844.

91. À cet égard, nous ne partageons pas l'avis du professeur Bergeron; J.G. BERGERON, *Les contrats d'assurance terrestre*, t. 2, Sherbrooke, Les Éditions SEM Inc., 1992, p. 347, note 83.

92. [1987] R.R.A. 772 (C.S.).

93. *La Cie d'assurance Cornhill du Canada Ltée* c. *Prévost*, [1989] R.R.A. 156 (C.A.).

94. J.G. BERGERON, *op. cit.*, note 91, p. 348.

95. *Schultz* c. *Commercial Union*, [1985] C.S. 416, appel rejeté, 19 mars 1991, 500-09-000461-855; *Haslinger* c. *Madill*, précité, *supra*, note 85; *Côté* c. *General Accident Cie d'assurance*, [1989] R.R.A. 1014 (C.S.); *Groupe Commerce Cie d'assurance* c. *133294 Canada Inc.*, [1990] R.R.A. 162 (C.A.); *Lavoie* c. *Tremblay*, J.E. 91-110 (C.S.); *General Accident Cie d'assurance du Canada* c. *Marceau*, [1992] R.R.A. 402 (C.A.).

96. *Baribeau* c. *Cie d'assurance Canadienne Universelle Ltée*, [1981] C.A. 357.

97. *Supra*, par. 63 à 66.

98. *Plamondon* c. *Trépanier*, [1985] C.A. 242.

99. *Cadillac Fairview* c. *Zurich Insurance Co.*, [1990] R.J.Q. 2031 (C.A.); *Commercial and Industry Insurance Co.* c. *Ville de Montréal*, 500-09-000073-908, le 26 janvier 1993, j. Chevalier.

100. Odette JOBIN-LABERGE, «*La subrogation légale de l'assureur*» dans *La responsabilité et les assurances (1990)*, Formation permanente Barreau du Québec, vol. 15, 25-51, p. 27 à 29.

101. *General Accident Cie d'assurance du Canada* c. *Legault*, [1986] R.J.Q. 311 (gardienne et femme de ménage); *Groupe Desjardins* c. *Simard*, [1987] R.R.A. 151 (C.S.) (frère effectuant des travaux); *Gagné* c. *Laurentienne Cie d'assurance*, [1990] R.J.Q. 1819 (C.A.) (voisin effectuant des travaux).

102. *Groupe Desjardins Assurances Générales* c. *Dorion-McCoubrey*, J.E. 89-643 (C.S.), désistement d'appel, 27 juillet 1991, 200-09-000213-899.

103. *Cie d'assurance General Dominion du Canada* c. *Boivin*, [1990] R.R.A. 925.

104. *Chubb du Canada Cie d'assurance* c. *Agnew*, 500-05-001301-831, le 16 mars 1987, j. L. Mailhot.

105. Précité, note 101, p. 1821 à 1823.

106. Voir à cet égard: O. JOBIN-LABERGE, *loc. cit.*, note 100, p. 36 à 39.

107. Art. 1469 C.c.Q.

108. *Groupe Desjardins* c. *Simard*, précité, note 101.

109. *Gagné* c. *La Laurentienne*, précité, note 101.

110. *Rapport sur le Code civil du Québec*, vol. II, *Commentaires*, t. 1, p. 798.

111. [1986] R.R.A. 284 (C.A.).

112 Art. 1029 C.c.B.C.

113. Voir: *Dominion Textile Ltd.* c. *A & D Transport Ltd.*, [1975] C.S. 7; *Marquette Marketing Co. Ltd.* c. *Continental Ins. Co.*, [1977] C.A. 533; *American Home Ass. Co.* c. *The Canadian Surety Co.*, [1991] R.R.A. 591 (C.A.) où la Cour confirme la qualification d'assurances de biens faite par la Cour supérieure, [1987] R.R.A. 497, mais libère l'assureur pour un autre motif; avec respect, nous partageons les vues de Mme le juge Rousseau-Houle, dissidente, sur l'interprétation à donner à l'assurance tous risques de chantiers *(Builders' risk).*

114. Art. 1444 à 1450 C.c.Q.

115. C. DUBREUIL, *«Le droit des assurances dans le Code civil du Québec: pas de réforme mais des ajustements»*, (1992) 14 R.P.F.S. 395, p. 409.

116. *Caisse populaire des Deux Rives* c. *Société mutuelle d'assurance contre l'incendie de la Vallée du Richelieu*, [1990] 2 R.C.S. 995; *National Bank of Greece (Canada)* c. *Katsikonouris*, [1990] 2 R.C.S. 1029.

117. *Op. cit.,* note 110, p. 797.

118. Art. 2414 C.c.Q.

119. O. JOBIN-LABERGE, *«La pluralité d'assurances»* dans *Dix ans de Contentieux en droit des assurances*, Thémis, 1987, 175-193, p. 183.

120. *Id.,* p. 186-187.

121. R.S.O., c. 218.

122. Règlement des sinistres en assurances de biens, Principes directeurs - Bureau d'assurance du Canada.

123. *INA Insurance Co.* c. *Northumberland Ins. Co.*, J.E. 84-917 (C.S.) désistement d'appel, 500-09-001417-849, 2 mai 1986.

124. [1986] R.J.Q. 2823 (C.A.).

125. *Id.*

126. *Orion Insurance Co.* c. *Lumberlands Casualty Co.*, [1988] R.J.Q. 1497 (C.A.).

127. Précitée, note 121.

128. [1989] R.J.Q. 2142 (C.A.).

129. *Caisse populaire des deux Rives* c. *Société mutuelle d'assurance contre l'incendie de la Vallée du Richelieu*, précitée, note 116.

130. *National Bank of Greece (Canada)* c. *Katsikonouris*, précitée, note 116.

131. [1987] R.J.Q. 993 (C.A.), p. 1003.

132. Précitée, note 116, p. 1010-1011.

133. [1992] R.R.A. 456 (C.S.), en appel 500-09-000326-926.

134. [1992] R.R.A. 212 (C.S.), texte intégral à J.E. 92-206.

135. Art. 2695 C.c.Q.

136. Art. 2501 et 2502 C.c.Q.

137. [1984] C.A. 473.

138. Y. LAMBERT-FAIVRE, *op. cit.,* note 69, p. 393; G. VINEY, *Traité*

de droit civil, Les Obligations, La Responsabilité: effets, Paris, L.G.D.J., 1988, p. 537.

139. Y. LAMBERT-FAIVRE, *op.cit.*, note 69, p. 399.

140. Y. LAMBERT-FAIVRE, *op. cit.*, note 69, p. 402.

141. Cette jurisprudence a par la suite été consacrée par la réglementation (art. R.124-1 C. Ass.); voir, LAMBERT-FAIVRE, *op. cit.*, note 69, p. 405.

142. [1990] R.J.Q. 1792 (C.A.).

143. G. VINEY, *op. cit.*, note 138, p. 538.

144. Y. LAMBERT-FAIVRE, op. cit., note 69, p. 405.

145. PICARD & BESSON, *op. cit.*, note 76, p. 598.

146. *Madill* c. *Joncas*, J.E. 85-1002 (C.S.); *Zurich* c. *Doyon*, [1987] R.J.Q. 2567 (C.S.); *Rothmueller* c. *Liben*, [1963] C.S. 25; *Nitkin* c. *Clyma*, [1929] 67 C.S. 397; *Rosenberg* c. *Northern Ins.*, (1939) 77 C.S. 500.

147. Infra, par. 261 à 263.

148. Y. LAMBERT-FAIVRE, *op. cit.*, note 69, p. 394 à 397; G. VINEY, *op. cit.*, note 138, p. 542-543.

149. *Supra*, par. 254.

150. G. VINEY, *op. cit.*, note 138, p. 542.

151. Voir à cet égard: *Nichols* c. *American Home Ins. Co.*, [1990] 1 R.C.S. 801; *Gérard Filion* c. *La Sécurité*, [1990] R.R.A. 515 (C.A.), requête en autorisation de pourvoi à la Cour suprême rejetée, 12 juillet 1990 (#21917); *Labrosse* c. *Kansa*, [1988] R.R.A. 186.

152. 1985] C.S. 1096.

153. *Desjardins* c. *Chabot* et *La Cie d'assurance Guardian du Canada*, [1987] R.R.A. 702 (C.Q.); *Inter-Tex Transport Inc.* c. *American Home Insurance Co.*, [1989] R.R.A. 647 (C.S.), en appel 500-09-001140-896.

154. *Supra*, par. 95 à 98.

155. *Supra*, par. 13 à 15.

156. L.Q. 1992, c. 52 (P.L. 38) art. 440.

157. *Fraser* c. *Thomarat*, J.E. 85-223 (C.A.); *Cloutier* c. *Cie d'assurance Allstate*, [1982] C.P. 7; *DuSablon* c. *La Prudentielle Cie d'assurance Ltée*, [1988] R.J.Q. 2305 (C.Q.); *D.K. Automobile Inc.* c. *Timmins-Lacoste*, [1989] R.R.A. 660 (C.S.), en appel 500-09-001101-898.

158. [1980] C.S. 627, infirmé J.E. 83-644 (C.A.).

159. Précitée, note 12.

160. L.R.Q., c. R-15.1.

161. *Id.*

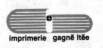
imprimerie gagné ltée

IMPRIMÉ AU CANADA